새로운 황제들

THE NEW EMPERORS : China in the era of Mao and Deng
by Harrison E. Salisbury

Copyright ⓒ1992 by Harrison E. Salisbury
Korean Translation Copyright ⓒ1993 by Daseossure Publishing Co.
This Korean edition was published by arrangement with Harrison E. Salisbury c/o
Curtis Brown Ltd., New York through DRT International, Seoul.

개정증보판
마오쩌둥과 덩샤오핑의 중국

해리슨 E. 솔즈베리
박월라·박병덕 옮김

[증보]
톈안먼 사태 이후 **시진핑 출범**까지
박승준 〈인천대 교수〉

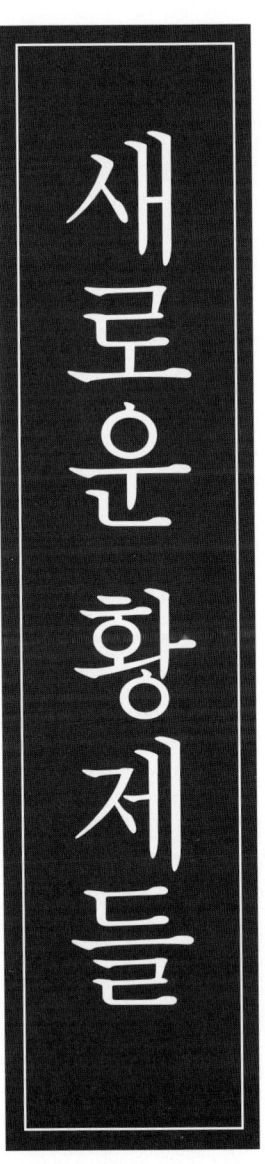
새로운 황제들

다섯수레

중국의 미래를 걸머지고 있는
중국의 젊은이들에게 이 글을 바친다.

개정판 발간에 부쳐

마오쩌둥의 공산혁명, 덩샤오핑의 시장혁명, 그리고 시진핑의 중국몽

《새로운 황제들》초판이 나온 지 벌써 20년이 지났다. 그 동안 중국은 두 차례의 지도부 세대교체를 이루고, 경제대국으로 부상하면서 국제무대에서 미국과 경쟁할 만한 국력 신장을 달성하였다. 그러나 내부적으로는 급속한 경제성장에 따른 부작용이 확산되고, 외부적으로는 국제사회가 중국을 향해 경제대국의 위상에 걸맞은 책임있는 역할을 요구하면서도 동시에 중국의 부상을 경계하는 이중성을 보이고 있다. 중국은 국내외적으로 마오쩌둥이나 덩샤오핑 시대에는 경험하지 못했던 낯설고 이질적인 요소들이 혼재하는 새로운 국면을 맞고 있는 것이다. 중국이 마오 시대 30년과 덩 시대 30년을 지나 새로운 30년을 여는 중대한 전환기에 진입했다는 인식이 공감을 얻는 것도 이 때문일 것이다.[1]

중국은 지난 2012년 11월 공산당 제18기 전국대표대회와 2013년 3월 제12기 전국인민대표대회 1차 회의를 거쳐 각각 당과 행정부 인선을 마무리하고, 이후 10년간 중국을 통치할 시진핑·리커창 체제를 공식 출범시켰다.

이번 지도부 교체 과정에서 주목할 만한 것은 시진핑이 당 총서기와 중앙군사

---

[1] 유럽외교관계위원회는 신중국을 마오쩌둥 시대 30년(1949~1978년, 차이나 1.0)과 덩샤오핑 시대 30년(1978~2008년, 차이나 2.0), 그리고 글로벌 금융위기 발생 및 시진핑 지도부 출범 이후의 30년, 즉 차이나 3.0 시대로 구분하였다. 장쩌민, 후진타오 시대는 덩샤오핑 시대의 연속으로 간주되고 있다. 최근 중앙일보 중국연구소에서 국역 발간하였다(European Council on Foreign Relations, 2012, China 3.0).

위원회 주석, 국가 주석직을 동시에 승계했다는 점이다. 당 총서기와 국가 주석에 취임하고서도 중앙군사위 주석직을 물려받기 위해서는 수년씩 기다려야 했던 전임자들의 경우와 비교되는 부분이다. 이로써 시진핑은 당, 정, 군부를 아우르는 명실상부한 최고지도자의 자리에 오른 셈이다.

또한 시진핑은 장쩌민, 후진타오처럼 덩샤오핑이 발탁하거나 지명한 총서기가 아니라 당 지도부 전체 합의에 의해 선임된 총서기라는 점에서 전임자들보다 권력의 정통성 측면에서 상대적 우위를 주장할 수 있게 되었다. 뿐만 아니라 10년 주기로 최고지도자의 지위가 후임자에게 이양되는 권력승계의 제도화가 정착되었다.

그러나 갓 출범한 시진핑 지도부가 직면한 국내외 상황은 그리 낙관적이지 않다. 중국은 지난 30여 년 간 급속한 경제규모 팽창과 엄청난 국부를 실현했지만, 그것이 합리적인 분배와 민생 개선으로 연결되지 못함으로써 정치 경제 사회 각 분야에서 모순과 갈등이 증폭되고 있다.

장쩌민과 후진타오 시대 20년을 거치면서 중국은 연평균 10%를 웃도는 고도성장을 달성하여 2010년에 일본을 제치고 세계 2위의 경제대국으로 올라섰으며, 2020년까지는 미국도 추월할 것으로 예측되고 있다. 2012년 말 기준 1인당 GDP도 6,100달러까지 늘어나 중등소득 국가 반열에 들어섰다. 또한 세계의 공장에서 세계의 시장으로 부상하고, 풍부한 자금력을 무기로 서방의 핵심 제조업과 첨단 기술 기업들을 사들이고 있으며, 자원과 시장 확보를 위해 적극적인 해외투자에 나서고 있다. 이처럼 세계경제에서 차지하는 위상과 영향력이 커지면서 중국은 이미 국제사회의 규칙 제정자(Rule Setter)의 위치를 넘보고 있다. 이 모든 것들이 덩샤오핑의 개혁개방 노선 덕분에 얻어진 성과이다.

그러나 체제개혁을 등한시 한 채 양적 팽창만 지속해 온 중국경제는 구조적인 취약성을 내포할 수밖에 없다. 장쩌민은 '3개 대표' 이론을 내세워 자본가를 포함한 다양한 엘리트층에 당을 개방하여 '당내 민주'를 확산시킴으로써, 후진타오는

'과학적 발전관'과 '조화사회'를 표방하고 불균형 발전을 시정함으로써 문제 해결에 나섰으나, 성과는 미흡하다. 중국이 이른바 '중등소득 함정'과 '체제이행 함정'에 빠질 수 있다는 전문가들의 지적이 나오는 것도 이 때문이다.

중등소득 함정이란 1인당 소득이 일정 수준에 도달한 국가가 발전방식의 혁신에 실패하고 성장동력이 둔화되어 장기적인 경기 침체에 빠지는 상태를 의미한다. 중등소득 함정에 빠진 국가들은 공통적으로 노동인구 감소, 산업고도화 정체, 빈부 격차 확대, 환경 악화, 관료 부패 등의 부작용을 겪게 되는데, 중국에서는 이미 2010년 무렵부터 이러한 조짐이 보이고 있다. 체제이행 함정은 계획경제에서 시장경제로 이행하는 과정에서 국유기업 등 기득권 집단이 변혁을 방해함으로써 경제사회 발전이 왜곡되고 체제개혁이 정체되며, 환경 파괴가 심각해지는 상태를 의미한다.[2]

중국이 중등소득 함정과 체제이행 함정을 극복하기 위해서는 기존의 경제발전 방식의 과감한 전환이 필요하다. 이를 위해서는 강도 높은 경세세제개혁이 필수적이고, 그 중에서도 정부 역할의 전환과 민영화를 포함한 국유기업 개혁이 급선무이다. 그러나 기득권 집단의 완강한 저항이 예상되어 과감한 정치개혁 없이는 실현이 쉽지 않은 일이다.

대외적인 환경도 그다지 호의적이지 않다. 우선 후진타오 시대 후반기에 닥친 미국발 금융위기와 유럽 재정위기 여파로 외부 수요 부진이 지속되면서 중국경제에 적지 않은 부담이 되고 있다. 무역마찰과 영토 분쟁을 둘러싼 주변국들과의 갈등, 중국의 부상에 대한 국제사회의 견제 등도 외교적 불안요인으로 작용할 소지를 안고 있다.

시진핑 지도부가 해결해야 할 상기 현안들은 수십 년 누적된 불균형 성장의 부작용을 어떻게 관리하여 분배제도를 개혁하고 민생을 개선하여 '공동부유'로 나

---

2) KIEP. 2012. 「중국 신 지도부의 경제정책 전망과 시사점」. 『오늘의 세계경제』제12-27호.

아갈 것인지, 대중의 정치 참여 요구를 어떤 형태로 수용하여 중국식 정치제도를 완성해 나갈 것인지, 국제사회에서 중국의 외교적 위상을 어떻게 정립해 나갈 것인지 등의 문제들과 맞닿아 있다. 그리고 이러한 문제들은 궁극적으로 중국이 지향하는 '중국 특색의 사회주의' 건설이라는 최종 목표로 수렴된다.

여기서 시진핑이 취임 이래 줄곧 자신의 통치 슬로건으로 내세우고 있는 '중국의 꿈(中國夢)'에 주목할 필요가 있다. 시진핑이 말하는 중국몽의 요체는 "중화민족의 위대한 부흥"이며, 그는 중국 특색의 사회주의 건설이야말로 그것을 실현할 수 있는 유일한 길이라고 역설한다. 또한 그는 "중국 특색의 사회주의는 개혁개방 시기에 나온 것이지만 마오 시기에 확립된 사회주의 기본제도의 토대 위에서 이루어진 것"이기 때문에 개혁개방 전후의 두 시기는 서로 대립관계에 있지 않다고 강조한다.[3] 요컨대 시진핑은 덩샤오핑의 개혁개방 노선과 마오쩌둥의 사회주의 기풍을 모두 아우르면서 그것을 토대로 중국 특색의 사회주의 건설에 매진하여 중국몽을 실현시키는 길을 열겠다는 것이다.

이러한 의미에서 마오쩌둥과 덩샤오핑 시대를 흥미진진하게 재구성해 보여주는 솔즈베리의 《새로운 황제들》은 쓰여진 지 20년이 지난 지금의 시점에서도 여전히 시사하는 바 크고, 읽을 만한 가치가 충분한 책이다. 무엇보다도 이 책은 현대중국의 실체를 총체적이고 객관적인 관점에서 조명하고 있으면서도 서술방식이나 구성면에서 중국전문가가 아닌 일반 독자들에게도 흥미 있게 읽힐 수 있는 흔치 않은 책 중의 하나이다.

《새로운 황제들》은 중국혁명과 더불어 살면서 그것을 완성시켜온 마오쩌둥과 덩샤오핑이라는 두 거인에 초점을 맞추어 현대중국을 형성한 주요 사건들 — 국공내전과 공산당 승리에서부터 중소분쟁, 백화제방, 대약진운동, 제3선 건설, 문화혁명, 마오의 죽음, 덩의 실각과 복귀, 그리고 비극적인 톈안먼 유혈사태에 이르

---

3) 2013년 1월 시진핑의 중앙당교 연설(신화통신, 2013년 1월 6일자)

기까지―을 마치 다큐멘터리 드라마를 보는 듯한 생생한 현장감과 함께 재구성해 보여 주고 있다.

중국혁명의 양대 목표는 첫 번째가 제국주의 열강으로부터의 민족자립이었고, 두 번째가 빈곤타파였다. 1949년 마오쩌둥은 항일전쟁과 내전을 종식시키고 중화인민공화국의 성립을 선포함으로써 첫 번째 목표를 실현했다. 마오는 세계 최초로 농민을 주축으로 하는 사회주의 정권을 수립함으로써 중국에 새로운 출발을 가져왔으며, 외세를 몰아내고 중국의 국제적 지위를 향상시킴으로써 민족적 자존심을 회복시킨 것이다. 이와 함께 고질적인 부와 권력의 집중 현상이 사라지고 하향적인 사회평등도 실현되었다. 그러나 마오는 중국인을 절대빈곤으로부터 구해내지는 못하였다. 오히려 끊임없는 정치투쟁과 현실성이 결여된 경제정책으로 겨우 회복기에 접어든 중국경제를 파탄에 몰아넣었다. 뿐만 아니라 난(亂)을 통해서만 새로운 것이 창조된다는 마오의 이상주의자적인 확신과 고도의 정치적 계산이 결합되어 중국 선역을 광기로 몰아넣은 문화혁명은 중국의 정치, 사회는 물론이고 경제 분야에까지 치명적인 상흔을 남겼다.

마오의 두터운 신임을 받은 일급 참모였으면서도 마오에 의해 수차례에 걸쳐 실각과 복권을 거듭한 덩샤오핑은 마오시대의 어두운 유산을 청산하고 실용주의에 기초한 개혁개방 정책을 추진, 중국인의 기본적인 경제적 욕구를 해결하였다. 덩의 중국은 마오 시대의 획일적 평균주의에서 벗어나 상대적인 다양성을 허용하였으며, 특히 경제 분야에서 자본주의적인 요소를 선택적으로 도입하고 일부 지역의 우선적인 발전을 허용하는 등 유연한 발전전략을 통해 획기적인 경제성장을 이룩하였다. 한 사회가 전쟁이나 유혈혁명, 경제파탄 등을 거치지 않고서도 이처럼 철저하고 전면적인 변화를 경험한 예는 일찍이 없었다. 덩의 정책은 개혁이라는 이름 아래 추진된 엄청난 혁명이었던 것이다.

그러나 덩의 경제혁명이 가속화되는 와중에 중국은 돌연 톈안먼 유혈사태를 일으킴으로써 전 세계를 경악시켰다. 톈안먼 사태는 이념적으로는 마르크스·레닌주의를 고수하면서 자본주의적인 요소의 선택적 도입을 통해 경제성장을 이룩할 수 있다는 덩샤오핑의 사회주의 시장경제 이론의 현실적 한계를 드러낸 사건이었다. 동시에 중국혁명의 완성은 정치적 민주화라는 또 다른 과제를 남기고 있음을 상기시켜 준 사건이기도 했다.

솔즈베리는 뉴욕타임스의 모스크바 특파원을 지낸 구소련 및 중국문제 전문가로, 1970년대 초부터 20여 년간 수시로 중국을 방문 취재하였고, 1984년에는 50년 전에 마오쩌둥과 홍군이 치러낸 대장정의 노정을 그대로 되밟으며 중국 오지를 7천4백 마일이나 여행하였다. 또한 그는 마오쩌둥과 덩샤오핑의 가족, 측근은 물론이고 두 사람을 적대시한 인물들과도 광범위한 인터뷰를 가졌다. 그가 만난 사람들 가운데는 중국지도층 내의 핵심 인물들—리셴녠, 양상쿤, 후야오방, 자오쯔양, 여타 정치국원들—과 국공내전 당시의 지휘관들, 류사오치의 미망인을 비롯한 최고위층 지도자들의 미망인들, 마오의 비서들과 경호원들, 주치의, 간호원들이 포함되어 있었다.

《새로운 황제들》은 이처럼 수년에 걸친 여행과 인터뷰, 그리고 당시의 정치상황에 깊숙이 연루되어 있었던 사람들의 육성 증언과 회고록을 포함한 방대한 자료를 토대로 쓰여진 것이다. 솔즈베리에 의해 재구성된 마오와 덩의 이미지는 마르크스·레닌주의의 얇은 베일 뒤에 숨어서 마치 역대 중국의 황제들처럼 중국의 고전과 사서(史書)에 의존하여 국가를 통치하는 현대판 '황제들'의 모습이다. 그는 또한 지난 40년간 중국을 지배했던 인물들의 개인적인 교류와 중난하이의 내밀한 사생활을 놀랄 만큼 다양하면서도 극적인 재미를 주는 정보들과 함께 구체적으로 묘사하고 있다. 마오를 포함한 다수의 공산중국 지도자들이 약물 중독자들이었다든가, 마오의 보좌관들이 마오의 심한 변비 증세 때문에 벌이곤 했던 웃지 못할 일화들도 그 중의 일부이다.

그러나 솔즈베리 책의 가장 큰 장점은 중국의 정치를 철저하게 정보제공자의 눈을 통해 바라보면서도 일화 중심의 역사나 목격자의 증언에 의한 현장보도식

서술이 자칫 빠지기 쉬운 오류—그것이 담고 있는 역사적 의미와 맥락을 놓치고 단순한 다큐멘터리 드라마에 그쳐 버리는—에서 비교적 자유롭다는 점이다. 그는 개인의 삶이나 개별 사건을 기술하는 가운데서도 항상 큰 그림과 전체의 이야기를 전달하려는 노력을 결코 소홀히 하지 않는다.

지금 중국은 솔즈베리가 예상했던 것보다 훨씬 빠르고 과감하게 시장경제를 수용하여 덩샤오핑이 설정한 목표치들을 초과 달성하면서 경제적 풍요를 구가하고 있다. 그러나 급속한 경제적 성취의 부산물로 분출된 다양한 문제들의 해법을 찾기 위해 부심하는 중이기도 하다. 2013년 11월에 열릴 공산당 제18기 3중전회에서는 이러한 문제들이 집중적으로 논의될 것으로 보인다. 그 해법을 바탕으로 시진핑의 '중국몽'을 실현하기 위한 세부적인 청사진도 나올 전망이다.

이번 개정판에서는 톈안먼 사태 이후 시진핑 시대에 이르기까지의 과정을 추적하는 내용이 추가되었다. 필자인 박승준 교수는 조선일보 홍콩 및 베이징 주재 특파원을 지낸 중국전문가로, 다년간의 현지 취재와 관찰을 바탕으로 덩샤오핑의 말년과 장쩌민, 후진타오, 시진핑 지도부의 출신 배경, 선임 과정, 고위층 내 역학관계와 주요 정책의 결정 경위 등을 현장감을 담아 서술하고 있다. 솔즈베리 책의 내용이 끝나는 시점인 톈안먼 사태 후 그 후유증을 치유하는 과정에서 나온 덩샤오핑의 남순강화부터 시진핑 지도부 출범시기까지 다루고 있어, 함께 읽으면 현대 중국을 보다 폭넓게 이해하는 데 도움이 될 것으로 믿는다.

신중국의 건국에서 문화혁명 이전까지의 시기를 다룬 제1·4부는 박병덕이, 문화혁명부터 톈안먼 사태에 이르는 시기를 다룬 제5·8부는 박월라가 번역을 맡았다. 인명과 지명은 외래어 표기법에 따라 현지음에 충실하게 표기하는 것을 원칙으로 하였으며, 찾을 수 있는 한 괄호 안에 해당 한자를 넣어 주었다.

2013년 10월
박월라

차례

개정판 발간에 부쳐 …… 5
'황제'에 관하여 …… 17

제1부 신중국의 탄생 …… 21

1. 옛 수도 …… 22
2. 향산(香山)의 시인 …… 36
3. "저 작은 친구를 얕보지 마라" …… 45
4. 명랑한 소년 …… 55
5. 거친 벌판으로 …… 69

제2부 중난하이(中南海)의 은밀한 생활 …… 81

6. 국향서옥(菊香書屋) …… 82
7. 톈안먼(天安門) …… 92
8. 모습을 나타내지 않은 한 얼굴 …… 104
9. 토요일 밤의 무도회 …… 116

제3부 독재자들의 결투 …… 131

10. 마오와 스탈린의 불화 …… 132
11. 스탈린의 생일 파티 …… 144

12. 삼중의 속임수 …… 161
13. 11월의 어느 화창한 하루 …… 180
14. 덩이 그의 최대사업을 붙들고 늘어지다 …… 192
15. 마오쩌둥이 덩샤오핑을 시험하다 …… 206

제4부 용좌에 오르다 …… 217

16. 칼 마르크스 + 진시황제 …… 218
17. 멈추어야 할 한계 …… 231
18. 황허의 나라에서 …… 242
19. 루산 등반 …… 256
20. 삶과 죽음의 갈림길 …… 267
21. 마오의 은유 …… 283
22. 실사구시(實事求是) …… 293
23. 국사범 만들기 …… 304
24. 동물원의 극비 작전 …… 313

제5부 광란의 소용돌이 …… 322

25. 독이 묻은 종이 …… 323
26. "어리석은 것! 너는 아직 아무것도 모르는구나!" …… 335
27. 작은 병정 …… 352
28. 강철인간 왕(王)의 운명 …… 363
29. 위로는 하늘, 아래로는 땅 …… 375
30. 행운의 집 …… 388

31. 옌강(延江)의 달 …… 403

32. 린뱌오의 그림자 …… 413

33. 프로젝트 571 …… 425

34. 처세의 명인 …… 444

제6부 대지의 중심 …… 457

35. 40+40+40+40의 40배 …… 458

36. 서두르는 작은 사람 …… 468

37. 시간은 줄달음치고 …… 481

38. 용(龍)의 해 …… 495

39. 용의 울부짖음 …… 508

40. 마오의 죽음 …… 519

41. 백만웅사(百萬雄師) …… 532

제7부 작은 황제 …… 540

42. "가난이 공산주의는 아니다" …… 541

43. 덩샤오핑의 혁명 …… 553

44. 못 쓰게 되지 않았으면 고치지 마라 …… 564

45. 미래의 모습 …… 573

46. 황제의 옷 …… 587

제8부 흔들리는 천명(天命) ······ 600

47. 톈안먼에 이르는 길 ······ 601

48. 자치통감 ······ 613

49. 톈안먼 ······ 627

50. '피로 씌어진 진실' ······ 641

증보 톈안먼 사태 이후 시진핑 출범까지 ······ 651

1. 덩샤오핑의 남순강화 ······ 653

2. 포스트 덩샤오핑 시대를 연 장쩌민 ······ 659

3. 덩샤오핑의 죽음 ······ 671

4. 평등과 분배의 개념을 앞세운 후진타오 ······ 679

5. 강력한 중국의 지도자로 선택된 시진핑 ······ 697

6. 차이나 드림을 시도하는 시진핑 시대 ······ 705

주요 연표 ······ 723

주요 인물 ······ 726

주(註) 풀이 ······ 733

《새로운 황제들》이 나오기까지 ······ 777

폭력을 방지하고 해악을 제거할 수 있는 능력을 지님으로써
백성의 생활을 보호하며,
선행을 보상하고 악행을 벌함으로써
재앙을 피할 수 있는 자
이런 사람이라면 가히 황제로 불릴 만하다
- 자치통감(資治通鑑), 11세기. -

'황제'에 관하여

중국의 긴 역사에서 황제(皇帝)라는 칭호를 가졌던 사람은 수백 명에 이른다. 그러나 진정한 황제였던 마오쩌둥(毛澤東)과 덩샤오핑(鄧小平)보다 인격적으로나 정치적으로 더 많은 권력을 휘둘렀던 황제는 몇 안 된다.

최초의 황제는 황허(黃河)의 수위가 높을 때는 물에 뒤덮이는 풍요로운 황토 위에 중국을 세웠던 전설상의 통치자인 황제(黃帝)였다. 마오는 이 평원으로부터 붉은 군대를 끌어내어 1949년 톈안먼(天安門)에서 신중국을 창건했다. 그의 옆에는 덩이 있었다.

중국에서 황제의 개념은 용의 개념과 긴밀하게 연관되어 있다. 중국의 용은 왕좌의 수호자로 서양의 용과는 다르다. 중국의 용은 어질고 백성을 보호하지만, 폭군처럼 백성을 공격할 수도 있다. 용이 그렇게 할 경우 잘못은 용이 아니라 백성에게 있는 것이다. 용은 배신당할 경우에만 불을 내뿜고 꼬리를 흔들어 때려눕힌다. 이것은 황제에게는 편리한 개념이다.

중국의 관습에서는 왕조와 혈통이 권력만큼 중요한 것이 아니다. 중국의 위대한 왕조사학자인 장쯔는 마오에 대해 "그는 6백 년 만에 최초의 농민 왕조를 창건했다"고 말하고 있다. 중국의 역사에서 유능한 고관이나 승리한 장군이 천명(天命)을 얻은 일이 자주 있었다. 덩샤오핑은 이 개념에 완벽하게 맞아떨어진다. 마오와 덩은 스스로를 마르크스주의자로 여겼음에도 불구하고 황제의 칭호를 얻었다. 그 둘은 일종의 신권에 의해 통치하는 하늘의 아들, 즉 천자였다.

일찍이 탁월한 학자인 더크 보데(Derk Bodde)는 다음과 같이 말한 바 있다. "중국에서는 다른 어느 나라에서보다도 더 과거에 대한 지식이 현재를 이해하는 데 필수적일 것이다."

제1부

신중국의 탄생

1. 옛 수도

오늘날에는 그 흔적이 전혀 남아 있지 않지만, 아주 옛날에는 자금성(紫禁城)의 서남쪽 귀퉁이에 망향루(望鄕樓)가 서 있었다. 18세기에는 객비(客妃)[1]가 그곳에서 많은 시간을 보냈었다. 그녀는 두 개의 층계를 올라 창으로 가서는 고향 카슈가르를 그리워하며, 건륭제(乾隆帝)가 세워 준 모슬렘 시장과 회교사원을 몇 시간 동안이고 바라보면서 향수를 달래곤 했다. 연인과 함께 누워 있으면 몸에서 이국적인 향기가 풍긴다 하여 '향비(香妃)'라고도 불렸던 그녀는 청나라의 건륭제가 정복전쟁에서 그녀의 남편을 죽이고 포로로 잡았던 황제의 이방인 첩이다.

오늘날에는 오로지 웅장한 붉은 기둥들과 금박에 비췻빛 래커 칠이 된 탑문(塔門)만이 눈에 띄지 않은 채 고요하게 서 있을 뿐, 그 이름마저도 사라지고 없다. 중화인민공화국 시절에 신화먼(新華門)으로 이름이 바뀐 그 문은 몇 년 동안 전혀 주목을 끌지 못하다가 1989년 대학생 시위대가 톈안먼(天安門) 광장에서 그 무거운 문을 뚫고 나가려고 했던 사태가 발생하자 세인의 주목을 끌게 되었다.

1972년 봄, 나는 밤에 톈안먼을 통과할 일이 자주 있었는데, 그때 두 명의 병사들이 불룩한 중국 각등의 누르스름한 그림자 아래에서 보초를 서고 있는 것을 보았다. 나는 그 우람한 문 저쪽에서 마오쩌둥(毛澤東)이 서재를 가득 메운 고전들을 찾아보는 모습을 상상해 보았다.

붉은 래커를 칠한 그 문의 아래에 마오의 방들이 있을 것이라고 아무도 말해 주지 않았지만, 나의 상상은 틀리지 않았다. 몇 년 후 자금성의 은밀한 세계 속으로 들어갈 기회가 있었을 때, 나는 신화면이 마오의 거처로 통한다는 사실을 발견했다.

그 문을 지나면 중난하이(中南海)가 펼쳐져 있다. 중난하이는 호수와 공원과 고궁으로 이루어진 은밀한 선경(仙境)으로, 일찍이 마르코 폴로(Marco Polo)가 산책한 바 있으며 쿠빌라이 칸(Khubilai Khan)은 이곳에 웅장한 저택을 지은 바 있다. 황제들과 황비들, 후궁들과 환관들은 자금성의 성벽보다 더 접근이 어려운 이 담장 안에서 여가를 보냈었다.

위대한 건륭제 시절부터 견뎌 온, 도무지 있을 성싶지 않은 이 은밀한 요새를 보고 나서야 비로소 나는, 고대 중국과 현대 마르크스주의의 독특한 혼합물이 바로 현재의 중국이라는 사실을 파악하기 시작했다. 마오가 신중국이라고 불렀으며, 덩샤오핑(鄧小平)이 근본적으로 변화시켰으면서도 이름은 마찬가지로 신중국이라고 불렀던 것, 바로 이것을 이루고 있는 요소들, 예컨대 명나라와 칼 마르크스(Karl Marx), 또는 불멸의 영원한 중국과 변증법적 경험론 같은 요소들의 구성 비율에 대한 논쟁을 한다면 수세기 동안이나 끝없이 계속될 것이다.

신화면 안에는 건륭제가 즐기던 공원들이 조금 쇠락한 상태이기는 하지만 놀랄만큼 잘 보존되어 있다. 마오는 크게 뜯어고치지는 않았다. 이곳에는 하궁(夏宮) 위의 향산(香山)에서 발원하는 옥천(玉川)에서 흘러내려온 맑은 물을 담아 왕관을 씌운 것 같은 모습으로 꾸민, 황제의 권위를 나타내는 웅장한 호수가 세 개 있다.[2]

중국인들은, 이 물에는 양과 음의 원리를 함께 지닌 최음제가 들어 있다고 믿었다. 사람들은 '수태시키는 거대한 거품을 내는 연못'이라는 뜻으로 그 호수를 태액지(太液池)라고 불렀으며, 그 주변은 수세기 동안 비밀에 싸여 있었다. 호숫가에는 순(舜) 임금을 기리기 위한 천단(天壇)과 기년전(祈年殿)을 비롯하여 무려 1백 개가 넘는 궁궐들이 있었다. 이보다 더 중국적이고, 가장 고대적인 사회의 신령한 분위

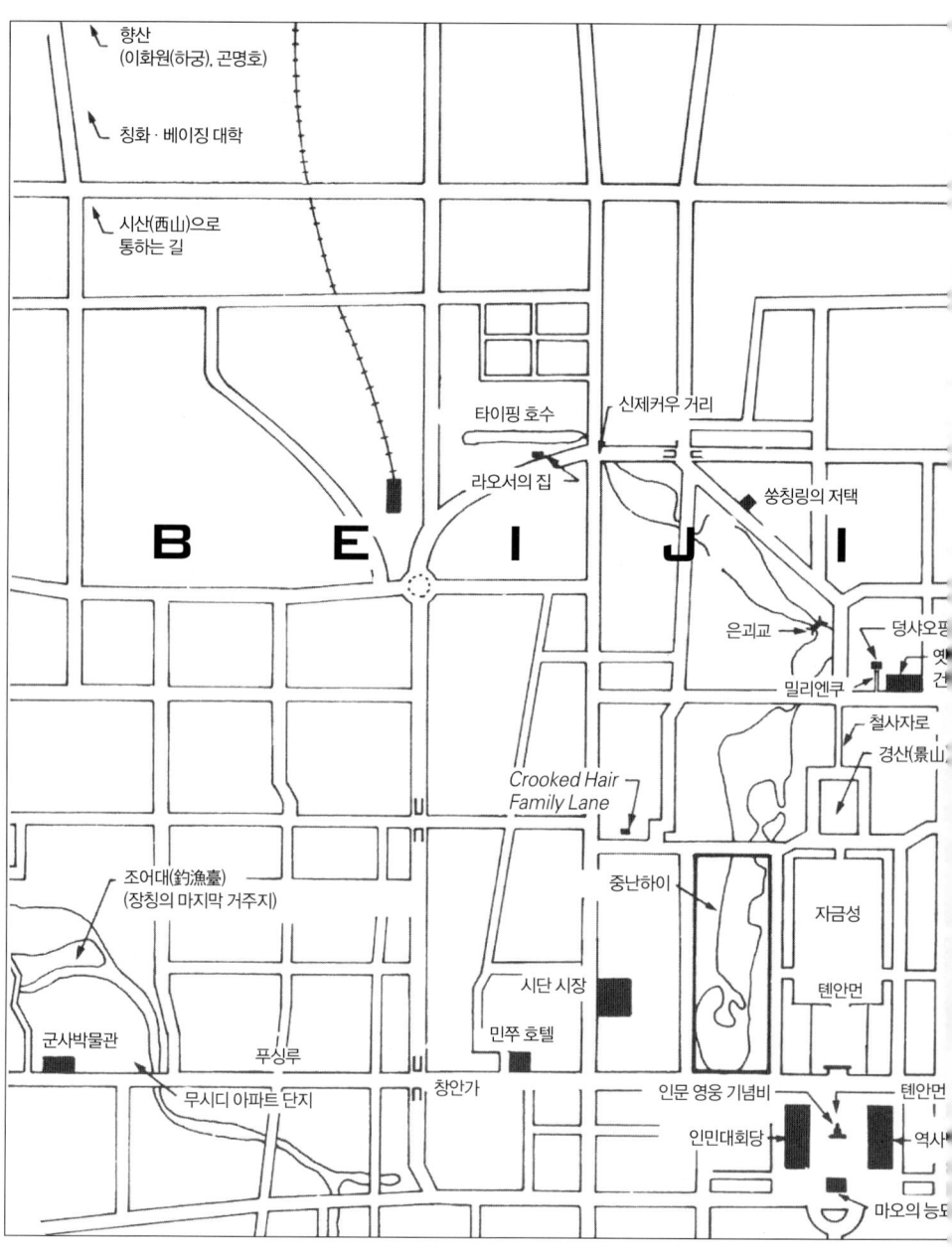

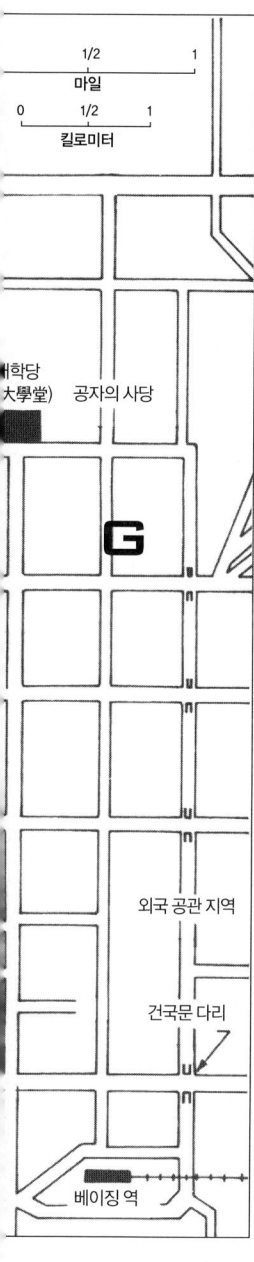
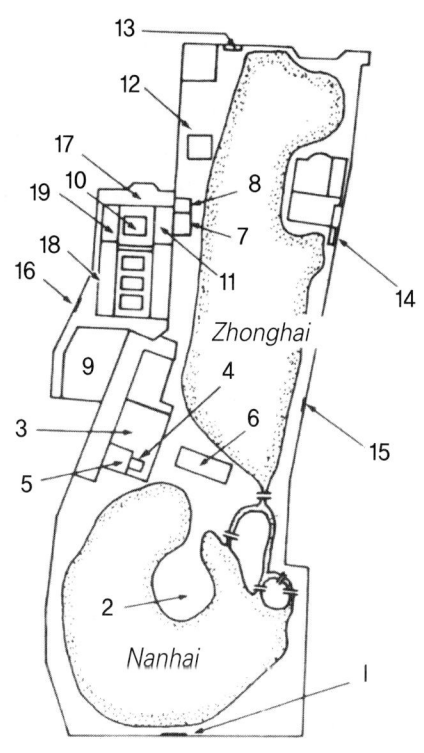

중난하이

1. 신화먼
2. 잉타이
3. 풍택원
4. 마오가 1966년까지 살았던 국향서옥
5. 억년당(億年堂)
6. 중앙위원회 사무실
7. 마오의 수영장 저택
8. 마오의 실내 수영장
9. 주더, 류사오치 등이 살았던 5층 아파트
10. 화궈펑, 자오쯔양 총서기를 위해 짓고 있었던 미완성 저택
11. 류사오치의 '행운의 집'
12. 자광각(紫光閣)
13. 북문
14. 보트 창고
15. 동문
16. 서문
17. 회인당(懷仁堂)
18. 주더의 저택
19. 저우언라이의 저택

기에 더 깊이 빠져드는 곳은 찾을 수 없을 것이다.

중국 공산주의의 고위 성직자인 마오쩌둥은 1949년, 달에서도 볼 수 있는 유일한 물체인 만리장성으로 둘러싸인 도시 베이징(北京), 그 심장부인 이곳에 내부를 벽으로 둘러싸고 그의 성소(聖所)를 차렸다. 또한 자신의 주변에 새로운 유토피아의 지휘관들과 정치국원들, 왕자들과 철학자들, 그리고 그들의 숙녀들을 자리잡게 했다.

제2차 세계대전이 끝나고 3년이 지난 1949년 초에 마오는 그의 군대가 바야흐로 장제스(蔣介石)의 국민당군에게 승리할 때임을 알았다. 그러나 그는 아직 세인의 관심을 끌려고 하지 않았다. 바깥세상에서 볼 때는 심지어 중국에서조차 그는 사라져 버린 것처럼 보였다. 그는 자신이 10년을 지낸 산시성(陝西省)의 옌안(延安)요새를 포기했다. 그의 군대는 모든 곳에서 싸우고 있는 것 같았으나, 그는 장제스와의 전쟁이 다시 일어났던 1946년 이래로 거의 모습을 보이지 않고 있었다. 그러나 이것은 착각이었다. 마오를 표면적으로 평가하는 것보다 더 위험한 일은 없었다. 만약 그가 후퇴하면, 그것은 적을 함정에 유인하기 위한 것이었다. 그의 친구나 적이 쓰라린 경험을 통해 알았듯이, 그가 미소를 지으면 경계해야 한다. 마오가 자신의 후계자로 지명한 사람보다 더 큰 위험 속에 살았던 사람은 아무도 없었다.

그의 군대로 하여금 1947년 옌안의 요새를 포기하고 시골 깊숙이 자취를 감추라고 명령한 것은 바로 마오였다. 모든 곳에 있으면서 아무 곳에도 없는 것처럼 보이게 한 기만전술을 창안한 것도 마오였다. 여러 곳에 전선을 배치하고 그 배후에 장제스를 쳐부술 군대를 함께 집결하는 기동전(機動戰)은 마오가 주더(朱德)와 함께 창안한 것이었다.

일명 '애꾸눈 류'로 불리는 경험이 풍부한 지휘관 류보청(劉伯承)은 다음과 같이 말했다. "우리가 고기를 먹기 가장 좋은 때였다. 우리는 뼈는 충분히 갖고 있었다.

우리는 입에 고기 한 조각을 물고, 젓가락으로는 다른 고기 한 점을 집어든 채 또 다른 고기 한 점을 노려보았다. 고기 세 조각을 동시에 먹을 수 있는 왕성한 식욕을 갖지 않으면 안 된다."³⁾

마오와 그의 부하들은 그런 식욕을 갖고 있었다. 마오는 1948년 5월 말경 베이징의 서남쪽 관문인 시바이포(西栢坡) 마을에 비밀 사령부를 설치했다. 수도 베이징으로부터 약 175마일 떨어진 그곳에서 그의 부하들이 잠복해 있으면서 장제스의 비틀거리는 정권을 버티게 해 주었던 마지막 지원부대를 끈질기게 차단했다.⁴⁾

마오는 세상사람들의 눈에 띄지는 않았다. 그러나 미국의 군사 수석감시인인 육군 소장 데이비드 배르(David Barr)가 맹세코 명예스러운 군인이라고 보증한 바 있는 마오의 장군들에게 그는 어느 곳에나 존재하는 신 같은 존재였다.⁵⁾

마오는 1948년 말까지 화북산구(華北山區)에 있는 먼지투성이의 은신처에서 나와 20세기의 가장 위대한 군사 작전에 참가했다. 이 작전들은 결국 중국의 모습을 바꾸어 놓았다. 사악하지만 재주 있는 장군 린뱌오(林彪)는 동북 지역을 소탕하고, 베이징을 포위 공격하고, 톈진(天津)을 손아귀에 넣었다. 펑더화이(彭德懷)와 허룽(賀龍)은 중국의 나머지 지역과 베이징의 연결을 차단했다. 류보청, 덩샤오핑, 그리고 천이(陳毅)는 화이하이(淮海) 특수 작전을 개시했는데, 이 작전은 결국 장제스로 하여금 1백만 명의 병사를 희생시키도록 함으로써 그의 운명을 결정지었다.

베이징에 있던 풀브라이트 학자 더크 보데(Derk Bodde)는 1948년 12월 12일자 일기에 다음과 같이 기록했다. "거의 알아차릴 수 없을 정도로 아주 조용하고 부드럽게, 그러나 가차 없이 '붉은 조수(潮水)'가 가까이 오고 있다."⁶⁾

그 날은 린뱌오가 이끄는 공산당 동북야전군이 베이징을 향해 다가오기 시작한 날이었다.⁷⁾ 이틀 후에 미국 대사관의 존 멜비(John Melby)가 난징(南京)에서 비행기를 타고 급히 베이징으로 왔다. 공산군이 베이징을 접수하기 전에 마지막으로 옛 수도의 모습을 얼핏이나마 보기 위해서였다. 그는 1920년대부터 그곳에 오랫동안 살아온 미국 대사관 무관 데이비드 배럿(David Barret) 대령과 함께 점심을 먹었다. 그들은 베이징의 엷은 겨울 햇살을 받으며 배럿의 집 안채에서 이야기를 나누고 있었다. 이때 대포 쏘는 소리가 들려 왔다. 공산군들이 향산을 빼앗고 공항을 폭격하고 있었다. 다음날 보데는 동북쪽에 위치한 칭화(淸華)대학과 베이징대학이 휴교했다는 사실을 알았다. 도시는 포위되었다. 그 해 12월 17일 현재 베이징은 포위 공격을 받고 있었다.[8]

포위 공격은 6주간 계속되었다. 때때로 소형 비행기 한 대가 들어왔다 나갔다 할 뿐 그 이상의 움직임은 없었다. 항복을 위한 막후 협상이 진척되었다. 마오는 린뱌오에게 서두르지 말라고 말했다. 거리에는 오물들이 쌓여갔다. 자금성에는 장제스의 부대들이 많이 있었다. 그들은 사격 훈련장을 만들기 위해 역사적인 건축물들을 폭파했으며 3백 년이나 묵은 나무들도 마구 베어 버렸다. 오물이 산더미처럼 쌓여 코를 찌르는 악취를 풍겼고, 인분 수레가 그 도시의 성문들을 빠져나갈 수가 없었다. 음식은 바닥이 났다. 물도 거의 바닥이 난 상태였다. 자금성 안에 참호들을 팠으며, 고궁의 돌들을 쌓아 올려 엉성하게 바리케이드를 만들었다. 수천 명의 사람들이 자금성 동쪽의 폴로 경기장을 소규모 비행장으로 만드는 데 많은 애를 썼다. 산책로들을 가로질러 가시 철조망이 설치되었다. 보데는 그 당시를 회상하며 옛 청나라 고궁이 마구간으로 사용되었다고 말했다.

1949년 1월 21일 베이징 인도를 동의했으며, 1월 22일 오후 6시에 효력이 발생했다.[9] 이 시간까지 거리는 온갖 쓰레기로 어수선하게 어질러져 있었다. 보데는, 다행스럽게도 날씨가 추웠다라고 논평했다. 망향문(望鄕門) 뒤의 유원지들은 수라장이었다. 자금성은 3월이 될 때까지는 재개방을 할 수 없었다. 세 개의 호수 가운데 베이하이(北海)만이 다시 공중에게 입장이 허용되었다. 깨진 기와조각들이 오솔길마다 어지럽게 흩어져 있었으며, 호수는 진흙투성이에다 썩은 냄새가 났다. 불순물을 철저하게 제거하기 위해 호수의 물을 다 빼냈다. 다른 호수들인 중하이(中海)와 난하이(南海)는 폐쇄된 채로 남아 있었다.[10] 그로부터 40년이 흐른

1991년에도 그 호수들은 여전히 폐쇄된 상태이다.

　1949년 1월 31일 오후 4시경, 공산군 최초의 분견대들이 붉은 깃발과 마오의 초상화들, 그리고 그의 위대한 지휘관인 주더의 초상화들을 높이 들고 베이징에 입성했다. 많은 농민들은 혁명을 이끄는 사람이 주마오(朱毛)라는 이름을 가진 한 사람이라고 생각했다. 그 부대들은 유서깊은 왕푸징(王府井) 거리로 올라가서 그 도시의 한복판으로 들어갔다.[11]

　미국 영사관 외곽에 있는 자금성의 모퉁이에 미국 총영사 에드먼드 클럽(O. Edmund Clubb)의 부인 마리앤 클럽(Mariann Clubb)이 서 있었다. 뺨이 불그스름하고 군복은 먼지투성이인 한 젊은 군인이 물 한잔만 달라고 부탁했다. 그녀가 "끓인 물을 좀 갖다 드릴게요"라고 말했다. 그러자 그 군인은 "오, 아닙니다. 지금 우린 끓인 물이 필요치 않습니다. 우린 베이징에 와 있거든요"라고 말했다.[12]

　베이징에 와 있다! 그 젊은 병사뿐만 아니라 이제 곧 수많은 다른 공산군 병사들과 공산당 간부들도 베이징에 들어오게 될 것이었다.

　2월 3일 개선 시가 행진이 있었다. 먼지바람이 너무 심해서 시가 행진을 하는 부대들의 모습조차 제대로 볼 수 없었다. 그들은 미제 트럭, 미제 소총, 미제 대포, 미제 탱크, 미제 장갑차를 가지고 있었고, 심지어는 미제 군복을 입었는데 이것들은 모두 국민당군들로부터 포획한 것이었다. 마오는 언젠가 "장제스는 우리의 보급 장교였다"라고 말한 적이 있다.[13]

　아직 마오의 모습은 보이지 않았다. 3월 말이 될 때까지는 마오는 그의 사령부를 멀리 떨어진 시골 지방 시바이포로부터 베이징 동북쪽에 있는 향산으로 옮기지 않을 것이었다. 그는 여전히 은신한 채 살고 있었다. 그의 행방을 알 수 있는 실마리가 전혀 없었다. 그가 향산과 하궁으로 내려오면 그곳 보안을 빈틈없이 철저하게 할 것이므로 그의 소재가 어디인가를 암시하는 경우를 제외하고는 말이다.[14]

　3월 25일 이른 시각에 마오는 마치 유령처럼 슬며시 베이징을 뚫고 들어왔다.

아무도 그가 오는 것을 보지 못했으며 가는 것 또한 보지 못했다. 신문들에도 한 마디 언급조차 없었다. 마오의 여행 준비는 고통스러울 만큼 조심스럽게 이루어져 왔다. 6주 전에 당의 보안 책임자 리커농(李克農)의 지휘 아래 실무팀이 파견되었다. 당과 군의 참모들은 규율과 보안에 관한 강의를 들었다. 저우언라이(周恩來)는 긴급 임무를 제외하고는 3개월 동안 어느 누구도 시에 들어가서는 안 된다고 명령했다.

마오는 적의 첩자들과 비밀 음모에 대해 강박관념을 느꼈다. 이 때문에 그는 사령부를 베이징 외곽에 있는 향산에 설치하라고 명령했다. 몇 년 전부터 호텔로 개조된 향산사(香山寺) 부근 일대를 방어하기 위하여 1백 명의 보안 요원들이 선발되었다. 향산사는 당과 인민해방군의 사령부 자리로 선정되었었다.[15]

마오 일행은 보안 분대가 선두에 서고 포획한 미국 지프들이 길게 호위하는 가운데, 3월 23일 시바이포에서 출발했다. 마오, 류사오치(劉少奇), 저우언라이, 주더, 런비스(任弼時), 그리고 린보춰(林伯渠) 등의 지도자들은 모두 당 중앙위원회의 지도체인 정치국 위원들로서 각각 자신의 지프가 있었다. 군의 최고 지휘관들이 그들 뒤를 따랐다. 부인들은 각각 남편 옆자리에 타고 있었다.

그들은 정오 직후에 길을 떠났다. 전날 마오는 습관대로 밤 늦게까지 일했었다. 그가 오전 11시경에 일어나 밥 한 그릇과 중국 피클을 약간 먹은 후 일행은 출발했다.[16] 일용품을 싼 짐은 먼저 보냈다. 그러나 마오의 경호원들은 가져갈 책 몇 권을 쌌다. 중국의 백과사전 두 권, 즉 어휘 사전인《사해(辭海)》와 어원 사전인《사원(辭源)》, 그리고 역대 왕조의 아주 탁월한 저작물 두 권이었다. 역대 왕조의 황제들과 정치가들 그리고 학자들이 수백 년 동안 이 책들을 공부하고 거기에 주석을 달아 놓기도 했었다. 한 권은《사기(史記)》로서 중국을 창건한 거의 신화적인 황제인 황제(黃帝) 시대부터 BC 100년 무렵의 한나라 시대까지를 다루고 있다. 다른 한 권은《자치통감(資治通鑑)》으로, 1천 3백 년 동안의 역사를 다룬 책으로 11세기에 편찬된 것이다. 이것은 옛날에 통치한 이전 황제들이 어려운 문제들을 어떻게 다루었는가를 이야기해주는 실용적인 핸드북으로 디자인되었다. 마르크스나 레닌의 저술은 한 권도 없었다.

마오는 이 두툼하고 방대한 사서를 수년 동안 공부해 왔다. 이 책의 제1권은 130개 장으로 되어 있고, 제2권은 294개 장으로 되어 있었다. 그는 세계에서 가장 큰 나라를 다스리는 방법을 배우고 있었던 것으로, 중국의 뿌리들을 파고들었다. 만약 그가 제국을 다스려야 할 운명이라면, 그는 과거의 역대 황제들의 지혜에 의해 인도받지 않으면 안 될 것이었다.[17]

마오의 기마대는 동북쪽의 산악지대로 들어가는 거칠게 포장된 길을 택했다. 사기는 충천했다. 마오는 베이징으로 가는 것이 마치 과거 시험을 보러 가는 것 같다고 농담을 했고, 저우언라이는 자기들이 좋은 점수를 얻기 위해 노력하지 않으면 안 된다고 말했다. "되돌아오는 일은 없다. 우리는 결코 이자성(李自成)처럼 되시는 잃을 것이다"라고 마오는 선언했다. 이자성은 만주족들이 명 왕조를 쓰러뜨리고 있었을 때 베이징을 인계받았으나 이틀 후 권력을 박탈당한 명의 반란군 수령이었다.[18]

마오 일행은 허베이(河北) 성청(省廳)이 있는 바오딩(保定)에서 하룻밤을 묵을 것으로 기대했었다. 그러나 런비스의 지프가 망가져서 탕시엔군에 있는 신이라는 마을에서 멈추지 않으면 안 되었다. 그들은 3월 24일 정오 무렵에 바오딩에 닿았다. 마오는 허베이성의 당서기인 린티에와 의논했다. 그는 린티에게, 시골에서 지주들과 부농들에게 사용한 방법들—재산몰수와 공개처형—을 도시의 자본가들에게 적용해서는 안 된다고 경고했다. 저우언라이는 민족적 자본가 계층이 새 정권과 '앞으로 오랫동안' 협력할 수 있도록 지구당 위원장들이 도시 자본가들을 보호하는 당 정책을 홍보해 달라고 요청했다.

마오와 저우언라이를 비롯하여 많은 사람들이 그들이 권력을 장악할 경우 베이징을 어떻게 다룰 것인가에 대해 골똘히 생각해 왔다. 그들은 농민들을 얻는 데 매우 성공적이었던 전술들이 농민들보다 더 세련되고 더 복잡한 대도시인들에게 그대로 통하지는 않을 것임을 알고 있었다.[19]

오후 3시가 되기 전에 마오는 줘셴(涿縣)에 도착했다. 그곳은 베이징 남부 철도에서 기차를 갈아타는 접합 지점이었다. 그곳에서 그는 베이징에서 영접나온 참모장 예젠잉(葉劍英)과 텅따이위엔을 만났다. 예는 '옛 수도의 일은 만사가 순조롭게 진행되고 있다'고 보고했으며, 방해 공작의 문제도 전혀 없다고 했다.

아무런 사고도 일어나지 않았다. 공산군들은 외국 공사관 지구를 순찰하고 있었고, 도시는 고요하고 평화로웠다. 마오의 특별열차는 3월 25일 밤 2시까지 출발하지 않고 기다리고 있었다.[20] 보안요원들이 야간운행이 더 안전할 것이라고 생각했던 것이다.

마오는 신질서의 문제들을 생각하느라 마음이 차분하지를 못했다. 그 당시 동료들의 기억에 따르면, 가장 시급한 일은 '도시 문제를 어떻게 관리할 것인가를 배우는 일'과, '경제 문제를 어떻게 처리할 것인가를 배우는 일'이라고 그가 이야기했다는 것이다. 마오의 이 말들은 몇 십 년 동안 영향력 있는 반향을 불러일으켰다. 그로부터 40년 후 덩샤오핑의 최우선적인 관심사는 경제 문제와 도시 문제였다. 덩도, 그리고 반동적인 열성당원이든 이상주의적인 대학생이든 아무튼 덩을 비판했던 사람들도, 이러한 교훈들을 잘 배우지 못했다. 1949년에도 1989년에도 당의 지도층은 도시가 아니라 시골에 그 뿌리를 두고 있었다. 중국 농민들에 대해서는 잘 알지만 베이징과 상하이(上海)에서는 낯선 이방인이 되는 그런 사람들에 의해 당 지도부가 지배되었다. 1988년 당의 한 도시위원장은 이렇게 말했다. "그들은 모두 농민들이다. 그들은 인민들이 진흙을 구워 만든 마룻바닥 대신 시멘트 바닥 위에 누워 잠을 잘 수 있으면 행복할 것이라고 생각한다."[21]

기차가 베이징의 서부 외곽을 지나갈 때 마오의 두 눈은 차창 밖을 응시하고 있었다. 함께 가던 동료들에게 몸을 돌리면서 그는 번뜩 떠오른 생각들을 말했다.

그가 '나라와 인민을 구원하는 진리'를 추구하면서 베이징에 처음 왔던 때로부터 어언 삼십여 년이 흘렀다. 그는 자신에게 매우 친절했으며 글자 그대로 '나의 참 스승'이었던 '선하고 진실한 인물' 리다자오(李大釗)를 만난 것은 행운이었다라고 회상했다. 이것은 이제까지 숨겨진 사실을 밝혀 주는 발언이었다. 리다자오는 마오가 1918년 베이징에 도착했을 때 베이징대학 도서관장이었는데 무일푼의 청년인 마오에게 도서관 사무원 자리를 마련해 주었다. 마오는 도서관에서 책을 분류하고 독자들에게 책을 가져다 주고 반납한 책을 다시 서가에 꽂는 일을 했다. 리다자오는 중국 최초의 마르크스주의자였으며, 마오와 함께 초기 공산당의 창립자이자 지도자였다. 리다자오가 가르쳐 준 유치한 수준의 마르크스주의 이론을 마오는 마음속 깊이 새겨두었으며, 이것이 나중에 소위 '마오쩌둥 사상'이라고 불리게 되는 것의 바탕을 이루게 되었다.[22]

마오는 오전 11시 하궁과 향산의 정남쪽에 있는 칭화역에서 내렸다. 이곳에서 그는 화북군구(華北軍區)의 사령관인 린뱌오와 네룽전(聶榮臻), 베이징 당서기인 펑전(彭眞),—그는 그로부터 40년 후 아흔 살이 넘은 나이에도 여전히 베이징 시의 권력자이다—그리고 계획을 준비하고 조정했던 보안 장교 리커농과 만났다.

마오는 방탄 리무진 다지를 타고 하궁으로 갔다. 그 차는 1930년대에 장제스를 위해 미국 디트로이트에서 특수 제작한 차였다. 예젠잉이 하궁의 인수당(仁壽堂)에서 마오에게 점심을 대접했다. 그는 중국의 위대한 군사 지도자들 중의 하나로 나중에 국방부장이 되었으며 사인방이 몰락하고 덩샤오핑이 회생하는 데 핵심적인 역할을 한 인물이었다. 19세기 말 무렵에는 이곳 하궁의 비단 커튼 뒤에서 늙은 서태후(西太后)가 손님들을 영접하고 중국을 통치했었다.[23]

그 날 오후 5시에 마오는 차를 타고 시위엔 공항으로 갔다. 그는 방탄 다지 대신 포획한 담록갈색의 미군 지프로 갈아탔다. 악대가 치라이(起來, 의용군의 행진군가)를 연주하는 가운데 마오는 보병, 포병, 그리고 장갑 부대와 기갑 부대의 경례를 받았다. 박격포대는 시산(西山) 위의 하늘을 번쩍거리는 5백 발의 예광탄으로

수놓았다.[24]

불꽃놀이가 끝나가자 마오는 비공산주의자인 민주적 정당들의 대표들과 함께 저녁을 들었다. 그는 지원을 염려했으며 비공산주의자들의 협조를 얻고 또 그들을 연립 정부에 끌어넣을 수 있게 되기를 간절히 열망했다. 그들은 공산주의자와 비공산주의자를 함께 껴안는 미래의 정부에 관해 자정까지 이야기를 나누었다.

그날 밤 마오는 향산사 바로 밑에 있는 쌍칭(雙淸) 별장에서 생전 처음으로 잠을 잤다. 그 별장은 아주 조용했다. 그곳 구내는 한때 '정원 속의 정원'으로 알려져 있었다.[25] 마오는 올빼미처럼 밤에 일하는 타입이었다. 그 날의 흥분이 전혀 가시지 않고 꽉 차 있는 상태에서, 별장테라스에서 베이징의 불빛을 바라보던 마오는 자고 싶은 생각이 거의 없었다. 생각할 일이 너무나 많았다. 자신이 1893년에 태어난, 후난성(湖南省) 깊숙한 벽지에 있는 고향 마을 사오산(韶山), 탐욕스런 농부였고 출세를 위해 물불 가리지 않았으며 곡물상과 고리대금업자 노릇을 했던 오만한 아버지, 자기에게 당신의 전통적인 믿음을 가져다 준 독실한 불교 신자였던 어머니, 호되게 혼쭐이 난 1934년부터 35년까지의 퇴각 시기에, 그 자신의 말을 빌면, 1만 개의 강과 1천 개의 산을 넘어 6천 마일이 넘는 거리를 부대를 이끌면서 행군했던 대장정(大長征), 일본과의 전투들, 그리고 장제스에 맞서 싸운 전투에서의 승리들…… 중국에서 공산 세력의 완전한 승리가 바로 눈앞에 기다리고 있었다.

마오의 경호원들은 마오의 침대 곁에 그가 읽고 있는 책들을 쌓아 두었다. 그는 《자치통감》을 뽑아 들고 책장을 넘기기 시작했다. 그는 그날 옛 수도를 지나왔다. 그곳은 1천 년 동안 페킹—병음(倂音)으로 표기하면 베이징이다—이라고 불려 왔다. 그러나 국민당의 통치하에서 이름이 베이핑(北平)으로 통했다. 이미 옛 이름을 다시 되찾았다. 그것은 북쪽의 수도라는 뜻을 지닌 베이징이었다. 작은 출발이었다. 중국을 어떻게 통치할 것인가에 관해 자신이 배워야 할 교훈들이 너무나도 많이 있었다. 다행스럽게도, 거기에는 자기를 이끌어 줄 고전 작가들과 중국 황제들의 지혜가 있었다.[26]

1949년 3월 25일, 베이징을 점령한 후 국민당으로부터 노획한 미군 지프를 타고 베이징 군사공항에서 사열을 받고 있는 마오쩌둥

2. 향산(香山)의 시인

　시바이포를 떠나기 전에 마오는 한 가지 결정을 내렸다. 그가 '옛 수도'라 불렀던 중국의 역사적 수도인 베이징에 새로운 붉은 깃발을 심을 것이라는 결정이었다. 오늘날 입장에서 본다면 마오의 결정은 불가피했던 것처럼 보인다. 그러나 1949년에 그 선택은 확정적이지 않았다. 그리고 그 선택은 그 여파를 쉽게 측량할 수 없는 그런 엄청난 역사적, 사회적 결과들을 불러일으켰다.
　중국에는 많은 황제들과 수도들이 있었다. 장제스는 전통적인 남쪽 수도인 난징에 사령부를 설치했다. 마오는 난징에 강한 매력을 느끼고 있었다. 그는 난징과 상하이 중간에 위치한 우시(無錫)에 살고 싶어했노라고 고백했다. 베이징의 겨울 먼지와 추위보다는 난징의 부드러운 기후가 그의 취향에 더 잘 어울렸다. 그러나 그는 미군 병력 주둔지인 난징이 너무 위험하다고 보았기 때문에 난징을 포기했다. 그러나 베이징이 유일한 대안은 아니었다. 장제스는 그의 전시 수도를 충칭(重慶)으로 옮겼다. 양쯔강(揚子江)의 절벽 근처에 위치한 그곳은 일본군의 위협으로부터 아주 안전한 곳이기 때문이다. 2천여 년 전에 진시황제는 중국을 통일하고 오늘날의 시안(西安)인 창안(長安)을 수도로 삼았었다. 쑨원(孫文) 박사는 광둥(廣東)에 사무실을 차렸다.

수도의 선정은 가벼운 일이 아니다. 러시아의 피오트르 대제는 서방세계에 대한 러시아의 개방을 극적으로 하기 위해 페테르스부르크를 건설하고 수도를 모스크바에서 그곳으로 옮겼다. 미국을 세운 국부들은 그들의 새로운 공화국의 가시적인 상징으로서 수도 워싱턴을 만들었다.

신중국의 수도를 어느 곳으로 정할 것인가에 대해 마오의 동료들 사이에서 갑론을박이 있었다. 일부는 베이징을 수도로 삼는 데 반대했다. 그러나 마오의 입장은 확고했다. 그는 선택의 근거를 베이징이 자신에게 부여하는 정통성에 두었다. 수세기를 지나는 동안 수도는 반복해서 베이징으로 되돌아가곤 했다. 쿠빌라이 칸과 마르코 폴로 시대에 중국의 수도는 베이징이었다. 그 당시 이름은 대도(大都)라고 불렸지만 말이다. 요나라(986~1135) 시대에는 베이징이 옌칭(燕京)이라고 불렸다.

수도로서 베이징을 반대하는 주장은 이념적인 것이었다. 이런 주장을 하는 사람들은 신중국은 마땅히 옛 중국과 깨끗하게 단절해야 한다고 느꼈다. 베이징의 전통들이 혁명을 더럽힐 것이라는 거였다. 국가는 새로 시작해야만 한다는 주장과 함께, 심지어 일부 사람들은 소련 국경과 인접한 화베이(華北) 지역의 신흥 산업 중심지인 란저우(蘭州)를 제안하기도 했다.

그러나 이런 식의 논거를 대는 주장들은 대부분의 지도자들에게는 이론적인 것으로 보였다. 란저우는 철도 선로가 끝나는 곳으로부터 수백 마일이나 떨어져 있어서 중국의 나머지 다른 지역과의 연결이 취약했다. 베이징에 대해 반대하는 의견은 사라졌다. 그러나 베이징을 수도로 삼는 문제와 관련하여 생각이 깊은 마오의 옹호자들은 일말의 희미한 불안감을 떨쳐버릴 수가 없었다. 옛 왕조와 너무도 흡사하게 끝장나 버린 새 왕조들에 대한 고통스런 기억들이 떠올랐기 때문이다.[1]

마오가 이런 생각들을 고려했었다는 데 대한 증거는 없다. 마오의 동료들 중 일부는, 가장 큰 비중이 실린 요인은 마오의 두려움이라고 생각했다. 마오는, 레닌 시대에 영국과 프랑스가 기저귀를 찬 상태의 소련을 질식시키려고 시도했었던 것처럼, 미국이 개입하여 요람 속에 들어 있는 유아 상태의 공산국가인 중국을 짓밟으려고 시도할지도 모른다는 두려움에 사로잡혀 있었다.

마오는 미국의 군사력이 중국 위에 시커먼 그림자를 던지고 있으며 앞으로도 오랫동안 그럴 것이라고 생각하고 있었다. 마오는 1945년부터 46년 사이에 국민당과 공산당을 중재하는 일을 맡은 마샬(George C. Marshall) 장군의 임무를 장제스에게 권력을 장악하게 하려는 미국측의 위선적인 책략으로 해석했다. 마오는 장을 지원하기 위한 미국의 공중 수송과 미제 무기, 군수물자 양도를 그 책략의 일환이라고 생각했다. 그는 미국이—미국인들 가운데 영향력 있는 수많은 인사들, 특히 공화당원들이 요구하고 있기 때문에—어느 시점에는 아시아 대륙에 개입할 것이며, 공산주의자들과 쌓인 원한을 풀려고 시도할 것이 확실시된다고 느꼈다.

마오의 불안을 부채질한 것은 스탈린이었다. 그는 마오에게 반복해서 미국의 힘을 깨달으라고 경고했다. 전통뿐만 아니라 신중한 분별력이 마오에게 베이징을 선정하도록 명령했다. 베이징은 소련 국경지대와 비행기로 두세 시간밖에 걸리지 않는 가까운 거리에 있었다. 안전이 상책이었다.

마오는 미국의 위협에 직면하여 공적으로는 당당한 태도를 취했으며, 사실상 스탈린의 경고들도 무시해 버렸다. 장제스가 모든 힘을 동원하여 공산주의자들에 대한 전면공격을 준비하기 시작한 1946년 스탈린은 마오에게 장과 제휴하고 제2인자 역할을 맡으라고 권유했었다. 스탈린은, 저항하게 되면 제3차 세계대전이 일어나는 결과를 초래할 수도 있다고 주장했다. 스탈린은 오랫동안 장에게 호감을 보여 왔었다. 씁쓸하긴 했지만 마오도 이 사실을 알았다. 스탈린은 심지어 장이 1927년 상하이에서 쿠데타를 일으켜 대량 학살을 할 때 공산주의자들을 탄압하고 적대시한 일이 있은 후에도 장을 지원했었다.

스탈린이 상하이의 장제스를 지원하다 결국은 우한(武漢)의 공산주의자들과 좌파들을 지원하게 된 것은 정말 싫으면서도 마지못해 취한 조치였다. 1930년대의 통일전선 기간 동안 스탈린은 장에게 비행기와 무기 그리고 군사 고문단 ―그들 중에는 1927년의 대량 학살 사태를 간발의 차이로 피한 사람도 일부 있었다―을 보내 주었다. 마오에게 그가 보낸 것은 오로지 비행기에 가득 실은 선전 삐라밖에 없었다. 히틀러가 1941년 6월 소련을 공격하자 스탈린은 마오에게 장과의 전쟁을 중단하고 동북구(東北區)의 일본군에 대해 자살적인 공격을 감행하라고 요청했다. 마오는 거절했다.[2]

마오는 스탈린이 좋아하는 사람이 누구인가에 대해서는 착각하지 않았다. 동시대의 한 소련 역사학자는 "스탈린은 두 중국 정책(兩個中國政策)에 찬성했다"고 말한 바 있다. 스탈린은, 장은 약해서 모스크바에 아무런 위협이 되지 못한다고 느꼈다. 그러나 마오는 믿지 못했다.

1946년 마오는 장과의 싸움을 피하라는 스탈린의 충고를 무시했다.[3] 마오는 그의 수중에 들어온 미군 보급품을 장에게 인도하라는 스탈린의 제안에 전혀 개의치 않았다(그러나 소련은 장에게 엄청난 비축물자를 인도했다).[4] 마오는 자기가 가로챌 수 있었던 미군 비축물자를 모두 보관했는데, 그 물자들은 그에게 큰 도움이 되었다.

이제, 마오 군대의 성공에도 불구하고(또는 성공 때문에 그랬을지도 모를 일이다) 스탈린은 마오 군대가 장을 멸망시키는 것을 막기 위한 최후 순간의 노력을 했다. 1948년 말경, 그는 마오에게 화난(華南) 지역은 장이 차지할 수 있도록 양쯔강에서 멈춰 달라고 요청하는 메시지와 함께 아나스타시 미코얀(Anastas Mikoyan)을 시바이포로 보냈다. 장을 완전히 쓸어 없애는 것은 너무나 위험하다. 마오가 장을 무너뜨리면 미국이 개입하게 되고 그러면 세계전쟁이 일어나게 될 것이다. 중국에 아직도 미국의 군사 요원들이 있다는 사실을 마오는 기억해야만 한다는 것이었다.

마오는 흔들리지 않았다. 그는 미코얀에게 자신의 계획들을 설명했다. 그 계획들은 미코얀이 동조할 만큼 아주 좋았으며(또는 그렇다고 마오는 생각했다), 틀림없이 스탈린을 확신시키게 되어 있었다(그러나 실제로는 그렇지 못했다).[5] 마치 자기 내심의 모든 의심을 떨쳐 버리기라도 하듯 마오는 1948년 12월 30일, 중국은 장제스와 그의 '뱀같이 사악한 악행들'을 '가엾이 여기는 동정심'을 결코 보이지 않을 것이라는 내용을 담은 연두성명을 발표했다. "동정심을 보여 주어야 한다는 교활한 말을 하는 자는 그 누구도 '우리의' 진정한 친구가 아니다. 국민당을 멸망시키고 '미제국주의의 침략세력'을 몰아내는 것만이 나아가야 할 유일한 길이다"라고 그는 말했다.[6] 이보다 더 퉁명스럽게 마구 말을 해댈 수는 없을 것이다.

여러 해 동안 공산당 중앙 판공청 주임을 지냈으며 1988년에 중국의 국가 주석이었던 양상쿤(楊尙昆) 장군의 말에 따르면, 이것이 마오가 그의 동료들에게 들려준 설명이었다.[7] 양은 '3대 주요 전투' 이후에 미코얀이 시바이포에 온 것을 기억하고 있었다. 그 전투 때문에 미코얀은 중국 방문 시점을 1948년 12월 말이나 1949년 1월 초로 잡게 되었다. 양 국가 주석은 마오가 장이 어디로 도망을 치든(양쯔강을 건너서라도) 뒤쫓아갈 것이며 그를 본토에서 추방하거나 아니면 없애 버리겠다는 자신의 결심을 강조했었다고 말했다.

베이징인민대학의 왕팡밍 교수는 마오가 1957년에 다음과 같이 발언하는 것을 듣고 그 내용을 기록해 두었다.

우리가 바야흐로 양쯔강을 건너려고 하던 1949년에조차 '누군가'(강조점 필자)가 여전히 우리를 방해하고 싶어했습니다. 그의 말에 따르자면 우리는 양쯔강을 건널 형편이 아니라는 것이었습니다. 만약 우리가 도강을 하면 미국이 중국에 군대를 보내 중국 내전에 직접 개입하게 되고, 중국에 또다시 남북왕조시대가 재현되리라는 것이었습니다.

나는 '그들'(원문 그대로)이 말한 것을 듣지 않았습니다. 우리는 양쯔강을 건넜습니다. 미국은 군대를 보내지 않았으며 남북왕조도 없었습니다. 만약 우리가 실제로 그의 말을 따랐다면 확실히 남북왕조의 상황이 있었을 것입니다.

나중에 나는 우리가 양쯔강을 건너는 것을 막으려고 한 '그 사람'을 만났습니다. 우리의 대화에서 그가 내뱉은 첫 마디는 "승리자는 비난당하지 않는다"였습니다.

나는 그의 말을 듣지 않았었습니다. 그 결과 그는 단순히 나를 비난하지 않는 차원을 넘어 나를 승리자로 인정했습니다. 문제점들을 독자적으로 분석하고 해결하며 항상 사실들로부터 진리를 추구해야 한다는 것은 매우 중요한 일입니다.

마오가 언급한 그 '누군가'는 물론 스탈린이었다.[8]

스탈린이 이처럼 마오의 계획들을 반대했기 때문에 외국 열강들 중 유독 소련만 장제스가 국민당 정부의 수도 난징에서 도망할 때 자국 대사를 딸려 보냈던 것 같다. 다른 나라 대사들은 모두 난징에 남아 마오의 정권 장악에 대한 준비를 하고 있었다.[9] 마오 자신이 프랑스 작가 앙드레 말로(André Malraux)에게 말했듯이 '러시아인'들의 심정은 장제스를 편드는 쪽이었다. 장이 중국 본토에서 도피했을 때 그를 가장 떠나 보내고 싶어하지 않은 사람은 바로 소련 대사였다.[10]

마오는 독립적이었다. 그렇다고 무모하지는 않았다. 미군의 개입에 관한 스탈린의 말이 들어맞을 가능성이 없는 것은 아니었다. 그는 새 정부를 수립할 때 약간의 예방 조처를 취하면 훨씬 더 안전하다고 생각했다. 마오는 만약의 경우 필요할 때는 도망칠 수 있는 베이징에 자기의 새 수도를 세울 생각이었다. 새 정부에 대한 계획들이 1949년 5월 5일부터 13일까지 시바이포에서 개최된 제7차 전국 당대표대회의 전체회의에서 인준을 받은 후 마오는 미국의 위협에 대해 약간 더 많은 보장을 얻었다.[11]

미국 대사 스튜어트(John Leighton Stuart)는 다른 모든 대사들과 마찬가지로 난징에 남아 있었다. 마오의 승인을 받아, 그리고 어쩌면 저우언라이의 사주를 받아서 이루어진 일일 수도 있는데, 스튜어트는 자신이 총장직을 맡았었던 옌칭대학의 졸업식 행사 참석을 위해 베이징으로 돌아오라는 초대를 받았다.

스튜어트는 만약 공산주의자들이 자신의 여행을 허락한다면 기쁜 마음으로 올 것이라고 말했다. 그리고 베이징에 갈 수 있도록 허락해 달라고 워싱턴에 요청했다. 스튜어트는 이것을 계기로 공산주의자들과 공식회담을 할 수 있는 좋은 기회가 생기기를 바랐으며, 이것이 저우언라이와 마오가 간절히 바라는 일일지도 모른다는 생각을 했다(그의 생각은 옳았다). 그러나 워싱턴 당국은 그 여행을 불허했다. 스튜어트는 공산주의자들과는 공식적으로나 비공식적으로 아무런 접촉도 해서는 안 된다는 이야기를 들었다.[12]

훨씬 더 비공식적인 움직임이 한번 있었다. 미국 총영사 에드먼트 클럽은 베이징에 머물러 있었다. 그는 저우언라이가 자기와 만나고 싶다는 내용의 사신을 받았다. 그렇지만 암시가 너무 애매모호해서 클럽은 그것이 사실이라는 확신감을 느낄 수가 없었다. 결국 아무 일도 없이 싱겁게 끝나 버렸다.

한때 굉장한 봄바람이 불어 먼지를 날려 보내자, 마오는 향산사 경내에서 대리석을 붙인 아름다운 다리에 이르는 모든 길을 볼 수 있었다. 그 다리는 일찍이 마르코 폴로와 여행객들이 건너 다녔던 것으로 서남쪽 방향에서 베이징으로 들어가는 입구였다. 바로 그 곁에는 꿈결처럼 어렴풋한 자태로 백운사(白雲寺)가 서 있었다. 백운사는 도교(道敎)의 사원으로, 여행객들이 제국의 수도에 들어가기 전에 원기를 되찾기 위해 멈추었던 곳이다.

그 절에 관해 이런 말이 있었다.

자신의 얼굴을 볼 수 없는 세 명의 중이 있다
다리는 있으나 물이 없다
창문들은 있으나 열지 않는다
서판이 있으나 글이 없다

거울이 있으나 얼굴을 볼 수 없다
문이 있으나 아무도 통과하지 않는다

이것은 마오가 일찍부터 알고 있었던 수수께끼였다. 그는 그 수수께끼에는 답이 없다는 것도 알고 있었다.

마오의 은신처에서 엎어지면 코닿을 거리에 이화원(頤和園)과 곤명호(昆明湖)가 있었다. 그곳에서 1890년대에 서태후는 국가 재정을 유럽의 함대에 맞설 해군 장비를 갖추는 데 사용하는 대신에 매끄러운 대리석 유람선을 건조하는 데 썼었다.

마오가 옛 왕조의 이러한 호화로운 광경을 만끽하던 1949년 4월과 5월 향산의 북쪽 비탈에는, 한 미국 여성이 묘사한 바대로, "과일나무들의 하얀 꽃 빛깔이 깜짝 놀랄 만큼 아름답게 비치고 있었다." 그러나 그 아름다운 광경은 너무나 빨리 사라져 버려서 "바로 제때에 가지 않으면 볼 수가 없다. 꽃이 벌어지자마자 이삼 일 지나면 바람에 꽃이 다 떨어져 버리고 앙상한 가지만 남게 된다."[13]

마오는 정치가일 뿐만 아니라 시인이기도 했으며, 논객일 뿐만 아니라 철학자이기도 했다. 그의 일생은 군사적 계산들, 정치적 사무들, 그리고 새로운 공산 정권을 창출해 내는 무미건조한 세부사항들로 가득 차 있어야만 했다. 그러나 이것이 전적인 진실은 아니었다. 그의 시는 간절한 소망을 담고 있는 듯한 움푹 팬 눈을 가진 이 혁명가의 마음속에 통찰력을 부여해 주었다. 쌍칭 별장에 거처를 정한 지 한 달 후, 마오는 오랜 친구이자 동료 시인인 류야쯔(柳亞子)에게 몇 줄의 편지를 썼다. 마오는 그와 1944년 전시의 충칭에서 서로 시를 교환했었다.[14] 류야쯔는 마오의 혁명에 등을 돌리고 있었다. 그는 푸찬강으로 은둔하여 어부가 되었던 후한(後漢) 시대의 고전 시인 엄광(嚴光)처럼 자기도 고향 마을로 돌아가 명상적인 삶을 보낼 생각을 하고 있었다.

마오는 그 친구에게 제발 그러지 말라고 애원했다. 이 "낙화의 계절"―8세기의 시인 두보(杜甫)는 봄을 이렇게 불렀다―에, 31년 만에 옛 수도인 베이징으로 되돌아왔다라고 마오는 편지에 썼다. 또 마오는 친구에게 미래를 내다보라고, "시야를 넓혀 멀리 내다보라"고 권고했다. 멀리 떨어진 푸찬강보다는 곤명호에 놀고 있는 물고기를 바라보는 것이 더 나은 일이었다.[15]

수백 년 동안 향산의 산들과 길게 내다보이는 전망, 그리고 향산의 꽃들과 전설들은 시인들에게 영감을 불러일으켰고 황제들의 마음을 상쾌하게 해 주었다. 향산의 봄은 길고 서늘했으며, 꽃들의 열병식 같았다. 4월 말 무렵에는 재스민과 복숭아의 장밋빛 꽃잎이 만수산(萬壽山)의 전면을 온통 물들였다. 또 하얀 오얏꽃과 편도의 분홍빛 꽃잎들, 활짝 핀 야생능금의 꽃, 그리고 도취시키는 라일락이 바람에 흩날려 다녔다. 몇 세기 전에 만들어진 길 위를 천천히 거니는, 연인들이 손에 손을 잡고 산책하는, 낭만적인 사랑과 꿈의 시간이었다.

마오는 그곳에 묵으면서 기다렸다. 그가 류야쯔에게 한 말은 사실은 자기 자신을 겨냥한 것이었는지도 모른다. 이것은 마오가 애독하는 역사소설 《삼국지》에 나오는 것만큼이나 인생에서 극적인 달콤한 순간이었다. 마오가 그곳에 머물렀던 이유가 그곳 경치가 그림처럼 아름다웠기 때문만은 아니었다. 그의 인생에 아마도 마지막으로 낭만적인 사건이 끼어든 것 같기 때문이기도 했다. 그는 향산을 포기하고 싶어하는 경향을 전혀 보이지 않았다. 어쩌면 그는 그곳에 수도를 정할 생각으로 혼자 즐거워했었는지도 모른다. 그는 의무적인 모임이 있을 때에만 드물게 베이징으로 왔으나, 곧 서둘러 서늘한 산꼭대기의 매혹적인 분위기, 반쯤 파괴된 절, 그리고 그의 새로운 애인인 향산으로 돌아갔다. 이러한 유혹들이 그를 거의 매주 붙들어 맸다. 11월이 되어서야 그는 시적인 생활을 포기하고 중난하이에서 황제의 역할을 떠맡기 위해 베이징으로 내려왔다.[16]

3. "저 작은 친구를 얕보지 마라"

 향산에서 시적인 정취에 듬뿍 취해 낭만적인 생활을 즐겼던 마오와는 달리, 류보청, 덩샤오핑, 천이, 녜룽전 등 야전 지휘관들은 낭만적인 생활과는 거리가 멀었다. 덩샤오핑은 1949년 초 시바이포 이래로 마오를 보지 못했다. 린뱌오기 훙군(紅軍)을 이끌고 베이징에 개선 입성했을 때 그는 베이징에 없었다. 야전 지휘관들은 장제스의 국민당과 싸우는 데 너무 바빠 제국의 중심부에서 긴장을 풀고 편히 쉴 수가 없었다. 1948년 겨울부터 1949년 여름까지의 기간 동안 덩샤오핑은 땀과 화약 연기가 흠뻑 배어든 구겨진 제복을 갈아입을 시간조차 거의 없었다.
 훙군의 지휘관 중에서 덩샤오핑보다 키가 작은 사람은 없었다. 그는 5척이 채 안 되는 단신으로, 나폴레옹보다도 더 키가 작았다. 그의 입당 초기 사진들을 보면 마치 학생처럼 보인다. 그러나 1949년이 되기도 전에 이미 그는 중국 역사상 가장 큰 전투들에서 중원(中原) 전선을 통합, 조정하는 역할을 맡고 있었다. 1949년 화이하이 작전 지휘 참모의 일원이었으며 1988년 베이징 국립 국방대학교장이었던 장전(張震)은 "우리는 보병 2개 중대를 만드는 데 충분할 만큼의 국민당 장군들을 포로로 잡았다"라고 회고했다.[1]
 마오쩌둥은 1957년 소련 지도자 흐루시초프와 논쟁을 벌이던 중 그에게 덩을 가리키며 "저 작은 친구를 얕보지 말라. 그는 장의 최정예 부대 백만 대군을 박살 냈다"고 경고했다. 그런 다음 마오는 "그는 장래가 밝다"고 덧붙였다.[2)]

1949년이 시작되었을 때, 그 '작은 친구'와 그가 이끄는 중원군(中原軍)은 불과 66일 사이에 국민당 25개 군단과 5개 군, 56개 사단을 쳐부수는 위업을 달성하고 있었으며 그 전공을 마오에게 돌렸다.[3)] 1948년 9월 12일과 1949년 1월 11일 사이에 공산군들은 국민당 12개 군과 149개 사단 병력 150만 명을 무찔렀다.[4)]

그로부터 덩은 전시에나 평화시에나 마오의 총애받는 부관이었으며 몇 년 동안은 계속 그 위치를 유지했다. 그는 멀리 떨어진 곳에서 전투를 했으며 평화시에는 시골 깊숙이 들어가 산업 운동을 비롯하여 자주 극비에 속하는 일들에 종사하고 있었기 때문에 외국에는 비교적 널리 알려진 인물이 아니었다. 해가 거듭될수록 그의 책임과 명성이, 중국 밖에서는 그렇지 않은지 모르지만 중국 안에서는 점점 커졌다.

그렇지만 인민공화국이 수립되기 이전에 그가 마오쩌둥의 유망한 후계자로 간주되었으리라고 추정한다면 그건 잘못된 생각일 것이다. 인민 여론 조사를 했다면 저우언라이나 류사오치를 더 유망한 후계자로 꼽는 결과가 나왔을 것이다. 그보다 약간 더 이른 시점이었다면 높은 인기도와 군사적 용맹성 때문에 주더를 후계자로 꼽는 투표도 일부 있었을 것이다. 덩은 단지 차세대의 유망 인물로 여겨졌다.

베이징에 오기 이전 시절에 마오는 격식에 구애받지 않았다. 그와 그의 부하들, 즉 무뚝뚝한 곰 같은 인물로서 '주마오'라고 불릴 만큼 마오와 여러 가지 면에서 흡사한 제2의 마오인 주더, 실을 당기면 춤을 추는 작은 인형 덩샤오핑, 쾌활한 애꾸눈 류, 극심한 고통 때문에 발작적으로 바동거리지 않으려고 언젠가 나무에 몸을 밧줄로 묶고서는 곪아 썩는 냄새가 나는 넓적다리 상처 부위에 만금유(萬金油)를 쏟아 부었던 매우 용감한 인간 천이, 그리고 수수께끼 같은 인물 린뱌오, 이들 모두는 1920년대 후반 이래로 함께 싸워 온 사이였다. 마오는 맏형격이었지만, 번개와 벼락을 치는 제우스 신 같은 존재는 아니었다. 그들은 대장정을 했었다.

생존자들의 증언에 따르자면, 이들은 형제 같은 사이였다. 그들은 연회나 전투 후에는 한 줄로 서서 함께 소변을 보았다. 린뱌오만 옆으로 약간 돌아서서 소변을 보았다. 그들은 팬티를 내리고 일렬로 쭈그리고 앉아 진흙투성이의 도랑 위에 대변을 보았는데, 마오가 고질적인 만성 변비증 때문에 무리하게 힘을 주면 그의 관자놀이의 혈관이 불뚝 튀어 나왔다.

마오의 변비 증세는 아주 심했으며, 이것은 신체적으로뿐만 아니라 정치적으로도 중대한 영향을 미쳤다. 변비 때문에 나흘이나 닷새 변을 보지 못하게 되면 마오는 화를 잘 내고 신경질적이 되었다. 배설을 하지 못한 데서 비롯된 욕구 불만 때문에 그는 사람들을 날카롭게 되받아쳤다. 그 대상은 가까운 측근이거나 아니면 외국의 외교사절일 경우도 있었다.

마오의 이러한 변비 증세를 경호원들은 아주 잘 알고 있었다. 마오의 변비 증세가 심해지면 그들은 그의 항문에 손가락을 집어 넣어 배설물을 끄집어내야 했다. 이러 일은 자주 있었다. 마오는 배변을 보기 위해 혼자 야외에 나가기를 좋아했다. 화장실은 "너무 냄새가 지독하다"고 그는 불평을 늘어놓았다. 그의 경호실장인 리인차오(李銀橋)는 마오가 야외에 나갈 때면 거름으로 사용하는 인분 덩어리를 주워 냄새를 맡은 다음에 쭈그리고 앉아 배변을 보는 일이 자주 있다는 것을 알게 되었다. 그는 마오의 행동을 이해할 수가 없었다.

"나는 배변하면서 앉아 생각하기를 좋아하지. 냄새가 너무 고약하면 도무지 생각을 할 수가 없다"고 마오가 그에게 말했다.5)

마오는 대변을 보는 일이 전투를 치르는 것 같은 고역이라고 말하곤 했다. 옌안 시절 마오가 8일이나 9일 동안 대변을 보지 못하다가 마침내 대변을 보게 되면 이런 말이 퍼져 나가곤 했다. "주석님 창자가 움직였다! 주석님이 대변을 잘 보셨다!" 그러나 변비 때문에 치러야 했던 마오의 이런 고역은 중난하이의 숙소에 서양식 좌변기를 설치하고 난 후부터는 덜어진 것 같았다.6)

이 사람들 사이의 관계는 편했다. 경험이 많은 쑤위(粟裕) 장군이 화이하이 작전 계획을 착상했지만 작전 개시 전날 밤에 마오에게 경험이 더 많은 사람을 전투의 지휘관으로 임명해 달라고 요청했다. 마오는 애꾸눈 류와 덩샤오핑에게 그 책임을 맡겼으며 전력을 증강시키기 위해 천이와 그의 제3공산당 야전군을 보충시켰다. 거친 감정 따위는 없었다.

그 당시에 덩은 마오에게 선정된 지역이 너무 늪지이고 부대들이 수렁에 빠져 꼼짝 못하게 될 것이므로, 마오의 공격 계획을 변경하지 않으면 안 된다고 말할 수가 있었다. 마오는 덩의 말을 받아들였다. 장전장군은 이렇게 회고했다. "마오는 참으로 겸손했다. 그는 지휘관들의 충고를 받아들였다." 이것은 약간 놀랄 만한 사실이다. 마오의 이런 태도는 1950년대 중반에 사라져 버렸다.

그들은 거친 무리였다. 은근하고 명석한 저우언라이를 제외하고는 거의 모든 사람이 농민에 뿌리를 두고 있었다. 이것은 그들이 중국의 광활한 땅덩어리를 그토록 효과적으로 움직이고 다녔던 이유 중의 하나였다. 나중에 마오가 베이징에 친근감을 느꼈을 때, 그러한 농민의 유산은 부정적인 측면을 드러낼 것이었다.

일부 지휘관들은 마오와 덩처럼 부유한 시골 가문 출신이었다. 천이는 언젠가 한 미국인에게 자신의 출신 배경은 무산계급이 아니라고 이야기했다. "다른 사람들은 당신에게 자기들이 농민계층 또는 도시의 빈민계층이라고 말할 것입니다. 나는 유산계급 출신이며 그 사실을 숨기지 않을 것입니다." 주더와 거친 노장 펑더화이 같은 또 다른 사람들은 기아와 굴종, 매질, 그리고 아편의 잔인한 모습을 알고 있었다.

지도자들 가운데 몇몇은 세상의 작은 한 부분(주로 파리와 베를린의 공장 빈민가)을 보았으며, 무모한 젊은 시절에 모스크바에서 볼셰비즘의 맛을 체험했다. 그러나 마오는 그들과는 달랐다. 그는 프랑스에 유학가려는 공독주의(工讀主義 ; 노동하면서 공부하는 프로그램) 그룹을 조직하는 일을 도왔지만 동료들을 부두에서 떠나 보내고 자기는 중국에 남았다. 돈이 없어서였는지, 확신이 서지 않아서였는지, 아니면 유럽이 아니라 중국이 세계라는 마음 깊이 자리잡은 본능―중국이 세계라는 것은 중국인들에게는 아주 일반적인 생각이었다.—때문이었는지, 그 이유는 명백하지 않았다.

마오의 부하들은 전투에서 공을 세웠다. 그들의 직함이 무엇이든 간에 그들은 실제적으로 군사 지휘관이었고, 수없이 죽을 고비를 넘겼다. 그들 가운데 일부는 군벌의 군대에서 용병으로 군 생활을 시작했다가 나중에 마오의 홍군에 들어온 사람도 있었다. 그들은 공산주의 운동의 중추세력이었고, 군사세계에서 살았으며 군사적 규율을 따랐다. 어떤 명령이든 일단 명령을 내리면 절대 복종해야 했다. 명령에는 정확하고 즉각적으로 복종해야 했으며, 질문이 허용되지 않았다. 질문은 단지 전투가 끝난 후에 할 수 있었다. 마오의 지휘관들의 살벌한 규율은 그들 모두가 속한 공산당의 규율에 의해 보강되었다.

이들은 전쟁터의 포화 속에서 지위를 얻었던 사람들이었다. 그들은 당에 봉사했으며, 당은 그들에게 봉사했다. 만약 그들이 부상을 당하면 당은 그들의 목숨을 구하기 위해 모든 노력을 다했다. 그들이 전쟁터에서 전사하면 당은 그들의 가족을 돌보았고 포로로 잡히면 당은 그들을 구출하려고 애썼다. 포로로 잡힌 지휘관은, 만약 구출되지 못하면, 고문을 당해 비밀을 누설하느니 차라리 스스로 목숨을 끊었다. 그들은 시칠리아의 오메르타—사사(私事)에 관한 밀고를 하지 않는다는 신사도—만큼이나 비밀엄수 서약을 반드시 지켜야만 할 의무를 지니고 있었다.

그들의 서약은 신성한 것이었으며, 이 서약을 해야 규율의 성스러운 장소에 들어갈 수 있었다. 당의 지시는 지고한 것이었으며 마오는 지극히 성스러운 신 같은 존재였다. 바로 여기에 공산당 운동의 강점이 있었다. 그러나 이것은 약점이기도 했다.

하지만 마오는 아직도 신성불가침의 존재는 아니었다. 어떤 결정을 내리기 전에, 또는 전투가 끝난 후에, 이 거친 군인들에 의해 의문이 제기될 수 있었으며, 실제로 제기되기도 했다. 그들은 아직은 통상적인 업무에 대해서는 판단을 유보하지 않았다. 만약 실제적이지 못했거나 빈틈없는 관찰력을 가진 사람들이 아니었다면 그들은 전투에서 승리할 수 없었을 것이다. 그러나 그들은 훌륭한 군인들이었다. 심지어 판단이 잘못된 명령도 일단 그대로 따랐으며 나중에 이의를 제기했다. 그들은 서로를 떠받쳐 주었다. 개인은 전체를 위하고 전체는 개인을 위하는 것, 이것이 규율이었다. 그것은 일종의 형제애였다. 대장정 기간중에 사병들과 하급 장교들은 엄청난 사상자를 냈음에도 불구하고, 당이 소위 '전문가'라고 부르는 고급 간부들의 경우에는 남녀 불문하고 사망률이 놀랄 정도로 낮았다.

이들 간부들은 산악 게릴라 또는 상하이 지하활동 경력을 갖고 있었다. 한 발만 잘못 움직여도, 말 한마디 신중하지 못해도 그것은 곧 죽음을 의미했다. 그들은 때로는 병이 들어 들것에 실린 채, 때로는 노새의 등에 묶인 채 험난한 산을 넘고 강을 건너 6천 마일에 이르는 대장정 길을 지나왔다. 그들은 옌안에 도착했다. 그곳에서 마오로부터 그의 공산주의 교의(敎義)를 마쳐 상태에서 줄줄 외울 때까지 다시 학습했다. 그들은 일본군과 싸우기도 했으며, 장제스의 부하들의 추격을 간신히 피하기도 했다. 그들은 살아 남았다. 또 그들은 단순히 형제 정도가 아니었으며, 피로써 맹세한 서로 뗄 수 없는 형제 사이였다. 그들은 마치 몰타 기사단(호스피틀 기사단, 제1회 십자군(1096~99) 무렵 십자군 부상병, 성지 순례자의 보호를 목적으로 예루살렘에 설치)과 같은 준종교적 성격의 집단을 이루었으며, 이 모두가 혁명의 목표를 위해서였다.

이제 이 성질 급하고 고집스런 사람들은 전쟁의 막바지에 이르고 있었으며 바야흐로 세계에서 가장 큰 나라를 다스리는 복잡하고 자질구레한 일들에 달라붙을 참이었다. 그 당시 중국은 무지와 미신, 그리고 중세적인 생활 방식에 물들어 있었고, 우리가 알고 있는 모든 질병(의사들도 알지 못하는 질병도 있었다)에 둘러싸여 고통을 당하고 있었으며, 수천 년 동안 노예와 같은 예속 상태에서 살아온 수억의 문맹자가 있었다.

마오는 자신의 사명이 무엇인가를 어렴풋하게나마 인식했으나 그의 장군들은 그러지 못했다. 그들의 자신감은 전투의 승리에 바탕을 둔 것일 뿐 수천 년 동안 내려온 해묵은 문제들을 푸는 데는 자신이 없었다. 단결과 규율의 힘을 마오보다 더 잘 아는 사람은 아무도 없었다. 20년대 후반과 30년대 초반에 마오와 러시아인들 사이의 불화에 의해 중국혁명은 거의 결딴나 버린 상태였다. 마오는 그 싸움에서 이겼으며, 당과 군(그 당시 이 둘은 서로 구분할 수가 없을 정도로 밀접하게 연관되어 있었다)에 자신의 철학을 새겨 넣었다. 그는 대장정이 끝났을 때 장궈타오(張國燾)를 누르고 지도력을 장악하는 또 다른 싸움에서도 이겼다.

마오는 자기가 제4야전군의 지도자로서 경쟁 상대인 장궈타오의 손아귀에서 신속하게 벗어나지 않으면 그가 자신을 면직시키고 죽일 것이라고 믿고 있었다. 1937년 옌안에서 미국의 저널리스트 에드가 스노우(Edgar Snow)와 함께 걸으면서 마오는 5년 전에 자신을 당 지도자 자리에서 쫓아냈던 보구(博古)―그는 1935년에는 마오에 의해 그 자리에서 쫓겨났다―를 지칭하면서 "그 자가 나를 죽이려 했었다"고 말했다. 그리고 1948년 7월 경호원 리인차오에게, 보구의 측근이자 중국 공산당내 친소파 두목인 왕밍(王明)을 지칭하면서 "그 자는 나를 죽이기를 원했다"고 말했다.7)

마오는 당원을 통제하기 위해서는 생사를 건 투쟁을 할 수 밖에 없다는 인상을 받았다. 그는 이 인상을 결코 떨쳐 버릴 수가 없었다. 그는 옌안에서 엄격한 '정풍운동' 속에서 동료들에게 자신의 견해들을 심어 주기 위해 많은 시간을 보냈다.

단결, 단결, 단결. 이것은 마오의 신조였다. 당과 군이 중국 전역을 인수하고 마오가 1949년 말 정권 인수를 준비하고 있을 당시 그는 어느 때보다도 더 노심초사했다. 수백만 명에 이르는 장의 병사들을 홍군―이제는 인민해방군이라고 불렀다―에 흡수함으로써 군의 규율과 당의 역량을 약화시킬지도 모를 일이었다.

국민당, 일본인, 그리고 북양군벌들이 오랫동안 중국을 다스려 왔다. 백성들 사이에는 견해를 달리하는 다수의 계파가 있었다. 중국의 정권을 장악하는 일은 농민들이 사는 하나의 촌이나 성(省)을 떠맡는 일과는 달랐다. 중국에는 대도시들이 있다. 그곳에는 자본가, 유산계급, 각양각색의 지식인들, 소상인들, 전문직 종사자들, 그리고 군인들이 서로 다른 방식으로 살고 있었다.

무엇이 필요한가는 명백했다. 그것은 기율이었다. 운에 맡길 것이 아니라 신중해야 했다. 중국은 모든 것이 아주 친숙하고 편안한 시골이 아니라 새롭고 위험한 바다 같은 것이었다.

마오와 그의 부하들은 반드시 긴밀하게 단결하지 않으면 안 되었다. 만약 그렇지 않을 경우 그들은 패망을 면치 못할 것이었다. 이것이 마오가 염려하는 주요 관심사로, 덩샤오핑의 마음과는 거리가 멀었다. 그는 밀과 찐빵을 주식으로 하는 북부와 쌀을 주식으로 하는 남부를 가르는 경계인 양쯔강을 건너는 마지막 대작전을 위한 명령서를 쓰기에 바빴다. 양쯔강 도강 작전은 장의 수도인 난징을 함락하고 국제 도시 상하이를 포획하기 위한 것이었다.

이 무렵 국민당 군대의 트럭들이 난징의 부두가 있는 곳으로 운행하고 있었다. 장과 그의 장군들이 그곳을 떠나고 있었다. 그들은 금과 첩, 부대와 무기를 한데 모아 보트에 싣고 있었다. 그 보트들은 밤중에 소리없이 강 아래쪽으로 내려갔다.

1949년 4월 21일 마오는 베이징에서—그는 물론 여전히 향산에 있었다—첫 번째 성명서를 공표했다. 그것은 군부에 대해 "용감하게 전진하여 중국의 관할 영토 내에서 국민당 반동분자들을 모조리 단호하고 철저하고 완전하게 섬멸하라"는 명령이었다. 이에 덧붙여 그는 "비적의 우두머리 장제스를 체포하는 데 특별한 주의를 기울이라"고 명령했다.

20년 동안 장은 마오와 그의 부하들을 공비(共匪)라고 불렀으며 마치 그들이 강도나 소매치기라도 되는 것처럼 그들의 목에 현상금을 걸었다. 마오는 이것을 잊지도, 용서하지도 않았다.[8]

4월 21일 아침, 안개가 채 걷히기도 전에 류보청과 덩의 제2야전군, 천이의 제3야전군에 소속된 수십만 명의 병력이 소정(小艇), 범선, 정크, 거룻배, 뗏목, 그리고 외륜선 등에 나눠 탄 채 양쯔강을 건너고 있었다.

덩은 망원경으로 작전을 관찰했다. 중국의 한 해설자의 말을 빌면, 그것은 '역사상 유례없는' 도강(渡江)이었다. 이제 중국 남부 전역이 공산군에게 열려 있었다. 장은 그 도강 작전을 막기 위해 제방을 무너뜨려 버리겠다고 위협했었다. 만약 그렇게 하면 수십만 명이 물에 빠져 죽게 될 것이나 전답이 완전히 씻겨 내려 버림으로써 수백만 명이 굶주리게 될 것이었다. 그 위협을 실행에 옮기는 대신 장은 도망쳤다. 난징은 싸우지 않고 4월 24일 항복했다. 항저우(杭州)는 5월 5일에, 난창(南昌)은 5월 22일에 함락되었다.

그러나 상하이에서는 다를 것이라고 장제스는 맹서했다. 그의 병력은 상하이에 집결했다. 군부대들은 높이 10피트, 두께 1 내지 2인치, 길이 15마일에 이르는 나무 장벽을 상하이 시를 빙 둘러 설치했다. 외국인들은 그것을 조롱조로 '상하이의 만리장성'이라고 불렀다. 상하이 시의 서쪽 구역 항교로(缸矯路)에 들어서 있는 가옥과 건물들은 '교전'을 위해 철거되었다. 그러나 뇌물만 제대로 쓰면 철거를 면할 수가 있었다.

6백 명이나 되는 정치범들과 평범한 시민들이 공개 처형당하는 와중에 국민당 군대는 상하이 시를 사수하겠다는 성명을 거듭 반복하여 공표했다. 그러나 천이의 제3야전군이 쉬지 않고 전진해 들어와 5월 14일에는 그 도시를 포위했다. 국민당 군대와 장교들은 배를 타고 타이완으로 철수하기 시작했다. 5월 24일 상하이의 교외에 있는 콜롬비아 컨트리 클럽의 지배인은 한 친구에게 테니스 코트 주변에서 총격전이 있었다는 내용의 전화를 했다. 그 지배인은 "총격전이 벌어지는 곳에서 점심을 먹을 것 같다"고 말했다.[9] 다음 날 국민당 군대는 항구의 해안길을 따라 '승리의 시가 행진'을 벌였다. 여기에 참가한 군 트럭들과 군인들은 곧 배를 타고 타이완으로 철수할 참이었다. 미국의 기자 랜드먼(Amos Landman)은 5월 26일 상하이의 주요도로인 남경로(南京路)로 차를 몰았다. 그는 영안백화공사(永安百貨公司) 문 밖에 주차해 있는 네댓 대의 국민당 군용 트럭을 보았다. 한편 그곳에서 한 블록 떨어진 커브길 근처에서 그는 예닐곱 명의 병사들이 지저분한 군복을 입고 피곤한 모습으로 출입구에 몰려 있는 것을 발견했다. 그들은 팔로군(八路軍), 그러니까 앞으로 조금씩 진군하고 있던 인민해방군이었다. 국민당 군대와 인민해방군 어느 쪽도 그들이 서로 2백 야드밖에 떨어져 있지 않다는 것을 모르고 있었다.

그 날 늦게, '중국인과 개 출입 금지(華人與狗, 禁止進入)'라는 팻말로 유명한 소공원 오른쪽에 있는 쑤저우 하반(蘇洲河畔)을 가로질러 나있는 다리 위에서 짧은 시간 동안 격렬한 교전이 일어났다. 총성이 울려퍼졌다. 국민당 군대가 발사하는 총알이 미국 총영사 캐벗(John Cabot)의 사무실 안으로 윙 하는 소리를 내고 들어왔다. 그는 "국민당 군대가 미국 총영사는 공산군 저격병들에게 은신처를 제공하지 않고 있다는 것을 알아야 하는 건데 모르고 있다"고 투덜댔다.

상하이 정복은 5월 27일에 완료되었다. 중국의 가장 큰 도시가 이제 공산군의 손에 들어간 것이다.[10] 마오의 승리와 장의 패배가 확정되었다. 사태의 진전이 너무나 빨라서 류보청, 덩샤오핑, 그리고 제2야전군은 거의 보조를 맞출 수가 없을 지경이었다. 이제 그들은 집중 공격할 지역을 바꾸기 시작했으며 병력을 집결하여 중국의 거대한 서남부 지역을 평정하기 시작했다. 이 일을 하는 데는 시간이 오래 걸리지 않을 것이었다. 그러나 1949년 12월 10일 이전에 장이 본토를 포기하고 타이완으로 도망쳐 버렸다.

4. 명랑한 소년

　마오쩌둥과 덩샤오핑의 어린 시절은 대단한 흥미를 자아낸다. 마오와 그의 정력적인 부관 덩의 출신 배경은 비슷한 점이 있다. 두 사람 모두 시골의 유복한 가정 출신으로 보통보디는 디 나은 조긴 아래에서 싱장하며 교육을 받았나.
　그러나 그들의 고향 마을, 즉 마오의 고향 후난성과 덩의 고향 북부 쓰촨성(四川省)은 서로 수백 마일 떨어진 곳에 자리잡고 있었다. 그들은 서로 다른 사투리를 썼으며, 세기가 바뀔 무렵, 두 마을이 태평양을 사이에 두고 서로 정반대쪽에 있었다고 해도 좋을 정도로 두 마을의 접촉은 전혀 없었을 것이다.
　마오의 고향인 사오산으로 나 있는 도로도, 광안(廣安) 외곽의 작은 촌락인 덩의 고향 파이팡춘(牌坊村)으로 나 있는 도로도 전혀 없었다. 쓰촨과 후난 전지역을 통해 도로라 할 만한 것이 거의 없었다. 중국인들이 소위 '소로(小路)'라고 불렀던, 산길을 따라 난 좁은 오솔길 정도가 고작이었다. 쌀가마니와 곡식부대는 남자나 여자가 등에 메고 나르거나, 아니면 때때로 나귀의 등에 싣고 옮겨야 했다.
　마오와 덩은 전형적인 시골 소년은 아니었다. 마오의 아버지는 차츰 신분이 높아가고 있었다. 마오 집안은 두 세대 전만 해도 마을 사람 성이 모두 마오인 집성촌(集姓村) 사오산에서 땅 한 뼘 없이 가난하게 살았었다.[1] 마오의 할아버지 때부터 신분 상승을 하기 시작했으며, 아버지 때에는 낮은 신분에서 벗어나고 있었다. 마오의 아버지는 돈을 악착스럽게 긁어모아 꽉 움켜쥐고 사는 구두쇠 농민이었다.

마오의 조상들이 아주 옛날에는 이보다 더 번성했었을 수도 있다. 마오의 조상들을 원나라 시대까지 더듬어 올라가 애써서 만든 족보가 마오 생전에 편찬되었으나, 그의 사후 몇 년 동안 비밀에 부쳐졌다. 그 족보에는 마오의 가계가 마오떠화라는 무사(武士)까지 거슬러 올라가는 것으로 되어 있다.

마오떠화는 명나라 때 후난성 샹탄현(湘潭縣)에 정착했는데, 그곳은 마오의 출생지 사오산과 인접한 곳이다. 마오의 가장 가까운 측근이자 협력자들 가운데 두 사람, 즉 류사오치와 위대한 노원수 펑더화이도 마오와 같은 지역에서 태어났다. 그들은 문화혁명 때 괴롭힘을 당하다 끔찍스러운 죽음을 당했다. 마오의 족보에는 마오가 마오떠화의 20대 손으로 소개되고 있다. 미국으로 이주해 온 수많은 유럽인들과 마찬가지로 마오는 자신의 뿌리에 대해 열망을 갖고 있었던 것 같다.

그렇지만 마오의 족보는 두드러진 무늬를 넣어 장식한, 아일랜드 왕의 후손임을 주장하는 그런 엉터리 증서보다는 훨씬 정교하다. 족보는 모두 20권으로 되어 있는데, 원래는 청나라의 유명한 황제 건륭제의 제위기간(1736~96)중에 편찬된 것이다. 더 일찍 나온 족보에는 마오 가문이 쪼우웬 황제의 아들인 마오보짱 황태자로부터 시작된 것으로 되어 있었다. 중국의 12억 인구 가운데 마오라는 성을 가진 사람은 아마 2백만 명 정도일 것이다. 마오라는 성을 돈받고 팔았을 가능성이 명백하다.

마오는 생전에 자신의 족보를 철저히 비밀에 부쳤다. 그러나 1988년 지린(吉林)의 인민 출판사가 그것을 최초로 출판했다.[2] 마오는 언젠가 자기 집안은 본래 북부 산시성에서 나온 것으로 생각한다고 말한 적이 있다.[3]

마오의 아버지는 가족의 토지 소유를 확장했고, 대금업자와 곡물상인이 되었다. 그는 이웃사람들의 고혈을 짜냈으며, 일자무식에 거칠고 욕심 사납고 비열하고 오만하기 짝이 없었다. 죽기 전에 그는 토지 외에도 은화 1만 냥을 모았는데,

이 돈은 그 당시 큰 재산이었으며, 그의 아들이 죽은 지 12년 후에도 중국에서는 제법 큰 액수였다.[4] 그는 마오를 자기의 장부를 관리하는 동업자로 만들 계획을 갖고 있었다. 그는 글을 읽고 쓸 줄 알며 회계 정리를 할 수 있고 고리로 빌려 준 돈의 이자를 계산할 수 있는 사람을 필요로 했던 것이다.

그러나 마오는 자라면서 아버지를 증오하고 어머니에게 동정을 느꼈다. 그는 성장하면서 나름대로의 방식으로 독학을 하여 선생이나 학자수준이 되었으나 행복한 젊은이는 아니었다. 그는 늘 생각에 잠겨 사색을 즐겼으며, 재능있고 야심만만한 젊은이였다. 그는 아버지와의 싸움, 세상과의 싸움, 그리고 자기 자신과의 싸움에서 갈등하는 애국적인 중국인이었다. 그가 마르크스에 관해 들은 것은 스물세 살이 지나서였다. 그의 최초의 영웅은 미국의 위대한 게릴라 조지 워싱턴(George Washington)이었다. 그가 대장정 기간중에 사용한 전술 중 일부는 워싱턴으로부터 배운 것이었다. 마오의 경호원들은 마오를 라오투(老土, 늙은 농부)라고 불렀다. 마오는 그것을 개의치 않았다. 그는 "나는 흙이다. 나는 너무나 비천하다. 나는 농민의 아들이며 나는 농민의 생활 습관을 지니고 있다"고 말했다.[5]

덩은 샤오산만큼이나 벽지에서 자랐다. 그러나 그는 마오의 집안과는 전혀 다른 그런 집안에서 태어났다. 덩 일가는 물려받은 재산이 제법 있었다. 이보다 더 중요한 사실은 덩의 집안은 선비 전통, 멸사봉공, 그리고 지도자 정신을 소중히 했다는 점이다. 덩의 집안은 몇 대에 걸쳐 지방유지였다.

덩은 행복한 아이였다. 그가 부루퉁했다거나 어떤 일을 하기 싫어했었다고 기억하는 사람은 아무도 없었다. 그는 밝고 무사태평했으며, 똑똑하고 명랑한 소년이었다. 중국인들은 누구나 어릴 적의 이름을 몇 개씩 지니고 있다. 덩의 이름들은 그의 아버지의 눈에 비친 그의 모습을 반영하고 있다. 그의 공식 이름은 '성인(聖人)'이라는 의미를 지닌 시엔성(先聖)이었다. 그의 출생명은 시시엔(希賢)이었는데, 그건 성인이기를 바란다는 말이다. 또 그의 별명은 착한 소년이라는 뜻의 시엔와얼(賢娃兒)이었다.[6] 그는 성인은 아니었으나, 누구나 그를 착한 소년으로 기

4. 명랑한 소년 57

억했다.

덩의 집안은 중국의 향신(鄕紳) 계층의 가부장제적인 구식집안이었다. 부모의 눈으로 볼 때 장남은 모든 덕의 화신으로서 상속인이었다. 덩의 아주 어린시절에 대해 마을 사람들 중 일부는 그가 재주넘기를 했다는 기억을 갖고 있었다. 일곱 살인가 여덟 살 때 덩은 파이팡춘의 자기 집 안뜰에서 거의 1리(약 1/4마일)나 떨어진 시에싱까지의 오솔길을 재주를 넘으며 다니곤 했다. 그때 그의 자그마한 몸의 머리와 발끝이 번갈아 보였는데, 때때로 바퀴 자국이 깊이 난 곳에서는 아예 보이지조차 않았다.

덩은 파이팡춘 입구에 있는 홍예문에 올라가기를 좋아했다. 그는 정강이로 기둥을 타고 올라가서는 꼭대기에서 손을 흔들어 보이곤 했다. 파이팡춘이라는 마을 이름은 이 홍예문의 이름을 따서 붙인 것이었다.

1988년에는 그 홍예문의 흔적이 남아 있지 않았다. 홍예문은 덩의 5대 선조인 덩스민(鄧時敏)을 기리기 위해 세워진 것이었다. 덩스민은 조정의 과거 시험에서 한림학사라는 직급을 얻었다. 그것은 한림원 출입을 의미했으며 조정 대신, 심지어는 황제와의 긴밀한 관계를 뜻하는 것이었다. 이 일은 건륭제가 통치하던 기간 중에 있었다. 그리고 그 홍예문에는 황제가 친히 붓으로 쓴 글씨를 새겨 넣은 장식패가 있었다. 그러나 홍예문과 장식패는 1966년 홍위병들이 '구시대'의 낡아빠진 유물들, 그 중에서도 특히 마오의 말을 빌면 '주자파(走資派)'의 길을 택하고 혁명을 배신한 덩샤오핑과 관련된 유물들을 파괴할 의도로 평화로운 파이팡춘을 갑자기 습격했을 때 사라져 버렸다. 홍예문은 박살이 났으며, 장식패는 도랑 속에 집어던져 버렸다. 이렇게 해서 바로 그 마을의 이름을 깨끗이 쓸어 버렸던 것이다. 그 대신 마을 사람들에게 '반수정주의자 대열'에 서라는 촉구령을 내린 표지가 세워졌다. 1988년 내가 중국을 방문했을 때 홍예문도, 장식패도 복원되지 않고 있었지만, 그 마을은 다시 파이팡춘이 되었다.

18세기 중엽부터 덩의 집안은 그 마을에서 첫째가는 집안이었다. 덩의 집안은 명나라 때 장시(江西)나 광둥 지역에서 북부 쓰촨으로 이주해 왔으며, 그들의 고향에서 쫓겨난 하카(客家, 객지사람)였다.[7]

19세기에 경제적으로 가세가 기울었지만 덩은 향신 계층의 안락한 집에서 살았으며, 그 집은 1988년에도 여전히 남아 있었다. 그 집은 사오산에 있는 마오의 집과 건축 양식이 별로 다르지 않았다. 두 집 모두 흙을 다져 만든 마룻바닥이 있었다. 최근에 본 덩의 집은 본채와 직각을 이룬 두 개의 익벽이 있는 단층집으로, 넓고 정겨운 느낌을 주는 주거였다.

덩의 집안은 전통적인 중국 가족이었다. 아버지 덩원밍(鄧文明)은 부인이 넷이었다. 장(張)씨 성을 가진 첫 부인은 아이를 낳지 못했다. 덩원밍이 단(譚)씨 성을 가진 둘째 부인을 맞아들였을 때 첫째 부인은 여전히 살아 있었다. 이 둘째 부인이 덩샤오핑의 생모이다.

덩샤오핑은 1904년에 우아한 마호가니 침대에서 태어났는데, 그 침대는 1988년에도 여전히 그 옛집에 남아 있었다. 그는 덩단스 ― 이것은 그 당시 기혼녀를 부르던 옛날식 중국 성명 표기를 따른 것이다. 그 당시 여자들은 남편의 성을 따랐으며, 자신의 본래 성을 이름으로 사용했는데 그것이 성을 나타낸다는 것을 보여주기 위해 접미사 '스'를 덧붙였다―의 두 번째 자식이자 장남이었다.

덩단스는 네 자녀를 모두 마호가니 침대에서 낳았는데, 그녀는 1927년 결핵으로 죽을 때까지 그 침대를 사용했다. 덩샤오핑의 누나인 장녀 덩시엔리(鄧先烈)는 1989년에 충칭에 살고 있었다. 덩샤오핑 아래로는 남동생 둘이 태어났다. 그 중 하나는 덩컨(鄧墾)으로 당원이자 옌안의 베테랑으로 나중에 충칭 시장과 우한시 부시장을 지냈으며 은퇴하여 1990년에도 그곳에 살고 있다. 그리고 덩수핑(鄧蜀平)은 분별없는 무질서 상태인 문화혁명의 무수한 희생자들 가운데 하나로 문화혁명 기간중에 자살했다.

덩의 생모가 죽자 아버지는 샤오(蕭) 성을 가진 여자와 또 결혼했는데, 그녀는 덩시엔칭(鄧先清)이라는 아들을 낳았다. 1988년에 그는 쓰촨성청에 근무하고 있었다. 결혼한 지 3년이 채 안되어 덩샤오스가 죽자 덩의 아버지는 시아바이건(夏伯根)과 네 번째 결혼을 했다. 그녀는 나중에 덩샤오핑 가족과 아주 친밀하게 지냈으며 딸 셋을 낳았다. 맏딸은 덩시엔잉(鄧先英)로 1988년에 쓰촨성 당 위원회에서 일하고 있었다. 그녀와 그녀 남편은 광안 제2중학교에서 잠시 교편을 잡기도 했는데, 이 학교가 덩샤오핑이 다녔던 학교이다. 둘째 딸은 덩시엔룽(鄧先容)인데 1949년 병으로 죽었고, 셋째 딸 덩시엔춘(鄧先羣)은 1989년 베이징에 살고 있었다. 덩샤오핑의 형제는 모두 여덟이었다. 이들이 낳은 자식 수만 해도 엄청나게 많다.

덩의 안뜰 집에서 멀지 않은 언덕 중턱에 잘 손질된 덩 어머니의 무덤이 1988년에도 그대로 보존되어 있었다. 아들들이 비명을 새겨 넣은 비석을 세웠었는데 문화혁명 기간중에 훼손된 것을 나중에 다시 원상으로 복원했다.[8]

광안 제2중학은 학생수가 예전보다 증원되었다. 70년 전에 이 학교에서 공부한 덩의 눈망울과 크게 다르지 않은 그런 초롱초롱한 눈망울을 가진 아이들이 이 학교에 많이 다니고 있다. 덩이 뚫어져라 책을 쳐다보던 자습실도, 돌계단 위로 나 있는 통로의 후미진 구석도 아직 그대로 남아 있다.

20세기가 되자 덩의 가문은 이제 더 이상 관리 신분이 아니었다. 그러나 덩의 아버지 덩원밍은 마을의 의용군 대장이자 마을 주민들로부터 사랑을 받았던 유식한 사람으로 교육과 문화 그리고 중국의 개선에 헌신했다. 그는 혁명가가 아니었으며, 자유사상가조차도 아니었을 것이다. 아마 그는 제정(帝政)을 지지하는 경관의 원형 정도로나 묘사될 수 있었을 것이다(그가 소박한 수준의 선전선동을 하곤 했다는 것은 의심의 여지가 없기 때문이다). 그러나 실제로 그는 자녀들의 교육에 마음을 썼으며 자녀들로 하여금 중국의 대의명분을 떠받들도록 격려했다.

덩의 아버지는 종교적 인간이었다. 마오쩌둥의 어머니만큼 독실하지는 못했을 테지만 그는 불교 신자였다. 같은 계층의 사람들과 마찬가지로 그는 불교 사원에 순례를 했으며, 덩샤오핑은 마오와 마찬가지로 불교 신자로서 자라났다.

덩의 중학 성적표는 오래 전에 분실되었다고 한다. 동기생들은 그를 재기에 넘치고 장난스러운 학생으로 기억하고 있다. 덩의 외삼촌 단이싱은 그를 '매우 현명한 아이'라고 불렀다.

단은 1988년 자기의 새 집(그는 1987년까지는 덩의 옛집에서 살았었다) 계단 위에 앉아 햇볕을 쬐면서 덩샤오핑 이야기를 들려주었다. 옆에는 알을 품은 암탉 세 마리가 있었다. 그는 헛기침을 하면서 목청을 가다듬더니 덩샤오핑이 어릴 적에 어떤 책을 세 번 읽고는 그 책을 암송했다고 말했다.9) 단은 "정말 그래요. 덩은 아주 훌륭한 소년이었어요"라고 말했다. 1988년 여든여섯의 노령인데도 원기가 왕성하고 정신이 총총한 양얼허라는 덩의 한 동창생은 덩이 자기 동생 위허와 동전 놀이를 했다는 것을 기억하고 있었다. 덩은 동전 앞뒤 알아맞히기 놀이와 동전 맞추어 먹기 놀이를 아주 잘 했다. 이것은 동전을 맞추면 이기고 맞추지 못하면 지는 놀이였다. 덩은 맞추지 못하는 경우보다 맞추는 쪽이 훨씬 많았다.10)

덩샤오핑이 온갖 우여곡절을 다 겪은 후에 마침내 신중국의 지도자들 중 한 사람이 된 데에는 아버지와 삼촌 덩샤오성의 도움이 컸다.

덩의 출신지인 쓰촨의 벽촌은 마치 옛 중국의 모습을 담은 그림엽서 속의 풍경과 흡사했다. 집의 문들은 악령들로부터 집안을 보호하는 동화 속 무사들의 모습이 빨갛고 노란 색으로 칠해져 있었다. 갑옷을 입은 채 칼을 휘두르고 있는 무사들이 어떤 악마라도 싸워 무찌를 만반의 태세를 갖추고 있는 모습이었다. 마을의 집들은 중세 영국의 집들과 약간 흡사하게 반은 벽토, 반은 목재로 되어 있었다. 건초더미들은 중국의 다른 지역들과는 다르게, 건초를 운반하는 텁수룩한 사람의 형상으로 쌓여 있었다. 이곳은 전설과 나태한 군벌들의 땅, 중국 전역에 불어닥친 거친 도전의 바람과는 거리가 먼, 느린 흐름의 땅이었다. 그러나 덩은 십대에 접어들자마자 보다 더 활기찬 충칭과 청두(成都)로 옮겨졌다.

덩샤오핑은 그의 형제들과 마찬가지로 가정교사에게 배웠다. 그는 1915년 광안 제2고등학교에 기숙학생으로 들어갔다.

그리고 1916년 말, 사람들이 노를 젓는 작은 나무배를 탔다. 여남은 명의 승객을 취장(渠江) 아래로 실어나르는 그런 배였다. 그 배가 밤에 부두에 정착하면 승객들은 여인숙에서 잠을 잤다.[11] 사흘 후에 덩은 충칭에 도착했다. 덩샤오성이 함께 따라왔다. 덩은 청두에서 어느 정도 보낸 다음 충칭의 개인 지도 학교에서 공부를 시작했다. 그 학교는 늙은 혁명가 우위장(吳玉章)이 운영하고 있었다. 그는 중국 청년들의 프랑스 유학 준비를 시키고 있었다.[12] 대부분의 학생들에게는 이 프로그램이 혁명활동의 입문단계였다. 그러나 덩이 중국 학생의 전통을 확립하고 1989년의 톈안먼 사태로 직결되는 1919년의 그 유명한 5·4 학생 시위에 참가했다는 기록은 없다. 그의 지도자 마오쩌둥도 이 운동에 참가하지 않았다.

덩은 충칭의 학교에서 프랑스어를 약간 배우고 1920년에 덩샤오성과 함께 앙드레 르봉 해운 회사의 정기 여객선을 타고 프랑스로 떠났다. 프랑스에서 덩은 살아 남기 위해 힘든 노동을 하지 않으면 안 되었기 때문에 공부를 많이 하지 못했다. 그는 크뢰소 제철 제강 공장과 르노 자동차 설비 공장에 고용되어 일했으며, 탄을 뜨는 삽보다도 키가 더 크지는 않았음에도 불구하고 기관차의 화부 노릇도 했다. 그는 하루에 우유 한 잔과 크루아상(버터를 듬뿍 넣고 살짝 구운 초승달 모양의 작은 빵)하나로 연명했다(그는 조금밖에 먹지 못한 탓에 키가 크지 않은 것이라고 생각했다). 그는 거기서 저우언라이와 만나 그의 집에서 잠시 살았으며 1925년에 공산주의자가 되었다. 1926년에 그는 모스크바로 갔으며, 그 해 말에 중국으로 다시 돌아왔다. 덩이 1974년 뉴욕에서 열린 UN회의에 중국 대표로 참석했을 때, 그는 귀국하는 길에 잠시 파리에 들러 크루아상을 1백 개 사서 베이징으로 가지고 가 저우언라이, 그리고 파리 유학 시절의 동지들에게 나눠 주었다.[13] 덩이 권력을 잡은 후에 베이징 호텔(北京飯店)이 아침 식사로 크루아상을 내놓기 시작한 것은 결코 우연이 아니었을 것이다.

덩의 아버지는 쓰촨을 통치하던 세 명의 군벌들 가운데 하나인 양선(楊森)과 친하게 지내는 사이였다. 양선은 군벌인데도 불구하고 매우 진보적인, 그 당시의 정

1920년 공독주의(工讀主義)를
위해 프랑스로 떠나기 직전인
16세의 덩샤오핑

1920년 덩과 함께 프랑스까지 간
그의 아저씨 덩샤오성

치적 지형에서는 거의 급진적인 인물이었다.[14] 그 당시 그는 개혁주의자들의 목표를 확고하게 지지했다. 그는 전통적인 중국의 유교를 반대했으며 교육개혁과 선진 서구사회로부터 배우는 것을 찬성했다. 이 모든 개혁목표들은 신중국에 대한 쑨원의 비전 속에 포함된 것이었다. 자신을 보호해 주는 군벌 양선보다 더 진보적인 덩원밍도 이 목표들에 공감했다. 그는 양선의 지원을 받아 현(縣) 의용대장이 되었으며, 마침내 8개 군 의용대의 총책임자가 되어 7백 명 이상의 병사를 거느리게 되었다. 이 병력의 역할은 법과 질서를 유지하고 향신 계층의 재산과 토지를 보호하는 것이었다. 덩의 아버지는 사실상 고등 보안관이 하는 그런 일을 했던 것이다.[15]

차츰 돈도 더 생겼고, 안채의 초가 지붕을 기와로 갈았다. 여기에 든 돈은 지역사회에 봉사하는 덩의 아버지에게 감사하는 마음으로 마을 사람들이 지불했다고 한다. 이때 덩의 집에는 가족 전체, 그러니까 여덟 또는 아홉 명이 살고 있었다.

오랫동안 중국 공산주의자들에게 동조해 온 뉴질랜드 사람 레위 앨리(Rewi Alley)가 1981년에 그 집을 방문했을 때, 그곳에는 덩샤오핑의 외삼촌 단이싱과 그의 아내를 포함하여 51명에 이르는 아홉 세대가 몰려들어 살고 있었다. 1987년에 그들은 모두 그 집에서 옮겨 나갔으며 성(省)에서 그 건물을 약간 복구시켜 작은 박물관으로 바꾸려는 준비작업을 했다. 단이싱은 그 오랜 집에서 이사 나가는 것이 기쁘지 않았다. 그는 그 집을 개조하는 것은 사리에 맞지 않으며, 만약 훌륭한 새 벽돌집을 짓는다면 어느 정도 수긍할 수 있을 것으로 생각했다.[16]

그 집의 오른쪽 물림이 헐린 후 돈이 바닥나고 공사가 중단되었다. 그 때 농민들에게 돈을 벌도록 한 덩의 정책 때문에 엄청나게 혜택을 입은 간쑤성(甘肅省)의 한 농부가 파이팡춘에 순례를 와서 5천 위안을 희사했다. 공사가 다시 시작되었다.

덩의 아버지는 이웃사람들에게 친절하고 사려깊은 사람으로 기억되고 있었다. 그는 약 80무(畝, 13에이커)의 토지를 소유하고 경작했는데, 그 지역으로 보면 상당히 넓은 농장이었다. 그가 죽은 후 장례비와 그 밖의 경비를 지불하기 위해 그 중 일부는 팔지 않으면 안 되었다. 그는 학식있는 사람으로 간주되었다.

그는 교육을 잘 받았으며, 법학과 정치학을 공부했다. 전통적으로 교양있는 집안이었다. 덩의 아버지는 광안과 시골에서 좋은 인간관계를 유지했다. 그는 자주 그 지역의 찻집에 들러 모든 사람들에게 의견을 말해 달라고 청했다. 부자든 가난한 사람이든, 농부든 지주든, 관리든 평민이든, 아니면 향신 계층이든 가리지 않았다. 그의 동년배들은 그를 사람들이 좋아하는 호인으로 기억하고 있었다.

덩원밍의 동생 샤오성도 셋째 형과 마찬가지로 교육을 잘 받은 사람이었다. 그는 청두에서 교육사업을 이끌었으며 직책도 하나 얻었으나 아편 중독자가 되었기 때문에 이력에 큰 오점을 남겼다.

1933년 홍군이 파이팡춘으로 쳐들어가 지주들을 살해하고 있다는 소문이 돌자 덩의 아버지는 부리나케 달아났다. 그러나 홍군은 그곳에 오는 데 실패했다. 그는 다시 집으로 돌아갔다. 그 홍군은 덩샤오핑이 몸담았던 제1야전군이 아니라 장궈티오의 제4군이었다.

1987년 덩의 본가 입구의 가로대 위에 관리들이 붉은 글씨로 '덩샤오핑의 옛집'이라는 팻말을 써 붙였다. 또 그들은 대문 양쪽에 덩에 대해 충성할 것을 맹세하는 문구를 노랑과 빨강으로 길게 써 붙였다.

거기에는 덩이 중대한 위기시에 나라를 구했으며, 그의 위대한 행위는 수천 년 동안 광안의 자랑스러운 명예가 될 거라고 적혀 있었다. 그의 뛰어난 정신이 '위험을 물리쳤고 난관을 극복하고 나라를 안정시켰으며, 민족을 굳건하게 만들었다'는 것이다.

대문에 붙인 가늘고 긴 종이에는 '위대한 인간의 만수무강은 수백만 인민의 소망이다'라는 문구가 적혀 있었다.

마오 시대에는 수없이 많은 농민들의 집 대문 위에 다음과 같은 문구가 가늘고 길게 적혀 있었다.

너는	너는
너의	너의
행복한 삶을	행복을
공산	마오
당	주석
에	에게
감사드려야한다	감사드려야한다
感謝共産黨帶來幸福生活	感謝毛主席賜我平安幸福

덩의 대문 위에 가늘고 길게 써 놓은 말들은 덩의 명령을 어긴 것이었다. 노래와 말로, 동상과 초상화로 마오를 신격화한 데 넌더리가 난 덩은 어떠한 개인 숭배도 반대했다. 공공 건물에는 그의 초상화를 거는 일이 허용되지 않았다. 가게에서도 그의 초상화를 팔지 않았으며 정치적인 전기도 출간되지 않았다. 그는 신문과 인터뷰도 하지 않았으며, 아주 드문 경우에만 그에 관한 기사가 신문에 실렸다.

그러나 지방 당국이 자신의 옛집을 성역화하는 것을 막을 수는 없었던 것 같다. 또한 몇 세기 전인 명나라 때 장관으로 봉직하다 파직당해 그 지역으로 유배온 왕덕(王德)이 언덕 중턱에 설계했던 정원을 조심스럽게 돌보아 온 광안 사람들을 그는 말릴 수가 없었다. 왕덕은 사실 정직하고 유능한 장관이었다. 황제가 자신의 잘못을 깨닫고 다시 베이징으로 불러들일 때까지 그는 조용히 살고 있었다. 사람들은 이런 왕덕의 모습에서 덩과 유사한 면을 보았다. 덩 역시 마오에 의해 파면당했다가, 마오쩌둥이 잘못을 깨닫고 1973년에 다시 그를 불러들였다고 그 사람들은 생각했다. 광안 사람들에게는 왕덕과 덩의 행적이 정확하게 일치되는 것은 아니지만 아주 흡사한 것으로 받아들여졌다.

그 지방 사람들은 길흉을 미리 예측하게 하는 징조들을 좋아했다. 그들은 덩의 출세를 용설란의 꽃이 핀 것과 연관시켜 생각했다. 선인장과 관목인 중국 용설란은 미국 용설란과 거의 똑같다. 그것은 1백 년마다 한 번씩 꽃이 피는 것으로 알려졌는데, 1979년 덩이 전권을 장악했을 때 처음으로 꽃이 피었다. 선량한 광안 사람들은 이것을 상서로운 징조로 받아들였다.[17]

덩의 옛집의 안뜰에서 보면 나지막하고 둥그스름한 언덕이 세 개 보인다. 어떤 사람들은 이것을 세 차례의 오르막과 내리막을 겪은 덩의 정치생활의 상징으로 보고 있다. 또 이 언덕들이 붓을 걸어 두는 필가(筆架)의 형국을 하고 있으므로 이것을 잘 교육받은 선비를 의미하는 중국 필가의 상징으로 보는 사람들도 있다.

덩의 아버지는 1940년에 사망했는데, 여기에는 풀리지 않는 수수께끼가 있다. 그는 쑤이닝(遂寧)에 있는 절에 예불을 드리러 갔다 돌아오는 길에 자기 집에서 1마일도 채 떨어지지 않은 곳에서 살해당했다. 마을 사람들은 이 죽음에 대해 왈가왈부하기를 꺼릴 정도로 잔인한 살인이었다. 덩원밍의 목은 잘려져 있었으며 몸뚱이가 짓이겨져 거의 반쪽이 나 있었다. 그 당시 옌안에 있었던 덩샤오핑은 아버지의 장례식에 오지 못했다. 그곳 주민들 가운데 일부는, 그 지방 군벌과 아주 가깝게 지내던 지주였던 덩의 아버지와 한창 기세 등등한 공산주의 지도자 사이에 불화가 있었던 것이 아닐까 하고 추측하기도 했다. 집에서 아주 가까운 곳에서 발생한 덩원밍 살인 사건의 정황들은 호기심을 불러일으켰다. 몇 가지 가능성들이 제기되었다. 군벌 양선의 적들이 저지른 살인이라는 설도 있었고, 그 지역에서의 불화 때문에 살인이 일어났다고도 했으며, 근처에 있는 화잉산(華陰山)에 기지를 둔 공산당 게릴라들이 저지른 소행이라는 등 설이 분분했었다.[18]

선견지명이 있는 자기 세대의 다른 중국인들과 마찬가지로 덩의 아버지는 자기 묏자리를 잡아 두었었다. 관을 멘 열두 명의 사람들과 함께 장례 행렬이 그 묏자리를 향해 가고 있었을 때 시커먼 구름이 지나가고 바람이 일더니 큰 소리를 내며 비가 쏟아졌다. 관을 멘 사람들은 겁에 질려 달아났다. 비가 그치고 그들이 돌아왔을 때 상여를 움직일 수가 없었다. 관이 납처럼 무거웠다. 그래서 덩원밍은 바로 그 자리에 묻혔는데, 미신을 믿는 사람들은 이것을 천지신명의 뜻이라고 여겼다.

　덩샤오핑이 국가 원수가 되었을 때 일반 대중들이 그 묘지를 조심스럽게 조사해 보았다. 마치 백조 같은 형국을 하고 있었다. 그들은 백조가 덩원밍을 곧바로 하늘로 데려간 것으로 결정을 내렸다. 따라서 그의 아들 덩샤오핑은 위대한 인물임이 틀림없다고 추론했다. 중국의 옛 미신에 따르면, 아버지를 명당자리에 묻으면 자식이 위대한 지도자가 된다고 했다.

　1916년 덩은 파이팡춘을 떠났다. 그 후로 그는 한번도 고향에 돌아오지 않았다. 1927년에 어머니가 세상을 떠났을 때에도, 아버지가 세상을 떠났을 때에도 그는 돌아오지 않았다. 그러나 그는 자기 가족들, 그 중에서도 특히, 한 번도 만나 본 적이 없는 계모 시아바이건과 연락을 끊지 않았다. 그녀는 능력있는 여자였으며, 남편이 죽은 후 가족이 단결해 나가도록 힘썼다.

　덩은 한 번도 그의 고향에 돌아오지 않았지만, 그의 밀사들이 이따금씩 파이팡춘을 방문했다. 1986년에 덩은 청두를 방문했으며, 그의 외숙과 외숙모가 그를 보러 그곳에 왔다. 외숙 단은 자신이 덩에게 훌륭한 일을 하고 있다고 이야기한 적이 있다고 말했다. 그러나 인터뷰하는 사람에게 곧바로 "중국에는 훌륭한 지도자들이 많이 있다"고 확인함으로써 자신의 진술을 완화시켰다.[19] 단은 바람이 불어오는 쪽으로 작은 닻을 던질 만큼은 정치적 변화를 충분히 볼 만큼 보아왔던 것이다(그와 그의 아내는 문화혁명 기간 동안 어려운 시절을 보냈었다).

　덩샤오핑이 1986년 광시성(廣西省)의 지린에서 휴가를 보내고 있을 때, 그곳 총책임자로 있는 관리가 심지어 헬리콥터로 모시겠다는 제안까지 하면서 덩을 설득해서 옛집을 방문하도록 하려고 했었다. 덩은 예전과 다름없이 거절했다. "광안은 쓰촨에 있소. 그러므로 쓰촨이 내 출생지요!"라고 그는 말했다.

　1987년 덩은 외숙 단에게, 정부에 잘 돌보아 달라는 부탁은 하지 않을 것이라는 내용의 전갈을 보냈다.[20]

　1916년부터 1988년 사이에 파이팡춘은 크게 달라진 것이 없는 것처럼 보인다.

5. 거친 벌판으로

    덩샤오핑의 군대가 양쯔강을 건너 상하이로 진격할 때 그의 나이 마흔다섯이었다. 그는 문관, 정치위원, 당원이었다. 그러나 20년 동안 그가 허리에 리볼버 권총을 차거나 손에 소총을 들지 않은 적은 한 번도 없었다. 그는 상하이에서 지하 운동원으로 투쟁했고, 어떤 군벌의 군사사관학교에서 초보적인 전술을 가르쳤으며, 자신의 동지들과 마찬가지로 정글과 산악의 게릴라전에서 군인의 일을 배웠다.

    덩은 전쟁을 직접적으로 배웠다, 군사생활을 시작하는 최초 단계에서 그는 자기 자신의 전술을 만들어 내야 했고, 농민들을 군인으로 만들었으며, 당이나 군상관으로부터 수백 또는 수천 마일 떨어진 곳에서 결정들을 내렸다. 그는 자진하여 거친 벌판으로 나아갔다. 그곳에는 병참선이 전혀 없었다. 덩과 그의 부하들이 살아남을지 전멸할지 여부는 적군에 둘러싸인 정글과 산악 은신처에서 지략으로 살아가는 스물다섯 살의 당 지도자인 바로 그 자신의 판단에 달려 있었다.

    덩은 자기 자신의 '군대들'을 조직했고 전투에서 그들을 지휘했다. 그러나 군생활을 마치는 날까지 그는 한 번도 계급장을 달고 다니거나 공식적인 군계급을 가져 본 적이 없었다. 그는 장군도, 원수도, 심지어는 대령도 아니었다. 단지 지휘관일 뿐이었다.

시간이 지나면서 덩은 인민 해방군의 최정예 부대인 129사단의 공동 지휘를 맡았다. 계속해서 그는 야전군들과 몇 개 군을 지휘하게 되었다. 그는 수만, 수십만의 병사들에게 명령을 하달하는 위치에 오르게 되었다. 그러나 1970년대 후반에 장차의 중국 황제로서의 권력을 장악하고 난 후조차 여전히 덩은 자신이 군 통수권을 맡게 된 데 대해 원수들에게 사과하지 않으면 안 된다고 느꼈다. 그들은 경의를 표했다. "우리는 당신을 항상 우리의 일원으로 생각해 왔습니다"라고 그들은 말했다. 어쩌면 그들은 진심으로 그렇게 말했을지도 모르겠다. 전쟁에 관해서 덩이 모르거나 야전에서 배우지 않은 것은 거의 없었다.

덩은 1929년에 군 경력을 쌓기 시작했다. 그 해 그는 절망적인 사명을 띠고 광둥 서쪽의 무더운 벽지 광시로 파견되었다. 덩은 장제스의 비밀 경찰로부터 밤낮 없이 쫓기는 위험 속에서 상하이 지하조직에서 일하고 있었다. 광시에서 량장폭동(兩江暴動)으로 불리는 농민 반란이 일어나자 상하이 지하조직은 덩과 여섯 명의 젊은 공산주의자들에게 지령을 내렸다. 벽지로 들어가 농민들을 찾아내 그들을 군사력을 갖춘 집단으로 조직하라는 지령이었다. 이것은 광둥의 남부 대도시들과 그밖의 큰 시들을 점령하기 위해 군사행동을 취하기 위한 계획의 일환이었다.

이것은 무모한 계획이었다. 그러나 상하이의 공산주의자들은 절망적인 상태에 빠져 있었다. 그들의 운동은 장제스에 의해 거의 지리멸렬한 상태에 있었다. 장과 그를 돕는 암흑가의 협력자들이 1927년 상하이에서 공산주의자들을 잔인하게 학살한 사건이 있은 이래로 하는 일마다 박살이 났다. 1927년 8월 난창에서 있었던 공산주의자들의 봉기도 그 맥이 차츰 허물어져 갔다. 마오 자신은—자신의 보다 더 나은 판단에 어긋나게—창사(長沙)를 손아귀에 넣으려는 노력의 일환으로 가을 추수폭동을 이끌었다. 이것은 확 달아올랐다가 불발로 끝나고 말았다. 광둥에서의 봉기도 마찬가지였다. 공산주의자들은 혼란상태에 빠져 있었다. 그들은 자신들이 아직은 살아 있다는 것을 보여 주기 위해 지푸라기라도 잡고 싶은 심정이었다.

바로 이 시기에 모스크바에서 그들에게 혁명을 다시 불붙게 하려면 큰 도시들을 손아귀에 넣으라는 권고를 여러 차례 보내왔다. 모스크바에서 훈련받은 일단의 중국인들로 보강된 젊은 공산주의자들은 마치 의무에 충실한 병사들처럼 모스크바의 지령들을 실행에 옮기기 위해 부지런히 애쓰고 있었다. 그들은 중국의 혁명 열정을 요구하는 모스크바에 복잡한 사정이 있다는 것을 전혀 모르고 있었다.

모스크바에서는 스탈린과 트로츠키 사이에 한창 싸움이 벌어지고 있었다. 트로츠키는 스탈린이 중국혁명을 실패로 몰았다고 주장하고 있었다. 스탈린은 자신의 중국 전술이 옳았으며 혁명은 아직도 살아 있다는 것을 보여 주고 싶어 안달이 나 있었다. 그는 자기가 트로츠키보다 더 나은 세계 혁명가라는 것을 증명하지 않으면 안 되었다. 크레믈린은 풋내기에 불과한 중국 공산주의자들이 입을 수도 있는 손실에 대해서는 별로 신경쓸 수 있는 처지가 아니었다. 신문에 대서특필이라도 될 만한 그런 굉장한 결과가 필요했다.

이런 분위기에서 상하이는 광시의 농민들, 그리고 덩에게 희망을 걸었다. 덩과 그의 동료들은 자신들에게 주어진 임무를 성실하게 수행했다. 덩은 그 당시 덩빈(鄧斌)이라는 이름을 쓰고 있었다. 그들은 배를 타고 은밀히 상하이를 빠져나가 화난 해안으로 내려가 중국과 프랑스령 인도차이나의 국경지대에 있는 룽저우(隆州)를 향해 길을 재촉했다. 그 때 인도차이나 반도에서는 호찌민(胡志明)이라는 지도자가 이끄는 작은 혁명이 계속되고 있었다. 룽저우에서 덩이 호를 만났는지 어떤지는 확실하지 않다. 그러나 그 두 사람은 파리에서 서로 알고 지냈으며 모스크바에도 함께 갔다 온 적이 있었다.

덩과 그의 동료들은 산 깊숙이 들어갔다. 좁다란 오솔길 외에는 길이 전혀 없었다. 그들은 걸어갔다. 이따금씩 덩은 타고 갈 말을 발견했으나, 그런 일이 자주 있었던 것은 아니다. 짐마차가 다니기에는 길들이 너무 좁았다. 바퀴 달린 운송수단으로는 외바퀴 손수레밖에 없었다.[1)]

등골을 오싹하게 만드는 무시무시한 곳이었다. 침식된 석회암 언덕들이 꼭대기가 버섯처럼 둥근 지린의 산들과 흡사한 모습을 하고 서북쪽 방향으로 불규칙하게 늘어서 있었다. 덩도 그의 동료들도 그들을 이 황무지로 몰아넣은 크레믈린의 정책에 대해 아무것도 몰랐다. 게릴라전 경험이 조금이라도 있는 사람은 그들 중에 아무도 없었다.

덩은 모스크바에서, 그리고 시안 부근에 있는 펑위샹(馮玉祥)이라는 '기독교도 장군'의 군사사관학교—그는 중국에 돌아온 직후 잠시 동안 그 군사학교에서 가르친 적이 있었다—에서 군사전술과 군사전략에 관한 지식을 약간 얻었었다. 그러나 그는 전술과 전략의 대부분을 타고난 기지에 의지할 수밖에 없었다.

덩이 통과한 지역의 땅 색깔은 빛바랜 갈색과 우중충한 잿빛을 띠고 있었다. 5백 년 동안, 아니 어쩌면 천 년이 지나도록 이곳에는 변한 것이 아무것도 없었다. 농부들은 언덕 경사면의 땅을 갈아 구황작물인 옥수수를 재배했으며 부지런히 일하는 회색 물소로 논에 쟁기질을 하고 다녔다. 문둥병은 보통이었다. 비타민 C의 결핍에서 오는 괴혈병, 그리고 아편도 흔히 볼 수 있었다. 산적들이 떼지어 다녔고, 덩은 아무도 없는 오솔길에서 산적 몇 명에게 붙잡힌 적도 있었다. 그 중 한 명이 덩의 뺨을 피가 나올 때까지 대검으로 찔렀다. 덩은 이제 끝장이라고 생각했다. 그러나 그 도둑들이 원한 것은 그의 목숨이 아니라 돈이었다. 그가 주머니에서 은화 몇 냥을 꺼내 주자 그들은 그를 놓아 주었다.[2]

덩은 농민들과 함께 열심히 일했으며, 그들의 존경을 받았다. 그는 그들을 유능한 게릴라 병력으로 만들기 위해 최선을 다했다. 몇 년이 지난 후에 그 농부들은 덩이 아무하고나 격의없이 지내는 것에 대해 고맙게 생각하고 있었다. 그는 결코 젠체하는 법이 없었으며 마치 황소처럼 큰 소리를 낼 수 있는 군인으로서의 대단히 큰 이점을 지니고 있었다고 그들은 말했다. 그의 목소리는 매우 커서 그들이 어디에 있든 그의 목소리를 들을 수 있었으며, 그의 말은 홍수가 난 강의 물살 같았다고 그들은 말했다.[3]

야메이웬이라는 이름을 가진 여든여덟 살 먹은 한 노병이 나중에 들려 준 회고담에 따르면, 자기가 덩에게 '약간 급진적'이라고 생각하는 사람들이 있다고 이야기했다고 한다. 그러자 덩이 그 이유가 무엇인가를 물었다. "전투가 끝난 후에 당신이 죽일 필요가 없었던 지주들을 죽였기 때문이다"라고 그가 말했다. 그러자 덩은 이렇게 대꾸했다. "지주들 가운데 일부를 죽이지 않고 우리가 어떻게 농민들에게 지주의 재산을 나누어 줄 수 있었겠는가?"[4]

덩이 보기에, 인생이란 정치적 목적을 위해 쓰여져야 할 동전 같은 것이었다. 그는 농민들을 고무하여 지주들을 죽이고 그들의 토지와 소유물을 나누어 갖도록 했다. 이렇게 함으로써 가난한 남자들과 여자들에게 혁명의 직접적인 상금을 준 셈이었다. 일단 지주를 죽이고 나면, 그들 역시 만약 상황이 뒤집힐 경우, 자기 자신의 목숨이 위험에 빠지게 되리라는 점을 직감하게 되는 것이다. 즉 살인을 저질렀기 때문에 그들은 혁명에 저당잡히게 된 셈이었다. 그들은 일단 들어오면 결코 나가는 일이 없었다.

이것은 덩이 일찍부터 체득한 철학이었다. 그는 정치적 목적을 위해서는 피를 흘릴 수 있으며 흘려야만 한다고 믿으면서 죽는 날까지 이 철학에 따를 것이다. 마오와 그밖의 다른 홍군 지도자들도 그와 똑같은 견해를 공유했다. 덩과 그의 원로회의가 1989년 군에 톈안먼 학살 명령을 수행하도록 한 것도 그 바탕에는 바로 이와 동일한 철학이 깔려 있을 것이다. 자발적이든, 공산주의자들의 선동에 의해서이든 농민들의 지주 살해와 토지와 재산의 강제 몰수, 이것은 시골에서 일어난 혁명의 진위 여부를 가리는 마오쩌둥의 검증 기준이 되었다. 이 점에서는 마오와 덩의 견해사이에 아무런 차이가 없었다.

량장(兩江) 지구의 농민들은 그 지방의 바이더라고 불리는 절에서 모임을 가져오고 있었다. 그 절은 산 중턱에 불쑥 튀어나온 거대한 바위 아래 위치했는데, 그 은신처 아래에는 몇 천 명의 사람들이 모일 수 있었다. 농민들은 그 절을 접수하고 이름을 '레닌의 동굴'로 바꿨다. 이곳에서 덩은 농민들에게 훈계했다. 그는 농민들을 조직하여 부대를 편성했으며 최선을 다해 그들에게 전술을 가르쳤다. 그들

장정 기간중에 대설산(히말라야 산맥)을 지나가는 홍군의 모습을 그린 황쩐의 스케치(1935년)

광시성 깊숙한 곳에 있는 레닌 동굴. 예전에는 사원이었던 이곳에서 덩샤오핑은 1929년 농민 게릴라군을 가르쳤다.

은 무기가 별로 없었다. 대부분 창과 낫, 갈퀴, 그리고 때로는 이곳저곳에 쇠를 박아 넣은 긴 막대기를 가져왔다. 농민 게릴라의 수는 모두 8천 내지 9천 정도였다.

덩은 최고의 부대를 만들기 위해 역량을 다 바쳐 이 오합지졸들을 혹독하게 훈련시켰다. 그리고 군대 형태를 갖추게 하고는 그것을 완곡하게 제7군과 제8군이라고 불렀다. 그는 지시받은 대로 이 부대들을 이끌고 '큰 도시들'을 점령하려고 시도했다. 현실적으로는 작은 도시들을 점령하기에도 부족한 병력이었다. 어느 전투에서든 적과의 부대 비율은 항상 3:1 또는 4:1이었다. 물론 그는 거의 모든 전투에서 패배했다. 상황이 너무 장기간 자신에게 불리하다는 것을 알았던 전투에서는 아예 처음부터 물러났다. 그는 광둥이나 지린을 점령할 뻔한 적이 한 번도 없었을 뿐만 아니라, 심지어는 룽저우와 보세에서조차 오랫동안 곤경에 빠졌었다.

그런데도 상하이에서는 여전히 그에게 큰 도시들을 점령하기 위한 큰 전투를 하라는 압력을 계속 넣고 있었다. 상하이는 물론 러시아의 지령들을 그대로 반복하고 있는 데 불과했다. 이것은 덩에게 유리한 상황이 아니었다. 그는 이보다 훨씬 이전에 상하이로 쫓겨난 적이 있었고, 군법 재판 회부와 당원 자격 박탈의 위협을 받았으며, 군사와 정치적 책임자 자리에서 직위 해제를 당했는가 하면 당의 신문을 받기도 했다.

덩에게는 그것이 최초의 정치적 불운이었다. 그는 그 후에도 여러 차례 정치적 불운을 겪었다(그는 살아오는 동안 아주 여러 차례 쓰러졌다가 다시 강력하게 튀어오르곤 했다. 그래서 많은 중국인들은 그를 '인도고무공'이라고 부르게 되었다). 그는 견책을 받는 선에서 위기를 모면했다. 또 방해 책동자나 반역자로 분류되지는 않았기 때문에 량장 지구로부터의 소환으로 결코 결정적인 타격을 입지는 않았다. 결국 상하이는 덩을 다시 량장 지구로 보냈다. 이랬다저랬다하는 불규칙한 명령을 받아들일 다른 어떤 적임자를 찾아낼 수가 없었던 것이다.[5)]

덩이 국민당 전선을 뚫고 다시 방향을 돌려 서서히 량장 지구로 들어갔을 때, 그의 병력은 일시적으로 화려한 승리를 거두려고 무모한 모험을 시도하다 실패함으로써 대부분 뿔뿔이 흩어져 버린 상태였다. 그의 첫 번째 일은 자기 부대의 패잔병들을 찾아내는 것이었다. 이 일은 몇 주가 걸렸다. 아주 조금밖에 남아 있지 않은 병력을 끌어모아 56연대와 58연대라고 불렀다. 그나마도 말이 좋아 연대이지, 발기발기 찢겨진 잔당들을 과장해서 부른 것에 불과했다.

덩은 우짱이라고 불리는 작은 촌락에서 작전을 개시했다. 사령부는 칠성탑에 두었다. 이 이상한 건축물은 중국 사찰보다는 오히려 이탈리아 르네상스 시대의 교회 종탑과 더 흡사한 모습이었다. 이것은 논 위에 우뚝 솟아 있었다. 덩은 그 탑에서, 적의 부대가 몇 마일 전방에서 접근해 오는 것을 볼 수 있었다. 그는 소부대 병력들을 한데 뭉치게 하면서 밤낮없이 일했다. 자정이 넘을 때까지 일한 적도 있었다. 그는 중농(中農)의 재산은 몰수하지 않고 부농의 재산만을 빼앗았다. 그래서 '좌파들'은 그가 '부농정책'을 따르고 있다고 말했다. 그는 이 좌파들에 맞서 자신을 방어하기 위해 정책에 관한 논문들을 썼다.

1930년 말에 덩은 징강산(井崗山)에 기지를 두고 있는 마오쩌둥 및 주더와 합치려는 생각으로, 자기 부하들을 북쪽과 동쪽으로 이끌고 갔다. 그 당시 덩의 부하가 몇 명이었는가는 확실하지 않다. 아마 이삼천 명에도 미치지 못했을 것이다. 그들은 힘을 아꼈고 전투도 하지 않았다. 그들이 홍군과 합류했을 때 그 숫자는 채 1천 명도 안 되었다.

한번은 그들이 후난성의 징화라는 곳에서 폭설에 묶여 꼼짝하지 못한 적이 있다. 병사들은 반팔 소매가 달린 옷을 입은 채 "신이 우리에게 목화를 보내 주고 있다"고 농담을 했으나, 그 말들이 재미있지가 않았다. 그들은 추위에 부들부들 떨었다. 덩은 그들에게 그 지역 지주들로부터 따뜻한 옷을 징발하는 것을 허용했다. 코트는 대부분이 여자용이었고 '색깔이 아주 화려했다. 우리는 마치 딴따라 패거리처럼 보였다'고 한 노병은 회고했다. 덩은 괴상한 의상을 걸치는 것을 거절했다.[6]

홍군과 합류하기 훨씬 전에 덩은 부하들을 장시성 경계 근처의 러창강(樂昌江)에 남겨 두고 떠났다. 그는 또다시 상하이로 소환당한 채 자기 부대로 돌아오지 않았다. 그 이유는 분명하지 않다. 일설에 의하면, 덩이 호위병 몇 명과 함께 마오 및 주더와 접촉을 시도하려고 떠났다가 대규모 국민당 병력에 둘러싸이는 고립된 상태에 빠져 자기가 지휘하는 부대로 되돌아올 수가 없었다고 한다.[7] 덩은 보좌관들에게 지휘권을 인계하고 1931년 2월 중순에 떠났다. 그는 계속해서 경호원들의 호위를 받으며 위험한 산길을 지나 마침내 상하이에 도착했다.

문화혁명 기간 동안 홍위병들은 덩이 반역자였으며, 자기 부하들을 버리고 도망쳤다는 증거를 찾기 위해 광시성 부근을 샅샅이 찾아 헤매고 다녔다. 홍위병들은 폭력적 수단을 써서 수많은 일반 사병들을 협박했으나 덩에게 뒤집어씌울 만한 죄과는 하나도 날조해 낼 수가 없었다.

덩은 상하이를 떠났으며 1931년 8월에는 장시의 중앙 소비에트 특구(特區)의 수도 루이진(瑞金)에 있었다. 마오와 주더가 그 지역을 통솔하고 있었다. 그러나 마오의 노선에 반대하는 친소련파 중국인들은 대도시에서의 대규모 전투와 도시의 프롤레다리아를 집중적인 목표로 삼는 쪽을 신호했다. 이들은 마오를 뒤엎어 버리고 마오 대신에 그 지역을 떠맡기 위한 공작을 펴고 있었다.[8] 덩은 게릴라 전술과 농민군의 조직, 그리고 소규모 군사 자원을 이용하여 규모가 더 크고 장비가 나은 장제스의 노출된 군대에 결정적인 타격을 가해야만 혁명 전쟁을 승리로 이끌 수 있다는 마오의 노선에 명백하게 찬성을 보낸 유능한 지지자였다.

루이진에서 덩은 당 서기가 되었다. 이것은 젊은 신참자에게는 중요한 자리였다. 그러나 이질분자를 색출, 제거하는 작업 때문에 많은 자리가 공석으로 있었다. 수천 명의 당원들이 체포되었으며 많은 사람들이 AB단 음모의 공모자로서 처형당했다. AB는 'anti-Bolshevik(반 볼셰비키파)'의 약어로, 그 음모는 공산주의자 타도를 목표로 했다는 소문이 나돌았다. 음모에 가담한 것으로 추정된 사람들은 지독히 잔인한 괴롭힘을 당했다. 그 지역 당 지도자 가운데 일부는 녹슨 철사로 불알이 뚫려 꿰인 채 한 줄로 서서 마을 곳곳으로 끌려 다녔다. 그들 모두는 마을 광장에서 사살당했다.[9]

덩은 현실적인 기지를 발휘하여 체포를 끝냈다. 그는 취조를 중지했으며, 감금된 사람들 거의 대부분을 풀어 주었다. 이로써 신문을 더 해야 할 몇 사람만 남겨두고 테러 통치를 마감했다. 이삼 주 지나자 루이진은 정상으로 되돌아갔다. 이로부터 50년이 지난 후, 마오쩌둥의 사후에 덩은 사인방의 편집병적인 유산을 청산하기 위해 이보다 훨씬 더 큰 규모로 숙청작업을 단행했다. 그는 신속하게 선인과 악인을 구분하여 무수한 당 희생자들을 석방하고 복권시켰다.

당의 전체 기구, 상하이에서 온 모든 사람, 그리고 모스크바를 지지하는 젊은이들이 루이진에 모여들기 시작했다. 그곳은 중국에서 공산주의자가 하루 24시간 내내 체포와 처형의 위험에 직면하지 않았던 유일한 장소였다. 저우언라이는 덩의 도착 직후에 그곳에 닿아 덩의 상식적인 일처리를 살펴보고는 즉각 덩의 작업을 인가해 주었다.

1931년 11월 7일 중국 소비에트 '임시'정부를 선포하고 루이진을 '붉은 수도(赤都)'로 지정하고 난 직후에 덩은 루이진에서 후이장현으로 급송되었다. 그는 순위현과 안위엔현도 책임을 떠맡게 되었다. 그것은 중요하게 보였으나 실상은 그렇지가 않았다. 그 세 곳은 모두 해방된 직후여서 불안정한 상태였다.

마오의 반대파들은 코민테른의 군사 고문관 브라운(Otto Braun)의 격려에 고무되어 마오의 권력에 간섭하기 시작했다. 그들은 마오를 공개적으로 공격하는 데 충분할 정도의 안전감을 느끼지 못했다. 그러나 그 대용으로 덩은 안성맞춤이었다.[10]

덩은 루이진에 있는 홍군의 총정치부(總政治部)로 보내져 악전 고투했다(덩은 1966년 문화혁명 기간 동안 또다시 이런 역할을 맡았다). 이것은 심정과 이념의 투쟁이 아니라, 당 중앙 기관지《투쟁》의 기사에서 상세히 지적했듯이 '인정사정 없는 공격이자 잔인무도한 투쟁'이었다. 이 진술은 당 조직국 비서 뤄마이(羅邁, 당의 별명은 리웨이한(李維漢))의 승인을 받았다. 그 투쟁은 잔인하고 인정사정이 없었다. 어느 날 부수상 루딩이(陸定一)의 인정 많은 부인이 덩을 만났다. 그때 그는 투쟁 기간이 끝난 후 자신의 호위병들에게 붙들려 독방 신세를 지고 있었다. 덩은 "난 아주 배가 고픕니다. 충분히 먹지를 못하고 있습니다"라고 그녀에게 말했다. 그녀는 은전 한 냥으로 닭을 두 마리 사 와서 요리했다. 그리고 호위병들에게 덩을 자기 집으로 데려 오도록 해서 요리한 닭 한 마리를 대접하고 다른 한 마리는 싸서 독방에 가져가 먹도록 했다. 홍군이 대장정을 떠날 때 그녀를 남겨 두고 간 것은 아마 이 때문이었을 것이다.

덩은 자아비판의 글을 두 번 썼으나 자기를 비판하고 다른 사람들을 만족시키기에 충분할 그런 내용까지 쓰는 것은 거부했다. 그는 "난 더 할 말이 없다. 내가 말한 것은 사실이다"라고 고집을 부렸다. 나중에 문화혁명 기간중에도 그는 이와 똑같은 완고한 고집을 보여 주었다.

덩을 고발한 사람들 중 우두머리인 뤄마이는 몸집이 우람하고 잘생긴 신중한 사람이었다. 투쟁이 최고조에 달했을 때 덩의 부인 아진(阿金)—당에 들어오기 전에는 지웨이잉(金維暎)으로 알려져 있었다—은 덩과 이혼하고 뤄마이와 결혼했다. 나중에 뤄마이와 아진은 옌안에서 이혼했다.[11] 도무지 뉘우칠 줄을 모르는 덩은 이제, 양상쿤 장군의 말을 빌면, "저 밑바닥 풀뿌리로 내려갔다." 그는 레안현의 난군으로 추방당했는데, 그곳은 루이진과는 아주 멀리 떨어진 곳으로 오직 부분적으로만 공산주의자들의 통제 아래 있었다. 어떤 군인의 표현을 빌면 양쪽 부대가 '함께 뒤섞여' 떠돌아다니는, 말하자면 주인 없는 무법천지였다. 땅거미가 진 후에는 산적들이 다스렸다 일부 사람들은 덩을 살해당하게 하려고 그곳에 보낸 것이라고 믿고 있다.

덩이 그곳에 머문 것은 열흘이 채 안 되는 짧은 기간이었다. 루이진에 있는 사람들 중에는 이와는 다른 생각들을 하는 사람들이 일부 있었다. 덩이 만약 국민당 쪽으로 넘어가면 어떻게 될까? 그는 갑자기 사라졌다가 홍군 정치국 총비서로서 왕자샹(王稼祥) 휘하로 들어갔다. 심한 중상을 입은 홍군의 노장 왕자샹은 그 당시 마오와 적대 관계에 있었는데, 나중에 결국은 마오 쪽으로 돌아섰다. 덩은 이 일을 두세 달 계속했다. 그런 다음 덩은—그 자신의 요청에 따른 것이라고들 말했다—평당원이 되었다.

덩은 1934년 10월 졸병으로 대장정을 시작했다. 그는 자기 자신의 짐과 쌀가마니, 탄환 주머니 그리고 무게가 약 60파운드 나가는 자신의 소총을 직접 들고 다녔다. 그 당시 덩은 마오와 마찬가지로 추방자의 신세였다. 러시아에서 훈련받은 당사람들과 군사 고문관 브라운이 대장정의 주도권을 장악하고 있었다.[12]

그 '러시아인'들은 오래 견뎌 내지 못했다. 홍군은 패배 정도를 넘어 큰 재앙 상태, 즉 8만 병력에서 3분의 2를 잃었다. 1934년 12월이 되자 마오는 군사적 동료들을 충분히 갖게 되었다. 그들은 마오의 주변에 모여들어 브라운, 그리고 소련에서 훈련받은 사람들을 몰아냈다. 마오가 인수하면서 그의 열렬한 지지자인 덩샤오핑은 활동할 일자리를 얻었다. 마오가 중앙군위주석(中央軍委主席)으로 옹립된 1935년 1월의 쭌이회의(遵儀會議)석상에 덩은 참석하여 한쪽 구석에 앉아 방금 총편집자 자리를 맡게 된 군 기관지《홍성보 紅星報》의 초고를 작성했다.[13]

그것은 결정적인 계기였다. 덩은 이때부터 대망을 품고 마오의 자리를 이어받기 위한 노력을 계속한 것이었다. 덩을 쫓아내고 그에게 온갖 수모와 고문, 투옥과 추방의 고통을 맛보게 한 이후, 1970년대에 마오는 치매 상태에 빠졌다. 이 상태에서도 마오는 장시 시절과 대장정 시절을 되돌아보곤 했는데, 그러면 그의 얼굴은 자기 편에 섰으며 결코 자신에 대한 애정을 잃지 않았던 그 작은 전사 덩에 대한 따뜻한 애정으로 밝게 빛나곤 했다.

이것은 덩의 최초의 큰 정치적 몰락이자 주목할 만한 최초의 정치적 만회이기도 했다. 그는 적의 탄환이 그의 목숨을 앗아가기를 바라는 사람들의 소원에 의해 황야로 보내졌다. 그는 목숨이 끝장나는 대신에 다시 되튀어 올랐다. 키가 작고 열성적이며 한없이 정력적인, 언제나 만반의 준비 태세를 갖춘 그는 새로운 지도자 마오의 충직한 지지자였다. 하강과 상승이 반복되었던 인생 역정 속에서 그는 이때 최초의 큰 발걸음을 내딛게 되었으며, 결국 1978년 신중국의 지도자가 되었다.

제2부

중난하이(中南海)의
은밀한 생활

6. 국향서옥(菊香書屋)

1949년 마오는 나라의 질서를 바로잡고 신중국의 창건을 준비하는 일은 그의 지휘관들에게 떠넘긴 채, 향산에서 봄과 여름을 즐기고 있었다. 많은 지역을 평정하고 흡수하는 일을 끝마치기까지는 아직도 까마득했다. 그 중에서도 류보청과 덩샤오핑이 여전히 힘들게 일하고 있던 거대한 서남 지역은 특히 사정이 좋지 않았다. 상하이의 복잡한 문제들은 천이 원수의 유능한 수완과 그의 제3군에 맡겨졌다. 베이징에서는 중요한 문제들이 예젠잉 원수에 의해 다루어졌다.

마오와 그의 군대가 권력을 장악하기 이전에 통치했었던 북양 군벌들, 일본인들, 그리고 장제스의 부관들은 중난하이의 몇 건물에 시정을 담당하는 사무실들을 설립했었다. 예젠잉 원수는 이 구역들을 접수하자마자 곧바로, 마오와 정부에게 자신의 예에 따라 고요하고(자기가 믿기로는) 안전하며 매력적인 이 은밀한 구역을 제국의 본거지로 삼으라고 권했다.

마오는 주저했다. 그는 향산이 자신의 취향에 잘 맞는다고 생각했을 뿐만 아니라, 중난하이, 아니 사실은 베이징 자체의 안전에 대해 불안한 두려움을 극복할 수도 없었다. 일본인들이 그랬듯이 국민당 정부도 그곳을 차지하고 지켰었다. 얼마나 많은 비밀 암살단들, 제5열들, 그리고 폭동 선동가들이 남아 있겠는가? 스파이들과 테러리스트들, 그리고 부비트랩과 지뢰는 언급할 필요조차 없었다.

보안 문제들은 사악한 캉성과 당의 보안책임자 리커농에게 인계되었다. 경찰 부대들이 모든 블록과 뒷골목을 담당했다.[1] 마오는 향산에서 나오는 결단을 서둘러 내리지 않았다. 그 전에 온갖 더러운 것뿐만 아니라 인간 쓰레기도 그 도시에서 깨끗이 치워 내도록 시켰다.

그는 예 원수의 제안에 대해 즉각적인 결정을 내리지 않았다. 공간이 부족했으며, 그 점은 의심의 여지가 없었다. 득실거리는 관료들이 사용할 공간이 없었다는 문제 외에 자금성 철거 문제도 제기되었다. 자금성은 면적이 72만 평방미터였는데, 대지의 절반은 궁궐들이, 그리고 나머지 면적은 공원들이 차지하고 있었다. 웅장한 건물들이 무질서하게 늘어서 있어서 각종 사무직원들과 위원들이 사용하기에는 거의 부적합했다. 만약 그 건물들을 헐어 내게 되면, 베이징 심장부의 넓은 지역이 활짝 트여서 신속하게 슬라브 건축물을 지어 새 주인들에게 끝없이 긴 복도를 제공할 수 있을 것이었다.

이 제안은 단지 실용적인 의미만을 지니는 것은 아니었다. 새로운 질서가 태어난 것을 알리는 데 있어 고대 제국의 가장 유명한 상징을 지상에서 없애 버리는 것보다 더 극적인 방법은 없을 터였다. 몽고족은 송나라의 궁궐을 무너뜨리고 그들 자신의 궁궐들을 세우지 않았던가? 명의 영락제(永樂帝)는 원(元)의 수도를 완전히 파괴해 버리지 않았던가?

잠시나마 자금성은 당장이라도 허물어질 고비를 맞았다. 이념적인 열성당원들은 자금성을 타락한 봉건제도의 기념물이라고 몹시 싫어했다. 황제가 거주하던 도시를 말끔히 청소해 버리고 왕자들을 모조리 죽이고 나서는 자신들이 제물로 삼은 바로 그 자들의 문화에 굴복함으로써 결국은 새로운 것이 불멸의 낡은 것에 의해 오염되는 것을 헤아리지 못했던 옛 왕조들의 운명을 기억해 낸 일부 명민한 당원들도 있었을 것이다.

마오는 자금성에 대해 어떤 미신을 품고 있었다. 그는 그곳에 발을 들여놓지 않았으며, 나중에 몇 년이 지나 그의 신하들이 그곳을 자기 왕조의 본거지로 삼자는 견해를 내놓자 그는 그것을 거부했다. "나는 단지 한 마리 웅대한 용에 지나지 않으며, 나는 하늘의 용(天龍)이 아니다"라고 말했다. 중국 신화에서 황제의 도시 통치자는 최고의 권력을 상징하는 하늘의 용이라고 불렸다.[2]

새 붉은 도시라는 아이디어는 금방 꼬리를 감추고 말았다. 마오가 거부 입장을 밝혔던 것이다. 이와 관련하여 그는 "하늘에는 오로지 하나의 태양만 있을 뿐이다"라고 자신의 견해를 밝혔다.[3]

한동안 정부 관료들은 그 대신 사용 가능한 다른 건물에서 임시로 지내곤 했다. 골격을 갖춘 부서들은 쓸 만한 건물들을 접수했다. 톈안먼에서 한 블록 떨어진 베이징 호텔은 외무성이 징발해서 사용했다. 그곳에는 외교관들, 정부의 공사들, 그리고 당의 귀한 손님들이 숙박했다. 근처에 있는 와공리 호텔은 처음에는 예 원수가 사용하다가 나중에는 외무성이 사용했다.[4]

면밀하게 검사한 후에 마오쩌둥에게 적당한 거처로 중난하이를 선정하여 마오 자신에게 승인을 받았다. 중난하이는 1910년대 후반과 20년대에 북양 군벌들의 통치 시설 이래로 거의 사람이 거처하지 않았으며, 몇 년 동안 방치되어 온 조용하고 후미진 곳이었다.[5] 한 소궁궐에 작은 학교 하나가 들어 있었고 다른 궁궐 하나에는 시정을 담당하는 사무실들이 있었다. 많은 궁궐들이 텅 비어 있고 초라해서 구내 전체가 황폐한 상태였다.

17세기에 지은 청대의 한 우아한 고궁이 마오의 거소로 정해졌다. 풍택원(豊澤園)에 위치한 몇 개의 궁궐 가운데 하나였다. 풍택원이라는 이름은, 풍작을 기원하기 위하여 황제가 매년 봄에 씨뿌리는 의식을 거행했던 한 작은 구역에서 유래한 것이다. 종복들이 씨를 뿌리는 동안 황제는 손에 장갑을 끼고, 짧은 밭고랑으로 온순한 황소 두 마리를 몰아 쟁기질을 시작했었다. 마오는 그 고대의 제사 의식에 결코 빠져들지는 않았다. 그러나 보다 풍요로운 수확을 기원하기 위해 그는 여러 해 동안 많은 노력을 쏟았다.

풍택원 안에는 청나라의 강희제(康熙帝)에 의해 건립된 의년당이라는 궁궐이 하나 서 있었다. 양쪽에 제비 날개 모양의 지붕물림이 있으며 황제의 권위를 상징하는 황색 기와로 덮인 지붕, 그리고 역대 왕조의 적갈색을 여전히 뽐내고 있는 이 멋진 구조물의 한쪽 익면은 국향서옥(菊香書屋)으로 알려져 있었다. 그곳은 가끔 황제의 서재로 이용되어 왔다. 이 집을 마오가 사용할 수 있도록 최대의 신경을 써서 새로 단장하였다.[6]

마오는 재스민과 오스맨더스 꽃향기가 그윽하고 우람한 기둥으로 장식된 테라스와 널찍한 창문들이 있는 이 집을 거처로 정했다. 창문에서는 편평한 돌을 깐 안뜰의 경치가 환히 내다보였다. 이곳에는 숭고한 정적이 감돌았다. 베이징 까치의 지저귀는 소리와 난하이 기슭에서 들려오는 두루미들의 결코 잊을 수 없는 울음소리, 그리고 이따금씩 무장한 보초들의 발자국 소리 외에는 밤이나 낮이나 아무 소리도 새어 들어오지 않았다.

보안은 철저했다. 정북쪽에 위치한 자광각(慈光閣)에서 접대를 받고 있는 외교사절들은 톈안먼 광장 바로 위에 있는 신화먼이나 또는 난창가 81번 가에 있는 측면 출입구로 드나드는 것을 통제받았다. 마오와 그의 가장 가까운 측근들은 베이하이 공원을 지나 자금성 후문을 이용하는 경우가 더 잦았다.

마오의 거처는 그의 취향에 맞았다. 남쪽의 햇볕이 넓은 창문으로 쏟아져 들어오게끔 북향으로 낸 벽을 따라 서재가 하나 있었는데, 이 서재를 통해 그의 방들 중에서 가장 큰 방인 침실로 들어갈 수가 있었다. 안뜰로 난 창문 곁에는 나무로 만든 정방형 침대가 놓여 있었다. 이 침대의 다리는 튼튼한 목재 받침 위에 설치되어 있었으며, 그 크기는 왕이 사용하는 규모가 아니라 황제가 사용하는 규모였다. 이 침대는 사오산에 있는 그의 본가의 큰 가마솥 받침보다 더 컸다.[7]

마오는 베개들을 높이 쌓아 두고 그 위에 누워 휴식을 취했다. 그의 침대의 절반은 각종 서류들과 책들, 그리고 그가 소년시절부터 노년까지 몇 번이고 읽고 또 읽었던 몇 권의 중국 고전 묶음이 쌓여져 있었다. 침대의 다른 절반에 대해 말하

자면, 그곳을 차지한 수많은 점거자들은 자주 바뀌어야 할 운명이었다.[8]

놋쇠로 만든 한 쌍의 브래킷 조명등이 마룻바닥에서 8피트 되는 마오의 침대 뒤 벽에 고정되어 있었다. 침대 옆과 머리맡에 있는 책상들 위에는 목을 구부려서 자유자재로 형태를 바꿀 수 있는 에스(S)자 모양의 조명기구들이 자리하고 있었다. 침실과 서재의 사방 벽에는 책과 서류상자들이 일렬로 정돈되어 있었다. 서류상자에는 보고서와 편지로 가득 차 있었는데, 그 안에는 비밀경찰 전문가인 캉성이 마오를 위해 수집한 특별 장서들도 있었을 것이다.[9] 마루는 풋사과 빛깔이 나는 중국산 녹색 카펫으로 덮여 있었다.

중앙위원회의 한 위원은 마오가 필요로 하거나 원하는 책들로 마오의 서가를 채우는 일을 담당했다. 그의 동료 중 한 사람이 그 일을 검열하기 위해 불시에 그곳을 방문했다. 그는 서가마다 가득 꽂혀 있는 중국의 위대한 문학작품들과 역사책들, 그리고 대단치는 않지만 외국문학 번역서도 볼 수 있었다. 마오는 평생 동안 영어를 배우려고 애썼지만 그 뜻을 이루지는 못했다.[10] 그 방문객은 주목할 만한 사실을 발견했다. 마르크스, 엥겔스, 레닌의 책이 거의 없었다. 스탈린의 저서 역시 한 권도 없었다.

그 방문객이 그 위원에게 "그냥 체면치레로라도 마르크스주의 고전들을 비치하는 약간의 공간을 확보해야 하는 것 아니오?"라고 물었다. 그 이후부터 그런 책들을 빠뜨리고 비치해 두지 않은 점이 시정되었다.[11]

중난하이에 마련된 새 거처가 마오를 기다리고 있었다. 그러나 그는 여전히 향산을 뜨지 않고 있었다. 그가 바로 코앞에 닥친 심각한 일들을 인식하지 못해서 그런 것은 아니었다. 어느 날 그의 오랜 친구인 주종리가 그를 찾아왔다. 그녀는 왕자샹의 아내로 마오와 함께 대장정을 했던 내과의사였다. 그녀는 오랜 투쟁이 끝나 가고 있으며 나라의 대부분이 해방되었다고 말했다.

마오는 이의를 제기했다. "우리는 방금 우리의 대장정의 첫발을 내디뎠다. 이것은 시작이지 끝이 아니다. 새로운 사회주의 국가를 건설하는 일에는 필연적으로 힘든 투쟁이 뒤따르기 마련이다."

주종리는 논쟁을 벌이지 않았다. 그녀는 마오의 혈압을 재어 보았다. 70/130이었다. 맥박이 정상이었다. 그의 체중은 187파운드였으나 옌안 시절 보다 몸무게가 약 20파운드 정도 늘었으며, 그런 상태는 말년까지 계속되었다.[12]

마오쩌둥은 중난하이로 들어가는 것이 어떤 상징적 의미를 지니는가를 잘 이해하고 있었다. 그가 거처를 옮기는 일을 그토록 조심스럽고 신중하게 추진한 데에는 아마 이것도 하나의 이유로 작용했을 것이다. 인민공화국 창건일인 1949년 10월 1일까지는 국향서옥에 그를 맞이할 만반의 준비가 갖추어져 있었다. 그의 동료들 가운데 많은 사람이 이미 그들의 새 궁궐을 차지하고 있었다. 그러나 마오는 그러지 않고 있었다. 일단 중난하이에 들어가면 다시 뒷걸음질쳐서 나올 수 없는 노릇이기 때문이었다.

황제의 침실에서 긴다는 것은 권력의 행사였다. 한 왕조가 몰락하면 천명(天命)이 다한 것이라고들 말했다. 천명은 천지신명의 미소였으며 정당한 후계자를 새로운 황제로 명하는 것이었다. 마오는 자기 자신이 다른 어느 나라보다도 인구가 더 많으며 그 당시 자신도 인구가 몇억인가를 몰랐던 그런 대국의 지도자, 즉 황제임을 의심하지 않았다. 다른 모든 중국의 왕조들은 역사에 불과했다. 그는 현재였으며, 그리고 자기 자신이 미래라고 믿었다.

마오쩌둥의 나이는 쉰여섯이었다. 그는 사치라는 걸 몰랐었다. 그는 태어나서 열네 살까지 흙을 다진 봉당이 있는 안뜰의 집에서 보냈다. 그는 신문이라는 것도 보지 못했으며 수돗물이 무엇인지도 몰랐다. 그의 마을에는 전기도 들어오지 않았다.

오랜 세월 동안 산속에서 게릴라 생활을 한 그는 뛰어다니다시피 하며 살았다. 그는 대장정 기간중에 1년간을 장제스의 군대들과 싸웠을 뿐만 아니라 안개와 비, 눈이 쌓인 산꼭대기, 타는 듯한 사막, 깊은 수렁, 굶주림, 추위, 열병, 고통, 그리고 위험과도 싸웠다. 그는 농가 오두막에서 문짝이라도 빼앗아 와 그 위에서 잘 수 있는 자신은 행복하다고 생각했다. 그는 매일 밤마다 일을 했으며, 건장한 병사들이 운반하는 흔들리는 들것 안에서 낮에 잠을 잤다. 옌안에서는 황토 언덕을 파서 만든 동굴 속에서 살았다. 그는 매일 밥 한 그릇으로 연명하고, 옷을 입은 채로 자며, 이를 잡아 그의 하얀 이빨 사이에 넣어 우두둑 깨물어 죽이는 그런 병사의 삶을 살았다. 그는 주린 이리처럼 깡말랐으며 중국의 가장 훌륭한 시인들 중의 한 사람이기도 했다.

혁명에 대한 불 같은 정열이 마오를 살아 있게 했다. 그는 혁명을 먹고, 잠자고, 숨쉬었으며, 만약 그 혁명이 자기 자신이 생각하는 혁명과 상반되는 결과에 이른다면 차라리 죽는 편이 낫다고 생각했다. 그는 중국 농민들의 생활 리듬의 높낮이를 읽어 낼 수 있는 완벽한 솜씨를 습득했으며,[13] 농민들이 그들 자신을 아는 것보다 농민들을 더 잘 알았다. 그는 자신의 혁명을 달성하는 데 시간이 얼마나 걸릴지는 알지 못했지만, 그 혁명이 달성되리라는 것은 짐작하고 있었다. 그는 세계에 관해 많이 생각하지 않았으니, 중국이 바로 그의 세계였던 것이다.

그는 자기 자신을 (이론적으로) 무산계층이라고 여겼지만, 실제로는 분명하게 농민이었다. 여러 사건들을 통해 드러났듯이, 그를 인도한 것은 마르크스, 레닌, 스탈린, 또는 심지어 《공산당 선언》보다도 오히려 중국의 철학적 전통이었다. 비록 그가 이 사실을 결코 인정하지 않으려 했음에도 불구하고 말이다. 헤겔의 변증법은 그의 강점이 아니었으며, 그는 클라우제비츠(Karl von Clausewitz, 1780~1831년, 프로이센의 장군이자 군사전략가)보다 손자(孫子)의 병법에 더 정통했다.

마오는 맬더스(Malthus)의 소름끼치는 예언들보다는 오히려 미국 대통령 해리 트루먼과 수수께끼 같은 미국이 무슨 짓을 할 것인가에 대해 더 걱정했다. 미국에 대한 관심사 바로 다음의 관심사는 그가 증오하고 두려워하는 스탈린이 무슨 흉계를 꾸미고 있는가에 대한 것이었다. 그리고 그는 이제 손에 넣은 중국을 어떻게 해야 좋은지에 대해 확실한 생각이 전혀 없었다.

오래 전에 마오는 친구이자 동급생인 샤오유(蕭瑜)와 함께 후난의 벽지 깊숙이까지 걸어서 여행한 적이 있었다. 그 젊은이들은 객사에서 생기발랄한 한 젊은 여인을 우연히 만나게 되었다. 그녀는 관상을 보는 능력이 있었는데, 마오가 위대한 관리나 재상, 또는 산적 두목이 될 것이라고 예언했다.

"당신은 눈도 깜박이지 않고 수만 또는 심지어 수십만의 사람들을 죽일 수 있을 것이다"라고 그녀는 말했다.[14]

보다 최근의 예언도 있다. 옌안 정남쪽으로 40마일 떨어진 곳에, 황허(黃河)의 강기슭에 위치한 칭리밍이라는 큰 수도원이 있다. 한 이야기에 따르면, 마오가 그 수도원을 방문했다고 한다. 한 도사가 마오의 발 앞에 엎드리더니 "당신은 하늘에 계신 용의 진짜 아드님인 진룡천자(眞龍天子)이십니다"라고 단언했다. 마오는 그 도사에게 자신의 운명을 이야기해 달라고 청했다. 그러자 도사는 마오가 베이징으로 가서 10월 1일에 자신의 왕조를 창건할 것이라고 예언했다.[15] 이것은 바로 중국의 고전인 《삼국지》에 나오는 예언이었다.

마오가 용좌라는 고대 중국인의 꿈을 꾸었을까? 우리는 이 물음에 대해 단정적인 해답을 갖고 있지는 못하지만, 마오와 가까웠던 몇 사람들은 그가 이 예언들을 심각하게 받아들였다고 믿었다.[16] 마오는 그의 비밀스런 생각들을 기록으로 남겨 두지 않았다. 그의 비서들이 찾아낸 것은 고작해야 그의 탁상 종이철 위에 갈겨써 놓은 짤막한 잡문들뿐이었다. 그는 거기에 자기가 몇 시간이나 잠을 잤는가, 매일 몇 시간씩이나 수영을 했는가, 그리고 그 밖의 다른 신체상의 통계들을 표로 만들어 써 두었다.[17] 그러나 분명히 마오의 두 눈은 현재와 미래에 초점이 맞춰져 있었다. 그는 과거를 후회하지 않았다. 그러나 과거로부터 교훈을 배울 수 있다고 믿었다. 그는 《삼국지》의 전략과 전술을 연구하고 《손자병법》의 군사 철학을 읽음으로써 대장정을 완수했으며 장제스와의 전쟁에서 승리를 거두었던 것이다.

이제 그는 중국을 통치하는 방법, 천명을 붙드는 방법을 배워야만 했다. 그가 중국 역대 왕조의 통치에 관한 위대한 두 저서, 즉 《사기》와 《자치통감》을 행낭 속에 넣어 향산에 도착한 것은 결코 우연이 아니었다.

마오가 국향서옥에 들어가면서 맨 처음 한 일들 중의 하나는 그의 서재에 빠져 있는 책을 메우는 것이었다. 그는 사람을 시켜 중국의 역대 왕조의 정사(正史)를 기록해 놓은 사서인 《24사(史)》를 가져오게 했다. 《24사》는 단행본이 아니라 수십, 수백 권의 사서들을 종류별로 모은 방대한 규모의 책으로, 각 황제의 치적을 후대에 기록하여 편찬한, 즉 과거의 모든 정사를 모은 것이다. 중국의 치국책과 전통을 찾아볼 수 있는 근원적인 광맥이라 할 수 있는 이 책 속에 중국의 수많은 경륜가들과 그들이 받든 제후들의 지혜가 모두 축적되어 있다 해도 지나친 말은 아닐 것이다.

마오의 침실에는 백단향으로 만든 특수 캐비닛이 있었는데, 《24사》는 그곳에 넣어 두었다. 그는 베개더미 위에 누워, 목을 마음대로 구부릴 수 있는 에스(S)자형 조명등의 초점을 얇은 고급 종이 위에 맞춘 다음, 그 사서를 처음부터 끝까지, 마오 시대의 가장 존경받는 역사가의 증언에 따르자면, 한 번이 아니라 두 번이나 숙독했다 한다.[18]

마오 시대에 살아 남았던 사람들 모두가, 제후들이 어떻게 왕국을 쟁취했으며 황제들이 어떻게 왕국을 잃게 되었는가, 그리고 어떻게 천명이 한 황제로부터 다른 황제에게로 넘어가게 되었는가를 기록해 놓은 역사에 대해 마오가 그토록 광범위한 독서를 했다고 믿었던 것은 아니다.

"나는 그가 사서 전체를 어떻게 읽을 수 있었는지 모르겠다"라고 리루이(李銳)는 말했는데, 그는 마오 시대에 살아 남은 모든 사람들 가운데 아마도 마오를 가장 잘 이해했던 인물이었을 것이다. 그는 1950년대 한 시기 동안 마오의 개인 비서로서 일했으며, 마오의 초년의 삶에 관한 인상적인 연구 논문을 썼으며, 수년 동안 마오를 연구했다. 마오가 그를 감옥에 가두었었는데, 그의 마오 연구는 주로 이 감방 생활중에 이루어졌다. 리루이는 마오가 중난하이로 거처를 옮긴 후에 《24사》 전체를 읽을 만한 시간적 여유를 가졌다고는 믿지 않았음에도 불구하고, "그가 많은 분량의 독서를 했다는 것은 기꺼이 믿을 각오가 되어 있다. 그가 특히 많이 읽었던 대목은 사람들이 저마다 어떻게 왕좌에 오르고 어떻게 왕좌를 떠나게 되었는가를 논하는 구절들이었다"고 말했다.

리루이는 마오가 왕조들의 변천에 관심이 있었다고 말했다. 마오는 몇 년 동안 줄곧 《24사》 중 3세기의 삼국(三國)시대를 다룬 부분의 사서들을 침대 옆에 놓아두었다. 리루이는 마오가 명조에서 청조로 바뀌는 변천 과정을 큰 관심을 갖고 연구했으며, 아마도 5세기와 6세기에 걸쳐 중국이 남북으로 갈라졌던 남북조 시대를 다룬 부분에도 큰 관심을 가졌을 거라고 믿었다.[19]

내가 중난하이를 방문하고 난 후, 거대한 침대 위에 손발을 쭉 뻗은 채 큰 대자로 드러누워 옛날의 기록문서들을 넘기거나 수백 년에 걸친 기록을 읽고 있는 마오의 그림이 그럴 듯하다는 생각이 들었다. 결국, 지나간 사건을 기록해 놓은 정사를 읽는 것은 새 황제의 전통적 의무였다.

마오가 사서들을 읽는 일은 결코 그친 적이 없었다는 것은 명백한 것 같다. 말년에 마오의 시력이 쇠퇴하자 신화통신사에서 그가 사용할 수 있도록 활자를 확대해 놓은 특별판을 출판했다.[20] 마오는 중국의 과거를 깊이 연구했다. 그가 연구를 하면 할수록 중국의 현재를 다루는 데 있어 그의 문제들은 그만큼 더 커졌다. 또는 결국은 그렇게 보이기 시작했다.

7. 톈안먼(天安門)

톈안먼은 수백 년 동안 중국의 자금성으로 들어가는 정문이었다.

1949년 10월 1일 가을 하늘은 청명했다. 이 날 바로 이 문 위에, 턱에 완두콩만 한 혹이 눈에 띄게 튀어나온 마오쩌둥이 산뜻한 나사복을 입고 서 있었다. 그 자리에는 그가 새로운 공산주의 국가 중국을 건설 할 것을 당부하곤 했던 대장정의 동지들도 함께 있었다. 이 문은 높이가 30피트로 폭은 40피트이고, 지붕은 땅에서 100피트 높이였다. 마오와 그의 동료들은 난간 뒤 테라스에 있는 주홍색과 황금색 응접실에 모여 있었다. 행사가 오랜 시간 계속되는 동안 그들은 차와 오렌지 음료, 새우 튀김, 땅콩, 그리고 담배 등을 들면서 원기를 되찾았다.[1]

대리석 기둥이 받치고 있는 우뚝 솟은 난간 아래에는 한 쌍의 호우가 서 있었다. 호우는 절반은 사자, 절반은 개의 모습을 한 신화적 동물로서 황제가 국사를 돌보지 않고 나긋나긋한 여인네들과 한가롭게 쾌락적인 시간이나 보내는 일을 하지 못하도록 지키는 역할을 했다. 호우는 개처럼 짖어 대는 것이 아니라, 인간의 음성으로 "오, 황제 폐하! 많은 시간을 쾌락으로 낭비하지 마십시오. 돌아오셔서 폐하의 공무를 돌보소서"라고 소리쳤다. 이 신화는 자금성의 쾌락을 추구하는 궁궐들에 의해 야기된 영원한 문제를 증명했다. 10월 1일의 그 고귀한 모임이 이러한 옛날의 잔재에 유의한 것 같지는 않다. 이것은 아마도 실수였던 것 같다.

그 거대한 문은 전통적으로 황제의 위엄을 상징하는 진홍색으로 다시 칠해졌었다. 진홍색은 일반인들에게는 사용이 금지된, 온통 붉은 양홍(洋紅)의 재료였다. 그 빛깔의 근원이 무엇인가는 1949년까지는 거의 잊혀져 있었다. 고대 중국에는 북극성이 천체의 중심으로 보였으며 보랏빛 색조를 띤 것으로 믿어졌다. 황제가 거하는 도시는 세계의 중심이며 따라서 하늘의 빛인 보랏빛을 띠었다.

가솔린통을 두드려 평평하게 한 다음 납땜질을 하여 만든 거대한 얇은 철판 위에 그려 놓은 장제스의 초상화가 얼마 전까지만 해도 그 문을 장식하고 있었다. 이제 이 초상화를 떼어 내고 이 문은 명나라 때처럼 깨끗하고 당당한 모습으로 서 있었다. 그러나 그 문 옆벽에 마오의 거대한 초상화가 내걸렸다. 문 정면에는 깃대가 세워져 있었다. 상상력이 풍부한 한 관찰자는 그 깃대가 "우주의 심장부인 그 유서 깊은 도시의 한가운데를 꿰뚫었다"는 의견을 말했다.[2] 비단으로 만든 열 자짜리 고상한 중국식 등롱들이 그 문의 처마 아래 걸려 있었다. 처마는 붉은색과 황금색으로 래커 칠이 되어 있었다.[3]

그 광장을 장식했었던 작은 숲은 모두 베어 내고 대신 그 자리에 새로 시멘트와 아스팔트가 깔려 있었다. '마오 주석 만세', '중화인민공화국 만세'라고 붉게 색칠한 슬로건들이 사방을 장식하고 있었다.

옛날에는 그 문에 황제들이 칙령을 붙여 놓았었다. 이곳에서 1912년 청의 마지막 황제 푸이(溥儀)의 퇴위가 공표되었었다. 일본인들이 1945년 항복 이전의 점령 시절에 이곳에 '대동아 공영권(大東亞共榮圈)'을 건설하자는 공고문을 게시했었다. 백성들은 이곳에 탄원하러 왔었는데, 그들은 이 문을 통과해서 황제를 알현했었다. 이 문은 중국 권력의 장소였으며, 위대한 왕권의 상징이었다. 이곳에서 1919년 5월 4일 중국의 대학생들은 베르사이유에서 열렸던 제1차 세계대전 평화회의에서 중국의 권리들을 양도하는 데 서명한 중국의 정치가들에 대한 분노를 터뜨렸다. 5월 4일의 시위대는 그 후에도 계속, 마오의 혁명과 그 이후의 사건에서 중요한 역할을 하곤 했던 학생운동을 촉발시키는 계기를 제공해 주었다.

문화혁명 때는 이곳에 백만 홍위병들이 모여들었다. 광장을 가득 메운 그들은 자기들 앞에 달처럼 창백한 얼굴로 선 마오쩌둥에 대해 충성할 것을 맹세했다. 1989년 6월 3일과 4일에는 그곳에서 톈안먼 대학살 사건이 일어났다.

해가 비치다 이내 소나기가 퍼붓곤 하던 1949년 그 날, 해묵은 부패와 과거의 굴욕은 이제 잊혀졌다. 이 날은 마오가 인민공화국을 선포하는 날이자, 새로운 국기를 게양하는 날이었으며, 인민지원군의 군가인 '치라이'를 국가로 정하는 날이자, 역대 왕조들의 신성력 대신 양력을 도입한 날이기도 했다. 용의 해, 뱀의 해 처럼 동물들의 이름을 딴 해들은 이제 사라졌거나, 또는 사라졌다고 생각되었다.

마오는 "이로써 중국 역사에서 새로운 시대가 시작된 것이다. 우리 4억 7천 5백 만 중국 인민은 이제 일어섰다"고 선언했다.[4]

약 10만 명의 인파가 톈안먼 앞 벽으로 둘러싸인 구내에 빽빽이 서 있었다. 그곳은 옛 제국의 비좁은 관청들과 외국 공사관들, 그리고 외국 병력의 눈에 거슬리는 표지들이 들어서 있었던 곳이다. 미국 영사관의 무선 송신탑이 자금성의 벽들보다 더 높게 희미한 윤곽만을 보이고 있었다.

창안의 동서로 나 있는 간선도로와 1백 에이커의 돌 초원은 아직 깨끗하게 치워지지 않은 상태였다. 혁명을 위해 목숨을 바친 열사들을 위한 그루터기 같은 기둥들도, 마오의 무개 영구차를 수용할 깨끗한 플라스틱 코끼리도 아직은 없었다.

베이징 함락 이후 8개월 동안 마오는 자신의 새로운 국가를 창건하기 위한 기초 작업을 했었다. 원수들과 장군들은 마치 로마 시대에 그랬던 것처럼 지방 총독들로 바뀌고 있었다. 그들은 신중국 창건이라는 큰 일을 해내는 임무를 부여받았다. 10월 1일 마오는 스스로 주석임을 선포했으며, 저우언라이는 외교부장, 주더는 총사령관, 류사오치는 부주석—곧 주석이 될 것이었다—으로 임명했다. 국가평의회는 혁명을 쟁취한 인물들로 구성되었으며, 로마의 집정관들 같은 친위병들의 점호였다.

천이는 상하이의 책임자 자리를 떠맡았다. 마오는 덩샤오핑에게 그 자리를 맡기려고 애썼지만 덩이 그 자리는 마땅히 천이에게 돌아가야 할 자리라며 거절했다. 제2야전군 부대들은 상하이에 머물면서 호사스런 생활을 누리기를 원했지만 덩은 그것을 원하지 않았다. 10월 1일 축제가 지나자 덩과 애꾸눈 류보청은 병력을 서남부 지역 더 깊숙이 이동시키기 위해 그 지역으로 돌아가는 기차를 탔다.

결국 덩은 중국의 서남부 전역을 관할하는 마오의 총독이 될 것이었다. 마오는 1950년 6월 한국전쟁이 시작된 이래로 특히 미국의 공격을 두려워하고 있었기 때문에 서남부 지역은 지극히 중요한 의미를 지니게 되었다.

미국의 공격 위험에 대한 불안 때문에 마오는 미국의 공격에도 뚫리지 않는 자급자족하는 난공불락의 전략 요새를 만들 생각을 품게 되었다. 남서부 변방에 있는 산악과 사막 지대인 이곳은 중국의 제3선(三線)으로 불리게 되었다. 제3선은 판단착오에서 비롯된 계획으로, 나중에 중국과 덩샤오핑에게 예상치 못한 복잡한 말썽거리, 비용과 위험, 수고 등 특별한 문제들로 인해 큰 부담을 주었다.

그러나 10월의 축제 분위기 속에서 신중국 탄생의 고통이 얼마나 힘든 것인가를 떠올리지는 않았을 것이다. 공산주의 국가 소련과의 전쟁 위험이 어느 날 공산주의 국가 중국을 유령처럼 따라다니며 괴롭힐 것이라고 그 누가 추측이나 했었겠는가? 스탈린이 만주를 인민공화국에서 분리시키려는 음모를 꾸밀 것이라고 그 누가 추측이나 했었겠는가? 아니면 형제간의 갈등이나 공산주의에 승리를 안겨다 준 사람들 사이의 갈등 때문에 혁명 영웅들을 감옥이나 병원, 또는 임시 수용소로 싣고 가는 죽음의 열차를 떠나 보내리라고 그 누가 추측이나 했었겠는가? 지금 모두 동지로서 서로 팔짱을 끼고 서 있는 사람들이 공공장소에서 곤봉으로 두들겨 맞거나 고문을 당해 죽게 되리라고 누가 상상이나 했었겠는가?

그 높은 연단 위에 서 있는 사람들 중 1백 년 전에 있었던 태평천국의 난(太平天國亂)의 운명을 기억해 낸 사람이 있었을까? 혼란에 빠진 상태에서 미신을 믿었던 그 장발적(長髮賊)들은 중국을 혼란의 도가니 속으로 몰아넣었으며, 천명에 매달렸으나 결국 다두하(大渡河)를 붉게 물들인 엄청난 유혈 참사 상태에서 천명을 잃었다. 결코 이런 결과를 가져올 것 같지는 않았을 것이다. 1949년 10월 그 자리에 모인 사람들은 마음속 깊이 충심으로 미래를 확신했다. 미래는 그들 것이었고 그들은 미래를 쟁취했었다.

그들은 모두, 또는 거의 모두, 그 날 그 자리에 있었다. 만주, 베이징, 그리고 톈진을 기막히게 멋있게 정복하는 일을 설계한 린뱌오는 언제나처럼 약간 떨어진 곳에 초연한 자세로 서 있었다. 그는 사교적인 인물이 아니었다. 그의 동료 장군들은 끝없이 마오타이주로 축배를 듦으로써 자신들의 승리와 사나이다움을 축하했지만, 그는 그런 자리에 어울리지 않았다. 동료들은 그런 린뱌오에 익숙해져 있었다. 그는 춤추는 자리에서 수줍어하고 말없이 서먹서먹해 했다. 이것이 그의 스타일이었다. 그는 겉으로 보기에는 다른 사람들보다 더 사려 깊고 내성적이었으며, 어쩌면 우울증 환자였을지도 모른다. 그러나 이런 점이 그의 군사적인 지도성을 해치는 일은 결코 없었던 것 같았다. 린뱌오는 마오의 측근이자 핵심인물이었으며, 언제나 마오 곁에 더 가까이 있기를 바랐다. 그는 외몽고 지역에서 내막을 알 수 없는 비행기 추락 사고로 1971년에 사망했다. 소문에 의하면, 마오를 암살하고 중국을 인수할 음모를 꾸민 사실이 발각되어 도망치려고 했다고 한다.

린 바로 곁에 가오강(高崗)이 서 있었다. 마오는 그에게 전혀 뜻밖에 얻은 만주 지역을 맡겼다. 가오강은 마오의 만주 총독이었던 것이다. 그는 일찍이 모스크바에 다녀온 적이 있었으며, 단독으로 스탈린과 무역 협정에 서명한 일도 있었다. 나중에 들리는 바로는, 그 당시 가오강과 덩샤오핑은 마오의 총애를 받는 인물이었다고 한다. 언제나 그들은 마오가 자신에게 맡긴 일은 무엇이든 완수했다.[5] 이런 가오강이 장차 국가 반역죄로 자살하리라고는 아무도 추측할 수 없었다. 대장정의 노병 류사오치는 짓구겨진 카키색 군모를 머리에 눌러쓰고 편한 자세로 서 있었다. 그는 장제스의 전방부대 배후에 있는 '백색'지역(국민당에 의해 통제되던 지역)에서 위험한 지하활동을 통해 중요한 역할을 수행했었다. 마오는 그로부터 얼마 안 되어 그를 중국의 주석으로 골랐다. 그런데 그 날 톈안먼에 있었던 어느 누구도 그 보다 더 비참한 죽음을 당하지는 않았다. 넓은 얼굴에 미소를 짓고 있던 주더는 마오의 가장 오랜 군사 협력자였다. 그와 마오는 1927년부터 28년 사이의 게릴라 시절 징강산에서 붉은 군대의 전략 방법을 창안했었다. 주더는 대장정 동안 어려운 고비를 여러 차례 겪었었다. 그는 훗날 그때보다 더 나쁜 일들을 겪게 되었다.

항상 서두르는 것처럼 보였던 덩샤오핑은 동료 지휘관 애꾸눈 류와 함께 안절부절못하는 마음으로 서 있었다. 그들 둘은 소탕작전을 끝내기 위해 서남부 지역으로 되돌아가기를 열망했다. 나중에 마오는 덩에게 충칭과 서남 지역을 관할하는 권한을 주었고, 류는 난징으로 가서 새로 창설된 군사학교의 교장직을 맡게 되었다. 어느 누구의 장래도 이들의 장래보다 더 안전하게 보장되어 있는 것처럼 보이지는 않았다. 그들은 신중국을 건설하는 데 모든 경력과 평생을 바쳤다.

덩의 동료들 가운데 많은 사람들이 아직도 그를 '젊다'고 생각하고 있었으나, 젊어 보이는 모습에도 불구하고 그는 이제 중년의 나이에 접어들어 있었다. 사실상 신중국의 복잡한 정치적 스펙트럼 중에서 그의 재빠른 두 눈이 샅샅이 훑어보지 않은 것이 거의 없었다. 이 시절 덩은 포커 게임을 좋아했고, 그는 게임을 하면 이겼다. 만약 그가 운에 맡긴 채 모험을 했다면, 그건 그가 자신에게 승산이 있다는 걸 알았고 게임 상대를 알았으며 그 상대들의 강점과 약점을 알았기 때문이다.

적을 무찌르는 이런 교훈을 그는 광시의 산악 지방에서 배우기 시작했다. 홍군이 오랜 기간 동안 패배를 거듭하면서도 싸울 수밖에 없었던 상황에서 그는 이 교훈을 완전하게 배웠다. 그 당시 마오는 국민당군의 주요 사항들을 작성하기 시작했다. 그것은 모든 지휘관, 그리고 대대 수준, 때로는 심지어 중대 단위까지 내려가는 모든 군부대에 관해 기록한 서류였다. 홍군의 장교는 누구나 자신이 관찰한 것과 입수한 정보를 제공하였다. 이것은 특별히 유용한 수단이었다. 덩은 이 보고서들을 매일 밤 연구했다. 그는 국민당 군 지휘관들과 그들의 부대를 그들 자신이 아는 것보다 더 잘 알았다.

이 때문에 덩은 신속하고 정확하게 결정을 내릴 수 있었다. 그는 자신이 싸우고 있는 상대를 알고 있었다. 어떤 지휘관은 신속히 무찌를 수 있고 어떤 지휘관과는 전투를 피해야 하는가, 어떤 부대가 훈련을 제대로 받지 않아 일격에 무너뜨릴 수 있는가, 어떤 장군들이 전문가여서 실수를 할 것 같지 않은가, 그는 이처럼 상대의 허실을 정확하게 알고 있었다.

덩과 그의 짝 애꾸눈 류는 동일한 정보 서류를 읽었다. 류는 언젠가, 군사학교 출신도 아니고 전문적인 직업 군인도 아닌 덩이 도대체 무슨 이유 때문에 류 자기 자신보다 결정을 더 자신 있게 하고 도전에 더 신속하게 대응하며 사태 파악이 정확한가에 대해 스스로에게 물어 보았다.

류는 이렇게 자문자답했다. 그건 덩이 적의 모든 세부 상황에 대해 자기보다 더 정통하기 때문이다. 동료 지휘관이었던 장전은 류가 "그는 적의 지휘관들을 모든 측면에서 샅샅이 알고 있다"고 말한 적이 있음을 회고했다.[6] 요컨대 덩은 류보다 정보를 더 신속하게 읽어 냈으며 자신이 읽은 정보의 내용을 잊지 않고 마음속에 간직했던 것이다.

덩과 류는 오랜 세월 동안 함께 일했다. 두 사람은 직업적으로나 개인적으로나 편한 관계를 유지했다. 마오가 몇 차례나 류보청을 제거하려고 시도했으나 덩이 자기 파트너 류를 완고하게 지지함으로써 이 시도는 번번이 봉쇄되었다.[7]

항일전 기간중에 덩과 류는 인민해방군의 최정예부대인 129사단을 공동으로 지휘했다. 129사단은 장제스와 싸우게 된 국공내전 때에는 제2야전군으로 확대 개편되었다. 류와 덩이 큰 성공을 거둔 최초의 합작 작전은 천리대전(千里大戰)이었다. 이 전투에서 그들은 큰 희생을 치렀음에도 불구하고 장의 군대가 다비에산(大別山) 지역에서 그들과 교전할 수밖에 없게 만듦으로써 마오가 다른 국민당 부대들을 쳐부술 수 있도록 길을 열어 주었다.

애꾸눈 류는 덩의 지칠 줄 모르는 정력에 놀라움을 금할 수가 없었다. 류는 어

1937년 일본의 상하이 폭격의 한 희생자. 20세기 중국에서 찍은 사진 중 아마 가장 유명한 사진일 것이다.

1938년 산시성에서 찍은 군의 지휘관들(왼쪽부터) 더화이, 주더, 펑수에펀, 샤오커 그리고 덩샤오핑

느 날 밤 이렇게 외쳤다. "어유! 당신은 어떻게 그토록 힘에 넘칠 수가 있습니까? 하루 종일 일을 하고서도 이슥한 밤까지 카드놀이를 하다니." 화이하이 전투 시절에 덩은 당구를 알게 되었으며 포커뿐만 아니라 당구도 치기 시작했다. 그는 두메 산골 근처까지 당구대를 끌고 가 밤에도 당구를 칠 수 있었다.[8]

정통파 당료들 가운데 일부는 덩이 카드놀이를 좋아하는 것에 눈살을 찌푸렸다. 덩은 나중에, 세계 수준의 브리지 선수가 된 이후에, "그것은 두뇌에 좋다"고 주장했다.[9] "그것은 두뇌가 계속 활동하도록 해주며 내가 정신을 잃지 않았음을 보여 준다." 덩은 자신의 정신력을 날카롭게 인지하고 있었다. 그는 마오쩌둥에게 갑자기 덮쳤던 노망기에 무슨 일이 있어도 빠져들지 않으려는 결심을 했다.[10]

마오와 마찬가지로 덩도 대단한 수영 실력을 지니고 있었다. 그는 "나는 수영을 좋아하는데, 그것은 나의 신체가 여전히 기능하고 있음을 보여 준다"고 말했다.[11] 1988년 여름 경제와 정치 문제로 시달림을 당하고 있던 덩은 베이다이허(北戴河)의 해변 피서지에서도 어떤 방법으로든 거의 매일 수영을 했다. 그것은 물속에 발가락을 담그는 그런 정도가 아니라 진짜 수영이었다. 양상쿤 주석은 1988년 북한의 지도자 김일성에게, 덩이 휴가 기간중 그곳에 머무는 동안 39차례나 수영을 했으며 그때마다 매번 90분 이상 계속 했다고 자랑을 늘어놓았다.[12]

1949년 10월 그 날 톈안먼에서, 홍군의 사자 펑더화이는 여느 때처럼 마오 곁에 자리를 잡고 험상스런 얼굴로 군중을 내려다보며 서 있었다. 그는 마오의 군 지휘관들 중에 가장 용감 무쌍한 지휘관이었으며─오직 린뱌오의 노련한 솜씨만이 그의 용맹과 견줄 만했다─국방부장으로서 군부 서열상 정상에 올라 있었다. 만약 누군가가 마오와 그의 가장 거친 장군인 펑 사이에 장차 틈이 생길 수도 있다는 말을 꺼냈다면 그 연단에 선 사람들은 몹시 불쾌한 욕지거리를 내뱉었을 것이다. 혹시 다른 사람은 몰라도 펑더화이는 결코 권좌에서 떨어져 나가지 않을 것 같았다.

연단 위에는 양상쿤도 있었다. 그는 튼튼하고 체격이 꽉 잡힌 인물로 초기 장시

시절부터, 대장정 이전과 도중 그리고 대장정 이후에도 당 내부에서 실력 있고 지식 있는 다재다능한 팔방미인이었다. 아무도 그의 정치적 지혜를 따르지 못했으나, 마오는 그에게 달갑지 않은 훈계를 늘어놓곤 했다. 제3야전군 지휘관으로 이미 상하이 시장으로 지명받은 천이, 그리고 로빈 후드처럼 지주들한테 빼앗은 재물을 가난한 농민들에게 나눠준 허룽 등 인민의 영웅들이 기쁜 마음으로 군중들을 내려다보고 있었다. 장차 영웅주의가 그들을 지옥으로부터 구해 내지 못할 날이 오게 될 것이었다.

그 밖에도 그곳에는 수십 명의 인사들이 있었다. 그러나 저우언라이만큼 처세에 능하고 사교술이 뛰어나며, 친절하고 사려 깊은 사람은 아무도 없었다. 그는 1934년부터 35년까지의 대장정 도중에 마오에게 몸과 마음을 맡겼으며 그 방침을 바꾸지 않았다. 그는 마오가 죽기 8개월 전인 1976년 1월에 비극적인 죽음을 맞을 것이었다.

그들은, 단순하게 말하자면, 톈안(天安)의 기치 아래 모였던 것이나. 설령 그들 모두의 마음속에 천국의 평안함이 가득 퍼져 있지 않았다 하더라도, 그들 가운데 어느 누구도 20년 후 자신들이 모스크바의 공산주의 동지들로부터 핵 공격을 받을지도 모른다는 근심 속에 살게 될 거라든가, 자기 졸병들이 피에 물들고 갈갈이 찢긴다거나, 그들의 땅이 갈가리 찢겨 혼돈에 직면하리라고는 상상조차 할 수 없었을 것이다.

톈안먼 성루 위에 모습을 나타낸 사람들 모두가 남성인 것은 아니었다. 그들 중에는 여성도 한 명 있었다. 중화민국의 국부인 쑨원 선생의 미망인으로, 쑨원을 지원했던 사업가 찰리쑹의 유명한 세 딸 가운데 하나인 쑹칭링(宋慶齡)이었다. 쑹칭링은 오른쪽에 자리잡고 있었다. 그녀는 1925년 남편이 사망한 이후 확고부동한 태도로 공산주의 운동을 지지했으며(자기와 결혼하기를 원했던) 장제스, 그리고 국민당과의 합작을 거절했다. 1920년대 말과 30년대인 격동의 시기에 그녀는 큰 위험을 무릅쓰고 상하이의 몰리에르가(街)에 있는 쑨원의 옛 거처를 지켰으며 공

산당 일꾼들을 숨겨 주는 안가(安家)로 사용했다.[13]

쑹 여사는 베이징을 경멸하고 상하이를 사랑했으나 베이징에서 개최되는 10월의 행사에 참석하기 위해 화사하고 아름답게 단장을 하고 몰리에르가의 집을 떠났다. 며칠 후에 그녀는 상하이로 돌아왔다. 비록 그녀가 나중에 신정부의 부주석으로 불리고 그녀의 공관으로 만주 고궁이 주어졌지만, 그녀는 상하이에 살았으며 만년에 건강이 좋지 않았을 때에만 베이징에 영구적인 거처를 잡았다.

광장을 꽉 메운 군중들은 마오에게 갈채를 보냈다. 그들은 "마오 주석 만세!"라고 소리쳤다. 이 날은 전체 중국을 위한 날이었다. 신중국은 아직 외교관계를 수립하지 못하고 있었다. 소수의 소련 대표들은 무시된 채 한쪽 귀퉁이에 있었다. 톈안먼에서 그들의 모습을 찍은 스냅사진도 없었다. 지위가 불확실한 소수의 외교관들이 베이징에 체류하고 있었다. 외국인으로는 학생과 아직 걸러 내지 않은 선교사 약간, 그리고 사업가 몇 명이 있었다. 그것은 결국 중국인의, 중국인에 의한, 중국인을 위한, 중국인의 행사였다. 사람들이 빽빽이 들어서서 마오와 주더 그리고 그 밖의 사람들이 하는 말마다 갈채를 보내고 있었다. 마오가 "인민 공화국 만세!"라고 소리쳤다. 그러자 군중들은 "만세! 만세!"하고 소리쳤다. 늙은이들은 아이들이 떨어지는 것을 막기 위해 나무 막대로 짜 맞춘 자그마한 유모차 속에 손자들을 밀어 넣고 있었다. 젊은이들은 엄숙하고 진지한 모습으로 벤치에 앉아 이야기를 나누고 있었다. 그 행사를 위해 도시는 붉은 장막과 깃발들, 가을꽃과 포스터, 형형색색의 등불 행렬, 그리고 색깔을 넣은 종이 등롱들로 단장되어 있었다.

톈안먼 광장에는 음악과 북소리가 진동했으며 흥겨운 앙가무(秧歌舞) ― 모를 심을 때 농민들이 추는 이 춤은 원래는 몽고에서 유래한 것이라 한다 ― 의 춤판이 벌어지고 있었다.

데이비드 풋(David Foot)이라는 한 미국인은 풀브라이트 장학금을 받은 학자로서 7, 8년 전부터 베이징에 살았으며 중국 처녀와 결혼했다. 그들 부부는 손에 손을 잡고 톈안먼을 향해 내려왔다. 통행증이 없는 그들을 경비병들이 통과시키지 않으려 들었다. 그러나 한 친절한 인민해방군 병사가 자기 트럭의 운전대 위로 그들을 올라가게 도와 주었다. 그들은 군중들의 모습을 볼 수 있었으며 연설 소리도 어렴풋이 들을 수 있었다. 나중에는 불꽃놀이도 구경할 수 있었다.[14]

하늘이 어둑어둑해졌을 때 그 젊은 부부는 긴 대막대로 등롱을 들고 가던 수백 명의 행렬이 갑자기 모여들어 활활 타오르는 거대한 배 한척을 형성하는 모습을 보았다. 이것은 그들이 활활 타오르는 녹청빛 바다 물결 위에 중국이라는 배를 타고 있다고 상상한 것이었다.

겉으로 보기에 그 날은 행복하고 기쁜 날이었다. 사실, 혁명은 수많은 사람들의 삶을 바꾸어 놓았다. 목숨을 잃거나 재산을 빼앗긴 사람도 있었고, 부자나 부자일 가능성이 있는 사람은 투옥되거나 고문을 받은 채 살해당했다. 농민들은 지주에 대항하여 봉기하도록 사주받았으며—많은 농민들의 경우 거의 자극을 필요로 하지 않았다—그들은 지주의 집을 불지르고 곡물을 빼앗고 탐욕스런 자들과 착취자들을 곤봉으로 때려죽였다. 그로부터 몇 년이 지난 후에 어떤 교육받은 중국인은, 좋은 지주라고 생각되는 사람은 없었느냐는 질문을 받자 어떻게 그런 생각을 할 수 있느냐며 놀라움을 금치 못하고 기가 막혀 했다. 지주라는 사실 자체가 곧 악한 것이었다. 그것은 지옥에 좋은 악마는 없느냐고 묻는 것과 마찬가지의 질문이었다.[15]

마오의 중국은 1949년 10월의 그 날 탄생했다. 그는 중국이 격동의 긴 과정을 거치게 될 것이라고 예언했다. 그는 과장하지 않았다. 그 날 저녁 축제 행사가 끝나고, 마오의 홍군이 서북지방 구이저우(貴州)에 있는 마오타이라는 마을에서 발견했던 알코올 농도 80도의 확확 타는 듯한 마오타이주로 마지막 건배를 들고 난 후에 마오는 다시 향산으로 되돌아갔다. 그 이유는 국향서옥이 그가 사용할 수 있는 준비를 아직 갖추지 않았기 때문이거나, 또는 더 그럴 듯한 가능성으로 마오가 아직 황제의 침대에 대한 준비를 하지 않았기 때문이었을 것이다.

8. 모습을 나타내지 않은 한 얼굴

    1949년 10월 1일 신중국을 창건한 바로 그 날 톈안먼 성루 위에 서있던 환희에 찬 무리들 중에 한 얼굴이 빠져 있었다. 그것은 장칭의 얼굴이었다. 35세의 그녀는 지난 11년 동안 마오쩌둥의 아내였다.
    1947년 3월 공산당의 성역인 옌안을 포기하고 홍군 부대를 이끄는 백마에 탄 마오의 유명한 사진이 한 장 있다.[1] 장제스는 마오를 그의 근거지에서 궤멸시키기 위해 막강한 군사력을 집결시켰다. 마오는 궤멸당하는 대신, 짐을 꾸려 사령부를 떠났다. 그리고 부대를 모아 전투 한 번 하지 않고 산시성의 끝없이 펼쳐지는 황토(黃土)의 산악지역으로 몰래 빠져나갔다. 이것은 급격히 퇴각했다가 재빨리 진격하는 교묘한 기동전을 펼치기 위해서였다. 이러한 기동전의 결과 2년이 채 지나기 전에 장의 군대는 완전히 패배했다.
    그 사진에는 마오 뒤에 두 번째로 말을 타고 있는 장칭의 모습이 찍혀 있었다. 버릇없는 얼굴을 한 소년 같은 모습에, 머리에는 홍군의 모자를 쓰고 군복을 입고 있다. 수년 동안 그 사진은 신화통신사에 의해 배포되어 왔다. 그 사진은 아직도 공급되고 있지만, 사진 수정용 에어브러시로 장칭의 소년 같은 모습은 지워 버린 상태였다.

1949년에는 아무도 장칭을 에어브러시로 지우지 않았다. 사실은 그녀 자신이—또는 누군가가 — 이 복잡한 여인의 생애에 있었던 온갖 에피소드들을 모조리 지워 버렸다고 믿을 만한 근거가 있다. 그녀의 궁극적인 야망은 청나라를 파멸시킨 서태후, 또는 음모와 계략으로 자기가 낳은 아들 두셋을 비롯하여 수많은 사람들을 죽였으며 주나라의 문왕(文王)을 시조로 삼아 7세기에 다시 주(周) 왕조를 세운 당나라의 측천무후(則天武后)와 같은 옛날 황후들처럼 막강한 권력을 휘두르는 신중국의 황후가 되는 데 있었다.

장칭은 중화인민공화국 건국 시기 동안 권력을 잃고 뒷전에 밀려나 있었다. 그녀는 단지 톈안먼의 건국 기념 행사에만 불참한 것이 아니었다. 그녀는 중국땅에서 멀리 떨어진 소련땅 깊숙한 곳에 있었다. 사실은 그녀 자신의 의사에 반해 스탈린의 요양소 중 하나에 연금되었던 것일 수도 있다. 또는 그러한 연금 상태로부터 벗어나 서서히 중국으로 돌아오고 있었을 가능성도 있다. 중국 공산당 고위 간부들은 말할 것도 없고 그들의 아내들 중 적잖은 수가 장칭과 비슷하게 소련에서 요양을 하고 있었다. 스탈린이 편의 시설을 제공했고 중국인들은 대금을 치렀다. 요양을 구실로 내세우는 책략은 잘 알려져 있었다. 그리고 사실은, 1934년 대장정 전날 저녁 중국 공산주의자들 가운데 모스크바를 지지하는 일부 젊은이들이 마오를 소련으로 데려가 요양원에 연금할 음모를 꾸몄던 일이 있었다. 그러나 소련의 국제 혁명 기구인 코민테른이 마오의 명망 없이는 중국 혁명은 불가능하다는 이유로 그 생각에 반대했었다.[2)]

그때부터 마오와 장칭은 말에 올라탔고, 1947년 봄에 옌안을 떠나 삭막한 황무지인 산시 지방에서 꼬박 1년을 보냈다. 장칭은 자주 마오와 떨어져 있었다. 그곳은 살기 힘들었고, 주거 환경이 열악한 숙소에는 이와 벼룩이 들끓었다. 그녀에게는 돌보아야 할 어린 딸 리너(李訥)가 있었다. 1948년 5월 27일 시바이포에 자리를 잡았을 때조차도 마오는 장칭에게 거의 시간을 내주지 않았다.

미국 학자 위트케(Roxane Witke)와의 무려 서른 시간에 걸친 놀랄만한 인터뷰에서 장칭은 시바이포에 머무른 일에 대해서는 한 마디도 언급하지 않았다. 시바이포에 있던 마오가 자주 들렀던 향산에 대해서도 함묵한 채였다. 또 그녀는 남편과 함께 향산에 갔다고 말하지 않았다. 그녀가 자신이 살아온 생애의 나머지 부분에 대해서는 거의 병적이라 할 정도로 자세하게 이야기한 점에 비추어 볼 때 이 시절의 이야기를 전혀 하지 않았다는 것은 의미심장하다.

장칭이 말한 내용은, 마오가 '베이징'으로 갔던 시점과 일치하는 1949년 3월 자신은 간호원들과 경호원들을 대동하고 소련행 기차에 몸을 싣고 있었다는 것이 고작이었다. 그것은 자기 자신이나 마오 주석의 결정이 아니라 '영도적인 일부 동지들'의 결정이었다고 그녀는 말했다. 아무리 영도적 위치에 있는 동지들이라 할지라도 주석의 승낙을 받지 않고 주석의 부인을 소련으로 보낼 수 있었다는 것은 용납할 수 없는 일이었다.

장칭은 '영도적 동지들'의 신원을 밝히려 들지 않았으며, 위트케 역시 그들이 누구였는가에 대해 묻지 않았다. 장칭은 옌안에서 나온 후 몇 년 동안 자신의 건강이 악화되었다는 사실과 그들이 그녀의 건강을 위해 치료를 권유했다는 점을 이야기했다. 스탈린은 중국인들이 마음대로 소련의 의료 시설을 사용하도록 해주었다. 위트케가 중국에는 없고 소련에만 있는 의료 시설에 관해 질문하자 장칭은 이와 관련된 실질적인 대답은 전혀 하지 않았다.[3]

1949년 가을 중국으로 돌아오기 이전의 모스크바 체류와 관련하여 장칭이 위트케에게 한 언급들은 서로 앞뒤가 맞지 않았다. 그러나 장칭은 부지불식간에 실상을 드러내는 이야기를 많이 했다. 그녀는 중국이 난징부근 양쯔강 해역에서 영국의 포함(砲艦) 애미시스트호에 포격을 가하던 1949년 4월 20일과 21일까지도 자신은 흑해 연안 얄타의 크리미아반도의 휴양지에서 치료를 받고 있을 때 그 소식을 들었으며, 중국 인민들이 일어섰다라고 말하는 마오 주석의 선언을 듣고 자기는 너무 감격한 나머지 몸을 부르르 떨었다고 말했다. 실제로는, 애미시스트호 사건과 관련하여 마오가 공표한 내용에는 그녀가 진술한 내용이 담겨 있지 않았다. 그러나 그녀의 진술 내용은 1949년 10월 1일 텐안먼 광장선언에서 나타났다.[4] 장칭이 마오 주석의 4월 30일자 발언과 10월 1일자 선언문 둘 모두를 소련에서 라디오로 들었다고 믿고 싶은 마음이 생긴다.

마오의 경호원의 회고담에 따르면, 시바이포에 있으면서 곧 향산으로 떠나려고 할 무렵인 그 해 봄날 내내 마오는 장칭을 통렬하게 비난했다고 한다. 경호원 리인차오는 그 당시 마오와 장칭이 무섭게 싸웠다고 회고했다. 그 싸움의 발단은 그들의 딸 리너를 돌보는 열일곱 살 먹은 보모였다. 장칭은 그 보모에게 욕을 해댔으며 멍청하다고 말했다. 마오가 불끈 성을 내며 "당신은 부르주아적 이기주의와 자기중심주의를 바로잡을 수가 없는 사람이군"이라고 말했다. 마오가 십대 소녀들을 좋아한다는 점에 비추어 볼 때 마오가 이처럼 분통을 터뜨린 이면에는 단순히 아이 돌보는 일과 관련된 문제 이상의 심각성이 있었을지도 모른다.[5]

경호원들은 "이 결혼은 실패작이야. 만약 그녀가 내 비서였다면 오래전에 내쫓았을 것이다"라고 마오가 말했다고 회고했다. 마오는 그녀와 간단히 이혼할 수가 없었다. 그녀는 '큰 실수'를 저지르지 않았다. 마오는 이혼을 하게 되면 지도자들 사이에 논쟁이 일어나게 될 거라고 생각했다. 그는 "그러나 만약 그녀와 이혼하지 않으면 언제나 정치적 부담을 지고 다니게 될 것이다. 하지만 도저히 어쩔 방법이 없다. 억지로라도 그녀와 함께 살 수밖에 없다"고 말했다.[6]

마오는 장칭의 극심한 질투심에 대해 말했다. 그녀는 어떤 일이든 자기보다 잘하는 사람이 있으면 그 꼴을 보지 못했다. 그녀는 수영을 좋아했지만 류사오치의 부인 왕광메이(王光美)가 있으면 한 번도 수영장에 가지 않았다. 장칭은 개헤엄밖에 하지 못하는 반면에 왕광메이는 완벽한 수영 실력을 갖추었기 때문이다.

마오는, "그녀는 입이 거칠고 혀가 사납다. 그리고 언제나 문제를 일으키려 한다. 내가 죽은 지 일주일이 지나면 인민이 그녀를 죽이려 들 것이다"[7]라고 말했다.

장칭이 이 시절에 대해 할 말이 없다는 것은 전혀 놀라운 일이 아니다. 그 당시 그녀의 운명이 절박한 위기 상태에 있었다는 확실한 증거가 있다. 이 기간중에—

또는 1949년의 어느 시점에서—마오는 그의 동료들에게 장칭을 기꺼이 포기할 마음의 준비가 되어 있다고 이야기했다. 나중에 그는 그녀와 이혼하지 말라는 당료들에게 설득당했노라고 말하게 될 것이었다.[8]

장칭의 출신 배경은 형편없었다. 그녀는 옛날 독일과의 조약에 의해 개항한 항구인 산둥성(山東省) 칭다오(靑島)에서 멀지 않은 쭈청 마을에서 태어났다. 목수이자 장사꾼인 아버지는 주정뱅이로 아내뿐만 아니라 자식들도 두들겨 팼다. 어머니는 첩이었는데, 사실은 계속 장사를 열심히 하는 창녀에 지나지 않았다. 그럼에도 불구하고 버림받았고 자주 무시당하여 사창굴로나 가야 마땅할 것 같은 장칭으로서는 놀랄 만큼 좋은 학교 교육을 받았다.

나중에 장칭과 '악마'로 알려져 있는 보안 책임자 캉성(康生)의 관계에 대한 이야기들이 나돌았다. 90대의 노령에 이른 뉴질랜드인 레위 앨리가 캉성이 죽은 지 몇 년이 지난 후 그를 '악마'라고 불렀다.[9] 후야오방(胡耀邦)은 공산당 총서기 시절 캉성을 장칭과의 관계와 연관해서 언젠가 '그 사악한 인간'이라고 말했다.

일설에 의하면 사춘기의 장칭은 캉성 집안에 몸종과 매춘부로 팔렸다고 한다. "그 집안의 남자들은 모두 그녀와 관계를 맺었다"고 레위 앨리는 주장했다.[10] 베이징에서는 대부분의 사람들이 이 주장을 믿고 있다. 그러나 장칭의 전기 작가들인 미국의 위트케와 로스테릴(Ross Terrill)은 둘다 이 이야기를 신뢰하지 않고 있다. 그러나 테릴은 장칭과 캉성 사이에 아마도 성관계가 있었을 것이라는 데는 동의하고 있다. 장칭을 당의 고위 간부들에게 소개한 사람이 캉성이라는 점에는 의심의 여지가 없다. 그는 그녀를 도와 옌안에 가도록 해 주었으며 그곳에서 그녀는 마오를 만났다. 캉성은 그녀의 측근에 머물렀으며 악몽 같은 문화혁명 기간 동안 그녀의 파트너였다.

장칭의 생애에는 남자들이 수십 명 있었다. 이류 여배우로서 상하이 연극계에 몸담고 있던 시절에도 그녀는 수많은 사내들을 골라 이용하고—또는 그 사내들이 그녀를 이용했다—나서는 버렸다. 그 중에서 그녀의 마음을 깊이 사로잡은 남자가 하나 있었다. 본명은 위치웨이(俞啓威)로 황칭(黃敬), 또는 영문으로는 데이비드(David)라는 별명을 가진 아주 똑똑한 시골 청년으로 괴짜에다 공상적인 인물이었다.

데이비드라는 영문명은 에드가 스노우와 그의 첫 아내 헬렌 스노우(Helen Snow)가 지어 준 이름이었다. 데이비드는 산둥 대학에 다니던 1932년 장칭을 만났다. 두 사람은 열렬한 사랑에 빠졌고 결혼을 했다. 그렇지만 결혼식은 올리지 않았다. 그들은 옛 관습을 거부하던 급진적인 젊은이들이었다. 중국인들 중에는 데이비드에게 장칭을 소개해 준 사람이 캉성이라고 믿고 있는 사람들이 일부 있다.

만약 캉성이—생존한 당 지도자들이 동의하고 있듯이—악한 인간이었다면 데이비드는 순전히 애국심과 조국을 구하려는 열망에서 공산주의와 혁명의 길로 나아간 이상주의자였다. 그는 영웅적인 지하공작원이 되었으며 결국은 1933년에 체포되어 처형 협박을 받으며 감금되어 있었다. 국민당 고급 장교였던 숙부 위다웨이(俞大維)가 조용히 손을 써서 그를 구해 냈다. 그러나 장칭은 남편을 잃고 말았다. 그는 장칭을 홀로 남겨 두고 1934년 베이징으로 가 버렸다. 이로부터 오래지 않아 그는 에드가 스노우, 그리고 나중에는 헬렌 스노우가 제각기 북부 산시성의 은밀한 요새에 있는 마오쩌둥을 찾아가 회견하도록 협조하는 일을 하고 있었다.

상하이에서 보내던 시절 장칭은 온갖 방법을 다 동원하여(그녀가 사용한 방법들은 실로 다양했다) 연극과 영화계에서 출세해 보려고 애썼다. 그녀는 상하이 영화계의 급진적인 서클들에서 활동했다. 데이비드와 캉성 둘 모두, 또는 어느 한쪽의 도움으로 장칭은 1937년 옌안에 도착했다. 이 무렵 이미 에드가 스노우가 쓴 마오의 산시성 기지 여행담《중국의 붉은 별 Red Star over China》이《홍성조중국(紅星照中國)》이라는 제목으로 번역되어 여러 신문들에 연재되고 책으로까지 출간되기 시작했다. 이 여행담이 마치 태풍처럼 중국 전역을 휩쓸면서 중국 젊은이들이 옌안으로 몰려드는 사태를 야기시켰다. 1938년 5월까지 2천 5백 명이 넘는 대학생들, 그리고 기타 젊은이들이 공산주의자들의 구역으로 향했다. 그들 중 많은 수는 장칭처럼 상하이에서 온 사람들이었다.[12]

가십거리를 좋아하는 일부 중국인들의 말과는 달리, 데이비드나 캉성이 마오의 잠자리에 들게 하려고 장칭을 고의적으로 옌안에 있는 루쉰(魯迅) 예술학원에 보냈다는 것은 사실이 아니다. 그러나 엄격한 당원인 천원(陳雲)─그는 나중에 덩샤오핑의 개혁에 반대하는 보수적인 비판 집단의 지도자 역할을 한다─이 그녀의 입학을 거절했을 때 캉성이 나서서 입학을 쉽게 해 주었다는 것은 사실이다. 그리고 마오가 그 예술학원에서 강의를 했으며, 장칭이 경외감에 가득 차 온 정신을 집중한 채 맨 앞줄에 앉아 마오의 강의를 들었으며, 그 후 곧 그들이 잠자리를 함께 했다는 것도 사실이다. 장칭이 어느 날 같은 학원생들에게 "내가 지금 마오 주석과 잠자리를 함께 하고 있다는 사실을 안다면 너희들은 기뻐할 거야"라고 떠벌리고 다녔기 때문에 옌안에서 이 사실을 모르는 사람은 아무도 없었다.[13]

대단한 인물─그것이 꼭 마오일 필요는 없었다─의 힘을 빌어 그와 더불어 목표에 도달하겠다는 야심을 이루는 데 장칭은 선인 데이비드와 악인 캉성 둘 모두의 도움을 받았다. 그러나 일부가 제시하는 다음과 같은 가정, 즉 데이비드가 자기 여자를 마오와 특별히 내밀하게 접근할 수 있는 자리로 보내기 위해 마오와 장칭의 결합을 구상하고 조장, 진척시켰다는 가정은 지지를 받을 수 없다. 장칭 스스로가 기회의 신이 문을 두드리면 기회를 잡기 위해 그 자리에 뛰어들었다고 보는 쪽이 이보다는 훨씬 더 가능성이 크다. 그리고 기회의 신은 문을 두드렸다.

상하이에서 옌안에 이제 갓 도착한 몇몇 멋쟁이 아가씨들은 옌안의 자유로운 습관들─이 사실은 경건한 청교도 정신의 불투명한 스크린에 차단되어 일반 사람들에게는 잘 은폐되었다─에 편승하여 당의 고위간부들로 하여금 그들 자신의 보다 더 생기 넘치는 교제를 위해 대장정 시절부터 동고동락해 온 조강지처를 버리라고 설득했다. 린뱌오는 이 고위간부들 중의 하나였으며 허룽은 또 다른 하나였다. 그 당시 마오의 아내였던 허쯔전(賀子珍)은 마오가 이런 불장난에 끼어들자 분함과 모욕감을 참을 수 없었다. 그녀의 신경은 망가져 있었으며 대장정 기간 중에 여러 차례 임신과 유산을 반복했기 때문에 건강이 악화되어 있었다. 그리고 아직도 포탄의 파편에 맞은 상처들이 완전히 아물지 않은 상태였다. 그녀는 마오의 총애를 잃었다. 어쩌면 그녀는 비참한 심정으로 모스크바로 떠났었을지도 모른다. 그러나 여기에는 오늘날 아무나 쉽게 납득할 수 있는 것보다는 훨씬 더 복잡한 사정이 있었을 것이다. 장원톈(張聞天)—그는 뤄푸(洛甫)라는 이름으로도 알려져 있다—의 아내인 류잉(劉英)은 장칭과 허쯔전 두 사람 모두를 다 잘 알았다. 그녀는 이렇게 말했다. "장칭은 허쯔전을 밀어내지 않았다. 허쯔전은 마오의 잠자리를 빈 채로 놔두었다. 장칭은 그저 빈 자리에 들어간 것에 불과했다."[14]

마오의 결혼 경력은 복잡했다. 소년 시절 그의 부모들은 중국의 전통에 따라 연상의 처녀와 혼담을 정했었다. 마오는 강력하게 반대했으며, 결국 그 혼사는 성사되지 않았다. 그의 첫 아내는 양카이후이(楊開慧)였다. 그녀는 창사와 베이징 시절 마오의 스승인 양창지(楊昌濟) 교수의 딸이었다. 마오와 양카이후이는 1920년에 결혼하였다. 양카이후이는 1930년 창사에서 국민당군에 의해 처형을 당했다. 마오는 그녀가 처형당하기 전에 이미 징강산에서 허쯔전과 동거하고 있었다. 그들은 징강산에서 1927년에 만났다. 허쯔전이 모스크바로 떠난, 또는 (증언에 따르자면) 보내진 1937년에 파경이 왔다. 그런 후 마오는 장칭과 결혼했다.

허쯔전은 모스크바에서 줄곧 참담한 생활을 했다. 1949년 공산당이 승리를 눈앞에 둔 시점에서 그녀는 중국으로 돌아올 수 있었다. 귀국승인을 받는 데 오랜 시간이 걸렸다. 마오와 확고한 결혼 생활을 하던 (그렇지 못했다는 의문도 든다) 장칭이 그 일을 맡아 처리했다.[15] 운명이 급전하여 이제 마오의 세 번째 처인 장칭은 소련을 향해 떠나고 있던 바로 그때 두 번째 처인 허쯔전은 중국으로 돌아오고 있었다. 그들이 탄 기차들이 시베리아에서 서로 마주보고 지나갔었을 수도 있다.

이로부터 얼마 안 지나 데이비드는 마오와 당 고위간부들의 신임을 얻으면서 당 간부가 되었다. 그의 건강은 좋지 못했다. 그가 심장병에 걸렸다고 말하는 사람들도 있었고, 한 차례 폐결핵을 앓았다고 하는 사람들도 있었다. 그러나 그는 중요한 당직들을 맡았다. 마오가 1948년 5월 기지를 스자좡(石家莊)으로 옮겼을 때 데이비드는 북쪽 인근 지역인 장자커우(張家口) 시의 시장직을 맡았다. 데이비드에게는 아름답고 매우 지적인 여동생이 하나 있었다. 그녀는 여배우로 이름은 위산(俞珊)이었다. 두 남매가 마치 쌍둥이처럼 아주 가까웠다고 말하는 사람들도 있었다. 데이비드가 계획하여 위산은 극장에서 공연하기 위해 마오의 사령부가 있는 곳으로 갔다. 그녀는 마오가 좋아하던 베이징 오페라를 불렀으며, 데이비드가 마오에게 그녀를 소개했다.[16]

 이것을 데이비드의 새로운 전략이라고 보는 추측이 제시되어 왔다. 자기의 피보호자이자 전부인이었던 장칭에게 쓰라린 맛을 보고 실망한 경험이 있기 때문에 데이비드는 총명함, 지성, 세련미, 매력 등 모든 점에서 장칭보다 우월하다고 생각되는 새로운 파트너로 마오를 유혹하게끔 마음을 정했다. 데이비드는 장칭이 중국의 새로운 통치자에게 어울리는 배우자가 될 수 없다는 확신을 갖고 있었다. 그녀는 황제와 마찬가지의 권력을 누리는 통치자와 일생을 함께 하는 데 필요한 자질들을 갖추고 있지 않았다. 그녀는 능숙한 처세술도, 외교적인 재주도 갖고 있지 않았다.

 이것은 추측이지만, 데이비드의 여동생이 위에서 언급했던 특징들을 갖고 있었다는 것은 사실이다. 그녀가 스자좡으로 간 것도, 데이비드가 여동생을 마오에게 소개한 것도 사실이다. 그리고 무엇보다 중요한 사실은, 1940년대 말부터 마오와 장칭 사이에 불화가 시작되었다는 점이다. 확실히, 장칭은 전남편이 모습을 나타낸 것에 대해 가볍게 보아 넘기지는 않았을 것이다. 전남편 데이비드는 자기 비밀들을 알고 있었을 뿐만 아니라 자기가 마오와 잠자리를 함께 하는 데 어느 정도 기회를 제공해 준 사람이기도 했다. 장칭은 이미 초췌하고 얼굴이 일그러진 채 마음이 불편하고 신경질이 났으며 당황해서 어찌할 바를 모르고 있었다. 아름답고 세련된 데이비드의 누이동생이 갑작스레 등장한 사실 때문에 장칭은 당연히 신경이 곤두설 수밖에 없었다.

어쩌면 이 때문에 장칭이 1949년에 모스크바행 열차에 몸을 맡겼는지도 모를 일이다. 공식적으로는 마오가 6월 말에서 7월 초경에 향산에서 나와 베이징으로 옮겼다고 설명되고 있었다. 명확하고 구체적인 일자는 전혀 제시되지 않았다. 그러나 1990년 향산에 있는 마오의 쌍칭 별장을 가본 한 방문객은 이 사정을 부언해 주는 쪽지가 벽에 붙어 있는 것을 보았다. 거기에는 마오가 1949년 3월 25일부터 1949년 11월까지 그 별장에 있었다고 적혀 있었다. 마오가 향산에서 빈둥거리며 보낸 기간이 이제까지 알려진 것보다 상당히 더 길었던 셈이다. 이 기간은 장칭이 중국에 없던 시기와 정확하게 일치했다.

그렇다면 마오는 몇 달이나 되는 이 긴 기간 동안 데이비드의 아름다운 누이동생과 함께 보냈던 것일까? 그밖에 다른 이유 때문에 마오가 그토록 장기간 그곳에 머무르지는 않았을 것 같다. 이것이 사실이든 아니든, 데이비드의 누이동생과 마오 사이에 항구적인 관계는 맺어지지 않았다. 위산의 훌륭한 자질들, 아름다움, 그리고 황후로서의 잠재력에도 불구하고 마오는 그녀에게서 완전한 즐거움을 얻지는 못했던 것 같다. 시간이 흐르면서 마오의 침실 취향은 점점 속된 쪽으로 기울었다. 그와 잠자리를 함께 한 여인들 중 황실의 비빈이나 상궁에 걸맞은 자질을 갖추었던 사람은 거의 없었을 것이다. 그는 하렘의 후궁들이나 농촌 아낙들, 그리고 오다가다 우연히 알게 된 상대들을 잠자리 상대로 더 좋아했던 것 같다.

이 에피소드는 왜 장칭이 1949년 10월 1일 톈안먼 성루에 모습을 나타내지 않았는가, 그리고 그녀가 마침내 중난하이에 들어왔을 때에도 왜 국향서옥이 아니라 묘한 느낌을 주는 '인접한 이웃' 숙소에 들어갔던가에 대한 이유들을 잘 설명해 주고 있다.

옛날 데이비드와 함께 일했던 몇몇 혁명가들은, 혁명을 위해 어떤 공헌이라도 기꺼이 하려고 했던 순수하고 이상주의적인, 그리고 헌신적이고 자기희생적인 젊은 대학생이었던 데이비드가 이와 동시에 권력을 얻기 위한 복잡한 계략의 일환으로 자기 누이동생의 몸을 이용한, 마치 마키아벨리 같은 교활한 인물이기도 했다는 가정을 제시하자 버럭 화를 냈다. 자기들이 아는 데이비드는 그런 인물이 아니다. 그들은 좋을 때나 나쁠 때, 위험할 때나 어려울 때를 계속 함께 보낸 데이비드를 잘 알고 있다. 데이비드를 그런 인물로 가정하는 것은 자기들이 혁명의 순수 정신—마오의 표현을 빌면, 바로 이것이 중국을 일으켜 세웠다—으로서 숭배해 온 인간에 대한 중상모략이며 명예훼손이라며 아우성쳤다.

그들이 이처럼 거친 반응을 보이고 데이비드의 사람됨을 명확하게 묘사했으므로 나는 잠시 멈칫했다. 데이비드를 권력에 눈멀고 겉만 번지르르한 추악하고 불결한 인물로 희화화하는 것은 분명히 잘못된 일인 것 같았다.

그 후 나는 우연한 기회에 데이비드의 친구들이 데이비드가 갖고 있다고 이야기한 그 모든 특징들을 가진 한 여인에게 데이비드 이야기를 꺼낸 적이 있었다. 그녀는 온갖 위험을 무릅쓰고 게릴라들과 함께 전선에서 평생을 살아왔고, 국민당이 그녀의 목에 현상금으로 은화 5천 냥을 걸 정도로 아주 대담한 활약을 했으며, 문화혁명의 가공스런 세월도 견뎌 온 여자였다. 데이비드의 이름을 들먹이자 그녀의 얼굴 위에 묘한 표정이 스쳐 지나갔으며, 그때 나는 당혹스러웠다. 옛날 혁명가로 활약했던 그 여인은 자기 딸이 재촉하자 마침내 나에게 이야기를 들려주었다.

1943년 그녀는 중양돌기 제거 수술을 하기 위해 병원에 있었다. 그곳에서 그녀는 데이비드를 만났는데, 그는 그 당시 황칭이라는 이름을 쓰고 있었다. 그녀는 그가 완전히 미쳐 있었다고 말했다. 그는 약물 치료를 거부했는데, 의사들이 자기를 죽이려 한다고 고집하면서 약을 전혀 먹지 않았다. 의사들은 그를 침술로 치료하기를 원했다. 그는 의사들을 힘껏 밀어 버렸고, 그러면 의사들은 아무것도 할 수 없었다. 결국 의사들은 그에게 마오쩌둥이 침술 치료를 받도록 하라는 지시를

내렸다고 이야기했다. 그제야 그는 의사들에게 자기를 치료해도 좋다고 허용했다.[17]

그녀는 그 당시 데이비드에 관해 많은 이야기를 들었다고 했다. 그녀는 데이비드가 산둥, 그리고 나중에는 상하이에서 장칭과 알고 지냈다는 사실, 그리고 그의 누이동생이 1930년대의 유명한 여배우였다는 것까지 알고 있었다. 그밖에 다른 이야기들도 많이 들었지만 이야기하고 싶지 않다고 했다. 그렇지만 데이비드가 치료를 받은 후에 다시 정신적인 안정을 되찾아 그 후 요직인 톈진 시장이 되었다는 사실은 확인해 주었다. 그는 마흔일곱 살의 나이에 심장병으로 사망한 것으로 알려졌다.[18]

데이비드의 사망 당시 미망인은 판진(范瑾)이었다. 그녀는 뛰어난 신문기자로 나중에 베이징 부시장 자리에 올랐다. 문화혁명 기간 동안 판진은 장칭을 비롯하여 많은 군중이 모인 공개 석상에서 엄청나게 가혹한 고문을 당했다. 데이비드와 판진 부부와 관련된 다른 많은 사람들도 장칭이 공판장에 고발된 내용에 따라 무자비하게 철저한 조사를 받았다. 판진은 고문을 받다 미쳤지만 살아 남아 1988년에는 상당히 회복되었다.[19]

사실이든 아니든 데이비드의 비극적인 이야기를 선과 악, 그리고 고상한 이상들과 비참한 타락의 구렁텅이가 혼합된 혁명 그 자체의 비유로 볼 수도 있을 것이다. 데이비드는 심한 편집병적 증세들을 지닌 억눌린 광인이었다. 그의 생애는 상승과 하강, 사랑과 의심, 증오, 혼돈의 도가니, 무고한 사람들의 강등, 고상한 행위의 찬양, 미쳐 날뛰면서 제물들을 야만적으로 두들겨 패고 이 마을 저 마을로 질질 끌고 다니다가 마침내는 곡괭이와 삽으로 목을 잘라 내고 눈알을 파내며 사지를 갈기갈기 찢는 폭도들로 가득 찬 혁명 그 자체와 흡사했다.

마오가 즐겨 말했듯이 혁명이란 티 파티(tea party)가 아니다.

9. 토요일 밤의 무도회

중난하이에서의 생활은 곧 제모습을 갖추어 가기 시작했다. 제국의 장려함이 희미하게 사라져 버린 한가운데에 살면서 일하는 것은 마오가 생각했던 것보다 당의 생활 방식에 더 많은 영향을 미쳤다. 이곳은 산시성의 동굴 도시에 진을 치고 주둔하는 것과는 전혀 딴판으로, 세계의 다른 어떤 곳에도 없는 그런 고궁과 별장으로 이루어진 은밀한 장소였다.

마오와 그의 동료들은 역대 왕조들의 회랑들을 느린 걸음으로 걸어다녔다. 웅장한 주변 환경이 그들을 감싸고 있었다. 아직도 굶주림과 가난에 빠져 있는 나라의 장래를 곰곰이 생각하는 순간도 그들은 황금색과 양홍색의 건물에서 모임을 가졌고 하궁들을 전시회와 집회 장소로 사용했다. 그들이 사는 숙소는 정교하고 우아했다. 그들은 수천 년 동안의 보물들 가운데서 마음대로 고를 수가 있었다. 중난하이는 외국의 대포와 외국의 약탈이 남겨 놓은 상처들을 지니고 있었으나 무엇과도 비할 바 없이 장려한 건물들은 무엇이 파괴되었는지도 모를 정도여서 그런 것쯤은 아쉬워하지도 않았다.

마오와 그의 부하들, 그리고 여인들은 중난하이의 호수에서 뱃놀이를 했다.

중난하이에는 당 중앙위원회 사무실들과 수백 명의 직원들이 입주해 있었다.

그러나 중국에서 이곳보다 더 접근하기 어렵고 경계가 엄격한, 그리고 보안이 삼엄한 곳은 아무데도 없었다.

지도층의 자녀들은 특수 학교에 다녔다. 그들은 마오를 '아저씨(毛伯伯)', 저우언라이의 아내 덩잉차오(鄧穎超)는 '아주머니 또는 덩 마마(鄧媽媽)', 주더의 아내 캉커칭(康克淸)은 '캉마마'라고 불렀다.[1] 당의 중앙 판공청 주임일을 맡은 양상쿤 장군은 대부분의 어른들보다 시간적 여유가 더 많은 것 같았다. 류사오치의 자식들은 양장군이 자기들을 영화관에 데려가고 아이스크림을 사 준 것을 기억하고 있었다. 류사오치는, 그의 아내의 회고에 의하면, 매우 바빠서 자식들이 자기 아버지보다 오히려 '마오 아저씨'와 놀며 지낸 시간이 더 많았다. 류팅팅(劉亭亭)은 꼬마 때 심지어 마오를 '아빠'라고 불렀다고 했다.

중하이의 서안(西岸)에는 당간부의 자녀들을 위한 유치원이 있었다. 그 유치원을 운영하는 사람은 류사오치의 아내 왕광메이의 어머니였다. 베이징 서쪽 교외에는 당간부의 자녀들을 위한 한 학급짜리 학교가 있었는데, '재능을 키우라'는 의미에서 육재소학(育才小學)이라고 불렀다. 당 고위관료들의 자녀들은 대부분 이 학교에서 가르침을 받았다. 팔일중학(八一中學)은 베이징 대학 부근에 있었다.[2]

고위간부들인 부모들은 국가로부터 급료를 받았으나, 호주머니에 현금을 넣고 다니는 일은 거의 없었다. 모든 물건을 그들의 '경호원들'이 사왔다. 옌안 시절에는 경호원이 모두 두셋밖에 안 되었는데, 점점 더 수가 많아져 마침내는 중요한 지도급 인물당 한 사람이 배치됨으로써 경호단을 편성할 만큼 급속히 수가 불어나고 있었다.

마오는 돈에 대해 미신적인 거부감을 갖고 있었다. 그는 돈을 지니고 다니기를 거부했으며 심지어는 만지는 것조차 거부했다. 마오의 경호원 리인차오의 회고에 따르면, 마오는 그의 숙적 장제스와도 기꺼이 악수를 했으나 지폐를 만져 손을 더럽히고 싶어하지 않았으며, 심지어 돈을 쳐다보려고도 하지 않았다. 그는 리에게 "자네도 알다시피 난 결코 돈을 안 만져"라고 말했다.[3]

9. 토요일 밤의 무도회

옌안 시절에 마오는 서양의 사교춤에 빠져 있었다. 손으로 감아서 돌리는 빅터 회사 제품인 포터블 축음기와 '인화성 물질 주의'라는 경고가 붙은 구식 레코드가 옌안에 들어왔다. 서양의 사교춤이 누구에 의해 언제 소개되었는가에 대해서는 약간 이견이 있어 왔다. 공산주의에 동조하는 미국의 아그네스 스메들리(Agnes Smedly)에 의해 1930년대 말에 소개되었다는 설과 제2차 세계대전 중에 미군 대표단에 의해 소개되었다는 설도 있다. 어떻게 시작되었든 간에, 서양 사교춤은 마오가 옌안을 떠나기 훨씬 전부터 널리 유행하고 있었다.

옌안에서는 동굴 밖에 진흙을 다져 만든 넓은 무도장인 데이트 가든에서 토요일 밤마다 무도회가 열렸다. 잭 서비스(Jack Service)나 데이비드 배럿 대령과 같은 미국인들은 그곳에서 춤을 추면서 중국의 젊은 아가씨들이 애타는 듯한 눈길로 마오 주석과 주더에게 다가가 "저와 함께 춤을 춰 주세요"라고 말하는 것을 넌지시 바라보았다. 그들은 황홀경에 빠져 플로어를 빙빙 돌았다. 뉴욕타임스 기자이자 연극 비평가인 브룩스 애킨슨(Brooks Atkinson)은 데이트 가든에서 장칭과 만난 적이 있다고 회고했다. 그는 장칭을 보는 순간 별다른 인상을 받지 못했으며, 그냥 다른 상하이 처녀들과 똑같이 보였을 뿐이었다. 린뱌오와 저우언라이가 춤을 가장 잘 추었다. 예젠잉 원수는 열심히 춤을 추고 있었으나, 그의 관심사는 무도장에서의 예의에 있다기보다는 오히려 새로운 잠자리 상대를 구하는 데 있는 것 같았다. 덩샤오핑이 춤추는 모습을 보았다고 기억하는 사람은 아무도 없었는데, 어쩌면 그는 자기 키가 너무 작다고 생각해서 그런 것인지도 모르겠다. 대부분의 처녀들이 그보다 더 키가 컸다.

춤추는 모습을 지켜본 어떤 관찰자의 견해에 따르면, 마오의 동작은 마치 마지못해 춤을 추는 곰의 모습과 흡사하다고 했다. 그는 팔을 쭉 뻗은 채 몸을 뻣뻣하고 반듯하게 한 다음 자기와 여자 파트너 사이에 상당한 간격을 둔 상태로(약간 걱정스런 표정으로) 파트너에게 다가갔다. 마오는 음악을 듣는 귀가 없었으며 연주되는 곡에는 관심이 없었다. 그는 플로어 주위를 따라 젊은 아가씨들을 사정없이 빙

그르르 돌리면서 베이징 경극(京劇)의 노랫가락을 부르거나 콧노래로 흥얼거리면서 그 곡조에 맞춰 춤을 추었다.[4]

국향서옥으로 들어가자마자 마오는 그 즐거웠던 토요일 밤의 무도회를 다시 계속하자고 제안했다. 어떻게 보면 마오는 옛날 중난하이에서 가졌던 유희를 되살려 내고 있었던 것이다.

마오의 춤 파트너들을 구할 수 없는 곤란한 일이 생길 경우에도 토요일 밤의 무도회를 시작하기 위한 만반의 준비가 부산하게 움직여지고 있었다. 보안상의 이유 때문에 길거리에서 예쁜 아가씨들을 끌어 모을 수는 없었다. 베이징 호텔 바로 아래쪽 거리에 있는 옛 와공리 호텔에 저우언라이가 세운 외교부의 직원 부인들과 여직원들을 징발함으로써 그 위기를 해결했다. 외교부의 여인들은 '예술단'이 구성될 때까지 충원되었다. 이들은 보안 심사를 받고 중난하이에 거처를 잡음으로써 마오 주석이 필요로 하면 언제든지 무도회의 여흥을 즐길 수 있도록 아가씨들이 항상 대기하고 있었디.[5]

원나라 순제의 무희들은 중난하이의 호수들을 돌면서 수중 발레 공연을 했다. 순제와 그의 손님들은 황제의 웅장한 유람선에서 이 장관을 구경했다. 마오가 추구하는 것에는 순제가 찾던 우아한 품위와 장려함이 없었다. 그의 무도회는 근정전(勤政殿) 옥내에서 열렸다. 그 건물은 쑨원 박사로부터 권력을 강탈하고 스스로 황제로 칭했다가 6개월 만에 패망한 군벌 위안스카이가 세운 보기 흉한 건물이었다.[6]

1933년 대규모 옥외 수영장 하나가 중하이 시안에 건축되었다.[7] 수영장은 자광각(紫光閣) 정남쪽에 있었다. 만주족 황제들은 자광각을 군사집회, 활시합, 그리고 승마 장소로 사용했었다. 자광각은 여러 해 동안 사용되지 않고 방치되었는데, 그 주위에는 나무가 무성하게 자라 작은 숲을 이루고 있었다. 그러나 마오는 그 건물을 복원해서—청나라 말에 그랬듯이—외국의 외교관들을 영접하거나 군사적 성격의 모임을 비롯한 각종 중요한 회합을 갖는 곳으로 사용할 예정이었다.

덩샤오핑이나 그 밖의 몇몇 지도층 인사들이 그랬듯이 마오도 수영을 좋아했다. 그 수영장은 즉각 일반인의 출입 제한 금지 구역으로 선포되고 마오와 당 수뇌부, 그리고 그들의 가족들에게만 허용되었다. 이제 베이징의 멋쟁이 젊은이들은 중하이 수영장 곁에서 나른한 여름날을 빈둥거리며 보낼 수 없게 되었다. 마오의 측근들 가운데 어느 누구도 이제 그 수영장에서 수영하거나 노는 젊은이들이 실제로는 옛날 왕족들과 똑같은 부류임을 알아채지 못했다. 고위간부의 집안 출신으로 일반인들과 동떨어져 특권을 누리고 있는 그 젊은이들은 그들의 부모와 마찬가지로 시간이 흐름에 따라 점점 더 구습을 흉내내는 새로운 특권층을 형성하고 있었다.

그런데 중하이 수영장은 결점이 있었다. 난방이 되지 않아 여름철밖에 사용할 수가 없었다. 만년에 접어들어 마오는 자신이 중난하이에 들어오고 나서는 수영다운 수영을 하지 못했다고 고백했다. 그러나 그 수영장을 이용하면 할수록 그는 수영을 더욱더 좋아하게 되었다. 1954년 겨울 그는 수영다운 수영을 해 보기로 결심했다. 당시 베이징에서 유일한 온수 수영장은 칭화대학에 있었다. 3개월 동안 계속해서 그는 매일 저녁 가방 속에 수영복과 수건을 집어넣고 칭화로 가 '쉬지 않고 물의 성질을 학습했다.'[8] 양상쿤 장군이 마오를 수행했는데, 그들은 신분을 숨기고 그곳에 갔다는 후문이 있었다. 그러나 마오가 호박만한 큰 머리와 달덩이 같은 둥근 얼굴, 우람한 몸을 어떻게 변장하여 다른 사람들을 속일 수 있었는가에 대해 납득할 만한 설명은 들을 수 없었다. 1958년부터 59년 사이에 마오는 중난하이에 올림픽 수영장 규모의 실내 온수 수영장을 짓도록 하여 여름이든 겨울이든 계절과 상관없이 아무 때나 수영을 즐길 수 있었다.[9]

그리고 시간이 흐르면서 중국 각지의 대도시들에 있는 공원에 웅장한 영빈관을 세워 마오가 방문할 기회가 있으며 그곳을 전용하도록 했다. 그 영빈관들은 마오가 아무 때나 불편없이 사용할 수 있도록 직원들을 충분히 배치해 두고 있었다.

그곳에는 대규모 수영장과 —대부분 실내 온수 수영장이었다—만약에 대비하여 항상 '예술단'을 대기시켜 두었다. 이 시설물 가운데에는 마오가 사망할 때까지 한 번도 사용하지 않은 채 그대로 있는 것도 있었다. 그 중에는 결국 산만하고 이익도 남지 않는 일반 관광 호텔로 바뀐 것이 많이 있었다. 타이위안 시(太原市)에 있는 쩌둥(澤東)공원과 영동관(迎東館) 등이 그 실례이다. 저우언라이가 그곳에 머문 적은 있으나 마오 자신은 한 번도 그곳에 들르지 않았다.[10]

중난하이의 위풍당당한 부속 시설물들은 일시에 생겨난 것이 아니었다. 그리고 당의 지도자 모두가 즉시 입주한 것도 아니었다. 국방부는 철사자(鐵獅子) 골목에 있는 청나라 병부아문(兵部衙門) 건물을 징발하여 사용했다. 그러나 군 총사령부는 향산에 그대로 두었다. 인민해방군 총사령관 주더는 마오와 동시에 중난하이에 입주했다. 그는 소총을 운반하던 그의 아내 캉커칭과 함께 마오의 거처와 1백 야드밖에 떨어지지 않은 곳에 자리잡은 고궁 하나를 차지했다. 저우언라이는 풍택원 부근에 조용한 고궁 하나를 택했는데, 그곳은 마오의 거처에서 좁은 길 하나 정도 떨어진 위쪽에 있었다. 저우언라이의 미망인 덩잉차오는 1990년에도 그곳에 살고 있었다. 캉커칭은 주더의 사망 후에 시산에 있는 별장으로 거처를 옮겼다.

류사오치는 1949년 8월 말에 마오의 거처와 가까운 곳으로 들어와 살았다. 덩샤오핑은 나중에야 들어왔다. 그는 충칭과 서남부 지역에 파견되어 1952년까지는 베이징에 돌아와 살 수 없는 형편이었다.

마오가 중난하이의 환경을 좋아했다는 것은 의심의 여지가 없었다. 이곳에 들어와 살던 초창기의 분위기는 아주 태평스러운 것이었다. 류사오치와 그의 가족들은 이곳에 정착하여 안락한 공동 생활을 즐겼으나 덩샤오핑이 들어오자 그다지 달가워하지 않았다. 그는 일요일이면 아내와 자식들을 데리고 한가롭게 정원을 산책하곤 했다. 중난하이에 거주하는 것은 마치 일반 시민의 출입을 금지시킨 채 센트럴 파크에서 사는 것과 흡사한 일이었다.

마오의 사후 덩샤오핑은 실권을 잡자 다시 중난하이로 들어가지 않았다. 그리고 다른 동료들에게도 중난하이로 들어가지 말라고 권유했다. 그는 중난하이가 안전하지 못하다고 주장했는데, 폭탄 한 방이면 정치국 전체를 파괴시킬 수 있으며, 정변이 일어나면 그들 모두가 일거에 체포될 수 있다는 이유 때문이었다. 그는 자금성 뒤쪽, 매산(煤山) 정동쪽에 있는 옛날의 곡식 창고 구역에 거처를 잡았다. 차 한 대가 겨우 드나들 수 있을 정도의 아주 좁은 골목길 아래 자리잡은 그 집은 매우 안전했다. 덩은 보안 전문가 리커농이 살던 그 집 담에 철판을 입히고 창문에 방탄 시설을 하는 등 온통 개조하여 안전을 기했다. 그 집은 후원 쪽 거리에서는 거의 보이지 않았으며, 강철 대문과 견고한 석조 기둥 등 안전을 위한 특별 장치가 되어 있었다.[11]

중난하이의 생활에 불안감을 느낀 또 하나의 인물은 수수께끼 같은 린뱌오 장군이었다. 그는 중난하이의 고궁 대신에 재산 많고 유서 깊은 가문 중의 하나였던 류(俞)씨 가문이 살았던 아름답고 소중한 중국식 옛집을 선택했다. 그 류씨 저택은 몇 에이커나 되는 넓은 지역에 걸쳐 죽 뻗어 있었다.[12] 명나라 3대 황제인 영락제 때 옛 사원 자리에 지은 그 집에는 베이징에서 가장 아름다운 정원들 가운데 하나가 있었을 뿐만 아니라 고대의 인공 못과 우아한 누각이 있었으며, 반듯한 돌을 바닥에 깐 일곱 개의 안뜰이 건물들을 연결해 주었다.

공산 혁명 후에 류씨 가문은 그 건물을 1만 5천 달러를 받고 새 정부의 재정부(財政部)에 매각했다. 가구를 치우는 데 수레 2백 대가 동원되었다. 그 당시 재정부장은, 게릴라 경력으로 볼 때 덩샤오핑의 선임자들 가운데 하나인 보이보(薄一波)였다. 재정부는 애초의 약속과는 달리 그 저택을 보이보의 집으로 사용하지 않은 채 인공 못에는 물을 가득 채우고 정원은 주차장으로 개조했으며 주택은 병원으로 사용했다.

린뱌오는 재정부로부터 그 대저택을 인계받았다. 그리고 그 집이 형편없이 낙후된 상태였기 때문에 중국식과 현대 서양식을 혼합한 홍콩식 건축으로 새로 수리했다. 그는 그 집과 중난하이를 잇는 터널도 뚫었으며, 1971년 9월 비행기를 타

고 도망치다 생명을 잃을 때까지 그 유씨 저택에 살았다.[13)]

중난하이를 벗어나 살고 싶어한 또 하나의 당 지도인사는 보안 책임자 캉성이었다. 그는 자신의 고향 산둥성에서 당 서기 일을 보면서 그곳을 경찰 국가로 만들었었다. 그래서 오랫동안 베이징을 벗어나 있었던 것이다. 베이징으로 다시 돌아오자 그는 중난하이 북쪽에 자리잡은 풍류 있는 고궁에 들어가 살았다. 그곳은 은괴교(銀塊矯)와 바로 인접한 자그마한 골목길 위에 자리잡고 있었다. 안뜰 바위 정원에는 동굴이 하나 있었는데 그곳에서 자신의 제물들을 개인적으로 고문한다는 소문이 있었다. 캉성과 마오가 죽은 후에 그 집은 '죽원(竹園)'이라는 이름의 작은 호텔로 개조되어 각종 회의와 모임 장소로 이용되었다.[14)]

1980년대에 이르러 베이징에 살던 특권층 고위 간부들의 자식들과 손자 손녀들은 중난하이를 꺼려하기 시작했다는 사실이 어쩌면 변화하는 시대에 대한 시사 논평이 될 수도 있을 것이다. 그 젊은 세대들은 황궁의 장려함과 한시도 빠짐없이 늘 서 있는 위병들을 좋아히지 않았다. 그 신세대들에게는 중난하이의 구식 생활 양식이 맞지 않았다. 그래서 그들 중 많은 수가 서양, 특히 미국에서 살았으며 그곳으로 여행을 했었던 것이다. 그들은 자기 친구들에 대한 보안 검사, 재즈, 현대식 록 음악, 그리고 뉴욕, 로스앤젤레스, 런던 등지에서 들어온 최신 춤들을 금지하는 것을 못 견뎌했다. 그들은 특권층만 출입이 허용되는 공원을 벗어나 보다 더 분위기 있고 느슨한 곳에 드나들기 시작했다.

마오 신정부의 고위간부들이 자신들이 몰아낸 자들이 살던 건축물에 신속하게 들어가 살았다는 것은 만민 평등과 평등 사회를 설교하고 특권을 부인하던 집단으로서는 쉽게 납득할 수 없는 점이었다.

옛 수도에 들어간 지 채 몇 달도 지나기 전에 그 정치국원들은 구사회의 부자들과 권력자들이 누리던 수많은 물질적 편리함을 만끽했다. 그렇지만 그들의 지위에 어울리는 예술적 취향은 갖추지 못하고 있었다. 마오 자신이 앞장서서 황제와

9. 토요일 밤의 무도회

같은 환경을 선택해 온 데다 그가 특별한 권위를 지니고 있었기 때문에 이러한 경향에 대해 갑론을박하거나 반대하는 일이 없었다.

일부 지도층 인사들은 이 방식을 따르지 않았다. 저우언라이는 계속해서 간소한 생활을 했으며 그의 아내도 마찬가지였다. 그들은 간소한 고궁에 들어가 살았다. 부리는 사람도 몇 안 되었고 사치스런 잔치도 벌이지 않았다. 저우언라이는 외빈을 초대하여 수많은 공식 만찬을 베풀었지만 인민대회당에서 만찬을 들기 전에 보통 베이징 호텔의 주방에서 국수 한 사발을 먹었다. 그래서 귀빈들에게 모든 신경을 쓸 수 있었다. 그의 의복은 너무 오래 입어 실밥이 드러나 보이는 경우가 자주 있었으며 단추가 떨어져 나간 적도 가끔 있었다.15) 언젠가 그는 면으로 만든 슬리퍼 바닥이 닳아져서 하얀 면양말만 신은 채 걷고 있었다. 이 모습을 본 장칭이 그의 주의를 환기시킨 적이 있었다.16)

덩샤오핑 역시 군인의 수수함을 잃지 않은 인물이었다. 그의 태도는 꾸밈이 없었으며 취향도 솔직담백했다. 그의 자녀들은 예의바르게 잘 자랐으며 남들이 특별히 호의를 베풀어 주는 데 익숙하지 않았다. 양상쿤이 그들에게 사 준 아이스크림은 예외였다.

마오는 고위간부들이 대장정 시기의 검소함과 옌안의 격이 없던 생활 방식으로부터 멀어져 가고 있음을 틀림없이 알아차렸을 것이다. 그 옛 시절에는 만약 동료 지휘관들이 마오에게 이야기하고 싶은 것이 있는데 그가 동굴에서 잠을 자고 있으면 그들은 침대 이불을 확 잡아당겨 홀랑 벗은 채로 있는 그를 일으켜 세워 회의를 시작하곤 했었다. 대장정 중에 마오와 그의 부하들은 식사량에 다소 차이가 있었지만 모두 똑같이 한솥 밥을 나눠 먹었다. 돈을 내거나 차용증서를 쓰지 않고서는 절대 농민들한테 음식을 얻어먹지 않았다. 강간을 하거나 도둑질을 하면 현장에서 총살했다. 기율을 철저히 지키는 군대와 간부의 행위가 혁명을 성공으로 이끈 강점이었다. 옛 중국에서는 "좋은 쇠로는 못을 만들지 말고 좋은 남자는 군인으로 만들지 말라(好鐵不打釘, 好男不當兵)"라는 속담이 있었다. 홍군은 그 속담을 철저하게 뒤집어 버렸다. 그리고 엄격한 기율을 지키는 홍군의 도덕적 행위가 농민의 지지와 중국을 얻은 원동력이었다.

혁명 초기는 몇 가지 측면에서 보자면 덜 복잡한 시기였다. 그렇지만 남녀 평등 문제를 둘러싸고 치열한 공방전이 벌어지던 시기이기도 했다.

20세기 초 중국은 여전히 봉건사회였다. 여성들의 권리는 가축보다 나을 게 없었다. 여성들은 사고파는 상품이었고, 혼사는 여자 쪽 아버지에 의해 결정되었다. 또 여성은 남편과 시댁의 부속물로 간주되었으며 시어머니의 종이나 마찬가지였다. 남편이 죽어도 재가할 기회가 거의 없었으며 시댁의 노비로 취급되었다. 그 상황에서 벗어날 수 있는 유일한 도피 수단은 매춘부가 되는 것이었다.

홍군 내의 부부생활은 기숙학교 규정들에 의해 원래 철저하게 통제를 받았다. 일주일에 하룻밤, 즉 토요일 밤에만 부부는 동침하도록 허락을 받았다.

그 후 옌안에 외국인들이 모습을 나타냈다. 중국의 공산혁명에 공감하는 아그네스 스메들리, 안나 루이스 스트롱(Anna Louise Strong), 그리고 헬렌 스노우 같은 미국 여성들이었다. 스메들리는 여성들의 권리에 대해 선동적인 견해를 갖고 있었다. 그녀는 여성들이 스스로가 좋아하는 시간과 장소에서 좋아하는 방식대로 사랑해야 한다고 믿고 있었다.

그밖에도 옌안에는 젊은 중국 여성들이 쇄도했다. 그들 중에는 장칭처럼 매력적이고 성적으로 적극적인 여성들이 많이 있었다. 상하이의 예술계와 연극계에서 온 여자들이었다. 그 중에는 중국에서 가장 유명한 급진적인 극작가 딩링(丁玲)처럼 대단한 여류 인사도 일부 있었다. 딩링은 여자가 자신의 신체를 원하는 대로 쓸 수 있는 절대권리를 갖는다고 생각하고 있었다. 이 권리를 제한하는 것은 어느 것이든 '부르주아적 도덕'이라는 것이었다.

처음에 마오는 여성의 권리를 지지했다. 그는 성적 구속으로부터의 자유를 신봉했다. 그와 그의 절친한 친구인 차이허선(蔡和森)과 차이창(蔡暢) 남매는 그들의 대화에서 3불(三不), 즉 매춘과 도박과 돈 이야기를 하지 않기로 약속했다.[17] 그들은 높은 도덕적 가치들을 소중히 여겼으며, 죽을 때까지 절대로 결혼하지 않겠다는 서약을 맺었다. 마오와 그의 첫 아내 양카이후이가 열렬한 사랑에 빠졌을 때 그들은 자기들의 낭만적인 이상에 바탕을 둔 '시험결혼' 생활을 하고 있노라고 선포했다. 마오는 여성의 권리를 선양하기 위해 "여성들이 하늘의 절반을 떠받치고 있다(婦女能頂半片天)"는 구호를 만들어냈다.

그러나 얼마 지나지 않아 마오의 이상과 행동 사이에 분열 현상이 나타나기 시작했다. 양카이후이가 장제스의 앞잡이들에게 체포되어 감옥에 갇혀 창사에서 처형을 기다리고 있을 때 마오는 징강산에서 허쯔전과 동거를 시작했다. 그 자신의 말에 따르자면, 그는 양카이후이의 사망 소식을 들은 직후 허쯔전과 결혼했다.[18] 만년에 이르러 그는 '나의 자랑스런 버드나무'에 관한 그의 가장 감동적인 시를 쓰면서 양카이후이를 애도했다.[19]

마오는 양카이후이에 대해 양심의 가책을 느꼈다. 그는 경호원들에게 항상 죄책감을 느낀다는 이야기를 했으며, 양카이후이가 1930년까지 감옥에 갇혀 있다는 것을 알지 못한 채 죽었다고 믿었기 때문에 1928년에 허쯔전과 결혼했다고 말했다. 이것은 속이 빤히 들여다보이는 변명이었다. 마오와 허쯔전에 대한 공식 설명에는 항상 그들이 1927년에 징강산에서 만났지만 양카이후이의 사망 후에야 결혼했다고 나타나 있다.[20]

젊은 혁명 여성들은 결혼이 여성을 재산으로 바뀌게 하며 결혼은 착취적인 성교 계약에 불과한 것이라고 생각했다. 이들은 "사랑이란 한 잔의 물과 같다"고 주장한 러시아의 유명한 여성 혁명가 알렉산드라 콜론타이(Alexandra Kollontai)와 똑같은 생각을 하고 있었다. 목마르면 아무 때나 물을 마시듯 사랑도 하고 싶은 욕구가 있으면 아무 때나 자유분방하게 해야 한다는 것이었다. 알렉산드라 콜론타이는 자신의 이런 주장을 레닌에게 전했으나 레닌은 이를 완강히 거부했다(비록 그 자신은 몇 년 동안 정부를 두고 두 집 살림을 해 오고 있었음에도 불구하고 말이다).

딩링은 바로 이와 똑같은 논쟁을 옌안에서 마오와 벌였다. 마오는 공감하듯 그녀의 말을 들었다. 그리고 역대 황제들이 무수히 많은 비빈을 거느렸다며 그녀의 손가락과 자기 손가락으로 그 수를 헤아리면서 그녀를 짓궂게 놀려댔다. 그러다가 마침내는, 마오의 전기 작가 리루이의 견해에 따르자면, 오로지 정치적 요인을 고려하여 부르주아의 도덕적 입장을 호되게 매도했다는 것이다. 마오는 자유 연애를 저주스런 금기로 여기는 농민들의 '도덕적 다수'의 요구에 영합하고 있었던 것이다.[21] 아그네스 스메들리와 딩링에 의해 옌안에서 소란이 일었으며, 열렬한 상하이의 젊은 숙녀들이 동요했다. 마오와 당위 고위간부들은 스메들리를 옌안에서 내보냈으며 중국 여성을 몇 명 추방함으로써 다시 평화로운 분위기를 회복하여 옌안을 낙원으로 만들려고 애썼다.

마오가 장칭과 결혼하기를 원했을 때 그의 오랜 동지들은 동의를 꺼렸다. 그러나 마오가 자신의 신체적 건강을 위해 꼭 필요하다고 주장하자 그들은 결혼을 인정했다. 단 그녀가 정치에는 개입하지 못하게 했으며, 장칭의 정치 금지령은 약 20년 동안 유지되었다.

덩샤오핑은 남녀 양성 관계에 관한 소란과는 전혀 무관했다. 쥐린(卓琳)과의 결혼 생활에 관해 스캔들이 나돌 기미조차 없었다. 그들은 옌안에서 결혼한 후 50년이 지나서도 여전히 함께 살고 있었고, 중국에서 모범적이며 사이 좋은 한 쌍이다.

그러나 덩의 결혼생활은 중난하이에서는 오히려 예외에 속했다. 초기의 이상주의적 연애들이 별로 많이 남아 있지 않았다. 남성도 여성도 이제는 영원한 사랑이라는 낭만적 용어로 서로 매여 있다는 서약을 고백하지 않았다. 이제 그들은 잠자리 상대를 애인(愛人)이라고 불렀다. 이 말은 고정관계나 영속적인 관계를 내포하고 있지 않은, 일시적이며 황급한 사랑, 하룻밤 풋사랑, 느슨해진 정조의 냄새를 풍긴다. 마오는 다른 모든 방면에서도 지도자였지만, 이 부분에 있어서도(비밀 예술단의 '춤 상대들'과의 관계를 보면) 단연 일인자였다.[22]

유고슬라비아의 공산당 지도자 디야스(Milovan Djilas)는 1957년 공산권 지도층

1936년부터 1946~47년에
공산주의자들의 본부였던
옌안으로 말을 타고 들어가는
홍군의 기병대. 산꼭대기에는
옌안탑이 솟아 있으며,
산 벽에 있는 동굴 주거의
모습을 볼 수 있다.

1938년 결혼 직후 옌안에서 찍은
마오쩌둥과 장칭의 모습

을 고발한 《새로운 계급 The New Class》에서 이 모든 것을 요약해서 보여 주었다. 공산주의자들은 소련과 중국에서 그랬듯이 유고슬라비아에서도 권력을 장악했다. 그들은 구통치계급의 부와 특권을 누리는 생활 방식을 공공연히 비난함으로써 구통치계급을 파멸시키고 그 자리에 대신 들어갔다. 그런데 정권을 잡은 후 그들은 최대한 신속하게 부패한 구통치계급의 특권을 그대로 계승하고 옛날과 똑같이 엘리트적인 생활 방식에 빠져든 새로운 통치계급이 되어 버렸다. 이들이 이전의 통치계급과 다른 점은 용어 사용, 그리고 옛날보다 더 직접적으로 드러내 놓은 권력 체계뿐, 근본적으로는 서로 다를 것이 없었다.

어떤 점에서 보면 마오는 중난하이에 결코 적응할 수가 없었다. 그는 뭔가 잘못된 것이 있다고 느꼈다. 그러나 그는 결코 자신의 통치방식을 바꾸지 않았다. 아니 이보다 그가 새로운 사령부를 위해 그 통치방식을 포기하는 일도 하지 않았다고 하는 편이 더 옳은 말일지도 모르겠다. 그는 베이징에서 "아무도 나에게 사실대로 보고하지 않는다"고 불평했다. 편하고 자유롭게 의사소통이 되었던 옛 시절과는 달랐다. 그는 자주 "베이징은 단지 유통 중심지에 불과하다. 모든 물자는 시골에서 나온다"고 말했다.[23] 그는 은밀히 민정을 파악하기 위해 직접 돌아다녀 보아야 했다. 그는 여행을 많이 했으나 통상 항저우, 광저우(廣州), 충칭으로 갔다. 그리고 한 고궁에서 다른 고궁으로, 한쪽의 관료들에서 다른쪽 관료들에게로 가는 데 그쳤다. 결국 그가 중난하이를 떠나거나 말거나 실제로는 아무 의미가 없었다. 마오는 경호원들에게 "내가 어디를 가든 그들이 나를 맞이할 대비를 하고 있으며 진실을 알아낼 수가 없다"고 불평을 늘어놓았다.

그는 급습을 계획하기도 했다. 그는 특별 전용열차를 타고 가다 갑자기 이름도 모르는 벽촌에 정거하도록 명령을 내리고는 열차에서 뛰어내려 서둘러 그곳 당 사무실로 가곤 했다. 그곳에서 일하는 사람들이 자신이 온다는 것을 전혀 모를 것을 기대하면서 말이다. 그러나 그의 경호원들이 이미 그곳 지방 당국에 조심하고 있으라는 명령을 내려 놓아서, 마오가 그곳에 도착하기 전에 이미 마을 사람들은 가장 좋은 옷을 찾아 입느라 야단법석을 피우고 집을 깨끗이 청소하고 잔치 준비에 한창이었다(때때로 경호원들이 음식을 대 주는 경우도 있었다).

결국 마오는 자신의 경호원들을 그들의 고향 마을에 파견하여 단지 사정을 보고하도록 하게 했다. 그러나 경호원들은 그에게 실정을 그대로 이야기하기를 꺼렸다. 그건 마오가 말로는 실정을 있는 그대로 듣기를 원한다고 하면서도 나쁜 소식을 전하면 격분했기 때문이다.

경호원 리인차오는, "마오는 한편으로는 진실을 알기를 원했지만, 다른 한편으로는 누구든 감히 진실을 말하는 자가 있으면 그자의 말을 견디지 못해 그대로 받아들이지 못했다"고 말했다.[24]

제3부

독재자들의 결투

10. 마오와 스탈린의 불화

1949년 10월 1일 중화인민공화국 창립을 경축하는 톈안먼의 높은 연단에 모습을 나타내지 않은 것은 장칭만이 아니었다.

이전에 충칭에서 대사관 무관을 지낸 바 있는 소련 대사 로시친(N. V. Roshchin) 중장도 참석하지 않았던 것이다. 이것은 결코 우연이 아니었다. 그는 국공내전 동안 줄곧 장제스 편에 달라붙어 왔으며 광둥에서 여전히 지령을 기다리고 있었다.[1]

로시친의 불참에도 불구하고 톈안먼에는 육안으로는 거의 보이지 않을 정도로 조용하게 소련이 참석하고 있었다. 작가들인 파데프(Aleksandr Fadeev)와 지모노프(Konstantin Simonov)가 인솔한 소련의 '문화' 사절단이 만저우리(滿洲里)를 출발하여 10월 1일 아침 일찍 베이징의 중앙 철도역에 도착했다. 역에서 그들을 맞이한 것은 총영사관 직원 티흐빈스키(S. L. Tikhvinsky)였다. 소련인들은 톈안먼 기슭에 길게 내뻗어 있는 공사관 구역의 옛 러시아 건물을 인계받았다.

티흐빈스키는 기다리고 있다가 저우언라이가 플랫폼을 따라 다가오는 것을 보고는 깜짝 놀랐다. 그의 얼굴은 백지장처럼 하얗고 두 눈은 감겨 있었으며 맥없이 발을 질질 끌며 걷고 있었다. 양쪽에서 건장한 경호원 두 사람이 그를 부축하고 있었는데, 사실상 그들은 의식불명 상태에 빠져 있는 저우언라이의 몸을 들어 나르고 있었다. 한 보좌관이 저우언라이는 혼자 걸을 수 없는 상태라고 조급하게 설명했다. 그는 건국일이라는 큰 날을 준비하기 위해, 그리고 전국인민정치협상회의 개회를 감독하기 위해 나흘 동안 밤낮없이 쉬지 않고 일했다. 그는 소련 대표단 영접을 위한 의전 절차를 따를 것을 고집스럽게 주장했었다. 기차가 역에 들어오자 보좌관들이 저우언라이를 흔들어 깨웠다. 그는 몸을 일으켜 세우고 통상 그래 왔듯이 예절 바르게 소련 대표단을 맞았다. 그리고 실례한다면서 자리를 떴다.

톈안먼에 선 저우언라이는 정상을 되찾은 듯 활기차고 기민하게 보였다. 그러나 여전히 소련이 마음에 걸렸다. 티흐빈스키와 소련 대표단은 톈안먼 아래 임시로 만든 나무 관람석에 앉아 있었다. 행사 진행중에 티흐빈스키는 저우언라이로부터 메모 쪽지를 받았다. 중국 정부로부터 중요한 메시지가 소련 총영사관에 전달되었었는데, 그곳에는 그 메시지를 받을 사람이 아무도 없다는 것이었다.

티흐빈스키는 연단을 살짝 빠져나가 2백 피트밖에 떨어져 있지 않은 총영사관으로 갔다. 그리고 중화인민공화국 성립을 정식으로 통고한 공문을 발견했다. 거기에는 중국이 소련 및 그 밖의 다른 우방들과도 외교 관계를 맺고 싶다는 내용도 적혀 있었다. 티흐빈스키는 급히 모스크바로 전보를 치고는 베이징 호텔의 공식 리셉션 장소로 갔다. 다음 날 아침 소련 외상 그로미코(Andrei A. Gromiko)는 중국의 신정부를 정식으로 승인한다는 회신을 보내 왔다. 로시친에게는 베이징으로 가서 신임장을 제출하라는 지시가 떨어졌다.[2]

오래 전부터 중소 관계, 그리고 마오와 스탈린 관계의 성격을 묘사하는 데 '냉담한'이라는 형용사는 사실상 매우 약한 표현이었다. 마오는 몇 번이고 거듭하여 스탈린에게 입에 발린 말에 불과한 호의를 강요당해 왔다. 마오의 귀는 모욕적인 언사에 대해 예민했으며 모욕을 당하면 오랫동안 잊지 못했다. 그는 1926년 이래 수없이 당해 온 시절들을 잊을 수가 없었다. 그는 소련인들에 의해 굴욕을 감수하도록 강요당했었다. 그는 모스크바의 지령들을 따르는 데 실패했다는 이유 때문에 징계를 당했으며 당에서 제명되고 직위 해체를 당했었다. 또한 소련 고문단은 중국인들에게 죽음과 불행을 무릅쓰고 잘못된 정책들을 수행하라고 집요하게 우겨대기도 했었다.

마오는 1927년 장제스가 상하이에서 중국 공산당원들을 대량으로 학살했을 때 스탈린이 보였던 감정의 폭발을 생생하게 기억하고 있었다. 스탈린은 돌연히 모스크바에 있는 중국인들을 모조리 색출, 체포하라는 명령을 내렸다. 거기에는 코민테른의 중국 구성원들, 그리고 코민테른의 동방 노동자 대학에서 강의를 받던 중국 대학생들도 포함되어 있었다. 스탈린이 나중에 그들 대부분을 풀어 준 것은 사실이었다. 그러나 이것은 시작에 불과했다. 수천 명에 달하는 중국인들이 나중에 스탈린의 집단 수용소에 강제로 끌려가거나 즉결 총살을 당했다. 블라디보스토크에 있었던 거대한 중국인 유형지에서 살아남은 한 생존자는 그것을 '단순한 종족 대량 학살'이라고 불렀다. 상당히 높은 비율의 헌신적인 중국인 혁명가들이 소련땅에서 목숨을 잃는 불행을 당했다. 시베리아 동부의 여러 도시들에는 도합 수십만 명에 이르는 많은 중국인들이 살고 있었는데 자취도 없이 사라져 버렸다. 공식 설명으로는 그들이 '본국으로 송환'되었다고 했다. 그러나 실제로는, 그들 중 많은 사람이 볼쿠타, 솔로베츠키, 콜리마 등지에서 발견되었으며 그들은 얼마 지나지 않아 그 이역 땅에서 죽었다.[3]

그 어느 것도 1936년 12월 스탈린한테서 받은 독단적이고 거만한 전보의 내용을 마오의 마음속에서 지워 줄 수는 없었을 것이다. 스탈린은 그 전보에서 마오에게 장제스가 안전하게 풀려나도록 배려하라고 명령하고 있었다. 장제스는 시안에서 동북군의 젊은 원수 장쉐량(張學良)에게 납치되어 있었다. 장쉐량은 장제스로 하여금 공산주의자들과 평화적으로 제휴하여 항일 통일전선을 조직하도록 강요할 계획이었다. 마오는 장제스를 공개재판에 회부하여 수치와 모욕을 주고 가능하다면 처형하기를 희망했었다. 스탈린은 장제스를 즉각 석방하라고 명령했다. 만약 그렇게 하지 않으면 중국과 모든 관계를 단절하고 마오를 공개적으로 비난하겠다고 위협했다. 마오는 고통스럽지만 부득이 스탈린의 명령에 따랐다. 그러

나 그는 이 일을 결코 잊지 않았다.[4)]

마오는 세세한 일에 대해 비상한 기억력을 갖고 있었다. 그러나 그는 이 일을 가슴속에만 묻어 두고 꾹 참았다. 그건 공산 중국이 외교적, 경제적, 그리고 군사적 보호 없이도 충분히 살아남을 만큼 강하지 못하다고 확신했기 때문이었다. 그는 제2차 세계대전 기간중 미국이 보호자 역할을 해 주기를 원했었다. 그는 1945년 1월 프랭클린 루즈벨트 대통령에게 자신과 저우언라이는 워싱턴에 가서 협상할 만반의 준비가 되어 있다는 내용의 사신을 보냈다. 그는 회답을 받지 못했다. 그는 그 사신을 중국 주재 미국 대사 패트릭 헐리(Patrick J. Hurley)가 도중에 가로채 루즈벨트에게 왜곡된 형태로 전달했다는 사실을 전혀 몰랐다.[5)]

마샬 장군이 애당초 실패하게 되어 있었던 제2차 대전 후의 국공휴전 협상 노력을 포기하기 전에 이미 마오는 스탈린과 거래할 수밖에 없을 것이라는 결론을 내렸었다. 물론 이 결론의 전망은 별로 낙관적인 것은 아니었다. 일본이 연합군에게 항복한 지 일주일 후인 1945년 8월 스탈린은 마오에게 장제스를 평화회담에 끌어들이고 중국 전체를 파멸시킬 위험이 있는 내전을 중단하라는 명령을 내렸다.[6)] 스탈린은 자신이 중국인들에게 퉁명스럽게 "우리는 전망이 전혀 없는 폭동적 사태 전개를 고려했고, 중국의 동지들은 장제스와 타협을 추구해야 할 것이며, 장제스 정부에 가담하여 자체 군대를 해산해야 한다"고 이야기했음을 상기시켰다.

따라서 마오는 스탈린이 협력적인 파트너가 될 것이라는 환상을 갖고 있지 않았다. 소련인들이 여전히 장제스를 도와 그가 살아 남도록 애쓰고 있다거나 또는 중국의 서역 지방인 신장(新疆)을 중국 영토에서 분리시키려고 시도하고 있다는 사실 때문에 마오는 더욱더 마음이 편치 못했다. 러시아인들은 19세기 중엽부터 줄곧 신장 지방에 야심을 품어 왔다. 신장에 우라늄이 풍부하게 매장되어 있다는 사실이 발견된 이제 그 야심이 더욱 고조되어 있었다.

마오는 모스크바와 워싱턴 양쪽 모두가 적대감을 보이는 상황에 직면하여 중국은 혼자 힘으로 해 나갈 수밖에 없음을 잘 알고 있었다. 장래에 대한 전망이 낙관적이지 않아 머뭇거리기는 했지만 마오는 적어도 예방책을 몇 가지 강구해 두었다. 일찍이 1946과 47년 초에 그는 중국 공산주의자들의 열렬한 지지자이자 그들 노선의 추종자인 미국의 여성 혁명가 안나 루이스 스트롱과 일련의 주목할 만한 담화를 나누었다. 스트롱의 최대 유감은 중국 공산주의자들이 자신의 입당 신청을 받아들이지 않았다는 것이었다(사실 미국 공산당과 소련 공산당에서도 그녀를 너무 괴상한 인물로 간주해서 그녀의 입당을 허용하지 않았다). 스트롱의 여러 가지 결함에도 불구하고 마오는 그녀를 이용하기로 마음을 정했다. 그는 그녀를 통해 자신의 독특한 개인 철학의 윤곽을 서방세계에 소개함으로써 모스크바의 공산주의와 중국의 공산주의가 다르다는 것을 알릴 계획이었다.

스트롱과의 담화에서 마오는 미국이(다른 자본주의 국가들과 마찬가지로) '종이 호랑이'라는 자신의 믿음을 밝혔다. 그는 원자 폭탄이 전쟁에서 결정적인 요인이 되지 않을 것이라는 이론을 개진했다. 그는 1947년 3월 옌안에서 철수하기 전날 밤까지 스트롱과 대담을 계속했다. 스트롱은 그곳에 남아 있기를 원했으나 마오는 서방으로 가서 자신의 견해들을 널리 알리라고 강요했다. 그는 그녀에게 모스크바만 제외하고 공산권뿐만 아니라 비공산권에도 자신의 견해들을 전달하고 다니라는 지시를 내렸다. 모스크바에는 갈 필요가 없다고 했다. 그러나 그 이유는 말해 주지 않았다.

마오는 그녀가 공산주의자들과 이야기할 때 마오 자신이 2년 이내에 중국에서 권력을 장악할 것으로 기대하고 있다는 말을 해야 한다는 점을 강조했다. 이것을 비공산주의자들과 이야기할 때는 마오 자신의 견해로서가 아니라 오히려 그녀의 개인적인 견해로서 피력하라고 했다.

스트롱은 자기 의사에 반하여 어쩔 수 없이 옌안을 떠나 베이징으로 가 베이징 호텔에 방을 하나 잡고 글을 쓰기 시작했으며, 그런 다음 상하이로 여행하고는 다시 미국으로 돌아갔다. 그녀는 책의 일부를 마오의 견해에 관한 내용에 할애하고 그 장을 '마오쩌둥의 사상'이라고 이름 붙였다.[7] 그녀의 책은 미국을 위시하여 그 밖의 다른 비공산 국가들에서 출간되었으며 동구에서 굉장한 관심을 끌었다. 동구에서는 그 책을 대부분의 공산국가에서도 출간할 계획들을 세웠다.[8] 아직 스탈린의 통제를 받지 않고 있던 동구에서는 공산 지도자가 '독립적'인 공산주의 사상을 선전하고 있는 중국에 대해 깊은 관심을 표명했다. 자신과 스탈린 사이의 반목이 쉽사리 악화될 수 있음을 날카롭게 인식하고 있었으나 마오는 교묘하지만 오해의 여지가 전혀 없는 방식으로 중국과 '마오쩌둥 사상'이 스탈린과 스탈린주의에 대한 하나의 대안을 의미한다는 것을 공개적으로 표명하고 있었다. 마오는 스탈린이 동구에서 숙청과 경찰 동원의 방법으로 반격할 것임을 예측할 수 없었다. 그러나 그는 불만에 찬 공산권 지도자들과 공산국가들을 자신의 깃발 아래 끌어들일 그런 말들을 하기를 원했다. 세심한 데까지 신경을 써야 하고 제대로 수행하기가 아주 까다로운 이런 미묘한 작전을 열광적이지만 변덕스러운 스트롱의 손에 맡겼으니 이 작전은 필요하면 완전히 부인될 수도 있었다.

스트롱은 모스크바에 관한 마오의 은밀한 언급들을 제대로 이해하지 못했다. 마오는 그녀에게 2년 후에 다시 중국으로 돌아오기를 기대하는데, 그때 러시아를 거쳐서 오는 것은 '불필요'하며 홍콩을 경유하여 오는 편이 더 낫다고 이야기했다. 이것은 스트롱의 이해력을 넘어서는 말이었다. 그녀는 자신이 곧 성공할 중국 혁명이라는 파도의 물마루 위에 타고 있는 것으로 느끼고 있었다. 그녀는 중국에 관한 이야깃거리를 담뿍 지닌 채 1948년 가을 모스크바로 돌아갔다. 그녀는 자기가 일단 스탈린을 만날 기회만 있으면 그를 설득해서 티토와의 분열에 대한 모든 터무니없는 언사를 중지시킬 것이라고 공언했다. 그녀는 소련인들이 중국 통과 사증 발급에 태만하여 애를 먹었지만 그 때문에 활동을 방해받지는 않았다.

그녀의 엉뚱하고 수다스러운 발언에 그녀의 옛날 모스크바 친구들은 매우 겁을 집어먹고 그녀와의 만남을 거절했다. 그녀의 가장 오랜 동료인 보로딘(Mikhail Borodin)은 스탈린과 레닌이 중국에 보내 쑨원 박사에게 조언을 하도록 한 인물인

데, 그는 그녀에게 입조심을 하라고 점잖게 설득하려고 했다. 그녀는 그의 충고를 듣지 않았다. 그 결과 1949년 1월 초 스트롱은 스탈린의 비밀경찰에 체포되어 루비양카(Luby-anka)에 강제 구금되었으며 미국 CIA 첩보원이라는 누명을 뒤집어 쓰게 되었다. 보로딘, 그리고 그가 1927년 스트롱과 중국에서 도피한 후에 그녀와 함께 창간했던 영문판《모스크바 뉴스》의 전체 직원도 체포되었다. 소련의 중국 전문가들도 대부분 체포되었으며, 그들 중 많은 수가 옥중에서 죽었다. 스트롱의 체포만 대외에 공개되었고 나머지 사람들의 투옥은 비밀에 부쳐졌다.[9]

마오의 독립에 대한 스탈린의 예민한 반응(그리고 두려움)이 이보다 더 극적으로 드러나기란 거의 불가능할 것이다. 마오는 그 메시지를 틀림없이 받았을 것이다. 그렇지만 스트롱은 루비양카에 있은 지 닷새 만에 석방되어 소련 국경을 거쳐 강제로 폴란드로 보내졌다가 당황해서 어찌할 바를 모른 채 미국으로 돌아왔다. 그녀는 마오에 관한 자신의 책을 연재해 오고 있던 뉴욕의 《데일리 워커 Daily Worker》지를 비롯하여 전세계 모든 공산당 기관지로부터 비난을 받았다. 그녀는 '스탈린의 졸개들'의 착오로 자신이 체포되었다고 확신하고 있었다. 스탈린이 죽은 지 2년이 지난 1955년 3월에 되어서야 마침내《프라우다》지는 스트롱을 CIA 첩보원으로 재판에 회부할 만한 근거들이 없었다는 내용의 짧막한 기록 문서를 기사화했다. 그리고 1956년이 지나서야 스트롱은, 필자에게 보낸 편지에서, 모스크바에 떨어져 있으라, 그리고 중국으로 돌아올 때 모스크바를 경유하는 것을 피하라는 은근한 주의를 마오한테서 받았다는 사실을 시인했다. 그녀는, 마오의 암시적 말 뉘앙스가 아주 미묘해서 그 의미를 제대로 이해하지 못했노라고 말했다. 그렇지만 이제야 자기가 잘 알지도 못하는 정치판에 쓸데없이 참견해 왔었다는 것을 알겠노라고 했다. 그녀는 마오와 그의 사상을 발표하는 데 모든 힘을 쏟았다. 모스크바의 발가 경제연구소에서조차 그 주제에 대해 연설했다. 그녀는 아주 들떠서 "동지들, 일찍이 난 마오와 일한 적이 있어요!"라고 회상했다.[10] 그 당시 마오의 러시아어 통역관 옌밍푸는 마오가 스트롱에게 은근한 훈계를 한 것은 소련인들이 스트롱을 체포할지도 모른다는 우려 때문이었다는 것을 믿어 의심치 않았다.

마오가 자세한 내막을 모조리 알 길은 없었다. 그러나 그는 위험신호를 감지할 정도로는 충분히 사정을 알고 있었다. 1948년 3월 초쯤에 그는 스탈린과 최종 담판을 짓기 위해 자신이 모스크바로 가지 않으면 안 될 긴박한 상황이라는 것을 확신하게 되었다. 마오는 시바이포로 가는 도중 자신의 위대한 지휘관 녜룽전의 청난쫭 사령부에 도착했을 때 더 이상 시기를 늦춰서는 안 된다는 결심을 했다. 그 당시 공산진영은 유달리 동요가 극심한 상태였다. 티토가 자주를 선언하고 지휘에 불복하자 스탈린은 거의 병적인 흥분 상태를 보였다. 그는 사방에 적이 있다고 생각했다. 그는 탱크로 티토를 공격할 계획을 세우고 있었다(그는 미국의 개입을 우려해서 결국 그 계획을 취소했다). 그의 비밀경찰들은 동구를 살육장으로 변화시키고, 구정권들을 뿌리째 제거해 버리고, 공산당 지도자들을 체포하고, 전시 효과를 노린 재판을 행하고, 공포 통치를 실행하고 있었다.

스탈린은 티토가 걸어온 길을 마오가 따를지도 모르며 심지어는 티토와 비밀 공모를 할지도 모른다고 생각하고 있었다. 스탈린은 마오가 권력을 잡을 경우, 시베리아와 극동 지역에 4천5백 마일에 걸친 적대국과의 국경선, 그리고 수억의 황인종들과 그들의 비타협적인 지도자 마오쩌둥이 자신과 대치하고 있을 미래의 모습을 상상하기 시작했다.

마오가 모스크바의 편집증을 얼마나 날카롭게 이해했었는가는 확인할 수 없다. 그러나 그는 더 이상 지체할 수 없다고 마음을 정했으며 바삐 준비작업에 들어갔다.

그는 각 군에 보낼 새로운 소책자 두 권을 썼으며, 모스크바를 방문하여 장래의 중소 관계에 대한 토대를 세우기 위한 방소 대표단을 조직하기 시작했다. 그리고 자신이 단장직을 맡았다.

그는 자신을 수행할 소집단을 뽑았다. 그리고 만저우리 부근의 중소국경까지

지프로 가자고 제안했다. 그곳에서 시베리아 횡단 철도를 타거나 또는 소련 군용기로 모스크바로 갈 작정이었다.[11]

마오는 자신의 이러한 계획들을 스탈린에게 알렸다. 그는 퉁명스럽게 퇴짜를 맞았다. 스탈린은 군사적 상황이 너무 위험하기 때문에(사실은 그렇지 않았다) 마오가 혁명을 방치할 시기가 아니라고 주장했다. 만약 협의할 필요가 있으면 자기 쪽에서 믿을 만한 정치국원들을 보내 마오와 회담을 갖게 하겠노라고 스탈린은 말했다.[12]

이런 일이 있은 후 1948년 말인가 49년 초, 스탈린은 마침내 아나스타스 미코얀을 중국에 급파했었다. 소련은 회담시기가 이렇게 지연된 이유를 스자좡, 시바이포, 청난좡 등에 설립된 마오의 군사기지들이 신변 안전 장치를 갖추지 못한 탓으로 돌렸다.[13] 그러나 사실, 1948년 5월 마오가 시바이포로 옮긴 후 이따금씩 국민당 군대의 폭격이 있기는 했지만, 그 지역은 거의 1년 동안이나 안전했었다. 따라서 마오쩌둥을 기분 상하게 하려고 고의적으로 그런 것이라는 혐의를 스탈린은 벗어날 수가 없다.

마오는 류사오치에게 스탈린이 이제 자기와는 이야기도 하지 않을 것 같다고 말했다. 마오는 미코얀이 도착하기 전에 장기간 회담이 중단된 사실 때문에 이런 인상을 짙게 받았다. 마오는 소련이 적대감을 갖고 있음을 알아챘다. 그래서 모스크바가 자신의 양쯔강 도강 계획을 지속적으로 반대해 왔고 국민당과 어떤 타협을 하라고 끈질기게 제안했으며(장제스와 마찬가지로)[14] 마오도 중국의 영향권 안에 있는 것으로 간주했던 외몽고의 지위 문제를 소련이 논의하기를 거부했었던 것이다.[15]

안나 루이스 스트롱 사건은 미코얀의 중국 방문 시기와 일치했다. 그러나 그 사건에 대해 미코얀이 마오에게 어떤 이야기를 했는지 또는 마오가 알고 있는 내용이 무엇인지는 불분명하다. 사적이든 공적이든 중국이 스트롱을 지지했음을 드러내 주는 징후는 전혀 없었다. 중국이 보로딘을 위해 어떤 제스처를 취했다는 소문들이 오랫동안 나돌기는 했지만 보로딘에 대한 마오의 반감, 그리고 보로딘의 전략과 충고에 대해 마오가 동의하지 않은 점을 비추어 볼 때 그 소문들을 사실이라고 보기는 어려울 것 같다.

　마오는 세계의 언론 매체가 중국 공산당의 성공들, 예컨대 만저우리를 정복하고, 홍군 병력이 중국 북부 전역을 휩쓸고, 베이징과 톈진을 함락하고, 양쯔강 도강 작전에 엄청난 병력을 배치한 사실 등에 대해 어떤 반응을 보이고 있는가를 잘 알고 있었다. 이 사건들은 유럽, 아시아, 그리고 북아메리카에 전율을 불러일으켰으며 세계의 힘의 균형의 변화에 관한 기사와 평론들이 쏟아지게 했다. 모스크바만 빼놓고는 전세계의 모든 이목이 중국에 집중되어 있었다. 또는 그렇게 보였다. 이처럼 어마어마한 사태 진전에 대해 소련의 반응은 전혀 없었다. 게다가《프라우다》지의 후면에 단편적인 보도와《이츠베스티아》지 안에 단지 몇 줄의 기사만 실렸을 뿐 신문들 중 어느 쪽에도 중국 관련 사설이나 분석 기사가 전혀 실리지 않았다.

　소련의 눈으로 보면 아무 일도 일어나지 않고 있었거나, 그렇지 않으면 적어도 주목할 만한 사건은 일어나지 않고 있었다. '중국'이라는 단어가 거의 등장하지 않았다. 중국 관련 강연과 학위논문도 없었으며, 대학에서 중국 연구가 사라져 버렸다. 도서관의 중국부에는 서가에 책이 텅 비어 있었다. 마르크스가 1848년《공산당 선언》을 발표한 이래로 가장 중대한 혁명적 사건들 중의 하나가 일어나고 있다는 것을 모스크바에 사는 사람은 아무도 알 길이 없었다. 중국 혁명의 진전 상황을 아는 사람들은 당연히 모스크바와 베이징 사이에 뭔가 잘못된 일이 있다는 것을 아주 명백히 알 수 있었다.[16]

　모스크바로부터 파문당했다고 믿은 마오는 제2차적인 탐색 작업에 착수했다. 그 당시 마오의 오른팔이었던 류사오치는 러시아에 유학하여 일하고 공부했었기 때문에 러시아어를 알고 있었으며 러시아인들과도 잘 지냈다. 마오는 류를 택하여 도움을 청하면서 1949년 7월 모스크바로 보냈다. 류는 한 달 넘게 그곳에 체류하면서 몇 차례 스탈린과 만나 예비 협상을 했다.

스탈린은 류사오치에게 중국의 혁명 정세를 오판한 데 대해 최초로 사과의 뜻을 표했다. 또 무력으로 정권을 장악하려는 시도에 대해 경고하려고 1946년 중국인들을 크레믈린에 초대했었노라고 고백했다. 그는 "우리의 생각이 부정확한 것이었다"고 하면서 "당신들의 생각이 옳았다"고 말했다.[17] 스탈린 같은 사람에게 있어서 이러한 고백은 상당히 하기 힘든 정중하고 주목할 만한 제스처였다. 이것은 소련 정책의 방향전환을 의미하는 것 같았다. 적어도 신중국이라는 기정 사실에 직면한 스탈린이 과거의 깊은 적대감을 버리고 앞으로는 사이좋게 일해 나갈 것임을 강력히 시사하는 제스처였다.

나중에, 스탈린이 한 말의 중요성에 대해 회의하는 사람들이 있었다. 류사오치는 모스크바에 혼자 간 것이 아니었다. 마오가 최근 '동북경제특구(東北經濟特區)' 책임자로 새로 임명한 가오강이 이끄는 대규모 특별 사절단이 류를 수행했던 것이다. 모스크바가 아직도 장제스와 공식적으로 우호적인 관계를 유지하고 있다는 '특수 조건' 때문에 만약 마오 정부와 직접 대담을 하게 되면 소련은 외교상의 의전을 위반하게 될 형편이었다. 가오강의 동북경제특구 협상 합작은 중소 협상을 시작할 수 있는 좋은 구실거리가 되었다.

그러나 1955년, 스탈린의 사망 후, 그리고 비밀경찰 두목 베리아(Lavrenty Beria)의 처형 후, 중국은 돌연 가오강이 소련과 내통하여 중국 동북지역에 자신의 '독립 왕국'을 세우려는 음모를 꾸몄던 반역자였다고 선포했다. 가오강은 체포되었으며 반역죄 혐의로 고발당했다. 그는 이보다 한층 더 가증스러운 악질적 행위를 저지름으로써 죄상을 가중시켰다. 즉 그는 공개 재판에 회부되어 수많은 사람들에게 자신의 악질적인 범행이 폭로되기 전에 형 집행인을 속이고 스스로 목숨을 끊어버렸던 것이다.

그 이후 가오강의 이름은 사람들의 입에 전혀 오르내리지 않았다. 베이징에서는 가오강의 공모자인 스탈린 이야기도, 가오강의 수차례에 걸친 모스크바 여행 이야기도, 스탈린과 맺은 거래 관계와 계약 이야기도 전혀 들을 수가 없었다.

소련 쪽 사정은 이와 달랐다. 1959년에서 60년 이후 모스크바와 베이징 사이에 매일 논쟁이 오갈 때 가오강은 모스크바에서 중국의 진정한 정치가로 찬양되었다. 그의 생애의 업적에 관한 찬사와 칭송의 글들이 발표되었다. 마오는, 소련의 진정한 친구이자 이 용감한 중국인의 목숨을 앗아간 범죄자로 비난받았다.[18]

마오가 소련과의 관계를 매우 걱정하던 1949년 여름에 스탈린과 베리아가 동구에만 꼭두각시들을 심고 있었던 것이 아니라는 증거를 일부러 조사했던 사람이라면 누구나 중국 전역에서 전략적으로 가장 중요한 요새인 동북구에도 스탈린과 베리아가 비밀리에 자기 사람을 심어서 그들이 명령만 내리면 배후에서 마오를 해칠 준비를 했다는 것은 명백한 사실이라고 생각했다. 실로 편집증적인 작태였다!

공산권의 두 최고 권력자들이《삼국지》의 제후들만큼이니 징도를 벗어나고 지독한 인물들이었다는 것은 적나라한 사실이었다. 배신을 일삼는 스탈린의 병적인 행위는 아돌프 히틀러와의 악명 높은 비밀협정에 의해 이미 폭로되었다. 이 협정은 히틀러가 제2차 세계대전을 일으키는 발판이 되었다. 스탈린은 히틀러를 감쪽같이 속여 세계를 정복하려는 야심을 품었고, 히틀러 역시 스탈린을 속여 바야흐로 스탈린과 그의 제국을 일거에 쓸어 버릴 단계까지 갔었다. 이제 스탈린은 다시 한번 주사위를 굴려 도박할 준비를 하고 있었는데, 이번에는 그 상대가 사이비 마르크스주의자 마오쩌둥이 된 셈이었다. 마오는 자신의 놀이 마당이 미끄러워 불안정하다는 것을 알았다. 그러나 그는 다른 대안이 전혀 없다고 느꼈다. 스탈린이 얼마나 교활하고 조심스럽게 자기를 빠뜨릴 함정을 준비하고 있었는가를 마오는 아마도 몰랐던 것 같다.

11. 스탈린의 생일 파티

1949년은 소련 정부로 볼 때 좋지 못한 해였다. 스탈린은 편집병적인 과대망상 증세를 보였으며, 이전의 그 어느 때보다도 더 공산주의 세계에 대해 신경이 날카로웠다. 마오에 대한 그의 두려움과 의심은 컸다. 유럽의 모든 공산주의 정권들은 이제 새로운 지도자를 맞게 되었는데, 유고슬라비아와 알바니아, 그리고 동독을 제외하고는 모두 스탈린이나 그의 비밀경찰의 뜻에 따라 직접 고른 인물들이었다. 스탈린은 티토를 제명했었다. "내가 만약 나의 작은 손가락만 움직거려도 티토는 쓰러질 것이다"고 그는 선언했다. 그러나 티토는 쓰러지지 않았다. 스탈린은 알바니아 때문에 더욱 화가 치밀었다. 자신의 첩자들을 시켜 알바니아 해군을 뇌물로 매수하도록 함으로써 알바니아 지도부 사람들을 전복시키려 했던 그의 시도가 실패했다. 그리고 그가 자신의 절친한 친구들에게 경고했듯이, 마오는 또 다른 티토일 수도 있었다.

제2차 세계대전중에 스탈린은 처칠과 루즈벨트의 호감을 사기 위해 국제적인 혁명조직 코민테른을 폐지했었다. 이제 스탈린은 코민포름이라는 다른 이름으로 그 조직을 부활시켰다. 그러나 그것은 많은 도움이 되지는 않았다. 그는 옛날 코민테른의 거의 대부분의 활동원들을 사살했으며, 새로 구성된 대원들은 형편없는 패거리였다. 스탈린이 공포 통치를 시작했음에도 불구하고, 이것이 그에게 안전한 느낌을 갖도록 하지는 못했다.

중국의 마오, 스탈린은 이 아시아인을 제거하는 데는 상당한 시간이 걸릴 거라고 생각하고 있었다. 스탈린은 마오가 공산주의자가 아니며, 진짜 빨갱이가 아니라 '마가린' 공산주의자에 불과하다고 생각하고 싶어 했다. 스탈린이 장제스에게 제공한 모든 원조에도 불구하고, 마오는 바야흐로 중국에서 전권을 쥐려는 찰나였다. 이것은 크레믈린을 기쁘게 하는 전망이 결코 아니었다.

1949년 10월 1일 이후에 미국 국무성과 유럽의 외무성들에서는 새로운 지도들이 올라갔다. 그 지도들은 동쪽의 엘베강에서 베링해협의 끝까지 한결같이 붉은 색으로 물든 모습을 보여 주었다. 인상적이었다. 모두 공산주의자들이었다. 큰 붉은 별 하나는 모스크바를 나타냈다. 일찍이 빅토리아 왕조 때도, 나폴레옹이나 알렉산더 대왕, 또는 칭기즈칸이 통치하던 때에도 이런 일은 유례없는 일이었다. 혁명적이고 빈틈없이 무장한 7억 5천만의 사람들이 '자유 세계'를 붙들어 연행하라는 말을 기다리고 있었다.

거대한 크레믈린 궁에 있는 스탈린의 수도원처럼 금욕적인 사무실 벽에는 그런 지도들이 걸려 있지 않았다. 단지 마르크스와 레닌, 그리고 러시아 제정시대의 군사 영웅들인 수보로프(Aleksandr Suvorov)와 쿠투조프(Mikhail Kutuzov)의 오래된 초상화들만 걸려 있었다. 마오의 국향서옥에도 그런 지도들은 걸려 있지 않았다. 만약 스탈린과 마오의 집무실에 지도들이 걸려 있었다면 아주 뚜렷하게 중국과 러시아의 국경선들이 나타나는 그런 지도들이었을 것이다. 마오의 집무실에는 18세기와 19세기에 러시아에 빼앗긴 중국 영토가 나타나 있는 지도들이 걸려 있었을 것이다. 잃어버린 영토 문제는 중국의 회담 의제에서 결코 뺄 수 없는 중대한 문제였다. 이러한 과제는 1990년에도 여전히 해결되지 않은 상태로 남아 있다.

아주 추운 1949년 12월 6일 정오가 조금 지난 시각, 여우털 모자를 쓰고 밍크

털 안감을 댄 외투, '마오 웃옷'과 바지를 입고 커다란 몸집을 순모 내의 속에 감춘 채 마오쩌둥은 검정색 기관차에 소방차처럼 빨간 바퀴가 달려 있고 겉은 방금 칠한 녹색과 황금색 페인트로 반짝거리는 아주 깨끗한 기차에 올라타고 긴 모스크바 여행길에 올랐다.

중난하이로 통하는 지하 측선은 완성되지 않은 상태였다. 중앙 철도역에서 경호대가 기차에 올라탔으며, 플랫폼은 보안 장교단에 의해 밀폐되었다. 보안장치가 심했다. 마오는 이전에 한번도 국외로 나간 적이 없었으며, 리커농과 안전경호원들은 요행수를 바랄 수가 없었다. 그것은 보통 열차가 아니었다. 그것은 장제스가 난징과 상하이를 오갈 때 사용했던 특수 무장 열차였다.

소련 대사 로시친 장군, 그리고 통역관의 역할을 맡은 중국문학 전문가인 젊은 소련인 니콜라이 페도렌코(Nikolai Fedorenko)가 마오를 수행했다.[1)]

페도렌코는 자기들이 베이징을 떠난 날은 해가 밝게 비치는 겨울날이었다고 회고했다. 서북쪽에서 자주 휘몰아치곤 하던 고비 사막의 누런 먼지도 말끔히 가셔 있었다. 마오는 최초의 외국 여행에 대한 기대에 부풀어 기분이 좋아 있었다. 마오가 탄 열차는 얼마간 만리장성을 따라 나란히 달렸다. 마오는 바깥 풍경을 보느라 객실의 창문 곁을 거의 떠나지 못하고 있었다.

열차에는 난방이 안 들어오는 결점이 있었다. 난징과 상하이 구간이 너무 더웠던 데다가 강철판을 깔아 열차가 너무 무거웠기 때문에 난방 파이프를 전혀 설치해 두지 않았었다. 열차가 톈진에 닿기 전에 마오의 유리 물병에 들어 있던 물은 이미 단단한 얼음이 되어 있었다. 마오의 보좌관들이 포터블 석유난로를 들고 이리저리 허둥지둥 뛰어다녔지만 거의 소용이 없었다. 마오는 격노했다. 그는 중국을 떠난다는 사실에 벌써부터 걱정하고 있었는데 이제 그 정도가 훨씬 더 심해져 있었다.

열차는 다음 날 아침(1949년 전에는 묵덴이라고 불렸던) 선양(瀋陽)에 도착했다. 마오는 그날은 관광을 하며 시간을 보낼 계획을 세웠다. 일단은 적어도 몸을 좀 녹일 생각이었다. 그런데 선양이 온통 스탈린의 대형 초상화로 장식되어 있는데 자기 초상화는 하나도 걸려 있지 않다는 것을 발견하자 이전보다 화가 더 치밀어 올랐다. 그는 얼음처럼 차디찬 열차에 다시 올라탔다. 열차는 만저우리에 있는 중소 국경 지역을 향해 북쪽으로 달렸다. 그곳에서 마오는 난방이 잘 된 시베리아 횡단 열차로 갈아타고 모스크바로 향했다. 리커농은 냉방열차를 타고 다시 베이징으로 돌아갔다.[2]

설원 풍경이 끝없이 펼쳐지는 시베리아를 횡단하는 데는 무려 일주일이 걸렸다. 그 긴 시간 동안 마오는 타이가 지역(침엽수림 지대)의 광활함과 추위에 깊은 인상을 받았었다고 페도렌코는 회상했다. 세계에서 가장 큰 담수호인 바이칼 호가 막 얼고 있는 중이었다. 수증기가 부글부글 끓는 듯했으며 안개 구름이 뿜어져 나와 주변 몇 마일이 하얀 서리로 뒤덮여 있었다.

페도렌코는 마오의 차 안에 들어가 중국 고전문학에 대해 토론을 벌였다. 중국 문학을 전공한 그 젊은 학자는 마오의 심오한 지식에 감명을 빚었으며 시학과 서예에 대한 마오의 해박한 지식에 존경심을 갖게 되었다.[3]

마오의 수행단에는 협상 대표를 맡을 만한 전문가가 없었다. 그렇게 된 데에는 이유가 있었다. 마오는 마침내 소련을 방문하기로 되어 있었다. 그러나 대외적으로 공표된 방소 목적은 1949년 12월 21일 스탈린의 70회 생일 파티에 참석한다는 것이었다. 공무 때문이 아니라 생일 축하 때문에 소련을 방문한다는 점을 강조하기 위해 마오는 저우언라이 총리를 비롯한 소련통들을 국내에 남겨 두고 왔던 것이다. 그는 자신의 방소 목적이 정확히 무엇인가를 분명하게 해 두고 싶어했다.

스탈린의 70회 생일 참석과 관련해서 마오는 한 가지 어려운 문제에 봉착했다. 마오는 많은 사람들이 중국의 소련 방문단을 종주국에 공물을 갖다 바치는 사절단으로 해석한다는 것을 알고 있었다. 그는 세세한 부분까지 신중하게 고려했다. 그가 공부해 온 《자치통감》에 과거의 통치자들이 행한 것으로 기술되고 있는 바처럼 소위 '왕공대신(王公大臣)'들을 수행원으로 끌고 소련을 방문하는 것은 아니

11. 스탈린의 생일 파티   **147**

었다.

사실, 마오를 수행한 중국 대표단에서 진짜 전문가는 통역사 스저(師哲) 한 사람밖에 없었다. 마오의 통역을 거의 도맡다시피 해 온 스저는 아주 특이한 인물이었다. 그는 1920년대 말인 그 당시 소련과 아주 친하게 지냈던 '기독 장군(基督將軍)' 펑위샹의 주선 아래 소련으로 유학을 떠났다. 펑 장군은 덩샤오핑도 인연이 있는 인물이다. 덩은 1927년 모스크바에서 돌아오던 길에 시안에서 잠깐 동안 펑 장군을 위해 일한 적이 있었다. 스저는 소련에 몇 년 동안 체류하다가 옌안 시절 말기에야 중국으로 돌아왔다. 그는 소련에 대해 모르는 것이 별로 없는 소련통이었다.4) 마오의 비서 천보다(陳伯達)도 수행단의 일원이었다. 방소단 중에서 이 두 사람을 제외하고는 중요한 자문역이 없었다.

가장 중요한 것은 마오가 스탈린에게 무엇을 선물할 것인가 하는 문제였다. 마오는 중국인들이 공물로 생각할 수도 있는 그런 대단한 가치가 있는 선물은 가져가고 싶어하지 않았다. 그는 스탈린에게 간소하고 부담 없는 선물을 하고 싶어했다.

양상쿤의 견실한 판단력을 신뢰했으므로 마오는 적절한 선물을 마련하는 일을 그에게 맡겼다. 어떤 선물이 좋을까 하는 문제를 논의하는데 장칭이 끼어들었다. 산둥성 토박이인 장칭이 마오에게 산둥산 채소를 엄선해서 스탈린에게 선물하는 것이 좋겠다는 안을 내놓았다. 그녀는 산둥산 채소는 세계 최고이며, 특히 대총(大蔥)이라고 부르는 초록빛 양파는 즙이 많고 향기가 매우 은은해서 그 기막힌 맛을 보면 적의 분노조차 눈녹이듯 사라지게 할 수 있다고 주장했다. 이밖에도 순무와 배추, 양념용 마늘, 샐러드용 무 등을 정선하여 수레 한 대 분량의 채소를 보내자고 했다. 일부 사람들은 이 말에 눈살을 찌푸리면서, 장칭이 소련에 장기간 체류하는 동안 불행하게 지냈기 때문에 스탈린에게 앙심을 품고 채소를 선물로 보내자고 하는 것은 아닌가 하는 의심을 품었다. 그러나 마오는 그녀의 주장을 받아들였음은 물론, 거기에 덧붙여 굉장히 시큼한 맛이 나는 중국 특산품 금귤 몇 상자도 보내도록 했다. 마오가 이처럼 야채 선물을 승인한 것은 그렇게 함으로써 누구도 공물을 바친다는 공격은 할 수 없을 것이라는 생각에서였을 것이다.[5]

양 장군이 고른 선물들은 이보다 더 전통적인 예절을 갖춘 것으로 일부 사람들은 그가 고른 것이 더 적당하다고 생각했다. 그 품목에는 차와 자기, 그리고 마오가 손수 쓴 '남산만큼 만수를 누리시길 바랍니다(壽比南山)'라는 제자(題字)와 함께 실물 크기로 스탈린의 초상을 수놓은 후난성의 자수품이 포함되어 있었다.[6]

마오가 보낸 선물들이 바랐던 만큼의 효과를 거두었다던가, 또는 어느 정도의 효과나마 거두었는지에 대한 증거는 없다. 스탈린의 비밀경찰들은 스탈린을 독살하려는 시도에 대비해 아주 세심한 데까지 신경을 써서 주인을 지켰기 때문에 마오가 보낸 그 기이한 양파들과 금귤들은 아마도 크레믈린 궁에서 그 날의 야채 쓰레기들과 함께 버려졌을 것이다.[7] 1949년 12월부터 1951년 3월 사이에 《프라우다》지는 스탈린에게 보내 온 매일매일의 선물 목록을 발간했는데, 도합 수천 가지에 달했다. 그 선물들은 러시아 푸슈킨 박물관에 진시되있나(설삭늘은 지하실에다 보관했다). 마침내 목록 작성이 끝난 선물은 포장해 창고로 보내 그곳에 보관했다(아마 지금도 여전히 그대로 안치되어 있을 것이다). 그러나 마오가 보낸 배추와 양파에 대한 언급은 전혀 없었다.

베이징에서 출발한 여행은 열흘이 걸렸다. 마오는 스베르들로프스크에서 독감에 걸렸다. 아마도 영하의 기온에도 불구하고 시베리아를 횡단하는 동안 기차가 역에 정차할 때마다 줄곧 기차에서 펄쩍 뛰어내려 플랫폼에서 두 다리를 뻗곤 했기 때문이었을 것이다. 페도렌코는 마오가 독감 때문에 거의 인사불성이 되어 의사를 부르지 않을 수가 없었다고 회고했다.

마오가 탄 기차는 모스크바에 12월 16일 정시에 도착했다. 크레믈린의 스파스키 종탑에서 정오를 알리는 종소리가 울리고 있던 바로 그때 야로슬라프 역에 들어왔다. 아직도 마오의 상태가 좋지 않았기 때문에 환영식은 단축되었으며, 그 근

처 시골에 있는 스탈린의 외빈 접대용 별장으로 급히 이동했다.[8]

스탈린은 그 날 오후 6시 크레믈린에서 마오를 영접했다. 만남은 순조롭게 이루어지지 않았다. 마오는 3분 일찍 도착했고, 크레믈린 위병들은 정각 6시가 될 때까지 문을 열어 주지 않았다. 정시가 되어 문을 열자 스탈린과 소련 정치국 위원 전원이 기다리고 있는 모습이 드러났다. 스탈린은 마오에게 온갖 찬사를 늘어놓더니 모스크바에서 무슨 일을 하기를 희망하는지에 대해 물었다. 마오는 '눈에도 즐겁고 구미에도 맞는(賞心悅目) 일을 이루고 싶다'고 말했다. 스저는 소련인들이 이 말의 뜻을 알아들을 수 없다는 것을 알고 있었다. 그는 마오가 모양도 좋으면서 실질적인 내용과 향취도 있는 멋진 어떤 일을 이루기를 원한다는 말의 의미를 설명하려고 애썼다. 소련인들은 고개를 내저었다. 비밀경찰 두목 베리아가 불손한 거친 말을 불쑥 내뱉었다. 스저는 그 말은 통역하지 않는 편이 낫겠다고 생각했다.

마오는 저우언라이를 조금 뒤에 모스크바로 불러들이고 싶다고 말했다. 스탈린이 무엇 때문에 그런가를 물었다. 마오는 대답하지 않았다. 나중에 스탈린은 몇 차례나 마오에게 전화를 걸어 왜 저우언라이를 오게 하려는가를 물었다. 마오는 기다려 보면 알 것이라고만 말했다.[9]

스탈린이 마오에게 "당신은 중국의 좋은 아들이오. 우리는 당신이 영원히 건강하기를 축원합니다"라고 말하고 난 직후 대답하기 좋은 특별한 기회가 한 번 있었다. 마오는 "난 오랫동안 공격받고 축출당해 왔소. 난 더 이상 갈 데가 없는 막다른 궁지에 몰렸었소"라고 서두를 꺼내면서 대답하기 시작했다. 이 말은 아마도 스탈린의 부하들이 자신을 당에서 내쫓고 자신이 지도자가 되는 것을 반대했던 시절을 떠올리면서 했을 것이다.

스탈린이 재빨리 마오의 말을 자르며 "승리자는 비난을 허용하지 않지요. 승리가 전부요. 승리자는 어떤 비난도 받아들이지 않으며, 그것이 일반 관행이지요"라고 말했다.

마오는 더 이상 아무 말도 하지 않았다. 스탈린도 마찬가지였다.[10] 페도렌코의 회고담에 의하면, 둘 중 어느 쪽도 과거의 많은 차이점들을 언급하지 않았으며 스탈린은 아주 신중하고 조심스러운 태도를 보였다고 했다.[11]

12월 21일 마오는 볼쇼이 극장에서 열린 공식적인 생일 축하식에 참석했다. 그곳에서 중소 우호를 기념하는 특별한 표시로서 중국 혁명에 바치는 소년 발레 '붉은 양귀비'공연이 있었다. 그 발레의 시대적 배경은 1920년대였으나 이 행사를 위해 다시 각색되었다. 소련 발레단은 중국 공산주의자들이 혁명과 동의어로 생각하는 춤인 앙가무를 소련식 발레로 고쳐 추었다.

스저는 황금빛과 심홍빛으로 칠한 거대한 오페라 하우스의 중앙 발코니에 있는 국빈석에 스탈린과 마오 사이에 자리잡고 앉아 있었다고 회상했다. 그 자리는 옛날 '바로 러시아 짜르들이 앉았던 곳'이었다. 국빈석에는 그 자리에 누가 앉아 있는가를 객석에서 볼 수 없도록 커튼이 쳐져 있었다. 풍채가 좋은 스탈린은 황금 끈과 금빛 견장이 달린 대원수 제복을 입고 미소를 지은 채 앉아 있었다. 마오는 비둘기색의 최고품 나사복을 입고 있었다.

발레 팬이 아닌 마오와 스탈린은 축사가 끝난 후 자리를 떴다. 스저와 천보다, 그리고 다른 사람들은 그대로 남아 있었다. 그러나 막이 내리기 전에 천보다 일행은 주제와 작품 해석에 마음이 상해 나와 버렸다. 1927년 상하이를 무대로 한 그 발레는 중국 혁명에서 가장 비극적인 사건들 중의 하나, 즉 장제스 밑에 있는 깡패들이 수천 명의 상하이 노동자들과 공산당원들을 큰 신월도(新月刀)로 목을 베는 등 잔인하게 학살한 사건을 다루고 있었다. 그 발레의 내용은 중국의 공산주의 동지들을 돕기 위해 배에서 뛰쳐나가는 소련 선원들의 영웅적 행위를 찬양한 허구적인 것이었다. 소련 선원들이 그 발레의 스타들이었다.

중국인들로 볼 때 더 나쁜 것은 발레의 제목이었다. 중국인들에게 '붉은 양귀비'는 그들 민족의 저주스런 수치인 아편을 의미했다. 양귀비를 혁명의 상징으로 묘사한 것은 마치 창녀가 미사를 주관하도록 한 것이나 마찬가지였다. 소련인들의 의도가 무엇이었든 간에 중국인들로서는—특히 그 이야기를 전해 들은 마오로서는—그것이 고의적인 모욕처럼 생각되었다.

스탈린이 고의적으로 이것을 의도한 것인지, 아니면 소련인들이 단순히 무지했거나 무감각했던 것인지는 알 길이 없다. 아무튼 중국인들은 이 문제와 관련하여 자신들의 분노심을 감추지 않았다. 소련 쪽에서 놀라움과 유감의 뜻을 표명했다. 잠시 동안 발레는 레퍼토리에서 빠졌다.[12)]

국빈 방문의 서막은 그다지 좋지 않았다.

많은 중국인들은 마오의 모스크바 체류 기간을 특징짓는 것은 커다란 긴장감이었다고 기술했다. 마오의 오랜 동료 중의 하나는 모스크바 방문을 '몹시 불쾌한' 방문이었다고 회상했다. 스저는 이와는 다른 시각을 취했으며, 문제는 권태였다고 말했다. 스탈린은 일정을 제공하지 못했다. 그가 한 일이라고는 주로 자신의 영광에 바쳐진 몇몇 낡은 전기 영화를 마오로 하여금 보도록 한 것이 고작이었다. 회담이 전혀 없었다. 중국의 방소단은 삼엄하게 경비를 하고 있는 별장에 틀어박혀 지내야했다. 유일한 오락 기구가 당구대였다.

1988년 스저는 그 당시를 회상하며 "할 일이 별로 없었다. 따분한 노릇이었다. 우리는 적들과 아무런 접촉도 하지 못했다"고 말했다.

그것은 수수께끼였다. 외국 신문 기자들도, 모스크바의 외교관들도 그 점을 이해할 수가 없었다. 마오가 모습을 감추고 공개석상에 나타나지 않은 것이다. 모스크바는 국빈이 방문했을 때 어떻게 예의를 갖추어야 하는가에 대한 엄격한 의전 절차가 있었지만 그것이 지켜지지 않고 있었다. 《프라우다》지나 《이즈베스치아》지에도 마오에 관한 기사가 한 줄도 실리지 않았다. 한 미국인 기자가 뭔가를 좀 알아내기 위해 위험을 무릅쓰고 모스크바 주재 중국 대사관으로 갔다. 그들은 그가 미국인이라는 사실이 들통나기 전까지 정중하게 영접했다. 그런 다음 여전히 정중하게 그를 대사관 밖까지 바래다 주었다.

마침내 런던의 한 신문에 스탈린이 마오를 가택 연금시켰다는 기사가 실리는 사태가 발생했다. 그러자 반응이 나타났다. 스탈린은 《프라우다》지 기자에게 마오와 인터뷰하라고 지시를 내렸다. 마오는 기분이 언짢아 있었다. "내가 하는 일은 고작 자는 것뿐이오."13) 또 "난 먹고 싸는 일 말고는 다른 할 일이 없소."14) 그러면서 마오는, 만약 그들이 자신을 계속 이런 식으로 대한다면 짐을 싸서 다음 날 아침 베이징으로 돌아가겠다고 말했다. 나중에 흐루시초프가 보고한 바에 따르면, 이 시점에서 마오는 너무 넌더리가 나서 소련을 떠나,—만약 워싱턴과 마오의 관계가 아주 나쁘지만 않았다면,—미국과 조약에 서명했을 것이라 했다. 흐루시초프는, 스탈린은 그때 마오를 제2급 식민지 총독처럼 취급했다고 말했다.15)

마오의 말이 실행력을 발휘했음인지 스탈린은 이제 충분히 마오를 기분 나쁘게 했다고 생각하고는 마음을 정했다. 그는 마오가 소련을 관광하고 나서 두 사람이 우호 조약에 서명할 것이라는 내용을 담은 공동남화분을 발표하자고 제안했다. 마오는 이전의 암시들로부터 스탈린이 우호 조약에 자신이 서명해 주기를 간절히 바라고 있음을 알았다. 마오는 저우언라이에게 모스크바로 오라는 내용의 전보를 쳤다. 그런 다음 마오는 레닌그라드(상트페테르부르크) 여행을 떠났다.

마오는 레닌그라드에서 닷새를 보냈다. 이 기간 동안 마오는 국빈 대접을 제대로 받지 못했다. 마오는 이전에 귀족 여자 학교로 레닌이 1917년에 본부로 삼았던 스몰니 연구소에 투숙했다. 사실 국빈이 이곳에 묵은 경우란 드문 일이었지만, 마오가 이것을 기분 나쁘게 생각했던 것 같지는 않다.

그가 맨 처음으로 간 곳은 크론슈타트였다. 그곳은 핀란드만에 있는 섬으로 거대한 규모의 해군 기지로서 외국 손님들에게는 잘 보여 주지 않는 곳이었다. 이곳은 1921년 소련의 선원들이 혁명에 반대해 봉기했던 곳이다. 그들은 빙판 위에서 목숨을 걸고 싸웠으나 레닌의 명령을 받은 볼셰비키 군대에 의해 대량으로 학살을 당했다. 마오가 이러한 역사적 사실을 알고 있었는지는 분명하지 않다. 그렇지만 그가 빙판 위를 걸어 나오면서 어린 소년처럼 흥분했었다는 것은 분명하다.

마오는 일행에게 "나는 발트해와 대서양에 와 있다. 다음에 소련을 방문하면 블라디보스토크에 가겠노라(그는 실제로는 결코 블라디보스토크에 가지 못했다). 그리고 태평양, 그 다음으로 흑해에 갈 작정이며, 결국은 북극해에 가겠노라. 나는 소련을 알게 될 것이다!"라고 이야기했다.[16]

마오는 이때 처음으로 빙판 위를 걸었다. 그리고 빙판 위를 걷는 것은 그때가 마지막이기도 했다.[17]

마오는 그 밖의 것에는 아무런 관심도 보이지 않았다. 그는 겨울궁전과 에르미타쥬(Hermitage) 박물관도 참관했지만 렘브란트, 반 다이크, 미켈란젤로, 레오나르도 다빈치 등의 위대한 소장품들 곁을 그냥 무관심하게 지나쳤다. 그는 기운차게 걸었다. 옆을 흘낏 쳐다보는 일조차 없었으며 질문도 없었고 한마디 언급도 없었다. 그는 나치의 파괴를 받아 여전히 폐허 상태로 있던 표트르 대제의 고궁, 그리고 카테리나 여왕의 고궁, 카메론 화랑도 참관했다. 그렇지만 전혀 흥미를 보이지 않았다. 어느 날 아침 그는 레닌그라드 교외에 있는 전적지를 참관했다. 지하에 설치된 나치의 거대한 포상(砲床), 대포, 터널 등이 그 자리에 그대로 남아 있었다. 소련 장교 한 사람이 설명을 시작했다. 그러자 마오는 가볍게 손짓을 하며 설명할 필요가 없다며 거절 의사를 표시했다. 마오는 "아, 다 알고 있어요. 우리 자신이 전쟁통에서 살아왔는데 뭘"하고 말했다. 그러나 9백 일 동안 레닌그라드를 포위 공격하는 동안 350만 인구 중에서 150만이 사망한 그런 예는 없었다는 이야기를 그 장교가 마오에게 했었을지도 모른다. 세계 역사상 그런 예는 없었다. 수행 장교들이 마오에게 레닌그라드 포위 공격에 대해 이야기를 했다거나, 또는 마오가 공동묘지들의 정문에 산처럼 쌓여 있는 얼어붙은 시체들, 용기, 자기희생, 아사(餓死), 얼어붙는 혹한 등에 대해 물어보았다든가 하는 데 대한 증거는 하나도 없다. 또한 소련인들 역시 마오에게 스탈린이 옛날 레닌그라드를 방어했던 당 간부들의 대부분의 목숨을 앗아간 대숙청을 단행했다는 이야기는 하지 않았다.[18]

마오의 무관심이 짐짓 가장한 것인지 아니면 사실이었는지, 스탈린의 무례함에 대한 반발에서 비롯된 것이었는지 아니면 아무것도 몰라서 그랬는지에 대해서는 아무도 말할 수 없었을 것이다. 마오는 자신에게 할당된 닷새를 레닌그라드에서 보내고 나서, 프랑스의 와공리 회사가 마호가니와 놋쇠로 제작한 고풍스럽고 멋진 레드 애로(Red Arrow) 열차를 타고 모스크바로 돌아왔다. 그리고 저우언라이에게 전화했다. 저우언라이는 모스크바로 오는 길목에 위치한 노보시비르스크에 도착해 있었다. 전화감이 좋지 않아서 그들은 서로 상대방의 말을 알아들을 수가 없었다. 마오는 저우언라이가 스베르들로프스크에 도착했을 때 다시 한번 통화를 시도했다. 이번에는 통화가 가능했다. 마오는 소련과 조약을 맺을 때 자신이 원하는 사항이 무엇인가를 무려 한 시간 반 동안 저우언라이에게 이야기했다. 이로써 저우언라이는 소련과 조약을 맺는 작업에 착수할 수 있었다.[19]

하루쯤 지나 저우언라이는 모스크바에 도착했다. 그리고 마오가 묵고 있는 별장에 투숙했다. 마오는 아래층에, 그리고 저우언라이는 이층에 투숙했다.[20] 소련 대표단은 그들의 초안작업을 해 오고 있었다. 그리고 저우언라이로 하여금 한 자 한 자 자구 검토를 하도록 했다. 결국 두 개의 초안이 하나로 합해졌다.[21]

중소 조약은 방위 협정, 우호 협정, 그리고 상호 원조 협정 등 세 개의 주요 문안으로 이루어져 있었다. 그 조약은 명시적으로 일본을 겨냥한 것이었다. 일본은 소련이나 중국 어느 쪽과도 아직 평화 조약을 체결하지 않고 있었다. 중소조약은 만약 일본, 또는 일본과 동맹을 맺은 어떤 국가(즉 미국)가 중국이나 소련 어느 나라를 공격할 경우에 대비해 중국과 소련이 상호 원조를 한다는 것이었다. 그 조약은 사실상 뤼순(旅順)과 다롄(大連, 1905년 러일전쟁 때 일본에게 빼앗긴 항구들)과 남만주 철도에 대한 소련의 권리 조항, 그리고 중국의 서쪽 끝 지역인 신장성의 채광권을 소련에게 준다는 조항이 담겨 있었다. 매장된 광물은 우라늄이었는데, 이 사실은 언급되지 않았다. 한편 소련은 중국에 5년에 걸쳐 3백만 달러를 차관해 주기로 했는데, 이건 보잘것없는 액수였다. 더구나 달러의 화폐 가치는 일 년 이내에 20%

씩 하락하고 있었다. 그 당시 미국은 에쿠아도르에 일 년당 그보다 더 많은 액수의 원조를 제공하고 있었다. 1950년 2월 13일 조약 문서에 서명이 이루어졌다.[22]

그리고 마지막 접촉이 있었다. 1908년 완공 당시 모스크바의 화젯거리가 되었던 메트로폴 호텔에서 마오가 스탈린을 위한 리셉션을 베풀었다. 루비앙카 언덕 중턱에 자리잡은 그 호텔은 KGB 본부와 크레믈린 궁 사이 중간 지점에 위치하고 있었다. 스탈린은 한 번도 성역 크레믈린을 떠난 적이 없었기 때문에, 그 당시 그 호텔 부근에 살던 사람들은 그 행사 소식을 듣고 놀라서 마음을 졸이고 있었다. 제2차 세계대전 기간중에 스탈린은 처칠이 베푼 만찬회에 참석하기 위해 크레믈린 궁을 나와 모스크바 강 건너에 있는 영국 대사관에 간 적이 있었는데, 처칠은 담청색 작업복으로 만든 방공복을 입고 나타남으로써 스탈린의 기분을 상하게 했다. 그 당시 스탈린은 유럽에 제2의 연합 전선을 요구하고 있었는데, 처칠은 영국이 치명적인 적인 나치 공군과도 싸우고 있다는 사실을 강조하기 위해 방공복을 입는 방법을 택했던 것이다.

마오가 파티를 제안했을 때 스탈린은 정치국의 승인을 받아야 한다고 말하면서—그때 스탈린은 정치국이 승인해 주리라는 데 대해 반신반의 하는 듯했다—마오의 제안에 반대 의사를 나타냈다. 결국 정치국이 파티 참석에 '동의'했고 특별 보안 조치가 취해졌다. 수많은 소련 투숙객들을 호텔에서 내보냈으며, 사복 경찰들이 호텔 로비를 인수했다. 메트로폴의 대형 식당으로 향하는 모든 실내문에는 무장한 사병들이 보초를 섰다. 단 루비앙카 언덕 옆에 나 있는 도로변 출입구만이 개방되었다.

2월 14일 오후 6시 30분, 마오와 스탈린, 그리고 그들의 동료들이 커튼을 친 검은색 리무진을 타고 호텔 쪽으로 쏜살같이 나아갔다. 그들은 대리석 기둥으로 된 식당문으로 들어갔다. 실내에는 샘과 연못이 있었는데, 그곳에서 놀던 철갑상어와 잉어들이 들어올려져 결국은 만찬거리가 되었다. 그곳에는 스탈린에게 체포되어 중앙 아시아로 보내지기 전 모스크바의 재즈 악대가 활약했던 음악당도 있었다. 이 홀은 옛날 라스푸틴(Rasputin)이 발코니의 특별석을 차지하고 가슴을 드러낸 귀족 부인들을 환대했었던 곳이기도 하다. 라스푸틴은 발기된 성기를 난간 위에 올려놓고 보여 주거나 커튼도 치지 않고 손님들을 올라타는 일이 자주 있었다. 이 홀은 또한 황실 근위대의 젊은 장교들이 혁명 전야에 이따금씩 그들의 마지막 금화를 집시 가수들의 무릎 안쪽에 던지거나 리볼버 권총을 빼어 든 채 청색과 황금색의 천장 프레스코에 몇 발을 쏘고 마지막 한 발은 자기 머리에다 대고 쏘았던 곳이기도 하다.

이처럼 야릇한 분위기를 지닌 곳에서 마오는 최고급 마오타이주를 들면서 "건배"를 외치며 스탈린을 위해 축배를 들었다. 스탈린은 오래 묵은 보드카를 들어 이에 답례했다. 이 자리에 와 있는 수백 명의 손님들과 이 두 지도자를 떼어놓기 위해 움직일 수 있는 유리벽을 설치해 두었었다. 모두가 축배의 잔을 들었을 때 나머지 손님들에게는 아무 소리도 들리지 않았다. 그들은 두 지도자의 특별석 가까이까지 밀어닥쳤다. 저우언라이가 그 유리벽을 치우사 손님들은 소리를 들을 수 있었다. 중국을 대표하여 저우언라이는 중소의 우호관계가 오랫동안 지속될 것이라는 치사를 했다. 스탈린이 소련을 대표하여 치사를 했다. 그는 "단결 속에 힘이 있다"고 말했다.[23]

9시가 되자 홀은 텅텅 비었다. 손님들은 모두 떠났고 이제 뒷문들의 자물쇠도 모두 열어 두었다. 보안요원들도 해산하고 없었다. 비밀경찰 뒤를 그림자처럼 따라다니는 사복 밀정들만이 남아 있었다. 그들은 이집트 풍의 메트로폴 로비에 있는 검은 가죽 의자에서 꾸벅꾸벅 졸고 있었다.[24]

2월 17일 마오 일행은 특별열차를 타고 먼 귀국길에 올랐다. 당시 소련 수상이었던 몰로토프(Vyacheslav Molotov)가 배웅을 나왔다. 그는 "안전에 철저히 주의하고 절대 이 보안 문제를 소홀히 하는 일이 없도록 하라"는 스탈린의 짧막한 충고 한마디를 마오에게 전했다.

젊은 통역사 니콜라이 페도렌코에게는 중국인들의 방소가 악몽 같은 것이었다. 그는 시시각각 어떤 위기 상황이 닥쳐올지를 몰라 불안감으로 전전긍긍했다. 그가 보기로는 스탈린이 가면을 쓴 채 계산된 역할을 빈틈없이 철저하게 연기하고 있는 것 같았다. 스탈린은 부드럽고 상냥하게 이야기했지만 그 이면에 무슨 꿍꿍이속이 있는지를 그는 추측조차 할 수 없었다. 그것은 연극이었다. 그러나 줄거리를 아는 사람은 스탈린뿐이었다. 회담 장소로 사용한 스탈린의 별장과 크레믈린 궁의 방조차 페도렌코가 볼 때는 마치 불길한 드라마의 무대 장치 같았다.

페도렌코는 겁에 질려 있었다. 자칫 잘못을 저질렀다가는 목숨까지야 잃지는 않겠지만 이제까지 쌓아 온 이력이 완전히 물거품이 되고 말 거라고 그는 믿고 있었다. 위험이 사방에 도사리고 있어서 도대체 어느 쪽에서 위기가 닥칠지 전혀 예측할 수 없었다. 한 번은 회담중에 마오가 그에게 스탈린이 왜 테이블에 흰 술병과 빨간 술병 두 개를 두고 이 병 저 병 번갈아 가며 포도주를 따라 마시는가 그 이유를 물었다. 페도렌코는 자기도 그 이유를 모른다면서 스탈린에게 직접 물어 보는 것이 어떻겠느냐고 제안했다. 그러나 마오는 그런 질문을 하는 것은 분별없는 짓이라고 생각했다. 스탈린은 페도렌코가 웅얼거리듯 작은 소리로 말하자 의문을 품고 "지금 무슨 이야기를 하고 있느냐?"고 페도렌코에게 와락 덤벼들듯 물었다. 페도렌코는 이제 끝장이라고 생각했다. 마오는 그 질문을 하지 말라고 했는데, 이제 스탈린이 대답을 요구하고 있었다. 페도렌코는 스탈린에게 마오와 무슨 이야기를 주고받았는가를 말했다. 스탈린이 자기는 백포도주와 적포도주를 모두 좋아하는데 두 가지를 함께 마시면 맛을 배가시킨다고 친절하게 설명해 주었다.

페도렌코는 안도의 한숨을 쉬었다. 그러나 새로운 위기 상황이 발생했다. 크레믈린의 주방장이 그를 불러들였다. 스탈린이 마오의 저녁 식탁에 잉어를 내놓으라고 지시했는데, 마오의 주방장이 그 주문을 거부하고 있었다. 페도렌코는 마오가 묵고 있는 별장으로 서둘러 갔다. 중국인 주방장은 마오가 살아 있는 생선만 요리하라고 지시를 했었다면서 "잉어들을 언제 죽여서 보낸 것인지 내가 어떻게 알 수 있느냐?"고 난색을 표했다.

페도렌코는 중국인 주방장에게 살아 있는 생선만을 배달하라는 지시를 내림으로써 그 문제를 해결했다.

그 후 위험한 일이 또 한 차례 일어났다. 회담 도중에 마오가 페도렌코에게 장제스와의 전투중에 있었던 위기일발의 순간을 상세하게 이야기해 주고 있었다. 홍군의 한 부대가 겹겹이 포위되어 빠져나올 수가 없는 상황이었는데, 그때 지휘관이 부하들에게 "죽음을 두려워하지 말라. 죽음이란 맨 처음 시작으로 되돌아가는 것에 불과하다(不畏艱險 視死如歸)"며 다시 한번 포위망 돌파 시도 명령을 내렸다는 것이다. 페도렌코는 마오가 말한 경구를 정확하게 이해했는지 아닌지 자신이 없었다. 마오가 그 경구를 자세하게 설명하면 할수록 이해가 더욱 힘들어질 뿐이었다.

돌연 스탈린이 "도대체 얼마나 더 오랫동안 음모를 꾸미고 있을 셈이오?"라고 말하는 소리가 들려 왔다. 페도렌코는 소스라치게 놀랐다.

스탈린의 그 말은 페도렌코의 온몸에 마치 전기 충격을 주는 것 같았다. 이게 바로 그거로구나. 그는 의심이 많은 스탈린에 관한 이야기들을 모조리 알고 있었다. 지금 스탈린은 그가 마오와 '음모를 꾸미고 있다'고 생각하고 있었다. 그는 진땀을 빼면서, 마오가 말한 경구의 의미를 명료하게 하려고 했었을 뿐이라는 것을 스탈린에게 설명하려고 애썼다. 그러자 스탈린이 "무슨 뜻으로 그 말을 했는가를 왜 마오에게 묻지 않은 거지?"라고 차갑게 말했다.

페도렌코는 "제가 물어 보았습니다. 그러나 그는 설명을 하지 못했습니다"라고 말했다.

스탈린은 "좋아, 그대들의 비밀 회담을 계속 진행하라구"하고 말했다. 그때 베리아가 마치 먹이를 노리는 탐욕스런 독수리마냥 시선을 고정시키고 눈 한번 깜박거리지도 않은 채 자기를 쏘아보고 있는 모습이 보였다.

마침내 마오가 그 의미를 설명했다. 그러자 스탈린은 누그러졌다. 그러나 페도렌코는 마음을 진정시킬 수가 없었다. 그는 자기 머리가 단두대 위에 올라가 있는 듯한 느낌을 받았다. 다음의 위기를 무사히 피할 수 있을지 없을지 아무도 장담할 수 없었다. 손으로 만질 수 있을 만큼 매우 뚜렷한 편집병적 분위기와 의심의 물결이 그 두 독재자를 에워싸고 있었다.[25]

중소 조약이 대외적으로 공포된 이후 세계의 언론들은 일제히 중국이 소련과 종속적인 관계를 맺었다고 보도했다. 스탈린이 중국을 접수했고 마오는 주권을 상실하는 조약에 서명했다. 하나의 거대한 공산 진영이 생겨났다. 그 수도는 크레믈린이고 스탈린이 붉은 황제 자리에 앉았다. 중소 조약에 대한 위와 같은 해석들은 미국 CIA에 의해 제안되고 국무성에 의해 대외에 홍보된 것이다.

이런 터무니없는 해석을 마오가 어떻게 생각했는가에 대해서는 알려진 바가 없다. 어떤 의미에서 보자면 이런 엉뚱한 해석이 마오에게는 이익이 될 수도 있었다. 그건 서구 진영이 중국을 공격하게 되며 모스크바가 핵무기로 대응할 것이라 믿고서—모스크바는 1949년 10월 최초의 핵실험에 성공했다고 공표했었다—중국 공격을 꺼리게 될 것이기 때문이었다. 중소 조약에 대한 이러한 평가는 미국과 거의 모든 서방국가들에 의해 그대로 받아들여졌다. 그 후 1950년에 딘 러스크(Dean Rusk)가 썼듯이, 베이징을 승인하고 중국과 외교 관계를 맺는다는 것은 미국 입장으로서는 도저히 생각할 수조차 없는 일이었다. 마오는 단지 스탈린의 꼭두각시에 지나지 않았다. 러스크는 "그 정권은 최초의 시험을 통과하지 못했다. 그것은 중국 정권이 아니다"라고 말했다.

스탈린도 마오도 이러한 해석에 대해 공개적으로 반대하는 입장을 보이지 않았다. 그들은 서방세계가 중소 관계를 좋을 대로 해석하도록 내버려두었다. 그것은 서로의 이익에 도움이 된다는 계산에서였다. 그들은 서방세계가 믿고 있듯 두 나라가 하나로 단결한 거대 국가가 아니라 서로 적대적인 세력이라는 사실을 굳이 공식적으로 밝히지 않는 편이 더 낫다고 판단했다.

12. 삼중의 속임수

    1950년 6월 25일 일요일, 태양이 뜨겁게 내리쬐고 있었다. 마오쩌둥의 경호원들이 국향서옥에 들어가 넓은 창문을 가린 은빛 커튼을 젖히고 마오에게 차를 가져다 주었다. 마오의 침대는 헝클어져 있었다. 그는 땀을 심하게 흘리고 있었는데, 그는 이것이 건강에 좋다고 생각했다. 마오의 서재에는 에어컨 장치가 없었다. 그는 여름에는 방안을 뜨겁게 하고 겨울에는 차게 했다. 이것은 젊은 시절부터 건강을 유지하기 위한 그의 별난 취향에서 비롯된 습관이었다.
    마오는 이 뜨거운 아침에 약간 지저분하게 보였다. 황제의 거처로 자리를 옮기고 나서부터 그는 외모에 더 무관심하게 되었다. 그는 자신의 이런 습관을 '자유'라고 이야기했으며 그의 동료들에게도 입고 싶은 대로 옷을 입으라고 권했다. 그는 대체로 구속을 싫어했다. 그는 침대 위에 축 늘어져 빈둥거리면서 이불을 겨드랑이 밑에 둘둘 말아 낀 채, "스스로를 자유롭게 하라"고 말하곤 했다. 그는 말년이 되기 전까지 잠옷을 입지 않은 채 알몸으로 잠을 자는 버릇이 있었다.[1]
    마오는 옷을 반쯤 걸친 채 옷자락을 질질 끌면서 숙소 근처를 왔다갔다하는 것을 아무렇지도 않게 생각했다. 그러나 그는 결코 알몸으로 여기저기를 걸어 다니지는 않았다. 부끄러움이 어느 정도는 남아 있어서 그 지경까지 도를 넘어서지는 않았다.[2] 그의 이러한 일상들은 존슨(Lyndon Johnson) 대통령이나 처칠(Winston Churchill) 수상의 습관들과 크게 다르지 않았다. 존슨은 변기 위에 쭈그리고 앉은 채로 방문객들을 자기 옆으로 불러들이곤 했으며, 처칠은 그의 침실 주변을 완전히 벌거벗은 채로 활보하고 다녔다.

이제 마오는 햇빛이 눈부신 듯 눈을 깜박거리면서 베개더미를 쌓아 놓고 그 위에 엎드려 있었다. 그는 몇 년 동안 밤에 작업을 해 왔으며, 국사에 관한 공식모임에 참석하지 않을 경우에는 정오까지 일어나지 않았다. 중국인들이 즐겨 사용하는 표현을 빌리자면, 그는 해를 달로, 달을 해로 바꾸었던 것이다.[3]

대장정에 올랐던 그의 대부분의 동료들과 마찬가지로 마오는 수면제에 중독되어 있었다. 그는 수면제 없이는 살 수가 없었으며, 수면제를 복용하지 않고는 충분한 수면을 취할 수가 없었다. 그의 경호원들은 그가 일주일에 채 30시간도 자지 못하는 것으로 계산했다. 일주일에 35시간을 잔 것이 최고 기록이었다. 마오가 기분이 나빠 화를 내는 일이 드물지 않게 있었는데, 경호실장 리인차오의 견해로는, 그 원인의 대부분이 수면 부족이었다. 리는 마오의 긴장을 풀어 주기 위해 자주 마사지를 해 주었다. 또한 마오는 리가 머리를 빗어 주는 걸 좋아했는데, 그렇게 함으로써 자기의 힘이 회복된다고 말했다. 그러면 리는 마오의 줄어드는 머리카락을 몇 번이고 거듭해서 빗어 주곤 했다(어쩌면 이 때문에 마오는 더더욱 깨어 있는 상태가 되었을지도 모른다. 몸속에 아드레날린 약을 투여하는 단순하고 빠른 주사 방법 중의 하나는 머리카락을 홱 잡아당기는 것이다). 마오는 깨어난 시간부터 꾸벅꾸벅 졸 때까지 차를 마셨으며, 그때마다 찻잔 속의 찻잎을 먹었다. 이처럼 카페인을 엄청나게 받아들였기 때문에 그가 먹은 수면제는 아무 효과가 없었다.[4]

마오의 보좌관들은 오후 1시 이전에는 회의 스케줄을 잡지 않도록 최선을 다했다. 일요일에는 아무 회의가 없도록 스케줄을 짜 두었다. 냉수욕은 마오의 훌륭한 스승인 양창지 교수의 습관이었다. 그의 딸 양카이후이는 마오가 사랑하는 첫 아내였다. 양은 청교도적인 뉴잉글랜드 사람처럼 건강하게 냉수욕을 옹호한 사람으로 매일 아침 차가운 욕조에 뛰어들었다. 그는 심장마비에 걸렸으며 얼음처럼 찬물로 냉수욕을 한 후에 죽었으나 마오는 여전히 그를 흉내냈다. 젊었을 때 그는 소나기가 퍼붓고 있으면 셔츠를 벗어 던진 채 '비 목욕'을 했고 여름이면 일광욕을 즐겼으며, 3월에는 '바람 목욕'을 했다. 11월에 그는 찬 강물 속에서 수영을 했다.[5] 마오의 경호원들은 1958년 2월에 있었던 광시 여행을 기억하곤 했다. 그때 마오는 얼음 같은 강물 속에 뛰어들겠다고 고집을 부렸다. 그들이 온도를 재 보니 섭씨 14도, 화씨로는 약 57도였다. 마오가 시카고에 살았다면 그는 북극곰 클럽의 회원이 되었을 것이다.[6]

마오는 "신체단련은 사람의 눈을 맑게 하고 귀를 좋게 할 수 있다. 또 심지어 예순이나 일흔이 된 사람의 건강도 증진시킬 수 있다"고 믿었다. 그는 이런 생각들을 그의 논문 〈신체단련 연구〉에 발표했다. 이것은 마오의 논문 중 최초로 출간된 것으로서, 1917년 급진적인 잡지 《신청년(新青年)》지 4월호에 게재되었다.[7]

마오는 찬물로 목욕을 했으며 화학제품이 해롭다는 생각에서 결코 비누를 사용하지 않았다. 그는 치약도 젊은 시절부터 쓰던 가루치약을 고집했으며, 칫솔도 몇 년이고 그대로 썼다. 심지어 칫솔의 뻣뻣한 털이 거의 없어졌는데도 그랬다.[8] 그의 이는 니코틴과 차 때문에 심하게 더럽혀져 있었다. 그리고 예전에는 신체 활동을 옹호했음에도 불구하고 국향서옥에 들어가서는 수영을 제외하고는 모든 운동을 그만두었다.

6월의 그 일요일에 욕조로부터 빠져나오면서 마오는 자기가 그날의 나머지 시간을 어떻게 보내게 될 것인가를 알았다. 중난하이에 있는 풀장으로 건너가 평소대로 왕복 50번을 수영하고 온종일 물에 들어갔다 나왔다 하면서 보낼 작정이었다. 만약 더위가 한동안 계속되면 경호원들에게 짐을 꾸리게 해서 기차를 타고 항저우의 서호(西湖)로 가게 될지도 모를 일이었다. 마오가 항저우보다 더 사랑했던 장소는 없었다. 그는 1921년 상하이에서 중국 공산당을 창당한 이후 그곳을 처음으로 방문했었다. 그때부터 그는 줄곧 서호와 그 정원, 고궁들을 좋아했다. 한 친구와 몰래 빠져나가 서호 주변을 어슬렁거리며 돌아다녔던 추억을 마오는 결코 잊을 수가 없었다.

마오는 발을 질질 끌면서 그의 큰 침실로 돌아왔다. 침대는 개조되어 있었고, 이불은 새것으로 갈아 놓았으며 베개들도 갓 만든 새것이었다. 부드럽게 공기를 돌게 하는 천정에 달린 선풍기에 의해 밤의 향기가 사방으로 풍겼다.

그는 어깨에 면으로 만든 옷을 아무렇게나 걸치고 침대 옆 소파 위에 앉아 아득한 옌안 시절 자신이 창간했던 회보인《참고소식(參考消息)》을 훑어보기 시작했다. 대장정 중에 그는 성능이 좋지 못한 무선전신에 의해 입수된 소식들, 그리고 그의 군대가 시골 우체국들에서 발견한 몇 주 지난 국민당 신문들에 의존할 수밖에 없었다. 더러워진 신문들은 거의 가치가 없었다. 그는 모스크바, 런던, 또는 워싱턴의 상황은 제쳐 두고라도, 상하이나 베이징에서 무슨 일이 일어나고 있는지조차 알지 못했다.

그들이 모스크바로부터 더 나은 무선전신기를 얻게 되었을 때 마오는 무선통신사들에게 뉴스 주파수를 탐지해 내도록 시켰다. 이 기사 내용들을 모스 부호 송신으로부터 타자로 찍어 중국어로 번역한 다음 낡은 윤전 등사기로 복사하였다. 그렇게 해서 나온 최종 산물이《참고소식》이었다.

마오는 기본적으로 지켜야 할 규정을 하달했다. 송신된 내용을 전혀 손대지 말고 문자 그대로 보고하라는 거였다. 그는 정확한 말들을 원했다. 송신된 내용들은 세상을 들여다볼 수 있는 창이었으며, 그는 그 내용에 담긴 견해가 왜곡되는 것을 원치 않았다.[9] 장칭이 하는 일들 중의 하나는 신문 기사를 읽고 마오를 시대에 뒤떨어지지 않게 만드는 것이었다.[10]

그 일요일에 마오는《참고소식》을 한가롭게 넘기다가 마침내 평양발 기사를 보게 되었다. 한국 라디오는 아주 격렬한 전투가 벌어지고 있는 38선에서의 충돌을 보도했는데, 그에 따르면 모든 전선에서 남한군이 북한군을 공격하고 있었다.

마오는 휴식을 취했다. 한국과의 국경 지역에서는 긴장 상태가 끊임없이 계속되고 있었으며 거의 매일 사고가 발생했다. 이것은 심각한 사태로 여겨졌다. 한국의 국경선은 중국과 인접해 있으며 마오는 미국에 대한 걱정들을 극복하지 못했었다. 1950년 6월 이전에 그는 동료들에게 미국이 한국전에 끼어들게 될 것이라고 경고했었다.[11] 이러한 우려가 현실로 나타날 가능성이 다분했다.

그는 정무 비서를 시켜 외교부와 국방부를 점검하도록 했다. 외교부와 국방부는 아무 자료도 갖고 있지 않았다. 중국은 한국에 외교 관측통도 군사 관측통도 없었기 때문에 이건 놀랄 만한 일이 아니었다. 한국은 러시아의 봉토(封土)나 마찬가지였으며, 중국인은 환영받지 못했다. 모스크바나 평양으로부터는 아무 정보도 들어오지 않았다. 서울의 라디오 방송은 전투를 보도하고 있었으며, 그 전투의 책임이 북한 쪽에 있다고 비난했다. 미국의 소리와 BBC의 보도는 빈약했다.

마오는 사태를 모든 각도에서 신중하게 숙고했다. 그는 공식적인 정보를 갖고 있지 않았다. 그는 김일성이 남한에 대해 군사행동을 준비해 왔다는 것을 알았지만, 그 날짜에 대한 소식은 듣지 못했다. 이번 사태는 북한의 군사 행동처럼 여겨지지 않았다. 만약 북한 군대가 남쪽으로 진격하고 있다면 틀림없이 자기도 알았을 것이다. 마오는 수영하러 가서 긴장을 풀기로 마음을 정했다. 그는 어젯밤의 일을 잠시 떠올려 보았다. 귀여운 계집아이의 이름이 뭐였더라? 윙윙이었던가? 딩딩? 하기야 이름이 뭐든 무슨 상관이 있어? 만약 뉴스가 들어오면 비서가 수영장까지 달려와 알려 주겠지. 그러나 항저우에 갈 만한 좋은 주말 같은 기분이 들지 않았다.

'1950년 6월 25일 중난하이에서 이런 일들이 일어났다'라는 해석이 모든 세부 사항까지 정확하다고 주장하는 것은 아니다. 그러나 북한의 그 돌발적인 공격이 마오에게 어떤 특별한 사전 경고 없이 이루어진 전혀 뜻밖의 놀라운 일이었다는 데 대한 증거는 엄청나게 많다.

그 해 6월에 마오는 전투의 효율성을 증대시키기 위해 인민해방군의 규모를 격감시키는 작업을 한창 하고 있던 중이었다. 타이완 침략 작전과 티베트 인수작전, 이 두 가지 대규모 작전을 위한 계획들이 기안되고 있었다. 두 작전 모두, 특히 타이완 작전은 엄청난 숫자의 일급 부대를 필요로 하는 것이었다. 타이완 침공 날짜는 확정되지 않았지만 준비 작업은 철저하게 진행되어 갔다. 전투부대들을 군사 집결지에 한데 모았고, 상륙연습이 진행중에 있었다. 마오가 바로 가까운 곳에서 위험한 군사적 도박을 받아들일 만한 계제가 아니었다. 소련이 중국인들에게 한국에 대한 정보를 전혀 주지 않았다는 것이 사실에 부합된 것이다.[12]

러시아는 한국 사태에서 중국을 고의적으로 배제시켰다. 이런 사실로부터 영국의 역사학자이자 한국 전문가인 러셀 스퍼(Russell Spurr)는 중국이 남침 준비를 하는 데 일익을 담당했다는 것은 '지극히 의심스럽다'는 결론을 끌어냈다. 스퍼는 중국의 전쟁 기록 보관소를 검사하고 한국전에 참전한 중국인들과 인터뷰를 한 서양인으로서는 유일한 역사학자이다. 그는 스탈린과 마오가 1949년부터 50년 사이의 모스크바 회의에서 한국 문제를 논의했었음이 틀림없다고 추측하고 있으나, 사실상 그 당시 한국은 거의 또는 전혀 그들의 관심사가 아니었다는 증거가 있다. 분명히, 북한의 남침에 대해 미국의 트루먼 대통령과 똑같은 정도로 놀랐던 사람은 마오밖에 없었다. 전투가 시작되기 바로 이틀 전에 마오는 전국정협(全國政協)에서, 중국이 이제 '혁명적 군사 시기'를 통과했으며 앞으로는 토지 개혁과 국가 재건에 온힘을 다 쏟을 것이라고 말했다. 한국전쟁이 일어나기 24시간 전인 6월 24일, 전국정협은 동원 해제 계획을 승인했다. 많은 군부대 병력들이 실제로 이미 평시의 건설과 농업 개발 계획에 배치되었다.

마오는 혁명가였지만 신중한 사람이기도 했다. 그가 한국 분쟁의 계획과 실행에서 배제되었다는 결론을 내리지 않을 수가 없다.[13]

한국 문제에 대한 흐루시초프의 설명은 비록 허점투성이이긴 하지만 눈여겨볼 만한 가치가 있다. 그는 그 계획이 김일성으로부터 나온 것이라고 주장했다. 마오가 1949년 겨울 모스크바를 방문하기 바로 직전에 김일성이 그 계획을 모스크바로 가져와 스탈린에게 선전했다는 것이다. 김은 물론 스탈린의 부하나 마찬가지였다. 그는 생의 대부분 기간을 모스크바와 시베리아에서 보냈으며 소련의 병력으로 북한 정권을 안전하게 유지했다.

김은 스탈린에게, 북한군이 소련군으로부터 훈련받고 장비를 지급받았기 때문에 훌륭한 모습을 갖추고 있다고 이야기했다. 한 번만 밀어붙이면 남한은 자기 손안에 들어올 것이다. 남한 인민들은 해방되기를 열망하고 있으며 자기를 위해 일어설 것이다. 김의 이런 논법은 쿠바의 돈만 사건(1961년 4월 17일 반카스트로 쿠바 망명인 1천2백 명이 쿠바 서남부의 돈만에 상륙을 기도하였다가 무참히 패배한 사건-역주)에 대한 미국 CIA의 논거와 아주 흡사했다. 그 당시 CIA는 쿠바인들이 돈만 상륙사실을 알자마자 즉시 봉기하여 카스트로가 사태의 진상을 알기도 전에 모든 일이 끝날 것이라는 주장을 내세웠었다. 김은 남한 인민들이 그에게 몰려들게 되고, 이승만과 미국이 사태의 진상을 알기도 전에 모든 일이 다 마무리될 거라고 믿고 있었다. 흐루시초프의 말에 따르면 스탈린이 김의 생각에 호감을 보였으며, 김에게 본국으로 가서 계획을 세운 다음 다시 보고하라고 이야기했다는 것이다.[14]

김은 1950년 3월 초에 다시 모스크바로 돌아왔다. 흐루시초프는 스탈린이 마오와 함께 그 계획을 샅샅이 점검했으며 마오의 승낙을 받고는 자신의 별장에서 가진 보드카 파티 석상에서 김에게 그 계획을 계속 추진하라고 했다고 주장했다. 흐루시초프는 특색 있는 세부 사실을 하나 덧붙였다. 그는 스탈린이 북한에서 소련의 군사 자문단을 철수시켰다고 말했다. 그건 혹시 누군가 포로로 붙잡혀서 모스크바의 개입을 폭로한 다음 살해될 우려 때문에 취한 조치였다는 것이다.[15] 소련의 한 유능한 역사학자는 흐루시초프의 이런 설명을 "부드럽게 말해서 너무 순진한"이야기라고 규정했다. 그는, 스탈린은 훨씬 더 깊숙이 개입했다고 말했다.[16] 남한이 북한을 먼저 공격했다는 이론을 오랫동안 신봉해 온 소련의 역사학자 슬라빈스키(B. N. Slavinsky)도 결국 이와 똑같은 결론에 도달했다. 그는 한국전이 시작되었을 때 38선에 있었던 한 북한 당원의 "장님이나 천치가 아니라면 김일성이 전쟁을 시작했다는 걸 모를 리가 없다"라는 진술을 긍정적으로 인용했다.[17] 그리고 스퍼는 그의 《용의나라 Enter the Dragon》에서 스탈린이 한국 문제에서 중국을 냉혹하게 배제한 것을 신빙성 있게 묘사하고 있는데, 이는 흐루시초프의 설명과는 완전히 모순된다.[18]

마오는 미국이 마오 정권을 인정하고 장제스에 대한 군사 지원을 금지한 내용을 담은 1950년 1월 5일의 트루먼·애치슨 성명을 몰랐던 것 같다. 그는 미 국무장관 애치슨이 1950년 1월 12일 워싱턴에서, 그리고 3월 15일 샌프란시스코에서 한반도와 타이완은 미국의 방어지역에서 벗어난다는 발언을 한 것도 몰랐던 것 같다. 마오는 중국으로 돌아오는 길에 우랄 산맥과 시베리아의 산업중심지를 둘러보느라 아마도 그의 《참고소식》을 받아 보지 못했을지도 모른다.

마오쩌둥은 이 조짐들을 무심코 지나쳐 버렸지만 스탈린은 그렇지 않았다. 스탈린은 이미 중국의 목을 조를 수 있는 유리한 위치를 점유하고 있었다. 그것은 마오가 알고 있는 것보다 훨씬 더 막강한 위치였다. 러시아는 외몽고를 장악하고 있었을 뿐만 아니라, 마오가 모스크바에서 서명한 조약에 따라 만주에도 해군기지와 철도를 보유하고 있었다. 스탈린은(나중에 폭로된 증거에 의하면) 마오의 만주 총독인 가오강과 비밀 동맹을 맺어 두고 있었다. 만약 소련이 애치슨 선언이 암시한 바대로 아무런 희생도 치르지 않고 북한을 손에 넣을 수 있다면, 북부 중국과 베이징 일대에 씌울 스탈린의 올가미는 완벽하게 될 것이었다.[19]

베이징도 워싱턴도 한국전이 일어났을 때 소련의 실제적인 위치를 이해하지 못했다. 워싱턴에서는 남한 침략을 중국의 군사행동이라고 생각했다. 트루먼과 애치슨은 중국인의 공격성이 원인이라는 반응을 보였다. 그들은 심지어 스탈린에게 중국과 함께 북한을 제지하는 일을 중재해달라고 부탁하기까지 했다(1950년 6월 19일자 CIA 보고서 하나가 24년 후에 발견되었는데, 그 보고서는 소련이 정치적, 군사적, 경제적으로 북한을 전적으로 통제하고 있다는 결론을 내리고 있었다. 트루먼과 애치슨이 그 보고서를 보았다는 데 대한 증거는 전혀 없다).[20]

한국 전쟁 초기에 마오는 몇 가지 중요한 예방책을 취했다. 그는 제대를 중단시켰으며 동북 특수 전투부대의 창설을 명령했다. 덩화 장군 휘하의 제13군 부대가 지명되었다. 마오는 4개군, 3개 포병사단, 그리고 1개 고사포 사단과 1개 공병사단을 그 부대에 할당했으며, 총병력은 25만 5천 명이었다.[21] 인민해방군 재편 작업을 위해 타이완과 티베트 계획은 계속 추진되었다.[22]

6월 30일에 또 하나의 중요한 진전이 있었다. 중국은 아직도 평양에 대표부가 없었다. 저우언라이는 인민해방군의 일급 정보장교인 차이청원을 중난하이로 불러들였다. 자정이 지난 시각에 이루어진 만남에서 저우언라이는 차이에게 녜룽전 원수와 뉴보청 원수가 그를 강력히 추천했다는 이야기를 들려 주었다. 저우언라이는 김일성과의 연락을 맡을 장교가 필요한 사정을 설명했다. 니즈량(倪志亮)이 대사로 임명받았으나 우한의 병원에 입원하고 있었다. 저우언라이는 차이에게 대사관부 무관 두세 사람을 데리고 되도록 빨리 평양으로 가라고 지시했다. 7월 10일이 되어서야 그 중국인 일행은 평양에 도착했다. 그들은 도착한 날 저녁에 김일성과 만났다. 전쟁이 시작된 지 2주가 지나고 있었다. 거의 7월 말이 되어서야 이들의 첫 보고서가 베이징으로 날아들기 시작했다. 중국의 대사 니즈량은 1950년 8월 6일이 지나서야 평양에 당도했다.[23]

전쟁의 초기 상황은 북한에게 아주 유리했다. 남한과 미국 연합군은 남동 해안에 있는 부산까지 밀려 내려갔으며, 그곳에서 간신히 버티고 있었다. 북한군은 훈련이 잘 되어 있었으며 군수물자도 소련으로부터 적당히 공급받았다.

그러나 차이청원이 보내 오기 시작한 보고서들의 내용은 평양의 선전처럼 그렇게 낙관적인 것이 아니었다. 북한군의 진격 속도는 느렸고 사상자수가 엄청나게 많았으며 부산의 미군 군사기지를 쓸어내 버리려는 노력들은 실패를 거듭하고 있었다.

마오는 1950년 8월 6일의 모임에 군 수뇌부를 불러들였다. 저우언라이와 류사오치가 참석했다. 인민해방군의 재편 문제, 그리고 인민해방군이 이제까지 보류되어 온 타이완 침공과 티베트 점령이라는 두 가지 작전을 수행할 수 있는 능력을 갖고 있는가 하는 문제가 그 모임의 의제였다. 한국 문제는 안건에 없었다. 인민해방군에 관한 보고서는 펑더화이가 제출하였다. 7월 15일 현재 인민해방군 규모는 5,138,756명으로 되어 있었다. 국민당 전쟁포로 250만을 흡수해서 이처럼 수가 불어난 것인데, 중국의 필요에 비해 전체 규모가 너무 큰 편이었다. 국민당 병사들은 인민해방군의 전투 질을 떨어뜨렸다. 펑더화이가 군의 능력과 관련하여 심각한 의문을 제기했다. 그는 군을 보강하고 훈련시키지 않으면 타이완을 정복할 수 없을 것이라고 생각했다. 티베트 점령에는 어려움이 그렇게 많지는 않았다. 한국 작전은 논의되지 않았다.

인민해방군의 결점들, 병참술에 대한 필요성 그리고 장제스와의 전쟁에서 노후된 장비의 대체 필요성 같은 것이 주로 이야기되었다. 공군력이 엄청나게 부족했다. 중국 화기의 대부분은 제2차 세계대전 때 제조된 것이었다. 장군들은 타이완과 제7함대에 보급되는 미제 신무기들을 건전하게 존중했다. 타이완을 침공할 적절한 상황이라고 생각한 사람은 아무도 없었다. 한 장군은, 만약 우리가 타이완을 침공할 형편이 못된다면 한국에 대해서는 아예 생각지않는 편이 나을 것이라고 말했다.

그 회의에 참석한 군인들은 국내 문제들에 대해서도 걱정했다. 인민 공화국이 창건된 지 단지 10개월밖에 지나지 않았다. 해야 할 일이 너무 많았다. 중국의 산업 수준은 비참할 정도로 낮았다.

동료 공산당원이 궁지에 몰려 있음을 보고도 못 본 체하고 싶은 사람은 아무도 없지만, 그러나 한국은 소련이 책임지고 있는 것 아닌가? 중국은 가까운 곳에 창고도, 군수품 수송로도, 통신시설도, 그리고 도로도 없다. 한국전쟁은 공중전이 되었다. 중국은 현대식 고사포도 없고 전투기도 구식이다. 만약 미국이 보복조치를 취한다면 중국은 도시들을 방호할 수단이 전혀 없었다. 미국은 마음만 먹으면 언제라도 폭격을 할 수가 있다. 그리고 원자탄은 또 어떤가? 만약 중국이 전쟁에 끼어들면 중국을 폭격하여 석기시대로 되돌릴 구실을 찾고 있던 맥아더 장군에게 좋은 구실거리를 주게 될 것이다.[24] 마오는 이야기를 듣고 질문을 했다. 그러나 자기 자신의 견해는 표명하지 않았다. 그는 사적으로는 만약 미국이 우세하게 되면 중국은 북한을 도울 수밖에 없다고 확신하고 있었다. 만약 맥아더가 압록강을 위협하면 중국은 싸울 것이고, 만약의 사태에 대비하여 만반의 준비는 갖추어야 한다.[25]

이 무렵 마오는 일부 예비 부대 배치를 명령했으며, 이와 관련된 사령부가 선양에 있는 옛 병참부대에 설치되어 있었다. 저우언라이는 9월 1일 북한으로부터 차이청원을 불러들여 중국이 참전할 경우 발생하게 될 주요 문제들이 무엇인가를 물었다. 차이청원은 가장 큰 문제는 수송이라고 말했다. 간선도로들은 아주 협소하며, 폭격이 심한 미군의 타격에 의해 철도는 거의 파괴되어 버렸다는 것이었다. 물자보급이 어려워질 것이다. 인민해방군은 총기와 화약을 적으로부터 포획한 군수품으로 충당하는 데 익숙해 있다. 미군을 상대로는 이렇게 하기가 불가능하며, 시골에는 식량이 없기 때문에 농민들로부터 식량을 징발하여 농촌에 의존하면서 군 작전을 계속 수행하기란 불가능할 것이다. 이처럼 현지 조달이 불가능하므로 대규모의 중국군 병력을 먹여 살리려면 군량미를 중국에서 가져오지 않으면 안 될 것이다. 통역사가 부족하다는 것 또한 다른 어려움이다. 인민해방군은 낯선 땅에서 외국인과 맞서 싸우게 될 텐데 중국군들은 한국어도, 영어도 모른다. 차이의 말은 주로 이런 내용들이었다.

마오는 맥아더가 9월 15일 인천 상륙작전을 개시하여 상황을 역전시키고 북한군을 북쪽으로 몰아붙인 후조차도 기다리고 있었다. 덩화의 제13군 부대는 압록강 일대로 이동하여 그곳에서 명령을 대기하라는 명을 받았다.

차이청원은 마오의 만주 총독(그리고 스탈린과 비밀리에 동맹했을 가능성이 큰) 가오 강이 인천 상륙작전이 있은 후에 자기를 불러 인천 상륙 때문에 중국의 참전이 절대 필요하게 되었다는 내용이 적힌 마오의 편지를 보여 주었다고 회고했다. 차이는 즉시 북한으로 떠났다.[26]

인천 상륙작전은 마오로 하여금 어떤 조치를 취하지 않으면 안 된다는 생각을 갖도록 했다. 그는 마음을 완벽하게 정하지는 못했다. 그러나 중국이 김일성을 돕지 않으면 안 될 것 같은 생각이 들었다. 마오는 군 지휘관들과 정치 지도자들을 소환하여 10월 1일 중난하이에서 모임을 가졌다. 김은 그 날 마오에게 원조가 꼭 필요하다는 내용의 전보를 쳤다.

10월 1일 밤 1시에 저우언라이는 인도 대사인 파니카르(K. M. Panikkar)를 불러 미군이 압록강 국경을 향해 계속 진군한다면 중국이 참전하게 될 것이라는 점을 미국 쪽에 알려 달라고 요청했다. 이토록 한밤중에 만났다는 사실은 그 경고의 중요성을 말해 주는 것이었다. 트루먼과 애치슨은 '순전한 선전공세' 정도로 무시해 버렸다. 맥아더는 압록강을 향해 성난 파도처럼 최고 속도로 나아가고 있었다. 그의 정보 분석 전문가들은 중공군의 부대 이동 징후들을 경시했으며, 맥아더는 저우언라이의 메시지에 대해 북한군의 무조건 항복 요구로 답하였다. 김일성은 그 요구를 농담으로 만들어 버렸다. 김은 중국인들에게, 맥아더가 자기가 두 손을 번쩍 들고 항복하기를 원한다고 이야기했다. "그러나 우리는 그런 관습이 없다"고 김은 말했다. 그는 주먹을 불끈 쥐어 머리 위에서 휘둘렀다. 이것은 맥아더의 요구에 대한 자신의 반응을 보여 주기 위한 것이었다.[27]

모임이 열렸을 때 맨 처음 발언한 사람은 린뱌오였다. 그는 한국으로 들어가는 것을 전면적으로 반대했다. "나의 견해로는, 나라에서 멀리 떨어진 말단 지역에서 전쟁을 해서는 안 된다"고 린은 말했다. "우리 국가는 이제 방금 창건되었다. 나라 안에는 아직도 역도의 무리들이 있다(역도란 장제스의 군대를 지칭하는 것이었다). 우리는 그들 모두를 아직 다스리지 못했다. 우리가 국내에서뿐만 아니라 외국에서도 적을 갖게 된다면 새로운 어려움들을 야기시킬 뿐이다."

가오강이 린뱌오의 견해를 지지했다. 그 두 사람은 공산군이 만주를 정복할 때 긴밀한 관계를 유지하며 일했었다. 가오는 신중할 필요가 있다고 말했다. 중국은 20년 동안이나 전쟁을 해 왔고, 이제 겨우 재통일 되었으며, 아직도 정상적인 생활을 회복하지 못하고 있다. 경제력은 새로운 전쟁의 부담을 이겨낼 만큼 충분히 강하지 못하다.

가오강은 린뱌오의 견해들을 신중하게 평가해 줄 것을 촉구했다. 그는 인민해방군의 장비가 낡아빠지고 구식이며 그 대부분은 전투에서 빼앗은 것(국민당군들이 사용하던 미군 장비를 빼앗은 것이 많았다)이라는 사실을 지적했다. 가오는 중국군의 경우 1개 군에 3백 대 이하의 대포를 배치하는 데 비해 미군은 1개 군에 최소한 1천 5백 대의 대포를 배치할 만큼 엄청난 화력으로 중무장되어 있다고 말했다. 탱크 보유 비율은 불리한 정도가 아니었다. 중국은 현대식 탱크, 또는 기갑부대라는 것이 전혀 없는 실정이었다. 가오는 미군이 압록강에 그 결과를 상상조차 할 수 없을 그런 엄청난 폭격을 가할지도 모른다고 경고했다. 그는 참전이 아니라 동북 국경 지역의 방어를 강화하는 데 모든 노력을 쏟을 것을 요구했다.[28]

군부가 참전을 강력하게 반대하고 있음은 분명한 사실이었다. 그렇지만 마오는 참전을 바랬으며, 그의 의견이 결정적이었다. 10월 2일, 마오는 중국군의 한반도 파견을 승인했다. 그리고 바로 그 날 자기 자신의 명의로 스탈린에게 중국 병력의 일부를 '자원군'으로 한국에 파견하는 결정이 내려졌다는 내용을 알리는 전보를 쳤다. 마오는 "우리는 (소련에 의한) 이와 유사한 행동이 필요하다고 믿고 있다"고 덧붙였다. 소련주재 중국대사 장원톈은 스탈린에게 중국군은 소련의 도움—군수품, 재원, 그리고 특히 공중 엄호—이 필요하다고 이야기했다. 스탈린은 미국의 공습으로부터 중국군을 보호하기 위해 소련 공군부대를 파견하고 중국군 1백 개 사단에 소련 무기를 공급해 주는 데 동의했다.[29]

마오는 처음에 중국 '의용군'을 지휘할 사령관으로 그 지역에 경험이 있는 린뱌오를 보낼 것을 제안했다. 그러나 린뱌오는 아프다는 핑계를 대고 치료를 위해 모스크바로 날아갔다. 그가 지휘를 거절한 것은 아마도 그가 그 군사행동에 반대했기 때문이었을 것이다. 1937년부터 45년까지의 항일전쟁과 해방전쟁 동안 내내 (10년 내지 15년 동안) 린뱌오와 함께 일했던 녜룽전은 린의 태도가 "정말로 이상했다. 나는 린뱌오가 이렇게 기겁을 할 정도로 두려워한 것을 본 적이 없었다"고 말했다. 마찬가지로 마오도 린뱌오의 태도를 이상하다고 생각했으며 노련하고 믿을 만한 펑더화이에게 린의 자리를 맡겼다.[30] 마오는 시안으로 비행기를 보내 펑을 베이징으로 데려오도록 했다. 펑은 10월 4일 오후 4시에 회합 장소에 도착했다. 그는 다른 사람들이 한 말을 듣지 못했으므로 토론에 끼어들지 않았다. 군 지휘관들의 대부분이 한결같이 참전에 반대한다는 견해를 듣고 난 마오는 그들의 견해들이 중요하긴 하지만 다른 나라가 심한 어려움에 빠졌는데 "그냥 서서 보고만 있다면 우리의 마음이 무거울 것"이라고 말했다.[31]

마오는 펑에게 어려운 선택에도 불구하고 싸움의 초기 단계에 3개 군을 맡긴다고 이야기했다. 그는 그 전쟁에서 수십만 명의 사상자가 생길수도 있으며 전황이 악화되면 비난을 면치 못할 것이라는 것을 알고 있었다. 심지어 중국이 영토를 잃을 가능성도 있었다. 또한 전쟁이 뜻대로 안 될 경우 역사와 인민에게 그것을 어떻게 설명해야 좋을지 알 수 없었다. 그는 장군들의 염려를 이해했다. 그러나 중국이 모른 체한다면, 어떻게 사회주의 진영 운운할 수 있겠는가?

펑더화이가 마오에게 작전 통합을 위해 소련과 어떤 협정들을 해 두었는가에 대해 묻자, "그 문제는 이미 스탈린과 의논했다"고 마오가 답했다. "스탈린은 소련 공군이 참전하는 데 동의했다. 공중작전은 소련의 책임이고 육상작전은 우리의 책임이 될 것이다. 육군 병력에 관한 한 문제는 전혀 없다."[32]

펑은 막중한 책임감을 느꼈다. 그는 마오와 이야기를 나눈 후 잠을 이룰 수가 없었다. 처음엔 베이징 호텔의 부드러운 침대 안이라고 생각했었는데, 담요를 깐 침대에서 잠을 자려고 애쓰자 정신이 맑게 깨이기만 했다. 그는 전쟁에 대한 생각을 멈출 수가 없었다. 만약 미군이 압록강에 도착하면, 중국 동북지역과는 폭이 좁은 강 하나 거리밖에 떨어지지 않게 될 것이다. 이미 미군은 타이완을 장악함으로써 상하이와 중국 동부를 위협하고 있었다. 미군은 아무 때나 공격해 올 수 있었다. 호랑이가 사람을 잡아먹기를 원한다면, 그 시기는 오직 호랑이의 식욕에 달려 있을 뿐이다.[33] 그러나 소련을 중국편으로 끌어들인 덕분에 나라의 위상이 상처를 덜 받을 수 있을 것이라고 펑은 생각했다.

펑은 선양으로 날아가 지휘관들을 불러모으고 브리핑을 했다. 그 날 저녁 그는 김일성의 대리 사절과 만났다. 마오는 중앙군사위원회의 이름으로 10월 7일부로 펑을 사령관으로 임명하는 '제11호 명령'을 내렸다.[34]

10월 9일 선양에서 가오강은 의용군에 임명된 간부들의 공식모임을 소집했다. 가오강은 자신이 우두머리로 있는 동북사무소가 작전에 필요한 모든 식량과 보급품을 담당하게 될 것이라고 이야기했다. 그는 마오가 원래 린뱌오를 사령관으로 임명할 의도였다는 것을 숨겼으나, 린의 병 때문에 펑더화이가 사령관직을 인수받았다. 펑은 일을 맡은 사람들에게 중앙위원회에서 다양한 견해들이 있었지만, 이제 그들이 한 마음 한 뜻이 되어 "우리 중국인의 인격을 보여주기 위해" 전력을 다 바쳐 싸울 것이라고 말했다.

펑은 10월 11일 일찍 기차로 국경지역에 있는 도시 안둥(安東)을 향해 떠났으며, 12일 아침 도착하여 부대 이동 준비에 착수했다. 그는 하루종일 일했다. 요컨대 현상태를 그대로 유지하자는 내용이었다. 부대들은 국경지역을 넘지 말고 연습훈련을 하고 있으라는 것이었다.

펑은 베이징으로 돌아오라는 명령을 받았다. 그곳에서 '이 모든 것에 대한 이유들'이 설명될 것이었다.

그 내막은 이러했다. 이틀 전인 10월 10일 모스크바에서 소련인들이 중국 대사

장원톈을 불러들여 그에게 저우언라이에게 보내는 메시지를 주었다. 거기에는 스탈린이 약속한 대로 소련 공군 부대를 한국에 보낼 수가 없다는 내용이 적혀 있었다. 소련군이 아직 '적당한 준비'를 갖추지 못했기 때문이라는 것이 그 이유였다. 이러한 약속 파기는 엄청난 타격이었다. 중국군은 부대를 너무 전진시켜 놓아서 꼼짝할 수 없는 처지였다. 병력들은 압록강 국경지역을 향해 몰려들고 있었다. 결정적으로 중요한 바로 이 순간에 소련군은 살짝 빠져 버렸던 것이다.

저우언라이는 마오의 서재로 허겁지겁 달려가 그 메시지를 읽어 주었다. 마오의 얼굴 표정이 침울해졌다. 그는 피우던 담배를 더 깊숙이 빨더니 이리저리 왔다 갔다하기 시작했다. 10분 동안 그는 한마디 말도 하지 않았다. 마침내 그는 입을 열었다. "그자들이 한 짓을 보시오. 지금까지 고의적으로 대답을 지연해 왔소. 그리고 우리가 이미 명령을 내려서 그걸 취소할 수 있는 가능성이 없다는 사실을 안 이후에야 고작 그 대답을 보내 온 거요."

마오는 다시 한번 담배를 빨았다. "우리는 이 문제를 분석해 보지 않으면 안 될 것이오. 당신이 모스크바에 좀 가 봐야 할 것 같소"라고 그는 저우언라이에게 말했다.

마오는 저우언라이에게 스탈린이 베이징을 심각한 위험 속에 빠뜨렸다는 것을 이야기할 필요가 없었다. 김일성이 남한을 선제 공격할 것이라는 정보를 스탈린이 알려 주지 않음으로써 베이징에 이중으로 골탕을 먹였다면, 이것은 삼중의 속임수였다. 중국으로 하여금 한국전 참전은 소련군이 공중전을 책임지고 중국군이 육지전을 책임지는 공동의 모험이라고 믿게 함으로써 스탈린은 중국을 돌아올 수 없는 길로 꾀어 들였다. 중국이 이 시점에서 철회하면 위신이 엄청나게 손상될 판이었다. 중국은 어마어마한, 자칫 잘못하면 치명적인 손실을 입을 수 있는 상황에 직면해 있었다. 마오와 저우언라이의 마음속에서는 스탈린의 행위가 고의적이었다는 것이 의심의 여지가 없었다. 중국을 파멸시킬 수도 있는 미국과의 전쟁에 마오를 밀어 넣으려는 것이 스탈린의 목적이었다. 스탈린이 무슨 말을

하더라도 이렇게 결론을 내릴 수밖에 없었다.[35]

나중에 어떤 사람들은 이 일을 마오의 경력 가운데 가장 불길한 순간이었다고 말했다. 이틀 동안 마오는 가장 가까운 측근들과 이 상황을 의논했다. 마침내 그는 저우언라이를 모스크바로 보내는 한편 당분간 한국작전을 보류하기로 결정했다.[36]

1949년부터 50년 사이에 마오가 모스크바에서 스탈린과 회담할 때 통역을 맡았던 선임 통역사 스저가 저우언라이를 수행했다. 신병 치료를 위해 모스크바로 잽싸게 떠났던 린뱌오가 회담에 합류하기로 협의가 되었다. 저우언라이는 공중지원뿐만 아니라 군사 장비, 탄약, 수송, 그리고 재원까지도 필요하다는 것을 역설할 예정이었다.

10월 11일 저우언라이와 스탈린과의 첫 번째 만남에서, 소련의 독재자 스탈린이 공중지원에 대해서는 확고 부동한 입장을 고수할 것이라는 사실이 명백해졌다.[37] 스탈린은 결심을 굳히고 있었으며 그 결심을 바꿀 수 있는 희망이 전혀 없었다. 저우언라이는 스탈린이 중국군의 참전 전망 때문에 심한 혼란 상태에 빠져 있다는 인상을 받았다. 스탈린은 인천 상륙이 김일성의 운명을 결정지었다는 결론을 내렸다. 스탈린은 압록강 저쪽으로 후퇴하여 중국 영토인 만주에 망명 정부를 세우는 것이 김이 할 수 있는 최선의 일이라고 주장했다.

그는 중국이 참전하게 되면 미국과의 전면전이 벌어져 미국이 중국 본토를 공격하는 결과를 야기시킬 것이라고 경고했다. 비행기와 관련해서는, 중국군 비행사를 훈련시키고 중국에 소련 비행기를 제공한다면 자기도 기쁠 것이라고 말하면서 그 비용은 물론 중국측이 부담해야 한다는 것이었다.[38] 그는 충고조의 권고를 하나 했다. 중국이 침공할 경우 소규모 작전이라면 미국의 중국 침공을 야기시키지는 않을 것이라면서 병력을 소규모로 하라는 것이었다.

저우언라이는 마오에게 논의에 대한 보고서를 보냈다. 그는 소련의 원조를 기대하기란 현실적으로 불가능하다고 말했다. 사흘 동안 마오는 잠을 이루지 못했다. 그는 수면제를 두 배로 복용했다. 아무 도움도 되지 않았다. 사람들은 그가 혼잣말하는 것을 들었다. "스탈린, 스탈린! 사회주의 국가들은 당신을 바라보고 있소. 그들은 당신의 도움을 기다리고 있단 말이오. 그리고 당신은 공군력을 풀어놓으려 들지 않으니, 만약 중국이 군대를 철수하면 김일성이 뭐라고 하겠소? 우린 모두 피로 묶인 혈맹국인데, 인민들이 전멸당하고 있는데 어떻게 말없이 바라만 보면서 그들을 구하려고 애쓰지 않을 수가 있단 말이오?"

한 중국인 관찰자의 회고에 따르면, 마오는 마지막으로 담배 한 대를 피우더니 마음을 정하고는 그의 침실에서 사라졌다고 한다. 공중 엄호가 있건 없건 중국은 계속 나아갈 거라고 그는 마음을 정했다.[39] 10월 13일 밤에 마오는 김일성에게, 중국은 그를 도우러 가겠다는 약속을 존중할 것이라는 내용의 메시지를 보냈다.[40]

저우언라이는 모스크바를 떠날 준비를 하고 있었다. 그가 맡은 임무는 실패였다. 10월 13일 저녁 그는 마오의 전보를 받았다. 그는 그 메시지를 유심히 읽는 동안 놀라움과 더불어 팽배하는 자부심을 느꼈다. 중국은 싸울 것이다!

그는 이미 전화로 스탈린에게 작별 인사를 했었다. 이제 그는 다시 스탈린의 크레믈린 사무실에 모습을 나타냈다. 스탈린은 깜짝 놀라며 말했다. "오늘 아침에 작별 인사를 했다고 생각하고 있었는데요."

저우언라이가 이렇게 대답했다. "마오로부터 전보를 받았습니다. 우리의 중앙위원회는 가능하면 신속하게 한국에 군대를 파견하기로 결정했습니다."

그러자 스탈린은 잠자코 있었다. 저우언라이는 중국의 이러한 결정이 중국 인민의 희생과 유혈을 의미한다는 걸 스탈린이 어떻게 모를 수가 있겠는가 하고 속으로 생각했다.

마침내 스탈린이 입을 열었다. 저우언라이는 그가 혼잣말을 하고 있다는 느낌을 받았다. "그러니까, 결국 중국 동지들은 정말로 잘 되었군요. 그들은 정말 잘 되었어요." 스탈린은 놀란 것이 분명했다. 그는 무슨 생각을 했을까? 그는 중국에 대한 미국의 공격 가능성과 마오가 당할 철저한 재앙을 예상하고 있었을까? 미로처럼 복잡한 스탈린의 마음을 읽어 낸다는 것은 불가능했다. 분명하고 명백한 것은 마오가 스탈린의 유혹적인 요구를 받았고, 그것을 뛰어넘었다는 사실이다.

10월 16일 이전에 펑더화이는 다시 안둥에 돌아왔고, 오후 7시 해질 무렵 그의 최초의 부대들과 압록강을 건넜다. 만사가 순조롭게 진행된다면 엿새 후엔 북한에 4만 병력이 들어올 것이었다. 그와 마오는 상징적으로 소규모의 병력만을 보내는 것이 좋겠다는 스탈린의 충고를 무시한 채, 안둥의 다리들이 파괴되지 않고 건재하는 동안 병력이 압록강을 건너도록 하는 데 최선을 다하기로 결정했다. 펑은 4개 군단과 3개 포병사단인 도합 25만 병력을 일차로 강을 건너게 했으며, 미군들이 이러한 상황을 탐지하기 전에 병력을 6개 군단으로 증강시켰다. 이로써 그는 제일선에 배치된 연합군 13만 병력과 맞설 수 있는 35만 병력을 얻게 되었다. 그는 만약 교량들이 파괴되더라도 초전에서 승리할 수 있는 충분한 병력을 압록강 남쪽에 배치시켜 두었다.[41]

수만 명 이상의 인민해방군 병사들이 북쪽으로 밀고 나아갔다. 상하이와 베이징에서 북쪽으로 가는 기차들은 모두 군인들로 꽉 차 있었다. 펑의 부하들은 맥아더의 무선 통신을 감시했다. 중국군의 중요한 군사이동이 무선으로 탐지되었다는 어떠한 교신이나 신호도 없었다. 스탈린이 있건 없건 상관없이 중국의 북한에서의 모험적인 군사작전은 진행중에 있었다.[42]

13. 11월의 어느 화창한 하루

1950년 11월 북한의 날씨는 구질구질했다. 으스스하고 구름이 낮게 깔려 있었으며, 안개가 끼고 가랑비와 눈과 진눈깨비가 내렸다. 전투 조건이 이보다 나쁘기도 어려웠다. 트럭들은 얼고 있는 진흙탕 속에 빠져 꼼짝도 하지 않았으며, 탱크들은 산의 절벽 쪽으로 미끄러졌다. 지상군에 대한 공중 엄호가 없었으며, 시계(視界)가 너무 낮아 정찰기나 전투폭격기가 뜰 수 없었다.

중국군의 목적을 위해서는 더 이상 좋을 수가 없는 최선의 조건이었다. 펑더화이는 11월 초까지 북한에 35만 중국군 병력을 투입할 수 있었다.[1] 그 때 미국 정보부대는 압록강 남쪽에 중국군 병력이 1만이 채 못된다고 추산했다. 칠흑 같은 어둠과 안개를 틈타 펑더화이는 미군에게 공격을 개시할 지점을 선정할 수 있었다.

맥아더 장군의 격분에 의해 '일을 끝내도록' 자극받은 미군들은 좋아 날뛰며 북진하고 있었지만 선발 수색대는 거의 적을 발견하지 못했다. 맥아더는 소위 '집중 압축 포위작전'으로 전쟁을 끝장내는 것이 자기 부대의 사명이라고 선언했다.

11월 중순까지는 맥아더가 중국군이 북한에 있다는 것을 알았음은 사실이다. 그러나 맥아더는 얼마나 많은 숫자인가는 계산해 낼 수 없었다. 10월에 중국군이 모습을 나타내더니 남한 군인 일부와 미군 두세명을 피로 물들인 다음 사라져 버렸다. 나중에 중국군은 이것이, 적군 병력이 압록강으로 접근하지 못하게 하는 일을 자기들이 매우 중요하게 여긴다는 것을 미군들에게 보여주기 위한 '경고'였다고 설명했다. 맥아더는 이러한 양동작전을 이해하지 못했다. 맥아더는 중국군이 자취를 감추었을 때 압록강까지 밀어붙일 길이 열려 전쟁을 끝낼 수 있다고 생각했다.

추수감사절이 다가왔을 때 맥아더의 확신은 높았다. 그는 개인 전용 비행기를 타고 압록강 상공을 건너가 상륙, 부대원들에게 크리스마스는 고국에서 지내게 될 것이라고 이야기했다.

바로 이 때 중국군의 새 사령부대 한 분견대가 조심스럽게 압록강에서 남쪽을 향해 내려오고 있었다. 그 중 한 사람은 영어를 할 줄 아는 통역사였다. 그는 미군 라디오 방송을 청취했고 맥아더의 방송내용을 듣고는 자신이 귀를 의심하지 않을 수가 없었다. 맥아더는 수십만 명의 중국 군 병사들이 북한에 들어간 사실을 몰랐다는 말인가? 또 중국군이 가능하면 24시간 이내에 미군에게 엄청난 타격을 입히기 위해 군사배치를 한 사실도 몰랐다는 말인가?

그 중국군 분견대가 제13군 소속 군단의 사령부에 도착했을 때 아주 사소한 주의조차 기울이는 사람도 없었다. 사령부가 총격을 받은 것처럼 보였다. 마침내 그 통역사는 한 친구들 발견했는데, 바로 그 친구가 어떤 일이 일어났는가를 설명해 주었다.

추수감사절 다음 날 사령부에 있던 병사들은 사기충천해 있었다. 그들은 맥아더가 자랑스럽게 떠벌리는 소리를 들었다. 몇 주 동안 가랑비가 뿌리다가 마침내 햇빛을 볼 수 있었다. 그날은 거의 향기로운 느낌이 들 정도였다. 그들은 맥아더가 모르고 있는 사실, 즉 다음 날인 11월 25일 중국군이 일격을 가하게 될 것이라는 사실을 알고 있었다. 완벽한 기습작전이 될 것이 분명했다.

사령부는 옛날에는 금광이 있었던 곳으로 압록강 남쪽과 청천강 북쪽에서 약간 떨어진 곳에 있었다. 그곳의 오래된 동굴들은 미군의 폭격기들로부터 폭격을 당하지 않게 보호해 주는 아주 훌륭한 피신처가 되어 주었다. 그러나 날씨가 매우 좋아서 모두 햇빛을 즐기려고 동굴 밖으로 나왔다. 그 통역사의 친구는 바깥에 나와 앉아서 이발사에게 머리를 내맡기고 있었다. 그 때 사고가 일어났다. 미군 폭격기 한 대가 공중에서 그 지역을 공습했다. 기관총이 나오더니 낮은 곳으로부터 기총소사를 해댔다. 중국군들은 몸을 숨길 시간이 없었다. 사상자 수는 많지 않았지만, 사망한 세 장교들 중의 하나는 마오쩌둥의 아들 마오안잉이었다. 그의 나이 스물여덟이었다. 사령부가 발칵 뒤집혔다. 안잉이 배속받은 지는 이삼 주일밖에 되지 않았다. 그는 마오의 살아 있는 자식들 가운데 장남으로서, 마오가 사랑하던 첫 아내 양카이후이와의 사이에 난 아들이었다. 그는 키가 아버지만 했고 어머니처럼 활달했으며, 핸섬했다. 얼굴은 달처럼 둥그스름한 것이 아니라 갸름했고, 물결치는 기다란 검은 머리카락에 매력 있는 미소를 머금고 있었다. 그는 아버지를 좋아했지만 솔직했고 우상 숭배자가 아니었다. 마오를 우상시하는 개인숭배에 대해 자기 마음을 숨김없이 이야기할 정도로 용감하기도 했다.

중국인들은 모두 다 안잉의 이야기를 알고 있었다. 1927년 게릴라 대장으로서 징강산으로 갈 때 마오는 창사에 아내와 어린 아들 셋을 남겨두고 떠났다. 1930년 10월 국민당군은 카이후이와 여덟 살 먹은 안잉을 붙잡아서 감옥에 집어넣은 뒤 카이후이한테서 자백을 받아 내려고 고문했지만 성공하지 못했다. 어머니를 고문하는 동안 그는 그냥 바라볼 수밖에 없었다. 1930년 11월 14일 카이후이는 창사에서 처형당했다. 국민당군이 어린 안잉으로 하여금 자기 어머니가 죽는 것을 지켜보도록 했다고 말하는 사람들도 있다.[2]

이삼 주일 후에 안잉은 석방되었다. 그는 창사의 외곽에 있는 빤창으로 갔다. 그곳에는 그의 외할머니와 카이후이의 동서 리충더가 살고 있었다. 그의 동생들은 이미 그곳에 와 있었다.

1931년 1월 하순 마오의 동생 쩌민(澤民)이 세 아이를 상하이로 보내 그곳에서 당의 자녀들, 특히 부모가 살해당한 아이들을 위해 지하단체에서 운영하고 있는 유치원에 입학시키는 것이 어떻겠느냐고 묻는 전갈을 보내 왔다.[3]

그 아이들은 리충더에 의해 상하이로 보내졌다. 빤창을 떠나기 전 날 저녁에 그녀는 아이들을 데리고 카이후이의 묘소로 갔다. 마오는 카이후이가 안장되었는지, 그리고 비석을 세웠는지를 알아보기 위해 몇 사람을 창사로 보냈었다. 어머니의 무덤 앞에서 리는 아이들에게 "너희들이 장성하거든 이 사무친 증오와 원한을 기억하라"고 말했다.[4] 그 아이들은 그녀가 한 말을 한시도 잊은 적이 없었다. 그것은 신성한 맹세였다.

그 아이들은 다퉁(大同) 유치원에 들어왔다. 그러나 그 해가 지나기 전에 장제스의 비밀경찰이 급습하여 선생들을 체포하였으며, 그 아이들은 거리로 내쫓겼다. 그 개구쟁이들은 거리에서 구걸하는 거지 신세가 되었다. 한때 그들은 버려 둔 한 사원에서 생활하면서 "이야기를 들려드릴게요. 힌 푼 주세요."하는 암호를 만들어 썼다.[5]

둘째 아들 안칭의 회고담에 따르면, 가장 어린 안룽은 알 수 없는 병으로 갑작스레 죽었다고 한다. 마침내 당에서 살아 남은 두 소년을 찾아내 그들을 옌안으로 몰래 데려온 다음 모스크바로 유학을 보냈다. 안잉은 근면하고 머리가 뛰어난 능력 있는 학생이었다. 그는 러시아어를 자유자재로 구사했으며 중국어를 읽고 쓰는 법을 배웠다. 그는 그의 조국에서는 전혀 교육을 받지 못했던 것이다.

아이들이 모스크바에서 돌아오자 마오는 안잉을 시골에 보내 중국 농민의 삶을 배우도록 했다. 그는 아이들을 그의 고향 후난에 보낼 생각도 했으나 안칭의 건강이 위험했다. 안칭은 몇 년 동안 정신박약 증세로 시달렸는데, 그건 상하이 거리에서 구걸하다 머리를 맞아서 그랬을 수도 있다.

안잉은 아버지가 낸 시골생활 시험에 통과했다. 그는 옌안으로 돌아와서 마오가 빼내 갈 때까지 그곳에 머물렀다. 마오와 안잉의 관계는 원만하지 못했다. 마오는 고압적으로 요구했다. 안잉이 푸라는 아가씨와 만나 사랑에 빠져 그녀와 결혼하기를 원하자 마오는 그의 청을 전혀 들어 주지 않으려 했다. 그는 안잉에게, 예쁜 얼굴에 매력을 느끼는 것은 잘못된 일이 아니지만, 그렇다고 결혼할 필요는 없다고 이야기했다.

마오의 경호원들은 안잉에게 동정을 느꼈다. 어느날, 경호원 중 한 사람이 안잉과 함께 앉아 암탉을 쫓는 수탉을 구경하고 있었다.

"보세요, 수탉조차도 암탉을 찾기를 원하잖아요. 난 벌써 스물다섯이란 말이에요"라고 안잉이 말했다.[6]

1948년 안잉은 류숭린(劉松林)이라는 젊은 아가씨를 만났다. 그녀는 국민당에 의해 살해당한 산둥성의 당 지도자 류첸추(劉謙初)의 딸이었다. 류숭린은 열여섯밖에 되지 않았고 안잉보다 열 살 아래였다. 마오는 안잉이 그녀 나이가 열여덟이라고 하자 격노했다. 거짓말이라면서 그는 소리를 버럭 질렀다.[7]

마오는 안잉과 류숭린의 관계에 대해 몹시 까다롭게 굴었다. 언젠가 그의 경호원 리인차오는 마오가 공포의 이반 황제처럼 자기 아들을 때려죽이지 않을까 염려했다. 결국 마오는 분노를 가라앉히고 류숭린을 좋아하게 되었다.

안잉은 1949년 9월 아버지에게 류와 결혼할 것이라고 이야기했다. 결혼식은 검소하게 치를 예정이었다. 그들은 돈을 써야 할 계획은 세우지 않았으며, 마오는 그들에게 만찬회를 마련해 주겠다고 했다. 그는 류숭린의 어머니 장원치에게 자기가 비용을 부담하겠다는 이야기를 전하라고 말했다. 그 한 쌍의 남녀는 마오에게 초대할 손님 명단을 내놓았다. 그들은 '덩 엄마(저우언라이의 아내 덩잉차오)'와 '캉 엄마(주더의 아내 캉커칭)'를 초대했었다. 마오는 저우언라이와 주더도 초대해야 한다고 말했다. 그는 그들이 류사오치와 류의 아내 왕광메이를 초대하지 않았다는 것을 알아차리자 "그들에게 전화를 해서 내가 정성들인 만찬은 아니지만 화기애애한 만찬을 준비한다고 말하렴"하고 말했다.

마오는 안잉에게 결혼 예물로 묵직한 겨울 오버코트를 선물했다. 그는 신혼부

1949년에 아들 안잉과 함께 있는 마오.
안잉은 1년 후 한국전쟁에 중공 '의용군'으로
참전했다가 미군의 폭탄에 맞아 전사했다.

중난하이에 위치한 마오의
궁궐 국향서옥에 있는
마오쩌둥의 침실 서재.
이곳은 1976년 마오의 사망 후
일반에게 공개되면서
변경되었다. 마오의 생전에
이곳을 알고 있었던 사람들은
마오의 침대가 훨씬
더 컸으며, 그 옆면이
소파와 책더미들과 접해
있었다고 말한다.

부에게 겨울에도 그 옷을 덮고 잠을 잘 수 있을 거라고 말했다. 장칭과 장 부인은 그들에게 베개 두 개를 주었다.[8]

나중에 어떤 사람들은 장칭이 안잉의 편을 들었기 때문에 안잉과 그의 아버지 사이의 관계를 더욱 어렵게 만들었다고 말하기도 했다. 이 말이 사실이라는 것을 증명하기는 어려운데, 안잉이 나이를 먹어 가면서 장칭에게 분개했기 때문이다. 그는 장칭이 자기 친모나 첫 번째 계모인 허쯔전의 자리를 계승하는 데 어울리는 여자라고 생각지 않았다. 장칭은 마오와 안잉의 다툼 밑바닥에는 친화력이 깔려 있다고 느꼈기 때문에 그들이 주변에 있으면 신경질을 냈다. 마오의 경호원들은 마오가 아들보다 자신들과 더 가깝다는 사실에 당혹스러워 하는 것처럼 보였다.[9]

안잉이 어떻게 한국에 배치되게 되었는가에 대한 정확한 사정은 알려져 있지 않다. 그가 지휘하는 부대가 그곳에 주둔하도록 명령을 받았다고 보는 것이 가장 개연성이 크다. 이 무렵 그는 이미 인민해방군 한 연대의 지휘관이었다. 일찍이 그는 소련 적군(赤軍)과 함께 중위로 일한 적도 있었다. 장칭은 마오에게 그의 아들을 한국에 보내지 말라고 졸라댔다. 마오는 완강했다. "만약 그가 안 가면 다른 누군가가 가야만 할 것이다." 마오는 자기 자식들을 특별 취급하지 말라고 강조했으며, 자식들에게도 동년배들과 똑같이 입히고, 먹이고, 살게 했다.[10]

안잉은 사령부의 한 본부와 함께 1950년 10월 중순 어느 날 압록강을 건너 한국으로 갔다. 마오는 후에 안잉을 부주의하게 위험에 노출시킨 펑더화이를 결코 용서하지 않았다고 말하는 사람들이 있었다. 이러한 주장은 전혀 근거가 없는 것 같다. 마오는 전쟁이 무엇이며, 전쟁에는 항상 죽음이 따라다닌다는 것도 알고 있었다. 1969년부터 70년 사이에 중소 논쟁이 한창일 때 모스크바는 마오가 고의적으로 자기 아들을 사지로 보냈다고 주장했다(또한 마오가 안잉의 어머니 카이후이를 고의적으로 포기해서 창사에서 죽음을 당하게 했다는 이유로 마오를 비난하는 내용의 말도 장황하게 늘어놓았다).

마오는 자기 아들의 죽음에 대해 한 번도 공개적인 발언을 하지 않았다. 그 사실은 몇 년 동안 비밀에 부쳐졌다. 그러나 미망인 류승린과 장칭을 포함한 가족들의 눈으로 볼 때 안잉을 잃은 것이 커다란 타격이었음은 분명한 사실이다.

마오는 때때로, 예컨대 베이징 오페라의 비극적인 장면을 보고 마음이 움직이면 금방 눈물을 흘리는 그런 사람이었다. 그는 안잉의 죽음에 눈물을 흘리지 않았다. 그가 리인차오에게 밝힌 바에 따르면, 그 비극은 헤아릴 수 없을 만큼 너무나 깊은 것이었다.[11] 마오는 안잉의 아내를 좋아하게 되었었지만, 거의 3년 동안 그는 류승린에게 안잉의 죽음을 말하지 않았다.[12] 그러나 결국 그 이야기를 꺼내면서 마오는 "그건 전쟁이었고, 전쟁은 반드시 사람의 목숨을 앗아가게 되어 있단다. 안잉이 내 아들이라는 이유 때문에 중국과 조선의 인민을 위해 죽어서는 안 되었다고 생각지는 말아라"라고 말했다. 그런 다음 "이제부터 너는 나의 장녀다"라고 덧붙였다.

나중에 마오는 류승린의 간청에도 불구하고 안잉의 시신을 중국으로 송환해 오는 것을 거부했다. 그는 결국 수십만 명의 중국인들이 조선에서 죽었고, 그곳에 묻혀 있다고 말했다. 나중에 그는 승린을 보내 남편의 무덤을 참배하도록 했다. 그 무덤은 평안남도에 있는, 소나무와 삼나무로 에워싸인 한 아름다운 언덕 위에 자리잡고 있었다.[13] 그녀는 스냅 사진을 몇 장 찍어 그것들을 시아버지에게 갖다 주었다.[14]

마오가 승린에게 이야기했듯이, 그들은 모두 한 전쟁에서 싸운 병사들이었다. 그들은 죽음에 대해 의연했다. 누구나가 가까운 친구들과 형제, 누이, 부모들을 잃었다. 마오는 형제 둘과 첫 아내, 안잉, 그리고 사촌과 조카 한 명 등 가족 여섯 명을 잃었다.[15]

마오와 다른 지도자들, 즉 주더, 저우언라이, 펑더화이, 그리고 덩샤오핑은 죽음은 혁명의 대의를 위해 필요하고 가치 있는 희생이라는 소위 강철 철학의 믿음으로 이 상실의 고통을 견뎌 냈다. 만약 그들이 죽음을 두려워한다면 혁명은 할 수 없을 것이다.

그들은 태평천국의 난 때 장발적들이 그랬던 것처럼 죽으면 곧바로 승천하여 영생을 얻는다고 믿지는 않았다. 그러나 전쟁에서 죽은 모든 사람은 남녀할 것 없이 순국열사의 판정을 받았고, 동상과 기념관은 그들을 기리기 위해 세워졌다. 목숨은 버렸지만 결코 헛되이 버린 것은 아니었다. 그러나 이것은 잔인한 신조였으며, 결코 모든 사람이 따를 수 있는 것은 아니었다. 이러한 손실을 살아 남은 자들은, 안잉과 안칭의 숙모가 그들 어머니의 무덤에서 그들에게 맹세하도록 시켰듯이, 그 맹세에 의해 스스로 결의를 굳게 다졌던 것이다. 적에 대한 증오심이 양심의 가책을 느끼지 않고 적을 죽일 수 있도록 해 주었다. 그들은 오직 이처럼 마음속 깊은 정신적 충동으로부터만 길게 늘어선 아군의 시체와 적군의 시체를 뒤에 남겨 둔 채 그토록 자주 군벌들의 목을 치고, 나중에는 거의 아무나 '인민의 적'으로 판결하면서 중국 전역을 진로대로 헤치고 나아갈 수 있었다.

안잉의 목숨은 한국전쟁에서 목숨을 잃은 45만 내지 50만 중국 전사자들 중의 하나에 불과했지만, 특별한 희생이었다.[16] 그 전쟁에서 죽은 한국인의 수는 약 2백만 명으로 추정되며, 미국인 사상자 수는 사망자 5만 4천 명을 포함해서 약 15만 7천 명이었다.

중국의 군사적 소실은 매우 컸다. 항일전쟁과 내전에서의 사망자 수를 초과했을 수도 있다. 그리고 그들은 질적으로도 중요했다. 포병부대가 부족하고 대공방어가 전혀 없었기 때문에 중국군은 적을 압도하기 위해 거듭해서 '인해 전술'을 사용했다.

특히 전쟁 초기 단계에는 인해전술 공격이 매우 효과적이었다. 그러나 그 대가를 엄청나게 치렀다. 일부 선두 부대는 전멸했다. 펑더화이는 전체 사단을 반복해서 교체할 수밖에 없었는데, 그 사단 중 일부는 인민해방군 중 최정예 부대였으며 가장 거칠게 전투를 하는 대대들도 있었다. 전쟁이 진정 국면에 접어들어 소규모 충돌만이 이따금씩 있었던 1952년까지 중국군은 결코 신속하게 회복할 수 없는 대가를 치렀다.

주더, 녜룽전, 린뱌오, 그리고 그 밖의 다른 지휘관들이 인민해방군의 상태에 관해 이야기한 모든 것, 재편성과 재장비의 필요성이 두 배 또는 세 배로 되어 갔다. 중국군은 미국과 휴전 때까지 싸웠다. 그러나 목숨을 잃은 지휘관들과 병사들의 수, 일급 사단들과 장비의 손실은 놀랄 만한 것이었다.

전술과 신중한 작전, 그리고 약간의 행운 덕분에 덩샤오핑과 류보청은 거의 전투를 하지 않고 1951년 가을 티베트를 점령할 수 있었다. 덩샤오핑이 1951년 10월 1일 톈안먼에서 거행된 중국의 개국 기념 국경일 행사에 참석하기 위해 베이징에 왔을 때, 그는 이 업적으로 마오의 축하를 받았다.

그러나 1949년 마오의 제일 우선 과제였던 타이완 침공은 다른 문제였다. 이것은 보류되어 왔으며 그 후 40년이 지나는 동안에도 여전히 보류상태로 남을 것이었다. 마오가 이 작전 개시를 연기한 것은 한국전쟁에서 입은 인민해방군의 막대한 손실 때문만은 아니었다. 미국 제7함대라는 장애 요인, 그리고 트루먼 대통령이 타이완 상공에 쳐 놓은 보호막도 마오를 주춤거리게 했던 것이다.

한국전쟁 이전이라면 마오는 현실적으로 타이완을 침공해서 무력으로 점령할 계획을 세울 수가 있었을 것이다. 그 당시에는 타이완이 미국의 방어지역에서 특별히 제외되어 있었다. 트루먼 대통령은 미국이 타이완을 방어하기 위해 개입하지는 않을 것이라고 장제스에게 경고했었다.

그러나 한국전쟁 이후에 타이완은 완전히 미국의 정식 동맹국이 되었으며, 제7함대가 침략을 받아넘기기 위해 배치되었다. 타이완을 삼키려는 모든 계획은 사라져 버렸다.

마오가 한국전쟁에 모험적인 참전을 함으로써 지불했던 대가는 이것에 그친 것이 아니었다. 중국이 참전한 이후 미국과 그 동맹국들에 의해 엄격한 통상 금지가 부과되었다. 이로써 중국은 정상적인 무역통로를 완전히 차단당했으며 경제발전이 방해받았고 기술이전에 큰 지장을 받게 되었다. 그 금지령은 그로부터 20

년 뒤 닉슨 대통령이 중국을 방문할 때에도 여전히 유효한 상태였다. 외교적인 고립문제도 있었다. 중국은 서방세계로부터 국교를 단절당했으며, 소련에 대한 편협하고 완고한 의존관계로 되돌아갈 수밖에 없었다. 마오는 이 답답한 관계를 싫어했지만 별 도리가 없었다. 중국의 세계는 협소해졌다. 마오가 무엇보다 먼저 떠올린 생각은 틀림없이 자주 국방, 그리고 소비에트 동맹국을 신뢰할 수 있는가 없는가 하는 문제였을 것이다.

몇 가지 긍정적인 현상들이 나타났다. 전투시에 보인 중국의 잔인성 때문에 미국은 군사 행동을 중단했다. 합동 총참모장들은 맥아더가 했던 것처럼 그렇게 경솔하고 우발적인, 터무니없는 모험은 결코 하지 않을 것이었다. 나중에 베트남 전쟁이 보여주게 되었듯이, 중국의 개입 위협(결코 있을 법하지는 않지만)을 미국이 군사적으로 최우선으로 생각하는 주요 변수가 될 것이었다. 판다곰이 용의 수염을 뽑는 공연한 짓을 다시는 하지 않을 것이다. 마오에게 이것은 일종의 안전 담요였다.

한국전쟁 동안 중국에 있었던, 어느 당파에도 속하지 않은 중립적인 한 소련 분석가는 중국에 플러스가 되는 또 하나의 유리한 측면을 보았다. 그 전쟁은 마오에게, 애국주의의 토대 위에서, 중국인을 한데 모아 아직 시험받지 않은 새로운 혁명정권을 지지하도록 할 수 있는 비할 바 없이 좋은 기회를 부여했다는 것이다. 이 관찰자는 투쟁중에 이루어진 애국적 일치단결은 마오가 나라를 하나로 통일하는 데 엄청난 도움이 된다고 느꼈다. 이것이 수많은 적대적 요소들을 완화시켜 주었으며, 그렇지 않았더라면 그 적대적 요소들이 계속 장제스를 지원했을지도 모를 노릇이다. 또한 이러한 일치단결은 군부를 하나로 통합하고, 초기 단계에 있는 지역주의 시도들을 제지시키는 데도 도움이 되었다.

그러나 경제적인 측면에서 보면 중국의 엄청난 손실은 물론, 경제 발전상의 차질을 상쇄할 만한 긍정적인 점은 충분하지가 못했다. 20년 뒤인 1972년 닉슨이 중국을 방문했을 때 중국은 여전히 적대적인 세계 속에 살고 있었으며, 신생 제3

세계 국가들과의 약한 결속, 그리고 소련과의 예측할 수 없는 다툼 때문에 그 힘이 제한되어 있었다.

한국전쟁의 또 하나의 유산은 제3선이라는 애매모호한 명칭아래 위장시켜 마오가 벌인 엄청난 규모의 사업이었다. 이것은 외부세계에는 전혀 알려지지 않았으며 대부분의 중국인들에게조차 비밀에 부쳐진 사업이었다. 마오는 한국전쟁 시작 직후 제3선 사업에 착수했다. 심지어 그 자신조차도 그 사업의 규모와 비용, 또는 실현 가능성에 대해 단지 희미한 생각밖에 갖고 있지 못했다. 그러나 그는 최우선 과제로 그 일을 시작하라고 명령했다. 만약 그 계획에 실행에 옮겨지면—그는 그렇게 되리라고 믿었다.— 마오가 엄청난 두려움과 공포심을 품고 있던 세력인 미국이 신생 독립 인민공화국에 공격을 시작하더라도 살아 남을 수 있는 가능성을 주게 될 것이다. 그는 소련이 어느 정도 보호해줄 것을 희망했지만, 중국의 방위는 근본적으로 중국인이 떠맡지 않으면 안 될 책무라는 것을 알았다.

만약 그의 계획이 성공한다면, 중국은 미국의 원자폭탄의 악몽으로부터 무분적이나마 안전할 것이었다. 마오가 미국을 공공연하게 종이 호랑이라고 불렀음에도 불구하고, 그는 그 호랑이가 세계에서 가장 위험한 독 이빨을 소유하고 있다는 사실을 알았다.

중국의 생명을 구하는 그 계획의 총지휘자로 마오는 덩샤오핑을 선발했다. 마오는, 덩 이외에는 다른 어느 누구도 그 일을 할 수 없으며, 또 신속하게 해내지 못할 것이라고 생각했다. 마오는 치러야 할 대가에 대해서는 전혀 신경 쓰지 않았다. 나라의 존망이 달린 문제라면 가격을 깎으려고 옥신각신하지 않는 법이다. 제3선 문제가 점차 커져서 중국 전역에 헤아릴 수 없는 그림자를 드리우리라고는 그 당시 마오도, 덩도, 그 어느 누구도 까맣게 모르고 있었다.

14. 덩이 그의 최대사업을 붙들고 늘어지다

덩샤오핑은 마오가 그의 손에 맡기려고 준비하고 있는 일들을 해낼 수 있는 특유한 자질들을 갖추고 있었다. 그는 마오의 국토의 거의 3분의 1인 서남 지역 총독이었으며, 1백만 평방 마일이나 되는 광활한 이 지역을 어느 누구보다도 잘 알고 있었다. 중국의 '거친 서부'는 사실상 그의 본거지였다. 그는 서남부의 대도시 충칭에서 70마일밖에 떨어져 있지 않은 쓰촨성의 북쪽 마을에서 태어나 자랐으며 그곳에서 학교도 다녔다. 그는 쓰촨의 수도인 청두도 역시 잘 알고 있었는데, 그곳에는 그와 연줄이 있는 사람들과 친척들이 많이 살았다. 그의 가문은 결국, 몇 세대에 걸쳐 쓰촨 북부지역의 유지였었다.

덩이 중국의 이 지역을 여러 해 동안 보지 못했다는 건 사실이었다. 그러다가 그와 류보청은 1949년 소탕작전을 시작했으며, 그런 다음 그는 서남부 전역의 책임자로 임명을 받았던 것이다. 덩은 1916년 고향을 떠난 이래로 고향에 돌아가지 않았었다. 무슨 까닭에서인가 그는 자신의 출생지를 기피하는 것 같았다. 어쩌면 그가 출생지에 대해 불쾌한 기억을 가졌기 때문이었는지도 모른다.[1] 그러나 그는 친구들과 친척들을 통해 그곳 사정을 세밀하게 알고 있었다. 즉 그곳 사람들이 무엇을 느끼는지, 또 내전이 궁핍과 중압감을 줌으로써 고향이 기아 상태에 빠져 있으며 낙후되어 있다는 사실도 알고 있었다.

마오는 덩을 서남부 지역의 총독으로 임명할 때 그의 특별한 자질들을 알고 있었다. 그래서 특별한 사업인 제3선 계획을 진행시키는 책임자로 덩을 선정할 마음을 품고 있었다.

덩은 총독 역할을 맡은 서남부 지역을 동분서주하며 뛰어 다녔다. 그가 묘사한 바대로 서남부 쪽은 "사회가 황폐하고, 경제가 몰락하여 인민들이 비참한 생활"을 영위하는 조건이 열악한 지역이었다. 이것은 오랜 세월에 걸친 군벌들의 통치와 비적들, 약탈을 일삼는 국민당 비정규군들, 비밀결사의 음모들, 그 지역의 정치 깡패들, 지역 파벌 싸움, 전반적인 무정부 상태, 그리고 끊임없는 전쟁의 산물이었다.[2]

덩은 서남부의 유산과 그 잠재력을 알고 있었다. 그는 자기와 류보청이 이끌면서 사막들과 여기저기 동굴들이 산재한 산들을 건너온 제2야전군의 강점과 약점을 알고 있었을 뿐만 아니라, 산들과 히말라야 산맥으로부터 억수같이 내려오는 급류의 강들, 온갖 것을 덧대어 기운 듯한 지형지세도 잘 알고 있었다.

덩은 인민해방군이 자신의 제2군과 마찬가지로 거의 싸울 준비가 되어 있지 않고, 노후한 장비와 과로에 지친 부대들과 탄약, 보급품의 부족으로 고통을 당하고 있음을 알았음에도 불구하고 마오쩌둥이 한국전쟁 참전 계획을 세우는 데 물심양면으로 지원을 아끼지 않았었다. 따라서 자신이 새로 부여받은 과제에 이미 자신의 유명 상표가 되어 버린 엄청난 정력으로 혼신의 힘을 다 쏟을 이유는 그만큼 더 컸었다.

우선 그는 지체없이 서남부의 평정 작업을 완수하지 않으면 안 되었다. 그는 마오 자신과 주더가 징강산의 견고한 요새에서 장제스에게 저항했던 것보다 더 완강하게 멀리 떨어진 산꼭대기들에서조차 여전히 버티고 있는 국민당 잔당들의 소굴을 깨끗이 쓸어 내야만 했다. 티베트는 아직도 그 자신과 류보청의 책임이었다. 그들은 되도록 신속하게 최소병력으로 티베트를 장악하여 중국의 세력권 안에 두어야 했다. 만약 티베트를 평화적으로 손아귀에 넣을 수 있다면, 그건 큰 보너스가 될 것이었다.

나중에 그 자신이 발언했듯이, 덩이 서남부 지역에서 해내야 했던 일들은 막 해방된 서로마 제국에 새로운 생명을 창조하는 일에 못지않을 '기념비적인' 것이었다.[3] 그러나 덩이 새로운 비밀사업인 제3선을 떠맡음으로써 그러한 일들은 위축되었다.

마오는 한국전쟁이 어느 때라도 중국 본토에 대한 미국 공격의 도화선이 될지도 모른다는 느낌을 갖게 되었다. 그는 미국 공격이 도쿄와 베를린을 무너뜨렸을 때처럼 필시 전격 기습의 형태를 띨 것이라고 믿었다. 원자폭탄에 의해 베이징, 상하이, 우한, 충칭, 톈진 등을 위시하여 다른 대도시들도 철저하게 파괴되어 버릴 수가 있다. 중국은 이렇다 할 만한 공군력도, 최신형 방공포도 없으므로 도시들과 주민들은 그대로 당할 수밖에 없다. 경악할 정도의 재해와 인명 피해가 있을 것이다. 마오의 이러한 두려움들이 덩에게 낱낱이 전달될 필요가 없었다. 그는 한국전쟁이 중국에 치명적인 위험을 가져다 주었다는 것을 알고 있었다.

마오가 전체적인 위험 상태에 직면하여 미국의 핵공격으로부터 중국을 보호하려는 계획을 세운 것은 아니었다. 그러나 그러한 계획을 실행하면 중국이 어느 정도 살아 남을 가능성이 있을 것 같았다. 그 계획은 항일전쟁에서 중국이 얻은 경험에 바탕을 두고 수립되었다. 장제스는 수도를 난징에서 충칭으로 옮길 수밖에 없었다. 양쯔강이 바라보이는 가파른 절벽 위에 위치한 충칭은 내륙 깊숙이 자리잡고 있어서 일본 지상군의 갑작스런 공격과 공군의 공격을 거의 받지 않을 수 있었다. 수도를 충칭으로 옮긴 덕분에 장과 그의 국민당 정부는 일본군이 중국의 주요 도시들과 해안 지방들을 점령했음에도 불구하고, 살아남을 수 있었다.

충칭은 1945년까지는 전쟁을 수행하거나 180만 명에 달했던 엄청난 유입 인구를 지탱해 줄 만한 산업 자원과 군사 자원이 거의 없었다. 장은 국민당군이 전쟁을 계속할 수 있도록 충칭 내부와 주변에 군산(軍産) 복합시설을 건설하기 시작했다. 충칭에는 이미 휴대용 소형 무기 산업이 있었다. 그곳에서 몇 년 전부터 중국군의 표준 무기인 모제르 총과 가벼운 대포가 제조되고 있었다.

이제 충칭은 소총, 탄약, 기관총, 수류탄, 박격포, 그리고 중포를 생산할 수 있는 능력을 갖게 되었다. 몇몇 무기 제조 시설들은 충칭 주변과 그 외곽에 산재해 있었으며 나머지 시설들은 시골에 설치되었다. 미국이 제2차 세계대전에 참전하게 된 1941년에, 일본군이 탐지하여 폭격하는 일이 어렵도록 두세 개의 시설들은 산과 골짜기에 자리잡기 시작했다. 대여섯 개의 지하공장들이 쓰촨의 북쪽과 구이저우 동북쪽의 엄청나게 큰 동굴에 설치되었다(이곳에서는 1984년에도 여전히 일부 공장이 작동중에 있었다).[4]

마오는 대체로 장의 전례를 따르기로 결심했다. 그는 멀리 떨어진 곳에 있는 청두·충칭·구이양(貴陽) 삼각 지대를 미군의 공격에도 안전한 난공불락의 군수공장으로 바꿀 계획이었다. 그 지역은 너무나 멀리 떨어진 곳이어서 미국 지상군이 그곳까지 오기란 거의 불가능할 것이었다. 그리고 그곳은 소규모의 군사적 노력을 지탱시켜 주기에 충분할 만큼의 생산능력을 갖고 있었다.

한 가지 큰 문제가 있었다. 충칭은 양쯔강을 제외하고는 중국의 나머지 지역들과 교통수단이 없었다. 웅대하기는 했지만 현대식 군산 복합체의 중추로서는 거의 적당하지 못했다. 철도와 간선도로가 전혀 없었으며 공항도 거의 없었다. 덩은 충칭에 본부를 설치하자마자 충칭과 청두를 중국의 나머지 지역과 연결시키는 철로망을 만들어야 하는 문제에 직면했다.

덩이 떠맡게 될 가장 큰 단일 사업 계획은 충칭에서 청두까지를 철도로 연결하는 일이었다. 이 작업은 대부분 군의 철도 부설 대대에 의해 몹시 위험한 속도로 진행되었다. 믿을 수 없을 만큼 엄청나게 가파른 산들과 강의 협곡들을 뚫는 이 작업은 선진 공학의 기막힌 기술의 개가였다. 이 작업은 그 후 20여 년에 걸쳐 건설하게 될 거대한 서남 철로망의 모범이 되었다. 나중에 덩은 1952년 7월 1일에 개통된 충칭·청두선을, 중국을 중세풍의 늪으로부터 끌어내는 오랜 투쟁 중에서

14. 덩이 그의 최대사업을 붙들고 늘어지다 **195**

자신의 최초의 주요 업적이라고 설명했다. 철로 건설 작업은 2년이 채 걸리지 않았으며 나라 전체의 본보기가 되었다. 이것이 마오의 제3선의 기반을 제공했다. 제3선은 방어선이 아니라 방어선을 가능하게 해 주는 각면보루(角面堡壘)였다. 충칭·청두 건설 계획에 필적할 만한 것은 청두와 쿤밍을 연결하는 작업밖에 없는데, 이 일은 너무 힘들어서 오로지 전략적으로 특별한 중요성 때문에 중국에서나 할 수 있는, 다른 나라에서는 전혀 엄두도 못 낼 일이었다. 그것은 거의 하나의 긴 터널이나 마찬가지였다. 철도 전체 구간 1,080km에서 340km를 뚫는 어려운 작업이었다. 알프스 산맥에서조차도 터널이 차지하는 비율이 이토록 높은 곳은 찾아볼 수 없는 가상할 작업이 1970년에 완성되었다.[5]

제3선은 새로운 시설에만 국한된 사업이 아니었다. 그것은 미국의 공군력이 접근 가능한 해안 중심지와 노출된 내륙 지역으로부터 접근이 불가능한 중국의 가장 먼 지역으로 중국의 산업을 대규모로 이동시키는 계획이었다. 마오가 덩에게 맡긴 일은 캘리포니아의 하이테크 산업 전체를 1880년의 모습 그대로 있는 몬타냐의 황야에 하나도 남김없이 통째로 옮기는 작업과 같은 그런 것이었다.

마오가 마음속에 품고 있던 계획과 비견할 만한 것으로는 현대 역사에서 1941년 스탈린이 소련의 결정적으로 중요한 산업을 레닌그라드, 모스크바, 그리고 히틀러의 공격에 의해 급속하게 잠식당하던 유라시아 지역으로부터 옮기려고 했던 노력 정도밖에 없었다. 스탈린은 항공기 조립과 제조 시설, 야금 작업장 등 일부 전쟁 시설들을 우랄 산맥과 시베리아로 분산시키는 작업을 어렵사리 해냈다. 이 일은 엄청난 대가, 혼란과 분열, 그리고 고통을 야기시켰다. 그러나 현대 경제 체제의 핵심 요소들인 철강 시설, 중화학 공장, 그리고 정유단지 같은 기간 시설들을 이동하는 작업은 소련의 능력을 벗어나는 일이었다.

마오는 평화시에 이 일을 이루어 냈다. 그렇지만 소련의 자원에 비하면 아주 조금밖에 안 되는 자원으로 이 일을 해냈던 것이다. 소련은 공장들을 기존의 산업 지역에 옮겼다. 마오는 산업시설을 사람도 살지 않고 길도 나 있지 않은 황야에 옮기려고 꾀했다. 또 그는 중국의 주요 생산 공장들은 '어딘지 모르는 곳'으로 이동시키라는 명을 내렸을 뿐만 아니라, 전략적으로 중요한 공장들을 새로 지을 때는 반드시 제3선 지역에 건설해야 한다는 명령도 내렸다. 마오는 군사시설과 산업시설을 쓰촨, 구이저우, 산시, 그리고 간쑤 등 주름진 습곡 지형에 은폐할 수만 있다면 아무튼 중국이 패하지는 않을 것이라고 생각하고 있었다.

마오 통치하의 어떤 계획도 제3선만큼 엄청난 비용과 인력을 투입하면서 경제적으로 부적당하고 혼란을 야기하지 않았다. 어떤 일도 덩샤오핑에게 이토록 큰 부담을 준 적이 없었다. 이 일이 경제에 미친 피해는 문화혁명의 경제적 피해보다 더 컸다고 추산하기도 했었다. 이 작업은 설계나 안전에 대한 주의가 부족한 상태여서 위험한 속도로 진행되었다. 터널, 교량, 철로, 그리고 간선 도로들은 가파른 산비탈을 발파하여 만들었다. 이러한 건설 작업은 엄청난 희생자를 냈지만 군사적 전투로 간주되었다. 사람들이 죽은 자리에는 '순국 노동열사'라는 비가 세워졌다.

루즈벨트(Franklin D. Roosevelt)의 뉴딜 정책의 모든 공공시업이나 스탈린의 제1차 5개년 계획보다 규모가 더 방대했던 제3선은 중국 외부에는 알려지지 않았다. 중국 내에서도 그 규모를 아는 사람은 소수에 불과했다. 세계에서 가장 큰 유전 가운데 하나인 다칭(大慶)도 포함되어 있었는데, 새로 발견된 이 유전은 일반인들이 모르는 상태로 생산에 들어갔다. 중국에서 가장 멋있고 규모가 크며 가장 선진적인 철강단지가 극비리에 뚜코우, 쓰촨에 건설되었다. 노동력을 충당하기 위해 상하이와 텐진에서 지도에는 나타나 있지 않은 이곳 생산시설 지역으로 인구 이동이 있었다.

제3선의 비용은 1963년부터 65년까지의 중국 예산의 40%, 65년부터 70년까지 5년 예산의 53%, 그리고 70년부터 75년까지 예산의 45%에 달했다. 철도 부설에 든 경비는 정상적인 부설 공사비의 두 배 내지 네 배로서 km당 3~4백만 위안(元)이었다. 란저우 위에 설치한 댐의 비용은 6억 3천8백만 위안이었다. 뚜코우 철강단지는 1십만 명에 이르는 건설 인부를 고용했으며 초기 단계에 든 비용이

37억 위안이었다. 청두 · 쿤밍선 건설에 든 전체 비용은 33억 위안, 구이저우의 한 탄광은 10억 위안이 들었다.6) 제3선 시설에 투자된 총액은 핵무기 시설 경비의 75%와 항공 산업 경비 60%를 포함해서 2천억 위안 이상이었다는 주장을 한 견적서가 1988년에 나온 적이 있다. 마오의 국방계획에 의해 엄청난 비용을 들여 건설한 시설들을 점진적으로 철거하는 데에 얼마나 많은 비용이 드는가는 쓸모없게 되어 버린 시설들을 고쳐 쓰거나 폐쇄하는 데 드는 비용을 보면 판단할 수 있다(일부 시설들은 너무 서둘러 조악하게 건설되어서 철거할 수밖에 없거나 두세 번 다시 건축할 수밖에 없었다). 1988년까지 시설을 고쳐 쓰는 데 든 비용이 매년 10억 위안 이상이었다. 1988년에는 1백 개의 시설들을 보수하는 데 투여된 경비가 20억 위안이었다.7)

제3선 사업이 잘 진척되고 있을 때까지 중국이 가장 시급하게 필요로 했던 것은 미국이 아니라 소련으로부터의 국가 방위였다.

1959년까지 모스크바 · 베이징 관계는 심각할 정도로 악화되었다. 1964년 흐루시초프의 실각과 더불어 중소 관계가 편해졌다. 그러나 그것도 오래 가지 못했다. 브레즈네프와 소련 참모본부는 베이징을 향해 이전보다 훨씬 더 공격적인 태도로 급격히 바뀌어 갔다.

1968년과 69년 무렵에는 두 나라가 전쟁 직전 상황으로까지 치달았다. 전례 없는 대규모의 국경 충돌 사태가 일어났으며, 소련은 중국에 대해 핵전쟁을 준비하고 있었다. 마오는 치명적인 공격으로부터 최소한 인구의 일부라도 구하려는 준비 작업에 힘쓰고 있었다.

마오의 제3선은 중국의 국방에 결정적으로 중요한 방위 산업체들을 미국의 공격으로부터는 멀지만 소련과는 가까운 지역에 자리잡았다. 그 방위 산업체들은 소련의 핵무기나 재래 무기의 공격을 받기 쉬운 곳에 위치했던 것이다. 대량의 무기들과 화학, 제강, 그리고 발전 시설들을 다시 이동시키기에는 너무 늦은 상태였다. 마오가 그 시설들을 옮길 수 있는 곳이 어디였는가? 숨길 장소가 전혀 없었다. 수억의 인력과 물자가 소모되었었다. 그 시설의 전체 규모는 중국이 인민공화국 통치하에서 산업 발전, 발전 시설, 그리고 통신 시설에 투자한 총액을 아마도 능가하는 규모일 것이다. 그런데 이 시설들이 소련의 미사일이 체계적으로 파괴할 수 있는 그런 산의 협곡과 강의 절벽 사이에 위치하고 있었다.

온 나라의 관심이 온통 한국에 쏠려 있었을 때 덩은 제3선 공장들을 숨길 수 있는 장소를 물색하면서, 쓰촨의 산악지대와 구이저우에 있는 아편 밀매업자들의 동굴들을 면밀히 탐색하면서 밤낮으로 일했다.

아무도 그 일에 대해 덩보다 더 큰 정력과 창의력, 신속성, 집중력, 또는 보다 철저한 헌신적 집념을 보여 줄 수는 없었을 것이다. 마오는 덩의 일솜씨에 몹시 기뻐했다. 그는 비공산주의자 철학교수 량수밍(梁漱溟)을 파견하여 일의 진척상황을 관찰하도록 했다. 량수밍은 마오에게, 덩샤오핑이라는 사람 덕택에 그 일은 훌륭하게 진행되고 있다고 보고했다. 마오는 밝은 미소를 지으며 말했다. "량선생, 당신은 좋은 눈을 가졌군요. 덩샤오핑은 유능합니다. 정치든 군사문제든, 그 친구는 더할 나위 없이 해냅니다. 그는 문무를 겸비한 인물로 능력 있는 사람이에요."[8] 충칭·청두선의 준공을 축하하는 행사가 끝나자마자 마오는 덩을 베이징으로 불러들였다. 마오는 그에게 선두집단에 설 수 있는 자리를 마련해 두었다. 사실상 마오는 덩에게 중국 전체를 위해 자신의 오른팔 노릇을 할 수 있는 자리를 마련해 두고 있었다. 그것은 덩을 겁나게 하는 일이었다.

덩은 1952년 베이징으로 와서 중난하이에서 적당한 고궁을 하나 찾아냈다. 그리고 가족을 충칭에서 그곳으로 이사시켰다. 1939년 9월에 옌안에서 결혼한 푸줘린은 그의 세 번째 부인이었다(첫째 부인 장유위안(張酉元)은 결혼한 지 8개월이 지났을 때 아이를 낳다가 죽었으며, 둘째 부인 아진과는 1933년 5월 이후 어느 때인가에 이혼을 했다). 덩과 결혼한 줘린은 자기의 성(姓)을 이름에서 빼버렸는데, 그 당시 젊은 혁명가들 사이에서는 흔히 볼 수 있는 일이었다. 그녀의 아버지 푸차이팅은 햄 왕으로 알려져 있었다. 스미스 필드 햄이 버지니아에서 유명한 것처럼 그가 납품하는 다양한 종류의 윈난(雲南) 햄도 중국 남부에서 유명했다. 봄 축제를 위해 만든 푸 햄을 누구나 다 먹었다.

쥐린의 아버지는 부자였다. 그는 1916년에 태어난 딸을 쿤밍에 있는 제1 기숙학교에 보냈다. 졸업 후 그녀는 베이징 여자 사범대학에 다녔으며, 그곳에서 그녀는 공산주의 지하운동에 가담했다. 그리고 1939년 옌안으로 왔다.[9]

중난하이로 이사올 때 덩의 가족은 대가족이었다. 자식만 해도 열 살 난 딸 덩린(鄧林), 여덟 살 난 아들 덩푸팡(鄧樸方), 일곱 살 난 딸 덩난(鄧楠), 여섯 살 난 딸 덩룽(鄧榕, 마오마오), 그리고 아장아장 걸음마를 시작한 막내아들 덩즈팡(鄧質方)으로 모두 2남 3녀였다.

덩은 아버지의 유능한 네 번째 부인이었던 계모 시아바이건도 중난하이에 와서 함께 살라고 청했다. 시아바이건은 여생을 덩의 가족들과 함께 보내야 할 운명이었다. 덩이 장시로 추방되었을 때조차도 그녀는 함께 따라가도록 허락받았다.[10]

근면하고 행복한 가정이었다. 아이들은 당간부 자녀들을 위한 특수 유치원과 학교에 다녔다. 일요일이면 그들은 중난하이의 정원을 거닐고, 때로는 피크닉을 즐기거나 하궁으로 소풍을 가기도 했으며 등산을 하기도 했다. 덩은 아이들을 데리고 난하이나 중난하이에서 뱃놀이를 즐겼다. 아이들은 베이하이나 마오의 풀에 수영하러 가기도 했다. 그들은 스냅 사진을 많이 찍었다. 중난하이에 사는 사람들은 모두 오랜 친구 사이였으며, 그들은 함께 걸으며 이야기를 나누기를 좋아했다. 아이들에게 연장자들은 모두가 아저씨나 아주머니였다. 아이들 중에는 자기의 친부모보다 마오 아저씨와 더 사이좋게 지내는 경우도 있었다. 마오는 심술궂은 유머감각이 있었으며 아이들을 놀려먹기를 좋아했다.

곧 마오는 거의 모든 일을 덩에게 믿고 맡기기 시작했다. 그는 작달막하고 정력적인 덩에게 무슨 일을 맡기든 다 해낼 것이라는 확신을 느꼈다. 덩은 특히 경제 문제와 행정 문제를 다루는 부수상으로 베이징에 왔었다. 1954년까지 그는 일약 당 중앙위원회의 총서기로 승진했으며 다음 해에는 정치국원이 되었다. 덩보다 더 안전하고 신속하게 부상한 사람은 아무도 없었다. 그는 마오가 애지중지하는 인물이었다. 1956년까지는 덩은 마오, 류사오치, 그리고 저우언라이 바로 다음가는 당의 네 번째 서열로 여겨졌다. 덩이 나중에 "나의 생애에서 가장 바빴던 시기"라고 불렀던 그런 시기가 그 앞에 열려지고 있었다.[11] 덩은 마오의 말이라면 무조건 따르는 예스맨은 아니었으나, 드러난 기록으로 볼 때 이 시기의 그는 주석이 제안한 의견에 대해 한 번도 심각하게 반대한 적이 없었다.

한국전쟁 이후의 이 시기에 마오는 근대적인 경제를 건설하는 일에 뛰어들었다. 그는 시골에 대한 걱정은 전혀 하지 않았다. 내전 기간 동안 홍군의 주도하에 농민들이 전답을 인계받고 지주들을 추방하고, 공중이 모인 광장에서 지주들을 참수하거나 곤봉으로 때려죽이는 식으로 진행된 토지 개혁은 계속 추진되었다. 얼마나 많은 사람이 죽음을 당했던가? 정확한 숫자는 결코 밝혀지지 않을 것이다. 저우언라이는 1960년 에드가 스노우에게 1934년부터 1954년 사이에 대략 83만 명의 '인민의 적들'이 살해되었다고 어림잡아 말한 적이 있다.[12] 마오쩌둥은 1956년 그때까지 사살된 사람 수는 2백만 내지 3백만이라고 말했는데,[13] 이것은 아마 실제 숫자보다는 줄여서 말한 수치일 것이다. 목숨을 허용받은 지주들에게는 인분 수거와 같은 가장 불쾌한 일을 떠맡겼다.

중국 문화부 관리인 뚜안리엔천은 1990년 사뭇 자랑스럽다는 듯이, 문화혁명이 끝났을 때 460만에 달하는 '계급의 적들'이 여전히 살아 있었다고 말했다. 그는 계급의 적이 무엇인가에 대한 정의를 내리지는 않았다.

마오는 정책을 약간 수정했다. 토지 개혁팀들은 비교적 부유한 농민들을 괴롭히지 말라는 지시를 받았다. 그들이 수확하는 대량의 곡식이 도시들을 먹여 살리는 데 필요했다. 과거를 돌아보면서 대부분의 중국인들은 1950년부터 56년까지의 기간을 가장 살기 좋은 시절이었다고 회고했다.

마오가 이처럼 관대한 태도를 취하자 눈살을 찌푸리는 사람들이 있었다. 급진적인 당료들은 '악질 분자들'을 뿌리째 뽑아 버리기를 원했는데, 그 사람들 중에는 장칭도 있었다. 그녀는 농민들을 선동하여 부자들을 죽이는 것을 즐기는 것처럼 보였다. 마오는 자기 아내가 시골을 싸다니지 못하도록 했으나, 그가 1949년에서 50년 사이에 모스크바에 가 있던 기간에 그녀는 상하이의 당 지도자들을 들볶아서 우시 주변의 부유한 농경지역을 돌아다녔다. 그곳에서 그녀는 농민들로 하여금 지주들을 공격하고, 그들의 재산을 빼앗고, 그들의 집을 불태우고, 그들의 목을 베어 내도록 독촉하는 선전대를 이끌었다. 그녀는 남편이 모스크바에서 돌아오기 직전에 중난하이에 도착했다.

마오에게는 산업과 도시가 골칫거리였다. 그는 경험이 없었다.《24사》에는 이 문제를 해결할 실마리를 제공하는 구절이 한 줄도 없었으며, 마르크스로부터도 별로 많은 정보를 얻을 수가 없었다.

그 문제를 해결할 수 있는 실제 지식과 비결은 중국의 사업가들로부터 얻었다. 중국에는 산업계와 금융계에서 큰 영향력을 지닌 가문들이 몇 있었다. 대부분 국민당과 유착되어 있었으나 보다 더 진보적인 가문들도 일부 있었다. 마오는 자기가 '민족적 자본가들'이라고 불렀던, 신중국을 위한 개혁운동을 지원해 줄 그런 애국적인 사업가들을 새로 받아들여 세력을 보강하려고 결심했다. 그는 마르크스가 모든 나라들은 사회주의와 공산주의가 되는 과정에서 반드시 자본주의를 거치지 않으면 안 된다고 판결 내렸다는 사실을 지적했다. 중국은 아직도 봉건사회였고 제국주의 열강에 에워싸여 있었다. 봉건사회에서 바로 사회주위로 뛰어넘을 수는 없으므로 자본주의는 필연적인 다음 단계였다. 마오는 이 과도기적 상태가 얼마나 오랫동안 지속될 것인지에 대해서는 아무 말도 하지 않았다. 그도 그럴 것이 마오뿐만 아니라 다른 어느 누구도 그 문제에 대해 거의 아는 바가 없었기 때문이다.[14] 러시아가 유일한 모델이었다. 비록 중국보다는 상당히 앞선 상태이기는 했지만 아무튼 러시아에서는 반(半)봉건 사회를 붕괴하고 과도기 없이 바로 볼셰비키가 들어섰었다.

　마오의 가장 큰 문제는 민족적 자본가들과의 협상이었다. 애국자든 아니든 많은 자본가들이 공산주의자들을 믿지 않았다. 그들은 불행을 당한 동료들을 너무 많이 보았으며, 토지나 기업을 빼앗기고 거의 맨몸뚱이로 쫓겨나거나 살해당한 사람들도 많이 목격했었다. 그들은 장래의 가능성이 무엇인가를 보려고 기다리는 일 따위는 하고 싶어하지 않았다.

　소수의 자본가가 마오와 손을 잡았다. 중국의 가장 큰 기업가 가문은 우시의 롱 집안으로 그들은 3대나 4대에 걸친 자본가였다. 제분업에서 출발하여 방직업, 금융업 등 여러 사업으로 확장한 롱씨 가문은 여전히 우시에 근거를 두고 있었으나 상하이, 홍콩, 미국과 유럽에도 큰 이권을 갖고 있었다. 혁명 때문에 가족들이 뿔뿔이 흩어졌다. 홍콩으로, 타이완, 샌프란시스코, 뉴욕, 런던으로 간 사람들도 있었다. 그러나 중국 산업에 투자한 액수가 엄청나게 컸으며, 룽이런(榮毅仁)은 떠나지 않고 남아서 민족적 자본가가 되었다. 그는 정부의 감독을 서의 맡지 않고 자신의 사업을 계속 추진했으며 이윤의 상당한 몫을 챙길 수 있는 권리를 가졌다. 나머지 이윤은 정부의 몫이었다. 마오와 그의 동료들은 그를 높이 평가했다.[15]

　마오는 소련의 계획 경제 모델이 장차 접근해야 할 최선의 방법이라고 느꼈다. 그래서 이 문제를 류사오치와 의논했었다. 류는 마오의 만주총독 가오강과 마찬가지로 마오의 생각에 동의했다. 마오는 중국을 이런 방향으로 끌고 가는 것을 주저했었다. 그러나 1950년 모스크바에서 돌아오는 여행길에 그는 우랄산맥과 시베리아의 거대한 산업지역들을 시찰하면서 소련이 이룩한 업적들을 볼 기회가 있었다. 그는 도중에 소련의 일곱 도시에 잠시 머물렀다. 그 중 소련에서 가장 큰 제강산업과 기계공업 중심지 중의 하나인 우랄산맥의 스베르들로프스크, 급속하게 발전하는 새로운 공장 단지인 옴 강 위의 옴스크, 제2차 세계대전에 의해 강요받은 추진력 아래 엄청난 규모로 확장된 서시베리아의 수도 노보시비르스크, 시베리아의 전력과 화학 공업도시인 크란스노야르스크 등 네 도시는 공업 중심지였다. 나머지 세 도시는 동시베리아의 옛 수도 이르쿠츠크, 몽고 소수민족 자치구의 수도 울란우데, 그리고 동시베리아의 군사기지인 치타였다. 마오는 만주의 공업 중심지인 하얼빈(哈爾濱), 창춘(長春), 그리고 선양에 도중하차하여 잠시 머물면서 소련의 발전과 만주의 공업기지를 비교할 수 있었다.

마오는 공장, 발전소, 그리고 산업 시설만 시찰했던 것이 아니라, 단지 내의 집단 주택도 방문하고 시베리아의 대학들에서 시간을 보내기도 했다. 이것은 중국의 많은 지역과 비슷한 조건들 아래에서 소련이 이룩한 발전의 포괄적인 모습을 그려볼 수 있는 계기였다. 마오는 중국도 이런 식으로 할 수밖에 없다고 느꼈다. 그는 소련의 청사진에는 편안한 느낌을 갖지 못했는데, 그 청사진이 현실화된 것을 볼 수 있었던 것이다. 이보다 더 나은 계획이 제출될 때까지, 또는 제출되지 않는다면 소련의 권고를 따르기로 했다. 그 권고에는 실제 경험에 바탕을 둔 지식이 담겨 있었다.

사실상 마오는 경제 문제에는 관심이 없었다. 이것은 어쩌면 아버지와 벌였던 논쟁의 결과였을 수도 있다. 그의 아버지는 번창해가는 곡물 사업과 농민들에게 하는 고리대금업에 마오가 관심을 가져주기를 원했었다. 마오는 이런 사업에 끼어들기를 거절했다. 그리고 금전과 회계 문제에 관련된 일이라면 무조건 편견을 갖게 되었다. 그는 금융업, 예산, 그리고 신용 대부와 관련된 문제들을 회피했다. 그것들은 자본주의, 소규모 거래, 부기를 연상시켰다. 혁명가 마오의 태도는 영국 귀족의 태도와 가까웠다. 거래하는 것은 그의 품위에 어울리지 않았다. 그는《자본론》을 결코 읽지 않았다. 그 책은 마오가 옌안에서 이미 제자리를 잡았던 1938년까지는 중국에서 출판되지 않았었다. 마오가 그 책을 읽었다는 것을 생각해 내는 사람이 아무도 없었는데, 그 역시 연설이나 글에서 책을 인용한 적이 없다.

마오의 마르크스에 대한 언급은 대부분 그 출처가《공산당 선언》이었다. 마오의 동료들 중 많은 사람이 마르크스에 대한 마오의 주요 관심사는 계급이론과 계급 투쟁이론이었다고 증언했다. 공산주의자의 통치가 확립된 이후에도 계급투쟁은 중요하다고 생각한 마오의 믿음은 말년까지 지속되었다.[16]

마오의 마음은 철학적이고 시적이다. 그는 중국의 고전들을 보면 편안한 마음을 느꼈다. 그는 공자와 그의 제자 맹자를 알았으며, 명나라와 당나라, 그리고 그 밖의 다른 왕조들이 경제를 어떻게 다루었는지도 알고 있었다. 그는 통계를 지겨워했으며, 이러한 세부 사항들을 부하들에게 맡기고 싶어했다.[17]

대장정과 혁명 시기에 마오의 큰 힘은 대중운동의 효력에 대한 믿음이었다. 그는 자기가 대중의 힘을 동원한다면 해결할 수 없는 문제는 하나도 없다고 확신했다. 그는 산을 옮긴 한 늙은이에 관한 그의 유명한 우화를 문자 그대로 믿지는 않았다. 그러나 중국의 어마어마한 인구의 힘을 자기가 원하는 방향으로 끌고 가는 방법에 대해서는 알고 있다고 스스로 믿었다. 그런 힘을 갖고 있다면 산을 옮기는 일이든, 철강 산업을 창조하는 일이든, 아니면 아편 습관을 완전히 없애 버리는 일이든 중국이 얻어낼 수 없는 목표란 없다고 자신했다. 장차 해야 할 일이 태산 같았다. 그러나 그 길이 비록 험난할지라도 그 일을 해낼 수 있다고 마오는 내다보았다. 그는 스탈린으로부터 많은 도움을 받을 수는 없겠지만, 그렇다고 스탈린이 방해 공작을 하리라고는 생각지 않았다. 그리고 미국이 안정되지 못한 것처럼 보이는 동안은 미국 쪽으로부터의 긴박한 간섭 위험도 사라진 것처럼 보였다.

15. 마오쩌둥이 덩샤오핑을 시험하다

1955년 말부터 56년 초 사이 베이징의 겨울은 추웠다. 냉습하고 바람이 심하게 불었으며, 공기는 고비사막으로부터 밀려온 모래 투성이의 먼지로 가득 차 있었다. 마오쩌둥은 항저우의 서호에 있는 그의 아름다운 고궁에서 몇 주째 보내고 있었다. 그는 베이징의 겨울을 피할 수 있는 기회만 있으면 놓치지 않고 모조리 붙들었다. 그는 목과 폐병, 그리고 감기에 걸리기 쉬운 체질이었으며, 최근 10년 동안 매년 가을과 봄에 감기로 고통을 당해 왔다. 그의 참모들은 그걸 단순히 '겨울병'이라고 불렀는데, 사실 그의 몸을 갈기갈기 찢는 듯한 고통스런 독감이었다.[1]

1956년에 마오는 항저우에서 쉬고 있었다. 베이징은 여전히 겨울이었지만, 항저우는 봄이었다. 호숫가에는 벚꽃이 붉게 만발해 있었다. 마오는 항저우 예술단에서 상냥한 댄스 파트너를 데려왔다.[2] 그러나 인생이란 것이 폭스 트롯이나 버니헉스 같은 것만은 아니었다. 그는 소규모 연구 조사단을 항저우로 데려와 그들에게 새로운 경제에 대한 아이디어를 내도록 했다. 소련의 모델을 거의 그대로 모방한 제1차 5개년 계획은 완료되었다. 그 성공 여부는 적잖게 덩샤오핑의 추진력에 달려 있었다.

한국전쟁에서 입은 막대한 물자 손실이 회복되고 있었다. 미국과의 적대 관계에서 생겨날 수 있는 위험도 줄어든 것처럼 보였으며, 소련과의 관계도 스탈린의 죽음과 더불어 개선되었다.

그러나 마오는 초조해 있었다. 붉은 군대가 대장정으로부터 중국 전역을 정복하기까지 15년밖에 걸리지 않았다면, 경제 발전에 그렇게 오랜 시간이 걸려서는 안 될 일이었다. 어쩌면 그들이 따르고 있는 소련의 모델에 문제가 있는 것인지도 몰랐다. 스탈린은 댐, 방파제, 신도시 등을 건설하는 데 전 인구를 동원하는 '대중 운동'의 불가항력적인 큰 힘을 결코 이해하지 못했다고 마오는 생각했다. 마오는 대중 운동이 스탈린의 5개년 계획보다 더 빠른 시일 내에 중국 건설을 가능하게 해 주리라고 믿었다.[3]

이 무렵 1956년 3월 초에, 활동적인 아르메니아 출신으로 흐루시초프의 정치적 협력자인 미코얀이 베이징에 도착했다. 미코얀은 그의 동료 정치국원들이 '우리의 중국통'이라고 부를 정도로 여러 가지 사명을 띠고 베이징에 사수 파견되었던 인물이었다.[4]

미코얀이 방문할 때마다 항상 중국을 불안하게 만들었다. 그는 크레믈린이 뭔가 기분 나쁜 일을 전달할 때에만 중국에 파견되었으며, 이번 여행도 그 패턴과 맞아떨어지는 성격을 띠고 있었다. 모스크바에서는 제 20차 소련 공산당 대회가 흐루시초프의 비밀 연설을 들은 후 곧바로 연기되었다. 2월 24일부터 25일 사이에 흐루시초프가 스탈린의 죄상들을 폭로하고 있던 기간중에는 외국 대표단들의 출국이 정지되었다. 연설 내용은 철저하게 비밀에 부쳐졌으며, 미코얀이 중국에 온 것은 그 내용을 브리핑하기 위해서였다.

중국 정치국 회의가 보수공사를 마친 회인당(懷仁堂)에서 열렸다. 그 건물은 서태후의 불운한 조카인 광서제(光緖帝)에 의해 1880년대에 건축된 고궁이었다. 공산주의자들은 1959년 웅장한 인민대회당(人民大會堂)이 세워질 때까지는 이 고궁을 개조하여 본회장으로 사용했다.[5] 이곳에서 마오(그는 여전히 항저우에 있었다)의 부재로 류사오치가 주재하는 정치국은 미코얀의 말을 청취했다. 그는 흐루시초프가 한 말을 중계하면서 무려 세 시간이나 말했다. 중국인들은 조용히 듣고 있었다. 기침소리나 목청을 가다듬는 소리조차 거의 없었다. 미코얀이 말을 끝냈을 때 의견을 말하는 사람이 한 사람도 없었다. 그와 같은 사안에 대해서는 오로지 하나의 견해, 즉 마오의 견해만이 중요했다. 마오의 생각을 알 때까지는 아무도 감히 자신의 생각을 피력할 수 없었다. 물론 중국인들 중에서도 스탈린의 죄상을 암시하는 말을 들은 사람들이 일부 있었으나, 미코얀이 들려 준 전체 이야기는 충격적이었다. 그들은(많은 소련인들이 앞으로 그렇게 하게 되듯이) 당혹스럽고 믿을 수 없다는 반응을 보였다. 류사오치는 미코얀에게 비행기로 가서(남쪽) 마오를 만나 보라고 제안했다. 다음 날 미코얀은 항저우에서 전날과 똑같은 이야기를 되풀이했다. 마오는 잠자코 듣고 있다가 미코얀에게 그 비밀 연설과 그 이유도 이해할 수 있다고 말했다. 그러나 마오는 한 가지 점을 생각해 보아야 할 것이라고 말했다. 중국인들은 마오가 제기한 이 문제를 그로부터 거의 40년이 지난 지금까지도 제기하고 있다. 마오는 흐루시초프가 명백하게 드러낸 것처럼 스탈린이 소름끼치는 범죄행위를 저질러 왔다는 점에는 동의했다. 그렇지만 스탈린은 공산주의 건설에 커다란 공헌을 했으며, 제2차 세계대전에서 승리하도록 소련인들을 이끌기도 했다. 흐루시초프는 스탈린의 보다 더 균형 있는 모습을 제시해야 했는데, 그러지 못하고 일방적으로 나쁜 면만 부각시켰다는 것이다.

미코얀은 참을성 있게 들었다. 그리고 한마디의 반박도 하지 않았다. 그에게 중요한 것은 마오가 흐루시초프의 비밀 연설을 용납함으로써 공산국가들이 소련을 적대시하도록 유도하는 일이 일어나지 않는 것이었다. 미코얀의 추측은 절반은 맞고 절반은 틀렸다. 마오가 공산국가들을 부추겨 소련을 적대시하도록 하지는 않았지만, 그렇다고 그 비밀 연설을 용납한 것은 아니었다. 시간이 흐르면서 마오와 모스크바의 견해 차이는 점점 심각해져 갔다.

마오는 동료들에게 흐루시초프가 스탈린보다 더 분별력이 있으며 상대하기가 훨씬 쉬운 인물이라고 이야기했다. 흐루시초프는 중국에 대해 스탈린보다 더 나은 태도를 갖고 있다는 말도 했다. 마오는 중국인들이 흐루시초프를 교육시키고 그의 경험의 폭을 넓혀 주기 위해 영향력을 행사해야 한다고 말했다. 그 소련 지도자는 젊고 신출내기이므로 세계정세의 좋고 나쁨을 언제나 제대로 판단할 수는 없었다. 그러나 마오는 톈안먼 광장에 마르크스, 레닌, 그리고 자기 자신의 초상화와 함께 설치해 놓은 스탈린의 초상화를 제거하지 않았다. 사실 그 초상화는 스탈린의 거의 모든 모습이(스탈린의 출생지인 그루지아를 제외하고는) 소련에서 사라진 후에도 몇 년 동안 그대로 전시되어 있었다. 흐루시초프의 비밀연설이 있은 후 30년 동안 그 초상화는 톈안먼을 아름답게 장식하다가 1988년에야 비로소 치워지게 되었다.[6]

미코얀이 이끄는 소련 사절단이 중국 공산당 제8차 전국 인민 대표 대회를 축하하기 위해 1956년 9월 베이징에 왔을 때, 중국인들은 흐루시초프 연설의 편향성을 또다시 비판하는 것을 잊지 않았다.[7]

마오는 소련의 정책과는 거리를 두고 중국의 정책을 결정해야 한다고 믿었다. 그리고 특히 경제 문제는 모스크바를 맹목적으로 따르는 데서 벗어나야 한다고 생각했다. 그는 중국이 갖고 있는 자원, 특히 엄청난 인력에 맞춘 독창적이고 혁신적인 정책을 펴면 중국의 형편이 더 나아질 수 있다고 점점 더 확신하게 되었다.

바로 이런 분위기에서 마오는 1956년 말에 서방세계에 '백화운동(百花運動)'으로 알려지게 된 그런 운동에 착수했다. 이 운동은 '백화제방(百花齊放), 백가쟁명(百家爭鳴)'이라는 슬로건에 바탕을 두었다. 중국인들은 이 운동을 쌍백운동(雙百運動)이라고 불렀다. 많은 중국인들과 외국인들은 이것을, 적들을 노출시켜 분쇄하기 위해 누구든 비판적인 견해를 피력할 수 있도록 한 마오의 책략으로 해석했다. 실제 사정은 훨씬 더 복잡했다. 그리고 이 운동이 중국에서 뿐만 아니라 외국에서도 그토록 여러 가지로 해석되었다는 것은 약간 놀라운 일이다. 이 운동의 초기 단계에서는 마오가 스탈린에 반대하는 의견에 영향을 받았으며, 중국 정권을 느슨하게 풀어 줄 시기가 왔다는 결론을 끄집어냈던 것 같다. 마오 연구의 탁월한 전문가인 리루이는 백화운동에 뒤이은 억압적인 반우운동(反右運動)의 희생자였다. 그는 백화운동을 마오가 정국을 부드럽게 풀고 소련의 맹목적인 억압정책의 지배력을 완화시키는 방향으로 나아가기 위해 취한 초기 단계였다고 확고하게 믿었다.[8]

리루이의 견해를 뒷받침해 주는 증거가 있다. 마오는 1956년 말과 57년 초에 이 테마에 관해 몇 차례 연설을 했었다(연설 원고들 가운데 출판된 것은 하나도 없다). 그의 생각은 당 내에서는 인기가 없었다. 당원이 아닌 인민들은 지극히 조심스런 반응을 보였다. 그들은 당에 내분이 있다는 것을 알아차렸다. 그들은 양쪽 사이에 끼어 으깨지기를 원하지 않았다.

몇몇 중요한 당 지도자들은 백화운동과 관련하여 마오의 입장에 반대했다. 그 중 한 사람이 류사오치였다. 그는 베이징 대학에서, 베이징 시장 펑전과 마찬가지로 비판적인 사상의 통제 수위를 낮추려는 견해에 반대하는 연설을 했다. 덩샤오핑은 1957년 봄 칭화 대학에서 그 정책이 위험하다고 이야기했다. 나중에 그는 마오 자신이 그런 통제 완화 노선을 뒤집기 이전에 자신이 백화운동을 반대하는 역할을 맡았음을 시인했다.

상당히 오랫동안 일진일퇴를 거듭한 후 마오의 반우운동이 제자리를 잡게 되었으나 그 운동은 잔인성으로 특징 지워졌다. 희생자 수에 대해서는 여러 가지 설이 있다. 1980년 덩 자신은 우익으로 고발당한 290만 명 가운데 1957년과 58년 사이에 억압당한 사람수를 대략 50만 명으로 추산했다. 미국의 전문가들은 희생자 전체 수를 40만 내지 50만으로 계산했다.[9] 세계 정세가 마오에게 영향을 미쳤음은 의심의 여지가 없었다. 흐루시초프의 비밀 연설 때문에 공산국가에서는 소요사태가 일었다. 마오는 그의 측근들에게 그러한 폭력사태가 중국에도 번지지나 않을까 하는 걱정을 털어놓았다. 보다 더 관대한 정권을 경험할 수 있는 시기처럼 보이지는 않았다. 마오는 흐루시초프에게 폴란드에서 무력을 사용하지 말라고 경고했다. 흐루시초프는 그 경고를 따랐다. 마오는 헝가리에 대한 무장 개입을 지원했다. 흐루시초프는 탱크를 출동시켰다. 저우언라이는 흐루시초프의 요청으로 동구로 날아가 바르샤바를 방문했으며 연이어 부다페스트로 갔다. 그는 그곳에서 흐루시초프를 지지하는 연설을 했다. 마오가 국내에서 보다 더 부드러운 노선을 취할 것 같지는 않았다. 마오는 자신의 강압정책 추진을 덩에게 의존했다. 아마도 덩이 백화운동에 반대했다는 이유 때문이었을 것이다. 중국의 일부 자유주의자들은 덩이 반우운동을 지휘하는 중앙위원회 책임자 자리에 앉았다고 단언했다.10) 역사가 후화(胡華)는 마오가 덩에게 정책 추진상 생겨나는 '사소한 문제들'을 맡긴 것으로 기술했다. 여기에는 덩이 일부 사안들을 바로잡는 별로 대수롭지 않은 역할을 했다는 의미가 내포되어 있었다.11)

덩 자신이 중요한 책임을 떠맡았으며 그 운동을 바로잡으려고 노력했다. 그는 1980년에 열렸던 제11차 중앙위원회의 제5차 총회석상에서, 기강의 해이는 혼란을 야기시키는 결과를 초래한다는 발언을 함으로써 덩의 통제를 옹호하는 입장을 명백하게 밝혔다. 그는 당이 심각한 잘못들을 저질렀다는 사실을 시인했으나, 당 자체가 변함없이 그 잘못을 시정하고 있다는 사실을 강조했다. 덩이 자기 자신을 반우운동의 '행동대원'이라고 불렀으며, 당의 총서기로서 자신은 이제까지 일어난 사태들에 대한 책임을 공유하고 있다고 말했다. 그는 자기 행동의 60%가 옳았고 40%가 틀렸던 것으로 평가했다. 그는 '나는 이것에 만족할 작정이다'고 말했다. 그는 직접 나서서, 증거 없이 우익으로 몰린 사람들의 복권(復權)을 감독했으며, 1980년 1월 16일의 발언에서도 "반우운동은 필요하고 올바른 일이었다. 투쟁은 잘못된 것이 아니었다. 문제는 그 규모가 지나치게 확장되었다는 것이다."라고 반복했다.12) 덩의 이러한 태도 표명은, 그 자신이 정권을 잡았던 1978년에 반대파에 대한 그 자신의 정책과도 일치된 시종일관한 것이었다.

흐루시초프의 비밀 연설이 있은 지 1년 후, 각국을 순회하고 다니던 미코얀이 다시 한번 중국을 예방했다. 이번 여행의 목적은 소련의 한 다른 외교관이 받았던 나쁜 인상을 되받아치기 위한 것이었다. 그것은 1957년 7월의 일로, 그 때 모스크바에서는 '반당집단'과 관련된 위기가 있었다. 주코프(Georgy K. Zhukov) 원수의 협조로 흐루시초프는 자신의 정적들인 말렌코프, 몰로토프, 불가닌(Nikolai Bulganin), 카가노비치(Lazar Kaganovich)를 비롯하여 사실 정치국원들 대부분에게 역습을 가했다. 그들은 당원 자격을 박탈당한 채 자리에서 쫓겨났으며 아주 먼 벽지로 추방되어 하찮은 일을 맡게 되었다.

흐루시초프의 이러한 조처를 중국측에 알린 사람은 베이징에 있던 소련 대사 유딘이었다. 유딘은 형편없는 대접을 받았다. 마오는 그 자리에 없었다. 펑더화이 원수는 딱 한 가지 질문만을 했다. 그는 반당 집단이 대부분 오랜 혁명가들과 오랜 당 동지들로 구성되어 있다고 언급했다. 그들을 다루는 방법이 당원 자격을 박탈하는 길밖에 없었는가? 유딘은 아무 대답도 못 했다. 이 물음은 나중에 중국 공산당 내부에서 이와 똑같은 사안이 발생했을 때 다시 제기되었다.

흐루시초프는 유딘이 이런 화가 치미는 대접을 받았다는 사실을 알자 서둘러 중국으로 돌아간 미코얀을 마오에게 보냈다. 마오는 자주 그래 왔던 것처럼 항저우에 있었다. 그곳에서 마오의 연구팀들은 새로운 경제계획을 세밀하게 세우는 작업을 하고 있었다. 미코얀은 항저우로 날아갔다. 마오는 작은 창문이 두 개밖에 없어 에어컨 시설도 되어 있지 않은, 천정이 낮은 작은 방에서 그를 맞이했다. 방 안은 찌는 듯이 무더웠으며 온통 눅눅했다. 끈기가 있고 정력적이며 눈썹이 짙은 미코얀은 땀을 뻘뻘 흘리면서 세 시간 동안 이야기를 했다. 마오는 겨울용 나사복을 입고 잠자코 앉아 있었다. 그의 둥근 뺨에서는 구슬 같은 땀방울이 뚝뚝 떨어져 내렸다. 미코얀이 이야기를 끝냈을 때 통역사의 공책은 흠뻑 젖어 있었다.

마오는 마치 땀을 흘리는 부처처럼 기대어 앉아 자기가 들은 말을 곰곰 생각하고 있었다. 마침내 마오가 입을 열었다. "당신이 말한 내용들에 동의하오."

미코얀은 긴장이 풀어졌다. 다음 날 미코얀은 모스크바로 떠났다. 중국의 항공

통제관들은 미코얀이 아침 일찍 출발하기를 원했었다. 계절풍이 부는 우기였고, 강우와 강풍이 예보되었다. 그러나 미코얀은 축하행사 석상에 밤늦은 시간까지 남아 있었다. 오후 1시가 지나서야 그가 탄 일류신-14기는 뇌우 속을 뚫고 출발했다. 기체가 이리저리 흔들렸다. 조종사는 폭풍우 상공에서 고도를 높이려고 갖은 애를 다 썼다. 그러나 기내의 기압은 정상이 아니었다. 그는 고도를 1만 또는 1만2천 피트 이상으로 높일 수가 없었다.

미코얀은 침대 위에 팔다리를 죽 펴고 누워 있었다. "무슨 일이 나든 괜찮아"라고 그는 말했다. "나는 죽어도 여한이 없다. 나는 사명을 완수했다." 접는 의자에 앉아 몸을 가누려고 애쓰는 한 젊은 중국인 통역사는 화가 부글부글 끓어올랐다. 그는 나중에 "미코얀이 죽음을 각오한 것은 좋다. 그는 자신의 인생을 잘 살아왔지만, 나는 이제 막 내 인생을 시작하고 있었다. 나는 20대였다. 그는 나를 매우 화나게 만들었다"고 말했다.

화를 낸 것은 그 통역사만이 아니었다. 중국의 공군 사령관 류아토우는 시상관제소에서 그 비행기의 비행을 지시하고 있었다. 그는 소련 조종사가 자신의 지시들을 따르지 못하자 격분해서 펄쩍펄쩍 뛰기 시작했다. 류는 소련에서 훈련을 시켰었다. 그는 그 조종사에게 욕을 바가지로 퍼부어 댔다. 그는 "제발 고도를 올리지 말라. 맑은 곳에서 고도를 올려 폭풍우를 벗어나자"고 소리쳤다.[13] 마침내 그 비행기는 위험을 모면했다.

마오는 시골에서의 대약진운동을 준비했다. 아직까지는 정확한 계산이 서 있지 않았다. 그러나 그는 베이징으로부터 벗어난 지방에서 지역 지도자들의 모임을 소집하기 시작했다. 베이징은 그의 계획에 대해 별로 큰 공감이 없었다. 그는 이 사실을 잘 알고 있었다. 그래서 일부 집회는 덩이 주도하도록 했다.[14]

이것은 처음 있는 일이었다. 마오는 이데올로기와 관련된 일을 할 때 이전에는 덩을 쓰지 않았었다. 덩은 학구적인 인물은 아니었다. 그가 젊은 시절 뛰어난 학생이었던 것은 사실이지만, 그 이후로는 공부할 시간을 갖지 못했었다. 프랑스 유학시절 그는 너무 힘든 노동을 한 탓에 공부까지 많이 하면 목숨을 부지할 수 없을 정도였다. 그가 1927년 일단 중국으로 돌아오자 이데올로기 공부를 할 시간도 없었다. 덩의 삶은 행동 지향적이었다. 통상 멀리 떨어진 중국의 변방지역에서 계속 큰일을 맡아 했다. 문화혁명기간 동안 구금되는 불행을 맛보기 전까지 그는 거의 책을 읽을 시간이 없었다.

왜 마오가 지나치게 활동 지향적인 덩에게 이 새로운 일들을 맡겼는지에 대한 이유는 분명하지 않다. 어쩌면 이것이 덩을 시험하는 한 방법이기 때문이었는지도 모르겠다. 또 한편으로는 마오가 저우언라이와 류사오치에게 불편한 마음을 갖고 있다는 사실을 반영한 것일 수도 있다. 마오는 그들이 자신이 겪은 우여곡절에 대해 점차 더 큰 반감을 보인다는 것을 깨닫기 시작했다. 이유야 어떻든, 덩의 지도자로서의 역할이 커지기 시작했다.

마오가 편파적으로 덩샤오핑을 좋아한다는 사실이 이제 점차 알려지게 되었다. 마오는 그를 거의 자신의 총애하는 아들로 여기는 것 같았다. 그는 덩의 추진력과 정신, 그리고 어려운 일들을 해낼 수 있는 그의 능력을 좋아했다. 덩은 동년배들을 불안하게 하지 않고 서열이 급속도로 올라가고 있었다. 그러나 아직 저우언라이와 류사오치보다는 서열이 낮았다.

그 세 사람은 사이좋게 지냈다. 덩이 새로 담당한 일들 때문에 저우언라이나 류가 괴롭게 느낀 적은 없었다. 마오가 몸집이 작은 덩의 인물됨과 그의 능력을 높이 평가하여 담당 임무를 고의적으로 확장시키고 있다는 것이 명백했음에도 불구하고 라이벌 의식이 없었다.

마오는 드물지 않게 그의 부하들 사이에 라이벌 의식을 조장했다. 이것이 그들의 열성과 자부심을 고무시키는 유용한 방법 중의 하나라고 생각했기 때문이다. 그렇지만 그의 경호원 리인차오의 말에 따르면, 드러내 놓고 누구를 총애한다는 것을 많이 보여 주지는 않았다 한다. 그는 자기 부관들이 많은 일을 잘 해주기를

1922년 베를린에서
대학시절을 보내던 저우언라이

1927년 상하이에서 경찰과 깡패들이 노동자와
공산주의자들을 집단 학살 하는 장면

기대했다. 이것이 그가 그들을 잔뜩 칭찬했다는 것을 의미하지는 않았다. 마오는 나라를 순조롭게 이끌어 가는 데 많이 의지했던 저우언라이에게조차 개인적인 감정은 전혀 나타내 보이지 않았다. 15년 동안이나 매일 마오를 수행하고 다녔던 리인차오는 마오가 저우언라이나 다른 어떤 사람들에게 칭찬의 말이나 애정이 담긴 말을 한 것을 한 번도 들어 본 적이 없었다. 이것은 마오의 방식이 아니었다.

덩샤오핑은 당 서열의 네 번째로 여겨졌으며, 신문과 포스터에도 그렇게 나와 있었다. 제일인자는 물론 마오였다. 제2인자는 저우언라이, 그리고 제3인자는 류사오치였다. 중요한 회의에서 결론적으로 총요약을 하도록 요청받은 것은 덩이었다. 사정이 바뀌기 시작한 1958년 2월까지는 적어도 그랬다.[15]

마오의 부관들의 성격은 각각 달랐다. 저우언라이는 마오의 후계자가 될 것으로 여겨졌다. 대장정중인 1935년 1월 마오가 다시 권력을 잡게 된 쭌이 회의 이래로 저우언라이는 줄곧 마오 편에 서 있었다. 저우언라이는 다른 사람들에게 그를 사랑하는 마음이 일어나게 하는 인물이었다. 당에서 그보다 더 사랑받는 사람은 아무도 없었다. 마오는 존경의 대상이었으며 저우언라이는 사랑의 대상이었다. 사려 깊고 신중하게 일을 처리하는 류사오치는 마오나 저우언라이만큼 카리스마적인 인물은 아니었다. 그렇지만 그는 자신이 맡은 일에 헌신적으로 몸 바쳤기 때문에 폭넓게 존경을 받았다. 대장정, 항일전쟁, 그리고 장제스와의 전쟁을 승리로 이끈 지휘관들과 이들 사이를 갈라놓는 경계선 같은 것은 없었다. 그러나 그 지휘관들이 덩에 대해서는 특별한 태도를 지니고 있었음은 의심의 여지가 없었다. 린뱌오를 제외하고는 주더, 펑더화이, 천이, 류보청, 녜룽전, 예젠잉 원수 모두 그를 '우리들 중의 하나'로 여겼다. 이 때문에 덩은 마오의 총독들 가운데 특별한 입장에 있었다.

제4부

용좌에 오르다

16. 칼 마르크스 + 진시황제

　마오는 대장정 시절부터 "너는 너의 전투를 하라. 나는 나의 전투를 할 것이다"라는 격언을 좋아하게 되었다.
　이것은 일시적인 격언이 아니었다. 홍군이 자주 압도적으로 유리한 위치에 있는 강적들과 맞서 끊임없이 투쟁해 오는 동안 그가 발전시켰던 개인적인 철학을 나타내는 격언이었다. 마오가 의미했던 바는 단순한 대응전은 하지 않겠다는, 즉 적의 군사행동에 단순히 반응만 보이지는 않겠다는 것이었다. 그는 그 자신의 전략을 고안하여, 그의 소수 병력을 극대화하고 적의 우월성을 극소화할 수 있는 조건하에서, 가능하다면 언제라도 불시에 적에게 기습 공격을 감행하겠다는 것이었다.
　일단 전쟁이 끝나고 공산주의 중국을 건설하기 위한 평화시의 투쟁이 시작되었을 때에도 마오는 이 원리를 버리지 않았다. 이제 그는 그 원리를 장제스가 아니라 내부의 적들, 또는 자기 동아리 내부의 가상의 적들, 그리고 때때로 그와 거의 맞먹는 지도력을 지닌 사람들에게 사용했다.
　그의 한 동료는 언젠가 다음과 같이 말했다. "때때로 그의 전술은 사람들을 깜짝 놀라게 한다. 그건 그가 유별나고 전혀 예상치 못한 어떤 일을 하기 때문이다.

이것은 우연한 일이 아니다. 그는 적을 불시에 기습하기를 원했던 것과 바로 똑같이 당신에게도 불시에 기습을 가했던 것이다. 물론 이것이 항상 좋은 것은 아니며, 때때로 그는 그 결과 고통을 당하기도 했다."[1]

천한성(陳翰笙)은 거의 전 생애를 중국 혁명에 바쳤던 사람이었다. 그는 당을 위해 어렵고 위험한 사명들을 달성했으며, 1987년 아흔한 살의 나이에 거의 실명 상태에 빠져 있었다(그는 문화혁명 기간중에 녹내장 치료약을 빼앗겼다). 그렇지만 그는 마오의 날카롭고 냉소적인 견해를 잊지 않았으며, 캘리포니아의 포모나 대학을 졸업하고 1920년대에 시카고 대학에서 경제학을 전공한 이래로 자신이 몸담고 살아온 세계를 버리지 않고 그대로 존속시켰다.

천은 마오를 잘 알았다. 그는 마오의 성격을 한마디로 '증오의 인간'이라고 요약했다. 그와 스탈린은, 두 사람 모두 서로의 유사점을 인정하려 들지 않지만, 근본적으로 동일하다. 마오는 류사오치, 그리고 그의 가장 유명한 사령관들 중에 속히는 펑더화이의 히룽 두 사람을 부러워했다. 천은 이렇게 말했다. "나른 사람들은 당신에게 이런 이야기를 하지 않으려 할 거요. 그러나 난 해야겠소. 그건 많은 걸 설명하고 있어요."[2]

마오는 중국의 경제를 새롭고 보다 신속한 궤도에 올려놓겠다는 자신의 열망을 결코 감추지 않았다. 그러나 인민공사 제도, 그리고 대약진운동이라고 불리게 되었던 사업의 전면적인 도입에 대한 그의 생각을 동료들은 단지 점차적으로 어렴풋이 깨닫기 시작했다. 1957년이 되자 마오는 저우언라이와 류사오치의 경제 운영을 신뢰하지 않았다. 아무도 마오의 새로운 계획들에 대해 반대의 목소리를 내지 않았으나, 마오는 그들이 자신의 계획에 공감하고 있지 않다고(정확하게) 믿고 있었다. 그는 그렇지만 덩샤오핑이 부정적인 태도를 지니고 있다고 믿지는 않았다. 덩은 정책 결정 차원이 아니라 실무 차원에서 일하고 있었으며, 따라서 그는 당분간 마오의 사격권에서 벗어나 있었다.[3] 마오는 덩을 특수 범주에 집어넣었다. 덩을 꼭 필요한 인물로 여긴 마오는 자신의 '예비군'이라고 말했으며, 류와 같은 더 오랜 동료들과 덩 사이에 차별을 두었다.⁴⁾ 마오는 자기의 새로운 계획들을 지원하도록 부추기기 위해 마련한 소규모 지역 모임의 책임을 덩에게 맡겼다.⁵⁾ 사실상 그의 경제 계획들 중 어느 것도 당 정관상 필요한 당 중앙위원회나 정치국의 승인을 받지 못했다. 그러나 마오는 어떻게든 그 계획들을 추진해 나갔다. 이같은 책략상 그는 스탈린과 아주 비슷했다.

마오의 동료들은 마오가 점점 더 중국의 최초의 황제인 진시황제를 찬양의 대상으로 뽑았음을 말했다. 시안에서 출토된 병마용(兵馬俑)은 진시황제 시대의 것이다. 진시황제의 통치 기간은 11년에 불과했지만 그것은 중국 역사상 가장 잔혹한 통치 중의 하나였다. 진시황제의 잔인성은 굉장했다. 그는 수만, 수십만씩 사람을 죽였으며, 중국의 기록된 역사, 과거 왕들의 연대기, 고문서 보관소, 그리고 엄청난 양의 책을 불에 태워 버렸다. 이러한 야만적 행위를 마오는 한족(漢族)의 통일과 최초의 한(漢)제국 창건이라는 진시황제의 업적들과 비교했다. 진시황제 때부터 중국은 민족국가였다.

내부 집단의 구성원들은 마오가 장제스를 쳐부숨으로써 중국을 통일한 자기 자신의 위업을 진시황제의 치적들에 대응하는 현대판 업적으로 생각하는 것으로 이해했다. 마오는 자신이 후대의 진시황제라고 말하지는 않았다. 그것은 불필요한 일이었다. 그의 동지들은 그가 생각하는 것이 무엇인가를 알고 있었다. 그들이 몰랐던 것은 마오가 자신의 업적들을 마무르기 위해 그들로 하여금 치르게 한 피의 대가를 준비하고 있다는 사실이었다. 문화혁명이 시작되자 비로소 그 사실이 분명해지기 시작했다.⁶⁾ 문화혁명은, 그 혁명의 사려 깊은 희생자들이 언젠가 말했듯이, 마르크스와 진시황제를 합해 놓은 것과 똑같았다.⁷⁾

나중에 마오의 아주 오랜 동료들은 마오가 중국의 폭군을 그의 영웅으로 선택한 사실의 의미심장함을 곰곰이 생각하기 시작했다. 만약 그들이 스탈린에 관해 더 나은 정보를 입수했었더라면 그들은 섬뜩한 우연의 일치에 불안한 마음을 떨칠 수가 없었을 것이다. 그 무렵 스탈린은 그의 테러 계획을 착착 진행하고 있었다. 그는 옛 동지들을 학살했으며, 수백만의 러시아인을 강제노동수용소에 보내 죽게 했으며, 러시아의 가장 잔인한 짜르였던 공포의 뇌제(雷帝) 이반에게 각별한 관심을 보이기 시작했다. 그는 러시아의 위대한 영화감독 에이젠슈타인(Sergei Eisenstein)에게, 러시아를 통일하고 몽고족의 속박을 떨쳐 버린 이반의 성공에 관한 영화를 제작하도록 명했다. 그러나 에이젠슈타인이 이반의 폭력을 다룬 〈공포의 이반 제 2부〉를 만들기 시작하자 스탈린은 그 영화를 혹평하고 에이젠슈타인을 호되게 꾸짖었다. 그로부터 얼마 안 지나 에이젠슈타인은 심장마비로 사망했다. 또는 그랬다고 보도되었다.

천한성이 말했듯이, 스탈린과 마오 사이에는 그들이 서로 인정한 것보다 더 많은 유사점이 있었다.[8]

만약 사람들이 1957년 11월 모스크바 회의에서 했던 마오쩌둥의 말을 면밀히 들었었다면 그가 나중에 추진한 목표들에 깜짝 놀라시는 않았을 것이다. 그 회의의 토론에서 마오는 소련이 바야흐로 미국을 뒤따라 잡을 찰나에 있으며 중국은 15년 후에는 영국의 철강 생산을 따라잡게 될 것이라는 견해를 개진했다.[9]

마오는 1958년에 중국이 '대약진운동'을 시작하도록 했다. 그는 이 운동이 인민의 '대중운동'에 대해 의해 성취될 수 있을 것이라고 믿었다. 마오는 일필휘지(一筆揮之)하여 중국의 엄청난 시골 인구를 인민공사 체제 속으로 배치했다. 이 체제는 농민들이 모여 평등주의의 단위 집단을 이루는 뼈만 앙상한 조직이었다. 그들은 사유재산을 포기했으며, 심지어 그들의 삽과 괭이조차도 포기했다. 그들은 크고 엉성한 막사에 들어가 거주했으며, 그들의 오두막을 헐어 내어 새로운 공동숙소를 건설하는 데 필요한 물자를 조달했다.

농민들은 군사조직을 갖춘 채 파란색 군복 상의와 바지를 입고 함께 일했으며, 백 피트 거리에서는 남자와 여자를 식별할 수 없었다. 마치 파란 개미떼들 같았다. 그들은 공동의 가난을 함께 나누어 가졌다. 이러한 가난은 옛날 중국 시골의 비참함을 번영처럼 보이게 했다. 그들은 무리를 지어 어수선하게 흩어져서 공동 밥그릇에서 밥을 퍼먹었는데, 고작 자기 젓가락을 소지했을 뿐 그 이상은 가진 게 없었다.

중국 농민들은 인민공사를 증오했다. 그들은 돼지와 소를 인민공사에 넘기느니 차라리 팔아 치우거나 또는 잡아먹었다. 그들은 인민공사의 음식으로 잔뜩 배를 채웠다. 그도 그럴 것이 '공짜'였기 때문이다. 때로는 자기 자식들을 두들겨 패면서까지 공짜 음식을 먹을 수 있는 데까지 더 많이 먹도록 만들었다. 그들은 일을 더 많이 한다고 해서 곡식을 그만큼 많이 배당받는 것이 아니었으므로 일을 조금밖에 하지 않았다. 그들은 현찰은 구경조차 해보지 못했다.

농민들의 미묘한 마음을 다루는 데 그토록 완벽한 솜씨를 과시했던 마오가 도대체 어떻게 시골을 이처럼 철저하게 오해할 수 있었단 말인가? 그의 동지들 가운데 아무도(나중에 그들이 생각할 시간적 여유를 가졌을 때) 도무지 이 점을 이해할 수가 없었다. 어찌되었건, 시골에서 태어나고 자란 마오는 시골 사람들과 더불어 보낸 시절이 있었으므로 그들이 함께 일하고 함께 살기를 좋아한다는 생각을 하게 되었다. 그의 이러한 결론은 옌안에서 보낸 10년 동안의 생활에서 비롯된 것이라고 말하는 사람들도 있다. 옌안에서 공산주의자들은, 옛날 뉴욕의 사회사업가들과 비슷하게 농민, 머슴들과 함께 살았으며 그들을 이끌어 공공 활동을 시켰다.

마오의 견해를 받쳐 주는 유일한 논거는 농민들이 이따금 관개수로를 파거나 추수할 때 서로 품을 파는 것과 마찬가지로 특수한 사정이 있을 경우 함께 일했다는 사실에서 나온 것이었다. 다른 경우에는 그들도 세상 어느 곳의 농민들과 마찬가지로 개인주의자들이었다. 그들은 자신들(그리고 지주)의 곡식을 재배했으며, 공동 분배하지 않고 가족들을 먹여 살렸다.[10]

1958년까지는 마오에게 그가 듣기 원하지 않는 이야기를 하기란 거의 불가능한 일이었다. 마오의 경호원 리인차오는 이렇게 말했다. "일단 마오가 마음을 정했는데 반대가 있으면, 끝까지 자기 주장을 고집하면서 반드시 관철시키려 들었

다."¹¹⁾

 마오는 장난꾸러기였을 뿐만 아니라 고집불통이기도 했다. 청난쾅에 공습경보가 있었을 때 그는 담배를 얻기까지는 방공호로 대피하기를 거부했다. 근처에 폭탄들이 쏟아졌다. "나에게 담배를 달라"고 마오는 고집을 피웠다. "비행기들이 오고 있습니다. 대피하셔야 합니다"라고 경호원들이 말했다. 그러자 마오가 덧붙였다. "난 피신처가 필요치 않아. 담배를 원한다니까." 그들은 그를 끌어당기려고 했지만 버티는 바람에 결국 담배를 줄 수밖에 없었다.

 1958년 난닝(南寧)에서 국민당 비행기 한 대가 날아왔다. 마오는 책을 읽고 있었다. 그는 피신처로 가려 들지 않았다. "만약 폭탄이 내 머리 위에 떨어져도 감히 폭발하지는 않을 거야"라고 그는 말했다.

 마오는 수영을 못 하게 하는 경호원들에게 가장 완고한 고집을 부렸다. 경호실장 뤄루이칭(羅瑞卿)은 폭풍우 기간중에는 그가 물에 뛰어 들지 못하게 하라는 명령을 받았다. 만류에도 불구하고 마오는 바다 속에 뛰어들었다. 높은 파도 속에서 위로 펄쩍 뛰어오르면서 "나는 파도를 붙들 수 있다"고 소리쳤다. 파도에 몸이 홱 뒤집히면서 그의 입속에 모래가 가득 들어갔다. 경호원들이 그를 구하기 위해 뛰어가면, 그는 "다시 한번 해 보자"고 소리쳤다.¹²⁾

 그의 자기비판 능력이 쇠퇴했다. 그는 오류를 범하지 않는 존재가 되어 있었다. 동료들 가운데 아무도 인민공사 계획이나 대약진운동에 대해 공개적으로 도전하지 않았다. 저우언라이와 류, 덩도 마찬가지였다. 마오가 한 말은 결코 잘못이 있어서는 안되었다. 마오는 정치적 경쟁자가 되기에는 너무 어린 사람들이나 상식적 태도를 지닌 기술자들한테서만 제안들을 들으려 했다.¹³⁾ 후난성의 당서기 저우샤오저우(周小舟)는 언젠가 딱딱하고 긴장감이 도는 당 논쟁 석상에서 마오에게, 수뇌부 사람들이 어떤 특별한 일을 좋아하면 밑에 있는 사람들은 "반드시 완수된 일을 보고할 것이다"라고 말한 바 있다. 마오는 저우언라이나 류사오치에게는 이런 말을 하도록 허용하지 않았을 것이지만, 그 후난 사람의 말은 미소를 머

금으며 받아들였다.[14]

마오는 그의 비서들이나 경호원들과는 아주 편안한 관계를 유지했으며, 이런 저런 일을 의논할 때가 자주 있었다. 그는 그들이 날카로운 질문을 퍼붓거나 회의적인 발언을 해도 제지하지 않았다. 자기와 대등한 사람들이 그랬다면 그는 결코 참아 넘기지 않았을 것이다. 대약진운동이 진행되고 있는 중에 당시 20대의 새 비서 리루이는 마오가 받은 생산보고서에 의문을 제기했다. 그 보고서는 한 특수한 인민공사에서 무(苗)당 1만 근(6분의 1에이커당 6.5톤에 해당한다)의 밀 생산을 달성했다는 명백히 불가능한 주장을 하고 있었다. "어떻게 이 보고서를 믿을 수가 있으십니까?"라고 리루이가 물었다. 마오는 전혀 화를 내지 않았다. 그는 중국의 한 물리학자가 별도의 시간 외 노동을 하지 않고서도 태양 에너지를 이용함으로써 무당 1만 근의 수확고를 올릴 수 있다고 말한 논문을 읽었노라고 조용하게 대답했다.

마오 주변의 인물들은 그에게 낙관적인 보고서들을 제출했으며 마오는 그 보고서의 내용을 받아들였다. 그는 과학에 대한 소양과 경험이 없었다. 그는(핵무기를 더 잘 이해하기 위하여) 물리학자 주민시엔과 함께 입자물리학에 관해 토론한 적이 있었으며, 그 주제에 관해 어느 정도 책도 읽었었다. 그러나 그는 보고서와 증거를 과학적인 관점에서 평가할 수 있는 그런 독자적인 능력은 갖지 못했다.[15]

마오의 교육과 생활 경험은 그의 지식에 큰 틈을 남겼었다. 자본주의에 관해서는 일찍이 《공산당 선언》을 읽음으로써 얻은 아주 기초적인 수준을 넘어설 정도의 지식밖에는 거의 또는 전혀 없었다. 그는 마르크스가 과학과 현대 기술이 선진 사회를 건설하는 데 필수적이라고 말했기 때문에 과학과 기술의 필요성은 받아들였지만, 기술에 관해 제대로 이해하지 못했다. 그가 이집트의 피라미드를 연상시키는 그런 규모와 스타일로 많은 인구를 대중 노역에 동원하는 일을 그토록 성급하게 착수했던 데에는 기술에 대한 무지가 한 원인이었을 수도 있다.

마오의 전기작가 리루이는, 마오가 자본주의와 서양에 대한 지식의 결핍 때문에 대약진운동과 같은 파국을 야기시키는 일을 추진한 것이라고 생각했다.[16] 마오는 한번도 서구 세계를 방문한 적이 없었다. 평생 동안 중국을 벗어난 여행은 오직 두 번밖에 하지 않았는데, 그것도 두 번다 소련과 모스크바행이었다. 중국보다 더 선진적인 나라에 대한 그의 직접적인 연구 기회는 1950년대 초 모스크바에서 돌아오는 긴 여행중에 들른 우랄산맥 지방과 시베리아에서 얻은 것밖에 없었다. 그는 영어를 배우려고 오랫동안 시도했으나 결국 영어를 배우는 데 실패했다. 영어의 필요성이 서양에 대한 관심의 징후가 아니라면, 그는 결코 서양에 대해 진정한 관심을 보인 적이 없었다. 그렇지만 마오가 외부세계에 대해 청나라의 유명한 황제 건륭제만큼 폐쇄적이지 않은 것은 확실하다. 건륭제는 1793년 무역 개방 사명을 띠고 중국을 방문한 영국의 밀사 매카트니(George Macartney) 경에게, 중국은 필요한 것은 모두 갖고 있기 때문에 두 나라 사이에 교역을 할 조건이 되어 있지 않다고 말했었다. 그러나 서양과 근대 자본주의에 대한 마오의 무지는 그와 중국 둘 모두에 위험한 것이었다. 닥치는 대로 읽은 비체계적인 독서를 통해 그가 얻은 이미지들로는 세계를 진실로 이해할 수 없다는 것을 그는 모르고 있었기 때문이다.

수년 동안의 연구 끝에 마오에 대해 독창적인 견해들을 갖게 된 천한성은 대약진운동 시기 마오가 농민들에게 접근한 사실의 근원을 홍군과 함께 거둔 마오의 성공들로 거슬러 올라가 찾아 냈다. 마오는 성인 시기의 대부분을 군사 지도자로서 보냈다. 처음에는 게릴라들 사이에서, 나중에는 방대한 홍군 조직의 우두머리로 지냈다.

홍군은 다른 군대와 마찬가지로 보편성에 입각하여 창설되었다. 그 구성원들에 대한 기율은 엄격했다. 그들은 특수 임무를 수행하도록 훈련받았고 모두가 똑같은 복장을 입었다. 또 공동 생활과 공동 작업을 했고 야전에서는 천연의 은신처에서 살았으며, 어려운 일이 있으면 모두가 똑같이 고통을 분담했다. 그들은 공동 식기로 공동 식사를 했다. 졸병들과 지도자들 사이의 차이는 아주 미소하였다. 장교들도 똑같은 제복을 입었으며 계급장도, 직함도, 경례도 없었다. 완전한 평등주의적 체계였다.

마오의 군대는 그 사명에 완벽하게 맞춘 하나의 사회 체계였다. 그것은 깜짝 놀랄 만한 성공이었다. 마오는 이 군대를 이끌고 승승장구했다. 그는 장제스를 패배시키고 중국을 얻었다. 중화인민공화국 시기에 인민해방군은 한국에서 미국의 군사력에 엄연히 맞서 부딪치며 싸웠다. 인민 해방군은 철도, 고속도로, 터널, 관개 배수, 그리고 거대한 강들을 따라 설치한 홍수용 방벽 등 대규모 민간 건설 사업에 달려들었다. 인민해방군은 탄력적으로 운용되었다. 제철소를 건설하는 데 배치될 수도 있고 밭 경작에 동원될 수도 있었다.

그 군대는 거의 전적으로 농민들로 구성되어 있었다. 그들은 군의 기율과 목적을 쉽게 받아들였다. 천한성은 '대중운동'의 무한한 잠재력에 대한 믿음을 갖고 있는 마오가 군의 견지에서 생각하는 것은 당연한 일로 받아들였다.

천은 마오가 마치 농민처럼 판단을 내렸다고 믿었다. 마오는 중국인들이 말하던 것처럼 흙과 같은 성질을 지닌 사람이었다. 그는 개인적인 경험과 농민 생활의 전승된 지식에 바탕을 둔 단순한 해결책, 즉 농민적인 해결책에 도달했다. 마오는 이런 자세를 사오산에서 흡수했었다.

마오는, 인민공사체계의 핵심은 공동 주방이라고 생각했다. 천은 마오가 고전적인 마르크스의 견지에서 인민공사체계를 도입하지는 않았다고 느꼈다. 마오는 함께 먹고 함께 일하는 사람들은 하나의 통일된 메카니즘인 인민공사를 발전시킬 것이며, 이것은 군에 대응하는 민간인 공동체가 될 것이라고 믿고 공동 주방 체계를 도입했다.[17]

마오의 생각은 잘못된 것이었다. 그는 인민공사들을 시작하자마자 그것들에 특수 임무에 부과했다. 산업에도 전념하라는 것이었다. 또한 대약진운동을 위한 기간구조도 제공하라는 것이었다. 그렇게 되면 15년 후에는 중국이 철 생산에 있어 영국과 나란히 어깨를 겨루게 될 것이라는 거였다. 이 도약의 매개체는 나중에 '뒷마당 제철소'로 알려지게 된 것이었다. 새로운 인민공사들은 소규모 용광로를 설치하도록 정해졌는데, 마오는 이 용광로에서 나오는 철의 생산량이 중국이 소유하고 있던 몇 안 되는 기존의 제철단지 생산량을 금방 넘어서게 될 거라는 믿음으로 기쁜 마음을 금치 못했다.

이것은 극단적인 대중운동이었다. 1958년 가을까지 연인원 9천만에 이르는 중국 농민들이 인민공사에 설치된 부실한 제련소에서 동틀녘부터 해질녘(또는 늦은 밤)까지 노동을 하기 위해 농사를 그만두었다. 농민들은 제련소에 넣을 원광석이나 선철 덩어리가 없었다.[18] 이런 것들 대신에 그들이 움켜잡을 수 있는 쇳조각들, 그러니까 곡괭이, 삽, 괭이, 도끼, 망치, 건초용 갈퀴, 쇠지레, 솥, 마차 바퀴, 물통, 파이프 등 농사지을 때 쓰는 쇳조각이 모조리 용광로 속으로 들어갔다. 양철 지붕, 못, 나사, 돌쩌귀, 철망, 자물쇠, 앵글철, 심지어 소형 트랙터도 용광로 속에 집어 던졌다. 마치 쇠를 먹는 개미들이 쇠라는 쇠는 모조리 먹어 깨끗이 지워 버린 것 같았다.

이뿐만이 아니었다. 용광로에 불을 지필 석탄도 없으면 안 되었다. 시골에는 당연히 석탄 공급이 전혀 없었다. 일부 지역에서는 산비탈에 있는 나무들, 과일나무, 그늘을 짓는 나무들, 그리고 나무조각들을 모조리 태워 석탄을 만들었다. 대약진운동이 있은 지 30년 후 광기 어린 그 운동의 생채기가 중국 전역의 산비탈의 모습을 볼꼴 사납게 만들었으며, 나무를 마구 베고는 원상 회복을 해 놓지 않았기 때문에 산이 깎여 침식골짜기들이 생겨났다. 침식은 수백년 동안 중국의 가장 골치 아픈 문제들 가운데 하나였다. 대약진운동이 이를 더 악화시켰다.

농민들은 '철'을 생산하느라 너무 바빠서 추수한 곡식을 저장할 시간이 없었다. 사실은 당의 일꾼들이 그들에게, 신체제에 의해 전체 생산량이 모두가 먹고도 남을 만큼 높아질 것이기 때문에 개인적인 수확량을 걱정할 필요가 없을 정도로 대량의 농산물이 생산될 것이라고 이야기했던 것이다. 곡식은 들판에서 썩어 가는 한편, 날림으로 지은 제철소들이 내뿜는 매연이 시골 하늘 위를 뒤덮고 있었다. 농민들은 봄과 겨울에 곡식을 심거나 씨를 뿌리는 데 필요한 농기구들을 즐거운 마음으로 용광로 속에 집어 던졌다. 빈틈없고 검약한 일부 농민들만이 가래와 갈퀴 등을 깊이 숨겼다.

어마어마한 양의 국산 철강이 생산되고 있다는 주장을 담은 놀랄 만한 수치가 마오에게 보고되었다. 그 수치들이 매우 고무적이어서 철생산에서 영국을 따라잡을 수 있는 기간이 15년에서 5년으로 줄어들었으며 나중에는 3년으로 줄어들었다. 봉건주의 사회로부터 선진 사회주의에로 즉각 이행할 것이라는 전망에 나라 전체가 현혹되어 있었다. 마치 네덜란드인들이 튤립 열광에 대한 억측으로 현혹되었었듯이 말이다. 마오 자신은 그것이 가능하다고 믿었다.[19] 오르지 못할 것은 하늘뿐이었다. 마오는, 대중운동은 어떤 목표가 설정되든 그 목표를 달성할 것이라고 믿었다. 저우언라이, 류사오치 또는 덩샤오핑의 입에서 회의적인 말 한마디 새어나오지 않았다. 이 사리분별 있는 사람들이 북부 산시성 출신의 가장 졸음이 많은 농부나 마찬가지로 마오의 재치 있는 솜씨에 감쪽같이 속아 넘어갔다. 또는 그렇게 보였다. 시골에서 올라오는 보고서들 중에 걱정스런 내용을 담은 것은 하나도 없었다. 오로지 점점 더 크게 성공한 내용을 담고 있었고, 그것은 바람이 가득차 있는 뜨거운 풍선이었다. 만약 터졌다 하면 나라 전체에 파멸을 초래할 수도 있었다.

중난하이에서는 모두가 조용하고 모든 것이 고요했다. 마오는 전국시대(B.C. 475~221)의 이야기를 읽는 데 바빴다. 그는 결코 춤에 대한 흥미를 잃지 않았다. 이제 그의 춤 파트너들은 점점 더 젊어지는 것 같았다. 그가 옛날의 흘러간 베이징 경극 가락을 흥얼거리며 무겁게 몸을 놀렸을 때 그 젊은 여인들은 표범처럼 날렵하고 단정하게 플로어 위를 미끄러지듯 스텝을 밟았다. 장칭은 기분 좋아하지 않았다. 마오는 그녀를 가리켜 흥을 깨는 사람이라고 불렀다.[20]

1958년 그림자 같은 경찰 전문가 캉성이 별안간 베이징에 다시 나타났다. 그는 고향 산둥성의 당 서기로서 그 지역을 폭력으로 다스리는 일을 맡아 하고 있었다. 이제 마오는 '고등 교육 기관들을 감독하기' 위해 그를 베이징으로 불러들였다. 캉은 중소회담에 관련을 맺어 왔는데, 이제 마오와 참으로 절친한 관계로 나아가기 시작했다. 그가 마오를 유혹하는 미끼는 과대망상증과 섹스였다. 그는 마오의 취향을 잘 알았으며, 육감적인 젊은 여인들을 끝도 없이 줄줄이 기록한 명단을 입수한 것 같았다.[21]

중난하이의 고요함이 오래 지속될 수는 없었다. 1958년 늦가을에 많은 시골 지역에서 식량이 바닥나고 있었던 것이다. 농민들은 종자로 쓸 곡식까지—그나마라도 갖고 있다면—먹기 시작하고 있었다. 땅에 떨어진 곡식을 거둬들이는 일조차 하지 않은 많은 사람들에게 도대체 먹을 것이라곤 아무것도 없었다. 그런데 이런 상황이 공식적으로는 중국 역사상 전례 없는 풍작으로 기술되었다.

당의 고위간부들과 정부에 과연 언제 최초의 비상경보가 도달했는가는 확실하지 않다. 하나의 신호가 관료주의를 뚫고 제 기능을 하기란 힘들었다. 중견관료와 고급관료들은 부정적인 소식을 접수하는 것을 원하지 않았다. 자칫 잘못하면 그 일 때문에 자신의 목이 날아갈 수도 있었기 때문이다. 신중한 경보가 아래로부터 올라오면 그 보고서들은 수정을 위해 다시 되돌려 보내졌다. 수확량은 날조되고 상향 조정되었다. 설령 중난하이가 그 위험을 감지해 오고 있었다 하더라도 허보를 여과시킬 증거가 거의 없었다.

일찍이 류사오치의 누나가 재난이 임박했음을 예고하는 소식을 베이징에 보내왔었다. 그녀는 여전히 일가들이 사는 닝시엔촌에 살고 있었다. 남부 후난에 있는 그 마을은 마오의 고향 사오산과는 10여 마일밖에 떨어지지 않은 곳이었다. 그녀는 남동생 류사오치에게 고향의 농민들이 굶고 있다고 이야기했다. 이미 굶어 죽은 사람들도 있었다.[22] 안후이성(安徽省), 쓰촨성에서도 정보가 날아들었다. 그러나 중난하이에는 아직도 비상경보가 울리지 않고 있었다. 저우언라이도, 류도, 덩도, 그리고 권좌에 앉은 사람 가운데 어느 누구도 경고의 말을 입 밖에 내지 않았다. 침묵이 모두를 귀머거리로 만들고 있었다. 신문들은 믿을 수 없을 만큼 엄청난 양의 철이 생산되고 있다는 등의 성공 기사만을 실었다. 그 철이 너무 형편없는 폐철이어서 고작해야 재래식 제철소에 쇠부스러기로 집어넣는 용도밖에는 아무 쓸모가 없다는 사실을 폭로하는 기사는 한마디도 실리지 않았다. 대약진운동이 시골에 있는 거의 모든 농기구를 긁어모았기 때문에 농들이 마치 신생아처럼 논밭을 전혀 경작할 수 없게 되었다는 기사조차 한 줄도 실리지 않았다.

중국은 덜거덕거리며 파멸을 향해 나아가고 있었다. 수뇌부의 어느 누구도 장래 일을 알지 못했으며 감히 알려 들지도 않았다. 마오로서는 대약진운동이 중국을 세계의 나머지 국가—특히 소련—들을 넘어서서 순수한 공산주의 국가로 자리잡게 했다고 전적으로 믿을 만한 충분한 이유가 있었다. 그는 이보다 더 잘못된 착각을 할 수는 없었을 것이다.

17. 멈추어야 할 한계

마오쩌둥으로서는 스탈린보다 흐루시초프를 상대하기가 훨씬 더 쉬웠다. 흐루시초프는 중국에 직접적으로 위협적인 태도를 취하지 않는다는 것이 그 한 가지 이유였다. 마오의 생각에는 흐루시초프가 도대체 예견 능력이 없으며, 솜씨가 서툴고 헌신적인 마르크스주의자도 아닌데다 세계 정세에 무식하기 짝이 없는 인물이었다. 그렇지만 스탈린이 때때로 중국의 생존을 위협했던 것과는 달리 그는 그렇지 않을 것이라고 마오는 생각했다.

1956년 2월 스탈린의 죄상을 폭로한 극적인 비밀 연설을 한 이래로 흐루시초프는 상황이 그다지 좋지 않았다. 그 문서에 전적으로 기뻐하지만은 않았던 마오는 이보다도 폴란드와 헝가리 등지에서 잇따라 발생한 공산세계의 소요 사태, 흐루시초프의 정치적 말썽—비록 실패로 끝나기는 했지만 소련 정치국에 의해 흐루시초프를 축출하려는 시도가 있었다—에 대해 상당히 더 기분 나빠했다.

이러한 일련의 소요에 대해 마찬가지로 걱정하고 있던 흐루시초프는 이 혼란 상태를 1917년 11월 7일에 일어난 볼셰비키 혁명 제40주년 기념 축전 자리를 빌어 모스크바에서 공산국가 전체의 웅대한 정상회담을 개최함으로써 은폐하려고 꾀했다. 전세계의 모든 공산국가와 프랑스, 이탈리아 등지에 있는 거대한 공산당들이 참석할 예정이었다. 중국과 마오쩌둥의 참석이 필요했다.

흐루시초프는 스탈린이 제거했던 유고슬라비아의 땅딸막한 정치가 티토를 제자리로 복원시키기 위한 힘든 작업을 했었다. 그는 보드카에 흠뻑 취해 카노사로 순례여행을 했었으며, 티토를 타도하고 그 대신 소련의 허수아비를 앉히려고 했던 스탈린의 시도에 대해 티토 원수에게 사과하기 위해 벨그라드에 갔었다. 흐루시초프는 폴란드, 헝가리와도 그럭저럭 관계를 개선했었다. 볼셰비키 혁명 40주년 기념 축전을 진정한 축전으로 만들기 위해 이제 필요한 것은 마오의 참석뿐이었다.

마오는 그 모임에 반대하지 않았다. 그는 좋은 아이디어라고까지 생각했으나 직접 모습을 나타내는 것은 선뜻 마음이 내키지 않았다. 그래서 자기 대신 류사오치를 보내겠다고 제안했다. 마오는 만약 티토의 참석이 보장되지 않는다면 그 축전이 대단한 단결력을 과시할 수 있다고는 생각지 않았다. 마침내 소련이 티토가 오기로 약속했다는 것을 맹세하자 마오는 참석에 동의했다.

마오는 혼자 마음속으로만 흐루시초프가 벨그라드에서 티토와 함께 술을 마시다 취해 바보 취급을 당했을 거라고 생각했다. 그러나 티토가 모스크바로 올 예정으로 있다면 자기도 모습을 나타낼 생각이었다. 축전 때 티토는 마지막 순간에 약속을 어겼다. 그러나 마오는 소련인들의 파티에서 그들보다 더 인기를 끌기 위한 준비 작업에 아주 깊숙이 관계한 탓에 결국 그 축제에 참석했다.[1]

정상회담에서 논의될 단결 선언의 초안은 소련이 잡았다. 소련은 승인을 받기 위해 그 초안을 베이징으로 보냈으며, 마오는 그 내용이 충분히 강경하지 못하다고 생각했다. 그는 공산 진영이 미국과 그 동맹국들보다 더 강하다고 믿게 되었으며, 따라서 그 선언이 자신의 '동풍 압도 서풍(東風壓倒西風)' 사상을 반영하기를 원했다. 모스크바가 인공위성 스푸트닉 호 발사와 대륙간 탄도 미사일 생산에 성공한 것이 마오가 주장하는 이론에 신뢰성을 부여해 주었다. 마오는 오랫동안 자신의 비서를 지낸 후차오무(胡喬木)를 조장으로 한 이론 소조(小組)를 시켜 그 문안을 수정하는 작업을 하도록 했다. 그는 그 소조에게 흐루시초프의 감정을 상하지 않도록 가능한 대목에서는 흐루시초프의 언어를 사용하라고 이야기했다.

출발 전에 마오는 환영식을 생략하는 것이 좋겠다는 내용의 전언문을 모스크바에 보내라고 지시했다. 물론 소련은 이를 수락하지 않았다. 마오를 영접하기 위해 5백 명의 군중이 브누코보 공항에 모여들었다. 마오는 소련의 외교상의 의전을 부드럽게 거절했으나 결국은 받아들일 수 밖에 없었다. 중국 대표단은 크레믈린 궁에 숙박했으며, 마오에게는 침실 외에도 거실과 응접실, 그리고 통역관이 세심하게 설명한 바에 따라 특별히 '마오 주석의 습관에 부합되는 설비'를 갖춘 욕실이 붙은 큰 방이 주어졌다. 만약 그 욕실이 마오가 1966년에 들어간 중난하이 거처인 유영장 저택에 있는 욕실과 같은 것이라면 거기에는 서양식 좌변기 하나, 웅크린 채로 일을 보는 중국식 대변기 하나, 그리고 소변기가 있을 것이다.

그 당시 마오는 간소한 것을 좋아했다. 그는 자신의 숙소를 그의 통역관 리웨위안(李岳院)과 수행 의사 다리 리가 차지한 작은 방과 바꾸려고 했다. 마오가 자신의 숙소에 그대로 묵게끔 설득하는 데는 양상쿤, 후차오무, 펑더화이, 덩샤오핑 등 수행원 전체가 나서야 했다.[2]

마오 주석은 장난치고 싶은 분위기에 빠져 있었다. 모스크바로 가는 비행기 기내에서 그는 베이징 주재 소련 대사 유딘에게 '시험 문제'를 내겠다고 하면서 이렇게 말했다. 자기들은 이제 방금 공항에 갔다 왔다. 이제 자기들은 공중에 떠 있는데, 곧 다시 지상에 착륙할 것이다. 이것을 철학적으로 어떻게 설명할 수 있는가? 유딘은 어쩔 바를 모르고 쩔쩔맸다. 그는 "저는 이런 것을 한번도 연구한 적이 없습니다"라고 고백했다. 마오가 답을 내놓았다. 비행기가 지상에 정지해 있었을 때 그것은 정(正)을 나타냈던 것이다. 공중에서 그것은 반(反)이었고, 지상에 다시 착륙하면 그것은 반(反)의 반(反)이었다. 소련 대사는 그 답을 듣고는 "최곱니다! 최고예요!"라며 감탄을 연발했다.

모스크바에서 마오는 중국의 위대한 재사 제갈량(諸葛亮)과 위나라의 창시자

17. 멈추어야 할 한계 **233**

조조(曹操) 이야기로 작가 궈모뤄(郭沫若)를 즐겁게 해 주었다. 마오는 베이징 경극에서 조조를 악인으로 그리는 것은 잘못된 것이며, 그야말로 비상한 인물로 영웅호걸이라고 말했다. 그는 주석이 되기를 원하지 않았다는 말을 해서 흐루시초프를 깜짝 놀라게 만들었다. 또 자기는 대학교수가 되어 젊은이들과 더 많은 이야기를 나누고 싶었노라고 말했다. 그의 이러한 발언은 문화혁명시 그가 주창한 반지사상(反智思想)과는 전혀 어울리지 않은 것이었다.[3]

이질적인 인사들의 혼합 집단이 마오의 측근을 이루었다. 미오가 중국 이념의 수석 대변인으로 지명한 덩샤오핑도 거기에 포함되었다. 덩은 수석 대변인으로서의 역할을 다해 낸 최초의 인물이었다. 무뚝뚝하게 이야기하는 펑더화이도, 아주 신중하고 세심한 마르크스주의 학자인 후차오무도 모두 그 그룹에 속해 있었다. 덩은 공산주의 단결 선언문을 어떤 내용으로 할 것인가 하는 논쟁에서 중국의 입장을 대변하는 역할을 성공적으로 수행했다. 덩의 이때의 성공적인 논쟁에 대해 마오는 평생을 두고 경탄해 마지않았다.

덩은 공산 진영의 우두머리가 있어야 하며, 이 자리는 비록 지도자는 아니더라도 연락소집책으로서의 역할을 해낼 수 있는 인물이 맡아야 한다는 주장을 폈다. 그는 한 국가가 자본주의에서 공산주의로 평화적으로 이행할 수 있다는 소련의 입장에 도전하여, 반드시 계급 투쟁이 있어야만 한다고 주장했다.[4]

마오는, 공산주의는 러시아와 중국의 역사가 증명해 주었듯이, 오로지 혁명적인 투쟁과 무장 활동에 의해서만 성공할 수 있다고 믿었다. 평화적인 해결책은 성공할 수 없고 피를 흘리지 않으면 안 된다. 이렇게 생각한 마오와 덩은 공산 진영의 다른 대표들의 여론을 조사해 보았다. 모두가 마오의 생각에 찬동했다.

덩은 마오의 입장을 위해 지칠 줄 모르고 싸웠다. 그는 최종 단결 선언문을 기초한 십개국 위원회에 대표로 참석하여 중국의 입장을 대변했다. 그 회의에서 중국은 압승을 거두었다. 마오로서는 결코 잊을 수 없는 사건이었다. 그래서 마오는 흐루시초프에게 '작은 친구' 덩이 소련의 키 큰 이론가인 주슬로프(Mikhail Suslov)를 이론면에서만 능가하는 것이 아니라 장제스의 군대도 무찔렀던 문무를 겸비한 인물이라며 자랑을 늘어놓았다. 나중 문화혁명 때 덩이 다른 동료 희생자들에 비해 타격을 덜 받았던 것도 이때의 업적을 감안했기 때문이다. 덩에게 최악의 사태가 닥쳤을 때조차도, 마오는 덩이 이때 모스크바에서 수행한 업적을 자랑스럽게 회상하곤 했다.

모스크바 회담은 마오가 흐루시초프의 미성숙함을 확인하는 계기가 되었다. 이 회담을 기점으로 해서 이제까지 비교적 좋은 관계를 유지해 온 중소관계가 종말을 고하기 시작했다. 마오의 새로운 러시아어 통역관인 옌밍푸의 견해에 따르면, 두 나라 관계가 가장 좋았던 시기는 흐루시초프가 집권한 처음 몇 년 동안이었다고 한다. 옌밍푸는 "1955년부터 모스크바 회담 때까지 양국은 밀월 관계를 유지했다. 그 후 두 나라 사이에 냉전이 싹텄다"고 회고했다.[5]

마오는 모스크바를 떠나오면서 이제 자신이 세계를 주무를 수 있다는 대단한 자신감을 갖게 되었다. 어떤 의미에서 보자면 그는 적대적인 장제스 군대와의 대치, 일본 국군주의자들의 위협, 막강한 힘을 가진 미국이 중국 본토를 침공할지도 모른다는 불안의 어두운 그림자, 그리고 스탈린의 위협 등 자신을 짓누르던 과거의 모든 속박으로부터 자유로워져 있었다. 흐루시초프의 역량을 저울질해 본 마오는 이제 더 이상 소련을 두려워하지 않았다. 이제 중요한 외교 문제들을 자신이 주도할 시기가 마침내 왔다고 그는 생각했다.[6]

마오의 이러한 공격적 자세는 1958년 중반 마오와 흐루시초프 사이의 위기를 조성하는 데 한몫 거들었다. 중국측은 1957년 모스크바 회담의 약속을 내세워, 소련측에 해군 창설 원조를 요청했다. 1958년 7월의 어느 더운 날 마오는 그 요청에 대한 답을 가져온 소련 대사 유딘을 접견했다. 소련측의 답변은 이러했다. 소련이 중국의 해군 창설을 지원하는 대신 중국 해군은 소련의 지휘 통제를 받는다. 중국은 함대에 선원을 파견할 수 있다. '협력' 해군의 성격을 띠게 될 그 해군은 중국 연해의 항구들을 사용하게 될 것이다. 소련 제독이 총사령관직을 맡는다.

마오는 귀가 의심스럽다는 듯 유딘에게 다시 한번 말해 달라고 요청했다. 그의 답변을 확인하고 난 마오는 이렇게 말했다. "우리는 소련에 부동항이 전혀 없다는 것을 알고 있소. 표트르 대제 시대 이래로 소련은 부동항을 원해 왔지요. 우리가 갖고 있는 모든 항구에 대한 통제권을 당신들한테 달라는 것처럼 들리는군요. 좋습니다, 당신들이 해 달라는 대로 하죠. 그런 다음 나는 산으로 다시 들어가 유격대를 지휘하면서 당신들에 맞서 싸우겠소."[7]

마오는 베이징을 버리고 다시 산으로 들어가(또는 시골마을로 내려가) 농민들을 봉기시켜 그들을 이끌고 적과 맞서 싸우겠노라고 협박하기를 좋아했다.

자신의 적이 흐루시초프든, 펑더화이든, 류사오치든, 아니면 관료집단이든 군중을 봉기시켜 그 적과 맞서 싸운다는 마오의 이러한 철학은 문화혁명을 계획할 때에도 그 기조를 이루었다.

마오는 소련 대사에게 한 시간 반 동안 이야기했다. 그 자리에 참석했던 사람들 가운데 한 사람은 마오가 시종일관 불쾌한 어조로 이야기했다고 회고했다.[8] 마오는 다음 날 유딘과 또 한 차례 이야기를 나누었다. 그리고 그 다음 날도 두 사람의 담화가 있었다. 이 날 마오는 소련의 '그릇된 접근 방법'을 이야기했다. 모임에는 류사오치, 저우언라이, 그리고 덩샤오핑도 불러들였다. 그는 이들에게 소련의 제의 내용을 오해할 소지가 전혀 없게끔 명백하고 철저하게 밝혀 주기를 바란다는 이야기를 했다.

모스크바에 보낸 유딘의 보고를 받은 흐루시초프는 불안한 마음을 떨칠 수가 없었다. 그는 마오에게 베이징에서 직접 만나자고 요청했다. 마오는 동의했다. 흐루시초프는 그 당시 소련에서 가장 큰 기종으로 보잉 707기와 비슷하게 생긴 투페로프-104기를 타고 왔다. 흐루시초프는 베이징 서쪽 교외에 있는 군용 비행장에 착륙하여 마오와 정치국 위원들의 영접을 받았다. 그들은 승용차 편으로 곧장 중난하이로 달려가 회인당에서 회의를 열었다. 유딘은 그 자리에 참석하지 않았다. 중국 수행원들은 유딘의 모습을 다시는 볼 수 없었다. 흐루시초프는 그 사건은 순전히 실수였노라고 말했다. 자기가 아파서 유딘의 잘못을 시정할 수 있는 처지에 있지 못했다. 소련은 중소 연합 해군을 요구할 의사가 전혀 없다. 꿈에도 그런 것을 생각해 본 적조차 없다. 마오가 스탈린에게 당한 모욕을 보상해 주었으며 동북구에서의 중국의 지위와 신장 지역의 우라늄 광산을 다시 돌려준 자기가 어떻게 그런 일을 한다는 생각을 할 수 있단 말인가. 자기를 그렇게 나쁜 사람으로 생각할 수가 있는가. 그는 마오에게 이런 이야기들을 했다.

마오는 흐루시초프의 말을 참을성 있게 끝까지 다 들은 다음 덩샤오핑에게 발언할 기회를 주었다. 덩은 소련의 지도자에게 마치 테리어 미사일처럼 사납게 대들었다. 그는 소련이 '대국(大國)', '대당(大黨) 쇼비니즘'의 태도를 보이고 있다고 비난했다. 이는 단지 함대 문제에 국한된 것이 아니다. 소련은 중국에 있는 자국 함대, 특히 태평양에 있는 잠수함들과 교신하기 위해 중국 영토에 장거리 무선국을 설치하기를 원하고 있다. 소련은 이 시설들을 건설하고, 소삭하고, 통제하기를 원하고 있다. 이에 덧붙여 덩은 흐루시초프에게, 중국이 소련 함대를 위한 장거리 무선통신에 반대하는 것은 아니나, 그 시설들은 마땅히 중국이 건설하고, 중국이 조작하고, 중국이 통제해야 한다고 이야기했다. 만약 그렇지 않으면 소련은 '중국 영토에 군사 기지'를 요구하고 있는 거와 마찬가지라는 것이었다.

덩은 중국에 주둔하고 있는 수천 명에 이르는 소련의 군사 전문가들의 행실을 비판했다. 그는 그들이 군사적 협조보다는 간첩 활동에 더 많은 관심을 쏟고 있다는 것을 넌지시 암시하는 말을 했다. 그들은 중국에 관한 모든 가치 있는 정보를 수집하는 일에 전념하고 있다. 물론 그들 가운데 일부는 우수하고 협조적인 사람들이다. 그렇지만 그 나머지 다른 사람들은 그렇지 못하다. 그들은 중국의 내정에 간섭하고 있다.

이렇게 덩은 외교적 언사를 사용하지 않고 솔직하게 내쏘는 말을 해댔다. 덩이 말을 마쳤을 때는 관례적인 연회를 베풀 시간이 다가오고 있었다. 그러나 마오는 이전보다 더 화가 나 있었다. 그는 흐루시초프를 향산의 옥천에 있는 레스토랑 겸용 호텔로 보냈는데, 그곳은 냉방 시설이 되어 있지 않은 곳이었다. 흐루시초프는 너무 더워서 밤새 테라스에 나가 있다가 모기한테 엄청나게 물렸다. 다음 날 그는 비참한 표정으로 "우리가 중국에 있으니까 모기들조차 당신을 도와주려고 애쓰고 있습니다"라고 말했다.[9]

그 날 중소의 외교 관계는 최악의 상태로 기울었다. 마오는 자신의 수영장에서 모임을 갖게 될 것이라고 공표했다. 사실상 그 모임은 수영장 '에서'가 아니라 수영장 '속에서' 이루어졌다. 흐루시초프는 평생 동안 한번도 수영을 해 본 적이 없었다. 그는 자루처럼 불룩한 초록색 수영바지를 입고 커다란 구명 재킷을 들고 나왔다. 잘 발달된 복부를 편안하게 감싸주는 수영바지를 입고 나온 마오는 강력한 사이드 스트로크를 구사하며 마치 돌고래처럼 능숙하게 이리저리 헤엄쳐 다녔다. 물속에 따라 들어온 흐루시초프는 마오가 헤엄쳐 지나간 자리 뒤에서 허우적거리며 어쩔 바를 몰라했다. 통역관들은 수영장에 굴러 떨어지지 않고서 마오의 목쉰 듯한 후난성 사투리를 흐루시초프에게 전달하느라 수영장 가장자리를 허둥지둥 뛰어다녔다. 흐루시초프는 물을 꿀꺽꿀꺽 삼키면서 우크라이나 억양으로 마오의 말에 대답했다. 공산 진영의 두 지도자의 수중 회담 광경은 그 자리에 배석한 사람들의 기억에서 결코 지워질 수 없는 그런 것이었다.[10] (흐루시초프는 회고록에서 마오와의 수영장 회합을 서술했다. 그러나 물속에서 있었던 모험담은 생략해 버렸다).

결국 화가 누그러진 마오는 흠뻑 젖은 흐루시초프를 수영장 옆에 있는 목재 건물로 데려갔다. 두 정치가는 목욕용 의상을 걸치고 있었다. 침착한 류사오치, 약간 당황한 저우언라이, 그리고 환하게 미소를 짓는 양샹쿤과 덩샤오핑이 합석했다. 그러자 분위기가 한결 부드러워졌다.

마오와 흐루시초프는 중국의 중앙정치국 전체 위원이 배석한 가운데 근정전에서 제3자 회담을 가졌다. 이것은 수중 스포츠가 아니라 공식 회담이었다. 공동 성명서가 발표되었다. 흐루시초프는 비밀리에 중국을 방문했다. 그러나 떠날 때는 떠들썩한 환송을 받았다.

이로써 다시 한번, 증대하던 중소 불화 관계가 일단은 표면화되지는 않게 되었다. 그것은 평상시와 같은 일정이었다. 그러나 진짜 완전히 그런 것은 아니었다. 페도렌코는 평소와 다른 차이점들에 주목했다. 이제 더 이상 형제간의 회담이 아니었으며 '모스크바-베이징'이라는 유행가도 부르지 않았다. 더 이상 노래의 후렴도, 합창도, 춤추는 어린이들도, 거창한 조명도 없었다. 페도렌코는 영원한 동맹 관계가 소련의 기대에 훨씬 미치지 못한다는 것을 절실히 느꼈다.

핵무기에 대해 날카로운 이야기들이 오갔다. 마오는 흐루시초프에게 핵무기와 그 제조 방법에 대해 요구했었다. 흐루시초프는 중국이 공격을 받을 경우 소련이 원조를 맹세했기 때문에 중국에는 핵무기가 필요 없다고 말했다. 그는 중국이 독자적으로 핵무기를 만드는 데는 많은 시간이 걸리며, 중국 전체의 발전 용량을 모조리 써야 가능할 거라고도 했다. 마오가 미국을 비롯한 자본주의 열강들을 싸잡아 부른 바 있는 '종이 호랑이'라는 표현에 대해서도 인많은 이야기가 오갔다. 흐루시초프는 이 종이 호랑이가 '핵 이빨을 갖고 있다'고 말했던 것이다.

마오는 소련인들과 중국인들의 습속의 차이에 대해 다음과 같이 언급했다. 소련인들은 중국의 녹차를 좋아하지 않으며, 찻잎을 먹지 않는다(마오는 찻잎을 계속 먹어 오고 있었다). 중국인들은 밥을 먹고 유럽인들은 빵을 먹는다. 그리고 마오는 갑자기 생각이 떠오르기라도 한 듯, 중국은 대풍작이어서 곡물을 푸짐하게 공급할 수 있게 되었는데 너무 곡물이 많아 어떻게 해야 좋을지를 모르겠다고 말했다. 그러면서 흐루시초프에게 고견을 좀 들려줄 수 없겠느냐고 물었다.[11] 흐루시초프는 마오에게 들려줄 만한 고견이 없었다. 그는 소련에서는 항상 식량이 부족했기 때문에 식량이 남아돌아서 생기는 그런 문제가 한번도 없었다고 말했을 뿐이다.

마오는 식량 과잉 문제를 어떻게 해야 좋겠느냐고 또 한번 물었다. 그는 대약진 운동 때문에 중국이 유구한 역사를 거쳐오는 동안 가장 심한 기아 상태에 빠져들고 있다는 사실을 아마도 이제껏 모르고 있었던 것 같다.

이로부터 6주일이 지난 후(1958년 8월부터 9월 사이에) 예의범절이 깍듯한 소련의 외상 안드레이 그로미코(Andrei Gromyko)가, 중국이 타이완 해협에 있는 진먼다오(金門島)와 마쭈다오(馬祖島)를 폭격한 데 대한 모스크바의 우려를 표명하기 위해 베이징을 방문했다. 소련은 이 사태가 전쟁으로 발전할까 봐 두려워했다. 미국은 대규모 함대를 투입시켜 놓고 있었다. 미국이 추후에 어떤 조치를 취할 의도인지를 알 수 없었다. 마오는 그로미코에게 미국이 개입하지는 않을 것으로 생각한다고 말했으며, 그 폭격이 단지 '응징'에 불과할 뿐이라고 주장했다. 그로미코는 1988년에 출간한 회고록에서, 마오가 만약 미국이 개입한다면 중국은 연해지구에서 철수하여 미국을 내지(內地) 깊숙이 유인한 다음 핵무기로 전멸시키겠다는 말을 했다고 회상했다.

중국의 통역사 옌밍푸가 기억하는 마오와 그로미코의 대담 내용은 이와는 약간 다른 것이었다. 그의 회고담에 따르면 다음과 같은 대화가 오간 것으로 되어 있다. 마오가 그로미코에게 중국은 내지로 후퇴할 것이며, 만약 미국이 수렁에 빠져들면 맹렬한 반격을 가하겠노라고 이야기했다. 그로미코가 중국은 상황을 주도면밀하게 분석해야 할 것이며 미국이 핵무기를 보유하고 있음을 잊어서는 안 될 것이라고 대꾸했다. 그러자 마오가 "설령 우리는 아직 핵무기를 보유하고 있지 않다 하더라도 당신네 소련은 핵무기를 갖고 있잖소"라고 응수했다.[12]

마오가 소련이 원자폭탄을 써서 미군을 섬멸해야 한다는 암시를 했는가? 이 점에 대해서는 옌밍푸는 확신하지 못했다. 그는 마오와 그로미코가 주고받은 질문과 답변을 정확하게 알 수 있게 해 줄 문서 보관실에 접근할 수 없었다. 그는 그로미코를 고의적으로 인용문을 날조하지는 않을 그런 진지한 정치가로서 존경했다. 그로미코나 옌밍푸가 마오의 말뜻을 오해했을 것 같지는 않다. 마오가 외교 분야에서 해방감을 느낀 나머지 적을 사지로 유인하는 유격 전술과 범지구적 성격을 지니는 대군 전략을 혼용시킨 전략을 구상했다고 보는 쪽이 가능성이 더 커 보인다.

그리고 사실상 마오는 일찍이 흐루시초프와의 대담에서도 이와 아주 놀랄 만큼 흡사한 정서를 표현한 적이 있다. 그는 핵전쟁으로 발생할 엄청난 사상자에 대해서 별로 관심을 표명하지 않았었다. 그는 노골적으로 "그게 무슨 상관이오? 전쟁은 전쟁이오"라고 말하면서, 만약 중국이 3억의 인구를 잃는다면, "우리는 그 어느 때보다도 더 많은 아이를 생산하는 작업에 착수할 것이오"라고 말했었다. 사실 마오는 '아이를 생산한다'는 표현보다 더 속된 단어를 사용했었다. 그러자 그 자리에 참석한 쑹칭링 여사가 웃음보를 터트렸었다.

마오는 흐루시초프에게 만약 미국이 소련을 공격하면 소련은 우랄 산맥으로 후퇴해야 하며 그러면 중국이 참전하여 미군을 완전히 소탕해버리겠다고 이야기했다.[13]

마오가 흐루시초프에게 주창했던 전략은 이제 그가 그로미코에게 제안한 전략을 정반대로 뒤집어 놓은 것이었다. 흐루시초프에게 충고한 전략은 소련의 후퇴와 중국의 기습적인 침진이었으며 그로미코에게 한 전략은 중국의 후퇴와 소련의 기습적인 핵 공격이었다.[14]

마오와 그로미코 사이에 오간 정확한 대화 내용이 무엇이었든 간에, 그로미코가 모스크바에 돌아오자마자 즉각 소련은, (미국에 의한)중국 공격은 소련에 대한 공격으로 간주될 것이라는 내용의 성명서를 발표했다. 마오는 너무나도 기뻤다. 그는 즉각 흐루시초프에게 편지를 보냈다. 이것은 마오가 흐루시초프에게 보낸 첫번째 편지이자 마지막 편지이기도 했다.[15] 마오는 중국이 소련 핵 우산의 보호 아래 들어갔다고 느꼈다.

그렇다 하더라도, 이때부터 중소 관계는 모든 면에서 내리막길을 걷게 되었다.

18. 황허의 나라에서

황허는 '중국의 슬픔'으로 알려져 있다. 그러나 홍수로 강이 범람하여 황토를 모조리 쓸어내버리지만 않는다면 황허 유역은 비옥하고 풍요로운 양질의 충적토 평야이다. 성리(勝利)에서 황허의 북쪽 제방을 따라 길이 나 있는데, 그 길은 황허의 충적토 평야를 가로질러 산둥성 북쪽의 핑위안(平原)까지 이어진다.

황허를 큰 둑에 가둔 지도 이제 오랜 세월이 흘렀다. 대형 파이프로 물을 끌어올려 둑 너머 길과 관개수로에 보낸다. 관개수로들은 마치 화성의 운하들처럼 십자형으로 나 있다. 홍수가 범람하던 시절은 지나간 것 같다. 그러나 마오쩌둥이 대약진운동을 시작했을 때에는, 핑위안은 수천 년 동안 그래 왔듯이 여전히 물과 바람에 좌우되고 있었다.

기록에 의하면 핑위안의 역사는 서력 기원전 300년으로 거슬러 올라간다. 핑위안은 한때 쌀과 꿀이 넘치는 땅이었음에도 불구하고 전통적으로 가난을 면치 못한 무수히 많은 궁핍한 고을들 중의 하나였다.

중국 혁명이 전국 방방곡곡으로 퍼져 나갈 무렵 중국은 가난한 사람들, 문맹자들, 병든 사람들, 무식한 사람들, 그리고 고통당하는 사람들로 온통 가득차 있었다. 그 가장 좋은 예가 핑위안이었다. 마오쩌둥, 저우언라이, 주더, 덩샤오핑을 비롯한 사람들이 생애를 바쳐 변화시키고자 한 것은 바로 중국의 이런 비참한 현실이었다. 황허 유역은 중국의 심장부였다. 하늘보다는 약간 낮지만 땅보다는 높은 그 중원 왕국을 먼 옛날에는 전설적인 황제(黃帝)와 용이 다스렸었다.

고통받는 무지한 인민들을 그들이 살고 있는 암흑의 늪으로부터 끌어내는 것이 바로 마오쩌둥의 간절한 열망이었다. 그가 대약진운동이라는 엄청난 도박을 벌이게 된 것도 바로 이런 열망 때문이었다. 그는 초조한 나머지 판단력을 잃어버렸던 것이다.

중국 작가 덩유메이(鄧友梅)의 본적(本籍)은 펑위안의 소위 '덩씨촌'으로 알려진 한 집성촌(集姓村)이다(사오산에 모든 사람이 다 마오성을 가진 마을이 있듯이). 이 집성촌에 사는 사람들은 모두 성이 덩이었다. 덩유메이에게는 펑위안이 중국, 그것도 외부 세계와 거의 접촉이 없는 진짜 중국이었다. 그는 중국의 역사와 사회구조, 정치와 정치가들을 이해하고 그것에 관한 글을 쓰려는 사람은 무엇보다도 우선적으로 펑위안을 알지 않으면 안 된다고 느꼈다. 이곳에 인민들, 무거운 부담들이 있었고, 바로 이곳에 중국의 과거와 현재, 미래가 있었다. 중국 땅위에는 펑위안과 똑같은 마을이 수천 개나 여기저기 산재해 있었다. 과거와 현재, 그리고 어쩌면 미래까지도 내포하고 있는 이 소우주보다 더 못한 곳은 존재하지 않았다.

펑위안 마을은 산둥성의 동북쪽 모서리, 허베이성의 어깨 부분 쪽을 향해, 그 사이에 틀어박혀 있다. 인구 밀집 지역과는 아주 멀리 떨어진 곳이다. 덩씨 촌, 마(馬)씨 촌을 비롯한 집성촌들의 주민들은 대부분 서기 1천 년경 송나라 시대에 산시성(山西省)에서 산둥성으로 온 이주민들의 자손이다. 송나라 시대에 번영을 누린 곳은 서북쪽의 산시성이었다. 그러나 덩씨와 마씨들은 사람이 살지 않은 산둥성에 매력을 느꼈다. 원래 산둥성에 살던 사람들은 끔찍스런 전쟁통에 학살당하고 없어 비옥한 그 땅이 놀고 있었던 것이다. 이렇게 하여 덩씨와 마씨 일가 등이 좋은 전답과 마을을 골라 그곳에 정착하게 되었다.

그들의 큰 골칫거리는 황허와 그 변덕스러운 성질이었다. 한 해는 북쪽으로 흘렀다가 다음 해에는 남쪽으로 흘러 도무지 종잡을 수가 없었다. 홍수와 예측할 수 없는 강줄기의 흐름은 풍작을 가져다 주는가 하면 기근을 몰고오기도 했다.

산시성은 수많은 왕과 황제를 배출한 곳으로 유명했으며, 산둥은 검과 무사의 고장으로 군사적 전통이 뿌리깊은 곳이었다. 심지어 마오와 주더 시절조차도 산둥은 다른 성들보다 더 많은 장군들을 홍군에 보냈다는 사실에 자부심을 느꼈었다(쓰촨성과 후난성도 산둥성만큼이나 홍군의 장군들을 많이 배출한 지역이었다).

산둥은 수백 년 동안 소중하게 갈고 닦아 일종의 종교가 되다시피 한 중국 무술의 본산이었다. 무예 숭배는 오늘날에도 여전한데, 그 전통은 신비주의적인 '의화권(義和拳)' 운동이 일어날 수 있는 풍요로운 토양을 제공해 주었다. 1898년부터 1901년 사이에 의화단은 북청사변(北淸事變)을 일으켜 중국을 외국의 영향에서 벗어나게 하고, 영국군, 프랑스군, 독일군, 일본군, 미국군, 기독교 선교사들, 그리고 심지어는 만주족이 세운 청나라까지도 몰아내고자 했었다.

가난에 찌들은 이 황허강 유역의 여러 마을과 침적토로 성벽을 쌓은 여러 도시에서 의화단 폭동은 중국 전역에 초원의 불처럼 번져 갔다. 그러나 유럽 열강의 군대가 연합군을 형성하여 진격해 들어오자 의화단 교도들은 자취도 없이 사라져 버렸다. 세상사람들은 그렇게 추정했다. 그러나 의화권 교도들은 펑위안의 자기 출생지에서 사라지지 않았었다. 그곳은 현청 소재지에서 25리밖에 떨어지지 않은 곳이었다. 여기에는 의화권의 전통이 계속 살아 있었다. 덩유메이는 소년 시절을 회상하며 그때는 거의 모든 가구에 의화권 대가가 한 사람씩 있었다고 말했다. 저녁이면 그 의화단 교도들은 불가에 둘러앉아, 믿음만 있으면 서양의 총알을 맞아도 죽지 않는다는 이야기며 죽은 사람들은 곧바로 하늘로 뛰어오른다는 이야기들을 들려주곤 했었다. 농민들은 장래를 대비하여 감추어 둔 붉은 장식술이 달린 의화단 창을 갖고 있었다(홍군이 마을에 들어오자 많은 농민들이 그 창을 꺼내 들고 나왔다).

덩유메이가 청년이었을 때 수백 명에 이르는 의화단 교도들이 생존해 있었으나 1988년에는 한 사람밖에 남아 있지 않은 것 같았다. 기력이 쇠하고 잔소리가 많은 그 생존자는 곧 110세가 된다는 소문이 있었는데 병원에서 간호를 받고 있었다. 그러나 의화단들에 대한 기억은 강렬하게 남아 있었다. 의화단 이야기에 평생을 바쳐 온 한 작가는 펑위안 사람들은 의화단 교도들을 민족적 애국자로 존경한다는 이야기를 했다. 의화단 교도들이 '오도된 애국자들'일 수도 있지 않느냐고 하자 그 작가는 버럭 화를 내며 '결코 그렇지 않다'고 말했다. 그는 지갑에 의화권 창시자 리창쉬의 사진을 갖고 다녔다.

20세기에 들어와 펑위안의 생활은 점점 더 어려워져 갔다. 오래 전부터 이 마을에 이사해 들어온 사람은 아무도 없었다. 그곳은 슬픔의 땅이었다. 누구나 할 것 없이 모두가 가난했다. 그 마을에는 떠날 수 있는 능력이 있는 사람은 아무도 남아 있지 않다는 한 가지 기본 생활규칙이 있었다. 공산 혁명 이전에는 그곳을 벗어날 수 있는 길이 두 가지가 있었다. 하나는 군인이 되는 길이고, 다른 하나는 산적이 되는 길이었다. 덩유메이는 "우리 수출품은 군인과 산적 두 가지였다. 그들은 모자를 바꿔 쓰는 일이 자주 있었다"고 말했다. 산적들은 대부분 일시적인 산적에 불과했는데, 추수가 끝나면 산적 무리에 가담했다. 그러나 자기 마을은 약탈하지 않고 항상 20리쯤 떨어진 다른 마을에서 탈취 작전을 벌였다. 그러다 봄이 되면 다시 집으로 돌아와 농사를 지었다.

덩유메이가 어린 시절, 그 마을에는 덩의 할아버지 친구로 재산이 많다고 소문난 노인이 한 사람 살았었다. 설날 그 노인이 덩의 가족에게 미국식 도너츠와 비슷하지만 더 파삭파삭한 막대기 모양의 빵을 선사했다. 그 빵을 씹어 먹는 어린이는 화를 입는다고 했다. 그러자 그 막대기 모양의 빵들을 급히 모아 빨간 종이로 새로 포장해서 덩의 가족이 선물을 보내야 할 신세를 진 사람들에게 보냈다. 이것을 선물로 받은 사람들은 아무도 그것을 먹지 않았다. 그들 역시 또 새로 포장해서 다른 사람에게 보냈다. 결국 그 노인의 빵들은 온 마을을 돌아다녔다. 그 빵이 없었다면 마을은 전혀 설날 기분을 낼 수 없었을 것이다.

덩의 아버지는 운이 좋은 편이었다. 그는 스무 살에 펑위안을 떠났었다. 건장한 그는 등에 짐을 지고 나르는 일로 돈을 벌었다. 그는 북쪽 만저우리로 들어갔다. 생활 형편이 더 나아지자 묵덴으로 가서 인력거꾼이 되었다. 그는 '노장군' 장쭤린(張作霖)을 돌보던 어떤 의사를 위해 일했다. 만저우리의 군벌 장쭤린은 만저우리와 중국 북부를 삼키려고 장애물을 제거하던 일본군에 의해 1928년 암살되었다. 그 후 덩의 아버지는 톈진으로 와 부두에서 일했다. 덩은 1931년 톈진에서 태어나 초등학교를 다니다가 1942년에 산둥으로 오게 되었다.

덩이 '본적지(중국인들은 자기 부모가 태어난 곳을 자기의 본적지로 여긴다)' 산둥을 처음으로 본 것은 열한 살 때였다. 5년 전부터 일본군이 거대한 산둥 평야를 점령하고 있었다. 덩은 마을사람들의 경외의 대상이었다. 글을 쓸 수 있었기 때문이었다. 덩씨 촌에는 글을 깨친 사람이 거의 없었다. 덩은 "나는 농민들의 편지를 대신 써주었다. 물론 내 글솜씨는 보잘것 없었다. 그러나 그건 문제가 아니었다"고 그 당시의 기억을 더듬었다.

또 그 당시에는 새옷을 입는 사람이 아무도 없었다. 모든 사람이 흔히 아마포를 손으로 짜서 만든 옷을 입었다. 처녀들은 스무 살이 되면 혼인 지참금 대신 가져갈 옷감을 짜기 시작했다.

주요 수확물은 땅콩과 땅콩 기름이었다. 그러나 농민들은 자기가 쓸 땅콩 기름은 거의 없었다. 그들은 땅콩 기름을 거의 한 방울도 남기지 않고 팔아서 고리대금업자들에게 돈을 갚거나 다음 해에 필요한 씨와 식량의 선금으로 지불했다. 덩은 자기 어머니가 식용유를 얼마나 애지중지했던가를 잘 기억하고 있었다. 아무도 숟가락으로 식용유를 따라서 나누는 짓을 해서는 안 되었다. 젓가락으로 작은 동전을 집어서 기름 속에 살짝 담근 다음 동전에 붙어 있다가 떨어지는 기름 방울을 프라이팬에 넣었다. 기름은 그것으로 끝이었다.

한 늙은 시골사람이 1백 파운드의 땅콩을 모았다. 그는 그 마을에서 가장 부자였으나 그는 땅콩을 먹지도, 팔지도 않으려 했다. 모아 둔 땅콩을 축내면 그저 평범한 농민으로 돌아갈 것이기 때문이었다. 땅콩을 그대로 갖고 있는 한, 관청에서는 그를 향신 계층으로 대접했다. 문제가 생기면 그는 자문에 응하기도 했으며 존경도 받았다. 그는 결국 굶어서 죽었다. 밥보다는 너무 체면만 중시한 탓이었다.

덩씨 촌 사람들은 초가 지붕에 벽은 진흙과 잔가지로 만든 그런 오두막에서 살았다. 벽돌로 지은 유일한 건물은 사원뿐이었다. 큰길은 없었으며 손수레를 끌고 다닐 수 있는 작은길밖에 없었다. 손수레가 운송수단일 뿐 당나귀나 말은 그 용도로 쓰지 않았다. 짐승은 사치품이었다.

그 마을에서 먹을 것이 넉넉한 사람은 아무도 없었다. 덩유메이는 그때를 회상하며 마을 사람들이 몇 세대 동안 밀과 벼를 경작해 왔지만 그런 것을 맛볼 엄두조차 내지 못했다고 말했다. 그들이 먹는 식량은 수수, 기장, 옥수수 등 거친 잡곡이었다. 덩은 자라면서 나뭇잎 맛이 입에 배어 있을 때가 많았다. 죽이니 국물, 차 속에 나뭇잎을 구겨 넣어 음식 대용으로 먹는 경우가 다반사였다. 이렇게 먹은 것으로 가장 흔한 음식류는 샹춘이었다. 덩유메이는 마흔 살이 넘어서야 샹춘 맛을 보지 않아도 되었다.

덩이 본적지에 왔을 무렵은 모든 것이 바뀌고 있던 때였다. 일본인들이 마씨 촌에 매춘업소 네 곳과 도박장 하나를 세웠다. 그리고 아편을 팔기 위해 한국 사람 하나를 데려왔다. 그 마을은 매춘굴도, 도박장도, 아편도, 심지어는 담배조차도 없었던 곳이었다. 창녀들이 길 아래로 내려오면 남자들은 당황해서 어쩔 줄을 몰라하며 눈길을 다른 쪽으로 돌렸다.

덩유메이는 홍군의 비정규군에 가담했다. 그는 몸이 마르고 키가 너무 작아 소총을 들고 다닐 수가 없었다. 그는 소위 '소홍귀(小紅鬼)'라고 불리는 잔심부름이나 하는 소년 부대원이었다. 그러나 그는 첩자 노릇도 했다. 일본 사령부에 사환으로 취직하여 차를 나르고 심부름을 다니면서 한눈 팔지 않고 정보를 얻었다. 공산당

지하공작원 두 사람도 사령부에 일자리를 얻어 들어왔다.

열두 살짜리 소년 덩은 사람들이 고문당하는 것을 거의 날마다 보았다. 일본 군인들은 어떤 중국인이 돈을 갖고 있다고 생각하면 그를 붙잡아 들여 갈빗대를 쪼개 열고는 거기에 물을 부으면서 돈을 감춰 둔 곳을 불라고 고문했다. 잡아들인 사람한테서 홍군을 도와주었다는 자백을 받아낼 때까지 채찍질과 목구멍에 물붓기 등 온갖 고문을 다하기도 했었다. 그런 다음 고문당한 사람의 친척들에게 몸값을 내고 그를 데려가도록 했다.

순전히 오락삼아 고문하는 경우도 자주 있었다. 한번은 이런 일이 있었다. 일본 군인들의 모습을 보자마자 어린 소녀 하나가 겁에 질려 비명을 지르기 시작했다. 그들은 한참 동안 이를 즐기다가 그 어린 소녀를 거리로 질질 끌고 가 총검으로 찔러 댔다. 그녀의 비명소리를 듣는 이웃들의 가슴은 찢어지는 듯했다.

어느 날 일본 군인들은 농민 1천 명을 동원하여 방어 거점을 건설하는 일을 시켰다. 그리고 작업이 끝나자 그 농민들에게 넓은 도랑을 파라고 명령했다. 이 작업이 끝나자 기관총 한 정을 설치하더니 그 농민들을 향해 무차별 발사했다. 그리고 시체들을 그 도랑 속에 밀어 넣었다.

"나는 이 두 눈으로 그 모든 걸 똑똑히 보았다"고 덩은 말했다.

1945년 마침내 덩유메이는 팔로군에 들어갈 수 있었다. 그는 황허를 지나 양쯔강에 이르기까지 벌였던 여러 전투에 복무했다.

덩샤오핑이 화이하이 전투 작전을 추진하던 시절인 1948년, 덩유메이는 끝없는 인파를 이룬 산둥성 농민들이 외바퀴 손수레에 쌀, 탄환, 포탄, 휘발유 등을 싣고 운반하는 모습을 보았다. 그 군수물자들은 모두 황허에서 4백 마일 떨어진 양쯔강 공격을 위한 것들이었다. 그 농민들은 산 주변을 지날 때는 땀을 뻘뻘 흘리면서, 운하와 시내를 지날 때는 물보라를 일으키면서 허리는 구부정하게 구부리고 근육은 부풀어오른 채, 구불구불하게 줄을 지어 좁은 진흙탕 길을 따라 수많은 논들을 지나갔다. 그들은 수백 년 동안 지속된 질곡으로부터의 해방에 기여하는 일이라 생각하면서 몇 달 동안의 고된 노동의 대가로 아무런 보수조차 받지 않았다.

덩유메이는 1951년에 제대를 하고 펑위안으로 돌아왔다. 농민들이 어떤 고통을 겪었는가를 그보다 더 잘 아는 사람은 없었다. 샹춘 맛과 나무껍질을 벗겨 씹어 먹을 때의 비릿한 맛이 아직도 그의 혀에 배어 있었다. 눈을 감으니 군수물자를 손수레에 싣고 양쯔강으로 운반하던 농민들의 모습이 선하게 떠올랐다. 귀에서는 일본 군인들이 어린 중국 소녀를 총검으로 베자 그녀가 지르던 비명소리가 아직도 쟁쟁했다.

그는 과거를 회상하면서 이렇게 말했다. "산둥에는 가증스런 일들이 너무나 많았다. 정말 너무나 많았다. 나는 아주 슬픈 마음을 느꼈다. 해방은 왔다가 갔다. 그러나 농민들의 삶은 별로 달라진 것이 없었다."

농민들은 아직도 여전히 나무껍질과 나뭇잎을 먹고 있었다. 그들은 여전히 굶어서 죽어 가고 있었고, 여전히 볏짚 조각으로 기운 누더기를 입고 있었다. 그들이 사는 오두막 초가지붕은 아직껏 새고, 되는 대로 짚단을 쌓아 놓고 불을 지펴도 차가운 겨울바람은 여전히 그들의 몸속까지 오싹 소름이 돋도록 스며들었다. 그들의 희생이 가져온 결과가 고작 이것이란 말인가?

혁명은 있었지만 충분한 식량을 공급할 만큼의 수확량은 없었다. 지주들은 사라지고 없었지만, 인민들은 계속 그늘 속에서 살고 있었다. 신중국에서 인민들이 굶어 죽었다. 시골의 생활을 개선하려는 노력을 계속 하고 있었지만, 펑위안의 인민들은 아직도 죽어 가고 있었다.

덩유메이는 고향 마을을 한번 찾아갔다. 그 후 그는 "나는 다시 고향에 갈 수 없었다. 환경이 너무 나빴다"고 말했다. 그는 작가로서 알려지기 시작하고 있었다. 그는 덩씨 촌으로부터 여러 장의 편지를 받았다. 그들은 항상 그대로였다. "제발 돈 좀 보내 달라." "제발 식량 배급표 좀 보내 달라." 그들은 그에게 자기들을 살려 줄 생명의 표를 요청하고 있었다.

이 모든 일이 혁명 후에 있었다. 덩은 덩씨 촌에 사는 주민 전체를 구할 수는 없었다. 무엇보다도 슬픈 것은 덩씨 촌과 펑위안에서 벌어지고 있는 일이 중국의 다른 마을들에서도 벌어지고 있다는 사실이었다. 그는 이것을 알고 있었다. 물론 예외도 있었다. 확실히 중국 전체가 굶주리고 있는 것은 아니었다. 그러나 분명한 것은, 굶주림이 결코 일시적인 방문객은 아니었다.

상황은 더 나아지지 않았다. 1956년과 57년에 잠시 개량의 서광이 비추었었다. 그 후 대약진운동이 있었다. 마오는 단 한번 도약에 중국의 문제를 해결하게 될 것이라고 믿었다. 그러나 대약진운동은 수백만 인민에게 굶주림과 죽음을 가져다 주었다. 덩씨 촌의 사망자 수는 하루에 다섯 명, 열 명, 또는 스무 명 정도에 불과했다. 그러나 그 마을의 전체 가구수가 5백 호 미만이었다. 절뚝거리더라도 걸을 수 있는 사람은 모두 떠나고 없었다. 노소 불문하고 남자라고 생긴 사람은 거의 다 떠났다. 그들은 아무 곳으로나 정처없이 떠났다. 덩의 형제는 만저우리로 갔다. 여자들만 남아서 죽어 가는 사람들을 보살피거나 죽은 사람들을 땅에 묻는 일을 했다.

수백 년 동안 그 마을 사람들은 총과 대포로 서로를 죽이는 전쟁통에서 지내 왔다고 덩은 말했다. 그들은 중노동을 하며 짐승 같은 생활을 해 왔다. 공산 혁명 후 구원을 찾기는커녕, 오히려 더 지독한 새로운 지옥 속에 빠져 있었다.

1950년대에 이용 가능한 식량이 어느 정도였는가에 대한 통계는 없는 것 같다. 그러나 그 시설조차 식량 부족으로 인한 고정 사망률이 있었다. 1959년경까지도 정부는 펑위안 같은 식량 부족 지역에 곡물을 보내고 있었다. 그러나 해당 지역의 당서기들은 자신들의 실패에 대한 진실, 즉 진짜 수치를 보고하는 것을 두려워했다. 펑위안은(약 6분의 1 에이커의 면적에 해당하는) 1무(畝)당 50파운드밖에 생산하지 못하고 있었다. 만약 베이징에 사실대로 보고하면 그들은 일자리나 목숨을 잃을 수도 있었다. 그래서 그들은 생산 수치를 다섯 배로 올려 1무당 250파운드 수확으로 보고를 올렸다. 정부는 이 보고를 사실로 받아들였다. 따라서 정부에서 비상 구호 식량을 보낼 때 펑위안은 실제 보유량보다 다섯 배나 더 많은 곡식을 보유하고 있는 것으로 되어 있었다. 그 결과 일인 당 할당되는 하루 배급량이 125그램에 불과했다. 이것은 쌀 한 홉, 또는 얇게 썬 빵 두 조각 정도에 해당하는 분량이었다.

펑위안에 할당된 일인당 배급량은 제2차 세계대전중이던 1941년 11월 레닌그라드가 현대 역사상 가장 끔찍스러운 포위 공격을 당하던 90일 동안에 받았던 배급량과 똑같은 수준이다. 125그램이라는 치명적인 배급량은 간신히 목숨을 부지하기에도 부족한 양이다. 사람이 하루에 125그램씩 섭취하면—스태미나와 지방 저장량이 어느 정도인가에 따라 약간 다르기는 하지만—상당히 빠른 시일 내에 죽는다. 레닌그라드에서는 그 양으로 일주일 또는 열흘, 기껏해야 이 주일 정도 버티다 죽어갔다. 그 정도 양을 섭취해서는 사망일자를 정확하게 예측할 수 없다 뿐이지 죽는다는 것은 확실했다. 죽음을 피할 가능성은 전혀 없었다.

레닌그라드에서는 그나마 125그램의 배급량을 먹을 수 있는 곡식의 형태로 지급했었다. 그러니까 밀가루를 구워서 빵 한 덩어리를 만들어 주었기 때문에 설령 짚이나 풀이 섞여 있더라도 상관이 없었다. 레닌그라드 사람들은 이처럼 먹을 수 있는 형태로 125그램을 배급받았지만 중국에서는 사정이 달랐다. 펑위안을 비롯한 중국의 여러 지역에서는 빻지도 않은 곡물을 공급했으며 더구나 껍질과 돌 등이 마구 섞여 있었다. 펑위안 농민들은 1959년과 60년, 아마 61년에도 먹을 수 있는 곡물량으로 따지면 하루 100~110그램에 해당하는 영양분을 섭취했을 뿐이다. 이 정도의 소량을 섭취해서는 곧 죽을 수밖에 없었다. 가능하기만 하면 사람들은 그나마 다리에 힘이라도 남아 있을 때 그곳을 떠났다. 마을을 빠져나가는 좁은 길목 옆에서 죽은 사람들도 많았다.

레닌그라드 사람들은 3주 동안을 하루 125그램의 배급량으로 견뎌야 했다. 그 때 약 20만 명이 사망했다. 그래서 생존자들이 먹고살 수 있는 수준으로 점점 배급량을 늘릴 수가 있었다. 펑위안에서는 결코 배급량이 늘지 않았다. 그나마 나무

18. 황허의 나라에서

껍질이나 나뭇잎 그리고 짚 따위로 배를 채울 수 있었던 사람들에게만 생존 투쟁의 기회가 주어졌다.

1960년 겨울까지는 굶주림이 시골 곳곳에 만연되어 있었다. 정부는 사정이 가장 나쁜 지역에 트럭으로 식량을 수송하기 시작했다. 밑빠진 독에 물붓기였다. 배급표도 없었다. 돈도 내지 않았다. 그냥 가져오기만 하면 되었다. 힘이 남아 있는 사람은 한 자루나 한 양동이를 가득 채울 수 있었다. 사람들은 갈라진 땅 위를 마치 뱀처럼 기어다녔는데 걸을 힘조차 없었던 것이다. 여기저기 곡식을 쌓아 둔 곳에서 몇 야드밖에 떨어져 있지 않은 거리에서 많은 사람들이 숨을 헐떡거리다가 죽었다.[1]

1960년대 초에 펑위안의 인구는 급격히 줄기 시작했다. 죽거나 그곳을 도망치듯 빠져나간 사람들이 많았다. 나중에 관리들은 사망자의 70%는 '자연사'했지만 나머지 30%의 사망자는 대약진운동 때문이라고 주장했다. 펑위안 사람들은 사망 원인의 비율이 거꾸로 되어야 맞다고 생각했다. 그곳 농민들은 그 시절 이야기를 할 때면 아직도 가슴 밑바닥에 남아 있는 그 당시의 공포를 드러내지 않으려고 눈길을 돌렸다.

중국의 위대한 신문기자 류빈얀은 맨 처음에는 대약진운동의 여파로 사망한 사람이 2천만 명이라고 추산했다. 점차 자료를 모으면서 그는 그 수를 3천만 명으로 올려 잡았다. 장차 당 총서기가 될 자오쯔양(趙紫陽)이 이끄는 정부 두뇌위원회의 한 위원은 몇몇 성을 방문하고 난 후 보고서들을 표본 조사하고 나서 그 사망자수를 4천3백만 내지 4천6백만으로 추산했다. 중국 공안청의 한 직원은 1959년~61년에 대비해 준비는 해 두었으나, 배급표를 갖고 있을 것으로 추정되는 사람이 사망했기 때문에 발급하지 않은 배급표 숫자까지 계산해서 총사망자수가 3천만 명이었다는 계산에 도달했다.

가장 심한 타격을 입은 성은 안후이, 허난(河南), 산둥, 그리고 쓰촨이었다. 안후이성에서는 수백 개의 마을에서 평균 200가구 중 40가구만 살아 남았다. 간쑤성의 당서기가 베이징으로 가서 정치국 위원인 리셴녠(李先念)을 만나 눈물을 흘리면서 도와 달라고 간청했다. 리는 어렵사리 추가 곡식을 할당받도록 선처해 주었다. 화난지역이나 곡창 지대인 화베이지역보다 이곳 화중(華中)지역에서 사망자가 훨씬 더 많았다. 인구가 8백만인 간쑤성의 사망자수는 1백만 명으로 추산되었다. 안후이, 허난, 산둥은 각 성마다 사망자가 최소한 5백만은 되었다. 이 수치는 약간 높게 잡은 것일지도 모르겠다. 그러나 대약진운동의 여파로 죽은 사람이 1931년부터 32년 사이에 황허 만곡부 지역에서의 끔찍스런 기근 때문에 죽은 6백만 내지 7백만의 수보다 더 많다는 것만은 의심의 여지가 없다.[2]

이 계산들 가운데 수치가 정확한 것이 하나도 없다는 점은 인정할 수밖에 없다. 그리고 그 수치는 앞으로도 결코 알려지지 않을 것이다. 일부 사람들은 그 당시 정부 최고위층 내부에서는 사망자수에 대한 정보를 입수할 수 있었다고 믿고 있다. 미오는 틀림없이 관련 사료를 내밀히 알고 있었을 것이다. 아마 이 때문에 그는 그토록 좋아하던 돼지고기를 그 당시 입에 대지도 않았는지 모르겠다. 마오의 경호원들은 "몇 달 동안 마오는 돼지고기에 젓가락을 대지 않았다"고 말했다.[3] 마오는 장칭이 닭고기와 생선을 차리겠다고 고집을 피우자 그녀와 함께 식사하는 일도 그만두었다. 그때부터 그들은 따로 식사를 했다. 마오는 장칭에게 "먹는 일이 세상에서 가장 큰 일이다. 농민들은 음식을 신만큼 중요한 것으로 생각한다"는 이야기를 했다.

돼지고기를 입에 대지 않은 것은 일종의 속죄 행위였다. 마오는 식음을 전폐했다. 그는 전분이 많은 음식물은 손대지 않았다. 기름도 먹지 않았다. 그는 밤마다 식탁에 앉아 담배만 피워 댔다. 발이 부어 오르기 시작했다. 경호원들이 음식을 권했지만, 마오는 먹지 않겠다고 했다. 시골에서 돼지고기를 못 먹으니 자기도 먹지 않겠다는 것이었다. 마오의 이런 행동이 굶고 있는 인민들에게 어떤 영향을 미친 것은 아니었다. 그러나 그는 그렇게 함으로써 자기도 농민들 중의 하나라고 느

겼던 것이다.[4]

마오는 먹는 습관이 농민과는 전혀 딴판이었다. 마오의 비서 리루이는 마오가 어느 날 자정 무렵에 '점심'을 하자고 자기를 초대했던 적이 있다고 회상했다. 그 '점심'은 마오의 침실에 차려져 있었다. 마오는 큰 침대 위에서 빈둥거리고 있었다. 그 해는 바로 대기근이 시작되던 1958년이었다. 그들은 중국의 진미 중의 하나인 곰 발톱(실제로는 발톱 그 자체가 아니라 발톱에 붙어 있는 얇은 막이다) 요리를 먹었다. 리루이는 그런 요리가 있다는 소리는 들어 보지도 못했었다. 작은 접시에 그 요리가 담겨져 나왔는데, 그밖에 서너 가지 다른 진미와 쌀밥도 함께 있었다.[5]

이밖에도 마오가 좋아하던 괴상한 요리들이 있었다. 대장정 중에 구이저우에서 발견한 '달과 네 개의 별'이라는 이름의 요리도 그 중 하나였는데, 어린 양, 생선, 닭, 토란 뿌리 따위의 야채를 순서대로 쟁여 넣은 다음 쌀가루를 뿌려 만드는 요리였다. 묽은 고기국을 먹으면 현기증을 치유할 수 있다고 믿었다.[6] 기근 동안에도 마오가 이런 요리에 탐닉했는지는 알려져 있지 않다.

마오는 인민을 동정하는 공개 성명서를 발표하지도 않았고, 인민이 겪고 있는 고통에 대한 책임이 자신에게 있다는 발표도 하지 않았다. 동정심을 보인다는 것은 마르크스주의 원칙에 모순되는 인도주의를 보여 주는 셈이 될 것이었다.

마르크스는 불행한 자들에게 친절을 베푸는 것은 '자본주의자의 뇌물을 통한 매수 행위'라고 말했었다. 1890년대 볼가강 유역에 큰 기근이 닥쳤을 때 레닌은 문호 톨스토이가 주창한 러시아의 고통을 경감시키자는 운동에 참여하기를 거부했다. 미국 미네소타 주의 제분업자들조차 배 한 척에 밀가루를 실어 보내 왔었다. 그러나 레닌은 그 운동에 반대했다. 그는 농민들이 고통을 겪도록 방치하자고 주장했다. 그렇게 하면 농민들을 보다 더 혁명적으로 만들 수 있다는 것이었다. 중국은 굶주리고 있었으며, 마오는 개인적으로 다이어트를 계속했다. 이 때 계절은 마오의 시적인 영혼이, 눈(雪)의 '상처들'을 치유하지는 않고 그 눈을 모조리 쓸어내 버린 경호원들에게 분노하던 겨울철이었다.

덩유메이는 외국인이 중국을 보려면 중국 농촌의 진짜 현실과 중국의 진짜 삶을 제대로 보기를 바란다고 말했었다. 공산 혁명이 일어난 원인이 무엇이었고, 그 혁명이 12억 인구의 80%를 차지하는 농민들(시골에 사는 인구는 10억에서 약간 모자랐다)에게 가져다 준 것은 무엇이었는가를 보아야만 중국의 실상을, 1949년 이전의 생활과 덩샤오핑이 실권을 장악한 1978년 이후의 생활을 제대로 이해할 수 있다는 것이었다.

분명히, 펑위안이 중국은 아니다. 각 현마다 그 자체의 고유한 문제점들, 역사의 본성을 갖고 있었다. 그러나 펑위안은 일반적인 예를 벗어난 지역이 아니었다. 펑위안이라는 렌즈를 통해서 우리는 마오와 그의 혁명 동지들의 마음을 움직였던 것은 무엇인가, 혁명 후에 어떤 문제점들이 존재하는가, 그리고 마오가 권력 승계자들에게 유산으로 남긴 것은 무엇인가를 이해할 수 있을 것이다.

황허는 전통적으로 중국 탄생의 발상지였다. 그러나 인간이 관리하는 각종 실험 때문에 죽는 사망자수가, 이제 그 거대한 강이 자연의 힘을 통해 잔인하게 거두어 간 희생자들의 숫자와 맞먹고 있었다.

19. 루산 등반

역사의 기록을 거슬러 올라가면, 중국의 명사들은 루산(廬山)으로 피서를 떠났었다. 여름에 양쯔강을 감싸는 안개 위로 6천 피트나 높이 솟아 있는 루산의 정상은 차가운 기류 때문에 안개가 말끔히 걷힌다. 시인들은 신선한 공기를 흠뻑 들이마시면서 잔잔한 호수처럼 평온하게 마음의 기쁨을 주는 이곳에 찬사를 보내고, 철학자들은 인간의 도덕에 대해 깊은 사색을 한다.

19세기에 상하이, 우한 등지에 있던 영국 무역상들은 땀을 뻘뻘 흘리며 부기장부를 정리하는 일은 중국의 매판(買辦)들에게 맡긴 채 지우장(九江)을 출발해서 중국의 4대 '화덕' 가운데 하나인 우한으로부터 하룻동안 기선을 탄 다음, 가마꾼들을 불러 가마에 올라타 루산의 온난 경계선까지 올라갔다. 외국 선교사들도 이 무역상들을 뒤따랐다. 루산은 마치 미국 뉴욕주 서남부에 있는 셔토쿠어 호숫가 마을처럼 일종의 하기 야회 강습회장이 되었다. 웨즐리 교파들은 이곳에 와서 찬송가를 부르기도 했으며, 각종 자선 강연들과 환등기 쇼도 벌였다. 외국 선교사들은 그곳을 구링(牯嶺)이라고 불렀다. 장제스와 그의 아름다운 아내 쑹메이링(宋美

齡)이 루산 정상에 오자 그곳은 개신교의 성지가 되었다.[1]

공산 반도(마오와 홍군)와의 전쟁이 크게 걱정되지 않을 때면 장제스와 쑹메이링은 매년 여름 루산의 아주 아름다운 석조 주택에 와서 살았다. 그 집에서 작은 개울을 하나 건너면 하얀 페인트칠을 한 예배당이 있었다. 그곳에서 그들은 매주 일요일이면 '내 주를 가까이 하려 함은'이라는 찬송가를 불렀으며, 중국인 목사의 설교를 들었다.

1959년 여름, 장제스와 쑹메이링이 타이완으로 피신해 타이완 정부를 수립한 지도 어언 십년이 흘렀다. 그러나 루산에 있는 그 큰 석조 주택은 비어 있지 않았다. 마오쩌둥이 그곳에 들어와 있었던 것이다. 그도 장제스만큼이나 루산을 좋아했다. 그는 솜털구름이 바다를 이룬 운하 속에 돌출해 있는 정자에 앉아 한가하게 쉬면서 고전적인 전통에 따르는 시를 짓기를 좋아했다.

1959년 7월 1일 마오는 버들가지 의자에 앉아 편히 쉬면서 시적 정취가 풍부한 루산 봉우리들을 굽어보며 다음과 같이 썼다.

나는 사백 구비를 뛰어넘어 초록빛 정상에 당도했네.
이제 차가운 눈빛으로 나는 바다 저쪽 세상을 조망하네.

'바다'는 도도히 흐르는 양쯔강이었다. 마오에게 그것은 이제 자신이 얼음처럼 차가운 눈으로 조망하는 세상에 대한 은유였다. 마오의 시어에는 고요한 관조를 암시하는 말이 거의 없었다. 그때는 결단의 순간이었으며, 일찍이 66년 전에 후난성의 고향 사오산에서 시작한 생애에서 일대 전환점이었다. 마오의 정권은 살아남을 것인가?

고향 방문 후 마오는 루산에 도착했다. 1932년에 고향 사오산을 방문한 적이 있던 이후 처음으로 다시 고향을 찾은 것이다. 옛추억이 그리워 찾아간 감상적인 고향 방문이 아니라 정치적으로 철저하게 계산된 방문이었다. 마오는 자기 생애에서 중요한 정치적 투쟁의 시기에 접어들었으며, 이 투쟁에서 고향 사오산이 중심적인 역할을 하게 되리라는 확신을 갖게 되었었다. 그는 루산에서 회의를 열고 그 자리에서 사오산의 경제적 발전에 대한 보고를 함으로써 정적들을 꼼짝못하게 제압할 계획이었다. 그는 후난성의 자그마한 고향 마을에 도착하기도 전에 자신이 루산 회의에서 무슨 말을 하게 될 것인지를 이미 알고 있었다. 그는 이렇게 말할 것이다. "사오산은 나의 혁명적 정책하에서 번영하고 있다. 새로운 인민공사 정책과 대약진운동의 결과들 덕분에, 그런 혜택을 누리고 있는 것이다." 그는 '당연히 그렇게 되어야 한다'고 생각하고 있었다.

마오는 완고하고, 오만하고, 자신감에 넘쳤으며, 스스로 대단히 지혜롭다고 확신하고 있었다. 허룽 원수가 일찍이 간파했듯이, 마오는 갈수록 점점 더 황제 같은 태도를 보이고 있었다.[2] 그러나 사실상 마오는 중국이 끔찍스런 도탄 상태에 빠져들기 시작했다는 것을 알고 있었다. 그는 인민들의 원성이 자자하다는 것도 알고 있었다. 그러나 그는 그것이 자신의 잘못이라고 인정할 준비가 되어 있지 않았다. 또한 비서 천보다에게 "자신이 상상하는 유토피아적 농촌상과 정확하게 맞아떨어진다"고 말한 적이 있는 그 계획을 포기할 준비도 전혀 되어 있지 않았다. 천보다는 여러 차례의 연설에서 그 유토피아적 농촌상에 대해 이야기했으며, 자신이 편집자였던 당 기관지 《홍기》에 관련 기사를 싣기도 했다.[3]

마오는 가장 가까운 측근들인 경호원과 비서들에게는 별로 비밀이 없었다. 그들에게는 속마음을 터놓았으며 아주 솔직했다. 그들은 마오가 매우 난처한 입장에 처해 있으며, 식량 문제와 농업 위기, 정치적 불화 때문에 매우 걱정하고 있다는 것을 알고 있었다.[4]

기근 상태에 대한 말이 처음으로 조금씩 새어나오기 시작하던 1958년 한여름부터 마오는 시찰 요원들을 계속 파견해 왔었다. 최초로 설립된 시위링의 인민공사를 시찰하기 위해 몸소 허난에도 갔다. 허난성의 당서기는 기근에 대해 단지

우물거릴 뿐이었다. 1958년이 지나기 전에 마오는 가장 신임하는 개인비서 톈자잉(田家英)을 파견하여 실상을 알아보도록 했다. 이와 동시에 그는 인민공사를 새로운 유토피아로 생각하고 있던 천보다도 허난성에 있는 다른 현에 보내 실상을 알아보도록 했다. 천보다는 자신이 방문한 인민공사는 '중국의 스푸트닉 호'라 해도 좋을 만큼 경제적인 기적을 이룩했더라고 말했다. 톈자잉은 1958년 10월 28일부터 11월 4일까지 시위링에서 지냈다. 그의 보고는 천보다의 보고와는 정반대로 갖가지 문제점들을 끝없이 나열해 놓고 있었다.[5)]

마오는 적어도 공개적으로는 천보다 쪽의 보고를 택했다. 마오는 1958년의 경제적 성과에 대해 장밋빛 예측을 했으며 1959년에 대해서는 지나칠 정도로 낙관적인 예측을 했다. 그렇지만 개인적으로는 시골의 실정을 파악하는 일에 계속 비상한 관심을 갖고 있었다. 마오는 허난성의 성청장 왕런쭝에게 "나의 모든 계획들이 엉망이 되어 버렸다"고 이야기 했다. 그는 "나라가 혼란에 빠져 있으면 훌륭한 상수가 필요하다"는 당나라 시대의 격언을 인용했다.[6)] 마오는 그에게 "내가 책임져야 할 일이 많이 있지만, 그렇다고 모든 일을 다 책임져야 한다고는 생각지 않는다"는 이야기도 했다. 그는 홍기(紅旗) 운하가 있는 시위링의 인민공사를 최초로 방문한 후 어떤 신문과의 인터뷰를 했던 일을 회상하며 다음과 같은 이야기도 했다. "나는 '인민공사는 좋은 것이다'라고 말했지. 신문 기사 제목도 '인민공사는 좋은 것이다'더군. 그렇게 된 건 내 탓이야."[7)] 마오 자신이 "만인에게 공짜로 식사를 제공하라"던가 "먹고 싶은 만큼 먹으라"와 같은 시골의 슬로건들을 심하게 매도하기 시작했다. 그런 슬로건들이 '중국은 중간 과도기를 거치지 않고 바로 만인을 위한 풍요 사회, 공산주의로 도약하고 있다'는 자기 자신의 부주의한 제안들의 결과로서 생겨났다는 사실을 고려할 한가로운 형편이 아니었다.

솔직하고 용감한 외교부장인 천이는 마오로 하여금 낙관적인 예측들을 취소하도록 힘썼다. 그는 마오의 비서 후차오무에게 자신의 생각을 마오에게 전달해 달라고 요청했다. 그러나 후차오무는 두려워했다. 후는 마오풍(風)이 어느 쪽으로

불고 있는지를 알고 있었다. 그리고 마오는 '좋은 소식'을 듣기를 좋아하는 스타일이었다.[8]

마오는 기근이 심해지고 있다는 것을 알고 있었다. 그리고 측근들이 공개적으로 무슨 말을 하든지간에 그들 가운데 일부는 실정을 자신보다 더 잘 알고 있다는 사실도 알고 있었다. 후난성 출신으로 성미가 까다로운 펑더화이는 마오보다 실정을 더 잘 알고 있었다. 마오와 펑 두 사람은 삼십 년 동안을 같이 일해 왔었다. 펑더화이는 시골로 내려갔다가 다시 후난성의 샹탄현으로 돌아왔는데, 그곳은 마오와 펑이 태어난 곳이었다. 펑은 그의 고향 마을인 우스를 방문했었다. 그는 자신이 1927년에 봉기를 일으켰었던 핑장현(平江縣)에도 갔었다.

그리고 펑더화이는 사오산으로 갔었으며 이제 마오의 아성에 대해 직접적인 정보를 갖고 있었다. 마오는 펑의 보고서가 자신의 계획을 파괴하는 폭탄이 될 수도 있다는 두려움을 떨치지 못했다. 만약 펑이 사오산의 수확량이 올라간 것이 아니라 오히려 내려갔기 때문에 그 마을이 빚을 지지 않게 하려면 엄청난 국가 보조금이 필요하다는 사실, 그리고 이제 기근이 마오의 옛집 문턱에 덮치고 있다는 사실을 보여 줄 수 있다면, 그것은 정말 심각한 골칫거리였다. 마오는 류사오치 역시 자신에게 타격을 입힐 수 있는 자료를 갖고 있다는 사실도 알고 있었다. 류는 사오산 바로 산너머에 있는 마을 출신이었다. 그는 사람들이 그들의 오두막에서 벌써 굶어 죽어가고 있다는 정보를 입수해 놓고 있었다.[9]

마오는 곡물 보고서가 사기라는, 펑으로부터 직접 받은 증거를 갖고 있었다. 펑은 관공서의 보고서들이 과장된 것이라며 그 정확성에 대해 여러 차례 의문을 제기했었다.

핑장현을 방문했을 때 펑은 관리들이 상부의 압력 때문에 수치를 허위로 날조하고 있음을 발견했었다. 그들은 1957년의 높은 수확고를 1958년의 수확고로 기록했으며 수확고가 낮은 1958년의 수치를 1957년의 것으로 기록했다. 1959년의 실제 수확량은 엄청나게 낮아질 터였다.

펑은 옛날 유격대 시절의 동지로 그 당시 재정부장으로 있던 보이보를 후난성에서 우연히 만났다. 펑은 보이보에게 자신이 발견한 사실을 이야기했다. 그리고 정부가 계획한 대로 도시에 식량을 공급하기 위해 농민들로부터 6천만 톤의 곡식을 사들이는 데 충분할 만큼 실제 수확고가 높으리라고 생각지는 않으며, 정부는 곡식을 구매했던 지역으로 다시 곡식을 운송할 수밖에 없게 될 것이라고 말했다. 펑은 수매량을 25% 낮춰 잡아야 할 것이라고 생각했다. 그는 보이보에게 당 중앙위원회에 경고 문안을 보내 달라고 요청했다. 나중에 펑은 자신이 알아낸 진상을 마오에게 전신으로 알렸다.[10]

1958년의 수확량은 몇 달 동안 정치적으로 뜨거운 감자였다. 펑은 12월에 우창(武昌)에서 열린 회의에서 그 문제를 제기했다. 5억 톤의 수확량을 기록했다고 주장하자고 제안하는 사람들이 일부 있었다. 펑은 그 수치는 지나치게 높다고 생각했다. 그러자 참석자 가운데 한 사람이 "사령관님, 당신은 모든 것에 대해 의심하시는 것 같은데, 도대체 어떻게 해야 당신을 만족시켜 드릴 수 있을까요?" 하며 점잖게 반박했다.

펑은 자기 주장을 꺾지 않았다. 마침내 마오가 수확량을 3억 7천5백만 톤으로 발표하자고 제안함으로써 논쟁을 마무리지었다. 마오의 제안이 채택되었으나 몇 주일이 지나기 전에 공식적으로 수치를 2억 5천만 톤으로 낮추었다. 그런데 이 수치조차도 너무 높다는 것이 나중에 증명되었다.[11]

펑이 사오산에 관한 부정적인 보고를 함으로써 자기에게 타격을 입힐 수도 있다고 마오가 두려워했던 것은 별로 놀랄 만한 일이 아니다. 그러나 만약 마오 자신이 사오산으로 직접 가서 자기 고향의 밝은 삶의 모습을 루산 회의에서 제시한다면 펑더화이가 아니라 누구라도 감히 거기에 도전하지는 못할 터였다. 그러면 마오 자신이 논쟁을 주도적으로 장악해서 반대하는 자들을 참패시키게 될 것이었다.

이렇게 해서 마오는 자기의 뿌리로 돌아갔던 것이다. 추수폭동(秋收暴動)을 일으켰던 1927년 고향을 떠난 이래로, 그의 옛집이 국민당에 의해 불타고 파괴된 이래로, 미신적인 풍수지리설에 따라 마오를 무시무시한 재앙에 빠뜨리기 위해 국민당이 특수분대를 파견하여 마오 부모의 묘를 더럽히려는 시도(한 농부가 잔꾀를 써서 그 특수 분대를 마오의 선산이 아니라 이웃 지주의 선산으로 데려갔기 때문에 이 시도는 실패로 끝났었다)가 있었던 이래로 마오는 한 번도 고향에 와 보지 못했었다.

마오는 1959년 6월 25일 저녁 열차편으로 사오산에 도착했다. 경호원들은 마오가 근심에 빠져 있다고 생각했다. 그는 잠을 잘 자지 못했다. 그러나 그것은 특별한 일이 아니었다. 마오는 수면제를 먹지 않으면 잠을 이루지 못했다. 심지어 수면제를 먹어도 별로 푹 자지를 못했다. 경호원들은 마오가 여러 마을에서 보낸 보고서를 받고 점점 더 걱정을 하게 되었다는 것을 알고 있었다. 그는 경호원들에게 "시골이 뭔가 일이 잘못되어 가고 있다. 내가 진상을 알아 보아야만 하겠다. 내가 모든 지역에 가서 직접 보고 싶다"는 이야기를 했다. 그러나 마오가 방문한다는 소리가 들리기만 해도 벌써 해당 지역에서는 물건을 가지런히 정돈하고, 집에 페인트를 칠하고, 찬장을 가득 채우고, 음식을 장만하고, 행복한 농민들을 찾아내 마오에게 만사가 아주 잘 되어 가고 있다고 말하게 하는 등 야단법석을 떤다는 것을 마오와 경호원들은 잘 알고 있었다.

마오는 그런 것을 원한 것이 아니었다. 그는 진실을 원했다. 거듭해서 그는 "나는 그들이 나에게 진실을 말해 주기를 바란다. 진실을 알고 싶다"고 말했다. 그러나 그가 정말로 그러기를 원했을까? 경호원들도 이점을 확신하지 못했다. 그들은 정반대의 예를 너무나 많이 보아 왔었다. 그는 그 사람들의 말을 듣겠다고 했다. 그러나 펑더화이가 그에게 진실을 말하면 그는 화를 냈었다.

마오는 많은 고위 관료들에게 진상 조사를 떠나라는 명령을 내렸다. 그리고 돌아와서 정직한 보고를 하라고 했다. 그러나 그들이 감히 그렇게 할까? 경호원들은 알지 못했다. 마오는 계속해서 경호원 가운데 일부를 그들의 고향에 보내 사태의 진상을 알아 오도록 했다. 마웨라는 한 경호원이 자기 마을에서 빵 한 조각을 가지고 돌아왔다. 빻지 않은 당밀로 만든 빵이라 당밀 껍질 투성이였고, 쓴맛이 나고 딱딱했다. 마오는 냄새를 맡아 보고 그 빵을 입안에 넣었다. "그들이 이것을 먹고 있다는 말이지?" 하고 말하는 마오의 두 눈에서 눈물이 흘러내렸다.

이 일은 마오가 고향 사오산으로 돌아가기로 결심하는 데 도움이 되었다. 그는 고향 마을을 잘 알고 있었다. 그것은 그의 피 중의 피요, 살 중의 살이었다. 그곳에서 진실을 발견하게 될 것이고, 그 진실은 자기편에 설 것이다. 또 그곳에서 '라오펑(老彭)'의 주장들을 단번에 분쇄해 버릴 수 있는 증거를 찾아낼 것이다. 마오는 그렇게 생각했다. 마오는 펑 원수를 '라오펑'이라고 불렀는데, 그것은 애정과 친근함의 표시였다. 펑은 삼십 년 동안 마오에게 '노펑'이었고 마오는 삼십 년 동안 펑에게 '라오마오'였다. 형제처럼 지내던 옛 홍군 동지들 가운데 마오쩌둥을 여전히 '라오마오'라고 부르는 사람은 오로지 두 사람뿐이었다. 한 사람은 라오펑이었고, 다른 한 사람은 홍군에서 가장 용맹스런 지휘관이었던 외교부장 친이었다. 이 두 원수는 만약의 경우를 가정하는 일이 전혀 없었다. 마오는 라오마오였으며 몇 십 년 동안 라오마오였다. 이 두 원수는 자신들이 죽는 날까지 마오는 라오마오일 거라고 생각했다. 그러나 이들을 제외한 나머지 사람들은 이제 마오를 경외의 눈으로 바라다보며 마오 주석이라고 부르고 있었다. 중난하이에 사는 당 고위간부들의 자식들은 예외였다. 그들은 마오를 마오 아저씨라고 불렀다(그러나 마오의 아내 장칭을 장 아주머니라고 부르는 아이는 아무도 없었다.)12)

마오가 사오산에 도착하자 중국의 공안부장인 뤄루이칭이 마중나와 그를 수행하고 마오의 옛집 뒷산에 있는 영빈관으로 갔다. 수백 명의 마을사람들이 바닥에 모래를 깐 정원에 모여 마오를 환영했다. 예전에 마오를 본 적이 있는 사람은 몇 안 되었다.

새벽이 왔음을 알리는 닭 울음소리가 들릴 때에야 마오는 잠자리에 들었다. 경호원들은 마오의 침실에 쳐져 있는 벨루어 천으로 된 묵직한 커튼 뒤로 촛불이 몇 시간 동안 깜박거리며 타는 것을 보았다. 마오는 밤에 잠을 자지 않고 자신의 귀향에 관한 시를 한 편 썼다. 그 시에는 향수에 젖은 마오의 심정이 담겨 있었으며, 그가 고향을 떠날 때 남겨 두고 간 과수원에 대한 희미한 꿈이 서려 있었다. 그러나 한편으로는 창과 붉은 깃발을 들고 지주들에 맞서 일어섰던 머슴들을 환영하는 거친 혁명적 어조도 들어 있었다. 그리고 달과 해의 운행 궤도를 바꾸겠다는 대담한 도전 의식도 담고 있었다. 그러나 가장 중요한 것은 인민공사와 대약진운동에 대한 그의 의견이었다. 그는 결과를 보기도 전에 그것들은 성공작이라는 의견부터 제시하고 있었다. 가없이 펼쳐진 강낭콩밭과 날로 푸르러 가는 논, 그리고 '저녁 안개 속에 귀가하는 영웅들'을 바라보며 성공작이라고 생각할 수 있다는 것이었다. 아마도 이것은 자화상이었을 것이다.[13]

다음 날 아침 마오는 자신의 옛집을 둘러보았다. 개축한 집의 모습이 옛집의 모습과 비슷한지를 이웃사람들이 걱정스레 물어 왔다. 마오는 자신이 기억하는 옛집 그대로의 모습이라고 말했다. 큰 사랑채, 식당, 아버지와 어머니가 쓰던 큰 안방, 마오와 형제들이 쓰던 각 방들, 겨울과 여름 주방들, 널찍한 창고 등으로 이루어진 그 넓은 집은 후난성에서는 찾아보기 힘든 부농의 집으로, 자기 아버지의 번성함을 반영하고 있었다. 마오는 수행원들을 이끌고 부모가 묻혀 있는 울퉁불퉁한 언덕배기로 갔다. 그는 묵상에 잠겨 묘소를 바라보더니 묘지기들에게 자기는 묘소가 조금이라도 변화되는 것을 원하지 않는다고 말했다. 그리고 다시 오겠노라고 약속했다(그는 그 후 한 번도 오지 않았다).

그런 다음 마오는 사오산 학교로 갔다. 그는 아이들과 함께 사진을 찍었다. 한 소녀가 붉은 공산당 목도리를 그의 목에 감아 주었다. 그는 마을 저수지에서 수영도 했다. 기자 한 사람이 마오가 횡영(橫泳)으로 출발하여 배영으로 바꾸고 송장처럼 물속에 둥둥 떠 있는 것을 주의 깊게 보면서 적고 있었다. 물가에 있던 마을사람들은 마오가 수영하는 모습을 보면서 빙긋이 웃고 있었다. 수영 후 마오는 사오산 인민공사에서 일하는 사람들과 잠시 만났다. 그들은 마오가 듣고 싶어하는 이야기를 들려주었다. 그들은 "모든 것이 다 좋다"고 했다.[14)]

"인민공사들이 정말 좋은 거죠?" 하고 마오가 묻자, 그들은 정말 좋다고 응답했다. 그들은 마오에게 빵 한 조각을 주었다. 마오는 맛을 보았다.

마오는 "정말 좋군요. 중국 전역의 인민들이 당신들의 빵을 먹을 수 있습니다"라고 이야기했다.[15)]

그로부터 며칠 후 루산 회의가 열렸다. 그 자리에서 펑더화이는 마오에게 마을사람들에게 그들의 수확고에 대해 물어 보았느냐고 질문했다. 마오는 묻지 않았다라고 말했다. 나중에 펑은 마오가 물어 보았으면서도 그것에 관해 이야기하기를 싫어하는 것으로 생각했다고 말했다. 어쩌면 마오가 싫어하는 대답을 마을사람들이 했었을 수도 있다.[16)] 시에 나타난 비유적 표현의 고찰을 통해 정책을 분석하려는 시도는 함부로 할 수 없는 복잡 미묘한 작업이다. 그러나 통상적으로 마오는 자신이 시 속에 ─비록 비밀스럽게이긴 하시만─ 자신의 생각을 표현했다. 그가 루산 정상에서 '차가운 시선으로'라고 썼던 시와 귀향시 사이에는 탐지 가능한 미세한 변화가 있었다. 마오는 루산에서 쓴 시에 4세기 중국의 위대한 시인 도연명(陶淵明)과 관련된 언급을 했었다. 도연명은 자신이 존경하지 않는 조야하고 무식한 윗사람들에게 머리를 조아리느니 차라리 관직에서 은퇴하는 길을 택했던 인물이었다.

빈틈없는 중국통 학자 슈람(Stuart Schram)은 루산에서 쓴 시에는 루산 회의와 동시기인 1959년 6월과 7월 사이에 표면화되기 시작한 중소관계의 위기와 흐루시초프가 암암리에 언급되어 있다고 믿었다. 흐루시초프는 6월 20일, 중국에 고급 군사 기술을 제공하기로 한 협정을 비밀리에 취소했었다. 도연명의 언급을 함으로써 마오는 자기 자신이 소련에 머리를 조아리는 것을 거부하겠다는 의사 표시를 하고 있었던 것이다.[17)]

1959년 6월과 7월 사이에 필자는 내친 김에 외몽고까지 여행을 했었다. 이 무렵 중소관계가 위험 수위에 도달해 있었음을 필자는 목격했었다. 몽고에 있는 중국과 소련 양국의 외교관들과 전문가들은 서로 말을 건네지도 않을 정도였다. 1960년이 되기 전에 양국 관계가 공공연한 불화 단계로까지 치달았음은 물론이다.

마오는 펑에 대해 이미 냉담한 태도를 보이고 있었다. 그런데 펑이 루산 회의 직전에 소련과 동구를 순방하던 중 대약진운동에 대한 견해를 밝혔다는 소문들이 나돌았다. 아마 이 때문에 두 사람 사이의 관계가 더욱 악화되었을지도 모르겠다. 펑은 소련 순방중 흐루시초프, 그리고 소련의 국방상 키릴 모스칼렌코(Kirill Moskalenko)와 회담을 가졌었다. 그리고 중국으로 돌아오는 길에 이반 코네프(Ivan Konev) 원수와 함께 여행을 했었다. 코네프는 울란바토르(Ulaanbaatar)에서 도중 하차했다. 펑이 대약진운동에 반대한다는 내용의 편지를 소련 공산당에 써서 보냈다는 보고가 있었는데, 아마 이것은 착오였을 것이다. 이보다는, 솔직하게 말하는 펑이 소련에서 대화를 나누던 중에 대약진운동을 비판하는 몇 가지 날카로운 발언을 했을 가능성이 더 크다.[18] 루산의 논쟁에서는 '소련의 관점'에 대해 암시적인 말이 나온 데 불과했다. 그러나 그 암시적인 말이 루산 회의의 밑바닥에 흐르는 사나운 저류를 설명해 줄 수 있었다.[19]

이제 무대는 설치되어 있었다. 마오가 막을 올리라고 명령하는 일만 남아 있었다.

20. 삶과 죽음의 갈림길

 루산 회의는 1959년 7월 2일에 열렸다. 안개가 산 위에 여전히 낮게 깔려 있었다. 마오쩌둥, 펑더화이, 저우언라이, 류사오치, 주더, 린뱌오, 천윈, 천이, 상임위원회, 비서실, 공산당 정치국, 군사중앙위원회 등 대장정의 영웅들이자 중국의 통치자들인 주요 인물들은 모두, 또는 대부분 모여 있었다.

 덩샤오핑과 마오 주석의 부인 장칭은 그 회의에 늦게 참석했다. 마오는 덩샤오핑에게 나머지 사람들이 산 정상에 모여 있는 동안 베이징에 남아 정부의 일상 업무를 감독하라고 지시했다. 그건 아마도 덩에게는 다행스러운 일이었을 것이다. 마오의 이 명령 덕분에 그는 인민공화국 창건 이래로 가장 큰 싸움에서 직접적인 사격권으로부터 벗어날 수 있었던 것이다.[1]

 회의가 다 끝나기 전에 마오는 마음을 바꾸어 덩을 루산으로 불렀다. 각자의 입장을 숨김없이 밝히는 것은 너무나도 중요했다. 마오는 모두가 참석하여 자신의 생각에 찬성 또는 반대 입장을 분명히 밝혀 주기를 원했다. 마오가 덩으로 하여금 베이징에 머물러 정사를 돌보도록 지시한데에는 또 다른 고려가 있었다. 마오는 여전히 덩을 자신과 자신의 계획에 적대적이지 않으며, 자신의 정책에도 반대하지 않는 특수 범주에 집어넣고 있었다. 마오의 마음속에서는 덩의 이러한 점이 저우언라이나 류사오치와 두드러지게 구별되는 점이었다. 마오는 나라가 굴러가도록 하기 위해 저우언라이와 류를 이용하고 필요로 했지만, 그는 이 둘 모두가 인민공사와 대약진운동에 미지근한 태도를 보이는 인물임을 (정확하게) 알아챘다. 두 사람은 말로는 마오를 지원했으며, 심지어 류는 그 계획을 당에 제출하기도 했었다. 그러나 마오는 속아 넘어가지 않았다.

장칭에 관해 말하자면, 마오를 포함해서 어느 누구도 그녀가 루산에 나타나리라고는 예상하지 못했다. 당은 그녀의 어떠한 정치적 역할도 금지하는 포고령을 내렸었다. 그녀는 여전히 이 명령에 구속되어 있었다. 그러나 장칭은 그 명령을 폐기하고 중국 정치의 심장부에 뛰어들 찰나에 있었다. 그녀는 이때부터 마오가 죽을 때까지 줄곧 이 정치의 심장부에 매달렸다.

마오는 루산 회의를 진부한 상투어로 시작했다. 그는 상황이 별로 만족스럽지 못할 때 "이룩해 낸 성과는 위대하고, 문제들은 많으며, 경험은 풍부하고 미래는 밝다"라는 따분한 상투적 어구를 자주 사용했다.[2)]

회의 절차가 진행되어 가자 루산의 고전적 풍경이 금방 희미해져 배경을 이루었다. 대표자들은 작업 집단으로 분리되었다. 펑더화이는 서북 집단으로 지정되었다. 이 집단에서는 결렬한 토론들이 오갔으며 자주 솔직한 언어를 사용했다. 불꽃이 튀는 듯한 생기가 돌았던 곳은 이 소규모 회합에서였다. 커다란 회의실에서는 소심하게 선동가적 태도를 보였을 뿐이다. 그 집단들은 자신의 입장을 밝히는 소견서, 건의서, 그리고 연구조사서를 산출해 냈다. 매일 아침 서류가 등사판으로 복사되었으며, 모든 사람에게 배포되었다. 우락부락한 늙은 펑은, 마오의 이웃에 있는 그의 집을 떠나기가 바쁘게 서류를 읽는 데 너무 많은 시간을 빼앗긴다고 불평을 늘어놓았다. 루산시절이 지난 후 펑은, 자신은 첫째자리에 들어서기를 결코 원하지 않았노라고 고백했다. 그는 장기간에 걸친 유럽 여행 때문에 몹시 지쳐 있었다. 자신의 참모장 황커칭(黃克誠)이 자리를 맡아 주도록 설득했으나 그는 변명을 늘어놓으면서 거절했다. 티베트 소탕이 진행중이었으며 그는 다른 사람들에

게 그 일을 맡기기를 원하지 않았던 것이다.[3]

나중에 펑이(위대한 프롤레타리아 문화혁명의 고문을 받으며) 주장했듯이, 펑은 '모반' 모임을 갖지 않았음에도 불구하고, 그 원수가 후난, 특히 사오산에 다녀온 적이 있으며, 그가 그곳에서 기아 상태와 숫자를 속이는 관리들을 발견했다는 것을 모르는 사람은 아무도 없었다. 마오가 사오산에서 밝은 삶의 모습을 되불렀다는 것도 누구나 다 알고 있었다. 충돌은 확실했다. 어느 쪽도 주장을 철회하는 그런 류의 사람들이 아니었다.

마오의 경호원 리인차오에게는 미친 듯이 날뛰며 다니는 것과 밀담들, 갖가지 오해와 음모, 그리고 그 음모에 대항하는 계략으로 얼룩진 여러 장면들이 마치 중국의 경극 같았다. 징들이 부딪치는 소리, 북을 두들기는 소리를 거의 들을 수 있을 것이며, 그 모든 일이 진행되는 가운데 불길한 예감을 느낄 수 있다. 일단 막이 오르면 비극적인 마지막 막을 향한 여세를 멈출 수가 없다.[4]

마오이 가장 젊은 비서 리루이는 그가 가장 치열한 한창때에 그 일을 겪었다. 그가 마오에게 선발된 지 2년도 채 되지 않은 때였다. 리루이는 전력부 부부장이었으며, 신문기자 경력이 10년으로 후난 출신이었다. 그의 부모는 마오가 창사 제2보통학교 시절에 속했던 서클과 똑같은 인텔리겐챠의 그룹에 속했다. 리루이는 비록 친밀하게는 아니지만 마오를 잘 알고 있었으며, 사실상 그의 보호를 받는 부하가 되었다. 그는 마오의 초년기에 대해 주목할 만한 논문을 한 편 썼다. 마오의 사망 후, 검열을 받아 삭제되었던 구절들을 다시 복원해서 재발행했을 때에야 비로소 이 책의 재기와 명민함이 완전히 명확하게 드러났다.

마오는 이 젊은이가 거대한 양쯔강의 수력을 이용하려는 웅대한 계획에 반대하는 솔직한 주장을 내세웠기 때문에 그에게 매료당했다. 3능보계획은 중국의 능력을 훨씬 넘어서는 것이었으나 그 막대한 규모로 말미암아 수많은 새로운 공산주의자들에게 호소력을 지니고 있었다. 리루이는 그것을 실현시킬 수 없으며, 중국은 그 계획을 실행에 옮길 만한 노하우가 없다고 말했다. 마오는 그의 의견에 동조했으며, 그 계획은 취소되었다(이 계획은 1991년 중국의 영구적인 에너지 위기를 단 한번에 치유할 방책을 찾고 있던 계획 입안가들과 엔지니어들의 마음속에 다시 떠올랐다).

마오는 일찍이 네 명의 비서를 두었었다. 그는 리루이를 다섯 번째 비서로 받아들였다. 리루이는 아주 기뻐했다. 그는 자신이 위험에 몸을 드러냈음을 깨닫지 못한 채 마오에게 사로잡혀 믿고 신뢰했으나 대약진운동과 그 희생자로 인해 섬뜩함을 느꼈다. 그는 마오가 대약진운동을 중단할 근거들을 만드는 데 온 힘을 쏟았다. 마오는 이 문제가 자기 자신과 그의 매력적인 젊은 비서 사이의 문제로 그치는 한, 이것을 기분 나쁘게 생각지 않았다. 그러나 루산은 전혀 다른 문제였다.

궁극적인 신하인 저우언라이는 마오와 리루이 사이에 전개된 관계를 주목했으며, 그는 리루이에게 펑더화이와 교제하는 것을 그만두라고 경고했다. 그 이유인즉, 만약 마오의 마음속에 리가 펑더화이의 '패거리'와 일치하게 된다면, 마오에게 솔직하고 독자적인 견해들을 제시할 수 있는 그의 특유한 능력을 잃게 되리라는 것이었다. 그 젊은이는 저우언라이의 경고를 주의 깊게 받아들이지 않았으며 결국 엄청난 대가를 치렀다. 오랜 시간이 흐른 후 리는 이렇게 자신의 견해를 밝혔다. "만약 내가 펑더화이와 같은 편이 아니었다면 나의 운명은 아마도 달라졌을 것이다."5) 저우언라이와 류사오치는 대약진운동에 반대했음에도 불구하고 입을 굳게 다물고 있었으며 어떻게 해서든지 루산에서 살아 남으려고 했다. 그들은 그 싸움에서 비켜 서 있었다. 그러나 젊은 리루이는 펑더화이와 공공연히 만남으로써 그 싸움판에 직접 뛰어들었다.

마오와 동향인이며 이전에 마오의 비서를 지냈고 마오와 좋은 관계를 유지했던 후난성의 당서기 저우샤오저우는 또 하나의 솔직한 사람이었다. 그는 자신의 지역 상황에 자극을 받아, 루산 회의가 있기 전에 펑더화이와 만나 그에게 1959년의 생산수치는 '상부로부터의 압력' 때문에 부풀린 것이라고 말했다. 진짜 수치는 퇴짜를 맞았으며 '최종 수치'가 아닌 것으로 간주되었다. 가상의 새로운 대규모 수확량이 보고되어야 했다.

"당신이 주석에게 이 문제들을 알려 드려야 하오"라고 지난날 자신이 말했다는 것을 상기했다. 그러자 후난성의 비서는 자신이 이미 마오에게 말씀드렸다고 하면서 펑도 자기와 똑같은 일을 해 줄 것을 부탁했다. 펑은 군인들도 자신에게 똑같은 상황을 통고해 왔다고 말했다.[6]

대장정 시기의 탁월한 베테랑이자 당지도자로서 뤄푸라는 지하운동 시절의 이름으로 더 잘 알려진 장원톈은 펑을 지원했다. 그들은 사람의 마음을 유쾌하게 해 주는 루산의 긴 길을 지나칠 때까지 걸으면서, 또는 그들의 별장 가운데 있는 담을 통해 서로 이야기를 나누곤 했다. 펑은 자기들이 마오에게 뒤뜰에 설치하는 소규모 제철소는 재앙임을 확신시켜야 할 필요성에 대해 이야기를 나누었노라고 회고했다. 뤄푸는 마오가 역사를 존중하기 때문에 역사적 관점에서 그 경우를 평가할 것을 원했으나, 마오는 과거가 아닌 현재에 관심을 갖고 있었던 것이다. 뤄푸와 마오는 한때 서로 정적 관계였다. 그러나 대장정 도중에[7] 두 사람 다 병이 들어서 들것에 실려 옮겨져야 했는데, 오랜 시간 동안 흔들기리는 들것에 실려 가면서 그들은 의기투합하게 되었다. 1959년까지 뤄푸는 몇 년 동안 마오를 지지했으며, 모스크바에서 오랜 기간을 중국의 대표로서 지냈다.

뤄푸는 루산에서 솔직하고 비판적으로 말했다. 불행하게도, 모스크바에서는 흐루시초프가 이것을 대약진운동에 대해 신랄한 발언을 할 기회로 택했다. 너무나 화가 난 마오에게 그 우연의 일치가 공모의 냄새를 풍겨 왔다. 펑은 이 일이 있기 직전에 모스크바에서 돌아와 있었다. 모스크바의 음모라는 생각이 이미 마오의 마음속에 자리잡고 있었는지도 모른다. 마오는 펑이 자기에게 반대할 뿐만 아니라 모스크바에 있는 자기의 적들과도 연계되어 있다고 의심하기 시작했다.[8]

펑도 뤄푸도 토론을 할 때 약삭빠르거나 재치가 있지는 않았다. 어느 날 뤄푸가 펑에게 마오는 현명하지만 스탈린과 마찬가지로 '인민을 교정하는 데 매우 폭력적인 수단을 사용하게' 되었다고 말했다. 이 말에 대해 펑은 "중국의 역대 왕조를 보면, 어느 왕조도 최초의 황제는 현명하지만 포악했다. 그리고 프롤레타리아 지

도자들도 억세고 포악해야만 한다"고 대꾸했다.[9]

평은 고의적으로 마오의 분노를 불러일으킬 다른 말들도 했다. 그는 헝가리 여행을 다녀온 후에 중국 인민들이 제대로 잘 훈련받지 않았으면 그들은 헝가리인들의 본보기에 따라 봉기했었을 것이라고 말했다. 허룽 원수가 이 발언에 대해 마오에게 이야기했다. 그리고 정치국 모임에서 평은 만약 소규모 제철소를 짓기 위해 허비한 50억 위안을 소비재 생산에 투입했다면 루산보다 더 높은 엄청난 대량의 소비재를 만들어 냈을 것이라고 말했다. 마오가 끼어들면서 '루산만큼 높지는 않을 것'이라고 하자 평은 "맞습니다, 약간 더 낮았을 겁니다"라고 대꾸했다.[10]

평의 설명에 의하면, 그는 7월 13일 아침 마오를 보기를 원했지만 그가 마오의 집에 나타나자 호위병들이, 마오가 자주 그러듯이 밤을 꼬박 새우고 방금 잠자리에 들었다고 말했다. 그날 저녁 평은 1만 자에 이르는 긴 편지(영어로는 2천3백 단어에 해당)를 써서 다음 날 아침 마오에게 보냈다. 말년에 그는 그 편지가 주석에게 반대하는 루산 회의를 다시 소집하기 위한 정치적인 강령이 아니라 단지 마오의 눈길을 끌기 위한 의도로 쓴 사신에 불과했다고 주장했다.[11]

평의 편지는 신중하고 재치 있는 언어가 두드러진 조리 있고 간결한 문서였다. 평은 마오의 업적들을 찬양하는 말로 그 편지를 수식했다. 그는 심지어 대약진운동에 대해서도 찬양의 말을 늘어놓았으며, 그 볼품없는 소규모 제철공장에 대해서도 긍정적으로 말할 수 있는 점들을 찾아냈다. 평은 책임을 질 사람은 마오가 아니라 자기를 포함한 다른 사람들임을 몇 번이고 이야기했다. 사리분별이 있는 사람이 불평을 늘어놓으며 항의할 수 있는 말 따위는 그 편지에 한마디도 없었다. 그러나 마오는 편견없이 객관적이지도 않았고 사리분별이 있는 것도 아니었.

평이 각별히 세심하게 신경을 써서 미묘한 문체로 아첨과 찬양의 말을 늘어놓았음에도 불구하고 그 편지는 마오의 정책들에 반대하는 주장의 가닥들을 아무리 숨기려 해도 숨길 수 없이 명백하고 분명하게 보여주고 있었다. 대약진운동을 직접 비난한 것은 오싹 놀라게 하는 자극제였다.

평은, 비록 아첨조의 찬사를 늘어놓아 비판을 억누른다고는 하더라도 아무튼 마오에 대해 공개적으로 반대할 경우 그것이 얼마나 심각한 문제인가는 알고 있었다. 그러나 마오와 오랫동안 관계를 맺어 오면서 그는 항상 자신의 속마음을 자유롭게 표현했으며 그건 마오도 마찬가지였다. 설령 의견이 일치하지 않더라도 그들은 신뢰의 바탕 위에서 앞으로 나아갔었다. 펑은 마오가 달라지고 있다는 것을 알았으며, 1958년 4월 리루이에게 마오에 대한 찬사인 '동방홍(東方紅)'(동방홍은 마오쩌둥을 상징하는 표현으로, 동방홍 인민공사는 대표적인 모범 인민공사를 의미-역주)이 자신의 심기를 불편하게 한다는 사실을 시인했다. 그는 '대약진운동' 같은 용어보다는 '대발전' 같은 표현을 선호했다.[12]

편지를 보낸 다음 이틀 동안은 성가신 일이 일어날 만한 징후 없이 지나갔다. 그러나 7월 17일 아침 펑은 충격을 받게 되었다. 마오에게 보낸 그의 편지가 '펑더화이 동무의 견해 진술'이라는 표제로 출판되었다.[13] 마오가 도전장을 던진 것이었다. 펑은 이 사실을 알지 않으면 안되었다.

그가 맨 먼저 취한 행동은 자신의 편지가 공람되지 않도록 회수하는 것이었다. 그가 7월 18일 서북 그룹에게 이야기했던 바대로 그 편지는 오직 마오 주석 개인에게 보낼 의도로 쓴 것이었다. 그는 모든 복사본을 회수할 것을 요청했다. 그것들은 회수되지 않았다.

사건들이 잇따라 급속하게 터졌다. 펑의 참모장 황커청이 7월 18일 저녁(또는 7월 19일이었을 수도 있다)에 루산에 도착했다. 그는 자신이 위기의 한복판에 놓여 있음을 알았다. 펑이 티베트 주둔 병력을 증가시킬 수송 수단 요청 문제를 부관과 논의하기 위해 잠시 들렀던 것이다. 누군가가 불안해서 "지휘관 동지, 우리는 소위 우파분자(공산주의자들에게는 가장 모멸적인 말이었다)라고 불리는 자들과 오십 보밖에 떨어져 있지 않습니다"라고 말했다. 그러자 황커청은 "걱정하지 말게, 마오 주석은 실수를 하지 않으실 거야. 그 문제는 깨끗이 해결될 거야"라고 말했다.

황의 생각이 옳았다. 마오는 바야흐로 그 문제를 깨끗이 해결하려 하고 있었다. 그러나 그 해결 방법이 황이 생각한 방식과는 달랐다.[14]

마오는 펑에게 답신을 보낸 것이 아니라 펑의 탄핵에 착수함으로써 사태 무마 작업에 일격을 가했다. 그리하여 마침내 펑 원수는 마오 정권을 전복하려는 음모를 꾸민 '반당 음모죄'로 정식 기소되었다. 펑은 모험적인 군사적 야심, 소련과의 공모, 쿠데타를 기도한 '군사 구락부'의 조직, 그리고 혁명에 대한 비방 등의 죄목으로 고발되었다. 명예를 아는 인물인 펑은 할머니가 밥을 빌어 먹여야 할 정도(펑은 할머니와 함께 구걸을 갔다 온 후로는 동냥질하기를 거부했다)로 가난한 가정에서 태어났으며, 어린 시절에는 나무를 잘라 오기 위해 눈으로 뒤덮인 산을 맨발로 올라갔었다. 이런 펑이 군벌이니, 착취자니, 흑장군(黑將軍)이니하고 불리게 되었다. 온갖 정치적 욕설과 악담이 그에게 쏟아졌다.

20년 동안 줄곧 마오의 비서로 일해 온 후차오무는 젊은 리루이를 비롯하여 마오의 방향을 변화시키기를 바라던 사람들을 은밀히 지지하고 있었다. 그는 뤄푸에게 "이제 바람이 더 험하게 불고 있다"고 경고했다. 그러나 뤄푸를 비롯한 인물들은 그 경고를 무시했다.[15]

펑의 고발장 초안을 끝마친 마오는 그 초안을 복사해서 비행기편으로 서둘러 장칭에게 보냈다. 그때 장칭은 베이징 동쪽 보하이(渤海) 만의 해안 휴양지인 베이다이허에 있는 마오의 해변 별장에서 편히 쉬고 있었다. 장칭은 햇빛과 장려한 해변, 그리고 바다 풍경을 즐기며 여가를 만끽하고 있었다. 그녀는 마오의 문안을 받자마자 즉각 행동에 들어갔다. 루산에 전화를 연결시켜 마오에게 당장 가겠노라고 말했다. 그녀는 위기의 심각성을 인식했던 것이다. 마오는 "싸움이 너무 격심하니 오지 말라"고 말했다. 그의 지시를 무시한 채 그녀는 비행기로 채 몇 시간도 지나기 전에 루산에 도착했다. 그녀는 도착한 이래 모든 회의에 참석했다.[16]

펑은 다음에 어떤 행동을 취할까를 결정하느라 애쓰고 있었다. 마오의 침묵이 오히려 자신의 귀청을 터지게 하는 것 같았다. 그는 매우 불안했다. 펑의 지지자들은 계속 행동을 취했다. 그들은 7월 20일 아주 조심스러운 말을 골라 펑의 생각을 지지하는 연설을 두세 차례 했다. 연사는 뤄푸, 후난성의 당서기 저우샤오저우, 황커청 등이었다. 펑에 대한 변론이 계속되었다. 그러나 분위기가 험악하게 바뀌었다. 모든 사람이 장칭이 도착했다는 사실에 주목했다.[17]

7월 23일 마침내 주석이 침묵을 깼다. 그는, 이전에 장제스가 연설을 했던, 그리고 그보다 더 이전에는 젊은 감리교 선교사들이 일요일날 설교를 하던 바로 그 회의장의 연단에 섰다.

마오는 신경이 예민해 있었다. 그는 회의장을 빙 둘러보았으나 펑더화이의 모습은 보이지 않았다. "왜 펑더화이는 이곳에 안 왔지?" 하고 그가 경호원들에게 물었다. 경호원들은 맨 끝줄에 있는 펑을 마침내 찾아냈다. 펑은 새로 이발을 하고 와 있었다. 군대식으로 아주 짧게 친 머리카락이 뻣뻣하게 곤두서 있었다.

마오가 펑을 보고 "왜 다른 정치국 위원들과 함께 앞자리에 앉지 않은 거요?" 하고 소리쳤다. 펑은 고개를 저었다. 그는 꿈쩍도 하지 않고 그 자리에 그대로 있었다. 마오는 화가 나자 아랫입술을 깨물었다. 거의 피가 날 정도였다.[18]

마오는 옛날 중국식으로 반은 해학조로, 반은 변명조로 수면제를 세 번 먹었지만 잠을 이룰 수가 없었다는 주장을 하면서 이렇게 말했다. 이제 모든 사람이 이야기할 만큼 했으니 자기도 이야기 좀 할 수 있게 해 달라. 회의에서 발언을 허락 받은 사람들은 다루기 힘든 까다로운 인물들이다. 그들은 쑨원의 아들 쑨커를 상기시켜 준다. 오랜 동지 한 사람은 만약 쑨커를 잘못 건들면 그가 막무가내로 날뛰어 사람의 간담을 써늘하게 한다는 이야기를 하곤 했다. 루산에서도 그런 일이 있었다. 압박감을 느끼고 있던 동지들이 일부 있었다. 그들은 자기에 대한 나쁜 소리는 들으려 하지 않고 좋은 소리만을 듣기를 원했다. 이런 동지들에게 꼭 들려주어야 할 충고가 있다. 이런 충고를 들으라고 귀가 달려 있는 것이다.

이어서 마오는 청중들에게 비판의 글을 읽느라 바빴다고 이야기했다. 아직도 읽지 못한 비판의 글이 많이 있으나 모두가 천편일률적인 내용을 담고 있는데, 만사가 가닥이 잡히지 않고 혼란스럽다는 것이었다.

그는 린뱌오의 야윈 몸매와 자기 자신과 주더의 뚱뚱한 몸매에 대해 농담을 했다. 그는 인민공사들이 모든 사유재산을 몰수하는 결과를 야기시킨 '공산주의 바람'을 비웃었다(그 바람을 최초로 일으킨 사람은 자기 자신이었다). 공산 혁명 이전 시기에 악명 높았던 상하이의 지하 깡패 조직은 네것도 내것, 내것도 내것이라고 생각했었다. 폭군 같은 지방 토호들의 재산을 몰수한 것은 좋으나, 농민들로부터 '착취한' 살찐 돼지와 배추들은 되돌려 주지 않으면 안 된다고 그는 이야기했다.

자기 자신을 비롯하여 모든 사람은 "머리 가죽을 단단하게 만들어야 할 것"이며 비판을 감수할 만반의 준비를 하고 있어야 한다. 이 이야기를 하고 나서 그는 본론으로 접어들어 만약 자기를 공격하는 사람들이 있다면 자기는 기어코 그들에게 반격을 가할 것이라고 말했다. 그는 동지들 가운데에는 자기 말을 더 잘 들어야 할 사람과 '결정적인 시기에 동요'하지 않아야 할 사람이 있다고 경고했다. 일부 동지들의 지지가 바로 이 순간 흔들리고 있는 것을 알아챘다고 그는 말했다. 그가 말을 계속하자 회의장에는 으스스한 냉기가 돌았다.

그는 열에서 아홉은 잘못되었다고 비판한 사람들을 휘둘러 쳤다. 만약 나라가 계속 이 꼴로 나간다면 틀림없이 멸망할 것이며 그건 너무나 당연한 일이라고 하면서, 만약 그 경우에 "나는 시골로 내려가 농민들을 이끌고 정부를 전복시킬 것이다. 해방군에 있는 여러분이 나를 따르지 않으려 하면 나는 새로운 홍군을 찾아내 제2의 해방군을 조직할 작정이다"라고 말했다.[19] 이것은 공식문서에 기록된 내용이다. 마오의 경호원들은 그때를 회상하며 마오가 사실상 루산 이야기를 한 것이라고 했다. "만약 펑더화이의 군대가 나를 따르고자 하지 않으면 나는 시골로 내려가 다시 유격대를 조직하고 나의 군대를 창설하겠다."[20]

마오는 그 자리의 주인이었다. 펑더화이는 점점 더 분노가 치밀어 올라 얼굴이 벌겋게 달아 있었다. 마오는 자신감이 커지자 청중들을 가지고 놀았다. 펑더화이는 '세련미라고는 없는 조야한 놈'으로 자칭했는데, 사실 그는 조야하기도 하지만 섬세한 면도 갖고 있는 인물이라고 마오는 말했다. 마오는 자신이 경제 건설이나 공업 계획에 대해서는 아무것도 모르며, 국가 계획 전문가의 일을 감독할 위치에 있지 않다는 점을 자인했다(국가 계획 전문가들은 마오가 추진한 대약진운동과 인민공사 제도 때문에 거의 제정신을 차리지 못하고 있었다).

자신에 대한 펑의 비판을 무자비하게 해부하는 것이 마오 연설의 바탕을 이루고 있었다. 마오는 대규모의 혼란이 야기되었음은 사실이라고 말했다. 마오 자신이 나라를 큰 재앙으로 몰고갔다는 것도 부인하지 않았다. 그러나 그 당시 자기를 말리는 사람은 아무도 없었다. 오늘날 자기를 비판하는 사람들은 모두 그 당시 자기에게 박수갈채를 보냈었다. 그들에게는 전혀 책임이 없었다는 말인가? 마오는 크게 한 방 쏘았으나 목표물을 맞추지 못한 어떤 '대포'에 대해 이야기했다. 그것은 분명히 펑을 두고 하는 말이었다. 그리고 그는 모스크바와 그 지지자들에 대한 험악스런 언급도 빼놓지 않았다. 마오는 큰 위기에 대한 자신의 책임을 인정하면서도, "동지들, 여러분 모두가 스스로의 책임을 분식해 보지 않으면 안 됩니다. 오줌을 싸야 한다면 싸세요! 방귀를 뀌어야 한다면 뀌세요! 그러면 한결 더 기분이 좋아질 겁니다" 하고 경고했다.[21]

마오가 이야기를 끝마쳤을 때 중국의 혁명사에서 신기원이 수립되었다. 대장정 동지들 간의 형제적 우애는 끝장이 나 버렸다. 이때부터 추후 한참 동안 각기 자기 자신의 권력과 이익을 위한 쟁탈전을 치러야 할 터였다. 이 싸움에서 뒤쳐진 자는 악마(또는 마오의 앞잡이들)에게 잡아먹힐 판이었다.

펑은 간신히 몸을 가누고 일어섰다. 마오가 그를 불렀으나 그는 그 소리를 듣지 못했다. 아니면 듣고 싶지 않았다. 펑이 문 쪽으로 가자 마오가 황급히 그 뒤를 쫓아가며 말했다. "펑쭝(彭總), 이야기 좀 나눌 수 있을까?"

펑은 얼굴이 점점 더 벌겋게 달아올랐다. 그는 씩씩거리며 "할 이야기가 없소"라고 말했다.

마오도 고집을 꺾지 않았다. "의견이 다르더라도 상관없소. 그냥 앉아서 이런저런 이야기나 좀 하면 안 되겠소?" 그러나 펑은 "할 이야기가 없다니까요" 하며 싫다는 표시로 어깨를 으쓱하며 문으로 나가고 있었다.

마오는 다시 한번 입술을 깨물었다. 그 역시 펑만큼 화가 나 있었다.[22] 펑도 마오도 고향 사오산을 들먹거리지 않았다는 사실을 주의 깊게 알아챈 사람은 아무도 없는 것 같았다. 한계가 정해져 있었다. 백가쟁명 운동에 잇따라 일어난 마오의 반우운동이 지식인들의 비판적 발언을 억눌렀듯이 이제 지도층 인사 중에서 비판적인 건의를 하는 사람이 아무도 없을 것이었다. 비판적 건의를 자칫 잘못하여 받을 수 있는 벌이 너무 큰 때문이었다. 앞으로 비판은 없고 오직 아첨과 거짓말만 판칠 것이었다. 마오는 형제 같은 자신의 동지들을 마치 기계인형처럼 손바닥이나 쳐 대고 고개나 끄덕거리는 박수부대로 만들어 버렸던 것이다.[23]

마오의 연설이 끝난 후 리루이는 사방을 둘러보았다. 모두의 얼굴이 창백하게 질려 있었다. 그와 천보다, 후차오무는 산보를 나갔다. 리루이는 서툰 시 한 수를 지었다.

산너머에서 천둥소리가 들렸다
만약 우리가 산골사람에게 묻는다면—그의 오두막이
다음 날 아침에도 그대로 서 있을 거라고 누가 말할 수 있겠는가.

세 비서들은 점심을 먹지않았다. 먹고 싶은 생각이 들지 않았다. 식사 대신 그들은 계속 이야기를 나누었다. 그들은 마오가 180도로 돌아섰다고 생각했다. 앞으로는 일인통치만이 있을 뿐, 더 이상 집단 지도 체제는 없을 것 같았다. 그 날 저녁 그들은 황커청을 만나러 갔다. 황은 아직도 사태를 바로잡을 수 있을 것으로 생각하고 있었다. 리루이의 생각은 달랐다. 그는 후차오무와 동료 비서인 톈자잉에게 자기가 마오에게 반대하고 펑을 편드는 책임을 떠맡겠노라고 말했다. 그는 맹세코 후와 톈을 연루시키지 않겠다고 말했다. 황은 이미 저우언라이와 류사오치를 만나 이야기를 나누었었는데, 이때 황은 자아비판을 하는 데 동의했었다. 류와 저우언라이 두 사람 모두, 펑이 오래 전부터 마오에게 적극적으로 반대해 왔으며, 심지어는 항일전쟁 시절에도 마오에게 반대한 인물이었다는 쪽으로 방침을 정했다.

후차오무와 톈자잉은 약간의 비판을 받았으나 리루이는 주범으로 지목받았다. 리루이는 자기를 비판하는 사람들에게, 마오가 7월 11일과 17일에 자기에게 견해를 솔직하게 지시하도록 권장했으며, 자기는 이에 따랐을 뿐이라고 말했다.

그러자 누군가가 "아, 그래. 그게 마오의 계략이지. 그는 온갖 유령들이 뛰쳐나오는 걸 좋아하지. 그래야 그놈들을 잡을 수 있으니까"라고 말했다.[24]

그 날 저녁 펑더화이와 마오는 정치국 위원들이 참석한 가운데 마오의 석조주택에서 토론을 계속했다. 한 가지 점에서 펑은 마오에게 소리를 질러 댔다. "에이 시에미 썹할! 옌안에서 당신은 40일 동안이나 지랄했잖아. 내가 소란을 벌인 지 이제 겨우 18일밖에 안 됐는데, 지에미 썹할! 나한테 그만두라고 명하다니. 엿장수 맘대로는 안 될 거요."[25] 그들은 옛 시절로 거슬러 올라가 홍군 시절에 썼던 농부의 언어로 논쟁하고 있었다. 펑이 언급한 옌안에서의 40일이란 그가 오랜 전에 마오와 벌였던 떠들썩한 언쟁과 관계된 것이다.[26]

외교계에서 비밀 역할을 수행하며 수년 동안 마오와 당에 봉사해 온 왕빈난(王炳南)은 이 사건을 다음과 같이 해석했다. "루산 회의 이후 당 전체가 입을 다물었다. 우리 모두는 솔직하게 말하는 것을 두려워하고 있었다. 이것이 민주주의를 질식시켜 버렸다. 사람들은 마오에게 정직한 견해를 이야기하지 않았다. 그들은 두려워했다. 이런 상황이 결과적으로 문화혁명의 소름끼치는 시절과 직결되었다."[27]

경호원 리인차오의 생각은 약간 동떨어진 구석이 있다. 그는 마오가 진짜로 펑과의 불화를 원했다고는 생각지 않았다. 또한 펑 역시 마오와의 불화를 원했다고도 생각지 않았다. 결국 1만 자에 이르는 펑의 편지는 단지 의견의 불일치, 또는 하나의 의견이었을 뿐이지 책략이나 음모는 아니었다는 것이다.

그러나 그는 일단 마오가 펑과 불화하여 결별을 시작하자 전체 정치국 위원들과 중앙위원회는 마오를 지지할 수밖에 없었다고 말했다. 그들 모두는 펑과 말다툼을 했다. 그 중에서도 나중에 펑의 국방부 부장직을 물려받게 된 린뱌오가 리더 역할을 맡았다.[28]

7월중에 루산 회의는 끝났다. 그러나 마오는 루산에 머물러 있으면서 즉각 정치국 확대 회의를 소집했다. 펑더화이 문제를 매듭짓기 위해서였다.

8월 1일 주더가 맨 처음으로 비판을 시작했다. 그러나 그의 말은 아주 부드러웠다(사실상 그는 옛 전우 펑이 이야기한 내용에 공감하고 있었다). 마오가 화를 냈다. 그는 다리를 들어올리더니 신발 가죽을 긁으면서 격화소양(隔靴搔癢)이라는 욕을 내뱉었다. "진짜 가려운 데는 긁어 주지 않고 그냥 겉만 긁적거리고 있다"는 뜻이었다. 주더는 얼굴을 붉히며 자리에 앉았다.

린뱌오가 넘겨받았다. 그는 펑을 '야심적인 출세주의자, 음모가, 그리고 위선자'라고 불렀다. 이것은 마오의 마음에 확 드는 말이었다. 때마침 캉성이 가세하여 마오에게 두 개의 문안을 가져왔는데, 레닌과 스탈린이 '우경분자들'을 어떻게 다루었을지를 가상하여 만든 선례들을 인용한 글이었다.

그 다음 날 린뱌오는 다시 맹렬한 비난을 시작했다. 발언자들 가운데 오직 그 혼자서만 펑을 '동지'라고 부르지 않았다. 저우언라이도 발언을 했는데, 그는 펑을 '마오에게 불충한 인물'이라고 비판했다.

마침내 펑은 자아비판을 했다. 그는 자신이 당내에서 '부르주아의 대변인' 노릇을 해 왔다고 고백했으며, 잘못의 대부분은 자기 탓임을 시인했다. 그는 자기의 과오를 시정하겠으며 '마오쩌둥 동지에 대한 자신의 선입견'을 버리겠노라고 약속했다. 그러나 자신이 '야심적인 출세주의자' 또는 '위선자'라는 것은 시인하기를 거부했다. 그는 "자살은 않겠다. 나는 반혁명분자가 되고 싶지는 않다. 내가 당에서 축출당해 당원 신분을 상실하더라도 나는 농민이 될 수 있다"고 말했다.[29]

이 정치국 확대 회의 결의에 따라 펑은 국방부 부장직에서 해임되고 린뱌오가 그 후임을 맡게 되었다. 황커청과 후난성 서기 저우샤오저우도 직책을 잃었다. 그로부터 얼마 후에 뤄푸는 외교부 부부장으로 자리를 옮겼으며, 그 직전에는 리루이가 마오의 다섯 번째 서열의 개인 비서직에서 쫓겨나 향후 무려 18년 동안이나 감옥생활과 강제노동을 하는 재앙을 당했었다.

나중에 베이징에서 다시 한번 펑더화이와 마오의 만남이 있었다. 펑은 시골에 내려가도록 허가해 달라고 요청했다. 그는 고향 후난으로 돌아가고 싶다고 했으나 마오는 그 생각을 달갑게 여기지 않았다. 시골로 가게 되면 펑의 신변이 안전하지 못하다는 것이었다. 마오는 펑에게 베이징에 머물면서 휴식을 취하고 책이나 좀 읽어 보라고 권했다. 그는 펑에게 레닌을 연구해 보라면서 소책자 두 권을 제안했다. 1905년 러시아 혁명 시절에 씌어진 《민주혁명에서 사회 민주주의의 두 가지 전술》과 1917년에 씌어진 《'좌익' 공산주의 : 유년기의 질병》이라는 책자였다. 마오가 왜 두 권의 책을 선택했는가에 대한 물음과 관련된 실마리를 찾는다는 것은 헛수고이다. 첫 번째 것은 민주주의와 독재에 대한 피상적인 연구서에 지나지 않으며, 두 번째 것은 1917년 11월에 이르기까지의 시기에 볼셰비키들이 사용한 전술에 대해 대부분의 지면을 할애하고 있다.[30]

얼마 지나지 않아 공안경찰들이 펑을 포위했다. 펑은 확대 군사위원회 회의석상에서 심한 괴롭힘을 당했다. 그 자리에서 위원회는 욕설을 퍼붓고 고함을 질러 대면서 펑한테서 정권 전복을 목적으로 '군사 구락부'를 설립했다는 자백을 받아 내려고 했다. 이것은 문화혁명의 예고편과도 같았다. 또한 위원회는 펑에게 공모자 명단과 음모 전모를 밝히라고 요구했다.

린뱌오는 신속하게 펑의 사무실로 들어가 전임자 펑이 맡았던 책임들을 맡았다. 린뱌오는 마오가 루산에서 연설할 때까지는 여러 사람이 있는 자리에서 목소리를 높인 적이 거의 없었다. 그 후 그는 조용하게 말했으나, 그의 속삼임은 중국 땅 끝까지 파고들었다.

마오는 루산에 오래 머물지 않았다. 그는 사랑하는 항저우로 가서 서호의 아름다움과 그 밖의 다른 즐거움을 만끽했다. 그러나 예전과는 달라진 점이 있었다. 장칭도 함께 왔던 것이다. 그들은 과거의 소원한 관계를 끝낸 것처럼 보였다. 마오와 잠자리를 함께하기 위해 옌안에 온 이래 처음으로 장칭은 그의 옆에 서서 공개적인 정치 행사에 참석했다. 이러한 변화에 반대하는 공개적인 발언은 한마디도 없었다. 마오 주석이 원하는 것은 이제 명령이 되어 버렸다. 장칭이 로산느 위트케에게 명백하게 밝혔듯이 그때는 참으로 맛볼 만한 가치가 있는 순간이었다.

장칭은 루산에 카메라를 가져와서 틈만 나면 안개 자욱한 산봉우리의 스냅 사진을 촬영하느라 바빴다. 그녀가 찍은 가장 훌륭한 사진은 선녀 동굴(이곳은 그 지역에서 전망이 좋기로 소문난 곳이었다)이라고 불렀던 곳의 경치를 찍은 것이었다. 그녀는 그 사진을 확대해서 마오에게 주었다. 그러자 마오는 그 뒷면에 루산의 '아슬아슬한 산봉우리'에 관한 4행시(四行詩)를 적었다.[31] 나중에 로스 테릴이 말했듯이, 그 사진은 사실 선녀 동굴을 찍은 것이 아니라 다른 봉우리의 경치를 찍은 것이기는 했지만, 마오가 사용한 시어는 사실적이었다. 또 그 사진은 동굴로부터 찍은 것이지 동굴을 찍은 것은 아니었다.[32] 예로부터 루산에서 불러온 표준 명칭에 의하면 사진의 표제는 사실에 아주 가까운 것이었다.

루산 회의는 진실에 대한 존중이라는 좋은 유산을 남긴 것이 아니었다. 오히려 마오와 장칭 사이에서 날조된 불길한 위조 증서, 캉성의 별로 주목받지 못한 재기, 그리고 린뱌오의 너무나 날렵한 출세라는 좋지 못한 유산을 남겼다. 린뱌오가 자신들의 우두머리 자리에 앉자 대장정의 생존자들은 너무나 당혹스러워했.

생사고락을 함께해 온 동지들을 모두 알고 있던 주더는 나중에 이 사건들을 곰곰이 되돌아보면서 도저히 믿을 수 없다는 듯 머리를 가로 저으며 이렇게 말했다. "우리 모두가 예전에 한솥밥을 먹었다는 사실을 잊어서는 안 될 것이다."[33]

21. 마오의 은유

1959년 10월 1일 톈안먼 광장. 마오쩌둥이 높은 성루에 서서 '중국이 일어섰다'라고 말한 지 어언 10년이 흐른 이 청명한 날, 마오는 다시 한번 동지들을 톈안먼 위의 빨강색과 황금빛으로 상식한 연단으로 이끌고 갔다.

중국을 다스리는 그 통치자들은 새로운 광장을 내려보았다. 이제 더 이상 진흙도, 더러운 웅덩이들도, 초라한 전경(前景)도 없었으며, 자금성 정문 앞의 가증스런 외국 공사관 구역도 없었다.

오늘 이 장관은 1백 에이커나 되는 넓은 구역이 포장된, 세계에서 가장 큰 중앙광장으로 그 웅장한 위용을 뽐내고 있었다. 모스크바의 붉은 광장은 이 광장의 북쪽 부분에 넉넉하게 끼워 넣을 수 있었으며, 성베드로 광장은 이 광장 남쪽의 사분원(四分圓) 크기에도 미치지 못할 것이다.

마오는 오른쪽으로 눈을 돌려 신축한 인민대회당의 불룩한 부위를 물끄러미 바라보았다. 각 성(省)마다 하나씩 배당된 끝없이 이어지는 회의장들, 1만 명을 수용하는 공회당, 그리고 5천 명을 수용하는 연회장이 있었으며, 마루 공간은 자금성에 있는 모든 고궁들의 마루 공간을 합친 것보다 더 넓었다.

만약 마오가 그것을 중국 역사상 가장 큰 궁궐이라고 생각했다면 그건 틀린 생각이었다. 마르코 폴로가 베이징이라고 불렀던 캄불룩에 있는 쿠빌라이 칸의 궁전은 6천 명을 수용하는 연회장, 대리석과 황금으로 만든 사방의 벽, 그리고 남자와 여자들, 용, 야수, 새들을 그려 놓은 천장의 프레스코를 자랑했었다. 주색, 녹색, 청색, 그리고 황색으로 래커 칠을 한 둥근 천장을 꼭대기에 얹어 놓은 그 궁전은 몇 마일이나 떨어진 곳에서도 볼 수 있었다. 그 궁전에서 칸은 그의 생일잔치 때 1만2천 명의 남작들과 기사들을 접대했다. 그 자리에 온 손님들은 모두 금과 은으로 만든 옷을 입었다. 마르코 폴로는 그렇게 썼다. 이에 비하면 마오의 인민대회당은 초라한 모조품에 불과한 것이었다.

왼쪽으로는 아직 완공되지 않은 역사박물관인 쌍둥이 건물이 서 있었다. 하나는 중국 역사박물관이고 다른 하나는 중국 혁명박물관이었다. 혁명박물관 건물이 1949년 이전의 6천 년 역사가 집적된 중국 역사박물관보다 더 컸다.

마오쩌둥은 곤경에 빠져 고통을 받고 있었다. 그의 부관들인 류사오치, 저우언라이, 그리고 덩샤오핑도 결코 마음이 편하지는 않았다. 그들은 떳떳하지 못한 한 가지 비밀을 공유한 채 죄책감을 느꼈다. 그들 모두 인민공사는 아수라장이고 대약진운동은 혐오스러운 일이라는 것을 알고 있었다. 당대의 가장 엄청난 기근이 중국의 목구멍을 틀어막고 있었다. 사실, 소련의 건축가들이 그 기념물의 설계에 관여했었다. 진부한 건축 양식, 범속한 기둥들, 그리고 천박한 아이디어에서 소련 건축가들의 흔적을 인지할 수 있었다. 로마나 아테네의 건축에서 볼 수 있는 위엄이 거기에는 없었다. 마오의 톈안먼은 모스크바의 초라한 세계에 닻을 내렸으며, 스탈린의 촌놈 취향에 구속받고 있었다. 중국인 모방자들에게서는 아무런 원대한 비전도 찾아볼 수 없었다.

그러나 톈안먼에는 눈에 보이는 것 이상의 어떤 것이 있었다. 톈안먼 광장은 단순히 벽돌과 모르타르에 불과한 것이 아니었다. 그것은 이데올로기였다. 그것의 창조 과정에는 마오 시대의 결코 지울 수 없는 특성이 각인되어 있었다. 그것은 구체적인 형태를 띤 대중운동이었다. 톈안먼 광장과 그 신축 건물들의 공사는

1958년 11월부터 59년 9월까지 10개월 동안 아주 급히 서둘러 졸속하게 이루어졌다. 톈안먼 공사는 '자원자들'에 의해 이루어졌다. 1만2천 명의 노동인력이 3교대로 하루에 무려 열여섯 시간 동안, 또는 공사현장에서 지쳐 쓰러질 때까지 일했다. 그들은 극도의 피로나 사고로 목숨을 잃기도 했다. 작업은 결코 한순간도 중단되지 않았다. 임시로 설치한 조명등 불빛 아래 스물네 시간 내내 쉬임 없이 망치를 두들기고, 콘크리트를 쏟아 붓고, 손수레를 끊임없이 끌고, 벽돌을 쌓는 등의 작업이 계속되었다.

그것은 마오의 은유(隱喩)였다. 그는 중국을 방문한 손님들에게 남녀불문하고 특별 추가 임금을 거부했었다는 이야기를 자랑스럽게 늘어놓았다. 그들은 한 달 기준 임금인 50위안(이것을 미화로 환산하면 약 15달러였다)에서 한 푼도 더 받으려 하지 않는다는 이야기도 했다(그들은 기준 임금보다 더 요구하는 어리석은 짓은 하지 않을 정도로 현명했다). 일하는 사람들은 공사 현장에 설치한 거대한 가마솥에서 밥을 국자로 퍼서 먹었다. 그들은 새로운 정권의 위대한 기념물을 완공하고 싶은 마음이 너무나 간절해서 작업을 멈출 수가 없었던 것이라고 마오는 힘주어 말했다.

마오는 소련 전문가들의 예측을 무시하고 새로운 톈안먼을 건설했었다. 소련 전문가들은 1958년 말에, 59년의 10월 건국 기념일에 맞춰 도저히 완공할 수 없다고 말했었다. 그러다가 1959년 6월에는 한걸음 양보해서 '완공할지도 모르겠다'고 말했다. 그 해 9월에는 마침내 '중국은 대약진을 했다'고 말했다. 마오는 방문객들에게 이 말들을 인용하기를 좋아했다.[1)]

톈안먼에 모인 사람들이 마오의 은유를 어떻게 생각했든지 간에, 마오 자신이 의기양양해 있었던 것만은 의심의 여지가 없었다. 새로운 톈안먼은 그 시대 사람들을 위한 기념물이었다. 마오는 마오주의자들의 대중운동이 올린 이 개가에 대해 자랑하는 일에 결코 싫증을 낼 줄 몰랐다. 이것은 루산 회의의 쓴 맛, 펑더화이와의 험악스런 불화, 그리고 심지어는 국경지역에서 돌발적으로 일어난 인도와의 전쟁의 위험들, 새로운 국방부장 린뱌오의 교활한 술책 등 고통스럽고 기분 나빴던 일을 잊게 해 주는 것 같았다. 마오는 모스크바와의 험악한 대립에 대해 온갖 생각을 다하고 있었는데, 톈안먼 때문에 다른 문제로 생각을 돌릴 수 있었다. 흐루시초프는 중국 정부에 원자탄 제조 방법과 하이테크 무기, 그 밖의 기타 등등을 넘겨주겠다는 서약을 어겼었다. 톈안먼 성루에 서 있는 흐루시초프와 마오의 얼굴에는 거의 미소가 없었다. 그들은 각자대로 위대한 공산진영이 분열 직전의 위기로 치닫고 있다는 것을 알고 있었다.

마오가 자기 이야기를 듣는 모든 사람에게 톈안먼을 가서 보라고 권하면서 건설 감독을 맡아 온 완리(萬里)에게 그들을 안내하도록 한 것은 크게 놀랄 일이 아니다. 완리는 베이징 부시장으로 비상한 인물이었다. 그는 말씨가 부드럽고 인간미가 있는 사람이었다(그는 베이징의 최하층민인 인분 수레꾼들과 며칠 동안을 함께 지냈었다. 그들의 비참한 처지를 이해하려고 노력하는 한편 그들에게 생에 대한 희망을 다소나마 심어 주기 위해서였다). 나중에, 문화혁명의 고통스런 소용돌이가 지난 후, 완리는 중국 철도 감독일을 맡아 철도를 정상 상태로 복구하는 데 일조했다. 마오는 일찍이 이보다 더 유능한 젊은 부관을 둔 적이 없었다. 마오도 이 점을 알고 있어서 그의 측근들에게 "완리를 가서 보라. 그리고 그에게 톈안먼이 어떻게 건설되었는가를 설명해 달라고 하라"고 권했다. 마오는, 완리는 1만 리(약 3천 마일)를 뛸 수 있다고 허풍을 떨었는데, 이것은 문자 그대로 만리(萬里)를 의미하는 완리의 이름을 가지고 익살을 부린 것이었다.[2]

마오는 명십삼릉(明十三陵) 근처에 있는 거대한 미윈(密雲) 댐에 대해서도 똑같이 자랑스러워했다. 베이징 서북쪽에 있는 이 댐 공사는 톈안먼 공사와 동시에 이루어졌다. '자원자들'의 대중 노동력 동원 방식도 톈안먼 공사 때와 마찬가지였다. 마오쩌둥, 류사오치, 덩샤오핑, 저우언라이 등 지도층 인사 전원이 미윈에서 몇 시간 동안 자원 노동을 했으며 수십만 톤의 흙을 나르는 작업을 돕는 자신들의 모습을 촬영하도록 했음은 물론이다. 미윈 댐은 먼지투성이의 건기(乾期)가 끝없이 계속되더라도 베이징이 존속할 수 있도록 도와줄 것이었다.[3]

톈안먼과 미윈 댐은 마오의 베이징 '10대 계획'의 일부였다. '10대 계획'은 마오가 통치한 10년간의 공산 정권 아래에서 중국이 거둔 성공을 가시적으로 광고할 수 있는 계획들이었다.

장차 이 이상의 성과를 거둘 터였다. 마오는 벌써 10년 앞을 내다보고 있었다. 1969년에는 해방 20주년을 기념하는 축하 행사가 있을 것이었다. 그런 다음 만사가 순조롭게 진행되면, 자신에 대한 인상을 중국에 앞으로 수천 년 동안 깊이 심어 줄 하나의 은유를 세상에 계시할 작정이었다. 자금성 철거 계획이 작성되고 있었다. 마오는 자기 이전의 역대 황제들과 마찬가지로 과거 정권의 가장 극적인 상징을 지상으로부터 깨끗이 치워 버릴 준비를 하고 있었던 것이다.

마오가 모델로 삼은 잔인무도한 진시황은 적수들을 무수히 죽였었다. 그들의 해골을 쌓아 놓으면 산을 이룰 정도였다. 진시황은 이 엄청난 살상극을 치른 뒤 새로운 한족 나라를 세웠었다. 마오 역시 과거의 잔재를 모조리 청산하고 스스로의 토대 위에 선 신중국을 창조할 작정이었다. 중국의 과거에 신세지는 일이 있어서는 안 될 터였다. 자신이 사용하는 정교하고 아름다운 청나라 고궁 국향서옥을 세속적인 '유영장 저택'과 함께 철거해 버리고 중국에 새로운 심장을 줄 작정이었다. 그는 그것의 이름을 뭐라고 불러야 할지를 아직 생각해 내지 못했었다. 인민공사 수도라 부를까, 중국 시라 부를까? 마오쩌둥 시로 하자고 제안하는 사람도 있을까? 그는 이런저런 생각을 해보았다.

마오는 새로운 수도에 무엇이 들어오게 될 것인지 알고 있었다. 홍군이 베이징에 입성하기도 전인 1949년 초부터 미래의 자금성에 대한 논의가 조용히, 그리고 비공식적으로 있어 왔다.

베이징에 명성을 부여했던 경계표시들을 파괴하기 위해 많은 일을 했었다. 대부분의 성벽들은 1957년에 무너뜨렸다. 일찍이 스탈린도 모스크바에서 이와 똑같은 일을 했었다. 그는 크레믈린 주변 일대에 있는 건물들을 모조리 철거하고 아스팔트로 포장한 도로를 만들어 버렸었다. 그는 만약 요새를 습격하려는 폭도들이 있으면 그들을 대포와 기관총으로 단번에 날려 버릴 수 있도록 사계(射界)를 만들고 싶어했다. 또한 그때그때마다 위협받는 지역이 있으면 그곳으로 탱크를 신속하게 이동시킬 수 있도록 모스크바 시의 옛 성벽을 헐어 버리고 그 자리를 널찍한 대로로 만들었다.

도시 성벽들을 헐어 버리고 톈안먼 광장을 확 트이게 개방함으로써 마오는 스탈린과 똑같은 목적을 달성했었던 셈이다. 그는 성벽들을 허무는 데 대해 변명할 수 있는 실용적인 이유를 마련해 두고 있었다. 중난하이와 정부 주요 청사로 통하는 지하도와 지하철을 건설하려고 하는데, 중국 기술 수준이 측면 터널을 뚫어 지하도를 만들 수 있을 정도로 발달하지 못했다는 것이 그 이유였다. 가장 효율적이고 비용이 적게 드는 대안은 지표에서 지하의 터널 높이까지 수직으로 파내려 간 다음 지표를 덮는 공사 방법이었다. 그런데 성벽들이 이 공사에 방해가 된다는 것이었다. 나중에 성벽의 돌들은 소련의 핵 공격에 대한 공포가 최고조에 달했던 1969년에 서둘러서 지하 공습 대피망을 구축할 때 사용되었다.

그 당시 작성중에 있었던 계획들은 자금성 전체의 철거를 요구하는 것이었다. 자금성을 철거한 자리에는 히틀러 시대의 베를린, 스탈린 시대의 모스크바, 그리고 존슨 시대의 워싱턴을 형편없는 것으로 보이게 할 만큼 어마어마한 규모의 산책로와 정부 청사들을 건설할 계획이었다. 정부 청사에는 외교부, 안전부, 당 중앙위원회, 그리고 각부 부장 협의회 등을 한데 모아 둘 생각이었다. 마천루, 20층짜리 백화점(어떤 물품을 진열해 놓을지에 대해서 상세하게 열거하지는 않고 있었다), 뉴욕의 록시나 런던의 팔라디움을 능가하는 5천 석(또는 일부의 제안대로 1만 석) 규모의 대형 영화관도 건립할 계획이었다.[4]

여기에는 마오의 다음 획기적인 사건인 프롤레타리아 문화대혁명에서 표면에 드러나게 될 이데올로기가 강하게 암시되어 있었다. 문화혁명은 그 목표로서 중국의 사구(四舊), 즉 낡은 사상, 낡은 문화, 낡은 관습, 낡은 습관의 파괴를 외치게 될 것이었다. 낡은 옛것이 가장 완벽하게 집약되어 있는 것이 바로 자금성이었다.

흐루시초프가 마오의 상징적인 제스처 게임에 깊은 인상을 받았다던가 또는 그것에 대해 논평을 했다던가 하는 데 대한 증거는 전혀 없다. 흐루시초프는 베이징에 왔을 때 기분이 좋은 상태가 아니었다. 그는 마오의 젠체하는 태도에 지겨운 마음을 떨쳐 버릴 수가 없었다. 수영장에서 회담을 했던 기억, 향산에서 모기에게 물렸던 밤의 기억이 그의 뇌리에서 떠나지 않고 있었다. 그는 아이젠하워(Dwight Eisenhower) 대통령과의 회담을 성공리에 마치고 베이징에 왔다. 그러나 자신이 올린 최근의 개가에 고무되어 기분이 흐뭇해 있었으며 중국이 하는 짓거리를 참을 수가 없었다.

그의 전용기 투페로프 114기가 착륙한 바로 그 순간부터 모스크바와 베이징 간의 우호 분위기가 이미 냉각되어 있었던 것이 분명했다. 10월 1일의 거창한 중국 건국기념일 전야에 있었던 축하 잔치에서 흐루시초프는 이 점을 추호의 의심 없이 보여 주었다.

흐루시초프는 연설한 원고를 미리 써 놓았있다. 그는 중국인 통역사에게 그 원고 사본을 주었다. 소련측에서는 마오의 연설 원고를 기다렸지만 마오의 원고는 준비되어 있지 않았다. 소련측은 마오가 아니라 류사오치가 연설할 것이라는 통보를 받는데, 마오가 흐루시초프의 연설문 내용을 대충 훑어보고 나서 연설을 하지 않기로 결심했던 것 같다. 흐루시초프는 타이완 해협에 있는 대만 영토 진먼다오와 마쭈다오를 폭격한 중국의 도발적인 행위를 공격하는 말로 연설을 시작했다. 그는 '무력으로 자본주의의 안정성을 시험하는 것'은 현명하지 못한 일이라고 말했다. 그러니까 '종이 호랑이' 미국의 꼬리를 비틀어 돌리는 것이 중국인들의 의무는 아니라고 말하고 있었던 것이다.[5]

연설 내용은 갈수록 태산이었다. 흐루시초프는 아이젠하워를 극구 칭찬했으며 동서 화해의 필요성을 역설했다. 그는 소련이 초창기에는 블라디보스토크에 있는 독립 정권인 극동공화국과 아주 사이좋게 지내다가 나중에 평화적으로 합병했다는 이야기를 했다. 이 말이 함축하는 의미는 명확했다. 중국도 대만과 사이좋게 지내다가 나중에 평화적인 방법으로 대만을 합병하면 되지 않느냐는 것이었다.

흐루시초프는 아이젠하워로부터 각별한 부탁을 받았기 때문에, 중국측에 중국 영공을 침범하여 강제 착륙당한 미국 공군 정찰기 조종사 두 명을 석방해 달라고 요청했다. 마오는 이것을 도저히 있을 수 없는 내정 간섭으로 받아들였다.

흐루시초프는 중국의 인도 영토에서의 군사적 행동에 대해 전면적으로 공격하는 발언을 시작했다. 그는 중국의 비타협적 태도를 비난하면서 이렇게 말했다. 이 모험적인 군사 행동의 목적이 무엇인가? 사람이 거주할 수도 없는 그 먼 곳에 있는 산봉우리 땅은 아무 가치가 없다. 인도는 맥마흔 선언의 토대 위에서 분쟁 수습 준비를 하고 있다. 마오에게는 흐루시초프의 이 발언이 대만에 대한 발언보다도 훨씬 더 적대적으로 들렸다. 중국은 영국 제국주의의 산물인 맥마흔 선언을 결코 인정하지 않았다. 마오는 인도와의 분쟁은 중국 일이라고 여겼다. 흐루시초프는 이미 그 분쟁과 관련해서 중국측을 공개적으로 비판했었으며 무차별 정책을 추구하고 있었다. 그리고 그 무차별 정책에 따라 빠른 시일 내에 인도에 대해 단계적으로 무기 원조를 확대하고 인도를 공개적으로 지원할 예정으로 있었다. 마오는 소련측의 이러한 조처를 소위 '공산진영'에 속하는 국가들 사이의 관계를 부당하게 침해하는 작태 중의 하나로 간주했다.[6]

다음 날 10월 1일, 흐루시초프는 텐안먼에 모습을 나타냈다. 그는 마오의 옆에 자리잡고 있었다. 10월 회담 때 마오와 흐루시초프가 함께 찍은 사진은 별로 없다. 그 사진들은 회담이 끝난 직후 곧장 폐쇄 서류 철 속으로 사라져 버렸던 것이다. 그러나 공항 행사 장면을 찍은 사진이 한 장 남아 있다. 거의 대머리처럼 머리를 빡빡 깎은 흐루시초프가 마이크 쪽으로 다가오고 있고, 그 옆에 선 마오가 '성미가 부글부글한 저 소련인이 다음에는 무슨 말을 할까' 하고 약간 걱정을 띤 눈빛으로 그를 비스듬히 바라보는 모습을 담고 있다.

회담은 사흘 동안 계속되었다. 흐루시초프는 모스크바로 날아가기 전에 대약진운동을 비웃었으며, 인민공사를 공공연하게 비난했었다. 또한 백화제방운동과 관련하여 마오에게 의문을 제기했었으며, 앞으로는 중국에 대규모 원조를 하지 않겠다는 입장도 분명히 밝혔었다. 그는 중국의 공안 경찰들이 소련 전문가들의 방과 소지품을 샅샅이 뒤지면서 그들을 괴롭히고 있으며, 또한 그들에게 야비한 인종적 모욕을 가하고 있다고 불평했다. 그 자리에 참석했던 한 중국인은 "흐루시초프의 방문은 다소 불쾌한 결과로 끝났다. 사실, 그것은 큰 싸움이었다"고 말했다. 중소관계가 즉각적인 파열 상태로 나가지는 않았다. 그러나 그것은 그다지 먼 훗날의 일이 아니었다. 아이젠하워에 대한 극구 찬양, 미국의 핵무기에 대한 경고 등 10월 회담에서 흐루시초프가 마구 내뱉은 발언들은 1963년과 64년 베이징에서 온갖 정성을 쏟아 총 9개 항목으로 발행한 대외 홍보 문건 가운데 제2 항목의 주제가 되었다.[7]

펑더화이는 모습을 나타내지 않고 있었다. 그는 아직 정치국 위원직을 잃지 않은 상태였으며 국무원 부총리였다. 그러나 중난하이에서 이사해나갔다. 그는 10월 1일의 건국 기념식과 흐루시초프와의 회담 때도 참석하지 않았다. 그는 베이징 서북쪽, 베이징 대학과 가까운 곳에 있는 제자춘(解甲村)이라는 마을에 있는 폐허가 되다시피 한 우(吳)씨 가문의 정원에 살고 있었다.[8] 그곳은 펑의 신세와 어울리는 장소였다. 제자춘은 '갑옷을 벗어 걸라'는 의미였다. 마을 이름은 야만족 정벌에 나선 한 장수가 이곳에 머물면서 휴식을 취하고 갑옷을 벗었다는 고사에서 유래한 것이었다.

펑이 이사를 왔을 때 우씨 정원은 폐허가 되어 있었다. 안뜰에 집이 두 채 있었다. 펑과 그의 아내, 그리고 비서 두 명이 한 채에 살았고, 펑의 운전사와 경호원들이 다른 한 채에 살았다. 그는 6년 동안 세상과 격리된 채 이곳에 살고 있었다. 가택 연금 상태는 아니었으나 정치와 정부, 그리고 군과의 접촉은 완전히 차단되고 있었다. 그의 아내가 그와 이혼한 것은 어쩌면 '선을 그으라'는 정치적 압력을 받았기 때문이었을 수도 있다.[9]

평은 복숭아를 재배하고 정원을 어정버정 거니는 일로 소일하고 있었다. 그는 마을 사람들과 친하게 지냈다. 그러나 항상 적극적인 삶을 살아 왔기 때문에 한가로운 시골 생활에 당혹감을 느끼고 어찌할 바를 몰라 했다. 이런 생활은 1965년 9월 23일까지 계속되었다. 그 날 마오가 평을 중난하이로 불러들여 서남부로 가서 제3선 건설의 부총지휘자 직을 맡아 달라고 제안했다. 마오와 담화를 나눈 하루 뒤 평은 그 임무를 맡고 충칭으로 갔다. 그러나 제3선 계획을 실행에 옮겨 보지는 못했다. 그는 1966년에 체포되어 홍위대의 손에 잔혹한 고문을 당했다. 내장이 다 짓이겨지고 허리가 부러질 때까지 구타를 당했다. 그는 무려 130번의 '심문'을 받은 후 1974년 11월 29일 마침내 세상을 떠났다. 끝까지 항복하지 않은 그는 "너희들이 나를 사살할 수는 있다. 난 아무것도 두렵지 않다. 너희들이 설칠 수 있는 날도 얼마 남지 않았다. 너희들이 날 심문하면 심문할수록 난 입을 더 굳게 다물게 될 것이다"라고 말했다.[10] 평은 대장정의 영웅다운 삶을 살았으며, 대장정의 영웅답게 죽었다.

남아 있는 기록으로만 본다면, 저우언라이와 류사오치도 펑더화이 사건에 수수방관한 채 전혀 개입하지 않았다. 덩샤오핑도 마찬가지였다. 이들 세 사람은 평이 옳다는 것을, 그리고 그가 아무 잘못도 저지르지 않았다는 것을 알고 있었다. 그러나 그들은 일체 입을 다물고 위험을 모면했다. 그러나 그들도 우선 당장의 위험을 모면한 데 불과했다.

22. 실사구시(實事求是)

　청조(清朝)의 시인 정판교(鄭板橋, 본명은 鄭燮)는 폭포나 논가에서 쉬고, 농부와 밥 한 그릇을 나누어 먹기도 하고, 작은 대나무 숲 그늘에서 휴식을 취하기도 하면서 중국의 끝없이 넓은 평원과 험한 산들을 따라 떠돌아다니기를 좋아했다. 그는 조국 산천과 그곳 사람들을 속속들이 알고 있어서 희미한 빛을 발하는 나뭇잎 하나하나, 그리고 버드나무 가지의 속삭임 하나까지도 그에게 말을 걸었다.

　언젠가 그는 이렇게 썼다. "별장의 침대에 누워 나는 대나무 잎들의 살랑거리는 소리를 들으며 그것이 곧 고통받는 백성들이 쏟아내는 탄식이라고 생각한다. 나는 이곳의 모든 나뭇잎과 나무 하나하나에 대해 깊은 느낌을 갖고 있다."

　그리고 수많은 세월 동안 줄곧 고통을 받아 온 중국인들에 대해서도 그는 깊은 감정을 갖고 있었다.

　이 시는 마오의 비서들 중의 하나로 헌신적이고 사려 깊은 텐자잉이 즐겨 읊는 애송시였다.[1] 텐자잉은 그 누구보다도 오랫동안 마오의 비서를 지낸 후차오무가 발견한 인물이었다. 후가 비서의 귀찮은 잡무를 돕도록 하기 위해 1943년 옌안으로 텐을 데려왔을 때 텐은《해방일보(解放日報)》의 기사를 쓰고 있었다. 마오는 그를 좋아했다. 텐은 마오와 인터뷰를 한 후 1948년 시바이포에서 스스로 비서로서 일하기 시작했다. 그 인터뷰에서 톈은 마오를 위해 일하는 것이 쉬운 일이 아닐 것이라고 말했었다. 마오는 그의 주량을 테스트하기 위해 독한 중국술인 마오타이주를 몇 잔 주었다. 톈은 보통 때는 술을 잘했는데, 이때는 너무 흥분해서 한 잔에 완전히 취기가 올라 흠뻑 취하고 말았다. 마오는 이런 면을 좋아하지 않았다. 그는 톈에게 조사 사명을 주어 동북지방으로 내보냈다. 그런데 해야 할 일이 무엇인지에 대해서도, 밝혀야 할 진상이 어떤 것인지에 대해서도 아무런 지시가 없었다. 톈은 뛰어난 보고를 함으로써 능력을 인정받아 다시 일을 얻었다.

그러다가 곧 마오는 거의 모든 저녁을 톈과 함께 보냈다. 그들은 시학과 철학, 중국의 고전들과 역사를 논했다. 또 서예에 대한 열정을 함께 나누기도 했다. 톈은 서예 수집가 중의 하나였으나, 마오는 중국에서 가장 대단한 수집가였다. 마오는 때때로 진귀한 서예 작품들, 특히 고전 서예가인 회소(懷素)의 서예 진품을 다시 가져오기 위해 그의 비서들을 수색 여행을 보내기도 했다. 그런가 하면 자금성의 문서보존실에서 서예 작품들을 빌려다 자신의 서재 벽에 붙여 두곤 했다. 또 한번은 톈이 수집한 서예 작품을 빌려다 자기 침실에 걸어 두기도 했다.

톈은 마오의 아들 안잉의 절친한 친구가 되었으며, 안잉은 그를 '나의 스승(老師)'이라고 불렀다. 마오의 병약한 둘째아들 안칭(岸青)이 모스크바에서 돌아왔을 때, 마오는 톈에게 그를 가르치도록 했다. 톈은 마오의 여러 가지 연구계획과 집필계획 작업에 후차오무, 천보다와 함께 일했다. 그들은 함께 마오의 저작 모음들을 편찬했으나, 내용이 어떻게 바뀌게 되었는가에 대해서는 기록하지 않은 채 마오의 수정본만 출판되었다. 천보다는 이 작업에서 가장 큰 역할을 했다.

언젠가 톈자잉이 독감에 걸렸을 때 마오는 크게 걱정하면서 그를 보러 몇 번이나 왔다. 톈은 그의 아내에게 '마오는 매우 정감이 있다. 그는 자신을 위해 일하는 사람들에게 진실로 깊은 애정을 갖고 있다'고 말했다. 톈은 한 친구에게 자기와 마오는 진정 막역한 친구 사이라고 이야기하기도 했다. 그는 마오에게 자기가 알고 있거나 생각한 것을 모조리 표현했으며, 마오 역시 자신과 똑같이 대한다고 믿고 있었다. 그가 마오의 사서(司書)인 장시엔쯔에게 "당신은 영원히 마오와 막역한 친구 사이는 될 수 없다"고 이야기했음은 물론이다.[2]

마오의 경호원들은 자기들이 모시는 주인이 정이 많은 사람이라는 데 의견의 일치를 보았다. 마오는 두 번째 아내인 허쯔전에게, 가난한 사람들이 처참하게 울부짖는 광경과 경호원의 부상, 사망, 그리고 허쯔전의 부상(그녀는 대장정 기간중에 폭탄 파편에 맞아 끔찍한 부상을 당했었다), 이 세 가지가 자기를 울게 만들었다고 이야기했다.[3]

경호원 리인차오는 언젠가 마오가 베이징 경극《백사전白蛇傳》공연을 관람하다가 느닷없이 울어대는 장면을 목격한 적이 있었다. 그는 그때를 회상하면서 "마치 송아지가 울어대는 소리 같았다"고 말했다. 마오는 경극 관람중에 너무 흥분해서 손에 담뱃불을 쥐고 있다는 사실조차 까맣게 잊고 있다가 손가락을 데기도 했다. 그는 "우린 혁명을 맛보도록 하게 했지!"라고 외치면서 경극의 여주인공 백낭자(白娘子)의 구원 요청을 하기 시작했다. 경호원들이 "관객들이 있습니다" 하고 속삭이면서 그를 진정시켜 보려고 했지만 마오는 들은 척도 하지 않았다.

마오는 점점 더 흥분하기 시작했다. 그는 경극에 완전히 정신이 빠져 있었다. 마침내 그는 벌떡 일어서서 여주인공을 구하라고 소리를 지르며 무대 앞으로 버둥거리며 뛰어갔다. 경호원들은 언제나처럼 배가 나온 주석이 보다 편안하게 앉아 공연을 관람할 수 있도록 그의 허리띠 죔쇠를 끌러 놓았었다. 경호원들이 미처 그의 허리를 껴안고 허리띠를 단단히 매기도 전에 마오가 일어서자 바지가 흘러내렸다. 그의 두 눈에서는 눈물이 마치 빗물처럼 쏟아져 내렸다. 그는 무슨 일이 벌어졌는가를 거의 의식하지 못하고 있었다. 경극이 끝나자 그는 한 손으로 바지춤을 움켜쥔 채 무대로 달려가 가수들을 경하해 주었다.[4]

마오는 칼 마르크스의 격언 '사실로부터 진실을 구하라'를 좋아했다. 이것을 중국어로 옮기면, 중국인들이 사랑하는 쾌활한 시적 운율을 지닌 자구인 스스츄스

(實事求是)가 되었다. 마오는 측근들에게 이 격언을 설교했다. 톈자잉은 그 격언을 문자 그대로 받아들였다. 그는 자신이 관찰한 바를 보태지도 빼지도 않고 있는 그대로 마오에게 보고하는 것이 자신의 의무라고 믿고 있었다. 그래서 마오가 듣기 싫어하는 줄 뻔히 아는 그런 진실조차도 있는 그대로 전달했다. 그는 자신이 현대판 디오게네스가 되게 해 달라고 자주 빌었던 마오의 기도에 대한 대답이었다.

마오는 1958년 농촌이 뭔가 잘못되어 가고 있다고 깨닫기 시작했다. 이때 그는 제일 먼저 톈을 불러 농촌의 실상을 알아보도록 했다. 그는 솔직한 대답을 듣게 되리라는 것을 알고 있었다. 처음에 마오는 톈을 시위링으로, 그런 다음 쓰촨으로 보냈다. 톈은 쓰촨에서 거의 여섯 달을 머물다가 루산 회의가 있기 전날 저녁에야 루산으로 향했다.

마오가 루산에서 무슨 언행을 했든 간에, 그에게는 톈자잉이 가져온 사실 그대로의 보고서가 있었다. 마오는 상황이 얼마나 나쁜가를 알았다. 톈이 보고한 대로 사정은 매우 나빴다. 그래서 사실상 마오가 루산 회의에서 내놓은 견해들은 순전히 거짓말 투성이였다. 마오도 이것을 알고 있었다. 그는 예전에도 거짓말을 많이 해 왔고, 앞으로도 히틀러처럼 정치적으로 유리하게 써먹기 위하여 거짓말을 수없이 반복하게 될 것이었다.

쓰촨에서 톈은 당의 수행원들을 떼어 버렸다. 그는 그 지방 당간부들이 제공해 준 차에 타지 않았다. 그는 시골 마을 깊숙이 들어가 봉긋하게 진흙이 쌓인 좁은 논길을 따라 걸었다. 그는 신발을 벗고 진흙탕을 지나 터벅터벅 걸었다. 윤활유를 바르지 못한 나무 바퀴들이 마치 옴짝달싹 못하는 돼지의 울음소리처럼 듣기 싫게 삐걱거리는 손수레를 끌고 있는 농민들을 도와주기도 했다. 그는 자기를 위해 연회를 베풀면 그 자리를 살그머니 빠져나와 (먹을 것이 있는 경우) 농민들과 똑같은 밥을 먹었다. 톈은 거름을 운반해 오려고 인민공사 농민들과 함께 청두까지 가서 먼지투성이의 길을 따라 인분 수레를 끌고 다시 마을로 돌아왔다. 그는 이와 빈대에 물려 가면서 농민들의 오두막집에서 함께 살았으며 농민의 언어를 사용했다. 그는 이제 농촌의 실상에 대해서 모르는 것이 별로 없었다.

어느 날 그는 생산대(生産隊) 대장에게 곡식 비축량에 대해 물었다. 그러자 곡식 창고에 3만 근(한 근은 1.3파운드에 해당한다)이 있다고 대답했다. 톈이 창고 속을 들여다보니 빻지 않은 벼 가마가 산더미처럼 쌓여 있었다. 그러나 톈은 신중한 인물이었다. 그는 대나무 막대를 들어 가마니 더미 속을 쑤셔 보았다. 한쪽에서만 벼가 조금씩 떨어져 내렸을 뿐 가마니 바닥은 온통 짚으로 깔려 있었다.

톈은 그 농민의 속임수를 책망하지 않았다. 그는 상부에서 그 지역 지도자들에게 압력을 넣고 있다는 사실을 너무도 잘 알고 있었던 것이다. 그는 씩 웃으면서 "당신 벼에는 아주 긴 짚들이 달려 있군요"라고만 말했다.

톈은 재주 있는 사람이었다. 펑더화이를 공개적으로 지지했다는 이유로 리루이를 해직시키고 감옥에 보냈을 때 마오가 톈을 중용했던 것도 그의 재주 때문이었다. 마오는 톈사잉노 리루이, 펑더화이, 그리고 그 밖의 다른 비판자들과 견해를 함께하는 것은 아닌가 하는 의심을 품었다. 그의 의심은 옳았다. 그러나 마오는 톈을 해직시키지 않았다. 루산 회의 후에 마오는 "걱정 말게. 비서직을 계속 수행하게 될 테니 말일세"라고 말하면서 톈을 안심시켰다. 다른 사람들과는 달리 톈은 반당 집단 분자의 일원으로 거명되지 않았다.

마오는 톈의 보고서 내용들을 받아들인 것 같았다. 마오가 사랑하는 도시 항저우가 자리잡고 있는 부유한 저장성(浙江省)에서 농민들이 기아에 허덕이고 1년 수입이 3위안(1.5달러)에 불과하다는 진상 설명조차도 그대로 받아들인 듯했다. 마오는 톈이 워커 에반스(Walker Evan)가 찍은 사진들에 나타나듯 눈이 퀭하고 말라 빠진 농민들을 대면하고는 눈물을 쏟았으며, 진실을 말하지 않으려 드는 당 관료 체제를 비난했다는 것을 알고 있었다.

톈은 친구들의 경고를 무시한 채 계속 직무를 수행해 나갔다. 그러나 1962년에 그는, 류와 덩이 농업 부문에 도입하고 있었던 농가 생산 책임제를 지지함으로써 마오와 논쟁을 벌였다. 톈은 농가 생산책임제를 도입하는 즉시 수확고가 대폭 올라가기 시작하여 농민들이 번영을 누릴 수 있게 된다고 주장했다(이 제도는 덩이 1978년에 도입하여 어마어마한 성공을 거둔 농업 경제정책의 원시적 모델이었다). 마오는 격노하면서 톈의 말을 가로막았다. 그리고 자기 자신이 아닌 다른 어떤 사람(류와 덩을 의미했다) 편을 들어 이야기한다고 나무랐다.

이것으로 마오와 톈의 신뢰 관계는 끝장이었다. 리루이가 그랬던 거와 마찬가지로 톈은 넘어서는 안 될 선을 넘고 말았다. 톈 자신도 이 사실을 알고 있었다. 그는 마오에게 자기를 현의 당 지도자로 보내 달라고 간청했다. 아내는 그곳에서 여성 노동책임자 일을 맡을 수 있을 것이라고 했다. 아니면 청나라의 역사에 대한 연구를 하도록 해달라고도 했다. 중난하이의 황금 새장에서 벗어날 수 있으면 아무 일이나 좋다고 했다. 그러나 이미 때가 너무 늦었다. 마오는 자신의 제물을 결코 놓아 주는 법이 없었다. 톈은 아내에게 "주석은 너무 지독하시다. 너무 지독하셔!"라고 이야기했다.[5]

톈은 일을 계속했다. 1965년 봄, 마오는 톈을 이론 공작조(理論工作組)의 일원으로 임명했다. 마오는 그 공작조를 항저우에 데려와 당간부들이 읽어야 할 여섯 권의 사상 교육서 편찬 준비 작업을 하도록 했다. 마오 자신은 마르크스의 《공산당 선언》의 신판을 소개하는 입문서를 준비할 예정이었다. 그러나 문화혁명의 폭발로 이 모든 계획은 전면 취소되고 말았다.[6]

마오는 자신의 제물들을 무시무시하게 다루는 사람으로 정평이 나 있다. 톈의 경우에도 예외는 아니었다. 그는 마지막으로 한번 톈에게 비밀을 털어놓았다. 마오는 항저우에 있으면서 프롤레타리아의 문화대혁명을 구상하고 있었다. 그는 다섯 사람을 소집했다. 톈을 제외한 나머지 네 사람은 과격파들이었다. 곧 문화혁명의 떠오르는 별로 부상될 천보다, 그리고 그의 후임으로 당 기관지 《홍기(紅旗)》의 총편집자를 맡은 후성(胡繩), 중공당교(中共黨校)의 교장 아이쓰치(艾思奇), 나중에 문화혁명 소조의 일원으로《홍기》의 편집자 일을 맡게 될 관펑(關鋒)이 바로 그들이었다.

마오는 세계의 문제들을 두루 짚어 가면서 세 시간 동안 이 다섯 사람에게 이야기를 했다. 그는 대미관계, 중국 고대사, 과거의 대전들, 그리고 현대의 경제조건들을 논했다. 그는 전도가 아주 밝다고 생각하고 있었다. 마오는 자신이 중국의 문화적, 사회적 상황의 여러 측면들을 우려하고 있다면서 문화혁명의 필요성을 느낀다고 말했다. 마오는 제국의 오도된 정책들에 반대했다가 파직당한 명나라 관리를 옹호하고 있다는 이유로 최근에 한 상하이 신문이 혹독하게 비판을 했던 역사극 〈해서파관(海瑞罷官)〉에 대해서도 언급했다. 마오는 그 역사극의 중점은 황제가 해서를 파직시켰다는 사실에 있다고 말했다. 펑더화이를 해직시킨 이래로 마오는 역사극의 악한 황제로서 묘사되어 오고 있었다.

마오의 이야기가 끝났을 때 다섯 사람은 그 이야기가 엄청나게 중요한 의미를 지니고 있음을 알았다. 그래서 관련 자료를 작성하여 당 간부들에게 회람하기로 했다. 톈자잉이 집필자로 뽑혔다. 그는 신속하게 개요를 작성해서 동료들에게 제출했다. 그들은 만장일치로 통과시켰다. 한 가지 기이한 점이 있었다. 즉 톈자잉은 해서를 언급하지 않았던 것이다. 그러나 아무도 이 점을 지적하는 사람이 없었다. 나중에 톈자잉은 해서에 대한 마오 주석의 언급이 특별히 중요하다는 생각을 하지 못했다고 고백했다. 그는 그 일이 있기 몇 년 전에 베이징에서 그 연극을 본 적이 있었으나 정치적으로 해석하지는 않았다. 그는 해서가 펑더화이라거나 마오가 그 악한 황제라고는 생각조차 해 보지 않았다. 톈은 순진했던 것이다.

아무런 이의 제기를 받지 않은 채 톈자잉의 보고서는 전국에 회람되었다. 다섯 사람 중에서 관펑만이 마오가 이야기에서 중점을 둔 인물이 해서라는 것을 이해했다. 그는 톈에게는 이것을 말해 주지 않았지만 장칭에게는 즉각 보고했다. 그러자 장칭이 관펑에게 들을 이야기를 마오에게 했다. 이 일이 있은 지 한참 지난 후에 후성은 톈이 해서를 언급하지 않은 것을 자신은 탓하지 않았었다고 하면서 "결국 그것은 오후의 몇 마디 담소에 불과한 것이었다"고 말했다.

서서히 문화혁명의 서막이 오르기 시작했다. 텐자잉을 비롯하여 다른 모든 사람에게도 마오의 언급이 내포한 깊은 속뜻이 이제 분명해졌다. 텐자잉은 계속 마오의 비서일을 해 왔었다. 그러나 얼마나 힘든 시절이 다가왔는가를 중난하이의 폭풍우 한복판에 살고 있었던 텐보다 더 잘 알고 있는 사람은 아무도 없었다.

텐은 여전히 마오를 적으로 생각지는 않고 있었다. 그러나 천보다와 장칭은 지극히 위험한 인물이라는 것을 아내에게 이야기했다. 그 당시 '우파 분자'라는 말은 치명적인 비난이었다. 그런데 장칭은 자기를 그렇게 부른 최초의, 그리고 유일한 인물이었다고 말했다. 장칭 이야기를 할 때 텐은 습관적으로 그녀를 '아가씨'라고 불렀다. 장칭을 마오 주석의 존경스런 부인이라기보다는 아직도 상하이에서 싸구려 영화를 찍고 있는 풋내기 여배우 정도로 생각했던 것이다. 텐은 "아가씨가 마오의 통제를 받지 않으면 나와서 설칠 텐데", 또는 "아가씨가 마오의 통제에서 벗어나 자기 자신의 역할을 하기를 원한다"는 등의 말을 하곤 했다. 텐은 마오가 장칭을 제어할 거라고 생각했다. 그러나 "1965년 이후에는 사정이 달라졌다"고 후성은 말했다. 아가씨에게 매어 놓은 고삐가 풀어진 것이다.

1966년 3월 말의 어느 오후, 후성은 중난하이 밖에서 우연히 텐자잉을 만났다. 그는 진귀한 서화(書畫) 한 폭을 몸에 지니고 있었다. 그들은 두루마리를 펴서 그 작품을 감상하며 경탄을 금치 못했다. 명나라의 유명 작가인 수상의 작품으로 아주 특이하고 유명한 것이었다.

나중에 이때 일을 회상하면서 후성은 "우리 두 사람은 시커먼 구름들이 나타났다는 것을 알고 있었다. 그러나 어떤 종류의 폭풍우가 발생할 것인지는 몰랐으며, 그것이 우리의 마지막 만남이 될지에 대해서도 당연히 알지 못했다"고 말했다.[8]

1966년 5월 21일 자정 무렵, 마오의 비서들 중의 하나인 메이신(梅欣)이 당의 특별 회의를 마치고 집에 돌아와 텐자잉에게 전화를 걸었다. 텐은 무슨 일이 일어났는가를 제대로 듣지도 못하고 허둥지둥 통화를 마쳤다. 마오가 문화혁명에 박차를 가한 회의가 있은 지 닷새 후의 일이었다.

텐자잉이 메이신의 집에 도착하자 메이신은 그 날 있었던 회의에 대해 이야기했다. 대장정 간부였으며 베이징 시 당 위원장인 펑전, 인민해방군 총참모장 뤄루이칭(그는 린뱌오의 적으로 얼마 지나지 않아 자살을 기도했지만 미수에 그쳤다), 2년 전 광둥으로 쫓겨나기 전까지만 해도 오랫동안 중앙 판공청 주임 일을 맡았던 양상쿤, 당 중앙선전부 부장 루딩이, 이 네 사람이 '반당 집단 분자'로 거명되었다는 것이다.

텐자잉은 충격을 받아 놀라기도 했고 화도 치밀었다. 그는 "그 사람들 모두 죄가 없다는 것을 난 알고 있다"고 말했으며, 자기 자신의 기록도 깨끗하다는 말을 덧붙였다. 그의 출신 성분도 깨끗했다(즉 농민 노동 계급이었다). 그는 계속해서 "내가 당에 들어온 지 20년이 넘었다. 난 큰 실수를 저지른 적이 없다. 마오가 나에 관한 모든 것을 다 알고 있다. 난 두렵지 않다. 난 당을 배신하지 않을 것이다"라고 말했다. 메이신은, 그 날 텐이 "난 아무 짓도 하지 않았는데. 난 잘못된 일은 전혀 한 적이 없는데" 하고 중얼거리며 떠났다고 회고했다.

텐자잉은 온화한 오월의 저녁 길을 걸어나와 중난하이에 있는 집으로 돌아갔다. 다음 날 메이신은 친구 텐에게 몇 번이나 전화를 걸었으나 받지 않았다. 그는 걱정이 되었다. 5월 22일 두 명의 문화혁명 범죄 담당 형사들이 텐자잉을 방문한 사실을 모르고 있었다. 그 중 한 사람의 이름은 왕리(王力)였다. 그는 살아 남아서 1989년에 모습을 나타냈는데, 자신은 희생자이며 사인방의 하수인에 불과했었다고 주장했다. 다른 한 사람은 치번위(戚本禹)였다. 그는 1967년 왕리, 관펑 등과 함께 밀려났다.[9] 그 후로 그에 관한 소식은 한번도 들을 수가 없었다.

화창한 5월22일 왕과 치 두 사람은 4개 항으로 된 문안을 들고 의기양양하게 텐자잉을 찾아왔다. 첫째 항목은 텐이 오래 전부터 '우파 경향'을 지녀 왔다는 것이었다. 둘째는 반당 집단 분자인 양상쿤과의 관계가 '보통 이상'이라는 것이었다. 셋째는 마오의 비서직은 그 순간부터 당장 박탈되었으니 자백서를 쓰고 모든 문서를 인계해야 한다는 내용이었다. 넷째 항목은 스물네 시간 이내에 중난하이에서 나가라는 것이었다.

5월 23일 이른 아침에 톈자잉은 중난하이를 떠났다. 그는 수면제 한 병을 삼킨 채 생을 마감했다. 그의 가족은 아무런 통보도 받지 못했다. 그들은 그 날 늦게 중난하이에서 쫓겨났다. 톈은 18년 동안이나 마오의 비서로 일해 왔었다.

오래 전에 톈은 마오를 위해 일하는 것이 얼마나 힘든가를 이야기했던 적이 있었다. 마오는 변덕이 심해서 너무 자주 마음을 바꾸었다. 그는 자신에게 부정적인 견해들을 들으면 사실 여부도 확인하지 않고 아주 신속하게 사실로 받아들였다(그는 언젠가 톈에게 자기가 들은 소문에 대해, 사실인지 아닌지 물어 보지도 않은 채, 자아비판을 하라고 요청한 적이 있었다). 그는 전횡을 휘둘렀으며 인민들로 하여금 스스로의 행위를 비판하라고 강요하는 일을 무척 즐겼었다.

톈은 마오의 비서직을 그만두고 중난하이를 떠날 날이 오면 자기가 섬겼던 주인 마오에게 세 가지 점을 이야기해 주겠노라고 말했었다.

첫째, 마오는 천하를 경영할 수는 있지만 주변의 측근들을 다스리지는 못했다는 점이다.

둘째, 마오는 죽은 다음 인민이 비판할 일은 피해야 한다는 점이다. 그 교훈적인 실례로서 스탈린 사후 흐루시초프가 스탈린을 비판하는 말을 할 수밖에 없었다는 사실을 상기시키겠다고 했다.

셋째, 마오는 자신의 귀에 거슬리는 의견은 결코 들으려 하지 않았기 때문에 아무도 그에게 진실을 말할 수가 없었다는 점이다.

그렇지만 톈은 결국 마오의 폐부를 찌를 이같은 고언을 들려 줄 기회를 갖지 못하고 말았다. 톈이 죽은 지 3년이 지난 후 마오쩌둥은 한 친구에게 톈자잉에게는 "아무 큰 문제도 없었다"고 말했다. 그 말을 들은 친구는 마오가 무슨 말을 하려고 하는지를 확실히 알 수가 없었다. 그는 이런저런 추측을 해 보았다. 마오가 이제 톈을 그리워하는 것일까? 톈이 처했던 상황을 재평가하는 것일까? 자기가 했던 짓을 이제 후회하는 것일까?[10]

후차오무가 볼 때는 마오가 톈을 해친 그 일의 성격은 지극히 명백한 것이었다. 마오의 행위는 인간적인 측면과는 전혀 상관없는 것이었다. "그건 완전히 고도로 정치적인 성격의 것이었다"라고 후차오무는 말했다.

메이신은 톈이 죽은 후 곧 체포되어 친청(秦城) 감옥에 7년 동안 수감되었다. 그는 지난 일을 회상하면서 "톈자잉과의 마지막 만남을 수백만 번은 생각했었다"고 말했다.[11]

23. 국사범 만들기

텐자잉 같은 열성당원이자 마오의 헌신적인 지지자에게는 양상쿤을 반당 집단 분자 목록에 올린다는 것이 심한 충격으로 받아들여질 수밖에 없었다. 부드러운 태도를 지녔으며 보는 사람에게 즉시 미소를 보내는 이 겸손하고 유능한 사람보다 마오와 당을 위해 더 열심히 일한 사람은 아무도 없었다. 양상쿤은 헌신과 충성의 본보기였다.

양상쿤은 중국 전역에 그 이름을 떨친 것은 아니지만, 당의 고위 인사치고 그를 알지 못하거나 그와 함께 몇 년 동안 일해 보지 않은 사람이 없었다. 당의 실무에서 양은 거의 제2의 마오 같은 존재였다. 그는 당의 중앙 판공청 주임이었다. 따라서 그는 마오의 지령을 배포하는 일에서부터 비밀 사명을 띤 극비 사절을 위한 비행기 좌석 예약에 이르기까지 거의 모든 당의 일상 사무를 도맡아 했었다.

양이 알지 못하는 비밀은 거의 없었으며, 당의 요직에 있는 중요인사치고 그와 친하지 않은 사람이 없었다. 텐자잉은 양상쿤과 '보통 이상'의 관계를 유지한다는 이유로 비난을 받아 왔었다. 어떤 의미에서 이것은 사실이었다. 텐이 맡은 일의 성격이라는 것이 바로 양과 함께 긴밀하게 밀착하여 일하는 것이었다. 그러나 둘의 관계를 표현한 말들은 넌지시 음모를 암시했다. 그렇지만 텐과 양은 자신의 명령들을 수행하라는 마오의 특별 지시에 따라 여러 차례 함께 일해 왔었던 것이다. 몇 년 후에 소환을 당한 양은 이렇게 말했다. "우리는 사무 관계와 인간관계를 맺고 있었다. 그리고 무엇보다 서로를 이해했다."[1]

텐과 당내 핵심 간부들은 양이 1964년에 마오의 총애를 잃고 지위가 강등당했다는 사실을 알고 있었다. 그러나 그것은 모두가 쉬쉬하는 극비 사항이었으며, 왜 그런 일이 일어났는지에 대해서는 아무도 모르는 것 같았다. 양은 20년 동안이나 중앙 판공청 주임직을 맡아 왔는데, 이 직책은 인물평이 자주 거론되는 자리는 아니지만, 아무렇게나 되는대로 일을 처리하는 마오의 스타일에 비추어 본다면 어떤 성격의 임무라도 거의 맡을 수 있는 자리이기도 했다. 양은 사람들을 좋아했으며, 사람들 또한 그를 좋아했다. 어느 누구도 그를 음모나 꾸미는 사람으로 상상할 수 없었다. 중난하이에 있을 때 그는 아무리 바빠도 아침저녁으로 인사를 거른다거나 다른 사람의 부탁을 들어 주지 않은 적이 결코 없었다. 아이들은 그를 아주 좋아했다. 류사오치아 덩샤오핑은 아이들을 위해 내줄 시간은 없는 것처럼 보였지만, 양상쿤은 언제라도 아이들을 위해 시간을 내주었다.

양상쿤은 마오에게 접근하는 것을 통제하지 않았다. 그는 텐자잉을 비롯한 마오의 비서들과 잘 알고 지내는 일을 아주 중요시하였다. 그래서 주석에게 접근하려면 언제 어떻게 하는 것이 가장 좋은가, 어떤 화제는 꺼내도 좋고 어떤 화제는 피해야 하는가 등에 대해 평소에 다른 사람들에게 조언해 줄 수가 있었다. 몇 년의 시간이 흐르자 양은 당의 인사와 정책에 대해 모르는 것이 없게 되었다. 그는 당의 내부 사정을 가장 잘 아는 소식통이었다.

양의 어떠한 전문 지식도 마오의 노여움이 자신에게 떨어지는 것을 막기에는 충분하지 못했다. 마오를 격노하게 한 것이 무엇이었는가를 딱 꼬집어서 이야기할 수는 없지만, 아마도 양상쿤이 얼마 전에 마오의 제물이 된 펑더화이에 대해 보인 강한 애착이 그 원인이었을 것이다. 양과 펑의 교제는 홍군 초창기 시절, 그러니까 대장정이 시작되기 전인 1932년으로 거슬러 올라간다. 양은 훈련받은 스탈린 지지자들로서 이십 팔개 반(28 1/2) 볼셰비키파로 알려진 일단의 중국 청년들과 함께 소련에서 돌아왔다. 그들은 마오를 넘어뜨리라는 지령을 받고 중국에 왔었다.

다른 사람들과는 달리 양은 격심한 정치적 혼전을 피했으며, 펑의 제3방면군의 정치위원으로서 펑더화이와 결합함으로써 군과 운명을 함께 했다. 그들은 장제스의 군사 포위 작전에 맞서 함께 싸웠으며, 대장정 기간중에도 마찬가지였다. 그 두 사람이 함께 나누어 갖지 않은 위험은 없었다. 양은 1935년 옌안 전선에 국민당 군대가 폭격을 퍼부을 때 다리에 부상을 당했는데, 그로부터 50년이 지난 후에도 그때 박힌 세 개의 금속 파편을 여전히 빼내지 않고 있었다. 양은 말을 타고 가던 중에 공격을 받았었다. 그와 부대원 모두는 굼뜬 갈색 말을 타고 가고 있었다. 갈색 말은 배경색과 조화를 잘 이루었는데, 양의 친구인 우슈취안(伍修權) 장군의 말만은 예외였다. 그는 윤기가 번지르르한 백마에 걸터앉아 있었던 것이다. 그 백마는 저공 비행을 하던 국민당 군대 비행기의 표적물이 되었다. 그리고 폭탄들이 쏟아지기 시작했다. 그로부터 몇 년 후 양상쿤은 폭탄을 끌어들인 그 말이 죽자 만족감을 느끼는 것처럼 보였다.[2]

양은 펑더화이를 두둔하는 마음과 그에 대한 애정을 마오에게 숨길 방법이 전혀 없었다.[3] 한편 자기가 보는 앞에서 마오가 펑을 괴롭혀도 양은 펑을 도울 수 있는 방법이 전혀 없었다. 펑과 양 사이의 오랜 기간에 걸친 가까운 우정을 아는 사람이라면, 설령 마오가 즉각 양을 공격 표적으로 삼았다 해도 별로 놀라지 않았을 것이다. 마오는 그렇게 하지 않았다. 그는 성격대로 우회적으로 행동했다. 양의 배경에는 마오가 어쩌면 이용했을 수도 있는 약점이 많이 있었다. 양은 부농 지주 가문 출신으로서 계급 성분이 좋지 않았다. 이 때문에 양의 가문에는 반우운동, 당 정풍운동, 그리고 문화혁명 기간 동안 불행을 당한 사람들이 많았다.

고위 당직자들 가운데에는 양 외에도 많은 사람들이 농민이나 무산계급 출신이 아니었다. 이것은 마오의 경우에도 어느 정도 사실이며, 류사오치, 덩샤오핑, 그리고 저우언라이 경우도 마찬가지였다. 양은 덩과 마찬가지로 쓰촨의 지주계급 출신이었다. 그 두 사람은 순전히 쓰촨 지방 사투리로 말했다. 양상쿤의 가문은 쓰촨성 북부의 넓은 지역인 청두 동부에서 가장 부유한 집안으로 덩이 태어난 광안현과 바로 이웃한 퉁난현(潼南縣)에 있었다. 덩샤오핑의 고향과 멀지 않은 양의 집안이 자리잡았던 곳은 유명한 사찰이 있는 쑤이닝 마을이었다. 덩의 아버지는 이따금씩 그곳으로 순례 여행을 하곤 했다.[4]

양상쿤은 오랜 세월 동안 적극적으로 활동해 온 생애에서 자신이 걸어온 길을 차분히 생각해 볼 기회는 그다지 잦지 않았다. 그는 나이 여든에 청춘 시절의 중국을 되찾는 일이 힘들다고 생각했다. 이제 그는 자신의 부유했던 아버지를, 나락에 빠진 중국을 건져낼 길을 추구하면서 많은 시간과 재산을 소비한 '오히려 비극적인 인물'이라고 생각하고 싶은 심정이었다.

양의 가문은 대가족에다 활력이 있었다. 양의 아버지는 부인이 대여섯 명에 자식도 많았다. 1908년에 태어난 양상쿤은 두 번째 부인의 맏아들로, 친모가 낳은 형제로는 위로 누나가 하나 있었다.

양은 '비극적 인물'인 자신의 아버지 이야기를 할 때면, 아버지가 살아온 과도기적 사회를 생각했다. 그 당시 중국은 장기간에 걸친 봉건지주 사회로부터 벗어나 제조업, 상업, 무역, 그리고 금융업이 나타나는 산업혁명 사회로 이행하고 있었다. 양의 아버지는 많은 토지와 머슴들을 소유하고 수입도 많은 부유한 지주였다. 그러나 혼란기를 살아오면서 그와 그의 아들들은 재산의 대부분을 잃었다.

양의 아버지와 형제들이 겪은 시련과 실패들은 중국 전체가 겪은 시련과 실패를 그대로 반영한 거울이었다. 쓰촨의 거대한 지주 사회는 엘리자베스 여왕 통치시대 스코틀랜드의 지주 사회와 매우 흡사했다. 부유한 자와 가난한 자, 끝없이 펼쳐진 광활한 대지와 비좁은 도로가 엄청나게 대조적인 무지하고 미신적이며 외지 사람들을 경계하고 매우 독립적인, 중앙 권력에 적대적인 주민들이 사는 고립된 시골 사회가 바야흐로 해체되려 하고 있었다. 그곳은 혈족과 군벌, 그리고 아편 마을로 중국의 텍사스였다. 소군벌들을 거느린 거대한 세 군벌이 변화를 거듭하고 있는 영지들을 통치했다.

양상쿤이 학교에 들어갔을 때 쓰촨의 시골에 청두와 충칭으로부터 새로운 사상들이 폭발적으로 밀려들어오고 있었다. 양의 아버지는 철두철미한 교육 신봉자였으며 우국지사였다. 그는 아들딸 가리지 않고 자식들 모두에게 고집스럽게 교육을 시켰는데, 이는 그 당시 그 지역에서는 흔히 볼 수 없는 일이었다.

양상쿤은 형이 셋 있었는데, 이들은 모두 아버지의 첫째 부인이 낳은 자식들이었다.[5] 그의 형들 모두가 각기 자기 나름으로는 낙후된 중국을 근대화시킬 수 있다는 낙관주의와 야심에 빠져 있었다. 그러나 그들이 원하는 바대로의 결과가 이루어지지는 않았다.

양의 맏형은 군벌들의 친목단체에 속해 있었다. 그는 아버지가 대준 자금으로 소규모의 군대를 사들였다. 그 당시 군인들은 마치 노예처럼 사고 팔 수 있는 일종의 상품이었다. 소군벌들은 소규모의 부대들을 양성해서는 그것을 대군벌들에게 팔아 넘겼다. 그것은 수지맞는 장사였다. 그러나 맏형은 자금이 충분하지 못해서 소유한 부대의 규모가 너무 작았다. 그는 결국 집안의 재산만 많이 날린 채 그 일을 그만두었다. 그의 형제들은 그를 집안의 두통거리라고 불렀다.

둘째 형은 중국의 장래는 공업화 여부에 달려 있다는 확신을 갖고 있었다. 중국은 공장, 철도, 항구, 교량을 건설하지 않으면 안 된다고 생각한 그는 건설가가 되려고 했다. 그는 탕산교통대학(唐山交通大學)에 입학했다. 탕산시는 나중에 큰 지진 때문에 파괴되었다. 그 대학의 공학과는 명성이 높았다. 둘째 형은 교량건설을 전공했다. 그렇지만 졸업 후 그는 아무 계약도 따낼 수가 없었다. 그는 법학 공부를 위해 일본으로 유학을 떠났다. 그러나 결국 성공한 일이라고는 아버지의 돈을 허비하는 일밖에 없었다.

셋째 형은 양안공(楊闇公)이었다. 그의 쟁쟁한 이름은 1980년대 후반에도 여전히 유명했다. 그는 군사교육을 받기 위해 일본으로 유학을 갔으나, 당시 일본 사회를 휘젓고 있던 새로운 사조들을 맛보게 되었다. 그는 쓰촨에 돌아와 쓰촨성 공산당의 전신인 좌익 국민당 조직을 창립했다. 여러 해 동안 그는 쓰촨성의 당 우두머리였다.

양의 아버지는 자기 아들들과 똑같은 정신의 소유자였다. 그는 정력적이고 완고한 낙관주의자였으며 실제적이지는 않았다. 그는 지주 사회의 종말을 예견했으며 부르주아 사회로 바꾸려고 애썼다. 그가 착수한 최초의 무모한 모험은 양쯔강에서 해상운송업을 하는 것이었다. 아들들 가운데 아무도 이 사업에 관여하지 않았으며, 사업은 엉망이었다. 회계직원이 대부분의 돈을 횡령한 일이 터지자 그는, 군벌의 후원하에 캐나다인 동업자 한 사람을 두고 운영하고 있던 루쭈오푸사에 회사를 팔았다. 루쭈오푸사는 양쯔강에 배 160척과 원양 화물선 몇 척을 소유하고 있었다.

양은 "소자본가가 군벌의 후원없이 성공한다는 것은 불가능했다. 지주에서 자본가로 옮아가려면 군벌의 비호를 받지 않으면 안 되었다"고 말했다.

양의 아버지는 양쯔강에서의 실패로 낙담하지는 않았다. 그는 상하이에서 트럭 몇 대를 사서 육상 수송을 시도했다. 그러나 시대를 앞서가고 있어서인지 그는 또다시 실패했다.

다음에 손댄 것은 영화 사업이었다. 양의 아버지는 이 사업이야말로 도저히 실패할 리 없다고 생각해서 영화관을 사들였다. 그러나 실패였다. 그는 모터 임대업을 시도했으나 이것도 실패로 끝났다. 이제 자신이 소유했던 토지를 대부분 팔아버린 상태였다. 남아 있는 부동산을 임대해 주고 그 세를 받아 여생을 보내면서 침술과 한방을 배워 한의사 면허를 땄다. 그의 환자들은 향신들과 군벌들에 제한되어 있었다. 그는 환자들한테 돈을 받지 않았으나, 새해가 되면 환자들이 좋은 선물들을 보내 왔다.

그가 진료를 한 또 다른 환자 계층은 중국 공산당원들이었다. 그는 이들에게도 돈을 받지 않았다. 만약 그들이 한약재를 필요로 할 경우에는 그 약값을 자기가 냈다.

양상쿤은 공산주의자인 셋째 형 양안공의 영향을 많이 받았다. 그는 형이 개최하곤 했던 비밀회의들에 매료되었다. 그는 문에서 경비를 보도록 허용되었으며 나중에는 회의장에 들어가 기록을 맡았다.

양상쿤은 청두에서 학교에 다니면서 급진적인 독서 서클에 가담했다. 1919년 5월 4일 온 나라를 온통 흥분의 도가니로 몰아넣은 5·4학생운동이 있은 지 채 1년이 되지 않을 때였다. 대부분의 중국 청년들과 마찬가지로 양과 그의 동료 학생들도 무정부주의에 매력을 느끼고 있었다. 그들은 아직 공산주의에 관해 들은 적이 없었다. 그들은 등사기로 복사한 《향도嚮導》라는 월간지를 읽기 시작했으며, 이 독서를 계기로 니콜라이 부카린(Nikolai Bukharin)의 《공산주의 ABC》를 접하게 되었다. 그 당시 부카린의 책은 절반 분량의 앞부분만이 중국어로 번역되어 있었다. 양은 고등학교를 졸업한 후 1924년에 충칭으로 가 공청단(共青團)에 가담했으며 1926년 상하이 대학에 다니면서 공산당에 입당했다.

그 후 그는 엄청난 도약을 했다. 1927년 상하이 대학살 사건이 터지기 직전 당은 그를 모스크바로 보냈다. 그 당시 소련에서는 트로츠키와 스탈린이 한창 투쟁을 벌이던 중이었다. 스탈린은 중국을 자기 진영으로 끌어들이기 위해 충성스런 부하 파벨 미프(Pavel Mif)를 코민테른에 들어가도록 했다. 미프는 중국 공산당 대표로 상하이에서 파견된 왕밍과 공조했다. 그들은 함께 일단의 중국 청년들을 훈련시킨 다음 그들을 중국으로 다시 보내서 마오쩌둥에게 도전하도록 했다. 나중에 양상쿤이 이 이십팔개반 볼셰비키의 일원이었다고 비난하는 사람들이 있었다. 양은 이러한 비난을 터무니없는 주장이라고 일축했다.

양은 신속하게 마오쩌둥의 지지자가 되었다. 1935년 1월 각급 간부들이 마오쩌둥을 지도자로 옹립한 쭌이회의 석상에 그는 제3방면군의 정치위원으로 앉아 있었다. 1935년과 36년에 홍군이 옌안에 정착하자 양은 자신의 입지를 넓히기 시작했다. 그는 펑더화이와 공동으로 몇 년 동안 중국 공산당 화북국(華北局)을 맡았다. 주더와 류사오치도 나중에 화북국에 가담했으며, 이들이 마오 혁명의 핵심 인물이 되었다. 1944년 양상쿤은 당중앙 판공청 주임이 되었다.

그로부터 20년이 지난 후 양은 판공청 주임 자리를 잃게 되는데, 이것은 그의 출신 배경 때문이 아니라, 마오 주석이 외국 손님들을 접대하는 외빈 접견실에서 그가 녹음기를 설치하는 역할을 맡았기 때문이었다. 수년 전부터 저우언라이와 외교부는 마오가 외국 원수들과 접견시 그들에게 말한 내용을 전혀 알 수 없었기 때문에 당혹스러워 해 왔었다. 마오는 손님들과 담화시에 비서들이 한쪽 모퉁이에 앉아 기록하는 것을 극도로 싫어했다. 그는 자기가 손님들에게 이야기한 내용을 측근들에게 보고하는 일에도 소홀했다. 저우언라이는 마오가 손님들을 접견할 때 그 자리에 참석하려고 했으나 이 일이 언제나 가능한 것은 아니었다. 마오는 손님과 접견시에 다른 누군가가 들어와 이야기를 듣는 것을 좋아하지 않았다.

마오가 점점 더 늙어 가고 그가 무슨 일을 할지 예전보다 더 예측하기 힘들게 되자 문제가 더 심각해졌다. 많은 논의를 거친 끝에 결국 녹음기를 설치하기로 결정했다. 이 일을 주도한 사람은 아마도 저우언라이였을 것이다. 이것은 마오가 즉석에서 내뱉는 즉흥적인 언질 때문에 중국 정부가 허점을 드러내는 일이 없도록 하기 위해 취한 조치였다. 이 문제에 대해 마오 자신의 의견을 구했으며, 마오가 고개를 끄덕였거나 투덜거리면서 마지못해 승인했음은 거의 틀림없는 사실일 것이다. 마오와 30~40년을 함께 일해 온 저우언라이나 그 밖의 사람들이 이토록 민감한 사안을 마오 몰래 은밀히 시도했을 것 같지는 않다. 텐자잉도 아마 녹음에 관한 논의에 가담했을 것이다. 마오가 일련의 진행과정을 정확하게 알고 있으면서도 이 일을 구실삼아 양상쿤을 쓰러뜨리려고 했을지도 모른다고 의심할 만한

근거가 있다.[6]

마오의 전형적인 스타일에 따른 조처가 취해졌다. 처음에 양은 중앙판공청 주임 자리에서 해임되었다. 그러나 공개 비난을 받지는 않았다. 1964년 그는 광둥성으로 보내져 그곳 당조직의 제2서기를 맡게 되었다. 이것 자체에는 사면 또는 사태 악화 그 어느 쪽도 내포되어 있지 않지만 이것은 명백히 좌천이었다. 그러나 1965년 중반 무렵 양은 베이징에 돌아와 조사를 받았으며 죄명이 더 커졌다. 이제 그는 국사범인 간첩죄로 조사를 받고 있었다. 나중에 장칭이 언급한 말을 빌면, 그는 마오 주석의 극비 담화를 감히 녹음했으며, 마오쩌둥의 가장 내밀한 사상을 알아내 소련의 주인들에게 전달한 소련 간첩이었다. 린뱌오는 이 모든 일에 관계했다.

메이신은 톈자잉에게 이같은 진술의 배경에는 양상쿤이 반당 집단분자의 일원이었다는 주장이 담겨 있다고 보고했다. 이런 죄목으로부터 피할 방도가 없었고, 징역 또는 극형이 확실했다.[7]

톈자잉이 스스로 목숨을 끊은 지 38일이 지난 후인 1966년 6월 30일 고도의 보안 체계를 갖춘 친정 감옥의 문들이 양상쿤의 위쪽에서 탕하고 닫혔다. 누가 이 '소련 간첩'이―설마하니―언제 석방될 것이라고 말할 수 있었겠는가? 그는 독방에 갇혀 있었다. 감옥 생활을 한 지 몇 년이 지나서야 자기 옆방에 존경받는 당의 고위 활동가이자 저우언라이와 가장 가까운 동료들 중 한 사람의 아들인 옌밍푸가 감금되어 있다는 것을 알았다. 옌 역시 소련을 위해 간첩 활동을 한 반역자의 죄목으로 감옥에 들어와 있었다.

24. 동물원의 극비 작전

 톈자잉은 마오에 대한 자신의 평가가 대약진운동의 경제적, 사회적, 정치적 부산물의 지표(指標)로서 기능해 왔음을 결코 깨닫지 못했다. 마오는 한발 물러서서 방어적으로 몸을 움츠렸었지만 재기를 준비하고 있었다. 톈은 그에게 정치 동향에 대한 가이드를 제공했다.
 마오는 류사오치와 덩샤오핑에게 경제적 지휘권을 넘겨주었었다. 그는 1962년 1월 중난하이에서 모인 특별 비밀회의 진행중에 이 일을 했다. 7천 명의 당 일꾼들이 참석한 그 회의는 덩과 류에 의해 진행되었다. 그들의 견고하게 날을 세운 실용주의는 그 회의에서 이루어진 결정사항들을 통해 적나라하게 드러나고 있다. 이제 더 이상 뒷마당 제철소도 없었다. 볼품없는 초라한 수사어구 또한 없었다. 농민들을 위한 이윤 동기 유발에 대한 고요하고 기록이 허용되지 않은 실험들만 있었다(이 작업은 마술처럼 진행되었으나 마오가 그 진상을 간파해 내자 끝장이 났다).
 사람들은 덩과 류가 마오와 5년 계약을 맺고 그에 따라 행동했다고들 말했다. 그 계약은 마오가 경제에서 손을 떼고 나라를 회복시키는 일을 그들 재량에 맡긴다는 내용이었다. 사실이라고 하기에는 조건이 너무 좋은 계약이었다. 그러나 류와 덩은 강력한 무기를 지니고 있었다. 그들은 마오가 내고 있던 적자 규모를 발견했었다. 중국은 파산상태였다. 나라가 빈털터리가 되어 가고 있었다.

　나중에 홍위병의 기록문서에서 밝혀진 것처럼, 마오가 얼마나 적자를 냈는가에 대한 정보는 지난 4년 동안 마오가 해 온 사업의 비밀 회계감사를 통해 얻어낸 것이었다. 당 중앙위원회의 명의로 발송되었으면서도 한 번도 그 기구에서 논의를 거친 적도, 그 기구에 제시된 적도 없는 각종 지령들이 특히 감사의 대상이 되었다. 그 증거 서류들에는 마오의 서명이 되어 있었다. 회계감사는 오래 전부터 최고위 지도층의 일원이었던 평전이 1961년에 시작한 것이었다. 덩샤오핑은 그 일과 긴밀하게 연관되어 있었다. 류사오치의 역할이 무엇이었는가는 아직도 확실히 밝혀지지 않고 있다.

　비밀 회계감사의 배경은 옛날 쿵푸 영화에 나온 배경과 똑같았다. 감사관들은 베이징 서북부에 있는 오래 된 대저택의 정원에서 만났다. 그 저택은 청나라 때 서태후가 하궁을 방문할 때 따라서 갔던 길과 인접한 곳에 있었다. 한때는 베이징에서 가장 큰 공원이었던 그 저택은 황폐해있었다. 1906년에 서태후는 그 집을 동물원으로 개조했었다. 그리고 독일에서 약 20만 달러를 들여 사들인 온갖 종류의 새들과 동물들을 그곳에서 살게 했다가 그 후 한 유복한 고관의 노부인에게 주어 버렸다. 노후한 건물들에는 회반죽이 되어 있었고, 동물들과 새들을 가두는 우리들이 설치되어 있었다. 그리고 만수원(萬獸園)이라는 이름으로 개장하고 있었다. 그곳은 영락해 버린 지가 오래 되고 관리도 소홀해서 베이징 주민들은 그곳에 별로 관심을 보이지 않았다. 마지막 남은 '베스티'라는 코끼리를 일본인 사격수가 1937년에 쏘아 죽여 버렸다. 그 후 얼마 지나지 않아 일본 점령군들은, 공습중에 짐승들이 우리를 뛰쳐나갈 것에 대비한 예방책이라고 하면서 사자, 호랑이, 표범 등을 모조리 독살해 버렸다. 마오의 홍군이 1949년 베이징에 입성했을 때 그 동물원에는 원숭이 열두 마리, 앵무새 두 마리, 그리고 눈이 먼 에뮤 한 마리밖에 남아 있지 않았다. 중국 공산당 정부가 새로 들어선 다음 동물원 복원 계획을 세워 실행에 옮겼지만 동물원을 찾는 방문객은 거의 없었다.

비밀 회계감사 위원들은 일개 분대 병력의 경호 하에, 동물원의 초라한 건물로 자리를 옮겨, 접는 의자에 앉은 다음 탁자 위에 서류를 펼쳐 놓고 작업을 계속했다. 평전은 마오가 동물원에서 가진 이 별난 모임의 소식을 듣지 못할 것이라고 느꼈다. 그의 생각은 옳았다.[1]

감사 범위는 마오를 은퇴시킬 수도 있는 활동이 진행중에 있음을 시사했다. 이 감사의 진행 과정이 나중에 문화혁명 기간 동안 홍위병들에 의해 밝혀졌다. 이때 홍위병들은 덩샤오핑과 류사오치가 실제로 마오를 권좌에서 몰아낼 의도를 갖고 있었다는 죄목으로 그들을 고발했다. 덩과 류가 그런 의도를 갖고 있었으리라고 추정할 수 있는 증거도 있다. 사실상 마오의 지위는 위축되었다. 이유는 분명하지 않지만, 아무튼 마오는 1959년 류사오치에게 주석 자리를 넘겨주었다. 그리고 이보다 더 이전에는 일상 사무를 덩에게 인계했었다. 이로써 덩이 행정 총책임자임이 증명되었다. 이 문제와 관련하여 나중에 홍위병들은, 덩이 마오의 견해를 전혀 들어 보지도 않은 채 모든 일을 혼자 독자적으로 처리했으며 마오에 대한 존경심도 거의 보이지를 않았다고 주장했다. 마오 역시 하소연조로 한 번도 덩한테서 보고를 받아 본 적이 없다고 함으로써 이 주장을 확인해 주었다. 덩은 살아오는 동안 줄곧, 다른 사람들에게 자기가 무슨 일을 하고 있는지 알릴 겨를조차 없이 너무 급하게 일을 서두른다는 불평에 시달렸다.

중국을 다시 제 궤도로 올려놓는 것은 쉬운 일이 아니었다. 설상가상으로 1960년 흐루시초프는 중국에 있는 소련 기술자를 모두 철수시키고 원래 계획을 모두 백지화한다는 폭탄 선언을 했다. 이것이 중국에 미친 타격은 중국이 시인하는 정도보다 훨씬 더 엄청난 것이었다. 우한의 거대한 규모의 제철공장이 미완성 상태로 공사가 중단되어 가동이 불가능했다. 이로부터 10여 년이 지난 후 필자는 그 공장에 가 보았는데 반쯤 황폐화되어 있었고 대부분의 작업장을 놀려 둔 상태로 있었다.[2] 유럽계와 중국계의 혼혈로서 유명한 작가인 한수인은 소련 기술자들이 전기 시설, 물펌프, 송풍기 등을 미완성 상태로 놔두고 가 버렸기 때문에 안전의 탄전 가동률이 20%에 불과하다고 말했다.³⁾ 중국의 모든 산업도시는 엉망이 되어 있었다. 공장의 굴뚝에서는 연기가 피어오르지 않았다. 교량들은 건설하다 만 미완공 상태로 있었으며, 건물들은 거의 방치된 상태였다.

식량 위기는 약간 완화되었다. 덩과 류는 세계 시장에서 6백 만 톤의 곡물을 사들였다. 곡물 대금은 사용이 불가능해진 마오의 예산을 찾아내어 지불했다. 그 결과 수많은 프로젝트가 보류되었다. 마오는 격노했다. 곡물 대금은 외환으로 지불해야 했다. 마오는, 이것이 자본주의를 향한 퇴보라고 느꼈다. 그러나 덩과 류는 효과가 신속하게 나타나는 결과가 필요했다. 나라가 계속 기아 상태로 나아갈 수는 없는 노릇이었다. 덩은 "가난이 공산주의는 아니다"라고 말했다. 덩은 경제를 회생시키는 데 적극적이었다. 슬슬 물자를 유통시키고, 인민들에게 식량을 공급하고, 멎어 있는 공장들을 가동시키기 시작하는 것은 이윤 동기를 유발하는 거와 크게 다를 바 없다는 생각을 했던 것 같다.

덩은 하고 싶은 말이 있으면 입안에 담아 두지 못하는 성미였다. 1961년 정월, 중앙위원회 전체회의 회기중에 그는 "실행에 옮길 수가 없고 논리적으로 빈틈없는 것이 아닌 그런 견해는, 그것을 최초로 제안한 사람이 누구이든 간에 수정되어야 마땅하다"며 자신의 노선을 내뱉고야 말았다.⁴⁾ 마오를 겨냥한 일격이었다.

자신의 입장을 보다 분명히 하기 위해 덩은 "고양이가 검든 희든 그건 문제가 되지 않는다. 쥐를 잘 잡는 고양이가 좋은 고양이인 것이다"라고 말했다. 이 말은 나중에 덩의 트레이드마크가 되었다.

이 말과 더불어 마르크스는 창문 밖으로 나가는 신세가 되었다. 레닌도 마오도 마르크스와 마찬가지 신세였다.

마오는 5년 동안 경제 방침에 대해 관여하지 않기로 서명했었다. 그는 일시적으로 중앙위원회, 당, 그리고 심지어는 정치국 상임위원회에서도 과반수의 지지를 얻지 못했었다. 그러나 마오는 쓰러진 것도, 끝장난 것도 아니었다.

펑더화이에게 내려진 판결을 취소시키려는 움직임이 군 일부의 지지를 받는 가운데 확대되고 있다는 사실을 마오는 알고 있었다. 만약 펑이 복권되어 중앙위원회와 정치국에서 또다시 말할 수가 있게 되면 자신의 정치적 위치가 심하게 잠식당하게 될 것이라고 마오는 생각했다.

마오는 자기가 가장 잘 알고 있는 책을 참조했다. 그건 마르크스나 레닌, 또는 엥겔스나 스탈린의 책이 아니라 바로 사마천의《사기》였다. 마오가 베이징에서 보내게 된 첫날밤에도 그의 경호원들은 그의 침대 곁에서 바로 이 중국의 고전적인 역사 연구서를 갖다 놓았었다.

이 책에서 마오는 자신의 정치적 위기에 적용할 만한 구절을 하나 찾아냈다. 1962년 1월 30일 마오는 철학적인 자세를 취한 채 청중들을 향해, 왜 사람들의 경력이 항상 그리고 끊임없이 올라간다고 생각해야만 하는지 그 이유를 물었다. 사람들이 올라갔다가 내려가고 경우에 따라서는 다시 올라가기도 하는 것은 왜 안 된다는 말인가? 또는 수평 이동하는 것도 가능하지 않은가? 그게 뭐가 잘못된 것인가? 그건 좋은 일이나. 좌천과 수평 이동은 인격을 만들어 주며, 혁명적인 결의를 강화시켜 준다. 또한 새로운 지식과 새로운 솜씨를 연구하고 획득할 기회도 제공해 준다.

이어서 마오는 "나 자신이 이와 관련된 경험을 했었다. 그리고 수많은 유익함을 얻었다"고 말했다. 이것은 아마도 스탈린에게 모욕적인 대접을 받아 온 시절들을 염두에 두고 한 말이었을 것이다. 마오는 "당신들이 내 말을 믿지 못하겠거든 스스로 시험해 보시오"라고 덧붙였다.

그는 사마천의《사기》에 나오는 한 구절을 인용했다. 공자는 곤경에 처했을 때 그의 위대한 업적이라 할 수 있는《춘추春秋》를 편찬했다. 한비자는 진나라 감옥에 갇혀 있을 때 울분을 이기지 못하고 고전을 한 권 저술했으며, 손자는 잔인한 황제가 그의 다리를 절단하라는 명령을 내린 후에《손자병법》을 썼다.

마오는, 이 각각의 경우 부당하게 벌을 받은 사람들이 역경에 굴하지 않고 꿋꿋하게 일어서 천재적인 공헌을 했다고 말했다. 그러나 사마천이 격분한 황제에 의해 거세당했으면서도 불후의 사서를 저술하는 작업을 계속했다는 사실은 언급하지 않았다.

마오는 부당하고 잘못된 행위를 옹호하는 것은 아니며, 다만 많은 사람들이 고통스런 역경을 이겨내고 위대한 업적을 이룩했다는 것을 예증하고 싶었을 뿐이라고 말했다. 마오의 이야기를 듣고 있던 청중들은 마오가 펑더화이의 경우를 염두에 두고 한 말이라는 것을 명백히 알 수 있었다. 마오의 말에는, 펑에게 나쁜 일은 일어나지 않을 것이며, 의외로 좋은 일이 일어날 가능성도 있다는 뜻이 은연중에 내포되어 있었다. 마오의 위선적인 발언들 가운데에서도 이 말은 가장 그럴듯한 거짓임이 증명되었다.

그러나 마오는 그의 단기 목적을 달성했다. 펑더화이의 원상 복귀에 대한 압력이 사라졌던 것이다. 그 용맹스런 노전사가 최근에 마오에게 보낸 2만 자에 이르는 편지조차 사태를 변화시킬 수는 없었다.[5]

1962년 1월 제8기 중앙위원회 10차 전체회의 석상에서 마오의 이야기를 들었던 청중들 가운데에는 마오의 사마천에 대한 평을 은퇴를 앞둔 한 늙은이의 산만한 만담이라고 생각했던 사람들이 있었다. 사실, 1962년은 마오가 69세, 중국 나이로는 70세가 되는 해였다. 어떤 사람들은 마오가 1962년 9월 펑이 루산에서 화가 나서 자기에게는 마오에게 도전할 권리가 있다면서, 또는 저속한 말로 마오에게 욕을 퍼부을 권리가 있다면서 항변했던 일을 회고하며 즐기고 있다고 생각했었을 지도 모른다. 마오는 "그 빌어먹을 짓 때문에 회의가 엉망이 되어 버렸으며 일이 영향을 받았다. 우리는 사실 이런 시기에 그 따위 짓을 해서는 안된다"고 말했다.

마오는 펑이 공직에서 쫓겨나고 수모를 당하고 반역죄로 고발된 것으로 루산 사태가 마무리된 것이 아닌 것처럼 말했다. 마오는 마음속으로 펑과 이야기를 계속했다. 그는 형벌과 처형에 관한 당의 정책을 이야기했다. 당에는 처형 금지령이 있다. 그러나 사보타지나 스파이 죄(그는 펑이 이 죄를 지었다고 주장했었다)를 지은 자는 그 금지령이 해제되어도 좋다는 각오를 한 것이다. 그렇지만 그는 사보타지 죄를 지은 자들조차도 사실은 처형되지 않았었다고 덧붙였다. 그는 유죄 선고를 받은 범죄자들의 명단을 제시했다. 그가 이름을 부른 사람들 가운데 적어도 한 사람은 부당하게 고발당한 사람이었다.

마오는 "우리는 인민을 경솔하게 체포해서는 안 됩니다. 특히 인민을 경솔하게 처형해서는 안 됩니다. 인민을 죽이는 것은 좋은 일이 아닙니다"라고 말했다.

그는 인민을 분류하여 주자파, 우익 또는 수정주의자라는 딱지를 붙이는 일을 하지 말라고 경고했다. 그렇게 하면 여러 가지 나쁜 감정들을 불러일으킨다는 이유에서였다. 나중에 판명된 바대로 이것은 마오가 곧 저지르게 될 일에 대한 정확한 진단이었다.

그는 당이 펑 이외에도 네 사람을 10차 전체회의에 참석하지 못하도록 금지령을 내렸다는 사실을 분명하게 밝혔다. 그들에게는 1962년 10월 1일 건국 기념일에도 톈안먼 입장이 허용되지 않을 것임도 밝혔다.

돌이켜보면, 이때 이미 마오는 문화혁명을 위한 사전 포석을 시작했었음이 명백했다. 그가 아직 문화혁명의 구체적 형태까지는 결정하지 않았을지도 모르지만 그 윤곽이 신속하게 잡혀가고 있었던 것만은 사실이다. 당의 고위간부들 가운데 일부는 도망갈 구멍을 찾을 만큼 충분히 현명했다. 그 중 한 사람이 모스크바와 중국 공산당 사이에서 극비 임무를 띠고 활약해 왔던 경제 전문가 천원이었다. 천원은 얼마 지나지 않아 '치료를 받기 위해' 베이징 병원에 입원했다. 그는 사실은 중병에 걸리지도 않았는데 얼마간의 시간을 더 안전하게 지낼 수 있는 곳이라고 생각해서 병원에 입원했던 것이다.[7] 천원의 동료들 중에는 그의 예견 능력을 따라갈 만한 사람들이 그다지 많지 않았다.

마오와 고위 지도자들의 이 같은 안개에 싸인 행동들을 다른 관계자들은 납득하기가 어려웠다. 중국 바깥 세계 사람들에게는 그 행동들이 도무지 이해할 수 없는 수수께끼였다.

점점 심화되는 공산진영 내부의 균열 현상에 관심의 초점이 맞추어졌다. 1964년 흐루시초프 실각 직후 짧은 시간이나마 많은 사람들은 중소분쟁이 사라질 것이라고 생각했었다. 그러나 실제로는 정반대 현상이 일어났으니, 종전보다 훨씬 격렬한 논박이 재개되었던 것이다. 공산주의 세계는 서로 자기편을 고르고 있었다. 소련 쪽이 더 우세했다. 알바니아를 제외한 모든 동구국가들이 모스크바 쪽에 가담했다. 프랑스와 이탈리아의 주요 정당들도 마찬가지였다. 중국 편은 알바니아, 베트남, 그리고 북한뿐이었다. 저우언라이는 이 투쟁에 시간과 정력을 모조리 빼앗기고 있었다. 따라서 일상적인 국정은 류사오치와 덩샤오핑의 손에 맡겨졌다.

미국이 주도하는 외교 및 무역 봉쇄의 장벽 뒤에서 중국은 은둔의 왕국이 되어버렸다. 인도와는 돌연 전쟁 상태에 돌입했다가 이내 잠잠해졌다. 홍콩의 정보통들은 중국의 정치 상황은 너무 복잡해서 분석할 수 없다는 견해를 나타냈다. 중국을 방문하는 사람들도 많지 않았다. 1961년 몽고메리 경은 마오와 장시간 대담을 나누었다. 그는 마오에게 후계자 문제에 대해 물었다. 마오는 류사오치가 후계자가 될 거라고 대답했다.[8] 아무 설명도 듣지 못한 채 20년 동안 중국 입국을 금지당했던 에드가 스노우가 다시 베이징에 들어와 있었다. 마오는 일부 중국 관리들이 스노우를 '적'으로 생각했었다는 이야기를 들려주었다. 스노우는 1960년과 65년에 마오를 만났는데, 마오는 나중에 스노우에게 자신이 류사오치를 '반드시 제거해야 한다'고 결심한 것은 1965년 1월 스노우와의 만남 직후였다고 말했다. 마오는 그날을 1월 25일로 기억하고 있었다.[9]

1965년 1월 25일은 마오가 류를 자신의 후계자로 하기를 제멋대로 거부한 날이었다. 그날은 마오 주석이 격노해서 류와 대치한 마지막 날이기도 했다. 그것은 끝없이 지루하게 이어진 당 중앙위원회 전체회의와 정치국 확대회의, 공작회의들이 계속되는 가운데 일어난 일이었다. 마오는 23개 항목으로 된 문안을 내놓았다. 표면상으로 그것은 마오가 새로 추진하고자 하는 '4청운동(四淸運動)', 즉 경제, 사상, 정치, 조직 분야에서 당의 전반적인 개혁을 제창한 것이었다. 그러나 사실 이 23개 항목은 마오의 치밀한 감독 아래 마오의 비서 천보다가 쓴 23개의 논문이었다.

마오의 문안은 "이 운동의 핵심은 주자파의 노선을 걷고 있는 당내 지도급 인사들을 숙정(肅正)하는 것"이라고 선언하였다. 이들 주자파들 가운데 일부가 이미 당의 최고위층에 공공연히 포진하고 있다고 마오는 주장하였다. 실제로 일부 인사들의 경우 자본주의자인 친척들이(그들은 중국 본토 밖에서 살았다) 있었다. 류사오치에게 이런 친척들이 있다는 것은 잘 알려진 사실이었다. 주자파의 뿌리를 뽑기 위해서는 필요하면 인민이 나서야 한다고, 마오는 비서 천보다를 통해 말했다. 군중 동원은 마오가 즐겨 쓰는 처방이었다.

"우리는 과감하게 군중을 해방시켜야 하며 전족(纏足)한 부인들처럼 주춤거려서는 안 된다"고 마오는 주장했다.10)

류사오치, 덩샤오핑, 천윈 등은 모두 마오의 주자파 이론에 반대했다. 그 와중에서 격렬한 싸움이 일어나 평소에는 조용하고 부드러운 류사오치가 자제력을 잃고 흥분하게 되었다는 소문이 돌았다. 류는 이 싸움의 대가로 나중에 목숨을 잃게 되리라는 것을 전혀 몰랐다.11)

이 세 사람은 마오가 자신들을 주자파로 몰고 있다는 것을 전혀 깨닫지 못하고 있었다. 덩의 대응은 나머지 두 사람보다는 훨씬 더 신중했던 것 같다. 당시 마오가 류와 덩을 다른 범주에 분류해 놓고 있었다는 데 대한 증거가 한수인에 의해 발견되었다. 확실히 차이점들이 있었다. 류는 주자파 제1호였고 덩은 제2호였다. 류는 죽을 운명이었고 덩은 살아남을 운명이었다.

이처럼 1965년 1월 25일을 기점으로 중국 역사상 가장 해괴한 정치운동이었던 문화혁명이 추진력을 얻기 시작하였고, 급기야는 온 나라와 온 국민이 그 소용돌이에 휘말려 들어갔다.

제5부

광란의 소용돌이

25. 독이 묻은 종이

중국의 유명한 성애고전(性愛古典)인《금병매(金甁梅)》의 작가가 누구인지는 확실히 알려져 있지 않다. 그러나 3백 년 동안 독자들은 그것이 왕스쩐(王世貞)이라는 학자라고 믿어 왔다.

이 책은 유명한 그림의 소유권을 둘러싼 싸움 끝에 왕스쩐의 아버지를 죽게 한 어떤 사람의 아들에 대한 왕스쩐의 복수를 그린 것이라고 전해진다. 소설의 주인공은 왕스쩐의 원수를 모델로 한 것임을 금방 알아차릴 수 있게 묘사되어 있다. 그뿐만이 아니었다. 왕스쩐은 이 소설을 얇은 고급종이에 낙타털 붓으로 써 내려가면서 페이지마다 소량의 독을 묻혀 놓았다. 이 때문에 책장이 서로 약간씩 달라붙는 결과를 가져왔으며, 읽는 사람이 페이지를 넘기기 위해서는 손가락에 침을 묻히지 않을 수 없었다. 왕은 이 책을 자신의 적에게 보냈다. 그는 매번 손가락에 침을 묻혀 가면서 빠른 속도로 읽어 내려갔고, 페이지를 넘길 때마다 독을 조금씩 삼키지 않을 수 없었다. 결국 마지막 페이지를 넘기면서 그는 죽어 버렸다.

이 이야기가 사실이든 아니든 독문은 종이에 관한 이야기는 대대로 이어진《금병매》독자들을 전율시키기에 족했다.

마오쩌둥도 이들 중 한 사람이었다.《금병매》는 마오의 비밀경찰인 캉성이 마오를 위해 수집해서 별도의 서고에 보관했던 수백 권(혹은 수천 권)의 성애서적 중의 하나였다. 당·명·원·청대의 황제들은 모두 이와 같은 장서를 소장하고 있었으며, 궁내 특정장소에 보관하여 황제들 자신과 때로는 비빈(妃嬪)들만 볼 수 있게 하였다. 국향서옥이 명청시대에는 도서관으로 사용되었다는 사실을 감안하면, 마오의 우아한 거처가 한때는 그의 선조들이 특별장서를 보관했던 곳이었을지도 모른다는 추측을 해봄직도 하다.

어느 황제의 장서에도 필적할 만한 마오의 특별도서관은 옌안 시대로까지 거슬러 올라간다. 캉성은 1930년대 말부터 마오에게 이러한 종류의 책들을 제공해 왔는데, 특히 성생활에 관련된 지침을 손으로 그린 그림들이 많았다.

어느 학자가 지적했듯이 전세계에서 중국만큼 풍부하고 다양한 성애서적을 보유하고 있는 나라도 없을 것이다.[1] 그 중에서도 가장 뛰어난 것이 《금병매》이다. 《금병매》는 12세기의 중국 상류사회를 두루 보여주고 있을 뿐만 아니라 노골적이고 자세한 성적 묘사가 많아서 초기에 이것을 번역한 청교도적인 영국학자들은 호기심을 억제시키기 위해 한 장 한 장을 라틴어로 옮겼다.[2]

마오의 분방한 성 편력에 대해서는 당내 고위층 인사들도 익히 알고 있었지만 그가 인민공화국에서 가장 훌륭한 성애장서를 소장하고 있다는 사실은 별로 알려져 있지 않았다. 그의 침실겸 서재는 러시아의 캐더린 여제의 침실만큼이나 공개적인 미인 접견장소였다.

캉성이 마오의 '춘화' 수집을 도왔으리라는 추측은 장칭을 마오쩌둥에게 접근시킨 그의 성격으로 보아 별무리가 없었다. 캉성은 마오에게 섹스 파트너를 공급하는 것이 주요 임무였다. 물론 이러한 방법을 통해 마오의 환심을 산 비밀경찰이 캉 한 사람만은 아니었다. 마오에게 춤 상대를 제공하기 위해 조직된 예술단과 같은 것들은 모두 왕조시대부터 내려오는 전통이었다. 일찍이 당나라 시대에도 교방(教坊)이라는 것이 설립되어 수백 명의 어린 소녀들이 무희와 궁녀로 훈련받았다. 과거에 황제들을 위해 동원되었던 여성군단에 비하면 마오의 예술단은 차라

리 초라한 것이었다.[3]

일부 기록에 의하면 이 무렵 마오는 온수를 넣은 실내수영장을 발가벗은 젊은 여자들로 가득 채우고 수중 섹스놀이에 빠지기 시작했던 것 같다. 마오의 취향은 원대(元代)에 중난하이 호수에서 벌어졌던 몽골 황제들의 아름다운 성적 유희 장면—한족(漢族) 신하들을 격분시켰던—에 비하면 격이 훨씬 떨어지는 것이었다. 새 황제의 수중놀이는 발정한 해마(海馬)의 온갖 음흉함을 다 드러내고 있었다.

한편 마오의 여자문제와 관련하여 캉성이 가장 신경을 썼던 것 중의 하나는 보안상의 문제였다. 캉성은 국민당이 여자 자객을 잠입시키지 못하도록 항상 감시했다. 그러나 옛시절의 환관만큼 철저하지는 못했다. 옛날 환관들은 여자를 발가벗겨 실크 스카프로 동여맨 다음 억센 하인의 등에 실어 황제의 침실로 운반시켰다. 발가벗은 여자는 황제를 찌를 단검을 숨길 수가 없었기 때문이다.[4]

물론 권력을 얻는 수단으로 섹스를 이용한 것이 중국이나 캉성만은 아니었다. 그는 풍부한 선례를 따랐을 뿐이나. 스탈린의 비밀경찰인 베리아도 스딸린의 비위를 맞추기 위해 갖은 수단을 동원했던 그의 스승이었다. 캉성은 모스크바에 오랫동안 머물면서 베리아의 수법을 배웠다.

그의 많은 동료들과 마찬가지로 캉성의 출신배경은 초기 생성단계의 프롤레타리아도, 대양과 같은 농민계급도 아니었으며 신사(紳士) 출신이었다. 그는 산동성 주청(諸城)의 부유한 가문에서 태어났다. 주청은 칭다오에서 20킬로미터쯤 떨어진 인구 2만 명의 마을이었다. 캉의 집안은 장칭이 어린 나이에 이 집 노비로 팔려 왔다는 소문이 그럴듯하게 들릴 만큼 크고 부유했다. 캉성보다 열네댓 살이 어린 장칭이 주청에서 태어났을 때 캉의 가족도 주청에서 살고 있었다. 장은 어린시절부터 가난에 시달렸고, 그녀와 캉 사이에 모종의 거래가 이루어져 이기적인 목적을 위해 서로를 이용하고 있었다는 것도 사실인 듯 했다. 이 시절의 캉성은 어딘가 성(省)의 학교선생처럼 보였다. 그는 둥근 금속테 안경을 끼고 있어 어쩐지 동양인 같지 않은 인상을 주었다. 그의 얼굴은 깡마르고 뼈뿐이었으며, 튀어나온 광대뼈와 움푹 팬 눈, 창백한 혈색을 지니고 있었다. 초기에 찍은 사진은 드물지만, 1950년대와 60년대 지도층 인사들의 사진에서는 마오, 저우언라이와 함께 있는 그를 흔히 볼 수 있다. 보통 그는 뒤편에 잘 드러나지 않은 채 간신히 초점거리 안에 서 있는 모습을 하고 있다. 그가 즐겨 쓰는 검정색 중절모는 그를 약간 중국의 존 포스터 덜레스(John Foster Dulles)처럼 보이게 했다. 많은 옛 당원들은 그의 웃음—차가운 눈초리로 빤히 응시하면서 입술만 움직이는—에 대해 무언가 유쾌하지 않은 느낌을 간직하고 있었다.

캉은 19세기 말에 태어났는데, 정확한 출생연도는 1898년이라고도 하고 1899년이라고도 한다. 또 에드가 스노우는 1903년이라는 설을 내놓고 있다. 캉은 일찍이 공산주의에 입문하여 상하이 공청단에 가입하였고 1925년이나 26년에 당원이 되었다. 그는 상하이의 당조직에서 활동하다가 1927년의 대학살에서 살아남아 지하로 잠적하였다. 그가 모스크바에 갔던 1932년, 스탈린은 중국공산당을 접수하여 당내 국제부와 공안부처에서 트로츠키주의자들을 추방할 계획으로 있었다. 이 무렵 캉성이 모스크바에서 무엇을 하고 지냈는지에 대해서는 아무도 정확히 아는 사람이 없다. 중국인 동료들은 스탈린이 고위급 중국인 방문객을 위해 내놓은 쿤체보의 별장에서 언뜻 그를 보곤 했다.

캉은 러시아인들이 중국공산당 내의 이른바 트로츠키주의자들을 숙청하는 데 일조했고, 소련 비밀경찰이 다른 나라 공산당을 숙청하는 일에도 도움을 주었다. 그의 희생자 중 한 사람이 조선의 유명한 혁명가인 김산(金山)이었다.[5] 일부 러시아측 정보통에 의하면 캉성은 러시아 NKVD(당시 비밀경찰의 명칭) 요원이었다. 그들은 캉이 당시 모스크바에 체류하고 있던 중국공산당 총서기 리리싼(李立三)의 체포, 구금에 적극적인 역할을 했으며, 리와 그 부인은 22개월이나 지난 후 저우언라이의 개입으로 겨우 감옥에서 풀려났다고 주장하고 있다.[6]

레닌은, 왜 그가 볼셰비키 지하조직 내에 그토록 많은 부패를 허용했으며 부정직한 사람들이나 범죄자까지도 고용했는지에 관해 질문을 받은 적이 있었다. 아

아무런 변명도 하지 않은 채 그는 다만 "우리는 큰 일을 하고 있으며 온갖 종류의 쓰레기를 이용할 수 있다"고 말했다. 다른 기회에 그는 "혁명은 궂은 사업이다. 흰 장갑을 끼고 혁명을 할 수는 없다"고 피력한 바 있다.[7]

목적은 모든 수단을 정당화시킨다는 레닌 철학에 마오는 동조했다. 캉성은 바로 레닌이 정의한 '혁명쓰레기'였으며, 마오는 그를 어떤 용도로 써먹을 것인지 잘 알았던 것이다. 캉성은 비록《금병매》의 작자처럼 독묻은 종이를 사용하지는 않았지만, 그가 당을 위해 마련한 종이들은 그에 못지않게 치명적이었다. 캉은 옌안에 온 후 장칭이 상하이 연극, 영화계의 젊은 여자들과 함께 그곳에 와 있음을 알았다. 그는 장이 루쉰 예술문학학원에 들어가게 해 주었고, 거기서 장은 마오를 만났다. 장칭과 마오의 결혼문제는 출신성분이 의심스러운 이류 여배우가 당 주석의 배우자가 될 수 없다고 생각한 당 원로들(특히 그 부인들)간에 격렬한 논쟁을 불러일으켰다.

이 때 캉성이 나서서 위기를 모면케 해 주었다. 전에 장칭은 징제스의 감옥에서 풀려나기 위해 당을 배반하고 비난하는 문서에 서명했다고 캉성에게 고백한 적이 있음에도 불구하고 그는 장의 출신을 변호해 주었다. "내가 모든 것을 다 안다. 그녀는 아무런 문제도 없다"라고 장담하면서 캉은 그녀를 당과 마오의 침대 속으로 밀어 넣었다.

후에 캉은 당 내부에 '국민당 분자'가 있다고 주장하면서 숙청을 시작했으나 마오에 의해 제지당했다. 거기서 단념하지 않고 그는 다시 홍군내의 '스파이 잠입' 사건을 조작해 냈다. 이번에는 마오가 미처 손을 쓰기 전에 숙청을 진행했다. 홍군이 남하하기 시작하자 캉성은 다시 '숨은 자본주의자'와 '인민의 적'을 가려내기 시작했다. 마오와 저우언라이가 그를 견제했으나 일부 희생자가 생기는 것을 막지는 못했다.[8] 인민공화국이 선포된 후 얼마 안 있어 마오는 그를 산둥성 당위원회 서기로 보내버렸다.

1958년 베이징으로 복귀한 캉성은 마오에게 더욱 젊은 여자들을 제공하기 시작했다. 이제 여자들은 두세 사람씩 혹은 더 많은 숫자가 한꺼번에 주석의 시중을 들었다. "그의 침대는 젊은 여자들로 가득 차 있었다"라고 당 원로 한 사람은 냉소적으로 말했다.[9]

1960년대 중반부터 70년대 초까지 마오의 거처는 가끔 젊은 여자들로 북적대곤 했다. 그들은 마치 현대판 후궁들 같았다. 매일 마오의 숙소에 가지 않을 수 없는 중요한 직책을 맡고 있었던 어떤 여성은 이처럼 난잡한 법석이 진행되고 있는 동안에는 아예 나타나질 않았다. 멀찌감치 물러서서 조용해질 때까지 기다릴 뿐이었다. "왕하이룽(王海容)과 낸시 탕이 마오를 수발하게 된 후로는 그들이 그곳을 정돈하려고 무진 애를 썼으나 별 소용이 없을 때가 많았다"고 그녀는 말했다.[10]

캉성은 마오를 위해 과거에 황제들이 소장하고 있었던 진귀한 예술품이나 책들을 발굴해 내곤 했다. 그는 고궁박물관의 우종차오를 포함한 고서 수집가나 박물관, 도서관 책임자들의 도움을 받았다. 캉은 자신을 위해서도 부지런히 긁어모았는데, 문화혁명 시기까지 그의 소장품은 1만점의 예술품과 4만 권 이상의 책들로 쌓여 있었다. 대부분이 고궁박물관에서 훔쳐 온 값진 골동품들이었다. 이 모든 물건들이 성에 관련된 것은 아니었다. 캉은 박물관 창고에서 희귀한 책들과 함께 종종 수백 년씩 묵은 값진 문서들을 입수하곤 했다.[11]

문화혁명이 고조됨에 따라 수만 명의 무지한 십대 홍위병들이 소위 사구(四舊 ; 묵은 사상, 문화, 풍속, 습관)를 찾아내기 위해 여러 집안을 박살내자 그 와중에서 캉성은 더욱 많은 진귀품들을 손에 넣었다. 홍위병들이 불질러 없애기 위해 거리로 내팽개친 문서나 예술품 더미들을 뒤적여 쓸 만한 성애서적들을 꺼내고 있는 그의 모습이 목격되기도 하였다. 캉뿐만이 아니었다. 마오가 사망하고 4인방이 몰락한 후 캉의 미망인 또한 국가의 박물관과 도서관에서 물건들을 훔쳐 개인소장품을 늘렸다는 비난을 받았다.[12]

캉성은 그의 상전이었던 마오쩌둥보다 1년쯤 빠른 1975년에 죽었다. 그래서 그는 제대로 갖추어진 국장(國葬)으로 대우받았고, 4인방이 당한 공개재판과 유죄 판결을 간신히 면할 수 있었다. 그러나 1980년 캉성은 소급해서 당적을 박탈당하고 기소되었다. 그가 마오의 일급 하수인 역할을 했던 공포시대 이후 25년 간이나 그의 이름은 중국 밖에서는 거의 알려지지 않았다. 마오의 개인비서이며 분신으로서 마오의 사악한 충동을 체현해 온 천보다의 이름도 거의 30년이 지난 후에야 알려졌다. 천보다는 류사오치의 죽음과 류의 아내 왕광메이, 그리고 나머지 가족에 대한 잔혹한 처사를 직접 명령하였다. 류의 가족 가운데 적어도 4명이 죽고 8명이 투옥되었다. 이 모든 것들이 주석의 살찐 얼굴을 지닌 하수인에 의해 행해졌던 것이다.[13] 구순(九旬)의 학자인 천한성의 말처럼 마오가 속속들이 '증오로 뭉쳐진 인간'이었다는 사실이 그가 본보기로 삼은 진시황제의 잔학성을 무색케 할 정도로 적나라하게 드러나고 있다.

천보다는 남의 이목을 끄는 인물이 아니었다. 슬라브판처럼 넓적한 얼굴과 모습은 만두 반죽으로 빚어 놓은 것 같았다. 그는 느릿느릿 걸었으며 항상 약간은 숨이 차 보였는데 아마 천식 때문이었을 것이다. 그는 옌안 시절부터 마오를 위해 일하기 시작하였다. 그는 마오의 열성적인 지시 아래 수많은 연설문을 작성하였고, 논문들을 수정했으며 선전 업무를 취급했다. 마오의 일급 비서들 중 한 사람으로서 그는 사상과 정치 분야의 전문가였다.

천보다는 대부분의 고위급 간부들과는 달리 대장정에 참여하지 않았으며, 군대 경험도 없었고 군대에 연줄도 없었다. 그러나 천은 일단 마오의 측근 그룹에 들어오게 되자 거기에 계속 남아 있게 되었다. 마오는 가끔 자신의 견해를 직접 드러내는 것을 꺼려했는데, 이러한 경우 천보다가 마오의 대변자 노릇을 했다.

수많은 고위층 인사들처럼 천보다도 모스크바에 가서 쑨원 대학에 다녔고, 러시아어를 배웠으며 소련식 교육을 받았다. 그러나 에드가 스노우에 따르면, 그는 러시아에 유학한 중국인들이 휘말렸던 격렬한 정치판에 끼어들지 않았다. 수년 간 천보다는 선전분야를 책임지고 있던 존경받는 선임당원인 루딩이에 버금가는 제3인자였다. 문화혁명기에 천보다가 루딩이에게 취한 행동으로 미루어 천보다는 그를 상당히 시기했던 것 같다. 천보다는 자신의 옛 상급자에게 더없이 신랄한 독설을 퍼부었었다.

문화대혁명시 캉성과 천보다는 마오가 개인적으로 고용한 배우들이었다. 장칭은 묵은 원한을 풀고 스스로 제위(帝位)에 오르기를 꿈꾸면서 훨씬 더 눈에 띄는 역할을 담당하였다. 조용하고 재능 있는 장군이었던 린뱌오는 또 다른 환등놀이—마오쩌둥, 저우언라이, 장칭, 그리고 모든 다른 사람들을 건너뛰어 스스로 황제가 되는—를 연출했다.

문화혁명의 핵심조직은 임시기구인 중앙문혁소조(中央文革小組)였으며, 장칭이 재빨리 지도자로 등장했다. 그녀와 다른 세 사람의 구성원들을 나중에 마오는 4인방이라고 불렀다. 장칭의 동료들은 모두 상하이 출신이었다. 중심 인물은 건장하고 노련한 당원인 장춘차오(張春橋)였다. 그는 문화혁명을 이용해서 상하이의 당지도층에 부상한 이론가로서, 60대 중반의 활동적이고 공격적인 인물이었다. 그의 오른팔 역할을 한 사람이 그 유명한 해서의 파직에 관한 비평을 쓴 야오원위안(姚文元)이었으며, 그는 1966년 당시 46세의 차갑고 신랄한 인물이었다.

세 번째 인물은 문화혁명이 시작되었을 때 40세였던 왕훙원(王洪文)으로, 노동조합을 통해 정치적으로 성장한 상하이 제17방직공장 직공 출신이었다. 문화혁명기에 그가 주도한 수차례의 폭동은 수천 명의 희생자를 냈다. 세 사람은 모두 정치국에 진출하였으며 그 중 둘은 상무위원으로까지 승진하였다. 4인방은 왕훙원을 고위관직에 오르도록 훈련시켰다. 왕은 인민해방군 내 정치위원 직책을 맡게 되었는데, 급기야는 마오가 그의 무식함과 교만함에 질겁을 하고 말았다. 왕은 덩샤오핑의 자리를 뺏기 위해 애썼으나 결국 실패했다. 그가 장칭의 애인이라는 소문도 떠돌고 있었다.[14]

4인방은 모두 1976년 10월에 체포, 구금된 후 유죄판결을 받았다. 장칭은 처음에 사형선고를 받았으나 곧 종신형으로 감형되었다. 그녀는 후에 인후암에 걸려

서 치료를 받기 위해 가택연금 상태에 있게 되었다. 1991년 6월 4일, 중국정부는 장이 5월 14일 자택에서 자살했다고 공식 발표했다. 그녀는 깊은 우울증에 빠져 있었으며, 덩샤오핑을 비난하는 장문의 편지를 남겼다고 한다.

모든 것이 다 끝났다. 린뱌오가 훨씬 먼저 죽었고, 장칭, 마오쩌둥, 저우언라이, 주더, 캉성도 죽었으며, 천보다는 추방당했다. 혁명을 일으키고 대장정을 겪어 낸 동지들은 80대 후반이나 90대 초반에 이르렀다. 그들은 둘러앉아서 어떻게 이와 같은 일이 일어날 수 있었는지 반문했다. 어떻게 마오가 문화혁명과 같은 일을 시작할 수 있었을까?

천원은 마오가 1956년에 죽었더라면 중국에서 가장 위대한 지도자로 칭송받았을 것이라고 말했다. 많은 다른 동지들의 생각도 마찬가지였다. 마오가 그로부터 10년 후에만 죽었더라도 역사는 여전히 그를 높이 평가했을 것이다. 그러나 불행히도 그는 1976년에 죽었다. 무슨 말을 더 할 수 있겠는가?[15] 천원의 말에 반론을 제기할 사람은 많지 않을 것이다.

왜 마오가 그런 일을 했는가? 마오는 권력이 자기 손아귀에서 빠져나가는 것을 보고 그것을 되찾기 위해 주사위를 던졌다는 것이 종래의 상투적인 해석이었다. 그러나 마오를 가장 잘 아는 사람들은 이러한 설을 수긍하지 않았다. 혹자는 마오가 문화혁명을 시작한 것은 소련에 대한 실망 때문이었다고 한다. 그가 생각하기에 소련은 수정주의와 자본주의 쪽으로 나아가고 있었다. 마오는 또한 중국의 발전이 느린 것에 대해서도 좌절감을 느끼고 있었다. 그는 소련이 택한 잘못된 길을 바로 자신의 동료들이 추구하고 있다고 느끼기 시작했다. 러시아혁명과 중국혁명이라는 두 개의 위대한 혁명을 거친 후 세계는 이제 공산주의를 외면하기 시작하였다. 그는 군중을 동원하여 그들을 더욱 위대한, 새로운 혁명을 향해 이끌어 가기로 결심했다. 군중 동원을 통해 그는 무엇이든 성취할 수 있다고 믿었던 것이다.

마오를 가장 신중하게 관찰할 수 있었던 사람은 옌밍푸일 것이다. 그는 이른바 명문 출신으로 옌안시대를 겪었고, 그 부친이 지도층 내의 측근 그룹에 속해 있었다. 그에 따르면, 마오로 하여금 새로운 혁명을 시작하게 만든 것은 모스크바와의 심한 감정싸움이었다고 한다. 이 모든 과정에서 캉성은 중심 역할을 했다. 그는 풍문을 옮기거나 실제상황을 왜곡시킴으로써 마오의 과대망상증을 증폭시켰다. 일단 베이징으로 돌아오자 캉은 러시아에 관련된 문제에 대해 점점 큰 영향력을 행사하기 시작하였다. 그는 몇 차례의 회담에 마오를 수행하였고, 모든 수단을 동원하여 마오에게 접근해서 기회 있을 때마다 악의 섞인 말과 보고를 흘려 넣었다.[16]

마오는 언젠가 수(隨)의 황제였던 양젠(楊堅)에 대해 긍정적으로 언급한 적이 있었다. 6세기에 양젠의 아버지는 남북으로 분열된 중국을 통일하였다. 양젠은 영토를 확장하고 강성하게 만들었으며, 대운하를 건설하여 남북을 연결하였다. 그러나 외적의 침입을 받게 된 데 이어 신흥 당(唐) 세력에 의해 멸망당하였다. 전쟁에서 크게 부상한 황제는 마지막이 다가온 것을 느끼고 신하들을 불러모아 일렀다. "나는 천하를 이루었으나 이제 그 천하를 잃게 되었다. 이것은 모두 내 자신이 한 일이다. 나는 아무런 후회도 없다. 내 자신의 행위에 의해 이기고 패배했을 뿐이다."

마오는 문화혁명을 시작했을 때 양젠의 이 말을 상기했는지도 모른다고 리루이는 말했다. 그것은 이기든 지든 그의 혁명이었다. 중국은 마오의 것이었다. 그가 만들었기 때문이었다.[17] 1941년부터 수년 동안 마오의 비서였고, 그 자신 지극히 복잡한 성격의 인물인 후차오무에 따르면, 마오의 모순된 성격에 대해 알고 있는 사람은 그리 많지 않았다고 한다. 마오는 100% 시인이고 저우언라이는 50% 시인이라는 닉슨의 말을 후차오무는 일축했다. 그가 생각하기에 닉슨은 '50%의 오판'을 범했다. 마오가 시인이라 해도 상관은 없었다. 그러나 동시에 그는 군대와 국가, 당의 수뇌였다. 이 모든 역할을 다 수행하면서 시인일 수는 없다는 것이 후의 생각이었다. 그러나 문제는 마오가 실제로 시인이기도 했다는 사실이었다. 마오는 시인이었기 때문에 상상력이 풍부했다.

후차오무는 말했다. "만약 그의 상상력이 빗나가게 되면 그가 내세우는 명분에 중대한 손실 혹은 파탄까지도 초래될 수 있었습니다. 문화혁명이 바로 그런 경우였던 것입니다."

마오의 성격에서 가장 중요한 이와 같은 측면을 간과하고서는 국가 지도자, 군사 지도자, 혁명 지도자이며 문화혁명을 일으킨 사람으로서의 그의 행동을 파악할 수 없으며, 마오와 오랜 동지들과의 관계도 이해할 수 없다는 것이다. 후는 마오가 매우 오랫동안, 특히 위기의 시기에 베이징에 있지 않았음을 염두에 두어야 한다고 말했다. 그가 어디에 있건 마오가 있는 곳이 '중국의 중심'이었다. 그러나 베이징이나 모스크바에서는 위기상황이 야기되고 있는데 아름다운 항저우가 중국의 중심이 된다는 것은 납득하기 어려운 일이었다. 이러한 상황은 많은 '모순'을 야기시켰다고 후는 말했다. 후가 아닌 다른 사람이었다면 모순이라는 말 대신 '착란 상태'라는 표현을 사용했을 것이다.[18]

마오는 '총체적인 해결'을 매우 선호하는 사람이었다. 그는 변화의 수단으로서 철학을 신봉했고, 사회는 항상 안정기와 혼란기 사이에서 끊임없이 변화한다고 믿었다. 변화는 난(亂)의 상태에서 생기는 것이었다. 안정이란 정체(停滯)를 의미했다. 격동 속에서 진보는 이루어지고, 새롭고 유능한 인재와 사상이 출현한다는 것이다. 마오 연구가인 리쩌허우(李澤厚)에 의하면, 마오는 전국시대(戰國時代)의 역사를 읽은 후 다음과 같이 말했다고 한다.

"재미있는 책이다. 그러나 나는 평화로운 시절을 다룬 대목은 싫다. 혼란을 좋아해서가 아니다. 평화의 시기는 사람들의 발전에 도움이 안되기 때문이다. 나는 그 점을 참을 수 없다."[19]

이 모든 것이 마오가 내린 숙명적인 결정에 배경으로 작용했는지 여부는 결코 알 수 없다. 마오는 일기를 쓰지도 않았고 비서들이 그의 모든 생각을 다 알 수도 없었다. 그러나 마오가 장제스를 패배시키고 공산주의 기치 아래 중국을 통일시킨 자신의 역사적 공적을 자부하고 있었고, 문화혁명이라는 십자군은 그보다 더 위대한 사업이라고 믿고 있었음은 의심의 여지가 없다. 그가 생각하기에 문화혁명은 자신이 성취한 혁명을 유지하기 위한 것이었을 뿐만 아니라 완성하기 위한 혁명이었다. 그는 오염과 불순함, 그리고 당 내부로부터의 배반에 의해 혁명이 위기에 처해 있다고 믿었던 것이다. 따라서 혁명을 창조한 사람들이 그것을 구하지 않으면 안 되었다. 바로 이 대목에서 캉성의 독소를 지닌 말이 효력을 발생했다. 마오가 생각하기에 이 새로운 캠페인에 성공한다면 그것은 1949년의 인민공화국 건국보다도 위대한, 그의 마지막 업적이 될 것이었다. 이는 자신의 이름을 위대한 중국인들 가운데 한 사람이 아니라 황제 중의 황제로서 맨 첫머리에 올려놓게 만들 것이라고 마오는 확신했던 것이다.[20]

26. "어리석은 것! 너는 여전히 아무것도 모르는구나!"

    국가 주석 류사오치의 가문은 완벽한 정통 공산주의자 가문으로, 여느 뉴잉글랜드 집안 못지않게 근면하게 일했고 마르크스의 신봉자들이었으며, 마오쩌둥의 충실한 추종자들이었다. 그들은 중난하이의 쾌적한 저택에서 살았디.

    류사오지 자신은 일벌레였으며, 네 명의 어린 자녀들과 떠들고 놀아주는 일이라곤 없는 재미없는 아버지였다. 어느 비오는 날 그는 아이들에게 포커놀이를 가르쳐 주었는데, 이것은 그들이 수년 후까지도 따뜻한 추억으로 간직하고 있는 하나의 사건이었다. 류는 자식들에게 농담을 하기보다는 '사구 청산'에 대해 말하기를 즐기는 편이었다.[1]

    류사오치는 가족이나 집에서 부리는 고용인들과의 '일상적'인 모임을 갖는 것을 관행으로 지켰다. 이것은 대중과의 신선한 유대를 유지하기위한 당의 오랜 전통이었다. 류는 요리사나 하녀들이 이야기하는 "생선 값이 너무 비싸다"라든가, "시장에 면으로 된 의류가 전혀 없다"라든가, 혹은 "우리는 수정주의에 관한 당의 슬로건을 이해할 수 없다"라는 등의 불평에 귀를 기울이곤 했다. 드물긴 했지만 류 자신을 비판하는 사람도 있었다. 그럴 경우 류는 해명을 하고 했다.

    1966년 초 그는 심한 병에 걸렸었다. 위험한 고비를 넘겼다는 의사의 말이 있고 나자 그는 자녀들과 고용인들을 머리맡에 불러모았다. 예순여덟 살인 그는 인생의 마지막이 다가오고 있음을 느꼈다. 그는 서둘러 일을 처리해야 했다. 할 일이 너무 많았던 것이다.

"마르크스가 나에게 10년만 더 시간을 준다면 중국을 더욱 강하고 부유하게 만들 수 있을 텐데"라고 류는 말했다. 무신론자인 중국 공산주의자들이 마치 마르크스가 공산주의자의 천국에 있는 신이나 되는 것처럼 '마르크스를 만나러 갈 것'이라고 말한다는 것은 참으로 기발한 착상이었다. 아마 중국인들은 이러한 발상을 사촌격인 러시아인들로부터 빌려왔을 것이다. 러시아인들도 똑같은 말투를 사용했던 것이다.

아무도 공산주의의 지주(支柱)라는 류사오치의 명성에는 도전할 수 없었다. 아니면 혹은 그렇게 보였는지도 모른다. 그가 쓴 《어떻게 훌륭한 공산당원이 될 것인가(論共産黨員的修養)》라는 책은 중국의 베스트셀러로서, 마오의 '붉은색 소책자(毛語綠)'가 나오기 전까지 1백만 부나 팔렸다. 류의 자녀들이 기억하는 한 그들의 부모는 1965년 말에서 66년 초에 볼썽사나운 형태로 문화혁명이 진행되고 있을 때, 별다른 걱정을 보이지 않았다.[2] 덩샤오핑 부부와 그 가족들 또한 특별히 더 경계심을 갖고 있었던 것 같지도 않다.

종종 그렇듯이 저우언라이가 어떠했는가에 대해서는 수수께끼에 싸여 있다. 어느 누구보다도 저우언라이는 마오를 잘 이해할 수 있는 위치에 있었다. 그는 일찍이 1935년 이래로 마오와 아주 가까운 사이였다. 마치 시종처럼 조심스럽게 장칭과 교분을 유지했으며 캉성과도 함께 일했다. 과연 저우언라이가 무엇을 알고 있었거나 혹은 의심하고 있었을까? 그는 아무런 낌새도 내보이지 않았다.

마오는 1964년에 소위 4청운동을 개시하였는데, 이것은 문화혁명의 씨앗을 잉태하고 있었다. 그는 당 중앙위원회에 작가와 시인 등을 숙정하기 위한 새로운 소조(小組)를 만들도록 지시했다. 마오는 일단의 문인들이 1956년 부다페스트 폭동(소련군의 헝가리 진주와 친소 정권 수립을 가져온 반소·반공 봉기 - 역주)을 주도한 형

가리 지식인들의 페토피 서클을 추정하고 있다고 생각했던 것이다. 중앙문혁소조라고 불리는 이 특별위원회의 책임자로는 베이징 출신의 다소 고집센 당료 펑전이 뽑혔다. 캉성이 일원으로 참여했다는 점을 제외하면 이 위원회는 별로 주목할 만한 점이 없었다. 마오의 조치에 대해 류사오치, 덩샤오핑, 저우언라이로부터도 아무런 항의가 없었다. 과거에도 마오는 작가들을 여러차례 탄압한 적이 있었다. 익히 알고 있는 일이 또 한번 일어나고 있다는 착각이 만연해 있었다.

1966년 당시의 중국에서 류사오치의 부인인 왕광메이보다 세련된 여성은 없었다. 해외 근무와 외교 분야의 업무에 종사한 명문가 출신의 규수였던 그녀는 완벽한 교육을 받았고 어학에 재능이 있었으며(그녀는 영어, 불어, 러시아어를 구사했다), 포부르 생토노레를 거니는 어떤 여자 못지않게 멋쟁이였다. 왕광메이를 만난 사람은 누구나 그녀가 당당하고 재치 있고 예의바르면서도 지적인 여성임을 금방 알아차렸다. 프랑스의 미테랑 부인은 1980년대에 그녀의 친구가 되었다. 그녀는 새로운 중국을 건설한 남녀 생존자들 중에서 신화와 같은 존재였다. 확실히 이것은 마오와 장칭이 독점하고 있었던 사회에서는 매우 골치 아픈 문제였다. 왕광메이가 아무리 겸손하고 나서지 않는다 해도 그녀가 우아하고 훌륭한 여성이라는 것을 의심하는 사람은 아무도 없었다.

왕광메이의 아버지는 공산혁명 전의 공화정부인 중화민국에서 고위관리를 지냈다. 런던, 워싱턴에서 근무한 적이 있는 그는 아들과 딸의 이름을 그 나라 국명을 따서 지었다. 광메이(光美)라는 이름은 '명예로운 집안의 아름다운 소녀'라는 뜻이었으며, 중국어로 아메리카를 의미하는 미국이라는 단어와도 연관되어 있다. 광메이가 태어났을 때 그녀의 아버지는 미국에 체류하고 있었던 것이다. 또 아버지가 런던에 주재하고 있을 때 태어난 그녀의 남동생 이름은 '명예로운 집안의 용감한 영웅'이라는 의미를 가진 광잉(光英)으로 지었는데, 이것은 잉글랜드를 의미하는 영국(영웅적인 나라)이라는 단어에서 한 글자를 따온 것이었다. 중국인들은 강대국의 비위를 맞추기 위해 아메리카와 잉글랜드에 이와 같은 이름을 붙였음

1953년 봄 류사오치, 펑더화이 부부가 마오시대 지도층인사들의 주거지역이었던 중난하이 정원을 산책하고 있다. 왼쪽으로부터 경호원인 듯한 인물, 다음이 류사오치, 그 아내 왕광메이, 펑더화이, 그 아내 푸안신

1956년 마오쩌둥(맨 오른쪽)이 중난하이에 있는 저택 정원에서 모스크바 주재 대사 장원톈(맨 왼쪽), 외교부장 천이(왼쪽에서 두 번째), 그리고 저우언라이와 이야기하고 있다.

직도 하다.

왕광메이는 마샬 장군이 마오와 장제스의 회담을 중재하는 동안(결국 실패로 끝났지만) 공산당측 통역으로 일했다. 그녀의 재능과 지성은 중국인들과 미국인들을 다 함께 경탄시켰다. 그러나 이로 인해 그녀는 캉성과 천보다의 악의적인 상상력 속에서 미국과 러시아의 스파이로 날조되었다. 사려깊은 왕은 자신이 존재하는 것만으로도 장칭을 약오르게 한다는 사실을 너무 잘 알고 있었다. 옌안시절 마오와 결혼한 직후 장은 남편과 손님들을 위해 소박하지만 맛이 괜찮은 요리를 만들어 내놓곤 하는 평범한 주부였던 것 같다. 당시 손님으로는 더러 외국인 특파원들이 끼는 경우도 있었지만 보통은 동굴에 같이 사는 동료들이었다.

왕광메이와 류사오치가 만난 것은 옌안에서였는데 1946년 철수하기 직전의 막바지 시절이었다. 그녀는 스물다섯이었고 류는 마흔여덟이었다. 류의 첫 번째 부인은 대장정 직전 장시성에서 죽었다. 왕광메이는 베이징 푸런(輔仁) 대학을 우수한 성적으로 졸업했다. 그녀는 개교 이래 수학에 가장 뛰어난 학생이었던 것 같다. 원래 푸런 대학은 미국인이 세운 베네딕트 수도회 계통의 학교였다.[3]

스탠포드 대학과 미시간 대학은 그녀에게 전액 장학금을 제공했으나, 공산주의 지하운동을 하고 있던 친구들의 권유에 따라 그녀는 국내에 있으면서 중국을 위해 일하기로 결정하였다. 1946년 왕은 베이징에서 예젠잉 장군과 함께 옌안으로 날아갔다. 그녀에게 반한 것은 예 장군이었으나 그녀는 류사오치를 선택하였다. 언젠가 그녀는 딸인 팅팅에게 류가 더 너그럽고 신중한 사람이었다고 설명했다. 예 장군은 너무 군인냄새가 나서 그녀의 취향에 맞지 않았던 것이다(아마도 그녀는 예 장군의 화려한 여성편력 속에 자신의 이름이 보태지는 것을 원하지 않았을 것이다).[4] 왕광메이와 류사오치는 1948년에 결혼했다.

대사, 귀빈, 수뇌들과의 정치적, 외교적인 공식 연회나 회담들이 나날이 생활에 활기를 가져다 주었다. 류는 부주석으로 이러한 자리에 자주 참석하였다. 1959년에 그는 주석이 되었고 활동 영역은 더욱 넓어졌다. 나무랄 데 없이 세련된 그의 아내가 그의 옆자리에 모습을 보이기 시작했다. 촌스럽고, 극성스럽고, 야하게 차려입은 안정감 없는 장칭과의 대조는 누구에게나 명백히 드러나 보였다. 장칭의 정치 참여를 금지한 옌안시대 이래의 당 규정에 두 다리가 묶여 있는 장칭의 눈에도 이는 너무나 확연했다. 왕광메이가 남편과 함께 국제사회에서 활동하기 시작하면서부터 장칭이 이른바 중증의 홍안병(紅眼病)―질투심―에 걸리게 된 것은 확실하였다.

왕광메이와 같은 여성이 장칭의 심경을 알아채지 못했을 리 없었다. 그러나 그녀와 류사오치는 이것을 위험하다고까지 받아들인 것 같지는 않다. 다만 류가 아내에게 "당신은 퍼스트 레이디가 아니라는 것"을 기억하도록 조심스럽게 타이른 적은 있었다.

1965년 초가을 마오는 베이징을 떠났다. 그는 차가운 바람이 중난하이의 잘 맞지 않는 창 틈으로 겨울 메시지를 보낼 때까지 기다리지 않았다. 10월이 가기 전에 그는 장칭과 함께 자신이 좋아하는 상하이의 숙소에 정착하였다. 그것은 혁명 전 상하이에서 가장 좋은 아파트였던 커테이 맨션 18층에 자리잡고 있는 타워 스위트였다(상하이의 북적대는 해안지대에 있는 커테이 호텔과는 다름). 지금은 진쟝클럽이라고 불리는 이 건물은 진쟝 거리의 옛 프랑스 조계(租界)에 위치하고 있었다. 공원과 정원으로 둘러싸인 쾌적한 장소인 프랑세즈 원형광장의 바로 건너편이었다. 근사한 레스토랑과 뛰어난 요리사, 수영장, 영화관, 그리고 토요일 밤의 댄스파티까지 마련되어 있는 이곳은 마오와 장칭에게는 완벽한 휴식처였다. 클럽과 아파트는 함께 관리되고 있었으며 캉성의 사복요원과 군대가 이 지역 전체를 다른 지역과 차단시키고 있었다.

그들의 둥지 속에서 마오와 장은 외부의 호기심으로부터 자유로웠다. 소수의 상하이시 당지도층 외에는 그들이 이곳에 있다는 것을 아는 사람이 없었다. 마오와 장은 오랜 시간을 여기서 보내면서 상하이 지도부와 긴밀한 정치적 유대관계를 구축했다. 문화혁명시 장의 세 동료인 장춘차오, 야오원위안, 왕훙원도 거기에 속했다. 기분이 언짢아지는 가을 마오는 상하이에서의 이러한 유대를 이용하기 시작하였다.

역사 속의 대리인을 통해 정치적 논쟁을 전개하는 것이 마오의 스타일이었다. 1965년 11월 10일의 사건이 바로 그러한 경우였다. 그날 상하이의 문예일간지 《문회보(文匯報)》는 '새로운 역사극 해서파관에 대한 비평'이라는 제목의 전면 논설을 게재했다. 필자는 야오원위안이었다. 야오가 쓴 글의 의미에 주목한 사람은 극소수에 불과했다. 그 글에서 지칭한 '새 연극'은 4년 전에 베이징에서 공연된 것으로 상연되자마자 곧 중지되었다. 이 연극을 본 사람도, 연극에 관해 들은 사람도 별로 없었다. 희곡의 작자는 우한(吳晗)이라는 인물이었고, 주인공인 해서는 청나라 가경제(嘉慶帝) 시기의 고관으로 황제의 정책을 비판했다는 이유로 파면되었다. 바로 여기에 단서가 있었다. 마오와 그 하수인들이 거듭 지적했듯이 이 연극은 해서에 관한 것이 아니라 펑더화이에 관한 것이었다. 해시는 펑더화이를 묘사한 것이었고, 악역인 황제는 물론 마오를 지칭했다.

일단 연극이 이렇게 해석되기 시작하자 중국 내 모든 정치가들은 난삽한 역사적 논쟁 이상의 무엇인가가 진행되고 있음을 깨닫지 않을 수 없었다. 더욱이 작자인 우한은 베이징 시장 펑전 밑에 있던 제1부시장이었으며 펑은 마오의 지시로 조직된 문혁소조의 책임자였다.

해서와 우한은 중국의 정치무대에 갑자기 새로 등장한 인물은 아니었다. 우한은 이미 1959년 대약진운동이 고조되고 있던 시기에 인민일보에 해서를 빗대어 마오를 비판하는 글을 실은 적이 있었다. 《해서파관》은 사학자 출신 극작가의 단순한 상상력의 산물은 아니었다. 우한은 사전에 동료들과 신중하게 상의를 했으며, 거기에는 덩샤오핑의 측근도 포함되어 있었다. 당내 상층부 인사들이 자신을 겨냥하고 있다는 마오의 비난은 확실한 근거를 가지고 있었던 것이다.

중국의 복잡한 정치판에 연루되어 있던 모든 사람들에게 1965년 11월 10일자

신문기사는 하나의 적신호였다. 위험이 코앞에 닥치고 있었다. 저우언라이, 류사오치, 덩샤오핑이 이러한 사태를 이해하지 못하고 있다면 그들은 정치적으로 백치였다고 할 수밖에 없다.

여전히 펑전은 아무런 낌새도 눈치채지 못했다고 주장하였다. 11월 중순에 마오는 그를 상하이로 불러 내려서 사흘 동안이나 훈계했다. 펑은 그 연극을 단순히 과거에도 거듭되었던 문학, 역사 논쟁의 재연이라고만 생각했다고 한다. 초기에 그는 베이징의 신문들에 《문회보》논설을 전재하라는 지시를 하지 않았으나 결국 마오의 설득에 굴복했다. 11월 29일자 베이징의 신문들은 일제히 우한과 그의 연극을 공격하는 글을 실었고, 이것은 중국 전체로 확산되었다. 그러나 펑전은 단서를 달았다. 이 논설을 게재하는 것은 문학 논쟁을 위한 것이지 정치적 논쟁을 위한 것이 아니라는 편집자주를 덧붙인 것이다.[5]

1965년 가을 마오는 두 편의 시를 썼다. 그 중 한편은 1927년에 마오가 주더와 함께 장제스에 대항하여 홍군 게릴라전의 기초를 닦았던 징강산으로 되돌아가는 것을 노래한 것이었다. 그동안 산은 많이 변했다. 이제 "산길은 구름끝까지 기어오르고, 꾀꼬리가 노래하고 제비는 날아오르며 개울물이 속삭인다." 그러나 그의 감미로운 정서는 점차 바뀌면서 "바람과 천둥이 어지럽고 깃발이 펄럭인다." 이 같은 힘으로 혁명이 승리하고 "우리는 높이 구천(九天)에 올라 달을 품어 안고 오해(五海) 깊숙이 내려가 거북을 움켜 쥘 수 있게"된 것이다. 마오가 전달하고자 한 메시지는 공산 중국에서 이제는 불가능한 일이 있을 수 없다는 것이었다.

문화혁명 전야에 항저우에서 쓴 두 번째 시는 약간 불가해한 것이었다. 그는 〈새들의 문답(念奴橋)〉이라는 제목을 붙였다. 마오는 이 시를 BC 3세기부터 전해 오는 '곤(鯤)'이라는 큰 물고기에 관한 우화를 빌려 썼다. 이 물고기는 다시 붕(鵬)이라는 거대한 새로 변신하였다. 붕은 너무 커서 하늘을 가릴 정도였고, 날개를 한 번 퍼덕이면 태풍이 불고 바다에 파도가 일었다. 또한 이 새는 여섯 달 동안 쉬지 않고 날 수 있었다. 참새 한 마리가 붕새와 이야기를 하게 되었다. 그렇게 클 필요가 뭐 있느냐고 참새가 물었다.

"나는 원하기만 하면 나뭇가지나 땅 위 어느 곳에나 내려앉을 수 있다. 무엇 때문에 그렇게 클 필요가 있으며, 높이, 멀리 날 필요가 있겠는가?"

마오의 해석에 따르면 참새는 겁쟁이였다. 참새는 공중에서 터지는 포화와 파편이 땅을 파헤치는 것을 목격하게 된다. "이건 마치 지옥이로군" 하고 참새가 말했다. 그리고 '선녀의 나라에 있는 보석으로 만들어진 궁전'으로 날아가서 쇠고기 야채수프를 먹기로 결심한다. 붕새는 "어리석은 허풍은 그만 떨라"고 참새를 나무라면서 "세상이 뒤집히고 있는 것을 모르느냐?"고 한다.

이 시를 러시아에 대한 비난으로 해석하는 사람들도 있다. 왜냐하면 이 시는 2년 전 미국, 영국, 소련 간에 체결된 부분적 핵실험 금지조약인 '삼자동맹'에 관한 언급이 들어 있기 때문이다. 그러나 이 시는 전혀 다른 측면에서 읽으면, 미소간의 핵조약으로 국제사회의 위협이 제거되었다고 믿으면서 흐루시초프의 수정주의(쇠고기와 야채로 만든 잡탕 수프) 쪽으로 기울고 있는 중국 내 인사들에 대한 공격으로 해석될 수도 있었다. 마오는 그의 생애에서 결정적인 순간에는 거의 언제나 시를 짓곤 했다. 지금부터 그가 '세상을 뒤집어 엎기로' 결심한 것은 의심의 여지가 없었다. 마오가 표현하고자 한 진의는 그 자신이 이제 붕이라는 점이었을 것이다.

류사오치의 가족이 살고 있는 조용하면서도 분주한 중난하이 안뜰에는 이처럼 불길한 말들의 낌새가 스며들어가지 않았다. 세 명의 손위 아이들─핑핑(平平), 위안위안(源源), 팅팅(亭亭)─은 고등학생들이었다. 샤오샤오(蕭蕭)는 아직 초등학교에 다녔다. 그러나 바깥세상에서 선전과 시위가 난무함에 따라 류 집안의 평정도 동요되기 시작하였다.

린뱌오는 군대에 대한 통제를 강화하고 있었는데 총참모장으로 있던 뤄루이칭이 장애가 되었다. 뤄루이칭은 덩샤오핑과 매우 가까운 사이였다. 그는 개인적으로 장칭과 적대관계에 있었으며 수년간 공안부서를 관장하는 고위직을 맡아 왔는데 캉성은 그를 두려워했다. 얼마 후 린뱌오는 뤄루이칭을 제거해 버렸다. 린은 중앙위원회에서 그가 반역을 꾀하고 있다고 비난했다. 뤄루이칭은 자아비판을 하지 않을 수 없었고, 1966년 3월 18일 4층 창에서 뛰어내려 심하게 다쳤다. 혹은 누군가가 그를 떠밀어 버렸을까? 그는 소위 '자살당한'—고문과 구타에 의한 점진적인 죽음 대신 자살을 택하지 않을 수 없게 된—최초의 인물이었는지도 모른다.[6] 뤄루이칭은 불운하게도 살아 남아 고통을 겪었다. 수년간 그는 다리에 석고를 붙인 채 수레에 실려 끌려다녔고, 조소하는 군중들 앞에서 얻어맞았다.

여전히 류씨 집안 사람들은 무슨 일이 일어나고 있는지 이해하지 못했던 것 같다. 류사오치, 덩샤오핑, 펑전은 뤄루이칭을 애써 변호했으나 소용이 없었다. 여전히 베이징에서 멀리 떨어져 항저우 서호 옆의 꽃이 만발한 저택에 체류중인 마오는 다음 표적으로 펑전, 덩, 류를 꼽고 있었다. 류는 마오에게 베이징으로 돌아와 사태를 수습하도록 수차례 전화로 설득했다고 그의 자녀들에게 말했다. 그는 마오에게 자신이 '문화혁명'에 대해서는 잘 모르지만 배우기 위해 최선을 다하고 있다고 설명했다. 마오는 아무런 조언도 주지 않았다. 류와 덩은 사태수습을 위해 저우언라이와 의논했다. 어찌해야 할지 아무도 몰랐다. 마오로부터는 아무런 지시도 받을 수 없었다. 마오는 아예 전화를 받지 않는 경우도 많았다. 그는 캉성을 더욱 자주 만났고, 캉은 급속히 마오의 가장 가까운 조언자가 되어가고 있었다. 마오의 악의적인 상상력은 또하나의 희생자인 루딩이를 겨냥하기 시작했다. 그는 노련한 선전담당 책임자였고 대장정을 함께 한 동지였다. 마오는 돌연 루딩이를 '염라대왕'이라고 비난했다. 루딩이의 잘못은 아마도 그가 마오의 비서인 천보다에 반대했다는 점이었을 것이다.

이처럼 중요한 시기에 류는 외교적인 순방을 위해 파키스탄, 아프가니스탄, 미얀마로 떠났다. 4월 초에 그가 돌아왔을 때는 뤄루이칭을 향해 치명적인 공격이 재개되고 있었다. 뤄루이칭의 자살 미수는 반역행위라는 비난과 함께였다. 얼마

안 지나 린뱌오로부터 일격이 날아왔다. 루딩이와 양상쿤이 마오를 도청하려는 음모를 꾸몄다는 것이다.

이와 같은 주장은 엄청난 파괴력을 지니고 있었다. 양상쿤은 감옥에 갔고, 거기서 엄중한 감시 아래 있다가 13년 동안이나 가택연금 상태에 있었다. 펑전과 베이징시 지도부는 쫓겨나서 극심한 고문을 당했다. 텐자잉은 실제로 자살했다. 뤄루이칭은 자살 미수 후 3년 만에 죽었다. 그 중에서도 루딩이의 운명은 최악의 것이었다. 그는 광포한 십대의 홍위병들에게 넘겨졌다. 그들은 루딩이의 두 팔과 두 발목을 따로 따로 밧줄로 묶은 다음 몇 번이고 난폭하게 공중에 집어던지고 흔들어댔다. 루는 척추뼈가 부러지고 하반신 불구가 되어 버렸다. 이로 인해 홍위병들은 심하게 문책당했다. 그를 구타했기 때문이 아니라 일으켜 세울 수 없을 정도로 너무 심하게 부상을 입힘으로써, 1만여 명의 울부짖는 군중들 앞에서 그가 계속 구타당하는 고통을 겪을 수 없게 만들었기 때문이었다.

류씨 집안 자녀들의 증언에 의하면 그것은 1966년 6월 1일, 조용한 집안에 아직 자명종이 울리기 전이었다. 매일 저녁 아이들은 식탁에 둘러앉아 광란, 학생집회, 거친 연설, 대자보 등 학교에서 일어난 일들을 부모에게 이야기했다. 때로는 부모들이 질문을 하기도 했으나 자진해서 논평을 하는 일은 좀처럼 없었다.

아이들은 무슨 일이 일어나고 있는지 이해하지 못했다. 깨우쳐 주는 사람도 없었다. 이윽고 학생들은 교장과 교사들을 공격하였고 그들을 사무실에서 내몰았다. 베이징 대학에 녜위안쯔(聶元梓)라는 여학생이 쓴 대자보가 나붙었다. 장칭과 아는 사이로 짐작되는 그녀는 대학 총장과 '흑색분자'들이 합세하여 마오 주석에게 반기를 들고 있다고 공격했다. 캉성과 천보다는 대자보 원문을 라디오 방송에 내보내고, 전국의 간행물에 게재하도록 했다. 그들은 류사오치나 덩샤오핑에게는 이에 관해 전혀 알리지 않았다.7)

사흘 안에 베이징에 있는 모든 중등학교와 대학이 들끓었고, 류와 덩은 베이징

26. "어리석은 것! 너는 여전히 아무것도 모르는구나!" 345

대학에 '공작소조(工作小組)'를 보내기 시작하였다. 공작소조는 비상사태에 대비한 당조직이었다. 상황이 걷잡을 수 없게 되면 소수 당원으로 조직된 팀을 보내서 책임지고 수습케 하는 것이다. 류사오치의 아이들은 집에 와서 아버지에게 공작소조를 자신들의 학교에도 보내달라고 부탁했다. 그들의 아버지는 신중한 자세를 보였다. 그는 "나는 이러한 종류의 운동을 지휘해 본 경험이 없다"고 하면서 "당이 우리의 오류를 시정해 줄 것이므로 잠시 지켜보다가 우리가 할 일을 생각해 보는 것이 좋겠다"고 말하였다. 혼란은 확산되었다. 학생들은 교수들을 공격하기 시작했다. 매맞아 죽거나 자살한 교수도 있었다. 무정부 상태의 첫단계가 전개되었다. 류와 덩은 사태가 자신들의 능력으로 수습할 수 없는 단계에 이르렀음을 깨달았다. 마오의 도움이 필요했다. 그들은 항저우로 날아가서 꽃 속에 묻혀 있는 마오를 만났다. 그들은 마오에게 사태가 심각하니 돌아와 달라고 부탁했다. 마오는 "나는 돌아갈 계획이 없다. 운동의 전개상황에 따라 문제를 해결하라"고 말했다. 무슨 의미였을까? 아무런 의미도 없는 말이었다. 마오는 그들의 힘으로 문제를 해결하라고 한 것이었다.

두 사람은 베이징으로 돌아와서 더욱 많은 공작소조를 각 학교로 보냈다. 문제는 공작팀이 어떻게 사람들을 지도해야 할 것인지 류와 덩도 모른다는 점이었다. 마오는 아무 말도 하려 하지 않았다.

류사오치는 팅팅이 다니는 고등학교에 나갔다. 그는 학생들에게 파리코뮌과 마르크스주의, 1917년의 볼셰비키 혁명, 그리고 마오쩌둥 사상에 대해서 이야기했다. 문화혁명? 그는 그런것은 잘 몰랐다. 그러나 문화혁명이 전향적으로 추진되어 관료주의의 폐단이 극복되기를 기대한다고 말했다.

류는, 자신이 이해하기로는 문화혁명의 목적이 완벽한 사회주의 창조를 위해 프롤레타리아와 전인민을 해방시키는 것이라고 말했다. '모든 것을 뒤엎어라!'가 목표라고 생각한 학생들에게 류의 말은 의외였다.[7]

7월 초에 마오는 장칭에게 공산주의 이념과 자신의 지도체제가 위기에 처해 있다는 편지를 썼다. 이제 그는 격파당할지도 모른다고 말했다. 높이 오를수록 심하게 떨어지는 법인 것이다. "그것이 어떻다는 말인가?" 그는 반문했다. "무슨 일에건 단순한 파괴는 없다. 완전한 격파만이 있을 뿐이다. 마르크스와 레닌조차도 격파당했다. 그런 일이 나에게 일어난다 해도 그것이 어떻다는 말인가?" 그는 운명의 날이 다가오고 있음을 느꼈다. 7월 16일 양쯔강의 빠른 물살 속에서 수천 명이 환호하는 가운데(익사한 사람도 있었다) 마오는 수영을 하거나 때로는 조류에 실려서 신중국의 상징인 무한교(武漢橋) 밑으로 강을 건넜다. 그리고 베이징으로 돌아왔다.

류사오치는 마오가 중난하이에 돌아왔다는 소식을 듣고 국향서옥으로 달려갔다. 초저녁이었다. 창들은 환하게 불을 밝히고 있었다. 바깥에는 마오의 리무진 홍기(紅旗)가 세워져 있었다. 마오는 방문객들을 접견중이었다. 그러나 경호원은 마오가 돌아온 뒤 피곤해서 이미 잠자리에 들었다고 류에게 말했다. 냉대받은 류는 집으로 돌아왔다.8) 다음 날 마오는 류사오치, 덩사오핑 그리고 지우언라이를 만났다. 마오는 각 학교와 대학에 공작팀을 보냈다고 그들을 비난했다. 그러나 분명히 마오는 전에 류에게 보낸 전보에서 공작팀을 승인했었다. 그는 질책했다. "누가 학생들의 운동을 탄압할 수 있겠는가? 학생운동을 탄압한 사람은 결코 끝이 좋지 못할 것이다."9) 인민대회당에서 열린 공공집회에서 류, 덩, 저우언라이는 공개적인 자아비판을 하지 않으면 안 되었다. 류사오치는 청중에게 말했다. "문화혁명을 어떻게 수행해야 하는지 여러분은 잘 모릅니다. 만약 여러분이 나에게 묻는다면 나도 잘 모르겠다고 솔직히 답변할 것입니다." 마오가 회의장에서 걸어나가자 청중들은 일제히 일어나서 노래했다. "바다를 항해할 때는 조타수에게 의존하라."10)

일주일 후 당시 열네 살이었던 팅팅은 당 내부에서 가장 덕이 높기로 중난하이 사람들 사이에 알려진 '차이창 아줌마'에게 달려갔다. 혁명 초기 창사 시절(마오가 후난성 창사 등지에서 농촌혁명운동을 전개했던 1920년대 후반 – 역주)에 차이창과 그녀의 남동생은 마오와 함께 트리오를 이루었다. 지금은 마오가 그녀를 만나는 일이 거의 없지만, 예전에는 차이 남매만큼 마오와 가까운 사람은 없었다.

"너의 어머니는 안녕하시냐?" 차이창이 물었다. "괜찮아요, 어머니는 칭화 대학에서 학생들에게 음식을 팔고 계세요"라고 팅팅이 말했다. "어리석은 것! 너는 여전히 아무것도 모르는구나!"라고 차이창이 대꾸했다. 그녀는 울음을 터뜨리면서 급히 사라졌다. 한 달이 채 안되어 차이창과 주더의 아내인 캉커칭을 비방하는 두 장의 벽보가 중난하이 안에 나붙었다. 그들의 죄목은 홍위병이 어떤 여자의 머리를 삭발하는 것을 보고 울었다는 것이었다.[11]

1966년 8월 18일 동이 튼 직후 톈안먼 광장은 이미 홍위병 완장을 두른 젊은이들로 가득 찼다. 그 이른 시각에 태양은 동쪽으로부터 창안가(長安街)에 붉은 빛을 드리우고 있었다. 그것은 홍위병들이 즐겨 외치는 '동쪽은 붉게 타오르고'라는 구호를 생생하게 상징하고 있었다.[12] 돌연 마오쩌둥이 나타났다. "마오 주석이다! 마오 주석이다!"라고 환호하는 홍위병들 쪽으로 마오는 잠시 걸어왔다. 그는 손을 들어 인사한 후 곧 중난하이 안으로 사라졌다. 언제나처럼 그는 전날밤을 꼬박 새운 상태였다.

군중들이 점점 불어나서 광장을 가득 채웠다. 일설에는 1백만이나 되는 사람들이 운집했다고 한다. 두 시간 후 마오가 돌아왔다. 8월 1일 인민해방군 창건기념일 이래 줄곧 입어온 군복 웃저고리 차림이었다. 동지들과 함께 그는 톈안먼 광장의 붉은색과 금색 칠이 입혀진 연단에 서 있었다. 마르고 우울해 보이는 린뱌오가 마오 옆에 섰다. 군복을 입고 있지 않은 것은 두 사람뿐이었다. 한 사람은 저우언라이였다. 그는 통상 입는 하복 차림이었는데 흰 셔츠의 칼라를 열어 놓은 채였고, 면재킷을 헐렁하게 어깨에 걸치고 있었다. 또 한 사람은 사복 겉저고리를 입은 류사오치였는데, 동료들과 떨어져서 덩샤오핑 옆에 서 있었다. 여기 모이기 직전 마지막 순간에 마오는 류사오치를 제외한 모든 사람들에게 군복을 입도록 전달했다. 모두들 충직하게 마오의 지시를 따랐으나 상황이 바뀐 것을 몰랐던 류만 민간인 복장을 하고 나타나서 굳은 얼굴로 침묵을 지키고 있었다. 아무도 그에게 말을 걸지 않았으며 그 또한 아무하고도 이야기하지 않았다.[13]

마오의 얼굴은 담황색으로 무표정했다. 그는 수십만이 환호하는 소리를 듣지 못하는 것처럼 보였다. 군중들 가운데 어떤 이들은 그의 무거워 보이는 눈꺼풀과 잿빛 피부, 그리고 기우뚱한 어깨에 대해서 이야기했다. 그들은 마오가 지난밤 내내 깨어 있었다는 것을 알지 못하였다. 지금은 그가 잠자리에 들 시간이 지나 있었다. 그는 아무 말도 하지 않았다.

린뱌오는 불안한 듯이 서류철을 뒤적이면서 군중들에게 마오의 적들과 주자파, 악당들, 당내 반역자들을 때려 눕히고, 사구—구사상, 구문화, 구습관, 구풍속—를 청산하라고 마치 히틀러의 목소리처럼 높은 쇳소리를 질러댔다.[14]

텐안먼 광장에 모인 십만 홍위병들 중 어느 누구도 자신이 어떻게 여기 와 있는지, 어떻게 홍위병이 되었는지 설명할 수 없었다. 연단에 서 있는 사람들도 마찬가지였다. 마오의 문화대혁명이 지닌 미스터리 중에서도 홍위병의 조직과 확대, 그리고 그것이 표방한 목표만큼 불가해한 것은 없었다. 보통의 중국인들이 보기에 홍위병들은 1966년 늦은 봄에 우연히 고등학교와 대학에 출현하여 마치 초원의 불길처럼 전국으로 퍼져나갔고, 난폭한 언행을 지속적으로 뿜어댔다. 그들의 일차적인 표적은 당이나 정부, 교육기관, 산업현장, 사회전체, 평화로운 주택가, 공공건물, 그리고 회색빛의 황량한 촌락에 이르기까지 모든 조직이나 장소의 책임자였다. 온갖 악다구니와 구타, 죽음과 파괴행위들이 마오쩌둥의 이름으로 자행되었다. 그들은 가장 충성스러운 신도들 중의 신도들이었으며, 마오의 적을 도처에서 발견하였다.

그러나 그들은 누구였는가? 누가 그들을 조직했으며, 그들은 누구의 지휘를 받고 있었는가? 한 사람만이 그 해답을 알고 있었다. 그는 텐안먼 광장에서 입술에 묘한 웃음 흘리면서 한마디 말도 없이 마오 옆에서 있었다. 연단에 서 있는 모든 사람들 가운데서 그의 모습은 마치 더러운 얼룩처럼 보였다. 비밀을 알고 있는 그 사람은 바로 캉성이었다.

1966년 이른 봄 마오는 캉과 이야기를 나눈 적이 있었다. 종종 그렇듯이 마오는 우화적인 수법으로 말했다. 이번에는 중국의 고전인 《손오공》을 인용했다. 원숭이 영웅이 마술과 속임수로 자신의 모든 적을 무찌른다는 이야기였다. 마오는 말했다. "우리는 염라대왕을 쓰러뜨리고, 작은 마귀들을 해방시켜야 한다. 우리에게는 왕궁을 무너뜨릴 원숭이들이 보다 많이 필요하다." [15]

캉성은 마오가 말하지 않은 부분을 알아차렸다. 마오는 공산당과 정부 내 지도부를 겨냥하여 문화혁명을 시작한 것이었다. 지금 그는 어리고 무모한 마귀들이 천국을 공격하기를 바라고 있었다. 그처럼 애매하고 신비주의적인 대화 속에서 홍위병이 태어난 것이었다.

관(官)이 개입하고 있다는 낌새는 전혀 없었다. 그러나 대학과 각급 학교에 갑자기 벽보가 나붙기 시작하자 마치 자발적인 것처럼 젊은이들은 홍위병을 조직하기 시작했다. 그들은 붉은색 완장을 팔에 두르고, 마오 주석에 대한 충성을 죽음으로 지킬 것이며 어디에 있는 누구든 마오 주석의 적은 깡그리 몰아내겠다고 맹세했다. 홍위병 운동은 급속히 확산되어 여러 지역에서 계파가 다른 홍위병들끼리 정통성을 따지면서 서로 충돌하는 일이 잦았다. 그들은 제가끔 마오 사상의 진정한 수호자라고 주장했다.

그러나 이러한 양상은 표면적으로 보이는 것처럼 그렇게 자연발생적인 것은 아니었다. 그 뒤에는 캉성의 선동이 있었다. 그는 각 고등학교와 대학에 막대한 숫자의 지하요원을 잠입시켰고, 많은 학생들이 직접 정보원으로 활동했다. 캉은 그들을 통해 루머를 퍼뜨리고 그들은 재빨리 그것을 운동에 반영시켰다. 많은 십대 젊은이들이 공격대상의 범위를 어떻게 정해야 할지 몰라 주저하고 있을 때도 캉성이 지침을 제공해 주었다. 경찰을 통해 표적이 된 사람의 이름과 거처, 파괴전략 등 필요한 모든 것이 홍위병들에게 전달되었다.

홍위병은 8월의 집회가 있기 전까지는 정부의 공식 승인을 받은 것은 아니었다. 그러나 이제 그들은 공식적인 지위를 획득하게 되었다. 장칭과 그녀의 세 동료들로 구성된 중앙 문화혁명소조가 홍위병에게 지침을 하달했고, 홍위병들은 고위층과 면담하고 정보에 접할 수 있게 되었다. 빠른 시일 내에 홍위병들은 마오의 공인받은 무기가 되어 마오가 제거하고 싶어하는 사회의 제반 요소들을 무차별 파괴하였다.[16] 수주일이 지나자 홍위병은 전국 도처에서 보이게 되었다. 특히 시골 벽지나 몽골, 티베트 등지의 소수민족 지역에서는 홍위병 운동이 난폭한 민족차별의 형태로 분출되었다. 이들은 소수민족 홍위병과 결탁하여 사원을 파괴하고, 승려를 살해하고 소수민족 농민들을 학살하였다.

8월의 그날 톈안먼 광장에서, 마오는 홍위병 지도자들을 비롯하여 칭화 대학 부설 중학교, 베이징 중등 여학교(입학시험제도 폐지를 맨 처음 건의한 학교)[17] 학생들, 그리고 최초의 대자보를 써붙인 녜위안쯔와 악수했다(마오 자신도 '사령부를 폭파하라!'는 대자보를 손수 쓴 적이 있다). 천보다의 연설도 있었다.

정오가 지난 직후 피곤해진 마오는 높은 발코니를 떠났다. 그는 군중에게 공식적인 말은 한마디도 하지 않았다. 동료들이 한 사람씩 그를 따랐고 류사오치만 남았다. 군중들이 계속해서 외쳤다. "마오를 데려오라." 그러나 마오는 돌아오지 않았다. 류사오치는 민간인 복장을 하고 수시간 동안 서 있었다. 홍위병들이 그 아래서 떼지어 마구 돌아다니면서 그에게 사나운 눈길과 말들을 내던졌다. 그는 마지막으로 자리를 떴다. 아무도 그에게 가도 좋다고 말해 주지 않았던 것이다.

마오는 중난하이 안에 새로 마련한, 수영장이 딸린 저택으로 돌아갔다. 그가 톈안먼 광장의 연단에 서 있는 동안 보좌관들은 새 거처에 마지막 손질을 하고 마오의 남은 소지품들을 국향서옥으로부터 옮기고 있었다. 그는 톈안먼을 떠나 곧장 새 집으로 갔다. 미풍 속에 아주 천천히 흔들리고 있는 류사오치를 남겨둔 채 마오는 떠났다.

27. 작은 병정

평푸 거리 19번지에 녹색 페인트칠을 한 문을 들어서면 입구격인 작은 마당이 나온다. 또 하나의 육중한 나무문을 지나면 1966년의 늦여름 햇빛 속에 국화꽃으로 온통 불붙고 있는 좀더 큰 정원이 가로놓여 있다.

평푸 거리는 조용한 곳이었다. 작가가 안식을 찾고 생의 의미를 음미할 여유를 가질 수 있음직한 곳이었다. 라오서(老舍)는 이 집을 1950년 봄 청지에인이라는 작가로부터 샀다. 당시 청은 고향인 타이완에 돌아가 살기로 결심하였던 것이다.[1] 이 집은 새로운 중국 속에 존재하는 하나의 섬처럼 라오서에게 옛 베이징을 소유하게 해주었다. 꺼칠하고 가난한, 배고플 때가 많은 하급 만주군 병사의 아들이었던 그가 유년을 보낸 바로 그 베이징이었다. 그의 부친은 1900년 의화단난(義和團亂) 때 연합군에 대항하여 궁정을 지키다가 전사했다. 당시 라오서는 겨우 한 살이었다.

라오서는 방랑자였다. 그는 1924년 영국으로 건너가 30년까지 그곳에 머물다가 베이징에 돌아왔으나 다시 지난(濟南)과 칭다오로 옮겼다. 전쟁시기를 충칭에서 보낸 그는 이번에는 미국으로 떠났다. 저우언라이가 귀국하라는 편지를 보냈을 때 그는 여전히 미국에 살고 있었다. 1949년 10월 1일 마오쩌둥이 톈안먼에서 인민공화국을 선포한지 여드레 후에 그는 베이징에 도착했다. 당시 50세였던 그는 작가로서 최고 전성기에 있었다. 그는 린위탕(林語堂)을 제외하고 서방 세계에서 가장 유명한 중국작가였으며, 미국, 일본, 유럽에서 베스트셀러가 된《인력거꾼 駱駝祥子》이라는 작품을 통해 전세계에 알려져 있었다.[2]

중국에는 장성한 네 자녀와 아내인 후지에칭이 있었다. 후는 꽃을 즐겨 그린 재능 있는 중국화 화가로서 그 분야의 대가인 치바이스(齊白石)의 제자였다. 라오서는 옛 베이징의 모습이 많이 바뀌었음을 보았다. 그는 정원이 있는 회색의 작은 집에서 태어나고 성장하였다. 도시의 북서쪽에 자리잡은 그곳은 성벽 옆의 해자(垓子)에 걸려 있는 신제커우(新街口) 다리와 가까웠다. 바로 성벽 너머에 있는 다리를 건너면 개구리와 뱀장어가 서식하고 있는 타이핑 호수가 졸리운 듯 무심하게 누워 있었다. 라오서와 친구들은 뜨거운 여름날 맨발로 호수 주위를 싸돌아다니다가 차가운 물 속에 뛰어들어 멱을 감곤 했다. 그 지역은 원래 만주인들이 거주하던 곳이었으며 라오서가 어린 소년이었을 때에도 마찬가지였다. 17세기 중엽 만주인이 중국을 정복했을 때 그들은 전사였으며, 이러한 전사 기질을 그들은 줄곧 간직하고 있었다. 그러나 세월이 지남에 따라 청조(淸朝)에서 지급하는 봉급은 줄어들었고, 라오서가 자랄 무렵에는 많은 만주인들이 궁핍한 생활을 하고 있었다.

라오서는 베스트셀러가 된 책의 인세 수입으로 펑푸 거리에, 정원이 있는 아주 오래된 집을 구입할 수 있었다. 천장 바로 밑에 기묘한 기하학적 장식이 붙어 있는 집이었다. 러시아식으로 지은 8층짜리 새 아파트에 살기 위해 정부 눈치를 봐야 하는 다른 작가들과는 달리 라오서는 자기 소유의 집을 원했다. 그것은 그에게 독립감과 함께 과거와의 연계감을 느끼게 해주었기 때문이다. 그는 자신이 직접 심고 기른 정원의 꽃들 가운데서 옛 베이징을 재창조했으며, 이 집을 '풍요의 집'이라고 이름붙였다.

양력으로는 보통 6월 초께가 되는 매년 음력 5월 5일이면 라오서는 친구들을 초대해서 쌀로 만든 떡을 갈대로 싼 후 다시 붉은 종이로 싼 종즈를 먹곤 했다. 이것은 옛 중국의 시인 굴원(屈原)의 기일을 기념하기 위한 것이었다. BC 278년 굴원은 당시 중국을 '야수의 나라'라고 부르면서 불의와 테러에 저항하여 목에 큰 돌을 매달고 후난성에 있는 미루오 강에서 투신 자살했다. 중국인들은 23세기 동안이나 매년 쌀로 만든 떡을 강에 던짐으로써 그의 죽음을 기억해 왔다. 이러한 행위는 물고기에게 먹이를 줌으로써 그의 시신을 다치지 못하게 한다는 의미를 상징하고 있었다.

라오서와 친구들은 종즈와 함께 싱런도우푸라는 일종의 아몬드젤리를 먹으면서 굴원의 시를 낭송하곤 했다.

끝없이 뻗어 있는 길
길기도 하여라!
높은 곳이나 낮은 곳이나 쉼 없이 찾아들며
나는 걷는다
사랑하는 것들을 위해서라면
나는 아홉 번이라도 죽으리
아무런 후회없이.

1966년 늦여름 중추절, 라오서는 갈색, 흰색, 노란색, 자주색의 꽃들이 달빛에 아른거리는 정원에 친구들을 불러모았다. 그들은 농익은 무화과와 위피도우라는 땅콩 사탕, 옥수수 과자, 그리고 참깨를 으깨서 만든 전통적인 명절 과자로 탐욕스런 입모양을 한 카이코우러를 먹었다.[3] 그들은 밤낮으로 먹고 마시면서 향긋한 국화 향기를 즐겼다. 라오서는 음력 중추절을 기다려 왔었다. 마오가 국화 향기를 예찬하여 이름붙인 국향서옥에서 염소 냄새 나는 수영장 저택으로 거처를 옮긴 것을 라오서는 알지 못했을 것이다.

베이징의 예술계는 라오서의 성공과 쾌적한 생활, 그에 대한 정부의 배려에 분개하고 있었다. 혹자는 라오서가 체제에 아부한다는 비난을 하기도 했다. 그가 죽은 후에도 오랫동안 많은 사람들은《인력거꾼》의 작가를 심하게 깎아 내렸다. 그러나 라오서 자신은 새 정부에 쉽게 적응할 수 없었다. 줄곧 그는 보헤미안적인 생활을 해왔었다. 미국에 있을 때 그는 작가인 린위탕, 그리고 성공한 중국 출신 영화배우인 안나 메이웡과 가까웠다. 중국에서 가장 가까운 사람은 상하이 출신 작가인 바진(巴金), 명망 높은 시인이자 작가, 역사학자인 귀모뤄, 유명한 여성 경극 가수인 란팡 등이었다.

라오는 베이징 작가 예술가 연맹의 최고 책임자였고 전국인민대표대회와 인민정치협상회의 상임위원이었으며, 중국작가협회의 부회장이었다. 그에게는 차와 운전기사가 제공되었다. 그는 공산주의자는 아니었으나 충실하게 체제를 지지했고 전인대(全人大)에 출석하였다. 또 인민중국의 문화적 장식품이었으며, 외국작가가 베이징을 방문하면 나가서 맞이하고 연회에 함께 참석하였다.

라오서는 '풍요의 집'을 사들인 이래 수년간 작품 활동이 부진했다.《한 지붕 밑의 4대 四世同堂》라는 대하가족소설을 발표했을 뿐이었다. 관변 비평가들은 이것을 대서사시라고 칭송했으나, 많은 사람들이 사석에서는 결함을 지적했다. 라오서가 베이징에 살지 않았던 일본 점령 시기의 생활을 묘사한 대목은 실감이 나지 않았고 새로운 체제에 대한 찬양은 지나치게 어색했다.[4] 그의 희곡《8월의 찻집》은 국제적으로는 명성을 얻었으나, 베이징의 비평가들로부터는 혹평을 받았다.

라오는 오래 전부터 만주 전사들의 몰락에 관한 이야기, 즉 자신의 부친과 그 친구들의 이야기를 쓰고 싶어했다. 그리하여 그는《붉은 깃발 아래서》라는 대작을 시작하였다(그가 의미하는 깃발은 공산주의 깃발이 아니라 만주인들의 군단을 지칭하는 것이었다). 대약진과 반우운동 등으로 마오의 지식인 숙청이 계속되자 라오는 이 작품이 출판될 수 없을 것임을 깨닫고 한 쪽으로 치워 버렸다. 1961년 이후로 그는 원고를 서랍 속에 처박아 두었고, 그가 죽었을 때 이것은 반쯤 완성된 상태로 발견되었다. 이 작품은 마오가 죽은 뒤에야 비로소 복원되어 일부분이 간행되었는데, 라오서가 남긴 가장 뛰어난 작품이라는 평가를 받고 있다.

라오서는 훌륭한 화가이기도 했다. 그와 아내는 꽃 모종을 심거나 옮겨 심고 그것들이 피어나는 아름다운 모습을 화폭에 담는 데 많은 시간을 보냈다. 그림은 언어로는 포착할 수 없는 생동감을 지니고 있었던 것이다.

1966년 여름 라오서의 나이는 예순여섯 살이었고 건강이 좋지 않았다. 8월 초에 그는 류사오치와 덩샤오핑을 비판하는 인민대회당 회의에 참석했었다. 회의에 참석하기 위해 상하이에서 올라온 바진을 만나 그는 상하이의 친구들에게 '나는 괜찮다'라는 말을 전해 달라고 부탁했다. 당시 그 말은 아직 박해받지 않고 있음을 의미하는 은어였다. 회의가 있었던 날 라오서는 한밤중에 깨어서 각혈을 했다. 가족들은 그를 반제의원(反帝醫院)으로 급히 옮겼다. 그는 뇌출혈로 두 주일간 병원에 있었다. 퇴원시 의사는 휴식이 필요하니 일하지 말라고 일렀다.[5] 1966년 8월 23일 아침 의사와 가족들의 만류에도 불구하고 그는 사무실로 향했다. 기사가 그를 사무실까지 태워다 주었다.

베이징 거리는 마오의 홍위병들로 험악했고 파괴와 테러가 확산되고 있었다. 바로 전날 그들은 오페라와 경극을 공연하는 극장과 박물관을 습격하여 한 트럭이나 되는 무대의상과 소도구들을 약탈했다. 옛황제와 고관들이 입었던 실크나 벨벳 가운, 고대의 칼, 단검, 창, 왕홀, 깃발, 시종이 쓰던 지팡이, 구식 총, 그리고 수백 년간 전해오는 보물들이었다. 8월 23일 아침 마오의 십대 깡패들은 고대의 문화적 유산을 중심가로 실어 나르기에 바빴다. 마오가 그들에게 지시한 사구 청산을 완성하기 위함이었다.

이 위대한 과업을 수행한 것은 제2, 12, 23, 63중학교와 중앙예술학원 출신의 홍위병들이었다. 이들은 몇 주일 전까지만 해도 중국의 미래로 촉망받던 젊은이들이었다. 이제 이리떼처럼 악의에 찬 그들은 약탈품을 옛 왕립대학인 국자감(國

子監)으로 실어 날랐다. 국자감의 우아한 정원은 공자묘(孔子廟)의 바로 이웃에 있었다.

그 건물은 원대에는 '경당'(經堂)이라고 불렸었다. 건륭제 시대 이래로 매년 2월이 되면 황제들은 이곳에 와서 경전을 강의하곤 하였다. 도자기로 만들어진 중앙 홀의 아름다운 노란색 아치에는 '천하 만물은 가르침의 덕을 받으리라'는 글이 새겨져 있었다.

정원의 회랑에는 경전 글귀가 새겨진 3백 개의 석판이 세워져 있었다. 진시황 시대에 있었던 것처럼 광적인 파괴행위로 인해 경전이 소실되는 것을 막기 위함이었다. 이 석판들은 인민공화국 건국 직전에 이미 창고로 내쫓겼다. 이곳은 국립도서관으로 사용되고 있는 배움의 성채였다. 바로 여기서 16, 17 세밖에 안 된 중국 운명의 심판관들이 책과 귀중한 문헌들, 진귀한 문화적 유산들을 산더미같이 쌓아놓고 있었다. 그런 다음 그들은 베이징 문화국에 뛰어들어 거기 있는 30명의 예술가 관리들을 납치했다.[6]

라오서가 무슨 일인지 알아보기 위해 나오자 한 여학생이 소리쳤다. "라오서다. 제1호 반동분자다. 끌어내서 트럭에 실어라."[7]

트럭은 라오서 등을 국자감으로 실어 왔다. 오래된 돌 위에 역사적 예술품들이 화장용 장작이 되어 사원처럼 높이 쌓여 있었다.

마오의 자객들은 희생자의 무릎을 꿇리고, 날이 무딘 가위로 그들의 머리카락을 반쪽은 깎고 반쪽은 남겨 두어 마치 음양의 형태마냥 삭발한 뒤 먹물을 머리 위에 부었다. 마침내 쌓아 놓은 물건에 불이 붙여졌다. 끈적이는 우중충한 연기가 마당을 가득 채운 가운데, 손이 등 뒤로 묶인 희생자들을 발길로 차 불가로 몰아붙였다. "뜨거운 맛 좀 봐라! 뜨거운 맛 좀 봐라!" 하는 고함 속에 그들은 연기와 불똥을 온통 뒤집어썼다.

소년, 소녀들은 고대의 창, 칼이나 왕홀들을 뽑아들고 희생자들의 머리와 등을 마구 두들겼다. 희생자들의 목에는 '흑색 우파분자' '괴물' '반동 학자' 따위의 꼬리표가 걸려 있었다. 홍위병들은 라오서의 머리와 얼굴이 피투성이가 될 때까지 금속 버클이 달린 혁대로 내리쳤다. 그는 돌 위에 쓰러져서 의식을 잃어버렸다. 그러나 홍위병들은 라오서의 다리를 잡아당겨 일으켜 세우면서 "태도가 돼먹지 않았다"고 소리쳤다.[8] 일으켜 세워지자 라오서는 머리를 숙이는 것을 거부했다. 피가 상처에서 솟아나와 찢어진 흰 셔츠를 붉게 물들였다. 군중들이 "절을 해라, 절을 해!"하며 악을 썼다.

그는 머리를 더욱 높이 곧추세웠다. 얼굴은 잿빛이었고 두 눈은 괴기스러운 빛으로 번쩍였다. '악질 반혁명분자'라는 새로운 꼬리표가 그의 목 주위에 걸렸다. 홍위병들이 계속해서 그를 때리고 발길질하는 동안 라오서는 자신의 두손을 자유롭게 한 다음 조용히 꼬리표를 목으로부터 떼어내서 땅바닥에 내동댕이쳤다. 그리고 홍위병 한 사람을 치려 했으나 빗나갔다. 홍위병들은 그를 포위하고 지극히 야만스럽게 구타를 퍼부었다. 희생자들 가운데 한 사람이 그가 맞아죽는 것이 아닌가 겁냈을 정도였다.

밤이 오고 있었다.[9] 문화국의 직원 한 사람이 무리들에게 '악질 반동분자'인 라오서를 경찰에 인계해서 정식 심문을 받고 처형시켜야 한다고 주장했다. 군중들은 라오서를 시단(西單) 경찰서에 끌고 가서도 구타를 계속했다. 경찰은 그 광경을 무표정하게 지켜보고 있었다.[10]

경찰이 아닌 누군가가 라오의 아내인 후지에칭에게 전화를 걸었다. 시단으로 달려온 그녀는 탁자 위에 누워 거의 정신을 잃은 남편을 발견했다. 그는 머리도 들지 못했다. 여러 군데의 상처에서 피가 솟아나오고 있었다. 옷은 찢어지고 피에 흠뻑 젖어 있었다. 그녀는 인력거를 불러 라오서를 부축해 세웠다. 경찰은 라오서에게 다음 날 아침 8시까지 사무실에 나와서 '비판을 받고' '자신의 범죄'에 대해 해명해야 한다고 경고했다. 그리고 그때 '악질 반혁명분자'라는 꼬리표도 반드시 가져오라고 말했다.

인력거는 좁았다. 후지에칭은 남편을 좌석에 기대게 하고 자신은 바닥에 웅크리고 앉았다. '풍요의 집'에 도착한 것은 새벽 2시였다. 후는 찢어지고 피에 젖은 라오서의 옷을 벗겨냈다. 그의 온몸은 상처와 멍투성이였다. 상처에서는 매맞을 때 함께 살 속으로 파고 들어간 내의 천 조각이 발견되었다. 그녀는 상처를 씻어내고 그에게 차와 쌀밥을 약간 먹였다. 라오서는 아침식사 이후 아무것도 먹지 않았던 것이다. 라오서도 그의 아내도 별로 잠을 자지 못했다. 그들은 이야기를 나누었다. 모든 것이 잘될 것이라고 라오서는 계속 말했다. "사람들은 나를 이해하고 있고. 당과 마오 주석은 내가 어떤 사람인지 알고 있을 거요. 그리고 총리(저우언라이)가 나를 가장 잘 알고 있지"[11]라고 그는 덧붙였다.

아침이 되자 그는 아내에게 평소와 마찬가지로 일하러 가도록 일렀다. 그렇지 않으면 비판받을 것이기 때문이었다. 평상시에 라오서를 데리러 오던 승용차와 기사는 나타나지 않았다. 그는 비틀거리며 일어서면서 아내에게 어서 가라고 다시 한번 말했다. "돈을 조금 주시오. 그리고 식량 배급표도 몇 장"(여전히 쌀은 배급제였다). 라오는 혼자서 버스로 사무실에 갈 수 있다고 말했다.

후지에칭은 남편을 두고 떠났다. 풍요의 집은 침묵 속에 빠졌다.

라오서는 팔에 꼬리표를 두른 채 마당을 가로지르면서 아들 수이의 딸인 세 살짜리 손녀를 창 쪽으로 오라고 불렀다. 그는 몸을 굽히면서 "할아버지에게 작별인사를 하렴"[12] 하고 말했다.

그날 아침 늦게 홍위병들은 금속 버클이 달린 혁대를 휘두르면서 라오서의 집으로 내려왔다. 그들은 벽에 포스터들을 붙이고 골목과 정원을 떼지어 몰려다니면서 항아리들과 벤치들을 뒤엎고 국화꽃을 짓밟았다. 그들은 라오서를 찾느라고 온 집안을 뒤졌다. 다락에도 올라가고 지붕에도 기어올랐으며, 찬장을 박살내고 서가에서 책들을 내동댕이치며 침상을 일으켜 세워 놓았다. 라오서는 어디에 숨었을까?

라오서가 거기에 없다는 것이 확실해지자 비로소 그들은 사라졌다. 숨을 죽이고 공포에 떨면서 지켜본 수이는 아버지의 피묻은 셔츠와 재킷을 급히 걸쳐 입고 저우언라이에게 알리기 위해 국무원으로 달려갔다. 그는 재킷을 젖히고 비서에게 핏자국을 보여 주면서 무슨 일이 일어났는지 설명하는 쪽지를 전했다. 몇 시간후 저우언라이의 비서로부터 전화가 왔다. 저우언라이가 라오서를 찾으라는 지시를 내렸으며, 소식이 있으면 연락해 주겠다는 전갈이었다.

몇 시간이 지났다. 아무 소식도 없었다. 그렇게 8월 24일 밤이 지났다. 25일 아침에도 아무 소식이 없었다. 오후에 수이는 라오서의 사무실에 가 보라는 전갈을 받았다. 그는 쪽지 하나를 전해 받았다. 거기에는 "우리 연맹의 수서위(舒舍豫 ; 라오서의 본명)는 인민을 배반했다"라고 씌어져 있었다. 사무원이 수이에게 지금 곧 덕승문(德勝門) 밖에 있는 타이핑 호수로 가서 라오서의 시체를 거두어 가라고 하면서 그의 모친에게는 알리지 말라고 했다.

늦은 오후 수이는 타이핑 호수 옆의 지저분한 길을 걸어갔다. 서쪽에서 내리쬐는 8월의 햇살이 그의 눈을 부시게 했다. 앞쪽에 노란색 얼룩 같은 것이 나타났다. 가까이 가보니 짚으로 만든 깔개였다. 젊은이 한 사람이 안절부절하면서 거기 서 있었다. 가까운 곳에는 수년 동안 매일 라오서를 사무실에 데려다 주었던 차와 운전기사가 서 있었다. 그때 젊은이와 운전기사는 붉은색 글씨로 '홍위병'이라고 씌어진 완장을 두르고 있었다.

관리 한 사람이 수이에게 이름을 기재하고 신분증을 제시하라고 했다. 그는 서류를 면밀히 검토한 후 라오서의 시체를 반쯤 덮고 있는 짚깔개를 가리키면서 '시체를 빨리 치우라'고 말했다. 운전기사가 차를 타고 떠나면서 몸을 창 밖으로 내밀고 한마디 덧붙였다. "어젯밤 이곳에 개들이 왔다 갔더군요."[13] 그날 밤 늦게야 후지에칭은 비바람이 몰아치는 가운데 겨우 인력거를 한 대 빌려 남편의 시체를 바바오산(八寶山)에 있는 화장터에 옮길 수 있었다. 그들은 시체를 받아 주기는 했으나 그녀에게 남편의 유골을 넘겨주지는 않았다. 인민의 적(敵)의 유골은 가족들에게 돌려줄 수 없게 되어 있었던 것이다.

한때는 홍위병이 라오서를 붙잡아서 다시 구타하고 타이핑 호수에 투신하게 했다는 추측이 나돌았다. 있을 수도 있는 일이지만 실제로 그랬던 것 같지는 않다. 5번 버스는 펑푸 거리에서 덕승문까지 그리 멀지않은 노선을 운행하고 있었다. 그는 자신이 태어난 거리나 부근에 사는 어머니 집을 마지막으로 방문했는지도 모를 일이었다. 타이핑 공원의 수위는 8월 24일 '한 늙은이'가 종일 벤치에 앉아 있었던 것을 기억하고 있었다. 주위에 다른 사람은 없었다. 그는 아침부터 저녁까지 조용히 앉아서 한마디 말도 없이 소금기 있는 수면을 바라보고 있었다.

아마도 라오서는 무엇인가를 쓰고 있었던 것 같다. 이튿날 아침 수위는 물 위에 종이조각이 떠 있는 것을 보았다. 그것은 라오서의 손에 쥐어진 마오쩌둥의 시였는데 글자 하나 하나가 호두알 크기만 하였다. 라오서가 마지막 시를 지었는지는 밝혀지지 않았다.[14]

8월 25일 매우 이른 아침, 타이핑 호수가 아직 아침 안개에 휩싸여 있을 때, 부근에 사는 배우 한 사람이 아침운동을 하기 위해 호숫가로 나왔다. 호수를 바라보던 그는 물가에서 십여 발짝 쯤 떨어진 수면에 이상한 물체가 떠 있는 것을 발견하였다.

안개가 걷히자 그것이 음양 형태로 삭발된 인간의 머리임을 알았다. 그는 부근의 어부 집으로 달려가서 도움을 청했다. 그들은 가까스로 시체를 물가로 끌어냈고, 조금 지난 후 벤치 옆에 가지런히 쌓아 놓은 물건들을 발견했다. 라오서의 재킷과 안경, 만년필, 단장, 그리고 신분증이었다. 그의 손은 아직도 종이조각을 움켜쥐고 있었다. 1978년 6월 바바오산에서 기념식이 행해졌을 때 다른 소지품들은 모두 가족에게 돌려주었으나 그 종이는 없었다.[15] 시체가 발견되자 부근에 있는 베이징 보통학원에서 라오서의 작품을 좋아하는 많은 학생들이 몰려왔다. 경찰이 오고 검시반도 왔다. 베이징 시 작가연맹에서도 대표가 왔다. 그러나 저우언라이는 미망인에게 전화하지 않았다. 그날 밤 9시까지도 남편의 죽음에 대한 소식이 그녀에게는 전달되지 않았었다.

며칠 후 베이징 보통학원 학생 하나가 작은 돌조각에 '라오서 여기서 세상을 등지다'라는 글자를 새겨서 시체가 인양되었던 물가에 세웠다. 그 돌은 오래 남아 있지 않았다. 1년이 채 안 되어 지하철 공사에 쓰일 자재를 보관할 장소를 마련하느라 타이핑 호수를 메울 때 쓰레기더미와 함께 파묻혔다고 한다. 한때 타이핑 호수였던 장소 주위에는 철망 울타리가 세워졌다. 라오서가 죽은 후 그처럼 빨리 호수가 메워진 것은 순전히 우연이었는지도 모른다. 그러나 그가 죽은 후 수개월 동안 이 호수에서는 상당히 많은 시체가 건져졌다. 이곳은 지식인들이 마오에게 살해당하는 것을 기다리기보다는 차라리 자살을 택하는 장소가 되었던 것이다. 중국어로 타이핑(太平)이라는 단어는 '평화롭다'라는 뜻을 지니고 있다.

    1988년 늦은 봄날, 지금은 표면이 시멘트로 발라진 오래된 해자를 따라 걸으면서 내기를 걸고 있는 낙천적인 두 어부를 바라보던 라오서의 딸은 눈부신 햇빛 속에서 발걸음을 멈췄다. 어떤 생각이 그녀의 뇌리를 스쳤다. 오래 전 한 대학생이 이 둑에 거칠게 만들어 세운 돌조각의 복제판을 만들면 어떨까? 교통량이 많은 한길 옆에 잔디 입힌 작은 무덤을 만들고, 비석에는 라오서가 한때 비문으로 쓰고 싶어 했던, '여기 쓰러져 잠든 문단의 작은 병정을 기념하여'라는 글귀를 새기면 어떨까? 하는 생각이었다. 물론 실제로 그런 일은 일어나지 않았다. 그러나 언젠가 중국은 굴원처럼 '야수의 나라'에 사는 동족들의 양심을 일깨우기 위해 목숨을 바친 한 작가를 기념하게 될지도 모른다. 평화스러워 보이는 호수는 그와 같은 기념식에 잘 어울리는 장소일 터이다.[16]

28. 강철인간 왕(王)의 운명

    1966년 8월 먼지낀 베이징의 대로와 골목 골목에서 끓어오른 미치광이의 열풍은 결코 우연한 것이 아니었다. 그 광기는 중국의 젊은이들이 사말석으로 마오에 대한 환각 속으로 휩쓸려 들어간 일종의 열병이었다고 생각하는 사람들도 있다.
    그와 같은 환각상태가 실재한 것도 사실이었다. 그러나 그것이 바닥을 모르는 가학 행위로 표출된 것은 결코 우연이 아니었다. 그것은 캉성에 의해 선동되고 조정되고 사주되었던 것이다. 실상 광기는 국가의 방침이었다. 1966년 3월 '작은 악마들을 풀어 놓으라'고 한 마오의 지시는 캉성의 비밀경찰을 통해, 혹은 거의 공개적인 형태로 문자 그대로 집행되었다.
    마오는 몇 달 앞선 6월 6일, 아마도 후일의 역사적 기록으로 남기기 위해 쓴 듯한 흥미로운 편지 한 장을 장칭에게 보냈었다. 그는 자신의 가장 열렬한 지지자였던 캉성과 린뱌오, 그리고 장칭까지도 제거한 뒤에 공개된 이 편지에서 '위대한 혼란은 위대한 질서를 가져온다'고 주장하였다.
    그는 말하였다. "7, 8년마다 괴물과 마귀가 날뛸 것이다." 이어서 그는 수많은 중국인들이 악귀를 쫓기 위해 집집마다 대문에 수호신으로 장식해 놓고 있는 가공의 인물인 종쿼(鍾馗)에 대해 언급하였다. "나는 공산당의 종쿼가 되었다"라고 그는 주장하였다. 이것은 문화혁명을 주도하고 있는 린뱌오 등이 자신을 엄호물로 이용하고 있음을 암시하는 것이었다. 그러나 '작은 악마들'을 풀어 자신이 주관하고 있는 기성사회를 공격케 한 것은 말할 것도 없이 마오 자신이었다.[1]

8월 후반부에 공안부는 마오의 기대를 명문화된 지시로 구체화하여 공포하였다. 공안부장 셰푸즈(謝富治)는 공안부 고위급 책임자들에게 공공질서에 관련된 기존의 규정들은 준수하지 않아도 된다고 공식 언명하였다.

그는 "나는 사람들을 때려 죽이는 것에 동의하지는 않는다"라고 말했다. "그러나 군중이 악덕분자들을 깊이 증오할 경우 우리가 그것을 저지할 수는 없다. 그러므로 저지하지 말라. 경찰은 홍위병의 편에 서서 그들과 접촉을 유지하고 연계를 확고히 해야 한다. 그리고 다섯 범주에 속하는 사람들(지주, 부농, 반동분자, 악질분자, 우파분자)에 대한 정보를 홍위병에게 제공해야 한다"[2]고 덧붙였다. 공안관리들은 24시간 내에 명령을 하급자들에게 하달했고, 하급자들은 다시 이것을 홍위병 조직에 전했다.

이 명령이 내려온 것은 우연히도 라오서를 자살로 몰고갔던 국자감에서의 화형식이 있었던 날이었다. 라오서가 8월 24일 밤에 투신자살하지 않았다면 그는 틀림없이 이튿날 제65중학교의 홍위병들에게 맞아 죽었을 것이다.

경찰의 지시가 신속히 전달되고, 홍위병들은 경찰이 제공한 이름과 주소들을 지니고 수백, 수천의 희생자들을 덮치기 시작했다.

8월 26일 베이징의 북쪽 교외에 위피한 따싱 현(縣)의 경찰은 현지 홍위병들에게 '위험분자'들의 이름을 건네주었다. 27일에는 이미 구타행위가 진행되고 있었다. 일주일 내에 125명 이상의 사람들이 광란하는 군중들이 보고 있는 가운데 거리에서 혹은 광장에서 맞아 죽었다. 며칠 후 희생자는 300명으로 늘어났다. 맞아 죽은 사람 중 가장 나이 많은 '인민의 적'은 여든세 살의 할머니였고, 가장 어린 사람은 생후 38일 된 아기였다.

머리에 일격을 가하는 것만으로 그들의 머리통은 박살났고, 먼지 속에 생명 없는 물체로 남았다. 스물두 가족이 몰살되었다.

경찰의 부추김으로 시작된 테러는 무자비하게 계속되었다. 마을의 헌병들은 거리를 활보하는 젊은이들에게 도시로 이사해 간 전 거주민들의 명단을 제공했다. 즉각 소환되어 온 그들은 기차에서 내리자마자 홍위병의 곤봉 세례를 받고 몇 분 만에 처치되어 버리곤 했다. 그들에게는 재판도 공개비판도 없었다. 베이징의 주택가에서 20년간 조용히 살아온 과거에 지주의 첩이거나 하녀였던 나이든 두 자매가 끌려왔다. 그들은 타고 온 기관차가 보일러에서 증기를 다 뿜어내기도 전에 이미 죽은 목숨이었다. 홍위병들은 자비를 애걸하는 그들을 덮쳤다. 시골뜨기 홍위병이 그녀들의 머리, 가슴, 등을 내리친 후 산 채로 구덩이에 던져 넣고 몸을 일으키는 그들 위에 흙덩이를 삽질해 부었다.[3] 베이징 부근 지역에서만 5천 명 정도가 이처럼 야만스러운 방법으로 살해되었다.

테러로부터 안전한 곳은 한 군데도 없었다. 멀리 떨어진 광시성에서는 67,500명이 살해되었고, 몽골에서는 희생자가 수십만 명에 달했다. 티베트와 쓰촨에서도 마찬가지였다. 정보통으로 알려진 한 중국인은 10년 동안의 광기가 가져온 희생자수를 4백만 명으로 추산했다. 그는 "아무도 그런 말을 해 주지 않을 것입니다. 그러나 나는 하겠습니다"[4]라고 말했다.

공식 집계로는 '박해'받은 사람이 729,500명, 사망자가 34,000명이고, 일회 사망자 통계로서 가장 많은 것은 내몽고 지방의 16,222명으로 되어 있다. 그러나 중국측의 또 다른 집계에 따르면 희생자는 공식 통계의 수백 배에 달한다.[5]

지금까지 문화혁명에 관해 가장 철저한 조사를 한 사회사학자이고 톈안먼 사태 후 망명한 반체제 인사 옌자치(嚴家其)는 실제 사망자수를 밝히기를 거부했다. 과연 1백만, 2백만, 5백만, 1천만 혹은 2천만 명이나 사망했는가라는 질문에 그는 다음과 같이 말했다.

"실제 사망자수는 소문처럼 그렇게 많지 않았는지도 모릅니다. 그러나 가장 큰 손실은 인간성에 대한 것이었고, 그 편이 훨씬 심각했습니다. 상황이 가장 나빴던 후난성에서조차 대량학살 사태까지는 일어나지 않았습니다. 그러나 지주와 그 어린애들이 살해된 사례들은 있었지요. 내몽고 지방에서도 마찬가지였습니다.[6]

베이징에서의 구타의식은 스포츠 경기장에서 진행되었다. 유명한 지샹극장을 포함하여 많은 극장들은 매일 밤 마오의 풋내기 악당들이 새로 공연하는 공개 살인을 위해 징발되었다. 구타 파티에는 형식이 없었다. 고대 로마인이 굶주린 사자에게 기독교도들을 집어던질 때의 아슬아슬한 흥분 같은 것도 없었다.

베이징에서 벌어진 스포츠는 자칼 떼가 부상한 사슴을 덮치는 것과 흡사했다. 희생자들은 손발이 묶인 채 조명이 비치는 무대 위에 내던져졌다. 살인자들이 행동을 개시하면 관중들은 악을 쓰고 군침을 흘렸다. 선양에서는 구경하던 젊은 여자가 비명이 새나가는 것을 막기 위해 스스로 목에 상처를 냈다. 희생자들의 입에는 재갈이 물려졌다.

누군가를 질시하는 사람들에게 그것은 천국이었다. 연필로 끄적거린, 서명도 하지 않은 고소장 하나면 적(敵)을 공개무대에 끌어내서 이튿날 밤이면 그 사람이 고통 속에 죽어 가는 것을 볼 수 있었다.[7]

20년 후 중국의 어느 유명한 학자의 딸은 이 시절을 회상하면서 돌처럼 차가운 눈빛으로 말했다. "우리는 야수가 되었습니다. 중국에 인간은 남아 있지 않았습니다. 우리는 야수보다도 못했습니다. 적어도 야수는 동족을 학살하지는 않기 때문이지요." 그녀는 자신이 옛 시인 굴원의 말을 되풀이하고 있음을 깨닫지 못했다.

1960년대 중국에서 왕진시(王進喜)만큼 마오쩌둥 시대를 잘 표상하고 있었던 인물을 찾아보기 힘들 것이다. 왕의 엄격한 얼굴과 '강철인간 왕'이라는 별명은 헤이룽장(黑龍江)에서 하미에 이르기까지 전국에서 모르는 사람이 없었다. 그는 마오가 내세운 자력갱생원칙(自力更生原則)의 화신이었다.

수다스럽고 마오의 비위를 잘 맞추었던 왕진시는 마흔세 살이었던 1966년에 발탁되어 인민대회당에 세워져 일약 유명인사가 되었으며, 공산당 중앙위원에 선출됨으로써 마오 체제의 우상이 되었다. 국가행사 때마다 그는 톈안먼에서 마오 옆에 섰다. 왕 자신도 그가 얼마나 여러 번 연설을 하고 사진을 찍혔으며, 다큐멘터리 영화에 출연하고 마오 주석을 찬양하는 인터뷰를 했는지 기억할 수 없을 지경이었다.

강철인간 왕은 가난과 질병과 무지와 미신에 허덕이던 옛 중국이 마오의 영도 아래 근대화된 새로운 세계로 변신하는 모습을 보여 준 본보기였다. 왕이 읽지도 쓰지도 못해서 생산팀에 지시를 내릴 때면 공책에 그림을 그려야 했다는 사실은 그가 했던 일의 내용만큼이나 극비에 붙여졌다.

왕은 간쑤성의 위먼(玉門) 유전에서 일하기 시작했을 때 남루하고 가난한 열세 살의 농촌 소년이었다. 그는 허수아비처럼 야위었지만─그의 집은 자주 쌀이 떨어지곤 했다─웃기를 잘했다. 그는 두 살 아래 친구인 쉬에꾸오방과 함께 여름밤이면 집 옆의 단단한 흙마당에서 씨름하기를 즐겼다. 왕은 특별히 힘이 세지는 않았으나 기민했다. 쉬에꾸오방은 그보다 약간 키가 크고 몸무게가 더 나갔다. 그러나 시합은 항상 비겼다. 젊은이들은 열심히 일했다. 그 유전은 국민당 정부의 국영사업이었다. 사용주는 소량의 식량과 형편없는 임금을 지불했다. 왕도 쉬에도 위먼 유전 밖의 세계는 전혀 알지 못했다. 노동자들이 정치이야기를 나누는 일은 없었다. 왕과 쉬에처럼 대부분이 문맹이었다. 1930년대 말에 중국과 유럽에서 어떤 일이 일어나고 있는지 그들은 눈꼽만큼도 아는 바 없었다.

군대가 항상 유전 주위를 순찰했다. 장제스 군대에 군인들이 납치되어 갔듯이 수많은 노동자들 또한 국민당 '징발단'에 의해 유전 지대로 붙들려 왔다. 그들은 붙잡힌 후 포박당한 채 끌려와서 유전에 부려졌다. 도망치면 사살되거나 구타당했다. 도망하다 붙잡히면 동료들을 불러모아 몽둥이를 나눠 준 다음 도망자를 때리도록 강요했다. 모든 사람이 희생자를 힘껏 세 번씩 쳐야 했다. 살살 때리면 그 자신이 얻어맞았다. 흔히 도망자는 맞아 죽었다.

구타는 중국에서 하나의 생활 양식이었다. 죽음도 마찬가지였다. 왕과 다른 노동자들은 위생시설이라곤 거의 없는 동굴에서 살았다. 식사는 더 이상 조악할 수 없었다. 쌀도 밀도 없이 모래와 약간의 후추가 섞인 기장죽이 전부였다. 사람들은 곧 기운을 잃고 괴혈병으로 쓰러졌다. 물도 음식만큼이나 나빴다. 거의 매일 한두 사람의 노동자가 티푸스로 죽어나갔다. 두 번쯤 흐지부지한 파업이 있었다. 한 번은 왕과 쉬에도 가담했다. 그들은 유전 경영 책임자를 잡아다가 댐에 던지겠다고 위협했다. 그날 밤 국민당이 캠프에 군대를 보냈다. 군인들이 노동자들을 향해 기관총을 조준하자 파업은 끝났다. 주모자들은 내쫓겼다. 아마 사살되었을 것이다.

경비원과 유전에 주둔하고 있는 군대는 잔혹하기로 유명한 회교도 부대인 마(馬)씨 부대 출신이었다. 이 부대는 대장정 시기에 2천 명의 여군(女軍)으로 구성된 공산군을 습격하여 살해, 고문, 강간을 자행하였고, 생존자는 노예로 팔아 넘겼다.

인민해방군이 도착할 때까지는 유전에 있는 어느 누구도 혁명이 일어난 줄 몰랐다. 관리인은 국민당 군인 한 사람당 세 냥씩을 나눠 주고 정유시설과 유정(油井)을 파괴하지 말고 조용히 떠나도록 조치했다.

새로 도착한 공산주의자들은 노동자들에게 테스트를 실시하였다. 왕은 '숙련공'으로 분류되었고, 얼마 안 있어 1205호 굴착팀의 책임자가 되었다. 그는 열성적이고 훌륭한 지휘자였다. 그는 '한 달에 1천 야드, 1년에 만 2천 야드를 뚫자'라는 구호를 내걸었다.

쉬에꾸오방은 다음과 같이 회상하였다.

"우리는 너무 바빠서 더 이상 씨름할 시간이 없었다. 우리는 중국에 풍요를 가져오기 위해 땅과 씨름하였다."

왕의 1205호 팀은 유명해졌다. 그는 강연을 했고 그것이 신문에 기사화되었다. 그는 다른 팀들과 함께 신장성에 파견되기도 했으나 거기서 석유를 많이 발견하지는 못했다.

아직 '강철인간 왕'의 칭호를 얻기 전인 1959년에 이미 그는 베이징에 초대되어 '노동자 영웅' 회의에 참석하였다. 그는 인민대회당에서 연설했고, 다른 사람들과 함께 마오 주석을 만났다. 이듬해 왕은 베이징의 만인(萬人)노동자회의에서 거창한 대접을 받았다. 노동자 영웅으로서 그는 붉은 꽃다발을 손에 들고 붉은 비단 견장을 두른 채 백마를 타고 행진했다. 노동자 영웅들이 탄 말의 고삐는 당서기들이 끌었다.[8]

일본인들은 만주를 오래 점령하고 있는 동안 만주에서 석유가 나올 가능성이 있다는 것을 알아냈다. 그리하여 1958년 중국 정부는 하얼빈 북쪽으로 1백마일 떨어진 곳에 지질탐사팀을 보냈다. 1959년 9월 26일, 마침내 유정이 발견되었고 시굴을 위해 최상급 굴착팀과 생산팀이 조직되었다. 대부분이 위먼 유전 출신이었다. 1960년 3월 15일 왕과 그의 1205호 굴착팀은 특별 열차(쾌적한 침대차가 아니라 나무 침대만 갖춘 덮개 있는 화물차)로 현지에 수송되었다.

그들은 3월 21일 시굴 예정 지점에서 가장 가까운 사르투 역에 도착했다. 다칭이라고 알려진 이 지역은 중국에서 가장 황량한 곳 중의 하나였다. 겨울에는 기온이 화씨 영하 30도까지 내려갔고 땅은 6피트 아래까지 얼어붙었다. 위먼에서 온 사람들이 기차에서 내렸을 때 기온은 영하로 내려가 있었다. 물론 그들이 살았던 곳보다 훨씬 추운 날씨였다. 누빈 윗저고리와 바지 틈으로 냉기가 스며들었다. 바람은 끊임없이 그들의 털모자를 잡아당겼다. 바라크도 집도 없이 접대용의 작은 오두막이 있을 뿐이었다. 왕과 일행은 3월 21일 밤을 거기서 잤다. 전기불도 난방도 없이 그들은 온기를 나누기 위해 서로 뒤엉켜서 잤다. 우물이 하나 있었으나 얼음을 깨야 했다.[9]

이튿날 그들은 굴착 예정지점(SA 55)으로 갔다. 거기서는 농가에서 한 덩어리가 되어 웅크리고 잤다. 그들의 짐과 굴착 장비는 아직 도착하지 않은 상태였다.

얼어붙은 표면은 눈에 덮여 있고 평평한 땅 위에는 아무것도 없었다. 어쩌다 눈에 띄는 오두막을 빼고는 삭막한 시야를 가릴 만한 마을 하나 보이지 않았다. 이 지역에는 불그죽죽한 색깔의 풀이 많아서 붉은 초원이라고 불리고 있었다. 군데군데 가축을 기르고 있을 뿐 경작지는 없었다. 생장기가 너무 짧았기 때문이다. 이곳은 사실 황무지였다. 노동자들은 텐트에서 살거나, 잔디풀을 베어 올 만큼 날씨가 따뜻해지면 그것으로 만든 집에서 살았다. 미국 남부 다코타 주의 초기 개척 시대를 연상시키는 삶이었다.[10]

온기만큼이나 먹을 것도 귀했다. 대약진의 결과 중국 전체가 굶주리고 있었다고는 해도 만주지방 황무지의 상황은 더욱 심했다. 왕과 그 일행은 옥수수죽으로 연명했는데, 밭에서 따온 야생 백합의 싹을 죽과 섞어 먹었다. "4분의 1은 옥수수죽이고 4분의 3은 백합의 싹이었다." 1960년 3월 현지 신문사의 책임자로 이곳에 왔던 텐뢴푸의 회상이었다. "나는 그때 옥수수죽에 너무 물려서 그곳을 떠난 후 다시는 입에 대지도 않았다"고 그는 말했다.[11]

이러한 악조건에도 왕은 굴하지 않았다. 후에 정부의 선전물은 그가 기차에서 뛰어내리자마자 "우리가 굴착할 지점이 어디요?"라고 소리쳤다고 묘사하였다. 그것은 전설이었다. 그러나 진실이 훨씬 드라마틱했다. 굴착기를 들어올릴 크레인이 없었기 때문에 왕은 파이프와 통나무를 이용하여 그것을 무개 화차에서 조금씩 끌어내렸다. 1인치씩 1인치씩 왕은 그것을 트럭으로 옮겼다. 그의 하급자들은 한 번에 겨우 2~3인치를 움직이기 위해 그 무거운 기계를 6피트 높이까지 들어올려야 했다. 왕의 수하에는 32명의 노동자와 두 명의 요리사가 있었다. 모두가 달려들어 기계를 끌어당겼다. 기계를 화차에서 끌어내려 트럭에 싣는 데 온종일이 걸렸다. 결국 그들은 60톤이나 되는 장비를 손으로 옮긴 것이다. 이 일이 왕에게 강철인간이라는 별명을 가져다주었다. 그러나 왕의 친구인 쉬에 따르면, 그는 실제로는 팀에 있는 젊은 동료들만큼 힘이 센 것은 아니었다. 그가 가진 것은 불굴의 의지였다.[12]

강철인간 왕은 유정을 파고 또 팠다. 드릴을 무개화차에서 잡아당겨 굴착 지점으로 옮기는 그의 모습이 카메라에 담기고 영화로도 만들어졌다. 그러나 이 모든 것은 비밀리에 행해졌다. 국내 신문이나 라디오는 왕과 다칭에 대해 한마디도 언급하지 않았다. 중국이 최초의 대규모 유전을 개발하고 있다는 것이 외부 세계에는 전혀 알려지지 않았다. 마오 시대의 중국에서 많은 것들이 그러했듯이 그것은 군사 기밀이었고, 마오가 지닌 비장의 무기였다.

1964년이 되어서야 중국의 대규모 유전 개발 소식이 외부 세계에 알려졌다. 마오는 '산업 분야에서는 다칭을 배우자'라는 구호와 함께 승리를 과시하였다. 다칭은 나라 전체에 하나의 모델이 되었고, 강철인간 왕은 그것의 상징이었다. 이것이 바로 중국식이었다. 강철인간의 근육과 마오의 두뇌가 결합된 것이다. 고사(故事)에서처럼 늙은이가 산을 움직이려 한 것이다.

새로운 사진들이 공개되었다. 강철인간이 시멘트 반죽 속에 완전히 잠겨서 시멘트가 파이프 주위에 빨리 응고하도록 자신의 두 발로 섞고 있는 영웅적인 모습을 묘사하는 사진들이었다. 그는 곧 간부당원이 되었고, 유전 굴착 회사의 부주임으로 승진하였다. 결혼도 해서 두 아들과 두 딸의 아버지가 되었다.[13]

중국 지도자들은 다칭에 와서 왕을 칭찬하고 함께 사진을 찍었다. 저우언라이는 세 번이나 왔다. 덩샤오핑도 류사오치도 왔다. 류와 그의 아내 왕광메이는 북부지방 여행 도중에 다칭에 들러 강철인간을 칭송하고 함께 사진을 찍었다. 수년 후 왕광메이는 자신들이 강철인간을 지지한 사실이 왕의 비극적인 운명을 가져온 한 원인으로 작용했을 지도 모른다고 회상하면서 감회에 젖었다. 마오는 다칭에 온 적이 없었다. 그는 거친 유전 생활 같은 것에는 관심이 없었다. 항저우의 달콤한 향기가 그의 취향에는 더 맞았던 것이다.

1968년 여름 재난이 닥쳤다. '반역분자' 색출을 위해 베이징에서 파견된 홍위병이 다칭에서 열린 집회에서 강철인간 왕을 탄핵했다. 왕과 쉬에꾸오방은 붉은 초원의 옥외 텐트 안에서 열린 투쟁 집회에서 그들로부터 조소당했다. 홍위병들은 그들이 101호 반역자들이라고 소리쳤다. 왜냐하면 그들은 위먼 유전이 국민당 관리 아래 있을 때 그곳에서 일했기 때문이었다. 위면에서 일한 서른다섯 살 이상의 사람들은 모두 반역자로 분류되었다.14) 홍위병들은 강철인간의 머리에 광대 모자를 씌우고 목에는 '반역 노동자'라는 팻말을 걸었다. 그들은 그에게 두 손을 힘껏 뒤로 잡아당기고 머리를 땅에 처박는 '비행이 이륙자세'라는 것을 시켰다. 그가 평생 남에게 고개를 숙여본 적이 없기 때문이라는 것이었다. 홍위병들이 곤봉으로 머리부터 발목까지 두들겨 패는 동안 그는 줄곧 이러한 자세로 서 있어야 했다. 그들은 왕을 트럭에 싣고 다칭 부근을 끌고 다니면서 여기저기 세워서 군중을 모아 놓고 또다시 구타하고 훈계하곤 했다. 한동안은 음식도 주지 않았다. 홍위병들은 적에게 먹을 것을 준다는 것은 있을 수 없다고 생각했다. 한 요리사가 그를 동정하여 달걀 두 개가 들어 있는 국수 한 그릇을 몰래 밀어 넣어 주었다.15)

홍위병들은 왕을 계속해서 구타했다. 그들이 '자백'을 받아내기 위한 처방은 스탈린 시대에 베리아가 볼셰비키 당원에게 사용했던 것과 동일한 것이었다. 특별한 비방이 아니라 다만 '끊임없이 두들겨 패는 것'이 그것이었다.16)

다칭에서 대부분의 구타 행위가 행해지던 텐트 옆에는 직사각형 모양의 커다란 웅덩이가 있었다. 다칭의 붉은색 밭에 비료로 사용하기 위해 인분을 모아서 썩히는 곳으로, 항상 푸른 색깔을 띤 쓰레기들이 거품을 내면서 부글거리고 공기중에 유독 가스를 품어내고 있었다. 홍위병들은 강철인간 왕을 이 웅덩이에 집어던져서 나오지 못하게 했다. 그는 기를 쓰고 머리를 오물더미 위로 들어올리려고 했으나 점차 의식을 잃고 표면 아래로 가라앉았다. 그는 죽지는 않았다. 그의 머리가 위로 떠올랐다. 목에 걸린 '반역 노동자'라고 쓰어진 나무팻말이 그의 목숨을 구한 것 같았다.

식당에 있던 요리사 한 사람이 줄곧 이 광경을 지켜보고 있었다. 홍위병들이 떠나자 그는 웅덩이로 달려가서 왕을 꺼냈다. 반쯤 의식이 없는 그를 부엌으로 끌고 가서 심한 오물을 닦아내고 흠뻑 젖은 옷과 뒤엉킨 머리카락에 물을 뿌려댔다. 나중에 강철인간은 친구인 쉬에게 일어난 일을 이야기해 주었다. 왕은 지금은 1

호 유정이 되어 있는 SA 55지점으로 걸어갔다. 유전의 저쪽 모퉁이에서 심장의 박동처럼 규칙적으로 기름을 퍼내는 소리가 들렸다(이 소리는 필자가 그곳에 갔던 1987년에도 여전했다). 강철인간 왕은 무릎을 꿇고 앉아 1205호 작업팀이 다칭에서 맨 처음 시굴한 유정의 웅덩이에서 기름 섞인 물을 들이켰다. 그는 정신이 흐릿했다. 그에게는 한 가지 충동밖에 없었다. 1960년 3월 21일 그가 다칭에 왔을 때 맨 처음 도착한 작은 기차역으로 돌아가는 것이었다.

어둠 속에서 그는 포효하면서 달려오는 첫 열차를 기다렸다가 쇠바퀴 밑으로 몸을 던질 작정이었다. 그는 중국을 위해 자신이 줄 수 있는 모든 것을 주었다. 그러한 그가 이처럼 수모를 받고 살 수는 없었다. 중국이 그를 인간쓰레기로 취급한다면 그는 스스로 없어질 생각이었다.

그는 1호 유정 옆에 웅크리고 있었다. 눈은 초점을 잃고, 몸은 부서져 있었다. 허파는 물고기의 부레처럼 헐떡거렸고, 콧구멍은 배설물로 흠뻑 젖어 있었다. 여러 시간이 지났으나 그는 움직이지 않았다. 유정 부근에는 아무도 보이지 않았다. 마침내 그는 일어나서 그의 막사로 향했다.

강철인간은 살아났다. 그러나 그리 오랫동안은 아니었다. 그는 건강이 회복되지 않은 채 예전에 했던 업무를 부분적으로 다시 맡게 되었다. 1970년 10월 그는 위면에서 열린 회의에 가게 되었다. 분뇨 웅덩이에 던져진 이래 계속 앓아온 그는 위면에서 다칭으로 돌아가지 못하고 베이징의 병원으로 갔다. 의사는 위암이라고 진단했다. 오래 끌지는 않았다. 그는 1970년 11월 15일에 죽었다. 더 이상 국가의 영웅이 아닌 그의 죽음은 제대로 알려지지도 않았다. 왕 못지않게 얻어맞았던 쉬에가 왕의 유골을 다칭으로 가져왔다. 1971년 4월, 조용한 장례식이 치러졌다. 마오쩌둥이 보낸 화환 같은 것은 물론 없었다.[17]

장칭은 강철인간의 죽음에 직접적인 책임이 있었다. 1968년 3월 12일 그녀는 린뱌오의 아내, 저우언라이 등과 함께 학생들을 만났는데 그 중에는 다칭 석유학교에서 온 대표들도 있었다. 이 학교는 1968년 2월 군대가 문화혁명에 반대하는 시위를 벌였던 당시에 장을 지원하지 않았었다. 이 기회에 장칭은 다칭이 류사오치의 지지자들을 숨기고 있다고 비난하였다. 다칭의 지도부와 강철인간 왕에 대한 공격이 이내 뒤따랐다.[18] 다칭에 대한 장칭의 공격은 계속되었다. 1975년 장이 반 덩샤오핑 투쟁을 전개했을 때에도 되살아났다.

강철인간 왕의 죽음과 라오서의 죽음에는 흥미로운 공통점이 있었다. 라오서는 타이핑 호수에 투신 자살하였다. 그의 시체는 베이징 보통학원에 인접한 곳에서 건져냈다. 이 학교의 홍위병 조직은 중국에서도 가장 잔인하기로 유명했다. 다칭에 와서 강철인간 왕을 분뇨 구덩이에 집어던진 홍위병 또한 이 학교 출신이었다. 어떤 연관이 있었던 것일까, 혹은 우연이었을까? 아무도 모를 일이었다.

29. 위로는 하늘, 아래로는 땅

　1960년대 초, 산시성(山西省) 남동부에 위치한 다자이(大寨) 마을의 83세대 3백 명 인구는 중국에 있는 수만의 다른 촌락들과 마찬가지로 새벽부터 저녁까지 갈새어 풍저토 초원에서 생계를 꾸리기 위한 투쟁에 매달리지 않으면 안 되었다.

　다자이를 찾는 여행자는 물도, 오두막도, 나무도, 개천도, 사람도 보이지 않는 나지막한 언덕들을 수없이 지나야 한다. 무한대로 이어지는 먼지 낀 오솔길이 군데군데 황무지를 끊어 놓고 있을 뿐이었다.

　이곳은 중세의 중국이었다. 사람들은 나락으로 떨어지기 직전의 벼랑끝에서 희망도 출구도 없이, 수백년 동안 그래왔듯이 끝이 안 보이는 고단한 삶을 그저 인내하면서 살아가고 있었다. 1963년, 하늘의 뚜껑이 열리고 노아의 홍수처럼 비가 쏟아져 논밭과 움막, 진흙과 오리나무로 얽어 만든 오두막들을 휩쓸어 버려서 마오쩌둥의 비극을 상영하기 위한 바그너적인 무대장치를 연상시켰던 바로 그 무렵까지도 사람들은 그렇게 살았다.

　비가 멈추자 농부들은 모든 것이 사라져 버렸음을 알았다. 그들은 잔디풀로 만든 옷가지 정도밖에 가진 게 없었다. 오두막은 진흙 범벅이 되었고 동굴은 무너져서 울퉁불퉁한 흙반죽으로 바뀌었다.

창백한 태양이 텅빈 시야 속에 떠오르자 사람들은 뜬부기처럼 퀭한 모습으로 삶의 파편들을 물끄러미 바라보았다. 살 곳도, 잠잘 곳도, 먹을 것도 없었다. 농작물도 없었고 밭도 없었다. 그날 아침 마흔여덟 살의 활동적인 천융구이(陳永貴)는 한때는 자기 마을이었던 지역을 돌아다니면서 무엇이 남아 있는지 살펴보고 있었다. 그는 고집세고 착실한 당서기로서 다자이 인민공사의 지도자였다. 산시성 벽촌 출신인 그는 시양현(昔陽縣)의 먼지와 가을철 진흙더미, 겨울의 강추위와 여름철 강풍 속에서 입신한 사람이었다. 원래 그는 아버지와 함께 걸인 노릇을 했다. 그들은 머리를 눕힐 곳도, 일할 곳도, 집도 없이 황토언덕을 배회하였다. 그러다가 척박한 스산 지방을 거쳐 다자이에 정착했고, 박토에 옥수수를 심기 시작하였다.

천융구이는 지금까지 10년 동안이나 다자이 마을의 당서기를 맡아 왔다. 그는 자신의 일에 긍지를 가졌다. 다자이에서 배불리 먹는 사람은 없었지만 그렇다고 해서 그가 당서기가 된 이래로 굶주리는 사람도 없었다. 대약진 후 몇 년간 대부분의 산시지방에서 기근으로 사람들이 죽어가던 끔찍한 시절에도 천은 다자이 마을을 현 안에서 최고의 인민공사로 만들어 놓았었다. 그러나 그 모든 것이 하룻밤 새에 사라져 버렸다.

어떻게 할 것인가? 천은 다자이만 어려운 것이 아니라 중국 전체가 가혹한 시련을 겪고 있음을 알고 있었다. 대약진은 재난이었다. 가뭄과 기근, 흉작과 홍수를 겪었고 14,000명의 소련 기술자가 철수했다. 천은 이론가는 아니었으나 중국이 겪고 있는 상황이 어떤 것인지 알고 있었다. 절망적인 상황이 오히려 그를 일으켜 세웠다. 그가 절망을 역전시키겠다는 결심을 하게 된 것은, 일부는 마오 주석과 당이 목표로 삼고 있다고 생각하는 것에 대한 헌신 때문이었고, 일부는 애국심 때문이었으며, 또 다른 일부는 말할 것도 없이 그가 지닌 고지식한 성격 때문이었다.

천은 결코 포기하지 않을 작정이었다. 다자이는 진흙구렁텅이에서 빠져나오기 위해 싸울 것이다. 그것도 정부의 도움없이, 정부에 구호품을 호소하거나 융자 따위를 구걸하지 않고 자력으로 할 것이다. 구걸은 과거에 그와 그의 아버지가 한 것으로 충분했다. 그것은 다자이의 삶이었고, 다자이는 스스로의 힘으로 그것을 재건해 보일 것이었다.

30년 후에 들으면 이것은 순전한 허세처럼 느껴진다. 사실 천은 다자이 사람이면 누구나 불가능하다는 것을 알고 있는 일들을 해내라고 농민들을 들볶고, 몽둥이질을 하거나 또는 구슬렸다.

그는 농민들에게 진흙 반죽이 되어 버린 집에 대해서는 걱정하지 말라고 말했다. 계단식 논을 다시 만들고 밭에 새 농작물을 심어라. 흙을 토해내는 모포와 옥수수껍질로 만든 요, 벼껍질 베개, 흙에 묻혀 버린 항아리, 그리고 잃어버린 의자와 침상에 대한 걱정은 농사일을 제대로 할 수 있게 된 다음에나 하라. 차(茶)는 잊어버려라. 버드나무 가지를 더운 물에 우려 마시거나 농민들의 상비품인 '백차(白茶)'―끓인 맹물―을 마셔라. 고비를 넘겨야 한다. 낮에는 들에서 일하고, 집안 일은 밤에 하라. 무엇보다도 농사일이 제대로 되게 하라. 다자이가 해낼 수 있다는 것을 중국 안팎에 보여 주어야 한다.

많은 설득이 필요하긴 했지만 다자이는 천의 지도를 따라 주었다. 돈이 필요했다. 천은 다른 가난한 마을들과는 달리 국가 돈을 구걸하지 않았다. 그는 농민들을 설득, 그들이 저축한 보잘것없는 액수의 현금을 모아서 새로운 곡식창고를 짓기 위한 시멘트를 사고 씨앗을 샀으며, 물에 휩쓸려 가버린 농기구들을 샀다. 홍수가 나기 전 수년간도 천은 몹시 분주했었다. 그는 흉년이 든 해에 수확을 거두어 다자이를 유명하게 만들었다. 다자이는 현 안팎에 알려지게 되었으며 천은 멸사봉공하는 유능한 지도자라는 명성을 얻었다. 이제 다시 다자이는 본때를 보여 줄 작정이었다.

그것이 시작이었다. 1년 내에 전중국, 심지어 일부 외국에서까지도 엄격하고 자립정신이 투철한 다자이 인민공사에 대한 칭송이 자자해졌다. 다자이의 모든 것은 마오가 만든 것이 아닌가 생각될 만큼 마오의 의도와 너무나 잘 부합되었다.

그러나 철저한 조사 결과 밝혀졌듯이 그것은 천융구이의 아이디어였다. 그는 스스로 고안해 낸 '3불(三不) 원칙'—숙소와 식량과 돈을 요구하지 말라—을 기초로 이 모든 것을 시작했다. 흙투성이가 된 사람들은 헛간이나 텐트에서 잤다. 그들은 공동생활을 했다. 한솥의 밥을 먹고 함께 일했으며, 씨앗으로 쓸 곡식에 공동 투자하였다. 경작도, 건축도, 집보기도, 모든 것이 공동으로 이루어졌다. 그것은 마오가 꿈꾸던 농촌 인민공사의 실현이었다. 마치 그것은 미국 매사추세츠 주에 있었던 초기의 청교도 정착촌을 연상시켰다. 그러나 다자이가 믿은 것은 신구약 성경이 아니라 마오쩌둥이었다. 얼마 안 있어 천은 또 하나의 구호를 내놓았다. "자기 자신을 돌보기 전에 논밭을 돌보라." 즉 생산이 먼저고 개인적인 욕구는 그 다음이었다.

마오의 기쁨은 대단했다. 그는 1964년 천을 베이징으로 불렀다. 천은 전국인민대표대회에서 연설했고 마오가 그를 접견하였다. 마오(혹은 천보다)는 새로운 구호를 만들었다. "농업에서는 다자이를 배우고, 공업에서는 다칭을 배우자."

이 구호는 외우기 쉽고 리드미컬해서 조만간 전중국에서 울려 퍼지게 되었다. 그것은 1960년대 중반 이후 수년간 마오의 중국을 상징하는 소리가 되었다.

홍수가 나기 전 다자이는 7개의 개천과 8명의 부자와 하나의 비탈이 있는 땅으로 알려져 있었다. 비탈은 경사가 너무 심해 경작을 할 수 없었기 때문에 계단식 밭을 만들어 평평하게 하지 않으면 안 되었다. 이제 더 이상 이러한 문제는 없어졌다. 산중턱을 따라 경작할 수 있도록 흙을 받쳐 주는 아름다운 석벽을 쌓았기 때문이다. 예전에는 관개용수가 문제였다. 지금은 20마일 떨어진 곳에 있는 친장 강 부근의 저수지에서 물을 끌어올 수 있도록 수로가 건설되었고, 파이프와 토관이 바로 밭 아래 설치되었다. 다시 홍수가 나는 것을 막기 위해 댐도 건설되었다. 다자이는 마술과 같은 변신을 하고 있었다.

수백 마일, 수천 마일 떨어진 곳에서 농민들이 '다자이를 배우러' 찾아왔다. 서커스 행렬의 코끼리들처럼 버스들이 줄을 이어 들어와서 방문객들이 새로운 유토피아의 구석 구석을 구경할 수 있도록 하기 위해 새로 닦은 나선형 도로를 돌고 또 돌았다.

다자이 농민들은 그들이 만약 아침 7시 30분까지 일터에 도착하지 못하면 그날 일은 공치게 된다고 농담하였다. 그 시각 이후에는 차가 막혀 밭으로 갈 수 없기 때문이라는 것이었다.

여태까지 이처럼 대대적인 선전은 본 적이 없었다. 다자이의 명성과 그에 관한 연설, 관광객, 방문객들은 갈수록 늘어났다. 마오를 제외한 대부분의 중국 지도자들이 다자이에 왔다. 저우언라이는 다자이가 지닌 중요성을 '정치를 운용하는 원칙, 진보된 사상, 자립과 근면 정신, 국가와 공동체를 사랑하는 노동 방식'이라는 표현으로 요약하였다. 이것이 바로 다자이가 상징하는 것, 즉 마오쩌둥 정신의 구현이었다.

끝없이 밀려드는 방문객들 때문에 다자이 농민들은 이제 정말 필요한 일은 할 수가 없게 되었다. 버스 안에서 경탄의 눈초리로 내다보는 구경꾼들에게 그들은 동물원에 갇힌 동물에 불과했다. 매년 다자이 주민들은 더욱 더 화려한 실적을 발표했다. 그들은 매년 산뜻한 벽돌과 모르타르로 된 새 집을 지었다. 움막이나 오두막은 더 이상 없었다. 수많은 안내인들이 다자이에 관한 상투적이고 과장된 연설을 익혀서 방문객들에게 쏟아 놓았다.

영화와 슬라이드가 상영되고, 다큐멘터리가 전국에서 상영되었으며 단기 교육과정이 개설되었다. 방문객을 숙박시키기 위한 막사들이 세워지고, 검은색 지붕을 씌운 주차장이 등장하더니 급기야는 육중한 5층짜리 호텔이 건설되었다. 이 호텔에는 산시성 스타일의 안뜰이 붙어 있었다. 뜰 주위에는 격자 모양의 유리를 끼운 커다란 회전 창문이 달린, 마치 마오가 옌안에서 살았던 것과 흡사하게 만들어 놓은 모형 동굴집들이 둘러싸고 있었다. 다자이행 특별열차가 베이징에서 허베이성 성도(省都)인 스자좡을 거쳐 산시성 양관까지 운행되었다.

방문객들은 19세기 맨체스터 스타일을 그대로 본뜬 멋있는 붉은 벽돌의 역사(

驛舍)에서 내렸다. 고위층 인사들은 붉은 깃발을 단 리무진을 타고 다자이에 들어왔으며, 농민들은 트럭이나 버스를 탔다. 다자이까지는 새로 건설된 머캐덤 고속도로로 바람에 침식된 황토지대를 한 시간쯤 달리면 되었다. 방문객이 최고로 많은 날은 2만 명이나 몰려왔다. 다자이는 중국의 디즈니랜드였으며, 문화혁명과는 무관하게 중국에서 가장 인기 있는 곳이었다. 홍위병들이 다자이에 와서 지도자를 들볶거나 살해하는 일은 전혀 없었다. 놀라운 생산 실적에 차질이 생기는 일도 없었다. 홍위병 노릇을 하다가 하방(下放)되어 돼지를 치는 '교육받은 도시 젊은 이'들도 없었고, '나쁜 경력' 때문에 비행기 이륙 자세를 강요당하거나 다락방에서 질식당하는 사람들도 없었다. 주민들은 다자이를 '평화의 섬'이라고 불렀다. 아무도 하수구에 익사하는 일 따위는 없었다.

부대 시설들은 계속 늘어났다. 120개의 방을 갖춘 호텔과 한 블록 길이나 되는 넓은 식당, 단체 방문객을 위한 일류 공동 숙사, 강당, 영화관, 인민호텔(침상 없이 맨바닥에 짚으로 된 매트만 있는), 수많은 공중변소들이 세워졌다.

천융구이는 로켓처럼 신분이 급상승하였다. 그는 전국을 돌아다니면서 강연했고, 마오는 그를 정치국원으로 승진시켜 부총리로 만들었다. 이제 그는 다자이에는 자주 가지 않게 되었다. 옥수수가 주종을 이루는 다자이의 곡물 수확량은 천융구이의 고속 승진에 비례하여 급격히 증대, 1964~65년에 60만 근(1근은 약 590g)이었던 것이 1975년에는 72만 근으로, 1979년에는 97만 근으로 늘어났다. 사유지가 상당 부분을 차지했던 4,700 조각의 땅은 240개 구역으로 합병 정리되었고, 모두 국유화시켜 공동 경작하였다. 사유지는 더 이상 존재하지 않았다. 다자이는 하나의 기적이었다. 1무당 생산량은 1964~65년에 6백 근이었던 것이 1979년에는 1천 근으로 늘어났다.

내부를 돌로 쌓은 6개의 커다란 저수지도 건설되었다. 두 개의 수로가 끊임없이 물을 끌어들였다. 예전에 이런 광경을 구경한 사람은 아무도 없었다. 성능 좋은 펌프가 물을 농장 윗부분의 언덕에 있는 저수지로 끌어올렸다. 물뿌리는 장치와 지하수 파이프가 논밭을 적셔 주었다. 다자이에는 없는 것이 없었다. 중앙의 대표단이 선물을 가져왔다. 여러 마리의 소와 말, 개량종 암퇘지, 세 두루마리의 철조망, 12부대의 시멘트, 강철로 된 버팀대, 비료, 그리고 트랙터까지 있었다. 다자이는 필요한 것을 모두 갖추고 있었다.

전국의 강연꾼들은 다자이가 내포하는 의미를 인민생활의 전반으로 확대시켰다. '다자이 배우기'는 다자이식의 경작 방식에만 국한되는 것이 아니었다. 그것은 다자이가 건설하는 방식대로 건설하고, 다자이의 슬로건을 배우고, 다자이가 가르친 대로 가르치고, 다자이의 필법(筆法)을 따르고, 다자이식으로 양의 털을 깎고 돼지를 기르는 것을 의미했다. 다자이는 곧 삶의 방식을 의미하게 되었다. 바로 마오가 중국에 대해 꿈꾸었던 삶의 방식이었다. 마오는 훌륭한 본보기에 대해 '깃발'이라는 표현을 즐겨 썼다. 다자이는 마오가 사랑하는 깃발 중의 깃발이었다.

저우언라이가 다자이에 처음 온 것은 1965년 5월 알바니아 대표단과 함께였나. 그는 1970년대 초에 다시 왔다. 마지막 방문은 1975년 제1회 '다자이 학습회의'가 열렸을 때였다. 덩샤오핑은 저우언라이를 두 번 수행하였다. 천이는 1965년에, 당시 국가 주석이었던 리셴녠은 1975년에 왔다. 마오의 후계자로 떠오르고 있던 화궈펑(華國鋒)이 온 것도 1975년이었다. 장칭은 1975년에 처음 다자이를 방문했다. 그녀는 솜씨 있게 재단된 회색의 당 간부복 차림에 머리에는 흰 수건으로 된 터번을 두르고 있었다. 이 터번은 화중 지방의 농민들이 논밭에서 일할 때 쓰는 것으로서, 중국의 농민극에서 으레 볼 수 있는 상투적인 소도구였다.

다자이의 농민들은 말했다. "저 여자는 농민도 아닌데 뭣 때문에 저걸 썼지?"

장칭은 '다자이 학습회의'가 시작되기 며칠 전에 와서 호화로운 VIP숙소에 묵었으며, 그녀가 제작을 지도한 혁명극을 공연했다. 또한 그녀는 농민들에게 중국의 고전인 《수호전(水滸傳)》에 관한 강의를 했다. 농민들은 《수호전》을 읽었지만 장칭이 왜 그것을 비판하는지 알지 못했다. 사실은 장칭의 《수호전》 비판은 저우언라이에 대한 공격이었다. 《수호전》에 나오는 인물 가운데 두목에게 반역을 꾀하는 무뢰한을 비난함으로써 장은 저우언라이가 마오쩌둥에 대해 반기를 들고 있음을 암시하고 있었던 것이다.

회의가 시작되자 장은 국가가 최근 다자이에 제공한 융자금을 탕감해줄 것을 제안했다(여기서 말하는 융자금은 홍수가 났을 때 농민들의 저축에서 빌려 쓴 돈을 가리키는 것이 아니었다. 국가는 그 돈에 대해 한 푼의 이자도 지급하지 않은 채 아직도 갚지 않고 있었다. 마오가 죽은 후 3년이 지나서야 다자이 농민들은 다자이 재건을 위해 내놓았던 자신들의 돈을 돌려 받았다. 그 돈도 농민들이 돼지를 길러 얻은 이익금에서 나온 것이었다).

덩은 화가 나서 장칭의 제안에 반대했다. 그 회의가 정부의 융자금에 대해 논의할 권한은 없었다. 덩은 말했다. "이 문제는 국무원과 정치국이 다루어야 합니다. '다자이 학습회의'가 관여할 권한이 없습니다."

덩과 장은 잠시 소리를 지르면서 논쟁을 벌였으나 덩의 승리였다. 그는 장의 제안이 덫이라는 것을 알았다. 만약 그가 장의 말대로 따르면, 나중에 국무원의 권한을 침탈했다는 비난을 받게 될 것이었다. 그렇다고 반대하면 장은 마오가 아끼는 시범 마을에 적대적이라고 덩을 비난할 가능성이 있었다.

장은 버럭 화를 내면서 다자이 지도자들 앞에서 덩을 저주했다. 곧 그녀는 또 하나의 묘안을 짜냈다. 소련과의 전쟁을 우려하고 있는 마오 주석은 '전쟁에 대비하여 터널을 파라'는 구호를 내놓은 바 있었다. 장칭은 주민들에게 집단 농장의 곳곳에 참호를 파서 적의 침략을 격퇴할 수 있도록 하라고 지시했다. 주민들은 다자이의 지형이 산이 많고 험해서 정규군에 의한 작전을 실시하기는 어렵고 게릴라전에 유리하다는 점을 지적했다. 다자이는 논밭 가운데 있는 참호에서보다는 산간 지대에서 보다 효율적으로 방어될 수 있다는 것이었다.

결국 장은 계곡을 가로질러 60피트 가량 되는 상징적인 참호를 만들게 했다. 참호가 완성되었을 때 장은 그것이 너무 얕고 좁다고 투덜거렸다. 일꾼들은 땅을 더 파서 더 깊고 넓은 참호를 만들지 않을 수 없었다. 장칭은 자신이 참호를 파는 모습을 사진 찍고(아마도 이것이 주된 목적이었을 것이다) 한 쪽 끝에 모란을 심었다.

그녀는 마을 사람들에게 기념 팻말을 세우라고 일렀다. 그러고는 목련나무를 전지(剪枝)하고 있는 농민들과 포즈를 취했다. 장칭이 떠나자 농민들은 안도의 한숨을 내쉬었다.

그 해 다자이 마을이 해야 할 사업 중의 하나는 작은 돼지농장을 세우는 일이었다. 최적의 장소는 원형의 관개용 저수지와 과수원 사이, 바로 참호가 자리잡고 있는 그 지점이었다. 장칭의 참호에 돼지막사를 만든다면, 돼지 배설물을 퍼내다가 사과나무 주변에 버리기가 아주 수월할 것이었다. 그들은 장칭이 다시 오리라고는 생각지도 않았기 때문에 참호를 메워 돼지농장을 세웠다. 그러나 1976년 늦은 여름 제2회 다자이 학습회의가 열리게 되었고, 장칭은 다시 왔다. 말썽은 그녀가 다자이에 도착하기 전부터 이미 생기고 있었다.

장이 탄 기차는 해질녘에 양관에 도착하였다. 그녀는 운전기사에게 자동차 헤드라이트의 밝은 빛 때문에 눈이 아프다고 투덜거리면서 불을 낮추고 천천히 달리라고 지시했다. 그녀는 불빛 때문에 눈이 상할까봐 항상 자동차 앞좌석에 앉기를 싫어했다.

차는 휴식을 위해 30분마다 멈췄다. 마침내 장칭이 다자이에 도착했을 때 그녀는 VIP 숙소에 들지 않겠다고 했다. 그 대신 그녀는 국립호텔 안마당의 실내 동굴에 묵고 싶어했다. 뿐만 아니라 마당에 나가지 않고 이 동굴에서 저 동굴로 옮겨 다닐 수 있도록 동굴간 벽을 허물어내라고 지시했다. 강직한 천융구이는 너무 지나치다고 생각하여, 동굴이 무너지기 때문에 벽을 부술 수 없다고 거절했다. 장은 별 수 없이 VIP 숙소에 묵어야 했다. 장은 불같이 화를 냈다. 그녀는 자신의 경호에 문제가 있다고 생각하여 경찰과 군대를 시켜 다자이로 통하는 모든 도로를 봉쇄시켰다. 이 지역은 이미 캉성의 특별요원들로 북적대고 있었으나 인원이 더 증원되었고, 숙소로 가는 모든 길이 폐쇄되었다.

이튿날 아침 장은 말에 올라 '그녀의 다자이'를 시찰하였다. 참호가 돼지우리로 바뀐 것을 발견한 그녀는 격노하였다. 개울도, 기념 팻말도, 모란도 없었고, 그녀가 전지하는 것을 거들었던 목련나무조차도 보이지 않았다. 이는 '덩샤오핑의 짓'이라고 그녀는 쏘아붙였고, 덩샤오핑의 지시 아래 자신을 비난하는 캠페인이 추진되고 있다고 주장하였다. 그러나 회의 도중에 장칭은 황급히 베이징으로 떠났다. 그것은 9월 초순이었다. 마오 주석이 위독하다는 전갈이 왔던 것이다.

다자이는 마오의 꿈이 실현된 이야기이다. 그것은 정말 꿈이었다. 악몽과 사기와 거짓과 기만이었다. 다만 홍수만은 사실이었다. 순전히 고된 노동으로 다자이를 진흙더미에서 일으켜 세운 천융구이와 주민들의 노고도 사실이었다. 그러나 그밖의 것은 모두 거짓이었다.

마오와 천보다, 그리고 장칭 패거리들이 다자이를 거머쥔 순간부터 다자이는 그들에 의해 오염되기 시작하였다. 마오는 다자이를 자신의 꿈에 두드려 맞추기 위해 수백만 위안의 돈을 쏟아 부었다. 그는 인민해방군에게 자신의 새로운 유토피아에 온갖 시설들을 건설하도록 지시하고 또 지시했다. 그리하여 송장 먹는 귀신을 연상시키는 을씨년스런 풍경을 가로질러 고가 수로(高架水路)가 건설되었고, 그것을 올려놓기 위해 브루클린 다리라도 지탱할 만큼 튼튼한 나선형 철탑이 세워졌다. 군대는 또한 정교하게 쪼아낸 돌을 쌓아 저수지를 만들었고, 철도가 끝나는 지점에서부터 새 고속도로를 건설했다. 엄청나게 큰 호텔도 세웠다. 중국에서는 서태후가 이화원에 있는 곤명호에 대리석 보트를 축조한 이래로 이처럼 막대한 공공자금을 쏟아 부은 적이 없었다.

마오는 그것이 속임수라는 것을 알고 있었다. 마오 자신이 그것을 고안해냈기 때문이다. 그는 농민들의 희생과 천융구이의 강인한 의지를 한갓 제스처 게임으로 전락시켰다. 다자이는 근면하고 검소한 농촌이었다. 마오는 감사도 받지 않는 비자금(秘資金)을 사용하여 이 마을을 황폐시켜버렸다. 그는 다자이를 외상으로 팔아 넘기는 전표에 서명한 것이다. 러시아의 포템킨 백작이 캐더린 여제를 위해 우크라이나에 건설했던 마을은 마오의 속임수에 비하면 어린아이 장난에 불과했다. 포템킨은 여제 한 사람만 우롱했지만 마오는 수백만을 바보로 만들었다. 분명히 저우언라이와 덩샤오핑은 마오의 의도를 알고 있었다. 그들은 누가 그 비용을 대고 있는지 뿐만 아니라 생산통계가 가짜라는 사실까지도 알고 있었다. 후일 다자이의 한 관리가 서글픈 표정으로 말했듯이 '당시는 병적인 과장의 시대였다.' 곡물 수확량은 매년 증가한 것으로 통계숫자가 날조되었다. 막대한 자금과 관개 시설, 비료 투입, 경작지 개간 등으로 인해 실제로 수확량이 늘긴 했다. 그러나 마오를 만족시키기에는 부족했다. 여타 인민공사가 다자이보다 높은 통계숫자를 발표하는 일 따위는 허용되지 않았다. '다자이 학습운동'을 통해 다른 농장들의 생산량이 제고되었음에도 불구하고 통계상으로는 항상 다자이가 선두였다.

다자이는 그곳 주민들이 즐겨 이야기하듯이 '평화의 섬'은 결코 아니었다. 1987년에 《인민일보》가 폭로했듯이 문화혁명 이전에도 다자이에서는 1백 명 이상의 사람들이 몽둥이에 맞아 죽었거나 목졸려 죽었다.

천융구이는 어떠했는가? 마오가 죽고 12년이 지난 후까지도 다자이 마을에서 천이 과거의 사기극에 가담했었다고 생각하는 사람은 아무도 없었다. 천에게는 잘못이 없다고 마을 사람들은 주장했다. 그는 시키는 대로 따랐을 뿐이며, 마오의 지시가 나라를 위해 최선이라는 것을 굳게 믿고 있었다. 천은 이른바 '병적인 과장의 시대'에도 마오를 의심해 본적이 없었다. 다자이는 천의 부정행위에 대한 소문을 받지 않았다. 주민들은 천의 아들이 비행을 저질러 당에서 축출당했다는 보도에 대해서도 회의적인 태도를 보였다.

마오가 죽고 나자 다자이의 옥수수 수확량도 합리적인 수준으로 떨어졌다. 산시성 지구에서는 여전히 생산량이 선두 그룹에 속했으나 덩샤오핑의 새로운 농촌 사유기업제도에는 빨리 적응하지 못하였다. 천융구이는 정치국원 자리를 잃고 다자이로 돌아왔다. 그는 절대로 국가나 당의 업무에 관해 언급하는 일이 없었다. 점차 다자이는 새로운 삶의 리듬을 찾기 시작하였다.

다자이 학습운동은 1977년에 중단되었다. 관광객도 방문객도 더 이상 없었고 외국인 대표단도 오지 않았다. 다자이 마을에는 외국인 기자들의 출입이 금지되었다.

농민들은 작은 목공예품 공장과 철공소를 세우기 시작했다. 관개시설 덕분에 과수원 경영과 조림 사업이 번성했다. 인구도 83세대에서 130세대인 5백여 명으로 늘어났다. 이와 같은 인구증가는 외부로부터의 유입 때문이 아니라 자연증가에 의한 것이었다. 일부 주민들은 정부로부터 돈을 빌려 트럭 행상을 하기도 했다. 그것이 괜찮은 돈벌이 방법이라고 그들은 말했다. 다자이에는 농촌 백만장자인 '만원호(萬元戶)'도 몇 명 생겼다. 마오시대의 평등주의는 구호와 함께 사라져 버렸다.

1988년 무렵에는 많은 농민들이 컬러 TV를 가질 수 있게 되었다. 그러나 아직 젊은 사람들이 집을 소유하기는 어려웠다. 그들은 도시로 나가고 싶어했다. 나이 든 주민들은 고등교육을 크게 달가워하지 않았다. 밖으로 나가는 것은 젊은이들 뿐이었다.

다자이 사람들은 생활이 어려웠던 옛시절에 대해 가끔 이야기하곤 했다. 그들은 살아 남기 위해 그들의 표현대로 '위로는 하늘, 아래로는 땅'과 싸우지 않으면 안 되었다. 그들은 새벽 5시부터 밤 10시까지 일했다.

"우리는 자본주의의 꼬리를 잘라 버리지 않는 한 결코 사회주의를 실현할 수 없다고 믿었지요."라고 쟈진차이는 말했다. 그는 천융구이의 전임자로서 다자이에서 일어난 일들을 모두 목격했다. 1988년에 그는 일흔여덟 살이었다. 이제 정부는 토지를 다시 잘게 나누어 농민들에게 돌려 주었다. 이것은 자본주의의 꼬리를 다시 붙이고 있음을 의미하는 것이 아닌가? 쟈진차이는 그렇게는 생각지 않았다. 그러나 자본주의의 꼬리가 무엇인지 확실히 아는 사람은 아무도 없다고 그는 고백했다. 그것은 단지 베이징 정부의 선전담당 관리들이 쓰는 표현일 뿐이었다. 어쨌든 그가 생각하기에 나라 전체가 다자이 정신을 배우기 위해 애썼던 일은 '역사적 비극'이었다.

이제 생활은 훨씬 나아졌다. 젊은이들이 홍콩에서 들여온 외설스러운 음반을 틀어대는 것만이 흠이었다. '나는 그대를 안고 싶네' 하고 카우보이가 노래하면 '나는 그대 때문에 화끈 달아올랐다네' 하고 여자가 되받는 내용의 음반도 있었다. 이 노래를 부르는 젊은 여가수 자신도 이 노래가 부도덕하다는 점을 시인했다. 그러나 다자이를 배우자는 구호도 부도덕하고 기만적인 것이었다. 외설스러운 노래들이 과연 그보다도 나쁜 것일까?

이제 다자이의 커다란 호텔은 조용하기만 하다. 대표단도 VIP 손님도 오지 않는다. 가끔 현(縣)의 회의가 여기서 열릴 뿐이다. 인민호텔은 예술센터로 바뀌었다. 그러나 호텔의 한 블록 길이나 되는 커다란 식당에 손님을 채울 재간은 없었다. 이 호텔의 요리사는 베이징에서 훈련받은 후 본(Bonn) 주재 중국대사관에 파견되었었다. 본시 다자이 출신인 그는 본에서 돌아온 후 다시 이 호텔에서 일했다. 그는 여전히 손님 오기만 기다리고 있었다.

천융구이는 1987년에 죽었다 마을사람들은 그의 무덤을 장칭이 승마를 즐기던 높은 언덕에 만들어 주었다. 마을이 바로 내려다보이는 곳이었다. 결국 모든 일은 외부 사람이 아닌 다자이의 힘으로 이루어진 것이었다. 그것만은 속임수가 아니라 모두 실제였다.

30. 행운의 집

중난하이에 있는 류사오치의 저택은 청나라 건륭 황제 시절에 지어진 정교한 건축물이었다. 이 집은 '복록거(福祿居)', 즉 '행운의 집'이라고 불리고 있었다. 막강한 권력을 쥐고 있었던 서태후의 조카인 광서제는 이곳을 생일 축하연을 베푸는 장소로 사용하였다. 서태후는 1898년 광서제를 난하이 한가운데의 정자인 영대(瀛臺)에 연금시켰는데, 그곳은 행운의 집과 대리석 다리 하나를 사이에 두고 있을 뿐이었다.

'행운의 집'은 식구가 많고 활동적인 류사오치 가족에게는 안성맞춤이었다. 1966년 당시 그 집에는 류 부부와 네 명의 자녀들이 함께 살고 있었다. 핑핑은 열여덟 살, 위안위안은 열일곱 살, 팅팅은 열네 살로 모두 고등학생이었고, 막내인 샤오샤오는 여섯 살이었다. 왕광메이의 모친은 중난하이 안의 유치원에서 아이들을 가르치면서 한집에 살고 있었다. 류는 첫부인과의 사이에 네 명의 장성한 자녀를 두고 있었다. 둘은 베이징에서, 또 다른 둘은 내몽고 지방에서 일하고 있었다.

'행운의 집'은 앞 뒤쪽에 두 개의 정원이 있는 넓고 쾌적한 곳이었다. 류의 집무실은 앞쪽에 있었다. 그의 아내는 거기 붙은 작은 사무실을 사용하였다. 집의 한쪽에는 도서실과 류의 서재가 있었고, 다른 한쪽에는 식당과 비서들의 방이 있었다. 아이들은 건물의 뒤쪽에서 살았다. 화장실은 하나였다.

마오는 동료들을 중난하이에 살게 했다. 린뱌오는 예외였다. 그는 중난하이 바로 바깥에 살고 있었는데 그의 집은 지하 통로를 통해 중난하이로 연결되었다. 또 다른 통로는 국방부 건물로 통했다. 국방부 건물은 터널과 방공호 윗부분에 서 있었으며, 터널은 시산으로 통하는 탈출로와 연결되어 있었다.

중난하이에서 류의 집만큼 마오의 거처와 가까운 집은 없었다. 유영지(遊泳池)에 있는 마오의 수영장 저택은 류의 집 뒷벽에서 불과 얼마 떨어지지 않은 곳에 지어졌다.

1966년과 같은 시기에 그 집에서 산다는 것은 참으로 아슬아슬한 일이었다. 류사오치는 아직 중국의 주석이었다. 그는 매일 사무실에 나갔고 비서들은 업무 보고를 했다. 그러나 전화벨이 울리는 일은 없었다. 메모판은 비어 있었고, 찾아오는 사람도 없었다. 그의 결재를 받기 위해 서류가 보내지는 일도 없었다.

중국식 표현으로 류는 '풀의 뒤쪽에 서서' 직무 수행을 보류당한 상태였으며, 급료를 받고 직함은 유지하고 있었으나 잊혀진 인물이었다. 모든 일에 의심을 받고 있으면서도 구체적으로 비난받는 일은 없었다. 류의 자녀들은 이해할 수가 없었다. 학교 친구들처럼 그들도 홍위병 조직에 가담했다. 그들은 자랑스럽게 붉은색 완장을 두르고 사구 청산을 하러 나갔다. 어느 날 손위 아이들은 평평과 위안위안이 '증거'를 찾기 위해 누군가의 집을 수색하러 간다고 말했다. 류는 그 말을 듣고 큰 충격을 받았다. 그는 인민공화국 법전을 꺼내 놓았다.

"나는 국가의 주석이다." 그는 말했다.

팅팅은 아버지의 투박한 후난성 악센트를 알아듣는 데 항상 애를 먹곤 했었다. 그러나 그녀는 "나에게는 국가의 법을 유지할 책임이 있다"라는 말만은 알아들었다.

그는 비록 자기 자식들이 누군가의 집에 무단침입하는 것을 막을 수는 없었지만 그들이 알 것은 알아야 한다고 생각한 것이다. 아이들은 그날 밤 외출하지 않

았다. 그들은 다시는 외출하지 않았다.[1]

핑핑과 위안위안, 팅팅은 급우들과 함께 지방여행을 갔다. 그들은 도처에서 자기 아버지를 공격하는 대자보를 보고 큰 충격을 받았다. 중난하이로 급히 돌아온 그들은 아버지의 기분이 썩 좋은 것을 발견했다. 그는 인민대회당에서 자아비판을 했었는데 마오가 그것을 흡족해 하면서 다음과 같은 논평을 적어 넣었다는 것이다. "이 자아비판서는 아주 잘 씌어졌고 매우 진지하다. 특히 마지막 부분이 좋다." 류는 이제 마오가 자기 편이 되었다고 생각했다. 그러나 이러한 생각은 잘못된 것이었다. 류의 '자백'은 마오의 논평이 삭제된 채 회람되었다. 그것은 류에 대한 공격에 기름을 부었다. 대자보가 중난하이 안에도 나붙었다. 매일 아침 아이들은 자전거를 타고 돌아다니면서 그들이 본 대자보에 대해 부모에게 보고했다. 무슨 소리가 씌어져 있는지 보기 위해 류 자신이 직접 돌아다니기도 했다. 중난하이의 높은 담은 더 이상 문화혁명을 차단시키지 못했다. 주더를 '대군벌' 혹은 '사악한 장군'이라고 공격하는 포스터가 붙었는가 하면, 허룽은 강도 군벌로 불렸다. 덩샤오핑은 류사오치와 마찬가지로 소외된 채 집에 머물러 있으면서 부름이 있기만 기다리고 있었다.

류는 저우언라이에게 이야기했다. 그는 모든 '과오'에 대한 책임을 지고 사임함으로써 문화혁명이 순조롭게 진행되도록 하고, 당원들이 계속 혼란에 빠지는 것을 막고 싶다고 말했다. 저우언라이는 류의 말에 동정적이었다. 그러나 그는 사임은 마음대로 할 수 있는 것이 아니라고 말했다. 류에게는 그만두는 것조차 허락되지 않으리라는 것이었다. 류는 이제 첫 번째 결혼에서 얻은 네 자녀 중 두 사람과 연락조차 끊기게 되었다. 장남인 류윈빈(劉允斌)과 장녀인 류아이친(劉愛琴)은 시골 벽지로 쫓겨갔다. 두 사람은 모두 소련에 유학했었다. 이러한 사실은 당시의 광기 속에서 그들이 소련 스파이라는 비난을 받게 만들었다.[2] 둘째아들인 류윈러(劉允若)는 베이징의 로켓 공학 실험실에서 일했다. 1967년 1월 9일 그는 장칭에게 스파이로 몰려서 체포되어 친청의 제1감옥에 감금되었다. 네 번째 자녀인 류타오(劉濤)는 왕광메이보다 겨우 일곱 살 아래의 여자였는데 장칭의 극렬한 앞잡이가 되었다.[3]

사태는 더욱 악화되었다. 1월 8일 병원에서 전화가 왔다. 핑핑이 자동차 사고로 다쳤다는 낯선 사람의 목소리였다. 다리가 부러져서 당장 수술을 해야 한다는 것이었다. 저우언라이는 어떠한 일이 있어도 절대로 중난하이 밖으로 나가지 말라고 경고했었다. 그러나 상황이 위급했기 때문에 왕광메이와 류는 병원으로 달려갔다. 거기서 그들은 역시 핑핑의 부상 소식을 듣고 온 위안위안과 팅팅을 만났다. 그러나 핑핑은 아무 데도 없었다.

"함정이다!" 위안위안이 소리쳤다.

"홍위병이 어머니를 붙잡으려는 거예요."

그러나 너무 늦었다. 홍위병들이 이미 왕광메이를 포위했다. 그녀는 가족들에게 집에 가라고 말하고 홍위병들에게 향했다. 그날 밤 늦게 저우언라이는 겨우 홍위병들을 설득, 그녀를 풀려나게 해주었다.

그로부터 일주일이 채 안 된 1967년 1월 13일, 상하이는 완전히 문화혁명의 소용돌이에 휩싸였고 나라 전체가 금방이라도 폭발할 것 같은 분위기였다. 이날 마오의 비서 한 사람이 류의 안마당에 나타났다. 마오가 류를 만나고 싶어 한다는 것이었다. 그는 마오가 폴란드에서 선물받은 낡은 바르쇼바를 타고 마오가 기다리는 인민대회당으로 갔다.

마오는 류사오치에게 다정한 인사를 건넸다.

"핑핑의 다리는 좀 어떻소?" 마오가 물었다.

"그것은 함정이었습니다. 그 애의 다리는 아무렇지도 않습니다." 류는 대답했다.

류는 자신이 과오를 범했다고 말하고, 일반 당원들은 정상업무로 돌아가게 해달라고 부탁했다. 그리고 잘못은 자기한테 있으니 사임하겠다고 말했다. 그는 옌안이나 후난성으로 돌아가 처자와 함께 농사나 짓고 싶다고 했다. 마오는 담배에 불을 붙였다. 마침내 그가 말하기 시작했다. 책을 좀 읽는 것이 좋겠다고, 마오는 류에게 말했다. 그는 잘 알려져 있지 않은 헤겔(Hegel)의 책 한 권과 디드로 (Diderot)의 책을 들먹였다.

"열심히 공부하시오"라고 마오는 말했다. 그의 마지막 말은 "건강에 주의해야 하고"였다.

그것이 그들의 마지막 만남이었다. 마오는 항상 그의 희생자를 불러들여 기분 좋은 대화를 나눈 다음 그를 파멸의 길로 내모는 것을 즐겼다. 그것은 폭군 칼리굴라(Caligula)조차도 경탄함직한 방식이었다.

류는 안심하고 집에 돌아왔다. 주석은 아주 친절했다. 그는 류에게 열심히 공부하고 건강을 돌보라고 말한 것이다. 이틀이 채 안 되어 난폭한 패거리들이 류의 사무실을 습격하였다. 그들은 사무실 벽을 온통 대자보로 회칠하고, 한 시간 동안이나 류와 그의 아내에게 욕설을 퍼부으면서 책상 위에 한 다리로 서 있게 만들었다.

1월 16일 자정이 지난 후 전화벨이 울렸다. 왕광메이를 찾는 저우언라이의 전화였다. 그는 부드러운 목소리로 일렀다.

"광메이 동지, 강해져야 합니다. 최악의 경우에 대비하십시오."

왕광메이는 수많은 얘기를 저우언라이에게 하고 싶었다. 그러나 그녀가 입밖에 낸 것은 "총리 동지, 정말 친절하시군요"라는 말이 고작이었다.

류사오치가 마오를 만난 나흘 후, 홍위병이 다시 와서 그의 사무실을 인수하고 전화선을 끊어 버렸다. 그는 자신이 아직도 수반으로 있는 중국정부와 통신할 수 없게 된 것이다.[4] 류는 마오에게 편지를 썼으나 회신을 얻지 못했다. 어느 날 한밤중에 류의 아이들이 먀오(苗) 아저씨라고 부르는 한먀오가 체포되었다. 수년 동안 그는 류사오치 가족의 요리사였다. 그들은 6년 동안이나 그를 감금했고 주기적으로 음식과 마실 물을 주지 않았다. 그는 살집이 좋은 원래의 모습을 잃었고 심장병과 고혈압에 걸렸다.

"그들은 내가 만든 음식 때문에 류사오치가 오염되어 수정주의자가 되었다는 사실을 시인하라고 나에게 강요했습니다"라고 그는 말했다.

먀오 아저씨는 운이 좋은 편이었다. 류 부부가 스파이라는 증거를 쥐어짜내는 과정에서 말기 암환자이거나 심장병환자인 노인들이 여섯이나 고문으로 죽었다.[5]

류는 마지막이 다가오고 있음을 느꼈다. 그는 왕광메이와 자녀들을 머리맡에 불러 말했다.

"내가 죽고 나면 엥겔스(Engels)처럼 재를 바다에 뿌려 주오. 이것이 나의 유언이오."

"그들이 당신의 유골을 돌려주지 않으면 어떻게 하지요?" 하고 왕광메이가 묻자, 류는 말했다. "돌려줄 것이오." 그러나 그의 말은 맞지 않았다.

1967년 7월 마오와 린뱌오는 베이징을 떠나 항저우로 갔다. 홍위병들은 중난하이 밖에 텐트를 치고 9월 말까지 농성을 계속했다. 그 기간은 1989년 학생들이 톈안먼 광장을 점거하고 있었던 기간과 비슷했다.

홍위병들은 1989년의 그들 후배들과 마찬가지로 텐트와 야전침대, 슬리핑매트 등으로 무장, 아예 장기적으로 묵을 채비를 갖추었다. 그들은 또한 중난하이 주변에 온통 불을 피워 냄비를 걸어 놓고 취사를 했다. 그것은 어느 모로 보나 점령군의 모습이었다.[6]

홍위병들은 밤낮으로 스피커를 틀어 놓았다. 그들은 모든 원로급 지도자들을 표적으로 삼았다. 주더, 덩샤오핑, 문화혁명에 반대한 유일한 정치국원인 타오주(陶鑄)와 그들의 부인들, 외교부장인 천이, 후에 주석이 된 리셴녠, 만년에 강경보수파로 바뀐 왕전(王震), 린뱌오 부인에게 미움받는 부인을 둔 허룽, 덩샤오핑의 오랜 동료인 류보청, 그 밖에 헤아릴 수 없이 많은 사람들이 공격 대상이 되었다.[7] 홍위병들은 장칭과 천보다의 지시에 따라 중난하이 출입문들을 포위하고 고위관리들을 검문하였다.[8]

천보다는 주더가 소련의 지원을 받아 마르크스 당을 결성하고 마오를 제거하려고 한다는 이야기를 날조해 냈고, 홍위병들은 이것을 스피커를 통해 조소하고 떠들어 댔다.

천보다의 시나리오는 터무니없는 것이었지만 그로 인해 야기된 위기는 심각했다. 홍위병들이 중난하이 문들을 쾅쾅 두들겨 댔다. 이 순간 북문 쪽에 저우언라이가 나타나서 그들을 진정시켰다. 장칭은 서문 쪽에서 홍위병들을 선동했다. 저우언라이가 그녀를 뒤쫓아 서문으로 가면 그녀는 다시 북문으로 달려갔다. 등장하는 사람들이 실존 인물들이라는 점을 제외하면 영락없이 중국판 《이상한 나라의 앨리스》였다. 어쨌든 우선은 저우언라이가 우세였다.

곧 새로운 싸움이 시작되었다. 표적은 천이였다. 그는 공개비판을 받고 욕설과 구타를 당했다. 저우언라이가 와서 그의 팔을 부축하여 데려갔다. 군중들은 저지하지 못했다. 며칠 후 저우언라이는 인민대회당에서 수천 명의 군중에게 포위당했다. 그들은 음식과 물도 주지 않은 채 열여덟 시간이나 그를 붙들어 놓았다. 그는 날뛰는 패거리들을 설득하고 또 설득해서 자신의 힘으로 풀려 나왔다. 그를 보호하기 위해 어떠한 조치도 취해지지 않았다. 공안대원도, 지도층을 경호할 임무가 있는 8341부대도, 린뱌오의 대대도 움직이지 않았다. 마오로부터는 아무런 전갈도 없었다. 그는 항저우에서 쾌적함을 즐기고 있었는데, 린뱌오도 마찬가지였다.[9]

류사오치와 왕광메이는 위의 세 아이들은 자기 앞가림들을 할 수 있을 것으로 믿었다. 그러나 샤오샤오는 너무 어렸다. 왕광메이는 과거에 마오의 전처 양카이후이가 아들 안잉을 창사에 데려갔듯이, 자신도 딸을 감옥에 함께 데리고 갔으면 했다. 류사오치는 상대방에게 인간다움을 기대하지 말라고 말했다. 왕광메이는 샤오샤오에게 작별인사를 하고 그녀를 유모에게 보냈다.

1967년 7월 18일 아침, 류씨네 자녀들은 중난하이 식당에 아침식사를 하러 갔다. 그들은 그날 밤에 류사오치를 '비판'하는 공개집회가 있음을 알리는 엄청나게 큰 대자보를 보았다. 류는 이것이 고비임을 느꼈다. 그는 책상 서랍에서 두 개의 서류를 꺼냈다. 그는 처음으로 아이들에게 자신의 자아비판을 높이 평가한 마오의 논평과, 왕광메이의 타오위안(桃園) 경험(1963년 11월부터 이듬해 4월까지 허베이성 무령현 소재 인민공사의 타오위안 대대에 파견되어 실시한 조사활동-역주)에 관한 농촌 보고서에 대한 마오의 칭찬이 들어 있는 서류를 보여 주었다.

"이제 너희들은 우리가 너희들에게 거짓말을 한 적이 없다는 것을 알겠지" 하고 류가 말했다.

그런데 류가 자녀들에게 밝힌 바에 따르면 놀랍게도 마오는 1949년이래로 류가 보낸 어떠한 서류에도 서명을 한 적이 없었다는 사실이 드러났다. 서류에는 마오가 읽었다는 의미로 작은 동그라미가 표시된 채 돌아오곤 했으나 승인 여부에 관해서는 아무런 표시도 없었다. 인민공화국 수립 이래 류는 모든 문건에 대해 마오의 승인 여부를 어림짐작으로 처리하지 않으면 안 되었던 것이다.[10]

그날 밤 류와 왕광메이는 집회에 끌려 나갔다. 덩사오핑과 그의 아내 줘린, 그리고 타오주 부부도 있었다. 개별적인 공개비판이 중난하이 안에서 진행되었다. 예전에는 저우언라이가 출입문을 지켰으나 이제 홍위병들은 중난하이 내부를 자유롭게 드나들었다. 집에 돌아온 후 류는 그의 사무실에서 홍위병 감시하에 놓이게 되었다. 왕광메이는 뒷마당에, 아이들은 가운데 있는 방에 감금되었다. 어떤 류의 말이나 연락도 금지되었다. 그러나 아이들은 어머니가 뒤켠에 있다고 몰래 류에게 말해 주었다.

이것은 시작에 불과했다. 보다 대대적이고 난폭한 장면이 8월 8일에 벌어졌다. 중난하이는 고문장으로 변했다. 밖에서는 수십만 명, 안에서는 수천 명의 잔인한 무법자들이 악을 써 댔다. 류씨네 아이들은 샤오샤오까지도, 마오의 전사들이 반쯤 죽어 있는 희생자들을 무대 위로 끌어내는 장면을 보아야 했다. 촬영팀은 이 광경을 전국에서 순회 상영하기 위해 공연 상황을 녹화했다. 그들은 류사오치 부부에게 비행기 이륙 자세를 시켰다. 홍위병들이 류를 거꾸로 들어올린 다음 마치

밀가루 부대처럼 마룻바닥에 내동댕이쳤다. 그들은 류의 얼굴과 머리를 때리고 발로 찼다. 군인 하나가 류의 흰 머리칼을 잡아채서 얼굴을 뒤로 젖히게 한다음 사진을 찍게 했다.

군중들은 숨을 죽이고 지켜보았다. 갑자기 비명소리가 울렸다. 일곱 살짜리 샤오샤오가 공포에 질려 지르는 소리였다. 위안위안이 달려갔다. 군인들이 저지했으나 그는 곧장 달려가서 어린 동생을 팔에 안았다.

"뭘 하고 있는 거야?" 한 녀석이 물었다.

"어린애가 울고 있는 게 안 보여?" 하고 위안위안이 되받았다.

위안위안의 너무나 자연스럽고 인간적인 따스한 행동은 이미 인간이기를 포기한 군중들을 격노시켰다. 두 시간 동안이나 그들은 홍위병들에게 류사오치 가족을 때리고 또 때리라고 요구했다.[11] 마침내 가족은 '행운의 집'으로 돌려 보내졌다. 그들은 마당에서 잠시 멈췄다. 류와 왕광메이는 홍위병 포스터 앞에서 절을 해야만 했다. 류는 코피가 흐르고 얼굴이 부풀어 올랐으며, 신발을 잃어버려 자갈 위에 맨발로 서 있었다. 왕광메이는 남편에게 손을 내밀었다. 류는 그것을 꽉 잡았다. 두 사람은 서로의 눈을 깊이 응시하였다. 홍위병들이 또다시 발길질과 주먹 세례를 퍼부었다. 아이들은 그들의 부모가 마지막 작별인사를 하고, 네 명의 억센 홍위병에 의해 각기 다른 장소로 끌려가는 것을 묵묵히 바라보고만 있었다.[12]

고문과 구타는 그치지 않았다. 왕광메이는 머리를 심하게 다쳤다. 그러나 그들은 매일 그녀에게 뒤뜰에서 25파운드짜리 돌을 이쪽 끝에서 저쪽 끝으로 나르는 일을 시켰다. 오른쪽 다리를 절게 된 류는 거의 걸을 수가 없었다. 그는 벽을 따라 절름거리면서 걸어야 했다.

비서 한 사람은 여전히 사무실을 지키고 있었다. 어느 날 그는 마오에게 또 한 번 편지를 썼으나 회신은 없었다.

1967년 9월 13일 군용 트럭 한 대가 마당으로 들어왔다. 아이들에게 집 밖으로 나오라는 지시가 떨어졌다. 그들은 각자의 짐을 챙긴 후 자전거와 함께 트럭에 기

어울라 학교로 실려갔다. 펑펑과 팅팅은 난방이 들어오지 않는 기숙사에 배치되었다. 펑펑은 몸을 따뜻하게 하느라고 인민일보들을 얇은 요 밑에 깔았다. 그러나 그녀의 급우 한 사람이 그 중에서 마오의 사진이 실린 신문을 찾아냈다. 펑펑은 주석을 모독했다고 해서 얻어맞았다. 위안위안은 학교 계단 밑의 걸레 창고에서 잠을 자야했다. 곧 그는 산시(山西) 지방으로 보내졌는데, 친절한 농민들이 아니었다면 거기서 굶어죽었을 것이다. 펑펑은 산둥에 실려가서 농사일을 했다. 1학년생인 샤오샤오는 첫날부터 교실에서 매를 맞았다. 다른 아이들이 그 애를 인민의 적이라고 불렀다. 아이들은 어머니인 왕광메이가 체포되어 친청 감옥(베이징 교외에 있는 정치범 수용소-역주)에 수감된 것도 모르고 있었다.

덩샤오핑, 펑전, 몽골의 당서기인 우란푸(烏蘭夫), 보이보, 양상쿤 등의 자녀들도 모두 같은 대우를 받았다.

언젠가 위안위안은 돈이 없어서 펑전의 아들인 푸양과 같이 병원에 피를 팔러 간 적이 있었다. 첫 번째는 병원에서 그들의 피를 사 주었다. 두 번째 갔을 때 그들은 거절당했다. 문화혁명 희생자의 자식들은 '반동분자 부모에게서 태어난 사악한 아이들'이기 때문에 그들의 피는 '사악한 피'라는 것이 이유였다.

중난하이 안에서는 더욱 비극적인 일이 일어나고 있었다. 류는 신경안정제를 압수당하고 하룻저녁에 세 시간밖에 수면을 취하지 못하였다. 마오와 마찬가지로 그는 혁명운동 시절에 줄곧 밤에 일을 해 왔었다. 그는 당뇨병 치료제도 빼앗겼고, 운동을 하지 못해서 근육 위축 증세로 고통을 당했다. 일곱 개밖에 남지 않은 치아로는 그에게 제공되는 거친 음식을 씹을 수도 없었고, 소화시키지도 못했다. 몸무게가 너무 많이 줄어서 그는 흡사 해골과 같았다. 수전증이 생겨서 젓가락으로 음식을 입에까지 가져갈 수도 없었다. 팔에 입은 묵은 상처에는 세균이 감염되었다. 옷을 입는 데 두 시간이 걸렸고, 식당까지의 짧은 거리를 걷는 데도 한 시간이 걸렸다. 광기는 여전히 기승을 부렸다. 1968년 9월 18일 장칭은 군중집회에서 "나는 중국에서 가장 중요한 사건인 류사오치 문제를 처리할 권한을 가지고 있다"고 소리쳤다. 4인방 중의 한 사람인 장춘차오도 고함쳤다. "그는 수천번 수만번 상처를 입혀서 천천히 죽여야 한다." "물에 빠진 똥개는 두들겨 패라." [13]

류에게 불리한 증거를 찾아내기 위해서 5백 명 이상의 조사관들이 15개의 문서 보관창고를 뒤져 250만 건의 서류를 검사했고, 수백 명이 체포, 구타, 고문당하고 굶어죽거나 살해되었다. 그러나 그는 여전히 당원이었고 국가 주석이었다. 왕광메이에 대해서는 들어본 적도 없는 무명의 교수들이 그녀가 미국 스파이라는 증거를 제시하지 못했다는 이유로 죽임을 당하기도 하였다.

1968년 10월 8일, 마침내 류사오치는 울음을 터뜨렸다. 그는 복받치는 감정을 억제하지 못하고 계속 울었다. 이제 더 이상 삼킬 수가 없게 된 그는 코에 끼운 튜브를 통해 음식물을 공급받지 않을 수 없게 된 것이다. 뿐만 아니라 자율신경의 마비로 인해 그의 손은 집게발로 변해버렸다. 그가 일단 물건을 쥐면 주먹에서 그것을 빼낼 수가 없었다. 간호원이 그의 두 손에 조그만 플라스틱 병 두 개를 쥐어 주었다. 1년 뒤 그가 죽었을 때도 그는 여전히 그 병들을 꽉 움켜쥐고 있었다. 장칭과 캉성은 당황해서 미친 듯이 날뛰었다. 그가 당에서 축출당하기 전에, 그리고 주석직에서 쫓겨나기 전에 죽는다면 어찌될 것인가? 류를 집중적으로 치료하라는 지시가 내려졌다. 1968년 10월 11일에는 공산당 제8기 12중전회가 급히 소집되었고, 류를 당에서 정식 축출하였다.

류는 자신의 숙청소식을 통보받지 못했다. 그 대신 그는 어느 날 우연히 라디오를 통해 중앙위원회의 결의를 듣게 되었다. 11월 24일의 일이었다.

섬뜩한 제스처 게임은 계속되었다. 류의 건강상태가 악화되어 특별의료진이 투입되었다. 그는 이제 말을 할 수 없었다. 혈관이 모두 망가져 링거를 꽂을 데도 없었다. 저우언라이는 두 명의 간호원을 보내 그를 돌보게 했다. 그는 아무런 반응을 보이지 않았다. 딱 한번 그가 살아 있다는 증거를 보인 적이 있었다. 두 간호원들의 이름을 불러 그들이 침대 옆에 오자 미소를 지어 보인 것이다.

1969년 10월 17일, 이제 마오의 후계자로 지명되어 중국을 지배하게 된 린뱌오는 제1호 명령을 내렸다. 소련과의 전쟁에 대비하여 생존해 있는 고위급의 문화혁명 희생자들을 베이징에서 제거시키라는 것이었다. 덩샤오핑과 그의 아내, 덩의 계모는 난창으로 옮겨졌다. 튜브를 통한 음식물 주입과 링거 주사로 부지하고 있던 류사오치는 알몸으로 면담요에 싸인 채 비행기에 실려서 허난성 카이펑(開封)으로 옮겨졌다. 1969년 11월 12일, 류는 낡은 감옥의 지하감방에서 시멘트 바닥에 알몸으로 누운 채 죽었다. 특별 의료팀은 류의 개인 약품들을 가지고 베이징으로 철수했다. 수개월 동안 면도도, 이발도 못한 채 죽은 류의 사인은 폐렴이었다.

그는 한밤중에 20명의 군인들이 화장터를 포위한 가운데 화장되었다. 류사오치 사건을 담당한 특별 공작팀은 다음과 같은 사망확인서를 작성하였다. '류웨이황, 무직, 사인은 질병' 연고자 난에는 '류위안, 아들'이라고 서명되어 있었다. 유골은 아무 표지도 없는 항아리에 넣어졌고 곧 이어서 연회가 베풀어졌다. 특별 공작팀은 건배하면서 선언했다.

"우리는 과업을 성공적으로 끝냈다."

류사오치가 카이펑으로 보내진 후의 어느 날 아침 동트기 전, 한 떼의 군인들이 중난하이로 들어왔다. 그들은 곡괭이와 도끼로 '행운의 집'을 박살냈다. 해가 떠올랐을 때에는 쓰레기더미만 남았다. 류사오치와 왕광메이 일가가 중난하이에 살았다는 흔적은 아무것도 남지 않았다.

1969년 4월 1일부터 24일까지 열린 당 9중전회가 끝난 후 린뱌오는 자신이 장악하고 있는 인민해방군에 의해 즉시 처형될 인물들의 명단을 작성했다. 맨 위에 있는 이름이 왕광메이였다. 이 명단은 저우언라이의 서명을 거쳐 마오에게 제출되었다. 마오는 왕광메이의 이름을 지웠다.

"죄수를 용서하고 칼을 아끼라." 마오는 중국의 격언을 인용하여 저우언라이에게 말했다. 옛날에는 칼로 사형수의 흉부를 베었던 것이다.

"오 주석님! 참으로 너그러우시군요." 저우언라이가 감격해서 외쳤다.

1962년 마오가 류사오치 부부와 그 자녀들이 지켜보는 가운데 류의 열 살짜리 딸인 팅팅과 악수하고 있다.

1966년 10월 마오쩌둥(서 있는 사람)이 톈안먼광장에 운집한 홍위병들의 환호에 답하고 있다. 왼쪽에 톈안먼이 보인다.

마오의 지시에 따라 죽기 직전의 상태에 이르기까지 고문당하고, 마오의 하수인들에게 극도로 잔인한 방법으로 남편을 살해당한 한 여인의 목숨은 마오 덕분에 이렇게 해서 부지되었다.

류씨 가족의 희생자는 류를 포함하여 네 명이었다. 왕광메이의 모친은 딸의 스파이 행위를 자백하라고 끊임없이 고문당한 끝에 제1감옥에서 죽었다. 류의 장남인 류윈빈은 내몽고에서 맞아 죽었다. 얻어맞은 그의 시체는 날조된 유서와 함께 철로에 버려졌고, 화물 기차가 그 위를 지나갔다. 다른 형제들은 수년이 지난 후에야 그가 많은 사람들처럼 '자살당했다'는 것을 알았다.

둘째 아들인 류윈루오는 제1감옥에서 11년을 보냈다. 그들은 그를 어둠 속에 가두어 놓고 최소한의 음식밖에 주지 않았고 비타민도 햇볕도 허용하지 않았다. 그는 척추결핵에 걸렸다. 1978년에 석방되었을 때 그는 설 수조차 없었다. 수개월 후 그는 죽었다. 장녀인 류아이칭은 구타당한 후 몽골지방의 가장 환경이 열악한 곳으로 추방되었다. 그러나 그녀는 살아 남아 긴강을 회복하였다.

왕광메이는 수년간 친청 감옥에 수감되어 있었다. 자녀들은 가끔 그녀를 면회하러 갔다. 그녀는 해골 같은 모습에 멍한 표정이었고, 수년간의 독방생활로 말하는 것조차 잊어버린 것 같았다. 1979년 마침내 그녀는 석방되었고, 자녀들의 극진한 보살핌 속에서 수주일이 지나자 원기를 회복하기 시작하였다.

수년 동안 류사오치의 자녀들은 아버지의 유골을 찾기 위해 백방으로 수소문했다. 1976년 9월 마오가 죽은 직후, 마침내 그들은 베이징의 화장터인 바바오산에서 아무런 표지도 없는 상자를 발견했다. 그것은 기폭에 싸여서 류의 죽음의 설계자였던 캉성의 유골이 있는 방의 한쪽 구석에 놓여져 있었다.

자녀들이 그 이름 없는 상자에서 깃발을 벗겨 내자 오래 전에 말라붙은 침과 담뱃불에 탄 자국들이 보였다. 그 유골은 자신들의 아버지의 것일 수도 있었다. 설사 아니라고 해도 어쨌든 그것은 문화혁명의 제물이 된 사람의 것이었.

1976년 9월 30일 그들은 한 움큼의 유골을 가지고 텐안먼으로 갔다. 그들은 대리석 다리 위에 서서 자금성 주위를 유유히 흐르는 강물 위에 재를 뿌렸다. 그 재들은 긴 여행을 시작하였다. 그것들은 아마도 중국의 중심부를 지나 천천히 흘러가서 바다에 이를 것이며, 류의 유언대로 그의 존재의 작은 조각을 일곱 바다로 운반할 것이었다.

  1979년 감옥에서 풀려난 왕광메이는 어느 날 자녀들과 함께 해군함정을 타고 보하이 만에 나가서 류사오치의 나머지 유골을 뿌렸다.

31. 옌강(延江)의 달

먼지투성이 옌안에 해가 지고 사막의 지열이 식기 시작하면, 마오쩌둥 부대의 남녀 대원들(남녀 비율이 18대 1)은 동굴에서 빠져나와 옌강변을 산책하곤 하였다. 남자들은 오른쪽 둑을 따라, 여자들은 왼쪽 둑을 따라 걸었으며 가운데로는 울퉁불퉁한 암석들 사이로 가느다란 강줄기가 뻗어 있었다.

그들은 천천히 걸었다. 남자들은 대부분 나이가 들었고, 교육받지 못한 농민 출신이 많았으며, 여자들은 혁명에 대한 열정을 지니고 상하이나 베이징, 난징에서 갓 도착한 고등학교나 대학 출신의 젊은 지식인들이었다.

남자들은 버드나무 가지로 만든 염소 다리 모양의 파이프에 직접 만든 사제 담배를 피우면서 게릴라 전술과 항일전쟁에 대해서 이야기했다. 강물위로 달이 떠오르면 여자들은 연애 기분에 젖어들었다. 남자들이 생각하기에 연애란 어리석은 짓이었다. 그들은 달을 콩깻묵이라고 불렀다. 남자들은 현실적이었고, 여자들은 시적이었다. 남자들은 대부분의 젊은 여자들에게 남편감으로는 너무 나이가 많았다. 그렇다고 해서 좋은 연인이 되기에는 싸움터에서 힘과 정열을 너무 많이 소진해 버렸다. 그럼에도 불구하고 많은 젊은 여자들은 옌안의 남자들, 특히 지휘관들의 마음을 사로잡지 못해 안달이었다.[1]

옌강변을 산책하기를 즐겼던 젊은 여자들 중에는 장칭도 끼어 있었다. 그녀는 1938년 마침내 마오의 침실에 들어가는 데 성공했다. 두 명의 다른 산책객―쉐밍(薛明)과 예춘(葉羣)―은 마오의 가장 유능한 장군들인 허룽과 린뱌오를 사로잡았다. 허룽은 검은 수염을 기른 군대 내의 로빈 후드였으며, 린뱌오는 몇 년 뒤에 중국을 발칵 뒤집어 놓게 될 고독한 천재였다. 세 여자는 저마다 특징이 있었지만 한 가지 공통점을 지니고 있었다. 그녀들은 모두 다른 여자의 남편을 차지한 것이었다. 장칭은 몸이 아픈 허쯔전이 모스크바에 가 있는 동안 비어 있는 마오의 침대에 미끄러져 들어갔다. 쉐밍은 위대한 여성혁명가인 젠센런이 허룽을 두고 소련에 유학가 있는 동안 빈 자리를 메웠다. 예춘은 부인을 모스크바에 남겨 두고 먼저 귀국한 린뱌오를 차지했다.

이들 젊은 여성혁명가들은 서로 가까웠다. 특히 쉐밍과 예춘은 절친한 사이였다. 세 사람은 문화혁명 당시에 숙명적으로 서로의 인생에 끼어들었다. 장칭과 예춘은 동업자가 되었다.[2] 장칭은 예춘에게 말했다. "혼란을 틈타서 너는 나의 적을 해치우고 나는 너의 적을 해치우기로 하자."[3]

옌안 시절에 예춘과 쉐밍은 같이 일하고 같은 동굴에서 살았으며, 허룽을 처음 만났을 때도 함께였다. 1938년 11월 7일 밤 두 사람은 볼셰비키 혁명을 기념하기 위해 옌안의 서문 밖에서 열린 연등행사에 갔다. 거기서 허룽을 처음 보는 순간 그들은 황홀해졌다. 멋진 검은 수염과 건강한 혈색, 불타는 눈과 씩씩하고 건장한 외모를 지닌 그를 사람들은 '살아있는 용'이라고 불렀다. 당시 그는 전쟁터에서 갓 돌아와 있었다.[4]

문화혁명 시기에 장칭은 예춘의 도움을 얻어 자신의 과히 혁명적이지 못한 과거를 드러내는 증거를 인멸하기 위해 많은 시간과 노력을 소모했고, 헤아릴 수 없이 많은 희생자의 피를 흘리게 했다. 장칭도 같은 방식으로 예춘을 도왔다. 그리하여 허룽을 박해받아 죽게 만들고, 예춘의 가장 큰 적이었던 허룽의 두 부인을 악랄하게 괴롭혔다.

군벌의 착취로 황폐된 후베이성(湖北省)의 공장주 아들인 린뱌오는 중류 가정 출신이었다. 린의 가족은 중국의 병폐에 대한 치유책으로서 공산당의 급진적인 해결 방안을 선택하였다.5) 옌안에 있던 많은 사람들은 린뱌오를 마오의 지휘관들 중 가장 뛰어난 인물이라고 평가했다. 처음에 린은 주더 밑에서 일했고 1928년부터 마오 밑에 있게 되었다. 그는 스무살 때 황포군관학교를 졸업했고, 1927년에는 북벌을 위한 국공합작 군대에서 대령급으로 복무했다. 린뱌오의 군대 경력은 흠잡을 데 없이 완벽했으나 동료들과의 관계는 원만하지 못했다. 동료들 가운데 그는 외톨이였다.

린뱌오에게는 또 다른 측면이 있었다. 그는 변덕스럽고 수줍어했으며, 우울증과 신경쇠약 증세를 보였다. 1939년 그는 자신이 예전에 무심코 한 장난 때문에 입은 상처가 아직 완치되지 않아 치료를 해야 한다고 우기면서 모스크바로 가버렸다. 언젠가 린은 국민당 소속 장군을 한 사람 포로로 붙들었는데, 장난삼아 그의 모자와 코트를 입고 그의 금박 입힌 칼을 휘두르면서 마을을 향해 전속력으로 말을 달렸다. 그러자 그를 국민당 장군으로 오인한 보초가 발포하는 바람에 어깨에 부상을 입었다. 홍군에서 일하던 의사 조지 하템(George Hatem)은 당시 린의 상처가 대수롭지 않았으며, 소련으로 떠나기 전에 이미 완치되었었다고 말했다. 홍군 내 의료팀의 책임자였던 중국인 선교사 출신 의사인 넬슨 푸(Nelson Fu)도 같은 견해였다. 그러나 린뱌오는 치료를 위해 새 아내인 류시밍과 함께 모스크바로 떠났고, 거기서 2년 가까이나 머물렀다.6)

러시아에서 린은 모스크바에서 20마일쯤 떨어진 쾌적한 여름 휴양지인 쿤체보에 있는 별장에서 지냈다. 그 별장은 스탈린이 휴양이나 유학 혹은 치료를 위해 러시아에 오는 중국인 주요 인사들을 위해 숙소로 제공한 것인데, 원래는 모스크바의 한 명문가 소유였다. 그 집은 중국의 기준으로는 넓은 편이었고, 산책할 수 있는 작은 공원과 탁구대, 농구 코트, 날씨가 좋을 때 해바라기를 할 수 있는 벤치들이 있었다. 도서관에는 푸슈킨, 톨스토이, 도스토예프스키, 투르게네프, 체호프 등의 러시아 고전과 몇몇 유럽 작가들의 책, 마르크스, 엥겔스, 레닌, 스탈린의 저서들이 있었다. 중국책은 없었다.

린뱌오는 같은 건물 안에서 다른 사람들과 함께 강의를 들었다. 그들은 좀처럼 모스크바 시내에 들어가는 일이 없었다. 식단은 실속 있는 러시아 요리들로 짜여 있었다. 보르시치라는 러시아식 수프, 일종의 밀가루죽인 카샤, 러시아 흑빵, 산성 크림 등이었고 가끔 쇠고기가 나왔다. 쌀밥이나 젓가락 따위는 없었다. 차도 딸기 잼을 곁들인 진한 색깔의 러시아 차를 금속 손잡이가 붙은 얇은 유리잔에 따라 마셨다. 사기잔에 담긴 엷은 색깔의 중국차가 아니었다. 거기 있는 중국인들은 서로가 친숙했으나 린뱌오만은 예외였다. 아무도 린뱌오와 친하지 않았다. 간혹 그는 일주일 혹은 수주일씩 없어지곤 했다. 그는 왜, 어디에 갔었는지 얘기하는 법이 없었다.

얼마 지나지 않아 중국인들은 지루해졌고 고향이 그리워졌다. 그 중의 한사람은 다음과 같이 회상하였다. "러시아는 평화시기였고 중국은 전쟁중이었다. 우리는 돌아가서 투쟁에 참여하고 싶었다."7)

그들이 러시아 정부의 복잡한 행정 절차를 거쳐 출국 허가를 얻고 중국으로 돌아오기까지는 18개월이 걸렸다. 그러나 린뱌오는 1942년 초까지 모스크바에 머물러 있었고, 귀국할 때는 부인을 남겨 두고 왔다.

린뱌오가 모스크바에 있을 때 허룽의 첫 번째 부인인 젠셴런도 상당 기간 동안 쿤체보의 같은 별장에 묵었었다. 그녀는 수년간 린뱌오와 알고 지냈으나 전혀 특별한 사이는 아니었다. 젠셴런은 중국혁명사에서 대단한 인물이었다. 그녀는 십대를 채 벗어나기도 전에 후난성 산간벽지에서 게릴라 활동에 참여했다. 당시 그녀의 남동생은 이미 허룽의 군대에서 전투를 해왔다. 허룽은 그에게 너무 잘생겨서 여자였더라면 좋았을 것이라고 말했다. 그는 자기보다 훨씬 예쁜 누나가 있다면서 젠을 허에게 소개했다. 허룽은 스스로 부랑아 부대라고 부르고 있던 제4군에 젠을 배치시켰다. 그녀는 1천 명의 중대원 가운데 유일한 여자였다. 한 달이 채

안 되어 그들은 결혼했다.

젠은 두 딸을 낳았다. 첫 아이는 후난성 산간지역에서 눈에 갇혀 있는 동안 추위와 굶주림으로 죽었다. 둘째 아이는 허룽과 젠이 대장정에 참여하기 3주 전에 태어났다. 젠은 딸을 옌안까지 무사히 데려왔다. 젠의 딸은 대장정을 처음부터 끝까지 치러 낸 유일한 유아였으며 그래서 이름도 영어의 빅토리아(Victoria)에 해당하는 지에성으로 붙여졌다.[8] 별장에서 젠셴런은 마오의 불행한 두 번째 부인인 허쯔전과 같은 방을 사용했다. 허쯔전은 '삼류 배우' 장칭이 마오에게 추파를 던지고 있다는 것을 알고 있었다. 모스크바에서 그녀는 마오의 아이를 또 하나 낳았다. 그녀가 낳은 다섯 번짼가 여섯 번째 아이였다. 그녀는 여러 명의 아이를 낳았지만, 대장정과 게릴라 활동 시기에 유아기를 넘기지 못하고 죽은 아이가 더 많았다.

아들이었던 이번 아이도 몇 달 안 가서 홍역으로 죽었다. 린뱌오의 부인 류시밍도 모스크바에서 딸 모우모우를 낳았다. 그 세대의 중국인들은 아직 산아 제한을 몰랐던 것이다.[9]

젠이 멀리 모스크바에 떨어져 있는 동안 쉐밍과 허룽은, 젠의 표현에 따르면 '매우 친해졌다.' 허룽은 국민당 점령지역에서 온 매력적이고 젊은 여자에게 호감을 갖고 있었다. 그러나 쉐밍의 회상에 의하면 그는 매우 수줍은 사람이었다. 허는 당지도자들을 연달아 매파로 보냈다. 쉐밍은 스물두 살, 허룽은 마흔두 살이었다. 그녀는 허룽의 나이가 너무 많다고 생각했다. 결국은 가장 원로 중의 한 사람인 펑전이 나이는 문제가 되지 않는다고 그녀를 설득했다. 그는 허룽이 아직도 정력적인 생활을 하고 있는 건강하고 유능한 사람임을 보증했다.

"열흘 동안 잠자지 않고 싸울 수 있겠니?" 펑은 젊은 소녀에게 물었다. "허룽은 할 수 있지."[10]

며칠 후 허룽이 모스크바에서 돌아온 젠셴런을 찾아와서 이혼하고 싶다고 말했다. 젠은 놀라지는 않았으나 그의 퉁명스러운 태도에 충격을 받았다. 당시 옌안에서 이혼하는 일은 매우 쉬웠다. 단순히 선언만 하면 그만이었다. 허룽은 7월 28

일에 그녀에게 이혼 선언을 하였다. 1942년 8월 1일 허룽과 쉐밍은 결혼하였다.[11] 이 날은 1927년 난창에서 홍군이 창설된 것을 기념하는 건군 기념일이었다.

1942년 모스크바에서 돌아온 린뱌오는 예춘에게 끈질긴 구애를 했다. 그는 예춘이 자기를 별로 심각하게 여기지 않는다고 생각하고 친구인 허룽에게 도움을 청했다. 예춘은 린뱌오가 보낸 정식 청혼 편지를 친구들에게 보여 주었다. 허룽은 쉐밍에게 린뱌오의 청혼에 성의를 보이라는 말과 함께 편지를 더 이상 친구들에게 보이지 말라고 일렀다.

쉐밍과 예춘은 옌강변에 산책을 나갔다.

쉐밍은 50년 전의 일을 다음과 같이 회상하고 있다.

"내가 린뱌오 얘기를 했을 때 그녀는 별 관심이 없는 것 같았어요. 그 편지를 남에게 보이지 않겠다는 말도 하지 않았습니다. 다만 강물 위로 계속 돌멩이를 집어 던지고 있었지요."

예춘의 냉담해 보이는 태도에도 불구하고 두 사람은 곧 결혼했다. 그들은 쉐밍과 허룽을 결혼식에 초대하지 않았다.

쉐밍과 예춘은 옌안에 오기 전에 난징에서 살았었다. 당시 예춘은 장제스 정부가 운영하는 중앙방송국에서 일했는데 '중국에서 하나의 당(국민당)과 한 사람의 지도자(장제스)밖에 없다'는 주제로 열린 웅변대회에서 입상한 적이 있었다. 그녀들이 옌안에 왔을 때 쉐밍은 예춘이 이 사실을 당에 보고해야 된다고 생각했다. 예춘은 울음을 터뜨리면서 그러한 사실 자체를 인정하려 하지 않았다. 그런데 1942년 마오는 숙정운동을 전개하고 과거의 경력에 과오가 있었던 자들을 조사하게 했다. 이때 쉐밍은 허룽에게 예춘에 관한 이야기를 했고, 허룽은 다시 린뱌오에게 알렸다. 허룽은 다음과 같이 말했다.

"내 아내나 당신 아내나 모두 젊은 사람들이오. 두 사람 다 학생이고 국민당 점령 지역에서 왔소. 만약 내 아내가 그곳에서 어떤 잘못을 범했다면 당신 아내가 그 사실을 보고해 주면 좋겠소."

린뱌오는 허룽의 말에 별로 기분 좋은 기색이 아니었다. 당은 두 여자들에게 특별 교육을 통해 사상을 바로 잡도록 명령했다. 이로써 그 사소한 사건은 마무리 지어진 것처럼 보였다. 그러나 사실은 그렇지 않았다. 1945년 마오가 또 한번 당원들을 쥐어짜자 예춘 사건은 다시 거론되었다. 린뱌오는 예춘에 대한 비난을 무시해 버리고 그녀를 새로운 부임지인 만주로 데리고 갔다.[12] 그러나 옌안 시절 룸메이트였던 예춘과 쉐밍은 1945년 이후 1965년까지 서로 말을 하지 않고 지냈다.

문화혁명이 시작되자 순수했던 시절 옌강변의 무심한 산책들은 생각지도 못했던 엄청난 결과를 가져왔다.[13]

문화혁명을 순전히 개인적인 복수를 위해 자행된 살인과 고문, 범죄극의 연속이었다고 볼 수만은 없다. 그러나 개인적 원한에 대한 복수의 측면은 일반인들이 생각했던 것보다는 훨씬 많았다.

마오의 승인 아래 자행되었던 암울한 테러의 시대에 린뱌오와 예춘은 공모자였다.

1966년 어느 날 린뱌오는 아랫사람에게 허룽을 비판하는 글을 준비시켰다. 예춘도 한몫 거들었다. 마오는 곧 허룽을 비난하는 편지를 받았다. 1966년 9월 4일 마오는 수영장 저택으로 장군을 불러 그것을 보여주었다. 그 편지에는 허룽이 권력을 장악하기 위해 음모를 꾸미고 있는 '사악한 인물'이라고 씌어져 있었다.

마오는 자신이 허룽을 누구보다도 잘 알고 있으니 걱정 말라고 했다. 또 "나는 예전과 다름없이 당신을 평가하고 있소. 당신은 당과 인민에게 충실하고 적에게는 단호하며, 인민 대중과 밀접한 유대를 지속해 왔소"라고 말했다. 그것은 마오가 자신의 희생양을 안심시키고 마음을 약하게 만들어 순식간에 파멸시켜 버리려는 일종의 제스처였다.[14] 마오는 자신이 허룽의 편이라고 말했다.

며칠 뒤 마오는 허룽과 다시 한번 이야기를 나누었다. 걱정하지 말라, 모든 문제가 잘 해결되었다. 그 유명한 마지막 말이었다. 마오는 허룽에게 그를 걱정하는 동지들을 만나 보라고 권했다. 그러면 모든 것이 잘될 것이라고 했다. 허룽은 린뱌오를 만나러 갔다. 린뱌오는 허룽의 '문제'는 심각할 수도, 그렇지 않을 수도 있다고 말했다. 그리고 허룽이 누구를 지지하고 누구를 반대할 것인지 신중히 처신해야 한다고 했다. 그것은 네가 나를 지지해 주면 나도 너를 지지할 것이라는 은밀한 암시이기도 했다.

허룽은 그 암시를 알아채지 못했다. 린뱌오의 제의를 받아들이는 대신 자신은 마오를 반대하는 모든 사람에게 대항할 것이라고 말했다. 린이 생각하기에 그 정도의 반응으로는 불충분했다.

곧 장칭이 가담하였다. 그녀는 허룽의 아들인 허펑페이를 불러 그의 부친이 '문제가 많은' 사람이니 '좀 혼내주어야겠다'고 경고했다. 그의 모친도 마찬가지라고 장은 말했다. 당시 장칭, 린뱌오와 긴밀한 협조 관계에 있던 캉성은 허룽을 주모자로 하는 군사 쿠데타설을 날조해 냈다. 곧 홍위병들이 허룽의 집을 약탈하기 시작했다.

저우언라이는 허룽 부부를 중난하이에 있는 그의 집으로 데려왔다. 그러나 홍위병들과 문화혁명소조의 소란이 너무 심해지자 저우언라이는 장칭 일파와 허룽의 공식 회담을 주선했다. 장은 참석을 거부하고 홍위병들을 시켜 중난하이 밖에서 스피커로 떠들어대게 함으로써 회담을 불가능하게 만들었다. 중난하이가 안전하지 않다고 판단한 저우언라이는 허룽 부부를 시산으로 보내 인민해방군 보호 아래 두었다. 그는 이때 자신의 경호원을 동행시키고, 미행을 따돌리기 위해 차를 바꿔 타도록 지시했다.[15]

그러나 곧 린뱌오와 예춘, 캉성은 허룽이 숨어 있는 지역을 장악하였다. 이때 캉성은 허룽이 만만치 않아서 평범한 방법으로는 굴복시킬 수 없으니 의학적인 수단을 역으로 사용해야 한다고 말했다. 그것은 당뇨병인 허룽에게 글루코스를 투여하고 인슐린을 빼앗는, 치명적인 방법을 쓰겠다는 의미였다.

허룽과 쉐밍은 마당이 붙은 어떤 집에 연금되었다. 수도공급을 끊어버려 그들은 빗물을 받아 사용했다. 7, 8월의 호된 더위로 허룽은 극심한 고통을 겪었다.[16]

1969년 3월 27일 허룽은 병원으로 옮겨졌으나 의사는 꾀병이라고 말했다. 허룽은 아내에게 "그들은 나를 천천히 죽이고 싶어 하오. 피를 보지 않는 살인 말이오"라고 말했다. 6월 8일 그는 다시 같은 병원으로 옮겨졌다. 그 병원에 가지 않겠다고 맹렬히 저항했지만 소용이 없었다. 계속 토하면서도 그의 의식은 말짱했다. 의사는 그가 당뇨병으로 인한 의식불명이니 다른 곳으로 데려가라고 말했다. 그들은 쉐밍을 따라오지 못하게 했다.

"여섯 시간 후에 그는 죽었어요. 의사가 그에게 무슨 짓을 했는지 알 수가 없습니다." 쉐밍은 말했다.[17] 쉐밍과 허룽의 자녀들은 따로따로 아버지의 죽음을 통고받고 시신을 보러 병원에 갔다. 적극적인 성격을 지닌 허룽의 딸 허지에성은 시신에 상처가 있나 살펴보기 위해서 감시인들을 피해 재빨리 시트를 들춰 보았다. 그러나 미처 확인도 하기 전에 그녀는 저지당했다. 그것으로 끝난 것이 아니었다. 1969년 11월, 예춘은 린뱌오의 부관에게 전화해서 말했다.

"쉐밍은 나에 관해 너무 많은 것을 알고 있소. 그녀를 베이징에서 멀리 떨어진 곳으로 쫓아 버리고 공군의 감시 아래 두시오."[18]

쉐밍은 구이저우의 감옥에서 6년간이나 강제노동을 했다. 그녀의 신분은 비밀에 붙여졌다. 다른 사람들에게는 '신비에 싸인 산골할머니' 정도로만 알려져 있었다. 당시 열일곱 살이었던 막내딸 허리밍은 쉐밍과 함께 구이저우에 갔다. 다른 자녀인 허펑페이와 허샤오밍은 집에서 쫓겨나 감옥에 갇혔다. 허룽의 첫 부인이며 혁명의 영웅인 젠센런도 혼란의 와중에 함께 휩쓸려 들어갔다. 그녀에게 홍위병들은 허룽에게 불리한 증언을 하라고 요구했다. 그들은 말했다. "그는 당신에게 못된 짓을 했지 않소." 그녀는 그들의 요구를 거절했다. 그녀는 얻어맞은 뒤 외양간에 처넣어졌다. 그들은 그녀를 더러운 우리에 가두고 변소청소를 시켰으며, 24시간 감시하면서 먹다남은 찌꺼기만 주었다. 홍위병 하나가 말했다. "당신은 잘난 체하는 반동분자요."

그들은 그녀가 자살하지 못하도록 벨트와 머리핀들을 압수했다. 또 그녀의 의자를 빼앗고 종일 서 있게 했다. 그러고 나서 '다시 한번 생각해 보라'고 며칠 동안 그녀를 혼자 남겨 두었다. 그녀는 그 편이 훨씬 마음 편하고 좋다는 생각이 들었다. 홍위병들은 그녀가 '혁명에 반대하고 있다'는 편지를 정치국에 보냈다. 정치국은 젠을 풀어 주라고 지시했다. 그러나 젠은 9개월 뒤에야 풀려났다. 그때 비로소 젠셴런은 허룽의 죽음을 알았다.[19]

젠이 집에 돌아오자 여든아홉 살 된 그녀의 모친은 허룽의 죽음을 깊이 슬퍼하고 있었다. 그녀가 말했다. "마오가 이 일을 알았어야 하는데. 그러나 설사 알았더라도 그는 아무런 조치도 취하지 않았을 거예요."

그녀의 모친은 매일 마오쩌둥의 초상화 앞에 앉아 그를 향해 다음과 같이 말하곤 했다고 친한 친구 한 사람이 젠에게 전해 주었다. "마오 주석님, 마오 주석님, 도대체 어찌된 일입니까? 우리 가족은 대부분 중국 혁명을 위해 목숨을 바쳤습니다. 이제 두 딸밖에 남아 있지 않습니다. 딸들은 어디 있습니까?"

도대체 어찌된 일인가? 젠도 확실히는 알 수 없었다. 그러나 그녀는 마오가 말년에 인민들과 고립되어서 살았다고 말했다. 마오는 붉은 벽, 고대 중국 왕조의 상징이었던 붉은 벽 안에서만 살았던 것이다.[20]

다음과 같은 의문이 자주 제기되곤 한다. 과연 마오가 자신의 이름으로 자행된 수많은 고문 행위에 대해 어느 정도나 알고 있었을까? 아마 마오는 상당 부분을 알고 있었을 것이다. 그러나 그것을 자기 식대로만 이해하고 있었음에 틀림없다. 마오는 1967년에 자신이 데려다가 정치국원으로 승진시킨 농민지도자 지덩쿠이(紀登奎)에게 비행기 이륙 자세를 하고 있으면 어떤 기분인지 물었다.

지는 과거에 홍위병에게 심하게 당한 적이 있었으나 "별거 아닙니다. 좋은 운동이지요"라고 간단히 말해 버렸다. 마오는 크게 웃음을 터뜨리면서 비행기 이륙자세를 직접 해 보고는 또 한번 웃었다. 그 후 몇 달 동안 마오는 가는 곳마다 그 얘기를 몇 번이고 되풀이했다. 그러나 마오의 수많은 희생양들은 마오의 그러한 유머에 공감하기 어려웠을 것이다.

32. 린뱌오의 그림자

　불가사의한 인물인 린뱌오의 그림자는 1960년내 말의 베이징에 날이 갈수록 짙은 음영을 드리우고 있었다. 그 당시에도 이미 오래 전부터 그의 성격은 동료들과는 다른 점이 있어 보였다. 돌이켜 보건대 그 다른 점들은 분명히 병적인 것이었다.

　린뱌오는 오랜 전부터 항상 자신의 건강에 대해 걱정을 했었다. 그의 건강은 선교사 출신 의사로서 홍군 의료팀의 책임자였던 넬슨 푸 박사가 돌보고 있었다. 푸 박사는 린뱌오의 증세가 정상이 아니라는 것을 일찍부터 눈치채고 있었다. 린은 푸 박사에게 불빛이나 물, 바람, 소음 따위가 무섭다고 얘기하곤 했다. 그의 증세는 방음장치된 방에 틀어박혀 지냈던 프랑스의 소설가 마르셀 프루스트(Marcel Proust)의 그것과 흡사했다. 린뱌오는 점점 견디기 힘들어져서 급기야는 푸 박사에게 "죽어버릴 것 같으니 좀 살려 주시오"라고 호소할 지경에 이르렀다.[1] 이러한 증세는 중국이 한국전쟁에 개입하기 전 수주일 동안 특히 심각해졌다. 당시 린뱌오는 건강이 좋지 않다는 이유로 한국 파병 부대의 사령관을 맡아 달라는 마오의 청을 거절했다. 마오의 간청에도 불구하고 그는 예전에도 여러 차례 그랬듯이 모스크바에 치료를 받으러 가버렸다.

린이 모스크바에서 돌아왔을 때도 그는 여전히 공포증에 사로잡혀 있었다. 그의 증세가 악화되는 기미를 보이자 마오는 깜짝 놀랐다. 그는 푸 박사에게 지시하여 중국 최고의 의료팀을 구성해서 린뱌오의 증세의 원인을 밝혀내라고 했다.

푸 박사는 상하이, 톈진, 베이징 등지에서 의사들을 불러모았다. 당중앙위원회는 뛰어난 인민해방군 장군인 샤오화(蕭華)에게 의료팀과의 연락 업무를 맡겼다.[2] 린뱌오와 예춘은 진찰을 받기 전에 푸 박사와 개인적으로 이야기를 나누고, 린뱌오가 심각한 병에 걸려 있음을 증명해 달라고 부탁했다. 그러나 의사들이 온갖 종류의 정밀 검사를 실시했지만 린뱌오에게서는 신체적으로 아무런 문제점도 발견되지 않았다. 그렇지만 여러 가지 심리적인 불안증세와 마약을 사용하고 있다는 증거들이 드러났다.

푸 박사는 린뱌오와 예춘에게 자세한 보고를 했다. 그는 린에게 옥외운동과 산책을 자주 하고, 야채와 과일을 많이 섭취하고 물을 많이 마시라고 권했다. 그리고 모르핀 사용을 중단하라고 말했다. 푸 박사는 검사 결과를 중앙위원회에 보고하고, 마오와 개인적으로 이야기할 때 린뱌오가 마약 중독자라고 살짝 귀띔했다. 그 말에 마오는 별로 놀라지 않았다. 그것은 마오가 이 사실을 오래 전부터 알고 있었다는 것을 암시했다. 마오는 자신이 즐겨 읽는 《삼국지》주인공 중의 한 사람인 위(魏)나라를 세운 조조의 시 한 수를 베껴서 그것을 린뱌오에게 보냈다.

하늘에 의존할 필요가 없다.
자기 자신을 돌볼 줄 알게 되면
사람은 영원히 살 수 있다.

그것은 린뱌오에게 주는 완곡한 암시였다. 마오는 린뱌오에게 조조의 운명을 상기시킨 것이었는지도 모른다. 조조는 머리의 상처를 치료하기위해 명의인 화타를 불렀다. 화타는 "통증은 '풍(風)'에서 생기는 것이고 병의 근원은 뇌에 있습니다"라고 말하고 수술을 권했다. 조조는 음모를 꾸미고 있다고 의심하여 화타를 감옥에 처넣었다. 화타는 곧 감옥에서 죽었고 얼마 뒤 조조도 죽었다.[3] 넬슨 푸도 화타와 똑같은 대가를 치렀다. 문화혁명이 발발하자 그는 린뱌오 측근의 명령으로 체포되었다. 그는 거기를 끌려다니고, 고문당하고, 모욕당했다. 푸는 당시 일흔두 살이었다. 1934년 그는 닝뚜에서 마오가 몹시 앓을 때 그의 목숨을 구해준 적이 있었다.[4]

요행을 바라고 푸는 마오에게 옛날을 상기시키는 편지를 썼다.

"나는 당신의 목숨을 구했습니다. 적어도 그 점에 관한 한 저는 옳았습니다. 이번에는 저의 목숨을 구해 주시기 바랍니다."

마오는 푸의 편지를 받고 나서 "이 사람은 아무런 힘도 없고 심각한 죄를 범하지도 않았다. 그는 보호받아야 할 것 같다"라고 썼다. 자신의 생명을 구한 자에게 마오가 내리는 묽은 죽 한 사발이었다. 그러나 푸는 보호받지 못하였다. 마오가 푸의 편지를 받고 나서 사흘 후 푸는 독방에 던져져서 갈비뼈가 부러지도록 얻어맞았다.

1968년 3월 13일, 장칭은 말했다. "푸렌장(傅連暲, 넬슨 푸의 중국이름)은 사기꾼이다. 그는 감히 마오 주석의 건강에 관한 정보를 누설했다. 그를 체포하라." 이제 일흔네 살이 된 푸는 거친 감옥 음식을 소화시키지 못했다. 그들은 그를 수갑 채운 채 발길질하고 때리고, 화장실에도 가지 못하게 했다. 간수는 감옥일지에 "그 비열한 인간은 미치광이 같다"라고 기록하였다. 보름 후 그들이 감방에 들어가 보니 푸는 시멘트 바닥에 차갑게 굳어진 시체로 변해 있었다.[5]

린뱌오가 마약중독자라는 사실은 중국의 정치 무대에서 일어난 여러 가지 사건들을 해석하는 데 하나의 섬뜩한 단서를 제공해 준다. 뿐만 아니라 그것은 마약중독이 과연 린뱌오 한 사람에게 국한된 것이었는가, 혹은 다른 지도자들도 적어도 특정시기 동안은 마약을 복용했는가, 그리고 이 문제가 정치에 영향을 미칠 만큼 심각한 것이었는가 등의 의문을 불러일으킨다.

린의 경우에는 모르핀으로 인한 망상 증세가 분명히 있었다. 이와 같은 성격 변화가 지도층 내 다른 사람들, 특히 마오에게 일어났을 수도 있다는 가능성을 배제할 수는 없다. 마약 중독에 관한 교과서에 나와 있는 것처럼 "아편 중독은 경우에 따라 양상은 다르지만 심한 신경쇠약증세, 정신분열증 등 정신병리학적인 증상을 보인다. 중독에 의한 성격적 특성이나 행동양식의 변화는 중독자와 마약이 특정한 사회문화적인 환경 속에서 일으키는 상호작용의 결과로서 나타나게 된다."[6] 확실히 마오의 동료들은 마취 상태에 빠질 정도까지 모르핀에 중독된 것은 아니었다. 그들은 원기왕성하고 적극적이었다. 예컨대 저우언라이나 덩샤오핑에게서 중독자의 흔적 같은 것은 찾아볼 수도 없었다. 그러나 마오는 문제가 있었다. 중난하이로 들어온 이래 그는 갈수록 바깥세상과 동떨어져서 여러날 혹은 수 주일에서 수개월씩 베갯더미 위에 축 늘어져 있는 생활 속에 빠져들었다. 그가 베이징에 있건 항저우에 있건, 혹은 다른 휴양지에 있건 사정은 마찬가지였다. 그러다가도 어느 날 갑자기 그는 회의에 참석하고, 새로 원대한 계획을 세우고, 지방 시찰을 하는 등 거의 광적으로 일에 매달리곤 했다.

마오의 비현실적이고 꿈 같은 사고방식이나 끝없이 날아가는 환상의 세계에서는 확실히 아편 냄새가 났다. 문제는 마오의 이러한 추상적 사변이나 환상이 다양한 형태로 변형되어 중국의 국내외 정책에 반영되었다는 점이었다.

린뱌오를 비롯한 다른 지도자들이 어떻게 마약에 중독되어 갔는가는 중요한 문제이다. 마오와 그의 동료들은 다른 어떤 사회문제보다도 마약 중독에 대해 잘 알고 있었다. 홍군의 원로인 주더같이 스스로 중독된 사람들도 있었다. 저우언라이는 윈난 군벌 시절에 마약을 복용하는 습관이 생겼다. 그는 아편 휴대가 금지되어 있는 영국배를 타고 양쯔강을 따라 긴 여행을 함으로써 스스로 아편을 끊었다.

마오와 그 주변 사람들은 누구나 아편으로 인생을 망친 아버지나 삼촌, 아들이

한 명쯤은 있었다. 덩샤오핑의 삼촌 한 사람은 교육과 사회사업에 종사한 뛰어난 인물이었는데 아편으로 인생을 여지없이 망쳤다. 마오는 아편이 사람의 성격을 어떻게 변형시켜 버리는지 알고 있었다. 그들은 모두 양귀비가 중국과 중국인에게 어떤 비극을 가져왔는지 잘 알고 있었던 것이다.

대장정 시기에 홍군은 중국의 아편 산지인 구이저우, 쓰촨, 윈난 지방을 거쳐 지나갔다. 그곳은 진분홍색 양귀비꽃이 지평선까지 뻗어 있었다. 그곳에서는 남자, 여자, 열 살짜리 소년까지 누구나 아편을 피웠다. 아기들도 아편가루를 묻힌 사탕수수를 빨면서 잠이 들었다. '검은 황금'으로 불리는 아편은 그 지방에서 화폐로 통용되었다. 홍군은 가는 곳마다 먼저 아편 창고를 부수어 검고 둥근 아편덩이를 농민들에게 나누어 주었다. 농민들은 벌거벗은 채 마당에 떼지어 앉아 아편에 몽롱해진 눈빛으로 몽상의 세계 속에 깊이 빠져들어 갔다. 그들은 군인들이 있는 지조차 모르는 것 같았다.

홍군은 사병들의 아편 끽연을 엄금하고 있었다. 그러나 군의(軍醫)들은 아편을 약품으로 사용하였다. 시골 벽지에서 마취제를 구할 수 없었기 때문이다. 부상당한 병사의 다리를 잘라내야 할 경우 그들은 아편정제를 복용시켰다.

마오와 지휘관들은 밤에 일하고 낮에 자는 생활을 했다. 그들은 새벽까지 깨어 있으면서 멀리 나가 있는 부대로부터 전황(戰況)을 보고받고 그날의 작전 지시를 내보내고 나면 기진맥진해져서 가마처럼 생긴 들것 위에 쓰려졌다. 그들은 대장정 기간 동안 계속해서 이 움직이는 침대에 실려 다녔다. 수면제 없이는 잠들 수 없었다. 그래서 모두 수면제 중독자가 될 수밖에 없었다. 당시 사용된 것들은 모르핀, 코데인, 혹은 아편캡슐 따위였다. 다른 것은 구할 수가 없었다.

대장정 당시의 지도자들이 수면제를 상용하게 된 것은 이처럼 밤에 일하는 습관과 밀접한 관계가 있었다. 과연 몇 명이나 모르핀 혹은 다른 아편류에 중독되었는지는 알 수 없었다. 이들 고위 지도자들은 평화시에도 혁명 시기의 밤에 일하던 습관을 버리지 못했다. 저우언라이도 마오쩌둥과 마찬가지로 오랫동안 밤에 일하는 것이 몸에 배어 있어서 하루 두세 시간밖에는 자지 않았다. 그는 자신이 수면제 중독이라는 사실을 숨기지 않았다.

조지 하템은 푸 박사로부터 대장정 시기에 저우언라이를 위해 상하이에서 밀반입된 수면제를 구해 준 적이 있다는 말을 들었다고 회고하였다. 그 약은 독일에서 만든 코데인 함유 제품이었다.[7]

문화혁명 당시, 수면제를 빼앗는 것만큼 잔인한 고문은 없었다. 류사오치는 수면제를 빼앗기자 거의 미쳐 버렸다. 허룽은 전혀 잠을 잘 수 없었다. 펑더화이의 저주는 감방의 천장을 들썩거리게 했다.

마오만큼 심하게 중독된 사람도 없었다. 그는 일곱, 여덟 알 혹은 한 상자를 다 삼켜 버린다는 농담을 한 적이 있었다. 그럼에도 그의 수면시간은 하루 통틀어 평균 네 시간 미만이었다.

마오의 변비 증세는 유명했다. 약물중독 관련 서적에는 '내성(耐性)이 강한 중독자는 동공 수축과 변비 증세를 지속적으로 보인다'고 나와 있다.[8]

약물 중독이 린뱌오에게 어떤 영향을 미쳤건 린뱌오는 마오와의 관계를 돈독히 하기 위해 끊임없이 노력을 기울였다. 그는 '붉은 소책자', 즉《마오어록毛語錄》을 만들어 내서 중국인 남녀노소의 손에 쥐어 주었다. 외과의사는 한 손에 메스를, 한 손에《마오어록》을 들고 수술에 임했다. 사수(射手)는 목표물을 맞출 때 붉은 소책자의 힘을 빌어 정신을 집중시켰다. 여자들은《마오어록》을 읽고 일하러 가면 힘이 덜 들었다고 고백하였다.

린은 1965년에 또 하나의 개가를 올렸다.《인민전쟁의 승리 만세》라는 소책자를 만들어낸 것이다. 이것은 예전에 마오가 가난한 농민들을 동원하여 중국을 장악하였듯이 시골 벽지의 인민들을 동원함으로써 중국이 세계를 제패할 수 있다고 주장하였다.

마오와 홍군 그리고 농민들이 중국의 도시 지역을 포위하였듯이 세계각국의 농민들이 미국, 영국, 프랑스, 일본을 포위하여 승리를 거둘 수 있으리라는 것이었다. 마오의 주특기인 군중노선을 통해 세계를 제패한다는 것이었다. 린뱌오의 전략은 대약진을 통해 3년 만에 중국을 근대국가로 만들겠다고 한 마오의 환상만큼이나 공허하고 비현실적이었다. 이러한 생각은 마오의 것과 마찬가지로 차가운 대낮에 아편 파이프에서 피어오른 상념처럼 느껴진다. 1822년에 토마스 드 퀸시(Thomas De Quincy)의《영국인 아편중독자의 고백》이 출간된 이래 소설 독자들은 무엇이든지 가능해 보이는 몽롱한 환각상태에 빠지는 마약중독자의 모습에 익숙해져 있었다. '파이프 속의 꿈'이라는 표현을 쓴 사람이 바로 퀸시였다. 마오의 문화혁명에 대한 인식―혁명에 대한 혁명, 당과 국가의 파괴, 새로운 유토피아를 창조하기 위한 난(亂)의 조성―또한 이와 같은 환각상태에 빠진 영혼의 낌새를 풍기고 있다.

그러나 이러한 신기루들은 소련과의 핵전쟁 위협이라는 대단히 현실적이고 위험한 상황 속에서 구체화되고 있었다. 린뱌오는 러시아와의 전쟁으로 몰고가는 분위기를 역전시켜 보려고 노력했으나 수영장 저택에서 나오는 반소(反蘇) 기류를 막을 수는 없었다. 마오가 모스크바에 대해 갖고 있는 격렬한 증오심에 동조하지 않고서는 마오의 환심을 살 수 없었던 것이다. 린뱌오는 마오의 유치한 핵전쟁 준비를 지지했다. 그리하여 베이징, 상하이, 톈진을 포함한 중국의 대도시 지하에 터널과 방공호를 짓는 데 필요한 돌맹이들을 조달하기 위해서 성벽이나 역사가 오랜 건물들을 대량으로 파괴했다.

마오의 구호는 "전쟁을 준비하라. 터널을 파라"였다. 그리하여 그들은 아무 데나 파헤쳤고 중국의 전국토에 절대로 지울 수 없는 상처를 남겼다.

베이징에서 아름다운 옛 성벽의 자취는 사라졌다. 도로마다 돌맹이와 벽돌조각, 철근들이 무더기로 쌓였다. 마오의 군중 행동은 전국적으로 확산되었다. 가는 곳마다 사람들은 생산 활동을 그만두고 터널을 팠다. 문화혁명시 '악질분자'로 낙인찍힌 사람들은 모두 동원되었다. 노동자들은 공장을 떠났고, 학생들은 수업을 그만두고 '자원 봉사'에 나섰다.

이렇게 해서 만들어진 방공호들이 정말 사람들을 핵폭탄으로부터 막아줄 수 있을 것인지, 아니면 그들을 손쉽게 화장시킬 수 있는 오븐 노릇을 하게 될는지에 대해서는 아무도 관심이 없었다.

그러던 중 중국은 저우언라이의 외교적 활약으로 전쟁의 위협에서 한숨 돌릴 수 있게 되었다. 1969년 9월 그는 베이징 공항에서 소련 수상 알렉세이 코시긴을 만나 여섯 시간의 회담 끝에 양국간 위기 완화를 위한 협상을 추진키로 합의했다. 린뱌오는 소강 상태를 이용하여 권력의 정점을 향해 박차를 가했다. 1969년 4월 제9기 당대회에서 린뱌오는 하나뿐인 부주석으로 임명됨과 동시에 마오의 공식적인 후계자로 지명되었다. 이제 저우언라이를 제외하면 더 이상 가시적인 경쟁자는 없었다. 덩샤오핑은 장시의 오지에서 가택 연금 상태였고 류사오치는 죽었다.

린뱌오는 저우언라이를 주의 깊게 관찰하였다. 저우언라이는 문화혁명 시기에 줄곧 장칭, 캉성, 린뱌오와 한 무대에 있었다. 그는 마오의 터무니없는 환상에 대해서 공식적인 자리에서는 한마디도 반대 의사를 표명하지 않았다. 저우언라이는 마치 베르사이유 귀족들이 마담 퐁파두르를 모시듯이 세심하게 장칭의 비위를 맞추었다. 그는 결코 자신을 내세우지 않았으며 공치사를 하지 않았다. 저우언라이는 우려할 만한 도전자는 아닌 듯했다. 린뱌오의 시야에 황제의 권좌가 보였다. 몇 발짝만 더 가면 그것은 그의 것이었다. 자금성까지는 그가 현재 살고 있는 아름다운 유씨 고가(古家)에서 지척의 거리였다. 그는 중난하이는 지나쳐 버릴 생각이었다. 수영장 저택에 살고 싶은 생각 따위는 전혀 없었다.

린은 빨리 손을 쓰지 않으면 안 된다는 것을 잘 알고 있었다. 그가 마오의 마키아벨리적인 수법을 충분히 이해했건 안 했건 간에 마오와의 관계에 있어서 가장 위험한 것은 그의 가장 가까운 동료가 되는 것이라는 사실을 린이 모를 리 없었다. 린은 어느 황제도 자신의 황태자를 믿지 않는다는 사실을 중국 역사를 통해 익히 알고 있었던 것이다.

평생을 마오 연구에 바친 후화 교수에 의하면, 마오는 누군가를 자신의 후계자

1966년경 당 회의에서의 마오. 오른쪽 바로 옆에 마오의 후계자로 지명된 린뱌오가 보이고, 그 다음이 마오와 린의 명령으로 고문 속에 죽어간 류사오치, 그리고 맨 오른쪽에 왕광메이의 얼굴이 보인다.

1975년 12월 17일자 《인민일보》에 실린 캉성(문화혁명시 마오의 일등 하수인)의 사망기사 사진

1980년 4인방 동료들과 함께 재판을 받고 있는 장칭. '피고인'이라는 팻말이 보인다.

로 부상시킨 바로 그 순간에 그를 실각시킬 수단을 비밀리에 강구하는, 그리하여 후계자를 견제하는 교묘한 방법을 사용하였다. 마오는 린뱌오 밑에 시한폭탄을 묻어 놓았다. 마오는 1966년 7월 6일 장칭에게 보낸(실제로 보내졌는지 여부는 아무도 모르는) 묘한 편지에서 자신이 린뱌오를 신뢰하지 않는다고 분명히 밝혔다. 그는 린뱌오를 '나의 친구'라고 부르면서도 그가 지나치다고 말했다. 그리고 내키지는 않지만 생전 처음으로 '자신의 의지에 반하는 일을 하지 않을 수 없게 되었다'고 주장했다. 같은 편지에서 마오는 1966년 5월 16일 정치국 확대회의에서 린뱌오가 한 연설에 대해 '매우 못마땅'해 하였다. 린은 거기서 긴 시간을 들여 공산당 내 '고위층에 의한 쿠데타'가 일어날 가능성이 있음을 경고하였다. 마오는 "그 따위 형편없는 연설은 일찍이 들어본 적이 없다"고 말했다. 이 편지는 마오가 현명하게도 애초부터 린을 신뢰하지 않았다는 것을 입증하기 위해 린뱌오가 실각한 후 날조된 것이었다.[9] 마오는 류사오치를 공식적으로 비난하기 수년 전에도 류에 대한 개인적인 우려를 기록해 놓은 것으로 되어 있으며, 덩샤오핑에 대해서도 마찬가지였다.[10]

린뱌오는 마오가 수은과 같다는 것을 알고 있었다. 마오가 자기 손안에 있다고 생각하고 다시 보면 그는 이미 빠져나가고 없는 것이다.

자신의 지위를 확고히 하기 위해 린은 거창한 이론을 새로 내놓았다. 위인론(偉人論)이었다. 진정한 천재는 1백 년 혹은 3백 년 만에 한 사람이 나올까 말까 한데 바로 그 천재가 마오였다. 천재는 일상의 세속적인 일에 얽매여서는 안 되었다. 국가는 마땅히 그에게 다른 어느 누구도 받을 수 없는 경의를 표해야 한다. 그래서 린뱌오는 마오를 위해 새로 주석직을 신설할 것을 제의했다. 류사오치가 맡고 있었던 보잘 것 없는 주석이 아니라 살아 있는 신이며 철학자인 황제 마오에게 걸맞은 최고의 주석직을 의미하는 것이었다. 그리하여 마오는 하늘과의 교감을 통해 얻은 새로운 중화제국의 비전을 감읍해 마지않는 인민들에게 하사해 줄 것이었다. 옛 중화제국이 주변 오랑캐들 위에 군림했다면 마오의 새로운 중화제국은 옛 중화제국보다 훨씬 우월한 위치에 있었다. 그것은 종래 린뱌오가 창안해 낸 어떠한 생각보다 심원한 것이었고, 무엇보다도 마오가 그려 놓고 있는 시적 자화상의 가장 섬세한 부분을 겨냥한 것이었다. 여기서도 병적으로 달짝지근한 아편 향기가 풍기고 있었던 것일까?

마오는 린뱌오의 제안을 거절했다. 그는 시인이고 철학자였으며 몽상가였다. 그러나 그는 현실적인 정치가의 교활한 속셈을 동시에 지니고 있었다. 린뱌오의 계획대로 하게 되면 권력의 지렛대는 그의 손에서 빠져나가 린뱌오에게 넘어갈 것이었다. 마오는 자신을 신으로 자처하고 있었는지도 모른다. 그러나 그는 권력의 밀실을 여는 열쇠를 다른 사람에게 넘겨줄 생각은 없었다. 린뱌오의 책략은 오히려 마오로 하여금 이제 린을 제거해야 할 때라는 최종 단안을 내리게 만들었다.

저우언라이가 이와 같은 내밀한 움직임을 눈치채지 못했을 리 없었다. 그는 마오 주위에 너무 오래 있었고 너무나 많은 시인(知人)들이 권력의 자리에서 밀려난 것을 보아 왔다. 러시아와의 분쟁으로 중국이 처하게 된 위기 상황에 저우언라이만큼 경악한 사람도 없었다. 중국이 아무런 준비도 없이 핵전쟁의 위협에 당면해 있음을 그만큼 잘 알고 있었던 사람은 없었기 때문이다. 중국이 보유한 보잘것없는 핵무기로는 소련에 별다른 타격을 줄 수 없을 것이었다. 중국의 우방이라고는 알바니아, 북한, 그리고 미국과의 전쟁에 여념이 없는 북부 베트남이 있을 뿐이었다. 저우언라이는 마오의 승인을 얻어 이러한 위기 상황을 타개하기 위해 노력하였다. 소련을 견제할 수 있는 유일한 강국은 미국뿐이었다. 이론적으로 중국은 한국전쟁 이래 미국과 전쟁 상태였다. 그러나 마오는 대미관계를 개선하는 것에 대해 반대하지 않았다. 모스크바에 대한 마오의 공포, 의심, 증오는 그만큼 강렬했던 것이다. 1946년 혹은 그보다 더 이른 시기부터도 마오는 미국과 협상하기를 원했었다. 그러나 당시에는 도저히 이루어질 수 없는 일이었다.

저우언라이는 조용히 일에 착수했다. 공식적인 발표는 한마디도 없었다. 저우언라이에게는 숨겨 놓은 자산이 한 가지 있었다. 그는 리처드 닉슨 대통령과 헨리 키신저가 중국과의 관계 개선에 관심을 갖고 있다는 정보를 입수하였다. 1969년 8월, 닉슨과 키신저는 부카레스트를 방문했을 때, 대중국정책의 변화 가능성을 시사하는 말을 떨어뜨렸다. 처음으로 미국 대통령이 '중화인민공화국'에 대해 언급하면서 대화가 불가능한 것은 아니라는 암시를 한 것이다.

마오도 은밀한 지원을 했다. 1970년 마오의 옌안 시절부터의 오랜 친구인 에드가 스노우가 중국을 방문했을 때, 마오는 스노우 부부를 톈안먼 광장의 건국기념일(10월 1일) 기념식에 초대했다. 두 달 뒤 마오는 다시 스노우에게 닉슨이 미국 대통령 자격으로 오건 개인 자격으로 오건 간에 그의 방중을 환영한다고 말했다.[11] 이러한 신호가 백악관에 도달하기까지는 긴 시간이 걸렸다. 스노우에 대한 미국인의 편견을 포함한 여러 가지 이유 때문에 스노우와 마오의 인터뷰 내용은 1971년 4월에야 공개되었다. 후일 키신저가 인정했듯이, 그때까지도 키신저는 상황의 중요성을 인식하지 못하고 있었다. 린뱌오는 사태가 위급하게 되었음을 즉각 간파한 것이 틀림없다. 1949년 이래 중국이 표방해 온 정책 노선에 가장 큰 변화를 주도할 저우언라이는 위상이 높아질 것이고, 린뱌오는 조만간 위태로운 후계자 자리에서 쫓겨날 판이었다.

어떻게 할 것인가?

33. 프로젝트 571

정확히 언제부터 린뱌오가 마오에게 숙청당할 것에 대비하여 반란을 준비하고 있었는지는 단언하기 어렵다. 아마도 불화의 징후가 표면화되기 훨씬 이전인 1970년 초부터였는지도 모른다.

소련으로부터의 핵 위협 앞에서 린뱌오와 지도층은 생존을 위한 현실적인 조치들을 취하지 않을 수 없었다. 그들은 중난하이 밑의 지하 도시를 핵공격에 견딜 수 있도록 개조함과 동시에 비밀 철도망을 연장하는 공사를 하였다. 철도 연장 공사는 1969년에 시작되었다. 새로 연장된 철도는 국가가 보유한 금을 소개시킬 수 있도록 중국은행(中國銀行)과 연결되었고, 자금성의 북쪽 모퉁이로도 이어져 린뱌오의 집과 국방부 지하로 연결된 기존의 터널과 통하게 만들어졌다.

이 철도는 또한 인민대회당과 시산으로 빠지는 탈출로를 연결하고 있었는데, 폭탄에도 견딜 수 있게 설계되었으며, 이것은 다시 베이징의 서북쪽 모퉁이로 통하는 수도권 간선철도와 연결되었다. 철도는 거기서 다시 새로 건설된 안전한 터널을 통해 시산에 있는 인민해방군 기지로 연결되었다. 단단한 바위로 만들어진 동굴 모양의 이 기지는 소련의 공격을 받을 경우 최고사령부로 사용할 수 있게 되어 있었다. 이 모든 시설들은 발전기, 공기 여과기, 통신 장비, 병원, 별도의 급수와 식료품 공급설비, 난방장치 등을 완벽하게 갖추고 있었다. 동시에 이러한 시설들은 린뱌오에게 국방부 내의 사령부에서 국방부장인 자신이 장악하고 있는 시산의 기지까지 최단시간 내에 안전하게 도착할 수 있는 출구를 제공해 주었다. 만약 원하기만 하면 그는 빠르고도 안전하게 베이징 시내를 빠져나가 도망칠 수 있었던 것이다.[1]

많은 비용을 들여 정교하게 만들어진 이러한 지하 기지들은 전국 여러 곳에 있었다. 그러나 그 중에서도 린뱌오와 마오가 묵고 있던 항저우 서호의 저택 바로 옆에 지어진 것이 가장 완벽했다. 그것은 공사가 시작된 1970년 4월을 의미하는 '프로젝트 704'라고 명명되었다. 아마 이 무렵에 린뱌오 부부는 마오의 태도가 달라지고 있다는 것을 감지했던 것 같다. 프로젝트 704는 사전에 특별한 의도 아래 건설된 것은 아니었으나 여러 가지 용도로 사용될 수 있었다.

서호의 이 지하 건물은 흡사 지하에 있는 미국 국방성 건물 펜타곤이었다. 호숫가의 두 언덕 사이에 끼어 있는 부지는 50에이커에 달했다. 그곳에는 지상에도 두 동의 커다란 건물이 있었는데, 매우 아름답게 지어진 한 동은 틀림없이 린뱌오 가족을 위한 저택이었고, 그보다 더 큰 건물은 마오나 혹은 기지에 상주하는 직원들을 위한 것이었는지도 모른다. 지하 건물은 베이징 교외의 시산 기지가 점령 혹은 파괴되었을 경우 독립된 사령부로 사용될 수 있는 완벽한 군사 기지였다. 핵공격에 견딜 수 있도록 지어진 이 건물은 외부는 두꺼운 방폭 유리로, 내부는 삼중 유리로 되어 있었으며, 열병합 발전 시스템과 에어컨, 병원, 식료품 공급과 급수 시설이 완벽하게 갖추어져 점령 상황이나 핵폭탄의 공격을 받을 경우에도 가동될 수 있게 설계되어 있었다. 뿐만 아니라 건물 내부에는 첨단 통신 설비를 갖춘 방이 붙어 있는 작전실과 양면거울이 설치되어 있는 30개 이상의 전용 회의실이 있었다.

그런데 한 가지 눈길을 끄는 것이 있었다. 오늘날까지 '프로젝트 704'는 린뱌오의 작품이라고 알려져 있으나, 이 건물은 훌륭한 자기(瓷器) 타일벽으로 내장된 가로 60피트 세로 120피트 규격의 호화로운 실내 수영장을 갖추고 있었다. 린뱌오가 수영을 한다는 사실은 금시초문이었다. 그러나 마오는 수영장 없이는 못 사는 사람이었다. 린은 분명히 마오가 이곳에 살게 될 것으로 믿고 있었거나, 혹은 그렇게 되기를 바라고 있었는지도 모른다. 마오는 베이징보다는 항저우에서 더 많은 시간을 보냈다. 아마 린뱌오는 소련의 핵공격에 대한 위기감이 고조되는 가운데 마오를 안전한 이곳으로 유인한 후, 핵안전 시설을 갖춘 금빛 우리 안에 그를 인질로 잡아둘 생각이었는지도 모른다. 이와 같은 추측은 말도 안되는 소리처럼 들릴 것이다. 그러나 린뱌오의 음모와 관련된 모든 것이 아편중독자나 할 수 있음직한 상식 밖의 일들 투성이였다.

'프로젝트 704'에는 7천 명의 건설 인력이 동원되었다. 모두 '자원 봉사자'였던 이들은 삼대 조상까지 신원조회를 거쳤다. 자원 봉사자들을 쓰면 비용을 줄일 수 있었다. 그들은 최저임금과 끼니만 제공받았고 잠은 공사장에서 잤다. 그럼에도 불구하고 소요된 비용은 당시 환율로 1천만 달러에 상낭하는 2전1백만 위안에 달했다고 한다. 건물의 외형을 완성하는 데만 14개월이 걸렸으며, 내장공사는 린뱌오가 죽을 때까지도 끝나지 않은 상태였다. 이 엄청난 시설들은 결국 처치곤란한 성가신 존재가 되어 버렸다. 이 공사는 1975년에야 비로소 완공되었는데, 1년 후에 마오가 죽고 나자 사람들은 이것들을 어찌해야 좋을지 몰라 난감해했다. 결국 '프로젝트 704'는 저장 호텔에 넘겨져서 지상 건물들은 호화 관광호텔로 일반에게 공개되었다. 또한 관광객들은 항저우 시내에서 27번 버스를 타고 가서 1위안의 입장료를 내면 지하 건물의 내부를 구경할 수 있었다.[2]

또다시 8월, 그리고 또다시 루산이었다. 그러나 1959년 8월(마오의 대약진을 비판한 펑더화이를 숙청한 루산회의가 열림-역자)이 아니라 1970년 8월이었다. 산비탈은 언제나처럼 험준했으나 정상의 서늘한 냉기는 감미로웠다. 마오쩌둥은 이 휴양지에 동료들을 다시 한번 불러 모았다. 지금까지 알려진 바로는, 그는 이 회합을 기념하는 시 같은 것을 짓지는 않았다. 그러나 마오가 무기력해져 있었던 것은 결코 아니었다. 루산이 의미하는 무엇인가가 그에게 활력을 불어넣어 주고 있었다.

쾌적한 루산의 휴양지에서 마오는 제우스신의 번개를 내리치기 시작하였다. 목표물은 망가진 몸으로 군병원에서 생의 마지막 날들을 꺼나가고 있는 무력해진 펑더화이가 아니었다. 새로운 표적은 마오의 스타일을 잘 알고 있는 사람들에게는 결코 뜻밖의 인물이 아니었다. 그것은 황태자인 린뱌오였다. 《삼국지》를 읽은 사람이면 왕조들의 끊임없는 흥망의 소용돌이 속에서 으레 일어나는 이와 같은 반전(反轉)을 충분히 예상했을 것이다. 만약 마오가 죽었다면 린뱌오는 이미 그를 계승했을 것이다. 그러나 마오는 죽지 않았다. 뿐만 아니라 1970년 여름, 그는 활력에 넘쳐 있었다.

마오는 루산 연설에서 단 한번도 린뱌오의 이름을 언급하지 않았다. 표면적으로 그는 문화혁명의 주동자였던 사악한 천보다를 공격했다. 마오는 자신과 천 사이에는 약간의 불화가 있었다고 짐짓 겸손하게 고백했다. 사람들은 그로 인해 "루산이 납작해져 버릴 것이라고 생각했겠지만 걱정할 필요가 없다. 그런 일은 없을 것이며 세상은 여전히 돌아갈 것"이라고 그는 말했다. 마오는 린뱌오가 자신을 '세계적인 천재'라고 추켜 세우면서 허수아비로 만들려고 하는 것을 물리쳤다. 마오는 늙은 여우였다. 새로운 황태자의 밀월이 끝났다는 것은 이제 누구의 눈에도 확실하였다. '후계 문제는 어찌될 것인가?' 예춘은 절규했다.[3]

마오가 일단 천보다를 공격한 이상 다음 차례는 린뱌오와 예춘이라는 것이 명백했다. 린은 마오에 대해 다음과 같이 말한 적이 있었다.

"그는 일단 누군가를 적으로 지목하면 그 사람이 죽어야만 그만둔다. 누군가 그의 감정을 상하게 하면 끝까지 자기 주장을 관철하여 모든 잘못을 상대방에게 뒤집어씌우고 자신이 저지른 죄에 대한 책임까지도 상대방에게 전가시키고 만다."

린뱌오와 예춘은 루산에서 저우언라이를 공격할 계획이었으나 그것은 이루어지지 않았다. 저우언라이는 미뉴에트를 추듯 경쾌하고 수완 좋게 일처리를 해나갔고, 마침내 1년 후인 1971년 7월 헨리 키신저의 베이징 방문을 실현시켰다.

린 왕조를 구하려면 지금 손쓰지 않으면 안 되었다. '프로젝트 571'의 준비는 서너 명의 가담자를 제외하고는 외부세계에 전혀 알려지지 않은 채 이렇게 시작되었다. 571의 중국어 발음 '우치이'는 '무장봉기(武起義)'라는 단어와 동음이의어(同音異議語)이다.

린뱌오의 음모에 대한 중국 정부의 사후 발표는 구체적인 움직임이 언제 어떻게 시작되었는가에 대해서는 분명히 밝히지 않고 있다. 아마도 그것은 1970년 12월이나 1971년 봄, 린과 예춘이 스물여섯 살 된 아들 린리궈(林立果)와 함께 휴가를 보낸 쑤저우에서였을 것이다. '계획'은 현실성이 별로 없어 보였다. 그래서 또 다시 아편 냄새가 풍기고 있었다. 세 사람은 낙하산 부대를 이용한 쿠데타를 모의하였다. 가상의 공격이 진행되는 동안 린뱌오는 마오를 구출하게 되어 있었다. 저우언라이와 장칭, 캉성, 그리고 주요 군사지도자들은 무장해제당하거나 살해되고, 린뱌오는 마오를 적으로부터 구출한 지상의 영웅, 최고 권력자로 남게 되는 것이었다.

그러나 계획은 무산되었다. 린은 그처럼 치밀한 계획을 수행할 만한 인력을 보유하고 있지 않았다. 린의 궁정 쿠데타는 처음부터 동원 능력의 한계를 지니고 있었던 것이다. 공식 발표에 따르면, 쿠데타 계획은 대부분 린리궈의 손에서 이루어졌다. 그는 아버지의 후광으로 공군의 작전 부참모장이 되어 있었다. 그가 쿠데타 계획에 사용한 유치한 암호명들은 아직도 십대 같은 그의 치기를 그대로 드러내고 있었다. 쿠데타를 집행할 전체 조직은 '합동 함대'로, 그의 지휘본부는 '소함대'로 명명되었다. 마오의 암호명은 '진시황'이었고 예춘은 '공작 부인', 중앙위원회는 '대형 전함'이었다. 린리궈는 '합동 함대'의 구성원수가 1917년 러시아의 10월 혁명을 주동한 볼셰비키 당원의 숫자와 똑같다고 으스댔다고 한다. 그것은 사실이었는지도 모른다. 그러나 러시아 볼셰비키들은 '합동 함대'와는 비교도 안 될 만큼 우수한 두뇌와 혁명 경험이라는 자산을 보유하고 있었다.

공식 발표에 의하면 '프로젝트 571'의 선구라고 할 만한 조직이 있었던 것 같다. 그것은 비판적인 젊은 군인들로 구성된 일종의 대학 동문회와 같은 조직이었는데, 린리궈도 그 일원이었다. 공군은 쿠데타의 주력부대였다. 린뱌오의 권력은 주로 군대를 배경으로 하고 있었다. 그는 펑더화이 후임으로 국방부장이 된 이래 군 내부에 부지런히 자기 사람들을 심어 놓았던 것이다.

정부의 공식 발표에 나타난 이 사건의 가장 큰 특성은 장칭과 4인방이 전혀 개입되어 있지 않았다는 점이었다. 그것은 4인방이 이 사건과 무관할 뿐만 아니라 그들과 린뱌오 일파 사이에 불화가 있었음을 암시하는 것이기도 했다. 공식 문건에서 암시하는 '불화'는 마오 주변의 모든 사람들이 공모하여 마오를 적대시하고 있다는 인상을 주지 않기 위해 마오가 의도적으로 넣게 했다는 설도 있다. 어쨌든 린리궈의 어설픈 작전계획은 아무 결과도 가져오지 못했다. 뒤늦게 음모자들은 마오를 암살하는 쪽으로 계획을 변경하였다.

1971년 8월 마오는 지방의 군구(軍區) 사령부와 군사기지를 방문하고 군대의 지지를 규합하기 위해 화난 지역과 화중 지역 시찰을 떠났다. 마오는 린뱌오의 영향력을 약화시키기 위해 군 수뇌부의 대폭적인 경질을 단행하고 있었다. 린의 주요 세력 기반이 군대라는 것을 알고 있는 그는 이제 자기가 믿을 수 있는 사람을 군대 내에 배치하고 있는 중이었다. 그는 일련의 연설에서 자신과 린뱌오 간의 견해 차이를 공공연히 언급하곤 하였다. 린뱌오는 마오의 동정에 대한 보고를 계속 받으면서 그것을 불안하게 지켜보고 있었다. 린은 마오의 지지가 점차 녹아 스러지고 있음을 느꼈다. 마오는 곳곳에서 특별 열차를 멈추게 하고 연설과 시찰, 인민들과 흉금을 털어놓는 대화를 계속했다. 그리하여 10월 중순쯤 그는 상하이에 도착하게 되어 있었다.

마오의 발 빠른 조치로 판이 역전될 가능성이 높아지고 있음을 느낀 음모자들은 즉흥적으로 암살 계획을 세우기 시작했다. 공식 발표에 의하면 린리궈와 그 수하들은 9월 8일부터 이삼 일 동안에 믿기지 않을만큼 복잡한 암살 계획을 짜맞추었다. 그들은 마오에게 포화를 집중적으로 난사해서 노쇠한 주석이 화염과 총알의 우박 속에 사라지게 만들 작정이었다. 공격은 마오의 특별 열차가 상하이를 향해 들어오는 순간 감행하기로 했다. 기차를 폭파시키기 위해 성능이 뛰어난 다이너마이트가 기차 안에 몰래 설치되고, 공중에서는 비행기가 폭탄을 투하할 것이며, 이와 동시에 1백 밀리미터짜리 대공 고사포가 정면 사격을 퍼부어 기차를 산산조각으로 만들어 버린다. 이어서 화염방사기로 무장한 군인들이 기차 안으로 들어가 생존자를 처단한다. 또 다른 팀은 기차가 통과하지 못하도록 다리를 폭파시키고, 비행기에서 상하이의 기름탱크를 폭격하여 화염과 연기 때문에 무슨 일이 일어났는지 사람들이 알 수 없게 만든다. 그리고 이 모든 시도에도 불구하고 마오가 살아 남을 경우에는 용감한 사수 한 사람이 기차 안으로 들어가 45구경짜리 콜트 자동소총으로 마오를 쏘아 죽이도록 한다는 것이었다.

십대 아이들이나 마약중독자가 아니라면 이처럼 무모하고 기상천외한 발상을 할 수 없었을 것이다. 그러나 중국 정부의 공식 발표를 믿는다면 이것은 정확히 린뱌오 일파가 베이징의 서부 공항 회의실에서, 혹은 상하이를 왔다갔다하면서 모의했던 내용 그대로였다. 9월 11일 그들은 온종일 회의를 하면서 이틀날의 계획에 대한 최종 점검을 하였다. 1980년 11월 20일 베이징에서 열린, 장칭 등 4인방과 살아 남은 린뱌오 사건의 공모자들에 대한 재판에서 10여 명이 넘는 증인들이 그렇게 증언했다. 증인 중에는 공군 사령관, 육군 참모장, 해군 사령관 등이 포함되어 있었다. 이들은 모두 린뱌오와 긴밀하게 협조한 공모자들이라는 이유로 기소되었다. 그러나 이들은 린뱌오가 이 무모한 계획에서 구체적으로 어떤 역할을 했는지에 대해서는 전혀 증거를 제시하지 못하였다.[4] 이 멜로 드라마 같은 시나리오는 단 한 장면도 실행되지 않았다.

음모를 꾸민 사람들이 왜 중간에 포기했는지를 짐작케 하는 중국 정부의 유일한 설명은 음모가 있다는 낌새를 마오가 사전에 눈치챘다는 암시뿐이었다. 발표

내용 중에는 마오가 탄 기차에 설치된 다이너마이트가 사전에 발견되었다는 대목이 있었다. 중국 정부의 주장처럼 마오가 일정을 바꾸어 상하이에 하루나 이틀 일찍 도착했다가 즉시 떠난 것이 사실이라면, 암살 계획에 관한 정보가 사전에 누설되었다는 설이 설득력을 갖는다.

한편 중국 정부가 제시한 증거들을 검토해 보면 린뱌오 일파는 마오가 상하이에 일찍 도착해서 즉시 떠날 것이라는 사실을 전혀 몰랐던 것 같다.

정부 발표에 의하면 9월 11일 온종일 계속된 회의에서 린리궈와 그 일파는 로켓과 화염방사기를 갖춘 특수부대의 지휘관과 작전에 대해서 의논하였다. 린 일파 중 한 사람이 "이 부대가 보유하고 있는 장비는 기차를 공격하기에 안성맞춤이다"라고 말했으나, 그 지휘관은 자신의 부대를 이동시킬 수 없다고 거절했다. 그러자 린 등은 다른 부대의 협조를 얻어 계획을 추진하겠다고 가볍게 대답했다. 그들은 아직 암살 계획을 실행할 시간이 있다고 믿었던 것이다. 그들은 모든 것이 틀렸다는 것, 즉 마오가 암살 계획을 눈치채고 있다는 사실을 모르고 있었음이 확실하다.[6]

9월 11일 밤 린뱌오와 예춘은 베이징에서 130마일쯤 떨어진 베이다이허 해변의 별장에 있었다. 예춘은 편안한 자세로 소파에 누워 책을 읽고 있었다. 전화벨이 울렸다. 마오의 기차가 이미 상하이를 통과하여 북쪽을 향해 전속력으로 달리고 있다는 전갈이었다. 예춘은 크게 한숨을 내쉬었다. 그녀는 소파에서 일어나 짐을 꾸리기 시작했다. 떠날 때가 온 것을 알았던 것이다.

예춘은 두 권의 사전을 집어넣었다. 영·중 사전과 노·중 사전이었다. 회화책도 두 권 챙겼다. 하나는 영어였고 다른 하나는 러시아어였다. 그녀는 홍콩으로 가게 될 경우와 모스크바로 가게 될 경우 모두 대비했던 것이다. 그녀로서는 모스크바로 가는 편이 나았다. 그곳에는 예전에도 여러 번 가 본 적이 있었고, 러시아어를 할 수 있었기 때문이다.[7]

중국 정부측 발표에 의하면, 마오는 9월 12일 아침 베이징에 도착했다. 린뱌오 부부와 아들이 9월 11일 밤부터 12일 밤 이전까지의 결정적인 시간 동안 무엇을 하고 있었는지에 대해서는 공식적인 기록이 없다. 린뱌오 사건에 대한 정부 발표에서 9월 11일 자정부터 12일 자정까지의 부분이 가장 의문의 여지가 많은 큰 공백으로 남아 있는 것이다. 린뱌오와 예춘이 자신들의 목숨과 미래가 위태로운 그 순간에 별장 주변을 어슬렁거리면서 수영을 하거나 일광욕을 즐겼으리라고는 도저히 생각할 수 없다. 그들은 극도의 긴장이 지난 후의 무기력 상태에 빠져 있었던 것일까?

린뱌오가 9월 12일에 베이징에 있었을 것이라는 주장도 있다. 그러나 그가 베이징에서 무엇을 했는지는 알려져 있지 않다. 베이다이허에서 베이징까지는 한 시간 남짓밖에 걸리지 않으므로 그가 이튿날인 12일에 베이징으로 가는 것은 어려운 일이 아니었다. 한편 린리궈가 11일 밤 비행기로 상하이에 갔다가 12일 아침에 베이징으로 되돌아왔다는 주장도 있다.

이 결정적인 시간 동안 음모자들은 그들의 계획을 실행해 보려고 필사적인 노력을 기울였을 것이다. 정부측 주장 가운데는 린과 예춘은 암살계획이 실패하자 맨 처음 계획대로 광둥에서 무장 봉기를 일으키려고 했다는 것도 있다. 그렇지만 그에 대한 증거는 전혀 제시되지 않았다. 당연한 것이 린은 그만한 일을 추진할 만한 군대도, 조직도, 동조 세력도 갖고 있지 않았던 것이다. 알려진 바로는 린리궈는 9월 12일 저녁 린뱌오의 전용기인 256호 삼발엔진 비행기를 타고 베이다이허까지 가서 산하이관(山海關)공항에 내렸다.

9월 6일 그 비행기에 탑승명령을 받은 세 명의 승무원들은 고위층 인사들의 비행시 자주 차출된 적이 있는 베테랑들이었다. 사후에 그들의 신원 조사를 해 본 결과 과거 경력에 아무런 하자가 없는 사람들이라는 것이 밝혀졌다. 비행기는 12일 오후 5시에 베이다이허에 도착했다. 린리궈는 린뱌오가 아침에 비행기를 이용할 것이라고 승무원들에게 말했다. 따라서 그들은 아침 6시 30분에 기상하여 7시까지 아침 식사를 하고, 린뱌오의 지시에 따르도록 일렀다. 그러나 린뱌오의 향방

에 대해서는 말하지 않았다.[8]

9월 12일 밤 그 비행기가 활주로에 세워져 있었다는 사실은 공항 관제탑에 의해 확인되었고, 기록에도 남아 있었다.[9]

같은 날 저녁 저우언라이는 평소의 집무 장소가 아닌 인민대회당 복건실(福建室)에서 일하고 있었다. 그는 일본 대표단과의 회합도 연기한 채 다가오는 전국 인민대표대회에 제출할 보고서를 준비하고 있었다.

밤 10시 20분 비서가 8341 공안부대에서 전화가 왔다고 전했다. 무언가 심상찮은 일이 일어난 것이 틀림없었다. 저우언라이가 수화기를 들자 저쪽에서 린뱌오, 예춘, 린리궈가 출국 준비를 하고 있는 것 같다는 보고를 했다. 그들이 산하이관 공항에 있는 비행기에 짐을 싣고 있다는 것이다. 저우언라이는 즉시 공군 사령관인 우파셴(鳴法憲)과 린뱌오의 측근 한 사람(후에 공모자로 기소되었다), 그리고 해군 부참모장이며 정치위원인 리쭤펑(李作鵬)에게 전화했다. 그는 린의 비행기가 이륙하지 못하도록 하라고 지시했다.[10] 그리고 30분 내에 중국 영공에 있는 모든 비행기를 착륙시키라는 명령을 내렸다.

이 무렵 린리궈는 린뱌오의 첫 번째 부인이 낳은 딸인 이복 누나 린리헝(林立衡)에게 전화했다. 그녀는 린리궈보다 세 살 많은 스물아홉 살이었으며, 마찬가지로 공군에 소속되어 있었으나 직위는 보잘것없었다. 그녀는 '작은 콩'이라는 의미의 도우도우라는 별명으로 불렸다. 이로 미루어 아버지인 린뱌오가 그녀를 무척 사랑했음을 알 수 있다. 도우도우와 린리궈는 사이가 나빴다. 린리궈의 문란한 여자 편력이 주된 이유였다. 린리궈는 상하이, 항저우, 쑤저우 등지로 아름다운 신부를 찾아 헤맸고, 전 중국이 그에 관련된 온갖 난잡한 소문들 — 사실 여부에 관계없이 — 을 즐겼다. 린은 결국 장닝(張寧)이라는 이름의 매우 아름다운 여자와 결혼을 했다.[11]

린리궈는 도우도우에게 자신이 아버지, 어머니와 함께 곧 떠날 것이라고 하면서 비행기가 곧 이륙할 테니까 그녀더러 서두르라고 말했다(당시 그녀가 어디 있었는지는 분명치 않다). 당시 도우도우가 저우언라이에게 전화로 이 사실을 알렸다는 주장도 있다. 그러나 과연 그녀가 그랬을까? 그것을 믿는 사람들도 있었지만 베이징의 많은 사람들은 회의적이었다. 아마 저우언라이는 공군에 소속되어 있는 누군가로부터 린뱌오의 비행기가 베이다이허 쪽으로 이례적인 비행을 했다는 정보를 들었음에 틀림없다. 어떤 기록에 의하면 저우언라이는 베이다이허에 있는 린뱌오 부부에게 안부를 묻는 전화를 했다고 한다. 전화를 받은 예춘은 남편이 음악회에 갔다고 대답했다. 린을 긴장시킨 것은 아마 이 전화였을 것이다. 어찌됐건 린뱌오 일가는 탈출을 결심했다.

저우언라이와 마오가 너무 바싹 뒤쫓고 있었던 것이다. 그래서 린은 홍콩이나 광둥이 아닌 몽골로 가기로 결정한 것 같다. 울란바토르가 지리적으로 더 가까웠을 뿐만 아니라 린뱌오는 러시아인들과 관계가 좋았던 것이다. 후에 중국 정부는 린뱌오가 소련 군대를 국경 너머로 불러들여 무장봉기를 일으키려고 시도했다고까지 주장하였다.

9월 12일 자정이나 혹은 그 직전, 세 명의 승무원들은 숙소에서 갑자기 깨워져서 즉시 이륙 준비를 하라는 명령을 받았다. 그들은 탑승객이 린뱌오라는 것을 알았을 것이다. 그들이 급유를 하고 있는 동안 린뱌오가 다섯 명의 동행—부인과 아들, 그리고 신원을 알 수 없는 세 명—과 함께 나타났다. 탑승객은 모두 아홉 명이었다.

승무원들은 급유를 중단했다. 아마 즉각 이륙하라는 린뱌오의 독촉 때문이었을 것이다. 그들은 여전히 목적지가 어딘지 몰랐다고 한다. 일행이 탑승하자 비행기는 즉각 이륙했다.[12]

마지막 순간은 금방 왔다. 자정에서 12분을 지난 시각에 비행기는 몽골로 향했다. 마오는 수영장 저택에 있었다. 무슨 일인가가 일어나고 있다고 저우언라이가 이미 그의 주의를 환기시켜 놓았었다. 저우언라이는 인민대회당에서 차로 2분밖에 안 걸리는 중난하이로 가서, 린의 비행기가 이륙했다고 마오에게 말했다. 그 순간 린뱌오 일행은 몽골 국경을 넘어서 울란바토르로 직행하고 있었다. 비행기가 아직 사정거리 안에 있으므로 쏘아버릴 수 있다고 저우언라이는 말했다. 마오는 허락하지 않았다.[13]

"피할 수 없는 일이라면 자연의 뜻에 맡겨 두라." 마오는 그 자리에 함께 있었던 지덩쿠이의 말을 받아 말했다. 지는 농민 출신으로, 마오가 허난성에서 데려다가 정치국 후보위원으로까지 승진시켜 측근으로 만든 사람이었다. 마오는 그를 '오랜 친구'라고 부르면서 신뢰했고 그와 함께 이야기하거나 토론하기를 즐겼다. 그날 밤 저우언라이가 급한 소식을 갖고 뛰어들었을 때도 그들은 함께 농촌 이야기를 하고 있는 중이었다.

"만약 우리가 비행기를 쏘아 떨어뜨린다면 그것을 어떻게 인민들에게 설명할 수 있겠소?" 마오가 말했다. 마오는 눈을 감고 머리를 베개에 괸 채 소파에 기대앉아 있었다. 그는 소련 쪽에서 어떤 정보가 들어오면 즉시 알리라고 저우언라이에게 일렀다.[14]

오랜 기다림이었다. 부임한 지 20일밖에 안 된 울란바토르 주재 중국대사 쉬원이(許文益)는 9월 14일 오전 대사관에서 2마일 떨어진 몽골 외무부로부터 즉시 들어오라는 연락을 받고 갔을 때, 뭔가 심상찮은 일이 일어났음을 눈치챘다고 회고했다. 당시 몽골과 중국의 관계는 중소분쟁의 영향으로 극히 악화되어 있었다. 중국대사는 오전 8시 20분에 몽골 외무부에 도착하였다. 몽골 외무부 차관은 몽골의 영공을 침범한 중국 비행기가 전날이 9월 13일 오전 2시에 추락했다고 전달하고, 그에 대한 중국측의 설명을 요구했다.

쉬 대사는 즉시 베이징에 전화해 보겠다고 약속했으나, 양국관계가 악화된 이래 몽골측은 중국대사관과 베이징 사이의 직통 전화선을 끊어버렸기 때문에 쉽지가 않았다. 베이징으로 전보를 친다 해도 적어도 네 시간은 걸린다는 몽골 체신부측의 전갈이었다. 중국대사는 결국 몽골 당국을 설득하여 전화선을 복구시키도록 했다. 잠겨 있는 배선실의 열쇠를 찾는 일부터 시작하여 전화선을 연결하는 데 30분이 걸렸다. 그러자 이번에는 베이징 쪽에서도 선이 끊겨 있었다는 것이 드러났다. 결국 쉬원이는 급한 보고사항이 있으니 전화선을 즉시 연결해 주도록 베이징 외무부에 지급 전보를 치지 않을 수 없었다. 그가 베이징 본부와 통화할 수 있게 된 것은 9월 14일 오후 12시 25분이나 되어서였다.

베이징에서는 즉각적인 설명이 없었다. 몽골측은 중국대사에게 비행기 추락 현장에 출두하라고 요구했다. 그는 베이징에 지침을 요청했다. 베이징에서는 오후 6시가 되어서야 대사에게 직원을 데리고 현장에 가보라는 연락이 왔다. 그들은 몽골 관리들과 함께 지프로 여러 시간 동안 초원 지대를 달려 현장으로 갔다.

몽골 측은 계속해서 쉬원이에게 해명을 요구했다. 그가 우발적인 실수였음에 틀림없다고 말하자 몽골 측은 그것이 '공식적인 해명'이냐고 다그쳤다. 아무것도 모르는 쉬로서는 달리 답변할 길이 없었다. 비행기가 이륙한 장소는 어딘가? 몽골 관리가 물었다. 그 비행기가 이륙했다는 사실조차 몰랐다고 대시는 털어놓았다. 그는 불안해지기 시작했다. 그들이 왜 이리 많은 질문을 퍼부어 대는가? 무슨 일이 일어났는가?

베이징에서는 대사에게 사망자의 시신을 화장하라고 지시했다. 그러나 만약 그것이 불가능하면 일단 매장했다가 나중에 베이징에 돌아와 화장하는 방법도 상관없다고 했다.

추락 현장에서 쉬원이는 아홉 구의 시체를 발견했다. 신원은 전혀 알아볼 수 없었다. 전원이 새까맣게 타 있었을 뿐만 아니라 신발을 신고 있는 사람은 한 사람도 없었다. 시체들은 비행기 파편 주위에 흩어져 있었다. 비행기는 착륙을 시도하다가 후미 부분이 먼저 내려앉는 바람에 튀어 올랐다가 떨어져서 두 날개가 부서지고 폭발한 것이 틀림없어 보였다.

9월 20일 쉬원이는 부(副) 대사와 함께 기차편으로 베이징에 왔다. 그들은 인민대회당에서 저우언라이의 영접을 받고 함께 저녁식사를 하면서 보고를 했다 몽골 측이 추락 현장에서 수거하여 건네준 서류들도 제출했다. 저우언라이는 그것이 린뱌오의 전용기라는 사실을 말하지 않았다. 두 사람은 곧 울란바토르로 돌아갔다.

중국의 건국기념일인 10월 1일이 다가올 무렵 몽골 측은 비행기 추락 사고에 관한 성명을 발표하겠다고 밝혔다. 10월 1일 밤 베이징 당국은 몽골 측에 비공식 서신을 보내, 린뱌오와 그 일행이 추락 사고의 희생자임을 처음으로 밝히고, 그들이 마오를 제거하려는 음모가 들통나자 비행기를 타고 탈출중이었다고 설명하였다. 같은 시각에 마오는 개인적으로 당 고위간부들에게 추락 사고와 린뱌오의 죽음에 대해 설명을 했다.

린뱌오의 비행기가 울란바토르에서 150마일 떨어진 외몽고의 운두르한(溫都爾汗) 부근에서 추락했다는 소식이 중난하이에 맨 처음 전해지자 마오는 기쁨의 탄성을 질렀다. "그야말로 가장 이상적인 종말이로군!"

공식 발표에 의하면 린의 비행기는 연료 부족이었다고 한다. 후일 지덩쿠이는 자신이 추락 사고에 대한 설명을 수없이 들었지만 확실히 입증할 수 있는 것은 아무 것도 없었다고 말했다. 지덩쿠이에 의하면, 마오는 린의 공모자들이 타고 탈출하려던 3685호 헬리콥터를 요격하라고 명령했다. 그들이 갖고 있던 서류들은 후일 재판시 공개되었다. 서류 중에는 음모에 가담했던 93명의 명단이 들어 있었다. 지는 마오의 명령으로 며칠 내에 93명을 모두 검거하였다. 후일 지는 마오가 어떤 방식으로 린뱌오를 자승자박의 처지에 빠지도록 만들었는가에 대해 다음과 같이 술회하였다. "마오는 이와 같은 문제들에 대해서는 대단히 순진하지만 가장 강력하고 효율적이고 적절한 조치를 취할 수 있는 사람입니다."[15]

린뱌오 사건은 수개월 동안 일반인들에게 알려지지 않았다. 10월 1일 톈안먼 광장에서 열릴 예정이었던 군사 퍼레이드는 어린이들의 노래와 춤 행사로 대치되었다. 삼엄한 경비 상태가 수개월간 유지되었다. 항공기 운항도 수일간 중단되었다. 린뱌오의 이름이 금방 사라지지는 않았다. 그러나 그의 사진과 저서들은 상점이나 책방에서 치워졌다.

마침내 정부는 사건에 관한 내부 문서를 회람시키고 정보를 조금씩 조금씩 풀어 놓기 시작하였다. 해외 언론에 이 사건이 노출된 것은 1년이 지난 후였다. 1972년 저우언라이는 미국의 신문 편집인들과 만났을 때, '린뱌오 미스터리'에 관한 질문을 받자 버럭 화를 냈다. 미스터리라니, 무슨 말이냐고 그는 큰소리로 반문한 뒤, 중국 정부는 모든 사실을 공개했으며 이상한 점은 아무것도 없다고 잘라 말했다. 이어서 그는 린뱌오 사건은 존 케네디 대통령의 암살사건만큼 불가사의하지는 않다고 덧붙였다.

마오의 능란한 선전술이 린뱌오 사건에서 유감없이 발휘되었다는 지덩쿠이의 논평은 맞는 말이었다. 여전히 터무니없고 앞뒤가 맞지 않는 소문들이 나돌고 있긴 했지만 중국 정부의 공식 발표는 점차 정설로 굳어져 간 것이다. 나도는 소문들 중에는 마오가 린뱌오 일파를 만찬에 초대한 후, 그들이 만찬장을 떠날 때 로켓포로 쏘아 버렸다던가, 린뱌오의 비행기가 사실은 중국 전투기에 의해 격추당했다는 것들이 있었다. 또 어떤 사람들은 마오를 살해하려는 음모 같은 것은 있지도 않았다고 주장하였다. 린뱌오는 마오에 의해 살해당했으며, 일반 대중을 호도하기 위해 교묘한 이야기가 꾸며졌을 뿐이라는 것이다.

마오가 직면한 어려움은 다른 것이 아니라, 마오가 자신의 후계자로 지명했을 뿐만 아니라 전우이며 충실한 추종자, 그리고 마오에 대한 개인 숭배를 만들어 낸 바로 그 사람이 사실은 마오를 죽이려는 음모를 꾸민 반역자요, 적이었다는 사실을 중국 인민들에게 어떻게 성명할 것인가 하는 점이었다.

정부는 이 사건에 대한 보안을 유지하기 위해 심혈을 기울였다. 도우도우는 마오가 죽고 덩샤오핑이 복권될 때까지 연금 상태에 있었다. 린리궈의 아내인 장닝도 상당 기간 동안 구금되었다. 석방된 후 그녀는 린뱌오 사건의 다른 연루자들과 마찬가지로 개명하라는 명령을 받았으나 그렇게 하지 않았다. 이름을 바꾼 유일한 사람은 공군 지휘관이었던 우파셴이었다. 그는 이름을 우칭칭으로 바꾸었다.

린뱌오 사건은 너무나 복잡한 후유증을 남기게 되어 결국은 사건의 진상에 대해서 아무도 확신할 수 없게 되어 버렸다.

사건이 일어난 지 17년이 지난 1988년, 중국에서는 쉬원이에 의해 사건의 과정을 거의 시간대별로 기술한 자세한 보고서가 간행되었다. 부(副) 대사였던 순이시엔도 그보다 짧긴 하지만 역시 보고서를 내놓았다. 이것들은 당시 몽골에 주재하고 있던 중국측 대표들이 알고 있었던 내용을 사실적으로 기록한 것이었다. 분명히 그들은 비행기의 영공 침해 사실을 사전에 몰랐을 뿐만 아니라, 그 비행기에 린뱌오 일행이 타고 있었다는 것도 9월 30일경에야 비로소 알게 되었다. 그들의 기록에 의하면, 256이라는 숫자가 새겨진 린뱌오의 삼발엔진 제트기가 9월 12일부터 13일 사이의 한밤중에 몽골지방에서 추락한 것만은 확실하였다. 그러나 린뱌오 일행이 정말 그 비행기에 탑승하고 있었는가라는 핵심적인 문제에 대해서 이들 중국 외교관들이 제시하는 증거들은 어떤 결론을 내리기에는 극히 미흡하다. 중국 대사가 기술한 내용 가운데 가장 흥미로운 대목은, 중국 정부측이 1972년 5월에야 비로소 추락 현장과 잔해들을 조사하기 위한 공식적인 전문가팀을 몽골에 보냈다는 사실이다. 조사단은 사고 당시 비행기 안에서 총격전이나 공중 폭발 같은 것은 없었으며, 탑승객 중 무기를 가진 사람은 한 사람도 없었다는 것을 확인했다고 한다.[16]

마찬가지로 흥미로운 것은, 쉬원이가 주장하고 있듯이 몽골 당국은 비행기 안에 있었던 모든 서류들을 중국측에 넘겨 주었고, 그 서류들은 아마 탑승객들의 신원과 비행목적 등에 관한 정보를 담고 있었을 것이라는 점이다. 물론 착륙 후 비행기에 불이 났고 종이들도 대부분 타버렸을 것이기 때문에 그 서류들이 완벽하지 못했을 가능성은 있었다.

또 한 가지 기이한 점이 있다. 중국 당국은 비행기가 연료 부족(산하이관 공항에서 급유를 하다 말고 이륙했기 때문에)으로 착륙하려 했었다고 계속 주장했으나, 전문가들이 내린 결론은 추락 당시 비행기 안에는 여전히 반 톤 가량의 연료가 남아 있었다는 것이다.

1990년 두 명의 몽골 외교관들은 사고 당시 그 비행기에 린뱌오는 타고 있지 않았으며, 그가 거기 있었다는 증거도 나타나지 않았다고 주장했다. 이러한 주장의 신빙성에 대해서는 확인할 길이 없다. 몽골 주재 중국 대사관 직원들은 사고 후 베이징으로부터 받은 최초의 지침은 시체들을 즉각 화장시키라는 것이었다고 말했다. 이 또한 시체의 신원을 확실히 파악할 수 없게 만든 원인이 되었다. 소련에서 나온 한 보고서에 의하면, 러시아 전문가들이 시체들을 검사하다가 그 중의 한 사람이 러시아에서 만들어진 의치를 끼고 있는 것을 발견하고, 그가 린뱌오라는 것을 확인했다고 한다. 결국 이 사건에 대한 최선의 판결은 '증거 불충분'인 셈이다.

20년이 지난 지금까지도 이 사건이 풍기는 비현실적인 느낌은 여전하다. 여기에는 아마 이 사건을 '조사'한 것이 캉성과 그 부하들이었다는 점도 일부 원인으로 작용했을 것이다. 사건에 대한 정부 보고서에는 장칭에 대한 언급이라고는 한 마디도 없었다. 장은 군대 내에서 린뱌오의 오른팔이었고, 린의 요청에 따라 군대 내 선전공작 업무를 책임지고 있었다. 또한 린은 장에게 인민해방군 제복을 입히고 항상 '우리들의 장칭'이라고 친근하게 부르곤 했었다. 인민해방군 선전 부문에서 간행되는 모든 문서들은 장칭의 승인을 받아야 했다. 장칭과 그 동료들이 린뱌오의 계획에 대해 전혀 낌새를 채지 못하고 있었다는 것은 말이 안 되었다. 더구나 린뱌오가 권력을 장악했으면 장칭에게는 고위직이 주어졌을 것이라는 증거도 있었다.[17] 장칭이 배반할 것에 대비하여 자세한 정보는 차단시켰을 가능성도 물론 있다. 그러나 당시 공안 책임자로서 장칭과 긴밀하게 협조하고 있던 왕둥싱(汪東興)은 틀림없이 린뱌오의 계획에 대해 어떤 정보를 가지고 있었을 것이다. 하물며 대단히 기민하고 활동적이며, 역시 장칭과 긴밀한 협조 관계에 있었던 캉성이 그에 관한 정보를 입수하지 못했을 리가 없었다.

이러한 문제들을 해명하기 위해서는 당시 마오가 한 역할이라든가, 사건 전체의 몽상적인 성격 따위를 고려하지 않을 수 없다. 과연 이 사건도 아편 파이프에서 피어 올랐던 것일까? 마오 측근에 있었던 대부분의 정보통들은 린뱌오가 대체로 정부의 공식 보고서에서 주장하는 대로 죽었을 것이라고 믿고 있다. 그러나 그 이전에 무슨 일이 있었는가에 대해서는 그들도 확신을 갖고 있지 않은 것 같다. 과연 린뱌오가 마오를 죽이려고 했을까? 혹시 린뱌오는 마오가 자신을 죽이려고 계획하고 있다는 것을 눈치챘던 것일까? 의문은 끝내 풀리지 않을 것이다.

저우언라이는 린뱌오에 관한 소식을 기다리는 동안 중난하이에 있는 자택에 여러 명의 가까운 동료들을 불러모았다. 그는 린뱌오가 마오를 제거하려는 음모를 꾸미다가 발각되자 가족과 함께 비행기를 타고 외몽고로 향하고 있다고 그들에게 사건의 경위를 간단히 설명하였다. 또한 저우언라이는 마오가 비행기를 쏘아 떨어뜨리지 말고 그대로 가게 내버려 두도록 지시했다고 말했다. 마오는 "우리가 어떻게 그와 같은 사실을 군대와 인민들에게 설명할 수 있겠소?"라고 말했다는 것이다. 저우언라이는 린뱌오가 모스크바로 갈 것이며, 그곳에 도착하면 성명을 발표할 것이라고 생각했다. 그래서 중국측의 공식 성명서를 미리 준비해 놓았다가 모스크바 쪽에서 소식이 오자마자 그것을 발표할 수 있도록 하기 위해 동료들을 소집한 것이었다.

토론 도중에 저우언라이는 전화를 받으러 나갔다. 그는 웃으면서 돌아왔다. "문제가 저절로 해결되었소. 린뱌오의 비행기는 외몽고 지방에서 불길에 휩싸여 추락했고, 탑승객들은 모두 사망했습니다." 저우언라이는 말했다.

그러자 외교부 부부장인 차오관화(喬冠華)는 잠시 생각한 후, 당대(唐代)의 유명한 시인 뤼륀의 시를 흉내내어 시 한 수를 읊었다. 그것은 황제를 시해하려다가 실패하고 북쪽으로 도주한 모반자에 대한 시였다. 당시 황제는 모반자를 체포하기 위해 폭설 속에 가마 부대를 보냈었다. 뤼륀은 다음과 같이 읊었다.

어두운 밤 하늘에 제비떼 날아오르고
모반자들은 황급히 도망을 치는구나
기병들이 말을 달려 뒤를 쫓는데
병사들의 칼과 갑옷 위로 폭설이 휘몰아치네.

차오관화는 즉석에서 다음과 같이 고쳐 읊었다.

어두운 밤 하늘에 제비떼 날아오르고
린뱌오는 황급히 도망을 치는구나
기병들이 뒤쫓을 필요도 없이
스스로 불에 타서 죽어버렸네.

차오의 시가 너무 근사하고 상황에 잘 어울렸기 때문에, 거기 있던 사람들은 차오에게 그것을 화선지에 붓으로 쓰게 했다. 차오는 그것을 저우언라이에게 주었고, 저우언라이는 액자에 넣어 벽에 걸어 놓았다.[18]

린뱌오 사건과 관련하여 어떤 의문점들이 남아 있지만 한 가지 사실만은 분명했다. 저우언라이의 주도적인 위치가 확고해진 것이다. 린은 죽었고, 장칭 일파는 이제 절름발이가 되었다. 마오는 충격이 너무 커서 몸져 누웠다. 마오가 그처럼 약해진 적은 없었다. 저우언라이의 시대가 밝아 오고, 마오 시대의 마지막이 다가오고 있었다. 덩샤오핑의 시대도 그리 멀지 않은 곳에 기다리고 있었다.

34. 처세의 명인

 1972년 2월 21일 오전 10시 30분, 베이징 공항에 미 공군 1호기가 착륙하였다. 비행기가 붉은 카펫 앞까지 미끄러져 멈추자 문이 열리고 리처드 닉슨 대통령이 걸어 나왔다. 닉슨은 웃으면서 저우언라이에게 손을 내밀었다. 18년 전 제네바에서 존 포스터 덜레스가 거부했던 악수였다. 그것은 외교와 살아 남기 위한 투쟁에 바쳐진 저우언라이의 40년 공직 생활에서 가장 근사한 순간이었다.

 미국을 포함한 외부 세계의 어느 누구도 저우언라이가 알고 있는 엄청난 사실들을 까맣게 모르고 있었다. 린뱌오는 전년 9월 몽골에서 죽었다. 류사오치는 카이펑의 차디찬 시멘트 바닥에서 숨이 끊어졌으며, 펑더화이는 인간 폐선(廢船)이 되어 군병원에서 죽은 사람이나 진배없이 망가져 있었다. 덩샤오핑은 멀리 떨어진 장시성의 더러운 기계제작 공장에서 사역당하고 있었다. 중국은 황무지로 변하고 수백만이 죽었으며, 사람들은 넋이 빠져 버렸다. 공장에는 거미줄이 쳐지고 학교는 폐허가 되었다. 마오는 린뱌오 사건 후 쓰러진 이래 침대와 안락의자에 누워 졸면서 지내고 있었으며, 심장과 폐의 기능이 악화되고 정신이 혼미하였다. 그러나 이것을 아는 사람은 중국 내에서도 극소수에 불과했다.

 저우언라이는 닉슨 대통령 일행을 인적 없는 널찍한 거리를 지나 조어대(釣魚

臺)에 있는 숙소로 안내했다. 조어대는 장칭과 캉성이 테러와 고문과 잔학 행위를 모의하곤 하던 곳이었다.[1] 미국인들은 아무도 그것을 몰랐으나 저우언라이는 알고 있었다. 닉슨에게 정중한 말들을 건네고, 1971년 7월 비밀리에 베이징을 방문하여 대화의 물꼬를 튼 키신저와 농담을 주고받는 그의 표정에는 일말의 숨겨진 동요도 보이지 않았다.

저우언라이는 미국인이 세웠던 난카이(南開) 대학 재학 시절 연극반에서 활동했었다. 그는 여자 역할을 했고 그의 아내는 남자 역할을 했다. 지난 수십 년 동안 그래왔던 것처럼 그는 오늘 이 자리에서 그가 지닌 배우로서의 재능을 남김없이 발휘하였다.

저우언라이만큼 당당해 보이는 사람은 그 자리에 아무도 없었다. 중국 지도층의 일원으로 일한 지 40년 만에 그는 처음으로 최고의 지위에 올랐다. 수완 좋게, 주도면밀하게, 조용히 그는 권력을 인수한 것이다. 마오는 아직 살아 있었고, 장칭과 그 추종자들도 여전히 건재했다. 그러나 주도권은 이제 저우언라이에게 있었다.

1971년 봄 마오는 첫 번째 심한 발작 증세를 보였다. 그는 수년 이래 환절기만 되면 감기에 시달려서 봄 가을에는 베이징의 매운바람을 피해 항저우에서 보내곤 했다. 이 발작은 중미 화해의 서막이 된 그 유명한 미국 탁구선수단의 방중 초청 무렵에 일어났다. 마오의 생애에서 가장 심한 발작이었다. 그의 몸은 그칠 줄 모르는 극심한 기침으로 뒤흔들렸다. 의료진의 조치로 기침이 서서히 진정되고 나자 이번에는 심장기능에 이상이 나타났다.[2]

그 해 여름 마오는 기력을 상당 정도 회복하였다. 그러나 그의 비서이며 간호원인 장위펑(張玉鳳)의 말대로 마오는 눈에 띄게 쇠약해지고 창백한 일흔일곱의 백발 노인이었으며, 이제 더 이상 건강과 활기를 찾아볼 수 없었다. 그럼에도 여전히 그는 정신이 맑았고 때로는 농담을 하기도 했다.

마오는 격렬했던 린뱌오 숙청운동을 무사히 끝냈지만 그에 따른 정신적 육체적인 대가를 치러야 했다. 1971년 가을 린뱌오의 죽음에 이어 쓰러진 그의 증세는 봄의 상태보다 훨씬 나빴다.³⁾ 어떤 조치를 취해도 그의 기침은 멎지 않았다. 담배를 끊도록 의료진들이 갖은 노력을 다했지만 마오는 완강히 거부했다. 그가 일단 결정하면 아무도 거기에 반대할 수 없었다. 마오의 성격은 난폭해졌다. 그러나 그가 아편이 섞인 수면제를 복용했다는 기록은 남아 있지 않다. 의사의 진단에 따르면 마오의 증세는 폐렴이었다. 의사는 마오의 업무량을 줄이도록 했으나 그는 거부했다. 장위펑에 의하면, 마오는 지독히 고집이 세었으며 의사를 신뢰하지 않았다. 그는 의학적 처방을 받아들이려 하지 않았고, 젊은 시절의 무절제와 변덕을 버리지 않았다. 그는 신체의 생리적 기능이 자연적으로 질병을 물리칠 수 있게 되어 있다고 믿었다. 그러나 장위펑의 말처럼 그는 질병에 저항할 힘이 없는 '신체 기능이 고장난 노인'이었다. 치료를 거부했기 때문에 병은 악화되었다. 그는 밤낮으로 소파에 누워 기침하고 침을 뱉고, 숨을 헐떡였다.

마오는 한동안 파킨슨병에 시달렸다. 주치의에 의하면 그것은 뇌의 호르몬 이상에서 비롯된 것이었다. 파킨슨병 치료를 위해 그에게는 마치 마술처럼 잘 드는 강력한 약물이 투여되곤 했다. 마오는 반무의식 상태가 되어 입이 헤벌어지고 거의 살아 있지 않은 사람처럼 보이다가도 일단 약물을 투여하면 기적처럼 벌떡 일어나서 몇 시간 동안은 생기를 유지했다. 그러나 불행히도 약이 항상 효력을 발생한 것은 아니었다.⁴⁾

마오의 치료는 8341 공안부대 대장인 왕둥싱과 4인방의 일원인 장춘차오의 지휘 아래 있었고, 저우언라이가 세심히 감독하였다.

마오는 1971년 12월 하순까지도 기동을 못하다가 그후 약간 호조를 보였으나 여전히 회복이 덜 된 환자였다.⁵⁾ 1972년 1월 6일 천이가 암으로 죽었다. 문화혁명기에 받은 박해도 발병의 한 원인이 되었다. 장례식은 1월 10일로 공고되었다. 고위관리는 참석하지 않는 2급 장례식으로 치를 예정이었다.

마오는 몇 달 동안 수영장 저택 밖으로 나가 본 적이 없는 상태였다. 1월 10일 점심식사가 끝난 후부터 그는 동요하기 시작하였다. 갑자기 그는 차를 불렀다. 천이의 장례식에 가겠다는 것이었다. 마오는 나이트 가운을 입고 얇은 모직바지를 입고 있었다. 장위펑이 옷을 갈아 입히려 했으나 마오는 거부했다. 그는 나이트가운 위에 양복 상의만 입겠다고 했다. 장은 마오가 상의를 입는 것을 도와주고 어깨에 오버코트를 걸쳐주었다. 그리고 마오는 출발했다.

마오의 1950년대 소련제 '지스' 리무진은 화장터인 바바오산으로 달렸고, 곧 저우언라이, 주더, 예젠잉, 그리고 정치국원인 리셴녠 등이 그곳으로 집합하였다. 마오는 천이의 미망인 장치엔의 손을 잡고 "천이는 좋은 동지였고 훌륭한 사람이었소. 그는 중국혁명과 세계혁명에 공헌했으며 커다란 공을 세웠지요. 이것이 그에 대한 최종 평가입니다"라고 말했다. 마오로서는 그것이 천이의 죽음을 재촉한 데 대한 사과와 다름없는 말이었다.

당시 장례식에 참석한 사람들 가운데는 캄보디아의 시아누크공도 있었다. 마오는 시아누크공에게 말을 걸고, 당 고위층 외의 인사에게는 최초로 린뱌오의 죽음에 대해 언급하였다. 그는 린뱌오가 몽골에서 비행기 추락사고로 사망했다고 하면서 "린뱌오는 내 뜻에 반대했지요. 그러나 천이는 내 편이었습니다"[6]라고 말했다.

마오는 린뱌오가 마오와 원로 동지들을 음해하려 했다고 말했다. 그러나 많은 동지들은 이제 복권이 되어 일하고 있으며, 더 이상 그들의 '우파(右派)' 경향이 문제시될 필요가 없다고 하면서 과거사는 물에 흘려보내 버려야 한다고 말했다. 일설에 의하면, 이때 마오는 덩샤오핑이 류사오치와는 다르다는 말을 했다고 한다.[7]

천이의 장례식은 마오가 공공장소에 나타난 마지막 행사가 되었다. 아마도 장례식 참석이 마오에게는 너무 큰 무리였던 모양이다. 며칠 후 마오는 침대에서 쓰러졌다. 의식불명이 된 그는 맥박도 뛰지 않았다. 간호원이 큰소리로 도움을 청하고 당직의사들이 뛰어들어 왔다. 당시 마오는 수영장 저택의 접견실에서 거처하고 있었다. 지난 가을 발병한 이래로 더 이상 아무 재미도 없는 침실에서 그곳으로 옮겼던 것이다. 의료팀은 심장 자극제를 세 차례나 투여했으나 아무 반응도 없었다. 마오를 침대 위에 일으켜 앉히고 간호원은 계속 그의 등을 두들기면서 "마오 주석님, 마오 주석님" 하고 외쳤다. 장위평도 따라 불렀다. 이윽고 마오가 눈을 뜨고 말했다. "내가 잠을 자고 있었나 보군." 그때 저우언라이가 뛰어들어 왔다. 결국 호흡 장애에 의한 졸도였다는 진단이 내려졌다. 마오가 쓰러진 사실을 아는 사람은 대여섯 명밖에 되지 않았다. 저우언라이가 지휘하는 새로운 감독팀이 조직되었다. 이 모든 일은 닉슨 방중 준비가 한창인 가운데 일어났다. 마오가 과연 미국 대통령을 만날 수 있을 것인지의 여부는 저우언라이를 포함해서 아무도 알지 못했다.

체중이 좀 늘었기 때문에 마오는 새 정장이 필요했다. 그러나 병세가 너무 심해서 양복 가봉을 할 수 없었다. 보좌관들은 마오의 양복 한 벌을 홍두양복점(최고위층의 양복을 짓는 중국 최고의 옷집)에 보내서 같은 스타일로 사이즈만 약간 크게 지어 달라고 지시했다. 나중에 입어보니 그 양복은 아주 잘 맞았다.[8] 마오가 신을 신발도 문제였다. 혈액순환 장애와 신장 기능 부진으로 그의 발은 항상 심하게 부어있었다. 그리고 그는 슬리퍼만 끌고 다닌 지 이미 오래였다. 결국 그는 천으로 된 단순한 모양의 신발을 두 켤레 맞추었다. 이제 의상은 준비되었다. 그러나 과연 마오가 그것을 입고 신게 될 것인가?[9]

2월 21일 점심 후, 으레 즐기던 낮잠을 자고 싶지 않다고 마오는 말했다. 그는 불안해했다. 갑자기 그는 지금 당장 닉슨을 초대하고 싶다고 말했다. 보좌관들은 곤두박질을 쳤다. 급히 이발사를 불러들였다. 면도도 해야 했고 머리는 수주일 동안이나 자르지 않은 채였다. 이번 이발사는 수년간 마오의 머리를 다듬어 온 단골 이발사였던 왕후이와는 달리 손놀림이 빨랐다.

왕후이는 독재자였다. 일단 이발을 시작하면 그는 마오를 꼼짝도 못하게 했다. 뿐만 아니라 마오가 아무리 불평하고 안절부절못해도 절대로 서두르는 법이 없었다. 이발사는 마오의 머리를 단단히 붙들고 "조용히 앉아 계십시오"하고 명령했다. 맨 마지막에 그는 마치 작품에 최종 손질을 하는 조각가와 같은 표정으로 마오의 얼굴을 면도하였다. 그리고 마오의 얼굴을 마지막으로 한 번 두드린 다음 한 걸음 물러서서, "멋있군요" 하고 말했다. 비로소 마오는 한숨을 쉬었다. 왕후이에 대해서는 마오도 어쩔 도리가 없었던 것이다.[10]

새 이발사는 조용히, 재빨리 움직였다. 그는 마오의 머리에 크림을 약간 발라 결이 나아 보이게 만들었다. 장위펑이 새 양복을 입혔다. "약간 부기가 있고 쇠약해 보이는 것 말고는 겉보기는 아무렇지도 않았다"라고 그녀는 말했다.

저우언라이는 조어대로 달려가 마오가 지금 당장 닉슨을 만나고 싶어한다고 키신저에게 전했다. 저우언라이는 안절부절못하면서 단 한순간도 낭비하고 싶어 하지 않았다고 키신저는 회고했다. 키신저는 이 뜻밖의 소식을 닉슨에게 전했고, 그들은 붉은 깃발이 꽂힌 리무진에 실려 텐안먼 광장을 가로질러 통상 두 명의 보초가 지키는 출입문을 거쳐서 중난하이 안에 있는 마오의 거처로 갔다. 황급히 치워진 접견실은 두 시간 전까지만 해도 병실이었다는 증거가 될 만한 흔적이 전혀 보이지 않았다. 방안에는 쿠션이 지나치게 두툼한 안락의자들이 원형으로 배치되어 있었다. 마오는 새로 지은 '마오쩌둥복(服)'을 입고 닉슨이 들어오자 의자에서 일어나 손을 내밀었다. 닉슨은 마오가 자신의 손을 양손으로 감싸 쥐고 '1분 동안이나' 놓지 않았다고 회고했다. "나는 말을 잘 못합니다"라고 마오는 자신의 눌변을 변명했다.

마오는 닉슨에게 '우리 두 사람 모두에게 오랜 친구'인 장제스는 이 회견을 좋아하지 않을 것이라고 하면서 "그는 우리를 공산당 비적(匪賊)이라고 부릅니다"라고 말했다.

"당신은 그를 어떻게 부릅니까?" 닉슨이 물었다.

"일반적으로 우리는 그들을 '장제스 도당'이라고 부릅니다. 신문에서는 가끔 비적이라고 부르기도 하지요. 그 또한 우리를 비적이라고 부르니까요. 어쨌거나 우리는 서로를 비방하고 있는 셈입니다"라고 마오가 대답했다. 마오는 자신과 장제스의 교류 기간이 미국과 장제스의 교류 기간보다 훨씬 길다고 덧붙였다.

그들은 키신저에 대한 농담을 주고받았다. 키신저는 파리와 베이징에서 가졌던 비밀회담을 외부에 은폐하기 위해 '아름다운 여자들'을 이용하곤 했다고 닉슨은 말했다. "그럼 당신들은 미인들을 자주 이용하는군요." 마오는 갑자기 호기심을 보이면서 물었다. 그러자 닉슨은 자신은 단 한 번도 미인을 이용한 적이 없다고 주장하면서, 그럴 경우 정치적으로 곤경에 빠질 것이라고 말했다. 마오는 큰 소리로 웃었다. 자신의 아름다운 여자들과의 경험에 대해서는 일체 언급하지 않았다.

마오는 지난 선거에서 "나는 당신을 지지했지만, 민주당이 승리했으면 그들과도 협상했을 것"이라고 닉슨에게 말했다. 마오는 영국의 에드워드 히드 수상을 예로 들면서 "나는 우파를 좋아합니다"라고 덧붙였다. 그러자 닉슨이 샤를르 드골을 첨가했다. 마오는 드골은 예외라고 하면서, 대신 독일의 기독교 민주당을 꼽았다. "나는 우파 인사가 집권하면 상당히 유쾌합니다"라고 마오가 말했다.

마오는 그 후 시아누크공을 만났을 때, 자신이 닉슨과 키신저에게 린뱌오에 관한 이야기를 했다고 밝혔다. 중국 내에 미국과의 관계 개선에 반대하는 보수파 인사들이 있었는데, "그들은 결국 비행기를 타고 국외 탈출을 시도했으나 외몽골에서 비행기 추락사고로 모두 사망했다"고 말했다는 것이다. 마오는 그것이 린뱌오에 대한 이야기임을 닉슨이 짐작해 주기를 기대했던 모양이다.

닉슨은 마오와의 회견이 의례적인 것이려니 하고 예상했으나 그것은 한 시간 가까이나 지속되었다. 닉슨이 떠나려고 일어서자 마오는 발을 끌면서 문간까지 배웅하였다. 그러나 더 이상은 나가지 않았다. 마오는 자신의 건강이 좋지 않음을 염두에 두고 있었다. 주석께서는 기관지염을 앓고 있다고 저우언라이가 설명했다.

"그러나 아주 좋아 보이시는데요." 닉슨이 말했다.

"외양은 사람을 기만하기 쉽지요." 마오는 어깨를 움츠리면서 약간 힘주어 대답했다.[11]

저우언라이의 승리는 완벽해 보였다. 장칭이 아직 퇴장하지 않은 것은 사실이었다. 실제로 그녀는 저우언라이와 함께 닉슨을 경극 상연에 동반하였다. 그녀가 감독하여 제작한 8개 경극 작품 중의 하나인 〈홍색낭자군(紅色娘子軍)〉을 관람시키기 위해서였다.

닉슨은 장칭이 반미주의적이며 미국과의 화해에 반대해 왔다는 경고를 미리 들은 바 있었다. 닉슨 부부는 장칭이 좀 심술궂다고 느끼긴 했으나, 놀랍게도 그 연극에 매료당했다. 장칭에게 연극이 좋다고 말하자 그녀는 중국인다운 반응을 보였다. 비평을 부탁한 것이다. 그러나 닉슨은 할 말이 없었다.[12]

장칭은 앞에 나서지 않았다. 지휘권은 저우언라이에게 있었다. 과거에 장은 자신이 저우언라이의 대화하기를 매우 즐긴다는 사실을 숨기지 않았으며, 저우언라이의 훌륭한 매너를 칭송하곤 했다. 아주 초기부터 저우언라이는 그녀를 존중하였다. 그야말로 신사가 숙녀를 대하는 것과 같았다. 장은 숙녀 대접을 받아본 적이 별로 없었다. 그녀는 기분파였고 저우언라이에게 가벼운 추파를 보내기도 하였다. 저우언라이는 정중하게 경의를 표했다. 장칭이 저우언라이에게 호감을 갖고 있다는 사실은 마오의 기분을 상하게 했다. 장은 저우언라이의 훌륭한 매너와 교육, 정중함 등을 칭찬했다. 그녀는 저우언라이가 좋은 교육을 받았으며, 거친 농사꾼 기질을 강조하려고 드는 마오보다 훌륭한 매너를 지니고 있다고 마오에게 말했다. 또한 마오가 습관을 바꾸어 저우언라이처럼 세련된 사람이 되었으면 좋겠다고 말하기도 했다.[13]

장칭과 저우언라이는 저 광포했던 문화혁명 시기에 서로가 다른 편에 서 있었다는 것을 너무 잘 알고 있었다. 그러나 두 사람 모두 외형적인 관계는 신중하게 유지해 왔다. 이제 우세한 입장이 되었다고 해서 자신의 이익을 무리하게 밀어붙이기에는 저우언라이는 너무 노련한 외교관이었다.

마오가 죽으면(1월에는 그럴 가능성이 매우 높았었다) 자신이 유일한 후계자라는 것을 저우언라이는 잘 알았다. 그는 또한 지금은 마오의 견제 아래 있지만 장과 그 일파들이 당내에서, 특히 선전공작 분야에서 막대한 권력을 장악하고 있음을 잘 알고 있었다. 그 부분은 저우언라이로서도 감당하기 어려웠다.

저우언라이는 문화혁명기에 자신이 최선을 다했다고 생각했다. 그는 자기 자신을 홍위병의 모욕과 난폭한 행동에 맡기면서까지 주더와 천이를 보호하기 위해 전력을 다했다. 그 덕에 주더는 아직까지 살아 있다. 천이는 비록 죽었지만, 저우언라이는 적어도 천이가 시설 좋은 병원에서 평화로운 죽음을 맞을 수 있도록 해주었다. 최선을 다했음에도 불구하고 저우언라이는 허룽을 보호하는 데는 실패하였다. 그는 허의 미망인과 전부인에게 깊은 조의를 표했다. 펑더화이와 류사오치는 저우언라이의 보호를 받지 못했다. 아마도 그는 이 두 사람에 관한 한 마오를 도저히 설득할 수 없다고 생각했던 것 같다. 저우언라이는 류의 미망인 왕광메이에게 위로의 말을 건넸을 뿐이었다. 그는 라오서도 구하지 않았다.

저우언라이는 자신의 권한을 가능한 한 모두 동원했다. 민주당파(공산당의 노선에 협조하는 일종의 어용정당으로 8개의 대표적인 민주당파가 있음-역자) 지도자인 장지런은 마오와 저우언라이에게 매우 유익한 협력자였다. 그는 마오가 즐겨 대화하던 '4인의 후난 원로' 중의 한 사람이었다. 1966년 8월 베이징 호텔 뒤편 주택가에 있는 저택(마오가 장에게 선물한)에서 홍위병들이 몰려가 장을 위협하기 시작했다. 장은 마오에게 편지를 썼다. 이튿날 저우언라이는 장의 집을 보호할 두 명의 인민해방군 보초를 보냈다. 마오의 위임을 받아 저우언라이는 열다섯 명에서 스무 명의 민주당파 인사들을 최고급 인민해방군 병원인 301 군병원에 보내 치료와 보호를 받을 수 있게 해 주었다.[14] 저우언라이가 문화혁명기의 자기 처신에 대해 할 말이 있다면 그것은 어쨌든 그가 노력을 했다는 사실일 것이다. 결국은 저우언라이 자신도 홍위병의 거친 공격을 받았던 것이다. 가장 난폭한 좌파 분자들이 외교부를 포위했으며, 그들은 또한 영국대사관을 습격하고 방화했다. 요컨대 저우언라이의 평점은 나쁘지 않았다. 그러나 저우언라이는 개혁론자는 아니었다. 그는 항상 조심스럽게 자기 자신을 갈고 닦으면서 중국이 대환란에 빠져 자신이 중국을 구할 수 있는 날에 대비하는, 전세계에서 가장 수완 있는 신하였다.

양상쿤은 저우언라이에 대해 다음과 같이 그럴듯한 설명을 한 바 있다. "문화혁명 시기에 저우언라이는 직접적으로 마오에게 저항할 수 없었다. 그것을 구실로 4인방과 린뱌오가 그를 숙청시켰을 것이기 때문이다. 그런 일이 일어났더라면 국가에 대한 손실은 훨씬 더 컸을 것이다. 그는 마오에게 공공연히 저항하지 못한 대신에 많은 지도급 동지들을 구했다. 그는 일부 파벌을 견제하기 위해 노력했고, 자기 권한으로 사람들을 구할 수 있다면 그 권한을 이용하였다. 어느 방법이 동지들을 보호하는 데 최선인지 그는 숙고하곤 하였다. 어떤 경우에는 누군가를 보호하기 위해 그를 감옥에 집어 넣기도 하였다. 이것이 저우언라이의 장점이었다. 그는 존경받는 지도지였다."[15]

그러나 그의 입지는 커다란 약점을 숨기고 있었다. 마오의 불확실한 지원이 그것이었다. 그는 35년 동안이나 마오와 함께, 그리고 마오를 위해 일해 왔다. 그는 마오에게 전적으로 헌신했다. 그러나 마오는 단 한 번도 그에게 보답하지 않았으며, 특별히 그를 칭찬한 적도 없었다. 그에게 개인적인 경의를 표하거나 고마워한 적도 없었다. 그의 탁월한 외교적 업적에 대해서도 일상적이고 평범한 축하의 말 한마디 한 적이 없었다. 마오는 마치 가구를 대하듯 무심하게 그를 취급하였다. 그가 오래 소유한 말이나 경호원조차도 그보다는 더 따뜻한 대접을 받았다. 경호원들의 기억으로는 마오가 저우언라이에 대해 단 한마디라도 긍정적인 말을 한 적이 없었다.[16]

닉슨의 성공적인 방중, 상하이 커뮤니케 발표, 강력한 가상 적국(假想敵國)에서 귀중한 친구 혹은 장래 우방으로 바뀐 미국의 엄청난 변신, 수영장 저택의 마오를 만나기 위해 1만 6천 마일을 날아와서 노지도자(老指導者)에게 '시간을 붙잡으라'

는 그의 시를 직접 인용한, 중국인의 전통에 비추어 놀랍기만 한 미국 대통령의 태도 등은 저우언라이가 지금까지 한번도 지녀본 적이 없었던 권위를 그에게 부여해 주었다.

이제 국정에 관한 거의 모든 짐이 그에게 떠넘겨졌다. 그는 비록 언제나 마오의 전반적인 지침 내에서였지만, 외교정책뿐만 아니라 매일매일의 경제운영까지도 맡아서 지휘했다. 모든 문서를 검토하고, 쇠약해진 마오에게 보일 문서를 선택하는 것도 그의 일이었다. 장위평의 표현대로, 하시라도 또 하나의 '재난'이 발생하여 중국의 운명이 자기 손에 맡겨지리라는 것을 저우언라이는 알고 있었다.[17]

장위평은 닉슨, 키신저와 마오의 회견에 배석한 저우언라이가 몹시 창백하고 야위어 보인다고 생각했었다(닉슨도 키신저도 그것을 눈치채지 못하였다). 그러나 저우언라이는 활기에 차 있었다. 그의 눈은 빛났고, 모습은 기품 있고 따뜻해 보였다. 몸가짐은 기민했으며, 장의 표현에 따르면 '강철인간이라 할지라도 피곤해질 만한 상황'이었음에도 불구하고 그는 전혀 지친 기색이 없었다.

장이 저우언라이의 모습에서 느꼈던 초췌함은, 그 원인이 단순한 과로 이상의 것이었다. 1972년 5월 간암이라는 진단이 나왔다. 여전히 와병중인 마오에게 그 소식은 충격이었다. 겉으로 보기에 저우언라이는 죽음의 그림자가 가까이 와 있는 사람이라고는 전혀 느낄 수 없는 모습이었다. 그러나 저우언라이와 마오는 당장에 유능한 인물을 불러들이지 않으면 국가가 큰 위기에 빠지리라는 것을 알고 있었다. 두 사람은 동시에 덩샤오핑을 떠올리지 않을 수 없었다.

텐진에 있는 저우언라이의 모교 난카이 대학에는 필자가 그곳에 간 1987년까지도 다음과 같은 교훈이 걸려 있었다.

얼굴을 깨끗이, 머리를 짧게, 옷을 단정히, 단추를 꼭 잠글 것
자세를 똑바로, 어깨를 반듯이, 가슴을 펴고, 등을 펼 것
교만, 성급함, 게으름을 경계할 것

친절, 자세, 기품을 유지할 것.[18]

저우언라이가 60년 전에 배운 이 가르침은 오늘날까지도 그의 우아하고 기품 있는 처세에 그대로 반영되어 있었다. 병세가 심각했지만 그는 과중한 일상업무를 계속했다. 낮에는 대부분의 시간을 국빈 접견으로 보냈고, 저녁에는 매일 인민대회당에서 저명한 방문객들과의 만찬이 있었으며, 그 후에는 다시 집무실로 돌아와 밤늦게까지 일했다.

방문객들에게 그는 여전히 신중하고, 세련되고, 열성적이며 재치 있는 접대자였다. 그는 헨리 키신저와의 회견을 즐겼다. 그는 자신이 겨루어 볼 만한 최상의 외교 적수를 만났다고 생각했다. 그것은 키신저가 저우언라이에게 그대로 되돌려 보낸 찬사이기도 했다.

1971년 6월 15일 저우언라이는 인민대회당에서 미국인 방문객들을 접대하고 있었는데, 필자도 그 가운데 한 사람이었다. 당시 필자의 일기에는 다음과 같이 기록되어 있었다.

"저우언라이는 흠잡을 데 없이 말쑥한 회색 제복을 입고, 깃에는 '인민에게 봉사하라'는 마오 배지를 달고 있었다. 그의 눈썹은 먹물처럼 검었고, 건강해 보이는 얼굴에는 주근깨가 있었다. 그는 활기차고 기민해 보였으나, 나는 그의 왼팔이 옆구리에서 건들거리고 있다는 느낌을 받았다. 그의 모습은 사진에서 본 것과 똑같았으며, 내가 1954년 모스크바에서 그를 마지막 보았을 때와 크게 달라지지 않았다."

그날 밤 저우언라이는 거의 네 시간 동안이나 베트남 문제, 중미 관계, 문화 교류, 교육, 과학 연구 등에 관해 미국인들과 담소하고 논쟁했다. 그는 흡연이 미치는 영향에 대해 공동 연구를 하자는 제안을 하기도 했다. 그 자신은 흡연이 몸에 해롭다는 생각을 하지 않고 있었다. 헤어질 시간이 되자 그는 즐거운 자유 토론의 밤이었다고 하면서, 온갖 문제가 토론에 붙여지고 논쟁이 밤새 지속되던 옌안 시절과 흡사했다고 말했다. 작별인사를 할 때 그는 약간 피곤해 보였으나, 그의 빛나는 눈에는 지친 기색이 전혀 보이지 않았다. 자신이 좋아하는 방식대로 즐긴 네 시간이었던 것이다. 나중에 생각해 보니, 단 한번 그는 의미심장한 말을 했었다. 당시에는 예사롭게만 들린 말이었다. 손님 중의 누군가가 곧 미국에 한 번 오라고 저우언라이를 초청했다. 그는 잠시 생각에 잠기는 표정이더니 그 제안을 반길 수 없다고 말했다. "이 방에 있는 모든 사람이(그 자리에는 예닐곱 명의 외교부 출신 중국인이 참석하고 있었다) 장차 미국에 가게 되겠지만, 나는 나이가 많아 그런 희망을 가질 수 없습니다"라고 그는 말했다. 그 말을 심각하게 받아들인 사람은 그 자리에 어느 누구도 없었다. 아무도 저우언라이가 고령(高齡)이라는 생각을 하지 않았던 것 같다.

제6부

대지의 중심

35. 40+40+40+40의 40배

　베이징에서의 극적인 사태는 덩샤오핑의 귀에는 멀리서 울려 퍼지는 메아리처럼밖에 들리지 않았다. 그와 그의 아내인 쥐린, 그리고 계모인 시아바이건은 모든 주요 정치범들을 수도로부터 추방하라는 린뱌오의 11호 명령에 의해 1966년 10월 저 멀리 장시성으로 보내졌었다.

　덩에게 이 명령이 실행된 것은 10월 20일이었다. 덩의 가족이 장시성의 수도인 난창에 도착했을 때 성(省)의 군장교는 그들이 군대에 의한 연금상태에 놓여 있다는 경고와 함께 장광설을 늘어놓았다. 그들은 아무와도 이야기할 수 없었고, 통신의 자유도 없었으며, 국사범에게나 적용되는 규제를 받았다.

　며칠 후 덩의 가족은 시 바로 외곽에 있는 난창 보병학교로 옮겨졌다. 운동장은 텅 비어 있었고 잡초가 자라고 있었다. 중국의 다른 모든 교육시설처럼 이 학교도 문화혁명 기간 동안 폐쇄되어 있었다. 베이징을 떠나기 이전에도 덩의 가족은 덩의 딸인 마오마오(毛毛, 덩의 전기를 펴낸 덩룽의 애칭-역주)가 '비참한 숙소'라고 불렀던 곳에 감금되어 있었다. 이제 그들은 새로 세워진 울타리로 둘러싸이고 뒤편에 사는 감시병 부대의 보호를 받는, 커다란 정원이 내려다보이는 발코니가 붙은 정방형의 2층짜리 대나무 집에서 거주하게 되었다.[1] 이곳은 폐쇄되기 전까지는 보병학교의 교장이 차지하고 있었으며, 난로만 갖추고 있을 뿐 중앙난방이 되지 않는 널찍한 집이었다. 공중 목욕탕에 가는 토요일 저녁을 제외하고 덩은 그 집을 떠나는 것이 허용되지 않았다.

추방되었을 때 덩은 65세였다. 구속당하고, 공직에서 해임되고, 봉급조차도 끊긴 1969년 이후 3년간이나 고초를 겪었음에도 불구하고 그는 여전히 활달하고 생기가 있었다. 50대 초반인 그의 아내는 고혈압으로 고생하고 있었다. 자링강(嘉陵江) 뱃사공의 딸로서 문맹인 계모는 덩보다 약간 나이가 많을 뿐이었다. 그녀는 덩의 충칭 시절 이래로 계속 함께 살아왔으며, 유능하고 부지런했을 뿐만 아니라 이지적인 여성이었다. 그녀가 없는 덩의 가족은 상상하기조차 어려웠다. 덩 자신은 새로운 숙소에서 난로에 때기 위한 장작을 팼으며, 40파운드짜리의 부드러운 유연탄 덩어리를 난로에 알맞은 크기로 쪼개었다. 그는 또한 바닥을 걸레질하고 복도를 청소하였으며, 그밖에도 많은 잡일을 하였다. 봄이 되자 덩 부부와 계모는 제법 넓은 정원에 야채를 심었다. 육체적 노동은 덩에게 피로움이 되지 않았다. 오히려 노동은 그의 체력을 유지시켜 주었다. 덩과 아내가 걱정한 것은 장남 덩푸팡이었다. 25세인 푸팡은 베이징 대학 4학년에 재학중이었던 뛰어난 물리학도였다. 그는 야만적인 홍위병 집단에게 감금되어 부친의 '반역죄'를 '자백'하라고 의식을 잃을 때까지 얻어맞았다.

덩의 자식들은 물론이고 먼 친척까지 포함한 전가족과 동료들이 모두 탄압과 고문의 표적이 되었지만, 푸팡의 경우는 특히 심했다. 베이징 대학은 각기 마오쩌둥을 대변한다고 자처하면서 무법천지로 날뛰는 홍위병 분파들간의 격렬한 전쟁터였다. 사로잡힌 푸팡은 작은 골방에 감금되어(어떤 방들은 희생자의 피로 붉게 칠해져 있었다) 몇 번이고 얻어맞았다.

고문을 당한 후 20년이 지난 지금 푸팡은 당시 일어났던 일을 모두 기억하지는 못한다. 자비롭게도 많은 것들이 흐릿해졌다. 그러나 그는 작은 골방에 감금된 이후 얻어맞아 거의 의식을 잃은 상태로 4층의 기숙사 방으로 옮겨졌으며, 결코 살아서는 나가지 못할 줄 알라는 말을 들은 것을 기억하고 있었다. 그 방은 벽에 아무 것도 걸려 있지 않았고, 내부의 나무장식, 시설, 가구가 모두 제거되어 있었다. 창문과 창틀도 뜯겨져 나간 채여서 커다란 구멍만 4층 아래 땅바닥을 향해 입을 크게 벌리고 있었다. "저것이 너의 유일한 출구다"라고 누군가가 말해 주었다. 홍위병들은 피투성이가 된 그를 바닥에 남겨 둔 채 열쇠를 잠근 후 문을 폐쇄하였다.

푸팡은 의식을 잃었다. 그 다음에 무슨 일이 일어났는지 그는 알지 못했다. 가장자리까지 기어가서 투신했던 것일까? 무의식 속에서 고통 때문에 굴러 떨어진 것일까? 고문자가 돌아와서 그를 공중에 집어 내던져 버린 것일까? 진상은 영원히 밝혀지지 않을 것이다. 그러나 그의 말처럼 그런 것은 별로 중요하지 않았다. 그는 말했다. "내가 상처를 입은 과정은 중요하지 않습니다. 중요한 것은 격변의 결과입니다. 문화혁명은 당과 국가에 대해서뿐만 아니라 모든 인민에게 재앙이었습니다. 우리 모두가, 여러 세대의 사람들이 희생자였습니다. 1억의 사람들이 그로인해 피해를 입었지요."[2]

부상으로 인해 푸팡이 죽은 것은 아니었다. 상처는 치명적이었지만 신속하게 치료를 받았더라면 완치될 수도 있었을 것이다. 푸팡은 베이징 대학 병원으로 보내져서 감시 아래 응급치료를 받았다. 나중에 그는 베이징 근교에 있는 한 원시적인 '복지'센터로 보내져서, 다른 열 명의 불구 환자와 함께 축축하고 어두운 방에 감금되었다. 움직이지도 못하는 그는 누운 채로 철사를 엮어 쓰레기통을 만들었다. 소량의 음식과 담배를 살 돈을 벌기 위해서였다. 왕펑이라는 젊은 노동자가 도와주지 않았다면 그는 아마 살아 남지 못했을 것이다.[3]

덩과 그의 아내는 아들에게 일어난 일을 즉각 알지 못하였다. 그들은 가택연금 상태에서 외부 세계와 접촉이 차단된 채로 군중이 외쳐 대는 집회에 불려 나가 얻어맞고, 모욕당하고, 욕먹고, 목 위에 커다란 나무 팻말을 걸고 거리를 끌려 다녔으며, '비행기 이륙자세'라는 거꾸로 처박히는 자세를 취하도록 강요당하였다. 아들의 곤경을 알게 되자 그들은 아들이 치료를 받을 수 있게 해달라고 당국에 끈질기게 요청하였다. 그러나 대답은 안 된다는 것이었다. 홍위병들은 푸팡이 자살하지 않을 수 없게 만들었다. 그의 부상을 치료하지 않고 내버려 둔다면 '자살'로 끝날 수도 있을 터였다. 덩의 어떤 청원도 고문자들의 가학적인 결심을 깨뜨리지는 못하였고, 푸팡은 아무런 의료 혜택도 받지 못하였다. 그러나 그는 죽지 않았다. 나중에 의사들은 제대로 된 수술이 신속하게 이루어졌다면 그의 척추 부상이 완치될 수도 있었을 것이라고 말했다.

한편 난창에서 덩과 그의 아내는 소규모 트랙터 수리공장에서 일하게 되었다. 그들은 진흙투성이의 좁은 길을 20여 분쯤 걸어 작업장에 갔다. 프랑스에서 지낼 때 덩은 파리 교외에 있는 르노 자동차공장에서 잠깐 일한 적이 있었다. 이제 그는 다시 기계선반(機械旋盤)으로 돌아온 것이다. 그는 예전에 배운 기술을 잊어버리지 않았다. 동료 노동자들은 그가 좋은 일꾼이었다고 회상하였다.[4] 쥐린은 철사코일을 닦고 씻으면서 시간을 보냈다. 비록 많은 보수를 받지는 못하였지만 그 일은 그들에게 도움이 되었다. 그들은 푸팡에게 돈을 보낼 수 있었고, 그를 난창으로 데려와도 좋다는 허락이 떨어질 때에 대비하여 교통비도 조금씩 저축하였다.

덩과 쥐린은 배추같은 야채를 손수 가꾸었다. 닭도 키웠다. 이것은 그들의 양식이 되었고, 계란을 팔아서 모은 돈은 푸팡과 다른 아이들을 데려오는 데 필요한 현금을 늘려 주었다. 덩의 나머지 자녀들은 베이징에서 동료 학우들로부터 괴롭힘을 당한 후 각지에 흩어져 있었다. 마오마오와 1969년에 열아홉 살이었던 작은 아들 덩즈팡은 농촌으로 보내졌다. 즈팡은 산시(陝西)성의 벽지로 쫓겨갔다.

1971년이 되어서야 덩은 푸팡을 난창으로 불러들일 수 있었다. 그러나 여전히 푸팡은 병원 치료를 받을 수 없었다. 매일 덩은 아들의 마비된 등과 다리를 마사지하였다. 그러나 마비된 육신을 어찌할 수는 없었다. 그들은 쇠약해진 아들을 먹이고, 사랑으로 보살폈다. 이때 처음으로 푸팡은 나라일에 항상 마음이 사로잡혀 있는 정치가가 아닌, 한 인간으로서의 아버지를 느끼게 되었다고 고백하였다.

푸팡은 다음과 같이 회상하고 있다. "내가 아버지와 가장 많은 감정교류를 가졌던 것은 장시에서였습니다. 그것은 당시로서는 대단히 어려운 일이었지요. 그러나 그때서야 비로소 나는 아버지가 오로지 정치에만 관심을 갖는 다른 지도자들과는 달리, 진실한 인간이며 실재하는 인간임을 깨닫게 되었습니다."5)

덩의 상황은 점차 조금씩 나아졌다. 막내딸인 마오마오와 즈팡에게도 난창에 오는 것이 허용되었다. 덩에게는 방문객도 생겼다. 사람들과의 대화를 금지하던 조치도 점차 느슨해졌다. 그는 수리공장의 노동자들이나 지방 농민들과도 친구가 되었다. 그들은 덩을 국사범으로 생각지 않았을 뿐만 아니라 그를 존경하였다.

덩은 발코니가 붙어 있는 2층의 침실에서 잤으며, 아래층의 방을 서재로 사용하였다. 항상 그는 너무 바빴기 때문에 많은 것을 읽지는 못했다. 그는 마르크스와 레닌, 중국의 고전, 역사책 등을 가져왔었다. 과연 수신인의 손에 들어갈 것인지는 알 수 없었지만, 편지도 몇 통 썼다. 그리고 그는 사색했다. 중국과 중국이 안고 있는 문제에 대해서 많은 것을 생각했다. 그는 과거 수년간의 사태에 대해서, 그리고 미래가 어떻게 전개될 것인지를 이해하려고 애썼다.

정원에서 괭이질을 하고 집안일을 마치고 난 늦은 오후면 그는 항상 울타리 바로 밑을 따라 정원 둘레를 돌면서 산책을 하곤 했다. 그리하여 마침내 붉은 흙 위에 깊게 팬 길이 만들어질 정도가 되었다. 덩은 1950년대에 다리가 부러진 적이 있어서 관절을 부드럽게 하기 위해 규칙적으로 운동을 해 왔다. 그는 매일 정원을 마흔 바퀴씩 돌았다. 한쪽변의 거리가 마흔 걸음이었기 때문에 한 바퀴의 거리는 40+40+40+40걸음이었고, 그것의 40배라면 4마일에 가까운 거리였다.

마오마오는 창가에서 아버지를 지켜보곤 했다. "확실하면서도 속도가 빠른 아버지의 걸음걸이를 보면서 나는 그의 신념, 사고, 그리고 결심이 더욱더 명확해지고 확고해졌다는 것을 알았으며, 그것은 앞으로 다가올 싸움을 위한 준비 작업일 것이라는 생각을 했습니다."6)

혼란이 끝나고 나면 무엇을 해야 할 것인가? 방대한 문제들을 어떻게 풀어 나갈 것인가? 중국이 지닌 무한한 잠재력을 어떻게 발휘시킬 것이며, 다시 권력을 잡게 된다면 무엇을 해야 할 것인가?

덩은 자신의 생각을 드러내지 않았다. 혼자서만 그것을 간직하고 있었다. 대신 그는 일상적인 것들에 대해서 이야기했다. 그는 브리지게임을 같이할 상대도 없이 서재에 있는 책상에 혼자 앉아 몇 번이고 솔리테어게임을 하였다. 그는 신문을 읽고 매일 저녁 라디오를 들으면서 사태의 흐름을 따라잡으려고 노력하였다. 그것은 쉬운 일이 아니었다. 신문은 지루했고 라디오는 더 심했다. 이야기되지 않은 것을 가지고 무슨 일이 일어나고 있는가를 추측할 수밖에 없었다.

덩은 푸팡과 많은 시간을 보내면서, 어떤 기적이 일어나 그의 마비가 풀리기를 기대하였다. 그와 줘린은 스펀지로 푸팡을 목욕시키고, 못이 박힌 손으로 죽은 근육을 몇 번이고 거듭해서 마사지하였다. 푸팡을 베이징에 있는 병원에 보내 검사하고 치료할 수 있게 해달라는 탄원서를 덩은 수차례나 작성하였다. 그러나 응답은 한 번도 없었다.

1971년 11월 8일, 갑자기 모든 것이 변하였다. 감시병들은 이날 아침 일찍 나타나서 덩과 그의 아내를 난창의 집회에 데리고 갔는데, 이는 실로 1966년 가을 이래 처음으로 허용된 집회 참석이었다. 집회는 지방당위원회가 린뱌오 사건에 대한 진상을 설명하기 위한 자리였으나, 린의 마오에 대한 음모, 국회 탈출 기도, 몽골 평원에서의 비행기 추락사 등에 대한 간단한 언급이 내용의 전부였다. 이것은 린뱌오 사건에 대한 최초의 공식적인 설명이었으며, 이와 유사한 일련의 설명은 그 후에도 되풀이되었다. 덩은 그 해 10월 1일 건국 기념일 이래로 무언가 잘못되어 가고 있다는 생각을 하고 있었다. 톈안먼 광장의 군사 퍼레이드도 생략되었을 뿐만 아니라, 린뱌오의 동정에 대한 언급이 한마디도 없었다는 것은 지극히 이례적인 일이었기 때문이다.

사태가 고비에 이르렀음을 덩은 듣지 않고도 알았다. 감시병들은 정오 무렵에 부부를 다시 그들의 집으로 데려갔다. 아무도 아이들에게 말을 걸지 않았다. 그러나 줘린은 부엌으로 들어가면서 마오마오에게 고개를 끄덕였고, 마오마오는 그녀를 따라 들어갔다. 쥐린은 말을 하지 않은 채 마오마오의 손을 잡고 그 위에 '린뱌오가 죽었다'고 썼다.

그뿐이었다. 감시병들이 집을 떠나서야 덩과 아내는 말을 시작하여 숨죽인 목소리로 대화를 나누었다. 린뱌오는 죽었지만 다음에 어떤 일이 벌어질는지는 아무도 알지 못했다. 쥐린은 자신을 억제할 수 없었다. 정말 잘 죽어 없어졌다! 드디어 때가 가까워 오는구나! 잠시 동안 덩은 침묵했다. 그러나 아이들은 그가 굉장히 흥분해 있다는 것을 알 수 있었다. 마침내 그는 입을 열었다. "정의는 그를 죽지 않게 내버려둘 수 없었어."

즉각 덩은 서재로 가서, 린뱌오에 대한 탄핵을 칭송하고 자신의 전폭적인 지지를 표명하는 편지를 중앙위원회에 썼다. 그러고 나서 또 한 장의 편지를 썼다. 베이징에 푸팡을 보내 검사와 치료를 받을 수 있도록 허락해 달라고 다시 한번 요청하는 내용이었다.[7] 그날인가 그 다음 날 덩은 마오에게 공식적인 편지를 썼다. 마오가 주는 일이라면 어떤 일이든 해낼 수 있는 정신적, 육체적인 준비가 되어 있으며, 무엇보다도 일을 하고 싶다고, 주석에게 호소하였다.[8]

마오는 처음부터 덩을 류사오치와는 다른 부류에 포함시켜 생각해 왔던 것 같다. 일부 인사들은 마오가 결코 덩의 목숨을 빼앗을 의도가 없었다고 말하고 있다. 그들에 의하면, 류사오치의 운명은 처음부터 정해진 것이었으나 덩의 경우는 달랐다. 덩에 대한 마오의 실제 대접이 어떠했는가에 관계없이 마오는 항상 내심으로는 비상시에 대비하여 덩을 아껴 두었다는 것이다.

마오는 덩에게, 당신을 또다시 실각시키지 않을 수 없지만 과거에도 그랬던 것처럼 언젠가는 당신의 때가 올 것이라는 언질을 주었다고, 정보에 밝은 일부 중국인들은 믿고 있었다. 만약 이것이 마오의 의도였다면, 그는 덩에게 호된 대가를 치르게 한 셈이다. 아들은 불구가 되었고, 광안의 집은 약탈당했으며, 그의 가족은 누구를 막론하고 고초를 겪었다.

사실 덩의 막냇동생인 덩수핑은 '자살을 당했다.' 덩의 부친이 1940년 사망하였을 때 수핑은 집과 재산을 상속받았다.⁹⁾ 그는 1949년까지 재산 관리를 하였으며, 그 후 공산당 당교(黨校)에 입교하여 훈련을 거친 후 유능한 당의 일꾼이 되었다. 얼마 안 있어 그는 구이저우성에 있는 루쩌라는 도시의 시장으로 부임했다. 홍위병들은 그가 국민당의 끄나풀이며, 지주 가문 출신이자 주자파 제2인자의 동생이라고 공격하였다. 그는 참혹하게 얻어맞았고, 투쟁집회에 끌려 다녔다. 공포에서 벗어날 길이 없음을 알고 절망한 나머지 그는 1967년 5월 15일 자살했다고 한다. 다른 많은 자살 사건의 경우처럼 진상을 밝혀 낼 도리는 없다.¹⁰⁾ 어떤 기록에 의하면, 홍위병들은 수핑에게 목에 무거운 나무 플래카드를 걸고 네 발로 기어 다니도록 강요했다고 한다. 절망과 굴욕을 견디다 못한 그는 강에 몸을 던져 익사했다는 것이다.

이제 상황이 바뀌기 시작하였다. 닉슨의 방문과 '상하이 공동선언'은 저우언라이가 마오 가까이에 있음을 의미했다. 이것은 좋은 소식이었다. 그러나 1972년 4월 더 좋은 소식이 전해졌다. 마침내 푸핑이 베이징에 치료받으러 가는 것이 허용된 것이다. 여동생인 마오마오가 푸핑을 동반하였다.

마오마오는 베이징에서 왕전이 그녀를 만나고 싶어한다는 전갈을 받았다. 왕전은 대장정에 참가했던 원로 사령관으로, 덩이 '대포'라고 부르는 무뚝뚝하고 직선적인 사람이었으며, 말년까지도 솔직함과 보수적이고 극단적인 과장된 발언으로 유명했다. 마오마오는 한 번도 왕전을 만난 적은 없었지만, 중난하이에서 살던 전성기에 덩의 아이들은 그를 '털보 아저씨'라고 불렀었다. 마오마오가 왕전의 집에 도착하자 키가 크고 야윈, 검은 턱수염을 기른 노인이 그녀를 문에서 맞이하였다. 왕전은 그녀의 손을 잡고 덩샤오핑과 가족의 안부를 물었다.

문화혁명 시기에 온갖 적대 행위를 겪고 난 마오마오에게 그것은 가슴 벅찬 경험이었다. 왕전은 마오마오를 저녁 식사에 초대했고, 자고 가라고 강권했다. 그 역시 활동이 금지된 '찬밥 신세'이긴 했지만 덩처럼 모든 직위를 박탈당한 것은 아니었다. 그는 지도층과 접촉을 유지하고 있었으며, 중앙위원회(마오를 지칭하는 완곡어법)가 덩을 문화혁명의 공격 대상이 된 다른 사람들과는 '확실히 구분'하고 있다고 마오마오에게 알려 주었다. 이것은 어느 의미에서는 마오가 항상 덩을 예외로 취급했다는 주장을 확인시켜 주는 말이기도 하였다. 왕전은 덩을 베이징으로 불러들여 다시 지도적 지위에 복귀시키도록 요청하는 글을 마오에게 쓰고 있는 중이라고 말했다.[11] 덩은 마오마오가 이 소식을 가져왔을 때 흥분하였다.

또 다른 좋은 조짐이 있었다. 장시성 정부 내의 린뱌오 지지자들이 숙청된 것이다. 새로 취임한 지방 관료들은 덩을 정중히 방문하였다. 무장 감시병들도 사라졌으며 사람들의 방문이 허용되었다. 1972년 말 당국은 덩과 그의 아내에게 징강산 여행을 주선하였다. 징강산은 1927년과 28년 사이에 주더와 마오가 홍군의 근거지를 창설하였던 곳이었다. 그들은 중국역사상 그 제품이 정교하기로 이름높았던 부근의 도자기 명산지도 방문하였다. 그러나 그곳은 린뱌오에 의해 수륙양용차 생산공장으로 바뀐 지 오래였다.[12]

저우언라이로부터 전갈이 왔다. 마오에게 자아비판서를 쓰고 다시 일터로 돌아가게 해 달라고 청원하면 곧 일을 시작할 수 있으리라는 것이었다. 자아비판서가 자세하거나 길 필요도 없다고 저우언라이는 말했다. 1972년 8월 3일 덩은 편지를 썼다. 그는 오류를 범했다는 것은 인정했지만, 자신이 마오 노선과 문화혁명의 진실한 추종자임을 서약했다. 마오는 다음 세대가 자신의 노선과 문화혁명을 방기할지도 모른다는 우려에서 이와 같은 서약을 전제 조건으로 고집한 것이다.

덩은 문화혁명을 지지하기로 맹세하였고, 쥐를 잡기만 하면 검은 고양이든 흰 고양이든 상관이 없다는, 그의 신용마크가 된 슬로건이 잘못되었음을 인정하였다. 마오에게는 그 슬로건이 이데올로기나 마르크스주의가 중요하지 않다고 주장하는 것으로 받아들여졌었다.[13]

1973년 초에 우연히 덩을 찾아온 방문객은 그가 《자치통감》을 읽고 있는 것을 보았다. 마오가 베이징으로 떠나기 전에 향산에서 읽고 있었던 것과 똑같은 책이었다. 마오처럼 덩도 한 황제에서 다음 황제로 권력이 넘어가는 방식이나, 어떻게 천명이 구(舊) 지배자로부터 새로운 지배자에게로 옮겨가는가 하는 문제에 특별한 관심을 갖고 있었다. 방문객은 《자치통감》의 편찬 시기가 헤이스팅스 전투 이후 20년이 지났을 뿐인 1086년까지 거슬러 올라간다는 점, 그리고 내용 또한 그보다 앞선 1,300년 동안의 역사를 기술하고 있음을 상기하지 않을 수 없었다. 마오의 경우와 마찬가지로 덩에게도 중국의 당면 문제를 해결하는 데 있어 독일이나 러시아 혁명이론가들의 말보다 더 유용했던 것은 중국의 과거 역사였다. 베이징으로 돌아가기 위해 짐을 꾸리기 전에 덩은 후계 문제에 대한 나름대로의 전망을 가지고 있었던 것이 분명하다.[14]

1973년 2월 덩의 가족이 베이징으로 돌아와도 좋다는 전갈이 중앙위원회로부터 내려왔다. 그들은 짐을 꾸렸다. 마오마오가 트랙터 수리공장으로 가서 노동자들에게 떠나게 되었다고 말하자, 노동자들은 그들의 안녕을 빌어 주었다. "그는 결코 위대한 국가 지도자처럼 보이지 않았습니다. 그는 마치 우리 가운데 한 사람과 같았습니다." 이들 중 힌 사람은 20년 후에 이렇게 회고하였다.[15]

노동자들은 덩이 같은 마을에서 살았고 마을의 공장에서 일했다는 사실을 진정으로 자랑스러워하면서 영광으로 여겼다. 그들 중 열 명의 대표가 덩 가족이 묵어 온 집에 가서 짐꾸리는 것을 도와 주려 하였다. 그러나 이미 그것들은 트럭에 실려 간 뒤였다. 덩은 집의 계단으로 나와 작별 인사를 하였다. 덩이 노동자들을 포옹하자 그들도 어린애처럼 작은 그를 따뜻하게 껴안았다.

덩의 가족이 베이징으로 돌아간다는 이야기가 퍼졌다. 떠날 시간이 되자, 30대의 자동차가 줄을 이어 그들이 베이징으로 돌아가는 긴 여행을 시작할 기차역까지 따라갔다.[16]

덩샤오핑은 일에 임할 준비가 되어 있었다. 3월 10일 마오와 저우언라이는 공식적으로 그를 국무원 부총리로 복귀시켰다. 더 이상 법석 떨지 않고 덩은 조용히 자신의 소매를 걷어붙였다.

36. 서두르는 작은 사람

덩샤오핑이 베이징에 돌아와 당 지도부로 복귀했다는 공식적인 성명 같은 것은 전혀 없었다. 단지 그는 어느 날 저녁 인민대회당에서 열린 시아누크공을 위한 연회에 걸어 들어와, 마치 방금 충칭 여행에서 돌아온 사람처럼 손님들에게 말을 걸기 시작했을 뿐이었다. 아무런 질문도, 아무런 설명도 없었다.

서두르지 않으면 안 된다는 것을 덩보다 더 절실히 느끼고 있는 사람은 없었다. 그는 저우언라이가 암에 걸렸다는 것을 알고 있었다. 저우언라이는 겉으로는 아무런 내색도 하지 않고 평소처럼 여전히 지독한 강행군을 하고 있었지만, 덩은 자신이 업무 파악을 하는 대로 가능한 한 신속히 저우언라이의 업무를 인계받아야 하리라는 것을 알고 있었다. 그는 또한 당분간은 마오의 후원을 받고 있음도 알고 있었다. 그는 린뱌오 사건이 마오에게 얼마나 깊은 충격을 주었으며, 마오의 건강 상태가 얼마나 불안한가도 이해하고 있었다.

또한 덩은 다른 사람들처럼 마오의 변덕스러움과 주변 사람에 대한 의심을 잘 알고 있었다. 4인방은 여전히 자리를 지키고 있었으며, 여전히 마오의 측근에 있었다. 장칭은 예전보다는 조용해졌지만, 그녀가 결코 포기하지 않을 것임을 덩은 알고 있었다. 린뱌오가 실각했음에도 그녀와 그 동료들이 신임을 잃지 않고 있는 것은 그들이 강력한 수단을 지니고 있음을 의미했다.

해야 할 일은 너무 많았다. 공업 생산은 거의 2년 동안 계획된 지표를 달성하지 못한 채였고, 철도 수송은 홍위병들이 결정적인 요지들을 점거함으로써 중단 상태에 있었다. 중공업은 거의 폐업 상태였으며, 린뱌오의 죽음 이래 아무런 개선도 보이지 않고 있었다. 노동자들은 신문을 읽거나 차를 마시거나 정치적인 회합에 참가하고 거리를 행진하면서 시간을 보냈다. '건설이 아니라 혁명을 하라'는 슬로건이 여전히 지배하고 있었다. 노동자가 자신의 할당량을 채우려고 하면 우익으로 비난을 받았다. 배들은 여러 달 동안 항구에 묶여 있었으며, 화물의 선적이나 하역도 없었다. 공항은 햇빛 속에서 졸고 있었고, 대합실은 텅빈 동굴과 같았다. 소수의 관광객이 닉슨 방문 이후 찾아왔다. 그러나 극히 미미한 숫자에 불과했다.

덩은 자신이 무엇을 하고 싶어하며, 무엇을 해야 하는지를 알고 있었다. 그는 난창 시절 매일 늦은 오후면 끊임없이 정원 주변을 돌면서 이러한 것들을 궁리했다. 그것을 위해서는 힘―모든 분야에서 행동할 수 있는 권한, 마오로부터의 무제한적인 권력의 이양―이 필요하였다. 그는 마오를 잘 알고 있었다. 따라서 그가 전적으로 마오의 이름으로, 마오의 목표를 위해, 마오의 용어를 쓰면서 행동하는 것처럼 보여야 한다는 점을 알고 있었다. 덩은 또한 인재가 필요했다. 그는 장칭이 끌어들인 과격분자들을 제거하고, 전국 각지의 농촌으로 쫓겨가서 돼지우리를 돌보고 죽도록 얻어맞은 정부의 전문 관료들 중에서 살아 남은 사람들을 구해내야만 했다. 홍위병들은 각급 기관마다 반드시 두 사람의 최고위직 간부를 제거해야 한다고 요구했었다. 덩은 그 사람들을 복귀시킬 필요가 있었다.

베이징에 돌아오자마자 예젠잉 원수가 덩을 방문하였다. 두 사람은 잠시 침묵 속에 앉아 있었다. 그리고 동시에 똑같은 생각을 말하기 시작하였다. '현재의 상황을 어떻게 평가하고 있는가?'에 관한 것이었다. 마오가 죽은 후에, 혹은 마오가 죽기 전에라도 4인방을 제거하기 위해 조치를 취해야 한다고 두 사람은 이야기하였다. 그 후 두 사람은 접촉을 계속하였다. 예 원수는 덩의 집안일을 돌봐 주었고, 의

사, 간호원, 하인, 운전사 등의 고용인들을 주선해 주었다. 예는 마오에게 가서 덩이 중앙군사위원회에 복귀할 수 있는지를 물었다.[1]

1973년 3월 마오와 저우언라이는 당중앙위원회로 하여금 덩샤오핑을 부총리에 임명하게 했다. 추천을 하면서 마오는 말했다. "덩은 보기 드문 재능을 가지고 있소. 그는 군사 분야나 민간 분야에서 모두 이름을 얻고 있어요. 그는 솜에 싸인 바늘과도 같아요. 그에게는 아이디어가 있소. 그는 문제에 정면으로 대들지 않으며, 어려운 문제들을 책임지고 처리할 수 있는 능력을 가지고 있어요. 그의 생각은 원만하고, 행동은 단호하오." 마오는 덩이 수완, 노련함, 그리고 문제를 포괄적으로 파악할 수 있는 정신과 건전한 판단력을 가지고 있다고 말했던 것이다. 마오에게서는 듣기 어려운 대단한 찬사였다.[2]

그러나 이것은 시작에 불과했다. 1973년 8월 중국 공산당 10전대회는 덩을 중앙위원회 위원으로 임명했다. 1975년 1월에 덩은 중앙군사위원회 부주석 겸 인민해방군 총참모장이 되었다. 마오는 자신이 린뱌오의 말만 듣고 허룽과 전 총참모장이었던 뤄루이칭을 문화혁명의 희생물로 만든 것은 잘못이었다고 자아비판을 하였다. 그는 주더가 '붉은 총사령관'이었으며, 쓸모 없는 모험가가 아니었다는 것도 다시 한번 시인하였다. 그리고 그는 군사 쿠데타의 가능성을 줄이기 위해 여덟 명의 지역군구 사령관들의 인사 이동을 단행하였다.[3]

그러나 덩의 복귀는 마오가 문화혁명을 포기했음을 의미하지는 않았다. 그 반대였다. 그는 여전히 문화혁명을 그의 가장 큰 업적이라고 생각하였다. 덩을 중앙위원으로 임명한 당 대회에서 마오는 저우언라이를 비판하였다. 그리고 1973년 12월에는 저우언라이와 예젠잉 두 사람을 '정치적인 문제'에 무관심하다고 비판하였다. 만약 마오가 저우언라이와 덩 사이에 쐐기를 박으려는 것이라면, 이것은 두 사람이 시급한 현안이라고 믿고 있는 혁신을 추진하는 데에는 별로 좋은 징조가 되지 못하였다.[4]

마오는 책임이 무거운 군사위원회 위원으로 덩을 직접 추천하면서 이렇게 말하였다. "나는 어떤 사람을 새로운 인민해방군 총참모장으로 받아들이려 합니다. 이 사람을 두려워하는 사람들도 있습니다. 그는 아주 단호합니다. 그의 생애를 평가하면, 30%는 부정적이고 70%는 긍정적이라고 할 수 있습니다." 마오는 문화혁명에 대해서도 마찬가지 비율을 적용, 부정적인 측면이 30%이고 긍정적인 측면이 70%라고 평가하였다. 그는 또한 참석자들에게 덩이 부드럽게 보이지만 속으로는 강철처럼 단단한 사람이라고 이야기하기도 하였다. 예 원수는 이것을 듣고 기분이 매우 좋았다. 그는 즉각 덩의 집으로 향하였다.5)

덩은 기초 작업을 하고 있었다. 가장 중요한 것은, 돼지우리를 돌보거나 다른 비천한 일을 하고 있던 행정전문가들을 복권시키는 문제에 대해 마오의 승인을 얻어냈다는 사실이었다. 그는 3백 명 이상의 중견 간부들을 구제하는 데 성공하였다.6)

병에도 불구하고 저우언라이는 1973년 내내 끊임없이 일을 했으며, 덩이 기반을 다지는 작업을 도와 주었다. 마오의 건강은 비교적 안정되었지만, 저우언라이는 계속해서 대부분의 업무를 감당해야만 했다. 마오는 베이징의 매운바람을 피해 봄가을에는 남쪽으로 가벼운 여행을 했다. 저우언라이는 덩을 제거하려는 장칭의 주기적인 도발을 물리쳤다. 아마도 저우언라이는 장칭이 얼마나 위험한 짓을 할 수 있는지 덩보다 훨씬 잘 알고 있었을 것이다. 만약 덩이 너무 서둘러서 문화혁명의 결과들을 뒤엎으려 한다면 그녀는 재빨리 마오에게 달려갈 것이고, 마오는 다시 한번 태도를 바꿀 것이다.

1974년 중국의 가장 큰 명절인 춘절(春節)이 지나자마자 또 다른 재난이 닥쳤다. 마오쩌둥이 어느 날 읽는 데 문제가 있다고 불평을 하였다. 글자들이 모두 흐릿해 보였고, 그의 눈은 초점을 맞추느라 피곤해졌다. 다음 날도, 그 다음 날도 마찬가지였다. 그는 이 사실을 단 한 사람, 즉 그의 간호원이자 말벗인 장위펑에게만 털어놓았다. 마오가 장님이 되어 가고 있다는 것은 명백한 사실이었다.

마오는 세계에서 가장 큰 제국을 쟁취하였다. 그것을 그는 자기 손바닥 안에 움켜쥐고 있었다. 그러나 이제 그 손이 눈에서 8인치만 떨어져 있어도 볼 수조차 없었다. 마오가 시력을 잃어 가고 있다는(그는 불과 몇 주일 만에 완전히 시력을 잃게 된 것 같다) 엄청난 비밀은 장위펑의 가슴 속에서만 끓고 있었다. 마오는 그녀가 이 비밀을 다른 사람에게 말하지 못하게 했다.[7]

　마오에게 가는 편지나 마오의 서재에서 작성된 문서는 마오와 그의 기밀 담당 비서인 쉬예푸(徐業夫) 외에는 읽을 수 없다는 것이 당의 가장 엄격한 규정이었다. 그의 친척이나 자식 중 어느 누구도 문서를 보는 것은 허용되지 않았다. 그것은 장칭이나, 새로 마오의 측근이 된 마오의 조카 마오위안신(毛遠新)을 겨냥한 조치였다. 쉬예푸는 마오를 위해 수십 년 동안 복무한 군인이었다. 장위펑의 견해에 의하면 그는 유능하고 정직하고 곧바르며 양심적이어서 장칭이나 장위펑, 저우언라이에게 비밀을 흘릴 사람이 아니었다. 그러나 쉬예푸는 불치병에 걸린 말기 환자로 병원에 누워 있었다. 당장에도 그렇지만 앞으로도 그는 실명한 마오를 도와 줄 수 있는 입장이 못되었다.

　마오는 긴급한 경우에는 장위펑으로 하여금 문서를 읽게 하고, 그녀에게 지시를 구술하였다. 그때까지도 마오의 실명을 알고 있는 사람은 저우언라이(그는 마오의 의료팀을 지휘하는 특별위원회의 책임자였다)와 8341 공안부대장인 왕둥싱뿐이었다. 아마도 얼마 지나지 않아 덩샤오핑과 장칭을 포함해 불가피하게 몇 사람이 이 사실을 알게 되었을 것이다. 우한에 머물고 있었던 1974년 8월, 비로소 마오는 안과 전문의의 정밀검사를 허락하였다. 진단 결과는 노인성 백내장으로, 양쪽 눈의 진행정도가 약간 달랐다. 백내장 수술을 할 수 있을 정도로 증상이 진행되기 전에는 아무것도 할 수 없었다. 그것이 얼마나 걸릴는지, 또 마오의 시력에 어떤 영향을 미칠는지에 대해서는 전혀 예측할 수 없었다.

　자신의 중병에도 불구하고 저우언라이는 항상 마오를 걱정하였다. 그는 마오에게 자신이 오랫동안 유용하게 써 왔던 안경을 보내 주었다. 그것이 도움이 되지 않는다면 그는 다른 것을 찾아볼 작정이었다.

마오의 몸뚱이는 이제 고통의 덩어리가 되어 가고 있었다. 눈은 보이지 않았다. 그가 하는 말은 점점 더 알아듣기 어려워져서, 항상 메모판을 가까이 두고 더 이상 발음할 수 없게 된 단어들을 그 위에 갈겨써 보이지 않으면 안 되었다. 그의 심장은 불규칙하게 움직였다. 혈액순환도 형편없었다. 걷는 것도 겨우 몇 발짝 떼놓는 것이 고작이었다. 그는 대부분의 시간을 산처럼 베개를 쌓아 둔 침대에 눕거나 소파에 기대 앉아서 보냈다. 마오가 사용해 온 소파는 딱딱한 러시아제였다. 장위핑은 좀더 부드러운 쿠션을 가진 소파를 구해 왔다. 이것은 오랫동안 러시아제 소파에 앉아 등이 아팠던 마오에게는 큰 도움이 되었다.

마오는 저우언라이를 위해서도 새 소파를 만들게 했는데, 이것은 그에게서는 좀처럼 보기 드문 사려 깊은 태도였다. 방문자를 맞을 때 마오는 의자에 앉아 고개를 떨어뜨리고 있거나, 입을 느슨하게 벌리고 몇 분씩이나 서 있기도 했다. 그가 무언가 의사 표현을 할 때마다 두 통역—왕하이룽, 그리고 뉴욕에서 발행되는 중국 신문의 발행인 말이지 래드클리프 대학 출신인 낸시 딩—이 어떻게든 그의 생각을 전달할 수 있게 해 주었다.[8]

마오의 정신은 여전히 맑았으나 심리상태는 육신의 고통 때문에 불안정했다. 소화에 문제가 있었기 때문에 그가 섭취하는 음식은 점차 부드러운 것으로 바뀌었다. 신장 기능이 신통치 않아 다리와 발목은 주기적으로 부풀어올랐다. 며칠 밤이고 깨어 있는 상태가 이어지면서 수면제의 복용도 계속되었다. 이러한 가운데 마오는 자신이 창조한 세계에 대해서 사색하였고, 자신이 마르크스를 만나러 하늘나라로 올라간 후 자신의 유토피아적인 몽상과 거대한 열망의 체계가 산산히 부서져 가루가 되어 버리는 것을 막기 위한 전략적 장치를 더듬거리면서 모색하고 있었다. 스탈린이 마르크스 옆자리에 앉아 있을 것이라고 그가 생각했는지는 분명치 않다.

1974년 11월 12일 마오는 장칭을 꾸짖었다. "너무 자주 앞에 나서지 마시오. 문서에 지시나 의견을 달지 마시오. 배후 내각을 만들어서도 안 되오. 당신에 대한 분노가 광범위하게 퍼져 있소. 다수와 단결해야만 하오."

장칭은 '자신의 한계를 알지 못한 것'에 대해 사과하면서도, 최근 그녀에게는 별로 할 일이 주어지지 않았다고 불평하였다. 마오는 되쏘았다. "당신의 일은 국내외의 상황들을 공부하는 것이오. 이것은 중대한 임무요."⁹⁾

장칭은 포기하려 하지 않았다. 그녀는 왕하이룽과 낸시 탕에게 4인방 가운데 가장 젊은 왕훙원을 인민대표대회의 핵심적인 지위에 임명해야 한다고 창사에 가 있는 마오에게 말하도록 지시하였다.

그러나 창사를 방문한 것은 두 사람 외에 또 있었다. 덩 자신도 4인방이 야기시키고 있는 문제들에 대해 마오에게 이야기하려고 갔다. 그러나 덩이 입을 열기도 전에 마오는 4인방을 비판하기 시작하였다.

"당신은 강철공사를 세웠소." 마오는 말했다. 덩이 이미 자신의 권력기반을 구축해 놓지 않았느냐는 마오식의 표현이었다. 덩은 그것이 사실이라고 대답했다. 그는 장칭과 그 부하들이 정치국에 가져온 혼란을 참을 수 없다고 말했다.

마오는 덩의 말에 동조하였다. "그들은 멋대로 다른 사람들을 강요하고 있으며, 나도 그에 대해 불쾌하게 생각하오."

덩은 그에게 말했다. "나는 그녀의 강철공사에 대항하기 위해 내 강철공사를 이용하고 있습니다."

"좋아요." 마오는 거듭 말했다. "좋아요."¹⁰⁾

마오는 왕하이룽과 낸시 탕이 왕훙원에 대한 장칭의 말을 전했을 때에도 거의 비슷한 답변을 하였다. 그는 말했다. "장칭은 야망을 가지고 있어. 그녀는 자기 자신이 당주석이 되기 위해 왕훙원을 전인대 상무위원장으로 만들려고 하고 있지." 12월 창사에서 마오와의 면담을 얻어낸 왕훙원은, 4인방 네 사람이 모두 고위직을 원한다는 것을 암시하였다. 마오는 "4인방을 형성하지 말고, 분파를 만들지 마시오. 누구든 그렇게 하는 사람은 패망하게 될 것이오"라고 지시함으로써 그런 생각을 분쇄시켜 버렸다.¹¹⁾

1975년 1월 3일 마오는 덩을 중앙군사위원회 부주석, 인민해방군 총참모장으로 지명하였다. 또한 덩은 1월 8일의 당 제10기 2중전회에서 중앙위원회 부주석, 정치국 상무위원으로 지명되었다. 그는 이제 신속하고 강력하게 밀고 나갈 수 있는 힘을 갖게 되었다.

장칭은 왕하이룽과 낸시 탕을 몹시 비난하면서, 자신의 말을 마오에게 전하라고 고집했다. 그것을 전달받은 마오는 대답하였다. "그녀는 자기 자신을 제외하고는 높이 평가하는 사람이 거의 없어."

두 여자는 물었다. "그녀는 주석님에 대해서는 어떻게 평가하지요?"

마오는 대답하였다. "그 여자 눈에 나는 아무것도 아니야. 언젠가 그녀는 모든 사람과 갈라서게 될 것이야. 이제 사람들은 그녀를 조롱하고 있어. 내가 죽은 후에 그녀는 문제를 일으킬 거야."[12]

1975년 1월 제4기 전국인민대표대회가 열렸다. 쇠약해지고, 창백하고, 표정이 일그러진 저우언라이가 연단에 기대 간신히 몸을 지탱한 채 국민 앞에 중국이 미래에 대한 전망을 제시하였다. 그것은 긴 연설은 아니었다. 그의 체력이 그것을 허용하지 않았다. 그러나 그가 하는 말은 중국이 나아가야 할 길을 제시하고 있었다. 그는 그것을 4개 현대화 — 중국인의 4구청산, 인민해방군의 3대 규칙과 8대 주의사항 등 — 라고 불렀다.

4개 현대화는 농업, 공업, 과학기술, 국방 분야의 재건과 발전을 위한 저우언라이의 목표였다. 그것들은 앞으로 25년간 2000년까지 추진될 계획이었다. 저우언라이가 묘사하는 사회는 이데올로기가 지배하는 사회가 아니었다. 문화혁명의 평균주의(平均主義)를 암시하는 단어는 일체 사용되지 않았다. 그의 계획은 간결하고도 구체적이었다. 더 많은 상품, 더 좋은 서비스, 보다 높은 생산량, 중국의 후진성 극복, 그리고 장칭과 마오의 불가지론(不可知論)에 대한 은연중의 비난이 전부였다.

저우언라이의 계획은 바로 덩의 계획이었다. 덩은 그것의 내용을 채우고, 숫자를 첨가하고, 그것을 실현시키기 위한 추진력을 제공할 것이었다. 그것이 성공한다면, 그리고 그것이 성공할 때 비로소 마오가 중국에 강요한 공허하고 위험한 망상은 사라지고, 게으름과 무지, 모르핀에 찌든 환상이 없는 새로운 중국이 확고한 실용주의에 씻긴 모습을 드러낼 것이었다.

죽음이 마오와 저우언라이 두 사람의 뒤꿈치를 갉아먹어 가는 동안 덩은 전진을 계속하였다. 장칭이 덫을 놓아 마오를 그 안에 가두고 자신을 쓰러뜨릴 것이라는 덩의 확신은 더욱 굳어지고 있었다.

덩은 백방으로 노력하여 젊고 유능한 여러 보좌관들을 복권시켰다. 그 가운데 한 사람이 베이징 시 부시장이자 인민대회당과 톈안먼 광장의 건설자로서, 1만 리를 달릴 수 있다고 마오가 말한 적이 있는 인물, 완리였다. 강철과 같은 의지를 지녔을 뿐만 아니라 매력적이고 정력적이었던 완리는 충칭 시절부터 덩과 함께 일했고, 브리지게임을 해 왔다. 또 한 사람은 당시 광둥성 당위원회 서기였던 자오쯔양이었다. 세 번째는 덩처럼 체구가 작고, 그 못지않게 정력적인 공산주의 청년단의 지도자 후야오방이었다. 이들의 이름은 장차 덩과 관련되어 더욱 자주 불리게 될 것이었다.

13년 후, 이제 전인대 상무위원장이 된 완리는 홍위병들이 철도 수송 체계에 초래한 혼란을 처리하는 문제와 관련하여 당시 덩이 내렸던 지시에 대해 이야기하였다. "철도는 반란과 분파 투쟁으로 완전히 마비 상태였고, 주요 간선철도의 여러 구간에서 운행이 완전히 중단되어 있었습니다. 최악의 지역 가운데 하나가 상하이로 연결되는 구간, 특히 선적된 석탄이 수송되어야 할 쉬저우(徐州) 구간이었습니다. 아무것도 이곳을 통과할 수 없었습니다. 상황은 아주 심각했습니다." 이러한 상황에서 전쟁이 일어난다 해도 인민해방군은 병력을 수송할 수 없었다.

완리는 "덩이 1974년 말 권력을 잡게 되었다"고 말했지만, 여전히 4인방은 지위를 유지하고 있었다. 홍위병이 철로를 장악하고 있는 한 여행하는 것조차 거의 불가능하였다. 덩은 완리에게 봉쇄를 깨는 임무를 맡겼다. 완리는 말했다. "중앙위원회가 핵심 반란세력의 체포를 허락하는 지시를 내려야 한다고 나는 덩에게 이야기했습니다." 덩은 완리가 철로를 개통시키기 위한 싸움에서의 '비밀 무기'라고 불렀던, 이른바 '9호 문건'에 대한 중앙위원회의 승인을 얻어냈다. 4인방은 그를 저지하려 했지만 실패했다. 덩은 정치국 상무위원회에서 한 연설에서 무뚝뚝하게 내뱉었다. "실행되지 않는 규정은 공허한 것입니다. 우리는 좋은 일을 하는 사람을 칭찬해야 합니다. 나쁜 짓을 하는 사람은 비판해야 합니다. 거듭된 경고에도 불구하고 일하기를 거부하는 사람은 처벌해야 합니다. 엄격함이 우선입니다. 우리는 과오를 교정할 때에는 약간 극단적으로 나갈 필요도 있습니다."

덩의 말은 칼날과 같았다. 완리는 4인방 가운데 한 사람인 왕훙원이 당서기로 있는 상하이로 갔다. 그는 왕훙원에게 상하이의 물자 공급을 원활히 하려면 쉬저우에서 철로를 봉쇄하고 있는 홍위병 지도자를 체포해야 된다고 말했다. 마지못해 왕은 동의했고, 그로부터 일주일 내에 기차가 운행되었다.[13]

덩은 국가 안보를 위해 철도관리 책임의 절반은 인민해방군에게 맡겨져야 한다고 지적하였다. 그러나 문화혁명의 주도세력은 반대파를 지원하기 위해 군대를 끌어들였었다. 린뱌오가 죽은 후에도 이러한 상황은 나아지지 않았다. 전국에 걸쳐서 군부대들은 다른 군부대와 대립하고 있었다. 군(軍) 자체가 문제의 일부였기 때문에, 문제 해결을 위해 군을 끌어들인다는 것은 쉽지 않았다.

"1975년과 1976년의 투쟁은 아주 어려웠습니다." 완리는 얼굴을 찡그리면서 이야기하였다(그것은 완리 자신의 체포와 2년 반 동안의 구금을 가져왔다). 사실 이 문제는 마오의 죽음 이후에도 완전히 해결되지는 않았다. 그러나 기차는 운행되었다. 1975년 4월 국가의 생산 계획은 21개월 만에 처음으로 목표를 달성하였다. 6월이 되자 철도 운행은 거의 정상화되었다.

완리는 상식적인 사람이었다. 1987년 그는 '자연 재해에 시달린 3년간의 형편없었던 시절'—대약진으로 인한 1959년과 60년, 61년의 기근에 대한 상투적인 표현—에 대해 말했다. "이 3년간의 재난은 인간이 초래한 재난이라고 불러야 한다고 생각합니다. 그 편이 더 적절할 것입니다."

1975년 내내 덩은 회의와 사람들을 만나는 일로 지새웠다. 3월에는 공업생산에 관한 일로, 5월에는 철강산업에 관한 일로 분주했다. 그는 강철공사의 책임자들에게 자신이 여러 가닥의 변발(辮髮, 여기서 덩은 변발을 시정되어야 할 잘못이라는 의미로 썼음)을 늘어뜨린 위구르 여자와 같다고 말했다. 그녀들은 항상 한꺼번에 여러 가닥의 머리카락을 늘어뜨리고 다녔다. 그는 이들에게 '쓰러지거나 타도당하는 것을 두려워하지 않는 사람'을 기용하라고 지시하였다. "과감하게 원칙을 주장하는 사람을 찾으시오. 과감하게 싸울 사람을 찾으시오." 필요한 것은 '강하고 대담하고 능력 있는' 사람이었으며, 그것은 사실상 덩 자신을 묘사하고 있었다.[14]

정치국에 의한 장칭 비판을 마오가 승인한 1975년의 봄과 초여름 동안 덩은 승리 속의 진군을 하였다. 마오는 장칭에게 문화혁명이 시작된지 이미 8년이 지난 지금은 공격이 아니라 안정이 필요한 시기라고 말하였다. 또한 덩에게는 장칭이 마오 자신의 후계자가 될 야심을 가지고 있다고 이야기하였다. 덩은 장을 비판하는 정치국 회의 가운데 마지막 두 차례를 주재하였다. 예 원수와 장래의 국가 주석 리셴녠도 이 비판에 동조하였다.[15] 덩은 정치국에서 공개적으로 장칭과 싸웠다. 1975년 5월 27일의 정치국 회의 분위기는 험악했다. 덩은 마오가 단결을 요구하고 있는 현시점에서 장칭이 저우언라이와 예 원수를 공격한다고 비난하였다. 또한 덩은 그녀가 남을 비판하는 것 말고는 아무것도 할 줄 모른다고 꼬집었다. 장칭은 덩이 '기습 공격'을 하고 있다고 되쏘았다. 덩은 결코 그렇지 않다고 하면서, 그의 비판은 실제로 자신이 의도하고 있는 것의 40%, 아니 20%에도 미치지 못한 것이라고 응수했다. 6월 3일의 회의에서 덩은 책상을 내리쳤다. 그는 장칭으로 하여금 가벼운 자아비판을 하게 만들었고, 그에 대한 마오의 지지를 얻어냈다. 마오는 그에게 말했다. "장칭은 비판받아야 하오. 그녀는 결코 비판을 받아들이지 않소."

덩은 중국의 재건을 떠맡으라는 마오의 지시가 자신으로서는 커다란 부담이 되고 있다고 마오에게 말했다. 그러나 마오는 계속 밀고 나가라고 일렀다.[16] 6월과 7월에 덩은 군대를 시찰했고, 8월에는 방위산업체를 방문하였다. 덩은 마오의 4인방에 대한 비판을 되풀이하였다. 이제는 혁명이 아니라 생산에 힘쓸 시기라고 덩은 이야기하였다. 그는 군대의 '숙정'을 감독시키기 위해 장아이핑(張愛萍, 후일 국방부장에 임명됨)을 끌어들였다. 또한 그는 후야오방의 과학과 교육에 대한 대담한 보고서를 승인하였다.

그때 마오가 다시 뒷걸음질치기 시작했다. 덩과 그의 보좌관들에 의해 윤곽이 잡혀가고 있는 새로운 정책들은 마오의 이념적 원칙을 위협하고 있었다. 후야오방의 투박한 용어들은 특히 그러하였다. 덩샤오핑이 9월에 '다자이로부터 배우자(그는 결코 이러한 방향으로 당을 이끌어 갈 생각은 없었다)'라는 구호 아래 대규모 농업공작회의를 개최했을 때, 장칭은 '덩샤오핑과 우파를 비판하자'는 슬로건 아래 대규모의 반격을 단행하였다. 이제 싸움을 위한 선이 그어진 것이다.

1975년의 화창한 봄날, 저택에서 마오의 눈에 대한 정밀 진단이 이루어졌다. 이를 위해 국내외 최고의 전문가들이 초빙되었다. 그들 가운데 광안먼(廣安門) 병원의 탕유즈(唐由之)라는 의사가 있었다. 마오는 그의 이름을 듣자 다음과 같이 말했다. "당신의 부친은 분명히 학식 있는 사람일 것이오. 그는 양취안(楊銓, 1933년 국민당 자객에게 살해된 중국의 지식인-역주)을 애도하는 루쉰의 유명한 시 '유즈(由之, 당신 뜻대로)'를 본따서 당신의 이름을 지었음이 틀림없소."[17] 그러면서 마오는 한두 구절을 인용하였다. "나는 인민을 위해 싸운 용감한 전사를 애도한다." 탕유즈는 마오의 심한 후난성 억양과 불완전한 발음 때문에 그것을 제대로 알아들을 수 없었다. 마오는 그 시를 써서 탕에게 주었다.

의사들은 마오의 오른쪽 눈의 백내장이 수술을 할 수 있을 정도로 진행되었다고 판단하였다. 8월 중순의 어느 저녁날, 마오의 응접실에 수술대가 설치되고, 수석 집도의인 탕이 수술 준비를 하였다. 그는 70~80%의 성공 가능성이 있다고 보았다. 마오는 기분이 좋은 상태였다. 그는 장위펑에게 자신이 좋아하는 레코드를 하나 틀도록 했다. 그것은 송대(宋代)의 시인이자 장군인 악비(岳飛)의 시 〈만강홍(滿江紅)〉에 곡을 붙인 노래로, 울림이 좋은 목소리를 지닌 상하이 오페라단(昆曲劇院)의 가수 웨메이티(岳美提)가 부른 것이었다.

상하이 스타의 노래를 따라 부르면서 마오는 수술대를 향해 서서히 걸어갔다.

분노하여 난간에 기대니 빗방울 듣는 소리
고개 들어 울부짖네, 원대한 야망은 다 어디 갔는가
30년의 공명(功名)은 먼지나 흙과 같고
8천 리 지나온 길에 친구라곤 달과 구름뿐이었네
아무것도 이루지 않은 채 시간만 보내지 마라
머리가 희어지면 후회뿐이니

마오는 여든한 살이었고, 그의 머리칼은 정말 백발이었다. 그는 여전히 자신을 새로운 싸움을 앞둔 전사로 생각했던 것일까? 아마도 그랬을 것이다.

수술은 7, 8분 정도 걸렸다. 저우언라이와 덩, 공안책임자 왕둥싱, 그리고 몇몇 사람이 라운지에 앉아서 결과를 기다리고 있었다. 저우언라이는 고통 속에서 야위고 창백해져 있었다. 그는 그것을 개의치 않았다. "내 병은 중요하지 않아. 우리는 무엇보다도 주석의 건강을 걱정해야 해." 저우언라이는 장위평에게 이렇게 말하였다.[18]

붕대는 일주일 후에 제거되었다. 수술은 성공이었다. 마오는 500일 이상의 실명 끝에 한쪽 눈의 시력을 회복하였다. 그러나 저우언라이에 관한 소식은 별로 좋지 않았다. 10월 중순 그는 마지막 수술을 받게 되었다. 종말은 단지 시간 문제였다. 그는 실제로 업무를 감당하기에는 너무 쇠약해져 있었다. 결국 나라의 장래는 덩의 손에 맡겨지게 되었다. 그러나 덩은 치명적인 공격을 받고 있었다.

37. 시간은 줄달음치고

저우언라이와 마오쩌둥이 죽어 가고 장칭이 후계자 싸움을 위해 일당을 끌어모으고 있는 상황에서, 덩샤오핑이 살아남기 위해서는—덩이 생각하기에 그것은 곧 중국이 살아 남는 길이었다—무섭게 달아나는 시간을 앞질러 서두르지 않으면 안 되었다.

1975년 여름 덩은 인민해방군의 재편과 활성화, 기간산업의 재검토, 당과 간부의 재배치 작업에 착수하였다. 또한 그는 장칭의 성채, 즉 그녀가 전횡을 휘두르고 있는 문화, 예술, 저작, 음악, 연극과 선전 분야에도 도전하였다.

덩은 장칭과 정치국에서 정면으로 맞섰다. 그는 마오가 그녀를 비난하는 것에 동의한 적도 있었고, 그녀가 정치국에서 자아비판하는 것을 주재한 적도 있었다. 덩은 장칭과의 대립이 대단히 위험하다는 것을 알았지만, 지금 행동하지 않으면 나중에는 파멸을 각오해야 할 것이라고 느꼈다. 덩은 장칭이 고함을 지르면 책상을 내리쳤고, 그녀가 욕설을 퍼부으면 문을 박차고 나가 버렸다.

덩이 장칭과의 대결을 위해 선택한 방식은 절묘하게 우회적인 것이었다. 그 무렵 다칭 유전에 관한 영화가 한 편 제작되었다. '창업(創業)'이라는 제목의 이 영화는 거대한 황토색 불모지, 바람이 몰아치는 척박한 황무지를 정복한 노동자들, 마른풀로 만든 오두막에서 배가 불룩한 난로 옆에 모여 기장과 야생 백합의 싹으로 만든 묽은 죽을 먹고 연명하면서 거대한 굴착 기계와 씨름하고, 마침내 검은 원유가 하늘로 치솟는 것을 보는 노동자들을 찬양한 것이었다. 그들은 애국적인 대의(大義)라고 믿고 있는 것을 위해 자신들의 힘과 생명을 바쳤다.

마오는 다칭을 국가적인 본보기로 삼았었다. 그는 '다칭으로부터 배우자'는 슬로건을 창조하였다. 마오가 완전한 냉소주의에 사로잡힌 것이 아니라면 그는 자신이 창조한 인민 영웅들을 다룬 그 영화에 마땅히 호의적인 반응을 보여야 했다.

장칭은 '창업'에 불만이어서 상영을 금지시켰다. 하지만 덩과 저우언라이는 이 영화를 승인하였다. 덩은 도박을 걸었다. 마오가 이 영화를 공식적으로 승인해 준다면 덩은 그것을 창작 예술에 대한 장칭의 독점에 쐐기를 박는 데 이용할 수 있을 터였다.

덩은 신중하고 교활하게 움직였다. 그는 마오의 전직 비서로서 여전히 마오의 신임을 받고 있었던 후차오무를 이용하여 공격을 개시했다. 덩은 당의 이념 조직을 장악하고 있는 장칭의 견제를 피하려고 국무원 내에 정치 연구 그룹을 조직하여, 유약하고 성마른 후차오무를 책임자로 앉혔다. 덩은 후차오무만큼 민감한 정치 감각을 가진 사람은 없다고 믿었고, 바로 이것이 그가 장칭을 공격하는 임무를 후에게 맡긴 이유였다.

후차오무는 장칭의 문화계 독점을 깨뜨릴 수 있는 여러 가지 방법을 조사하였다. 그녀는 얼마 전 투숙객의 대부분이 저명인사인 반관영(半官營) 베이징 호텔을 습격하여, 벽에 걸린 대부분의 그림을 반동적인 '검은 예술'의 상징이라고 비난하면서 찢어 버린 적이 있었다. 그림들이 뜯겨 나간 숨길 수 없는 자국들은 오랫동안 호텔 방에 남아 있었다. 후는 장의 이러한 행동이 공격 목표가 될 수 있다고 생각했다. 또 한 가지 장칭이 베이징 교향악단으로 하여금 베토벤의 9번 교향곡을 연주하지 못하게 금지한 사실도 문제삼을 수 있었다. 하지만 후는 덩이 '창업'을 선택하는 것이 더 나은 도박이라는 결정을 내렸다. 그것은 마오의 개인적인 동정을 얻어낼 수 있을 것이기 때문이었다.

장칭은 이 영화의 상영을 금지시켰을 뿐만 아니라 영화를 만든 극작가 장톈민(張天民)과 그 동료들이 베이징 영화제에 참가하는 것조차도 허용하지 않았다. 그녀는 사상을 '개조'하도록 그들을 농촌으로 추방해 버렸다.[1]

중국역사박물관의 한 아늑한 방에는 저우언라이의 주선으로 들어온, 강직하고 놀랄 만큼 정직한 허지에성이라는 여성이 일하고 있었다. 그녀의 아버지인 유명한 구사령관 허룽이 죽은 다음 저우언라이는 이 박물관이 그녀에게 안전한 피신처가 될 것으로 생각했던 것이다. 처음에 저우언라이는 그녀를 인민해방군에 집어넣으려고 했으나 린뱌오와 장칭에 의해 저지당했다.

반짝이는 눈에 가냘픈 체구를 가진 허지에성은 과연 허룽과 그의 첫 번째 아내인 여성혁명가 젠셴런의 딸다웠다. 아버지의 복권과 반장칭 투쟁에서 보여준 용기를 칭찬받자 그녀는 마지못해 인정했다. "그래요, 나에게는 약간의 용기가 있습니다. 나는 아버지를 위해, 그리고 '창업'을 위해 무언가 해보려고 했습니다."

용기 있는 여성이 아니면 허지에성은 자신에게 몫 지워진 인생을 감당해 낼 수 없었을 것이다. 그녀는 '허룽의 검은 노선에 따른다'는 이유로 투옥되었고 시민의 모든 권리를 박탈당하였다. 그 후 그녀는 몸조심을 했지만 다시 '창업' 사건에 관여하고 1976년 저우언라이 사망 후 톈안먼 광장에서 벌어진 시위에 참여함으로써 새로운 비난에 직면하게 된다. 그녀의 첫 남편은 허룽이 체포되자 이혼을 원했고, 두 번째 남편은 맞아 죽었다. 첫 번째 아이는 자살을 했거나 아니면 자살을 강요받았다. 홍위병들은 그녀의 집을 밥그릇 하나 남기지 않을 정도로 철저하게 파괴해 버렸다. 그녀의 남동생과 자매들은 '악질집안'의 아이들이라고 해서 강제적인 재교육에 끌려가지 않을 수 없었다. 그녀는 마오가 사망하고 덩이 복귀한 후에야 비로소 시민권과 당원 자격을 회복할 수 있었다.

후차오무는 역사박물관에 허지에성이 있음을 알게 되자 그녀에게 '창업' 문제에 관련된 준비를 위임하였다. 허룽의 딸은 보안책을 강구하였다. 그녀는 이 일이 얼마나 위험한 것인가를, 그리고 장칭이 눈치를 채면 투옥되거나 죽게 되리라는 것을 알고 있었다. 작가인 친구 한 사람이 자기 어머니의 집을 빌려 주었고, 허지에성과 소수의 동료들은 거기서 모임으로써 당국의 추적을 따돌렸다. 사복 경찰이 이미 냄새를 맡은 것처럼 보였던 것이다.

후차오무는 그들이 작성한 보고서가 너무 강경하다고 생각하였다. 그래서 그들은 '창업'의 감독인 장톈민으로 하여금 마오에게 자기 영화를 옹호하는 편지를 쓰도록 설득하였다. 이 제안을 받자, 그는 깜짝 놀라 얼굴이 창백해졌다. 마오가 그 편지를 읽게 되리라는 것을 어떻게 장담할 수 있느냐고 그는 반문하였다. 허지에성은 그에게 확신을 주기 위해 애썼다. 자신들이 그를 보호해 줄 것이며, 장칭이 잡으려 하면 피신시켜 주겠다고 했다. 이때 장톈민의 아내가 나섰다. 그녀는 남편이 감옥에 가면 자신이 아이들을 돌보겠다고 약속하고, '당신이 편지를 쓰지 않으면 우리의 관계는 끝장'이라고 위협했다. 결국 그는 편지를 썼다.

그러나 편지를 전달하는 문제가 남아 있었다. 그들은 장톈민에게 두 장의 사본을 만들도록 했다. 하나는 후차오무를 거쳐 덩에게 제출되었고, 다른 하나는 허지에성이 마오의 조카인 왕하이룽에게 건네어 마오에게 직접 전달하도록 했다(관례상 마오의 궁전에서는 본인이 직접 편지를 전달하는 것보다 다른 사람을 통해 전달하는 것이 죄가 덜된다고 생각되었다). 그것은 위험한 작전이었다. 왕하이룽은 이 일에 개입하는 것을 꺼려했다. 왜냐하면 아직도 실명중인 마오에게 자신이 이 편지를 읽어 주어야 했기 때문이었다. 그러나 결국 왕하이룽은 허지에성이 말한대로, '장칭에게 불만이 많았기 때문에' 일을 맡기로 동의하였다.

마침내 극작가의 편지를 왕하이룽이 마오에게 읽어 주었다. 마오는 조심스럽게 듣고 나서 편지에 논평을 썼다. "이 영화에는 큰 문제가 없다. 이것을 승인하고 배포할 것을 제안한다. 시시한 일로 복잡하게 굴지 말라. 이 영화가 열 가지 과오를 저질렀다는 것은 과장이며, 문예 정책을 재조정하려는 당의 노력에 도움이 되지 않는다."[2]

마오가 언급한 재조정이란 덩샤오핑에 의해 시작된 것이었다. 그는 1975년 7월 14일 마오로 하여금 '숨어 있는 반혁명가가 아닌 이상' 작가들이 글을 쓸 수 있도록 허용하는 지시를 내리도록 만들었다. 마오는 장칭의 전횡 아래 '시와 소설, 산문, 문예비평이 부재'했음을 인정하였다.[3]

베이징은 저잣거리와 같았다. 이곳만큼 소문이 빨리 퍼지는 곳도 없었다. 문화전선에 대한 마오의 태도 변화와 장칭에 대한 그의 비판은 골목골목으로 퍼져나갔다. 이러한 소문은 암으로 입원해 있던 캉성의 귀에까지 닿아서 왕하이룽과 낸시 탕을 불러들이도록 하였다. 캉은 장칭과 그녀의 오른팔인 장춘차오가 당에 대한 배신자임을 마오에게 전해 달라고 그녀들에게 부탁하고 증인의 명단을 넘겨주었다. 장칭에 대한 증거는 바로 옌안에서 그녀의 입당이 허용되었을 때 캉이 가볍게 일축해 버렸던 것들로서, 그녀가 감옥에서 빠져나오기 위해 상하이에서 장제스 정권에 협력했다는 주장이 들어 있었다.[4]

당시는 황당한 소문들이 횡행하던 시절이었다. 장칭이 미국학자 로신느 위드케와 인터뷰를 한다는 소문이 떠돌았다. 이 인터뷰는 스스로 중국의 여황제가 되려는 장칭의 음모의 일환이라고 했다. 또한 인터뷰 결과로 나온 책이 번역되어 마오에게 읽혔으며, 마오는 격분하여 심장 발작을 일으켰다고까지 전해졌다.[5] 마오가 장칭을 가리켜 '무식하고 제대로 알지 못하며', '어리석고 멍청하다'고 했다는 말도 나돌았다. 급기야는 마오가 그녀를 정치국에서, 그리고 자신의 침대에서 내쫓으려 하고 있으며 그녀와 이혼하리라는 소문으로 이어졌다. 그러나 저우언라이의 중재로 장칭이 당장 쫓겨나는 것은 면했다는 소문도 퍼졌다.[6] 사람들이 믿고 싶어할 만한 소문들이었다. 하지만 마오의 생각이라고 전해진 것들은 사실상 그의 충실한 경호원들이 그의 생각이라고 주장했던 것에 불과했다. 소문의 진실 여부에 상관없이 사람들은 그것을 믿었으며, 이것은 장칭에 대한 공포심을 감소시켰다. 많은 사람들은 그녀가 조만간 권좌를 잃게 될 것이라고 느꼈다.

일반인들은 물론이고 고위층 가운데 상당수의 사람들도 마오와 저우언라이의 건강이 악화된 사실을 전혀 모르고 있었다. 실상을 알고 있었던 극소수 가운데 한 사람이 지덩쿠이였다. 마오는 이상하게도 지덩쿠이를 개인적으로 무척 좋아해서 농민 출신인 그를 정치국원으로까지 승진시켰다. 그는 중난하이의 깊은 곳에까지 접근할 수 있었기 때문에 무엇이 사실이고 무엇이 엉터리인지 누구보다도 잘 알았다. 당시 그는 부총리였다.

마오가 죽은 지 15년이 지났고, 이미 오래 전에 정치국과 모든 공직으로부터 쫓겨나 이제는 늙고 허약해진 지덩쿠이는 말년의 마오 모습을 있는 그대로 그려냈다. 그것은 철저하게 단조로웠고 마치 여권 사진처럼 명암의 대비가 없었다. 말년에 마오는 측근을 제외하고는 중국인은 거의 만나지 않았으며, 실상 그를 만나고 싶어하는 사람도 별로 없었다고 지덩쿠이는 털어놓았다. 그들은 두려워하고 있었다. 마오의 기분은 너무나 변덕스러워서 그들이 무심코 내뱉은 말이나 생각이 파멸을 불러올 수도 있었다. 그는 마치 스탈린과 같은 편집증에 빠져 있었다. 흐루시초프는 "스탈린과 함께 앉게 된 사람은 집으로 보내질는지 아니면 감옥으로 보내질는지 알 수 없다"고 니콜라이 불가닌 원수가 수군거린 적이 있다고 회상하였다.[7]

그는 말을 이었다. "마오를 만날 때마다 우리는 혹시 말을 실수하지 않을까 전전긍긍하곤 했지요. 50년대나 60년대에 그를 만났던 것과는 달랐습니다. 당 핵심부의 불건전한 생활은 마오쩌둥에게뿐만 아니라 공산당에게도 비극이었습니다."[8] 사람들은 이 시절의 마오에게 어떤 약물들이 투여되었고, 그것들이 변덕스럽기 이를데 없는 그의 기분에 어떤 영향을 미쳤을 것인가 하는 점에 대해 궁금증을 가지고 있다.

사실 '당내 내밀한 곳의 생활'은 당나라의 황제들 시대에나 연출되었음직한 거울 행렬이나 궁중 제스처 게임이 되어 가고 있었다. 마오는 왕하이룽과 낸시 탕의 모호한 목소리를 통해서만 이야기하였다. 그녀들은 마오의 둔탁한 후난 사투리를 알아 듣고 그의 우물거리고 분명치 않은 발음을 온전한 단어로 옮겨 놓는 것처럼 행동하였지만, 과연 그 말들이 마오의 생각과 얼마만큼이나 일치하는지 누가 단언할 수 있겠는가? 지덩쿠이의 생각이 옳다면 실제로 마오는 '얼마간 제정신이 아니었다.' 그럴 경우 왕하이룽과 낸시 탕은 마오의 공허한 중얼거림을 그들의 마음 속에 들어 있는, 이를테면 장칭에 의해 주입된 생각이나 사고로 채워 버리지는 않았을까? 조작의 가능성은 끝이 없었다.

1972년 마오는 닉슨 대통령을 만나기 위해 부축을 받은 채, 옷이 입혀지고, 일으켜 세워졌다. 그의 신체적 무능력을 감안할 때 그는 이 일을 상당히 잘 해치운 셈이었다. 마오를 방문자에게 내보이는 것은 아주 만만치 않은 일이었다. 그는 사실 말을 할 수도 없었다. 부축받지 않고서는 일어설 수도 없는 상황이었다. 악수를 하기 위해 손을 드는 것조차 불가능했다.

지덩쿠이에 의하면 말년의 마오는 친중국적인 작은 국가나 공산당에서 온 손님만 접견했다. 이들은 귀국한 후 (마오의 상태에 대해서) 아무것도 발설하지 않으리라고 믿을 수 있는 사람들이었다. 그렇다 하더라도 마오의 옷을 입히고, 일으켜 세우고, 흐느적거리는 손을 방문자와 악수하도록 들어올리게 하고, 마오의 목구멍에서 우물거리는 뒤범벅된 발음들을 간단한 대화로 엮어 내는 일은 쉽지 않았다. 이러한 의식은 자주 시도되지 않았으며, 오래 지속되지도 않았다. 의식이 시작되기 전에는 사진사가 재빨리 사진을 찍었다. 사진에 손질을 가한 뒤 그것이 마오의 실제 모습을 너무 적나라하게 드러내고 있지 않다고 생각되면, 인민일보의 첫 면에 인쇄될 수도 있었다.

갑자기 상황이 바뀌고 덩의 발밑이 무너지기 시작하였다. 서두른 나머지 그가 무리수를 썼다는 것이 분명해졌다. 7월에 후야오방이 작성한 문건에서 당에 관한 새로운 계획의 윤곽을 내보인 것이 첫 번째 실책이었다. 그것은 문화혁명이 수포로 돌아갈지도 모른다는 마오의 깊은 우려를 불러일으켰다. 덩은 이와 같은 조짐을 알아차리지 못하였거나, 혹은 알았더라도 극복할 수 있다고 생각했을 것이다. 그는 '창업' 사안(事案)을 계속 밀어붙였다. 9월에 열린 농업 관련 회의는 마오를 더욱 자극하였다. 덩의 반대자들은 이러한 반전을 눈치챘다.

8월 말 4인방은 새로운 투쟁을 요구하고 나섰다. 이보다 앞서 마오는 베이징 대학의 어느 교수의 질문에 대한 답변에 대신하여 중국의 고전소설 《수호전》에 대해 주인공을 비판하는 글을 썼었다. 마오는 소설의 주인공을 권력을 얻기 위해 지도자를 배반한 '투항자'라고 불렀다. 이글은 마오가 써온 상투적인 수법―자신이 부상(浮上)시킨 인물에 대한 비판을 준비하면서 자신이 그 사람에 대해 줄곧 의심을 품어 왔다는 것을 암시하는―의 훌륭한 본보기였다. 《수호전》비판은 덩이 반장칭 캠페인을 시작한 1975년의 봄에 씌어졌다. 마오는 자신이 말한 대로 이글이 덩에게 적용될 수 있다는 확신을 갖게 되자 그것의 출판을 명령하였다.[9]

음모는 너무 복잡해서 추적하기가 곤란할 정도이다. 왕하이룽과 낸시 탕은 마오에게 저우언라이에 대한 암시를 주기 시작하였다. 그녀들은 저우언라이가 문화대혁명에 열성을 보이지 않았다는 것을 마오에게 상기시켰다. 왕하이룽은 아주 조심스럽게 마오를 떠보았다. "제가 알고 있는 것이 있는데, 정확한 것인지 아닌지는 모르겠습니다. 문화혁명 당시 조반파(造反派)가 불을 붙이면 저우언라이는 항상 그것을 꺼 버리곤 했습니다."

마오는 새로운 투쟁을 시작할 심경은 아니었다. "일몰은 아주 아름답지. 하지만 어둠이 다가오고 있어. 내가 마르크스한테 보고하러 갈 시간이 나날이 가까워지고 있어." 마오는 이렇게 말하였다.

그러나 왕하이룽은 버텼고, 마오는 마침내 저우언라이가 정말 현대판 공자(孔子)이고, 항상 중용을 추구하고 있다는 점에 동의하였다. 그는 말하였다. "이제 그를 비판할 시간이야."[10] 장칭과 왕하이룽은 사이가 좋지 않았지만 저우언라이에 대한 적개심을 공유하고 있었으며, 이내 저우언라이 비판 운동은 본격적으로 전개되었다.[11] 마오의 허락 아래 4인방은 《수호전》비판운동을 전개하였다. 목적은 '투항자'를 비난하는 것이었으며, 그들은 투항자들 가운데 저우언라이와 덩샤오핑을 포함시켰다.[12]

덩은 정면으로 맞섰다. "우리가 낡은 질서를 회복시키고 있다고 말하게 내버려 두라. 선임 간부는 자신의 일을 단호하고 과감하게 수행해야 한다. 가장 나쁜 것은 패배당하는 것이다."[13]

덩에게 좋지 않은 소식들이 쌓여 가고 있었다. 얼마 안 있어 더 나쁜 소식이 왔다. 9월 말경이었다. 마오는 1943년 신장성의 군벌 성스차이(盛世才)에게 처형당한 동생 쩌민의 아들인 조카 마오위안신을 새로운 심부름꾼으로 데려왔다. 서른두 살의 마오위안신은 동북(東北) 지구에서 강력한 군사력을 자랑하는 선양 군구(瀋陽軍區)의 부정치위원이었다. 그는 상당한 시간을 베이징에서 보냈으며, 장칭과 4인방, 그리고 극도로 포악한 선양 군구 사령관인 '호랑이' 천시롄(陳錫聯)과도 결탁하였다. 마오위안신은 마오를 만나는 데 전혀 제약을 받지 않았다. 그는 후난 사투리를 썼다.

그가 삼촌의 귓속에 부어넣은 부정적인 말들은 중국의 사악한 악마인 캉성의 마지막 충고와도 일치하는 것이었다. 1975년 12월 암으로 사망하기 직전 캉은 고통을 참고 일어나 마오를 마지막으로 방문하였다. 그는 덩과 저우언라이 두 사람이 마오가 창조한 모든 것들을 쓸어 버리려는 음모에 몰두해 있다고 마오에게 말했다. 덩은 매일 병원에 있는 저우언라이를 만나 지시를 받고 있으면서도 마오에게는 전혀 주의를 기울이지 않는다는 것이었다.[14]

마오는 그 말을 믿었다. 정신이 혼미하고 신체 기능도 망가져 버린 채 극단적인 편집증이 다시 발작한 그는 낡은 궤도로 복귀하고 있었다. 장칭의《수호전》비판 운동은 '덩샤오핑과 우파를 비판'하는 새로운 운동으로 발전하였다. '홍기(紅旗)'와《인민일보》는 덩이 교육분야를 과거로 되돌리려 한다고 비난하였다.

1975년 11월 초의 어느 날 마오위안신은 삼촌과 대화를 나누었다. 밖에는 차가운 바람이 불고 있었다. 조카는 말했다. "바깥 바람은 또 다른 바람만큼은 거세지 못합니다."

"무슨 말이냐?" 마오가 물었다.

"문화혁명을 부정하는 몇몇 사람들이 일으키는 바람 말입니다."

"계속해라." 마오가 재촉했다.

"많은 문제점이 있습니다. 문화대혁명이 70%는 옳고, 30%는 나쁜지, 아니면 그 반대인지, 린뱌오와 공자를 비판하는 운동을 어떻게 평가할 것인지, 류사오치에 대한 비판을 계속해야 할 것인지 등입니다."

외과의사와 같은 숙련된 솜씨를 가지고 조카는 이데올로기적으로 마오의 가장 민감한 부분들을 건드렸다. 문제의 핵심에는 덩샤오핑이 있었다. 그는 말했다. 덩은 문화혁명이나 마오를 거의 언급하지 않는다. 그는 류사오치를 비판하지도 않는다. 그는 저우언라이를 찬양하고 있다. 그가 말하는 것은 모두 생산에 관한 것 뿐이다.

마오의 안색이 어두워졌다. 숨도 가빠졌다. 그는 배반당하고 있었다. 캉성의 경고는 진실이었다. 그러나 덩은 뉘우칠지도 모른다. 그는 덩의 지위를 검토하기 위한 정치국 회의를 열도록 조카에게 지시하였다. 마오는 그것을 4인방에게는 알리지 말라고 일렀다.

그러나 조카는 곧장 장칭이 살고 있던 조어대로 향했다. 4인방은 그날 저녁, 즉 1975년 11월 4일 회합을 가졌다. 다음 날 정치국 회의석상에서 덩은 물러나기를 거부했다. 그는 자신의 태도를 바꾸려 하지 않았다. 그 순간부터 그의 업무는 정지당했으며, 11월 말이 되자 마오는 덩을 비판하는 공식적인 운동을 승인하였다.[15]

덩의 개혁 추진은 중단되었다. 그는 1975년 농업과 공업 분야의 총생산액을 11%—공업 4.6%, 농업 15.1%—나 끌어올렸다. 1974년의 증가는 고작 1%에 불과했다. 철도 수송은 이제 정상화되었고, 공장들도 기지개를 켜기 시작하고 있었다. 농부들은 논밭으로 돌아갔다. 도시 지역의 식량 공급은 순조로웠다. 교육은 아직 정상화되지 못하고 있었지만 덩은 전문 관료들을 일터로 일단 복귀시키는 데 성공했다. 그는 모든 기초를 다져 놓았다. 그런데 이제 마오가 태도를 바꾼 것이다. 처음에 장칭의 《수호전》에 대한 연설을 '똥같은 것'이라고 논평했던 마오가,

11월에는 장칭을 지원하는 합창을 주도하고 있었다.[16]

군과 당의 원로들―예젠잉 원수, 리셴녠, 녜룽전, 주더, 그리고 덩샤오핑 자신 등―은 저우언라이의 건강을 세심하게 체크하고 있었다. 한두 사람이 매일 저우언라이를 간호했다. 그들은 오랫동안 정치와 정책에 관한 이야기를 했다. 때로는 그들은 저우언라이와 두세 시간씩 이야기하기도 했으나, 저우언라이의 건강이 악화되자 그것도 중단되었다. 마지막 수술이 있었던 11월 중순경까지 그는 열세 번이나 수술을 받았다. 대부분 암의 확산을 저지하기 위한 대수술들이었으나 결과는 매번 실패였다.

마지막 두 달 동안 저우언라이는 전적으로 침대에만 누워 있었다. 머리는 세어진 지 오래였고, 수염도 깎지 않았다. 목소리도 약해져서 한두 마디만하고 잠겨 버렸다. 마지막 몇 주 동안 그는 코에 끼운 튜브를 통해 음식을 공급받았다. 그의 방광도 기능을 상실하였다. 때로는 그의 몸에 한꺼번에 7, 8개의 튜브가 연결된 적도 있었다. 거의 마지막 순간까지도 그는 국제 정세에 대한 관심을 보였으며, 라디오 뉴스와 간호원이 읽어주는 공문서들을 청취했다.

12월 후반으로 접어들면서 다량의 모르핀 투여에도 불구하고 저우언라이가 더 이상 반듯이 앉아 있지 못하고 무섭게 헬쑥한 얼굴로 누워 있을 수밖에 없게 되자 의료팀은 그의 생명을 연장시키는 것이 과연 지혜로운가 하는 문제에 부딪치게 되었다.

마지막 며칠 동안 저우언라이는 더욱더 자주 혼수상태에 빠져들었다. 그의 사려 깊은 아내 덩잉차오는 문병객을 '정치국원 이상의 수준'으로 제한하는 정치국의 독단적인 규정을 지키려고 했다. 그러나 결국 그녀는 참모들과 하급 보좌관들이 병실 문앞에서만이라도 작별 인사를 할 수 있도록 허용하지 않을 수 없었다. 원로 장군들은 방에 들어와 무의식 상태로 누워 있는 저우언라이의 침대 발치에 서서 그를 볼 수 있었다.

마지막으로 알아들을 수 있었던 저우언라이의 말은 "음, 우 박사, 주사를 놔주게"였다. 그러한 저우언라이의 모습은 덩잉차오조차도 견디기 어려운 것이었다. 그녀는 외쳤다. "그는 더 이상 지탱할 수 없어요. 너무 심해요." 하지만 주치의인 삐엔 박사에게 저우언라이의 목숨은 너무나 소중한 것이어서 '단 하루, 아니 단 1분도' 단축시킬 수 없었다.17)

마오의 건강도 돌이킬 수 없을 정도로 악화되었다. 충실한 비서 장위펑은 마오가 이제 걸을 수 없다고 보고하였다. 그는 움직일 수조차 없었다. 그녀는 마오의 우물거리는 입술이 무슨 말을 하려는지 판별할 수 없을 때도 많았다. 입술의 움직임을 읽으려고 애써 봤지만 허사였다.

음모의 조건은 무르익었다. 뿐만 아니라 마오 자신이 덩과 죽어 가는 저우언라이에 대한 공격을 개시한 것이 분명했다. 저우언라이는 역시 허사로 끝난 마지막 수술 뒤에 너무 쇠약해서 말조차 할 수 없는 상태였다. 저우언라이의 병세에도 불구하고 그를 비판하라는 마오의 명령은 제대로 지켜지고 있었다. 그 동안 저우언라이는 누워서 죽어 가면서도 여전히 방문자들에게 마오 주석의 안부를 묻고 마오의 건강을 걱정하고 있었다.

대장정 도중 샤오화라는 스물한 살짜리 젊은 지휘관이 대장정에 대한 시를 쓴 적이 있었다. 마오와 저우언라이는 이 시를 매우 좋아했다. 이 시는 마오의 군사적인 결정들에 관해 '마술을 부리는 것 같다'고 묘사하였다.18) 이것은 노래로도 만들어졌다. 이제 병원에 누워 거의 의식조차 없는 상태에서 저우언라이는 이 노래를 듣고 싶어했다. 하지만 그것은 허락되지 않았다. 장칭 혹은 그녀의 대리인은 이 노래가 보수파의 '검은 장군들'을 칭송한 것일 뿐이라고 주장했다.19)

대신 저우언라이는 마오가 1965년에 쓴 이후 개작한 수수께끼와 같은 시 《새들의 문답》을 듣도록 강요당했다. 아주 거친 어휘로 표현된 이 시는 죽어 가는 저우언라이를 상처입히고 파괴하는 말의 폭탄이 되었다. 원래는 흐루시초프를 겨냥한 것이었다는 그 시는 이제 저우언라이를 목표로 삼고 있었다. 우아하지 못한 시의 마지막 구절은 이러했다. "똥 뀌는 소릴랑 집어치우게. 두고 보시라, 하늘은 기필코 뒤집어질 터이니."

이 시를 들으면서 저우언라이가 웃는 것을 간호원들은 보았다. 하지만 한밤중에 그들은 울고 있는 저우언라이를 발견하였다. "무슨 일이십니까?" 한 사람이 물었다. 저우언라이는 울음을 삼키고 대답하였다. "나는 늙어 가고 있어."[20]

이 시는 개작된 형태로 1976년 1월 1일 인민일보의 첫 페이지에 게재되었다. 7일 후 아침 9시 57분 저우언라이는 사망하였다. 마오는 이 소식을 비서인 장야오 츠(張耀祠)를 통해 즉각 들었다. 마오는 알아들었다는 표시로 고개를 끄덕였다. 그는 아무 말도 하지 않았다. 아무것도 쓰지 않았다. 그가 취한 유일한 행동은 오로지 저우언라이의 장례식을 위해 정치국이 작성한 참석자 명단의 자기 이름 부분에 붉은 연필로 동그라미 표시를 한 것뿐이었다. 하지만 그는 이 장례식에 참석하지 않았다.[21]

예젠잉 원수의 주장으로 덩샤오핑은 고별 의식에서 연설을 하였다. 그의 연설은 마치 인명 사전의 한 항목을 읽어 내리는 것처럼 개인적인 감정이 배제된, 극히 공식적인 것이었다. 그는 마오의 광기로부터 중국을 구해 낸 인물의 면모를 단 몇 마디의 말로 묘사했을 뿐이었다.

덩은 말했다. 중국은 저우언라이의 "훌륭한 자세―절도 있고 신중하고, 겸손하고 친근한, 그리고 검소하고 근면한 행동과 생활 방식으로 모범을 보인―로부터 배워야 합니다."

그리고 덩은 지금까지 그가 한 말 가운데 가장 수수께끼와 같은 몇 마디를 덧붙였다. 생애의 마지막 순간까지도 저우언라이는 신년 첫날 신문에 게재된 마오의 시를 '열심히 들었습니다'라고. 그리고 이것은 '그의 불굴의 혁명정신을 완벽하게 보여 주는' 것이었다고 설명했다. 덩의 말 속에는 어떤 메시지가 숨겨져 있었던 것일까? 저우언라이가 병원에 무력하게 누워 있는 동안 그에게 독묻은 화살을 쏘아 댄 마오나 그 측근의 비열한 행동을 저우언라이 자신은 물론이고 덩도 알고 있었다는 것을 청중에게 암시했던 것은 아닐까? 일반인이 듣기에 덩의 발언은 별다른 의미가 없었다. 하지만 당 내부 사정을 잘 아는 사람들은 이미 그 의미를 알아차리고 있었다.

이렇게 해서 마오와 중국에 자신의 목숨과 전 생애를 바쳤으며, 대지와 인간은 불가피하게 하나라고 보았던, 그 시대의 가장 위대한 정치가는 중국의 무대에서 사라졌다. 저우언라이는 갔다. 하지만 그의 정신은 오랫동안 살아 남아 있었다.

저우언라이의 장례식을 마지막으로 덩은 마오가 죽을 때까지 공식 행사에 일체 모습을 드러내지 않았다.

38. 용(龍)의 해

중국에는 용의 해에 대한 특별한 미신이 있다. 중국인들은 용의 해에는 나쁜 일이 일어난다고 믿고 있어서 새로운 사업이나 모험 혹은 결혼을 하거나 먼 여행을 떠나는 일을 삼간다.

1976년 용의 해도 예외는 아니었다. 그해는 저우언라이의 죽음과 함께 시작되었다. 그 다음에는 무슨 일이 일어날 것인가? 저우언라이의 사망은 중국을 근심 속에 빠뜨려 놓았다. 장칭과 그 추종자들은 저우언라이의 사망을 가볍게 다루려고 했다. 외국 주재 대사관들은 한 시간 동안만 반기(半旗)를 게양하라는 지시를 받았다. 조문(弔問)은 억제되었다. 4인방은 장례식조차 생략하려 했으나, 마오는 그럴 수는 없다고 퉁명스럽게 내뱉었다. 전국에서 들고일어날 것이라고 그는 경고하였다.

저우언라이가 병으로 죽기 전 마지막 몇 주 동안, 그리고 마오가 덩샤오핑에게 등을 돌리기 시작하는 동안 불안은 증폭되었다. 예젠잉은 사태를 주의 깊게 관찰하고 있었다. 그는 주더(90세 생일을 앞둔 그는 병들고 쇠약해져 있었다) 다음가는 원로 원수였으며, 키가 크고 일흔여덟 살의 나이에도 여전히 준수한 모습에 정력적이었다. 예는 중국이 처한 정치적 위기 상황을 극도로 염려하고 있었다.

옌안에서 그는 항상 명랑하고 쾌활한 사람이었다. 그는 미국인들을 좋아했으며, 무도청에서 열리는 토요일 저녁의 댄스 파티에 즐겁게 참여하였다. 그는 피아노를 쳤으며, 미국 음악을 좋아했다. 나중에 국민당과의 내전 시기에 그는 장제스 군대의 배후에서 게릴라 부대를 지휘했다. 1946년의 어느 날 한 미국인이 그에게 무슨 일을 하고 있느냐고 물었다. 그는 씩 웃고 나서 노래부르기 시작했다. "나는 철로 위에서 하루 종일 일하고 있었네." 얼마 후 엄청난 철로 폭파 사건이 일어났다.[1] 예는 마오를 둘러싼 개인 숭배를 혐오하였다. 그는 '마오 주석 만세'를 외치는 것이 견딜 수 없었다고 고백하였다.[2] 그는 원래 문화혁명 그룹의 일원이었으나, 홍위병들이 사위의 손을 문설주에 올려놓고 문을 닫아 버린 다음부터 열의가 식어 버렸다. 손이 망가지고 손가락이 부러진 그 사위는 그 후 다시는 피아노를 연주하지 못하게 되었다.[3]

중국에서 예 원수보다 더 여자에게 곰살궂고 여자를 잘 사귀는 사람도 없었지만 이제 그는 아주 심각한 사람이 되어 있었다. 조국의 운명이 기로에 서 있었다. 그는 모든 정력을 쏟아 국가를 곤경에서 구하기 위해 애쓰고 있었다.

예의 경력은 줄곧 저우언라이의 그것과 밀접하게 연관되어 있었다. 그는 죽어 가는 저우언라이를 거의 매일 방문하였다. 1971년 린뱌오가 죽은 이래 예 원수는 마오가 죽었을 때 국가를 구해 낼 원로 지도자들의 조직망을 조용히 꾸려 오고 있었다. 예 원수는 광저우 출신이었다. 그는 이곳에 깊은 뿌리를 가지고 있었으며 반세기 이상 광둥의 정치에 관계하고 있었다. 쑨원 시대 이전부터 광둥은 고유의 정치세계를 유지하고 있었으며, 베이징과 별개의 독자적인 노선을 지향한 경우도 자주 있었다. 그곳은 전통적으로 반란의 근거지였다.

덩샤오핑은 예 원수와 긴밀한 협력 관계를 유지하였다. 두 사람도 저우언라이가 죽고 마오쩌둥이 등을 돌린 지금이 권력을 유지하기는 어렵다는 것을 알고 있었다. 덩은 언제 실각할지 모르는 상황이었다. 그렇다고 해서 그것을 막을 수 있는 방법도 없었다. 장칭은 마오의 목을 조여 오고 있었다. 마오위안신은 마오의 생명을 감시하였고, 마오와의 통신은 왕과 탕 두 여자가 조종하고 있었다.

1976년 1월 31일은 어두컴컴하고, 춥고, 바람이 불었다. 고비사막에서 불어오는 먼지가 서북 지방으로부터 베이징으로 몰려오고 있었다. 여러 해 동안 신년 명절인 춘절을 베이징에서 보내지 않았다. 사계절 가운데 이 시기에 그는 베이징을 가장 자주 비웠다. 그는 명절 동안 햇볕이 비단처럼 부드러운 항저우 서호 주변에 있는, 시인 이백(李白)이 살았던 유장(柳莊)이나 청대(淸代)에 병부상서의 소유였던 인접한 저택에 머무르기를 좋아했다. 목구멍과 폐 속으로 파고드는 차가운 바람과 멀리 떨어진 이곳에서 마오는 산책하고, 시를 읽고, 방대한—비록 결코 끝내지는 못했지만—저술 작업에 몰두하길 즐겼지만 금년에는 달랐다. 지난 해가 마지막 여행이 되어 버린 것이다.

저우언라이의 죽음 이래 그는 우울한 기분으로 줄곧 침대에 누워 있었다. 오래 전 1930년대 초반 장시성의 중앙 소비에트구에서 그러했듯이, 최근에도 마오는 저우언라이를 경쟁자로 느껴왔던 것이 사실이다. 또한 지우인라이가 겉으로는 조신(朝臣)과 같은 태도를 보이면서도 실제로는 문화혁명에 동의하지 않았고, 국가 재건을 위해 덩샤오핑을 끌어들였다는 것을 마오가 알고 있었던 것도 사실이다. 죽기 직전 캉성이 남긴 충고 속에는 일말의 진실이 있었다고 그는 생각했다. 그래도 그는 저우언라이가 없는 것이 아쉬웠다. 거의 50년 동안이나 그들은 함께 일해 왔던 것이다.

마오는 어떤 때는 정신이 맑았다가도 또 어떤 때는 흐려졌다. 그는 많은 것을 읽었으나 손이 떨려 책을 잡을 수 없었다. 장위펑이 대신 책을 잡고 있어야 했다. 의사는 책을 너무 많이 읽지 말라고 했다. 그것은 백내장 수술을 한 한쪽 눈에도 좋을 까닭이 없었다. 그래도 그는 책을 읽었다. 그에게 해롭다고 한들 이 단계에서 그것이 무슨 의미가 있겠는가?

어둠침침한 하루가 더욱 어두운 황혼 속으로 잠겨 들고, 유영지 밖의 정원에서 새어나오는 불빛만이 그것을 깨뜨리고 있었다. 마오가 수영장에 들어가 본 것은 아주 오래 전의 일이었다. 그곳은 이제 적막했다.

　신년이라는 것은 유쾌함, 친구와 친척, 축제와 술, 축배와 웃음, 화합과 회상, 그리고 꿈을 위한 시간이다. 그러나 마오의 저택에는 손님이나 친척, 친구 한 사람도 찾아오지 않았다. 마오의 오랜 동지들은 이미 죽었다. 일부는 천수(天壽)를 누렸지만 일부는 그렇지 못했다. 천이, 허룽, 펑더화이 등 1백여 명이 이미 사라졌다. 마오의 여자들도 마찬가지였다. 그의 라이벌이었던, 괴물과도 같은 스탈린처럼 중국의 최고 권력자는 마지막 나날을 고독 속에서, 자신이 커다란 낫으로 끌어모아 이룩한 세계 속에서 보내야만 했다. 스탈린처럼 그는 자신의 손으로 수천만 명의 인민을 쓸어 버렸다. 스스로는 그들을 구하기 위해서였다고 생각했지만 그는 수도 없이 많은 인민을 죽음으로 몰아넣음으로써 자신을 현대판 진시황으로 만들어 버렸다. 그는 중국을 통일하였고, 황허의 홍수도 따르지 못할 만큼 엄청난 피폐 속에 인민을 몰아넣었다. 여든두 살 된 마오의 죽어 가는 뇌세포들 사이에서 펄럭이던 꿈들이 과연 어떤 것이었는지 알 도리는 없다. 그러나 그가 설사 꿈을 꾸었다 해도 그것은 그가 국향서옥에서 잠이 든 첫날밤에 품었던 것과 같은 빛나는 세계에 관한 것은 아니었으리라. 오로지 그러한 꿈과 현실, 고통과 분노, 쇠약해진 심신의 파편들에 불과했을 것이다.

　마오는 중국의 황제였다. 그러나 그의 곁에는 여섯 명의 경호원, 두 명의 간호원과 두 명의 의사, 그리고 하인 두 사람이 있었을 뿐, 그는 혼자였다. 식탁에는 신년 음식도 차려져 있지 않았다. 그것은 쭌이를 눈앞에 두고 홍군이 발길을 멈추었던 41년 전의 신년에도 이렇지는 않았다. 눈길을 뚫고 숙소로 돌아온 그는 경호원들이 여러 시간을 들여 축하 음식을 만들고 있는 것을 발견하였다. 그는 음식을 몇 입 먹기도 전에 다시 이동하지 않으면 안 되었다. 오늘밤에는 그들이 요리를 했더라도 마오는 그것을 먹을 수 없었을 것이다. 그는 젓가락을 입에까지 들어올릴 수조차 없었다. 입을 여는 것도 힘들었고, 씹을 힘도 없었다. 마오는 밤낮으로 그래 왔던 것처럼 침대에 모로 누워 있었고, 지성스러운 장위평은 마오가 좋아하는, 양쯔강에서 잡아 올린 우창의 물고기 요리와 쌀밥을 마오의 목이 메이지 않도록 주의하면서 몇 숟갈 입에 떠 넣어 주었다. 그녀의 가슴 속에서는 늙고 병든, 외로운 노인에 대한 따뜻한 감정이 솟아올랐다.

마오가 식사를 한 뒤 그녀는 다른 세 명의 보조원과 함께 마오를 일으켜 세워, 응접실로 데려간 다음 그를 소파에 앉혔다. 마오는 뒤로 기댄 채 움직이지도 않고 조용히 앉아 있었다. 헤벌어진 입에서는 침이 흘러나오고 눈은 허공을 응시하고 있었으며, 얼굴은 생기 없고 찡그린 채였다. 곧 그들은 폭죽이 터지는 희미한 소리를 들었다. 중난하이의 어디에선가 중국의 전통적인 신년 축하 의식이 진행되고 있었다. 마오는 약간 정신이 든 듯 주변을 둘러보았다. 그리고 조그맣게 중얼거렸다. 장위펑이 해석한 그의 말은 '자네들 젊은 사람들이 즐길 수 있도록' 폭죽을 쏘아 올렸으면 좋겠다는 것이었다. 그는 사오산에서의 소년 시절처럼 신년을 맞이하고 싶었다. 마치 1924년 레닌이 모스크바 교외의 고르키 언덕에 있는 아름다운 옛 저택에서 죽어 갈 때 그랬던 것처럼, 마오는 어린 시절로 돌아가고 있었다. 무신론자였던 레닌은 소년시절 집에서처럼 심비르스크의 볼가강 언덕에 크리스마스 트리를 세우고 아이들을 위해 캐럴을 부르게 하라고 고집했었다.

경호원 중의 한 사람이 밖으로 나가 폭죽을 가지고 돌아왔다. 그는 다른 경호원들과 함께 마오의 응접실 밖에서 폭죽을 터뜨렸다. 폭죽이 터지는 소리를 들은 마오는 희미한 웃음을 띠었다. 그러나 집을 둘러싼 보안용 특수 유리창 때문에 그는 경호원이나 폭죽을 볼 수 없었고, 경호원들도 자신들이 향수를 만족시켜 주고 있는 노인을 들여다볼 수 없었다.

이것이 마오가 그의 생애에서 마지막으로 들은 폭죽소리였다. 이 일화를 끝으로 장위펑은 마오에 대한 회고를 끝마쳤다. 그녀는 마오에게 곧 뒤따른 여섯 달 동안의 고통에 대해서는 자비로운 커튼을 내린 채 입을 다물었다.[4]

덩의 근황에 대한 이야기는 한마디도 새어나오지 않았다. 마오는 저우언라이가 죽기 전에 이미 덩의 권력을 앗아버렸다. 그러나 그 권력을 장칭이나 그 추종자에게 넘겨주지도 않았다. 대신 그는 흐리멍덩한 머릿속에서 쉰다섯 살의 천진하고, 마오 자신처럼 얼굴이 둥근 화궈펑을 점찍었다. 마오가 죽은 후 화의 얼굴은 겹쳐서 만든 두 개의 동전 속에 마오의 얼굴과 겹쳐 새겨졌다. 그것은 마치 두 개의 '호박머리'를 닮았다. '호박머리'는 화를 비난하는 사람들이 그를 일컫는 말이었다. 그러나 그는 바보가 아니었다.

첫 번째 루산 회의 직전인 1959년 사오산에 돌아갔을 때 마오는 붙임성이 있어 보이는 화궈펑에게서 특별한 재능을 발견하지 못했었다. 당시 화는 부상중인 후난의 정치가였다. 현의 당서기였던 그는 사오산을 거대한 방문객 숙소와 새로운 도로, 창사까지 연결되는 철도로 단장하였다. 이와 같은 화의 행동은 젊고 유능한 시골 정치가들을 발탁해서 돌봐주기를 즐겼던 마오의 관심을 끌었다. 1969년 마오는 그를 베이징으로 불러들여 부총리에 기용했다.

마오는 그를 4인방 가운데 특히 장칭이 수상으로 앉히려 했던 상하이의 젊은 공장 노동자 출신인 왕훙원에 대적시키려 한 것 같다. 그는 활동적인 덩과는 정반대로 강건하고 땅딸막했으며, 신참자로서 연장자, 특히 마오에게 극진하게 굴었다. 그는 4인방과 협력하면서도 그들과 일정한 거리를 둘 정도의 감각은 지니고 있었다. 결국 그는 마오의 사람이었지, 장칭의 사람은 아니었다. 그는 장칭이 아니라 마오가 데려왔기 때문에 그 자리에 있을 수 있었다. 그는 마오의 방침이 아무리 변덕스러워도 개처럼 그것에 순종했다.

늙고, 쇠약해지고, 정신도 흐려졌지만, 마오는 자신의 기본적인 통치원칙 — 분할 통치 — 을 잘 인식하고 있었다. 그는 장칭이나 그 일당들을 믿지 않았다. 또한 그는 오랫동안 저우언라이도 전적으로 신임하지는 않았다. 저우언라이가 병으로 쓰러졌을 때 자신의 부하를 세우려는 장칭의 계획을 물리치고 대신 덩샤오핑을 선택한 것도 그 때문이었다. 그러나 여느 때처럼 덩은 너무 서두른다는 것이 다시 한 번 입증되었다. 이제 마오는 덩이 마르크스주의자가 아니며, 과거에도 마르크스주의자인 적이 없었다고 중얼거리기 시작했다(마오 자신도 완전한 마르크스주의자는 아니었지만 그것은 별개의 문제였다).

이러한 상황이 어떻게 전개되어 갈는지 아무도—마오나 화궈펑도—알 수 없었다. 그러나 2월 초에 아무런 공식적인 성명도 없이 다섯 번째 서열의 부수상이었던 화가 갑자기 '총리 대리'로 떠올랐다. 그는 저우언라이의 죽음 이후 꼭 한 달 만에 그 후임으로서 첫 모습을 드러낸 것이다. 1976년 2월 8일자 인민일보는 총리 대리인 화궈펑이 베네수엘라 대사를 접견했다고 보도하였다.[5]

바로 그랬다. 화가 총리라면 덩은 쫓겨나든지, 아니면 더 나쁜 상황에 처해 있을 것이었다. 베이징 사람들이 궁금해한 것은 화가 누구냐 하는 것이었다. 아무도 그를 잘 몰랐다. 그는 1975년 9월 첫 번째 다자이 학습회의에서 농업 전문가로 부상하였다. 4인방은 그가 너무 무명인사라고 항의했지만 마오는 일축해 버렸다. 그의 말은 간단했다. "화궈펑에 대한 선전을 하시오." 덩의 소식은 한마디도 들려오지 않았다. 예 원수도 마찬가지였다. 2월 10일, 온통 벽을 뒤덮은 포스터들이 덩이 상황을 궁금해 한 사람들에게 확실한 답변을 주었다. 문화혁명기에 사용되었던 것과 똑같은 격렬한 표현들이 덩을 비난하고 있었다. 그는 1966년에 그랬던 것처럼 여전히 회개하지 않는 주자파라고 포스터의 문구들은 주장하고 있었다.

과거에도 늘 그랬던 것처럼 마오의 정치 노선은 또다시 뒤집혔다. 신문, 포스터, 라디오에서 쏟아지는 덩에 대한 비난의 포화는 그가 장칭과 4인방에게 얼마나 위험한 존재인가를 명백히 밝혀 주었다. 그러나 비난이 너무 심해지자 그것은 도리어 인민들의 덩에 대한 지지를 불러일으키기 시작하였다. 4인방의 눈에 그가 그렇게 나쁘게 보였다면 그는 굉장히 훌륭한 사람임에 틀림없었던 것이다.

표면적으로 베이징, 상하이, 충칭, 난징, 우한, 톈진, 그리고 중국의 다른 대도시들은 평온해 보였다. 그러나 3월에 만주지방에서는 대량의 유성비가 관찰되었다. 유성은 왕조의 몰락이 가까워지고 있음을 예고하는 민간 신앙이었다.

3월 25일 전국이 들끓기 시작하였다. 문화혁명을 시작한 상하이 문예지 《문회보》는 저우언라이에 대한 무자비한 공격을 게재했다. 신문 기사는 저우언라이의 이름을 지명하면서 그를 주자파라고 비난하였다.

이 기사는 마치 로켓처럼 폭발하였다. 미처 저녁이 되기도 전에 신문사는 설명을 요구하는 사람들로 둘러싸였다. 하루도 되기 전에 이 소식은 전통적으로 중국 남방의 수도였던 난징을 강타하였다. 생전에 저우언라이는 이곳에서 많은 시간을 보냈고, 난징 사람들은 자신들이 저우언라이의 성배(聖杯)를 모시고 있다고 생각하였다. 그것은 중국인들이 전통적으로 조상의 묘를 벌초하고 꽃을 바치고 죽은 사람을 기념하는 청명절(淸明節)이 가까운 시기였다. 청명절은 당시 중국인들의 정서를 상징하는 날, 즉 중국이 수난에 빠졌을 때 인민들에게 충실했던 진정한 지도자를 추모하는 날이 되었다.

난징의 추모 분위기는 신문이나 라디오, 텔레비전에 의해 베이징으로 전달된 것이 아니었다. 당국은 모든 공공매체를 단속했지만 시민들은 난징·베이징행 특급열차의 옆구리에 구호들을 써 갈겼다. 기차들이 이것들을 베이징으로 실어 나르기 시작하자 당국은 난징에서의 소요를 억누르려고 하였다. 그러나 3월 30일에는 이미 톈안먼 광장의 인민영웅 기념비에 저우언라이를 위한 화환들이 바쳐지기 시작하였다. 13년 후 학생들의 대규모 민주화 시위의 중심지로서 전세계에 알려지게 된 바로 그 기념비였다.

하루 이틀 사이에 수천 명이 광장으로 몰려들었다. 그들은 집에서 만들어 온 화환을 바치고, 수첩을 꺼내 쓰러진 지도자에게 바쳐진 시와 헌사를 베꼈다. 누구나 그곳에 갔다. 4인방은 그것을 저지하기 위해 날뛰었다. 그들은 군중 시위와 추도식을 비난하였다. 저우언라이도, 덩샤오핑도 비난하였다. 군중은 더욱 늘어만 갔다. 공공매체는 이러한 소란에 대해서 한마디도 언급하지 않았다.

저우언라이를 추모하는 군중 시위는 배후에 보이지 않는 손이 작용하였던 것일까? 4인방은 그렇다고 비난하였다. 그것은 음모라고 그들은 주장하였다. 덩이 주동자이며 그의 측근이 지속적인 시위를 선동했다는 것이다. 시위자들은 마치 장례행렬처럼 창안거리를 따라 내려갔다. 그들의 발걸음은 느렸으며, 표정은 엄숙하였다. 거대한 흰색 화환(흰색은 중국에서 조문을 상징하는 색깔이다)들은 그것을 운반하고 있는 사람들보다 더 큰 것도 있었다.

당시 일곱 살짜리 영리한 소년이었던 선통은 톈안먼 밖에 있는 유명한 시단 시장 근처의 주택가에서 부모와 함께 살고 있었다. 그의 부모는 매일 일이 끝나면 그를 데리고 톈안먼 광장에 갔다. 그곳은 하얀 꽃의 바다였다. 그들은 군중과 함께 거닐었으며, 선통의 아버지는 수천 명의 다른 사람들과 마찬가지로 사람들이 바친 시를 노트에 옮겨 적었다. 그것은 정말 신나는 일이어서, 선통은 매일 저녁 외출 시간까지 기다리는 것이 참기가 어려울 지경이었다.[6]

군중 속에는 로저 가사이드(Roger Garside)라는 젊은 영국인 외교관도 있었다. 선통은 베이징 시민 전부가 신년을 축하하고 있는 것처럼 느꼈지만, 이 젊은 외교관은 훨씬 많은 것을 이해하고 있었다. 그가 베낀 구절 중에는 다음과 같은 내용이 있었다.

독화(毒火)를 내뿜는 괴물이 있으면
감히 그것들을 사로잡으려는 사람들도 있으리라.

또 다음과 같은 구절도 있었다.

우리가 비탄을 쏟을 때 악마는 조소한다
우리는 눈물을 흘리지만 이리들은 웃는다
우리는 영웅을 기념하여 우리 몸의 피를 뿌리고
머리를 들어 칼을 뽑는다.[7]

가사이드뿐만 아니라 예젠잉 원수도 이것이 신년 축하 행사가 아님을 알고 있었다. 군중들이 모여들기 시작하자 그는 톈안먼 광장에 사람들을 파견해서 정보를 수집했고, 실제 상황을 느껴 보기 위해서 군중 속으로 천천히 차를 몰고 가 보기도 했다. 또한 그는 그들의 시를 베껴 오게 하기도 했다.

예는 난징, 항저우, 정저우(鄭州), 그리고 타이위안으로부터도 보고를 받았다. 전국 도처에서 인민들이 거리로 쏟아져 나와 저우언라이에 대한 슬픔과 존경심을 표현하면서 거듭 4인방을 비난하고 있었다. 장칭과 황후가 되려는 그녀의 야망에 대한 비난도 있었으며, 대담하게도 마오 개인에 대한 비방을 하는 사람도 있었다. 운동은 전국에 걸쳐 광범위하고 세찬 기세로 추진되고 있었다. 여행 지역을 제한받고 있는 외국인들은 이러한 상황을 잘 모를 수밖에 없었다. 그러나 예젠잉은 중국의 변화 혹은 혁명을 위한 시기가 성숙했음을 알아차렸다.[8]

이 무렵 예 원수는 다른 원로나 덩샤오핑과의 연락 업무를 맡기기 위해 늙은 '대포' 왕전을 끌어들였다. 덩의 운명은 예 원수나 다른 원로들에게 극도로 중요한 관심사였다. 저우언라이처럼 그들은 덩이 중국이라는 배의 키를 잡을 수 있는 유일하고 불가피한 인물이라고 생각하였다. 4인방에 대한 인민의 증오가 증폭되자 덩과 그의 생명에 대한 위협도 더욱 커지고 있었다.

4인방은 인민대회당에 사령부를 설치하였다. 바로 이곳에서 그들은, 1989년 봄 덩의 부하들이 똑같은 배경 속에서 학생들의 민주화 시위가 팽창하는 것을 바라보았던 것처럼, 톈안먼 광장에서 일어나고 있는 폭풍을 관찰할 수 있었다. 대형 스피커가—1989년에 그랬던 것처럼—군중들의 해산을 요구하는 방송을 시작했다. 때때로 군중들은 험악해졌다.

4월 4일 저녁 공안경찰들이 약 2백 대의 트럭에 실려 광장에 진입하였다. 사람들이 모두 집에 돌아간 다음이었다. 경찰은 신속하게 수천 개의 화환들을 걷어 내고 헌사들을 찢어 낸 다음 실어 내갔다. 다음 날 아침 사람들이 잠자리에서 일어나기 전에 톈안먼 광장은 과거의 모습으로 되돌아갔다.

지난 일주일 동안에는, 1989년 시위의 막바지에 그랬던 것처럼, 정부부서나 관청에서 많은 사람들이 단체로 광장에 찾아왔다. 그러나 4월 5일 아침에 몰려든 수천 명의 군중은 개별적으로 온 사람들이었다. 그들은 자신들의 눈을 믿을 수 없었다. 인민영웅기념비 주변을 포위한 경찰들은 새로운 슬로건을 붙이는 것을 금지했다. 분위기는 일변하였다. 군중들은 경찰의 대형 스피커 차량을 포위하고 경찰을 끌어내리고 사과하게 한 후에야 그들을 풀어 주었다. 4인방이 군중 속으로 들여보낸 소수의 학생 선동자들은 겨우 도망쳐 나왔다. 그들은 저우언라이에게 경의를 표할 이유가 없다고 군중들을 설득하려고 애썼다. 군중들은 입을 닥치라고 했고, 그들은 인민대회당으로 도망쳐 돌아왔다. 더 많은 사건들이 일어났다. 군중들은 차를 뒤엎고 불을 질렀다. 경찰 초소를 습격하기도 했다. 현장에는 수백 명의 경찰들이 있었으나 그들은 행동을 자제하였다. 오랫동안 저우언라이의 충실한 협력자였으나 이제 4인방의 도구가 된 외교부장 차오관화가 광장으로 나왔다. 그의 부인은 장칭의 절친한 친구였다. 그는 장칭으로부터 군중을 진정시키라는 지시를 받았다. 그는 신경질적인 고음으로 말하기 시작했으나 군중들이 분노에 찬 야유를 보내자 들이시시 인민대회당으로 뺑소니쳤다.

밤이 되자 군중은 줄어들었고, 경찰이나 군대가 들이닥칠 것이라는 소문이 나돌았다. 4월 5일 늦은 저녁 그 소문은 사실로 나타났다. 톈안먼 광장에 설치된 조명등에 일제히 불이 들어왔다(1989년에 그것들은 꺼져 있었다). 자금성의 거대한 문들이 활짝 열리고 '노동자병단'이란 붉은 완장을 찬 수천 명의 사람들(무장경찰과 공안부대원의 혼성부대가 확실했다)이 쏟아져나와 각목을 휘둘렀다. 일부는 끝부분이 쇠로 된 곤봉으로 무장하고 있었다. 그들은 광장을 네 조각으로 차단하고 거침없이 진격하면서 닥치는 대로 남녀를 때려눕혔다. 수백 명의 시위자들이 피를 흘리면서 트럭에 실려 갔다. 그들의 뒤에는 핏자국과 사체들만 남겨졌다. 새벽이 되기 전에 호스 부대는 광장의 보도 블록을 청소하였고, 날이 밝자 청명절은 끝났다.

수백 명이 체포되고, 수백 명이 부상당했다. 일부 부상자의 상처는 치명적이었다. 경찰이 수백 명을 살해하고 시체를 은닉했다는 소문도 나돌았다. 그러나 10년이 지난 후, 이보다 앞서 아내와 함께 문화혁명과 그 잔학상에 대해 가장 믿을 만한 보고서를 내놓은 바 있는 사회과학원의 저명한 학자 옌자치는 톈안먼 사건에 대해서도 마찬가지로 면밀한 조사를 행하였다. 그가 내린 결론은 놀랍게도 톈안먼 광장에서는 단 한 사람도 살해되지 않았다는 것이었다. 아마도 이와같은 조사 결과가 1989년 베이징 당국으로 하여금 6월 3일과 4일에 톈안먼 광장에서는 한 사람도 죽지 않았다고 자신 있게 우긴 것은 바로 이와 같은 조사결과 때문이었는지도 모른다.[9]

4월 10일 정치국은 회의를 열고 덩샤오핑의 모든 공직을 정식으로 박탈했다. 사실상 지난 1월 8일 저우언라이가 사망한 이래 덩의 실질적인 직무 수행 권한은 정지된 상태였다. 톈안먼 사건은 덩이 책임을 져야 하는 반혁명 사건으로 규정되었다. 그는 부총리, 당 부주석, 그리고 막강한 권한을 보유한 중앙군사위원회 위원직에서 해임당했다. 그러나 그의 당원 자격은 유지되었다. 여기서 마오쩌둥은 선을 그은 것이다. 아마도 그는 여전히 덩이 필요하다고 느끼고 있었던 것 같다. 그것은 완전히 돈키호테적인 인물이 된 사람의 그야말로 돈키호테적인 조치였다. 그는 침대를 떠날 수 없었고, 거의 말을 하거나 쓸 수도 없었다. 그러나 그는 여전히 '장차 덩이 어떻게 처신하는지' 지켜볼 수 있도록 그의 당원 자격을 유지시키라고 명령할 수 있었다. 그것은 작은 도박이었다. 그러나 결정적으로 중요한 의미를 지니고 있었다. 마오는 "그가 자손들에게 당원증을 보여 줄 수 있게 해야지"라고 말했다고 전해진다.[10]

예 원수는 덩을 만나서 어떤 일이 생기더라도 도와주겠다고 맹세하고 다짐했다. 그리고 둘이서 다시 한번 마오를 방문하자고 제안했다. 덩은 그것은 쓸모 없는 짓이라고 생각했다. 그는 여러 차례 마오와 개인적으로 이야기한 적이 있다고 하면서 "마오는 말(馬)을 바꿀 결심을 한 것 같소"라고 말했다. 그러나 예 원수는 덩보다는 낙관적이었다. 그는 덩이 적어도 얼마 동안이라도 공직을 유지할 것이며, 단지 비판만 받을 것이라고 생각하고 있었다.

"나는 최악의 상황에 대한 준비가 되어 있소. 당신은 내 성격과 기질을 잘 알고 있을 것이오. 나는 원칙적인 문제에 대해서는 결코 타협하거나 동요하지 않습니다. 두려워할 것은 아무것도 없소. 나는 오랫동안 정신적으로 단련이 되어 있는 사람입니다. 나에게 최악의 상황이라는 것은 다시 실각당하는 것뿐일 것이오." 덩은 말하였다. 어쨌든 당 원로들은 계속해서 싸울 것이라고 예는 대답하였다.

덩은 말했다. "좋습니다. 우리가 싸우는 것은 좋지만, 투쟁 방법에 대해서는 주의를 해야 합니다." 덩은 저우언라이가 죽기 전에 4인방과 장칭을 제거하는 문제를 상의한 적이 있다고 밝혔다. 그때 저우언라이는 목표는 승인하였으나 '투쟁 방법에 대해서는 신중하라'고 덩에게 경고하였다.

덩이 예 원수에게 한 발언은, 저우언라이가 마오쩌둥을 설득하여 덩을 복귀시켰을 뿐만 아니라 덩을 통해 4인방 제거를 구상하고 있었다는 점을 처음으로(그리고 아직까지는 유일하게) 밝힌 것이었다.[11] 그러나 예 원수의 견해로는 마오는 이제 4인방을 신뢰하지 않았다. 그는 4인방을 고위직에 임명하지는 않을 것이다. 그러나 그는 덩도 신뢰하지 않았다. 경험은 없으나 무난한 화궈펑을 미오가 선택한 것은 바로 그 때문이었다.

이렇게 중국은 마오쩌둥 시대의 마지막 몇 개월 속으로 비틀거리며 들어갔다. 덩이 가택 연금 상태에 있다는 소문이 떠돌았다. 그는 나타나지 않았다. 덩은 이제 세 번째 실각을 한 것이다.

덩은 조용히 베이징을 떠나 광저우로 향했다. 거기서 그는 예젠잉 원수의 강력한 정치적, 군사적 협력자들의 보호 아래 보살핌을 받으면서 마오의 종말을 기다리고 있었다. 일설에 의하면 예 원수는 덩을 군용비행기에 몰래 태워 광저우 군사비행장에 착륙시켰다고 한다. 여기서는 제129사단 시절부터 덩이 알고 지낸 쉬스유(許世友) 장군이 그를 보호해 주었다.

수확물을 거두어 가면서 용의 해는 줄달음쳤다. 7월 7일 마침내 위대한 노원수 주더가 아흔 살로 사망하였다. 더 많은 죽음들이 앞에 기다리고 있었다.

39. 용의 울부짖음

　1976년 7월 26일 1백 만의 인구를 가진 석탄생산의 중심지이며 공업도시인 탕산(唐山)에 살고 있는 주원빈이라는 젊은이는 아침 일찍 잠이 깼다. 밤새 모기에 시달린 그는 일어나서 피를 씻어 버리기 위해 수도꼭지 밑에 손을 디밀었다. 조깅광(狂)인 그는 도로 자지 않고 일어나 카이루안 탄광에 일하러 가기 전에 운동을 좀 하려고 생각했다. 그는 시계를 쳐다보았다. 시계바늘이 오전 3시 40분을 가리키고 있었다. 그는 이렇게 중얼거린 것을 기억하고 있었다. "온 도시가 조용하군. 내가 깨어 있는 유일한 사람이겠지." 이러한 생각은 그에게 비밀스런 힘을 가져다 주었다.

　그는 조깅을 하지 못했다. 그가 미처 손에서 피를 씻어 버리기도 전에 지진이 엄습했다. 그는 아내를 깨우러 달려갔다. 벽이 안으로 무너져 내리고 문에서 한 발짝 밖에 있었던 그는 의식을 잃었다. 카이루안에서 온 구조팀이 7월 27일 오전 2시에 그를 파냈다. 건물에 살고 있던 163명 가운데 그의 아내와 아들, 그리고 53명이 목숨을 잃었다. 카이루안 탄광의 고위급 지도부 열한 명 가운데 일곱 명을 포함하여 모두 24만 2천 명이 사망한 것으로 추정되었다.

　탕산은 아름다운 도시가 아니다. 그곳은 공업도시로서, 대부분 방대한 탄광과

연계된 공장들이 몰려 있었다. 위치는 베이징에서 동쪽으로 125마일, 그리고 약간 남쪽으로 치우쳐 있으며, 보하이만에서 25마일 떨어진 곳이다. 이곳에서 생산된 석탄은 서북쪽으로 60마일 떨어진 톈진에서 선적되고 있다. 탕산은 화베이지방의 가장 큰 공업중심지 가운데 하나인 톈진 콤비나트의 위성도시였다.

탕산의 역사는 별로 보잘것이 없다. 대규모 석탄 생산지로서의 탕산의 역사가 시작된 것은 중국과 영국이 합작으로 이 지역을 개발하기 시작한 19세기 말부터였다. 이곳은 처음부터 강철 생산에 필수적인 양질의 코크스 생산지로 알려졌으며, 이 때문에 중국, 영국, 일본, 그리고 독일이 이권(利權)을 놓고 치열한 경쟁을 한, 국제적인 음모의 대상이 되기도 하였다. 의화단 운동 직후의 시기에 아이오와에서 태어나 스탠포드 대학을 갓 졸업한 허버트 후버(Hevert Hoover)라는 젊은 미국인 엔지니어가 이 음모에 뛰어들었다. 후버의 개입 과정은 너무나 복잡해서 이와 관련하여 여러 권의 책을 쓸 수 있을 정도였으며, 후에 그가 정계에 진출했을 때 금융 비리에 관련된 전력(前歷)이 있다는 시비를 불러일으킨 원인이 되기도 하였다. 이 문제는 여전히 미궁 속에 남아 있으나 한 가지만은 분명했다. 후버는 중국을 떠날 때 수십만 달러의 재산을 가지고 나왔으며, 그 후 이 지역을 차지한 영국은 1949년 중화인민공화국에 넘겨줄 때까지 엄청난 흑자 운영을 했다는 것, 그리고 중화인민공화국에서도 이곳은 가장 큰 공업단지의 하나가 되었다는 것이다.

탕산의 수출은 중요한 외화 수입원이었으며, 화베이지방의 공업은 대부분 탕산의 석탄, 코크스, 그리고 거기서 생산된 강철에 기초하고 있었다. 톈진, 다롄, 하얼빈, 선양의 모든 공업 콤비나트들이 탕산에 의존하고 있었던 것이다. 당시 탕산은 화베이의 피츠버그였고, 지금도 마찬가지이다.

탕산이 위치하고 있는 해안 평야의 지질학적 구조는 매우 복잡하고 불안정한 것이었다. 중국은 오랫동안 극심한 지진의 피해를 입어 왔고, 중국 지진학의 역사는 저 멀리 왕조 시대로까지 거슬러 올라간다. 중국의 과학자들은 1975년 탕산에서 동북쪽으로 250마일 떨어진 하이청(海城)에서 일어난 강력한 지진을 정확히 예측함으로써 평판을 얻고 있었다. 많은 사람들은 일기예보를 하듯이 중국이 지진을 예측할 수 있으리라고 생각하였다. 그러나 지진학자들은 실상을 잘 알고 있었다. 특히 문화혁명은 중국의 과학 기반을 불구로 만들어 놓았다. 1976년 당시 지진학자들은 학문 수준을 본 궤도에 올려놓기 위해 안간힘을 쓰고 있었다.

7월 20일경 몇 명의 지진학자들이 이 지역의 데이터 베이스를 위한 자료수집차 탕산에 도착하였다. 그들은 새로운 지진의 가능성 같은 것에는 관심조차 없었다.

여섯 명의 지진학자들은 탕산시의 숙소에 머물렀다. 그들은 인근 지역을 돌아다니면서 자료를 수집하고 7월 26일 선리챠오에 있는 지진국에서 열릴 공식적인 모임을 준비하기 위해 지방의 지진학자들과 협의를 가졌다. 탕산 지역은 단층선이 엇갈리는 지역이기 때문에 아주 훌륭한 사례 연구 대상이 될 수 있었다. 단층 가운데 하나는 시의 서쪽인 난허현(南和縣)의 한 지점에서 66마일을 뻗어 동쪽의 루안현에까지 이르고 있었다. 그것은 탕산 바로 밑에 깔려 있었다. 이와 같은 단층망은 이 지역의 지반 구조가 취약하다는 것을 증명하는 것이었다. 지진학자들은 28일에 베이징에 돌아가기로 예약되어 있었다.[1]

러춘은 탕산의 자랑인 탕산 제1고급중학교에 배치된 당원으로, 삼십대 중반의 입이 무겁고 다소 관료적인 사람이었다. 이 학교의 바로 이웃에는 1880년대에 중국 최초의 증기기관차를 생산하였고, 1987년에도 여전히 같은 제품을 생산하는 오래 된 공장이 있었다. 40에이커의 부지에 지어진 이 학교는 24개 학급, 3개 학년, 2,200명의 남녀 학생을 보유한 성내의 모범학교였다. 학생들이 '혁명을 하느라고' 각지를 돌아다니던 문화혁명 시기에는 여느 학교와 마찬가지로 이 학교도 폐쇄되어 있었다. 학교가 다시 열린 초기의 시험 때면 학생들이 백지 답안지를 내는 것이 다반사였으나 이제는 교육이 정상화되고 있었다. 1987년에 이 학교는 졸업생의 대학진학률이 거의 90%에 달하는 중국의 명문학교가 되어 있었다. 이것은 베이징의 제8고급중학교, 유차이, 푸전 등 100% 진학률을 보유한 학교나

90%의 진학률을 기록하고 있는 톈진의 난카이 고급중학교와 바싹 경쟁하는 수준이었다.

7월 25일 러춘은 학교에서 멀리 떨어진 곳에 있었다. 그는 온종일 현의 청사에서 열린 여러 모임에 참석하고 저녁까지 붙들려 있었다. 그는 2층의 숙소에서 묵고 가기로 작정하였다. 그는 한밤중에 마치 용이 포효하는 것과 같은 엄청나게 큰 소리 때문에 잠에서 깨어났다. 폭풍이 다가오고 있다고 생각한 그는 일어나 창문을 닫았다. 침대에 다시 걸터앉았을 때 그는 하늘에서 번쩍거리는 거대한 불빛 같은 것을 보았다. 그때 발밑에서 방바닥이 솟아올랐다. 그것은 세 번이나 요동을 쳤다.

탕산에는 정교한 도자기 생산 공장이 있었다. 후에 이 공장의 부지배인이 된 류광하이는 1976년 당시 공업기술연구소의 신입생이었다. 그는 7월 25일 밤늦게까지 영화를 보고 나서 보고서를 쓰기 위해 방으로 돌아왔다. 26일 오전 3시 반에야 그는 겨우 보고서를 끝냈다. 침대로 기어 들어가 반쯤 잠이 든 그는 깅힌 바림 소리 같은 것을 들었다. 창문을 닫기 위해 일어났다가 하늘에서 거대한 붉은 공을 본 그는 문을 열려고 했지만 단단히 고정된 채 열리지 않았다. 그는 창문을 통해 뛰어내렸다. 벽돌 한 장이 그를 때렸다. 곧 건물이 무너졌다. 몇 사람은 번갯불 같은 것을 보았다고 주장했다. "나는 거대한 불덩어리를 보았습니다." 그는 이렇게 말했다. 그것은 지진이었다. 기숙사는 진원지에서 약 40마일 떨어져 있었다. 류광하이가 속한 신입생 학급에는 약 4백 명의 학생이 있었다. 그 가운데 38명이 사망하였다.

왕스룽은 1만 5천 명이 일하고 있는 요업공사의 부감독이었다. 이 공장은 문화혁명 시기에 생산이 유지된 몇 가지 안 되는 물품 가운데 하나였던 마오쩌둥 배지를 가장 많이 생산했던 곳이었다. 지진으로 410명의 부서장과 당원을 포함하여 1,320명의 노동자와 사무직원이 사망하였다. 공장은 완전히 파괴되었다. 수십만 점의 도자기가 모조리 산산조각이 났다. 그 가운데에는 500년이나 된 명대(明代)

초기의 골동품들도 포함되어 있었다.

7월 26일 새벽 옌시싱은 오래 된 기관차 제작 공장에서 야간 작업을 하고 있었다. 그곳은 노반이 놓여 있고 녹은 쇳물이 개울처럼 흐르는 무더운 곳이었다. 옌은 상의를 벗은 채였다. 갑자기 밑에서 땅이 움직이기 시작하였다. 그는 이것을 금속이 새로 녹으면서 일어나는 바람의 충격에 의한 것이라고 생각하였다. 그러나 곧 '지진이다!'라는 사람들의 외침과 함께 지붕이 무너져 내리고 전기가 나갔다. 그와 동료들은 목숨을 구하기 위해 무시무시한 빛을 발하면서 흐르는 쇳물 사이를 달렸다. 그가 안전용 강철 대들보 밑에 서는 순간 머리 위에서 차량이 떨어졌다. 그의 주변에 서 있던 세 사람은 죽고 그는 의식을 잃었다. 얼마 후 의식이 돌아온 그는 걱정하지 않았다. 누군가 곧 구하러 올 것이라고 믿었다. 그는 또한 무너진 것은 자기 작업장뿐이라고 생각하였다. 그러나 두 가지 모두 잘못 생각한 것이었다. 옌은 오전 10시에 빠져나왔다. 그는 기둥에 눌린 한 친구를 뒤에 남겨 놓고 나올 수밖에 없었다. 기둥을 끌어올릴 크레인이 없었기 때문이다. 집에 돌아간 그는 아내는 살아 남았으나 한 살 난 아들이 죽었다는 것을 알았다. 벽돌담이 안으로 무너져 내렸던 것이다. 상당 기간 동안 그들은 담요로 만든 움막집에서 살게 되었다.

카이루안 석탄 콤비나트의 회의실은 월 스트리트 40번지에 내놓아도 손색이 없을 만큼 훌륭했다. 대리석 계단은 티크재로 벽을 장식한 방으로 연결되었다. 설계용 책상은 타원형이고 의자에는 검은 가죽이 씌워져 있으며 천장에는 수정 샹들리에와 간접 조명장치가 설치되어 있었다. 한쪽 구석에는 사소한 보고나 연설을 위한 약간 솟아오른 단상이 있었다. 단추를 누르면 스크린이 내려와 슬라이드와 영화 상영을 할 수도 있었다. 카이루안은 거대 기업이었다. 허버트 후버라도 편안함을 느낄 만큼 모든 것이 손색이 없었다.

1987년에 이 콤비나트는 키가 크고 넓은 어깨와 얼굴을 가진, 그리고 약간 들창코인 장루지라는 사람에 의해 운영되고 있었다. 그가 이곳의 보스라는 것은 누구 눈에나 명백했다. 카이루안의 이 정력적인 최고 책임자가 문화혁명 시절 '비행기 이륙 자세'를 강요당했다는 것은 상상하기 어려웠다. 하지만 그는 그런 짓을 당했고, 그와 함께 일했던 총감독은 자살을 하였다. 장은 그의 큰 손 안에 일곱 개의 대규모 광산을 거느리고 있었는데, 그 가운데 하나는 보크사이트 광산이었고 나머지는 석탄 광산이었다. 이곳에는 13만 5천 명의 노동자가 일하고 있었고, 가족까지 포함하여 50만 명이 사는 공동체를 이루고 있었다. 그들은 자체적인 화약 공장, 폭발물 공장, 양계장, 바다가재와 새우 양식장, 양조장, 40개의 초등학교를 보유하고 있었다. 그의 광산에서는 고품질의 유연탄이 생산되었고, 일부를 북한과 일본에 수출하고 있었으나 대부분은 국내에서 소모되었다. 1988년의 생산량은 2천만 톤이었으며, 곧 3천만 톤까지 끌어올릴 계획이었다. 중국에서 카이루안에 필적할 수 있는 것은 최근 아먼드 해머(Armand Hammer)가 고도로 자동화된 슬러리(slurry) 공정을 도입한 산시성(山西省)의 다퉁 광산뿐이었다. 초기에 해머의 광산이 어려움을 겪게 되자 카이루안은 국가의 생산 할당량을 대신 치렀었다.[7]

장은 광부들이 장비—무거운 면내의, 면양말, 청바지, 두터운 진으로 만든 튜닉, 누빈 재킷, 무릎까지 올라오는 고무장화, 검고 단단한 헬멧, 그리고 광부의 램프—를 갈아입는 래커 룸으로 우리를 안내하였다. 엘리베이터를 타고 3분 만에 2,500피트를 내려갔는데 너무나 부드럽게 움직여서 귀에 느껴지는 압력이 없으면 하강하고 있다는 것을 모를 정도였다.

7월 25일에서 26일 사이의 밤에 이 광산에서만 약 1,200명의 광부가 일을 하고 있었다. 수천 명의 광부가 수천 톤의 석탄 아래 산 채로 매장되었다는 소문이 나돌았다.

장은 그것은 사실이 아니라고 말했다. 그는 잘 다듬어진 지층간 경계선의 벽, 무거운 버팀목과 버드나무로 바구니를 짜듯이 촘촘하게 직조한 천장과 벽들을 전등으로 비추어 보였다. 우리는 탕산 밑을 지나는 거대한 단층의 바로 위쪽에 서 있었다. 지하 1천 6십 미터, 그러니까 약 3천 피트쯤 되는 곳에 내려와 있었는데,

바로 우리 발밑으로 약 5.5마일 내려간 지점에 7월 26일 오전 3시 24분 거대한 지진을 야기시킨 단층이 있었던 것이다. 이 광산에서 일곱 명이 죽었고 몇 사람은 부상을 당하였다. 동력이 끊어지자 전깃불이 꺼지고 거대한 선풍기도 멈추었으며, 물 펌프도 정지되어 물이 차오르기 시작했다. 광부들은 비상구를 따라 기나긴 등반을 시작했다. 그날 오전 11시 무렵 그들은 온통 폐허로 변한 지상세계로 나왔다. 몇몇 광부들이 밑에 갇혀 있었고, 어떤 사람은 13일 동안 그대로 있었던 것도 사실이었다. 그러나 단층과 바싹 붙어 있는 땅속 깊숙한 곳의 광산은 이 도시에서 가장 안전한 곳이었다. 지상에서는 1,961명의 광부와 가족들이 목숨을 잃었고, 날림으로 지어진 집의 파편 속에 갇혀 있었다.

왜 광산은 이렇게 안전하였던 것일까? 장은 설명하였다. 당신들이 보았듯이 모든 곳을 조이고 버팀목을 세웠기 때문이었다. 그것은 단단한 석탄과 암석으로부터 파낸 것이었다. 땅이 요동치고 발밑에서 솟아올랐지만 버팀대는 아주 튼튼했다. 물론 지붕이 내려앉기도 했다. 여기저기서 벽이 무너졌다. 하지만 지상에서는 불과 몇 초 만에 건물들이 무너져 버렸다.

장이 말한 것은 사실이었다. 이 도시는 날림공사의 기념비나 마찬가지였다. 거의 모든 건물이 내려앉았다. 조사를 하기 위해 찾아왔던 여섯 명의 지진학자들은 숙소에서 잠을 자고 있었다. 그 건물도 무너졌고, 이들은 모두 사망하였다. 오전 3시 42분에서 불과 몇 초 만에 콘크리트 슬라브 지붕이 무너져 내린 것이다. 탕산제일고급중학의 2천 명 학생 가운데 550명이 죽었다. 139명의 사무직원과 교사 가운데 32명이 죽었으나 학교는 지진의 진원지에 위치하고 있었다.

리히터 지진계로 강도 7.8을 기록한 탕산 지진은 중국에서뿐만 아니라 근대 이래 세계에서 가장 강력한 지진이었다. 탕산에서만 24만 2천 명의 사람들이 죽었으며, 탕산 주변의 도시와 베이징, 톈진에서도 거의 10만 명이 목숨을 잃었다. 사망자의 숫자를 50만 명 이상으로 추정하는 통계도 있으나 이것은 과장일 것이다. 그러나 공식 통계수치는 분명히 실제보다 낮게 평가되었을 것이다. 비교를 위해 소개하면 미국에서 최악의 지진이었던 1906년 샌프란시스코 지진에서는 7백 명이 목숨을 잃었다. 탕산 지진 이전에는 1923년 도쿄 지진에서 9만 9천3백 명이 목숨을 잃은 것이 최고 기록이었다.[3]

　탕산의 파괴는 너무나 광범위한 것이어서 구조 작업을 수행하는 것이 거의 불가능했다. 고속도로와 철로가 끊기고 다리가 무너졌기 때문에 베이징에서는 며칠 후까지도 군대를 파견할 수 없었다. 당국이 진원지를 파악하는 데만도 거의 반나절이 걸렸다. 지진계의 바늘이 회전판 위에서 요동을 쳤기 때문이다. 전화와 통신망도 단절되어 버렸다. 베이징 자체도 심한 타격을 받아 많은 건물들, 특히 오래 된 골목에 있는 주택가의 집들이 파괴되었다. 톈진의 공업기지도 엉망이 되었다.

　1987년 왕따밍은 탕산 시의 부시장이었다. 1976년 당시 그는 철강 공장에서 일하고 있었다. 그가 살았던 일본식 가옥은 지진으로 큰 타격을 받았지만 무너지지는 않았다. 당시 그는 길을 뚫고 나와 여섯 살 난 아들과 아내, 그리고 집안에 있던 모든 사람들을 구해 냈다. 그는 반쯤 벌거벗은 채, 상처가 나 피를 흘리면서도 공장으로 향하였다. 거기서 그는 200명으로 이루어진 구조대에 배속되어 100명의 군인들과 함께 수십, 수백, 수천 구의 시신을 모으는 일을 하였다. 시체들을 눕힐 만한 깨끗한 장소라고는 거의 남아 있지 않았다. 많은 시체들은 손발이 잘려 있었다. 신속히 치워져야 했기 때문에 신원을 확인할 시간도 없었다. 왕따밍 등은 가능한 범위에서 시체들을 맞추어 땅 위에 늘어놓고 그 위에 석회를 흘러내릴 때까지 듬뿍 뿌렸다. 그들이 시체를 트럭에 던져 넣으면, 트럭들은 둔탁한 소음을 내면서 시체를 공동묘지로 실어 날랐다.

　고상한 것과는 전혀 거리가 멀었다. 얼마 남아 있지도 않은 평평한 공터에 천막을 치고 생존자들은 시체들과 함께 지냈다. 그들은 모닥불을 피우고 주전자에 물을 끓여 밥을 짓고 차를 만들었다. 5, 6피트 떨어진 곳에는 머리 없는 시체, 다리가 잘린 채 눈을 뜨고 있는 시체들이 누워 있었다. 살아 있는 사람들도 죽은 사람들과 마찬가지로 무감각했다. 시체를 높이 쌓아올린 트럭들이 잇달아 비틀거리며 지나갔다. 먼지와 악취가 대기를 가득 채웠다. 왕따밍은 살균제 때문에 코가 얼마나 빨개졌는지를 기억하고 있었다. 시체 냄새가 아직도 콧구멍 속을 맴돌았다. 그것은 아마 일생 동안 없어지지 않을 것이다. 왕따밍에게 지진은 단순히 통계표의 숫자가 아니었다. 그것은 시체와 냄새, 그리고 몸서리나는 광경이었다. 통계수치와는 상관없이 그것이 중국 역사상 최악의 지진임을 그는 알고 있었다.

탕산 시 인구의 약 4분의 1이 7월 26일에 사망하였다. 그러나 그 시체들은 어떻게 되었을까? 탕산 지역을 방문하는 외국인 안내 업무를 맡고 있던 조그만 체구의 왕후이리라는 사내는 이러한 질문을 받자 너무나 충격을 받아서 거의 히스테리를 일으킬 지경이었다. 그의 가족 가운데 다섯 사람이 희생되었다. 마침내 그는 더듬거리면서 시체들이 폐기된 석탄 광산으로 옮겨졌다고 말했다. 다음 날 우리는 그를 설득하여 매장지를 안내하도록 했다. 그곳은 찾기가 쉽지 않았다. 왕후이리는 두 번이나 길을 잃었다. 차를 타고 가는 데도 상당히 멀었다. 그곳까지 가는 도중에 우리는 부서진 기물들의 폐차장, 고철조각이 깔린 수마일에 걸친 황무지, 짓이겨진 각종 목재들이 흩어져 있는 넓은 벌판, 그루터기가 듬성듬성 남아 있는 들, 군용트럭과 지프, 1930년대 유람차의 잔해가 끝없이 널린 지역들을 통과하지 않으면 안 되었다.

잿빛 풍경이 수마일에 걸쳐 이어졌다. 군데군데 산산조각이 난 도자기, 망가진 그림들, 박살이 난 항아리, 돌조각, 벽돌조각 따위가 마치 조형물인양 단정하게 분류되어 쌓여 있었다. 그것은 악몽이었다. 노란 벽돌과 빨간 벽돌이 여기저기 널리고, 그 너머에는 낡은 시멘트 덩어리가 뒹굴었으며, 기와조각과 모터보트의 잔해가 길을 가로막고 있었다. 먼지를 뽀얗게 뒤집어쓴 오두막 옆에 '쓰레기장'이라는 희미한 붉은색 글씨와 함께 화살표가 그려져 있는 표지가 보였다. 4분의 1마일은 좀 넘고 반 마일은 못 되는 모래길을 따라가자 드디어 확 트인 공간이 나왔다. 앞에는 나무숲이 있었다. 그곳이 바로 목적지였다.

수풀 너머로 물이 고인 웅덩이들이 보였고, 여기저기 삐죽삐죽한 덤불과 잡초들이 자라고 있었다. 멀리 탕산에 새로 건설된 마천루들이 보였다. 모퉁이 쪽으로는 먼지 낀 길섶에 드문드문 가느다란 시멘트 말뚝과 흙더미가 보였다. 덤불과 관목 숲 뒤편에는 비정해 보이는 벌거벗은 말뚝들—이름도 새겨지지 않은 비석들—이 더 많이 있었다. 그것은 음울한 생각과 희망 없는 미래를 상징하는 광경이었다. 방문객들이 거기 서 있는 동안 어디선가 가냘프게 떨리는 목소리가 울려퍼졌다. 마치 죽은 영혼들이 잃어버린 생명을 통곡하듯이, 물론 그것은 환상이었다. 그것은 멀리 떨어진 카세트 녹음기에서 흘러나오는 홍콩 인기가수의 노랫소리였다.

이곳이 바로 덤프 트럭들이 밤낮으로 드나든 장소였다. 운전사가 페달을 밟으면 트럭은 물에 잠긴 석탄 광산에 시체들을 쏟아 부었다. 그것은 몇 날 며칠, 몇 주일, 몇 달 동안을, 마치 영원히 그치지 않을 것처럼 지속되었다. 그러나 마침내 그것도 끝이 났다. 시체들은 분해되고, 뼈는 말갛게 씻겨져 늪속 깊이 가라앉았다. 옛 광산에서는 물이 솟아나와 마침내 표면이 잠기게 되었다. 시당국은 이곳에 물고기를 풀어놓았다고 어떤 사람이 말했다. 탕산의 물은 영양분이 풍부했다.

안내자인 왕은 고개를 푹 숙이고 한 편에 서 있었다. 그의 부친도 여기 묻혀 있었다. 오래 된 광산 안에 뒤범벅이 되어 엉켜 있는 24만 2천구의 유골 가운데 자신의 아버지가 끼어 있다는 사실은 얼마나 끔찍한 일이겠는가.

물가에 자전거 두 대가 나란히 놓여 있었다. 한 쌍의 남녀가 거기 흙무덤들 사이에 있었다. 무언가 찾고 있는 모양이었다. 그러나 이 익명의 누더기들 속에서 무엇을 찾을 수 있다는 말인가? 갑자기 엄청나게 큰 고무장화를 신고, 생선 망태기를 어깨에 멘 싹싹해 보이는 남자가 손에 낚싯대를 들고 활발한 걸음걸이로 옆을 지나갔다. 그는 낚시하러 간다고 했다.

왕은 얼굴을 돌렸다. 많은 사람들이 청명절, 즉 죽은 사람들을 추도하는 날인 4월 5일에 이곳을 찾는다고 그는 말해 주었다.

지진 후 1년 동안 탕산에서는 아무것도 제대로 움직이지 않았다. 대부분의 기업들은 2년, 3년, 4년이 지나서야 복구가 되었다. 중국에서 공업생산량이 세 번째인(상당수 중공업 분야에서는 1위) 톈진의 경우도 크게 나을 것이 없었다. 항만 시설도 치명적인 손상을 입어서 기능이 정지되었다. 문화혁명으로 이미 규모가 축소된 베이징의 기업들은 더욱 형편없는 수준으로 움츠러들었다. 화베이의 공업 중심지로 연결되는 철로, 교량, 고속도로의 수송망도 파괴되었다. 최소한의 비상식량과 의료 물자를 제외하고는 여러 달 동안 거의 수송이 이루어지지 않았다. 엄청난 재난으로 공장들은 인력난에 시달렸다. 특히 중견관리가 절대적으로 부족하였다.

믿을 만한 종합 통계수치가 발표된 적은 없었다. 그러나 주요 공업에 미친 영향을 살펴보면 타격의 강도가 어느 정도인지 알 수 있었다. 이 지진은 덩샤오핑의 정력적인 활동이 시작된 1975년 이전의 단계로 중국을 후퇴시켰다. 베이징의 경우 2년이 지난 후에도 여전히 많은 시민들이 대로변에 급조된 임시 오두막이나 텐트에서 살아가야 할 만큼 타격을 받았다. 골목길에 있는 전통적 양식의 주택들과 날림으로 지은 아파트 건물들은 수년 후에도 여전히 수리를 하고 있었다.

문화혁명의 부산물인 비효율성과 미성숙함은 상황을 더욱 악화시켰다. 군대는 지진 발생 직후 엄청난 어려움을 무릅쓰고 긴급 구조 작업에 중요한 역할을 했다. 그러나 길을 청소하고, 동력, 급수, 전기 등의 시설을 점진적으로 회복시킨 것이 고작이었다. 중국 경제의 대차대조표에서 탕산 지진의 엄청난 여파가 사라지기 시작한 것은 1980년에 접어들면서부터였다.

몇 년 후, 구차하게 인간적인 냄새를 풍기는 선전이 등장하였다. 이제 강경 노선을 주장하는 총리가 된 리펑(李鵬)이 탕산 지진이 일어났을 때 구조 작업을 지휘하기 위해 현장으로 달려갔었다는 내용이었다. 그러나 탕산에서 리펑의 이와 같은 영웅적인 행동을 기억하고 있는 사람은 아무도 없는 것 같았다.

40. 마오의 죽음

202호 건물은 중난하이에서 경치가 좋은 곳에 자리잡고 있지는 않았다. 단순한 회색 벽돌로 지어진 이 집은 붉은색 옻칠을 한 문이 달리고 약간의 금박이 입혀진 평범한 건물로서, 명청(明淸)시대의 유물과는 도저히 상대가 안 되었다. 그것은 훌륭한 테라스가 있는 단층 건물로서 오히려 부근의 당 비서국 건물과 많이 닮아 있었다.

202호 건물에 들어가려면 창안가로 통하는 신화먼이 아니라 중난하이 서쪽의 난창가 81번지의 눈에 잘 띄지 않는 문을 통해야 한다. 그것은 튼튼하고 안전하게 지어진 집이었다. 대지진의 여파로 마오의 수영장 저택이 무너질지도 모른다고 우려한 화궈펑은 1976년 7월 26일 이른 아침 마오쩌둥을 이곳으로 옮기게 했다.[1]

합병 증세가 나타나는 말기 환자에게 필요한 모든 설비와 비품들도 마오와 함께 옮겨졌다. 즉 간호원, 누구도 대신할 수 없는 장위평, 의료팀, 경호원, 산소탱크, 인공호흡기, 급식 튜브, 그리고 피하주사기, 비상용 심장자극제와 약물 등이 들어있는 휴대용 약품 가방, 환자용 변기, 휠체어 등이었다. 수영장 저택에서 옮겨온 환자용 침대에 누워 지내는 마오는 거의 의식이 없었다. 그는 보통 반혼수 상태에 빠져 자거나 졸고 있었다. 책은 더 이상 읽을 수 없었다. 그의 호흡과 맥박, 혈압은 수시로 점검되었다. 심장 발작 혹은 마비가 나타난 것으로 보이는 6월 이후 그의 건강은 급속도로 악화되었다.

의사들은 환자가 편하건 불편하건 무조건 마오의 생명을 연장시키라는 명령을 받고 있었다. 8월 중순 이러한 상황 속에서 정치국원들은 죽어 가는 사람에 대한 마지막 방문을 했다. 지난 몇 달 동안 마오를 본 사람은 거의 없었다. 이제 그들은 마오를 마지막으로 보기 위해서 모인 것이다. 4인방 가운데 두 사람이 장칭의 대리인으로 참석하였다.

정치국원들은 병실 문 앞으로 인도되었다. 그들은 마치 작별인사를 하기 위해 몰려든 초등학교 상급학년 생도들 같았다. 마오는 눈을 감고 몸에 튜브를 꽂은 채 누워서 거의 움직이지 않았다. 면도를 하고, 머리를 대충 다듬은 그의 바짝 마른 모습은 바로 해골 자체였다. 그는 숨을 헐떡이고 있었다.

예 원수는 마오의 옆으로 인도되어 오랜 전우의 참담한 몰골을 잠시동안 지켜보았다. 예가 돌아서 나가려고 하자 마오가 눈을 뜨고 무언가 의사 표시를 하려는 것처럼 보였다. 예는 이미 방을 떠나고 있었으나 마오의 기미를 알아챈 장위펑이 예를 뒤쫓아가서 외쳤다. "예 원수님, 주석께서 이야기를 하고 싶어하십니다."

예는 돌아와서 마오의 손을 잡았다. 마오는 무슨 말인가를 하려고 안간힘을 썼으나 결국 아무 말도 입에서 나오지 않았다. 두 사람은 잠시 손을 잡고 있었다. 그리고 예는 떠났다.[2]

예 원수는 장칭을 제거하기 위한 준비에 박차를 가했다.[3] 그는 마오가 보름 내에 사망할 것이고, 4인방은 덩을 붙잡기만 하면 죽일 것이라고 확신하고 있었다.

예 원수가 덩의 신변을 우려하는 것도 무리가 아니었다. 장칭은 덩과 관련된 것이라면 무엇이든 공격하였다. 당시 덩의 고향인 광안을 포함한 쓰촨성은 기근으로 고통을 받고 있었고, 지역 주민들은 식량을 구걸하고 있었다. 덩은 공직을 떠나기 직전 식량을 실은 구호열차를 광안현으로 보냈다. 4인방은 기차를 저지하여 되돌아오게 만들었다.

사람들은 거리에서 4행시를 읊기 시작했다.

우리는 광안의 거지
장칭과 4인방을 증오한다
덩샤오핑, 우리의 청원을 들어 주오
우리를 기근에서 구해 주오[4]

당분간 덩은 안전하였다. 그는 장칭의 강력한 적이자 광저우 군구(軍區) 사령관이며, 대장정의 동지인 쉬스유와 광둥성장 웨이궈칭(韋國淸)의 보호를 받으면서 광저우에 체류하고 있었다. 두 사람 모두 예 원수의 충실한 협력자였다. 쉬스유의 부하들은 그를 '늙은 철갑선'이라 불렀다. 그는 얼마 후 마오가 죽었을 때 베이징에서 동료들과 회의를 마치고 나오면서 "당신들이 그 여자(장칭)를 체포하지 않는다면 내가 북쪽으로 신격해 오겠어"라고 소리친, 무뚝뚝한 기병(騎兵) 출신이었다. 덩은 중국에서 가장 아름다운 곳 가운데 하나이며 광저우에서 12마일쯤 떨어진 곳에 있는 백운산(白雲山) 온천에 은신하고 있었다.[5]

예 원수의 보좌관들은 4인방이 군사력 강화에 주력하고, 상하이에서는 특수 민병단을 조직하고 있음을 알게 되었다. 4인방은 마오의 조카인 마오위안신을 통해 선양 군구의 부대와 베이징 주둔 부대의 일부를 장악하고 있었다. 예 원수는 마오가 죽기 전에 야기될지도 모르는 모든 우발사태에 대비하고 있었다. 여기에는 물론 4인방의 행동이 포함되어 있었다. 이러한 준비 과정에서 가장 큰 역할을 한 사람이 바로 왕전이었다. 그는 연락 업무를 맡아 이 그룹에서 저 그룹으로 조용히 옮겨 다니면서 상황을 평가하고, 정보를 수집하고, 예의 지시를 수행하였다.[6]

예는 보안 유지에 철저했으며, 4인방이 자기 집에 도청 장치를 해 놓았다고 믿었다. 그는 토론을 할 때면 반드시 라디오를 켜거나 수도꼭지를 틀어 물이 콸콸 쏟아지게 했다.

그는 왕전과 대화할 때 수화를 사용하기도 했다. 향산에 있는 저택에서 왕전은 특유의 무뚝뚝한 태도로 예에게 이야기를 하고 있었다. "그들을 체포해 버립시다." 그러자 예가 그의 입을 다물게 한 후 오른손을 뻗어 주먹을 쥐었다. 그는 엄지손가락을 위로 세웠다가 숙이고 다시 위로 세웠다. 엄지손가락을 두 번 치켜세운 것이다! 그리고 다시 그는 엄지손가락을 숙였다. 왕은 예의 뜻을 알아차렸다. 우선 마오의 죽음을 기다려야 한다. 그러고 나서 행동을 개시할 것이다.[7]

거사를 위해서 예는 또 다른 두 사람의 도움이 필요했다. 8341 공안부대 대장인 왕둥싱과 총리 대리인 화궈펑이었다. 왕은 당판공실의 책임자였다. 그는 4인방과 긴밀하게 협력해 왔지만 4인방측 사람은 아니었다. 마오는 4인방이 권력을 잡기 이전에 이미 그를 공안부서의 책임자로 앉혔다. 왕둥싱은 강력한 권한을 가지고 있었다. 그의 공안부대는 3만에서 4만 사이의 병력을 보유하고 있었다. 그는 장칭과 그 일당의 움직임을 거의 완벽하게 감시하고 추적할 수 있는 위치에 있었다.

왕전은 이 공안부대의 우두머리를 예와 원로들에게 연결시켜 주었다. 옌안 시절에 왕전은 주둔군 사령관이었고 왕둥싱은 그의 부관이었다. 예의 지시에 따라 왕전은 이와 같은 긴밀한 유대 관계를 조심스럽게 회복시켜 갔다. 이러한 관계에 힘입어 예는 왕둥싱과 비밀리에 만나 협력의 가능성을 조심스럽게 타진해 볼 수 있었다.

마오가 지명한 유명무실한 후계자인 화궈펑의 경우는 접근하기가 보다 어려웠다. 덩샤오핑이 실각 상태이므로 주석이 죽으면 그는 당연히 마오를 계승하게 되어 있었다. 예 원수와 화 사이의 첫 번째 접촉이 어떻게 이루어졌는지는 아직도 수수께끼로 남아 있다. 명백히 화는 어느 편을 선택할 것인지 결정하지 못하고 있었다.

예 원수는 동료들을 통해 덩과 계속 연락을 취하고 있었다. 비밀 협상을 위해 예 원수나 왕전이 광저우로 날아갔을 가능성도 있다. 예 원수만큼 지명도가 높지

않은 왕전은 예가 할 수 없는 비밀 임무를 수행할 수 있었다.[8]

대부분의 비밀 회합은 비교적 보안이 잘 되어 있는 향산에서 이루어졌다. 예의 동료인 녜룽전 원수도 중난하이를 거처를 떠나 예 원수의 저택 옆집으로 옮겨왔다. 두 사람은 후원에서 조용히 이야기를 나눌 수 있었다. 예는 다른 원로들과도 접촉을 유지하고 있었다. 그 중에는 한때 마오의 오랜 동지였으나 당시에는 엄격한 감시를 받고 있던 천윈, 저우언라이의 부인 덩잉차오, 그리고 후에 덩의 시기에 국가 주석이 된 리셴녠 등이 포함되어 있었다.

예의 진영에 가담한 사람들은 프랑스의 레지스탕스 요원들만큼이나 자주 거처를 옮겼다. 예 원수는 시산의 저택으로부터 좀더 외지고 널찍한 위취안산(玉泉山)의 9호 건물로 거처를 옮겼다. 녜룽전은 향산과 베이징 사이를 왔다갔다하였다. 그는 4인방이 덩을 암살할 가능성이 있다는 것을 대장정의 영웅인 양청우(楊成武)를 시켜 예에게 경고하기도 했다.[9] 예는 9호 건물에서 대장정의 영웅인 쑤위를 포함하여 군대내의 다른 동료들과도 만났다.

8월 말, 예의 그룹은 4인방을 쓰러뜨리기 위해서는 예가 다수의 지지자를 확보하고 있는 정치국의 승인을 얻어 이들을 신속히 체포하는 길밖에 없다는 결론에 도달하였다. 예는 마오가 1975년에 덩을 복권시켰을 때 한 이야기를 되풀이하면서 이러한 조치가 마오의 의도와도 일치한다고 주장했다. 마오의 이야기는 한대(漢代)에 고조(高祖)의 황후였던 여태후(呂太后)가 고조 사후 권력을 잡으려고 음모를 꾸몄으나 두 고관 주발(周勃)와 진평(陳平)의 기민한 조치로 격파된다는 내용이었다. 이 이야기를 통해 마오는 어떻게 장칭을 다룰 것인가를 암시해 준 것이라고 예 원수는 생각했던 것이다.[10]

9월 1일까지는 마오의 건강 상태에 급격한 변화의 조짐이 보이지 않았다. 위기 상황이 곧 닥칠 것 같지는 않았다. 그날 장칭은 다시 한번 다자이의 모범농장을 방문하기 위해 떠났다.

장칭의 다자이 행은 거창했다. 그녀는 특별열차로 여행했으며 네 마리의 말과

한 트럭분의 영화필름을 가지고 갔다. 그녀는 기분이 좋지 않았다고 안내를 맡았던 다자이의 관리는 회상하였다. 그녀는 도착하자마자 불평을 시작했다. 특히 지난 해에 그녀의 명령으로 만들어졌던 참호가 새로운 돼지 축사 때문에 없어져 버리고, 그녀가 심었던 모란들이 사라져 버린 것을 발견하자 불같이 화를 냈다. 이것은 덩샤오핑의 음모라고 그녀는 악을 썼고, 안내하는 사람들에게 덩샤오핑의 첩자라며 끊임없이 욕설을 퍼부었다.

그녀는 저녁이면 영화를 상영했고, 낮에는 경호원들과 함께 승마를 하였다. 또 말을 타고 다자이의 뒤편에 있는 언덕에 오르기를 좋아하였다. 아마도 그것은 그녀에게 옌안의 언덕에서 말을 타던 기억을 상기시켰을 것이다.[11]

장칭은 다자이를 자신의 업적으로 삼기 위해 농민들을 괴롭혔다. 당시 당 지도자들 간에는 자신의 개인적인 후원 아래 이러한 사업을 갖는 것이 유행이었다. 그러나 까다로운 다자이 농민들은 장칭의 성미를 도저히 감당해 낼 수 없음을 알았다.

장칭이 무엇을 기대했건 간에 그것들은 베이징으로부터의 긴급한 전화에 의해 중단될 수밖에 없었다. 마오 주석이 위독하다. 그녀가 돌아와야 한다. 특별열차가 준비되는 동안 장칭은 브리지 게임을 하면서 시간을 보냈다. 나중에 이 일은 그녀를 비난하는 데 이용되었다("장칭은 남편이 죽어 가는 데도 브리지 게임을 하고 있었다"). 허겁지겁 스자좡에 도착한 그녀는 거기서 베이징으로 가는 비행기를 잡아탔다. 그녀는 9월 5일 저녁 늦게 도착하여 황급히 중난하이로 갔다. 할 일은 아무것도 없었다. 마오는 마지막 혼수상태에 빠져 있었다. 장칭은 죽어 가는 남편을 바라보다가 자신의 숙소로 돌아갔다.[12]

자정이 지나고, 9월 9일 새벽 1시 10분에 마오는 죽었다. 여든세 번째 생일에서 석 달이 모자라는 나이였다. 대부분의 정치국원이 대기 상태에 있었다. 마지막 순간 마오에게는 인공호흡 장치가 부착되었다. 왕조 시대 이래 황제들의 죽음과 연관되어 전해 내려오는 이야기들을 잘 알고 있을 뿐만 아니라, 스탈린의 의사들에 의한 음모와 스탈린 사후 소련 고위층들이 보인 과대망상 증세에 대해서도 기억이 생생한 마오의 의료팀은 극도로 신중을 기했다. 마오의 생명을 연장시키기 위해서 구할 수 있는 모든 의료기구가 동원되었다. 화궈펑, 공안부대장 왕둥싱, 그리고 4인방의 일원인 왕훙원과 장춘차오로 구성된 마오 의료위원회는 하나하나의 움직임을 확인하고 입증하기 위해 대기하고 있었다. 장칭은 마오가 죽자마자 뛰어들어 왔다.

마오의 찌그러진 폐에서 호흡이 끊어지자마자 정치국은 회의를 열고 유체(遺體)와 유산에 대해 논쟁하기 시작하였다. 우선 유체를 어떻게 처리할 것인가 하는 문제를 결정하지 않으면 안 되었다. 정치국원들 사이에 의견이 갈라졌다. 장칭과 4인방은 레닌처럼 마오의 유체가 미라로 보존되기를 원했다. 예젠잉을 비롯한 다른 사람들은 생전에 마오가 화장을 원했음을 지적하였다. 마오는 장칭과 함께 바바오산 묘례당(墓禮堂)을 방문하여 두 사람이 나란히 묻힐 묘지를 지정한 적이 있었다. 진퇴양난에 빠진 정치국은 결정을 유보하고 의료팀에게 잠시 동안—적어도 2주일은 걸릴 공식적인 조문 기간이 끝날 때까지—유체를 보존하라고 지시했다. 나중에 그 문제를 결정할 작정이었다. 그러나 그 다음 단계가 쉽지 않았다. 마오의 유체가 보존된다면(몸이 너무 야위어 과연 그대로 보존될 수 있는가 하는 의문도 있었다), 전시될 장소가 있어야만 했다. 일부 정치국원은 레닌의 유체를 둘러싸고 똑같은 논쟁이 있었음을 알고 있었다. 레닌은 자신의 유체를 보존하려는 움직임에 대해 그것은 중세적 미신을 추종하는 것이라고 설득력 있게 논박했었다. 그는 장례식조차 달가워하지 않았다. 그러나 스탈린은 이것을 무시하고 레닌의 유체를 방부처리하여 붉은 광장에 지어진 새로운 묘소에서 전시하도록 명령했다. 스탈린이 붉은 광장에서 군대를 사열하기 위해 묘소에 오를 때마다 레닌의 유체는 그의 발밑에 깔리게 되었다.

4인방은 마오가 절대로 밟지 않겠다고 맹세한 자금성에 마오를 안치하려고 했다. 그들은 톈안먼 바로 뒤에 묘소를 건설하자고 제안하였다. 그러나 반대파는 그로 인해 조상들이 신중한 고려 아래 설계해 놓은 도시의 풍수(風水)가 파괴될 것이라고 믿었다.

풍수설은 서양인들에게는 별 의미가 없지만 중국인들은 이 신비스럽고도 비밀스러운 지식을 5천 년 동안이나 연구해 왔다. 마오는 풍수에 대해서 많은 것을 알고 있었다. 그가 탐독한 방중술 책자에는 풍수에 관련된 내용이 풍부하게 실려 있었다. 수백 명의 여인과 동거함으로써 남자는 수명을 무한대로 연장시킬 수 있다고 풍수설은 가르치고 있었다. 마오는 이 목표를 위해 열심히 노력하였다.

풍수는 인간의 거의 모든 행동에 영향을 미쳤다. 그것은 음양(陰陽)과 별들의 위치를 알려주었고, 씨를 뿌리고, 남아를 잉태하고, 결혼을 축하하고, 혹은 적을 죽일 수 있는 가장 좋은 시간을 지정해 주었다. 풍수 전문가 워너(E.T.C. Werner)는 풍수를 "산 사람과 죽은 사람의 주거지를 우주의 기맥(氣脈)의 흐름과 조화되고 융합되도록 적응시키는 기술"이라고 정의하였다.[13] 마오는 풍택원을 지을 때 풍수설을 따랐으며, 제대로 지어진 중국의 여느 주택처럼 남쪽을 향하게 하였다. 손님을 맞이할 때 문턱을 밟는 것을 꺼린 마오의 미신도 풍수에서 나온 것이며, 그가 적대시한 류사오치를 죽기 전에 카이펑으로 옮긴 다음 그의 집을 없애 버린 것도 마찬가지 이유에서였다.[14]

자금성에 마오의 묘소를 세우는 것을 반대한 사람들의 논리는 바로 이와 같은 풍수설에서 나온 것이었다. 그러나 그들은 마오가 살아 있다면 묘소가 북향이라는 이유 때문에도 자신들의 편을 들었으리라는 것을 알면서도 솔직한 생각을 입밖에 내지 않았다. 그들은 마음속으로는 자신들이 마오의 뜻을 정면으로 거스르고 '낡은 잔재에 머리를 조아리고' 있다는 생각을 하고 있었을 것이다.

대신 그들은 마오를 향산에 안치하자고 주장했다. 생전에 마오가 향산에 깊은 애정을 가지고 있었을 뿐만 아니라 한 지역을 전부 마오에게 바칠 수 있다는 점에서도 적절하다는 것이 그들의 명분이었다(사실 그들은 마오의 묘소를 가능한 한 베이징에서 먼곳에 두고 싶어했다). 그들은 또한 마오가 '인민에게 가까이' 있을 수 있는 톈안먼 광장도 좋다고 제안했다.

논란 끝에 결국 타협이 이루어졌다. 톈안먼 광장이 선택된 것이다. 이곳 역시 묘소는 남향이 아니라 북향이 될 수밖에 없었다. 논쟁을 너무 오래 끌었기 때문에 나중에는 마오의 시체가 적절하게 보존될 수 없을 정도로 부패하여 밤마다 냉동실로 내려보내야만 한다는 소문이 나돌기도 하였다. 모든 문제에 대한 최종적인 결정은 항상 마오가 내렸다. 사람들이 이 관행에 얼마나 익숙해져 있었는가는 다음과 같은 젊은 여성의 이야기를 통해 단적으로 드러나고 있다. 그녀는 말했다. "토론이 너무 길어졌기 때문에, 마침내 (마오 주석께서) 결정을 내렸을 때는 유체를 적절히 보존하기에는 너무 늦었다는 결론을 내리셨습니다." 루마니아 사람들에게 자문을 구했지만 그들의 보존 기술은 잘못된 것이었다고 주장하는 사람들도 있었다.[15]

공식적인 추도식을 위해 마오의 유체가 인민대회당에 옮겨졌을 때 모든 사람은 화환을 가져왔다. 장칭은 하얀 종이꽃을 직접 만들었다고 주장했다. 그녀는 화환에 다음과 같은 헌사를 써 붙였다. '나의 스승인 마오쩌둥 주석께. 제자이자 동지인 장칭으로부터.' 그녀는 또한 일부 가족들의 명단을 덧붙였다. 거기에는 아들 안칭, 딸 리민(李敏)과 리너 (마오는 두 딸에게 마오(毛)의 성이 아닌 리(李)씨 성을 붙였는데 이것은 마오의 가명이 李德勝이었기 때문이라고도 하고 혹은 장칭의 본명이 李云鶴이었기 때문이라고 전해진다-역주), 손자 위안잉(遠英), 조카 마오위안신 등의 이름이 들어 있었다. 그녀는 왕하이룽의 이름은 적지 않았다. 왕은 이 화환과 헌사를 보자 장칭에게 소리쳤다. '어떻게 감히!' 장칭은 상하이 나이트클럽의 야비한 언어로 응수했고, 두 여자는 서로 욕설을 퍼붓기 시작했다. 왕하이룽이 장칭의 머리카락을 잡아당기자 쑥 빠져서 그녀의 손아귀에 남았다. 장칭의 머리는 가발이었던 것이다. 당시 중국의 부주석으로 이 장면을 목격했던 쑹칭링은 장칭의 머리가 달걀처럼 민둥민둥했다고 유쾌한 표정으로 이야기해 주었다. 마침내 주변 사람들이 뜯어말리고 두 여자는 허겁지겁 화장실로 달려가서 흐트러진 매무새를 고쳤다고 그녀는 말했다.[16]

한편 예 원수는 작전의 마지막 단계를 실행에 옮기고 있었다. 예는 중난하이에 들어와 공안부서의 우두머리인 왕둥싱과 마지막 협상을 하고 있었다. 장칭이 승리하면 자신이 오랫동안 살아 남을 수 있으리라고 왕은 믿었을까? 왕은 실리적인 경찰이었다. 그는 장칭과의 결탁이 덩샤오핑과의 그것보다 특별히 나을 것이 없음을 알고 있었다. 예 원수는 왕에게 생명을 보장하고 과거의 일은 불문에 붙이겠다는 것, 그리고 버젓한 미래를 약속하였다. 마침내 왕은 합류하였고, 예의 일은 훨씬 수월해졌다. 왕둥싱은 장칭과 그 일당의 동정을 쉽게 추적할 수 있었다. 그의 조직은 쿠데타에서 결정적인 역할을 하게 되었다.

화귀펑의 경우는 좀더 어려웠다. 예는 화귀펑에게 동참한다면 군대와 당 원로들이 당신을 지지할 것이라고 그를 설득했다. "당신은 우리와 한 편이 될 것이오." 예 원수는 이렇게 말하였다. 예 원수는 조용한 스쟈 골목의 아름다운 옛 정원이 딸린 화귀펑의 저택에서 그와 여러 차례 만났다.[17] 그곳은 베이징의 중심 상가인 왕푸징 거리에서 그리 멀지 않고, 베이징 호텔의 바로 뒤편에 있었다. 예 원수는 화에게 간단한 질문을 하였다. 당신은 누구를 믿는가? 우리인가, 아니면 장칭인가? 잠시 생각해 본 다음 화는 예젠잉을 믿는다고 대답하였다.[18]

예 원수는 근심이라고는 없는 사람처럼 행동했다. 그는 향산에서 오랫동안 산책을 했고, 자신이 특별히 좋아하는 언덕에 올라 그곳에다 자신의 동료들을 기념하여 '용사의 언덕'이라는 이름을 붙였다. 그는 이곳의 정자를 풍우정(風雨亭)이라 부르자고 제안하였다. 그러나 장칭의 스파이들이 근처에 잠복해 있는 것을 발견하자 그는 이름을 비학정(飛鶴亭)으로 바꾸고, 주변에 사람이 너무 많아 둥지를 바꿀 수밖에 없었던 학의 이야기를 노래한 시를 동료들에게 나지막이 읊어 주었다.

이제는 사람들이 예에게 몰려들고 있었다. 어느 날 리셴녠이 나타났다. 그는 미행자를 따돌리기 위해 근처의 식물원을 방문하는 척하다가 뒷길로 해서 예의 저택으로 들어왔다고 예에게 이야기해 주었다.[19]

4인방은 서둘러 움직였다. 장은 정치국의 결의를 통해 덩의 당원 자격을 박탈하려고 시도했지만 실패했다. 그녀는 마오의 간호원인 장위펑을 협박하여 마오의 서류들을 내놓도록 했다. 그녀는 마오의 마지막 유언이나 마오가 그녀를 비난한 자료를 찾으려고 애썼다. 그녀는 결국 서류를 반납하지 않을 수 없었다. 그러나 아마도 마오가 4인방의 노선을 고수하라고 화궈펑에게 지시한 것처럼 서류를 일부 날조했는지도 모른다. 후에 장칭이 기소되었을 때 적어도 이와 같은 비난이 가해졌다.

4인방은 특히 상하이에서 군사적인 지원을 확보하기 위해 맹렬히 뛰고 있었다. 4인방 가운데 가장 나이가 젊은 왕훙원은 중난하이에서 전국의 정치지도자들과 접촉하는 일을 맡았다. 그는 각 성의 성도(省都)로 직통하는 전화선들을 개설하였고, 상하이와는 매시간 연락을 취하였다. 당시 그는 특별전화를 통해 상하이와 무려 107번이나 통화를 했다는 사실이 4인방의 실각 후 밝혀지기도 했다. 4인방은 또한 마오위안신이 선양 군구에 갖고 있는 군사적 기반을 이용하기 위해 그를 베이징에 계속 붙들어 두려고 안간힘을 썼다. 예 원수와 그의 동료들은 마오의 조카가 더 이상 베이징에 머물러 있을 이유가 없다고 생각했다. 4인방은 그가 베이징에 남아 마오의 서류들을 처리해야 한다고 주장했다. 그러나 예 원수는 마오위안신이 서류를 원본대로 남겨 두지 않고 함부로 고칠 것이라고 믿었다.

예 원수는 동료들에게 10월 10일이나 11일에 행동할 준비를 하라고 일러두었다. 그러나 4인방이 10월 7일이나 8일, 또는 9일에 쿠데타를 일으킬 것이라는 정보를 얻게 되었다. 그는 즉각 화궈펑과 왕둥싱을 불러들였고, 10월 6일 오후 8시로 거사를 앞당기기로 했다. 작전계획은 24시간 전인 10월 5일에 완료되었다. 예 원수는 중앙군사위원회 내부의 동료와 국방부, 군사령부, 공군 해군, 해안경비대, 국경수비대의 책임을 맡은 사령관들에게 경계 태세를 취하게 하였다. 그들은 작전준비를 하고, 4인방의 반격을 보고하라는 지시를 받았다.

왕둥싱은 별동대를 조직하였다. 그리고 마오쩌둥 선집 제5권의 최종교정본을 승인하기 위해 정치국 상무위원회가 10월 6일 오후 8시 중난하이의 회인당에서 열린다는 통지를 보냈다. 그렇게 되면 자동적으로 예젠잉, 화궈펑, 그리고 4인방 가운데 왕훙원과 장춘차오가 참석하게 될 것이었다. 4인방의 또 다른 일원인 야오원위안은 교열을 위해 특별히 초빙되었다.

참모 장교의 수행을 받으면서 예 원수가 향산으로부터 차를 몰아 중난하이에 들어갔을 때 평화로운 밤하늘에는 별이 반짝이고 있었다. 그는 회인당에 약간 일찍 도착하였다. 테라스에는 전등이 밝혀져 있었다. 예는 안으로 들어갔다. 소리 하나 없이 조용했다. 화궈펑은 이미 와 있었고, 공안책임자 왕둥싱은 중앙 홀의 칸막이 뒤에 서 있었다.

대기는 죽은 듯이 잠잠하였다. 사람들은 서로 귓속말을 주고받으면서 기다렸다. 이윽고 장춘차오가 들어오자 화궈펑은 정치국에 의해 미리 준비된 짧은 기소장을 읽었다. 기소장은 장이 반당적인 행위와 극악한 범죄를 저질렀다고 비난한 다음, 조사가 끝날 때까지 통신의 자유를 박탈당한 채 구금될 것이라고 선언했다. 그는 어깨가 축 처지고, 얼굴이 잿빛이 된 채 비틀거리면서 조용히 끌려나갔다.

왕훙원이 다음에 들어왔다. 똑같은 절차가 반복되었다. 젊고 기운이 좋은 왕은 저항했지만 결국 바닥에 나가떨어진 채 끌려나갔다. 마지막은 야오원위안이었다. 그는 반박하려 했지만 결국 입을 다물고 끌려나갔다.

다른 행동대는 백탑사(白塔寺) 부근의 저택에 있는 장칭의 침실문을 두드렸다.[20] 그녀는 긴 소파에 누워 책을 읽고 있다가 얼굴을 들지도 않고 "들어와" 하고 말했다. 낯선 사람들이 들이닥치자 그녀는 경호원들을 소리쳐 불렀지만, 그들은 이미 왕둥싱의 부하에게 끌려가 버린 다음이었다. 장칭은 발악을 했지만 결국 끌려나갔다. 낌새를 눈치챈 마오위안신은 도망치려 하였다. 그는 군용 비행장에 도착하여 만주로 향하는 비행기를 타려고 했으나 결국 공안부대와 총격전을 벌인 끝에 두 사람에게 부상을 입히고 사로잡혔다. 텔레비전과 라디오 방송국을 장악하고, 신문사를 접수하는 일도 모두 완료되었다.

예 원수는 다시 향산으로 돌아가서 위취안산의 9호 건물에서 밤 10시부터 밤새도록 열린 정치국 회의에 참석하였다. 회의는 다음 날 오전 5시까지 계속되었다. 4인방 체포와 필요한 조사를 승인하는 결의안이 통과되었다. 베이징 밖에 있던 정치국원—특히 광저우의 쉬스유와 웨이궈칭—에게도 전화로 전달이 되었다.

예 원수는 오랜 동료들, 녜룽전 원수와 쉬샹첸(徐向前) 원수, 당의 원로인 천윈, 그리고 후에 덩의 참모가 된 후야오방에게 직접 전화를 걸었다. 그런 다음 예는 형식적으로는 여전히 가택 연금 상태에 있는 덩에게 연락을 하였다. 이제 덩은 중앙 무대에 복귀할 수 있게 되었다. 그의 세 번째 복귀를 위해 길은 깨끗이 청소되었다. 그는 만반의 준비를 갖춘 채 기다리고 있었다.[21]

41. 백만웅사(百萬雄師)

문화혁명의 절정기인 1966년과 67년 사이의 겨울에 상하이의 급진적인 지도자들은 쿠데타를 시도하였다. 그들은 이른바 상하이 코뮌이라는 것을 세우고 전 중국을 하나의 코뮌으로 변혁시키자고 제안하였다. 이 장대한 계획은 이른바 '백만웅사'의 지원 아래 추진되었다.

마오는 이 위험한 동료들을 다루는 데 상당히 애를 먹었고, 코뮌 계획은 결국 포기되었다. 그러나 소수 강경파와 백만웅사는 여전히 상하이를 장악하고 있었다. 힘겨운 노력 끝에 비로소 마오는 중국이 공공연한 내전에 빠지는 것을 막을 수 있었다.

마오의 생명이 기울어져 가는 동안 4인방은 이 군대를 다시 재건하여 다른 군사력과 함께 자신들의 권력 기반으로 삼으려고 했다. 방적공장 노동자 출신으로서, 4인방 가운데 가장 장칭과 비등한 권력을 기대했던 왕홍원은 1975년 말에서 76년 초 사이에 상하이의 전설적인 혁명군을 재건하는 작업을 개시했다. 이 새로운 군대는 공장 노동자와 민병(民兵), 그리고 4인방에 충성하는 다른 준군사적인 조직을 기반으로 하고 있었다. 1976년 봄이 되자 갑작스럽게 10만 병력을 조직하라는 명령이 내려왔다.[1)]

왕훙원은 두 개의 공장을 관할하고 있으면서 박격포, 기관총, 소총, 권총과 수류탄을 생산하게 했다. 그의 부하들은 인민해방군 병참부로부터 대포를 징발하였다. 4인방이 상하이의 군중을 끌어들일 수만 있다면 이 새로운 민병 부대는 엄청난 잠재력을 발휘할 수 있었다.[2)] 베이징에 있는 사람들은 아무도 상하이가 어떤 숨겨진 예비 부대를 동원할 수 있을는지, 또는 다른 도시와 어떤 비밀스러운 제휴를 맺고 있는지 알 길이 없었다.

무장 충돌을 피하기 위해 베이징에서는 마오가 즐겨 원용하였던 《삼국지》식의 속임수—중국 고대의 전사들이 승리를 쟁취하기 위해 사용한 적절한 거짓과 기만 술책—를 활용하였다.

장칭과 그 일당이 체포된 사실은 극비에 붙여졌다. 베이징에서 긴급한 정치국 회의가 있다는 통보를 받은 상하이 지도자들은 아무것도 모르고 있었다. 그들은 수도로 허겁지겁 달려왔고 비행기에서 내리자마자 체포되었다.

상하이에 남아 있던 사람들은 초조하게 그들의 상급자들로부터의 전갈을 기다리고 있었다. 아무 소식도 오지 않았다. 무슨 일이 일어났는지 알아보기 위해 제2진이 베이징으로 향했다. 그들 역시 덫에 걸렸다. 그러나 그들은 상하이와 통화를 하는 데 성공했고, 미리 정해 놓은 암호를 사용하여 베이징의 상황을 알렸다. '어머니가 오래 된 복통으로 고통을 받고 계시다'는 암호 내용은 장칭이 체포되었음을 의미하는 것이었다. 상하이 그룹은 봉기 계획을 가속화시켰다. 그들은 베이징을 반혁명파로 규정하고 그에 대항하기 위해 전국적인 봉기를 호소할 작정이었다. 그러나 그때 베이징에 있는 그들의 동료들로부터 안심시키는 전갈이 왔다. 모든 일이 잘 되고 있으며, 곧 돌아가겠다. 상하이 그룹은 당황하였다. 도대체 어떻게 되어가고 있는가?

베이징은 그 후에도 며칠 동안 상하이를 가지고 놀았다. 그리고 마침내 10월

13일 상하이의 지도자들을 되돌려 보내 슬픈 소식을 전하게 했다. 그것으로 끝이었다. 4인방, 장칭과 그 일당은 이제 손아귀에 들어와 있었다. 그들과 상하이 그룹은 불가항력에 굴복할 수밖에 없었다.

베이징이 이러한 비밀작전에만 전적으로 의존한 것은 아니었다. 그들은 용감한 광저우 군구 사령관 쉬스유를 난징으로 보내, 4인방과 한패인 지역 사령관을 체포하게 했고, 필요할 경우 상하이로 진격할 수 있는 준비를 하게 했다. 다른 군사적인 예방 조치들도 조용히 이루어졌다. 아무것도 필요하지 않았다. 상하이는 백기를 들었다.

그때서야 비로소 4인방이 분쇄되었다는 공식적인 발표가 있었다. 10월 15일이었다. 당시 '1천만 명의 상하이 시민들이 축하하기 위해 거리로 몰려 나왔다'고 1년 후에 어떤 상하이 사람은 말했다. 여기에는 약간 과장이 섞여 있었지만 충분히 이해할 수는 있었다. 부둣가에 정박해 있던 선박들은 고동을 울렸다.[3] 중국 내 모든 주점—베이징, 충칭, 난징, 청두, 톈진, 광저우, 그리고 상하이—에서는 한두 시간 만에 마오타이주가 동이 나버렸다고 전해지기도 했다. 상하이 밖의 외양간에 갇혀 있던 어떤 편집자는 울타리를 뛰어넘어 상하이의 교외에 도달할 때까지 계속 달렸다.[4] 베이징 출신의 어떤 젊은 여성은 산시의 인민공사에서 똥거름을 나르고 있다가 뛰어나와 마을의 역에서 화물차를 잡아타고 타이위안까지 매달려 왔다. 전국의 곳곳에서 '흑색분자(黑幫)'들이 외양간에서 뛰쳐나와 고향으로 돌아갔다. 10년 간의 박해에서 살아 남은 중국의 '불행한 사람들'이 사슬을 벗어 버린 것이다.

모든 사람들이 금방 자유로워진 것은 아니었다. 담장 안의 감옥에 있던 사람들, 베이징 북쪽에 위치한 엄중한 감시하의 친청 감옥에 있던 사람들은 빠져나올 수 없었다. 어떤 사람들은 수개월, 심지어는 수년 후에야 석방되었다. 믿을 수 없게도 풀려 나왔다가 다시 구속된 사람들도 있었다.

4인방은 사라졌다. 덩은 자유로워졌다. 그러나 그가 곧장 최고의 자리에 뛰어

오른 것은 아니었다. 대약진을 한 사람은 화궈펑이었다. 마오는 이 졸린 눈을 한 능란한 시골사람에 대해서 "당신에게 맡기면 안심이다"라는 말을 한 적이 있었다. 화는 예 원수와 협력했었다. 이 거래는 그의 권력을 유지시켜 주었고, 그는 쉽게 그것을 포기하려 하지 않았다.

시간이 지나면 화궈펑은 중국의 정치 무대에서 잊혀질 인물이었다. 그러나 당시는 그의 시절이었으며, 그는 이것을 최대한 이용하였다. 중국은 투쟁의 대가로만 얻어지는 상품이었다. 그것을 차지하려면 덩의 복귀를 막아야만 했다. 그에게는 지지 세력이 있었고 그는 그 숫자를 더욱 늘려 갔다. 4인방을 지지했던 사람들, 장칭의 몰락에도 불구하고 살아 남은 사람들, 덩의 보조가 너무 빠른 것을 두려워한 많은 관료들이 바로 그들이었다.

덩의 첫 번째 싸움은 그가 1976년 봄에 빼앗긴 직위들—부총리직, 당부주석직, 막강한 중앙군사위원회 부주석직—을 되찾는 것이었다. 그것은 금방 실현되지 않았다. 화궈펑은 질질 끌었다. 그는 자신을 마오와 일체화시키는 이중적인 이미지 형성에 힘을 들였다. 그는 도처에 포스터를 붙여 마오가 선택한 계승자로서의 자신의 모습을 부각시켰고, 마오가 자신을 신임했다는 것을 대중에게 수시로 상기시켰다. 그는 마오주석에 대한 자신의 충성을 입증하는 두 가지 결의안—톈안먼 광장에 마오 기념당을 세우는 것과 마오쩌둥 선집의 제5권을 출판하는 것—을 정치국에서 통과시키고 그것들을 선전하였다.

톈안먼 광장은 기념당 건립 공사를 서두르느라고 반쯤 폐쇄되어 있었기 때문에 또 다른 대규모 시위를 할 여지가 없었다(비록 덩을 옹호하는 대자보들이 공사장 벽에 나붙기는 했지만). 유치원에서는 어린애들에게 마오 기념당과 마오쩌둥 선집 제5권, 그리고 화궈펑 주석을 찬양하는 노래와 춤을 가르쳤다.

마오 주석, 우리는 항상 당신을 그리워하고 있습니다
당신은 우리 마음 속의 붉은 태양입니다

화 주석께서는 얼마나 현명하신가
그는 4인방을 쳐부수셨습니다
우리는 영원히 그를 따를 것입니다.[5]

마오가 사망하고 화가 승격된 9월 9일을 기념하기 위해 음악회와 공연이 베풀어졌다. 어떤 댄스 프로그램에서는 두 명의 젊은이가 자신들의 몸보다 훨씬 큰 거대한 두루마리 주위를 돌다가 갑자기 숙연한 몸짓으로 붉은 벨벳을 젖히자 선집 제5권에 있는 마오 주석의 신성한 말씀이 나타났다. 그 순간 그들 뒤편에 있는 스크린에서는 붉은 태양이 솟아올라 점차 마오의 넓은 얼굴로 바뀌어 갔다.[6]

1977년의 중국에서 마오에 대한 개인 숭배는 여전히 건재하고 있었으며, 화궈펑은 그 신성한 자락을 몸에 걸치기 위하여 안간힘을 다 쏟고 있었다.

그 당시나 그 이후에나 덩을 위해서는 책도, 시도, 초상화도, 노래도, 개인 숭배도 없었다. 덩은 가장 기초적인 문제에 주력했다. 그것은 정치국원으로서의 직위를 회복하는 일이었다. 마오는 그에게 강력한 지렛대를 남겨 주었다. 당 규약에서 정한 대로 덩은 중앙위원회에 의해서가 아니라 정치국에 의해 추방당했다. 따라서 그는 당원 자격을 유지하고 있었다. 덩을 옹호하고 있는 예젠잉의 주장대로 정치국이 덩의 직위를 박탈할 권한을 가졌다면, 그것을 되돌려 줄 권한도 가지고 있었다. 그것은 상당히 그럴 듯한 논리였다. 예 원수와 그 동료들로 구성되어 있는 정치국 다수파의 지원을 받고 있는 상황에서는 특히 그러했다.

화는 싸움을 질질 끌었다. 마오의 얼굴에 화의 얼굴을 겹쳐 새긴 이중적인 상징물인 배지들이 만들어졌다. 그리고 보다 중요한 것은 화궈펑이 이른바 '양개범시론(兩個凡是論)'이라는 것, 즉 마오가 결정한 것은 무엇이든 지켜야 하며, 마오가 말한 것은 무엇이든 따라야 한다는 원칙을 자신의 기본 강령으로 내세웠다는 점이었다.

화는 총리 대리로 지명되었을 때 마오에게 이에 대한 서약을 했었다(덩 역시 마오가 그를 임명했을 때 똑같은 서약을 했다). 화는 마오 충성파들의 지지를 얻어내기 위해 이 범시론을 기꺼이 지키려 했다. 덩은 그렇지 않았다. 1975년 그가 실각한 원인은 마오가 결정한 것은 신성불가침이라는 원칙을 부인했기 때문이었다. 1976년 말에 덩이 복귀할 것이라는 소문이 나돌았다. 그것은 이루어지지 않았다. 복귀 소문은 1977년 1월로 바뀌었고, 다시 2월, 3월로 미루어졌다. 화의 방해공작 때문에 결정은 여전히 지체되고 있었다. 덩은 지지자들과 광둥에서 많은 시간을 보냈다. 예 원수는 정치국에서 그의 후견인 역할을 했다.

외부 사람들은 정치 투쟁의 낌새를 전혀 알지 못했다. 그러나 형세는 덩에게 유리해지고 있었다. 그는 상무위원회, 이어서 정치국에서 실시된 투표에서 승리하였다. 결의안은 마침내 1977년 7월(16~21일)에 열린 당 제10기 3중전회에서 확정되었다. 덩은 복귀하였다. 며칠 후 열린 중국공산당 제11차 전국대표대회는 덩에 대한 결의를 승인하였고, 거리에서는 폭죽이 터졌다. 어린이 합창단을 앞세운 인민해방군의 퍼레이드가 톈안먼 광장으로 행진하였다. 마오 기념당도 완공되었다. 공사장의 발판이 내려지고 다시 톈안먼 광장은 정치를 위해 개방되었다.

11전대회 직전에 베이징을 방문한 사람들은 자신들이 덩샤오핑의 승리를 목격하고 있음을 알지 못하였다. 화궈펑은 여전히 최고 자리를 지키고 있었고, 그것은 1년 이상 계속되었다. 덩의 이름은 전광판이나 톈안먼 위의 플래카드에 나타나지도 않았고, 인민일보 머릿기사의 주제가 되지도 않았다. 그럼에도 불구하고 덩은 이미 돌아와 있었다. 며칠 후 그는 인민대회당에서 일단의 미국특파원들과 만났다. 그가 탄력 있는 걸음걸이로 접견실에 들어오자 공기는 마치 방전 현상이 일고 있는 것처럼 탁탁 튀는 소리를 냈다. 그에게서는 격전의 상흔이 전혀 드러나 보이지 않았다. 그는 마치 밴텀급 복서처럼 발끝으로 사뿐사뿐 걸었고, 상점가에 온 대통령 입후보자와 같은 태도로 악수를 했으며, 특파원 부인들과 여기자들에게는 인사말과 미소를 보냈다. 유치원 아이들의 노래나 신문기사와는 상관없이 분명히 그는 실권을 장악한 사람이었다.

덩은 실내를 완전히 압도해 버렸다. 달덩이 같은 얼굴을 한 화궈펑으로서는 도저히 불가능한 일이었다. 그는 기자들과 농담을 했다(덩은 이때 장차 미국 국무장관이 될 사이러스 밴스(Cyrus Vance)와 처음 만났다). 그는 담배를 피우면 손 운동이 된다고 농담을 하면서 그것은 마오 주석이 한 말이라고 했다. 잔을 들어 올려 건배를 하고 좌중을 이끌어 가는 그의 모습은 무대에 올라선 근대 정치가의 면모를 유감없이 발휘하고 있었다. 인민대회당에서 열린 덩의 시사회에 참석했던 사람들은 이 순발력이 뛰어난 작은 사내가 이미 최고 지도자의 자리로 복귀했음을 아무도 의심하지 않게 되었다.[7]

마오의 서거 1주기인 1977년 9월 9일 마오 기념당이 대중에게 공개되었다. 사람의 행렬은 끝없이 이어졌다. 마오쩌둥 선집 제5권도 같은 날 공개되었다. 그러나 화궈펑이 일인자의 자리를 지키기 위해서는 이와 같은 건물 하나, 책 한 권으로는 부족하였다. 잠시 동안 예 원수, 덩, 그리고 화에 의한 불편한 삼두정치가 유지되었다. 그러나 예는 덩의 편이라는 것을 누구나 알고 있었다. 의견이 갈릴 때마다 화는 2대 1로 불리했다.

그러나 아직 중국은 마오의 시대에서 벗어나지 못하고 있었다. 뒤에 이어진 세월이 보여 주었듯이, 마오 시대를 벗어 버리는 것은 정말 가능한 것인지조차 의심스러웠다. 모든 분야에서 혼란이 발생했다. 중국에서 가장 유명한 생존 작가로서, 상하이에 거주하는 바진은 문화 혁명 시기에 박해를 받아 글쓰는 자유를 박탈당하고, 간신히 처형을 면한 후 10년 동안이나 침묵을 지켜 오다가 이제야 겨우 복권이 되었다. 그의 첫 번째 글이 바로 문화혁명을 촉발시켰던 신문인 《문회보》에 발표되었다. "나는 투쟁을 계속하기 위해 다시 펜을 들었다"고 그는 썼다. 그러나 그가 쓴 글의 초점은 '마오 주석과 화 주석에 대한 깊은 애정'을 표현하는 것이었다.[8]

덩샤오핑은 일급 참모진을 끌어 모으는 데 가장 주안점을 두었다. 1976년 권력을 잃기 전에 그는 수백 명의 중견간부들을 구제한 적이 있었다. 완리와 같은 사람은 덩과 마찬가지로 다시 가택연금 상태에 놓여 있었다. 덩은 완리를 비롯하여 여러 사람들을 풀어 주었다.

중국에서 류사오치의 문제보다 중요한 의미를 지닌 것은 없었다. 그 문제가 바로잡히지 않으면, 즉 그의 명예가 완전히 회복되지 않는다면 수십 만—아마도 수백 만—의 간부들이 류사오치 집단의 일원, 인민의 적이라는 낙인이 찍힌 채, 감옥에서 혹은 밖에서, 여전히 그늘 속에서 살아가야만 했다. 문화혁명의 영원한 희생자로서, 추방자로서 그들은 국가 건설에 참여할 수 없게 되는 것이다.

많은 당원들에게 이것은 극도로 어려운 문제였다. 왜냐하면 류사오치는 마오의 주장에 따라 당으로부터 '영원히' 추방당했기 때문이다. 그의 경우는 추방당했던 많은 당원들의 경우와는 달리 어떤 재고도 있어서는 안 되었다.

덩의 복권이 류사오치의 문제를 자동적으로 해결해 주지는 못했다. 류의 용기 있는 아내 왕광메이는 감옥 속에서 고통받고 있었다. 당 제11기 3중전회가 열린 1978년 12월이 되어서야 비로소 당 특별위원회가 구성되어 류사오치의 문제를 검토하게 되었다. 특별위원회는 일을 신속하게 처리해 나갔다. 겨우 두 달 후인 1979년 춘절 무렵에는 기본적인 결정이 내려졌다. 덩샤오핑이 필요로 하는 중견 간부들이 이제는 일에 몰두할 수 있게 되었다.

왕광메이는 12년 간의 감옥생활 끝에 마오가 강요했던 악몽에서 벗어나 살아남은 자식들과 함께 인민대회당으로 걸어 들어왔다. 군중들이 몰려들어 그녀에게 인사하고, 축하하고, 그녀의 남편의 안부를 묻고, 언제 그를 볼 수 있는지 알고 싶어했다. 그가 이미 10년 전에 죽었음을 그들은 알지 못하고 있었다.

제7부

작은 황제

42. "가난이 공산주의는 아니다"

1979년 중국에서는 "수수를 먹으려면 자오쯔양에게 가고, 쌀을 먹으려면 완리에게 가라"는 말이 대유행하기 시작했다.

덩샤오핑은 이 두 사람—넓적한 얼굴에 말이 느리고 영락없이 캔자스 시티의 성공한 비즈니스맨처럼 보이는 자오쯔양과, 잘생기고 잘 웃으며 서구적인 풍모를 지니고 있어 중국인 같지 않아 보이는 완리—을 빈곤과의 전쟁을 위해 최일선으로 보냈다.

나중에 총리, 그리고 당 총서기가 되는 자오쯔양은 쓰촨으로 갔다. 대부분의 유럽 국가보다도 넓은 중국 서부의 이 성(省)은 9년 동안 계속해서 기근에 시달렸다. 비가 오지 않아 벼가 논에서 시들어 죽지 않으면 너무 비가 와서 벼를 쓸어 가 버렸다. 쓰촨의 농민들은 텅빈 밥그릇을 들고 갈색 누더기를 걸친 채 먼지 속을 헤매면서 길가에서 구걸을 하였다. 그들의 얼굴은 해골처럼 여위었고, 입술은 바싹 말랐으며, 아기들은 어머니의 품안에서 죽어 가고 있었다.

화중 지방의 안후이성 역시 마찬가지였다. 덩은 이곳으로 강철 같은 건설전문가 완리를 파견하였다.

덩은 1978년 11월에서 12월 사이에 권력을 장악하였다. 그가 공식적으로는 화궈펑을 해임시키지 않고 교묘하게 밀어내면서 당과 국가의 통제권을 자기 손안에 넣는 데에는 그만큼 긴 시간이 걸린 것이다.

덩은 예젠잉 원수와 군 원로들의 강력한 지원을 받고 있었다. 1977년 4월 28일 덩과 그의 가족이 예 원수의 여든 살 생일을 축하하기 위해 향산에 있는 예 원수의 별장에 도착했을 때, 중국의 모든 원수들이 거기에 모여 있었다. 예 원수는 그의 손을 잡고 말했다. "당신 역시 선임 원수 중의 한 사람이지요. 실제 당신은 우리 원수들의 지도자입니다."[1]

덩의 권력 기반은 군대뿐만이 아니었다. 그는 장칭의 한 지지자가 단언한 것처럼 '군사 쿠데타'에 의해 권력의 자리에 올랐다.[2] 이제 덩은 마오로부터 재정의 귀재(鬼才)로 평가받았던 천윈이 이끄는 당 원로들의 확고한 지지를 받고 있었다. 대약진운동에 뒤이은 경제적인 혼란 속에서 마오는 천윈에게 의지하였다. 어려움에서 벗어나기 위해 중국이 필요한 것은 '현명한 아내'라고 마오는 말한 바 있으며, 천윈의 경제 분야에서의 재능을 부러워하곤 했다. 한번은 비서인 텐자잉과 이야기하면서 마오는 책상을 두드리면서 격앙하여 외친 적이 있었다. "왜 천윈만이 경제를 다룰 수 있는 거야? 왜 나는 못하지?"[3]

이제 천윈은 덩을 지지하게 되었으며, 덩은 자신이 구상하고 있는 경제계획을 실천하기 위해 그의 도움을 요청했다. 후에 천윈은 개혁에 대한 저항의 상징으로 부상하게 되었다. 그러나 덩이 중국을 다시 가동시키기 위해 이용한 계획을 설계한 것은 바로 천윈이었다. 당시 두 사람간의 유일한 차이점은 타이밍뿐이었다. 덩은 빨리 나아가기를 원했고, 천윈은 점진적인 방식을 선호했다.

덩은 중국에 보다 젊고, 보다 정력적인 새로운 인재들을 쏟아 붓고 있었다. 그들의 대부분은 지난 수년간 그와 함께 가까이서 일해 온 사람들이었다.

완리도 그 중의 한 사람이었다. 그는 서남국(西南局) 시절부터 덩과 함께 일해 왔다(덩은 1949년 중앙서남국 제1서기에 취임, 1952년 8월까지 충칭에서 일했으며, 완리는 서남군정위원회 공업부장으로 재직했다-역주). 그는 몹시 힘들고 위험한 제3선 건설 사업에서도 덩을 도왔다. 또한 그는 마오의 상징물인 새 톈안먼 건설의 총책임자였으며, 1974~75년의 소용돌이 속에서 4인방의 파괴로 혼란에 빠진 중국의 철로를 재건하면서 덩의 오른팔 노릇을 하기도 했다. 덩이 그를 안후이성으로 보냈다는 것은 바로 그 지역이 안고 있는 문제의 심각성을 말해 주는 것이었다.

1978년에 예순두 살이었던 완리는 유연하고 이지적이었으며, 테니스와 브리지에 솜씨가 있었다. 그는 1916년 산둥에서 태어났으며, 일본의 침략에 대항할 수 있는 가장 효율적인 세력이라고 판단하여 1936년 공산당에 입당했다. 그는 여러 해 동안 농촌에서 일한 경험이 있었고, 안후이성이나 인접한 허베이성의 사정을 잘 알고 있었다. 문화혁명 이전에 베이징 시 부시장이었던 그는 반년 동안 구금생활을 하기도 했다. 덩의 사람 가운데 완리만큼 중국이 안고 있는 문제의 기술적인 측면에 대해 잘 아는 사람은 없었고, 그러한 임무를 솜씨 있게 수행할 수 있는 사람도 없었다.

"나는 일본군과 맞서 싸웠으며, 국민당의 '사대가족(四大家族)'—장제스, T. V. 쑹(宋子文), 쿵샹시(孔祥熙), 천궈푸(陳果夫)—에 반대하였습니다. 우리가 성공하지 못했다면 이 자리에 앉아 당신과 이야기할 수도 없겠지요." 1987년 완리는 이렇게 말했다.

그는 말을 이었다. "우리의 목표는 번영하고 행복하며, 착취가 없는 사회를 창조하는 것입니다. 대의에 대한 믿음만으로는 충분치 않습니다. 확고한 실천이 필요합니다."[4]

1977년 안후이성으로 보내진 완리는 즉시 현지 상황을 조사하기 위해 농촌으로 들어갔다. 그는 중국에서 기근이 가장 심했던 쭝양(樅陽)현으로 향했다. 혁명 이전 그곳은 빈곤으로 유명했었다. 사람들은 길거리에서 구걸하는 것으로 연명했다. 해방 전에 주민들은 지주들에 의해 착취당하고 있었다. 완리가 그곳에 도착했을 때, 그들은 여전히 가난했고, 여전히 구걸하고 있었다. 변한 것은 거의 없었다. 지주들은 사라졌으나 사람들은 여전히 가난과 굶주림 속에서 살다 죽어 갔다. 당은 너무 성급하게 합작사(合作社)를 도입하였다. 인민공사 체제는 농민의 등 위에 억지로 지워진 짐이었다. 그들은 진흙 오두막에서 한 가족이 담요 한 장으로 버텼고, 밥그릇은 비어 있었다.

덩샤오핑이 말한 것처럼 가난이 공산주의는 아니었다. 완리는 문제해결에 착수했다. 실용적인 목적을 위해 그는 마오의 인민공사를 쓸어내었다. 그는 각 농가에 토지를 할당해 주고 이른바 농가생산 청부제라는 것을 도입하였다. 1950년대에 실험적으로 실시된 적이 있는 이 제도의 핵심은 각 가정마다 이윤을 배당해 준다는 것이었다. 농민들은 국가와의 개별적인 계약을 통해 곡식을 국가에 팔았고, 그 나머지는 시장에 내다 팔 수 있었다. 난생 처음으로 농민들은 자기 땅에서 이윤을 내면서 심혈을 기울여 경작해 볼 기회를 갖게 되었다.

완리는 농가생산 청부제에 승부를 걸었다. '계속하라'고 그는 농민들을 격려했다. 당의 승인을 받은 계획 따위는 없었다. 그러나 추수기가 돌아왔을 때 완리의 방식이 옳았다는 것이 입증되었다. 농민들은 자신들이 먹기에 충분한 곡식을 생산해 냈으며, 나머지는 국가에 팔았다. "화궈펑은 여전히 지위를 유지하고 있었고, ……다자이에서 배우자는 마오의 노선을 여전히 추종하고 있었습니다. 하지만 덩은 나를 계속 지지해 주었고, 이 방식은 다른 곳으로도 확산되어 갔습니다"라고 그는 말했다.

1982년에야 비로소 당은 75호 문건에서 이 제도를 공식적으로 인정하였다. 그러나 당시 이미 이것은 중국 전체에서 실시되고 있었다. 완리는 인민해방군 출신 전임자에 이어 안후이성 당 서기에 취임했다.

완리는 이렇게 말했다. "나는 당시 4인방뿐만 아니라 인민해방군도 비판했습니다. 인민해방군이 어떻게 문화혁명에 말려들게 되었고, 그 결과가 어떠했는가 하는 점에 대해서였습니다. 물론 인민해방군은 좋은 일도 많이 했습니다. 하지만 마오쩌둥의 잘못된 정책을 따르도록 강요받았습니다."

1987년까지는 덩의 개혁이 커다란 성과를 거두었음에도 불구하고, 여전히 마오와 문화혁명의 유산은 청산되지 않았으며 특히 교육부문이 그렇다고 완리는 생각하고 있었다. 10년 또는 그 이상 동안 폐쇄된 각급학교와 대학, 그리고 이데올로기적인 왜곡으로 말미암아 중국은 훈련받지 못하고, 재능을 계발할 기회도 갖지 못한 거의 두 세대에 걸친 젊은이들을 양산해 냈다.

　완리는 덩의 중요한 정치 참모, 전국 인민대표대회의 지도자, 그리고 가장 가까운 동료의 한 사람이 되었다. 그는 덩과 브리지 게임을 하곤 했으며, 이것은 1990년까지도 계속되었다.

　완리는 말했다. "시합은 아주 치열했습니다. 덩이 확실히 나보다 카드게임에 더 소질이 있습니다. 우리는 둘다 파트너를 가지고 있습니다. 서로가 이기고 지고 하지만 나보다 열두 살이나 나이가 많은 그가 이길 때가 더 많았지요."

　완리는 또한 베이징의 외교관들과도 자주 테니스를 쳤다. 그는 조지 부시 대통령의 테니스 실력에 대해 "볼이 아주 강합니다. 나는 그에게 한 게임 진 적이 있습니다"라고 평가하였다. 그러나 전 중국 주재 미국 대사 윈스턴 로드(Winston Lord)에 대해서는 그다지 높은 점수를 주지 않았다. "그는 나보다 젊지만 내 상대는 되지 않습니다." 그는 오스트레일리아 수상인 로버트 호크(Robert Hawke)와도—비록 지긴 했지만—게임한 적이 있었다.5)

　완리와 경기를 한 적이 있는 어떤 사람은 그의 테니스 실력에 대해 약간 다른 평가를 했다. 완리는 항상 복식 게임을 했으며, 그의 파트너는 항상 중국의 젊은 테니스 스타 중의 한 사람이었다는 것이다.

　덩의 사람 가운데 후야오방만큼 흥미 있는 인물은 없었다. 후에 그는 정치적인 우상, 자유주의와 민주주의, 그리고 언론 자유의 상징으로서 하나의 정치적인 우상이 되었다. 까뮈에서 닉슨에 이르기까지 폭넓은 관심세계를 지닌 활달한 정신의 소유자인 그는 흥미를 느끼는 것이면 무엇이든지 건드려 보는 타입이었다. 그는 새로운 것을 두려워하지 않았으며, 상투적인 것, 특히 마오 시대의 낡은 선전 문구들을 거부하는데 주저하지 않았다. 여론은 그를 민주주의의 상징으로 부각시켰지만 덩의 밑에서 그가 한 역할이 항상 그런 것만은 아니었다. 마오나 덩처럼 그는 중국의 정사인《24사》를 들춰 보는 것을 좋아했다. 마오의 경우처럼 그에게도 마르크스나 레닌보다는 그것이 훨씬 흥미로웠던 것이다.[6]

1978년 후야오방은 예순두 살이었다. 그는 완리와 마찬가지로 서남국 시절부터 오랫동안 덩과 함께 일해 왔다. 그들은 함께 대장정을 겪었다. 당시 후야오방은 아주 젊었다. 그는 덩처럼 나이보다 어려 보였으며, 역시 덩처럼 키가 작았지만 덩보다도 더 정력적인 강인한 젊은이였다. 그들 두 사람은 성숙한 군인이라기보다는 혁명군을 따라다니는 십대의 연락병이었던 소홍귀처럼 보였다. 그러나 두 사람은 전사였다. 후야오방은 쭌이 근처 루산 전투에서 부상을 당하기도 했다.

후는 인민해방군의 정치부에서 일했으며 펑더화이의 3군에 배속된 적도 있었다. 혁명 후에 그는 중국 공산주의청년단(共靑團)의 제1서기가 되었고, 당내에서 맹활약을 했다. 그러나 마오는 1964년 '그는 좀더 실제적인 일을 할 필요가 있다'면서 후를 산시성으로 보내 버렸다. 아마도 이것은 그가 지나치게 활동적이었던 반면 이데올로기에는 충분히 주의를 기울이지 않았기 때문이었겠지만, 한편으로는 그의 앞날에 대한 경고이기도 했다. 문화혁명이 일어나자 후야오방은 베이징으로 소환되었고, 타도의 대상이 되었다.[7]

그는 악질로 분류된 세 명의 후씨 가운데 포함되어 목 주위에 나무로 만든 무거운 칼을 쓰고 베이징 거리를 행진하도록 강요당했다. 다른 두 사람은 공청단의 제2인자였던 후커스(胡克實)와 공청단의 제3인자로서 나중에 덩의 참모가 된 후치리(胡啓立)였다.[7]

후야오방은 '노동을 통한 개조'를 위해 감시가 엄격하고 고립된 작업장으로 보내졌다. 거기서 그는 맷돌을 손으로 끄는 일을 강요당했는데, 맷돌들은 그가 거의 땅바닥에까지 몸을 굽히고 끌어야 할 정도로 거대한 것이었다. 그는 구금되지는 않았다. 그러나 그가 한 노동은 웬만큼 강인한 사람이라도 견디지 못하고 죽었을 정도로 격심한 것이었다.

후는 덩의 제일진에 속했다. 덩은 1974~75년에 잠시 지도자의 지위를 되찾았을 때 그를 작업장에서 빼내어 베이징으로 불러들였다. 그러나 1975년 덩이 다시 실각하자 그도 함께 쫓겨났다.

그는 덩 밑에서 당의 총서기가 되었으며, 그의 계승자로 상정되었다. 그는 덩과 마찬가지로 새로운 사고에 대한 개방적인 태도, 마르크스주의와 마오이즘의 닳아빠진 도그마를 깨부수려는 의지를 공공연하게 드러냈다.

자오쯔양은 홍군의 선임 전사가 아니었다. 그는 대장정에 참여하지도 않았다. 1978년에 쉰아홉 살이었던 그는 유복한 개명 신사(紳士) 가문의 아들로서 교육을 잘 받았으며, 기독교 계통의 초등학교를 다녔다.[8] 그러나 덩의 참모 가운데 자오만큼 중국 농촌에 대한 지식과 경험을 갖추고 있는 사람은 없었다. 그는 허난성의 중부 화셴(滑縣)에서 대어났으며, 끝없이 펼쳐진 남부의 푸른 논과 북부의 곡창 지대를 멀리 떠나서 일한 적이 거의 없었다. 풍요한 농업지대를 잿빛 황무지로 바꾸어 놓은 마오의 인민공사 정책이 초래한 비극적인 실패에 대해 그만큼 잘 알고 있는 사람은 아무도 없었다.

자오쯔양은 중화인민공화국이 성립되자마자 당의 농촌 공작부서로 옮겼다가 중국에서 가장 풍요한 미곡 생산지역이자 인구도 가장 많은 광둥으로 보내졌다. 20세기 훨씬 이전부터 광둥은 토지와 식량 부족으로 수많은 이민들을 해외로 내보내고 있었다. 초기에 미국과 다른 나라들로 이주해 간 중국인들은 대부분 인구가 과밀한 광둥 출신이었다. 미국의 태평양 철로를 건설한 사람들도 바로 이들이었다.

문화혁명은 다른 모든 능력 있는 공산당 관리들과 함께 자오쯔양을 공직에서 쫓아냈다. 처음에 그는 공장에 보내져서, 아주 지저분한 일을 해야 했다. 그러나 오래지 않아 그는 이 유배생활에서 구출되어 내몽고로 파견되었다. 문화혁명은 이 지역의 민족 지도자와 수천 명의 몽고인들을 학살하고, 양과 말을 키우는 몽고의 전통적인 유목문화를 파괴함으로써 이 지역의 인민과 토지를 황폐시켰다. 내몽고는 도살장이었다. 린뱌오 사건 이후의 살벌한 분위기 속에서, 여전히 마오가 장악하고 있던 당의 심한 견제 속에서도 자오쯔양은 내몽고 지방의 굶주림과 고통을 누그러뜨리기 위해 애썼다.

그는 곧 광둥으로 되돌아갔고, 거기서 후에 농업생산 청부제로 정착된 정책요소들 ―마오가 살아 있는 한 대단히 위험한 시도였다― 을 조금씩 도입하기 시작하였다. 마오는 이러한 것들을 자본주의로의 거대한 후퇴로 간주했었다. 그래서 자오쯔양은 온건한 용어를 사용하여 제도의 본 뜻을 은폐한 채 일을 시작하였다.

덩은 자오를 쓰촨으로 전보시켰다. 쓰촨은 문화혁명 이전까지만 해도 중국의 거대한 곡창이었으나 4인방, 가뭄, 홍수 등으로 인해 참혹한 지역으로 바뀌어 버렸다. 1억이나 되는 쓰촨 사람들의 삶은 벼랑가에까지 밀려가 있었다. 자오는 신속하게 움직였다. 완리처럼 그도 규정집 따위는 내던져 버렸고, 마오 추종자들의 비위를 거슬리지 않을 용어로 자신이 하고 있는 일을 위장하곤 했다. 그는 괄목할 만한 식량 증산으로 신속한 성과를 얻어냈다.

자오쯔양과 완리에 대해서 앞에 언급한 것과 같은 유행어가 생기게 된 것은 바로 두 사람이 각각 쓰촨과 안후이에서 식량의 자급자족을 실현시킨 공적 때문이었다.

덩이 자신의 새 왕조에서 핵심 역할을 하게 될 사람을 제자리에 올려놓는 데에는 더욱 오랜 시간이 걸렸다. 양상쿤은 덩샤오핑이 1977~78년에 점차 권력의 지렛대를 장악해 나가고 있을 무렵에도 여전히 친청 감옥에 있었다. 간첩 혐의나 반역 혐의는 결코 말소시키기 쉬운 죄목이 아니었다. 1978년 12월에야 양상쿤은 자유의 몸이 되었다. 그는 거의 13년간을 감옥과 구금 속에서 보내야 했는데, 이것은 마오의 광기에 희생된 고위층 가운데서는 최고의 기록이었다.

양상쿤이 고초를 겪은 것은 린뱌오의 날조 때문이었다. 린은 펑더화이의 뒤를 이어 국방부장이 되자 곧 잠재적인 경쟁자들을 제거하기 시작했다. 그는 즉시 양상쿤을 위험한 존재로 간주하게 되었다. 양상쿤의 간첩 혐의를 날조한 것도 린이었고, 그를 제거하기 위해 마오에게 도청을 이용하도록 주장한 것도 린이었다.

덩샤오핑에 의해 감옥에서 구출된 후, 양은 잠시 동안의 휴식을 위해 광저우로 갔다. 아마도 광저우에서 막강한 영향력을 지닌 예젠잉 원수의 강력한 권유 때문이었을 것이다. 얼마 안 있어 그는 다시 베이징으로 불려 올라왔다. 다시 한번 그는 고위 당직을 맡게 되었으며, 공산당 내에서 최고 권력의 핵심인 중앙군사위원회에 들어가게 되었다. 양상쿤은 점점 더 무거운 책임을 떠맡게 되어 거의 제2의 덩이 되기에 이르렀다.

양상쿤은 석방 직후 일흔 살 생일(중국식으로 따지면 일흔한 살)을 맞았다. 그는 건강 상태가 좋았다. 살은 없었으나 근육질의 단단한 체격을 갖추고 있었으며, 정력적으로 확신에 찬 사람이었다. 여배우이자 극작가였던 자그마한 체격의 그의 아내 리보지오(李伯釗)는 문화혁명 시기에 화장실 청소를 강요당했고, 등뼈를 다칠 때까지 물동이를 들고 계단을 오르내리는 일을 해야만 했다. 그녀는 1985년에 심장마비로 사망하였다.[9)]

덩은 화궈펑과 자신의 운명을 옭아매고 있었던 곤경을 비껴 나갔다. 덩은 화로 하여금 마오의 결정과 지시를 무조건적으로 추종하게 만들었던 양개범시론을 포기해 버렸다. 덩은 속박을 벗어났다. 1978년 12월의 당 제11기 3중전회에서 정점에 달한 일련의 회의를 통해 그는 개혁, 개방정책을 제기하였다. 그는 희생당한 순교자 류사오치의 복권과, 4인방에 의해 오명을 뒤집어쓴 수만 명을 재심사해서 풀어 주고, 복권시키기 위한 기구의 구성을 명하였다. 이와 같은 조치를 통해 그는 장칭과 4인방의 추종자들을 대신하여 수많은 재능있는 남녀들을 활용할 수 있게 되었다.

덩은 마오쩌둥 사상에 대한 독창적인 재해석을 시도했다. 그에 따라 마오쩌둥 사상은 마오 사상의 훌륭하고 '가치 있는' 부분에 다른 당 지도자들의 훌륭한 사상을 결합한 것을 의미하게 되었다. 이와 같은 새로운 해석은 덩으로 하여금 문화혁명, 대약진운동, 그리고 마오의 다른 유토피아적인 계획들을 폐기시킬 수 있게 해 주었다. 질문과 답변을 새것으로 대체하는 방법을 통해 공산당의 교리문답은 공식적으로는 아무런 변화없이 남을 수 있게 되었다. 마오쩌둥 '사상'과 같은 꿈 같은 추억들은 이제 창밖으로 사라졌다.

농가생산 청부제는 이와 같은 덩의 접근방식을 보여 주는 좋은 사례였다. 당의 실무자들은 마오의 인민공사 정책이 실패라는 것을 수년 전부터 알고 있었다. 이러한 정책은 농민들에게 일할 의욕을 불어넣어 주지 못했다. 수입이 더 많아지는 것도 아닌데 무엇 때문에 더 열심히 일하겠는가? 농민들은 오전 내로 할당량만 끝내 놓고 나머지 시간에는 잠을 잤다.

청부제의 아이디어는 대장정 참가자이자 중앙위원회 위원으로 전 농업부 부장이었던 덩쯔후이(鄧子恢)가 맨 처음 제안했던 것 같다. 그는 일찍이 1957년에 청부제를 실험한 적이 있었으며, 1959년의 루산 회의에서 이것을 조심스럽게 피력하였다.

처음에 마오는 덩쯔후이의 진의를 파악하지 못했으나, 그것이 무엇을 의미하는지 알게 되자 분노를 폭발시켰다. 그것은 자본주의로 복귀하는 첫걸음이라고 그는 격노하였다. 그는 그것을 '전족을 한 여자'라고 표현했다. 마오쩌둥 사상이 이룩한 '진보'에 역행하는 낡은 관념으로의 복귀라는 의미였다.[10]

마오쩌둥의 분노가 이러한 개념을 완전히 말살시켜 버리지는 못하였다. 대약진운동과 인민공사가 초래한 대재앙 속에서 현실적인 일부 당원들은 어떻게 해서든지 생산을 늘릴 수 있는 방안을 모색하고 있었다. 청부제의 개념은 드러나지 않게 여기저기서 당의 농업강령 속에 첨가되었다. 1962년 4월 류사오치, 저우언라이, 덩샤오핑이 중난하이의 서루(西樓)에서 열린 7천인대회(七千人大會)를 주재했을 때, 비록 온건한 용어로 조심스럽게 포장되기는 했지만 이 제도는 다시 표면에 떠올랐다.

이 세 사람의 거물은 식량과 기근 문제가 너무 심각했기 때문에 새로운 방안을 강구하여 마오를 슬그머니 비켜 가지 않으면 안 된다고 생각했다. 그러나 그것은 실패였다. 마오는 몇 가지 양보를 했지만 이 점에 대해서만은 요지부동이었다. 그는 모든 실패의 책임을 자신에게 몰아붙이려는 우경화의 움직임이라고 격분했다. 1962년 9월 결국 그는 이 아이디어를 분쇄해 버렸으며, '계급투쟁'만이 여전히 으뜸가는 과제라고 선언하였다.

마오가 사망하고, 장칭과 4인방이 투옥되고, 화궈펑과 그의 양개범시론이 기울어지기 시작하자 덩은 청부제 실시에 필요한 당의 방침이 명확히 정해지기도 전에 자오쯔양과 완리를 시켜 그 제도를 다시 도입토록 했다. 쓰촨와 안후이는 농민들뿐만 아니라 공산당까지도 놀라게 할 정도의 활력을 가지고 약진하기 시작하였다.

덩은 돈과 물질적인 동기유발이 효력을 발생한다는 점을 입증해 보였다. 농민들은 돈벌이를 좋아했으며, 인민공사를 증오했다. 그들이 쓰촨과 안후이에서 올린 성과는 덩샤오핑으로 하여금 이제 뒤가 아니라 앞을 내다볼 수 있게 되었다는 확신을 갖게 해 주었다.[11]

덩은 중국의 역사적인 문제점에 대해 이야기하기 시작하였다. 그는 공산주의는 중국을 위한 올바른 길이지만, 중국적 특색을 지닌 공산주의라야만 한다고 말했다. 그것이 러시아의 것과 같은 종류일 수는 없었다. 중국은 자신의 길을 발견해야만 했다. 자본주의는 중국이 택해야 할 길은 아니었지만, 그것이 자본주의의 좋은 요소들—건전한 경영, 상품경제, 이윤동기—을 뽑아 내어 중국사회를 개선하는 데 이용해서는 안 된다는 것을 의미하지는 않았다.

후진성과 빈곤이 사회주의를 의미하는 것은 아니라고 그는 거듭 강조했다. 중국은 거대한 나라이고 오랫동안 고통을 받아 왔다. 이제 중국은 정신을 해방시켜야 할 필요가 있었다. 그는 신속한 개선이나 고질적인 문제들에 대한 즉각적인 해결책을 약속하고 있지는 않았다. 그러나 단호한 의지와 창조적인 접근방법을 채

택하여 정진한다면 중국은 진보할 수 있을 것이다. 아마 1백 년이 걸릴 수도 있겠지만, 중국은 웬만큼 발전된 유럽 국가를 뒤따라잡는다는 목표를 향해 느리게나마 꾸준히 전진할 것이다.

마오 밑에서 복권되기 위해 덩은 흰 고양이든 검은 고양이든 쥐를 잡기만 하면 된다는 자신의 주장을 포기했었다. 그러나 이제 그의 고양이는 돌아왔다. 그의 접근방식에서 핵심적인 요소는 실용주의였다. 인민일보는 마르크스가 모든 해결책을 가지고 있었던 것은 아니라는 점을 시사하기 시작하였다. 마르크스는 중국에 대해 잘 알지 못하였다. 그는 내연기관(內燃機關)이 발명되기 훨씬 이전에 살았고, 비행기와 근대적 통신시설이 도입되기 이전에 죽었다. 그가 어떻게 20세기 말의 문제들에 대한 해답을 줄 수 있겠는가?

덩이 중국에 대해 어떤 희망을 갖고 있는지 알고 싶은 사람은 쓰촨에 가보기만 하면 되었다. 거기에는 마오의 인민공사의 무덤이 있었다. 자오쯔양은 경제적인, 사회적인 실험실을 만들고 있었다. 덩이 자주 쓰는 표현을 빌면, 정신이 굳어 버린 사람이 아니라면 그곳에서 미래를 엿볼 수 있었다. 자오쯔양으로부터는 수수만 얻을 수 있었던 것이 아니라, 만일 덩의 계획이 성공한다면 2000년의 중국이 어떤 모습이 되어 있을까를 엿볼 수도 있었던 것이다.

43. 덩샤오핑의 혁명

중국의 벽지에서 살아 본 사람만이 여전히 인구의 팔십 퍼센트가 살고 있는 농촌에서 덩샤오핑이 시작한 혁명의 중요성을 제대로 느낄 수 있었다.

덩샤오핑 혁명은 전국석인 축제 분위기 속에서 홍군이 슬로건을 외치고, 노래를 부르고, 지주들을 처단하고, 토지를 농민에게 넘겨주면서 중국을 휩쓸고 다녔던 마오의 혁명과는 전혀 닮은 점이 없었다. 덩은 말없이 그의 혁명을 논과 밭에 도입하였다. 꽹과리를 치는 법도 없었고, 의식(儀式)을 위한 합창도 없었으며, 마을의 처형장으로 누가 끌려가는 일도 없었다.

마오는 농민들이 부자들로부터 토지를 몰수하는 것을 도와 주었지만, 인민공사를 위해 그것을 다시 몰수했다. 마오는 농민들의 밥그릇을 채워주었지만, 얼마 안 있어 무서운 기근으로 그것이 다시 텅 비게 만들었다. 덩은 농민들에게 토지를 돌려주었고, 인민공사 조직을 해체시켰으며, 다시 밥그릇이 넘치는 것을 지켜보았다. 그는 인민들의 호주머니에 그들 자신이 번 돈을 집어넣어 주었다. 덩샤오핑 혁명과 더불어 이제는 더 이상 '병영' 생활도, '푸른 개미떼'도, 평균주의도 존재하지 않게 되었다.

농민들은 덩샤오핑 밑에서 자신들의 노력으로 돈을 벌었으며, 자신을 위해 그것을 소비하였다(도박이나 결혼 피로연이나 장례식에 낭비하는 경우도 많았다). 현금의 흐름은 위축되었던 중국경제의 동맥을 통해 힘차게 분출되기 시작하였다. 덩샤오핑은 농민들이 원하는 대로 토지를 분할하여 원하는 대로 경작하게 했다. 정부는 농민들과의 계약을 통해 식량과 쌀과 밀을 사들였으며, 나머지는 농민들이 마음대로 처분하게 했다. 그들은 높은 가격의 특수작물을 재배하여 원하는 곳에 내다 팔 수 있게 되었다. 그들은 여덟 명에서 열 명 또는 그 이상의 노동자를 고용하거나, 토지를 이웃에게 임대하여 이윤을 위해 경작할 수 있게 되었다. 그들은 또한 소규모 공업에 종사할 수 있게 되어 제재소나 상점, 목재소, 도자기 요업, 도살장, 트럭과 버스사업 등 재주와 기술만 있으면 무엇이든 운영할 수 있었다. 농촌은 가장 번영했던 왕조 시대나 가장 부유했던 지주들의 시대와도 상대가 되지 않을 정도로 개화되기 시작했다.

1934년에 마오의 대장정군이 구이저우를 통과했을 때, 여자들은 아무도 구경하러 나오지 않았다. 그녀들은 입을 옷이 없었던 것이다. 그들은 일가족 열 명이 단 한 벌의 바지를 가지고 번갈아 입었다. 여자들은 벗은 몸이 가려질 수 있도록 안개가 짙게 끼었을 때만 움막 밖으로 나왔다. 열두 살이 된 소녀들에게는 생리현상을 처리할 수 있도록 끈 하나와 누더기가 주어졌다. 아이들에게는 이유식 대신 아편을 먹였으며, 여자들은 스물한 살의 젊은 나이에 결핵이나 출산, 아편 때문에 죽어나갔다.

마오 시대에 구이저우는 그다지 변한 것이 없었다. 마오는 결코 도로나 고속도로에 돈을 낭비하지 않았다. 자금은 제3선건설, 철로, 국방산업에 투입되었다. 농민들은 산속에 숨겨진 비밀공장에 노예처럼 강제노동을 하러 갈 때만 철로를 이용하였다. 그들은 가파른 낭떠러지로 뻗어 올라간 좁은 오솔길을 따라 산을 오르내렸다. 어깨에 멘 장대에는 시장에 내다 팔 돼지들이 매달려 있었고, 발이 묶인 거위들이 어깨 부근에서 매달려 흔들리곤 했다.

덩의 돈은 구호나 선전이나 슬로건도 없이 그러한 풍경들을 몽땅 바꾸어 버렸다. 그는 더 이상 광적인 캠페인—과장, 모범농장, 모범공장, 모범전사, 모범노동자, 모범농민—은 없을 것이라고 약속했다. 다자이나 다칭으로부터 배우는 일도, '지령경제(指令經濟)'도, '사회주의 경쟁'도 더 이상 없을 터였다.

덩이 농민들의 생활을 바꾸어 놓은 것은 곧 중국을 바꾸어 놓은 것을 의미했다. 장시는 마오쩌둥이 루이진에 최초의 붉은 수도를 건립했을 무렵 구이저우와 마찬가지로 낙후된 지역이었다. 동서나 남북으로 관통하는 도로가 없었기 때문에 장시의 모든 무역은 깐(贛) 강을 타고 남북으로 오르내리면서 이루어졌다. 면도날처럼 가파른 산맥들이 성을 가로질러 달리고, 울창한 산림들이 농민들을 마을 속에 가두어 놓았다. 덩은 도로와 고속도로를 건설하기 시작했고, 사람들의 교류가 이루어졌다. 새로 생긴 간선도로는 저잣거리로 변했다. 그들은 노점을 벌이고 수공예품들—가구, 깃털 침대, 거위털 침낭, 의자, 작은 탁자, 수예품, 신발—과 참외, 호박, 오이, 토마토 등을 팔기 시작하였다.

주요 간선도로를 따라 새로운 주택들—진흙 아궁이로 연기가 빠져나가도록 지붕에 구멍을 뚫은 초가집이 아니라 과거 군벌들의 저택만큼 멋있어 보이는 2층 벽돌집—이 끊임없이 건설되었다. 주택 건축 붐으로 거의 모든 마을마다 새로 만들어진 벽돌가마에서 연기가 솟아올랐다. 모든 건설공사는 개인에 의한 것이었다. 정부가 주택을 건설하는 것이 아니었다. 농민들은 이웃과 품앗이를 하거나 목수와 미장이를 고용하였다. 더러는 주택건축을 위해 지방은행으로부터 대부를 받기도 했다.

1984년 난창에서 루이진에 이르는 장시성의 간선도로를 따라 6백마일에 걸친 여행을 하는 동안 거의 어디서나 건설현장을 볼 수 있었다. 지방의 정기시장(集市)은 농촌 어디에서나 매일 열렸으며, 사고파는 사람들은 8마일이나 10마일에 걸쳐 장사진을 이루면서 길을 따라 걷고 있었다. 촌락에서는 장터 역시 너무 붐벼서 옷걸이에 걸친 새로운 옷, 코트, 양복, 구두, 값싼 전등갓, 모자, 우산, 젓가락, 차주전자, 보온병, 선글라스, 약초, 인삼과 생강, 꽥꽥거리는 오리, 꿀꿀거리는 돼지새

끼, 음매 하고 우는 양들 사이를 뚫고 지프 한 대가 지나가기도 어려울 지경이었다. 마치 초서의 소설에 나오는 영국의 시장을 그대로 빼다 박은 것처럼 보였다. 마오시대 말기에 베이징 시내의 주요 상점가에서 볼 수 있었던 것보다 훨씬 많은 물건들이 산골마을에서 거래되고 있었다.

도로는 새것이었지만 매끈하게 닦여져 있지는 않았다. 확장공사와 연장공사가 계속되고 있는 도로는 대부분 초보운전자가 운전하는 트럭들로 메워졌다. 여기에는 대가가 따랐다. 산간지대의 거의 모든 급한 커브길에서는 사고가 발생했다. 한 시간 동안 자동차를 타고 가면서 부서진 트럭, 낭떠러지에 매달린 자동차, 충돌과 추락사고 따위의 광경을 열두번씩이나 만나는 경우도 드물지 않았다.

덩의 혁명은 다양한 시기와 방법을 통해 중국의 농촌에 도입되었다. 중국에서 류린(柳林)만큼 오랫동안 그리고 철저하게 공산주의의 영향 아래 놓여 있었던 마을도 없었다.

옌안에서 북쪽으로 몇 마일 떨어진 황토 평원에 자리잡은 류린 마을은 1936년 이후 10여 년간 마오와 그의 홍군이 머물렀던 곳이다. 그들이 처음 도착했을 때 이곳은 바람이 세차고, 가난에 찌들고 질병에 시달리는 작고 낙후된 마을이었다.

마오와 공산당은 산시성 전역에 걸쳐 선전활동을 하였고, 공산주의 사상을 농민들에게 주입하였다. 주변의 수많은 다른 마을들처럼 류린은 마오의 실험을 위한 실험실이 되었다. 공산당원들은 류린의 동굴 속에서 사는 농민가족보다 결코 나을 것이 없는 생활을 하고 있었다. 가뭄은 자주 닥쳐왔으며, 동굴생활은 여름의 물집과 겨울의 얼어붙은 바람을 견뎌야만 하는 것이었다.

에드가 스노우는 1936년에 류린을 방문하였다. 그는 이렇게 기록하고 있다. "나무가 거의 없고, 잠깐뿐인 여름 홍수 때와 겨울에 눈이 올 때를 제외하고는 항상 건조하다. 이곳이 지닌 최고의 자산은 건조하고 건강에 좋은 기후뿐이다. 가난한 사람들이 이런 황폐한 동굴에서 살아갈 수 있는 이유는 아마 그뿐일 것이다."[1)]

마오와 그의 지지자들은 초기에는 류린을 변화시키려고 노력하지 않았다. 인민공사에 대한 선전도, 변증법도, '노선투쟁'에 대한 강연도 없었다. 경작과 추수 시기에 홍군 병사들이 따뜻한 도움을 베풀었을 뿐이다. 당원들은 주민의 대부분을 차지하는 문맹자들에게 신문을 읽어 주었으며, 읽고 쓰고 셈하는 것을 조금씩 가르쳐 주었다. 간부들은 농민들에게 노동을 공동으로 하면 좀더 효과적으로 일할 수 있을 것이라고 제안하였다. 그것이 전부였다. 류린과 마오의 사람들은 함께 잘 지냈다.

류린에는 많은 외국인들이 찾아왔다. 에드가 스노우는 1960년에 이곳을 다시 방문했다. 그 무렵 이곳은 한창 뻗어 나가는 인민공사로 바뀌어서, 5천에이커의 토지와 1천6백호에 달하는 가구, 2천6백명의 건강한 노동인구를 수용하는 24개 합작사가 조직되어 있었다. 스웨덴의 저널리스트이자 사회과학자인 얀 뮈르달(Jan Myrdal)은 그의 아내와 이곳에서 지냈다. 대약진운동의 절정기에 류린은 동방홍 인민공사가 되었다.

이 마을은 마오의 정책이 바뀔 때마다 그 여파를 고스란히 겪었다. 그것은 결코 쉬운 일이 아니었다. 1948년 이래 대부분의 기간 동안 이곳의 지도자는 펑창예라는 인물이었다. 그는 1988년에 예순네 살이었으며, 1972년에 만났을 때보다 약간 주름이 많아지긴 했지만 여전히 무뚝뚝하고 말수 적은 농부였다. 갈색 얼굴은 거친 기후에 시달린 흔적이 역력했으나 아직은 정정했으며, 너무 낙관적이지도, 그렇다고 너무 낙담하고 있지도 않았다. 결국 그것은 마찬가지였다. 그는 온갖 것들을 경험하였으며, 우파(右派), 부농, 류사오치의 동맹자로 낙인찍힌 적도 있었다. 그는 여러 번 지도자의 자리에서 쫓겨났으나 그들은 매번 그에게 다시 돌아왔다. 1964년 사청운동이 진행되었을 때 그는 석 달 동안 투쟁의 대상이 되기도 했다. 문화혁명이 시작되자 그는 다시 1년 간 타도의 대상이 되었다. 저녁마다 그는 비판을 받았지만 새벽이 되면 들에 나갔고 일을 지휘하였다. 그들은 비록 그의 머리 위에 삼각모자를 씌우고 목에 플래카드를 건 채 거리를 행진하게 만들었고 욕을 퍼부어 댔지만 그를 때리지는 않았다. 적어도 그는 많이 얻어맞지는 않았다.

"나는 네 번이나 류린을 조직하였습니다. 매번 당은 정책을 바꾸었고, 나는 그 때마다 모든 것을 새로 시작해야 했습니다." 1988년에 그는 이렇게 말했다.

류린은 모범 인민공사가 못되었다. 생산량은 점진적으로 늘어나긴 했지만 여전히 낮은 수준이었다. 특히 대약진운동과 지속적인 가뭄이 마을을 거의 기아선상으로 몰고 갔던 1959년에서 1962년의 시기는 아주 형편없었다.

문화혁명의 절정기에 옌안으로 순례를 가던 수천 명의 홍위병이 먼지가 잔뜩 앉은 류린 마을 입구에서 배회하였다. 농민들은 그들 중 일부에게 먹을 것과 잘 곳을 제공하였지만 홍위병을 그다지 좋아하지는 않았다. 그들은 끊임없이 서로 싸우고 있었다.

펑은 그들을 호되게 꾸짖었다. "마오 주석께서도 싸우는 사람은 좋아하지 않는다. 싸우고 싶으면 딴 곳으로 가라. 군대에 가라." 그는 문화대혁명 시기가 아주 형편없었다고 생각지는 않았다. 그는 언제나 그보다 나쁜 시절을 거쳐왔던 것이다. 마을 사람들 역시 마찬가지였다.

아마도 이러한 그들의 태도에는 그들이 사실상 옌안과 마오 주석의 품안에서 자랐다는 점이 영향을 미쳤을 것이다. 많은 사람들은 주석이나 다른 지도자들을 만나고 함께 이야기를 나눈 경험이 있었다. 말하자면 그들은 가족의 일원이었던 셈이다. 홍위병들은 기껏해야 어정뱅이들이었다. 마을 사람들은 이 젊은 침입자들에게 신세진 것이 없었다.

류린 마을의 생산실적은 훌륭한 편이었다. 연간소득은 1948년의 80위안(약 40달러)에서 1972년에는 약 120위안(60달러)으로 늘어났고, 1980년에는 300위안(150달러), 1987년에는 450위안(225달러)으로 증가했다. 그러나 확실히 그들은 농가청부제와 인민공사의 해체라는 새로운 덩체제의 도입면에서는 뒤떨어져 있었다. 류린은 이 제도를 1981~82년에 가서야 도입하였으며, 토지를 농민에게 반환하고 이것이 완전히 정착된 것은 1984년 이후였다.

새로운 제도 도입이 이처럼 지연된 이유를 펑은 설명하려 들지 않았다. 그러나 류린만이 유일하게 뒤처진 곳은 아니었다. 특히 산시성에서는 그랬다. 산시성은 마오에게 충실한 지도층이 장악하고 있었고 나름대로의 틀이 짜여져 있었다. 그들은 변화와 덩의 개혁에 적대적이었다. 80년대 중반 이래 산시성은 많은 사람들로부터 중국에서 가장 개조되지 않은 지방으로 평가받았다. 산시성 내에서도 특히 옌안은 마오 사상의 관료주의적 스타일과 지령 경제가 가장 뿌리깊은 지역이었다.

펑은 노선의 변화에 대체로 잘 적응했지만, 1970년대 말 덩에 의해 시작된 변화에 대해서는 별로 달가워하지 않았던 것 같다. 문제는 많았다. 덩 이전에는 모든 사람이 같은 액수의 돈을 벌었다. 그것은 평등한 사회였다. 하지만 오늘날에는 그렇지 않다. 수입면에서 커다란 차이가 생겼다. 이제 부유한 사람과 가난한 사람이 나타났다. 류린에는 '만원호(萬元戶, 덩체제의 장식품이 된 고소득 농)'가 많지 않았다. 10만 위안 소득 농가 한 집과 1만 위안에서 2만 위안(대체로 5천 달러에서 1만 달러)의 수입을 올리는 집이 몇 있을 뿐이었다. 이것은 류린의 기준으로 보면 큰돈이었다. 그러나 부유한 사람들과 더불어 가난한 사람들이 새로 나타났고, 이들은 1년에 겨우 200위안을 벌어들였다.

이러한 소득격차는 펑에게는 문제점을, 그리고 농민들 사이에는 불만을 가져다 주었다. 홍안병, 즉 질투가 만연되었다. 많은 사람들은 대규모 생산자들을 좋아하지 않았다. 평균주의의 뿌리는 깊었다. 모든 사람이 스스로 경쟁력이 있다거나 유능하다고 느낀 것도 아니었다. 많은 사람들은 소득을 늘릴 새로운 기회를 이용하려 들지 않았거나, 하지 못하였다. 그들은 누구에게나 기본적인 양식이 보장되었던(또는 그렇게 생각되었던) 과거의 '톄판완(鐵飯碗)'(철밥그릇, 즉 평생고용이 보장되는 사회주의 체제를 의미-역주) 체제를 더 좋아했다. 그것은 풍요롭지는 않았지만 기본적인 것을 보장해 주었다. 그리고 마오 이전의 시절과 비교해 본다면 일이 그렇게 힘든 것도 아니었다.

능력 있는 사람들은 잘 적응했다고 펑은 회고했다. 그들은 더 많이 벌 수 있는 기회를 활용했다. 그러나 나이든 사람들이나 힘들게 일하고 싶어하지 않는 사람들 혹은 할 수 없는 사람들은 그것을 좋아하지 않았다. 젊은 사람들은 땀흘리기를 싫어한다고 펑은 말했다. 그들은 '다궈판(大鍋飯, 큰 솥에서 함께 먹는 밥, 즉 평균주의를 의미-역주)'이나 '톄판완'을 포기하기 어려웠다.

젊은이들이 마을을 떠나기 시작했다. 그들은 상업과 운송, 그리고 과거의 류린에서는 볼 수 없었던 잡다한 일에 종사하게 되었다. 펑은 쓴웃음을 지으면서 사실 농사에서 나오는 수입은 줄었지만 전체 소득은 두 배에서 네 배까지 늘었다고 털어놓았다. 놀고 있는 토지들이 날로 늘어났고 이와 함께 농사일 아닌 딴 곳에 정력을 쏟는 사람들도 더욱 늘어났다. 자신의 토지를 이웃에게 임대하는 농민들이 많아졌고, 일부 토지는 아예 경작되지 않은 채 버려지고 있었다.

류린에서는 모든 것이 변화하고 있었다. 1972년에 이 마을은 트럭을 한 대도 보유하고 있지 않았다. 트럭은 자본주의의 상징으로 간주되었다. 그러던 중 트랙터를 한 대 구입하게 되자 그것을 관리, 유지하기 위한 작은 철공소가 세워졌고, 기장과 밀을 갈기 위한 조그만 발전기로 움직이는 방앗간이 생겼다.

1988년 류린은 네 대의 트럭과 여섯 대의 트랙터, 다섯 대의 경운기, 여섯 대의 불도저를 자랑하고 있었는데 이것들은 모두 개인 소유였다. 트럭 소유주는 금방 부자가 되었다. 그들은 4만 위안(약 2만 달러)이나 되는 거금을 주고 군용 트럭 잉여 생산분을 정부로부터 사들였다. 투자금액은 2년 만에 회수되었다. 고속도로는 류린과 같은 촌락의 농민들이 구입한 트럭들로 메워졌다. 운행노선과 정기적인 운행시간표까지 가지고 있었다. 중국의 어느 지역으로든지 물자를 운반할 수 있었다. 그것은 대규모 사업이 되어 갔다. 대부분의 트랙터는 논밭에서 이용되는 것이 아니라, 고속도로에서 화물을 끌기 위해 사용되었으며, 보통 화물이나 승객이 실린 짐칸을 달고 있었다.

1972년 류린에서는 동굴집들이 내려다보이는 산마루에 사과나무 과수원을 만들었다. 나무에 필요한 물은 모두 양동이로 날라야만 했다. 과수원은 류린의 자랑거리가 되었다. 사람들은 수요와 가격이 가장 높아지는 겨울까지 사과를 저장하기 위해서 창고를 짓고 있었다. 그들은 또한 모두 새로 지은 동굴집들을 마무리하느라고 지붕 위를 흙으로 틀어막고 있었다. 류린에서 놀고 있는 일손이라고는 찾아볼 수 없었다. 류린의 관심은 미래에 있었다.

16년 후 류린에서 떠들법썩한 모습은 전혀 찾아볼 수 없었다. 푸른 상의와 바지를 입은 농부들이 1972년에 지어진 집 앞에 나와 게으름을 피우고 있었다. 그들은 햇볕을 쬐거나 담배를 피우면서 잡담을 하든지, 아니면 멍하니 하늘만 쳐다보고 있었다. 아무도 더 이상 물양동이를 과수원으로 나르지 않았다. 그들은 30만 위안(15만 달러)이나 들여 구입한 네 대의 펌프와 살수기를 갖추고 있었다. 이제는 그것도 놀려 둔 상태였다. 사과나무들은 해가 묵어서 사과가 많이 열리지도 않았지만 누구도 새 묘목을 심으려 들지 않았다. 근사한 창고도 텅 비어 있었다. 펑은 말했다. "그곳에 저장할 만한 사과가 없습니다."

펑은 더 이상 미래를 기대하고 있지 않았다. 류린은 이제 죽어가고 있었다. 어떤 의미에서 그것은 덩샤오핑 개혁의 성공이 남긴 희생물이었다. 그것은 합작사로서나 인민공사로서나 더 이상 미래를 갖고 있지 않았다. 사라지기 직전의 류린을 진보의 물결이 삼켜 가고 있었던 것이다. 옌안이 류린의 바로 문앞까지 잠식하고 있었으며, 도시 사람들은 토지를 사거나 빌려서 주택을 세우고 있었다. 옌안시 정부는 공장과 아파트를 짓기 위해 토지를 선점하고 있었다. 이미 류린의 상당 부분이 사라져 버렸다.

농민들은 점점 더 경작을 소홀히 하였다. 무성 일가처럼 적극적인 사람들은 장사를 하느라고 바빴다. 이들은 목재장사에 뛰어들었다. 무는 세 명의 노동자를 고용하여 농부들 혹은 건설을 위해 부지를 조성하는 도시로부터 나무를 사들였다. 무의 아내는 아직 약간의 농사를 짓고 있었다. 무씨 일가는 5에이커의 토지를 보유하고 있었으며, 돼지를 기르고, 사료로 쓰기 위해 옥수수를 심었다. 그는 잘해 나가고 있었다. 류린이 어떻게 될 것인지는 그가 상관할 바 아니었다. 그와 그의 아내는 30대 초반이었고, 그들의 미래는 덩샤오핑의 새롭고 진취적인 중국에 놓여 있었다. 그들은 류린이 사라져 가는 것을 전혀 안타까워하지 않았다.

류린에는 공동체 정신도 거의 남아 있지 않았다. 지난 10년 동안 주민의 숫자가 두 배로 늘어났지만 아무도 인구문제에 관심을 보이지 않았다. 한 세대 한 자녀 정책은 아예 사문화되었다. 펑 자신도 다섯 명의 아들과 여덟 명의 손자 손녀가 있었으며, 앞으로도 늘어날 예정이었다. 마을에서 식구가 가장 많은 집은 37명의 가족을 거느리고 있었다. 산아제한을 위한 당국의 마지막 시도는 1983~84년 사이에 있다가 그만이었다. 두 번째 아이에게는 100위안(50달러), 세 번째에는 200위안, 네 번째에는 300위안의 벌금이 부과되었다. 농촌 여성의 절반이 국가로부터 피임기구를 받았다. 그러나 이제 아무도 피임에는 관심을 보이지 않았다. 벌금이 부과되어도 '못 내겠다'는 것이 그들의 반응이었다.

과거에는 인민들이 가난했지만 기강이 잡혀 있었다는 것이 펑의 생각이었다. 그는 이렇게 말했다. "이제 그들은 부유해져서 다루기 어렵습니다. 그들은 먹을 것을 더 많이 원합니다. 또 일상생활의 모든 것이 나아지기를 기대하지만 일은 하지 않습니다. 우리는 부유하지만 더 이상 촌락의 회의에서 지도권을 행사하지 못합니다. 우리에게는 경제적인 지렛대가 없습니다. 인민들을 견제할 힘이 없습니다. 이제 그들은 돈을 가지고 있기 때문입니다."

인민들은 자유롭게 자기 일을 할 수 있게 되었지만, 분쟁을 해결하기 위해서는 예전보다 훨씬 자주 주먹을 사용하게 되었다고 펑은 생각했다. 미신도, 봉건주의도 늘어났다. 농촌 사람들은 자신들에게 이롭지 못하다고 여겨지는 일이 일어나면 욕을 퍼부어 댔고, 그 일에 책임이 있다고 생각이 되면 심지어는 당원까지도 두들겨 팼다.

펑이 보기에 상황은 이제 밑바닥에서 해결될 수 있는 성질의 것이 아니었다. 그것은 낡은 시대에서 새로운 시대로 옮겨가는 과도기에 전형적으로 나타나는 현상이었다. 그것은 상층부에 의해서만 해결될 수 있는 문제였다. 인민들은 부유해졌지만 돈이 그들의 문제를 해결해 주지는 않았던 것이다.

세기말적인 분위기가 류린을 맴돌았다. 이제 장막이 내려지고 있었다. 철로가 다가오고 있는 것이다. 마을 사람들은 철로에 숱한 희망을 걸고 있었고, 이제 그것은 강철 궤도를 따라 접근해 오고 있었다. 철로는 1991년이나 92년에 완공될 것이며, 그렇게 되면 류린과 옌안이 시안과 북쪽의 탄광으로 연결되고, 더 나아가 내몽고까지 줄곧 연장될 예정이었다. 더 이상 류린은 토지에만 얽매이지 않게 될 것이다. 그러나 철로는 구세주로 오는 것도, 번영과 더 나은 생활의 전령으로 오고 있는 것도 아니었다. 대신 그것은 류린 자체를 노리고 있었다. 기차역이 들어설 자리는 이미 정해졌다. 그것은 류린 마을에서 옌안으로 가는 간선도로가 시작되는 바로 그 지점이었다. 역사(驛舍)가 완공되면 류린은 더 이상 존재하지 않게 될 것이다.

펑을 포함하여 류린의 주민 누구도 항의를 했던 것 같지는 않았다. 류린은 피할 수 없는 운명을 기다리고 있었다. 어떤 사람은 아무런 차이도 없을 것이라고 생각했다. 그들은 부근의 새집으로 옮겨 살고, 계속 해서 목공 일과 제재소 일을 해 나가면 되었다. 대부분의 젊은이들은 멀리 떨어진 도시를 선망하고 있었다. 베이징에서 류린의 종말을 명령했는데 누가 항의한다는 말인가? 류린 안팎의 어느 누구도 마오 혁명의 최초의 실험장 하나가 지상에서 사라져 가고 있다는 사실 따위에는 관심도 없었다.

44. 못 쓰게 되지 않았으면 고치지 마라

덩샤오핑 혁명이 그려낸 풍경 가운데 베이징에서 남서쪽으로 50마일 쯤 떨어진, 베이징시 관할 지역의 가장 변두리에 있는 팡산현(房山縣) 더우뗸(竇店) 마을만큼 매력적인 장식품은 없었다.

1988년 팡산은 1천2백세대 4천4백명의 인구를 가진 마을로 덩시대에 괄목할 만한 발전을 이룩하였다. 발전 상황이 너무 눈부셨기 때문에 많은 외국인들이 이곳을 보기 위해 몰려왔다. 물론 마오의 전성기에 다자이로 향했던 인파에는 미치지 못했지만 덩의 시절로서는 상당히 많은 숫자였다. 공산당 중앙위원회 상무위원의 한 사람인 보이보는 이 마을에 자신이 쓴 편액을 내려 주었다. 전 외무부장인 황화(黃華)도 여러 차례 이곳을 방문하였다. 당 중앙위원회 중진인 왕런중(王任重)이나 베이징 시의 고급 관리들 역시 마찬가지였다. 해외로부터의 방문자들도 계속 늘어나 1985년에 47개 국, 1987년에는 51개 국에서 몰려들었다.

이들 가운데는 생애의 대부분을 중국에서 보낸 미국 출신의 특이한 농업전문가 윌리엄 힌튼(William Hinton)이 있었다. 중부 펜실베니아 출신의 퀘이커 교도이자 성경지상주의자이며 농부인 그는 마오 혁명의 초기부터 중국 농민과 함께 일했으며, 덩샤오핑의 혁명이 진행되는 동안 매년 중국을 방문하였다.

힌튼은 팡산을 아주 잘 알고 있었다. 그는 이곳 지도자와 함께 일했고, 충고도 해 주었다(일부는 받아들여지고, 일부는 그렇지 않았다). 그는 이곳이 모델 농장, 즉 '기념비'가 되기 전에는 상당히 훌륭한 운영실적을 보였다고 평가했다.

농장은 이상적이라고 하기는 좀 어려운 건조하고 모래가 많은 토양 위에 자리잡고 있었다. 덩이 집권하기 전 그곳은 류린만큼은 아니었지만 겨우 생존을 유지하는 가난한 마을이었다. 하루 농부 수입이 20센트로 1년에 63달러, 즉 125위안 정도였다. 그러나 덩샤오핑이 집권한 지 10년 후 1인당 소득은 연간 6백달러, 약 1천1백위안으로 늘어났다. 농민들은 더 이상 아슬아슬한 기아선상에 처해 있지 않았다. 그들은 중국에서 가장 부유한 축에 속하게 되었다. 그것은 기적과 같은 일이라고 팡산의 지도자인 장주량은 말했다. 이제 농민들은 컬러 텔레비전, 전기 세탁기, 공장에서 만들어진 푹신한 안락의자와 소파, 시계, 재봉틀 등 '도시 사람이 소유하고 있는 모든 것들'을 가지고 있었다. 네 가구 중 한 가구는 소의 분뇨를 이용하여 생산된 가스를 취사용으로 사용하고 있었다.

이 마을의 관리인들은 이러한 변혁을 덩샤오핑 혁명의 덕으로 돌렸다. 그러나 사실은 마오 시절에 세워진 팡산의 인민공사는 해체되지 않고 있었다. 그것은 과거와 마찬가지로 평등하게 몫을 나눠 가지는 집단 농업에 기초한 공동체로서 여전히 존재하고 있었다. 번영은 보다 나은 농업기술, 자본투자, 그리고 광범위한 농업기계화를 통해 이루어졌고, 공업분야와, 비농업분야에 대한 저돌적이리만큼 과감한 투자를 통해서도 이루어졌다. 농장은 소를 사육하는 대규모 목장으로 전환되었다. 1988년 무렵 마을에는 28개의 산하기업이 있었는데 대부분이 공업분야의 것이었으며, 인력충원을 위해 점점 많은 숫자의 노동자들을 외부로부터 고용하고 있었다.

가장 큰 사업은 내몽고지방에서 육우(肉牛)를 들여다가 사육하여 시장에 파는 목축업이었다. 1988년에는 이곳에서 사육된 3만1천 마리의 소가 도살, 냉동된 후 베이징으로 운송되었다. 여기서 생산된 상등품 쇠고기는 중국민항, 인민대회당,

그리고 과거에는 홍콩으로부터 쇠고기를 수입했던 베이징의 수많은 합작 호텔 등에 공급되었다. 그 해 이 마을은 2천5백 마리의 양과 2천6백 마리의 돼지를 사육했다. 1년 후에는 베이징의 호텔에 공급하기 위한 돼지사육이 거의 5천 마리에 달할 것으로 추산되고 있었다. 또 이곳 사람들은 계란 생산을 위해 로드 아일랜드 레드와 비슷한 토종닭 4만 9천 마리를 키웠으며, 근처에 있는 대규모 옌산 석유단지(정식 명칭은 燕山石油化學總公司)에 공급하기 위해 낙농장도 세웠다. 고용인들을 먹이기 위해 거대한 잉어 양어장도 만들었다.

이러한 발전을 가져온 가장 중요한 요소는 베이징에 인접해 있는 팡산의 지리적 이점이었다. 우선 운송이 용이하였고, 고위급 정치지도자들의 후원으로 베이징의 번쩍거리는 홍콩식 호텔, 인민대회당, 당기관 등 하루에 수천 명의 식사를 제공하는 곳과 거래를 틀 수 있었다.

재래식 농장은 모두 육우 사육을 위해 개조되었다. 힌튼의 권고에 따라 농장은 비효율적인 삼모작을 이모작 방식으로 대체하였다. 가을에는 겨울밀을 심어 6월 15일 무렵에 수확하였고, 그 후에는 옥수수를 심어 9월 20일경에 수확하였다.

농장은 이제 하나의 커다란 복합기업체가 되었다. 8개국에 수출하는 의류공장, 칠보자기, 벽돌과 타일, 건축자재를 생산하는 공장들이 세워졌으며, 8백 명이나 되는 노동자를 거느린 건설회사도 조직되었다. 이 건설회사는 베이징 지역에서 입찰에 응하거나 석유화학단지 확장공사에 참여하기도 했다.

팡산은 활력이 넘치고, 높은 이윤을 올렸으며 진취적이었다. 일상적인 농장경영은 거의 완전히 기계화되었다. 이곳에선 트랙터로 논밭을 갈고 수확기계로 추수를 하였다. 정부에서 수매한 식량은 1977년의 50만 톤에서 1987년에는 180만 톤으로 급증했다. 이곳은 베이징 지역에서 수확기계를 가장 많이 보유하고 있었으며, 트랙터들은 오로지 농장일에만 사용되었다. 트랙터가 고속도로에서 승객이나 화물을 운반하는 일 따위는 없었다. 1977년에 농가인력은 1천2백 명이었으나 1988년에는 160명이었다. 또한 1988년에는 102명이 농장관리업무에 종사하고 있었으나 지금은 겨우 14명이 그 일을 맡고 있었다.

광산은 덩혁명의 대표적인 성공 사례로서 소개되었다. 그러나 아직 토지는 개인에게 되돌려 주지 않고 있었다. 농업생산 청부제는 도입되지 않았다. 이곳은 여전히 마오 시절처럼 집단적인 인민공사였다. 관리자들은 그들이 농민들로 하여금 과거의 체제를 유지하도록 '허용'했다고 자랑하였다. 인민공사 체제 아래서도 잘 해 나가고 있었기 때문에 아무도 변화를 원하지 않았다는 것이다. 그들은 '아주 강력한 지도층'을 가지고 있었으므로 '공동의 번영'을 함께 누리기만 하면 되었다. 덩의 참모들로부터 잔소리를 듣는 일도 없었다. 이 점이 바로 덩의 방식이었다. 그는 마오처럼 십장노릇을 하지 않았고, 미세한 작업과정에는 개입하지 않았다. 그는 내려오는 전통을 그대로 따랐다. 못쓰게 되지 않았으면 고치지 말라. 광산이 생산과 이윤면에서 좋은 성과를 거두는 한 인민공사로 있건 개인 농부들의 집합체로 있건 무슨 차이가 있는가? 여러 가지 점에서 광산은 이념에 비중을 두지 않는 덩샤오핑 혁명의 원형이었다.

형편없었던 옛 시절, '큰 솥의 밥을 나누어 먹던' 시절, 그들이 푸른 개미떼로서 똑같이 일하고 똑같이 보수를 받던 시절은 지나갔다고 당의 지도자들은 말했다. 이제 분배는 성과에 따라 이루어지고 있었다.

보수주의자인 보이보, 황화, 왕런중이 광산을 자신들의 품안에 안은 것은 결코 우연이 아니었다. 그들은 광산의 기업이 성공하도록 도움을 주었다. 즉 그들의 영향력과 '관시'(關係) — 중국의 기업 활동에서 그토록 중요한 — 를 이용하여 광산이 베이징의 합작 호텔이나 당기관과 수지맞는 계약을 하게 해 주었다. 이러한 방법을 통해 그들은 표면상으로는 광산을 덩샤오핑 혁명의 위대한 성공 사례로 내세우고 있었고, 다른 한편으로는 덩의 혁신정책 — 그들이 동의하지 않고 있던 — 을 도입하지 않아도 성공할 수 있다는 사실을 은연중에 과시하고 있었다.

광산의 농민들은 불만이 없었다. 사실 그들은 상당히 고립되어 있었다. 이 농장은 베이징에서 자동차로 한 시간이면 도착할 수 있었지만 기차도 버스 운행도 없었다. 가끔씩 농민들은 트럭에 실려 단체로 베이징 나들이를 하는 적이 있었지만, 이곳에 정규적인 버스 운행이 필요하다고 생각하는 사람은 아무도 없는 것 같았다. "농민들이 뭣 때문에 베이징에 가고 싶어하겠습니까?" 한 관리는 정말 알 수 없다는 듯이 반문하였다.

이제 대부분의 농민은 축사에서 일하거나 농사일이 아닌 다른 일에 종사하고 있었기 때문에 수입은 계속해서 늘어났고, 이러한 상황은 농토의 이용에 대한 무관심을 가져왔다. 농민들은 건설하고 자르고 맞추고 장사를 하는 데 너무 바빠 토지가 어떻게 분배되는지 근심할 여유가 없었다. 힌튼이 지적한 대로 토지를 공동소유 형태로 남겨 둠으로써 그들은 80에서 1백에이커에 이르는 토지를 트랙터와 수확기를 이용하여 효과적으로 경작할 수 있었다. 소규모 개별 농가에서는 이와 같은 장비를 유지하기가 어려웠을 것이다. 그러나 큰 것을 선호하는 위험을 내포하고 있었다. 힌튼은 점차 늘어나는 팡산의 기업규모와 다양화를 우려했다. 농촌기업집단이 되어 감에 따라 팡산은 경작을 더욱 소홀히 하게 되었다. 팡산이 육우 생산에 주력함으로써(높은 이익을 올리는 다른 많은 농촌 기업들도 그렇게 하기 시작했다) 중국을 고단백 식생활로 유도하고 있음을 힌튼은 염려하였다. 그것은 중국인들의 전통적 음식인 만두를 보다 많은 생산비용—비료, 토지, 노동력— 을 필요로 하는 햄버거로 대체시키고 있었다.

토지의 이용과 보호에 관한 문제 역시 걱정이었다. 이제 팡산은 논에 물을 대기 위해 값비싼 급수설비에 의존하고 있었다. 수자원의 보존이나 토질을 유지하는 문제가 도외시되고 있었다. 과거에는 도랑을 파고 물길을 막고 쟁기로 갈아엎어 토지의 균형을 유지하였다. 이것은 덩샤오핑 혁명이 초래한 보이지 않은 대가였다. "대가를 치르지 않고는 무언가를 얻을 수 없다"고 힌튼은 중국인 농부들에게 경고하였다.

근시안적인 정부의 변덕은 또 다른 폐해를 가져왔다. 내몽고에 있는 어떤 육우농장은 소들을 베이징 지역으로 보내 사육하고 있었다. 그러나 하룻밤 사이에 내몽고 정부가 소의 유출을 막기 위해 무거운 관세를 부과함으로써 농장은 파산해 버렸고, 수천 마리의 소들이 사료 부족으로 내몽고의 초원에서 굶어 죽었다.

내몽고에서 일어난 사건은 예외적인 경우였다. 그러나 이 사건은 마오나 덩의 혁명도 해결하지 못한 중국의 지역 갈등 문제를 단적으로 보여 준 것이었다. 각 성은 스스로를 독립된 주체로 인식하고 있었으며, 식량과 원료를 자급자족하는 분위기였다. 따라서 성 간의 물자이동을 위해 국가간의 통관처럼 협상을 해야 하는 경우도 자주 있었다. 석탄을 생산하는 성은 주변 성의 대규모 공장들이 아무리 연료 부족으로 고통을 당해도 우선 자기 성의 수요부터 메우려고 했다. 각 성은 쌀이나 곡식을 이웃 성으로 보내기 전에 우선 자기 성의 식량부터 충족시켜야 했다. 더러 총괄적인 자원배분이 이루어졌지만 그것은 대부분의 경우 중앙정부의 주도 아래 이루어졌다. 이와 같은 상황은 1871년 미국의 13주 헌법 규정(나중에 연방헌법으로 발전함)에 따라 13주들이 각각의 권리를 행사했던 경우와 똑같은 지방주의였다. 중국에는 헌법이 있었다. 또한 마오나 덩과 같은 강력한 지도자도 있었다. 그러나 성 간의 관계에 대한 문제는 여전히 해결되지 않은 상태이다.

덩의 혁명이 이윤추구에 우선순위를 부여한 결과 이미 중국의 북부와 서북부 지방의 상당 부분을 사막으로 황폐화시킨 과잉 방목의 문제는 더욱 악화되었다.

팡산이 덩샤오핑 혁명의 기본 전제─토지를 농민에게 되돌려 주고 인민공사를 해체하는 것─를 지키지 않았음에도 불구하고 당의 실무자들은 난처해하지 않았다. 덩샤오핑 혁명은 마오의 혁명처럼 엄격한 이데올로기적 구속력을 지닌 혁명이 아니었다. 그것은 여기서는 이 제도, 저기서는 저 제도라는 식으로 꿰어 맞춘 잡동사니였다. 덩은 세부적인 사항에 대해서는 상관하지 않겠다고 선언하였다. 결과가 중요했지 구호는 문제되지 않았다.

팡산은 덩이 추진하고 있던 꿰어 맞추기 작업의 대단히 성공적인 사례로서 농업과 소규모 공업을 솜씨 있게 결합시킨 것이었다. 그러나 이러한 접근 방식에도 위험은 있었다. 방법 여하에 관계없이 생산과 이윤만을 강조하는 풍조는 중국 농촌의 풍경을 바꾸어 놓기 시작하였다. 대도시 주변의 농촌 지역에서는 어디서나 공장과 농업을 기묘하게 결합시키는 방식이 확산되기 시작했으며, 양자가 서로 어떤 영향을 미치는지에 대해서는 아무도 관심을 두지 않았다.

그것이 어떤 결과를 가져올 것인가는 광산에서 수마일 떨어진 꾸처라는 마을에서 잘 나타났다. 꾸처는 이 지역에 식수와 관개용수를 공급하기 위해 만들어진 니우코우위 저수지 아래 위치하고 있었다. 인근의 석유화학 단지는 20년 동안이나 이 저수지로 폐수를 방류하고 있었다. 이러한 폐수가 인체나 농작물에 해롭다는 사실을 인식하지 못한 채였다. 농민들은 호흡기 질환으로 고통을 받고 피부에 커다란 반점이 나타나서야 비로소 문제의 심각성을 깨닫게 되었다. 저수지는 고약한 냄새를 풍기기 시작하였다. 이곳의 물로 관개된 농작물은 시들시들 죽어 갔다.

공장에서는 해외로부터 정화 설비를 주문하였으나, 새로운 설비가 설치되기 이전인 1988년 6월 긴급 상황이 발생하였다. 심한 비로 인해 저수지가 넘칠 정도로 물이 차 오르자 관리들은 댐이 붕괴되지 않도록 관개수로로 저수지 물을 긴급 방류하기로 결정한 것이다.

농작물에 미칠 피해를 우려한 1천 명 이상의 농민들이 항의 시위를 시작하였다. 중국 최초의 환경 관련 폭동이었다. 지방 경찰이 시위 농민들을 진압하였다. 수십 명이 구타당하고 부상당했으며, 경찰도 마찬가지였다. 많은 농민들이 맞아 죽었다는 소문이 떠돌았다. 열 살 난 어린아이가 곤봉에 맞아 죽었으며, 운하에 던져진 시체가 나중에 멀리 떨어진 곳에서 발견되었다는 보도도 있었다.

많은 마을 사람들이 구속되었다. 경찰이 상황을 통제할 수 있게 되자 수문이 열리고 오염된 물이 방류되었다. 농민들이 입은 손실에 대해서는 보상을 하겠다고 당국은 발표했다.

환경 문제에 대한 항의는 시대의 상징이었다. 덩의 혁명은 더욱 많은 공장을 농촌에 만들어 내고 있었다. 베이징, 상하이, 충칭, 우한, 청두, 난징과 같은 대도시들은 주변의 광대한 농촌 지역을 시 관할 구역으로 편입시켰다.

이러한 도시와 농촌의 복합체를 도시의 통제 아래 두어, 반은 도시적이고 반은 농촌적인 대도시를 창조하는 것이 덩의 정책이었다. 덩과 그의 조언자들은 이러한 복합체가 현실적인 문제들을 해결할 수 있다고 생각했다. 농업이 합리화되고 기계화됨에 따라 다수의 농촌 유휴 인력이 발생했지만, 이들은 의욕적인 도시와 촌락 지도자들의 지원 아래 늘어나는 수많은 소규모 공장과 기업에 쉽사리 흡수될 수 있었다. 산업화는 도시의 편의 시설들을 마비시키지 않고도 추진될 수 있었다. 소규모 공장에 취업한 노동 인구는 식량 생산지에 가까이 살았기 때문에 식량 배급에 따른 문제를 걱정할 필요가 없었다. 농민들은 파트 타임 농부이면서 파트 타임으로 일하는 조립 노동자가 되었다.

이러한 취업 구조의 변화는 유통과 수송 분야의 부담을 완화시켰고, 대도시에 대한 인구 압력을 감소시켰다. 뿐만 아니라 거대한 농촌 인구가 시 당국의 통제 이래 들어오게 됨으로써 정부가 인구 문제에 대해 즉각적인 영향력을 행사할 수 있게 되었다. 또한 도시와 유사한 환경 속에서는 농민들의 끝없는 남아 선호 사상(중국에 결여되어 있는 사회보장제도에 대한 하나의 대안이었다)을 억제시킬 수도 있었다. 마찬가지로 산아 제한과 질병, 교육과 정치적 이념 주입의 문제도 보다 쉽게 다루어질 수 있었다.

이것은 중국이 안고 있는 수많은 문제에 대한 덩샤오핑식의 실용주의적 처방이었다. 하지만 모든 '처방'이 그러하듯이 그것은 또 다른 문제를 파생시켰다. 즉 농민들로 하여금 화원 경영, 특용 작물 경작, 농촌 공업 등에 주력하는 대신 노동 집약적이고 이윤이 낮은 식량의 생산을 외면하게 만든 것이다. 이러한 경영으로 얻어지는 노동시간당 현금 수입은 식량을 생산하는 경우의 열 배나 되었다.

따라서 덩의 혁명이 농촌에 가져다 준 이윤과 높은 현금 수입은 끊임없이 늘어나는 인구를 먹여 살리기에 충분한 식량을 생산해야 하는 중국의 만성적인 문제를 악화시켰다. 게다가 현금 수입은 부유해진 농민들에게 대가족을 유지할 능력을 갖게 함으로써 인구 문제를 악화시켰다.

농촌 지역에서 인구 억제 정책이 실패하고 농업 형태 또한 식량 생산에서 가축 사육이나 소규모 농촌 공업 등 이윤이 많은 분야로 전환됨에 따라 덩의 중국은 더욱 많은 양의 식량을 외국으로부터 수입할 수밖에 없었고, 이것은 고급 기술의 도입에 사용되어야 할 외화를 고갈시키는 결과를 초래하였다. 이것은 매우 심각한 악순환이었다. 그러나 덩의 혁명이 본격적으로 추진된 1978년에서 1988년 사이에 이 문제를 해결하기 위해 진지한 노력이 시도된 적은 별로 없었다.

덩이 통치한 10년 동안 최고의 곡물 수확 기록은 1984년의 4억 톤이었다. 그 이후 수확량은 항상 이 수치를 밑돌았다(1990년에는 예외를 기록할 가능성이 있다). 힌튼의 견해에 따르면, 수확량이 계속 4억 톤을 밑돈 것은 덩의 시대가 마오의 시대처럼 중국의 식량 문제를 해결하지 못했음을 보여 주는 뚜렷한 증거였다. 덩의 계획은 계속해서 외국으로부터의 비싼 수입에 의존하는 것이었다. 더욱 심각한 것은 식량 생산의 증가가 인구 증가에 미치지 못하고 있다는 점이다. 곡물의 생산은 항상 목표량에 못 미쳤다. 그러나 인구 증가는 항상 예상을 넘어섰다. 덩의 생전에는 인구 대 식량의 비율이 위태로운 선에 이를 것 같지는 않다. 그러나 20세기의 마지막 10년 동안, 또는 그 이후에도 이것은 중국에서 가장 심각한 현안이 될 것이다. 지금까지 알려진 바로는 덩의 지휘 아래 있는 일급 전문가들도 이 문제를 해결할 만한 적절한 대안을 가지고 있지 않은 것 같다.

45. 미래의 모습

1988년, 15만 3천 명의 노동자들이 '사령관'이라고 부르는 거칠고, 크고, 자신감에 넘친 어떤 인물이 황허 하구에 위치한 삼각주 지역에 군림하고 있었다. 주원커(朱文克)라는 이름을 가신 이 사람은 성리 유선이 21세기로 신입하는 중국을 밝히는 횃불이라는 사실을 전혀 의심하지 않고 있었다.

주원커의 고용인들이 그를 '사령관'이라고 부르는 것은 결코 우연이 아니었다. 그는 마치 고도로 훈련된 군대를 지휘하는 장군처럼 사물을 보고 행동하였으며, 어떤 의미에서 그는 정말 사령관이었다. 주는 그야말로 덩샤오핑의 혁명의 산물이라고 할 수 있었다. 비록 문화혁명의 전야에 불확실한 출발을 하기는 했지만 성리 유전 역시 그 점에서는 마찬가지였다.

1988년 주원커의 회사는 1만 8천 평방 마일을 차지하고 있었다. 주가 고용한 전문가들에 의하면 그곳에는 중국 최대의 유전이 자리잡고 있었다. 이 유전은 1990년에 이미 3천8백만 톤의 원유 생산이 예상되고 있어서 오랫동안 중국 제일의 다칭 유전을 급속도로 따라잡고 있었다. 비상한 노력으로 다칭은 아직도 1년에 5천만 톤의 원유를 생산하고 있었지만, 산유량은 줄어들고 있었다. 주원커는 21세기에 이르면 자신의 유전이 중국 원유의 절반을 생산하게 될 것이라고 믿고 있었다.[1] 성리는 '승리(勝利)'를 의미한다. 이 이름은 일본 침략군을 물리친 전투가 벌어진 황허 주변의 마을에서 따온 것이었다. 주나 그의 동료 가운데 어느 누구도 그 전투에 대해서는 기억하고 있지 않았으나, 그들은 모두 성리가 덩의 혁명사에서 유명해질 것임을 확신하고 있었다.

성리는 단순한 유전 이상의 것이었다. 그것은 자급자족적인 경제 실체로서, 성리 노동자의 가족들이 운영하는 3만 에이커의 농장에서 식량을 공급받았다. 이 농장은 수많은 소와 양을 보유하고 있었으며, 닭과 오리, 거위도 키웠다. 또한 양어장에서 양식되는 물고기는 먹고도 남아 잉여분을 인근에 팔아야 할 정도였다. 광대한 논들은 일본에서 들여온 최신 기계를 사용하여 경작되고 수확되었다. 일손이 부족해서가 아니라 노동력은 보다 고급 기술직에 할당되어야 한다는 주원커의 생각 때문이었다.

성리의 미래에 대한 투자는 대단했다. 4천 명의 과학자와 기술자가 실험실에서 일하고 있었으며, 152개나 되는 각급 학교에는 2만 2천 명의 학생이 있었고, 학생 수가 3천 명이나 되는 대학을 포함하여 8개의 고등교육기관이 있었다. 성리는 중국에서 교육이 가장 앞서 있는 지역의 하나였다. 대부분의 중등학교 졸업생들이 대학에 갔으며, 그들의 대부분은 성리에서 일하기 위해 다시 돌아왔다.

주는 중국에서 가장 용량이 큰 컴퓨터를 가지고 있었다. 그는 그것을 이용하여 공장을 경영하고 계획을 세웠다. 1988년 그는 거기에 상응하는 통신 체계를 갖추려고 하고 있었다. 성리는 인력을 조달하는 데 아무런 문제도 없었다. 노동자들은 베이징, 상하이, 톈진, 우한 등지에서 몰려와서 사령관의 방문을 두드렸다. 인플레이션이나 물가는 식량을 자급자족하고 있는 이곳에 거의 영향을 미치지 못하였다. 성리에서 사용되는 장비의 대부분은 중국 내 최고 공장에 주문하거나 특별히 외국에 주문해서 만들어졌다. 외화에 대해서는 걱정할 필요가 없었다. 성리 자체가 60억 달러짜리 기업이었다. 정부는 이 기업이 지금까지 1백 억 1천만 달러를 투자하여 177%의 이익을 올렸다는 것을 알고 있었다. 주는 많은 외국 전문가들을 고용하였으며, 텍사스의 드레서 인더스트리(Dresser Industry)와 밀접한 관계를 유지하였다. 그는 항상 최신의 기술 수준을 유지했으며, 미국 등지의 산유 지역을 자주 방문하였다. 캘리포니아의 롱비치 지역도 특별 방문한 적이 있는데, 그것은 이 지역에 성리와 매우 유사한 조건을 지닌 유전이 있기 때문이었다.

거대한 종합 단지의 개념은 소련에서 교육받은 엔지니어 출신으로 1987년에 중국 수상이 된 리펑은 물론이고 덩의 구미에도 잘 맞았다. 성리는 정부가 소유하고 운영하는 국영 기업이었지만, 내부적으로는 계약청부제, 이윤 동기, 경쟁적인 장치 등 덩의 개혁 프로그램을 많이 도입하고 있었다. 이와 같은 방식이 모든 기업에 들어맞는 것은 아니었지만 성리에서는 좋은 성과를 보이고 있었다.

성리의 광대한 영토는 단순히 토지 수용권을 행사하기만 하면 쉽게 확장될 수 있었다. 주가 처음 온 1967년 이 지역은 땅이 거칠고 사람이 거의 살지 않는 곳이었다. 벌판은 하얀 소금과 알칼리의 침전물로 뒤덮여 있었으며, 이 황량한 지역에서 살아 보려고 노력하는 사람은 거의 없었다. 농민들은 계절의 변화를 다음과 같은 노래로 묘사하였다.

봄의 들판은 하얗고, 여름의 들판은 홍수에 잠긴다네
가을의 들판은 황량하고, 겨울에 우리는 구걸하러 나간다네.

이곳은 춥고 불쾌한 곳이었다. 노동자들은 항상 굶주렸으며, 난방도 안 된 오두막에서 얼어붙어 지내야 했다. 그러나 이제 이곳은 1년에 5천만 킬로그램의 식량을 생산하고 있다. 1988년 노동자들의 연간 수입은 약 2천 위안(1천 달러)이었으며, 가구당 평균 추가 소득은 9백 위안(450달러)에 달했다. 이것은 중국의 기준으로 보면 대단히 높은 소득이었다.

성리를 따라 흐르는 황허는 잘 관리되고 있었으며, 매년 봄 인민해방군의 파견대들이 제방을 점검하여 구멍 뚫린 곳이 없는지 확인하였다. 사령관은 만전을 기하였다. 그의 공장은 강의 남쪽에 있었지만, 그는 북쪽으로 이어지는 훌륭한 다리를 건설하여 정부가 허락하기만 하면 북쪽으로도 시굴 작업을 확장시킬 준비를 하고 있었다.

성리 유전은 아주 견실하게 운영되고 있었다. 이곳은 관개를 위해 황허에서 물을 끌어왔고, 자체 시설과 독립 채산제로 경영되고 있는 정유공장을 가동시키기 위해 1.2메가와트짜리 동력 시설을 건설하고 있었다. 성리 유전의 규모는 1만 5천 대를 수용할 수 있는 주차장의 넓이로도 짐작할 수 있었다. 주원커의 말처럼 주차장에 세워진 차량 가운데 '1천 대만 승용차'이고 나머지는 트럭과 밴이었다. 이보다 더 많은 자동차를 보유하고 있는 곳은 중국에서도 일부 대도시들뿐이었다.

성리는 엄청난 규모의 대가족으로 이루어졌다. 고용될 수 있는 우선권은 고용자의 아들, 딸, 친척들에게 돌아갔다. 어떤 의미에서 그것은 요람에서 무덤까지 경제적, 사회적으로 보장받는 최고 성능의 철밥그릇이었다. 성리에서 필요한 것치고 없는 것은 아무것도 없었다. 성리는 일등석을 타고 여행하는 것과 마찬가지였다. 모든 것이 최고가 아니면 안 되었다. 이 모든 것을 감독하는 사람이 시안 외국어학원에서 러시아어를 전공한 주원커였다. 그는 러시아 어로 된 석유 관련 책자를 통해 석유 공업의 기초를 독학한 사람이었다.

성리는 줄곧 인민해방군의 도움을 받았다. 1960년대 초반의 기초 작업은 1952년 마오의 명령으로 민간 업무에 종사하게 된 1만 명의 제대군인 부대 가운데 일부인 3천 명의 군인들이 이루어냈다. 성리는 민주주의와는 거리가 있었다. 이곳은 사실 자비로운 독재 체제 아래 있었다. 1988년 이곳은 자오쯔양, 리펑, 그리고 덩의 동료이자 라이벌인 원로 경제전문가 천윈 등의 후원을 받고 있었다. 수완 좋은 정치가답게 주원커는 한 바구니에만 계란을 담지 않았다.

초창기의 주의 임무는 결코 쉬운 것이 아니었다. 거대한 유전을 움직이게 하려면 물리적인 힘과 끈기가 필요했다. 시기 또한 더없이 불리했다. 출발한 지 1년도 되지 않아 문화혁명이 닥쳤다. 주는 직위를 잃고 일반 노동자로 전락했다. 그는 운이 좋았다. 공장 수녀부 두 명이 홍위병들에게 살해당했던 것이다. 아주 격렬한 싸움이 있었지만 대포는 사용되지 않았다고 주는 회고하였다. 그러나 수십 명 또는 그 이상의 노동자들이 목숨을 잃었고, 생산량이 크게 떨어졌다. 문화혁명이 시작된 1966년의 성리 생산량은 1백35만 톤이었고, 1970년에야 목표량인 4백67만 톤을 생산할 수 있게 되었다. 그 이후부터는 생산량이 급속도로 증가되었다.[2]

'하나의 커다란 가족(一大公)'이나 철밥그릇의 관념은 비록 많은 국영기업에서 존속하고 있었지만 덩이 그것을 장려하지는 않았다. '가족'이나 '밥그릇'은 중국 농민에게 강한 호소력을 가지고 있었던 마오식 사고의 연장을 의미했다. 그러나 대가족 관념은 보이지 않는 위험을 배태시켰다. 그것은 중국인에게 뿌리깊은 후원자 관계와 친족주의의 성향을 부추겼다.

이러한 문제점을 극단적으로 보여 준 것이 중국의 헤이룽장(소련에서는 아무르강으로 알려져 있다) 유역에서 일어난 헤이룽장성 삼림의 대화재였다. 화재는 1987년 5월 6일에 시작되어, 몇 시간 만에 중국 제일의 침엽수림 자원을 거의 3분의 1이나 태워 버렸다. 이것은 덩샤오핑 시대 최대의 자연 재해였을 뿐만 아니라 아마도 근대 역사상 가장 큰 환경 재해이기도 했을 것이다.

이 화재는 중국의 가장 귀중한 삼림 자원을 불태웠으며, 거의 뉴잉글랜드 넓이의 지역을 휩쓸어 버렸다. 이로 인해 3백50만 에이커의 삼림이 소실되었으며, 아마도 헤이룽장의 소련쪽 지역에서도 거의 1천5백만 에이커에 달하는 추가 손실을 입었을 것이다. 중국측에서는 5백20만 입방 야드의 목재가 소실되었고, 이밖에도 2천만 입방 야드의 목재가 손상을 입은 것으로 평가되었다. 나중에 다시 조사한 결과 이것도 실제보다 과소평가된 수치였다는 것이 밝혀졌다. 손실된 목재의 가치를 달러로 치면 적어도 50~60억 달러에 달하였다. 재산 손실은 1억 5천만 달러로 평가되었으며, 2백20명이 목숨을 잃었고 2백50명이 부상을 당했다.

이밖에도 화재는 여러 가지 위험한 파급효과 — 삼림 지대의 상실에 따른 화베이 지역의 사막화 가속, 중국과 미국 서해안 지역을 포함한 태평양 연안의 기상

변화, 환경적인 손실—를 수반했다. 그러나 헤이룽장의 소련측 피해에 대해서는 소련 정부의 발표가 없었기 때문에 정확한 피해 상황을 측정하기는 대단히 곤란하다. 대화재는 너무나 엄청난 것이었고, 주민의 생명과 재산을 크게 위협했기 때문에 중국의 2개 군부대가 동원되어 삼림 전문가들과 민간인들을 도와 진화 작업에 참여했다. 그러나 6월 초에 많은 비가 내려서야 헤이룽장성의 화재는 점진적으로 진화되었다. 중국측의 기록에 의하면 이것은 지난 300년 동안을 통틀어 최대의 화재였으며, 1988년 미국 옐로스톤 국립공원에서 발생한 화재보다 다섯 배 혹은 여섯 배나 큰 것이었다.

삼림의 손실은 덩의 개혁에 아주 심각한 타격을 주었다. 큰 나라치고 중국만큼 목재 저장량이 부족한 나라도 없었다. 그럼에도 불구하고 대규모 건설과 공업화 계획을 추진중인 중국만큼 목재를 필요로 하는 나라 또한 없었다. 중국으로서는 더없이 중요한 시기에 재난이 닥친 것이다. 중국은 넘치는 수요 때문에 이미 지나치게 벌목을 행하고 있었다.

그처럼 큰 재난이 미국에서 발생했다면 그것의 원인, 손실의 의미, 그리고 유사한 재난을 방지할 수 있는 구체적인 계획 수립 등에 관해서 의회를 중심으로 한 국가 차원의 조사가 진행되었을 것이다. 그러나 덩의 중국에서는 달랐다. 문제의 심각성에도 불구하고—아니 오히려 그 심각성 때문에—어떤 근본적인 조사도 이루어지지 않았다. 모든 중요한 문제들은 회피한 채 표면적인 문제에만 초점을 맞추어 범위를 축소시킨 내부 조사가 이루어졌다. 어느 무식한 벌목꾼이 휘발유를 엎질러 발화되고 그것이 숲으로 번져 들어갔다던가, 세 명의 젊은이가 캠프파이어를 하다가 그것이 걷잡을 수 없게 되었다던가, 또는 어떤 사람이 담뱃불을 던졌다는 것이 조사 결과의 전부였다. 벌목꾼과 다른 혐의자들에게는 엄격한 처벌이 가해졌다. 임업부 장관이 해임되었으며, 트럭과 진화 장비를 징발하여 미친 듯이 가족과 함께 도망치려고 했던 몇몇 관리들이 감옥으로 보내졌다.

문제의 근원, 즉 안전과 진화에 대한 지식이라고는 전혀 없이 안락한 깃털 침대처럼 삼림 자원을 운영하였던, 마피아 조직과 같은 헤이룽장성 '가족'에 대해서는 한마디 언급도 없었다. 가족은 배타적인 주식회사였다. 외부 사람이 몇 주 동안 임시직으로 고용될 수는 있었지만 영구적으로 취업할 수 있는 것은 노동자들의 아들, 딸, 친척들뿐이었다. 가족은 1970년대 삼림 회사의 설립과 더불어 형성되었다. 그것은 하나의 거대한 철밥그릇을 의미했다. 일단 들어가기만 하면 평생 고용이 보장되었고, 누구도 이 직업을 위협할 수 없었다. 그것은 마치 중국의 친족 조직과도 같은 것이었다. 그 친족의 일원으로 태어났다는 것, 이것이 일생의 모든 것을 결정하였다. 혼란 시기에는 이보다 중요한 것이 없었다.

삼림 경영은 물론 비효율적이었다. 경영은 자기중심적이었다. 관리들은 불이 일어났을 때 거의 모든 정력을 기자들이 진화 지역에 접근하는 것을 막는 데 쏟았다. 그들은 전화선을 끊어 버렸고, 기자들에게 호텔방과 식사 제공을 하려 들지 않았으며, 정보 제공도 거부하였다.

임업부도 가족의 일부였다. 화재에 대한 모든 발표는 뒤죽박죽이었다. 상황은 겉으로 보는 것만큼 나쁘지 않다, 산불이란 자연적인 현상이며 나무들은 곧 소생할 것이다, 매우 유감스러운 일이지만 어쨌든 불은 이미 났다, 외지에서 온 그 무식한 벌목꾼이 아니었으면 화재는 발생하지 않았을 것이다, 그는 총살당해야 한다(그는 총살당하지 않고 8년 형에 처해졌다)는 등 결국 요점은 외부인을 삼림으로부터 격리시켜야 한다는 것이었고, 가장 큰 잘못은 삼림 감독이 이런 사람을 고용했다는 점이었다. 감시 부족, 열악한 관리 방법, 부적절한 방화 시설에 대한 언급은 없었다. 이 회사에서는 산출량과 이윤을 극대화하기에 바빴기 때문에 기본적인 경계를 게을리하였다는 것, 불 붙기 쉬운 목재들을 벌목 지역에 쌓아 놓았다는 것, 수목이 밀집된 지역에 방화로를 만들어 놓지 않았다는 것, 화재 예방에 대한 외국인의 충고와 도움을 적절히 이용하지 않았다는 것, 중국 최대의 자연자원을 보존하는 것보다는 노동자의 편의시설이 우선이었다는 것 등은 지적되지 않았다.

삼림 노동자들은 힘든 지역에서 일하는 대가로 높은 보수를 받았다. 회사에서는 그들에게 삼림복과 두꺼운 겨울용 양털가죽 옷, 상점에서는 구할 수 없는 가죽 장화 등 여러 가지 장비들을 제공하였다. 그들은 장작이 풍족하게 공급되는 편안한 주택과 야채를 심을 수 있는 넓은 뜰을 제공받았고, 삼림 속을 자유롭게 출입하면서 값비싼 버섯을 채취하고 사냥을 하거나 고기를 낚고 덫을 놓을 수도 있었다. 또 산에서 채취한 것들을 베이징이나 하얼빈에 나가 비싼 값에 팔아 넘길 수 있었다. 그곳에는 전용 학교와 병원도 있었다. 회사를 위해서 일한다는 것은 러시아인들이 말하는 이른바 '곰의 옆구리'에 들어가는 것을 의미했으며, 그곳은 아늑하고 포근한 피난처였다. 화재로 삼림이 파괴되었지만 월급은 항상 나오게 되어 있었다. 중국 땅에 벨 나무가 없으면 계약을 통해 러시아 땅으로 벌목을 하러 갈 수도 있었고, 헤이룽장 북쪽의 시베리아 지역에서 벌목할 수도 있었다(실제로 그들은 그렇게 하였다).

경영진은 없는 것과 다름없는 통신 시설이나 살수 비행기의 부족, 낡아빠진 감시망 체제에 대해서는 관심을 가진 적이 없었다. 화재 감시원이 화재 발생을 보고할 전화를 찾기 위해 하루 종일 삼림을 뚫고 지나야 하는 경우도 자주 있었다. 진화 요원들이 위험한 지역에 들어가기 위해서는 일주일 이상 걸리는 경우도 허다하였다. 독일과 캐나다에서 좋은 조건으로 기술 원조 제안을 해온 적이 있으나 자금만 받아서 회사 경영진의 방만한 운영으로 탕진해 버리기도 했다. 그러나 언론에는 한마디도 공개되지 않았기 때문에 일반 중국인들은 이에 관해서 알지 못하였다. 이 대화재가 헤이룽장성 가족에게 가져다 준 가장 큰 위협은 그들의 견고한 왕국(마오쩌둥이 살아 있었다면 이렇게 불렀을 것이다)이 뒤집히지 않을까 하는 것이었다. 그러나 그들은 걱정할 필요가 없었다. 리펑 수상은 헬리콥터로 이 지역을 시찰하고 군대를 증강시켰으며, 결국 화재는 저절로 진화되었다. 삼림이 2백년 동안 재생되지 않을 것이라고 비관하는 자들에게 그들은 관리들을 비행기에 태우고 불탄 자국으로 얼룩진 숲을 벌써 가릴 만큼 자라 있는 푸른 잎들을 보여 주었다. 그러나 이것들은 결국 잡동사니 관목들이며, 상품 가치가 있는 목재들은 사라져 버렸다는 사실을 그들이 일부러 알려 줄 필요는 없었다.

덩이나 그의 체제 내의 누군가가 이들 가족에 대해 무언가 잘못되어 있다는 사실을 발견했다고 해도 그것은 공개되지 않았으며, 근본적인 변화를 위한 조치가 이루어지지도 않았다. 삼림은 폐쇄적인 체제 속에서 운영되고 있었다. 5년 후에는 모든 것이 조용해졌다. 약간의 새로운 방화 장비가 독일과 캐나다에서 도입되었다. 경탄할 만큼 관료적인 논란 끝에 그 가운데 일부가 설치되었다. 몇 년 동안 헤이룽장성 삼림 지대는 대재난의 재발을 피할 수 있었다. 이곳의 문제는 내부에서부터 곪아 터진 것이라는 점, 즉 친족주의, 후원자에 의한 감싸주기, 철밥그릇, 그리고 사실의 은폐 등이 이 비극과 관련이 있다는 사실은 소리없이 덮개 밑으로 감추어져 버렸다.[3]

한때 상하이는 중국 공업의 아성이었다. 그러나 1978년에 인구 1,250만의 이 거대도시는 '생산이 아니라 혁명을 하라'는 문화혁명이 휩쓸고 간 후에서 이제 막 깨어난 채 거의 익사 상태에 있었다. 상하이의 지도부는 불명예 속에 추방되어 버렸다.

덩은 1978년에 새로운 지도부를 보냈다. 그 가운데 한 사람이 장쩌민(江澤民)이었는데, 덩은 1989년 톈안먼 대학살 사건 후 자오쯔양을 해임하고 그를 공산당 총서기로 베이징에 불러들였다. 또 한 사람은 장쩌민의 뒤를 이어 상하이 시장이 된 주룽지(朱鎔基)였다. 그는 국가계획위원회에서만 35년간 근무한 명석하고 개방적이며, 서구적인 행정가로서 1978년에 쉰 살이었다. 주는 감정을 겉에 드러내지 않는 사람이었지만, 일단 자극을 받으면 찻주전자처럼 끓어올랐다.

1988년에 주는, 뉴욕 시장 에드워드 코흐(Edward Koch)도 자기만큼 어려운 문제에 직면하지는 않았을 것이라고 말했다. 그는 새로운 급수 설비를 건설해야 했다. 낡은 것은 이미 쓸모가 없었고, 양쯔강으로부터 공급되는 물은 오염되어 있었다. 상하이는 30만 명 이상을 감염시킨 A형 간염에서 이제 갓 벗어나고 있었다.

가장 큰 골칫거리는 교통 문제였는데, 8백만 노동자 가운데 2백만 명이 하루에 두 번씩 황푸강(黃浦江)을 건너야만 했다. 교통난은 로마 시대보다 더 열악한 상태였다. 철로와 공항 시설은 이미 노후화되었다.

그러나 주 시장과 장 서기는 당황하지 않았다. 그들은 중국에서 가장 큰 개발 사업을 시작하였다. 그것은 황푸강 동편, 즉 푸둥(浦東) 지역에 전혀 새로운 공업 도시, 중국 최대의 자유무역 지대를 창조하는 일이었다. 또한 주룽지는 상하이가 안고 있는 가장 심각한 정치적 문제와 정면으로 대결하였다.

중앙 정부는 상하이 세입의 80%를 국고로 거두어들이고 있었다. 상하이는 파산 상태였다. 주는 시의 재정 수입이 올라가면 더 납부하겠다고 약속하고 상납금을 70%로 줄였다. 그는 지하철과 새로운 주택 건설을 위해 30억 달러짜리 세계은행 차관을 얻어냈다.

1989년 봄 톈안먼 사건이 베이징을 습격하였을 때, 주와 장은 상하이를 안정시켜 아무런 폭동도, 유혈사태도 일어나지 않게 하였다. 군대의 동원이나 계엄령도 없었다.

덩샤오핑은 1991년 겨울 국가 주석 양상쿤과 원로 천윈을 포함한 소규모 대표단을 이끌고 가서 상하이와 그 지도부를 시찰하였다. 이후 덩은 주를 베이징으로 불러들여 리펑 밑의 부총리로 임용하였다. 영어를 능숙하게 구사하고, 서구 스타일의 회색 정장에 갈색과 회색이 섞인 비단 넥타이를 맨 주는 이제 막 떠오르는 인물이었다. 그의 아들은 미국 위스콘신 대학에서 기상학을 공부하고 있었다. 그는 칭화 대학 경제학과에서 배운 효율적인 경영 관리에 익숙한 사람이었다.[4]

양쯔강변의 낭떠러지에 위태롭게 매달려 있었던 수도 충칭이 덩의 시대에 와서 중국 최대의 도시가 되었다는 소리를 들었다면 그 누구보다도 장제스가 가장 놀랐을 것이다.

장제스 시절에 충칭은 낭떠러지의 양안에 매달려 일본군의 공습에 심하게 시달렸고, 베이징이나 상하이로 연결되는 철도편도 없이 고립된 채, 흡사 경련을 일으키는 난파선 같았다. 더구나 피난민들로 불어난 인구는 180만이나 되었으며, 미래에 대한 희망도 없었다.

충칭의 폭발적인 성장을 촉발시킨 것은 마오의 제3선 건설이었으며, 거기서 가장 큰 역할을 한 것이 덩샤오핑이었다. 1950년대 덩 아래서 충칭은 급속도로 팽창하였다. 방위 산업이 확대되었고, 도시 주변 지역은 산속까지 공장들로 채워졌다. 덩의 고향인 광안 부근을 달리는 새로 건설된 넓은 고속도로를 따라 시의 북쪽 지역에 하이테크 공업지대를 건설하기 위한 기초가 닦아졌다. 강을 따라 방대한 매장량의 석회석과 석탄광을 보유하고 있는 시코우 광산으로 통하는 두 개의 거대한 다리가 양쯔강을 가로질러 세워졌다. 중국에서 가장 큰 이 광산은 수면 밑으로도 뻗어 있었다.

충칭의 변혁은 1988년에도 덩의 활발한 보좌관 중의 한 사람인 샤오양(蕭秧)의 지도 아래 여전히 진행되고 있었다. 1991년에 예순 살이 된 그는 전쟁 중 충칭에 시 학교 교육을 받았었다. 시장직을 맡게 된 1984년부터 그는 개혁과 개방을 위한 덩의 정책을 추진하기 시작하였다. 샤오양 시장 아래에서 충칭은 덩이 그리고 있는 미래의 중국 대도시에 대한 선구적 모델이 되었다. 1988년 이 도시의 인구는 1천4백만이 넘는 것으로 집계되었다. 주변 농촌을 병합함으로써 인구가 7백만에서 두 배로 늘어난 것이었다. 이와 같은 인구 증가 속도는 중국에서 가장 빠른 것이었다. 2000년이 되면 충칭의 인구는 2천만에 이를 것으로 예상되고 있다.

샤오양의 시장 임기는 재난과 함께 시작되었다. 그가 도착하고 나서 엄청난 피해를 가져온 태풍이 불어왔다. 그 이듬해에는 하수구에서 가스누적으로 인한 거대한 폭발 사고가 일어나 수많은 인명을 앗아갔다. 시민들은 샤오양에 대한 노래를 만들어 냈다. 재앙을 없앤다는 의미의 샤오양(消秧)과 똑같은 발음을 가진 그의 이름을 빗대어 비아냥거린 것이었다. 한편 짜오양(遭秧)은 인민들이 고통을 견뎌야 한다는 것을 의미하는데, 이 두 단어는 발음이 거의 같았다. 사람들은 노래했다. "짜오양, 짜오양, 라이러 짜오양." 이것은 '짜오양, 짜오양, 당신은 우리에게 재앙을 가져다 주었소'라는 의미였다. 나중에 샤오양의 노력으로 상황이 개선되자 그들은 가사를 바꾸어 불렀다. "샤오양, 샤오양, 샤오추, 후오양." 이것은 '샤오양, 샤오양, 당신이 우리를 재난으로부터 구해 냈소'라는 의미였다.

샤오양의 회상처럼 당시는 썩 좋은 시절이 아니었다. 그가 지속적으로 첫 번째 우선 순위에 놓았던 과제는 마오 시대의 제3선 해체였다. 1980년대 중반에 이르자 중국의 모든 경제학자들은 그것이 덩에 의한 신속하고 합리적인 공업성장 추진에 장애가 된다는 점을 인정하고 있었다. 군대는 방위 산업에 대한 관할권을 가지고 있었지만 덩의 빠듯한 군사 예산 때문에 유지 비용이 큰 문제가 되어가고 있었다. 군 장교들은 제3선이 그들에게 엄청난 재정적 부담만 준다는 것을 깨달았다.

샤오양의 일은 이러한 노력들을 조정하여 절망적으로 입지가 나쁜 공장들의 이용 가치를 찾아내는 것이었다. 처음부터 그는 많은 공장들이 아무런 쓸모가 없다는 점을 알고 있었다. 어떤 민간 기업도 그것을 인수하려고 하지 않았다.

제3선 공장들을 개조하는 일은 힘겨운 작업이었다. 충칭의 군수 공장인 쟈링 기계 공장의 개조 과정처럼 우연히 이루어진 경우는 드물었다. 이 공장은 난징이 일본군에게 함락당하기 직전 거기서 장제스에 의해 충칭으로 옮겨졌다. 1953년 공장은 소련의 원조 아래 설계되고 확장되었으며, 덩이 권력을 잡은 후에는 개조 대상이 되었다. 1988년에는 전체 설비의 5%만 군대가 이용하고 있었다. 나머지는 중국 제일의 오토바이 공장으로 바뀌어 연간 22만 5천 대의 오토바이를 생산했다. 이 공장은 샤오양 시장의 뛰어난 협상 수완에 힘입어 일본의 혼다 회사와 합작으로 가동되었다.

샤오양은 충칭으로 취임하기 전에 베이징에서 외국가의 합작기업을 설립하기 위한 협상 업무를 취급했었다. 그는 장성(長城) 호텔 건설과 관련된 협상에도 참여했었다. 그의 경력 가운데 가장 특기할 만한 것은 아메리칸 모터스(AMC)의 지프를 중국에서 생산하기 위한 협상에서 중국측 대표의 일원으로 활약한 일이었다. 샤오양은 이와 관련된 협상에 3백57회나 참가하였다. "정말로 어려웠던 것은 그 지프 사업이 중국의 경제 운용 방식을 근본적으로 변화시키는 문제와 연관되어 있었다는 사실이었습니다. 모든 것을 바꾸지 않으면 안 되었습니다. 나는 AMC에게 당신들은 우리 나라 전체와 이야기하고 있다고 말해 주었습니다. 우리는 계획 경제 아래 있었으므로 규정 하나하나를 모두 바꿔야만 했습니다." 샤오양은 이렇게 회고하였다.

가장 큰 문제점은 중국의 관료주의라고 샤오양은 결론지었다. 그것은 지프 계획이나 다른 대외협상에만 장애가 된 것이 아니라 샤오양이 충칭의 동료들로 하여금 덩의 개혁 개방 노선을 추진하게 하는 데에도 가장 큰 난관으로 작용하였다. 또 그가 이러한 문제에 대해 불평을 하는 유일한 시장이었던 것도 아니다. 지쳐 보이는 노련한 관료인 다롄의 시장은 다른 어떤 것보다도 자신의 동료들에게 덩의 새로운 중국이 나아갈 길에 대해 교육하는 것이 무엇보다도 가장 힘들었다고 고백하였다. 중국 최대의 자동차 공장인 창춘 제일자동차 공장의 관리들 역시 관료주의의 숲을 헤쳐 나가야 하는 어려움 때문에 골머리를 앓고 있었다.

샤오양은 덩이 기대했던 것처럼 자신의 전문성을 발휘하여 새로운 외국인 투자와 합작 기업을 충칭 지역에 유치하기 위해 최선을 다하고 있었다. 하지만 제3선은 여전히 가장 큰 두통거리였다. "마오는 언제든지 전쟁이 터질 수 있다고 생각했습니다. 그는 공장들을 산악 지대에 숨겨두어야 한다고 고집했습니다. 하지만 중국은 이제 이러한 숨겨진 공장 없이도 국방 수요를 충족시킬 수 있습니다." 샤오양은 이렇게 말했다.

그때까지 방위 산업에 고용되어 있었던 충칭의 20만 노동자들은 급속도로 방출되고 있었다. 그들은 새로운 공업 분야에서 일할 수 있는 최고급 숙련기술자 예비군을 형성하고 있었지만, 재훈련을 받을 필요가 있었다. 관료들처럼 노동자들도 과거의 방식에 익숙해져 있었기 때문에 경쟁에 기초한 새로운 임금, 생산 체제로 전환하는 데 어려움을 겪고 있었다.

문화혁명의 끔찍한 유산 또한 샤오양의 새로운 중국을 향한 전진에 장애가 되었다. 충칭은 중국에서 가장 싸움이 치열했던 곳의 하나였으며, 군수 산업 분야도 이러한 격변을 피할 수 없었다. 1967년 6월 쟈링 공장에서는 적대적인 파벌들 사이에 상대방에 대한 비난 선전이 시작되었고, 1968년에는 무장 투쟁이 벌어졌다. 참가자들은 수많은 군수 공장으로부터는 핵폭탄을 제외한 거의 모든 종류의 무기를 가져다 사용하였다. 그들은 탱크로 진지를 공격했으며, 저공 폭격기로 서로를 폭격하였다. 쟈링 공장도 큰 손실을 입었다. 수십 명, 혹은 수백 명의 사람들이 죽었으며, 중견 간부들은 고문을 당했다. 어떤 사람은 석탄 광석 위를 맨발로 걸어야 했다. 전투가 너무 심해져 고문을 위한 시간적 여유가 없어진 후에야 비로소 고문은 중단되었다. 가장 광적인 싸움꾼들은 고등학교 학생들이었다. 문화혁명기의 고등학생들은 이제 40대의 노동자들이 되어 있었다. 창춘 자동차 공장의 감독으로 있는 하오전쿤(郝鎭坤)은 말했다. "그들은 다시는 원래의 자기 자신을 회복할 수 없을 것입니다." 그와 그의 동료들은 자신들이 길 잃은 세대, '망가져 버린' 세대라는 생각을 가지고 있었다.

하오전쿤은 말했다. "지금의 젊은 세대는 문화혁명 이전의 시기를 경험하지 못했습니다. 무언가 마음에 들지 않는 일이 생기면 그들에게서는 홍위병의 행동 양식이 나타나고 있습니다. 젊은 세대들은 인생이 60년대만큼 재미없다고 느끼고 있습니다. 그들은 우리보다 더 망가져 있습니다. 우리는 그들을 구하기 위해 좀더 노력해야 되겠지만, 항상 우리의 손이 미치지 못하는 부분이 있을 것입니다."

이러한 모든 문제들도 샤오양에게서 낙관주의를 빼앗아 가지는 못하였다. 그는 보다 나은, 보다 훌륭한 충칭을 건설하고 있었으며, 그것을 자랑스럽게 생각했다. 그는 또한 은퇴 후에 할 일도 이미 정해 놓고 있었다. "나는 금수교(金水橋) 앞 톈안먼 광장에서 장대에 딴딴국수(향료가 든 사천식 국수)를 메고 팔러 다닐 것이라고 양상쿤 장군에게 얘기해 두었습니다."

양상쿤은 금수교 앞에 접는 의자를 가져다 놓고 앉아서 국수를 사 먹겠다고 그에게 약속했다.[5]

46. 황제의 옷

말년까지도 덩샤오핑은 결코 황제의 옷을 입지 않았다. 덩의 혁명이 완전히 가동되고, 막강한 권력을 장악하게 되었을 때에도 그는 마오와 같은 최고의 용이 아니라 작은 용으로 남아 있고자 하였다.

덩은 소박한 취향의 사람이었다. 그는 서호에 별장도, 아름다운 궁녀도 없었고, 종달새의 혀나 곰 발바닥 요리를 즐기지도 않았다. 마오쩌둥은 중난하이로 들어감으로써 황제가 된 것을 축하하였다. 그러나 덩은 거기서 나옴으로써—그리 멀리는 아니었지만—자축하였다. 철사자 골목 밖의 경산(景山) 동쪽, 중난하이 부근의 미리엔쿠라는 아주 긴 골목 끝에 있는 상당히 검소한 집이 덩의 거처로 개조되었다. 그 지역은 섬뜩한 죽음의 장소였다. 지금은 국방부로 바뀐 인근의 궁정과도 같은 저택에서는 쑨원 박사가 서거했으며, 이듬해 3월 18일에는 반정부 항의집회에 참석한 42명의 학생이 여기서 총격을 받아 사망하였다. 이것은 1989년 톈안먼 사건이 일어나기 전까지만 해도 가장 많은 학생이 희생된 사건이었다. 덩은 집에 드나들 때마다 늘상 이곳을 지나다녔다.

중국 정치의 소용돌이 속에서 보내온 덩의 삶은 그에게 신변 안전에 대한 강박관념을 가져다 주었다. 중난하이가 안전하지 않다고 확신했던 그는 그곳에 거주하려 하지 않았다. 그는 동료들에게도 옮기라고 충고하였다. 폭탄 한 개면 모두를 날려버릴 수 있다고 그는 경고하였다.

그가 선택한 집은 안전하기로 유명했다. 그것은 오랫동안 당의 공안 전문가였던 고(故) 리커농이 살았던 집이었다. 덩은 이 집을 시멘트, 벽돌, 철근으로 이루어진 3층 건물을 개조하였고, 강철벽과 방탄 유리를 설치하였다. 이 집 정문을 부술 수 있는 것은 탱크뿐일 것이라고 한 방문자는 말했다. 그것은 높고 두꺼운 벽으로 둘러싸여 있었다. 메르세데스 벤츠가 서로 비켜 가기 어려울 정도로 좁은 골목의 끝을 강철 대문이 막고 있었다.

덩의 집은 안락했지만 멋들어진 것은 아니었다. 가장 쾌적한 곳은 집 뒤켠에 있는 영국식 잔디였다. 때로 덩은 난창의 정원에서처럼 이곳을 돌면서 산책하였다. 이 집은 복도가 아주 넓어서 불구가 된 그의 아들 푸팡의 휠체어가 쉽게 지나다닐 수 있었다. 바람과 귀신을 막기 위한 전통적인 중국식 문지방도 휠체어가 지나다닐 수 있도록 제거되었다. 푸팡은 엘리베이터로 위아래층을 오르내렸다. 또한 푸팡과 그의 아버지는 인터컴 시스템을 통해서 움직이지 않고도 집안의 어느 방에 있는 사람하고나 이야기할 수 있었다.

마오 역시 안전 문제에 광적인 관심을 드러냈었다. 그의 수영장 저택은 요새와 같았고, 드넓은 침실의 창문은 높직한 곳에 붙어 있어서 어느 누구도 황제에게 총을 쏘거나 폭탄을 던질 수 없었다. 황제 역시 밖을 내다볼 수 없었다.

덩의 집은 더욱 안전했고, 더욱 쾌적했다. 그의 집에는 1백 명을 수용할 수 있는 홀이 있었는데 친밀한 분위기 속에서 비공식적인 당의 간담회를 열기에 좋았다. 덩은 여기서 영화보기를 즐겼다. 그곳에는 크레믈린에 있는 스탈린의 전용 영화 관람실(덩은 이것을 전에 본 적이 있었을 것이다)처럼 자신과 방문객들을 위한 안락 의자들이 있었다.

덩은 중국 영화를 그리 좋아하지 않았다. 그는 이데올로기적으로 민감한 작품은 의무적으로 관람했지만, 사실은 미국 영화를 좋아했다. 가족과 친한 친구들을 초대해서 함께 영화를 보곤 했으며, 대부분의 중국인처럼 그도 람보를 좋아했다. 살인과 폭력이 난무하는 장면도 그는 마다하지 않았다.

덩은 브리지에 대한 정열도 잃지 않았다. 그는 클럽에서 옛친구들과 자주 게임을 했다. 이 클럽은 따로 이름이 없는, 그냥 클럽일 뿐이었다. 당과 군의 원로들은 모두 회원이었다.

다섯 명의 자식 가운데 그는 푸팡을 가장 좋아하였다. 덩은 난창 시절 이전에는 자식들과 많은 시간을 보낸 적이 없었다. 거기서 그는 푸팡에게 헌신적이었고, 푸팡은 이제 부모와 함께 살고 있었다.[1] 외모상으로 푸팡은 아버지보다는 어머니를 닮았다. 어머니의 넓은 얼굴과 탄탄한 체구를 물려받은 그는 신체가 마비(그는 일어설 수 없다)되었음에도 불구하고 강건했으며, 어깨와 가슴은 치료를 겸한 운동으로 단련되어 있었다. 그는 자그마한 자기 아버지의 복제판이었다.

불구가 된 신체와의 오랜 투쟁은 푸팡으로 하여금 철학적인 의미에서의 인간의 조건에 대해 관심을 쏟게 만들었다. 이것은 중국인 가운데서는 쉽게 찾아보기 어려운 성향이었다. 그는 열렬한 인도주의자가 되었으며, 일생을 인류를 돕는 데 바치기로 결심하였다. 수천 년의 문명을 지니고 있음에도 불구하고 놀랍게도 중국에서는 인도주의가 따뜻한 환영을 받아 본 적이 없었다. 공자나 부처도 이 문제에 별 관심을 보이지 않았다. 마르크스주의는 격렬하게 이것에 반대했으며, 인도주의는 자신을 묶고 있는 사슬을 벗어 던지려는 프롤레타리아의 결심을 약화시키기 위해 자본가들이 국자로 퍼주는 멀건 죽 같은 것이라고 공격하였다.

덩샤오핑은 인도주의자가 아니었지만 푸팡의 생각에는 공감하고 있었으며, 관심을 보이기도 했다. 그러나 그는 불구자, 장님, 그리고 불우한 사람들을 위해 국가 자금을 사용하려 들지는 않았다. 중국은 너무 가난해서 불구자나 절름발이에게 친절을 베푸는 '사치'를 누릴 여유가 없다고 그는 생각했다. 그러나 덩은 중국에서 인도주의적 사고를 보급시키려는 푸팡의 노력을 막지는 않았다. 푸팡이 하려는 일은 쉬운 일이 아니었다. 중국에서 자선 정신은 뿌리가 아주 허약했다. 과거에 대갓집이나 왕공(王公)들은 설이나 다른 경축일에 가난한 사람들에게 연회를 베풀곤 했던 것이 사실이지만 그것은 그날뿐이었다. 불우한 사람들에게 진정으로 관심을 보인 것은 기독교 선교사들뿐이었다. 오랫동안 공산당은 그들이 '밥신도' — 공짜로 밥을 얻어먹기 위해 기독교도가 된 사람들 — 를 만들어 내고 있다고 비난해 왔다.

불우한 사람들에 대한 중국인들의 태도는 잔인하고 야만적인 것이었다. 꼬마들은 전족 때문에 뒤뚱거리는 할머니를 조롱하고 절뚝거리는 발걸음을 흉내냈다. 농민들은 불운을 가져온다고 해서 불구자에게 침을 뱉었다. 나병환자들은 마을 밖으로 추방되었고 몽둥이로 맞아 죽었다. 갓난 여자아이는 물에 던져지거나 쓰레기더미에 버려졌다(1991년에도 여전히 그러했다). 일을 할 수 없는 쇠약해진 노인들은 밖으로 내쫓겨 겨울눈 속에서 죽도록 방치되었다. 이것이 고통 없는 죽음이라고 농민들은 말하곤 하였다.

황제들은 자비로움이 아니라 잔인함으로 이름이 높았다. 중국인의 세계는 아주 거칠었다. "중국은 야수들로 가득 찬 지옥이다"라고 위대한 작가 루쉰이 말했을 때 당시에는 그 말이 조금 지나쳤을지도 모른다. 그러나 문화혁명의 고문에서 살아 남은 사람들에게는 그 말이 더없이 적절했다. 다른 사람들의 고통을 개의치 않는 것에 대한 유일한 변명은 수백만 명이 굶어 죽을 위기에 처해 있다는 것이었다. 그들은 남에게 베풀 빵껍질 하나 가지고 있지 못하였다. 그러나 이제 덩샤오핑 체제 아래 굶주림은 사라졌다. 이제 인간이 인간을 돕는 따뜻한 마음과, 영혼과 철학을 가진 새로운 사회를 추구할 때가 된 것이다.

덩푸팡은 중국의 전통을 바꾸기 위해 움직이기 시작했다. 그는 아주 작은 것부터 시작했다. 국가 돈은 한 푼도 요구하지 않았다. 하지만 그는 중국의 양심을 일깨워 불구자나 장님도 능력과 권리를 가지고 있다는 점을 사람들에게 이해시키려고 애썼다.

덩푸팡은 불구자가 된 후에 얻은 친구들, 특히 류샤오청(劉小成)에게 도움을 청했다. 류는 사고로 두 다리를 잃었다. 두 사람은 중국장애자복지기금을 세워 국가자금을 필요로 하지 않는 단순한 일들, 즉 연설, 모금, 일반인의 참여 호소를 하기 시작하였다. 신체장애자와 장님들은 대부분의 학교로부터 입학을 거부당하고 있었다. 그들에게는 고등교육기관이나 대학교의 입학 시험을 치르는 것조차 허용되지 않았다. 푸팡은 이 부서에서 저 부서로 돌면서 장애인들도 일반인처럼 교육을 받고, 보살핌을 받고, 국가에 봉사할 수 있는 똑같은 권리를 가진 인간이며, 이들로부터 그러한 권리를 빼앗는 것은 지주의 차별만큼 나쁜 것이고, 현행 중국의 헌법에 위배되는 일이라는 자신의 생각을 전파하기 시작하였다. 덩샤오핑이 푸팡의 운동을 직접 도와 주지는 않았지만 푸팡이 덩의 아들이라는 사실은 그가 고위층에 접근할 수 있는 길을 터 주었다.

　푸팡은 아버지에게 했던 것처럼 이들을 설득했다. 이제 중국은 국제사회의 인도주의 주류에 합류할 때가 되었다. 인도주의는 왜곡된 마르크스주의에 의해 곡해되어 있다. 중국은 자본주의를 경험한 적이 없기 때문에 사고방식이 여전히 봉건적이다. 그래서 인도주의라는 것이 값싼 도구가 아니라 사상의 도덕적인 실체이며, 인간의 인간에 대한 의무를 논하는, 본질적으로 이상주의적인 것이라는 점을 이해하지 못했다. 그것은 반공적이거나 반마르크스주의적인 것이 아니다. 마르크스주의자들은 인간을 나락에서 끌어올려야 할 의무가 자신들에게 있다고 이야기해 왔다. 그들이 어떻게 인도주의를 적으로 볼 수 있다는 말인가? 자본주의사회에서 수녀가 남을 위해 자신의 모든 삶을 헌신할 수 있다면 왜 공산주의자는 똑같은 일을 할 수 없다는 말인가?[2)]

　운동을 조직적으로 전개해 나가기 위해서는 돈이 필요했다. 푸팡은 약간의 기부금을 얻기는 했으나, 그의 주장을 현실적으로 뒷받침할 수 있는 재활 센터를 세우려면 훨씬 많은 돈이 필요하였다.[3)]

　캉화(康華, 덩푸팡이 명목적인 대표로 되어 있던 中國康華發展總公司는 아버지의 후광을 입고 방만한 운영을 하여 폭리를 취했다는 비난을 받음-역주)가 설립된 경위에 대해서는 정확히 알려진 바가 없다. 덩샤오핑이나 그의 브리지 게임 친구가 제안했을 수도 있었다. 나중에 푸팡은 혼자서 모든 책임을 뒤집어썼지만, 그의 이상주의적이고 다소 순진무구한 기질에 비추어 보아 그에게 잘못이 있었던 것 같지는 않다. 사실 '사업에 대해서는 아무것도 모른다'고 그는 털어놓은 적이 있다. 그러나 1984년에서 89년 6월에 이르는 시기는 중국에서는 캉화식의 사고 방식이 만연되어 있었다.

당시 중국은 시장바닥이 되어가고 있었다. 온통 팔려고 내놓은 것뿐이었다. 적어도 그렇게 보였다. 바야흐로 거래의 시대였다. 모든 사람이 거기에 간여하였다. 대장정에 참가했던 저명한 선임당원의 딸은 이렇게 말하였다. "돈을 버는 게 뭐가 나쁘죠? 나는 백만장자가 되고 싶어요." 농촌에는 '부자가 되는 것은 영광스러운 일이다'라고 쓰인 깃발이 도처에 세워졌다.

베이징, 상하이, 우한, 그리고 크고 작은 모든 도시에서 홍콩 스타일의 호텔이 마치 플로리다 주에 콘도미니엄이 생기듯 늘어났다. 어느 것이나 외국과의 합작에 의한 건설이었다. 대규모 무역과 제조업도 시작되었지만 그것들은 호텔 사업처럼 수월하거나 매혹적이지는 못했다. 베이징에는 록펠러 재단의 현지 사무소가 개설되었다. 많은 미국 은행들은 손쉬운 돈벌이를 찾아 코를 킁킁거리고 다녔다. 국제 법률 회사들도 지사를 열었다.

덩샤오핑은 모든 것들에 대해 아주 허심탄회하였다. 새로운 자유무역지대들이 개설되고, 더욱 많은 지역들이 외국인 여행자, 대외무역, 외국인 투자에 개방됨에 따라 낡은 규칙들은 무너져 갈 것이라는 점을 덩은 인정하였다. 좋은 것뿐만 아니라 나쁜 것도 생기리라는 것을 그는 알고 있었다. 즉 투기, 범죄, 매춘, 도박, 부패, 권력의 남용 등과 같은 것들은 봉건 시대에서 새로운 하이테크 시대로 로켓을 타고 날아가기 위해 불가피하게 지불해야 할 대가였다. 위대한 목표를 달성하기 위한 작은 비용이라고 덩은 생각하였다.

중국은 새로운 기술을 사기 위해 돈이 필요했다. 그것을 얻기 위해 덩은 거대한 도박장에서 중국에 돈을 벌어들일 정부 투자기관들을 창설하였다. 그 가운데 가장 큰 조직이 CITIC(China International Trust and Investment Corporation, 중국국제신탁투자공사. 외자 기술 도입, 합작 사업 등을 알선하며 산하에 수많은 기업군과 자회사를 거느린 중국 최대의 기업집단-역주)이었다. CITIC은 수십 억의 국가자금을 들여 설립되어 우시의 명가인 룽씨 가문의 룽이런에 의해 운영되었다. 룽은 '민족 자본가'의 한 사람으로서 룽씨 가문 뿐만 아니라 공산당을 위해서도 일해 왔으나, 문화혁명기에는 홍위병의 손에 고문을 당했다. 여기서 살아 남은 그에게 덩은 중국의 재정을 떠맡으라고 요청했다. 그러나 그는 자신에게는 새로운 제국을 위해 돈을 버는 일이 더 잘 어울린다고 이것을 거절하였다.

그는 CITIC을 설립하였다. 덩이 자금 지원을 했고, 룽은 국제 금융계의 거물로 등장하게 되었다. 그는 전중국과 전세계를 누비고 다니며 거래를 했다. 그는 미국과 캐나다에서 목재소를 사들였고, 웨스트 버지니아에서는 제철소를, 홍콩에서도 수없이 자산을 사들였다. 1991년 무렵 홍콩에 있는 CITIC 소유 자산은 홍콩 상하이 은행이 보유하고 있는 것만큼이나 많았을 것이다. 룽은 1987년 베이징에서 대규모의 가문 단합대회를 열어 전세계의 거의 모든 대륙에 퍼져 있는 친척들을 불러들였다. 덩샤오핑은 거기에 참가하여 '룽씨 가문은 건재하다'고 말했다. 룽은 이제 다시 월 스트리트나 영국의 금융 중심지인 스레드니들 스트리트에 알려진 중국 금융의 제일인자, 조정자가 되었다. 일본인들도 대규모 합작을 위해 룽을 찾았다. 룽은 덩의 혁명에서 '급행로'와 동의어가 되었다.

캉화 발전 총공사(이하 캉화 공사로 약칭)를 설립하려는 발상은 시대의 흐름에 들어맞는 것이었다. 그것은 덩 정부 내의 전문가 세 사람, 즉 석유 공업부 부장과 야금 공업부 부장을 역임하고 은퇴한 탕커(唐克), 전 석탄 공업부 부장 가오양원(高揚文), 동력부의 한보핑(韓伯平)에 의해 조직되었다. 이들은 덩 정부와의 관시(關系), 즉 교제의 전문가였으며, 허우먼(後門), 즉 뒷문거래의 고수들이었다. 그들은 세상사의 처리나 술수에 대해서는 모르는 것이 없을 정도였다. 또한 캉화 공사의 잠재력을 충분히 알고 있었으며, 오래지 않아 강력한 영향력을 행사하게 되었다.

푸팡은 자신의 이상주의적인 조직(복지기금)이 경매에 부쳐졌다는 사실조차 모르고 있었던 것 같다. 당시 그가 알고 있었던 것은 캉화 공사가 중국장애자복지기금의 하찮은 적립금에 대해 중국은행이 지급하는 것보다 나은 배당을 지불한다는 사실뿐이었다고, 1988년에 그는 밝혔다. 1987년 캉화는 푸팡의 단체에 890만 위안(약 450만 달러)을 지불하였다. 캉화는 힘있는 조직으로 알려지게 되었고, 캉화와 거래를 한다는 것은 덩에게 직통으로 연결되는 줄을 하나 산다는 것을 의미했다. 1988년 무렵부터 푸팡은 불안해지기 시작했다. 그는 사업에 대해서는 아무것도 몰랐지만, 뭔가 잘못되어 가고 있다는 것을 느끼고 있었던 것이다. 사람들이 험담을 하기 시작하였다. 그는 캉화를 멀리하기 시작했다.4)

중국은 도널드 트럼프(미국의 유명한 부동산 재벌-역주)조차도 편안함을 느꼈음직하게 화려하고 눈부신 시기로 접어들고 있었다.

1988년 4월 24일 아먼드 해머는 중국에서 아흔 살 생일 축하연을 열었다. 이날이 그의 진짜 생일은 아니었다. 1988년에 그는 각기 다른 나라에서 세 번이나 생일 축하연을 가졌다. 이번은 중국에서의 생일(중국식으로 따지면 아흔한 살)이었다. 해머의 생일 파티는 모두 옥시덴털 석유회사의 홍보부에서 준비하고 지불했지만, 파티를 주관하는 사람은 중국의 국가 주석인 양상쿤 장군이었다. 베이징의 장성 호텔에서 열린 이날의 향연만큼 시대를 잘 상징하는 것도 없었다. 이 호텔은 여러 차례의 곡절을 겪었다. 원래는 미국과 중국의 합작 기업으로 시작되었으나 지금은 아마 프랑스와 홍콩의 투자가들이 지분을 소유하고 있을 것이다. 호텔 운영은 셰러턴이 맡고 있었다.

만년에 아먼드 해머는 전설적인 그의 생애를 실감나게 이야기하곤 했다. 러시아 출신 미국 이민의 아들인 그의 아버지는 볼셰비키에 동조하는 의사이자 약사로서, 악전고투하고 있던 초기의 소비에트 정부에 의약품을 팔았었다. 스물세 살 때 해머는 소비에트 정부가 몰수했던 해머가의 재산을 되찾을 수 있는지 알아볼 겸 해서 러시아에 돌아갔다. 운이 좋은 시기였다. 레닌은 나라 경제를 움직이게 할 자본가를 필요로 하고 있었다. 그는 두 팔을 벌려 해머를 맞이하였다. 1991년 크레믈린에서는 레닌을 붉은 광장의 묘소에 그대로 두어야 하는가를 둘러싸고 논쟁이 벌어지고 있었지만, 해머가 레닌에게 준 세 마리 원숭이상은 여전히 크레믈린에 있는 레닌의 책상 위에 놓여 있었다.

해머는 러시아와의 특수한 관계를 이용하여 수백만 달러를 벌어들였다(적어도 그는 그렇게 말했다). 이제 그는 중국에서도 거물이 되어 있었다. 산시와 산둥에 있는 그의 석탄 회사는 일본과 세계 각국에 수출하는 석탄을 항만으로 운반하기 위한 자동화된 슬러리 설비를 갖춘 중국 최대의 외자 기업 가운데 하나였다. 지금은 슬러리 설비가 고장나서 폐쇄되었지만 그것은 아무래도 상관없었다. 그 대신 오래 된 중국의 탄광들이 덩의 경제에 심각한 손실을 야기시키고 주요 공장을 불구로 만들면서까지 해머의 주문에 따라 석탄을 공급하고 있었다. 그럼에도 불구하고 1988년 당시 해머는 덩샤오핑 혁명의 휘황찬란한 성공 사례로서 선전되고 있었다.

중국의 기업계에서 내노라 하는 사람은 누구나 해머의 생일 파티에 참석하거나 대리인을 보냈다. 그들은 파티를 위해 최대한 공간이 넓혀진 무도회장으로 대형 엘리베이터를 타고 올라갔다. 거기에는 덩 시대의 베이징에 살고 있는 명문가의 인사들은 다 모여 있었다. 때로는 덩의 맞수가 되기도 하는 보수적인 경제 전문가 천윈의 아들인 천위안도 참석해 있었다. 그는 당시 시단 시장 지구에 대규모의 사무용 빌딩과 상가 단지를 조성하려는 계획—결국 실패로 돌아갔다—을 추진하고 있었다. 가혹했던 문화혁명 시절에 류사오치의 아들 위안위안과 함께 먹을 것을 얻기 위해 피를 팔아야 했던 펑전의 아들 푸양도 그 자리에 있었다.

아먼드 해머는 장성 호텔의 분위기 속에서 상기되어 있었다. 아흔 살의 노인으로서 여전히 전권을 장악한 채 직접 자기 손으로 세계적인 규모의 기업을 운영하고 있는 사람은 흔치 않았다. 물론 그를 비난하는 사람도 있었다. 그는 이들에게 줄 답변을 준비해 두고 있었다. 산더미처럼 쌓아 놓은 자서전—영어판은 많지 않았고 대부분이 새로 나온 중국어판인—이 그것이었다. 옆부분이 거의 엉덩이까지 트인 중국의 전통의상인 비단 치파오를 우아하게 차려입은 아가씨들이 손님들에게 책을 나누어 주었다. 그곳에는 장관들을 포함하여 적어도 600명의 고급 관리와 부상중인 유력 인사들이 모여 있었다. 상석에는 미국대사 윈스턴 로드와 그의 뛰어난 아내 베트 바오(Bette Bao)가 양상쿤, 해머와 함께 앉아 있었다.

덩의 측근 인사 가운데 CITIC이나 다른 대규모 합작 기업에 취직한 아들과 딸을 갖지 않은 사람은 거의 없었다. 중난하이 고위층의 아들과 딸들은 장성 호텔이 문을 열자 하급 사무원 자리를 놓고 서로 경쟁을 했다. 사실 새로 설립된 기업들은 너무 많은 고위층 자제들을 고용하고 있었기 때문에 《월 스트리트 저널》은 특별히 인명록을 작성하여 게재한 적이 있었다. 이 일은 중난하이측을 상당히 언짢게 만들었다.

양상쿤이나 해머가 몇 마디 치사를 했다(그러나 해머 회사의 슬러리 설비 붕괴에 대해서는 한마디도 없었다). 해머측 사람들이 마련한 음악 프로그램이 이어졌다. 중국인 테너는 '아베마리아'를 불렀고, 서른세 명의 젊은 발레 무용수들이 러시아 혁명과 중국 혁명을 지원한 이 위대한 유태인에게 경의를 표하기 위해 차이코프스키의 〈호두까기 인형〉 중에서 크리스마스 장면을 공연하였다.

젊은 기업가들 가운데 일부는 샌프란시스코, 뉴욕이나 싱가포르에서 날아왔다. 그들은 모두 풍부한 상업적 전통이 있는 광둥성 출신들이었다. 중국을 부유하게 만들려는 덩의 계획에 이곳만큼 진심으로 전력투구하여 동참한 지역은 없었다. 광둥성은 한때 닭이나 오리를 키우던, 홍콩 신계(新界) 지역 귀퉁이의 작은 농촌마을이었던 선전(深圳)에 자유무역 지대를 설치하였다. 이제 그 마을은 마천루의 숲이 되었고, 마치 홍콩의 이웃처럼 보였다. 파티에 참가한 대부분의 사람들은 1997년 홍콩이 중국에 반환된 후 그 풍부한 돈의 힘으로 중국 미래에 대한 모델 역할을 할 수 있기를 바라고 있었다. 상당수의 홍콩 기업인들이 덩 정부 내에서 자문역이나 전문가로 활동하면서 공산주의자들이 '자본주의 노선'을 배우는 것을 도와 주고 있었으므로 많은 사람들은 홍콩이 언젠가는 중국을 움직이게 될 것이라고 꿈꾸었다.

그 파티에는 뉴욕에서 온 중국인 청년 실업가가 한 사람 있었다. 그는 플로리다 주의 올란도에 있는 디즈니 월드 부근에 '차이나 타운'을 건설하자고 제안하고 있었다. 그 사업이 아주 큰 돈벌이가 될 것으로 확신하고 있는 그는 캉화 공사와 협상을 하기 위해 베이징에 왔었다. 캉화는 비약적인 발전을 할 수 있다고 그는 말했다. 또한 그것은 이미 중국에서 네 번째로 큰 기업으로 성장했으며, 아마 곧 첫 번째가 될 것이라고 했다. 그는 자신과 캉화가 실패할 수도 있다는 점은 전혀 고려하고 있지 않았다. 그는 자금성의 '실물 크기 복제판'이라도 짓자고 제안할 기세였다. 그러려면 많은 돈이 들어가겠지만 그가 생각하기에 그것은 덩의 중국을 건설하는 데 커다란 도움이 될 것이었다.

이저림 노골적인 부(富)와 경제적인 기회주의기 판을 치는 분위기 속에서 중국의 상당수 젊은이들은 편안한 기분이 아니었을 것이다. 그곳은 결코 푸팡이 있을 곳이 아니었다. 류사오치의 아들인 류위안위안 역시 거기에 없었다. 푸팡처럼 그는 자신의 일생을 이윤이 아니라 중국에 바치기로 결심했다. 그도 과거에 아버지가 일했던 허난성으로 가서 농촌에서 일하겠다고 맹세했다. 그의 아버지는 문화혁명기에 이곳 카이펑 감옥에서 죽었다. 그는 문화혁명 시기 산시의 농촌으로 쫓겨났으며, 1988년에 그가 말한 대로 그곳의 농민들이 도와 주지 않았다면 아마 거기서 목숨을 잃었을 것이다. 그는 이제 평범한 당 공작자로서 허난으로 향하였다. 그가 누구인지 아는 사람은 아무도 없었다. 그는 간결하게 소리없이 일을 처리했으며, 농민들의 실제적인 문제들을 해결해 줌으로써 그들의 마음을 사로잡았다. 그는 농민들과 똑같이 푸른 바지와 상의를 입었다. 농민들은 그가 누구인지 알게 되었을 때도 그의 부친이 고관이었다는 것을 믿으려 하지 않았고, 그의 아들일 리 없다고 말했다. 그는 너무 직접적이고 너무 솔직했던 것이다. 그들은 그에게 말했다. "자네는 너무 정직하네. 거짓말을—적어도 조금이라도—하지 않는다면 농촌에서는 살아 남을 수 없다네." 위안위안은 미소를 지었다. 그는 거짓말을 하기 위해 농촌에 들어가지는 않았다. 그의 대학 동급생 가운데 농촌으로 들어가는 길을 선택한 것은 그 한 사람뿐이었다. 그는 이렇게 말했다. "나는 그 일을 해야 했습니다. 나는 조국에 빚을 지고 있습니다." "2천 년 동안이나 존속해 왔던 여러 가지 문제들이 해결되었습니다." 위안위안은 말했다. "농민들은 행복합니다. 지금은 그들이 더 이상 좋은 것을 생각할 수 없을 만큼 정말 그들의 황금시대입니다. 하지만 할 일은 많습니다. 그들은 상품 교역을 이해하지 못합니다. 그들이 가장 두려워하는 것은 정책이 바뀌어 다시 그 형편없었던 옛 시절로 돌아가지 않을까 하는 것입니다. 우리는 그들과 함께 일하고 그들을 도와서 이끌어 주어야 합니다. 그러나 이제는 지시도, 명령도, 강제도 없습니다."5)

위안위안은 아먼드 해머의 파티가 열린 저녁 베이징에서 멀리 떨어져 있었다. 그는 관료 조직 내에서 출세하고 있었고, 얼마 전에는 중국에서 가장 젊은 서른일곱 살의 나이로 허난성 부성장(副省長)이 되었다(이것은 정치적으로 반드시 좋은 것만은 아니었다. 나이든 정치가들이 시샘하고 있었기 때문이다). 그러나 위안위안은 겸손하였다. 중국의 어떤 사람도 그보다 겸손할 수 없었다. 그는 어머니인 왕광메이의 자랑거리였다. 왕광메이는 이제 푸싱먼(復興門) 다리 부근의 서창안가(西長安街)에 있는 무시디(木樨地)아파트 단지에서 살고 있었다. 베이징의 수세기 묵은 먼지 긴 건물들과 정원, 골목들의 모습을 바꾸어 놓고 있는 새로운 마천루들의 심장부에 위치한 이 아파트 단지에는 저명한 미망인들과 은퇴한 고관들이 살고 있었다.

동창안가(東長安街)에는 미국 대사관과 신선한 흰 빵, 중국식 캐비어, 상등품 쇠고기(광산에서 생산된) 등을 외화를 받고 파는 우의(友誼) 상점이 위치한 대규모 외국 공관 구역이 있었다. CITIC은 이곳에 베이징에서 가장 높은 22층짜리 마천루를 짓고 있었다. 샹그리라 호텔, 리도 호텔, 쿤룬(崑崙) 호텔 등 도처에 새로운 호텔들이 지어졌다. 인민해방군과 홍콩 투자가들의 합작기업인 왕푸(王府) 호텔은 페닌슐라(Peninsular) 그룹이 운영하는, 베이징에서 유일한 별 다섯 개짜리 호텔이었다. 그것은 덩이 대폭 삭감해 버린 군 예산을 보충하기 위해 군에서 설립한 많은 사업체 가운데 하나였다. 중동국가들에 실크웜(Silk Worm) 미사일을 판매하는 일을 하는 기업도 있었다.

이러한 세계에서 위안위안이 차지할 자리는 없었다. 방금 콜롬비아 대학에서 학위를 따고 베이징으로 돌아와 시 정부에서 영양학 관계 직장을 얻으려 하고 있는 그의 누이 펑펑도 마찬가지였다. 펑펑의 자매들은 모두 외국에서 은행 업무에 종사하고 있는데, 한 사람은 미국, 한 사람은 독일에서 아버지와 훌륭한 어머니의 이상에 따라 열심히 살고 있다. 덩과 그의 연로한 동료들은 아직도 왕광메이를 경계하고 있었다. 그녀는 너무 총명했고, '모든 것'을 알고 있었다. 그래서 그들은 왕광메이의 해외 나들이를 암암리에 통제하였다. 미테랑 대통령 부인이 그녀를 초청했을 때에도 마찬가지였다.

그러나 류 일가에서 덩의 새로운 사업 세계에 참여한 사람이 전혀 없는 것은 아니었다. 왕광메이의 동생은 홍콩에서 대륙의 대표적인 무역회사인 에버브라이트 (Everbright Industrial Company, 중국 명칭은 光大實業公司로 왕광메이의 동생인 왕광잉은 이 회사의 대표로 있음-역주)에서 일하고 있다.

중국의 파티는 항상 밤 9시 무렵에 끝이 난다. 사람들은 9시가 조금 지난 후 저마다 해머의 자서전을 옆에 낀 채 무도장을 떠났다. 어떤 사람이 중국의 셜리 템플이 부른 노래를 콧노래로 부르고 있었다. '별빛을 눈에 담지 마세요.'[6)]

제8부

흔들리는 천명(天命)

47. 톈안먼에 이르는 길

그것은 후야오방의 실각을 가져온 일련의 사태들과 함께 1986년에 시작되었다. 중국의 정치는 비정한 게임이었다. 그리고 마오 방식에 의한 게임의 기본원칙은 '하늘에 태양은 하나뿐'이라는 것이었다.

덩은 자신을 지원해 줄 연대조직을 결집시켰다. 그는 군대, 당 원로, 그리고 그의 개혁 개방에 대한 자세와 상투적인 기존관념을 깨부수려는 과감한 절연 의지에 매료된 열성적인 젊은 그룹의 지지를 받고 있었다. 그러나 이 연대 조직의 내부에서 서서히 눈에 보이지 않는 긴장관계가 형성되기 시작하였다. 갈등의 주요 원인은 경제 문제였다. 빠른 속도의 개혁과 실용주의를 중시하는 덩과, 신중한 변화와 선례를 존중하는 천윈 사이의 견해 차이였다.

중국의 정사인 《24사》에 나타나 있는 것처럼 전통시대 중국에서 황제에게 도전하고도 무사한 사람은 없었다. 만일 도전자가 무사하다면 그것은 그가 황제보다 강력하다는 것, 그리고 황제가 천명을 상실했다는 것을 의미하였다.

덩도 이러한 교리에 지배당하고 있었다. 자신이 도전을 받는다면 그는 도전자를 파멸시켜야만 했다. 이것은 마오의 규칙이었고, 동시에 덩의 규칙이기도 했다.

전통적으로 중국의 정치판에서는 너무 격렬한 대립을 피하기 위해 희생양이 이용되었다. 1986년에 덩을 공격하는 사람은 아무도 없었다. 당의 원로들은 덩의 자유분방한 정책이 통제할 수 없게 되어간다고 느끼자 공격의 화살을 덩의 당내 대리인인 후야오방에게 집중시켰다. 후야오방은 훨씬 쉬운 표적이었다. 그는 괴짜였고 마르크스주의자처럼 보이지도 않았다. 그는 리처드 닉슨과 사신을 주고받았으며, 저녁에는 프랑스식 달팽이 요리를 먹었고, 알베르 카뮈(Albert Camus)의 작품을 중국의 지인들에게 소개하기도 했다. 이제 그는 젓가락을 없애고 서구식 나이프와 포크를 사용하자는 운동을 시작하고 있었다. 그는 원로들이 불쾌하고 위험하다고 여기는 덩의 일 처리방식을 완벽하게 상징하고 있었다.

그들은 덩의 경제 정책을 공개적으로 비난하지는 않았다. 인민공사의 철폐나 합작 기업의 증가는 전례 없는 규모로 통화량을 팽창시켰다. 이러한 정책들은 소기의 성과를 거두고 있었으나, 동시에 인플레이션과 가격 상승을 유발하고, 많은 물품의 공급 부족을 초래하였다.

그리고 원로들이 서로 수군거렸듯이 새로운 자유무역 지대에서 무슨일이 벌어지는지는 아무도 알지 못하였다. 자유무역 지대들을 부도덕과 부패의 소굴, 즉 전형적인 자본주의의 온상이 되어있다고 원로들은 생각하였다. 이러한 편견을 증폭시키기 위해 몇몇 보수파들은 광저우와 홍콩 신계 지역 사이에 있는 선전에 시찰단을 보냈다. 그들은 '후야오방의 계획'에 대한 강경파의 경고에 감정적인 호소력을 배가시키기 위해 저우언라이의 부인 덩잉차오와 같은 보수적인 원로 지도자들을 파견, 선전의 혼탁한 분위기를 시찰하게 했다.

이러한 갈등은 때마침 학생들의 항의 소동이 터져나오지 않았다면 찻잔 속의 태풍으로 그쳤을지도 모른다. 항상 부글부글 끓어오르고 있던 학생 소요는 1986년 늦가을 마침내 불꽃으로 타올랐다.

덩은 원래 시위를 별로 좋아하지 않았다. 권력을 갓 장악했을 때 그는 톈안먼 광장에서 조금 내려온 시단과 창안가 사이의 공터에 200야드 길이의 '민주의 벽'을 허용한 바 있었다. 이 벽은 대자보와 작은 글씨로 씌어진 고발장, 네가지 자유에 대한 열정적인 호소, 그리고 거의 모든 문제가 토론되는, 중국에서 전례 없는 자유 언론의 장(場)이 되었다. 이 곳은 베이징에서 가장 신나는 곳이었다. 덩은 다른 동료들처럼 그 벽에 대해 마음이 편치 않았지만 수증기를 막아 두기보다는 새어나가게 하는 편이 낫다고 생각하였다.

그러나 사람들이 말을 많이 하면 할수록 그것은 점차 덩과 새로운 체제에 대한 비판의 성격을 띠게 되었다. 덩은 당장에는 그 불만을 무시해 버리고 1979년 2월 미국 방문길에 올랐다. 그러나 성공적인 워싱턴 방문과 커다란 카우보이 모자 차림의 텍사스 여행에서 돌아온 지 얼마 되지 않아 그는 후야오방에게 단호한 조치를 통해 학생들의 입을 봉하라고 명령하였다. 후는 최선을 다해 지시를 따랐다. 가장 웅변적인 벽고의 주인공인 웨이징성(魏京生)은 1979년 3월 29일 기차에 실려 감옥으로 보내졌다. 국제사회의 항의에도 불구하고 그는 1991년까지도 여전히 그곳에 갇혀 있었다. 1979년 말 모든 포스터들이 제거되고 민주의 벽은 깨끗이 씻겨졌다. 짧은 간주곡은 끝났다.

민주의 벽에 대한 덩의 반응은 그다운 것이었다. 그는 '민주주의'라는 단어를 자주 사용했지만 그가 진정한 민주주의의 신봉자라는 증거는 그의 경력에서 결코 찾아볼 수 없다. 1986년 가을 학생들이 난폭해지자 그해 12월과 87년 1월 그는 다시 후야오방에게 진압을 지시하였다. 덩은 중화제국 내에서 무질서를 용납할 생각이 없었다. 베이징 대학의 학생들에게 천명을 넘겨주려고 그가 황제가 된 것은 아니었다.

학생 시위에 대한 원로들의 반응은 더욱 강경하였다. 덩에 의해 은퇴당하고 무대 밖으로 밀려나긴 했지만 그들은 여전히 힘을 가지고 있었다. 그들 가운데 두 사람, 덩의 맞수인 연로한 천윈과 국가 주석 리셴녠은 5명으로 이루어진 정치국 사무위원회에 자리를 차지하고 있었다. 관료기구 내에도 그들의 연합 세력이 있었다. 이제 덩을 견제하고 전통적인 공산주의자의 권위와 마르크스주의 경제학의 지도적 위치를 회복할 때가 되었다고 그들은 생각하였다.

이 또한 직접적인 공격은 아니었다. 그들은 마오가 대장정중에 그토록 성공적으로 활용하였던 전술인 속임수와 기만, 기습과 매복 등의 방식을 답습하였다. 공격의 표적은 덩이 아니었다. 그것은 급속하게 지지층을 획득해 가고 있는 후야오방이었다. 후와 그의 동료들은 학생들을 선동하여 이단적인 사상을 확산시켰다. 후는 당내에 폭넓은 동조 세력을 가지고 있었다. 당 기구인《인민일보》조차도 더 이상 전통적인 견해를 대변하고 있지 않았다.

참신한 목소리를 지닌 허페이(合肥) 과학기술대학의 천체물리학자 팡리즈(方勵之)가 학생들의 지도자로 부상하였다. 그의 강의실은 학생들로 넘쳤으며, 1986년 10월과 11월 베이징 인민일보는 일련의 그의 논설을 게재하였다. 팡은 시대 정신을 대표하는 것처럼 보였으며, 그것은 당원로들을 전율케 했다. 맨 처음 허페이 과학기술대학에서 시작되어 1987년 1월에는 베이징으로, 그리고 전국으로 확산된 학생 시위의 배후에는 그의 사주가 있다고 원로들은 생각하였다. 학생들은 '자유의 꿈'을 선전하는 깃발을 들고 다녔으며, 민주주의가 새로운 종교인 것처럼 그것에 대해 이야기 하곤 했다. 바로 이 점에서 덩과 원로들의 견해는 완전히 일치하였다. 경악한 덩은 이처럼 위험한 경향을 봉쇄시켜 버렸다. 적어도 그는 그렇게 했다고 생각하였다.

1987년 1월 그는 후야오방을 총서기직에서 해임하고 그에 대신하여 착실하고 안전하며, 상식적인 사고 방식을 지녔다고 여겨진 자오쯔양 총리를 임명하였다. 그러나 덩은 약간의 안전 조치를 취해 놓았다. 덩 또한 후의 당원 자격을 남겨 두었고, 정치국에서의 그의 지위도 박탈하지 않았다. 그것은 언젠가는 다시 그를 필요로 하게 될지도 모른다는 의미였다. 덩이 이러한 결정을 내린 것은 그가《24사》를 읽었기 때문인지도 모른다.

집권 초기에 덩은 서두른 나머지 당내의 마오주의자들, 즉 문화혁명의 잔재를 제대로 축출하지 못했다. 그는 스탈린주의의 부활을 효율적으로 봉쇄해 버린 흐루시초프의 '비밀연설' 같은 것을 한 적도 없었다. 4인방은 구속되었다. 소수의 부차적인 인물들도 비슷한 취급을 받았다. 아마도 가장 악질적인 분자들은 총살당했을 것이다. 그러나 4인방의 본거지였던 상하이에서조차 숙청 작업은 아주 가볍게 끝났다. 아마도 철저한 숙청은 자신의 능력 밖이라고 생각했을 것이다.

마오가 죽을 당시 2천만이 넘었던 당원들은 거의 모두 그에 대한 맹목적인 숭배자들이었고, 대다수는 문화혁명을 거부감없이 받아들였다. 만약 이들을 모두 추방해 버렸다면 그에게는 도살장밖에 남지 않았을 것이다. 지나간 일은 지나간 일로 흘려보내는 것이 최선이었다.

그러나 이로 인해 덩은 개조되지 않은 마오주의자들과 4인방 옹호자들로 가득 찬 당을 상대해야 했다. 그들은 여전히 자리를 차지하고 있었고, 많은 사람들은 여전히 4인방이 옳고 덩이 그르다고 생각하였다. 그들 중 다수가 사람들을 고문하거나 죽음의 장소로 보낸 당사자들이었다. 그들은 자신들의 죄가 파헤쳐지거나 기소될까봐 걱정할 필요가 없었다. 그들은 자유롭게 거리를 나다녔으며, 살아남은 피해자들은 그들이 누구인지 알고 있다. 때로는 4인방의 지지자였던 사람이 의문의 죽음을 당하기도 했다. 희생자의 아들이나 딸에 의한 복수였다. 그러나 그렇지 않은 사람들도 있었다. 1990년도에도 그들은 이런저런 임무를 맡고 미국에까지 와 있었으며, 그들 주변의 미국인들은 그들의 정체를 전혀 알지 못하고 있었다.

상식적으로 생각해서 덩의 측근 집단 내에서도 마오를 좋게 생각하는 사람이 있을 수 있었다. 마오는 60%가 옳고 40%가 틀렸다고 자신을 평가했었다. 당도 마찬가지 입장을 취했다. 덩은 자신의 점수를 50대 50으로 평가하면서 그것으로 만족한다고 했다. 집단 내부에 그의 점수를 더 낮게 매기고 마오의 점수를 더 후하게 매기는 사람이 있을 수도 있었다. 덩조차도 마오가 여러 가지 점에서 옳았다고 생각하였다. 마오처럼 그도 권력을 행사할 때면 《24사》의 교훈을 따르고자 했다. 그는 분할 통치의 중요성을 알고 있었다. 또한 그는 권력을 휘두르겠다는 의지를 과시하지 않는다면 권력을 장악할 수 없다는 점도 잘 알고 있었다.

후야오방의 제거가 덩의 문제를 해결해 주지는 못했다. 후의 방심 때문에 중국에 들어왔다고 하는 위험한 바이러스, 즉 '부르주아 자유화'에 반대하는 격렬한 캠페인이 시작되었다. 그것은 마오의 반우파 투쟁이나 문화혁명 시기의 사구에 대한 공격을 연상시켰다. 적어도 표적이 된 사람들의 대부분은 전에 그런 것들을 겪은 적이 있었다. 그리고 캠페인을 조직하고 주동 역할을 한 사람 역시 그 분야의 전문가인 덩리췬(鄧力群)이었다. 그는 문화혁명 시기에 많은 희생자들을 박해했으나 보수파의 지지, 그리고 당내 악질분자의 철저한 청산을 망설였던 덩의 처사 때문에 선전책임자로서의 지위를 유지할 수 있었다. 덩리췬은 보수적인 인물이었을 뿐만 아니라 개인적인 행실면에서도 구린 구석이 있어 이미 오래 전에 추방되었어야 할 사람이었다. 그가 계속해서 직위를 유지할 수 있었다는 사실은 공산주의 혁명에는 일정한 수의 악당이 필요하다는 레닌의 원칙을 입증해 준 것이었다.

덩리췬은 정력적으로 부르주아 자유화 반대 운동에 나섰다. 그러나 이상한 일이 일어났다. 갑자기 불이 꺼져 버린 것이다. 운동은 소멸되었고, 얼마 안 있어 덩리췬은 간단히 해임되어 버렸다. 이와 같은 반전의 원인이 무엇이었는지는 분명치 않지만, 아마도 운동의 시기가 부적절하고 비생산적이라는 덩샤오핑의 뒤늦은 판단 때문이었을 것이다. 그러나 그것이 덩리췬의 끝장을 의미하지는 않았다. 1991년에 그는 다시 당내 보수파의 대변자격으로 높이 부상하고 있었다.

중국은 비록 잠시 동안이었지만 비교적 평온한 시기를 맞게 되었다. 그러나 1988년 봄부터 덩의 경제 정책을 둘러싸고 긴장 상태가 조성되기 시작하였다. 싸움은 이제 공개화되었다. 주요 이슈는 도시 지역에서의 인플레이션과 농촌 지역에서의 비료, 휘발유, 식용유, 종자, 농약 등과 같은 기본적인 물자의 가격 앙등이었다.

1988년에도 예년과 마찬가지로 당 지도자들은 베이다이허 해변 휴양지로 연례적인 6월 순례를 떠났다. 바닷물은 따뜻하였고, 날씨는 쾌적하였으며, 대화는 순조로웠다. 그러나 인플레이션과 인민들의 불만에도 불구하고 덩이 자신의 경제 정책을 계속 밀고 나갈 결심이라는 것이 이내 명백해졌다. 총서기 자오쯔양은 덩의 목표를 설명했다. 대담해져야 한다. 가격은 자유화되어야 한다. 올라가건 내려가건(누구나 가격이 올라갈 것임을 알고 있었다) 가격이 시장을 지배해야 한다. 어떤 기업이 성공하고 어떤 기업이 실패할 것인가는 시장이 결정해야 한다. 만약 낡은 방식으로 경영되는 공산주의식 공장이 이윤 지향적인 합작기업과 경쟁하지 못한다면 그것들은 무너지거나 합병되어야 한다. 새로운 파산법이 공포된 것은 바로 이 때문이다(1986년 12월 중국은 국영기업에 경쟁원리를 도입하기 위해 파산법을 공포했음-역주).

덩의 계획은 정통파들의 등골에 전율이 흐르게 했다. 이것은 마르크스주의의 마지막 부스러기까지도 포기하는 것이었다. 국영 공장을 파산시키면 노동자들은 어떻게 되겠는가? 그들도 피츠버그나 맨체스터의 노동자들처럼 실업자 대열에 줄을 서라는 말인가? 공산주의의 핵심은 직업의 안정, 철밥그릇이라고 강경파들은 이해하고 있었다. 대중은 무엇이라고 말할 것인가?

6월이 다 가기 전에 베이다이허는 격한 논쟁으로 가득 찼다. 보수파들을 공산주의의 해체를 지켜보고만 있지 않을 것이라고 다짐했다. 덩은 전에 없이 강경했다. 그는 물러서지 않을 기세였다. 그에게는 시간이 없었다. 그의 나이든 동지들은 모두 은퇴하였다. 그 역시 스스로 말한 것 처럼 전투의 한가운데가 아니라 '제2선'에 있는 셈이었다. 그러나 그는 생전에 자신의 목표를 이루고자 하였다. 이미 세 번이나 권력을 잃었다. 이번에는 결코 실패하지 않을 작정이었다. 그는 여든네 살이나 되었으며, 낭비할 만한 시간이 없었다.

그러나 덩은 이번에 패배하였다. 아무런 결정도 이루어지지 않았다. 당 지도자들은 7월이나 8월 초에 다시 만나기로 했다. 잠시 동안의 휴전이었다. 정치국 확대회의가 다시 개최되었을 때 덩은 여전히 지지를 확보하지 못했고, 타협안을 받아들이지 않을 수 없었다. 그에 따라 모든 경제 분야 업무는 자오쯔양에게서 리펑 수상에게 넘겨졌다.

엔지니어 출신으로 예순 살인 리펑은 고위 지도자로서는 아주 젊은 나이였다. 부산하고 매너가 좋으며 피부색이 검고 잘생긴 편인 리펑만큼 훌륭한 당의 두터운 신임을 받고 있는 사람은 없었다. 1987년 11월 덩의 경제개혁을 위한 '새로운 대장정'에 관해 질문을 받자 그는 "우리는 서둘러야 합니다. 우리는 달려야 합니다."라고 대답하였다.[1]

리펑은 저우언라이와 덩잉차오 사이의 양자로, 그들에게서 양육되었다. 그의 아버지는 공산주의 혁명가였으며, 1931년 국민당의 손에 총살당했다. 그들은 그를 우리 속에 넣어 처형장에 데려와야만 했다. 비밀을 캐내기 위해 고문을 해서 그의 다리를 부러뜨렸기 때문이었다. 죽기 전에 그는 자신의 아내에게 간신히 다음과 같은 편지를 보낼 수 있었다. "내가 죽거든 너무 슬퍼하지 마시오. 내 유일한 희망은 아들이 제대로 키워지는 것이오."[2]

이들 모자(母子)가 국민당에게 살해당할 것을 두려워한 저우언라이는 리펑을 떠맡았다. 리펑은 명석하고 순종적인 학생이었다. 저우언라이는 그를 모스크바에 보내 그곳에서 교육을 시켰고, 공학 분야의 학위를 받게 했다. 리펑에게 그것은 행복한 생활은 아니었다. 1949년 저우언라이가 모스크바에 왔을 때 리펑은 중국에 돌아갈 수 있게 해 달라고 간청하였다. 저우언라이는 리에게 학업을 계속해야 한다고 강권했다. 리펑은 성실히 노력하여 훌륭한 성적을 따냈다. 너무 성적이 좋았기 때문에 러시아인들은 그에게 모스크바에 남도록 강력히 권유했다. 결국 리펑은 동료를 통해서 저우언라이에게 도와달라는 편지를 몰래 내보낼 수밖에 없었다. 그는 어머니가 편찮으시니 빨리 돌아와야 한다고 모스크바에 전보를 쳐 달라고 저우언라이에게 부탁했다. 리는 그렇게 해서 베이징으로 도망쳐 나올 수 있었다.

완벽한 러시아어를 구사하고 소비에트 체제에 정통한 리펑에 대해서 많은 중국인들은 그가 친소적이고 낡은 스탈린주의에 기울어져 있다는 선입관을 갖고 있었다. 그가 정통 공산주의 경제학에 경도되어 있었던 것은 사실이지만 그를 아는 사람들은 이것을 러시아의 영향이라기보다는 그가 지닌 엔지니어 특유의 사고방식 탓으로 돌렸다.

저우언라이의 양자라는 점과 아버지가 순교자라는 사실 때문에 리펑은 모든 원로들에게 잘 알려져 있었다. 많은 원로들은 그를 '내 아들'이라고 생각했으며, 그가 경제 업무를 떠맡게 되자 모두 그의 주변에 결집되었다.

그해 여름 베이징에는 훌륭한 소문이 떠돌았고, 중국 외교관들에 의해 그것들은 외국으로고 전파되었다. 중국에 오래 체류했던 어떤 유명한 중국 전문가는 베이징의 지도자들과 대화를 나누고 난 뒤 '덩은 끝났다'고 선언하였다. 덩은 국가 통제권을 상실하였고, 중국은 처형장으로 변했으며, 농촌은 굶주리고 도시는 폭동으로 끓어오르고 있다는 것이었다.

1988년 봄과 초여름에 중국 전역을 구석구석까지 여행해 본 필자와 같은 사람에게는 이러한 보고가 과장된 것이며, 위기를 조장하기 위한 정치적 의도가 담긴 것으로 느껴졌다. 이 기간 동안 필자는 쓰촨, 안후이의 산시, 산둥, 구이저우, 광둥, 푸젠(福建), 후난, 주장, 허난, 광시의 후미진 농촌 지역을 여행하면서 기근의 흔적이라고는 찾아 볼 수 없었다. 수확은 좋았고, 비료 가격에 대한 불평을 제외하면 농민들은 덩의 경제 개혁에 만족하고 있는 것으로 보였다. 상하이, 우한, 청두, 지난, 추저우(福州), 타이위안, 시안 등의 도시에서도 위기의 조짐은 전혀 보이지 않았다. 베이징에서는 약간 상황이 달랐다. 여기저기서 가격 앙등과 상품 부족에 대한 많은 불만이 나타났다. 방대한 수의 노동자들이 국가의 임금 동결로 고통받고 있었다. 그러나 상황이 그토록 심하게 악화되었다고 믿기는 여전히 어려웠다.[3]

1988년 6월 14일 중국의 중앙 텔레비전은 황금시간대에 전국적으로 황허의 〈하상(河殤, The Yellow River Elegy)〉이라는 다큐멘터리시리즈 6편 가운데 제 1회를 방영하였다. 30대의 두 작가가 쓴 이 작품은 중앙 텔레비전의 시아준(夏駿)이라는 스물여섯 살의 기자가 연출 한 것이었다.

덩과 그의 동료들이 이 프로그램을 베이다이허에서 시청했는지는 분명치 않다. 그러나 7천만에 가까운 중국인들은 이것을 보았으며, 이 프로그램이 자오쯔양의 지시로 다시 방영되었을 때에는 중국에 있는 텔레비전이라는 텔레비전은 모두 켜져 있었다.

〈하상〉은 중국의 역사적, 신화적, 사회적 기반들 —황허의 전설, 만리장성, 그리고 용(龍)—을 공격하였다. 이 프로그램은 뛰어난 영상을 통해 낡은 이미지들을 깨부수어 버렸다. 수천년 동안 중국인들은 자신들을 자랑스러운 황허 문명의 후예로 묘사해 왔다. 위대하고 위험한 황허 유역에서 중국은 태어났다. 옌안의 남쪽에 있는 이곳이 중국인의 시조인 황제(黃帝)의 출생지였다. 황허의 비옥한 황토평원 위에서 중국인들은 위대한 발전을 이룩해 왔다.

이 다큐멘터리는 전설을 만가(挽歌)로 바꾸어 놓았다. 중국이 근대세계에 진입하지 못한 원인을 이 프로그램은 황허와 중국인의 황허 숭배 탓으로 돌렸다. 영국, 이탈리아, 스페인과 포르투갈 사람들이 푸른 바다를 향해하면서 세계와 그것이 가져다 주는 부(富)를 발견하고 있을 때, 중국은 바깥 세계로는 거의 눈을 돌리지 않고 자신들을 낳은 황허의 진흙이 차 오른 누런 물길을 따라 노를 젓고 있었다. 그들이 건설한 장대한 제국은 14세기 무렵에는 이미 절망적으로 낙후되어 버렸다. 그것은 푸른 해양의 제국이 아니라 누런 황허의 제국이었다.

텔레비전 시나리오는 만리장성에 대한 오랜 믿음도 산산이 부수어 버렸다. 그것은 수십 억의 자금과 수백만의 목숨을 희생시킨 대가였다. 그것은 오랑캐들을 막기 위해 축조되었다. 그러나 실제로는 그러한 역할을 하지 못했다. 유목민들은 이 돌로 된 방벽을 넘어 들어와 수많은 왕조를 세웠다. 장성은 이들을 막아내지 못하였다. 오히려 중국인들을 그 안에 가두어 버렸다. 중국인들은 유럽인들처럼 낯선 땅을 찾아 과감하게 나가 보려 하지 않았다. 그들은 집 안에만 틀어박혀 있었다. 그리하여 그들은 만리장성을 자신들의 도시에, 가정에, 그리고 마음속에서 모방하였다. 베이징에 성벽을 둘러싸서 사람들을 그 안에 가두었고, 집 주위에 담을 쌓아 사람들을 가두었다. 그들은 외부의 사상을 막으려고 마음에도 벽을 쌓았다. 이것은 1년 후 목숨을 보존하기 위해 망명할 수 밖에 없었던 중국 사회과학원의 명석한 사회과학자 엔자치가 즐겨 내세우는 이론이었다.[4]

용은 천명에 의해 중국을 다스리는 전능한 황제의 상징이었다. 중국 사회에서 용의 역할은 중국 지배자의 유연성을 제약했다. 그들은 권력을 공유할 수 없었다. 오로지 한 마리의 용만 존재할 수 있었다. 용에 관한 전설이 존속하는 한, 중국은 의회제도와 언론 사상의 자유가 대중에게 허용되는 근대세계에 들어갈 수 없었다. 중국은 중세적이고 폐쇄적인 제국으로 남아 있을 수밖에 없었다.

〈하상〉의 교훈은 중국이 미신적인 왕조 시대의 유산을 마음속에서 깨끗이 씻어 버려야 한다는 것이었다. 왕조들은 중국을 강하게 만들지 못했다. 그것들은 중국의 취약점을 영속화시켰다. 왕조들의 역사인 《24사》가 '통치에 도움을 주기 위한 거울', 즉 《자치통감》이 되고 있는 한, 중국은 근대세계에는 맞지 않는 유산을 무거운 짐으로 지고 있는 것이다.

이보다 너 내담하고, 폭발직이고, 논란의 여지가 많은 관검이 건중국을 향해 제시될 수는 없었을 것이다. 덩과 지도자들이 경제, 인플레이션, 근대화를 위한 빠른 길을 논의하고 있는 동안 중국의 대중은 미신의 그림자를 던져 버리고 위대함에 이르는 근대적인 길을 찾도록 초대 받았다. 〈하상〉은 '라 마르세유', '인터내셔널'과 같은 노래나 《공산당선언》만큼이나 혁명적인 것이었다. 그것은 고색창연한 신화를 깨부수기 위해 인간이 고안해 낸 최신 기술을 이용한 것이었다.[5]

아직까지는 〈하상〉의 정교한 인식론을 문화혁명 시기에 마오쩌둥이 지휘했던 사구에 대한 원시적인 공격과 대비해 보려고 생각한 사람은 아무도 없었던 것 같다. 그러나 어떤 의미에서 양자는 똑같은 목표―너무나 오랫동안 중국인의 유산을 지배해 왔던 철학과 허상으로부터 중국을 해방시키는 것―를 추구하고 있었다. 단 마오는 곤봉과 횃불로 무장한 십대들을 내보내 공포를 통해서 인민들을 불가지론의 상태로 몰아넣었다. 〈하상〉의 작가들은 중국을 순수한 이성의 경지로 끌어 올리고자 하였다.

알려진 바로는 베이다이허에서는 〈하상〉에 대해 한마디 언급도 없었다. 이제 중국은 두 개의 궤도가 동시에 달리는 시대로 들어가고 있다는 것을 알아챈 사람은 아무도 없었다. 한편에는 베이다이허의 대다수 보수파의 인습적인 사고 방식이 있었고, 다른 한편에는 전혀 새로운 것, 즉 〈하상〉이 있었다. 〈하상〉을 본 사람들은 갑자기 중국을 새로운 각도에서 바라보게 되었다.

중국의 상황을 이해하는 사람이면 누구든지 파국이 다가오고 있음을 느낄 수 있었다. 그것은 이후 수년간 중국의 앞날을 결정할 것이었다. 덩의 경력을 알고 있는 사람은 누구든지 그가 패배하지 않으리라는 점을 분명히 느끼고 있었다. 그는 황제였으며,《자치통감》에서 제시하는 원칙에 따라 싸울 터였다.

48. 자치통감

1988년 베이다이허에서의 싸움은 버드나무 잎들이 누렇게 변색하고 베이다이허의 날씨가 차가워질 때까지도 끝이 나지 않았다. 고비사막에서 차가운 바람이 불어오기 시작하지 자오쯔양에 대한 공격이 재개되었고, 다시 덩은 자오의 편에 섰다.

황금색의 10월이 베이징의 잿빛 11월로 흐려질 때까지 위기의 조짐은 표면화되지 않았다. 물가 앙등에 대한 불만은 계속되었지만 임금 조정과 식량 분배 등에서는 약간의 개선이 이루어졌다.

자오는 자기 주변에 진보적인 조언자들을 불러들였다. 그들은 총서기의 지위가 약화되었다는 생각을 한 것 같지는 않았다. 덩은 외국인 손님을 만날 때면 자신이 더 이상 많은 일을 하지 않으며, 하루 두 시간이면 충분하다고 얘기하곤 했다. 덩과 양상쿤 장군은 덩의 건강상태가 좋다는 것을 강조했다. 베이다이허에서 그는 날마다 수영을 했다. 해변에서 목욕을 하는 것이 아니라, 마오가 했던 것처럼 정식으로 평영(平泳)을 했다. 덩은 건강상태가 좋은 활동적인 사람이란 인상을 주었다. 덩에 관한 선전 책자들도 더 많이 출판되었다. 양상쿤의 아들 양사오밍(楊紹明)이 찍은 사진들이 들어 있는 대형 덩샤오핑 사진집도 새로 출판되었다. 신문

지상에는 덩에 관한 유쾌한 내용의 특집기사나, 편안하고 만족스러운 가부장(家父長)의 모습으로 손자들과 함께 시간을 보내는 덩의 사진이 실렸다. 개혁 개방정책은 순조롭게 추진되어 가고 있었고, 또 그렇게 이야기되었다. 경제적인 업무를 리펑이 맡게 된 후에도 별로 크게 달라진 점은 없어 보였다.

당 내부회의에서는 중국의 미래를 둘러싼 투쟁이 계속되었다. 가을에 덩은 자오쯔양을 위해 약간의 입지를 확보할 수 있었다. 그러나 1989년 1월이 되자 다시 공격이 강화되었다. 덩은 이번에도 자오를 두둔하였다.

한편 미하일 고르바초프의 방문이 가까워 오자 중국 내 관심은 그쪽으로 쏠렸다. 20여 년에 걸친 양국간 적대관계가 덩의 승리로 종식되리라는 것이 예상되고 있었다. 러시아인들은 처음에는 덩의 개혁을 비웃었다. 이제 그들은 자신들의 사상을 재검토하고 있었다. 소련 대사 올레크 트로야놉스키(Oleg Troyanovsky)는 모스크바로부터의 빗발치는 질문에 답변하느라 정신이 없었다.[1]

〈하상〉과 관련하여 약간의 비난이 있었지만, 그 프로그램을 만든 작가는 여전히 1919년의 5·4운동과 그것이 어떻게 중국을 변화시켰는가에 관한 대규모 다큐멘터리를 제작하고 있었다.

1989년 4월 8일 후야오방은 새로운 교육 관련 입법을 논의하기 위해 회인당(懷人堂)에서 열린 정치국 회의에 참가하였다. 교육담당의 리톄잉(李鐵英) 정치국원이 이야기하는 동안 후는 심장마비를 일으켰다. 의사를 즉시 불러올 수 없었기 때문에 그는 급히 병원으로 옮겨졌다. 리펑 등은 격렬한 논쟁 때문에 심장마비가 온 것이라는 소문을 진정시키기 위해 안간힘을 썼다. 후는 약간 회복의 기미를 보였으나 4월 15일 아침 화장실에서 심장발작이 재발해 사망하였다.

후야오방의 사망은 중국의 정치 기류를 변화시켰다. 그는 일흔세 살을 일기로 활동적인 생애를 마감하였다. 1987년 그가 베이징 학생들의 시위를 진압시켰을 때 그는 학생들의 영웅이 아니었다. 그러나 하룻밤 사이에 후는 그들의 우상이 되었다.

후야오방의 사망에 관한 뉴스가 전해지자 베이징 대학 학생들은 처음에는 어찌할 바를 몰랐다. 마침내 한 사람이 긴 컴퓨터 용지에 문구를 써서 그것을 창문에 매달았다. "야오방이 사망했다. 우리는 조의를 표한다"는 내용이었다. 4월 17일 베이징 대학 포스터가 몇 장 나붙기 시작했다 그 가운데 하나는 이렇게 말하고 있었다. "죽어야 할 사람은 죽지 않고, 죽어서는 안 될 사람은 죽었다."

화요일인 4월 18일 처음으로 약 1천여 명의 학생대표단이 다소 겁먹은 태도로 톈안먼을 향해 10마일 가량 행진했다. 한 오스트레일리아인 사업가와 그의 아내가 베이징 음악당에서 나왔을 때 학생들은 마침 신화먼 밖에 모여들고 있었다. 이 문 바로 건너편에는 중난하이와 마오의 서재였던 국향서옥이 있었다. 커다란 정원의 창문에 노란색 플라스틱 가리개가 내려져 있는 이곳은 현재 귀빈에게만 개방되어 있는 관광 명소이다. 학생들은 덩샤오핑이 수년 전부터 중난하이에 살고 있지 않다는 것을 알지 못했다. 양상쿤 주석도 그곳에 살지 않았다. 사실 그곳에 고위시도사들은 거의 살고 있지 않았다. 그러나 학생들을 포함한 모든 중국인들은 중난하이가 마오의 시절과 마찬가지로 중국의 권력 계층과 동의어라고 생각하였다.

그날 밤 자정 직전 시단에서 한 블록 떨어진 곳에 집이 있는 선통이라는 베이징의 학생은 친구와 함께 신화먼에 갔다. 그들은 자전거에서 내려서 문밖의 포장도로에 조용히 앉아 있는 학생들을 멍청이 바라보고 있는 군중 속으로 들어갔다. 선통은 3백장의 유인물을 가지고 있었다. 거기에는 "야오방의 유언 : 아도우(阿斗)가 나라를 망친다(阿斗誤國)"라고 씌어 있었다. 그것은 마오쩌둥이 썼음직한 문학적인 비유였다. 아도우는 마오가 좋아했던 《삼국지》에 나오는 인물이다. 아버지인 유비(劉備)가 죽자 어리석은 아도우가 왕위를 계승하여 나라를 망쳤다. 학생들은 리펑을 아도우에 비유하여, 저우언라이의 양자였기 때문에 무능하면서도 고위 관직을 물려받았다는 것을 조롱한 것이었다.

학생들은 유인물을 군중 속으로 뿌렸다. 그들은 "아도우가 누구지?" 라고 군중

덩샤오핑 일가. 덩의 왼쪽이 아내 쥐린, 그녀의 왼쪽이
두 딸인 덩룽(마오마오)과 덩린이다. 덩의 오른쪽에 있는
손녀는 '아메리카'라고 새겨진 스웨터를 입고 있다.
사진을 찍고 있는 소년은 덩의 차남인 덩즈팡의 아들로
덩의 막내 손자이다. 그는 뉴욕 로체스터에서 출생하여
미국 시민권을 가지고 있다.

덩이 베이징 밀리안쿠에 있는 자택 정원에서
미국 시민인 손자를 맞고 있다.
옆의 여자는 덩의 며느리이다.

아내, 세 손녀와 함께 있는
덩샤오핑

손녀와 장난하는 덩샤오핑. 덩이 손녀에게
"잡았다!"라고 말하고 있다.

덩이 동양식 장기 챔피언인 니어웨이핑과
브리지 게임을 하고 있다. 덩이 이기고 있는 듯한
표정이다. 덩의 어깨 너머로 들여다보고 있는
사람은 그의 딸 마오마오

들이 수군거리는 소리를 들으면서 자전거를 향해 달렸다.[2)]

학생들뿐만 아니라 덩이나 그의 동료들도 심각한 결전이 임박해 있음을 깨닫지 못했다. 학생들은 후야오방의 죽음을 시위의 계기로 삼았지만, 무엇을 목표로 설정해야 하는지에 대해서는 명확한 관념을 갖고 있지 않았다. 처음에 그들은 학생복지 관계 기숙사의 상황, 형편없는 음식, 재정적 지원 부족 — 를 더 많이 문제 삼았다. 지도자도 없었고, 위기상황이 진전됨에 따라 느슨한 연합세력만이 생겨났다. 정부의 태도도 불확실해 보였다. 정부는 경찰과 사복 형사를 배치하였다. 신화면 밖에는 학생들을 감시하기 위한 파수꾼을 두었다. 경고장도 회람시켰다. 그러나 이러한 조치들에는 단호함이 결여되어 있었다. 덩도, 자오쯔양도, 리펑도 《자치통감》에 따라서 행동하고 있지는 않았다.

학생들이 내세운 최초의 자극적인 요구는 후야오방에 대한 정당한 처리, 즉 당 총서기인 그를 사임케 한 판결의 번복, 그리고 제대로 격식을 갖춘 명예로운 장례식이었다. 그러나 이러한 요구조차도 군중이 늘어남에 따라 곧바로 학생과 경찰 사이에 야기된 충돌사태 속에 삼켜져 버렸다. 톈안먼을 다시 장악하려는 정부의 노력이 거듭되었다. 전술적인 측면에서 정부는 첫 판을 지고 있었다. 단호하지 못한 정부의 태도는 학생들을 대담하게 만들었다. 그들은 톈안먼 광장을 장악하였다. 4월 20일, 아무도 알아채지 못한 가운데 장차 전개될 사태의 형식이 모습을 갖추기 시작하였다. 정부가 학생들을 몰아내고 싶다면 방법은 있었다. 즉 힘으로 그들을 쫓아내던가, 아니면 순리에 의해서건 강요에 의해서건 합의를 이룰 수 있다는 보장이 없는 상태에서 학생들의 협상 요구에 일단 굴복하는 것이었다.

토요일인 4월 22일 후야오방에 대한 추도식이 톈안먼 광장의 서쪽에 있는 인민대회당에서 거행되었다. 학생들의 시위를 막기 위해 기념식날 톈안먼 광장이 폐쇄된다는 발표가 있었다. 그러나 학생들은 장애물을 가볍게 뛰어넘었다. 그들은 전날 밤에 광장을 점령해 버린 것이다. 후야오방이 사망한 지 일주일이 되는 날이었다. 정부가 굼뜨게 움직이고 있다는 것은 이미 명백해졌다. 학생들은 지도부 구성을 위한 토론 모임을 가졌다. 그것도 정부의 허를 찌를 것이었다.

인민대회당에서 열린 후야오방의 추도식은 당내의 분열을 그대로 반영하고 있었다. 류사오치의 용기 있는 미망인 왕광메이가 후야오방의 부인 리자오(李昭)를 동반했다. 신사일 뿐만 아니라 당의 명예를 지켜온 녜룽전 역시 미망인을 부축하고 있었다. 그가 달리 무엇을 할 수 있었겠는가? 리자오는 "내 남편의 명예를 회복시켜 달라"고 말했다. 덩샤오핑, 리펑, 양상쿤, 그리고 늙은 대포 왕전이 지켜보는 가운데 자오쯔양이 조사(弔辭)를 읽었다. 천윈과 보수파 보이보는 참석하지 않았다. 학생들은 인민대회당 앞에 무릎을 꿇고 앉아 리펑이 만나 주기를 기다렸다. 그는 학생들을 만나지 않았다.

어떻게 결말이 날 것인가? 학생지도자들은 첨예하게 분열되었다. 많은 사람들은 후야오방의 장례식이 끝나면 시위를 계속할 필요가 없다고 생각하였다. 그들의 주장에는 나름대로 일리가 있었다. 반대편에서는 다른 주장을 내세웠다. 정부는 학생들과의 대화에 응하는 것이 정부의 약점을 누출시키는 것이라고 생각하고 있으므로 협상은 이루어질 수 없다는 것이었다. 황제가 명령을 내리면 복종만이 있을 뿐이었다. 그렇지 않으면 그는 황제가 아니었다.

그것은 심각한 딜레마였다. 학생들은 톈안먼이 연극 속의 연극임을 알지 못했다. 그것은 학생과 정부 사이의 힘겨루기이었을 뿐만 아니라 정부 내에서의 힘겨루기이기도 했다. 덩샤오핑이 자신의 혁명에 대한 통제권을 다시 장악하고, 연대 세력을 다시 강화하고, 자오쯔양과 리펑 사이에 끓어오르고 있는 갈등을 해소할 수 있을 것인가, 아니면 천명의 상실과 더불어 덩의 모든 설계들이 산산이 무너져 내릴 것인가? 이것이 당면 문제였다.

비극은 아주 냉혹하게 진행되어 갔다. 자오쯔양은 김일성과의 관계가 흔들리고 있는 가운데 평양을 방문할 계획이었다. 1950년대 초반의 한국전쟁 이래 북한은 중국의 중요한 동맹국이었다. 자오의 여행을 연기할 수는 없었다.

당 내부에서는 어떻게 해야 할 것인가에 관해 끊임없이 토론이 진행되었다. 덩은 강력 진압을 지지했다. 자오쯔양은 대화를 주장했다. 원로들은 신속하고 강경한 조치를 원했다. 천원, 보이보, 리셴녠, 그리고 마지막으로 리펑이 이와 같은 입장을 취하였다.

시간은 흐르고 있었다. 미하일 고르바초프는 5월 15일에 도착할 예정이었다. 정부는 그를 맞을 준비로 몹시 바빴다. 그가 도착하기 전 까지 텐안먼은 깨끗이 청소되어 있어야 했다. 각국의 시선이 베이징에 집중되어 있었다. 덩 진영의 사람들은 정부가 약해 보인다고 생각했다.

자오쯔양은 4월 23일 일요일 오후 기차로 평양으로 떠날 예정이었다. 그가 떠나기 전에 학생들을 어떻게 다룰 것인가 하는 문제를 마무리 짓기 위한 회의가 다시 열렸다. 자오의 비판자들은 그가 일요일 아침 정치국 회의에 참석하기를 거부하고 대신 골프를 쳤다고 주장했다. 자오는 자신이 떠나기 직전 강경책에 동의했다고 말한 바 있지만 구체적인 내용은 밝혀지지 않았다.

4월 26일자《인민일보》는 학생시위를 반당적(反黨的), 반정부적(反政府的), '야비한 권력의 장악' 등으로 비난하는 사설을 실었다. 그것은 '계획적인 음모와 동란'이었다. '동란', '혼란'이라는 용어가 거듭되어 사용되었다. 문화혁명의 악몽을 연상시키는 난(亂), 동란(動亂)이라는 단어들은 덩의 대변인에게서도 반복되었다. 자오쯔양은 멀리 떨어진 외곽지대, 평양에 있었다.

그러나 가장 중요한 것은《인민일보》사설이 덩샤오핑의 견해를 대변하고 있었다는 점이었다. 그는 황제로서 행동하든가, 아니면 천명을 상실하든가 선택해야 한다고 결심하였다.

자오는 평양에서 돌아오자마자 4월 26일자 사설 내용이 그가 승인한 후에 변경되었다고 비난했다. 이것은 아마 사실이었겠지만 최고책임자는 덩샤오핑이었다. 그리고 중요한 것은 이 사설이 학생들의 에너지를 새롭게 결집시켰다는 점이었다. 4월 27일 시위자의 수는 급증하였다. 거의 50만 혹은 그 이상의 인파가 텐안먼에 몰려들었다.

자오쯔양은 공개적으로 온건한 입장을 취하기 시작했다. 학생들은 5월 4일로 계획된 또 하나의 대규모 시위, 즉 1919년 중국 학생운동의 시발점이 되었던 5·4운동 70주년 기념일에 거행될 시위 준비에 주력하고 있었다.

다가오는 태풍을 가라앉힐 수 있는 움직임의 징조는 어느 쪽에서도 나타나지 않았다.

유혈사태 없이 텐안먼 사태에 종지부를 찍을 수 있었던 최초의, 그리고 가장 좋은 기회가 자오쯔양이 평양에서 돌아왔을 때 찾아왔다. 아니 적어도 표면상으로는 그렇게 보였다. 아마도 자오쯔양과 리펑 사이의 싸움은 이미 너무나 악화되어 있어 타협하기는 어려웠을지도 모른다. 학생들 사이에는 시위 중단을 강력히 원하는 분파가 있었다. 이러한 가운데 두서없는 방침들이 실천에 옮겨지고 있었다. 리펑의 대변인인 위안무(袁木)는 정부가 대화를 할 준비가 되어 있다는 뜻을 비쳤다. 그는 몇몇 학생들과 만났으나, 그것은 실속 없는 겉치레만의 '대화'로 끝났다. 자오쯔양은 아시아개발은행 사람과 이야기하면서 정부는 협상할 의사가 있음을 암시했다. 학생들이 요구하는 민주주의, 부패의 종결, 인플레이션 퇴치 등은 바로 정부가 진심으로 실현하고자 하는 것들로서 대단한 요구가 아니라고 그는 말했다. 또한 4월 26일자《인민일보》사설에서 비난하고 있는 것과 같은 음모 따위는 없다고 잘라 말했다. 자오는 당의 선전책임자를 불러 언론과 텔레비전에 대한 통제를 완화하고 학생들에 대한 보도도 어느 정도 허용하라고 지시했다.

이러한 지시가 내려진 것은 때마침 덩과 고르바초프의 회담을 취재하기 위해 수많은 외국 언론과 텔레비전 방송기자들이 중국으로 몰려들었던 시기였다. 그들은 취재 장비를 설치하고 뉴욕, 도쿄와 깨끗한 주파수를 연결하였으며, 학생들에 관한 보도를 전세계에 쏟아 부었다. 중국은 느닷없이 전세계의 모든 텔레비전 화면 속에 뛰어들었다. 덩이나 원로들이 이 사실을 제대로 이해할 수 있었다고 믿기는 어렵다. 어쨌든 고르바초프가 도착하는 5월 15일 이전에 텐안먼 사태를 수습하기에는 이미 너무 늦어 버렸다.

확인할 수 있는 한 덩이나 양상쿤이 톈안먼 광장을 직접 시찰해 본 것 같지는 않다. 사진 작가인 양상쿤의 아들 양샤오밍은 아버지에게 "이것은 혁명입니다."라고 외쳤다고 전해진다. 원로들 가운데 몇 사람은 호위를 받으면서 톈안먼 광장 밑의 지하터널을 통해 인민대회당 3층에 있는 전망대로 올라가서, 쌍안경으로 사태를 살펴보았다. 티셔츠를 입고 붉은 머리띠를 두른 수만 명의 학생들과 수주일 동안의 노숙으로 생긴 쓰레기더미들이 그들의 마음을 편하게 했을 리가 없었다. 원로들의 대부분은 마오의 홍위병들과의 참혹한 투쟁을 겪은 사람들이었다. 무리를 지은 젊은이들은 그들의 등골에 전율이 흐르게 했다. 그들이 젊은이들에게서 이상주의와 애국심을 감지했을 것 같지는 않다. 톈안먼 광장의 군중들은 그들로 하여금 마오가 풀어놓았던 '난(亂)'을 상기시키지 않을 수 없었을 것이다. 1972년 닉슨이 중국을 방문했을 때 NBC 텔레비전의 사진 기자가 발견한 것처럼 그들은 무엇보다도 군중이 일어서는 것을 두려워했다. 사진 기자는 상하이 거리에서 군중의 흐름을 촬영하고 있었다. 군중이 불어남에 따라 그의 중국인 안내자는 신경질적인 반응을 보이기 시작했다. "제발, 즉각 떠납시다. 당신은 군중을 자극하고 있습니다." 사진 기자는 그의 공포가 진정임을 알게 되었고, 곧 일을 중지 했다. 덩의 원로들도 모두 마오 시절에 군중과 대치한 적이 있었다. 그들은 다시는 그런 경험을 원하지 않았다.

정부가 전혀 무방비 상태였던 것은 아니다. 정부는 일본과 한국이 대중 시위를 대처했던 전술을 은밀히 검토해 왔었다. 한국 정부는 수백명을 죽였으나 통제를 유지하였다. 많은 중국 지도자들은 한국 모델에 감명을 받았다. 그것은 나중에 약간의 자유가 더 허용될 경우에도 수천만 명을 유순하게 자기 직업에 안착하게 만들 수 있는 방법이었다.

공안부는 최루가스, 폭동 진압용 총, 충격 수류탄, 헬멧, 금속 방패 등의 폭동 진압 장비를 수입했다. 그러나 물대포나 고압호스는 수입하지 않은 것이 분명했다. 중난하이를 지키기 위한 특별 수비대는 폭동 진압 훈련을 받았다. 톈안먼과 거리의 교차로에 있는 높은 기둥에는 소형 비디오 카메라가 설치되었다. 창안가에 위치한 공안부서 본부에서는 나중에 시위 군중을 색출해 내기 위해 모든 것을 살살이 녹화하였다. 이렇게 찍힌 방대한 분량의 흑백 필름 중 상당 부분은 나중에 중국의 텔레비전과 미국의 몇몇 텔레비전에서 방영되었다.

군대 역시 준비를 갖추고 있었다. 지난 2, 3년 동안 군인들에게 신문을 읽는다거나 라디오를 듣는 것, 텔레비전을 보는 것이 허용되지 않았다. 오로지 제한된 군대 정보만 허용되었다. 군은 내란을 진압하기 위해 동원된 군인들이 자신들의 임무에 대해 갈등을 느끼는 것을 원치 않았다.

왜 공안 부대가 기관총 대신 물대포나 고무총탄을 사용하지 않았는지에 대해서는 한 번도 설명된 적이 없었다.[3] 고위층에 있는 누군가가 '약간의 피를 뿌리는 것'이 필요하다고 생각했기 때문이었는지도 모른다. 그것은 덩샤오핑이었다고 알려졌다. 그는 선택권을 가지고 있었다. 그가 피를 원하지 않았다면 군대와 무장경찰은 그 명령을 따랐을 것이다.

5월 15일 고르바초프가 도착했을 때 덩은 톈안먼 광장에서의 전통적인 의식으로 그를 환영하지 못한 데 대한 굴욕감을 감추려 하지 않았다. 학생들은 톈안먼 광장을 완전히 장악하고 단식투쟁을 시작했다. 미국의 텔레비전은 고르바초프나 덩보다는 학생들에게 더 많은 관심을 기울이고 있었다. 전자공학 덕분에 세계는 이제 톈안먼의 계단에 높은 자리를 차지하고 앉아 있었다. 덩이 이러한 상황을 이해했을 것 같지는 않다. 수개월 후 양상쿤에게도 이 점을 거듭 인식시키려 했으나 실패로 돌아갔다. 그들은 중국이 지구촌의 일부가 되었다는 사실을 인정하지 않고 있었다.

학생들은 최신 전자공학의 세계에 아주 익숙해져 있었다. 그들 가운데 상당수는 미국에서 살아 본 적이 있었다. 그들은 덩샤오핑이나 천윈이 결코 알 수 없는 동시 통신 수단의 위력을 잘 알고 있었다. 원로들은 통신이라면 여전히 구리로 된 모스 부호 송신기와 등사기만을 생각하고 있었다.

군대는 비상시에 대비하여 낡아빠진 중국식 전화 시스템 대신 프랑스로부터 최신 설비를 구입하여 설치해 놓고 있었다. 학생들은 이 훌륭한 장비를 이용하여 케임브리지, 옥스퍼드, 소르본, 하버드, 칼테크, 버클리로 연결되는 팩스망을 구축하였다. 톈안먼 광장에서 일어나고 있는 일을 비서들이 덩에게 알려 주기도 전에 전세계의 학생들은 이미 그것을 모두 알고 있었다. 시위자들은 신화사 통신(新華社通信)이 굼뜬 행동을 취하기 전에 이미 전중국에 소식을 전할 수 있었다. 학생들이 전하는 사태의 진상이 정부의 발표보다 훨씬 앞서 사람들에게 전달되었다.

고르바초프는 5월 17일 베이징을 떠나 상하이로 향했다. 고르바초프가 떠나기 전에 쟈오쯔양은 전세계가 이미 오랫동안 알고 있는 사실, 즉 덩이 여전히 최고 권력자라는 것을 그에게 털어놓았다. 1987년 중앙위원회는 모든 중요한 결정은 덩의 최종 승인 없이는 이루어질 수 없다는 데 합의했던 것이다. 나중에 자오는 '국가 비밀'을 고르바초프에게 폭로했다는 비난을 받았다.

그 후 소련이나 중국에서 전개된 정세에 비추어 고르바초프와 덩의 회담이 계획대로 진행 되었다면 상황이 어떻게 달라졌을 것인가를 추측해 보는 것도 상당히 흥미로운 일일 것이다. 두 사람 모두 개혁과 변화의 상징이었다. 두 사람에게, 특히 덩에게 이 정상회담은 20년 이상에 걸친 냉전(때로는 열전도 있었다)의 종결을 축하하기 위해서만 있는 것은 아니었다. 두 사람은 모두 이번 정상회담이 보수파에 대한 자신의 입지를 강화시켜 주고, 나아가서 낡은 정치 경제 체제를 개혁하기 위한 새로운 자극제가 될 수 있을 것으로 기대하고 있었다. 그러나 이러한 기대는 이루어지지 않았다. 톈안먼 사태가 가져온 첫번째의 그리고 가장 치명적인 타격은 —고르바초프나 덩이 깨닫지도 못했고 원하지도 않았지만 — 두 사람이 지닌, 상이해 보이면서도 결국은 같은 방향으로 수렴 될 수 있었던 미래관의 좌절이었다.

사태는 빠르게 진전되기 시작했다. 고르바초프가 떠나기 전날에는 1백만 명의 군중이 톈안먼 광장을 메웠다. 이 무렵에 덩과 양은 아마 시산에 있는 인민해방군 기지의 핵공격에도 견딜 수 있는 벙커에 옮겨가 있었을 것이다. 덩은 우한으로 날

아가 그 지역 군구 사령관들을 만났다. 그는 갑작스러운 동원명령으로 그들을 놀라게 하고 싶지 않았다. 덩은 자신이 내릴 명령에 대해 그들이 달가워하지 않으리라는 점을 알고 있었다. 중국에서 '군은 인민을 사랑하고 인민은 군을 사랑한다'는 신화는 군이나 인민 모두에게 깊숙이 뿌리박고 있었다.[4]

이제 학생들은 베이징의 심장부를 장악하고 있었다. 중국에서 이와 같은 일이 일어난 적은 한 번도 없었다. 수십만의 인민들이 광장으로 행진하였고, 가정주부들은 음식을 날랐으며, 의료단은 단식투쟁으로 쓰러진 사람들을 치료하고 있었다. 공무원들은 석유공업부, 석탄공업부, 국가계획위원회, 외교부 등 자신들이 소속된 부서 이름이 씌어진 깃발을 들고 나왔다. 국방부의 민간인 고용인들까지 참가했다. 인민일보는 파견단을 보냈다. 국영 텔레비전 방송국도 마찬가지였다. 젊은 텔레비전 기자들은 외쳐댔다. "우리들은 거짓말을 하고 있습니다. 우리를 믿지 마십시오."

베이징에서 가장 큰 기업인 수도강철공사(首都鋼鐵公司)아 베이징 지프회사, 노동조합에서도 말단의 직원들을 보냈다. 창안가에 있는 무시디아파트 단지에 사는 고급관리의 아내 역시 이렇게 말했다. "나는 매일 톈안먼 광장에 갑니다. 내 친구들도 마찬가지입니다. 우리는 모두 학생들 옆에 있습니다." CITIC의 대표인 룽이런도 자신의 22층짜리 마천루에서 시위자들을 따뜻한 눈으로 내려다보고 있었다. 어떤 사람은 그가 개인적으로 기부금을 전하기도 했다고 이야기 했다.

시위의 초기에는 리펑이 공격 목표가 되었다. 덩은 진보주의자로서의 명성 때문에 얼마 동안 공격을 받지 않았다. 학생들은 덩이 권력을 잡게 되었을 때 작은 병(小平은 '작은 병'이라는 의미의 '小甁'과 발음이 같다)을 흔들면서 마치 그가 친한 축구 코치이거나 한 것처럼 "안녕하세요, 샤오핑" 하고 외치곤 했었다. 이제 그들은 톈안먼 광장에서 작은 병들을 박살내기 시작했으며, '황제를 타도하자'는 팻말들이 시위 군중 속에서 보이고 있었다.

학생들은 위대한 황제와 작은 황제, 즉 마오와 덩을 구분하였다. 서태후 밑에서 할아버지가 상서(尙書)직을 맡은 적이 있는 명문가 출신의 한 중국인은 이렇게 말하였다. "마오는 진정한 천자(天子)였습니다. 그러나 톈안먼 위의 덩은 오히려 마지막 황제처럼 보입니다." 그것은 잔인하게도 덩을 무력했던 마지막 황제 푸이에게 비유한 것이었다. 그러나 거기에는 얼마간 진실이 담겨 있었다. 덩은 더 이상 황제처럼 장엄하게 처신하지 않았다. 세계를 변혁시키기 위해 동란을 불러일으키는 제우스 신과 같은 행동을 할 때에도 마오는 천자처럼 보였다. 덩이 사용하는 동란이라는 단어는 싸구려 모조품처럼 보였다. 마오는 1963년에 쓴 시에서 이렇게 읊은 적이 있다. "순간의 기회를 포착하라." 덩은 이제 그 기회를 놓치고 있었다.

49. 톈안먼

톈안먼 시위가 계속된 몇 주 동안에도 유혈사태와 대학살이라는 극한 상황에서 빠져나올 수 있는 기회는 여러 번 있었다. 그러나 덩은 그 어느 것도 선택하지 않았다. 5월의 세 번째 주 동안에도 평화적인 협상을 위한 창구는 여전히 열려 있었다. 덩은 군구 사령관들과 협의하기 위해 우한에 가 있었고, 그가 없는 동안 리펑과 자오쯔양은 단식투쟁하는 학생들의 병원으로 방문했다. 리펑은 굳은 표정이었고, 자오는 동정적이었다. 그들은 학생들의 단식투쟁을 중지시키려고 애썼다. 그것은 분명히 타협을 위한 첫걸음이었다. 다음 날 리펑은 인민대회당에서 학생들과 만났다. 그러나 이번에도 대화를 위해서는 단식투쟁을 중단하라고 설득하기 위한 목적을 가진 경직되고 불쾌한 회합이 되고 말았다.

학생들과의 회합에 참가한 사람 가운데 교착상태를 뚫을 수 있는 사람이 있었다. 그는 바로 마오의 러시아어 통역관이었던 옌밍푸였다. 외부 세계에는 알려지지 않았지만 옌은 5월 13일 이래 줄곧 톈안먼 광장에서 학생들과 대화를 해 왔고 사무실에서도 학생들과 개인적으로 만나고 있었다. 지적이고 학생들에게 동정적인 옌은 당시 통일전선공작부(統一前線工作部) 부장이었고, 저우언라이의 지하활동 시기에 절친했던 동료의 아들이었으며, 초보수주의자인 펑전의 후원을 받는 사람으로서 탁월한 당 경력의 소유자였다. 옌에게는 학생들과 접촉할 수 있는 채널을 터서 대화의 기반을 닦으라는 임무가 맡겨졌다.

다루기 힘들고 예측하기 어려운 학생들의 행동 양식이나 리펑의 방해에도 불구하고 옌밍푸는 성공 직전까지 일을 추진시켰다. 그는 학생들의 신임을 얻었지만 마지막에 가서 덩샤오핑의 신임을 잃었다. 아마도 리펑의 방해 때문이었을 것이다. 리는 자신의 정치적 장래를 이번 대결에서 승리하는 데 두고 있었다. 그는 타협을 원하지 않았다.

자오쯔양은 온건노선을 취하고 있었고, 톈안먼 광장에 들어가 학생들과 직접 대화를 나누기로 결심하였다. 5월 19일 오전 5시경 감정적으로 격앙된 자오는 톈안먼 광장으로 가서, 단식투쟁하는 학생들이 치료를 받고 있는 버스에 올라탔다. 그는 거의 울먹이면서 학생들에게, '너무 늦게' 온 것을 사과했다. 학생들이 고취하고 있는 대의는 바로 정부가 원하고 있는 것들이라고 그는 말했다. 동란이라든가 대결에 대한 이야기 따위는 없었다. 그는 몇 사람이라도 희생자가 생기기 전에어서 단식투쟁을 끝내라고 학생들에게 애걸하였다.

리펑은 잠시 동안 어두운 얼굴을 하고 자오의 옆에 서 있다가 광장을 떠났다. 그는 자오가 예기치 못한 행동을 할까 봐 함께 오겠다고 고집했던 것이다.

자오쯔양이 공개석상에서 모습을 드러낸 것은 그것이 마지막이었다. 그는 그날 늦게 개최된 정치국 회의에 참가하지 않았고, 10일도 되지 않아 당 총서기직에서 쫓겨났다.

기진해지고 있던 학생들은 리펑과 자오쯔양 사이의 균열을 눈치 챘고, 자오가 힘을 잃고 있음을 보았다. 그날 저녁 그들은 단식투쟁을 취소하였다. 정부가 이 기회를 포착했다면 시위는 끝이 났을 것이다. 그러나 정부는 그것을 거부했다.

1978년의 덩이었다면 평화적인 해결을 가져올 수 있는 기회를 이용했겠지만 1989년의 덩은 보다 늙고 경직되어 있었다. 그는 난(亂)을 물리치기 위해 계엄령을 선포하는 실수를 저질렀다. 양상쿤은 고위 장군들을 향한 비밀연설에서 동란이라는 주제를 가지고 열변을 토했다. 그의 모습은 마치 위기가 존재한다고 스스로를 확신시키기 위해 애쓰는 사람처럼 보였다. 그는 위기 상황을 나타내는 사례의 하나로서 학생들이 양쯔강 철로를 장악함으로써 우한과 광둥 사이의 기차 운행이 지체되고 있다는 점을 들었다. 마오의 동란 기간 동안 상하이로 연결되는 기차 운행이 1년 이상이나 홍위병에 의해 중단되었다는 것을 기억하는 사람들에게 그것은 전혀 놀랄 만한 예가 되지 못하였다.

덩의 계엄령에 대한 학생들과 시민들의 반응은 저항이었다. 행동은 신속하고 과감해야 한다는《자치통감》의 교훈을 무시하고, 덩은 계엄령을 실제로 집행하기 위한 조치는 아무것도 취하지 않았다. 학생들은 또다시 대규모 시위에 나섰다. 그러나 얼마 안 있어 각 지방에서 베이징과 수도지역으로 군대가 조용히 이동하고 있다는 소식이 퍼졌다.

주말인 5월 27일과 28일이 되자 톈안먼 광장의 분위기는 이미 맥이 빠지고 있었다. 학생들은 집으로 돌아가고 있었다. 남아 있는 사람들은 대부분 지방에서 올라온 학생들이었다. 광장에서는 투표가 이루어졌다. 220개 학교가 철수를, 160개 학교가 계속 농성을 지지했다. 상당수 지도자들은 시위가 끝나 가고 있음을 느꼈다. 단식투쟁의 히로인이었던 아름다운 횃불 쯔링(紫玲)은 떠나기로 결정했다. 그녀는 하루종일 인사를 하러 돌아다니다가 결국 좀더 남아 있기로 했다. 활동적이지만 변덕스러운 우얼카이시(伍爾開希)는 철수하기로 마음을 먹었다. 좀더 냉정하고 사무적인 왕단(王丹) 역시 그렇게 했다. 학생들은 그들끼리 서로 다투기 시작했다. 어떤 패거리는 기부금을 어떻게 사용했는지 알아보기 위해 쯔링을 납치하려고 했다.

평화적인 해결을 위한 최상의 조건이 무르익어 있었다. 그러나 정부는 움직이지 않았다. 덩은 그가 권한을 가지고 있으며, 그것을 사용할 의사가 있음을 명백히 하고자 했다. 과거에 황제의 칙명에서 그러했던 것처럼 인민은 '복종하고, 또한 전율'할 필요가 있었던 것이다.

덩샤오핑이 미국인 실업가 아먼드 해머를 인민대회당에서 접견하고 있다(1985년 6월).

중난하이에 있는 후야오방의 저택 테라스에서, 왼쪽으로부터 저자인 솔즈베리, 통역 장위안위안, 후야오방, 솔즈베리 부인

1989년 5월 19일 자오쯔양이 텐안먼 광장에서 단식투쟁하는 학생들을 방문하고 있다. 이것은 자오가 대중 앞에 나타난 마지막 장면으로, 열흘 후 그는 당 총서기직에서 해임되었다.

국가주석 양상쿤이 국내 시찰중 어린이들과 인사하고 있다.

1989년 공산당 총서기에 취임한 몇 주일 후 장쩌민이 기자들의 질문에 답변하고 있다.

1990년 리펑 총리가 인민대회당에서 열린 전국인민대표대회에서 연설하고 있다.

중앙미술학원(中央美術學院)의 작업실은 바로 자금성 동쪽에 위치하고 있었다. 이 학교 학생들은 처음부터 시위에 참가했었다. 톈안먼 광장의 지도자들이 그들에게 한 가지 요청을 해 왔다. 상하이에서는 학생들이 자유의 여신상의 복제품을 들고 행진하였는데, 이 학원에서 그와 같은 것을 속히 만들어 줄 수 있겠는가 하는 것이었다.

어떤 조치를 즉각 취하지 않으면 시위대가 붕괴할 것임을 지도자들은 알고 있었다. 이미 5월 26일이었다. 사흘 내에 자유의 여신상을 중앙미술학원에서 만들어 낼 수 있을 것인가? 조각가들은 해 보겠다고 말했다. 그것은 단순히 자유의 여신상의 복제품이 되어서는 안 되었다. 그것은 중국 민주주의의 여신이 되어야 했다.

젊은 조각가들은 장식을 꾸밀 여유가 없었다. 그들은 양손에 장대를 들고 있는 4.5피트짜리 남자 누드 진흙상을 모델로 삼았다. 그들은 장대의 밑부분을 깎아 내고 윗부분을 횃불로 변형시켰으며, 자세가 좀더 나아 보이도록 몸체를 똑바로 세우고, 남자를 여자로 바꾸어 놓았다. 그녀에게는 앞가슴과 코카서스인의 얼굴, 그리고 하늘거리는 겉옷이 입혀졌다. 이렇게 하여 37피트짜리 여신상이 디자인되었다. 그들은 철망 위에 스티로폼을 두르고 질감이 좀더 나아 보이도록 그 위에 얇게 석고를 발랐다. 그들은 여신상을 네 조각으로 나누어 자전거로 끄는 네 개의 수레에 실었다. 그리고 가게 주인들과 경찰이 놀라 쳐다보는 가운데 왕푸징 거리를 내려가 창안가로 간 다음, 베이징 호텔을 지나 톈안먼 광장 안으로 싣고 들어갔다. 간섭하는 사람은 아무도 없었다.

여신상이 광장에 도착한 것은 29일 밤 10시 30분 무렵이었다. 학생들이 톈안먼 벽에 걸려 있는 마오의 거대한 초상화 바로 정면에 6피트의 대좌(臺坐)를 설치하고 여신상을 세우는 데에는 꼬박 하룻밤이 걸렸다. 여신상을 비추는 모든 텔레비전의 화면 배경에는 항상 마오의 둥근 얼굴이 나타났다.

이것이 마지막 시도였다. 여신상이 시위에 상승효과를 가져다 주지 않는다면,

지도자들은 시위를 중단할 수밖에 없을 것이었다. 5월 30일 저녁이 되자 수천 명의 베이징 사람들이 다시 톈안먼으로 몰려들었다. 광장에서 빠져나가는 사람들이 아주 없는 것은 아니었으나 그 숫자는 상당히 줄어들었다. 텔레비전 카메라는 신바람이 났다. 여신상의 모습은 전세계에 방영되었다. 그것은 다음과 같은 메시지를 전하고 있었다. 톈안먼의 시위는 살아 있다! 그것은 전진하고 있다! 그러나 원로들은 여신상으로부터 전혀 다른 메시지를 읽었다. 그것은 마침내 파국을 불러오는 마지막 불씨가 되었다. 광장을 청소할 준비를 서두르라는 지시가 내려진 것이다.

민주주의 여신상은 지치고, 피곤하고, 좌절감에 빠진 학생 지도자들에게 일시적인 위안을 주었다. 그러나 그들은 종말이 다가오고 있음을 깨달았다. 시위 군중의 숫자는 계속 줄어들었다. 6월 2일 오후가 되자 광장의 절반이 황폐한 모습을 드러냈다. 타이완의 록 스타 허우더지엔(侯德健)이 도착하지 않았다면 그날 저녁 광상은 텅 비었을 것이나. 몇 년 선에 나이완을 버나 중국에 선너온 허우는 내난한 인기를 얻고 있었다. 그는 자신이 단식 투쟁을 하고 있다고 선언하고(실제로는 이미 취소하였), 이날 저녁 자신의 애창곡을 가지고 공연을 했다. 수천 명의 젊은 이들이 다시 몰려들었다. 그러나 공연이 끝나자 그들은 집으로 돌아갔다.

그것은 아마 학생들이 톈안먼 광장으로 들어온 4월 18일 이래 분위기가 가장 위축된 시점이었을 것이다. 일주일 동안 베이징에는 군대가 이동하고 있다는 소문이 떠돌았다. 5월 29일과 30일에는 톈안먼 근처의 거리에 군대를 호송하는 차량이 나타났다. 일개 종대가 나타나자마자 시민들은 길 복판으로 몰려들어가 인민의 군대는 인민을 해쳐서는 안 된다고 하면서 그들을 가로막았다. 지방에서 온 젊은 군인들(일부는 자신들이 베이징에 와 있다는 것조차 알지 못했다)은 당황했다. 일부는 울음을 터뜨렸다. 트럭에서 뛰어내려 사라지는 군인들도 더러 보였다.

6월 3일과 4일의 주말에 톈안먼으로 진격한다는 결정은 아마도 금요일인 6월 2일에 내려졌을 것이다. 덩샤오핑이 그것을 승인했지만, 세부적인 사항은 양상쿤에게 맡겨졌다. 제27군과 제38군이 이 작전을 떠맡게 되었다. 제27군은 인민해방군의 최정예부대의 하나로서 베이징 서남쪽에 위치한 스자좡에 주둔하고 있었다. 제38군은 베이징 주둔군이었다. 제38군 사령관은 이 작전에 동조하지 않았기 때문에 후에 해임당했다. 이 군대들은 각 지역군구에서 차출된 부대들로 보강되었다. 유혈사태가 일어나면 모두가 손에 피를 적셔야 한다는 것이었다.

당의 채널을 통해서 주말에 군대가 움직일 것이라는 소식이 전파되었다. 소식을 들은 대부분의 사람들은 토요일인 6월 3일 밤에 공격이 시작될 것이라고 믿었다. 무시디아파트 단지와 다른 정부기관에는 임박한 군사 작전이 평화적인 성격의 것임을 강조하는 말들이 전해졌다. 한 방울의 피라도 흘린다면 전국이 들고일어날 것이라고 사람들은 이야기했다. 따라서 군대는 학생들을 공격하지 않고 톈안먼 광장에서 철수만 하게 할 것이라고 했다.

'악질분자'가 학생층에 침투하여 동란을 일으키고 있다고 정부는 주장했지만 당시에도, 이후에도 악질분자는 확인되지 않았다. CIA나 타이완, 홍콩 등 외국 기관원이 개입하고 있다는 모호한 이야기가 나오기도 했다. 사실 그런 기관원들은 광장에 산재해 있었다. 그러나 그들은 홍콩으로부터의 자금 유입 통로 역할을 했을 가능성은 있지만, 그들이 시위 자체에 어떤 역할을 했다는 증거는 아무것도 없었다.

군대가 시내로 움직이면서 베이징에는 새로운 집단이 등장하기 시작했다. 그것은 직업이 없는 젊은이들이었다. 대부분이 지방에서 온 거의 1백만에 달하는 이 젊은이들은 직업도 없고, 일자리에 대한 희망도 없이 베이징으로 몰려들었다. 폭력 사태가 발발하자 이들은 가장 격렬했던 폭동에 가담하였다. 정부는 그들의 존재를 단 한 번도 언급하지 않았다.

역시 정부 발표에서는 전혀 언급되지 않았지만 원로들을 엄청나게 경악시킨 또 하나의 현상이 당시 톈안먼 광장에서 일어나고 있었다. 그것은 공장 노동자와 방대한 관료 기구에서 일하는 사무직 노동자들의 시위 참여가 급증한 것이었다.

이 결정적인 집단들이 학생, 젊은이들과 합류하기 시작하자 구식 마르크스주의에 의해 훈련받은 당 원로들은 과거에 그들의 혁명에서는 결코 경험하지 못했던 악몽 ― 공산당을 지지하는 것이 아니라 공산당에 반대하는 진정한 프롤레타리아의 봉기 ― 에 시달리게 되었다.

6월 3일 한낮에 군 장교들을 가득 실은 버스 한 대가 서쪽으로부터 광장 안으로 들어와 신화먼으로 향했다. 거기서 버스는 시위 군중들에게 둘러싸였다. 이내 잘 훈련된 공안부대 분견대가 안쪽에서 나타나 최루탄 통을 던지고 장교들을 구출하여 문 안으로 사라졌다. 이 과정에서 군인들은 몇몇 학생들을 곤봉으로 구타했다. 이른 오후에 1천 명의 인민해방군 부대가 인민대회당의 서쪽 출구로부터 진격하였다. 곧바로 군중들에 의해 포위당해 버렸기 때문에 그들이 무엇을 하려고 했는지는 알 수 없었다. 이때도 최루가스가 사용되었지만 군대는 군중들을 돌파하지 못하고, 결국 한 사람씩 인민대회당 안으로 돌아갔다.

이 사건들은 톈안먼 광장을 둘러싼 건물들 ― 인민대회당, 서쪽으로 향한 두 박물관, 자금성, 그리고 중난하이 ― 이 톈안먼 광장 밑의 터널을 통해 이동된 군대에 의해 포위당해 있음이 분명하다는 인상을 주었다.

많은 베이징 시민들이 쇼핑을 하거나 대로와 공원에서 산책을 하고 있던 6월 3일, 여름 기분이 나는 토요일 이른 저녁에 계엄사령관은 시위를 종식시키기 위한 작전 개시를 명령하였다.

그날 동원된 군대는 전날까지 베이징 시민들이 본 것이 아니었다. 그것은 탱크, 포차(砲車), 무장 군용 트럭 등으로 구성된 기갑 사단이었다. 그것들이 베이징의 넓은 거리를 따라 진격하자 탱크 바퀴가 철컥거리는 소리와 엔진 소음이 천지를 가득 메웠다. 뚜렷하면서도 둔중한 대포의 포격 소리와 함께 소음은 더욱 요란해졌다. 주요 교차로, 특히 시내 중심부에서는 시민들이 차선을 가로질러 비스듬히 세운 버스와 일으켜 세운 택시, 합승버스, 트럭 등으로 바리케이드를 설치했다.

기갑부대가 대로를 따라 포효하며 내려오고 군인들은 두세 블록 떨어진 곳에서 바리케이드를 향해 사격을 가했다. 많은 사람들이 죽고 부상당했다. 베이징 시민들은 전날 밤 군용 트럭을 저지했던 인간 장벽의 전술을 이용하여 거리를 차단하려고 했다. 그러나 이 방법이 기갑부대에는 통하지 않았다. 탱크들은 수많은 시체를 남기면서 그대로 뚫고 지나갔다. 소음이 너무나 컸기 때문에 군인들은 시민들이 외치는 소리를 알아들을 수 없었다.

기갑부대와 군중의 최초 충돌은 베이징 시내에서 멀리 떨어진 곳에서 일어났기 때문에 외국인이나 중국인 기자들에게는 목격당하지 않았다. 라디오 방송국의 직원 두 사람이 그들이 살고 있는 서부 베이징 부근에서 우연히 이 광경을 목격하였다. 그들은 아파트 밖에 나와서 먼지 속에 쪼그리고 앉아 톈안먼 시위에 대해 이야기하고 있었다. 군중들은 아무리 많은 군대라도 저지할 준비가 되어 있었다.

그들은 군대가 진격해 오는 소리를 듣고 거리로 뛰어들었다. 수천 명이 합세했다. 그러나 그것은 기갑부대였다. 탱크는 군중을 향해 정면으로 사격을 퍼부으면서 시속 30마일의 속도로 돌진하였다.

울부짖는 사람들 사이로 탱크들이 속도조차 늦추지 않고 돌진하는 것을 그들은 보았다. 아마도 과장이 섞였겠지만 목격자들은 적어도 1천 명은 죽었을 것이라고 생각했다. 부근의 병원들은 희생자들로 가득 찼다. 그러나 이것은 수많은 충돌 가운데 하나에 지나지 않았다.

무시디에서는 참혹한 전투가 벌어졌다. 중무장한 부대가 교차로에 사격을 가하면서 푸싱먼가로 진격하였다. 그것은 거대한 정부아파트 단지 부근에 있는 싼리허루(三里河路)에서 저지당했다. 탱크부대 사령관은 그가 중국에서 가장 저명한 사람들의 주거지역에 와 있다는 것을 알지 못했다. 그는 건물에 대한 무차별 사격을 명령했고, 그로인해 어떤 외교관의 아들과 은퇴한 외교부 관리를 포함한 여섯 명 이상의 희생자가 생겼다. 분노한 시민들이 화염병을 던지면서 격렬한 싸움이 이어졌다. 군중들은 너무나 격분해서 군을 린치하려고 했다. 재치있는 시민 한 사람이 많은 군인들의 목숨을 구했다. "군복을 벗겨 버립시다. 그러면 군인인 줄 모를 것입니다." 그는 외쳤다. 군인들은 군복을 벗어 버리고 내의 바람으로 서성거렸다. 친절한 시민들은 군인들을 불쌍히 여겨 숙소로 데리고 간 다음, 놀란 그들에게 차와 동정을 베풀었다. 그러고 나서 그들은 무장된 차량에 화염병을 던져 불을 질렀다.

무시디 부근의 산책길에는 중국의 올림픽 챔피언 중 한 사람의 동상이 있었다. 월요일인 6월 5일, 학생들은 이 동상에 검은 완장을 두르고, 발치에는 피묻은 셔츠를 떨어뜨려 희생자에 대한 추모 장소로 만들었다. 인민해방군 몇 사람이 거리를 청소하고 있었다. 그 중의 한 사람이 물었다. "왜 저 동상을 기념하고 있지?" 다음 날 아침 완장과 셔츠는 사라지고, 몇 명의 군인들이 그곳을 지키고 있었다. 청소 부대보다는 좀더 상황을 잘 파악하고 있는 현명한 사람들이 있었던 것이다.[1]

톈안먼에 보다 가까운 민쭈(民族) 호텔 부근에서는 또 하나의 유혈극이 벌어졌다. 오스트레일리아인 사업가 한 사람이 아내와 함께 베이징 호텔 부근에서 저녁을 먹었다. 그는 아내를 택시로 집에 보낸 후 자신은 자전거를 타고 돌아가려고 했다. 그러나 그는 곧 AK-47 자동소총의 폭음과 연속으로 터지는 화염병, 군대의 보급차량에서 훔쳐낸 무기들이 퍼부어 대는 포화 속에 갇혀 버렸다. 그는 기어서 민쭈 호텔로 찾아 들어갔고, 곧 사망자와 죽어 가는 사람들, 부상당한 사람들을 호텔 로비로 옮기는 일을 도왔다. 그들이 부상자와 사망자를 나란히 눕혀 놓고 나자 구급차가 뒤쪽의 정원으로 들어와 그들을 병원으로 옮겼다. 많은 희생자들은 무장 경찰들이었고, 그들의 얼굴이나 두개골은 잔인한 구타에 의해 짓이겨진 상태였다. 산발적으로 대담한 젊은이들이 호텔 밖의 관목숲에서 창안가로 뛰쳐나가 군용차에 화염병을 던진 다음 집중사격 속에 허둥지둥 도망치곤 했다.

마침내 전투가 끝나고 오전 3시가 되자 그 오스트레일리안은 종려나무 가로수 밑에 자전거를 남겨 두었던 교차로로 찾아갔다. 큰길을 따라 수백 대의 자전거가 버려진 채 산더미처럼 쌓여 있었다. 마침내 그는 아직 종려나무 밑에 놓여 있는 자신의 자전거를 발견했다. 그는 자신이 도와 준 수십 명의 피와 땀에 젖은 몸으로, 전투의 흔적으로 어지러운 거리를 뚫고 집을 향해 페달을 밟았다.

선두 부대가 톈안먼에 진입한 것은 거의 오전 2시 반이 다 되었을 무렵이었다. 수천 명의 시위자들이 그들을 기다리고 있었다. 수많은 사람들이 일부는 자고, 일부는 앉으면서 뒤죽박죽으로 텐트촌에 뒤엉켜 있었다. 무슨 일이 일어날 것인지 학생들은 확실히 알고 있었다. 여러 사람들이 탱크의 진격에 의한 유혈사태 소식을 전해 왔다. 그들은 수천 명의 시민이 이미 살해당했다고 믿고 있었으며, 자비를 전혀 기대하지 않았다.

일부 미국인을 포함하여 다수의 특파원과 텔레비전 기자들이 마지막 장면을 보도하기 위해 광장에 남아 있었다. 학생들의 시위본부가 세워졌던 인민영웅기념비가 초점이 되었다. 시위자들은 점차 광장의 다른 곳을 떠나 그곳으로 모여들었다. 워키 토키를 가진 텔레비전 기자들은 베이징 호텔에 있는 뉴스데스크와 계속 교신을 했고, 그것들은 즉각 뉴욕의 통신망에 연결되어 광장에서 벌어지는 일들이 매분 단위로 전세계에 보도되고 있었다.

일단 광장에 들어오자 군대는 신중하게 움직였다. 그들은 폭력과 유혈사태가 목격당하거나 취재되지 않도록 주의하라는 명령을 받았다. 그 때문에 텔레비전 카메라가 군인들의 가장 중요한 표적이 되었다. 두 명의 미국 CBS 기자는 카메라를 뺏기고 얻어맞은 후 밤새도록 자금성에 구금되어 있었다. 홍콩과 타이완 기자들도 감금당한 채 일요일 아침에야 석방되었다. 그러나 어둠과 혼란과 위험 속에서도 카메라는 계속 돌아갔고 녹화했다. 놓친 것은 별로 많지 않았다.

인민해방군은 서서히 포위망을 좁혀 가서 민주주의의 여신을 길바닥에 쓰러뜨렸고(어떤 대담한 텔레비전 사진 기자에 의해 촬영되었다), 텐트촌을 짓밟으면서 한 구역 한 구역씩 광장을 장악하기 시작했다. 끝마무리로 인민영웅기념비 주위에 몰려 있는 학생들을 소탕해 버릴 것이라는 공포심이 만연되었다. 광장 밖으로 안전하게 빠져나가기 위해 협상을 했으나 소득이 없었다. 마침내 동쪽으로부터 조명이 비치기 시작하자 록 스타인 허우더지엔이 유혈사태를 막아 보기로 결심하고 나섰다. 그는 군사령관을 설득하여 시위자들이 광장의 남동쪽 모퉁이로 나갈 수 있게 했다. 소수의 지도자들 간에 최후의 처량한 논쟁이 있었다. 몇 사람은 떠나기보다는 차라리 남아서 죽겠다고 결심했다. 일요일인 6월 4일 아침 6시 20분경 학생들은 줄을 지어 인민해방군의 감시 아래 광장을 떠났다.

광장을 떠난 시위자들은 광장 입구에 인접한 골목길로 떠밀려 갔다. 거기서 어떤 일이 벌어졌는지는 알려지지 않았다. 현장에 있던 많은 사람들은 학생들이 좁은 길로 들어선 후 기관총의 일제사격이 시작되었다고 주장했다. 골목길로 들어간 몇 사람을 다시는 볼 수 없었다고 증언하는 사람들도 있었다.

희생자수에 대한 문제는 곧바로 정치적인 논란거리가 되었다. 정부는 광장에서 죽은 사람은 한 사람도 없다고 주장했다. 광장 안과 주변에 가해진 요란한 총격은 이러한 주장이 터무니없다는 것을 증명해 주었다. 거리에서 수백 내지는 수천의 시민이 총격에 의해 사망했다는 것을 정부는 한마디도 비치지 않았다. 처음에 정부는 군인만 두 명 죽었다고 주장했다. 그 후 희생된 인민해방군의 숫자는 날마다 늘어나서 결국은 수백 명이 되었다. 아마도 베이징에서 1천 명 내지 2천 명, 그리고 톈안먼에서 3백 명 정도가 죽었다는 추정이 가장 타당할 것이다.[2]

총성은 며칠 동안이나 계속되었다. 인민해방군은 창안가를 가로질러 기관총부대를 배치하여 톈안먼 광장과의 사이에 경계선을 설치하였다. 6월 4일 온종일, 그리고 6월 5일에도 거의 종일 인민해방군은 5분 내지 10분 간격으로 거리에 기관총 사격을 퍼부었다. 베이징 호텔에서 지켜보고 있던 두 명의 목격자에 의하면, 창안가에서 톈안먼으로 향하던 수십 명의 시민들이 일요일에 살해당했다. 덜컹거리는 탱크 소리와 포격 소리가 며칠 동안이나 시내를 진동시켰다. 불타고 있는 트럭과 버스, 군용차량으로 거리는 가득 메워졌다. 중심가는 뚫고 지나갈 수가 없었다. 사람들은 골목 사이의 미로로 걸어다녀야 했다.

베이징은 교훈을 얻었다. 6월 9일 덩샤오핑은 당과 국가, 그리고 암암리에 자기 자신을 위협했던 동란을 용감하게 진압한 인민해방군을 치하하기 위해 얼굴을 내밀었다. 길거리에 있는 사람이면 남자건 여자건 어린아이건 무조건 쏴 죽이라는 명령을 수행하는 데 주저하지 않았던 사령관들의 손을 덩이 흔들고 있을 때, 양상쿤은 옆에서 환하게 웃고 있었다. 군인들을 표창하기 위해 특별히 메달이 만들어졌다. 톈안먼은 여러 달 동안 군대의 통제 아래 있었고, 계엄령은 7개월 동안이나 더 계속되었다. 덩샤오핑은 자신의 의지를 과시했으나 그 과정에서 자신의 약점도 드러내었다. 그는 재빨리 다시 무대 뒤편으로 물러났다. 그는 자오쯔양을 대신해서 장쩌민을 당 총서기로 임명했다. 장은 유능하고, 고분고분하고, 지나치게 공격적이지 않은 건장한 체구의 상하이 지도자였다. 덩은 그가 새로운 젊은 지도층 집단의 핵심이라고 말했다.

여러 달 동안 당과 국가의 선전기구를 장악한 보수파들은 동란을 야기시킨 장본인으로서 자오쯔양을 심판대에 올려놓기 위해 으르렁거렸다. 그러나 덩은 단호하게 버텼다. 자오쯔양에 대한 어떤 심판도 곧 자신에게 위협이 될 것이었다. 결국 자오는 그의 사람이었으며, 진실을 말하자면, 그의 지시를 수행했을 뿐이었다. 덩과 그의 오랜 맞수인 천윈은 당내 투쟁은 그만하면 충분하다는 데 합의하였다. 모든 것을 중지하고 상처를 치료하는 것이 더 나았던 것이다. 단결, 그리고 무엇보다도 안정이 강조되었다. 더 이상 동란이 있어서는 안 되었다.

50. '피로 씌어진 진실'

《자치통감》은 천명이 여러 가지 방식—한 방울의 독약, 한 칼의 비수, 혹은 근대 세계에서는 두개골 밑의 총알 한 방—으로 이전될 수 있다는 점을 명확히 하고 있다. 그것은 영토의 정복이나 음모, 혹은 만주 왕조처럼 완만한 쇠퇴 과정을 통해 상실되기도 한다.

마오쩌둥은 농민 반란의 지도자로서 고전적인 방식에 의해 천명을 획득했지만, 자신의 피를 이은 후계자로 계승되는 왕조를 건립하지는 않았다. 안잉이 한국전쟁에서 미국의 폭격으로 죽지 않았다면 그는 진정한 의미에서 아버지의 왕조를 이어받았을지도 모른다.

마오의 일급 보좌관 가운데 한 사람이 그를 계승한 것은 전혀 이상한 일이 아니었다. 《자치통감》이 기록하고 있는 것처럼 이러한 일은 수없이 거듭된 일이었다. 덩샤오핑은 정정당당하게 천명을 획득하였으며, 그것은 대중의 갈채에 의해 승인받았다. 그러나 그의 뒤는 누가 이을 것인가?

《자치통감》에 인용된 어떤 선례도 실마리를 제공하지 못하였다. 덩의 새로운 중국에는 순조로운 계승이 보장되는 메커니즘이 없었다. 그러한 메커니즘의 결여는 20세기 '마르크스주의' 국가들이 지닌 가장 치명적인 약점이었다. 거의 언제나 새로운 계승자의 모색 과정은 낡은 방식의 권력 투쟁으로 전락해 버렸다.

중세 프랑스에서처럼 왕관은 그것을 거머쥘 수 있는 능력을 가진 자에게 돌아갔다. 이 방면의 기술을 배우는 데는 《공산당 선언》보다 《자치통감》이 훨씬 더 나았다. 마키아벨리는 여전히 마르크스나 마오보다 훨씬 나은 스승이었다. 덩의 입치레뿐인 민주주의는 아무것도 바꾸어 놓지 못했던 것이다.

따라서 마오가 일생 동안 《자치통감》에 몰두한 것은 국수주의적인 역사주의 때문이 아니었다. 또한 난창에 억류되어 있었던 덩이 《자치통감》을 들추어 보지 않을 수 없었던 것도, 1987년 1월 중국 공산당 총서기직에서 해임된 후야오방이 카뮈를 버리고 《자치통감》을 선택하게 된 것도 역시 마찬가지였다.

한 사람이 명백한 우위를 차지하지 못하면 '혼란의 시대'가 이어질 수밖에 없다는 것이 중국의 현실이었다. 중국은 1911년 만주 왕조의 붕괴 이후 1949년 마오의 등장에 이르기까지 거의 40년 동안 내란이 지속되었다. 이 동안에 여덟 개의 정권이 세워지고 몰락했다. 그러나 마오와 덩은 문화혁명과 톈안먼 사태의 '동란 시기'를 제외하면 중국에 40년에 걸친 안정을 가져다주었다.

《자치통감》에서 기록하고 있는 것처럼 과도기에 결정적으로 중요한 것은 군사력이었다. 군사력은 마오를 톈안먼까지 데려다 주었다. 또한 그것은 덩으로 하여금 권력을 잡게 하고, 그 자리를 지키게 해 주었다. 모든 권력은 총구에서 나온다는 마오의 교리를 《자치통감》은 인정했을 것이다. 그리고 중국에서는 미래에도 군사력이 으뜸가는 역할을 수행할 것임을 우리는 상식으로 알고 있다. 팡리즈와 같은 지식인이나 학생들조차도 20세기의 중국에 어떤 형태로든지 간에 민주주의가 실시될 것이라고는 믿지 않는다. 2050년이 되면 20억에 달할 중국인이 상호 경쟁적인 정당 정치, 의사표현의 자유, 언론의 자유, 집회의 자유를 보장하는 서구식 민주주의에 의해 통치될 것이라고 믿는 사람도 거의 없다. 이것은 이상에 불과한 것이며, 중국은 아마 2100년에도 그것을 실현하지 못하고 있을 것이다.

정치 감각이 있는 대부분의 중국인들은 덩이 톈안먼 사태로 천명을 잃었을 수도 있다고 생각하고 있다. 양상쿤이 10년만 젊었다면, 리펑이 10배만 대담했다면 덩은 명예로운 은퇴를 강요당해 손자들과 놀고 있거나 자신의 정치적인 행보가 어디서부터 빗나갔는지를 찾기 위해《24사》를 들추어 보고 있었을는지도 모른다.

톈안먼 사건 이후 덩은 더욱더 대중의 눈에서 멀어졌지만 다른 정치세력을 조종하는 끈은 확고하게 쥐고 있었다. 서태후가 비단 장막 뒤에서 정치를 조종했던 것처럼 덩은 양상쿤의 도움으로 인민대회당과 중난하이의 중앙위원회에서 일어나는 일들을 지시하였다. 그것은 한마디 암시만으로도 충분했다. 그럼에도 불구하고 개혁에 반대하는 관료나 보수파 원로들은 덩의 정치적, 경제적 목표들을 파산시킬 수 있었다. 이제는 아무도 덩의 혁명에 대해서 이야기하지 않았다. 1991년 필자는 당 지도자들과 오랫동안 대화를 하면서 덩의 이름조차도 그들보다는 필자가 질문할 때에 훨씬 더 자주 언급되고 있음을 깨달았다.

톈안먼 사건에서 가장 큰 패배자는 덩샤오핑 자신이었다는 점은 갈수록 분명해졌다. 그는 자신의 목표에 반대했던 남녀 원로들에게 그 목표자체를 저당잡힘으로써 천명을 유지할 수 있었다. 그는 중국을 하이테크의 미래로 통하는 고속도로 위에 올려놓기 위해 마르크스주의적인 현실을 기꺼이 포기하려 한 적도 있었다. 그러나 이제 그는 불투명한 현실을 위해 미래를 팔아 치워 버릴 수밖에 없게 되었다.

보다 젊었다면 덩은 손실을 최소화하고 좀더 빨리 앞으로 나아갈 수 있었을 것이다. 그러나 그는 상황을 정확히 파악할 수 없었다. 양상쿤도 마찬가지였다. 두 사람 모두 톈안먼 광장의 매력적인 젊은 남녀들을 탱크로 깔아뭉개는 텔레비전 영상이 중국의 이미지를 거의 회복할 수 없을 정도로 손상시켰다는 사실을 받아들이려 하지 않았다. 야만성을 정당화시키려 함으로써 사태를 악화시킬 뿐이었다.

덩과 양상쿤은 중국이 국제적인 음모의 희생물이었다는 점을 자신과 남들에게 거듭해서 확신시키려고 했다. 그러나 텔레비전 보도를 시청한 사람들이 보았을 때 음모란 중국 정부에 의한 것뿐이었다. 1926년 3월 18일 베이징의 경찰이 무장하지 않은 학생들에게 발포했을 때 중국의 위대한 작가 루쉰은 이렇게 썼다. "잉크로 씌어진 거짓말은 피로 씌어진 진실을 감추지 못한다." 지도자들은 톈안먼 광장의 보도 블록을 닦고 또 닦았지만 핏자국을 지울 수는 없었다. 2년이 지난 1991년 4월에도 그것들은 여전히 남아 있었다. 정부는 인민영웅기념비가 '복구'될 것이라고 발표했었다. 그러나 1989년 6월 4일 이른 아침에 탱크들이 짓밟아 버린 벽의 흔적은 끌과 모래분사기로도 지울 수 없었다.

덩과 양상쿤이 미처 깨닫지 못했던 것은 전세계가 톈안먼 바로 위에 앉아 있었다는 점이었다. 베이징의 벙커 속에 갇혀 있었던 원로들이 보지 못했던 것을 텔레비전이 전세계에 보여 주었던 것이다.

이러한 비극적인 이미지들은 이제 중국인의 기억 속에서 사라져 가고 있다. 그러나 잊혀진 것은 이것들뿐만은 아니었다. 문화혁명 시기 창사에 살았던 한 젊은 여성에 관한 이야기를 기억하는 사람은 이제 아무도 없다. 동급생들과 마찬가지로 그녀도 마오쩌둥의 열렬한 숭배자로서 홍위병에 가담하였다. 그녀가 속해 있던 홍위병 단위는 격렬하게 분열되었다. 그녀는 반대편 분파에 의해 납치당해 '비밀'을 털어놓으라고 거의 미칠 지경이 되도록 고문당했다. 그녀는 아무것도 고백할 것이 없었다. 그들은 그녀를 십자가에 매단 채 옷을 찢고, 가슴과 목과 외음부에 유리조각을 박았으며, 그녀가 출혈 과다로 죽을 때까지 '동방홍'을 외치면서 수레에 싣고 거리를 끌고 돌아다녔다. 이 중국판 오를레앙의 처녀를 위해서 기념비 따위는 세워지지 않았다. 당국에서는 아무도 그녀의 사건에 대해 들어 본 적이 없다고 하였다. 물론 아무도 처벌당하지 않았다.

사실 덩푸팡을 고문했다고 해서 처벌받은 사람도 없었다. 류사오치, 허룽, 펑더화이를 살해했다고 처벌받은 사람도 물론 없었다. 문화혁명에 대한 공개적인 재판도 없었다. 장칭과 4인방에 대한 재판이 잠시 열렸을 뿐이었다. 모든 증언은 카메라를 통해 이루어졌다. 공식적인 블랙리스트도 출판되지 않았다. 마찬가지로 톈안먼 사태의 순교자를 위한 기념 팻말 하나 세워지지 않았고, 톈안먼 광장에 있

베이징 '89. 5. 23 베이징시 경찰학교 학생들이 깃발을 앞세우고 시위에 가담하기 위해 톈안먼 광장으로 들어서자 시민들이 박수를 보내고 있다.

베이징 '89. 5. 24 시위 진압을 위해 톈안먼에 파견된 인민 자유대원들이 시위대에 둘러싸여 있다.

는 마오의 묘소 옆에 기념비도 세워지지 않았다. 그리고 물론 톈안먼 사태의 희생자 명단이 간행되거나 대학에서 기념당이 건립되지도 않았다. 베이징 교외에는 탱크 아래서 죽어 간 사람들의 이름을 딴 광장도 하나 없었다.

중국 사람들은 또 하나의 문화혁명이 일어나서는 안 된다고 되뇌었다. 그러나 인간의 기억력은 흐려지기 쉬운 법이다. 스탈린과 레닌의 죄상을 폭로한 러시아에 비해 중국은 많이 뒤떨어져 있다. 중국 지도자들은 마오의 어두운 범죄를 문서관 속에 넣고 잠가 버렸다. 따라서 네오마오주의의 부활을 막을 수 있는 장치도 마련될 수 없었다.

톈안먼 사건 후 외국인들이 투자를 중단하고 각국이 중국에 대한 경제적인 제재를 가해 오자 중국은 공식적으로 강한 분노를 드러냈다. 관광객의 숫자는 급속도로 줄어들었다. 룽이런은 새로운 투자를 유치하기 위해 최선을 다했으나, 한국과 타이완을 제외하고는 거의 반응이 없었다. 외화의 손실은 심각했다. 관광 수입에서 약 7, 80억 달러가 줄었고, 홍콩과의 무역에서도 비슷한 손해를 입었다. 미국이나 유럽은 물론이고 일본으로부터의 신규 투자도 급격히 감소했다. 베이징과 상하이의 번쩍거리는 호텔들은 손님이 없어 음침한 홀로 바뀌어 버렸다.

톈안먼 사건으로 덩이 치른 대가는 그가 상상했던 것보다 훨씬 컸다. 아무 일 없는 것처럼 무심한 것은 농민들뿐이었다. 그들은 풍족한 식량, 풍부하고 값싼 소비재 속에서 잘 지내고 있었다. 그들은 정책이 변하지 않을까 걱정하면서도 기회가 주어지는 동안은 최선을 다하고 있었다.

덩은 사태가 자신을 비껴 간다고 느끼기 시작하였다. 그는 원로들과의 연대에 불편함을 느꼈다. 이들은 그의 혁명을 날려버리려고 한 사람들이었다. 그러나 이제 통제권은 이들이 장악하고 있었다. 덩은 톈안먼 사건에 인민해방군을 투입하는 것을 꺼리지 않았다. 군(軍)은 자기편이었으며, 자신을 권력의 자리에 올려 주었다. 그가 군에 의지하게 된 것은 자연스러운 일이었다.

덩이 걱정하고 있는 것은 미래였다. 그는 여전히 자신의 혁명에 믿음을 가지고 있었다. 그는 중국이 여러 가지 제약에서 벗어나야 한다고 믿었다. 러시아로부터 이어받은 지령성 경제(指令性經濟)가 중국을 하이테크 세계로 이끌어 주리라고는 생각지 않았다. 그러나 덩과 중국은 진퇴양난에 빠져 있었다. 동유럽 공산권의 몰락은 관료들과 원로들에게 생생한 공포심을 불어넣어 주었다. 1989년 베를린 장벽이 무너졌을 때 그들은 환호하지 않았다. 공산주의를 무너뜨린 체코슬로바키아와 헝가리의 군중이 중난하이에 영감을 불어넣지도 않았다. 가장 참혹한 것은 니콜라에 차우셰스쿠(Nicolae Ceausescu)의 운명이었다. 그는 중국의 가장 가까운 동맹자였다. 1989년 크리스마스에 오버코트 차림으로 벽에 세워진 다음, 순식간에 바깥 정원의 피바다 속에 눕게 된 차우셰스쿠 부부의 마지막 장면을 텔레비전이 방영했을 때 지도층 사이에는 전율이 휩쓸었다. 톈안먼 사건을 진압하지 못했다면 그들도 그렇게 되었을는지도 몰랐다.

공산주의의 황혼이 원로들에게 찾아왔다. 이윽고 모스크바가 무너졌다. 베이징의 공포는 극에 달했다. 중국이 공산세계의 몰락을 견뎌 낼 수 있을 것인가? 오랫동안 중국은 고립 속에서도 살아 남았었다. 그러나 그때는 항상 소련이 있었다. 어쨌든 가장 나쁜 시절에도 소련은 여전히 하나의 보루가 되어 주었었다. 중국이 마르크스주의 국가로서 살아남을 수 있을까? 아무도 알지 못했다. 만약 러시아가 악질적인 군사독재국가가 된다면 헤이룽장 북쪽에서 어떤 일이 일어날는지 알 수 없었다.

마오의 마지막 시절 이래로 중국은 미국이라는 또 하나의 우방이 있었다. 중국은 미국과의 관계에 편안함을 느껴 왔다. 미국은 동맹국은 아니었지만 우호적인 중립국이었다. 그러자 걸프전이 터졌다. 일부 중국인들은 그것을 닌텐도 게임이라고 부르기도 했다. 중국인들은 텔레비전에서 떨어질 줄을 몰랐다. 덩과 양상쿤을 포함하여 모든 고급관리의 책상 옆에는 CNN에 채널을 맞춘 텔레비전이 켜져 있었다. 스마트 폭탄은 거의 공포에 가까운 위력을 보여 주었다.

린뱌오와 마오쩌둥 시대의, 과학기술을 제압하는 인간의 물결, 즉 '인민전쟁' 이론은 이미 낡아빠진 것이었다. 그 이론은 쓸모없는 것이었음에도 두 공산주의 황제 치하에서 중국의 군대는 거의 발전하지 못했다. 현실적으로 그들에게는 적어도 앞으로 1백년 간은 닌텐도에 대항할 수 있는 방법이 없었다. 갑자기 중국 군대는 자신의 예측 불능의 세계에 무방비 상태로 노출된 듯한 느낌을 갖게 되었다.

미국이 걸프만에서 닌텐도 전쟁을 과시한 이후 몇 달 동안 중국의 군대는 믿을 수 없을 정도로 적극적인 공세를 폈다. 그들은 미사일 유도체제를 전문으로 하는 첨단 전자공학 분야에서 파격적인 계획을 세웠다. 25년 만에 처음으로 중소 양국의 국방부 장관과 참모장들이 베이징과 모스크바를 왕래하면서 허겁지겁 고위급 군사협상을 개최하였다.

1991년 8월 19일 모스크바의 보수 쿠데타 발발을 며칠 앞둔 어느 날, 톈안먼 사태 진압에 가담했던 중국의 일부 사령관들은 결국 실패로 끝나게 된 쿠데타를 주모한 소련측 사령관들과 회담을 하고 있었다. 이또한 결코 우연은 아니었을 것이다.

모스크바의 쿠데타 실패와 소련 공산주의의 몰락은 중난하이에 거의 광란 상태를 가져왔다. 천원이 이끄는 반동파들은 문을 닫아 걸기 위한 긴급조치를 발동시켰다. '화평연변(和平演變)'이라는 서방세계에 의한 새로운 음모가 폭로되었다.

'화평연변'의 근원은 존 포스터 덜레스에게까지 거슬러 올라간다. 반동파들은 그것이 젊은 층(특히 학생)에 대한 음험한 유혹과 문화적인 교류 등의 선전 활동을 통해 공산세계를 해체시키려는 미국의 음모라고 주장하였다. 중국은 이러한 음모에 대항하기 위한 보루, 즉 징강산으로 무장할 필요가 있었다. 선전의 물결이 인민해방군을 휩쓸었다. 전국적으로 치안 상태가 강화되었다. 원로들이 당 간부들에게 중국도 러시아의 뒤를 따라 망치와 낫의 교리를 포기하게 될지도 모른다는 개인적인 위기감을 고조시키는 가운데, 미국은 또다시 가상 적국으로 떠오르고 있었다.

어떤 중국인도—덩샤오핑이나 양상쿤, 또는 장쩌민도—이와 같은 20세기의 문제들에 대한 해결책을 갖고 있지 않았다. 무엇보다도 가장 큰 위험 요소인 인구 폭발에 대한 문제도 마찬가지였다. 지나치리만큼 철저한 조치에도 불구하고 중국에서 인간의 재생산은 또다시 통제할 수 없는 상태로 빠져들었다. 덩이 농촌사람에게 가져다 준 번영은 또다시 그들로 하여금 더욱더 많은 아들을 낳으려는 전통적인 관행으로 복귀하게 만들었다. 다산(多産)의 여신을 다시 병 속에 잡아넣을 수 있을 것인가? 아니면 중국은 아기들의 홍수에 잠겨 버릴 것인가? 아무도 알지 못했다.

1991년 들어오면서부터 덩의 죽음이 조만간 고려되지 않을 수 없는 중요한 정치적 변수로 떠오르기 시작하였다. 덩 자신도 미래를 준비하기 위한 조치를 취하기 시작했다. 그는 리펑과 장쩌민에게 가까운 두 명의 새로운 인재를 부총리에 앉히게 했다. 국가계획위원회 주임이자 리펑과 같은 엔지니어인 쩌우자화(鄒家華)와 장쩌민의 가장 가까운 동료였던 상하이 시장 수뽕지였다. 두 사람 모두 실용주의자였으며, 《자치통감》이나 《자본론》의 신도가 아니었다.

전문가들에 의하면, 이들은 중국을 다시 동기 유발과 이윤 추구를 중시하는 덩샤오핑 시대로 복귀시킬 준비가 되어 있는 부류의 사람들이라고 했다. 그러나 모스크바 사태로 형성된 반동적인 기류를 헤치고 덩노선으로 복귀한다는 것은 상당히 만만찮은 작업일 것이다. 또한 중국이 그 길을 진심으로 원하고 있는지는 시간만이 결정해 줄 것이다. 따라서 중국인의 시간과 서구인의 시간 사이에 존재하는 격차에 익숙한 사람이라면 중국의 미래에 대한 일정표를 정해 놓고 달력에서 날짜를 지워 나가는 일 따위는 시작하지 않을 것이다. 그러나 개혁에의 길은 아직 열려 있었다.

말기에 이른 덩 체제의 기본 지침은 신중과 안정, 즉 배를 흔들지 말라, 도시의 대중을 동요시키지 말라, 그리고 어떤 희생을 치르더라도 농민들을 불안하게 만들지 말라는 것 등이었다. 1991년, 미래에 대해 이야기하는 양상쿤의 태도는 지뢰 매설 지역을 헤매는 일 없이 조심스럽게 21세기로 걸어 들어가려는 사람처럼 보였다. 중국이 수립한 90년대의 첫 번째 5개년계획(1991~95년까지의 제8차 5개년계획-역주)에서도 새로운 사고나 2000년대에 대한 낙관적인 예측 따위는 찾아볼 수 없다. 덩샤오핑 혁명 초기의 대담한 전망은 잿빛으로 퇴색해 버렸다. 그러나 "중국은 여전히 전진하고 있다"고 앙상쿤은 주장하였다. 그것이 사실이라고 해도 그 길은 조해(藻海, 대서양의 서인도제도 동북부에 있는 바다)로 통하는 우회로일 것이 틀림이 없었다.

    그러나 서기 2000년이 지나면 우리는 새로운 소리를 듣게 될지도 모른다. 어느 쾌활한 중국 지식인은 말했다. "걱정할 것 없습니다. 변화는 그리 오래 걸리지 않을 것입니다. 아마도 1백 년 이내일 것입니다."

증보

텐안먼 사태 이후
시진핑 출범까지

톈안먼 사태 이후 오늘의 중국을 보며

해리슨 솔즈베리는 1993년 7월 5일 85세로 세상을 떠났다. 모스크바 특파원 출신으로, 에드가 스노우에 이어 통찰력 깊은 안목으로 중국을 기록한 위대한 저널리스트이다. 그는 1989년 톈안먼(天安門) 사태의 목격자이기도 하다. 솔즈베리는 아마도 톈안먼 사태를 목격면서 중국의 앞날에 대해 비관적인 견해를 갖게 된 듯하다. 필자는 조선일보 홍콩 상주 특파원으로 1988년 10월부터 중국을 드나들면서 조선일보에 중국을 기록하기 시작했다. 1989년 당시 필자는 그 해 5월말로 예정돼 있던 덩샤오핑(鄧小平)과 미하일 고르바초프 사이의 30년만의 중·소 화해 회담을 취재하기 위해 베이징(北京)에 머물고 있던 중 톈안먼 사태를 목격하게 됐다. 반부패와 민주화를 요구하는 베이징 시민과 대학생 1백만 명이 한 달이 넘게 이어가고 있는 시위를 유혈 진압하는 광경을 보면서 필자는 덩샤오핑이 이끄는 중국공산당 지도부의 앞날을 어둡게 보았다. 그러나 필자가 1992년 11월부터 5년간, 그리고 2006년 11월부터 2009년 2월까지 2년 남짓 베이징에 상주하면서, 그리고 그 이후에도 한 달에 두 세 번씩 드나들면서 취재하는 동안 중국은 솔즈베리와 필자가 내다봤던 예상과는 달랐다. 덩샤오핑의 중국공산당 지도부와, 그가 자신의 후계자로 발탁한 장쩌민(江澤民), 후진타오(胡錦濤) 두 지도자가 이끄는 중국공산당 지도부는 톈안먼 사태 이후 20여 년간 지속적이면서도 빠른 경제성장에 성공했다. 독일과 일본의 GDP규모를 능가하는 수준으로 중국경제의 볼륨을 키웠고, 마침내 미국을 추격하는 G2의 한 쪽이 되는 결과를 만들어냈다. 톈안먼 사태 이후 덩샤오핑과 그의 후계자들이 어떻게 톈안먼 사태의 상처를 딛고 중국이 G2를 넘어 대당제국(大唐帝國)의 부활을 꿈꾸며 '차이나 드림(中國夢)'의 실현을 시도하는 시진핑(習近平) 시대를 열게 되었는지를 추적해 본다.

박승준

1. 덩샤오핑의 남순강화

1992년 3월 중국의 개혁파와 보수파 간에는 심상치 않은 싸움이 벌어지고 있었다.[1] 물론 보·혁이 팽팽한 싸움을 벌인 것은 아니었다. 개혁파가 대세를 장악한 가운데, 보수파가 막바지 반격을 숨 가쁘게 펼치고 있는 형세였다. 개혁파는 가능한 빠른 발전을 추구하던 덩샤오핑이, 보수파는 사회주의의 틀 안에서 시장경제를 실현하려던 조롱(鳥籠)경제 이론의 주창자 천윈(陳云)이 이끌고 있었다. 이 싸움의 결판은 빠르면 1992년 3월 20일 개막될 예정이었던 전국인민대표대회(全人大)에서, 그렇지 않으면 그해 가을에 열릴 제14차 중국공산당 전국대표대회(14全大)에서 가려질 전망이었다. 전인대에서는 행정부인 국무원에 대한 인사가, 5년마다 한 번씩 열리는 당 전국대표대회에서는 당에 대한 인사가 최종 확정되기 때문이었다.

개혁파건 보수파건 톈안먼 사태 때문에 국제사회로부터 외교제재를 받고 있던 어려운 국제정세 때문에 가급적 대립을 회피해오던 터였다. 톈안먼 사태 이후 마

---

[1] 1992년 3월 8일 조선일보 5면. 이 글을 쓸 당시 필자는 1988년 1월부터 1991년 8월까지 홍콩주재 조선일보 특파원 임무를 마치고 1992년 11월 조선일보의 초대 베이징특파원으로 파견되기 전 외신부 기자로 중국 문제에 대한 기사를 주로 쓰고 있었다.

치 살얼음을 밟는 형상이던 중국 국내정치 정세와, 이후 불어 닥친 사회주의권의 몰락이라는 세계정세 속에서 양파의 대립은 곧 공동몰락을 가져온다는 점을 서로 잘 알고 있었기 때문이었다. 그런 상황에서도 불꽃을 튀기게 된 당시 싸움은 개혁파가 먼저 걸었다는 설도 있고, 보수파가 먼저 걸었다는 설도 있었다.

어쨌든 양 파간에 싸움이 벌어지고 있다는 기미가 감지된 것은 2월 23일이었다. 중국공산당 기관지 인민일보가 돌연 '대외개방과 자본주의의 이용' 이라는 기고문을 1면에 대문짝만하게 싣고나왔던 것이다. 인민일보의 그런 행동은 89년 텐안먼 사태 이후 이 신문을 골수 보수파인 가오디(高狄) 사장이 장악한 이래 처음 있는 일이었다. 더욱 놀라운 일은 다음날도 인민일보 1면에는 '개혁에 대한 용기를 더 크게 갖자'는 제목의 사설이 또 대문짝만하게 실린 것이었다.

보수파들을 더욱 기가 차게 만든 것은 '대외 개방과 자본주의의 이용'이라는 기고문 내용이었다. 베이징의 인민대학 경제학 교수로 알려지고 있는 필자 팡성(方生)은 이 글을 통해 이런 주장을 했다.

"중국과 같이 오랫동안 봉건주의 통치를 받아 경제가 낙후한 국가는 자본주의를 배척할 것이 아니라, 정확히 알고 이용해야 한다. 자본주의의 폐해를 쓸데없이 두려워만 할 필요는 없다."

다음에 터져 나온 것이 이른바 '남순강화(南巡講話)'를 둘러싼 문제였다. 남순강화란 '덩샤오핑 동지가 남부지방을 순회하면서 한 연설'이라는 뜻이다. 남순강화는 2월 28일에 열린 중국공산당 정치국 확대회의에 장쩌민 당 총서기가 제기함으로써 불거졌다. 장쩌민 총서기는 이 자리에서 덩샤오핑이 했다는 말, "개혁개방의 속도를 더 빨리 해야 한다. 개혁개방을 거부하는 사람들은 물러나라"는 말을 전달했다. 장쩌민 총서기는 또 이 남순강화를 7,000자로 정리해서, 당 중앙문건으로 지정되도록 조치했다. 당 중앙문건 으로 지정되면 2~3주내에 4천8백만 당원들에게 회람되는 것이 규칙이었다.

골수 보수파가 장악하고 있는 인민일보에 뜻밖의 글이 대문짝만하게 실린 일이나, 톈안먼 사태가 수습된 직후인 1989년 9월에 당 중앙군사위 주석직까지 장쩌민에게 물려주고 은퇴를 공식선언한 덩샤오핑의 말이 2년 만에 또다시 당내에 회람되는 일이 벌어지자, 홍콩·일본과 서방의 중국 관찰자들은 "개혁파가 최근 구소련의 몰락 등 국제정세를 업고 보수파를 완전 제압했다."는 판단을 하고 있었다.

그러나 3월 4일부터는 보수파의 반격이 펼쳐지기 시작했다. 이날 저녁 7시 관영 중국 중앙TV의 전국 동시 뉴스시간인 신원리엔보(新聞聯播)에는 한동안 잠잠하던 레이펑(雷峰)이 또다시 등장했다. 레이펑이란 마오쩌둥(毛澤東) 시대에 사고로 죽은 인민해방군 모범용사로, 인민들에게 봉사정신을 장려하던 도구로 이용되던 정치선전 조작을 위한 인물이었다. 보수파들은 톈안먼 사태 직후 전국적으로 레이펑 바람을 일으켰으며, 이번에도 개혁파의 압도적인 공세에 레이펑을 동원해서 마오의 영구혁명론을 상기시키려는 시도를 하고 있었던 것이다.

보수파들은 또 개혁파에 탈취당한 듯 판단되던 인민일보에도 5일 '레이펑을 배우자'는 사설을 게재하게 하는데 성공함으로써, 적어도 인민일보를 둘러싸고는 혼전이 벌어지고 있는 양상을 보여주었다. 보수파들은 남순강화 회람 배포도 곳곳에서 차단을 기도했다. 그러나 당시 중국의 각 지방언론들의 보도방향이나, 3월 7일 전해진 "보수파의 허징즈(賀敬之) 문화부장이 덩샤오핑의 비난을 받고 사표를 제출했다."는 소식 등은 아무래도 이번 싸움에서 보수파가 역부족이 아닌가 하는 관측을 낳았다.

그러나 개혁파와 보수파간의 갈등은 1992년 후반부가 되면서 빠른 속도로 개혁파가 주도하는 형세로 바뀌어갔다.[2] 경제인들도 관리들도 관영 언론들도 기회만 있으면 "덩샤오핑 동지의 남순강화에 따라"라고 말했다. 1년 전까지만 해도 '1978년의 11기 3중전회 이래'라고 말하던 것이 이제는 '남순강화에 따라…'로

---

[2] 전국이 '남순강화'의 열기에 휩싸여 가는 분위기로 바뀌었다. 1992년 10월 2일 조선일보 1면. 이 글은 필자가 중국공산당 기관지 인민일보와 조선일보가 자매관계를 맺은 첫 번째 행사로 조선일보 중국취재팀의 일원으로 중국을 취재해서 쓴 글이다.

바뀌었다. '우리 기업은 남순강화 이후 순이익이 2배로 늘어'라는 식이었다. 덩샤오핑이 복권돼 중국의 최고 권력을 잡고, 개혁개방을 시작한 지난 78년의 중국 공산당 제11기 중앙위원회 3차 전체회의가 노래처럼 인용되더니, 이제는 남순강화가 노래처럼 중국대륙 전역에 울려 퍼지기 시작한 것이다.

남순강화란, 한마디로 그 해 88세가 된 덩샤오핑이 2월 춘절(春節·중국의 설날)을 전후해서 광둥(廣東)성과 상하이(上海)를 시찰하면서 한 일련의 연설이었다. 덩샤오핑은 남순강화를 통해 무슨 말을 한 것인가. 그동안의 보수파와 개혁파의 투쟁에서 개혁파가 완전 승리했음을 선언한 것이며, 중국의 경제발전이 지금까지와는 차원이 다른 빠른 속도로 성장해 나갈 것임을 선언한 것이었다.

"개혁개방만이 중국의 유일한 살길이다. 개혁을 하지 않으면 죽음의 길이 기다리고 있을 뿐이다. 개혁에 반대하는 사람은 누구든 물러나야 할 것이다." 덩샤오핑은 88세의 노구를 이끌고 막내딸 덩룽(鄧榕)과 함께 광둥성의 경제특구 선전(深圳)과 주하이(珠海)시를 시찰하면서 그렇게 말한 것으로 베이징에 전해졌다.

광둥성 성 정부 관리들에게는 이런 절체절명의 명령을 내렸다. "광둥성은 앞으로 20년 내에 타이완, 한국, 홍콩, 싱가포르 등 아시아의 네 마리 용(四小龍)을 따라잡아야 한다. 그들 사회의 썩은 분위기는 받아들이지 말고…."

덩샤오핑이 선전시의 주식시장을 돌아보면서는 이런 말을 했다. "자본주의가 하고 있는 많은 것들은 사회주의도 가져다 쓸 수 있는 것들이다. 가난이 사회주의는 아니다. 시장경제는 자본주의의 전유물이 아니다."

덩샤오핑은 선전과 주하이를 돌아본 뒤 춘절날 상하이에 도착해서는 이렇게 말했다. "사상은 더욱 해방시키고, 발걸음은 더욱 빨리 하라." 이렇게도 말했다. "현재 우리 주변 국가들의 경제 발전 속도는 모두 우리보다 빠르다. 우리가 발전하지 않거나, 발전하더라도 그 속도가 느리면 우리 백성들에게 문제가 생길 것이다."

그는 소련의 해체에 대해서도 언급했다.

"소련의 문제는 소련 공산당 내부에서 생긴 문제이다. 우리는 깨달아야 한다.

무슨 일이 있어도 우리 중국공산당이 착오를 해서는 안 된다. 그러나 제국주의자들의 화평연변(和平沿變) 책략을 두려워 할 필요는 없다. 관건은 중국 공산당이 내부에서 문제를 일으키지 않는 것이다."

중국 공산당 중앙 정치국은 덩샤오핑의 남순강화 여행 직후인 그 해 3월 전체회의를 열어 덩샤오핑이 남순을 통해 한 일련의 연설을 당 중앙 2호 문건으로 채택해서 전국에 배포했다. 그리고 이런 지시를 아울러 내렸다. "덩샤오핑 동지의 연설을 열심히 학습하라." 6월에는 당 중앙 명의로 덩샤오핑 동지의 남순강화를 당의 제4호 홍두문건(紅頭文件)으로 채택해서 전국에 배포했다. 8월에는 양바이빙(楊白氷)을 비롯한 인민해방군 최고 수뇌부도 잇달아 덩샤오핑의 남순강화에 대한 전폭적인 지지를 표명하고 나섰다.

당시 필자가 대륙에서 만난 중국인들은 이런 이야기도 들려주었다.

덩샤오핑 동지는 남순 당시 상하이의 한 합작 전자공장을 시찰했다. 덩샤오핑은 우방궈(鳴邦國) 상하이시 당서기에게 그 공장에서 생산중인 초정밀 집적회로 기판을 가리키며 불쑥 이런 질문을 던졌다.

"이건 자본주의의 것인가, 사회주의의 것인가?"

우방궈의 대답은 절묘한 것이었다.

"과거에는 자본주의의 것이었으나 지금은 사회주의의 것이 됐습니다."

덩샤오핑의 질문은 '개혁개방은 곧 자본주의의 길'이라는 보수파들의 주장을 겨냥한 것이었다. 다시 말해 '개혁개방의 결과로 합작공장을 건설, 첨단제품을 생산하는 것이 자본주의의 길로 들어선 것인가'라는 질문이었다. 이에 대한 우방궈의 대답은 '집적회로기판의 생산은 과거에는 자본주의만 할 수 있는 일이었으나, 지금은 중국의 사회주의도 할 수 있는 일이 됐다'는 뜻이었다.

중국은 문혁 시대의 과오를 깨닫고 1978년의 11기 3중 전회를 통해 개혁개방 정책을 채택한 데 이어, 남순강화의 정신에 따라, 사회주의 체제를 유지하면서 시장경제를 채택한다는 목표를 세우고 앞으로 질주해 나갈 자세를 갖추었다. 남순강화 이후 1992년 상반기에는 무려 13%의 경제성장률을 기록했다. 인민일보사가 차량을 동원해서 필자에게 보여준 베이징-텐진간 고속도로를 비롯하여 베이징과 상하이를 중심으로 곳곳에 고속도로가 건설되고, 고속전철이 깔렸다. 베이징과 텐진 사이의 징탕(京塘) 고속도로는 왕복 4차선에, 경부고속도로에 비해 다소 굴곡이 심한 듯 했지만, 고른 노면에 적당한 크기로 적절한 위치에 산뜻하게 붙어있는 교통표지판은 이전의 중국에서는 볼 수 없는 것들이었다.

2. 포스트 덩샤오핑 시대를 연 장쩌민

1992년 10월 19일 중국 공산당이 제14기 중앙위원회 1차 전체회의(1중 전회)에서 장쩌민 당 총서기 1인 체제를 확립함으로써 중국은 1949년 중화인민공화국 수립이후 마오쩌둥의 시대와 덩샤오핑의 시대에 이어 장쩌민을 정점으로 하는 제3의 새로운 시대를 향해 출발했다.[3)]

물론 장쩌민 일인체제와 그를 정점으로 하는 새로운 시대는 막후 최고실력자 덩샤오핑의 구상에 따른 것이었다. 당시 88세이던 덩샤오핑은 1989년의 톈안먼 사태 직후에 열린 13기 4중전회에서 자신의 오른팔이던 자오쯔양(趙紫陽) 당 총서기를 해임시키고 상하이 시장 겸 시 당서기이던 장쩌민을 일약 당 총서기로 발탁했다. 덩샤오핑은 이후 여러 차례에 걸쳐 "제1세대의 핵심은 마오쩌둥 동지였고, 제2세대에서는 내가 핵심이었으나, 앞으로의 제3세대는 장쩌민 동지를 핵심으로 일치단결해야 할 것"이라고 강조했다. 그러나 덩은 '톈안먼 사태는 본질적으로 과도한 개혁정책의 부산물'이라는 논리를 바탕으로 한 천윈 등 보수파들의 공

---

3) 1992년 10월 20일 조선일보 5면. 이하의 글은 필자가 중국공산당 14차 전국대표대회가 열리는 베이징으로 출장을 가서 취재 보도한 부분이다.

세 때문에 한때 장쩌민을 새로운 시대의 핵심 지도자로 만드는 데 실패하는 듯 보였다. 천윈과 왕전(王震) 국가 부주석을 필두로 한 보수파들은 "장쩌민 총서기 하나만의 핵심으로는 불안하다, 장 총서기와 리펑(李鵬) 총리를 두 개의 핵심으로 해야 한다"고 주장했다. 그동안 외견상으로는 장·리 체제, 실제로는 원로들이 지휘하는 수렴청정의 3원화된 권력구조로 중국을 끌고 있었다.

노련한 지도자 덩샤오핑은 89년 말부터 시작된 소련과 동구권 사회주의 정권의 몰락을 오히려 역이용했다. "소련과 동구의 몰락은 경제의 실패에 근본 원인이 있으므로 경제개혁만이 중국의 살길이다"라는 논리로 보수파를 압도하기 시작했다. 이어 1992년 1월에는 노구를 이끌고 상하이와 광둥성의 경제특구들을 돌며 더욱 빠른 개혁을 촉구하는 남순강화를 통해, 보수파들에게 마지막 일타를 가했다. 그는 이들 경제특구 지역의 여론을 등에 업고 최종적인 승리를 거둔 뒤에 자신의 지휘봉을 장쩌민에게 넘겨주는 획기적인 인사를 단행한 것이었다.

덩샤오핑의 승리에는 리셴녠(李先念), 덩잉차오(鄧穎超) 등 보수파 원로들이 잇따라 사망하고, 천윈, 왕전 등 보수파 최고 지도자들도 건강이 심각한 상태에 빠졌지만, 덩샤오핑과 그를 지지하는 개혁파 인사들은 상대적으로 좋은 건강을 유지하고 있었던 행운도 뒤따랐다. 14전대회와 1중전회에서 확정된 야오이린(姚依林)과 쑹핑(宋平) 등 두 보수파 정치국 상무위원의 퇴진 역시 건강과 큰 관련이 있는 것으로 전해졌다. 6명의 13기 정치국 상무위원 가운데 유임된 장쩌민, 리펑, 차오스(喬石), 리루이환(李瑞環) 등 4명중 리펑 총리만이 과거 보수파로 분류되었으나, 톈안먼 사태의 와중에서 덩샤오핑의 지지를 업고 잇따라 개혁 지지 발언을 계속해왔다.

10월 19일 새로 선출된 정치국 상무위원들의 성향이 개혁 지지 일색으로 짜여진 점 역시 장쩌민의 시대가 더욱 빠른 속도의 개혁개방시대가 될 것임을 예고했다. 중앙위 후보위원에서 일약 정치국 상무위원으로 뛰어오른 주룽지(朱鎔基) 부총리는 장쩌민의 후임 상하이 시장 출신으로, 이후 장쩌민의 핵심 지지 세력으로 포스트 장쩌민 시대를 위해 준비된 인물이었다. 정치국 상무위원 겸 당 중앙군사위 제1부주석으로 선출된 류화칭(劉華淸)은 원래부터 덩샤오핑의 사람으로, 군부 쪽에서 장쩌민 시대를 뒷받침하는 역할을 하게 된다.

그러나 이날 발표된 7인의 상무위원들 가운데 가장 주목해야 할 인물은 후진타오였다. 후진타오의 정치국 상무위원 진입과 중앙서기처 서기 겸임은 후야오방과 후치리(胡啓立)를 대신하기 위해 선정된 인물이었다. 후진타오는 바로 제4세대의 중국을 이끌어갈 인물이었다.

새로 짜여진 20명의 정치국원들 역시 대체로 개혁파 인물들이 주류를 이루고 있었다. 14기 정치국은, 14명으로 구성돼 있던 13기 정치국에서 양상쿤(楊尙昆), 완리(萬里), 우쉐첸(吳學謙), 양루다이(楊汝岱), 친지웨이(秦基偉), 리시밍(李錫銘), 야오이린, 쑹핑 등 8명이 빠져나가고, 딩관건(丁關根), 주룽지, 류화칭, 리란칭(李嵐淸), 양바이빙, 우방궈, 지우자화(鄒家華), 친시퉁(陳希同), 후진타오, 장춘윈(姜春云), 첸치천, 웨이젠싱(尉建行)을 비롯한 14명이 진입했다. 이 가운데 각각 리란칭은 대외경제무역부장, 우방궈는 상하이시 당서기, 저우자화는 국가계획위 주임, 장춘윈은 산둥성 당서기 자리를 맡은 점을 보면, 당시 정치국의 구성이 중국의 경제발전을 강력히 추진하기 위해 구성된 팀이라는 사실을 알 수 있다. 또 인민해방군 총지휘부에 해당하는 당 중앙군사위도 장쩌민을 정점으로, 덩샤오핑의 친구인 양상쿤 대신 류화칭이 덩샤오핑 지지 세력의 버팀목으로 들어앉아 이후 장쩌민의 시대를 조용히 보호하게 된다.

1993년 3월에 열린 중국의 전국인민대표대회(전인대 의회) 제8기 1차 회의는 17일간의 회기를 마치고 31일 폐막됐다. 임기 5년의 제8대 국회 첫 회기가 폐회된 것이었다. 당시 전인대가 한 가장 큰 일은 포스트 덩샤오핑 체제의 기틀을 잡았다는 점이다. 중국 헌법상 최고권력기관인 전인대는 3월 27일 장쩌민 중국공산당 총서기를 새로운 국가주석으로 선출했다.[4] 장쩌민 총서기가 대외적으로 국가원수인 국가주석에 선출된 것은 덩샤오핑 이후의 중국을 누가 이끌고 갈 것인가 하는 문제에 대한 1차 해답이었다. 장쩌민이 이날 국가 중앙군사위원회에서 주석으로도 재선된 것은 포스트 덩 시대의 선두주자가 장쩌민임을 거듭 확인해 준 것이었다.

전인대 대변인은 전인대 제18기 1차회의 개막전날 "중국 공산당은 중국의 '집권당'으로, 집권당의 지도자가 국가원수인 국가주석직을 겸임하는 것은 국제적인 추세에도 맞는 일"이라고 말했다. 이 기자 회견에서 밝혀진 것처럼 중국은 장쩌민 당 총서기를 국가주석에 선출함으로써 그동안 표명해 오던 당·정 분리를 포기하고, 당·정 일체화의 길을 택했다. 뿐만 아니라 당의 중앙군사위 주석직을 이미 보유하고 있던 장쩌민을 국가중앙군사위원회 주석으로도 재선함으로써 당정군의 최고지휘권을 장쩌민 한사람에게 집중시키는 길을 택했다. 덩샤오핑 이후 중국의 최고지도자는 장쩌민 한사람을 내세운다는 결론을 내린 것이다.

그런 결론은 막후 최고 실력자 덩샤오핑의 '하나의 핵심론'에 따른 것이다. 덩샤오핑은 그동안 당내에서 새로운 지도부 구성에 대한 문제가 제기될 때마다 "제1세대의 핵심은 마오쩌둥 동지였고, 제2세대의 핵심은 나였으나, 앞으로 제3세대의 핵심은 장쩌민 동지가 될 것."이라고 거듭 강조했다. 이에 대해 천윈과 직전에 85세로 사망한 왕전 국가부주석 등 보수파들은 장쩌민과 리펑의 '두 개의 핵심론'을 주장해왔으나, 장쩌민이 당정군을 장악함으로써 일단은 덩샤오핑의 하나의 핵심론이 관철된 셈이다.

그러나 장쩌민을 정점으로 하는 덩샤오핑의 하나의 핵심론이 백 퍼센트 관철된 것은 아니라는 말들이 많았다. 당시 65세이던 리펑 총리가 3월 28일 전인대에서 5년 임기의 총리로 유임된 것은 장쩌민을 정점으로 하는 하나의 핵심론에 대

---

4) 1993년 3월30일 조선일보 6면. 이 글은 필자가 1992년 11월부터 조선일보의 베이징 상주특파원으로 주재한 이후 첫 번째 전국인민대표대회에 공식 취재 허가를 받아 취재 보도한 글이다.

한 변수라는 말이었다. 다시 말해 보수 세력들이 제시해오던 장쩌민과 리펑을 두 기둥으로 하는 두개의 핵심론이 아직 힘을 가지고 있는 형세라는 분석이었다. 하나의 핵심론이 백 퍼센트 관철된 것은 아니라는 견해를 제시하는 시각들은 계획경제를 선호하는 보수성향의 인물들이 포진했다는 점도 들고 있다. 하지만 장쩌민을 포스트로 하는, 하나의 핵심론이 보다 강력하다고 보는 다수설은 "현재의 지도체제에서 보수니 개혁이니 하는 분류는 이제 더 이상 무의미하다"고 말했다. 리펑 총리부터가 1992년 연초에 덩샤오핑의 남순강화 이후 누구보다도 개혁개방을 강력하게 지지한다는 입장을 분명히 하고 있으며, 다른 보수 성향의 인물들도 "더 이상 개혁개방의 속도를 늦추어야 한다"는 주장을 버리고 더욱 빠른 개혁개방에 동조한다는 입장을 밝히고 나섰다.

리펑 총리의 건재에 대해 덩샤오핑은 주룽지라는 견제카드를 마련해놓았다. 장쩌민의 후임 상하이 시장 출신으로, 누구보다도 개혁 마인드가 강한 주룽지는 3월 29일 발표된 총리 이하 각료 인선에서 수석 부총리로 기용돼 중국경제의 조타수 역할을 했다. 덩샤오핑은 21세기를 향한 중국 경제의 열쇠를 주룽지에게 맡겼다. 뿐만 아니라 29일 발표된 중화인민공화국 행정부 사상 최대 규모의 장관급 인선에서 41명의 부장(部長·장관)과 위원회 주임들 중 새로 교체된 22명의 신임 각료 대부분이 전문가 출신, 이른바 테크노크럿으로 채워진 점도 장쩌민 시대의 불안요인을 최소화하는 장치였다.

또한 전인대 상무위원장(국회의장)도 덩샤오핑의 사람인 공안통 차오스가 선택됐고, 통일전선 조직인 전국인민 정치협상회의(政協) 주석 또한 장쩌민과 함께 덩샤오핑의 신임을 받고 있는 리루이환으로 26일 결정됐다. 공산당원이 아닌 붉은 자본가(Red Capitalist) 룽이런(榮毅仁) 대외투자신탁공사(CITIC) 이사장이 국가 부주석으로 발탁된 점 또한 장쩌민 시대의 안전판이었다. 룽이런의 대외투자신탁공사는 중국의 외자 유입과 해외 투자를 총괄하는 조직으로 덩샤오핑의 개혁개방을 성공으로 이끄는 데 가장 중요한 핵심역할을 한 기구였다.

3월 29일의 장관급 인선에서 또 하나 주목받은 인물은, 신설된 전자공업부장 자리에 앉은 후치리였다. 후치리는 89년의 톈안먼 사태 때 실각한 자오쯔양 전 당 총서기의 오른팔로, 당 정치국 상무위원이었던 인물이다. 그런 후치리가 국무원 장관으로 앉았다는 것은 덩샤오핑 이후의 장쩌민 체제에 문제가 발생할 경우 진화에 나설 수 있는 히든카드가 예비 돼있다는 말이었다. 장쩌민을 정점으로 하는 포스트 덩샤오핑 시대가 순탄한 길을 걸을 경우 장쩌민 시대의 권력 바톤은 1992년 당 대회 때 전격적으로 정치국 상무위원에 기용된 후진타오에게 넘겨질 것으로 내정됐다.

　1995년 4월 28일 새벽에 발표된 천시통 베이징시 당서기의 사임은 포스트 덩샤오핑 시대를 끌어갈 장쩌민의 권력기반 축조 과정에서 중국공산당내 권력투쟁이 암중모색의 단계를 지나 표면화된 사건이었다.

　천시통은 장쩌민 당 총서기 겸 국가주석이 상하이 시장 시절 베이징 시장을 지낸 인물로, 1989년 톈안먼 사태 이전에는 장쩌민보다 당내서열이 상위에 있던 거물이었다. 천시통은 톈안먼 사태 당시 덩샤오핑을 추종해서 사태의 강경진압을 주도했으며, '폭란(暴亂) 진압에 관한 종합보고'를 통해 자오쯔양 당총서기의 죄상을 적시하는 보고를 담당했고, 사태 이후 정치국원으로 기용됐다. 상하이라는 지방 도시의 시장 겸 지구당위원장이던 장쩌민은 덩샤오핑이 자신의 정치목표인 개혁개방 정책을 고수하기 위해서는, 대외무역항으로 개혁개방론자들의 본거지인 상하이를 등에 업어야 한다는 필요성 때문에 톈안먼 사태이후 몇 단계를 뛰어 일약 당총서기로 기용됐다. 그러던 장쩌민이 포스트 덩샤오핑 시대로 걸어들어가는 과정에서 중앙당과 베이징시당의 핵심인물이었던 천시통을 경제부패 일소 드라이브에 걸어 제거해 버릴 필요성이 제기된 것이었다. 장쩌민의 시대를 열기 위해 천시통을 제거하는 작업은 나중에 후진타오의 시대와 시진핑의 시대를 준비하는 보시라이(薄熙來) 사건 과정에서도 되풀이 됐다.

　천시통 사건의 심각성은 관영 신화(新華)통신이 천시통의 사임사실을 이례적으로 4월 28일 새벽 2시(한국시각 새벽 3시)에 타전한 사실에서도 알 수 있다. 신화통신의 새벽 2시 급전은 이례적이었다. 일반적으로 중국의 내부문제에 관한 보도는 매일 오후 7시 전 대륙을 연결하는 관영 중앙TV의 뉴스네트워크인 신원리엔보 때 첫 보도가 이루어지는 것이 관행이었고, 신화통신의 보도는 이 시간에 맞추어 동시에 전국에 타전됐다. 천시퉁 사건과 관련, 중국공산당 지도부는 4월 27일 오후 3시 정치국 특별회의를 소집해서, 천시퉁의 사임을 결정한 뒤 오후 5시에 베이징시 당 최고 간부회의를 소집했으며, 오후 7시 국무원 각 부장(장관)과 각 성장들에게 은밀히 통고했다.

천시퉁의 사임을 몰고 온 왕바오선(王寶森) 전 베이징시 부시장의 권총자살 사건은 4월 6일 신화통신에 간단히 사실만 보도되면서 많은 소문과 충격을 베이징 시민들에게 안겨주었다. 왕바오선 자살 사건은 15년 뒤 보시라이 충칭(重慶)시 당 서기 사건이 보시라이의 측근 부시장 겸 공안국장이 2012년 초 돌연 청두(成都)시 소재 미 영사관에 정치망명을 요청하는 충격적인 사건으로 시작된 것과 기본적으로 비슷한 구조를 갖고 있다.

천시퉁의 오랜 심복인 왕바오선 부시장의 사체가 발견된 것은 4월 4일. 왕은 베이징시 근교 화이로우(懷柔)현의 호수 부근에서 시체로 발견됐다. 왕은 그날 오후 자신의 승용차 운전사에게 최근 새로 개발된 관광지인 호수 부근으로 가자고 했으며, 호수 근처에 도착한 후 운전사에게 "두 시간 후 쯤 돌아오라"고 해서 2시간 후에 운전사가 돌아가 찾아보니 자살한 시체로 발견됐다는 것이 베이징시 수사당국의 발표였다. 왕의 죽음과 관련, 시 공안국은 권총자살 이라고 발표했으나, 일반적으로 왕과 같은 인물이 권총과 함께 지급받는 총탄은 고무로 만들어진 것이 보통이었고, 왕의 몸에서 발견된 총탄은 금속제 실탄이어서 타살가능성이 제기됐다. 자살한 왕 부시장이 받고 있던 혐의, 사임한 천시퉁이 받고 있는 혐의는 대체로 4가지인 것으로 정리됐다. 수도강철사장의 퇴임, 시 중심가 대형 쇼핑센터 동방광장 인허가를 둘러싼 거액수뢰, 장쑤(江蘇)성 우시(無錫)시의 33억 위안(약 6천억 원)사기사건, 산둥(山東) 타이안(泰安)시 고위간부 거액수뢰사건 등이 었다.

왕의 죽음의 파급효과로 불거진 천시통의 사임은 장쩌민이 덩샤오핑의 후계자로서, 정치적인 기반을 굳히기 위해 벌여온 부패 일소 드라이브가 낚아 올린 최초의 정치적 수확물이었다. 그러나 과연 장쩌민이라는 '굴러온 돌'이 천시통을 중심으로 한 베이징시와 중앙당내 세력인 '박힌 돌'을 아무런 무리 없이 빼낼 수 있을지는 알 수 없는 일이었다. 강력한 폭풍우를 동반한 초특급 정치태풍이 포스트 덩샤오핑 시대를 뒤흔들 허리케인으로 중국 대륙을 향해 다가가고 있는 분위기였다.

천시통 베이징시 당서기의 후임자로 발표된 웨이젠싱 신임 베이징시 당서기는 1987년 감찰부장에 취임한 이래, 신장(新疆) 위구르 자치구 부주석, 하이난(海南)성과 칭하이(青海)성 성장, 교통부와 철도부 부부장등의 부패분자들을 처단한 경력을 가진 인물이었다. 1994년 한 해 동안 웨이젠싱의 손을 거쳐 구속 또는 당적 박탈된 공무원은 모두 11만1천명에 이르렀다. 웨이젠싱은 장쩌민이 자신의 칼을 더럽히지 않고 국민들의 인기를 모으기 위해 잠시 고용한 대리집행인격이었다. 웨이젠싱은 차오스 전인대 의장, 후진타오 정치국 상무위원과 절친한 관계를 유지하고 있었다. 차오스의 고향과 가까운 저장(浙江)성 출신인 웨이젠싱은 차오스 밑에서 중앙 조직부 부부장직을 맡았고, 1992년 10월 14차 당 대회에서 차오스의 천거로 정치국에 진입했다.

베이징시 당서기직에서 축출당한 천시통은 문혁이래 부패혐의로 구속된 중국 최고위급 지도자인 셈이었다. 그는 표면상 베이징시 정부의 경제비리 혐의로 사퇴했으나, 실제로는 덩샤오핑 이후 권력 강화를 노리는 장쩌민 시대의 첫 정치적 희생양이라는 점에 의문부호를 다는 중국 안팎의 관찰자들은 없었다. 장쩌민과 천시통은 80년대 말 이래 계속 충돌해왔다. 천시통은 장쩌민과 대립할 만큼 강력한 영향력을 보유하고 있었다. 천시통은 쓰촨(四川)성 출신으로, 덩샤오핑, 양상쿤, 리펑과 동향이었다. 그 후광 덕분인지 천시통은 1983년 이후 10년간 베이징

시 시장을 역임했다. 예젠잉(葉劍英)과 펑전(彭眞) 등이 거쳐 간 베이징시 당서기 자리에서 그는 최장수 기록을 세우고 있었다. 그는 1992년 이후에도 베이징시 당서기 자리를 잘 지키고 있었다. 천시퉁이 장쩌민에 대한 정면도전에 나선 것은 덩샤오핑의 남순강화 직후였다. 당시 당 기관지 인민일보등 중앙 선전기구들은 덩샤오핑의 남순강화를 그해 중반쯤 보도하기로 정하고 있었으나, 천시퉁은 베이징시 당위원회가 발행하는 북경일보에 다음날 보도하게 했다. 정치국의 사전 승인을 얻지 않은 그런 행동은 장쩌민의 분노를 샀다.

천시퉁은 또 1995년 초 장쩌민의 반대에 아랑곳없이 베이징의 이주 노동자들에 대해 세금을 부과하는 배짱을 과시했다. 천시퉁의 직위해제가 장쩌민의 정치 보복이라는 관측은 틀릴 여지가 없는 것으로 보였다. 4월 4일 왕바오선 베이징시 부시장의 자살은 장쩌민이 천시퉁을 제거하기 위해 만들어진 장치로 보면 자연스러운 사건이었다. 천시퉁은 곧바로 가택연금에 처해졌고, 그의 복권은 기대난망이었다. 1949년 중화인민공화국 정부가 수립되던 해에 19세의 나이로 공산주의청년단에 가입, 베이징시 파출소 부소장에서 출발한 그의 베이징시 관리 경력도 그것으로 마침표를 찍었다.

장쩌민 시대를 안정되게 만든 또 하나의 요인은 쩡칭훙(曾慶紅)이라는 인물이었다. 1995년 11월 13일 방한한 장쩌민 중국 국가주석 일행 1백여 명중에 안경을 쓴 수재형의 젊은이 한 사람이 들어 있었다. 젊은이라고는 하지만 당시 56세로, 80대 원로들이 많은 베이징 권부에서 그렇게 불렸을 뿐이다. 장쩌민 주석의 방한 수행원 명단 속에 직책이 '특별 조리(助理 · 비서)'로 나와 있던 이 인물이 바로 10년째 장쩌민 주석을 그림자처럼 따라다니는 쩡칭훙이었다.

당시 그의 중국공산당 당내 직함은 중앙판공청 주임으로, 중국공산당의 살림을 책임지는 자리였다. 쩡칭훙이 장 주석과 인연을 맺기 시작한 것은 1985년으로 장쩌민 주석이 국무원 전자공업부장으로 일하다가 상하이 시장으로 부임했을 때였다. 마침 쩡칭훙도 석유공업분야에서 일하다가 상하이시 당조직부 부부장으로 임명돼 부임해왔다. 이때부터 장쩌민과 쩡은 의기투합, 장쩌민이 1989년 6월 당 총서기로 선출돼 베이징의 중앙정치무대로 자리를 옮겨 정착하는 과정에서 쩡은 장쩌민을 그림자처럼 보필했다.

지금도 잘 이해되지 않는 대목은 상하이라는 지방무대에서 활동하던 장쩌민이 어떻게 중앙 정계를 완전히 장악하는 일이 가능했느냐는 점이었다. 바로 이 대목에 장쩌민 주석의 오른팔 쩡칭훙이 있었다. 쩡칭훙의 아버지 쩡산(曾山)은 중화인민공화국 수립 이전에 당 중앙위원을 지냈고, 수립 이후에는 정무원 정무위원, 내무부장 등을 역임한 고위 간부급 인물이었다. 그런 아버지 밑에서 자란 쩡칭훙이 베이징의 흐름에 대해 그때그때 장쩌민에게 유익한 조언을 해주었기 때문에 현재 장쩌민이 포스트 덩샤오핑 시대에서 안정을 확보하는 상황이 가능했던 것이다. 그런 쩡칭훙이 있었기 때문에 장쩌민이 최대의 라이벌 천시퉁을 꺾고 최고 지도자의 자리를 안정적으로 유지하는 일이 가능했다는 것이다.

쩡칭훙은 1939년 장시(江西)성 지안(吉安)현 출생. 베이징 공업대학을 다니던 21세 때인 1960년 중국공산당에 입당했다. 자동제어학과를 졸업한 그는 국가계획위원회 판공청 비서, 국가에너지위원회 부처장등을 거쳐 주로 석유개발 분야에서 일했다. 해양석유총공사 부경리와 석유공업부 외사국 부국장 재임 중 상하이시 당 조직부 부부장으로 발탁됐다. 장쩌민은 당시 상하이 시장과 상하이시 당 부서기를 겸하고 있었으며, 이 때문에 장쩌민과 쩡칭훙은 빈번히 만나기 시작했다.

장쩌민은 쩡칭훙을 자문역으로 데리고 다녔다. 장쩌민이 1989년 톈안먼 사태의 소용돌이 속에서 덩샤오핑에 의해 당 총서기로 발탁되자, 쩡칭훙도 장쩌민을 따라 중앙당 판공청 부주임의 자리를 확보해서 베이징으로 상경했다. 그런 그에게 장쩌민은 93년 3월 당중앙판공청 주임의 자리를 맡겼다. 집권당 사무총장의 자리를 맡긴 것이었다. 쩡칭훙이라는 인물의 가장 큰 특징은 무엇보다도 조용하다는 것이었다. 그동안 장쩌민을 가장 근접한 거리에서 보좌하면서, 장 주석의 정치에 결정적인 조언을 해왔으면서도 쩡칭훙은 자신의 소리를 전혀 내지 않았다. 국내외적으로 그는 거의 주목을 받지 않았다. 장쩌민은 이점을 높이 평가해서 한때 타이완 쪽에 장 주석 자신의 뜻을 전달하는 밀사 역을 맡기기도 했다.

장쩌민 당 총서기는 1997년 9월 12일 베이징 인민대회당에서 열린 중국공산당 제15차 전국대표대회에서 "앞으로 5년간 중국의 경제체제의 근본적인 개혁을 추진해 나가겠다"고 밝히고 "이를 위해 자본주의 방식도 도입 하겠다"고 선언했다. 그는 또 "앞으로 3년간 인민해방군 50만 명을 감축 하겠다"는 구상도 밝혔다. 2시간 20분 동안의 연설을 통해 장쩌민은 우선 중국의 현 단계를 '사회주의 초급단계'라고 규정한 점을 강조하고, 장쩌민은 중국을 이끌어온 인물이 쑨중산(孫中山·孫文), 마오쩌둥, 덩샤오핑이라고 말하고 "덩샤오핑 동지 이전 시대에는 현 중국사회가 사회주의 초급단계에 놓여있었다는 사실을 간과하는 착오가 있었다"고 강조했다.

그러면서 장쩌민 자신의 중임 임기가 될 앞으로 5년간 "중국은 사회주의 초급단계의 기초 위에서 다양한 소유제를 발전시켜 나갈 것이며 기업과 자본의 효율을 높이기 위해 자본주의 방식도 적용하고, 사회주의 방식도 적용해 나가겠다"고 밝혔다. 중국공산당은 92년의 14차 전대에서 사회주의 시장경제 노선을 정식 채택했다. 장쩌민은 이어 국방정책과 관련 "다가오는 21세기에 세계는 평화와 발전의 세기가 될 것"이라고 강조해 자신이 덩샤오핑의 전략인 평화발전(Peaceful Development) 정책을 계승할 것임을 분명히 하면서 "경제발전을 더욱 빠른 속도로 추진하기 위해 지난 80년대 이래 진행해 온 인민해방군 1백만 명 감축에 이어 50만 명을 추가로 감축하겠다"고 선언했다. 인민해방군은 1980년 이래 덩샤오핑이 4백만에서 3백만으로 축소했고, 다시 50만을 감축하면 2백50만의 병력을 유지하게 되는 셈이었다. 인민해방군의 감군(減軍)은 중국군의 최대 목표인 국방 현대화와 병력 정예화를 위한 조치였다.

그는 또 중국의 현 경제체제를 사실상 자본주의 체제에 근접시켜나가기 위해 덩샤오핑이 제시했던 '선부론(先富論·부를 축적한 계층이 경제발전을 선도한다는 이론)'을 계승해 나갈 것임을 분명히 했다. 또 기존 사회주의 국가들이 인정한 일이 없는 재산의 상속 허용과 이에 따른 재산상속세 도입과 상속세의 징수에 나서겠다는 언급도 했다.

이날 15차 전대 개막식에 장쩌민을 비롯하여 리펑 총리, 차오스 전인대 상무위원장, 리루이환 정협 주석, 주룽지 부총리 등 당 지도부가 차례로 입장했다. 장쩌민은 이 대회의 주제가 "덩샤오핑 이론의 기치를 높이 들고, 중국 특유의 사회주의 건설을 통해 21세기로 나아가자"는 것임을 밝혔다.

3. 덩샤오핑의 죽음

중국 사회주의 시장경제의 설계자로 개혁개방을 이끌어온 최고 실력자 덩샤오핑은 1997년 2월 19일 밤 9시 8분(한국시각 밤 10시 8분) 93세를 일기로 파란만장헌 일생을 미쳤다.

덩샤오핑의 사망 사실은 중국공산당 중앙위원회와 전국인민대표대회 상무위원회, 국무원, 전국인민정치협상회의, 중앙군사위원회 공동명의로 발표됐으며 관영 신화통신은 20일 새벽 2시 8분(한국시각 새벽 3시 8분) 이 사실을 보도했다. 신화통신은 이들 국가 영도기관이 모든 당과 군대, 전국 각 민족 인민들에게 보내는 서한을 통해 등의 사망사실을 발표했다고 전했다. 이 서한은 "말기 파킨슨병과 간질환 합병증을 앓아온, 경애하는 덩샤오핑 동지가 응급처치에도 불구하고 호흡순환기 기능의 정지로 1997년 2월 19일 베이징에서 93세를 일기로 서거했음을 모든 당과 군대, 전국의 모든 민족 인민에게 비통한 마음으로 알린다"고 밝혔다. 이 서한은 또 "덩샤오핑 동지는 당과 군, 모든 인민이 인정하는 높은 신망을 누린 뛰어난 지도자였으며, 위대한 마르크스주의자였고, 위대한 프롤레타리아 혁명가, 정치가, 군사전략가, 외교가, 장기간 시련을 받은 공산주의 전사, 사회주의개혁과 개방, 현대화 추진의 총설계사, 중국적 특색의 사회주의 건설 이론의 창시자였다"

라며 그의 죽음을 애도했다.

덩샤오핑은 1904년 8월 22일 쓰촨성 광안(廣安)현 시에싱(協興)향에서 출생해서 16세 때 프랑스 유학을 떠나, 1922년 저우언라이가 조직한 중국 공산주의 청년단 프랑스지부에 가입함으로써 사회주의자의 길로 들어섰다. 1925년 중국공산당에 입당한 덩샤오핑은 1934년 장정(長征)에 참가하면서 본격적인 혁명 대열에 합류했다. 1952년 정무원 부총리를 시작으로 중국 공산당 내에서 탄탄한 입지를 굳히던 그는 1966년 베이징에서 문화혁명 저지를 시도하다가 당에서 추방당하면서 시련의 세월을 겪기 시작했다. 그는 1972년에 복권된 후 1976년 마오쩌둥 사망과 함께 명실상부한 중국의 최고 실력자가 돼 오뚝이처럼 넘어져도 일어나는 부도옹(不倒翁)이라는 별명을 얻기도 했다. 덩샤오핑이 사망함으로써 마오쩌둥, 화궈펑(華國鋒)에 이은 세 번째 최고지도자의 시대는 막을 내렸다.

"마오 주석은 말년에 문화혁명이라는 과오를 범하기는 했지만, 그가 중화인민공화국을 건설한 사람으로, 그의 생애의 대부분은 옳은 것이었다."

덩샤오핑은 1980년 8월 이탈리아 출신의 여기자 오리아나 팔라치(Oriana Fallaci)와 인터뷰를 하는 자리에서 마오쩌둥을 그렇게 평가했다. 마오의 일생에 대해 말하면서, 마오가 말년에 저지른 잘못만 바라볼 것이 아니라, 중국의 공산혁명을 승리로 이끌고 중화인민공화국 수립 후 당과 정부를 꾸려나가면서 남긴 수많은 업적들을 인정해야 한다는 것이었다. 마오에 대한 덩의 이 같은 평가는 이후 중국공산당과 인민들이 마오를 평하는 기준이 되었다. 그러나 얄궂게도 마오의 생애를 변명해준 덩샤오핑 자신도 마오를 위해 해준 것과 같은 논리의 변명을 필요로 하는 말년을 보냈다. 마오가 중국인민들에게 남긴 문화혁명이라는 상처보다 결코 작지 않은, 1989년 6월 4일의 톈안먼 광장 유혈사태라는 상처를 중국인민들에게 남긴 것이다. 인민해방군이 인민들을 공격한 것은 이 톈안먼 사태가 처음이었고, 그 상처는 현재에도 중국 인민들의 가슴속에 깊이 남아있다.

'개혁·개방' '실사구시(實事求是)' '흑묘백묘론(검은 고양이든 흰 고양이든 쥐만 잘 잡으면 된다)' '중국특유의 사회주의 건설' '일국양제(1국가 2체제)' '하나의 중심 두개의 기본 점' '실천만이 진리를 검증하는 유일한 기준이 될 수 있다' '강바닥의 돌을 만져가며 조심스럽게 강을 건너라' '기회를 잡았을 때 두려워하지 말고 경제발전을 해나가자'

그런 많은 말들이 1978년 중국공산당 제11기 중앙위원회 3차 전체회의(11기 3중전회)를 통해 덩샤오핑이 중국 최고실력자로 떠오른 이래 10년 넘게 계속된 그의 시대가 만들어낸 말들이다. 덩샤오핑은 마오가 1949년 이후 27년간 빚어놓은 '죽의 장막에 가린 가난한 중국'을 물려받아 대나무 커튼을 열어젖힌 것으로 중국인민들에게 기억됐다.

덩샤오핑의 아버지는 쓰촨성의 청두에서 법률학교를 나온 청말(淸末)의 지식인이었다. 덩샤오핑은 어머니가 덩이 어릴 때 사망, 계모 슬하에서 자랐다. 덩이 공산주의자가 된 것은 제1차 세계대전이 막 끝나 사회가 혼란스럽고, 경제도 어렵던 프랑스에서였던 것으로 기록돼있다. 중공당 중앙 문헌연구실이 1988년 10월에 발행한 「덩샤오핑 전략(傳略)」의 표현에 따르면, 16세 때인 1920년. 일하면서 공부한다는 이른바 「근공검학(勤功儉學)」과정으로 프랑스 유학을 떠나 막상 프랑스에 도착해보니 공부는커녕 먹고 살기도 힘든 형편이었다. 여기에다 당시 프랑스에는 러시아 10월 혁명의 열기가 전해지고 있었다. 이런 환경에서 덩샤오핑은 연장자인 저우언라이의 영향을 받아가며 열심히 마르크스 · 레닌주의 책들을 '주경야독(晝耕夜讀)'으로 읽었다고 한다.

덩이 확고한 공산주의자가 돼 중국으로 귀국한 것은 23세 때인 1929년. 당시 중국은 국민당과 중국공산당간의 제1차 국공합작(國共合作)이 막 깨지려던 시점이었다. 몽골을 통해 열차를 타고 중국으로 돌아온 젊은 공산주의자 덩샤오핑은 1921년에 창당된 당의 지시에 따라 시안(西安)에서 한커우(漢口)로, 다시 상하이 등으로 무대를 옮겨가며 당 조직의 확대, 무장봉기 주도 등의 활약을 했다. 그런 공로로 덩은 대장정의 초기인 1934년에 이미 당 중앙 비서장이 되어있었다.

이후 덩은 1937년에 시작된 중·일 전쟁기간동안 이름을 날린 팔로군(八路軍) 129사단의 정치위원을 거쳐 52세 때인 1956년의 중공당 중앙위 전체회의에서 마오쩌둥, 저우언라이, 류사오치와 함께 중앙정치국 상무위원이 됐다. 덩샤오핑은 자신이 66세가 되던 해에 문화혁명의 회오리 속에서 류샤오치에 이어 '제2호 주자파(走資派)'로 낙인 찍혀 실각했다. 덩샤오핑은 실각한 후 장시성의 시골 트랙터 공장으로 쫓겨 가서 나사 깎는 일을 했다. 그는 하루 일과가 끝난 뒤 집근처를 산책 하면서 사색에 잠기곤 했는데 그의 산책로는 '덩샤오핑 소로(小路)'라는 이름으로 남았다.

1976년 마오도 죽고 저우언라이도 죽자, 마오가 생전에 '그에게 일을 시키면 내 마음이 편하다'는 말로 화궈펑을 후계자로 지명하기는 했지만, 마오가 사망한 마당에 이미 화궈펑은 덩샤오핑의 적수가 될 수 없었다. 1977년의 제10기 3중전회에서 당부주석과 국무원 부총리 등의 자리를 되찾은 덩샤오핑은 자신의 오른팔 후야오방을 앞세워 1978년의 제11기 3중전 회를 통해 화궈펑의 '양개범시론(마오가 내린 지시나 결정은 무엇이든 옳다)'이라는 일종의 '유훈(遺訓)통치' 논리를 '실사구시(현실을 있는 그대로 인식한다)', '실천만이 진리를 검증할 수 있는 유일한 표준' 등의 논법으로 격파하고 어렵지 않게 중국 최고지도자의 자리에 올랐다.

1978년부터 시작된 「덩샤오핑 시대」는 잘 알려진 대로 개혁·개방의 시대였다. 그러나 그는 경제개혁은 추진하면서도 정치개혁은 외면, 뒤늦게 개혁에 나섰으나 과감한 정치개혁을 추진한 구(舊)소련의 「고르바초프 바람」에 밀려 서서히 중국인민들로부터 인기를 잃기 시작했다. 89년의 톈안먼 광장 시위 때는 그의 이름 '소평(小平)'과 중국어 발음이 같은 '소병(小甁·작은 병)'들이 대학생들의 낚싯대에 매달려 톈안먼 광장의 바닥을 달그락 거리며 끌려 다니는 수모도 겪었다.

덩샤오핑이 사망하던 날 베이징에 머물고 있던 필자는 사망 발표 직후 그가 사망한 베이징 서쪽의 301군사병원으로 차를 몰아서 달려갔다. 301병원 주위에는 어둠과 정적만이 내려 깔려 있었다. 덩샤오핑의 사망으로 중국은 한 치 앞을 내다

볼 수 없는 미지의 앞날을 향해 움직이기 시작한다는 느낌을 받았다. 베이징의 외교가 소식통들은 덩샤오핑의 사망에도 불구하고 중국의 권력구도에는 큰 변화가 없을 것으로 전망하는 분위기였다. 중국 권력구도에 정통한 한 외교관은 "덩샤오핑은 이미 3, 4년 전부터 장쩌민을 정점으로 하는 후계구도를 완성시켜 놓았다"고 진단하고 '장쩌민 체제는 기존의 개혁개방 노선을 그대로 견지할 것'이라고 전망했다. 중국의 정치변화에 민감한 홍콩증시는 덩의 사망소식이 전해진 다음 날 오히려 주가가 83포인트 오르는 이상 현상을 보였다.

덩샤오핑의 사망은 예상과는 달리 즉각 발표됐으며, 중국공산당 중앙위원회는 성명을 통해 "우리는 당의 단합을 유지하고 보호해야 한다"며 "장쩌민 당 총서기를 중심에 두고, 당 중앙 주변으로 모여들어 더욱 성실하게 단결하자"고 촉구했다. 중국공산당은 장쩌민 총서기를 위원장으로 하고, 리펑 총리 등 핵심지도부 4백59명을 위원으로 하는 장례위원회를 구성했으며 이날부터 2월 25일까지를 애도기간으로 결정했다. 장례위원회는 유족들의 의견에 따라 고별 의식을 따로 갖지 않고 추도기간이 끝나는 2월 25일 베이징 인민대회당에서 각계 대표 등 1만 명이 참석하는 추도대회를 열기로 했다. 장례위원회는 "우리의 관례에 따라 장례식에 외국정부와 정당대표 등 인사들을 초청하지 않으며 외국기자들의 취재도 불허한다"고 밝혔다. 장례위원회는 이날 301군사 병원에서 사망한 덩샤오핑의 시신을 인민대회당으로 옮겨 빈소를 설치했다.

"사망한 덩샤오핑의 유해는 3월 2일 오전 11시 25분부터 해발 1천8백 미터 상공의 공군 기상에서 중국 동쪽 일원의 광범위한 해역에 뿌려졌다"고 중국 관영언론들이 3일 일제히 보도했다. 덩의 유해는 사망 직후 각막과 장기 일부는 해부학 연구용으로 기증됐으며, 사망 5일째인 2월 24일 화장된 뒤 유골함에 안치돼 비행기에 실려 중국 동쪽의 동중국해와 남중국해 등 「대해(大海)」에 오색 꽃잎과 함께 뿌려졌다. 부인 줘린과 장녀 린(林), 장남 푸팡, 차녀 난(南), 셋째 딸 룽, 차남 즈팡(質方)과 손자들, 덩샤오핑이 장쩌민 다음 지도자로 일찌감치 지목한 정치국 상무위원 후진타오, 인민해방군 총 정치부 주임 위융보(于永波)상장 등이 비행기에 동승했다.

덩의 유골이 바다에 뿌려지기에 앞서 이날 오전 중국 최고 권력자들의 집단 거주지인 중난하이(中南海)에서 최후의 고별식이 열렸다. 이 고별식에는 덩의 가족들과 정치국 상무위원 후진타오, 당 선전부장 딩관건, 중앙군사위 부주석 장완녠(張萬年) 등이 참석했다. 덩샤오핑의 유골이 바다에 뿌려지는 동안 덩과 23세 때 만나 58년간 동고동락해온 12세 연하의 부인 줘린과 유족들 그리고 해방군 총정치부주임 위융보들은 오열을 감추지 못했다. 중국 관영방송들은 덩의 유골이 뿌려진 후 "덩샤오핑 동지는 우리 곁을 떠났으나 영원히 대해와 함께 있을 것이며, 조국과도 함께 있을 것이며, 인민들과 함께 있을 것"이라는 표현을 반복해서 방송했다. 중국 관영매체들은 덩샤오핑이 사망 전에 "사회주의자로서 사고(思考) 행위가 끝난 신체는 아무런 가치가 없으므로 태워서 바다에 뿌려 달라."는 유언을 했다고 전했다.

중국의 오늘을 만든 것은 절반이 덩샤오핑의 역할이었다고 해도 과언이 아니다. 전 세계 인구의 20%를 굶주림에서 해방시키고, 중국을 근 200년 만에 강대국의 위치로 되돌려놓은 그가 사망한 지 만 10년이 된 2007년 2월 19일. 쓰촨성에 있는 덩샤오핑의 고향을 찾아 나섰다.

시외버스 편으로 충칭을 떠나 덩샤오핑의 고향에 가장 가까운 대처 광안시에 도착한 것은 2월 23일 저녁 무렵이었다. 광안에 도착하자 어떻게 알았는지 새 울음소리와 함께 중국이동통신(China Mobile)의 문자메시지가 삼성 애니콜 휴대전화에 뜬다. "샤오핑 동지의 고향에 오신 것을 환영합니다. 중국이동통신 쓰촨 지사는 풍부한 관광정보를 제공할 것입니다. ○○○○○으로 전화하세요." 광안은 이제 더 이상 덩샤오핑이 살던 현(懸)이 아니라 인구 450만 명이 넘는 당당한 도시 광안시가 돼있었다.

덩샤오핑이 태어난 곳은 광안시 외곽의 파이팡(牌坊) 촌이란 곳이다. 그런데 이상한 것은 광안시도, 24일 오전에 찾아간 파이팡 촌도 '나는 덩샤오핑을 모른다'는 듯 조용하기만 하다는 점이었다. 1월 18일부터 23일까지는 덩의 남순강화 15주년이 되는 날들이었다. 덩샤오핑은 지난 1978년 말 개혁 개방 정책을 시작해서 현재의 중국에 부(富)를 가져다준 사람이고, 그가 한 '남순강화'란 개혁개방정책이 위기에 빠졌을 때 88세의 노구를 이끌고 중국 남부지방을 돌며 중국이 개혁 개방의 길을 계속해서 걸어가야 한다고 역설해서 보수 세력의 반격을 잠재운 무혈혁명이었다.

무슨 일이든 5년마다, 또 10년마다 되새기기를 좋아하는 중국 사람들의 심성이라면, 2007년 1, 2월에는 덩샤오핑을 기리는 각종 행사가 중앙과 지방에서 줄을 이어야 마땅한 일이었다. 그런데 그런 행사는 눈을 씻고 봐도 없었다. 더욱 이상한 것은, 파이팡촌 덩샤오핑 기념관에 있는 덩샤오핑 동상 주변의 기념식수다. 기념관 한 가운데에 반소매 차림으로 편하게 앉아있는 모습의 덩샤오핑 동상의 오른쪽에는 원자바오 총리가 2004년 덩샤오핑 탄생 100주년을 기념해서 심은 은행나무가 서있다. 동상 왼쪽에는 자칭린(賈慶林) 중국 인민정치협상회의 주석, 그 앞에는 우방귀 전국인민대표대회 상임위원장, 그 뒤에는 황쥐(黃菊) 부총리… 하는 식으로 오늘의 중국을 끌고 가는 최고 권력자 8명이 기념으로 심은 키 큰 은행나무들이 동상을 둘러가며 심어져 있다.

그러나 현재 중국의 최고 권력자 그룹인 중국공산당 정치국 상무위원회 멤버 9인 가운데 가장 중요한 인물인 당 총서기 겸 국가주석 후진타오의 기념식수만 없는 것이다. 그 이유를 묻자 동상관리인은 이렇게 말했다. "오시기는 한 번 오셨어요. 2004년 8월 13일에 오셨지요. 기념식수 준비도 다 해놨어요. 저기 동상 앞에 있는 키 큰 은행나무지요. 그런데 웬일인지 기념식도 하지 않으시고, 팻말도 못 세우게 하데요. 이유는 모르겠어요." 겉으로 보기에 평온한 중국의 국내정치의 복잡한 사정을 시골에 사는 동상관리인이 알리는 없을 것이다.

현재 중국 국내 정치 세력 사이에 물밑에서 벌어지고 있는 갈등은 '지속적인 개혁'이냐 '이제는 분배를 중시하는 균형발전의 길을 가야 하느냐'는 것이다. 역설적인 것은 개혁세력의 선봉장이었던 덩샤오핑이 생전에 장쩌민의 후계자로 지명한 후진타오가 '허시에(和諧·조화)'를 간판 정책으로 채택함으로써 개혁보다는 평등 쪽으로 중국을 끌고 가려 한다는 점이다.

국가주석과 당총서기에 오르기 전 주로 티베트를 비롯한 서부 낙후지역에서 근무한 경험이 있는 후진타오는 연안지방의 빠른 발전에 브레이크를 걸고, 균형발전을 정치구호로 내걸고 있는 것이다. 그러면서 후춘화(胡春華), 리커창(李克强)을 비롯한 낙후지역 근무 경험이 있는 젊은 정치세력들을 전면에 내세우려는 과정에서 개혁의 열매를 딴 연안도시 상하이 출신의 장쩌민 후계 세력과 인사 갈등도 빚고 있었다.

하루 1만 명이 넘던 덩샤오핑 기념관 참관인은 사망 10주기를 앞두고 하루 수십 명도 안 되는 한가한 기념관으로 변해가고 있었다. 기념관앞 도로 건너편에는 덩샤오핑이 살던 파이팡촌이 있다. 파이팡 촌은 요즘 '파이팡 신촌(新村)'이라는 이름을 달았다. 파이팡 신촌 큰길가에 면한 집들은 농사를 버리고 식당업으로 바꿨다. '등가 객잔(鄧家客棧)' '담씨 농가(淡氏農家)' 등의 간판을 달았다. 이 가운데 '담씨 농가'는 외사촌 동생인 '단원 취안(淡文全)'씨가 부인 딸과 함께 운영하는 집이다. 단씨는 "요즘 장사가 잘 안 돼 걱정이 태산 같다"고 했다.

4. 평등과 분배의 개념을 앞세운 후진타오

후진타오는 2002년 11월 16차 전국대표대회에서 당 총서기로 선출됨으로써 중국 공산당 제4세대 지도자로 세대교체를 이루고, 2003년 3월 장쩌민 주석의 후임으로 국가주석에 당선돼 당정의 최고 지도자로 부상했다. 이후 2004년 9월 당 중앙군사위원회 주석을 물려받은 뒤 2005년 3월 형식적인 절차이기는 하지만 국가중앙군사위 주석을 승계함으로써 마오쩌둥·덩샤오핑·장쩌민에 이어 명실상부한 최고 통수권자가 되었다.

후진타오는 장쩌민 당총서기가 1인체제를 확립한 1992년 10월 19일 제14기 중앙위원회 1차회의에서 발표된 7인의 상무위원들 가운데 한 사람으로 발탁되고, 이때부터 가장 주목받기 시작한 인물이었다. 당시 불과 49세로, 장쩌민 총서기가 외신기자들에게 '녠칭런(年青人·젊은이)'이라고 소개한 후진타오는, 개혁개방의 최고이론가 후야오방(胡耀邦) 전 당총서기가 89년 4월 사망하기 전까지 미래를 대비하기 위해 키워온 인물이었다. 후진타오의 정치국 상무위원 진입과 중앙서기처 서기 겸임은 후야오방과 후치리를 대신하기 위해 선정된 인물이었다.

'후즈 후(Who's Hu)?'

2002년 4월 미국의 시사주간 '타임'지가 커버스토리에 달아놓은 제목이다. "미국 방문을 앞둔 후진타오가 대체 누구냐"는 것이다. 후는 당시 이미 13억 중국의 사실상의 2인자인 국가 부주석 겸 중국 공산당 중앙군사위원회 부주석이었다. 뿐만 아니라 최고 권력자 장쩌민의 후계자로 내정된 걸로 중국 안팎에 공인돼 있었다. 그런 후가 도대체 어떤 인물이냐고 의문부호를 단 것이다.

후는 그때 이미 중국의 하늘 위에 뜬 가장 큰 별이 됐다. 2004년 9월 장쩌민으로부터 중국 공산당 중앙군사위원회 주석 자리를 넘겨받았고, 이에 앞서 당 총서기와 국가주석직도 물려받았다. 아무도 이의를 달지 않는 중국의 1인자가 됐다. 그런데도 'Who's Hu?'란 물음은 끊이지 않고 이어지고 있었다. 잘 생긴 얼굴에 늘 사람 좋은 웃음을 띠고 있지만, 웃음 뒤에 감추어진 진정한 얼굴을 아직도 후가 잘 드러내지 않고 있기 때문이었다.

런즈추(任知初) · 원쓰융(文思詠)의 저서로 한국에도 번역 출간된 '대륙을 질주하는 말 후진타오'는 후의 불분명한 출생지 문제부터 세밀하게 파고들었다. 후는 도대체 안후이성(安徽省) 사람인가, 장쑤성 사람인가? 그는 분명히 장쑤성 타이저우(泰州)에서 태어났으면서도 왜 중국 공산당의 공식 기록이 '안후이성 지시(績溪) 사람'이라고 발표하도록 내버려두는가. 출생지보다 원적(原籍)을 중시한다는 건가, 아니면 다른 정치적인 의도라도 있는 것일까. 런즈추와 원쓰융은 "장쩌민을 필두로 한 상하이 출신들이 득세했던 세상에서 살아오면서 굳이 자신이 상하이에 가까운 타이저우 출신이라는 점을 밝히는 것보다는 이전에 알려진 대로 내버려두는 것이 낫겠다는 정치적 판단을 한 것인가"라는 의문문을 남긴다. 지역감정이 정치에 큰 부담이 되는 우리의 현실에 비추어보면 후진타오가 출생지 문제에 우물쭈물하는 점이 이해가 갈 듯도 하다.

중국과 미국을 오가며 저술활동을 하고 있던 런 · 원이 그때까지 알려지지 않았던 수많은 디테일들을 꼼꼼하게 따져가며 그 다음으로 규명한 것은 가난한 시골 찻잎가겟집 아들이었던 후가 어떻게 권력으로 통하는 길로 들어설 수 있었던

가 하는 점이다. 대답으로는 '칭화(淸華)대를 다녔기 때문'이라는 네포티즘(nepotism · 족벌주의)적 분석을 해놓았다. '수력발전 전문가가 되고 싶어 하던' 시골 소년 후가 선택한 칭화대는 권력으로 통하는 인맥(人脈)과 만나게 해주었을 뿐만 아니라 후 자신이 '나의 대리인'이라고 즐겨 부르는 부인 류융칭(劉永淸)을 만나게 해주었다는 것이다. 류융칭을 통해 그녀의 외삼촌으로, 중국 공산당 이론지 광명일보(光明日報) 주간인 창즈칭(常芝靑)을 만난 것도 세상을 향해 눈을 뜨는 계기가 됐다고도 했다.

분명히 후진타오에게 호의적이지만은 않은 것으로 판단되는 저자들도 후를 중국의 최고 권력자의 자리로 끌어올린 힘은 네포티즘보다는 '비범함을 평범함 뒤로 감추는 끝없는 겸손, 그리고 온화한 웃음을 띨 줄 아는 인간성에서 나온 것'이라는 점에는 동의를 표하고 있다. "후진타오에게는 강렬한 정치공명심 같은 것은 없었다. …그는 기억력이 좋았으며, 상대방으로 하여금 자신의 친절함과 성실함을 느끼게 하는 감화력이 있었다. …당 중앙에 입주해 있을 때도 동창생들로부터 걸려오는 전화는 꼭 직접 받았고, 앞으로 어려움이 있으면 자기를 찾거나 융칭(부인)을 찾으라고 말하는 배려를 잊지 않았다." 한마디로 평범함으로, 자신의 몸을 끝없이 낮춤으로써 천하를 거머쥐었다는 것이다.

후진타오가 동년배의 선두주자는 아니었다. 동년배의 선두주자는 하얼빈공대 출신의 왕자오궈(王兆國 · 당시 정치국원 겸 전국인민대표대회 부위원장)였다. 왕은 중국 제2세대 최고지도자 덩샤오핑이 미래의 지도자로 직접 고른 인물이었으며, 덩의 오른팔 후야오방(胡耀邦)이 늘 데리고 다니면서 가르치던 인물이었다. 후진타오는 중국공산당의 권력의 계단을 오르면서 초반에 늘 왕자오궈의 뒤에 처져 있었다. 후가 왕을 따돌린 것도 결국은 끝없는 몸 낮춤이었다. '목소리가 컸던' 왕은 잘 나가다가 1987년 후야오방 당시 총서기가 원로들의 미움을 사 실각하면서 후의 뒤로 밀려났다.

후진타오에게 천하를 쥐어준, 겸손과 비범함을 평범함 뒤에 감추는 습성은 칭화대를 떠나 서북지방의 간쑤성(甘肅省)의 류자샤(劉家峽) 댐 건설현장에서 막노동을 하면서 배우기 시작한 것이었다. 따뜻한 남쪽 출신이 건조하고 차가운 공기에 삭막하기 짝이 없는 서북지방의 댐 건설현장에서 일류대학 출신의 기술자로서가 아니라 흙 파고 벽돌 쌓는 막노동꾼으로 사회생활을 시작한 것이 큰 깨침을 준 것이다. 후진타오는 이후에도 "그때는 정말로 생활이 말이 아니었지…"라고 표현했다.

결국 후진타오는 사회 초년병 시절에 배운 평범함과 겸손, 과묵함과 따뜻한 웃음으로 아무런 잡음을 남기지 않고 전임자 장쩌민으로부터 중국의 당·정·군(黨·政·軍) 최고 권력을 넘겨받았다. 'Who's Hu?'의 답은 비범함을 감출 줄 아는 겸손과 따뜻한 웃음이었다는 것이 런즈추와 윈쓰융의 대답이었다.

조지 W 부시 미 대통령과 후진타오 중국 국가주석이 이번에는 칠레 산티아고에서 만났다. 현지시각으로 2004년 11월 20일부터 이틀간 열린 APEC(아시아태평양경제협력체) 정상회담 자리였다. 당시 APEC 정상회담에 참석한 아시아 태평양의 21개국 정상들 가운데 축하와 조명을 가장 많이 받은 사람은 부시와 후진타오 두 사람이었다. 부시는 그 달 초에 치러진 대통령선거에서 어렵다는 재선에 성공했고, 후는 두 달 전에 열린 중국공산당 제16기 중앙위원회 4차 전체회의에서 중앙군사위원회 주석 자리를 장쩌민 전 주석으로부터 넘겨받았기 때문이었다. 부시와 후진타오 두 사람은 정상회담을 하면서 내내 눈웃음을 주고받으며 '우리 둘은 잘 통한다'는 과시를 했다. 부시는 후에게 "앞으로의 새로운 임기 4년간 후 주석과 함께 한반도와 아시아 태평양, 그리고 세계 평화를 위해 노력할 것"이라고 말하기도 했다.

부시와 후진타오는 이전에도 자주 만났다. 처음 만난 것은 2002년 2월 22일이었다. 대통령이 된 뒤 처음으로 중국을 방문한 부시는 칭화대에서 연설하도록 되어 있었다. 칭화대는 당시에는 국가부주석이던 후진타오의 모교다. 1946년생으로, 당시 56세였던 부시와 1942년생으로 네 살 위인 후진타오가 자연스럽게 만날 수 있도록 중국측이 스케줄을 짠 것이었다. 후진타오가 말이 많지 않은 편이라 자칫하면 부자연스러울 뻔했던 당시 만남은 부시가 빚은 해프닝 때문에 웃음 속에 이루어졌다. 칭화대 학생들에게 연설을 하고 연단을 내려오던 부시가 후진타오가 앉아 있던 바로 앞에서 균형을 잃고 넘어질 뻔했기 때문이었다. 다행히 왕다중(王大中) 칭화대 총장이 부시를 부축했고, 부시를 부축하기 위해 자리에서 몸을 일으키려던 후진타오는 얼굴을 활짝 펴고 마음껏 웃었다. 부시도 계면쩍어 하면서도 만면에 웃음을 띠는 바람에 두 사람의 첫 대면부터가 웃음의 자리가 되고 말았다.

부시는 즉각 후진타오 부주석을 미국으로 초청하도록 그 자리에서 딕 체니 부통령에게 말했고, 후진타오는 두 달 뒤 워싱턴으로 날아가 두 번째로 부시를 만났다. 후진타오로서는 첫 번째 미국방문이었다. 그 뒤 두 사람은 프랑스 에비앙, 태국 방콕 등으로 장소를 바꿔가며 만났고, 중요한 국제문제가 발생할 때마다 전화로 의논하는 모습을 과시해왔다. 그러는 사이에 후진타오의 자리는 국가부주석에서 국가주석으로, 그리고 중국공산당 총서기 겸임에 당 중앙군사위 주석 자리까지 확보해 중국의 최고 권력자가 됐다. 부시 대통령의 재선 성공에 후진타오가 즉각 축하의 메시지를 보냈음은 물론이다.

산티아고에 모인 APEC 정상들 가운데 가장 센 사람이라 할 수 있는 부시와 후진타오 두 사람이 서로 잘 통한다는 것은 APEC의 앞날이나, 국제사회의 앞날, 그리고 한반도 정세에도 다행한 일로 생각됐다. 국제정치학 용어로 부시와 후진타오 두 사람은 '밸런싱(Balancing · 세력 균형 잡기)'을 해야 할 규모의 국가 지도자이기 때문이었다.

2005년 10월 8일 개막된 중국공산당 제16기 중앙위원회 5차 전체회의(5중전회)는 화두(話頭)를 '허시에'로 잡았다. 이 회의에서 의논해서 확정할 제11차 경제개발 5개년 계획의 기조도 '허시에'로 잡았다. 2006년부터 2010년까지 중국의 정치 · 경제와 사회는 이 '허시에'란 말을 둘러싸고 움직여 갈 형세였다.

허시에는 이미 알려진 것처럼 후진타오 중국공산당 총서기 겸 국가주석이 제시한 정치이데올로기였다. 그는 작년 9월에 열린 중앙위원회 4차 전체회의에서 허시에를 자신의 정치이념으로 제시했다. 그 뒤 중국의 신문과 방송들은 허시에가 무엇인가에 대해 많은 지면과 시간을 썼다. 그러나 중국의 보통사람들에게 "허시에가 무엇이냐, 허시에와 허지에(和解·화해)는 다른 것이냐"고 물으면 웃음으로 때우는 게 보통이었다. 허시에의 홍수 속에서 정작 허시에의 뜻은 실종 상태였다.

그런데 청쓰웨이(程思危)란 사람이 5중전회를 앞두고 '허시에라는 사회이념의 철학적 기초'란 글을 발표했다. 청쓰웨이는 당시 70세의 노인으로, 46세 때인 1981년에 미국 UCLA로 유학해서 MBA를 따고 돌아와서 유명해진 사람이다. 덩샤오핑의 개혁개방 시대가 시작되자마자 시대의 흐름을 빨리 읽고 적지 않은 나이에 과감하게 미국 유학을 떠났던 제1세대 MBA다. 그는 당시 전국인민대표대회 부위원장으로 일하고 있었다.

그의 설명은 공자와 플라톤의 사상에서 출발해서 몽테스키외, 마르크스·엥겔스의 '공산당선언'을 거쳐 마오쩌둥까지 흘러내린다. 그러나 결론은 "사회구성원과 집단들 간에는 대립과 모순이 존재하며, 대립과 모순이 존재하는 가운데에도 전체적으로는 통일성이 깨지지 않는 것, 그것이 바로 허시에 사회다"라는 데 초점을 맞췄다. 그러면서 "대동소이(大同小異·전체는 같고 부분은 다르다)와 구동존이(求同存異·같은 것을 추구하되 서로 다름을 인정한다)를 받아들일 줄 아는 사회가 바로 허시에 사회다"라는 결론을 내렸다. 청쓰웨이의 설명은 허시에의 사전적 의미와도 일치한다. 중국에서 가장 인정받는 사전인 '사해(辭海)'는 허시에의 뜻을 설명하면서 서경(書經)의 구절을 인용해놓았다. '팔음극해 무상탈륜(八音克諧 無相奪倫)', 다시 말해 "여덟 개의 서로 다른 음이 서로 잘 어울리는 가운데 서로 간섭하지 않는다."는 경지라는 것이다.

그러니까 후진타오의 중국이 가고자 하는 목표가 무엇인지 허시에란 말이 대변하고 있는 셈이었다. 그때까지 알려진 것처럼, 후진타오가 그동안의 경제발전 결과 빚어진 계층·지역 간 소득격차를 해소하기 위해 경제발전보다 평등과 분배의 개념을 앞세우기 위해 허시에란 개념을 내세운 것은 아니었다. 11차 경제개발 5개년 계획도 연 8%의 고도성장을 목표로 하고 있기 때문이다. 그러고 보면, 허시에는 우리말로는 '조화(調和) 속의 발전'이라고 해야 가까울 듯하다.

중국공산당은 이후 '사회주의 허시에 사회'를 이루기 위해 "사람의 말이 아니라 법(法)이 통하는 사회를 만들겠다"고도 선언했다. "사회구성원간의 대립과 갈등은 사회발전의 원동력으로 인정하되 그 대립과 갈등을 법으로 조정하는 허시에 사회를 만들겠다"는 것이었다.

2005년 11월 17일 서울을 방문해서 한국 국회에 나선 후진타오 중국 국가주석의 얼굴은 무거워 보였다. 전날 오후 노무현(盧武鉉) 당시 대통령과 공동기자회견장에 나온 후 주석의 얼굴도 웃음기 없는 것이었다. 피곤 때문이었을까. 그해 10월 28일부터 30일까지 평양 방문, 1일부터 3일까지 하노이 방문, 이어서 8일부터 잇달아 영국·독일·스페인을 돌아 16일 곧바로 서울로 날아왔으니 그럴 만도 했다.

"나는 어제 노 대통령과 중·한 수교 20주년이 되는 오는 2012년에 두 나라 사이의 무역액을 2,000억 달러로 만들자고 했습니다. 도전적인 목표이기는 하지만, 노력하면 도달 가능한 목표입니다."

후 주석이 한국 국회 연설에서 그렇게 말한 것처럼, 그의 걱정거리가 경제는 아니었다. 만성 적자에 빠져 있는 국유기업 개혁과 위안화 절상을 비롯한 여러 가지 문제를 안고 있기는 하지만 해마다 높은 성장률을 올리고 있는 중국 경제는 다른 나라로부터는 부러움과 놀라움의 대상이 되고 있었다. 후 주석이 안고 있는 숙제는 정치였다. 후 주석은 중국의 경제개혁이 지난 1978년부터 27년간 성공적으로 이뤄져 왔으니, 이제는 어떤 형태로든 정치개혁을 시작해야 한다는 압력을 안팎에서 받고 있었다. 게다가 그의 머리 뒤에는 아직도 전임자 장쩌민의 그림자가 어른거리고 있었다.

2005년 11월 3일 베이징 서쪽 바바오산(八寶山) 혁명공묘에서는 룽이런 전 국가부주석의 장례식이 치러졌다. '붉은 자본가'로 널리 알려진 룽이런의 장례식에는 중국공산당과 정부, 군의 실력자들이 참석했다. 문제는 그 장례식을 보도한 중국 관영매체들의 보도 내용이었다. 보도내용은 중국 지식인들을 깜짝 놀라게 만들었다.

"향년 89세인 룽이런 동지의 빈소에는 다음과 같은 동지들이 다녀갔다. 후진타오 · 장쩌민 · 우방궈 · 원자바오…."

놀라운 것은 국가주석과 중국공산당 총서기, 그리고 중앙군사위원회 주석의 세 가지 최고지도자 자리를 후진타오에게 모두 물려주고 현직에서 떠난 장쩌민이 후진타오 바로 다음에 거명되고, 이어서 8명의 현직 실력자 정치국 상무위원들이 열거된 점이었다. 이에 대해 한 중국 지식인은 이렇게 말했다. "욕심이 좀 많은 분인가 봐요. 아직도 힘을 놓지 않고 있다는 거지요." 그러면서 지난달 초에 있었던 유인우주선 선저우(神舟) 6호의 성공적 귀환 때도 '그 분'이 축하전화를 한 사실이 신문과 방송에 일제히 보도됐다고 말하면서 입을 삐죽거렸다. "덩샤오핑 선생이 93세로 죽을 때까지 영향력을 발휘하던 흉내라도 내려나보죠."

칭화대학에서 정치철학을 강의하는 캐나다 출신으로 옥스퍼드대 철학박사 출신인 다니엘 벨(Bell) 교수는 2008년에 출판한 '중국의 새로운 유교(China's New Confucianism)'라는 책에서 중국정치의 앞날에 관해 독특한 전망을 내놓았다. 중국의 정치체제가 앞으로 "마르크시즘(Marxism)을 버리고 유교를 바탕으로 하는 정치체제를 향해 나아갈 것"이라는 전망이었다. 필자는 벨 교수가 베이징 시내에서 출판기념회를 하는 모임에 나가 그의 이야기를 직접 들을 기회가 있었다.

벨교수의 그런 견해에 대해 중국공산당의 간부 재교육 기관인 당교(黨校)에서 당의 전략과 진로를 담당하고 있는 자오후지(趙虎吉) 교수도 동의했다. 그는 "2008년 12월 18일로 개혁개방 30년을 맞는 중국 공산당은 현재 가치의 문제를 놓고 고민 중"이라고 말했다. 자오 교수는 "그동안 추구해온 '중국 특색의 사회주의'란 대체 무엇이며, 앞으로 중국이 추구해야 할 강대국으로서의 '보세가치(普世價値·세계에 통하는 보편적 가치)'는 무엇이 돼야 하는가 생각하고 있다"고 말했다.

1978년의 11기 3중전회는 일본의 메이지(明治)유신과 마찬가지로 중국 현대사를 가르는 기준선이 됐다. 중국인 스스로 '초급 단계'로 규정짓던 사회주의에서 이제 '고급'으로 나아가는 현재, 중국공산당 지도자들과 지식인들은 이미 '유교 사회주의' 또는 '유가(儒家) 사회주의'라는 용어를 쓰고 있다. 중국이 경이적인 경제 발전을 바탕으로 국제사회에 내놓을 만한, 가장 중국적이고 보편적인 가치는 역시 유교밖에 없다는 것이다. 중국공산당 간부들은 개혁개방 30년 만에 이미 그전에 쓰던 '퉁즈(同志)'라는 말은 역사 속으로 흘려보내고 잘 쓰지 않는 사어(死語), 또는 비꼬아 말할 때나 쓰는 용어로 만들어버렸다.

유교 사회주의는 후진타오 국가주석의 모교인 칭화대의 왕후이(汪暉)나 추이 위안즈(崔規之) 교수를 비롯한 이른바 '신좌파' 지식인들의 지지를 받았다. 덩샤오핑과 장쩌민에 이어 개혁개방 시대의 제3주자인 후진타오 국가주석이 2002년 집권한 이래 정치적 구호로 내놓은 '허시에'사회나 '이인위본(以人爲本·사람이 중심)'도 같은 맥락이었다. 이데올로기로서의 유교는 사(私)보다는 공(公)과 대동(大同)을 중시한다는 면도 중국공산당 이론가들에게는 매력을 느끼게 하고 있다.

2007년 10월 베이징에서 개최된 중국 공산당 제17차 전국대표대회(전당대회)에 참가하고 있는 2213명의 대표들 가운데 가장 인기가 있는 인물은 장루이민(張瑞敏) 하이얼(海爾) 회장이었다. 하이얼은 당시에 이미 냉장고·에어컨 등 백색가전을 세계에서 가장 많이 생산하는 업체였다. 중국공산당 선전부는 장 회장의 인기를 고려해서 16일 오후 베이징 서쪽의 미디어센터에서 따로 외국기자들을 위한 회견 자리를 마련했다. "(토론장에서 하면) 기자들이 너무 많이 몰려 당 대표들의 토론이 제대로 이루어지지 못할지 모른다"는 우려 때문이었다.

장 회장은 기자회견에서 "후진타오 총서기가 정치 보고에서 말한 '유하오 유콰이(又好又快)'라는 목표를 달성하는 비결은 의식혁명을 먼저 이루는 데 있다"는 견해를 밝혔다. '좋고도 빠르게'라는 뜻의 '유하오 유콰이'는 질적 성장과 빠른 성장을 동시에 추구하되 질적 성장을 앞세워 불평등을 해소하자는 구호다. 그는 중국의 정치 민주화에 대해서도 "중국으로서는 차근차근 갈 수밖에 없다"고 했다. 장 회장의 기자회견장에는 100명이 넘는 내외신 기자들이 모였다.

대기업 회장의 당대표대회 참가는 2000년 5월 이전에는 꿈도 못 꾸던 일이었다. 톈안먼 광장의 마오쩌둥 초상화 옆에 '전 세계 무산계급(프롤레타리아) 만세'라고 써놓은 것처럼 프롤레타리아혁명을 목표로 하던 중국 공산당은 당 총서기이던 장쩌민이 2000년 '3개 대표이론'이란 이론을 제시함으로써 비로소 제3의 혁명의 길로 들어섰다. 3개 대표이론이란 '중국 공산당이 중국의 전체 인민을 대표하고, 전체 생산력과 문화도 대표한다.'는 이론이다. 이 가운데 중국 공산당이 프롤레타리아만을 대표하는 것이 아니라 전체 인민을 대표한다고 규정함으로써 부자와 기업인들의 중국 공산당 가입이 허용된 것이다.

장 회장은 16차 당 대회 때는 후보 중앙위원 자리까지 올라갈 수 있었다. 이번 17차 당 대회에 참가하고 있는 2,213명의 대표들 가운데 30% 정도가 중앙과 지방의 국유와 민간 기업 임직원들로 채워져 있다고 중국 공산당 기관지 인민일보는 전했다. 민간 기업 최고경영자 대표도 30여명이나 된다고 중국 관영 중앙TV(CCTV)는 전했다. CCTV에 따르면 중국 공산당원 7,336만 명 가운데 민간 기업 종사자가 이미 4.3%인 318만 명으로 늘어났다.

민간 기업의 비중이 가장 높은 장쑤성은 당 대표 68명 가운데 3명이 민간 기업 대표로 참여했다. 이들 3명은 '철강대왕'의 별명을 가진 사강(沙鋼)그룹의 선유룽(沈又榮) 회장과 '신발 왕'으로 불리는 선다(森達) 그룹의 주샹구이(朱相桂) 회장, 의류업체에서 시작해 기계류로 사업 범위를 넓이고 있는 홍더우(紅豆)그룹의 저우하이장(周海江) 회장이었다. 중국 공산당은 근본적인 성격 변화를 일으켜 이미 프롤레타리아 정당이 아닌 정당으로 변한 셈이었다.

"우리는 반드시…." 후진타오 중국공산당 총서기 겸 국가주석은 2007년 10월 22일 인민대회당에 모인 500여 명의 내외신 기자들에게 새로 선출된 9명의 정치국 상무위원을 소개하면서, '우리는 반드시'로 시작하는 여섯 가지의 다짐을 담은 연설을 했다. 집권 2기의 후진타오가 국제사회에 던지는 약속이었다. 후의 '여섯 가지 다짐'을 정리하면, 경제적으로는 덩샤오핑과 장쩌민의 개혁개방 정책을 지속적으로 추진하는 동시에 균형발전을 모색하는 구도였다. 여섯 가지 다짐의 첫 번째가 덩샤오핑 이론이었다. 두 번째 '발전을 제1목표로 한다'는 구절도 빠른 성장을 도외시하지 않겠다는 의지를 담고 있었다. 덩샤오핑 이론의 핵심은 "부자가 있어야 그 그늘에서 가난한 사람도 잘살게 된다"는 선부론이며, 덩은 생전에 "무엇을 두려워하느냐, 12.5%의 성장률이면 어떻고 그 이상이면 어떠냐?"고 말하곤 했다.

또 '인민을 위한 정치'를 내세움으로써 소외 계층에 대한 배려를 강조했다. 이에 따라 경제 발전의 축을 먼저 발전한 연안지역과 동남부 지역에서 낙후한 중부 및 서부, 북부 쪽으로 지속적으로 옮겨갈 것으로 전망됐다. 또 도농(都農)간 격차와 도시 내부의 빈부 격차 해소에도 주력할 것으로 판단됐다. 후 주석은 깨끗한 정치를 강조, 당내 부정부패 척결 드라이브가 계속될 것임을 예고했다. 중국 공산당의 사활이 걸린 부패 척결과 이념 강화 등 기존 노선의 견지를 천명한 것이었다. 후진타오는 또 17차 당 대회 폐막식에서 '민주주의'란 말을 무려 61번이나 사용했다. 실제로, 이번 중앙위원 선거에선 7.6%를 '부적합자'로 걸러내는 '차액 선거'를 치렀다. 물론 여전히 공산당 1당 독재이지만, 신화통신은 이를 '경쟁적 선거'라고 표현했다.

대외 정책과 관련, 후진타오는 집권 2기에도 국내적으로는 조화사회를, 대외적으로는 조화세계를 강조해, 중국 경계론을 불식하고 국익 위주의 외교를 펼치겠다는 뜻을 분명히 했다.

최고 지도부인 정치국 상무위원 9명의 대부분은 이공계 출신이었다. 경제학 공부를 제대로 한 상무위원은 리커창이 유일하지만, 그도 농업 비중이 큰 허난(河南) 성과 낙후한 국유기업이 모여 있는 랴오닝(遼寧)성에서 경력을 쌓았다. 외교도 마찬가지. 탕자쉬안(唐家璇) 국무위원이 외교업무 총책에서 빠지는 것이 확정되면서 이미 강대국이 된 중국의 외교 정책을 효율적으로 관장해 나갈 경험 많은 중량급 인사가 보이지 않았다. 한 해 2,000억 달러가 넘는 대중(對中) 무역적자를 보고 있는 미국을 상대할 인물도 보이지 않았다. '철의 여인' 우이 경제부총리는 당장 12월의 미·중 경제전략 대화를 마치고 나면 2008년 3월 공식 은퇴하지만, 그만한 역량을 갖춘 후임이 마땅치 않아 보였다. 후진타오 집권 2기는 엄청나게 덩치가 커진 중국 경제와 외교의 비중을 감당할 전문 인력들을 최고 지도부에 충분히 포진시키지 못한 가운데 출발한 것으로 보였다. 따라서 이후 5년간 중국의 대내외 정책은 기존 정책 틀에서 크게 벗어나지 않으면서 국가 운영 능력 확대에 주력하는 새로운 모색기가 될 전망이었다.

'베이징 콘센서스(Beijing Consensus)'란 말은 조슈아 쿠퍼 라모(Joshua Cooper Ramo)란 사람이 만든 말이었다. 라모는 미국의 투자 자문회사 골드만삭스의 자문역과 중국 칭화대학 교수를 겸직하고 있는 사람이다. 그는 2004년에 쓴 베이징 콘센서스란 논문을 천체물리학 이야기로 시작했다.

"1500년대에 살았던 덴마크의 천체물리학자 튀코 브라헤는 처음에 하늘을 평면으로 이뤄진 돔이라고 보았다. 아리스토텔레스이래 인류가 그렇게 보았던 것처럼…"

밤하늘의 별들을 관찰하던 브라헤는 자신의 계산이 맞지 않는다는 것을 알게 됐다. 별들이 자신의 계산대로라면 뒤로 움직여야 하는가 하면, 혜성들이 충돌하기도 했다. 그러나 실제로 밤하늘에서 별이 뒤로 움직이거나 혜성이 충돌하는 일은 없었다. 나중에야 브라헤는 밤하늘이 평면이 아니며, 별들은 서로 차원이 다른 공간에서 움직인다는 위대한 발견을 했다.

라모가 베이징 콘센서스란 논문을 천체물리학 이야기로 시작한 이유는, 중국의 움직임을 미국의 눈으로, 미국식 잣대로 관찰하면 안 된다는 말을 하고 싶어서였다. "중국의 힘을 측정하면서 현재 항공모함을 몇 척 가지고 있느냐, 1인당 GDP(국민총생산)는 얼마인가로만 따진다면 중국을 잘못 보게 될 것이다"라는 거였다. 라모는 자유민주주의와 시장경제를 바탕으로 하는 미국식 사고방식을 '워싱턴 콘센서스(Washington Consensus)'라고 한다면, 현재 중국이 전통적인 철학과 사상에 바탕을 두고 걸어가고 있는 방식을 '베이징 콘센서스'라고 불러야 한다고 정리한 것이다.

중국은 앞으로 5년간 중국을 이끌고 나갈 새 지도부의 핵심인 중국공산당 정치국 상무위원 9명 가운데 60대 5명은 유임됐고, 새로 상무위원이 된 4명 가운데 2명은 50대, 2명은 60대가 됐다. 54세의 칭화대 출신 엘리트 시진핑과 52세의 베이징대학 출신 리커창에게 중국의 미래를 맡긴다는 것이었다. 그 과정에서 이른바 워싱턴 콘센서스로 보면, 말도 안 되는 일도 벌어졌다. 81세의 전 당총서기 겸 국가주석 장쩌민이 중국공산당 대표대회의 중요한 회의에는 모두 참가해서 새 지도부 선출 과정에 누구보다도 큰 힘을 발휘했다.

"도대체 말도 안 되는 거 아니냐" "지도부 선출 과정이 너무 비민주적이다, 고위층 몇 명이 다 해먹는 거 아니냐?" 중국의 지식인을 만나 그렇게 물어봤더니 처음에는 고개를 끄덕거리는 듯했다. 그러나 나중에 나지막한 목소리로 이렇게 말하는 것이었다. "그러나 어떡하느냐, 후진타오를 비롯한 60대 젊은이 몇 명이 중국의 미래를 책임져야 할 지도자를 고르는 것보다는, 81세의 장쩌민을 비롯한, 경험 많고 연륜 있는 전직 지도자들이 새로운 지도자를 고르는 과정에 지혜를 보탰다는 것을 보여주는 게 보통사람들을 더 마음 편안하게 만들어주는 나라가 중국인 것을…"

워싱턴 콘센서스로만 봐서는 안 된다는 것이었다. 중국은 중국에 맞는 지도자 고르기를 할 수밖에 없으며, 꼭 그것을 마르크스 레닌주의적 정치방식으로 볼 필요는 없다는 것이었다. 민주적이냐 비민주적이냐, 정치민주화가 경제 발전을 가로막을 거 아니냐, 그렇게만 말하지 말라는 것이었다. 중국은 중국에 맞는 정치와 경제가 무엇인지를 열심히 찾아보지 않으면 안 될 만큼 큰 덩치를 가진 나라라는 것이었다. 그는 그러면서 "달을 향해 창어(嫦娥)1호를 쏴 올린 것도 전 세계를 향해 중국이 현재 걸어가고 있는 길이 옳다는 것을 증명하기 위해서였다"고 한마디 덧붙였다.

2008년 8월 8일 저녁 8시 베이징 북쪽의 냐오차오(鳥巢 · 새둥우리 메인 스타디움)에서 열린 웅장하고 화려한 베이징올림픽 개막 공연에서 유명 영화감독 장이머우(張藝謀)는 세계인들 앞에 길이 70미터짜리 전자 스크린을 내 놓았다. 이 대형 스크린을 통해 보여준 다양한 문화 아이콘들은 중국의 자존심을 과시했다. 특히 컴퓨터 자판이 튀어 오르듯 입체로 변환된 한자(漢字)들이 춤을 추는 장면 연출로 중국의 4대 발명품의 하나인 활자 인쇄술을 전 세계에 과시했다. 춤을 추던 한자들 가운데 '어울릴 화(和)'자가 떠오른 것은, 공자(孔子)가 늘 강조하던 '화위귀(和爲貴 · 어울릴 줄 아는 것을 귀히 여겨야 한다)'를 뜻하기도 하고, 후진타오의 정치 구호인 '화해'를 의미하기도 하고, '평화'를 의미하는 글자이기도 했다.

후진타오 국가 주석은 2008년 8월 24일 베이징올림픽이 성공했음을 공식 선언했다. 후 주석은 베이징 조어대(釣魚臺) 국빈관에서 자크 로게 IOC(국제올림픽 위원회) 위원장과 안토니오 사마란치 IOC 전 위원장, 시진핑 국가부주석과 고든 브라운 영국 총리를 비롯한 20개국 귀빈들을 초청한 오찬에서 "베이징올림픽의 성공은 중국 인민들과 세계 각국 인민들이 공동으로 노력한 결과"라고 선언했다. 후 주석은 이어서 "베이징올림픽은 중국인민들과 세계 각국 인민들의 상호이해와 우의를 더 깊게 만들 것"이라고 말했다.

관영 신화통신과 중국공산당 기관지 인민일보는 "베이징올림픽이 성공을 넘어 민족부흥의 새로운 출발점이 됐다"고 평가했다. 1978년에 지도자 덩샤오핑이 시작한 개혁개방 정책 30년 만에 세계 제3위의 무역거래액과 제4위의 경제규모를 자랑하는 '중국의 기적'을 낳았고, 그 경제적 기적을 바탕으로 개최한 베이징올림픽이 성공을 거둔 데서 한걸음 더 나아가 "중화민족의 자신감을 더욱 굳건하게 만들었다"는 것이다. 중국은 개혁개방 30년이 흐르는 동안 1979년 10월에는 대만을 대신해서 IOC로 복귀하고, 1984년 미 LA에서 개최되는 올림픽에 처음 참석한 이래 24년 만에 올림픽을 성공적으로 개최하면서 민족의 역량을 다시 한번 과시했다.

베이징 올림픽을 대성공이라고 자평한 중국 관영 언론들은 개막식 당일인 지난 2008년 8월 8일 메인스타디움 냐오차오에 모두 19만 명의 인원과 7,000대의 자동차가 몰린 개막식이 끝난 후 조지 부시 미 대통령 등 80여 개국 국가원수를 비롯한 VIP(귀빈)들이 27분 만에, 선수들은 50분 만에, 관중들은 75분 만에 안전하게 메인 스타디움을 떠나게 했다고 일치된 자체 평가를 내렸다. 2008년 8월 8일부터 24일까지 17일 가운데 9일이 대기오염도가 낮은 1급 날씨를 보여, 10년 만에 최고기록을 세웠다는 평가에도 중국 언론들은 일치했다.

그 해 3월 티베트 라싸에서 발생한 분리독립 요구 유혈시위와 산발적으로 끊임없이 발생한 신장 위구르 자치구 분리독립 주의자들에 의한 테러가 발생하지 않은 것은 물론, 깨끗한 공기와 거의 흠잡을 데 없는 경기 시설로, 수영 8관왕의 미국 마이클 펠프스가 7개의 세계신, 육상 3관왕 자메이카 우사인 볼트가 3개의 세계신을 세우게 한 것은 베이징올림픽 성공의 자랑이었다. 그러면서 "2008년 8월 베이징은 세계의 무대였다…모두 함께 국가를 부르면서 중국인의 마음은 모두 격동했다"는 것이 관영언론들의 자체 평가였다.

그러나 중국 바깥의 평가는 다소 달랐다. 뉴욕타임스는 그해 8월 24일 '우호적이고 효율적이었다고? 그러나, 자발적이었던가?'라는 제목의 글을 실었다. 자크 로게 IOC위원장이 좋아하기는 했는지 모르지만, 중국 당국이 개입해서 노래 부르는 소녀와 실제 개막식에 나온 소녀가 달랐던 립싱크 사건, 바람 한 점 없는 냐오차오 안에서 바람을 깃발로 부는 장치를 만들어 힘차게 나부끼는 것처럼 보였던 중화인민공화국 국기인 오성홍기(伍星紅旗)가 대변하듯 '인위적인 축하로 가득했던 올림픽'이라고 비판했다. 뉴욕타임스는 미 올림픽 조직위원회(USOC) 밥 콘드런 대변인의 말을 인용해서 "그들은 어떻게 준비 했는가…(중국 올림픽 조직위원회는) 연례 총회를 개최한 일이 있는가… 그들은 조직위원회 위원들을 선출하지도 않지 않았는가…"라고 문제를 제기했다.

후진타오 국가주석은 베이징올림픽 성공을 발판으로 중국은 더욱더 개방적이고 국제사회와 교류하는 나라가 될 것이라고 말하고, 중국 관영언론들은 베이징올림픽의 성공으로 중국의 '연실력(軟實力·Soft Power)'이 커져 앞으로 중국의 국제적 영향력이 확대될 것이라고 자신했다. 물론 앞으로도 중국이 미국을 지향점으로 하는 개방사회를 향해 문을 더 열어갈 것으로 보는 것이 대세였다.

하지만, 베이징올림픽 개막식 날을 택해 그루지야를 침공한 러시아 때문에 '신냉전'이라는 말이 나도는 국제사회에서 중국은 아직도 중국공산당을 중심으로 하는 1당 국가(One Party Nation)라는 정치적 한계 때문에, 국내정치 안정을 위해 러시아를 어떻게 활용할 것인가 하는 것은 올림픽 기간에 새로 발생한 문제라고 할 수 있었다.

후진타오 총서기가 이끄는 중국공산당은 2008년 12월 18일 '제11기 3중전회 30주년 기념대회'에서, 1978년 12월에 시작한 개혁·개방정책을 신해혁명 및 사회주의혁명과 같은 반열의 '3대 혁명' 중 하나로 규정했다. 대회는 베이징 인민대회당에서 전·현직 당·정·군 수뇌부 3,000여명이 참석한 가운데 개최됐다.

후진타오 총서기는 이날 '중요연설'을 통해 "최근 1세기 이래 중국에는 세 차례의 위대한 혁명이 발생했다"며 "제1차 혁명은 쑨중산 선생이 주도한 신해혁명(1911년)이고, 제2차 혁명은 중국공산당이 주도한 사회주의혁명(1949년), 제3차 혁명은 우리 당이 주도한 개혁·개방이라는 위대한 혁명"이라고 선언했다. 그는 "신해혁명은 중국을 수천 년간 통치한 전제군주제도를 타도했고, 중국공산당의 사회주의혁명은 제국주의와 봉건주의 및 관료자본주의를 타도하고 사회주의제도를 확립했으며, 개혁·개방이라는 새롭고 위대한 혁명은 중국 인민들을 중국 특유의 사회주의의 길로 이끌어 중화민족 부흥의 앞날을 개척했다"고 규정했다.

중국공산당은 1978년 12월 18일부터 22일까지 개최된 제11기 중앙위원회 3차 전체회의에서 1966년부터 10년 넘게 계속된 마오쩌둥 주도의 문화혁명이라는 이념 위주의 시대를 끝냈다. 3중전회에서 대외 개방과 경제 개혁을 국가 최고 전략으로 하는 개혁·개방정책을 채택하고, 덩샤오핑 부주석을 당의 핵심으로 결정한 이래 매년 두 자릿수의 빠른 경제 성장을 거듭했다.

후진타오 총서기는 이날 대회에서 앞으로 중국공산당이 나아갈 목표와 관련, "중국공산당 창당 100주년(2021년)까지는 높은 수준의 소강(小康)사회(중산층이 잘 사는 사회)를 건설하고, 중화인민공화국 수립 100주년(2049년)까지는 모두가 조화롭게 잘 사는 부강한 사회주의 현대화 국가를 건설하겠다"고 밝혔다.

세상은 빠른 속도로 변해갔다. '동아시아의 병자'라던 중국의 신문과 방송들이 2009년 들어 어느새 'G2'라는 말을 하고 있었다. 미국과 중국의 두 나라가 세상에서 가장 중요한 두 나라라는 것이었다. 런던에서 한국을 포함한 세계 20위까지의 경제 강국 수뇌들이 모여 금융위기에서 벗어나기 위해 머리를 맞대고 있지만 다 소용없고, 미국과 중국 두 나라가 무엇을 어떻게 하느냐가 제일 중요하다는 뜻이 'G2'라는 용어에 담겨 있었다.

'G2'라니, 너무 앞서간 말은 아닐까. 그러나 런던 시각으로 2009년 4월 1일 오후 영국 주재 미국대사 관저에서 후진타오 중국 국가주석과 처음으로 얼굴을 마주한 버락 오바마(Obama) 미 대통령의 말을 들어보자.

"미·중 관계는 세계에서 가장 중요한 양자(兩者·bilateral) 관계입니다. 중국은 세계가 주목하는 가운데 발전하고 있는 대국입니다. 미국과 중국은 경제적으로 긴밀한 관계를 맺고 있을 뿐만 아니라, 중요한 국제문제와 지역분쟁에서도 이익을 공유하고 있습니다."

겸손함마저 느껴지는 오바마의 말에 후진타오는 한 걸음 더 나간 말을 했다. "중·미 관계는 지금 새로운 출발점에 서 있습니다. 앞으로의 중·미 관계는 21세기를 공동으로 건설해 나가기 위해 적극적이고, 전면적으로 협력하는 관계가 되어야 할 것입니다."

두 사람이 주고받은 말과 'G2'라는 말을 나란히 놓고 보면 G2라는 말이 너무 앞서간 말이 결코 아니라는 느낌을 주었다. 그도 그럴 것이 'G2'라는 말은 중국 사람들이 자신들의 실력을 과장해서 만들어낸 말이 아니고, 로버트 졸릭(Zoellick) 세계은행 총재가 그 한 달 전에 워싱턴 포스트에 기고한 글에서 처음 쓴 말이기 때문이었다. 졸릭은 "세계 경제가 회복되기 위해서는 미국과 중국이라는 두 개의 경제 엔진이 G20의 경제를 끌고 가는 엔진이 되어야 한다."고 했다. 그러고는 "강한 G2 없이는 G20도 실망만 안겨줄 것이다."라고 했다.

중국 신문과 방송들은 런던에서 이뤄진 후진타오와 오바마의 첫 대면을 '후오회(胡娛會:胡錦濤(호금도)와 娛巴馬(오파마)의 만남이란 뜻)'라고 부르기 시작했다. 중국 미디어들은 이후 후진타오와 오바마 사이의 회담을 후오회라고 불렀고, 후오회는 G2의 중국식 이름이 되어갔다. 후오회와 관련, 중국공산당 중앙당교의 궁리(宮力) 소장은 "미국과 유럽 국가들이 모두 국제 통화기금(IMF)에 중국이 돈 보따리를 얼마나 풀 것인가를 눈을 크게 뜨고 지켜보고 있는 것이 지금 세상."이라는 말까지 했다. 유럽쯤은 우습게 보인다는 뜻으로 들렸다.

조지 W 부시(Bush) 전 미 대통령의 아시아 담당 보좌관 마이클 그린(Green)은 그렇게 중국이 커버린 것이 아시아 주변국들에는 결코 좋은 일이 아닐 것이라는 걱정을 했다. 그린은 "중국은 자신들은 언덕 위에 앉아서 조공을 바치러 오는 국가들을 내려다보려 할 것이다"라는 말도 했다. G2라는 말은 금융위기 해결에 중국이 중요한 역할을 해야 한다는 개념을 담고 있지만, 중국의 발언권이 커질수록 중국의 주변 아시아 국가들의 목소리는 점점 작아질 가능성이 있다는 것이었다.

5. 강력한 중국의 지도자로 선택된 시진핑

'포스트 후(Post Hu)' 시대를 대비한 새롭고 강력한 중국 지도자로는 시진핑이 선택됐다. 시진핑은 2007년 3월 24일 열린 상하이시 당정간부회의에서 당위원회 서기로 지명됨으로써 후진타오 국가주석 이후 시대를 이끌 차세대 주자 대열의 최선두에 나섰다. 당시까지는 리커창, 랴오닝성 당서기와 리위안차오(李源潮) 장쑤성 당서기가 앞서 질주하고 있었다. 그러나 시진핑 전 저장성 당서기가 중국 경제 중심도시 상하이의 당서기로 지명됨으로써 '2리(李)'를 제쳤다.

시진핑은 2002년 저장성 당서기가 된 후 5년 만에 저장성을 중국에서 민간 기업이 가장 발달한 성으로 키웠다는 공로를 인정받았다. 후 주석과 원자바오 총리를 핵심으로 하는 중국지도부는 2007년 가을 두 번째 5년 임기를 시작했으며, 시진핑과 '2리'는 2012년 이후를 책임지게 됐다. 2006년 9월 상하이의 천량위(陳良宇) 당서기가 권력남용 혐의로 물러난 이후 당서기 대리를 맡고 있던 상하이 출신의 스타급 지도자 한정(韓正)은 시장 자리로 되돌아가 시진핑의 지휘를 받았다. 천량위 전 당서기는 시(市)가 거둔 사회보험기금을 부동산이나 리스크(risk · 위험)가 높은 곳에 임의로 투자하는 등 권력을 남용했다는 비난을 받았지만, 후 주석이 상하이방(幇)을 견제하기 위한 정치적 술수 아니냐는 말이 많았다.

시진핑은 어떻게 해서 새로운 지도자로 선택될 수 있었을까. 누가 그를 끌어올린 것일까. 당정 간부회의에서 말 그대로 민주적인 선거를 통해 선출된 것일까. 시진핑이 상하이 시민들이나 상하이 당정 간부들의 민주적인 선거로 선출되지 않은 것은 두 말할 필요도 없다. 시진핑은 누군가 그를 끌어올려 인구 1,400만의 '중국의 경제 수도' 상하이의 최고지휘자인 당서기에 앉힌 것이었다. 그렇다면 시진핑을 끌어올린 보이지 않는 손은 누구의 것일까. 상하이 당정간부회의 광경의 필름을 되돌려보면 그 보이지 않는 손이 누구의 것인지 이해할 수 있게 된다. 시진핑을 상하이 당서기로 지명한 시 당정간부회의에는 베이징에서 내려온 당 중앙 조직부장 허궈창(賀國強)이 참석하고 있었다. 당 중앙 조직부는 당 최고지도자들의 뜻을 받들어 중국공산당의 인사에 관한 사무를 총괄하는 곳이다. 허궈창은 상하이 당정간부회의가 시진핑을 지명하기 전에 이런 연설을 했다.

"우리 당 중앙은 시진핑 동지가 상하이시 당서기로 가장 적합한 인물인 것으로 판단하고 있습니다. 시진핑 동지는 지도자로서의 경험이 풍부하고, 조직을 장악하는 능력이 강하며, 인민 군중들에 대한 관심이 크고, 자신에게 엄격하며…우리 당 중앙은 성실한 '비선(比選)' 과정을 거쳐, 반복적으로 신중하게 검토한 결과 시진핑 동지를…"

허궈창이 말한 '비선' 과정이란 무엇일까. '비선'을 이해하기 위해서는 중국공산당의 권력구조내부를 잘 들여다 볼 필요가 있다. 당원 수 7,000만을 자랑하는 중국공산당의 권력구조는 피라미드식으로 되어있고, '당 중앙'이라고 불리는 총지휘부는 356명의 중앙위원들로 이뤄져있다. 이 중앙위원들의 핵심은 23명의 정치국원들이다. 이 정치국의 최고지휘부가 바로 9명의 정치국 상무위원들이다. 17차 당 대회 때 선출된 9명의 정치국 상무위원을 서열 순으로 나열하면 당 총서기 겸 국가주석 후진타오, 전국인민대표대회 상무위원장 우방궈, 국무원 총리 원자바오, 전국인민정치협상회의 주석 자칭린, 당교 교장 쩡칭훙, 부총리 황쥐, 중앙기율검사위원회 서기 우관정(嗚官正), 정법위원회 서기 뤄간(羅干), 그리고 정치국 상무위원직만 갖고 있는 리창춘(李長春)이었다. 2012년 11월에 열린 제18차 전국대표대회는 시진핑과 리커창, 김일성 대학 경제학과 출신의 장더장(張德江), 상하이시 당서기 출신의 실력자 위정성(兪正聲), 선전 담당의 류윈산(劉云山), 베이징올림픽을 성공으로 이끈 경제전문가 왕치산(王岐山), 톈진시 당서기 출신의 장가오리(張高麗) 등 7명을 정치국 상무위원으로 선출했다.

 중국 미디어들이 흔히 말하는 '당 중앙'이란 바로 356명의 중앙위원으로 이뤄진 당 중앙위원회를 가리키는 말이다. 그러나 당중앙위원회라고 해야 1년에 한 차례밖에 전체 회의를 하지 않고, 23명의 정치국원들이 모두 모여 회의를 하는 일도 많지 않기 때문에, 결국 '당 중앙의 뜻'이란 사실상 정치국 상무위원들의 뜻인 것이다. 정치국 상무위원들은 베이징 시내 중심부 고궁 바로 서쪽의 중난하이에 모여 살면서 수시로 함께 차를 마시며 국사(國事)와 인사를 논의한다. 그러니 허궈창 조직부장이 상하이 당정간부회의에 나가 말한 '비선'과정을 거쳤다는 말은 바로 이 정치국 상무위원들이 비교평가 과정을 거쳤다는 말인 것이다. 당 조직부는 이른바 '당 중앙'의 비선과정을 위해 상하이시 당서기 후보자 2,000여명의 인사 파일을 준비했다고 한다.

 그렇다면 시진핑은 어떤 인물이길래 당 중앙의 비선과정을 통과해서 상하이 당서기로 낙점되고, 다시 당 총서기로 발탁됐을까. 그는 중국공산당의 제1세대 원로로 국무원 부총리와 전국인민대표대회 부위원장을 지낸 시중쉰(習仲勛)의 아들로, 중국공산당이 듣기 싫어하는 이른바 '태자당(太子黨)'에 속하는 인물이다. 베이징대학과 함께 중국 최고의 대학인 칭화대 화공과를 나와 박사학위는 법학박사를 받았고, 1974년에 중국공산당에 입당한 뒤 여러 시의 시 당위원회 간부로 경력을 쌓은 뒤 2000년에 푸젠(福建)성 성장, 2002년에 상하이시 바로 옆의 저장성 당서기가 된 뒤 5년 만에 상하이시 당서기로 발탁되는, 그야말로 거침없는 출세의 길을 달려왔다.

 시진핑의 상하이시 당서기 지명은 중국공산당내 정파들 간의 타협의 산물이기도 했다. 지금까지 중국의 관영·반 관영 미디어들은 당 총서기 후진타오가 선호하는 리커창 랴오닝성 당서기와 리위안차오 장쑤성 당서기의 지방행정 업적을 자주 보도하는 등으로 이른바 '양리(兩李·두 이씨)'를 은근히 미래의 지도자로 띄워왔다. 두 사람 다 후진타오의 중요한 경력인 '공청단(공산주의청년단)' 출신이라는 끈으로 묶여있으며 역시 경제학과 법학박사학위를 받은 수재들이다.

시진핑의 상하이 당서기 지명은 후진타오의 독주를 견제해야겠다는 상하이방(上海幇)들의 뜻이 크게 반영된 것으로 보아야 할 것이다. 상하이 당서기로 자리를 옮기기 까지 5년간 저장성을 민간기업의 비율이 가장 높은 성으로 만든 그의 성적표가 말해주듯, 그는 경제발전 우선론과 개방경제를 지지하는 인물로, 장쩌민 전 당 총서기를 핵심으로 한 우방궈, 자칭린, 쩡칭훙, 황쥐 등 상하이방들과 정치적 견해를 같이해 온 것이다. 후진타오는 빠른 성장보다는 균형발전을 추구하는 쪽이다.

시진핑과 리커창, 리위안차오 등 1950년대 생들이 벌인 정치경쟁이 중요했던 이유는, 이들이 2012년에 시작된 포스트 후진타오 시대를 이끌어갈 가장 강력한 후보자들이기 때문이었다. 시진핑의 상하이시 당서기 지명이 말해주듯 제4세대에 들어서는 후진타오의 개인적 카리스마보다 집단지도부의 견해가 더 중요해지는 시대로 바뀌는 흐름을 보여주었다. 시진핑은 상하이시 서기 지명으로 후진타오의 후계 당 총서기로 사실상 내정된 이후 순탄한 과정을 거쳐 당 총서기 겸 국가주석 업무를 익힌 뒤 2012년 11월 18차 당 대회에서 실제로 당 총서기로 발령받은 기록을 남겼다.

중국공산당은 2012년 11월 15일 시진핑을 5년 임기의 새로운 당 총서기 겸 중앙군사위원회 주석으로 선출했다. 당 총서기를 두 번 중임(重任)했던 전임자 후진타오의 시대는 이날로 '지나간 10년'이 됐다. 후진타오가 앉아있는 국가주석 자리는 2013년 3월 전국인민대표대회 때 시진핑에게 넘겨졌다.

중국공산당 당원 수는 8,000만 명이 넘는다. 이 가운데 전국에서 선출된 2,270명의 당대표들은 11월 8일부터 14일까지 일주일간 베이징 인민대회당에 모여 제18차 전국대표대회(全大)를 열어 정 위원 205명, 후보 위원 171명 등 모두 376명으로 구성된 5년 임기의 새로운 제18기 중앙위원회를 발족시켰다. 이들 376명의 중앙위원들이 15일 제1차 전체회의를 열어 새로운 정치국과 정치국 상무위원단, 당 총서기를 선출했다.

전임자 후진타오를 당 총서기로 하는 중국공산당 제17기 중앙위원회가 지난 2007년에 구성한 정치국의 위원들은 모두 25명이었다. 이들 가운데 11명이 2012년 현재 만 68세 미만이었다. 이들은 시진핑, 리커창(57), 왕치산(64·경제), 리위안차오(62·조직), 장더장(66·경제), 류옌둥(劉延東·67·여·통일전선공작), 류윈산(65·선전), 위정성(67·상하이 당서기), 장가오리(66·톈진 당서기), 왕양(汪洋·57·광둥성 당서기), 보시라이(63·전 충칭시 당서기) 등이었다. 중국공산당은 후진타오의 전임자 장쩌민(86) 시절에 만 68세 미만으로만 핵심지도부를 구성하자는 이른바 '칠상팔하(七上八下)'의 내부 원칙을 세웠다. 이들 가운데 부인이 영국인을 독살한 사건의 범인이 되는 바람에 18차 당 대회를 앞두고 낙마한 보시라이를 제외한 10명이 이번에 모두 중앙위원 명단에 올랐다. 이들 10명이 5년간 중국공산당과 정부를 끌고 갈 것이며, 이들 가운데 5년 뒤에도 만 68세 미만이 될 시진핑, 리커창, 리위안차오, 왕양 등 4명은 2022년까지 10년간 중국공산당과 정부의 핵심 요직을 담당할 예정이다.

2012년 11월 8일 오전 인민대회당에서 열린 제18차 당 대회 개막식 장면은 현재의 중국 권력구조를 상징적으로 보여주는 광경이었다. 대회를 주재할 후진타오 당 총서기의 바로 뒤에 등장한 인물은 놀랍게도 장쩌민 전 당 총서기였다. 장쩌민뿐만이 아니라 리펑과 주룽지 등 두 명의 전 총리를 포함해서 장쩌민 시대에 정치국 상무위원을 지낸 인물들이 모조리 현직 정치국 상무위원들과 함께 등장해서 대회 주석단 맨 앞자리에 포진했다. 시진핑과 리커창을 핵심으로 하는 제5

세대 지도부의 구성이 어떻게 이루어졌는지를 잘 설명해주는 광경이었다. 칭화대학 법학박사 출신의 시진핑이 행정경험을 쌓은 지역이 저장, 푸젠 성과 상하이 시 등 개혁개방 정책의 최대 수혜지역이라면, 베이징대학 경제학박사 출신의 리커창이 행정경험을 쌓은 지역은 농업 중심지 허난성과 효율 낮은 국영기업이 몰려있는 랴오닝성이었다. 개혁개방의 총설계사 덩샤오핑으로부터 권력을 물려받은 장쩌민으로서는 개혁개방 정책의 지속을 위해 시진핑을 당 총서기로 밀었고, 경제적으로는 개방정책을 지지하지만 정치적으로는 마오쩌둥의 이념적 성향을 띠고 있는 좌파인 후진타오는 리커창을 당 총서기로 밀었으며, 장쩌민이 후진타오에게 권력을 넘겨준 인물이라는 점에서 결국 장쩌민이 지지하는 시진핑이 당 총서기에, 후진타오가 지지하는 리커창은 정치국 상무위원 겸 총리로 자리매김이 이루어졌다.

　시진핑과 리커창을 핵심으로 하는 중국공산당 5세대 지도부의 특징은 모두가 1949년 중화인민공화국 정부 수립 당시 태어나지 않았거나, 출생 직후의 유아기로, 항일 전쟁이나 국민당과의 국공내전을 비롯한 혁명사업에 참여한 경험이 없는 세대로 이루어진 최초의 지도부라는 점이다. 제1세대인 마오쩌둥, 2세대 덩샤오핑, 3세대 장쩌민을 핵심으로 하는 지도부는 직접 항일전쟁과 국공내전을 지휘했거나 지하공작 등을 한 세대이고, 1942년생인 후진타오는 중화인민공화국 정부 수립 당시 7세로, 마오쩌둥을 중심으로 하는 제1세대가 이끄는 중국공산당이 가장 자신감에 차있을 때 초중등 교육을 받았다는 점이 후진타오를 정치적으로 마오쩌둥의 영향에서 벗어나기 힘든 좌적인 경향을 띠게 만들었다. 하지만 이번 제5세대 지도부는 항일전쟁과 국공내전의 경험이 없는데다가, 마오가 대약진운동을 비롯한 경제정책에서 실패해서 정치적으로 궁지에 몰린 끝에 벌인 문화대혁명 시기에 그의 부모들이 고난을 겪은 경우가 많다는 특성을 지니고 있다. 전체적으로 혁명성보다는 덩샤오핑의 실용주의를 잘 이해하는 지도부로 대체적인 성격규정을 할 수 있다.

대회를 앞두고 홍콩을 비롯한 중국 바깥의 미디어들은 중국공산당이 이번 당 대회를 계기로 당장(黨章·당규약) 개정을 통해 마르크스 레닌주의와 마오쩌둥 사상을 제거하는 '거모화(去毛化)'를 감행할 것이라는 일부 관측이 있었다. 그러나 중국공산당은 이번 당 대회를 통해 마르크스 레닌주의와 마오쩌둥 사상을 제거하는 거모화에는 나서지 않고, 마오쩌둥 사상의 영향력을 희석시키는 '담모화(淡毛化)' 작업만 진행했다. 개막식 당일인 2012년 11월 8일 지난 5년간의 공작보고에 나선 후진타오는 앞으로 중국공산당이 나아갈 목표로 '전면적인 소강사회의 건설'을 제시하고, 이 목표의 달성을 위해 중국공산당은 덩샤오핑 이론과 장쩌민의 '3개 대표 이론', 그리고 자신이 제시한 과학발전관을 주요 내용으로 하는 '중국 특유의 사회주의'를 지도 사상으로 삼을 것이라고 말했으나, 이 중국 특유의 사회주의 이론의 바탕이 마르크스 레닌주의와 마오쩌둥 사상이라는 점을 분명히 함으로써 '거모화'에 나설 것이라는 관측이 잘못된 관측임을 분명히 했다. 당 규약 개정 결과는 지속 가능한 경제 발전을 골자로 한 후진타오의 과학발전관을 마르크스 레닌주의, 마오쩌둥 사상, 덩샤오핑의 개혁개방 이론, 부자도 당에 가입할 수 있게 한 장쩌민의 3개 대표이론과 함께 다섯 번째의 지도이념으로 삽입하는 것으로 귀결 지어졌다. 따라서 지금까지의 4개의 이념적 기둥에 과학발전관을 추가해서 5개의 이념적 기둥을 세우는 선에서 당 규약 개정을 마무리 지었다. 이들 5개의 이념적 바탕위에서 중국공산당이 나아갈 궁극적인 목표는 '소강사회'의 건설, 다시 말해 중산층의 폭이 넓어지는 사회의 건설이라는 점을 분명히 했다. '소강사회'의 건설은 덩샤오핑이 1980년대 초에 제시한 용어로, 장쩌민과 후진타오가 경제발전의 궁극 목표로 삼아온 것이었다.

    18차 당 대회에서 이루어진 중국공산당 제5세대 인사 배치에서 가장 고심을 한 흔적이 나타난 부분은 베이징시 당서기 출신으로 2008년 베이징 올림픽 조직위원장을 맡아 흑자 올림픽으로 이끈 경제통 왕치산에 관한 인사배치라고 할 수 있다. 베이징 올림픽 개최 직후인 2008년 10월 미국 발 금융위기가 전 세계로 확산되는 가운데 경제담당 부총리로 중국 경제를 외부의 파도에서 잘 지키는 역할을 한데다가 미국과 유럽에서 열리는 각종 회의에 나가 중국경제를 책임지는 간판스타로 인식된 왕치산에 관해서는 한동안 리커창 대신 총리를 맡을 것이라는 소문까지 중국안팎에 나돌았다. 그러나 왕치산은 11월 14일 발표된 중앙위원 명단에 이름을 올리는 한편, 함께 발표된 150명의 중앙기율검사위원회 위원 명단에도 이름을 올림으로써 각각 59세와 57세인 시진핑과 리커창에 비해 64세로 상대적으로 고령인 왕치산에게 기율검사위원회를 맡겨 중국공산당의 기율 담당으로 당의 신선도를 유지하는 역할을 맡기는 것으로 정리가 이뤄졌다.

  당 대회에서 눈여겨 볼 대목은 인민해방군 지휘부의 개편이다. 군부에서 205명의 당 중앙위원에 새로이 이름을 올린 쉬치량(許其亮) 전 공군사령관과 판창룽(范長龍) 전 지난(濟南)군구 사령관은 2012년 11월 1일부터 4일까지 열린 제17기 중앙위원회 마지막 전체회의에서 당 중앙군사위원회의 새로운 부주석으로 선임됐다. 앞으로 시진핑과 함께 당 중앙군사위원회를 이끌고 갈 이들은 모두 정치색이 엷은 직업군인으로 사상 최초의 공군 출신 군사위 부주석인 쉬치량은 16세의 어린 나이로 공군에 입대해서 '공군 신동'이라는 별명을 갖고 있던 최우수 조종사 출신으로 33세 때 비행단장을 한 경력의 소유자다. 육군 출신의 판창룽 역시 나이가 가장 많은 군구 사령관으로, 처음에는 군사위 부주석 물망에 오르지 않던 직업군인이다. 중국군의 변화의 조짐은 전통적으로 육군 출신들이나 해군 출신들이 맡던 중앙군사위원회 부주석 자리에 처음으로 공군 출신을 선임했다는 점이다. 현재 미국의 동아시아에 대한 재개입(Re-engagement) 전략으로 미·중간의 갈등이 높아지고 있고, 중국이 주변국들과의 영해, 영토 분쟁을 벌이고 있는 상황에서 처음으로 공군 출신의 군사위 부주석을 선임했다는 것은 앞으로 중국군의 전략 변화가 감지되는 대목이라고 할 수 있다. 중국군이 지금까지의 방어 위주 전략에서 공군을 활용한, 보다 공격적인 군으로의 변화를 시도하는 것이 아닌가 하는 점을 우리 군은 잘 관찰해야 할 것이다.

6. 차이나 드림을 시도하는 시진핑 시대

　18차 당 대회를 통해 시진핑 체제가 떠맡게 된 가장 큰 고민은 경제문제라고 할 수 있다. 전임자 후진타오는 2012년 11월 8일 당 대회 개막 연설을 통해 "앞으로 우리 당은 2020년까지 전면적인 소강사회를 건설한다는 목표 아래 1인당 국민소득도 2020년까지는 2배로 만든다는 목표에 따라 경제 건설을 해나가야 할 것."이라고 약속했다. 대륙 전역에 생방송으로 중계된 가운데 후진타오가 한 연설을 통해 그런 장밋빛 청사진을 인민들에게 내보이고 시진핑에게 넘겨주었지만, 중국공산당은 이미 2년 전 가을에 제17기 중앙위원회 5차 전체회의를 열어 앞으로 중국 경제는 2011년부터 5년간 양적인 성장보다 질적인 성장을 추구하는 '포용적 성장(包容性 增長 · Inclusive Growth)을 추구할 것이라고 공표한 바 있다. 포용적 성장이란 구체적으로 매년 7% 정도의 상대적으로 낮은 성장을 추구하는 것을 뜻한다고 의미 규정까지 마쳐놓았다. 그래놓고는 불과 2년 만에 '2020년까지 중산층의 비율이 커진 소강사회의 건설과 1인당 국민소득의 배증'을 다짐해놓았으니, 과연 시진핑 체제는 어떻게 정책목표를 새로 세우거나 수정해야 하는지 고민하지 않을 수 없는 상황이라고 할 수 있다.

　시진핑 체제가 후진타오로부터 물려받은 더 큰 숙제는 정치개혁이다. 중국인들의 정치개혁에 대한 요구는 1989년 5월과 6월에 걸친 톈안먼 광장 시위 사태라는 과격한 형태로 표출됐다. 그러나 덩샤오핑을 핵심으로 하는 당시의 중국공산당 지도부는 탱크와 장갑차를 동원한 유혈진압을 하면서 정치개혁에 대한 요구에 대해 '빠른 경제 발전'이라는 대체물을 제시했고, 이후 23년 동안 마치 달리지 않으면 쓰러질 수밖에 없는 자전거처럼 달려왔다. 그러면서 정치개혁은 제대로 추진하지 않고 오로지 빠른 경제발전으로 인민들을 달래면서 그 책임을 다음 지도부로 넘기는 수건돌리기를 해왔다. 특히 후진타오와 함께 후·원(胡·溫)체제의 한 축을 담당해온 원자바오 총리는 여러 차례 정치개혁의 필요성은 언급하면서도 실천에는 나서지 않는 자세를 취해왔다.

"중국은 정치개혁을 추진해야 한다. 개인이건 조직이건 법률 앞에서 완전히 평등한 사회가 되어야 한다."

원자바오 중국 총리가 2011년 4월 28일 말레이시아에서 한 말이다. 공식방문 기간 중에 현지 주재 대사관원들과 교민들을 만난 자리에서 정치개혁의 필요성에 대해 언급한 것이다. 원자바오 총리는 2010년 8월과 9월 선전 경제특구 설립 30주년 기념 연설 등을 통해 정치개혁에 대해 말을 꺼내기 시작한 이래 또다시 정치개혁의 필요성을 언급함으로써 중국 정치의 속사정에 대해 궁금증을 낳게 만들었다.

후진타오 당 총서기 겸 국가주석도 2010년 9월 선전을 방문한 자리에서 "경제체제와 정치체제, 사회체제의 개혁을 추진하기 위해서는 선전시의 선행선시(先行先試)가 필요하다"고 말했다. 30년 전 조그만 어촌마을이던 선전시가 경제특구가 되면서 중국 경제발전을 선도한 것처럼, 정치개혁도 선전시가 먼저 해보는 것이 어떠냐는 말이었다. 원자바오의 발언에 이은 후진타오의 언급에 뒤따라 중국공산당은 9월 15일부터 사흘간 열린 제17기 중앙위원회 5차 전체회의를 통해 정치개혁의 필요성을 명시하는 구절이 담긴 공보(公報)를 발표해서 중국 안팎을 놀라게 했다.

중국공산당 지도부는 18차 당 대회를 통해서 18기 중앙위원회를 구성하면서 224명의 후보자 가운데 투표를 통해 가장 적은 표를 얻은 순서로 19명을 떨어뜨리는 이른바 차액(差額)선거를 하는 데 그쳤다. 탈락 비율 9.3%는 2007년 17차 당 대회 때 221명의 후보 가운데 17명을 탈락시켰을 때의 8.3%보다 겨우 1% 높아진 탈락률로 생색만 내는 모습을 보여주었다. 중국공산당의 주장은, 과거 필요한 후보만 선정해서 찬반 투표를 하던, 이른바 등액(等額) 선거보다는 많이 민주화 됐다는 것이지만, 5년 만에 탈락률 1% 높였다는 사실을 다른 말로 바꾸어 말하면 중국공산당은 이번에 겨우 1%의 민주화 진전도를 보여주는 데 그쳤다는 평가를 내릴 수밖에 없는 형편이라고 할 수 있다.

2012년 2월 23일 중국공산당 기관지 인민일보에는 '심화개혁 인식론'이라는 시리즈 논평의 첫 번째 글이 실렸다. 제목은 '필요한 것은 불평도 위기도 아니다(寧要微詞 不要危機)'였다.

"1978년 이후 지금에 이르러 중국의 개혁은 마치 배가 깅의 중류에 이르리 띠가고 있는 것과 같은 모습이다. 강폭은 넓어졌고, 파도는 더욱 거칠어져 배를 뒤흔들고 있다. … 개혁에는 위험이 뒤따르지만 개혁을 하지 않으면 당이 위험해질 것이다. …민의에 귀를 기울이고, 소문을 따라다니지 말라. …"

인민일보가 그런 의미심장한 내용의 논평을 싣기 사흘 전인 2012년 2월 20일 관영 신화통신은 '덩샤오핑 남방담화 발표 20주년을 기념하는 글'을 타전했다.

"20년 전의 봄날, 복잡한 국내외 형세 아래에서 세기의 위인 덩샤오핑은 35일간의 남국 여행을 통해 화하(華夏·중국의 별칭) 대지에 무한한 생기와 활력을 가져다 준 봄바람을 불게 했다. … 1992년 1월 18일에서 2월 21일까지 덩샤오핑이 탄 열차는 우창(武昌)에서 선전으로, 주하이에서 상하이로 달렸다. 당시 88세의 고령이던 덩샤오핑은 현지를 돌아보던 중 이렇게 말했다. '사회주의도 시장경제를 할 수 있다.' …"

인민일보와 신화통신의 의미심장한 논평은 20년 전인 1992년 덩샤오핑이 중국 남부의 경제특구 도시들을 돌면서 "무엇을 망설이느냐, 기회를 잡았을 때 발전해나가자"고 촉구한, 이른바 '남순강화'를 계기로 게재한 것이었다. 덩샤오핑이 주도한 개혁개방의 시대는 1978년 12월부터 시작됐지만, 개혁이 10여 년 동안 진행되는 동안 중국 사회 내부에서는 당시 중국공산당 최고의 경제전문가 천윈(陣雲)을 비롯한 보수파들이 "지나치게 빠른 경제성장은 사회주의의 기본을 위태롭게 만든다"면서 개혁과 경제발전의 템포를 늦출 것을 요구하는 흐름이 생겨 개혁이 위기를 맞고 있었다. 당시 88세의 덩샤오핑은 이미 상하이 당서기 출신의 장쩌민에게 당 총서기 자리를 넘겨주고 은퇴한 입장이었지만, 천윈을 비롯한 보수파들의 견제에 장쩌민의 정치적 입지가 흔들리고 중국 경제발전의 원동력이 흔들릴 위기에 처하자, 노구를 이끌고 경제발전의 수혜지역이던 중국남부의 경제특구 도시들을 돌면서 빠른 경제발전을 지속해야 한다는 주장을 펼쳐 베이징의 보수파들을 압도한 것이 바로 남순강화라는 사건이었다. 그러나 그런 덩샤오핑도 정작 정치개혁에는 나서지 않았고, 후임자 장쩌민도 겨우 부분적인 차액제를 도입하는 선에서 말 그대로 시늉만 하는 정치체제 개혁 작업을 했고, 후진타오 시대에도 정치개혁에는 등한시 하는 자세를 견지해왔다. 더구나 정치개혁에 앞서 선행되어야 할 언론의 정치 비판은 여전히 허용하지 않고 있기 때문에 현재의 중국은 사회적 불평등 지수인 지니 계수(Gini Coefficient)가 사회가 폭동으로 붕괴되는 수준인 5.0을 넘어선 상태이지만 한 해 최대 18만 건까지 벌어지는 집단시위도 중국 언론들이 보도하지 않아 속으로 부글부글 끓고 있는 사회이면서도, 외견상으로는 커다란 문제가 없는 것으로 간주되는 정도의 위험한 사회의 상태에 놓여있다고 할 수 있다.

　중국공산당은 우리나 미국, 유럽의 정당과는 달리 헌법에 독자적인 지위가 명문화 되어있는 특권적 지위를 지닌 정당이다. 중화인민공화국 헌법전문은 "중국의 신민주주의 혁명의 승리는 중국공산당이 각 민족 인민들을 이끌고 마르크스 레닌주의와 마오쩌둥 사상의 지도에 따라 이루어놓은 것이며, 중국의 각 민족 인민들은 앞으로도 마르크스 레닌주의와 마오쩌둥 사상, 덩샤오핑 이론과 3개 대표 이론이라는 중요한 사상의 지도에 따라 인민 민주 전제와 사회주의의 길, 그리고 개혁개방을 견지해나갈 것"이라고 규정해놓았다. 중국공산당 1당이 끌고가는 당 국가(Party State)를 보장해놓은 것이다. 전국적으로 하루에 500건이 넘는 집단 시위가 발생하고, 매일같이 인터넷과 SNS를 통해 정치적 불만이 표출되고 있는 환경에서 언제까지 당국가 체제가 유지될지, 과연 앞으로 10년간의 시진핑 체제가 과연 아무 일 없이 5년 뒤의 19차 당 대회, 10년 뒤의 20차 당 대회를 치르고, 2020년까지 1인당 국민소득을 2배로 높이는 경제발전에 성공할 수 있을지, 그 전망이 밝다고 밖에 말 할 수는 없는 환경이 아닌가 중국공산당 5세대 지도부는 심각하게 고민해야 할 것이다.

그나마 다행스러운 점은 장쩌민과 후진타오를 중심으로 하는 원로 지도자들이 배후에서 큰 힘으로 작용하는 중국정치가 새 피를 수혈하는 장치만은 잘 가동하고 있는 점이라고 할 수 있다. 5년 전인 2007년에 후진타오 2기 체제를 출범시키면서 시진핑과 리커창이라는 젊은 피를 수혈해 두었다가 이번에 물려준 것처럼, 이번 18기 중앙위원회에 각각 49세의 후춘화 내몽고 자치구 당위원회 서기와 쑨정차이(孫政才) 지린(吉林)성 당위원회 서기를 17기에 이어 재진입시킴으로써 앞으로 제6세대 지도부 형성에 대비하고 있다는 점은 긍정적인 평가를 할 수 있을 것이다.

18차 당 대회를 통해 시진핑을 중심으로 하는 5세대 지도부를 출범시킨 중국이 앞으로 나아갈 길에 관해 중국의 정치경제 체제에 대해 가장 깊은 이해를 하고 있는 것으로 인정을 받고 있는 싱가포르 동아시아 연구소의 정융녠(鄭永年) 교수는 "첫째는 지금까지 걸어온 일본과 그 뒤를 잇는 한국, 대만의 길에서 벗어나 유럽의 길을 뒤쫓아 가는 길, 둘째는 한국을 비롯한 '4소룡'의 길을 계속해서 뒤쫓아 가는 길, 그리고 중산층 확대의 함정에 빠지는 일의 세 가지를 생각할 수 있을 것" 이라고 평가했다. 정융녠 교수의 말은 중국이 일본과 한국, 대만이 걸어온 길에서 벗어나 유럽의 뒤를 따르려면 무엇 보다고 정치개혁을 빨리 추진해야하는 위험이 따르고, 앞으로도 당분간 한국과 대만의 길을 가려 할 경우 정치개혁은 유보할 수 있겠지만 노동시장에서 거친 목소리가 터져 나올 가능성이 많으며, 중산층 확대의 구조를 만들어나가려면 내수 확대 대신 수출 증진을 통한 빠른 경제성장을 더 지속해야 한다는 모순에 빠지게 될 가능성이 높을 것으로 예상된다는 것이었다.

중국 외교는 제18차 당 대회에서 시진핑을 당 총서기로 하는 새로운 체제를 출범시키면서 어떤 새로운 외교 노선을 그려놓았을까. 또 지난 3월초의 전국인민대표대회에서 시진핑을 국가주석으로 하는 새로운 정부를 발족하면서 어떤 외교팀을 구성했을까.

중국 외교의 가장 두드러진 특징은 기본 노선과 정책을 중국공산당이 결정한다는 점이다. 당내에 당총서기를 조장(組長)으로 하고, 국가 안전과 대외관계를 맡고 있는 당과 정부의 장관급 인사 16~18명으로 구성된 중앙외사공작영도소조(中央外事工作領導小組) 회의를 통해 대외정책의 기본노선을 정하고, 그 기본노선에 따라 외교부와 당 대외연락부가 외교실무를 수행하는 구조를 갖고 있다. 특히 북한과의 외교실무는 외교부보다는 주로 당 대외연락부가 전담하는 형식을 취하고 있다.

중국 외교의 기본 방향을 설정하는 권한을 갖고 있는 중국공산당은 제18차 당 대회를 통해 "앞으로 중국은 장기적으로 안정되고 건강하게 발전하는 신형 대국관계(新型 大國關係)의 건립을 추진한다"는 외교의 청사진을 내외에 선포했다. '신형 대국관계'가 무엇인지에 대해 5월 22일 관영 신화통신은 '시진핑과 리커창 외국 방문 배후에 깔린 외교의 신사유(新思維)'라는 논평을 타전했다.

"시진핑 국가주석은 지난 3월 첫 해외 방문국을 러시아로 선택했고, 이어서 남아공 더반에서 열리는 BRICS 정상회의에 참석했다. 리위안차오 국가부주석은 5월 8일부터 16일까지 아르헨티나와 베네수엘라를 공식 방문했고, 이어서 리커창 총리는 인도, 파키스탄, 독일 등을 방문했다. …중국 지도자들이 건립을 추진하는 신형 대국관계는 비정한 제로섬 게임의 낡은 틀에서 벗어나 서로 협력하고 윈윈하는 신형 대국관계이다. 서로 견제하고 대항하는 관계가 아니라 높은 위치에서

리커창(왼쪽)이 총리로 선임됨에 따라 향후 중국의 10년을 이끌고 갈 '시진핑-리커창 투톱체제'가 가동됐다.

버락 오바마 미국 대통령(오른쪽)과 시진핑 중국 국가주석이 미 캘리포니아주 란랜초미라지 서니랜드의 애넌버그 별장에서 정상회담을 갖고 있다.

멀리 내다보는 새로운 신세기의 대국관계를 추구하는 것이다. 중국과 미국의 관계도 서로 협력하고 윈윈하는 가운데 양국 인민들의 복지를 증진시켜 세계의 안정과 발전에 영향을 미치는 관계가 되어야 할 것이다.…"

중국은 이전에는 국가의 위상을 '발전도상국(發展中 國家)'으로 설정하고, 국가주석과 총리 등 지도자들의 첫 방문지를 한반도와 주변국으로 정해 이웃 국가들의 관계부터 다지는 순서로 해왔으나, 새로운 시진핑 체제는 러시아, 인도, 아르헨티나, 미국 등 덩치 큰 나라부터 방문하는 새로운 외교를 펼치기 시작했다는 것이다. 신형 대국관계의 추진을 위해 우선 국가의 위상을 '발전도상국'에서 '대국'으로 바꾸어 설정하고, 대국과 대국의 관계부터 챙기는 스타일로 바꾸어 나가겠다는 의지를 보여주고 있는 중이라는 것이다. 중국 새 지도부가 추진하는 신형 대국관계에 대해 시진핑은 이미 2012년 2월 국가부주석으로 미국을 처음 방문했을 때 장문의 연설을 통해 미리 설명을 한 바 있다. 2월 15일 워싱턴에서 미중 무역위원회와 미중관계 전국위원회 관련 인사들이 참석한 가운데 '중·미 협력 동반자 관계의 아름다운 내일을 창조하자'는 제목의 연설을 통해 시진핑은 다음과 같이 말했다.

"금세기의 두 번째 10년에 진입하면서 중국과 미국의 관계는 새로운 역사의 기점에 서있다고 할 수 있다. 2011년 1월 후진타오 국가주석과 오바마 대통령이 중·미 협력 동반자 관계를 건설하자는 공통된 인식에 도달한 데 따라 양국은 부단히 새로운 진전을 향해 나아가고, 양국의 협력 동반자 관계가 21세기의 신형 대국관계를 만들어 나가도록 노력해야 할 것이다. …이제 냉전적 사고는 벗어 던지고, 서로 더 많이 이해하고, 서로의 거리를 가능한 좁히고, 서로 믿고 서로 시기질투는 하지 않는 그런 관계를 만들어 나가자…"

시진핑 지도부가 추진하고 있는 신형 대국관계가 중국의 외교 전반에 어떤 변화를 가져올 것인가 하는 전망과 관련, 환구시보(環球時報 · Global Times)를 비롯한 관영신문들이 "중국은 세계 2위 대국으로서 그에 맞는 더 큰 외교적 책략이 필요하다", "중국은 지금까지는 국제사회의 민주화와 다극화를 주장해왔지만 이제는 국제적 책임을 다하고 국제 질서 형성에 적극적으로 참여해야 한다"는 내용의 논평을 실었다. 중국이 추진하고 있는 신형 대국관계가 앞으로 중국 외교가 상대방 대국에게도 국제적 의무와 책임을 다하라고 촉구하면서 동시에 중국도 중국이 떠안아야 할 국제적 의무와 책임을 이전보다 더욱 적극적으로 수행하는 쪽으로 방향을 잡고 있다는 논조를 보여준 것이다.

시진핑을 핵심으로 하는 새 중국지도부가 설정하고 있는 신형 대국관계는 지난 2011년 11월 힐러리 클린턴 당시 국무장관이 하와이 APEC 정상회의를 앞두고 이스트 웨스트센터에서 밝힌 미국의 태평양 시대 선언에 대한 대응책이라는 성격을 띠고 있다. 클린턴 장관은 '미국의 태평양 세기(America's Pacific Century)'라는 연설을 통해 "미국은 지금까지 대서양을 건너 유럽과의 협력을 통해 많은 일을 해왔지만 앞으로의 21세기에는 태평양을 건너 동아시아의 발전하는 국가들과 번영하는 시장경제 블록을 형성할 것"이라고 말하고 "그 주요 협력 대상국은 전통적 우방국인 일본, 한국, 필리핀, 태국, 호주 5개국이 될 것"이라고 강조했다. 클린턴 장관은 이와 함께 중앙아시아 국가인 타지키스탄에서 인도, 파키스탄, 미얀마로 이어지는 이른바 '뉴 실크로드 전략(New Silkroad Initiative)'도 아울러 추진할 것이라고 밝혔다. 그러면서 중국에 대해서는 "국제적인 의무를 얼마나 잘 수행하는지, 인권에 대해 얼마나 진전을 보일 것인지 지켜볼 것"이라고 말해 중국의 동쪽에 한국을 비롯한 5개국과, 중국 서남부의 국가들을 연결하는 중국에 대한 포위망을 건설하는 전통적인 억제(containment)와 개입(engagement) 전략을 병행할 것임을 분명히 했다.

힐러리 클린턴 전 국무장관이 중국에 대한 미국의 포위전략을 밝힌 이래 중국은 그동안 미국이 서태평양 지역에 대한 미국의 새로운 서진(西進)전략이라고 규정하고 날카로운 반응을 보여 왔다. 그러나 시간이 흐르면서 중국 지도부는 미국이 건설중인 포위망을 뚫을 수 있는 가능성이 열려있는 곳을 한반도로 보고 있을 가능성이 크다. 전통적인 한·미·일 관계에 한·중·일 관계의 강화로 대응해 나가면서, 한·미·일과 한·중·일 관계의 중요한 고리인 한국과의 관계를 우호적으로 구축해두어야 할 필요성을 느끼는 외교적 환경에 처해 있는 것이다. 특히 일본과 조어도(釣魚島)를 둘러싼 해양영토 분쟁을 벌이고 있는데다가 아베 신조 일 총리 정부가 역사문제에 관해 망언을 계속하는 상황이라 대일 외교가 신통치 않은 상황에서 중국에 대한 한국의 중요성이 더욱 높아진 상황이기도 하다.

시진핑 중국공산당 총서기는 2013년 8월 27일 정치국 회의를 개최해서 11월에 중앙위원 전체회의를 소집하기로 결정했다. 정치국 회의는 중국공산당 권력의 정점(頂点)에 가까이 있는 25명의 정치국원들이 모이는 회의이고, 중앙위원 전체회의는 376명의 중앙위원들이 대체로 1년에 한 번 모여서 개최하는 의사 결정 기구다. 2013년 11월에 개최될 중앙위 전체회의는 2012년 11월부터 중국공산당을 이끌기 시작한 시진핑 당 총서기·리커창 총리 체제의 경제정책의 밑그림이 완성될 회의라는 점에서 세계가 이 회의 개최에 시선을 집중하고 있다. 특히 2013년 3월 전국인민대표대회를 통해 총리에 올라 중국 경제의 조타수역할을 이미 시작한 리커창 총리가 과연 중국경제가 앞으로 나갈 방향을 어떻게 잡을 것인가 하는 점에 관심이 쏠리고 있다.

2013년 8월 27일의 중국공산당 정치국 회의는 11월의 중앙위 전체회의 소집 결정과 함께 상하이에 자유무역지대를 설치하기 위한 준비공작에 관한 보고를 들었다. 상하이 자유무역지대란 지난 30여 년 동안 중국경제의 발전을 견인해온 상하이를 세계 물류의 허브이자 중국경제의 세계화 시험장으로 업그레이드 시켜 중국의 경제발전에 또 다른 로켓 추진 장치를 달기 위한 야심 찬 계획이며, 2013년 3월에 취임한 중국 최초의 경제학 박사 출신 총리 리커창이 이른바 '리코노믹스(Likonomics)', 또는 '리커창의 신경제학'의 간판 사업으로 추진하고 있는 계획이다. 중국공산당 정치국이 회의에서 리코노믹스의 핵심 사업이 될 상하이 자유무역지대 설치에 관한 보고를 들었다는 것은 오는 2013년 11월 중앙위 전체회의에서 상하이 자유무역지대 설치 계획이 당 중앙위의 승인을 거쳐 공식화 될 것임을 예고한 것이다.

리커창 총리는 리펑, 주룽지, 원자바오등 자신의 전임자들이 대체로 경제전문가가 아닌 것과는 달리 1949년 중화인민공화국 정부 수립 이래 최초로 베이징대학에서 농업경제 분야로 경제학 박사를 받은 총리다. 리커창 총리는 후진타오 전 당 총서기가 자신의 후계자로 낙점을 찍었으나, 후진타오의 전임 총서기 장쩌민이 시진핑 현 당 총서기를 미는 바람에 총리 자리에 앉게 된 실력자다. 그에게는 1978년 덩샤오핑의 손에 이끌려 개혁개방과 빠른 경제발전에 나선 중국이 안고 있는 최대의 난제 두 가지, 즉 너무 벌어진 빈부격차 해소와 한계를 보이고 있는 성장 동력에 새로운 엔진을 달아야 하는 두 가지 난제를 동시에 해결해야 하는 임무가 맡겨져 있다. 거기에다가 최근 회복세를 보여주고 있는 미국과 일본의 경제계는 중국도 수요를 늘여 세계 경제의 회복 분위기에 동참하라는 주문을 해왔다. 리커창에게는 개혁을 촉진하고, 민생도 돌보고, 투자도 자극할 수 있는 세 발의 화살을 동시에 쏘아야 하고, 그와 동시에 투자와 내수, 수출이라는 삼두마차에 채찍을 가해야 하는 임무도 수행해야 하는 처지다.

그런 리커창 총리가 마련한 첫 번째 솔루션(solution · 해결책)이 상하이에 자유무역지대를 건설한다는 계획이다. 현재 중국 경제는 위안(元)화 환율이 시장에서 결정되지 않는데다가 외국기업들이 중국에서 위안화를 자유롭게 태환할 수 없다는 제한에 묶여있는데, 상하이 자유무역지대 건설을 통해 인민폐의 국제화, 시장화를 추진하고, 이를 바탕으로 한 금융허브도 건설한다는 것이 리커창 총리의 구상이다. 리커창 총리의 구상이 제대로 실현된다면 아직도 자본시장이 닫혀있는 데다가 환율이 시장시스템에 의해 결정되지 않는 등 국제경제 체제에 완전히 편입됐다고 말할 수 없는 중국경제가 상하이 자유무역지대 설립 계획을 통해 완전한 국제경제 체제 편입이 달성되는 결과로 이어질 것으로 전망된다.

전 세계에 흩어져 사는 중국인들을 독자로 하는 중국어 시사주간 아주주간 최근호에 따르면 리커창 총리가 준비하고 있는 또 하나의 카드는 2억 5천만 명에 달하는 농민공(農民工)들에게 거주도시에 주민등록을 하고 정식으로 거주할 수 있도록 허가해서 농민공을 도시인으로 편입시킨다는 야심찬 계획이다. 지금까지 2억 5천만 농민공들은 비록 도시에서 거주하면서 건설 노동등 힘든 노동을 하지만 주민등록을 할 수 없어 농촌에 주민등록을 둔, 말 그대로 '도시의 집시들'로 살아온 사람들이다. 리커창의 계산은 이들 농민공들에게 주민등록을 할 수 있도록 허용해 2억 5천만 농민공들에게 거주 도시의 교육과 의료, 취업기회, 사회보장 시스템의 혜택을 받게 해서 자연스럽게 도시화 비율도 높이고 새로운 수요 창출로 연결시키겠다는 복안이라는 것이다. 그렇게 될 경우 그동안 농민공들이 만들어 온 중국경제의 어두운 그림자를 걷어내고 중국경제가 발전해나갈 새로운 동력을 만들어 보겠다는 구상이기도 하다.

리커창 총리는 9월 9일자 파이낸셜 타임스에 자신의 명의로 "중국은 지속가능한 성장을 계속할 수 있다(China will stay the course on sustainable growth)"라는 기고문을 게재했다.

"금융 위기가 시작된 지 5년 만에 많은 국가들이 세계 경제의 회복에 따라 새로운 도전에 직면해있다. 이번 주 다롄(大連)에서 개최된 여름 다보스 포럼에서 현재 중요한 변화의 시기에 처해있는 중국 경제의 상황과 강점을 분석하는 기회를 가졌다. 많은 중국 경제 관찰자들은 중국 경제의 부진이 하드 랜딩으로 이어질 것인가, 그리고 우리의 개혁 프로그램이 복잡한 사회적 문제들 때문에 궤도를 이탈할 것인가 하는 질문을 던졌다. 그에 대한 나의 대답은 우리 중국 경제는 지속가능하면서도 건강한 성장을 계속할 수 있으며, 중국은 개혁과 개방의 길을 계속해서 걸어갈 것이라는 것이다."

기고문을 통해 리커창은 자신이 지난 3월 총리직에 취임한 이래 새로운 중국 행정부가 경제성장을 지속적으로 추구할 것이라는 점과 인민들의 생활 향상과 평등 증진을 동시에 추구할 것이라는 점을 분명히 밝혔다고 했다. 그러면서 현재의 중국은 더 이상 높은 소비와 높은 투자를 계속하는 낡은 모델(old model)에 머물러 있을 수 없게 됐으며, 안정적인 성장과 구조 조정, 개혁을 추구하는 전체적인 접근법을 채택하지 않을 수 없게 됐다고 밝혔다. 리커창 총리는 기고문에서 상하이 자유무역지대 설립 계획과 농민공에게 도시 거주 자격을 부여하는 계획에 대해서도 설명했다.

"우리는 중국을 외부 세계에 더욱더 개방하는 새로운 방법인 상하이 자유무역지대 설치 방안도 탐색중이다. 무엇보다도 우리에게 중요한 것은 국내 수요를 확대하는 것인데, 중국은 이에 관해서는 13억 인구가 더 나은 생활을 위해 열심히 일하고 있는 강점을 가지고 있으며, 그 많은 인구가 거대한 내수시장을 구성하고 있다는 강점도 가지고 있다. 우리는 브로드밴드(광대역 통신망)의 확대와 4세대 통신망 확대를 통해 소비수요를 확대할 수 있을 것이다.…도시화는 또 다른 방향에서 커다란 내수 확대의 기회를 제공할 것이다. 시골에 거주하는 인구 가운데 1억 이상의 인구가 다음 10년 기간에 도시 인구로 편입될 것이다. 경제적으로나 사회적으로 복잡한 변화의 과정을 거치게 될 것이고, 많은 어려움도 예상되지만 이는 어차피 우리가 달성해야 할 도시와 농촌의 격차를 좁히는 데 도움을 주게 될 것이다."

리 총리는 그런 구조 조정과 새로운 정책의 도입 결과, 2011년에 9.3% 성장, 2012년에 7.7%의 성장을 보인 중국경제가 올해는 7.5%의 성장률을 기록할 것으로 예상되지만, 중국경제의 업그레이드는 결국 세계 경제에 신선한 동력을 제공할 것이라고 전망했다. 리커창 총리가 펴는 경제정책을 '리코노믹스'라고 이름 붙인 것은 지난 6월에 나온 바클레이즈 캐피탈의 보고서였다. 이 보고서는 리커창 신경제학의 3가지 기둥이 첫째 자극적인 조치를 취하지 않는 것, 둘째 구조개혁을 단행하는 것, 그리고 장기적인 이익을 위해 단기적인 고통을 참고 견디도록 하는 것의 세 가지라고 했다. 그러면서 리코노믹스의 결과 중국 경제성장률은 3% 선으로 떨어지는 최악의 상황을 겪을지도 모르지만, 결국은 빠른 속도로 회복하는 흐름을 보이게 될 것이라고 전망했다.

리커창은 후진타오 전 당 총서기와 같은 안후이(安徽)성 출신으로, 21세 때인

1976년 중국공산당에 입당했다. 1978년 베이징대학 법학과에 입학해서 학부 때는 법학 공부를 했으나, 1988년 베이징대학 대학원 경제학과에 입학해서 석·박사 과정을 마치고 중국의 농업문제에 관한 '우리 경제의 3차원적 구조론(論我國經濟三元結構)'이라는 논문으로 1998년에 경제학 박사학위를 받았다. 그의 학위 과정은 이른바 '재직(在職)과정'으로, 직장에 다니면서 과정을 밟고 논문을 쓰는 형식이었다. 그의 직업은 베이징대학 공산주의 청년단 중앙서기처 제1서기 겸 청년정치학원 원장이었다. 리커창의 박사과정 지도교수는 중국의 개혁개방 과정에서 주식과 증권이론을 전담한 리이닝(厲以寧) 교수였으며, 리커창의 박사논문은 중국 경제학계에서 권위를 인정받는 쑨야팡(孫冶方)학술상을 받았다.

공산주의청년단 간부로 베이징대학에서 농업에 관한 논문으로 경제학 박사학위를 받은 리커창은 중국공산당 지도부의 주목을 받아 중국 농업의 중심지 허난성 당위원회로 배속됐다. 중국의 개혁 개방정책이 처음에는 농촌에서 시작했으나, 정책 추진 과정에서 농촌이 소외되고, 국영기업 역시 개혁개방 정책 추진 과정에서 비효율의 대명사이자 중국경제의 커다란 짐으로 되어버린 점에 주목하고 있던 사람이 후진타오 전 총서기였던 점에 비추어보면, 후진타오가 리커창을 총리로 만든 배경을 짐작할 수 있다. 리커창은 허난성 당서기를 거쳐, 비효율적인 국영기업들이 많이 몰려있는 랴오닝성 당서기를 거치며 국영기업에 관한 문제점을 체험하는 기회를 가졌다.

2012년 11월에 열린 중국공산당 제18차 당 대회를 통해 당 총서기 겸 당중앙군사위원회 주석으로 선출돼 당서열 1위에 오른 시진핑과 리커창에 관해서 중국공산당내에서는 다음과 같은 이야기가 정설(定說)처럼 전해지고 있다. 당내에서 후진타오와 장쩌민을 비롯한 현역과 원로들이 모여 후진타오의 후임자 선정에 관해 논의하는 과정에서 장쩌민이 후진타오에게 "누구를 후임자로 할 거냐."고 묻자 후진타오는 리커창을 내세웠다. 그러자 장쩌민은 "리커창 동지는 허난에서는 농업의 문제점을, 랴오닝에서는 국영기업의 문제점을 공부했구먼…"이라고 말하고는 "그렇다면 중국의 미래는 누가 책임지느냐"고 말하자 후진타오의 말문이 막혔다는 것이다. 그러자 장쩌민은 "이 동지는 어떠냐"면서 개혁개방정책의 최대 수혜지역인 저장, 푸젠, 상하이 등 연해지방에서 행정경험을 쌓은 시진핑을 내세웠고, 후진타오는 꼼짝 없이 동의할 수밖에 없었다는 것이다.

개혁개방의 수혜 지역에서 행정경험을 쌓은 시진핑을 당서열 1위의 총서기로, 농업과 국영기업의 비효율 문제를 공부한 리커창을 서열 2위의 총리 내정자로 정한 중국공산당이 이끌고 갈 중국 경제의 앞으로의 방향은 2012년 11월 8일 당 대회 개막식때 후진타오가 한 공작보고에 잘 나타나 있다. 후진타오가 한 이 공작보고는 후 자신이 이끈 10년간을 회고하고, 앞으로의 10년 동안 중국이 어떤 길을 걸어가야 하는지의 정책방향을 담고 있다. 이 공작보고는 모두 3만여 자 분량으로 후진타오와 시진핑이 합의를 이룬 내용으로 구성된 것으로 알려졌다.

우선 이 공작보고는 제목이 "중국 특유의 사회주의의 길을 따라 전면적인 소강사회의 건설을 위해 분투하자"는 것이다. '중국 특유의 사회주의'란 바로 1976년 마오쩌둥이 사망하고, 1978년 덩샤오핑)이 권력을 장악한 이후 현재까지 34년간 지속적으로 추진해온 개혁개방 정책을 뒷받침해온 이론들을 총괄해서 붙인 개념이다. "중국 특유의 사회주의는 중국이 사회주의 건설을 하기에는 생산력이 너무 낮은 사회주의 초급단계에 머물러 있으므로, 일정 기간 자본주의의 도입을 통해 생산력을 강화할 필요가 있다"는 '사회주의 초급단계 이론'과 "사회주의도 시장경제를 할 수 있다"는 '사회주의 시장경제 이론'을 두 기둥으로 하고 있다. 1980년대 초 당중앙군사위원회 주석 자리를 바탕으로 개혁개방 정책을 총지휘하던 덩샤오핑은 중국이 특유의 사회주의의 길을 걸어서 도달해야 하는 목표는 바로 중산층이 두터운 '소강사회'임을 분명히 제시했다. 소강사회라는 개념은 유교적인 개념으로 사회가 갈등이 없고 안정된 상태를 가리키는 말이다.

후진타오는 앞으로 중국경제가 어떤 목표를 향해서 갈 것인가에 관해서는 "전면적인 소강사회의 건설은 2020년까지 완성되어야 하며, 이때까지 1인당 GDP

를 2010년의 2배로 만들 것"을 제시했다. 후진타오는 지난 30여 년간 양적인 발전을 거듭해온 중국 경제가 "경제발전 방식의 전환에서 중대한 진전을 이루고, 발전의 평형성과 협조성, 지속 가능한 발전을 이루어가는 기초위에서 도시와 농촌의 1인당 소득을 2010년의 2배로 만들 것"을 제시했다. '개혁개방의 설계사' 덩샤오핑이 중국경제를 빠른 발전의 궤도에 올려놓은 지 35년 만에 중화인민공화국 정부 수립 이후에 출생한 세대 출신인 리커창 총리가 앞으로 중국경제를 어떤 방향으로 이끌어 가게 될지, 오는 2013년 11월의 중국공산당 중앙위 전체회의가 어떤 그림을 그릴 지는 두고 봐야 할 일이지만 현재로서는 리코노믹스가 그 밑그림이 될 것이라는 전망은 충분히 가능하다고 하겠다.

2013년 여름 리셴녠 전 국가주석의 딸 리샤오린(李小林) 중국대외우호협회 회장이 서울을 방문했다. 한국과 중국의 기업인과 외교관들이 그와 함께 어울린 자리에서 화제가 자연스럽게 골프로 옮겨갔다. 한국 기업인이 한 중국 외교관을 가리키며 "저 사람 골프를 참 잘 친다"고 베이징에서 오신 손님 들으라고 칭찬을 했다. 그러자 중국공산당 고위 간부인 손님의 눈꼬리가 치켜 올라가더니 중국 외교관을 쳐다보며 "일은 안 하고, 골프만 친단 말인가요…"라며 날카로운 목소리를 냈다. 중국 외교관을 치켜세우려다 머쓱해진 한국 기업인은 "아니 지금 중국 경제는 소비를 진작해야 할 국면이 아닌가요… 골프를 쳐야 할 사람들이 골프도 안치고 그러면 소비가 위축되지 않을까요…"라고 분위기 진정용으로 한 말씀 덧붙였다.

그러나 상황은 베이징에서 오신 손님의 웃음으로 연결되지 않았다. 오히려 더 카랑카랑한 목소리로 중국 국영기업인을 쳐다보며 "시진핑 주석이 내린 8개항의 규정을 잊지는 않았겠지요…지금 베이징에서는 8개항 규정 때문에 호화 클럽에는 안가는 분위기이고, 골프 클럽은 당연히 호화 클럽에 해당되니까 안 가는 것이 마땅하지요…"라고 쏘아붙였다. 손님은 거기까지 말하고는 다소 표정을 누그러뜨리며, "물론 자기 돈으로 친다면야 뭐라고 할 수는 없겠지요…하지만 자기 돈으로 치지 않고 세금이나 공금으로 친다면 그 무슨 소비 진작이라고 할 수 있겠어요…"라고 말하고는 "요즘 중국 대도시의 골프장이나 호화 클럽들은 문을 닫을 지경이라고 하던데요"라고 중국의 반부패 드라이브의 분위기를 전했다.

시진핑의 8개항 규정이란 시진핑 체제가 출범한 지 채 1개월이 안된 2012년 12월 4일 시 총서기가 정치국 회의를 소집해서 한 반부패 특별지시를 말한다. 시 총서기의 8개항 규정이란 첫째 수행 차량과 수행원 숫자를 줄이고, 접대는 간소하게, 불필요한 표어와 플래카드를 내걸지 말 것이며, 군중을 동원한 마중과 배웅을 줄이며, 환영 카펫을 깔지 말고, 불필요한 꽃 장식을 삼가며, 파티를 줄이라는 것이다. 둘째는 회의를 줄이고, 불필요한 전국대회나 경축활동을 엄격히 통제하고, 보고 문건의 길이도 대폭 줄이며, 경비나 호위 작업도 단순화 하고, 뉴스의 양이나 길이, 시간적 길이 등도 가능한 줄이며, 개인저서의 발표는 공개하지 말 것이며, 불필요한 축하 카드의 남발도 줄이며, 각종 청렴규정을 엄격히 준수하라는 등의 8개항의 반부패 규정이었다.

2013년 8월 27일의 정치국 회의는 시진핑 총서기의 8개항 규정을 현실화하기 위해 '부패의 예방과 처벌을 건강하게 시행하기 위한 2013 · 2017년 공작 계획'도 통과시켰다. 이 회의 결정문을 통해 시진핑 총서기는 "부패가 만연한 분위기를 억제하기 위해 '호랑이(큰 부패분자)'든 '파리(작은 부패분자)'든 함께 때려잡아야 한다"고 촉구했다. 영국의 더 타임스는 최근 시진핑 총서기가 휘두르는 서슬 푸른 반부패 칼날 때문에 얼어붙고 있는 베이징과 상하이 등 중국 대도시의 분위기를 다음과 같이 전했다.

"시진핑 국가주석이 제시한 반부패 실천의 하나로 중국공산당은 기율검사와 감찰 분야에 재직중인 간부와 직원 수 천명에게 업무 중 선물로 받은 각종 회원권과 선불카드를 비롯한 모든 VIP자격을 반납하도록 지시했다. 그들이 반납하게 될 특권에는 골프 클럽, 프라이빗 레스토랑, 피트니스 클럽, 바, 레스토랑, 고급 호텔, 쇼핑몰 우대권 등이 포함된다. 이들 멤버십 카드는 외부에 발각되지 않는 거액의 사례금 명목으로 받은 것인 경우가 많다. 특히 골프 회원권 가격은 최고 25만 파운드(약 4억 5000만 원) 상당으로 투자가치가 있는 것으로 여겨져 왔다."

더 타임스에 따르면, 반부패 실천을 위해 해당 공직자들은 특권포기를 확인하는 성명에 서명해야 했다. 이후 문제가 드러나면 엄격한 처벌을 받았다. 시진핑 총서기의 명령은 우선 공무원의 행위를 직접 관리 감독하는 기율검사위에 전달됐고, 당원들을 대상으로 한 정화작업이 끝나면 다음은 전국의 700만 공무원들로 확대될 전망이다. 이 때문에 전국에 산재해있는 중국내 640여 개의 골프장은 긴급회의를 열어 잠재 손실규모를 예측하고 대책마련에 나섰다. 현재로서는 지난 10년 여 동안 계속해서 연 10%씩 오르던 회원권 가격이 몇 개월 만에 10%대나 떨어졌다고 한다.

시진핑이 휘두르는 반부패의 칼날은 후진타오 전임자 시절 정치국 9인의 정치국 상무위원 가운데 한 명으로 공안통이었던 저우융캉(周永康)도 겨냥하고 있고, 군부 인사들은 물론, 고급 시계를 차고 TV 인터뷰를 하다가 부패혐의가 드러난 지방 행정책임자도 처벌하기에 이르렀다. 시진핑의 반부패 칼날이 어디까지, 또 언제까지 휘둘러질지는 현재로선 알 수 없는 일이다. 그러나 시진핑의 칼날이 반부패 분자들을 겨냥한 것이라면, 그런 반부패 분자들이 비슷한 반부패 활동을 벌였던 장쩌민, 후진타오 시절에는 왜 정리되지 않았는지 생각해보지 않을 수 없다.

또한 상하이시 당서기 출신인 장쩌민 총서기가 덩샤오핑의 손에 발탁된 이후 그때까지 장쩌민의 당내지위를 압도하던 천시통 베이징시 당서기가 역시 반부패 드라이브의 희생물이 된 점, 역시 티베트 당서기 출신의 후진타오 전임자가 장쩌민에 의해 당 총서기 자리에 앉은 직후에 벌어진 반부패 드라이브의 칼날에 천량위 상하이시 당서기가 제거된 점은 되새겨 보지 않을 수 없다고 하겠다. 또 시진핑이 휘두르는 반부패의 칼날이 소비를 진작시켜야 하는 리커창의 경제 분위기 조성에 역방향으로 작용한다는 점도 관찰의 포인트가 되지 않을 수 없다고 하겠다. 특히 호화 클럽에서 돈을 써야 할 중국의 신흥부자들을 위축시킬 경우 베이징과 상하이, 광저우시 등의 분위기는 패닉(panic) 상태에 빠질 수도 있을 것이다.

중국 주요 연표

B.C.
5000~4000년   중국 문명의 창시자라는 전설 속의 인물인 황제(黃帝)시대
221~210년   중국 통일을 이룩한 진시황(秦始皇)시대

A.D.
618~907년   당대(唐代)
907~960년   5대 10국(伍代十國)
960~1279년   송대(宋代)
1270~1368년   원대(元代)
1368~1644년   명대(明代)
1644~1912년   청대(淸代)
1662~1722년   강희(康熙)황제시대
1736~1799년   건륭(乾隆)황제시대
1835~1908년   서태후(西太后)
1839~1842년   아편전쟁
1850~1864년   태평천국란(太平天國亂)
1893년   마오쩌둥(毛澤東) 출생(12.26)
1894~1895년   청·일(淸·日)전쟁
1898~1901년   의화단란(義和團亂)
1904년   덩샤오핑(鄧小平) 출생(8.22)
1911년   쑨원(孫文)의 신해혁명(辛亥革命)
1919년   5·4학생운동
1920년   덩샤오핑, 노동하면서 공부하는 프로그램[工讀主義]의 일환으로
               프랑스 유학
1921년   쑨원, 광둥(廣東) 정부 수립
               중국공산당 창당(7.1). 마오쩌둥 창립 멤버로 참여

1925년	쑨원 사망
1926년	국공합작(國共合作)에 의한 북벌(北伐) 시작
1927년	장제스(蔣介石), 상하이에서 수천 명 학살(4.12) 덩샤오핑, 상하이 공산당 지하조직에 가입 마오쩌둥, 추수폭동에 실패하고 장시성(江西省) 징강산(井崗山)으로 후퇴
1929년	덩샤오핑, 농민봉기를 조직하기 위해 광시성(廣西省)에 파견
1931년	덩샤오핑, 마오쩌둥과 주더(朱德)가 장시성에 세운 '중화 소비에트 공화국 임시정부'의 수도 루이진(瑞金)에 도착
1932년	당내의 소련유학파, 마오를 당 지도부에서 추방
1934~1935년	대장정(大長征), 공산당 홍군(紅軍)이 루이진에서 산시성(陝西省)의 옌안(延安)까지 6천 마일을 후퇴. 1935년 1월 마오는 쭌이(遵義)에서 당 지도권을 회복하고 덩은 마오의 지지자로서 줄곧 동참
1935~1946년	옌안시대
1946~1949년	마오쩌둥, 장제스 타이완으로 패퇴시킴.
1949년	마오쩌둥, 중화인민공화국 선포. 모스크바 방문
1950년	한국전쟁 시작(6.25). 10월에 중국 참전 덩샤오핑, 서남국 근무. 3선건설(三線建設) 시작
1952년	마오, 덩을 베이징에 불러들여 요직 임명
1956년	흐루시초프, '비밀연설'에서 스탈린의 죄상 폭로. 마오, 예술·사상 해방을 위해 백화제(齊放), 백화쟁명(百花爭鳴) 제기
1957년	마오, 반우파(反右派) 운동 전개. 모스크바 방문
1958년	마오, 대약진(大躍進)을 주도했으나 극심한 기근과 대참화 초래
1959년	루산 회의(盧山會議)에서 마오가 펑더화이(彭德懷) 탄핵, 당고위층내에 공포 분위기 조성
1962년	덩샤오핑과 류사오치가 경제문제 전담
1966년	마오의 문화대혁명 시작. 류사오치와 덩샤오핑은 '주자파(走資派)'로 낙인찍힘
1969년	린뱌오의 제1호 명령에 따라 류사오치, 덩샤오핑 등이 베이징에서 지방으로 소개됨. 류사오치 사망(11.12)
1971년	린뱌오, 마오 암살계획이 탄로 난 후 몽골 지방에서 비행기 추락사고로 아내, 아들과 함께 사망(9.13)
1972년	리처드 닉슨 방중(2.21). 저우언라이 총리, 간암으로 판명
1973년	저우언라이, 덩샤오핑을 베이징으로 복귀

1974년	덩샤오핑 복직
1975년	덩샤오핑, 중국 재건에 주력
	덩의 급진적 개혁안에 마오가 경악. 장칭(江靑)과 4인방 재득세
1976년	저우언라이 사망(1.8). 덩을 마오의 후계자로 삼으려고 계획했던 예젠잉(葉劍英) 원수 와병
	청명절(淸明節)에 톈안먼 광장에서 저우언라이를 추모하고 4인방을 반대하는 대규모 군중시위 발생
	톈안먼 시위 사건을 배후 조종했다는 혐의로 덩의 공직 박탈. 화궈펑(華國鋒) 취임
	주더 사망(7.7). 마오 혼수상태에 빠짐.
	탕산(唐山) 대지진 발생(7.26). 탕산에서만 24만 2천명이 사망하고 인근 지역에서 10만 명 사망
	마오 사망(9.9). 예젠잉의 덩샤오핑 지원 가속화
	장칭 일파 체포(10.6). 공식 숙청 발표(10.15)
1977년	덩샤오핑, 화궈펑으로부터 권력을 점진적으로 인수하고 국정 주도
1978년	덩샤오핑, 공산당 제11기 3중전회에서 개혁·개방정책 제안(12월)
1979년	중미 수교. 덩샤오핑 방미(1.29~2.5)
1986년	가을 동안 학생시위 계속. 후야오방(胡耀邦) 총서기 문책
1987년	후야오방이 물러나고 자오쯔양(趙紫陽) 총서기 취임(1월). 리펑(李鵬) 총리 취임
1988년	덩샤오핑과 보수파 사이에 인플레, 부패, 외국과의 교류문제 등을 둘러싸고 당내 투쟁. 덩샤오핑은 자오쯔양을 옹호했으나 경제문제는 리펑이 전담하게 됨
1989년	당내 논쟁 지속. 후야오방 사망(4.15)
	톈안먼 학생시위에 이어 톈안먼 대학살사건 발생(6.3~4).
	자오쯔양이 물러나고 상하이 당위 서기(黨委書記) 장쩌민(江澤民)이 총서기로 취임
1990년	덩의 개혁정책 후퇴. 양상쿤(楊尙昆)의 영향력 증대
1991년	경제침체 지속. 강경파 계속 득세

주요 인물

김일성(金日成)
제2차 세계 대전 말 스탈린의 도움으로 집권한 북한의 독재자. 1950년 6월 남침을 단행함으로써 한국전쟁을 일으켰음. 1994년 7월 8일 사망.

가오강(高崗)
마오가 신임한 중국 동북군구(東北軍區) 사령관. 1954년 스탈린 사후 러시아 스파이였다는 사실이 폭로된 후 자살.

녜룽전(聶榮臻)
1899년 쓰촨성 충칭(重慶) 부근의 명문가에서 출생. 1920년 '노동하며 독서하는 프로그램'의 일환으로 프랑스에 건너갔으며, 프랑스에서 저우언라이의 영향으로 1923년 공산당에 입당하였음. 이후 모스크바에 가서 6개월간 군사 분야의 공부를 한 후 귀국하여 저우언라이를 도와 황포군관학교에서 일함. 대장정 후 린뱌오 밑에서 홍1군단(紅一軍團) 정치위원을 역임하였음. 1955년 중국의 10대 원수로 지명되었으며 중국과학원 원장으로서 중국의 핵무기 개발 책임자였음. 문화혁명시 해임되었으나 마오 사후 예젠잉 원수와 함께 장칭 등 4인방을 몰아내고 덩샤오핑을 영입하는 쿠데타에 협조하였음. 1992년 5월 14일 93세로 사망.

덩샤오핑(鄧小平)
1904년 8월 22일 쓰촨성 광안(廣安)의 명문가에서 출생. 대장정(大長征) 초기에는 사병으로 참여하였으나 후기에 129사단과, 장제스 1백 만의 대군을 격파한 제2야전군을 지휘함. 마오는 덩에게 '3선건설(내륙지방에서의 방위산업시설 건설)' 임무를 맡기는 등 신임했으나 문혁기에 덩을 숙청함. 1973년 복권되어 중병에 걸린 저우언라이를 대신하여 국정을 맡았으나 1976년 다시 실각. 마오 사후 예젠잉(葉儉英)이 주도한 쿠데타로 권력을 장악하여 톈안먼사태 이전까지 10년 이상 혁명에 가까운 과감한 개혁을 추진해 왔다. 톈안먼사태 후 중국 경제가 침체 기미를 보이자 1992년 초 이른바 '남순강화(南巡講話)'를 통해 개혁개방의 과감한 추진을 지시함. 1997년 2월 19일 사망.

덩유메이(鄧友梅)
중국의 작가로 저자의 친구. 산둥성(山東省)에 있는 전형적인 중국의 벽촌인 자신의 친가를 안내해 줌.

덩푸팡(鄧樸方)
덩샤오핑의 장남. 문혁기에 4층 창문에서 홍위병에게 떠밀려서 불구가 됨. 고문을 견디다 못해 스스로 투신했다는 설도 있음. 중국의 장애인보호운동 등 사회복지사업에 앞장서고 있음.

라오서(老舍)
중국의 저명한 현대작가로《인력거꾼》,《낙타상자》의 저자. 문혁기에 홍위병의 고문을 견디다 못해 자살함.

레위 앨리(Rewi Alley)
1930년경 중국에 온 뉴질랜드 출신 목동으로, 상하이에서 공업검사관으로 일했으며, 50년 이상 중국 공산혁명의 열렬한 신봉자였다. 1987년 90세의 나이로 사망할 때까지 마오를 비롯한 지도층 인사들과 개인적인 친분관계를 유지했음.

룽이런(榮毅仁)
혁명 전 중국의 저명한 은행가, 기업가 가문에서 출생. 방대한 조직을 거느린 중국 정부 투자 기관인 CITIC(국제신탁투자공사)의 대표이며, 1993년 3월의 제8기 전인대(全人大)에서 국가 부주석에 임명됨. 2005년 10월 26일 사망.

류보청(劉伯承)
1892년 쓰촨성에서 출생. 한쪽 눈을 실명하여 '애꾸눈'으로 알려진 류는 덩과 함께 항일전쟁시 인민해방군에서 가장 우수했던 129사단을 지휘하였으며, 129사단이 제2야전군으로 확대 재편된 후 사령관으로서 국민당군과 싸움. 1986년 10월 7일 사망.

류사오치(劉少奇)
1898년 후난성(湖南省) 닝샹현(寧鄕縣)의 명문가에서 출생. 마오의 광부 조직 활동에 동참함으로써 마오와 같이 일하기 시작하였고, 1921년 모스크바에 가서 코민테른이 세운 쑨이시엔(孫逸仙) 대학에서 공부하던 중 공산당에 입당함. 1925년 귀국하여 반(反)마오 소련파에 동참했으나 곧 마오 진영으로 돌아섰으며, 대장정 시기에 지휘관, 정치위원으로 활약함. 후에 국가주석이 되었으며 명목상 마오의 후계자였으나 마오는 1966년 류를 덩샤오핑과 함께 숙청함. 1969년 11월 12일 카이펑 감옥에서 음식도 치료도 제공받지 못한 채 사망.

리웨이한(李維漢)
일명 뤄마이(羅邁). 대장정 직전 루이진(瑞金)에서 반(反)덩샤오핑 논쟁을 주도한 저명한 공산주의자. 후에 덩의 둘째 부인이었던 진웨이잉(金維映)과 결혼. 1984년 8월 11일 사망.

리펑(李鵬)
1993년에 65세로 당 지도부내 핵심 인물 중 가장 젊은 세대에 속함. 1988년 전인대에서 국무원 총리에 임명됨. 1992년 유임 및 1993년 재선. 총리로 재임중이던 1994년과 전인대 상무위원회 위원장으로 재임중이던 2001년 방한함.

린뱌오(林彪)

1907년 10월 7일 후베이성(湖北省) 황강현(黃岡縣)에서 출생. 그의 아버지가 경영하는 작은 공장이 군벌의 착취로 파산하자 공산주의자가 되어 황포군관학교(黃埔軍官學校)에서 수학하였고 대장정, 항일전쟁, 국민당과의 내전 등에서 탁월한 홍군 지휘관으로 활약함. 1959년 국방장관으로 임명되었고 후에 마오의 공식 후계자로 지명됨. 린은 문혁기에 주도적인 인물이었으나 곧 마오의 신임을 잃게 되자 마오를 암살하고 권력을 잡으려는 계획을 세움. 그러나 이 계획이 실패하자 부인, 아들과 함께 비행기로 국외탈출을 기도, 1971년 9월 13일 몽골 지방에서 비행기 추락사고로 사망.

마오위안신(毛遠新)

마오쩌둥의 조카로 인민해방군 군관 출신. 1975년 여름 베이징에 와서 10월 이후부터 병석에 있는 마오와 장칭 등 4인방 사이에서 연락병 역할을 했음. 마오 사후에 체포되었다가 만기 출소함.

마오쩌둥(毛澤東)

중국공산당 지도자이며 창당 멤버. 1893년 12월 26일 후난성 샹탄현(湘覃縣) 사오산(韶山)에서 중농인 부친과 독실한 불교도인 어머니 사이에서 출생함. 1976년 9월 9일 사망.

보이보(薄一波)

1992년 10월 공산당 제14기 전체대회에서 중앙고문위원회가 해체되기 전까지 부주임 역임. 금융·경제전문가. 2007년 1월 15일 사망.

쑨원(孫文, 孫逸仙)

중국의 초대 총통이며 중국 민족주의운동의 지도자로 1911년 중국 최초의 공화국을 수립함. 1914년 쑹칭링과 결혼, 1925년 3월 12일 사망.

쑹칭링(宋慶齡)

전도사 출신으로 엄청난 부(富)를 축적한 찰리 쑹(Charlie Soong)의 세 딸 가운데 하나로 1895년 출생. 장제스와 결혼한 메이링(美齡)의 언니로 1914년 쑨원과 결혼. 그녀 자신은 공산주의자가 아니었으나 국민당보다는 공산당을 지지했으며, 중화인민공화국 부주석을 역임함. 1981년 5월 29일 사망.

양상쿤(楊尙昆)

1908년 쓰촨성의 부유한 지주 집안에서 출생. 1926년 공산당에 입당하여 모스크바에서 공부하고 당내(黨內) 소련파에 동조했으나 곧 마오 진영으로 돌아섬. 대장정에 참여하고 수년간 당중앙 판공청(辦公廳) 주임 등을 역임했으나 문화혁명 발발 직전부터 마오의 미움을 받음. 1978년 거의 13년간의 연금상태에서 풀려나 덩샤오핑의 충실한 대변자 노릇을 해 왔으며, 1993년 3월 국가 주석직에서 퇴임. 1998년 9월 14일 사망.

예젠잉(葉劍英)

1897년 4월 28일 광둥성(廣東省) 북부 하카(客家) 출신의 부유한 상인 집안에서 출생. 황포군관학교 교관으로 재직시 저우언라이를 만난 이래 평생 동안 저우언라이와 가까운 사이였음. 1924년 독일에 있을 때 공산당에 입당한 후 귀국했으며, 후일 중국의 10대 원수로 지명되었음. 마오의 숙청에서 살아남았고 장칭과 문화혁명에 대해 표면적인 동조를 표명했으나, 후에 4인방을 몰아내고 덩을 복권시키기 위한 군(軍) 장성들과 원로들의 계획을 주도하였음. 1986년 10월 22일 사망.

완리(萬里)

덩샤오핑이 중국 시난(西南)지방과 '3선건설'을 책임지고 있던 시절부터 줄곧 덩의 부관으로 일해 옴. 톈안먼 광장을 포함하여 수많은 중국의 대규모 건설공사의 책임자였음. 덩의 가장 진보적인 조언자로서 1993년 3월 하순에 열린 제8기 전인대 이전까지 상무위원장직 역임함.

왕광메이(王光美)

류사오치의 부인. 뛰어난 능력을 지닌 미망인으로 장칭의 미움과 질시를 받아 문혁기에 박해를 당함. 1921년 베이징(北京)의 명문가에서 출생하였으며 부친은 정부의 고위 관리였음. 1948년 결혼하여 네 자녀를 두었으며, 이들은 문혁기에 박해를 당했으나 모두 살아남음. 4인방 체포 후 명예회복 되어 중국인민정치협상회의(中國人民政治協商會議)의 상무위원 역임. 2006년 10월 13일 사망.

왕밍(王明)

1904년 안후이성(安徽省)에서 출생. 본명은 천사오위(陳紹禹). 1956년 이후 소련에 거주했으며 1974년 사망할 때까지 소련의 반(反)마오 노선에 동조하는 중심인물로 활동함. 중·소관계가 공공연히 결렬되기 이전의 시기에 마오는 소련을 겨냥한 비난을 왕에게 퍼붓는 경우가 많았음.

왕자샹(王稼祥)

대장정에 참여한 반(反)마오, 친소(親蘇) 공산주의자로 후에 마오 노선의 동조자로 돌아섰으며, 오랫동안 모스크바 주재 중국대사를 역임함. 1974년 1월 25일 사망.

왕전(王震)

1908년 후난성에서 출생. 철도노동자로 일하다가 공산당에 입당하여 대장정 시기에 샤오커(蕭克) 원수의 홍6군단(紅六軍團)에서 정치위원으로 활동함. 문혁기에 가택연금 상태에 있으면서 추방당한 덩샤오핑을 1973년에 복권시키는 데 중간 역할을 했으며, 마오 사후 덩이 재집권하는 데 지대한 기여를 했음. 국가 부주석(副主席)으로 재임중 1993년 3월 12일 사망.

자오쯔양(趙紫陽)

1919년 허난성(河南省)에서 출생. 마오 시대 말기의 가장 유능한 성당위원회(省黨委員會) 서기 중의 한 명으로, 1978년 덩샤오핑이 총리로 발탁함. 1987년 후야오방(湖耀邦)에 이어 총서기에 취임, 시장경제 도입 등 과감한 개혁을 추진했으나 톈안먼 사태 후 해임됨. 2005년 1월 17일 사망.

장제스(蔣介石)

1887년 10월 11일 중류 가정에서 출생. 쑨원의 열렬한 신봉자로서 지하 갱조직에 관여했던 상하이 시절 이후 국민당의 군사요인이 됨. 1927년 국공합작을 주도했으나 곧 공산당으로부터 등을 돌려 1927년 4월 27일 상하이에서 수천 명의 공산당원을 학살함. 제2차 세계 대전 후 마오에게 패배하고 타이완으로 물러났음. 1975년 4월 5일 사망.

장쩌민(江澤民)

전직 상하이 당서기로 1989년 톈안먼 사태 후 덩이 자오쯔양 후임으로 총서기에 임명함. 이어 1990년 국가중앙군사위 주석을 역임. 1993년 국가 주석을 역임. 2003년 후진타오에게 주석직을 이양하여 평화적 정권 교체를 이루어 냄.

장칭(江靑)

마오의 세 번째 부인. 마오의 동료들은 장칭이 20년 동안 정치에 관여하지 않는다는 조건 아래 두 사람의 결혼에 동의. 상하이의 이류 여배우였던 장은 1937년 옌안에 가서 캉성의 도움을 받아 마오의 환심을 사는 데 성공함. 마오는 그녀를 이용하여 문화혁명을 일으켰고, 장은 자신의 적을 제거하기 위한 방편으로 문화혁명을 이용함. 덩을 지원하는 당 원로들에 의해 실각당한 후 77세인 1991년 친청(秦城) 감옥에서 복역중 자살한 것으로 보도됨.

쩌우자화(鄒家華)

1927년 상하이에서 출생하여 소련 유학을 했으며 평생 공업 분야의 직책을 맡아온 엔지니어임. 고(故) 예젠잉 장군의 사위이며 막강한 권한을 가졌던 전(前) 광둥성장(廣東省長) 예쉬안핑(葉選平)의 매부임. 1991년 국무원 부총리 겸 정치국 위원을 역임. 1993년 전인대에서 국무원 부총리에 임명됨. 1998년 전인대 부위원장 역임.

주더(朱德)

홍군의 창설자이며 마오쩌둥의 가장 가까운 동지. 1886년 12월 18일 후난성의 가난한 집안에서 출생했으며 15명의 형제 중 8명만 생존함. 아편에 중독되었다가 치유됨. 공산혁명 당시 많은 농민들은 중국 공산주의 운동의 지도자가 '주마오(朱毛)'라는 이름을 지닌 한 사람인 줄 알았다고 함. 1949년 이후 주의 역할은 의례적인 것인 경우가 많았고 문혁기에는 '사악한 장군'이라는 비난을 받았으며, 1976년 7월 6일 사망.

주룽지(朱鎔基)

1928년 후난성 창샤(長沙) 출생으로 칭화(淸華) 대학을 졸업함. 1987년 국가경제위원회(1988년 4월 국가계획위원회로 재편됨) 부주임에 취임한 후 얼마 안 되어 상하이 시장, 당 서기(黨書記)가 되었고 1991년에는 부총리(副總理), 1992년 당 14전대(黨14全大)에서 정치국 상무위원에 임명되는 등 초고속 승진을 거듭했음. 상하이 시장 재임시 톈안먼 사태가 발생했으나 군대동원이나 유혈사태 없이 사태를 평화롭게 처리함으로써 평판을 얻음. 1998년 중국 제5대 총리에 올랐으며 2003년 퇴임.

저우언라이(周恩來)

1898년 3월 5일 장쑤성(江蘇省)의 몰락한 사대부 집안에서 출생. 명석하고 매력적이고 사교적이었던 그는 미국 선교사가 설립한 톈진(天津)의 난카이(南開) 대학에 진학하였음. 잠시 동안의 일본 유학을 마치고 귀국한 후 5·4운동에 참여했으며 곧 급진적 학생운동의 주류에 합류하였음. 1920년 '노동하며 공부하는 프로그램'의 일환으로 프랑스에 건너갔으며, 1922년 파리에 중국공산당 유럽 지부를 설립함. 1927년 장제스의 상하이 학살을 가까스로 모면하고 곧 모스크바에 건너감. 귀국 후 소련파에 동조, 마오의 경쟁자로 등장했으나, 대장정이 시작되자 마오 진영으로 돌아선 이래 줄곧 마오에 충성하였음. 1972년 암에 걸리자 마오를 설득하여 덩샤오핑을 불러들이게 했음. 저우언라이가 죽을 무렵 마오는 그와 덩으로부터 등을 돌렸음. 1976년 1월 사망.

천보다(陳伯達)

마오의 비서 중 한 명. 캉성(康生), 장칭과 함께 문화혁명시기에 중심 역할을 함. 문혁기에 자행된 수많은 잔혹 행위를 주도했고 문혁 종료 전에 실각하였으며, 1981년 18년형을 언도받고 복역중 사망.

천윈(陳雲)

1900년 상하이 노동자 집안에서 출생. 인쇄소 식자공으로 일하다가 게릴라에 참여하여 맹활약. 마오 밑에서 경제전문가로 명성을 얻었으며, 덩샤오핑의 경제개혁안에 기본틀을 제공. 덩이 무모할 정도로 대담한 반면, 천은 신중하고 점진적인 개혁을 선호. 톈안먼 사태 후 덩에게 영향력을 행사하여 가혹한 숙청을 막는 데 기여했음. 중앙고문위원회가 해체되기 전까지 주임을 역임함. 1995년 4월 10일 사망.

천이(陳毅)

1901년 쓰촨성(西川省)의 부유한 지방관리 집안에서 출생. 중국의 10대 원수 중 한 명. 외교부장을 역임했으며 문혁기에 수난을 당함. 1972년 1월 6일 암으로 사망.

캉성(康生)

마오의 비밀경찰 최고책임자로 수많은 음모의 배후조정자였으며, 문화혁명기에 장칭과 함께 주동자로 활동했음. 1900년경에 산둥(山東)의 부유한 가문에서 출생하였으며, 장칭의 소녀시절부터 장칭과의 친분관계가 시작됨. 1975년 12월 16일 암으로 사망.

톈자잉(田家英)

마오쩌둥의 비서로 오랜 기간 동안 마오와 각별히 밀접한 관계를 유지해 온 이상주의자. 1966년 5월 23일 자신이 모함을 받고 있음을 알고 자살함.

펑더화이(彭德懷)

1898년 후난성에서 출생. 막내 남동생이 굶어 죽을 정도로 가난하였음. 2달러 50센트의 월급을 받고 군벌 군대에 사병으로 취직하여 12년간 복무하다가 공산당에 입당함. 대장정시 일급 지휘관으로 인정받았으며, 한국전쟁시 중공군을 지휘함. 당시 린뱌오는 건강이 나쁘다는 구실로 사령관직을 거부함. 마오를 '주석'이라고 부르지 않고 허물없는 사이에만 쓸 수 있는 '라오마오(老毛)'라고 부를 수 있었던 인물은 천이와 펑더화이 두 사람뿐이었음. 마오의 '대약진운동'이 전국적인 기근을 초래했다고 비판한 이후 마오에 반대하는 군사음모를 꾸미고 있다는 비난을 받음. 펑은 130번이나 얻어맞은 끝에 1974년 11월 29일 사망.

펑전(彭眞)
1899년 몰락한 사대부 집안에서 출생하여 교원양성학교에 다녔으며 5·4운동에 참여하였음. 1926년 공산당에 입당하여 류사오치와 함께 지하활동을 계속하였음. 1949년부터 베이징 시장, 당위(黨委) 서기를 역임하면서 베이징 정가의 요인으로 활약하였음. 마오의 정책에 대한 대담한 비판자였던 그는 1966년 5월 16일 숙청당한 후 12년 동안 구금, 추방 생활을 겪음. 1979년 복권되어 덩샤오핑의 개혁추진을 위한 법률적 기반을 마련하는 작업을 맡음. 1983년 전인대 상무위원장을 역임. 1997년 4월 26일 사망.

허룽(賀龍)
1896년 후난성 산간지대에서 출생. 고깃간에서 쓰는 칼로 세금징수인을 습격한 것을 계기로 혁명가의 길에 들어섬. 쑨원의 국민당군에 저항해서 싸우다가 1926년 공산당에 동참. 대장정, 항일전쟁, 내전에 참여했으며, 1955년 중국의 10대 원수 중의 한 명으로 지명. 린뱌오는 허를 적대시하여 문화혁명이 발발하자 장칭과 공모하여 숙청, 1969년 6월 8일 본인의 거부에도 불구하고 병원에 끌려간 후 사망.

황화(黃華)
급진적인 베이징 대학 학생시절인 1937년 에드가 스노우가 당시 공산당 기지인 바오안(保安)과 옌안을 방문했을 때 통역을 담당. 저우언라이와 오랜 친분을 유지했으며, 뛰어난 외교관으로서 초대 유엔 대사와 외교부장, 중앙고문위원회 상무위원을 역임. 2010년 11월 24일 사망.

후야오방(胡耀邦)
전임 총서기. 대담한 개혁정책으로 당내 보수파를 경악시킴으로써 1987년 1월 해임됨. 1989년 4월 73세로 사망. 그의 죽음으로 유발된 학생시위는 결국 덩에 의한 무력진압을 가져온 톈안먼 사태를 야기함.

후차오무(胡喬木)
1941년부터 문화혁명 직전까지 마오의 핵심 비서였으며, 1991년 84세의 나이에도 당내 보수파로 건재함. 문혁기에는 덩샤오핑에게 결정적인 도움을 주었으나 말년에는 강경파로 선회. 중앙고문위원회 상무위원 역임. 1993년 사망.

후화(胡華)
저명한 역사가로 중국공산당사 편찬사업에 종사하였으며 인민대학(人民大學) 교수 등을 역임.

주(註) 풀이

제1장 옛 수도

1) 객비는 황제의 이방인 첩을 의미한다. 청나라 건륭제는 정복 전쟁에서 그녀의 남편을 죽이고 그녀를 포로로 잡았으나 그녀는 건륭제의 구애를 거절했다. 객비는 자살했다는 설도 있고 살해당했다는 설도 있을 정도로 그녀의 죽음은 비극적이었던 것으로 전해진다.
2) 1990년에는 옥천(玉川)의 물이 거의 말라 버린 상태였다. 서로 연결된 호수들을 채운 물은 천연수가 아니라 베이징 시의 수돗물이었다.
3) 장전(張震) 장군(국방대학교장), 개인적인 인터뷰, 1980년 5월 11일, 베이징.
4) 류사오치(劉少奇), 주더(朱德), 그리고 둥비우(董必武)는 1947년 4월 시바이포에 사령부를 세웠었다. 마오쩌둥, 저우언라이(周恩來), 그리고 런비스(任弼時)는 1948년 3월 녜룽전(聶榮臻) 장군의 사령부가 있는 그 부근 허베이성(河北省)의 청난좡으로 갔다가 두 달 뒤에야 시바이포로 이동했다[스저(師哲), 개인적인 인터뷰, 1988년 9월, 베이징].
5) 멜비(Melby),《천명(Mandate of Heaven)》, 300쪽.
6) 보데(Bodde),《베이징 일기(Peking Diary)》, 55쪽.
7), 8), 9) 친싱한(秦興漢)장군, 사신(私信), 1988년 1월 18일.
    린뱌오의 화북군은 화북 군사 지역의 3, 4, 5, 7, 11군으로 이루어져 있었다.
10) 마리앤 클럽(Mariann Clubb), 개인적인 인터뷰, 1988년 8월 25일, 뉴욕.
11) 보데,《베이징 일기》, 103쪽.
12) 마리앤 클럽, 개인적인 인터뷰, 1988년 8월 25일, 뉴욕.
13) 레바논계로 미국에서 태어난 내과의사 조지 하템(George Hatem)은 중국으로 귀화하여 마하이더(馬海德)라는 중국이름을 갖게 되었다. 그는 군 총사령부 참모진과 함께 베이징에 입성했다. 그들이 톈안먼에 들어갔을 때 톈안먼은 너무나 소란스러웠다. 베이징 시의 사령관으로 임명받은 예젠잉(葉劍英) 원수를 비롯하여 6명의 장군들이 톈안먼 성루에서 경례를 받고 있었다(조지 하템, 개인적인 인터뷰, 1988년 5월 1일, 베이징).
14) 보데,《베이징 일기》, 175쪽 ;《중난하이》, 18쪽.
15) 12월 중순 시산(西山) 점령 후 린뱌오의 공산당 점령 사령부는 베이징 정동쪽에 있는 퉁셴(通縣) 숭짱시양으로 이동했다(친싱한 장군, 사신(私信), 1988년 1월 18일).
16) 왕차오유,《베이징 당시 보고》.
17) 마오 연구가로 탁월한 학자인 리루이(李銳)는 이 역사서들이 마오의 지적 발달에 엄청난 역할을 했다고 믿었다. 그는 마오에게 중요한 영향을 미친 사상으로 그 밖에도 이지(李贄), 왕부지(王夫之), 안원(顔元)의 사상들을 들었다(리루이, 개인적인 인터뷰, 1987년 1월 30일, 베이징). 홍군이 중국의 두메산골을 헤매며 6천 마일이나 퇴각했던 대장정 기간중에도 마오는《자치통감》을 읽고 연구

하면서 스승 수터리와 토론을 벌이곤 했다(리루칭,《시앙쟝 전투》). 마오는 거의 죽는 날까지 계속해서 이 역대 왕조의 저서들을 읽었다. 이 저서들에 대한 뛰어난 논의들은 드 베리(De Bary) 외, 《중국 전통의 원천(Sources of Chinese Tradition), 231쪽 이하)에서 찾아볼 수 있다.
18) 주종리,《반짝이는 홍엽(紅葉)》, 146~147쪽 ; 주종리, 개인적인 인터뷰, 1991년 1월 29일, 베이징.
19) 옌창린,《결전의 날들》, 231~236쪽.
20) 위의 책, 242~248쪽.
21) 리루이환(李瑞環), 개인적인 인터뷰, 1988년 5월, 톈진.
22) 리다자오(李大釗)는 만저우리의 군벌 장쭤린(張作霖)에게 1927년 처형당했다.
23) 주샤천,《베이징》, 122~123쪽.
24) 1949년 3월 26일자《인민일보》에는 마오의 도착을 축하하는 공항 행사에 관한 기사가 실렸는데, 류사오치, 주더, 저우언라이 그리고 런비스가 참석했다고 보도했다.
25) 주종리,《반짝이는 홍엽》, 146~147쪽.
26) 리인차오(李銀橋, 마오의 경호실장),《하북일보》, 1988년 5월 20일.

제 2 장 향산의 시인

1) 일부 역사가들과 생존자들―오랫동안 마오의 비서를 지낸 후차오무(胡喬木)도 그 중 한 사람이다―은 어떠한 이론의 여지도 없었다고 회상하고 있다. 후차오무의 생각에는 베이징은 중국의 수도였다. 베이징은 명나라, 청나라의 수도였을 뿐만 아니라, 1912년 만주족의 청나라를 전복하고 수립된 공화국 정부도 제국 도시인 베이징에 본부를 두었다(후차오무, 개인적인 인터뷰, 1988년 5월 21일, 베이징). 시양칭 교수는 베이징을 제외한 난징이나 그 밖의 장소를 수도로 신중하게 고려해 본 적이 없는 것으로 믿고 있었다(시양칭, 필자에게 보낸 편지, 1988년 9월 28일). 당의 역사주임인 후화(胡華)는 이들만큼 분명하게 확신하고 있지는 않았다. 그는 마오의 측근들 가운데 일부는 옛 제국의 수도를 수도로 삼는 데 전적으로 만족해하지는 않았던 것으로 믿고 있었다[후화, 개인적인 인터뷰, 1987년 10월, 베이징 ; 키드(Kidd),《베이징 이야기(Peking Story)》, 198~199쪽].
2) 스탈린은, 나치 독일이 독소불가침조약을 파기하고 1941년 6월 22일 기습적인 공격을 하게 될 것이라는 내용의 경고를 몇 차례 받았다. 믿기 어렵지만 그런 경고를 옌안으로부터도 받았다. 정확하고 세부적인 일자와 시간, 그리고 대략적인 공격 윤곽에 대한 정보를 제공한 사람은 저우언라이의 친구이자 동지인 옌바오항(閻寶航)이었다. 공산당 지하공작원으로서 국민당과도 긴밀한 유대를 맺고 있었던 그가 어떤 국민당 장교로부터 이 정보를 얻었다. 한편 그 국민당 장교는 일본 군부로부터 그 정보를 얻었다. 이 경고는 독일의 공격 개시 이틀 전인 6월 20일에 모스크바에 전달되었다. 그러나 스탈린은 다른 경고들과 마찬가지로 이 경고도 무시해 버렸다. 독일의 소련 공격이 있은 후 얼마쯤 지나 소련 국방위원회 위원장 대리 몰로토프(Vyacheslav M. Molotov)는 그 경고 메시지를 받았다는 말과 함께 감사의 말을 옌안에 보내 왔다. 중국 쪽에는 철저히 비밀에 부친 채 스탈린은 크레믈린 궁에서 빠져나와 6월 22일 오전 8시경에 교외 별장으로 피신했다. 그는 약 3주일이 지난 후 전쟁의 향방을 차츰 가늠할 수 있을 때에야 비로소 크레믈린 궁으로 다시 돌아왔다.
옌바오 항은 마오의 러시아어 통역사 옌밍푸(閻明復)의 아버지였다. 그는 문화혁명 기간중인 1968년 5월 22일 보안이 철저한 베이징의 친청(秦城) 감옥에서 사망했다(옌밍푸, 개인적인 인터뷰,

1988년 4월 29일과 5월 6일, 베이징).
3) 스탈린은 자신이 1946년 중국에 경고했다는 이야기를 이따금씩 언급했다. 그러나 그 경고의 자세한 세부내용은 거의 출판되지 않았으며, 특히나 중국 쪽에서 출판된 것은 거의 없다.
4) 흐루시초프는 회고록에서, 얄타 회담의 밀약에 따라 소련은 만저우리에서 탈취한 군사물자를 중국 정부(즉 장제스 정부)에 넘겨주지 않으면 안 될 형편에 있었다는 사실을 몇 차례 언급했다. 흐루시초프는 소련 군부가 중국 공산당이 그 전쟁 물자를 탈취하기 편리한 장소에 전쟁 물자를 모아 두려고 했다고 주장했다. 실제로는 그 무기의 대부분이 국민당 수중에 들어갔다(《흐루시초프 회고록 : 마지막 유언》, 237~239쪽).
5) 옌밍푸, 개인적인 인터뷰, 1988년 4월 29일, 베이징.
6) 마오쩌둥,《선집(選集)》, 제4권, 300~307쪽.
7) 양상쿤(楊尚昆), 개인적인 인터뷰, 1984년 11월 8일, 베이징.
8) 왕팡밍,《인민일보》, 1979년 1월 2일.
9) 미코얀은 비밀리에 중국을 여러 차례 방문했었다. 목격자들의 증언이 혼동을 일으키는 것은 별로 놀라운 일이 아니다. 양쯔강 도강 작전을 하지 말라고 한 스탈린의 1948년의 경고에 대한 가장 권위 있는 보고는 아마도 1955년 2월부터 1967년 10월 사이에 모스크바 주재 중국 대사로 있었던 류샤오(劉曉)의 보고일 것이다. 저우언라이는 류샤오가 대사로 떠나기 전에 사정을 간단히 설명했다. 중국 인민해방군의 양쯔강 도강을 만류하는 스탈린의 명령을 전달하기 위해 미코얀이 1948년 5월 시바이포에 왔었다고 하면서 저우언라이는 그에게 스탈린이 '두 중국 정책'을 해결책으로 선택했다고 말했다. 저우언라이는 이것은 소련의 판단 착오라면서, 소련은 세계정세를 잘못 이해하고 있으며, 미국과의 전쟁에 대한 두려움에 떨고 있고, 그리고 얄타 회담 밀약의 성과를 위협하고 있다고 말했다(류샤오,《출사소련 8년(出使蘇聯八年)》). 마오의 러시아어 통역사인 스저가 미코얀이 1949년 1월 31일 홍군의 주요 군사기지인 스자좡(石家莊)에 왔다가 2월 7일에 떠났다는 사실을 이야기하면서 도강 일자를 더 늦출 것을 제안할 때까지는 그 경고에 대한 마오 자신의 견해가 베이징에서 받아들여지고 있었다. 스저는 자신이 미코얀을 공항에서 만나 그를 시바이포까지 수행했다고 말했다. 미코얀은 마오, 저우언라이 그리고 (그 당시 당 총서기인) 런비스와 매일 저녁 회담을 가졌으며 회담을 한 밤중까지 할 때도 자주 있었다고 스저는 말했다. 그러나 스저는, 미코얀의 방문 목적이 모스크바에 마오 정부의 계획을 알리는 데 있는 것이지 마오의 양쯔강 도강을 제지하려는 데 있는 것은 아니었다고 주장했다. 스저의 이러한 견해는 공문서들에 의해 뒷받침되었다고 한다(시양칭, 필자에게 보낸 편지, 1988년 9월 8일 ; 스저, 개인적인 인터뷰, 1988년 9월, 베이징). 외교관 위전(俞震)과 장위안유(張元友)는 외교부 역사분과에서 발행한《신중국 외교》(1990년 5월, 15~21쪽)에서 스저의 견해를 지지했다. 그들은 마오를 비롯한 중국 지도자들 중 어느 누구도 1948년 또는 1949년 스탈린으로부터 경고를 받았다는 이야기를 한 번도 한 적이 없었다고 주장했다. 그들은 마오가 1958년에 소련 대사 유딘(Pavel Yudin)에게, 스탈린이 1945년에 중국 공산당이 장제스와 화해하여 연합정부를 구성하기를 원했다는 이야기를 한 적은 있었다고 주장했다. 미코얀은 1958년의 회담에 참석했다. 그 회담에서 마오는 미코얀이 중국에 오기만 하면 마치 '자식을 가르치는 아버지처럼' 중국 사람들을 가르치려 들었다는 말은 했으나 1948년 또는 1949년의 경고에 대해서는 전혀 언급하지 않았다는 것이다. 위전과 장위안유는 또한, 레닌에서 흐루시초프에 이르기까지 장기간에 걸친 중소관계를 요약하는 1960년의 베이다이허(北戴河) 회의에서 저우언라이가 스탈린의 1945년의 경고와 미코얀

의 시바이포 방문에 대해서는 언급했지만 그 이후의 경고에 대해서는 전혀 언급이 없었다는 이야기도 썼다. 스탈린이 불가리아의 코민테른 대표인 디미트로프(Georgi Dimitrov), 그리고 유고슬라비아의 코민테른 대표와 1948년 2월 10일에 가진 회담에서 자신이 이전에 중국에 경고를 한 적이 있다면서 "나는 중국 공산당이 이길 수 있다고는 생각하지 않았소. 당신들도 아실 수 있겠지만 나도 실수를 할 수 있소"라고 말했다고 한다. 이처럼 스탈린이 1948년 2월에 자신의 이전 경고가 틀렸다는 것을 시인하고서 그로부터 두세 달 지나 이전과 똑같은 경고를 되풀이한다는 것은 도무지 있을 법하지 않은 일이라고 그들은 단정했다. 아나스타스 미코얀의 아들인 세르고 미코얀(Sergo Mikoyan)은 아버지가 보관해 놓은 문서들을 조사한 후 양쯔강 도강 문제가 논의되었다고 믿고 있었다(세르고 미코얀, 개인적인 인터뷰, 1988년 12월 6일, 뉴욕). 마오의 경호실장 리인차오는 미코얀이 '1948년 말'에 방문했었다고 말했다. 미코얀은 약 일주일동안 체류했으며 마오는 그 동안 그와 두 차례 식사를 했다. 미코얀은 마오에게 중국 공산당이 승리를 쟁취하는 날이 오면, "맛있는 중국 음식을 어떻게 만드는가를 우리에게 가르쳐 줄 요리사들을 모스크바로 꼭 좀 파견해 달라"고 말했다. 그러자 마오는 "중국이 세계에 가장 크게 공헌한 것은 의술과 요리 두 가지이다"라고 대꾸했다[취안옌즈(權延赤), 《경호실장의 마오쩌둥에 대한 진술》]. 1948년 당시 옌칭 대학 선생이자 민주주의촉진위원회 위원이었던 레이지에충은 1948년 12월 민주주의 대표단 일행과 함께 스자좡과 시바이포 방문을 초대받았다. 대표단 일행은 1949년 1월에 시바이포에서 마오와 만났다. 마오의 발언 중에는 그가 미코얀과 벌였던 토론들의 내용이 반영되어 있었다. 레이의 말에 따르면, 마오는 중국을 양쯔강 이북과 이남 두 부분으로 분단하는 것을 옹호하는 '일부 집단들'이 있다고 말했다 한다. 마오는 이어서, 그렇게 되면 '남북조시대의 상황'이 생겨날 것이며, 그와 같은 분단은 혁명을 미완 상태로 놔둔 채 포기하는 것을 의미할 뿐만 아니라 장제스가 상처를 치유하고 나서 온 나라를 삼키겠다고 갑자기 덤벼들 수 있는 기회를 제공하는 것이기도 하며, 중국의 교훈적 고사를 인용하여 "뱀같이 사악한 악당을 결코 동정하지 말라"고 말했다(중원시옌, 《마오쩌둥》). 당의 역사학자 후화만이 특별히, 미코얀은 마오에게 양쯔강을 건너지 말라고 경고하기 위해서 온 것이었다고 말했다(후화, 개인적인 인터뷰, 1987년 8월 9일, 베이징).

10) 앙드레 말로(Marlaux), 《앙티 메무아르(Anti-Memoirs)》, 363쪽.
11) 스저, 개인적인 인터뷰, 1988년 9월, 베이징.
12) 사실상, 스튜어트는 당시 미국 국무장관이었던 마샬(George Marshall)의 반복된 지시를 무시하는 채 국공화해(國共和解) 또는 국공합작의 결과를 이루어 내기 위한 비공식적인 노력들을 다양하게 하고 있었다. 어느 정도는 미국 국무성이 스튜어트의 그런 활동들을 눈감아 주는 측면도 있었으며, 어느 정도는 스튜어트가 자기가 무슨 일을 하는가를 국무성에 (또는 어느 누구에게도) 이야기하지 않은 측면도 있었다. 저우언라이와 공산주의자들은 스튜어트의 활동들, 그리고 중국 내전을 종식시키려는 그의 초지일관한 노력들을 잘 알고 있었다. 바로 이런 맥락에서 스튜어트의 베이징 방문이 연기되었던 것이다. 스튜어트의 활동들에 대한 상세한 논의는 멜비의 《천명(天命)》을 참조하라. 난징 주재 미대사관에 근무하던 멜비는 스튜어트의 활동이 성공할 수 있다는 데에는 회의적이었지만 그의 활동 자체에 대해서는 대체로 공감했다. 1948년 4월말에 저우언라이는 중국 외교부 대표로서 황화(黃華)를 난징에 보냈다. 옌칭 대학 학생 시절 처음으로 스튜어트를 만났던 황화는 난징에서 스튜어트와 수차례 만났다. 스튜어트는 '정치적 계략들을 통해 장제스 정부를 강화'시키려고 노력하는 입장에 서 있었다(황화, 《베이징 리뷰》, 32~35쪽).
13) 럼(Lum), 《베이징 1950~53년》, 57~58쪽.

14) 반스톤(Barnstone)(편역),《마오쩌둥의 시》, 128~129쪽.
15) 마오쩌둥,《시(時)》, 46~47쪽.
16) 마오의 생애에 대한 공식적인 설명에는 마오가 베이징으로 와서 중난하이에 거처를 잡은 때가 1949년 6월이었다고 기록되어 왔다. 마오의 낭만적인 것에 대한 애착을 보여 줄 만한 낌새가 엿보이는 것은 모조리 걸러내 버린 것이다. 그러나 마오는 향산에서 일곱 달 이상을 보냈었다. 이 사실을 나타내는 최초의 공식적인 표시는 (지금은 박물관으로 사용되는) 쌍칭 별장에 붙어 있던 작은 카드였다. 거기에는 마오가 1949년 3월부터 11월까지 그곳에서 살았다고 기록되어 있다. 마오가 오랫동안 베이징을 비웠다는 사실은 왕자샹(王稼祥)의 미망인 주종리에 의해 확인되었다. 왕과 주 부부는 두 사람 모두 대장정 시기 이래로 마오와 아주 가깝게 지내던 고위 당직자들이었다(주종리, 개인적인 인터뷰, 1991년 1월 29일, 베이징).

제 3 장 "저 작은 친구를 얕보지 마라"

1) 장전, 개인적인 인터뷰, 1988년 5월 11일, 베이징.
2) 《흐루시초프 회고록 : 마지막 유언》, 253쪽.
3) 장전, 개인적인 인터뷰, 1988년 5월 11일, 베이징.
4) 덩 혼자서 이 공을 세운 것은 아니었다. 그러나 덩은 중원야전군 주요 지휘관이자 당서기, 그리고 그 자신과 애꾸눈 류보청과 천이가 포함된 지휘부의 간부였다. 일선 부대는 공산당 최고 간부들인 마오쩌둥, 저우언라이, 주더, 류사오치, 펑더화이, 그리고 양상쿤 장군의 지휘와 통제 아래 움직였다. 마오가 선두의 기본 방침들을 결정하면, 상군들은 그 기본 방침에 따라 병력 배치, 시간표, 병참술 등의 계획을 짜서 그들의 부관들에게 하달했다. 지휘부내에서 덩이 맡은 역할의 중요성은 잘 알려져 있었으며 누구나가 인정했다. 그러나 마오의 사후 그가 실권을 장악하고 나서야 비로소 그 세부적인 사실들이 활자화되기 시작했다. 그 이전의 설명에는 공산당 제2 야전군 내에서 류보청의 역할이 줄기차게 언급되었을 뿐, 덩의 역할은 무시되었었다. 제2 야전군과 상당한 시간을 함께 보낸 외국 기자들의 설명들에서 덩의 역할을 간과하고 있다는 점이 특히 두드러지게 눈에 띈다.
5) 취안옌즈,《경호실장의 마오쩌둥에 대한 진술》.
6) 해리슨 E. 솔즈베리,《대장정(Long March)》, 121쪽 ; 리루이, 개인적인 인터뷰, 1984년 10월 26일, 베이징.
7) 취안옌즈,《경호실장의 마오쩌둥에 대한 진술》, 제4장.
1942~45년에 옌안에서 지냈던 소련의 군사 고문 블라디미로프(P.P. Vladimirov)는 마오와 그의 특무대장 캉성(康生)이 왕밍(王明)을 약물로 살해하려는 기도를 했었다고 확신했다. 그들은 엄청난 양의 염화제1수은을 위장약이라고 속여 왕밍으로 하여금 억지로 삼키게 했다는 것이다. 모스크바가 끼어들어 왕밍의 건강에 대한 긴급 검사를 했다. 그리고 왕밍은 점차 건강을 회복했다. 왕밍에 관한 중국과 소련의 보고는 정반대의 내용이었다. 이 사건에 비추어 볼 때 중소관계가 초창기부터 이미 상호 편집병적 증세를 보이고 있음을 알 수 있다(블라디미로프,《특별지구 중국 1942~1945년》, 103~211쪽).
8) 마오쩌둥,《군사론 선집(Selected Military Writing)》, 395쪽.
9) 랜드먼(Landman),《붉은 중국의 프로필(Profile of Red China)》, 21쪽.

10) 마오와 스탈린이 1949년 12월 모스크바에서 만났을 때, 스탈린은 (뻔히 알면서도) 상하이 장악이 지연되는 문제와 관련해서 마오에게 "왜 상하이의 프롤레타리아 계급에게 봉기하여 시를 장악하라는 요청을 하지 않았는가?" 하고 질문을 던졌다. 그러자 마오는 그 시의 인구가 수백만 명이므로 자기는 그들을 먹여 살리는 책임을 떠맡기를 원하지 않는다고 답변했다. 나중에 스탈린은 소련 공산당 동지들에게 마오의 이 발언을, 마오가 진정한 마르크스주의자가 아니며 프롤레타리아 계급에 대한 믿음도 없다는 증거로서 인용했다.

제 4 장 명랑한 소년

1) 리루이, 개인적인 인터뷰, 1984년 10월 26일, 베이징.
2) 《신만보(新晚報)》(홍콩), 베이징 디스패치, 지린(吉林)출판공사, 해외방송정보 서비스(워싱턴 D.C.), 1989년 12월 11일, 25쪽에서 인용.
3) 리루이, 개인적인 인터뷰, 1984년 10월 24일, 베이징.
4) 리선즈(李愼之)(사회과학원 부원장), 개인적인 인터뷰, 1988년 5월 2일, 베이징.
5) 취안옌즈, 《경호실장의 마오쩌둥에 대한 진술》, 제2장과 제6장.
6) 개인 방문과 개인적인 인터뷰, 1988년 4월, 광안현.
7) 앨리, 《광안》, 8쪽.
8) 개인적인 관찰, 1988년 4월.
9) 단은 1989년 가을에 죽었다.
10) 단이싱·양얼허, 개인적인 인터뷰, 1988년 4월 8일, 파이팡춘.
11) 광안에서 타고 온 나무배는 너무 작아서 잠을 잘 수 없었다. 덩과 그의 아저씨는 첫날밤은 허추안의 한 여인숙에서, 그 다음 날 밤은 베이페이에서 묵었다. 충칭에는 열차를 실은 채 강을 건너는 연락선이 있었다. 여행객들은 이 연락선을 타고 상하이로 갔다[천밍시엔(중국작가협회), 필자에게 보낸 편지, 1989년 3월 11일]. 천부인은 광안에서 태어났으며 어릴 때 이곳을 여행했었다.
12) 이 공독주의의 기원은 진보적인 인사들의 후원 아래 1912년에 만들어진 검소한 프랑스 유학 생활을 위한 협회였다. 공독주의는 근대적인 과학기술과 근면한 노동 습관을 가르쳐 줄 것으로 기대되었다. 1918년부터 (공독주의 계획이 끝나던 해인) 1921년 사이에 약 1천5백 명에 이르는 중국 학생들이 프랑스로 유학을 왔었다. 덩은 열여섯 살로서 가장 어린 축에 끼었다. 그의 여행 경비는 충칭 상업회의소장이 대주었다. 덩이 프랑스에 도착한 시점은 전후 경제 불황 시기와 일치했다. 일자리가 거의 없었다. 중국에서 유학 온 학생들은 큰 고통을 겪었으며, 심지어 굶어 죽는 경우도 있었다. 곧 마오의 가장 절친한 친구였던 차이허선(蔡和森)을 비롯한 일부 유학생들이 공독주의 운동의 사상 전반에 대해 도전했으며 시위를 주도했다. 결국 프랑스 당국은 공독주의 계획을 철폐했으며 차이허선을 포함한 수많은 선동자들을 국외로 추방했다. 덩이 이러한 정치적 사건들에 참여했다는 기록은 없다[베일리(Bailey), 〈프랑스에서 중국인들의 공독주의 운동〉, 441~461쪽].
13) 황화, 개인적인 인터뷰, 1984년 3월 18일, 베이징.
14) 1920년대에 양선의 기지는 청두(成都)였다. 그러나 그는 경쟁 상대인 군벌들과의 싸움에서 청두를 잃고 충칭으로 기지를 옮겼다. 그는 제2차 세계 대전 기간 동안 충칭에서 활약했다. 결국 그는 타이

완으로 갔으며 그곳에서 죽었다[존 서비스(John S. Service), 전화 인터뷰, 1991년 1월 12일].
15) 광안현 주민들과의 인터뷰, 1988년 4월.
16) 단이싱, 개인적인 인터뷰, 1988년 4월 15일, 파이팡춘.
17) 개인 방문과 개인적인 인터뷰, 1988년 4월, 광안현.
18) 광안 남쪽으로 해발 6천 피트가 넘게 솟아 있는 화인산(華陰山) 산맥은 취장(渠江) 정동쪽으로 뻗어 있다. 그리고 덩의 집에서는 약 23마일 떨어진 곳에 있었다. 때로는 산적 노릇도 하다가 때로는 공산당원으로 활동하기도 했던 게릴라들의 요새가 오래 전부터 그 산 속에 있었다. 그 지방에서 형편이 좋은 사람들을 게릴라의 공격으로부터 보호하는 것이 덩원밍이 하는 일 중의 하나였다. 광안에서는 덩의 계모인 시아바이건이 게릴라들에게 약간의 재정적인 원조를 했었다는 이야기가 전설처럼 전해져 내려오고 있었다(광안현 주민들과의 인터뷰, 1988년 4월).
19) 단이싱, 개인적인 인터뷰, 1988년 4월 15일, 파이팡춘.
20) 1988년 덩의 외숙 단이 1988년 필자를 만나자마자 등이 몹시 아프다며 등의 통증을 치료할 약(그는 미제가 아니라 중국제여야 한다고 주의를 주었다)을 좀 가져다 줄 수 없겠느냐고 물었던 것은 아마 덩으로부터 이런 전갈을 받았기 때문이었던 것 같다.

제5장 거친 벌판으로

1) 로쉬에샹(둥란의 당 역사학자), 개인적인 인터뷰, 1988년 6월 6일, 둥란.
2) 쟝차위아[광시의 셩장(省長)], 개인적인 인터뷰, 1988년 6월 9일, 난닝(南寧).
3), 4) 야메이웬, 개인적인 인터뷰, 1988년 6월 6일, 둥란.
5) 창싱떠(난닝의 당 역사학자), 개인적인 인터뷰, 1988년 6월 8일, 난닝 ; 옌진탕(인민해방군 역사학자), 개인적인 인터뷰, 1988년 6월 9일, 베이징 ; 우슈취안(伍修權), 개인적인 인터뷰, 1984년 3월 28일, 베이징.
6) 황짱, 개인적인 인터뷰, 1988년 6월 8일, 난닝.
7) 덩의 광시에서의 이력에는 애매모호한 부분들이 많다. 그 일부 이유는 기록들이 단편적이라는 데 있다. 그의 군사작전들에 참가한 노병들의 기억은 정확하지 못하고, 장교나 고위 당료들 중에서는 생존한 사람이 아무도 없는 것 같다. 1976년에 덩은 3만 자로 된 기록 문서를 작성해서《나 자신의 회상들》이라고 이름 붙였다. 그 문서는 출간되지 않았으며, 역사학자들도 거의 접근할 수가 없다. 그러나 그 문서에 대해 잘 알고 있는 광시의 한 역사학자는 덩이 상하이를 떠나 광시로 향하기 전에 혁명적인 농민들을 뼈대로 이용하여 소위 '량장(兩江) 혁명기지'라는 것을 설치하라는 지시를 받았다는 사실에 대해 보고한 것이라고 말했다. 덩은 전선위원회의 당서기와 당 인민위원으로 지명되었다. 덩은 자신이, 토지 혁명을 계속 진행시키고, 군사기지를 공고히 하고, 인원을 보충하고, 군대를 먹이기 위한 식량을 모으라는 등의 지시들을 내렸으며, 만약 계속 지탱할 능력이 없으면 징강산으로가 마오 및 주더과 합류하겠다고 했다는 것이다. 덩궁(덩샤오핑과는 아무 혈연관계가 없다)이 덩샤오핑에게 새로운 당 노선을 알려주기 위해 그 지역에 와서 '부농 정책'을 수행하고 있다는 이유로 그를 비판하자, 덩은 자신이 마오 주석의 노선을 수행하고 있다고 반박했다(창싱떠, 개인적인 인터뷰, 1990년 6월 8일, 난닝).

739

8) 공산당 지하 운동의 복잡한 정치 여건으로 볼 때, '볼셰비키파'가 덩을 루이진(瑞金)으로 보낼 때 자기편 한 사람을 마오의 세력권에 침투시킨다고 생각했을 가능성이 아주 크다. 만약 볼셰비키파가 덩에게 그런 기대를 했다면 그들은 곧 실망하게 될 것이었다. 덩이 1931년 여름에 조직되고 있었던 루이진의 한 군사학교에 들어가도록 임무를 부여받았다는 설도 있다. 우슈취안 장군은 1931년 7월 말에 덩이 4개 중대 가운데 한 중대를 지휘하고 있는 모습을 보았노라고 회고했다(우슈취안, 개인적인 인터뷰, 1984년 3월 28일, 베이징).

9) 리루칭,《시앙쟝 전투》, 난징, 1989년 ; 해외방송정보 서비스(워싱턴 D.C.), 1991년 1월 24일.
   그 음모는 과열된 상상력이 꾸며낸 허구였다. 국민당과 공산당이 협력하던 시절 국민당 내부에 AB단 조직이 있었다. 일부 젊은 학생들이 AB단에 속해 있었지만, 그 단체는 아무런 정치적 영향력을 갖지 못했었다. 이 학생들은 공산당에 합류할 때 공개적으로 당적부에 AB단 단원이었음을 기재했다. 아마도 꾀가 많은 국민당 첩자들이 AB단이 음모를 꾸민다는 소문을 퍼뜨렸을 것이다.

10) 인접한 푸젠성(福建省)의 지도자인 루오밍이라는 사람도 공격을 받게 되었다. 그도 덩과 마찬가지로 당 서기직을 상실했다. 덩은 권력의 중심부에서 물러나 현의 선전부서에서 비천한 일을 하고 있었다. 1932년 4월까지 비덩(批鄧) 운동이 최고조에 달했다. 덩을 도와 AB단 히스테리를 근절시킨 마오쩌둥의 동생 마오쩌탄(毛澤覃)과 시에웨이진도 비판의 대상이 되었다. 장정을 시작할 때 마오쩌탄과 시에웨이진은 남겨 두고 떠났다. 이것은 사실상 사형 선고나 마찬가지였다.

11) 1927년 겨울에 덩은 장쳰위안(張茜元)과 결혼했다. 그때 덩은 23세였다. 장쳰위안은 장시성의 중앙 소비에트 지구에서 일했었다. 그녀는 상하이로 자리를 옮겨와서 덩을 만나 결혼하게 된 것이다. 그녀는 결혼한 지 18개월 만에 난산을 하다 죽었다. 28세 되던 해인 1932년에 덩은 진웨이잉(金維映)과 재혼했다. 당에서 부르는 그녀의 별명은 아진(阿金)이었다.

12) 솔즈베리,《대장정》, 141쪽.

13) 최근에 덩은 자신이 준이회의에 참석했는지의 여부를 기억해 내지 못했다. 기록문서들은 혼란스러웠다. 이 문제와 관련하여 양상쿤이 조사를 시작했다. 그 결과 덩이 홍군 기관지인《홍성보(紅星報)》의 총책임자로서 그 자리에 참석했다고 기록한 천윈(陳雲)의 개인 노트가 발견되었다(같은 책, 121 · 306쪽).

제 6 장 국향서옥

1) 보데,《베이징 일기》, 213쪽.

2) 류팅팅, 개인적인 인터뷰, 1990년 10월 8일, 뉴욕.

3) 그 당시 풀브라이트 학자로서 베이징에 거주했으며《베이징 이야기》의 저자인 데이비드 키드는 그 논쟁을 기억했다(《베이징 이야기》, 198쪽). 캐나다 태생으로 중국인 선교사의 아들인 파울린(Paul Lin)도 마찬가지였다. 그는 이 기간 동안 베이징에 거주하면서 저우언라이의 하급 비서로 일하고 있었다. 그는 그 논쟁이 가열되어 있었던 것으로 기억했다(파울린, 개인적인 인터뷰, 1988년 4월 29일, 베이징).

4) 추이리에, 개인적인 인터뷰, 1988년 9월, 베이징.

5) 리루이, 개인적인 인터뷰, 1988년 5월 23일, 베이징.

6) 마오 전기 작가인 로스 테릴(Ross Terill)은 이 툇간이 옛날에는 향비의 소궁이라고 불렸다고 말하고

있다. 그러나 이에 대한 기록은 없는 것 같다.
7) 마오의 침실을 잘 알았던 사람이 현재 전시된 침실에 대해 이렇게 의견을 말했다. "침실이 약간 달라졌다. (옛날) 침대는 지금 것보다 두 배나 더 컸다. 침대가 침실을 거의 다 차지했다. 가구 배치가 예전과 달라졌으며 새 가구를 들여놓았다. 이렇게 해놓으니 옛날과는 분위기가 아주 다르다"(리루이, 개인적인 인터뷰, 1986년 10월 10일, 베이징).
8) 레위 앨리(Rewi Alley), 개인적인 인터뷰, 1987년 10월 21일, 베이징.
9) 레위 앨리, 개인적인 인터뷰, 1987년 1월 21일, 베이징 ; 리루이, 개인적인 인터뷰, 1988년 6월 17일, 베이징.
10) 마오는 거의 생을 마칠 때까지 영어를 배우려고 애썼다. 그는 25년 또는 30년 동안 시간이 나면 틈틈이 레슨을 받았다. 최초의 영어 선생은 그의 영어 담당 비서인 린커였다. 그는 결코 영어에 숙달하지 못했으나, 1950년에 큰아들 안잉(岸英), 그리고 큰며느리 류숭린(劉松林)과 함께 중국어—러시아어—영어 3개 국어로 회화를 한 적이 있다. 그러나 안잉은 놀라는 표정을 지으면서 마오에게 "아버지가 영어로 말씀하시는 것을 한 번도 들어본 적이 없다"고 말했다(쩡위,《마오쩌둥 생활 실록, 1946~1976년》, 108쪽).
11) 이 이야기는 가짜일지도 모른다. 당 문서보관실 초대 부주임인 왕흥스는 마오의 장서 담당 책임자였으며 마오의 독서에 관한 책을 쓰고 있었다(후화, 개인적인 인터뷰, 1987년 8월 31일, 베이징). 장라신은 철학과 사회학 서적 수집 담당 책임자였다(리루이, 개인적인 인터뷰, 1988년 5월 25일, 베이징). 베이징 국립도서관에 근무하는 고전 전문가인 장쯔는 서가에 마르크스와 레닌의 저서를 꽂아 놓으라고 한 사람이 마오 자신이었을 수도 있다고 생각하고 있었다(장쯔 교수, 개인적인 인터뷰, 1991년 1월 22일, 베이징).
12) 주종리, 개인적인 인터뷰, 1991년 1월 22일, 베이징.
13) 리루이, 개인적인 인터뷰, 1988년 6월 17일, 베이징.
14) 샤오위(蕭瑜),《마오쩌둥과 나는 거지였다(我與毛澤東行乞記)》, 190~191쪽.
15) 마오와 그 어린 소녀와의 해후에 대한 상세한 설명이 샤오위의 책에 나와 있다(같은 곳). 마오는 샤오위의 회상들을 부정적으로 보았다. 아마도 마오는 그것이 숨겨진 사실을 너무 지나치게 폭로한 것으로 생각했을 것이다. 수도승 이야기는 가짜일지도 모르겠다. 그러나 그 이야기는 점을 좋아하는 평범한 중국인들 사이에서 널리 회자되었다(리루이, 개인적인 인터뷰, 1988년 6월 17일, 베이징). 류빈옌은 마오가 자기가 쓴 붓글씨를 목각해서 절에 보냈다는 이야기를 들었다고 했다. 마오가 매년 수도승들에게 공양을 보냈다고 하는 설도 있다. 이야기가 입에서 입으로 전해지면서 불어난 것만은 명백하다. 리더성(李得勝)이라는 마오의 가명은 '승리의 확신'을 의미한다. 저우언라이는 '성공을 확신한다'는 의미로 스스로를 후비청(胡必成)이라고 불렀다.
16) 류팅팅, 개인적인 인터뷰, 1990년 10월 8일, 뉴욕.
17) 이따금씩 비서들과 경호원들은 마오가 머릿속에 떠도는 상념을 붙들기 위해 멋진 붓글씨 솜씨로 단숨에 써 내려간 다음 곧 옆에다 던져 버리는 '휴지통 시들'을 보고 생기를 되찾았다. 이 덧없는 '휴지통 시들'이 적잖았는데, 이것들은 여러 사람의 개인 서랍 속에 조용히 알려지지 않은 채 들어 있다(리루이, 개인적인 인터뷰, 1988년 6월 17일, 베이징). 중난하이에 소속된 의사인 리쯔수이는 마오가 자신의 성경험들에 대한 기록을 비롯하여 자신의 온갖 활동들을 적어 놓은 개인 기록을 보관

하고 있다고 믿었다. 리쯔수이는 마오를 색광증 환자로 간주했다.
18) 후화, 개인적인 인터뷰, 1987년 8월 2일, 베이징.
19) 리루이, 개인적인 인터뷰, 1987년 10월 20일, 베이징.
20) 마오를 위해 큰 활자로 《24사》특별본을 출판하기로 결정한 사람은 신화사 제2 인쇄소 공장장인 쉬허밍이었다. 결정과 동시에 마오를 위한 그 특별본이 간행되었다. 신화사는 마오의 지시에 따라 세 권으로 된 나폴레옹 전기와 한 권으로 된 중국 해학집도 대형 활자 특별본으로 출판했다. 그 해학집에 어떤 종류의 해학들을 담아야 하는가에 대해 일일이 지정하지는 않았다.(쉬허밍, 개인적인 인터뷰, 1988년 5월, 베이징). 마오의 딸 리민(李敏)의 말에 따르면, 마오는 자신이 이용할 그 특별본 출판비를 자비로 부담했다고 한다. 마오는 그의 저서들의 인세로 수백만에 이르는 거액을 받았었다. 이 돈은 당 중앙위원회의 한 국(局)에서 특별 구좌에 보관해서 관리하고 있었다[중국통신사(홍콩), 1989년 2월 10일 ; 해외방송정보 서비스(워싱턴 D.C.), 1989년 2월 15일, 20쪽]. '생애의 말년' 어느 시점에선가 마오는 《24사》를 다 읽지 못한 데 대해 유감의 뜻을 표명했었다(리선즈, 개인적인 인터뷰, 1988년 5월 2일, 베이징).

제 7 장 톈안먼

1) 테라스와 라운지가 1988년 방문객들에게 10위안(약 3달러)의 입장료를 받고 개방되었다. 외환 증명서가 있어야만 입장이 허락되었기 때문에 실제로 방문객은 거의 외국인으로 제한되었다. 1988년 톈안먼 입장 총수입은 약 50만 위안이었다. 입장권 소지자들은 사복형사들의 감시를 받으면서, 톈안먼 광장을 산책하는 사람들의 모습을 구경하고, 차를 마시고, 아이스크림을 떠먹고, 톈안먼 관광 기념 티셔츠를 사고, 그들이 서 있는 바로 그 자리에 광기어린 백만 홍위병들의 경례를 받으며 마오가 서 있었다는 것을 상상해 보는 일 따위를 할 수 있었다(필자의 개인적인 관찰, 1988년 5월 1일). 1989년 봄 대학생 시위대가 톈안먼 광장을 점거하자 톈안먼 광장의 테라스는 방문객들에게 폐쇄되었다. 톈안먼 사태 후 잇따른 장기간의 군법 기간 동안에도 그 테라스는 여전히 폐쇄된 상태였으며, 특별 관광단이 올 경우만 예외적으로 개방되었다(1992년 현재).
2) 키드, 《베이징 이야기》, 68쪽.
3) 같은 책, 61~63쪽.
4) 마오쩌둥, 《선집》, 제5권, 19~20쪽.
5) 리루이, 개인적인 인터뷰, 1988년 6월 13일, 베이징.
6), 7) 장전, 개인적인 인터뷰, 1988년 5월 21일, 베이징.
8) 1988년 당구에 대한 광적인 열풍이 온 중국을 휩쓸었다. 덩이 당구를 좋아했기 때문에 이런 현상이 일어났던 것 같다. 이 때문에 심지어 당 기관지에서 당구를 공식적으로 탄핵하는 사태까지 빚어졌다.
9) 덩은 충칭을 떠맡고 있던 1949년 이후 오래 지나지 않아 곧 브리지로 돌아섰다. 많은 중국인들과 마찬가지로 덩은 카드놀이를 좋아했다. 그리고 다른 사람들에게도 카드놀이를 권장했다. 1970년대 말과 1980년대 초에 중국 대학생들 사이에서 브리지는 마치 마약 중독 같은 것이었다. 공부를 제쳐두고 아침부터 한밤중까지 브리지만 하는 대학생들이 늘어났다. 신문들은 자코비(Jacoby)의 특별기고난에 브리지 뉴스를 싣기 시작했다. 80대의 나이에 접어들어서도 덩은 밤 1시나 2시까지 브리지

게임을 즐겼다. 덩은 "너무 힘들게 일하는 것을 나는 좋아하지 않는다. 하루에 2시간 일하면 충분하다"고 말했다. 덩은 여든네 살 되던 1989년 2월에 브리지 게임에 대한 공로를 인정받아 세계브리지협회의 명예 금메달을 받았다(《차이나 데일리》, 1989년 2월 27일).

10) 《차이나 픽토리얼(China Pictorial)》, 1986년 12월, 6쪽.
11) 《차이나 픽토리얼》, 1980년 12월, 6쪽.
12) 덩은 외국인 방문객들에게 이 사실을 언급했다. 그리고 중국 언론은 덩의 대단한 건강에 관한 이야기들을 기사로 내보냈다. 중국 언론에서는 또한 외국 여러 나라를 공식 방문중에 있는 양상쿤 국가주석의 활동도 대단한 정력과 지구력을 과시한 것으로 기술했다. 덩이나 양상쿤이 건강하다는 이런 기사들이 나오는 것은 그와 정반대 소문들이 무성하게 떠돌고 있다는 것을 의미한다고 볼 수 있다.
13) 레위 앨리, 개인적인 인터뷰, 1987년 10월 21일, 베이징.
14) 키드, 《베이징 이야기》, 70~73쪽.
15) 야오웨이, 개인적인 인터뷰, 1972년 6월, 옌안.

제 8 장 모습을 나타내지 않은 한 얼굴

1) 아마도 그 장면은 그렇게 낭만적이지는 않았을 것이다. 로스 테릴은 《백골 악마(The White-Boned Demon)》에서, 마오와 장칭(江青)이 포획한 미군 지프에 올라타고 경호원 두 명과 함께 옌안을 떠났다고 말하고 있다(177쪽). 그러나 장칭은 위트케(이 학자는 1972년에 장칭과 인터뷰를 했다)에게 말을 타고 여행을 떠난 것으로 설명했다.
2) H.E. 솔즈베리, 《대장정》, 42~43쪽.
3) 위트케(Witke), 《장칭 동지(Comrade Chiang Ching)》, 224~225쪽.
4) 같은 책, 225~326쪽 ; 마오쩌둥, 《선집》, 제4권, 401~402쪽.
5), 6), 7) 취안옌즈, 《경호실장의 마오쩌둥에 대한 진술》, 제6장.
8) 리루이, 개인적인 인터뷰, 1987년 10월 10일, 베이징.
마오로부터 신임을 받아 당시 모스크바 주재 중국 대표를 지내던 왕자샹과 그의 아내 주종리 두 사람 모두 마오 부부와 가까운 사이였다. 왕과 주는 마오와 장칭 두 사람 사이의 불화 시기를 그들이 옌안에서 격렬하게 말다툼을 한 1942년으로 보았다. 그들은 마오와 장칭 사이를 화해시키려고 애썼지만 실패했다. 1942년에 마오는 장칭이 폐결핵에 걸렸다는 이유로 장칭과 함께 살기를 거부하고 있었다. 그는 장칭을 다른 동굴 집에 머물도록 했다. 1991년 주는 옛날을 회상하며, 마오는 장칭이 소련에 가는 것을 반대했으나 장칭이 끝끝내 우겼다고 말했다(주종리, 개인적인 인터뷰, 1991년 1월 28일, 베이징).
9), 10) 레위 앨리, 개인적인 인터뷰, 1987년 11월, 베이징.
11) 헬렌 스노우, 전화 인터뷰, 1988년 3월 ; 테릴, 《백골악마》, 44~49쪽.
12) 에드가 스노우의 《중국의 붉은 별(Red Star over China)》의 원래 번역자이자 최초의 중국어 축약 번역판 발행자인 왕푸스는 1937년에 3만 명에 육박하는 젊은이들이 옌안으로 몰려들었다고 추정했다. 최초의 중국어 번역판은 1937년 3월에 출간되었다(1988년 베이징에서 열렸던 에드가 스노우 심포지엄에서 발표된 보고서).

13) 류잉, 개인적인 인터뷰, 1984년 6월 6일, 베이징.
14) H.E. 솔즈베리, 《대장정》, 174쪽.
15) 허쯔전(賀子珍)에 관한 자세한 이야기는 위의 책, 그리고 류잉과 몇 차례에 걸친 인터뷰(1984년 6월 6일, 베이징), 허룽(賀龍)의 미망인 젠셴런과의 인터뷰(1988년 10월, 베이징)에서 인용한 것이다.
16) 헬렌 스노우, 《붉은 중국의 내부(Inside Red China)》, 1987년과 1988년 여러 차례의 전화 인터뷰 ; 테릴, 《백골 악마》 ; 리루이, 개인적인 인터뷰, 1988년 5월과 6월, 베이징 ; 후화, 개인적인 인터뷰, 1984년 6월과 1988년 10월, 베이징.
17) 젠셴런, 개인적인 인터뷰, 1988년 10월, 베이징.
18) 에드가 스노우, 《중국의 붉은 별》, 472쪽.
19) 젠셴런, 개인적인 인터뷰, 1988년 10월, 베이징.

제9장 토요일 밤의 무도회

1) 취안옌즈, 《경호실장의 마오쩌둥에 대한 진술》, 제10장.
2) 추리에, 개인적인 인터뷰, 1989년 3월 10일, 베이징.
3) 어떤 경호원이 언젠가 마오에게 봉급 인상을 요청했다. 마오는 자기가 쓴 저서들의 인세를 예치하는 특별 구좌에서 인상분을 지급하겠다고 말했다. 그러자 그 경호원은 "앞으로는 어떻게 되지요?" 하고 물었다(그는 감히 "당신이 죽으면 그때는 어떻게 하지요?"라고 말하지는 못했다). 마오는 돈이 자기의 은행 구좌에서 나와야 하므로 그 경호원에게 봉급 인상분을 어떻게 지급해야 할지 그 방법을 모르겠다고 말했다(취안옌즈, 《경호실장의 마오쩌둥에 대한 진술》, 제5장).
4) 중난하이 방문 메모, 1987년 11월, 1988년 4월과 6월.
5) 추리에, 개인적인 인터뷰, 1988년 6월, 베이징 ; 리루이, 개인적인 인터뷰, 1988년 6월 15일, 베이징.
6) 케이츠(Kates), 《풍요로웠던 시절(Years that were Fat)》, 176~177쪽.
7) 알링턴과 루위손(Arlington & Lewisohn), 《옛 베이징을 찾아서(In Search of Old Peking)》, 100쪽.
8) 1950년 9월 11일 확대 군사위원회 회의석상에서 마오가 행한 연설은 슈람의 《마오 주석이 인민에게 연설하다》 154~155쪽에서 재인용.
9) 리루이, 개인적인 인터뷰, 1988년 5월 25일, 베이징.
10) 필자의 타이웬 방문, 1988년 5월 10일.
11) 개인적인 관찰, 1991년 1월 29일.
12) 메이옌, 개인적인 인터뷰, 1990년 4월 23일, 뉴욕.
13) 키드, 《베이징 이야기》 그리고 개인적인 인터뷰, 1990년 4월 10일, 뉴욕.
14) 필자의 방문, 1985년.
15) 샬럿 Y. 솔즈베리(Charlotte Y. Salisbury), 《중국 일기(China Diary)》, 118쪽.
16) 위트케, 《장칭 동지》, 옌창런, 《대전환점》(베이징, 1962년), 92~93쪽에서 재인용.
17) 차이허선은 장제스의 직접 명령에 의해 1927년에 체포되어 처형당했다. 그의 누이 카이창은 1990년 사망할 때까지 중난하이에서 살았다. 젊은 시절 그녀와 아주 친밀하게 지내던 사이였음에도 불

구하고 마오는 인민공화국 건국 초창기 이후 그녀와 별로 관계가 없었으며 문화혁명 기간중에 그녀를 고통으로부터 보호하지 않았다.
18) H.E. 솔즈베리, 《대장정》, 85~86쪽.
19) 같은 책, 85쪽.
20) 취안옌즈, 《경호실장의 마오쩌둥에 대한 진술》, 351쪽.
21) 리루이, 개인적인 인터뷰, 1988년 6월 17일, 베이징.
22), 23) 리루이, 개인적인 인터뷰, 1988년 6월 13일, 베이징.
24) 취안옌즈, 《경호실장의 마오쩌둥에 대한 진술》, 제3장.

제10장 마오와 스탈린의 불화

1), 2) 스탈린이 신중국 정부의 대사로 로시친을 임명한 것은 중국에 대한 고의적인 모욕이었다. 대사 이름이 로시친이라는 것을 안 저우언라이는 얼굴 표정이 침울해졌다. 그는 실례한다고 말하고 황급히 마오의 사무실로 뛰어갔다. 그는 15분 후에 돌아와서 중국은 로시친을 대사로 접수할 것이라고 말했다. 마오와 저우언라이 두 사람 모두 로시친이 제2차 세계 대전 기간 동안 장제스의 충칭 정부 소련 군사 무관을 지낸 인물일 뿐만 아니라 소련 군사 기구 내에서 고위 정보 장교라는 사실도 잘 알고 있었다 [티흐빈스키(Tikhvinsky), 《내가 겪은 중국(Kitai v moei zhizn)》(1990년 4월), 103~112쪽].

3) 오를로프(Orlov), 《스탈린 죄상의 비밀 이야기(Secret History of Stalin's Crimes)》, 344·345쪽 ; 스콜머(Scholmer), 《보르쿠타(Vorkuta)》, 134쪽 ; 코로비야코프스키(Korovyakovsky), 《스탈린 억압하의 중국인 희생자들(Kitaitsy Zhertvy Stalinskikh repressii)》, 142~145쪽.

4) 에드가 스노우, 《붉은 중국으로부터의 마구잡이 메모(Random Notes from Red China)》, 1~5쪽.

5) 마오와 저우언라이의 방미 제의에 관한 에피소드의 전체 진상은 역사학자 터크먼(Barbara Tuchman)의 역사추리물에 의해 1972년에 이르러서야 비로소 짜맞추어 지게 되었다. 원래의 제안은 미국무성에 의해 사장되어 버렸다. 따라서 루즈벨트 대통령은 왜곡된 형태의 제안만을 받았을 뿐이다. 일반 국민들도 해리 트루먼 부통령도 원래의 제안에 대해 한 번도 들어보지 못했다. 월맹의 호찌민(胡志明)이 트루먼에게 의사를 전달하는 과정에서도 이와 거의 똑같은 일이 일어났다. 호찌민은 일본에 대항하는 인도차이나 지하운동 단체의 전략 복무처에서 미국의 정보장교들과 긴밀하게 협력하며 일했었다. 인도차이나의 해방과 함께 호찌민은 하노이에서 권력을 잡았다. 그는 미국인 친구들을 통해 트루먼에게 워싱턴을 방문하여 미국과의 관계를 상의하고 싶다는 내용의 편지를 보냈다. 호찌민은 월맹과 미국의 관계를 미국과 필리핀의 관계와 비슷한 수준(필리핀은 여전히 완전한 독립을 얻지는 못하고 있었다)으로 협상하려고 했었다. 그러나 호찌민이 보낸 편지는 인도차이나를 다시 프랑스의 식민통치 아래 두는 복고 활동에 열심인 미국무성 관리들이 중간에 가로채 버렸다. 이렇게 해서 트루먼은 호찌민의 제안에 대해서는 아무 이야기도 못 들었다(터크먼, 〈만약 마오가 워싱턴에 왔었더라면(If Mao Had Come to Washington)〉).

6) 스탈린이 중국 중앙위원회에 보낸 비밀 전문(이것은 여기에서 맨 처음으로 공개되는 것이다)의 내용은 다음과 같았다. "중국에서 내전이 진행되어서는 안 된다. 만약 중국에서 내전이 일어나면 중국 민족 전체를 완전히 파멸시킬 수도 있는 위험을 초래할 것이다. 마오쩌둥은 평화회담을 위해 충칭

으로 가야 한다." 그리고 '1945년 8월 22일, 스탈린'이라고 서명되어 있었다. 장제스는 8월 14일 충칭으로 마오를 초대했었다. 일본은 8월 15일 공식으로 항복을 발표했다. 장제스는 마오에게 충칭으로 오라고 촉구하는 내용의 제2차 전문을 8월 20일에 보내왔다. 스탈린이 보낸 전보는 8월 22일에 도착했으며, 8월 23일 중국 정치국은 마오와 장제스의 회담을 원칙적으로 승인했다. 마오를 초대하는 장제스의 제3차 전문이 당도한 것은 8월 23일이었다. 8월 28일 마오는 미국 대사 패트릭 헐리(Patrick Hurley)를 대동하고 옌안을 떠나 충칭으로 향했다(중국 공산당 중앙 문서보관소).

7) 이 책은 《중국의 여명(Dawn over China)》, 《내일의 중국(Tomorrow's China)》 등의 여러 제목으로 발간되었다.
8) A.L. 스트롱(Anna Louise Strong), 필자에게 보낸 편지, 1956년 8월 4일.
9) H.E. 솔즈베리, 《소련의 미국인(American in Russia)》, 24~30쪽.
10) A.L. 스트롱, 필자에게 보낸 편지, 1956년 8월 4일.
11) 스저, 사신, 1988년 11월 ; 추이리에, 개인적인 인터뷰, 1988년 11월, 베이징.
12) 이 상세한 설명의 많은 부분은 마오의 소련 관계 비서이자 러시아어 통역사인 스저로부터 얻은 것이다(개인적인 인터뷰, 1988년 6월 1일, 베이징). 세계 대부분의 국가와 마찬가지로 모스크바도 마오의 옌안 포기가 공산당의 허약성을 반영한 것으로 잘못 추정했었다. 그러나 그것은 실제로는 마오의 유격전 스타일의 전략을 구성하는 필수 불가결한 요소였다. 마오는 진지전을 거부하고 기동성 있는 병력을 기습 배치하여 뿔뿔이 흩어져 있는 장제스의 부대들을 수적으로 압도함으로써 연속적인 기습공격을 가하는 유격전을 고안해서 장제스를 물리치려고 했었다.
13) 스자좡은 1947년 11월 12일에 점령되었다(추이리에, 개인적인 인터뷰, 1988년 11월, 베이징).
14) 옌밍푸, 개인적인 인터뷰, 1988년 4월 23일, 베이징 ; 데디에르(Dedijer), 《티토(Tito)》, 322쪽.
15) 마오는 크레믈린과 자신의 초라한 관계가 소련인들이 논의를 거부했던 얄타 협정의 밀약에서 비롯된 것은 아닐까 하는 의심을 했었다(옌밍푸, 개인적인 인터뷰, 1988년 4월 23일, 베이징). 스탈린은 몽고를 소련 영토의 일부로 인정한 1944년 장제스와의 협약을 이행할 것을 요구했었다. 장제스는 1946년 이 협약의 이행을 거부했다. 마오는 그 협약을 인정하기를 거부했다. 이 문제는 1988년에도 여전히 논쟁의 대상이었다. 마오는 세 거물—스탈린, 루즈벨트 그리고 처칠—의 회담에서 스탈린에게 중국 문제에 대해 상당한 재량권을 부여하고 장제스를 지원하여 마오 자신에게 대항하도록 합의하지는 않았을까 하는 의심을 품었던 것 같다. 양상쿤 장군의 회고담에 따르면, 모스크바는 얄타 회담의 내용에 대해 중국에 한 번도 알려준 적이 없었다고 한다. 중국에서는 얄타 협정의 내용에 대해서 아무것도 아는 바가 없었다(양상쿤, 개인적인 인터뷰, 1984년 11월 3일, 베이징).
16) H.E. 솔즈베리, 〈How America and Russia Lost China〉.
17) 옌밍푸, 개인적인 인터뷰, 1988년 4월 23일, 베이징.
18) 그러나 중국이 가오강(高崗)에 대한 비난을 최초로 공표한 1955년에 모스크바의 《소련대백과사전(Bolshaya Sovetskaya Entsiklopediya)》 편집자들은 구독자들에게 제10권에서 아침 섞인 가오강의 전기(傳記)를 없애 버리라고 지시했다. 그리고 그 삭제된 부분을 대체하는 다른 내용물을 우편으로 보냈다. 그때 모스크바는 가오강에 대한 베이징의 공식 노선을 따르고 있었던 것이다. 그러나 1959년 이후 모스크바와 베이징이 논쟁을 주고받기 시작하자 소련인들은 가오강과의 친밀한 관계를 명백하게 드러냈다. 마오는 가오강 사건에 대해 개인적으로 민감한 반응을 보였던 것 같다.

마오의 비서들은, 마오가 당의 지도층 인사 가운데 총애했던 가오강의 배신을 알고 나서부터 소련인들에 대한 편집증적 망상과 불신감이 커졌을 것이라고 믿었다(리루이, 개인적인 인터뷰, 1988년 6월 17일, 베이징).

제11장 스탈린의 생일 파티

1) 페도렌코는 나중에 주일 대사, 그리고 주유엔 대사가 되었다.
2) 티흐빈스키, 《내가 겪은 중국》(1990년 4월), 104쪽.
3) 니콜라이 페도렌코, 개인적인 인터뷰, 1990년 4월 21일, 모스크바 ; 페도렌코, 《스탈린과 마오(Stalin i Mao)》, 150쪽.
4) 스저는 키에프, 그리고 모스크바의 동양 노동자들을 위한 대학에서 공부했다. 그는 1933년 소련 여자와 결혼하여 자식 둘을 두었다. 그는 처자식을 소련에 남겨둔 채 혼자 중국으로 돌아왔다.
    필자가 1988년 스저와 인터뷰를 했을 때 그는 여든다섯이었다. 스저는 문화혁명 기간 동안 '소련 스파이'라는 죄목으로 감옥에서 13년을 보냈다(스저, 개인적인 인터뷰, 1988년 6월 1일, 베이징).
    마오는 스저 외에 러시아어 통역사가 또 한 사람 있었다. 쑨웨이스(孫維世)라는 젊은 여인이었는데, 저우언라이의 양녀이자 피보호자였다. 그녀는 저우언라이와 그의 아내 덩잉차오(鄧穎超)가 신병 치료차 1939년 모스크바로 갔을 때 함께 동행했었다. 그녀는 제2차 세계 대전 동안 내내 모스크바에 체류하다가 1945년에 옌안으로 돌아왔다. 나중에 그녀는 베이징 청년극장의 배우 겸 감독이 되었다 [옌자치(嚴家其), 《문혁10년사(文革十年史)》, 79쪽].
5) 옌밍푸, 개인적인 인터뷰, 1988년 4월 29일, 베이징 ; 우이리에, 필자에게 보낸 편지, 1989년 3월 10일 ; 스저, 〈마오 주석 수행(Seprovozhe Predsesetatelye Mao)〉, 142쪽.
6) 스저, 〈마오쩌둥 동지 첫 소련 방문(毛澤東同志初訪蘇聯)〉, 베이징 라디오, 1989년 1월 16일 ; 해외방송정보 서비스(워싱턴 D.C.), 1989년 1월 26일, 9쪽.
7) 스탈린은 금귤의 맛을 보았을지도 모른다. 스탈린이 금귤을 '오렌지의 왕'이라고 불렀던 것에서 인용되었다(옌민풍, 개인적인 인터뷰, 1988년 4월 29일, 베이징).
8) 스저, 개인적인 인터뷰, 1988년 6월 1일, 베이징.
9), 10) 스저, 〈마오쩌둥 동지 첫 소련 방문〉.
11) 페도렌코, 〈스탈린과 마오〉, 151~152쪽.
12), 13) 몇 년 후에 스저는 예전에 〈붉은 양귀비〉를 두세 번 보았으나 불쾌한 점은 전혀 깨닫지 못했다고 고백했다. 이제 그는 그것을 보고 마오 주석만큼 기분이 나빴다고 단정적으로 말했다. 예전에 공연을 볼 때 그는 즐았던 것이 틀림없다. 만약 그렇지 않다면, 마오가 불쾌한 반응을 보이자 그도 덩달아 불쾌감을 느낀 것인지도 모른다(스저, 개인적인 인터뷰, 1988년 6월 1일, 베이징).
14) 옌밍푸, 개인적인 인터뷰, 1988년 5월 6일, 베이징.
15) 《흐루시초프 회고록》, 463·465쪽.
16) 스저, 개인적인 인터뷰, 1988년 6월 1일, 베이징.
17) 눈이 오자 마오가 어린애처럼 기뻐 날뛴 것은 그가 찌는 듯이 더운 남부 지방에서 자랐기 때문이었

을 수도 있다. 마오의 경호원들은 눈이 온 다음 중난하이의 뜰을 쓸어내어서는 안 된다는 것을 알게 되었다. 언젠가 마오는 한 경호원이 마당에서 눈을 쓸어내는 것을 두 번째로 발견하자 그에게 날듯이 달려가 "안 돼, 안 돼. 다시는 눈을 쓸지 마. 그 눈이 입은 상처들이 거의 치료가 되지 않았다구!" 하며 소리쳤다고 한다. 마오의 가장 유명한 시들 가운데 하나는 베이징의 봄에 내리는 눈에 관한 시였다. 그는 눈밭 걷기를 좋아했으며 눈을 밟을 때 나는 사각거리는 소리를 듣기 좋아했다. 그는 일을 하다 중단하고 신선한 공기를 마시며 10분씩 걷는 습관이 있었다. 그의 경호원들은 땅바닥에 눈이 쌓여 있을 때는 걷는 시간을 두 배로 늘려 20분으로 했다.

18), 19) 스저, 개인적인 인터뷰, 1988년 6월 1일, 베이징.

20) 스탈린의 딸인 알리루예바(Svetlana Alliluyeva)는 마오가 쿤체보(Kuntsevo) 별장에 머물렀던 것으로 기억했다. 쿤체보 별장은 스탈린이 마오가 사용할 수 있도록 전통적인 일층짜리 러시아 시골 방갈로에 한 층을 증축해 이층으로 개조한 것이었다(알리루예바, 전화 통화, 1989년 3월 10일).

21) 스저, 개인적인 인터뷰, 1988년 6월 1일, 베이징.

22), 23) 우라늄 광산을 얻은 담보로 소련은 무기와 탄약을 잔뜩 쌓아둔 신장성의 대규모 창고를 중국에 주었다. 이 사실은 코뮤니케에는 언급되지 않았다.
그 조인식 장면을 찍은 사진 한 장이 발표되었다. 그 사진에는 저우언라이와 소련 외상 안드레이 비신스키(Andrei Vishinsky)가 조약문서에 서명하면서 마오와 스탈린을 바라보는 모습이 담겨 있었다. 그로부터 3년 후인 1953년 3월 5일 스탈린이 죽었을 때 모스크바에서 그 사진이 수정된 형태로 다시 발표되었다. 마오와 스탈린, 그리고 스탈린의 후계자로 예상되는 말렌코프(Georgi Malenkov) 세 사람이 조인식을 바라보는 모습을 분명하게 나타내기 위해 중국인 소련인 할 것 없이 나머지 사람들의 모습은 말끔히 지워 버려져 있었다. 수정된 사진이 지니는 상징적 의미에도 불구하고 말렌코프는 금방 소련 서기장 자리에서 쫓겨났다. 그리고 원래 사진에는 모습조차 보이지 않았던 니키타 S. 흐루시초프가 그 자리를 차지했다. 그 조인식에 참석했던 한 중국인 목격자는 마오보다 키가 상당히 더 작은 스탈린이 사진을 찍을 때 의도적으로 한 걸음 앞으로 걸어나와 퍼스펙티브를 변화시킴으로써 실제 키보다 더 크게 보이려고 했다고 말했다(스저, 〈마오쩌둥 동지 첫 소련 방문〉).

24) 모스크바에서 보내는 마지막 밤인 16일 저녁 스탈린은 크레믈린 궁에서 소련을 떠나는 국빈들을 위해 조촐한 향연을 베풀었다. 호찌민이 그 자리에 참석했다(우슈취안, 《신중국 정책》, 153쪽).

25) 페도렌코, 〈스탈린과 마오〉, 54~55쪽.

제 12 장 삼중의 속임수

1) 취안옌즈, 《경호실장의 마오쩌둥에 대한 진술》, 2쪽.

2), 3) 리루이, 개인적인 인터뷰, 1980년 5월 25일, 베이징.

4) 취안옌즈, 《경호실장의 마오쩌둥에 대한 진술》, 제3, 4, 5장.

5) 에드가 스노우, 《중국의 붉은 별》, 146~147쪽.

6) 필자의 난닝 방문 메모, 1988년 6월.

7) 리루이, 《베이징 리뷰》, 1984년 5월 7일, 28쪽.

8) 취안옌즈, 《경호실장의 마오쩌둥에 대한 진술》, 제6장.
9) 양상쿤, 개인적인 인터뷰, 1988년 6월, 베이징.
10) 이제 중국어판과 영어판으로 발행되고 있는 《참고소식(參考消息)》은 여전히 힘차게 속간되고 있다. 발행부수가 5, 6백만 부로 증가했다. 매일의 발행 면수는 12면이다. 아직도 '원래의 전달 내용을 편집하지 않는다'는 마오가 정한 규칙을 그대로 따르고 있다. 오래 전부터 《참고소식》을 실제로 만들고 제작을 감독하는 일을 맡아 온 사람은 양상쿤 장군이었다.
11) 리루이, 개인적인 인터뷰, 1987년 10월 19일, 베이징.
12) 소련의 미국과 캐나다연구소 소장인 아르바토프(Georgi Arbatov)는 1990년 가을 모스크바에서 개최된 역사학자 회의에서 스탈린은 김일성의 남침 계획을 반대했으나 마오쩌둥이 그 계획을 승인하자 찬성할 수밖에 없었다고 말했다. 그러나 사실은 이와 정반대인 것 같다[스테판 앰브로스(Stephen E. Ambrose), 《뉴욕타임스》, 1990년 12월 27일].
13) 아마도 스탈린은 마오에게, 김일성이 군사적인 수단을 동원하여 한국을 재통일하기를 바란다는 사실은 언급했을 것이다. 그러나 이 사실을 특별히 강조해서 말한 것 같지는 않다. 옌밍푸는, 비록 베이징이 남침 일자를 사전에 통고받지는 않았지만, 김일성의 의도에 대해서는 "통지를 받았다"고 말했다(옌밍푸, 개인적인 인터뷰, 1988년 4월 29일, 베이징). 1950년 1월 김일성은 중국측에 그 당시 중국군에 복무하고 있던 조선족들을 본국으로 송환해 달라는 요청을 했다. 이 요청에 따라 중국측은 약 1만 4천 명을 선발하여 1950년과 1월과 2월에 북한으로 보냈다(이때 마오는 모스크바에 있으면서 스탈린과 협상을 벌이고 있었다). 1950년 4월에 조선족 마지막 부대가 북한에 도착했다. 중국군에서 송환되어 온 이 병력들은 북한군 제5, 6, 7 사단에 배속되었으며 이들의 전체수는 제일선 부대의 거의 절반을 차지했다(김학준, 〈한국전쟁의 국제 동향 연구〉, 342~344쪽). 이 무렵 중국은 아주 엄격하게 모든 외국 민족들을 본국으로 송환시키고 있었다. 상하이, 하얼빈, 선양(瀋陽)에 오랫동안 거주해 온 백러시아계 이민들의 경우 특히 아주 혹독하게 본국으로 이송시켰다.
14) 김일성은 스탈린에게서 남침 승낙을 받은 후 모스크바로부터 돌아오는 도중에 베이징을 거쳤다. 그는 중국인들에게 남침에 대한 암시조차도 꺼내지 않았다. 작가 하오위판과 짜이쯔하이는 익명의 제보자의 말을 인용하여, 스탈린과 김일성 어느 쪽도 남침이 임박했음을 중국에 알려주지 않았다는 내용의 글을 썼다. 녜룽전 원수는 1949년 5월 20일 제대 특명을 받은 인민해방군 병력을 약 140만 명으로 추산했다. 한국전쟁이 일어났을 때 중국에서는 계속 제대를 시키고 있었던 것이다. 타이완과 티벳 침공 작전에 투입되지 않을 인민해방군들에게는 농사일이 할당되었다(하오위판, 〈중국의 한국전 참전 결정〉, 94~99쪽).
15) 《흐루시초프 회고록》, 367~373쪽.
16) 보론초프(Vorontsov), 〈미하일 보로딘(Mikhail Borodin)〉, 112~114쪽.
17) 슬라빈스키(Slavinsky), 〈한국전쟁 1950~1953년〉, 80~90쪽.
18) 마오가 정보 연결망에서 배제되었다는 설을 뒷받침해 준 사람은 이상조였다. 그는 한국전쟁 당시 북한군 부참모총장을 지냈으며 모스크바 주재 북한 대사로 있다가 나중에 모스크바로 정치적 망명을 한 인물이다. 이상조는 김일성이 남침 계획을 세워 모스크바로부터 승인을 받았다고 말했다. 그는 마오는 전혀 언급하지 않았다(1990년 9월 12일 서울에서 개최된 한국전쟁 심포지엄에서 소련 학자 노소프가 발표한 내용에서 인용한 것임). 흐루시초프는 소련 참모총장이 북한의 남침 계획을 거들었다는 사실을 폭로했다. 흐루시초프는 김일성의 실패에 대한 스탈린의 인색한 태도를 비난했

다. 그는 스탈린이 일개 기갑군단 규모 이상의 탱크만 제공했으면 김일성의 성공을 보장해 줄 수 있었을 것으로 생각했다(《흐루시초프 회고록 : 글라스 노스트 테이프》, 145~146쪽). 북한군 7개 사단과 145기갑 여단이 6월 25일 새벽 4시를 기해 공격을 개시함으로써 북한의 남침이 시작되었다(모스크바 뉴스, 1990년 7월 15일~22일). 1990년 서울에서 개최된 역사학자 회의에서는 소련군이 한국전쟁 때 한반도 북쪽에 인접한 소련 지역에 방위 병력과 방공포 부대를 전개한 것으로 결론이 내려졌다.

19) 안드레이 그로미코(Andrei Gromyko)는 한국 사태에 대해 묘하게 꼬는 말을 덧붙이고 있다. 그는 일요일인 6월 25일에 스탈린이 자신에게 전화를 걸어 다음날 있을 유엔 안보이사회 모임에서 소련 외무성이 제안할 안건이 무엇인가를 물었다고 보고하고 있다. 그로미코는 안보이사회에서 무슨 행동을 하려고 하든 거부권을 행사하여 그것을 방해하려는 의도를 갖고 있다고 답변했다. 스탈린은 소련이 안보이사회 모임에 참석하기를 원하지 않는다고 말했다. 그로미코는 스탈린에게 만약 소련 대표가 불참하면 미국이 유엔으로 하여금 한국전에 개입하도록 해서 미군을 비롯한 여러 국가의 병력을 한국에 파견할 것이라고 경고했다. 스탈린은 자기 입장을 고집했다. 결국 소련은 그 모임에 참석하지 않았으며 유엔의 개입이 확실시되었다(그로미코, 《회고록》, 102쪽). 그로미코는 소련이 그 모임에 불참하기를 원하게 된 스탈린의 동기를 설명하지 않았다. 그러나 만약 스탈린이 자신이 계산한 계획에 미국이 확실히 말려들기를 원해서 그랬었다면 그것은 곧 미국의 군사적 재앙이 되었을 것이다. 그리고 스탈린은 안보이사회 불참을 그 방법으로 택했을 것이다.

20) 김학준, 〈한국전쟁의 국제 동향 연구〉, 363쪽.
21) 친싱한, 사신, 1991년 4월 11일.
22) 동북 국경 관구를 설치하라는 명령은 7월 13일 중앙 군사위원회에서 내린 것이었다(차이청원, 베이징 라디오, 1989년 2월 7일). 하오위판과 짜이쯔하이는 《중국인민해방군의 주요 사건》(1985년, 베이징)을 인용하여 그 일자를 7월 7일로 제시했다. 제13 사단은 제35, 38, 40, 42군과 제1, 2, 8 포병 사단, 그리고 일개 방공포 사단과 일개 공병사단으로 구성되어 있었다. 군부대가 주둔하고 있던 허난성, 광둥성, 광시성, 후난성, 그리고 헤이룽장성에서 동북쪽 국경지역으로 상당히 신속하게 병력을 이동시켰다(친싱한, 사신, 1991년 4월 11일).
23) 차이청원과 저우언라이의 만남에 대한 세부적인 이야기의 출전은 《교보(僑報)》《차이나 프레스》, 뉴욕, 1990년 8월 24일자)에 실린 기사이다.
24) 세부적인 일부 설명은 스퍼(Russel Spurr)의 《용의 나라에 들어가다(Enter the Dragon)》(47~69쪽)에서 뽑은 것이다. 그러나 스퍼에게 정보를 준 제보자는 8월 6일 회담을 10월 1일부터 4일까지 열렸던 나중의 회의와 혼동했던 것 같다.
25) 리루이, 개인적인 인터뷰, 1987년 10월 20일, 베이징.
26) 차이청원과 장양티엔, 《판문점 담판》.
27) 원후이스, 〈중국군의 조선 원군 파견사건(導致中國向朝鮮派授軍事件記事)〉.
28) 유소프(Yusov), 〈누가 중공군에게 지시를 내렸는가(Kto napravil Kitaiski dobrovoltsev)〉, 108~111쪽.
29) 하오위판·짜이쯔하이, 〈중국의 한국전 참전 결정〉, 94~115쪽.
30) 녜룽전, 《회억록(回憶錄)》, 717쪽.

31), 32) 유소프, 〈누가 중공군에게 지시를 내렸는가〉.

33) 펑더화이, 《회고록》.

34) 네룽전, 《회억록》, 733쪽.

35) 필자는 1969년 《러시아와 중국 사이의 전쟁(War Between Russia and China)》이라는 책에서 한국전쟁은 스탈린의 지시로 이루어졌으며 그 전쟁이 노린 제물은 미국이 아니라 주로 중국이었다는 이론을 분명하게 설명한 바 있다. 저우언라이 수상은 이 책을 중국어로 번역, 출간해서 외교부에 근무하는 직원들은 그 중국어 번역판을 필수적으로 읽도록 지시했다. 이 책은, 소련인들이 자신들에 반대하는 선전 활동을 부추긴다는 이유로 중국인들을 비난하던 1970년대 초에 외교회담을 하던 소련 대표단과 중국 대표단 사이에 논쟁의 대상이 되기도 했다. 중국 대표단은 자신들은 그 책과 아무 상관이 없다면서, 그 책의 저자가 중국에 다녀간 적도 없고 중국 관리들과 담화를 가진 적도 없다고 말했다. 그 일이 있은 지 얼마 후 나는 한 소련 외교관에게 베이징에서의 소란에 대해 들었다는 언급을 했다. 그러자 그 소련 외교관은 이렇게 말했다. "바로 당신이군요! 우리는 회의실에서 무슨 일이 있었던가에 대해 한 마디도 않기로 하는 데 합의했습니다. 이제 보니 중국인들이 또다시 그 약속을 어겼군요. 중국인들은 도무지 믿을 수가 없다니까."

36), 37) 유소프, 〈누가 중공군에게 지시를 내렸는가〉.

38) 원후이스, 〈중국군의 조선 원군 파견사건〉.

39) 유소프, 위의 책.

40) 원후이스, 위의 책.

41) 하오위판 · 짜이쯔하이, 위의 책

42) 스퍼, 《용의 나라에 들어가다》, 116~119쪽.

제 13 장 11월의 어느 화창한 하루

1) 스퍼, 《용의 나라에 들어가다》, 188쪽.

2) H.E. 솔즈베리, 《대장정》, 361쪽.

3) 중원시엔, 《마오쩌둥》, 222쪽.

4) 같은 책, 233쪽.

5) 솔즈베리, 《장정》, 361쪽.

6) 취안옌즈, 《경호실장의 마오쩌둥에 대한 진술》, 제10장 ; 중원시엔, 《마오쩌둥》, 231, 236쪽 ; 류숭린, 《차이나 데일리》, 1988년 12월 28일.

7) 취안옌즈, 《경호실장의 마오쩌둥에 대한 진술》, 제10장.

8) 쩡위, 《마오쩌둥 생활실록》, 116~119쪽.

9), 10), 11) 취안옌즈, 《경호실장의 마오쩌둥에 대한 진술》, 제10장.

12) 류숭린, 《차이나 데일리》, 1988년 12월 20일.

13) 중원시엔, 《마오쩌둥》, 230쪽.

14) 마오안잉의 사망 후 류숭린은 모스크바로 유학을 떠났다. 마오는 그녀에게 개가하라고 권했지만

그녀는 거절했다. 1957년 그녀가 소련에서 돌아오자 마오는 그녀에게 개가하라는 설득을 다시 시작했다. 그리고 그녀에게 어울릴 만한 구혼자 두 사람을 소개해 주었으나 그녀는 그들의 구혼을 거절했다. 결국 그녀는 소련유학에서 막 돌아온 서른한 살의 공군 장교 양마오즈(楊茂之)와 사랑에 빠지게 되었다. 그들은 1962년에 결혼했다(1988년에 양마오즈는 공군 소장으로 공군 연구소 연구부 소장직을 맡고 있었다). 마오는 그들의 결혼식 날 축시를 써 주었으며, "나는 한 번도 쇼핑을 다녀 보지 않아서 무얼 사야 좋을지를 모르겠다. 너희들이 이 돈으로 너희 마음에 드는 선물을 사는 게 좋겠다"고 말하면서 300위안을 주었다. 1972년 그들 부부는 상하이에서 체포되어 감옥에서 10개월을 보냈다. 장칭의 행위에 대해 공개적으로 비난하는 발언을 했기 때문이었다. 류숭린은 네 차례나 마오에게 편지를 썼다. 그러나 그녀가 보낸 편지들을 장칭이 도중에서 가로채 버렸기 때문에 마오는 이 사건에 대해서 아무것도 몰랐다(류숭린,《차이나 데일리》, 1988년 11월 26일).

15) 1959년 7월 23일 루산 회의석상에서 마오는 자신이 "한 아들(毛岸英)은 죽고, 한 아들(毛岸菁)은 미친" 고통을 겪었노라고 말했다(슈람,《마오 주석이 인민에게 연설하다》, 143쪽).
16) 스퍼,《용의 나라에 들어가다》, 314쪽.

제 14 장 덩이 그의 최대사업을 붙들고 늘어지다

1) 덩이 자신의 고향으로 돌아가지 못했다는 것이 이상하게 들릴지 모르지만 사실은 그렇지도 않다. 마오쩌둥은 32년 동안 고향 사오산(韶山)에 돌아가지 않았다. 양상쿤은 62년 동안 자신의 고향 마을에 돌아가지 않았다.
2), 3) 중앙위원회, CPC,《덩샤오핑》, 49쪽.
4) 1984년 필자는 홍군이 장정 기간 거쳐 간 중국의 두메 산골길을 다시 거슬러 올라가 조사했다. 그때 처음으로 장정로를 더듬어 보았던 필자는 제3선의 어마어마한 규모의 시설들에 대해서도 알게 되었다. 아직도 많은 시설들이 원래 있던 산과 골짜기에서 가동되고 있었다. 이때까지 중국 안에서나 밖에서나 제3선과 그 엄청난 규모에 대한 지식은 사실상 전무한 실정이다.
5) 노턴(Barry Naughton),〈제3선(Third Line)〉, 351~385쪽.
6) 같은 책, 351~363쪽.
7) 류숭린,《차이나 데일리》, 1988년 10월 20일.
8) 왕덩린,《량수밍과 마오쩌둥》, 15~16쪽.
9) 추이리에, 사신, 1990년 4월.
10) 1990년 11월 7일 시아바이건이 사망했다는 기사가 홍콩신문에 실렸다. 시아바이건의 손자인 덩푸팡은 그 기사가 허위이며 그녀는 건강한 몸으로 생존해 있다고 말했다(덩푸팡, 개인적인 인터뷰, 1990년 1월 30일, 베이징).
11) 중앙위원회, CPC,《덩샤오핑》, 50쪽.
12) 에드가 스노우,《붉은 중국의 오늘(Red China Today)》.
13) 가사이드(Garside),《살아 돌아오다(Coming Alive)》, 307쪽.
14) 마오쩌둥, 류사오치, 저우언라이 등을 비롯한 많은 사람들이 민족자본주의가 최소한 15년은 유지될 것이라는 데 견해를 같이했다. 그러나 사태의 진전에 따라 2, 3년 지난 후에는 민족 자본주의라

는 개념을 포기했다(리루이, 개인적인 인터뷰, 1987년 10월 30일, 베이징).
15) 룽이런(榮毅仁), 개인적인 인터뷰, 1987년 8월 31일, 베이징.
16) 리선즈, 개인적인 인터뷰, 1988년 6월, 베이징.
17) 리루이, 개인적인 인터뷰, 1988년 5월 25일, 베이징.

제15장 마오쩌둥이 덩샤오핑을 시험하다

1) 장위펑(張玉鳳), 〈마오쩌둥과 저우언라이 만년의 몇 가지 일화〉, 1988년 12월 26일.
2) 리루이, 개인적인 인터뷰, 1988년 4월 17일, 베이징.
3) 리루이, 개인적인 인터뷰, 1987년 10월 10일, 베이징.
4) 스저(마오의 러시아어 주임 통역사), 추이리에를 통한 사신, 1988년 9월 28일.
5) 필자의 개인적인 중난하이 시찰, 1988년 6월 19일.
6), 7) 옌밍푸, 개인적인 인터뷰, 1988년 4월 23일, 베이징.
8) 리루이, 개인적인 인터뷰, 1987년 10월 18일, 베이징.
9) 골드먼(Goldman), 〈중국에서의 복수(Vengeance in China)〉, 8쪽 ; 머스키(Mirsky), 〈제국이 되받아치다(Empire Strikes Back)〉, 21쪽 ; 덩샤오핑, 1980년 2월 29일, 중국 공산당 제11기 중앙위원회 5차 전체회의 석상에서 행한 연설.
10) 류빈옌, 개인적인 인터뷰, 1990년 4월, 미국 매사추세츠 주의 캠브리지 ; 머스키, 〈제국이 되받아치다〉, 21쪽.
11) 후화, 개인적인 인터뷰, 1987년 9월, 베이징.
12) 덩샤오핑, 《선집》 1권, 228~229쪽.
13) 옌밍푸, 개인적인 인터뷰, 1988년 4월 23일, 베이징.
14) 마오가 대약진운동 예비 협의에서 만난 하급 관리들 가운데에는 화둥국(華東局)당 서기 커칭스(柯慶施), 서남국(西南局) 당 서기 리징취안(李井泉), 허베이성(河北省)의 당 서기들인 단전린(覃震林), 왕런중(王任中) 등이 있었다(리루이, 개인적인 인터뷰, 1988년 5월 25일, 베이징).
15) 옌안 시절 어느 누구도 덩이 언젠가 권좌에 오르리라는 생각은 꿈에도 하지 못했다. 덩이 중국의 지도자가 될 것을 예상했었느냐는 질문에 하템은 다음과 같이 답변했다. "전혀 생각조차 안 해 보았다. 그러나 그 당시 나는 마오가 지도자가 되리라는 생각도 안 했었다. 우리는 우리 세대에 혁명이 성공하리라고는 생각하지 않았다. 다음 세대에나 혁명이 성공할 것으로 생각했었다"(조지 하템, 개인적인 인터뷰, 1984년 3월 9일, 베이징).

제16장 칼 마르크스 + 진시황제

1) 리루이, 개인적인 인터뷰, 1988년 6월 17일, 베이징.
2) 천한성, 개인적인 인터뷰, 1987년 10월 22일, 베이징.
3) 리루이, 개인적인 인터뷰, 1988년 5월 25일, 베이징.

4) 리루이, 개인적인 인터뷰, 1988년 6월 17일, 베이징.
5) 이런 지역 모임들은 중국 전역에서 각 지역의 고위 관리들, 중앙 각 부의 관리들 등 수많은 인사들을 참석시킨 가운데 열렸다. 이 모임들은 10시간 내지 20시간 동안 계속되었다. 때때로 마오가 모습을 나타내기도 했으나 그렇지 않은 경우가 더 많았다. 그는 그 진행 절차를 모두 덩샤오핑에게 맡겨 두고 있었다(리루이, 개인적인 인터뷰, 1988년 5월 25일, 베이징).
6) 리루이, 개인적인 인터뷰, 1987년 10월 19일, 베이징.
7) 리루이, 개인적인 인터뷰, 1987년 10월 30일, 베이징.
8) 천한성은 1987년 당시 생존한 혁명가들 가운데 경험의 폭과 이해력에 있어 아주 독보적인 인물이었다. 그는 미국, 영국, 독일 등지에서 유학 생활을 마치고 1924년에 중국에 도착했다. 그는 공산당 지하 공작원, 그리고 (그 당시 쑨원 밑에서 공산당과 협력하고 있었던) 국민당의 공개적인 당원이 되었다. 그는 모스크바의 후원을 받는 국제 혁명 기구인 지하 코민테른에 가입했으며 모스크바에서 공부하면서 일했다. 그는 끊임없이 중국, 소련, 미국 사이를 오가면서 어느 나라에 가나 중국 혁명을 위해 일할 뿐만 아니라 열정적인 학구적 관심을 버리지 않았다. 그는 1951년 베이징에 영구 정착했으나, 인민공화국의 비대해 가는 관료 체제 속에서 그의 재능을 제대로 발휘하지 못했다. 그는 문화혁명 기간중에 체포되어 홍위병 두 사람에 끌려 자기 집을 '마지막으로 방문'했다. 그가 체포되기 직전에 그의 아내는 암으로 죽었다. 내부가 모조리 파괴된 집안의 평평한 판자 위에 아내의 시신이 눕혀져 있었다. 그는 아내의 죽음을 애도하며 흐느껴 울었다(천한성, 《차이나 데일리》, 1987년 4월 14일, 1989년 3월 21일 ; 천한성, 개인적인 인터뷰, 1987년 10월 22일, 베이징).
9) 리루이, 개인적인 인터뷰, 1987년 10월 19일, 베이징.
10) 리루이, 개인적인 인터뷰, 1987년 10월 19일과 10월 30일, 베이징.
11) 취안옌즈, 《경호실장의 마오쩌둥에 대한 진술》, 제4장.
12) 같은 책, 1쪽.
13) 리루이, 개인적인 인터뷰, 1987년 10월 30일, 베이징 ; 취안옌즈, 《경호실장의 마오쩌둥에 대한 진술》, 제4장.
14), 15) 리루이, 개인적인 인터뷰, 1987년 10월 30일, 베이징.
16) 리루이, 개인적인 인터뷰, 1987년 10월 19일, 베이징.
17) 천한성, 개인적인 인터뷰, 1987년 10월 22일, 베이징.
18) 1959년 7월 루산 회의 기간중 마오 주석에게 보낸 편지에서 펑더화이 원수는 1958년 가을까지는 9백만 명의 농민들이 제강 산업에 종사할 것이며 1959년에는 7백만 명이 수자원 관리 계획 사업에 투입될 것으로 추정했다(펑더화이, 《회고록》, 499쪽).
19) 후화, 개인적인 인터뷰, 1987년 8월 24일, 베이징.
20) 취안옌즈, 앞의 책, 제6장.
21) 리루이, 개인적인 인터뷰, 1988년 5월 6일, 베이징 ; 레위 앨리, 개인적인 인터뷰, 1987년 10월 21일, 베이징.
22) 천한성, 개인적인 인터뷰, 1987년 10월 22일, 베이징.

제 17 장 멈추어야 할 한계

1) 옌밍푸, 개인적인 인터뷰, 1988년 4월 29일, 베이징.
2) 리웨이안(중국번역가협회 부회장, 1957년 모스크바 회담 때 마오의 통역사들 가운데 하나였음, 개인적인 인터뷰, 1991년 1월 30일, 베이징.
3) 리웨이안, 베이징 라디오, 1989년 3월 14일, 3월 20일, 3월 21일, 3월 27일 ; 해외방송정보 서비스 (워싱턴 D.C.), 1989년 4월 17~21일.
4) 옌밍푸, 개인적인 인터뷰, 1988년 4월 23일, 베이징.
5) 옌밍푸, 개인적인 인터뷰, 1988년 4월 21일, 베이징.
6) 리루이, 개인적인 인터뷰, 1987년 10월 19일, 베이징.
7), 8), 9) 옌밍푸, 개인적인 인터뷰, 1988년 4월 29일, 베이징.
10) 소련측 통역사였던 니콜라이 페도렌코는 이 회담에 관한 글을 한 편 썼다. 그러나 수영장에 대한 언급은 한 마디도 없었다. 그렇지만 그 회담이 있은 지 30년이 지난 후에도 그는 그때 이야기만 나오면 여전히 깜짝깜짝 놀란다. 그의 글에는 흐루시초프의 숙소를 멀리 떨어진 옥산(玉山) 너머로 잡아 주는 푸대접을 받았다는 언급은 전혀 없었다. 소련 대표단 일행을 '최근에 건물들이 신축된 베이징 교외의 신개발지역'(그곳은 소련 대표단의 숙소였다)으로 데려갔다는, 묘한 암시를 주는 언급만 있었다(페도렌코, 《흐루시초프의 베이징 방문》, 131~132쪽).
11) 같은 책, 123쪽.
12) 옌밍푸, 개인적인 인터뷰, 1988년 4월 29일, 베이징.
13) 《흐루시초프 회고록 : 마지막 유언》, 255~275쪽.
14) 그로미코의 설명을 보면, 그는 마오의 제안을 미군 섬멸을 위해 소련이 기습적인 핵공격을 하는 것이 좋겠다는 제안으로 이해한 것이 분명하다. 또한 그가 소련은 그런 제안을 전혀 고려하지 않을 것임을 마오에게 확고하게 이야기한 것도 아주 분명하다(그로미코, 《회고록》, 251~252쪽).
15) 옌밍푸, 개인적인 인터뷰, 1988년 4월 29일, 베이징.

제 18 장 황허의 나라에서

필자는 1988년 봄에 덩씨 집성촌을 방문했다. 이 마을에 관한 모든 세부적인 사실들은 필자 자신의 방문, 그리고 덩유메이와의 인터뷰에 근거한 것이다.

1) 쯔훙(류빈옌의 아내), 그 마을의 농민들과의 관계에 대한 설명, 사적인 대화, 1990년 5월 4일.
2) 류빈옌, 개인적인 인터뷰, 1988년 11월 22일, 미국 매사추세츠 주의 캠브리지.
3), 4) 취안옌즈, 《경호실장의 마오쩌둥에 대한 진술》, 제3장.
5) 리루이, 개인적인 인터뷰, 1988년 6월 17일, 베이징.
6) 위츄리(인민해방군 선전부장), 개인적인 인터뷰, 1984년 11월 4일, 베이징.

제 19 장 루산 등반

1) 제2차 세계 대전이 일어나기 직전까지 구렁(牯嶺) 꼭대기에는 가옥이 250채가 있었는데, 그 대부분은 선교사의 가족들이 여름에 들어와 살았다. 구렁이라는 이름은 선교사 가족들이 '시원하다'는 의미의 쿨링(cooling)이라는 영어와 중국어의 동음이의어의 익살로 만들어 낸 말인 것 같다[서비스(편저), 《황금의 섬들(Golden Inches)》, 1912년 그곳에서 여름을 보낸 미국 외교관 서비스의 어머니 그레이스(Grace)의 회상].
2) 라이스, 《마오의 길》, 165쪽.
3) 판시엔쯔, 《마오쩌둥과 그의 비서 텐쟈잉》, 27쪽 이하.
4) 취안옌즈, 《경호실장의 마오쩌둥에 대한 진술》, 제3장.
5), 6), 7) 리루이, 《화이난(淮南)》, 3쪽.
8) 판시엔쯔, 《마오쩌둥과 그의 비서 텐쟈잉》, 27쪽.
9) 펑더화이, 《한 원수의 회고록》, 216~237쪽 ; 천한성, 개인적인 인터뷰, 1987년 10월 22일, 베이징.
10) 펑더화이, 《회고록》, 487~488쪽.
11) 중국 관청의 공식 자료를 토대로 한 지극히 자세한 분석, 마오쩌둥과 저우언라이가 닥치는 대로 내뱉은 발언들, 그리고 외국 농업 전문가들의 저서는 1958년 중국의 곡물 생산량을 1억 9천4백만 톤 내지 2억 5천만 톤으로 추산하고 있다. 최종적으로 확정된 공식 수치는 도정 이전 상태로 2억 1천5백만 톤, 도정 이후 상태로는 1억 7천2백만 톤이었다[스워미(Swamy) · 버키(Burki), 〈중화인민공화국의 식량(Food Grains in the People's Republic of China)〉, 58~63쪽].
12) 취안옌즈, 《경호실장의 마오쩌둥에 대한 진술》, 제2장.
13) 반스톤(편역), 《마오쩌둥의 시》, 95쪽.
14) 저우리보(周立波), 〈고향 방문〉. 실린 곳 : 중원시엔, 《마오쩌둥》, 233~238쪽.
15) 취안옌즈, 《경호실장의 마오쩌둥에 대한 진술》, 제3장.
16) 《펑더화이 사건》, 1쪽.
17) 슈람, 《마오쩌둥》, 277~278쪽.
18) 찰스(Charles), 〈펑더화이 원수의 해직(Dismissal of Marshal Peng Teh Huai)〉, 66~68쪽 ; 슈람, 《마오쩌둥》, 280~281쪽 ; 라이스, 《마오의 길》.
19) 한수인은 마오의 사망 이전에 완료된 조사(문화혁명 때문에 정확한 조사를 하기에는 아주 불리한 상황이었다)에 바탕을 두고 저술한 마오쩌둥 전기(傳記) 연구서 제2권에서 펑더화이의 경우를 자세하게 고찰했다. 그녀는 마오가 펑을 비난한 데에는 소련의 관점이 주된 역할을 했다고 결론지었다. 그러니까 마오는 펑이 소련 군부와 내밀히 협력하여 일해 온 것으로 믿고 있었으며, 펑이 대약진운동에 반대하는 흐루시초프의 편견들과 여러 가지 점에서 유사한 견해를 공유하고 있었던 것으로 믿고 있었다는 것이다. 문화혁명 시기 동안 모스크바와 '연결'된 펑에 반대하는 선전홍보물이 많이 만들어졌다. 물론, 이 모든 일련의 사태는 적대적인 중소관계가 최고로 고조된 분위기 속에서 일어났다(한수인, 《탑 속의 바람》, 143~165쪽).

제20장 삶과 죽음의 갈림길

1) 후화, 개인적인 인터뷰, 1987년 10월, 베이징.
2) 펑더화이,《한 원수의 회고록》, 488~490쪽 ; 취안옌즈,《경호실장의 마오쩌둥에 대한 진술》, 제3장.
3) 펑더화이, 위의 책, 490쪽.
4) 취안옌즈,《경호실장의 마오쩌둥에 대한 진술》, 제3장.
5) 리루이, 개인적인 인터뷰, 1988년 4월 25일, 베이징.
6) 펑더화이,《한 원수의 회고록》, 490~491쪽.
  마오는 항일전쟁 때 자신의 비서였던 저우샤오저우(周小舟)를 굉장히 좋아했다. 마오는 몸소 그를 후난성의 당 총서기로 임명했다. 후난의 수확량을 정상적으로 되돌릴 수 있는 유일한 인물이라고 말했다. 저우샤오저우는 '우파분자'의 죄명으로 고발당했을 때, 만약 자신이 그토록 터무니없는 허위자백을 해야 한다면 눈물로 목이 메어 숨이 막혀 죽을 것이라는 내용의 쪽지를 써서 마오에게 보냈다. 그는 1966년 자기 책을 모두 땅속에 파묻어 버린 후에 자살했다(리루이,《화이난》, 74쪽).
7) 펑더화이, 위의 책, 492~493쪽.
8) 같은 책, 494쪽.
9) 리루이,《루산 회의 실록(實錄)》, 345쪽.
10) 같은 책, 126쪽, 128쪽.
11) 펑더화이, 위의 책, 494쪽.
12) 리루이, 위의 책, 93쪽, 121쪽.
13) 펑더화이, 위의 책, 303~304쪽.
14) 같은 책, 494~505쪽.
15) 리루이, 위의 책, 145쪽.
16) 위트케,《장칭 동지》, 301~302쪽.
이론상으로, 장칭은 여전히, 그녀가 당의 정치에 관여하는 것을 금지한 1930년대의 당 포고령의 굴레를 벗어나지 못하고 있었다. 그러나 실제적으로는, 이 금지령을 어기는 회수가 점점 더 많아졌다. 중난하이에 들어간 때부터, 그리고 모스크바에서 돌아온 때부터 장칭은 중앙위원회의 통제를 받아 왔었다. 그녀는 당의 허가를 받거나 사전 약속한 경우를 제외하고는 마오 주석을 방문할 수 없었다. 마오의 통제 아래 당 비서실이 이 규칙들을 강제적으로 지키도록 했던 것 같다. 장칭이 당에 행사하는 영향력을 개탄했던 텐자잉은 마오가 그녀를 단단히 통제하고 있다고 믿었다. 그러나 문화혁명 기간 중에 그녀는 굴레 벗은 망아지마냥 자기 멋대로 날뛸 수가 있었다(판시옌즈,《마오쩌둥과 그의 비서 텐자잉》, 130쪽).
17) 펑더화이, 위의 책, 494쪽.
18) 취안옌즈,《경호실장의 마오쩌둥에 대한 진술》, 12쪽.
19) 슈람,《마오 주석이 인민에게 연설하다》, 131~140쪽.
20) 취안옌즈, 위의 책, 4쪽.
21) 슈람,《마오 주석이 인민에게 연설하다》, 146쪽.
22) 취안옌즈, 위의 책, 12쪽.

23) 수샤오캉,《유토피아記》.
24) 리루이, 위의 책, 130쪽 이하.
25) 수샤오캉, 위의 책.
26) 이 내용은 로스 테릴이 쓴 것이다. 로스 테릴,《마오》, 276쪽. 그는 그 출처가 홍콩 주재 미국 총영사관의 최근 동향 배경 보고서라고 밝혔다.
27) 왕빙난, 개인적인 인터뷰, 1984년 3월 20일, 베이징.
28) 취안옌즈,《경호실장의 마오쩌둥에 대한 진술》, 4쪽.
29) 리루이,《루산 회의 실록》, 276·286·348쪽.
30) 리루이, 개인적인 인터뷰, 1988년 4월 25일, 베이징.
31) 위트케,《장칭 동지》, 302쪽.
32) 테릴,《백골 악마》, 238쪽.
33) 한수인,《탑 속의 바람》, 184쪽.

제 21 장 마오의 은유

1) 1950년 9월 11일에 행한 마오쩌둥의 연설, 슈람,《마오 주석이 인민에게 연설하다》, 146~147쪽에서 재인용.
2) 같은 책, 147~157쪽.
3) 같은 책, 154~156쪽.
4) 장위안위안, 개인적인 인터뷰, 1990년 7월, 뉴욕.
5) 니콜라이 페도렌코, 개인적인 인터뷰, 1990년 5월 21일, 모스크바.
6) 옌밍푸, 개인적인 인터뷰, 1988년 5월 6일, 베이징.
7) 같은 책 ; 한수인,《탑 속의 바람》, 168~169쪽 ;《흐루시초프 회고록》, 472~3쪽.
8),9) 그 공원이 왜 우가(吳家) 정원이라고 불리게 되었는가에 대해서는 몇 가지 설이 있다. 만주족 침략군이 만리장성을 통과하여 베이징으로 입성하도록 한 명나라의 국경 수비대장으로 그 당시 유명한 첩인 진원원(陳圓圓)과 함께 그 집에 살았던 오삼계(吳三桂)의 이름을 딴 것이라는 설도 있고, 국민당 정부 시절 장제스의 사무총장으로 그 집을 사들였던 우딩창의 이름을 딴 것이라는 설도 있다(추이리에, 필자에게 보낸 편지, 1990년 10월 20일).
10) 펑더화이,《한 원수의 회고록》, 10쪽.

제 22 장 실사구시(實事求是)

이 장은 주로 판시옌쯔,《마오쩌둥과 그의 비서 텐자잉》을 토대로 한 것이며, 미비한 점은 옌자치, 리루이, 그리고 양상쿤으로부터 얻은 자료로 보완했다.

1)《인민일보》, 1990년 6월 1일자.
2) 판시옌쯔,《마오쩌둥과 그의 비서 텐자잉》, 84쪽[신화통신사(베이징), 1991년 6월 10일].

3), 4) 취안옌즈,《경호실장의 마오쩌둥에 대한 진술》, 제3장.
5) 판시옌쯔,《마오쩌둥과 그의 비서 톈자잉》, 26~27쪽.
6) 리루이, 개인적인 인터뷰, 1988년 5월 25일, 베이징.
이처럼 어마어마한 규모의 계획이 마오에게 주어졌다. 그 계획 중에서 마무리된 것은 거의 없는 상태였다. 마오는 1965년 항저우에서 비서인 천보다, 그리고 후차오무와 함께 '중국 문화의 절정'을 나타낼 일련의 저서를 쓸 계획에 착수했다. 그 작업은 마무리되지 않았다. 그는 계획이 이미 완료된 인민공화국 헌법을 동일한 방식으로, 동일한 장소에서, 동일한 비서들과 함께 썼었다. 그는 거대한 농업백과사전 작업에 착수했으나 끝내지 못했다(같은 곳). 몇 년 전부터 마오는《중국 혁명의 전략적 문제》라는 책의 저술 작업을 해 왔다. 1936년의 시안(西安)사건이 일어나기 전, 옌안에 있으면서 그는 그 작업을 시작했다. 그는 집어치웠다가 기회가 있으면 틈틈이 그 일에 다시 매달렸다가 했으나 결국 마지막 몇 장(章)을 마무리하지 못했다(후차오무, 개인적인 인터뷰, 1988년 5월 21일, 베이징). 후차오무는 마오와 함께 그 연구 작업을 했다.
7) 〈1965년 12월 21일 항저우에서 있었던 담화〉에 대한 간결한 설명이 슈람이 쓴《마오 주석이 인민에게 연설하다》에 들어 있다. 이 산만한 언급들은 5인 그룹에게 제공된 훨씬 더 긴 논문에서 발췌한 것 같다.
8) 판시옌쯔,《마오쩌둥과 그의 비서 톈자잉》, 134쪽.
9) 왕리는 1989년 1월 상하이 신문에 기고한 글로 두각을 나타내기 시작했다. 그는 그 글에서 4인방의 행위가 무죄임을 변론하려고 시도했다. 자신은 장칭과 캉성의 희생물이었다는 그의 주장은 문화혁명 기간중에 그의 잔인무도한 행위를 목격한 사람들 사이에서 지체 없이 공격을 받았다(《인민일보》(베이징), 1989년 2월 2일자 ; 해외방송정보 서비스(워싱턴 D.C.), 1989년 2월 10일]).
10), 11) 판시옌쯔,《마오쩌둥과 그의 비서 톈자잉》, 83쪽.

제 23 장 국사범 만들기

이 장은 1984년에 시작하여 1991년까지 연장된 양상쿤과의 개인적인 인터뷰에 대체로 의거하고 있다.
1) 판시옌쯔,《마오쩌둥과 그의 비서 톈자잉》, 115쪽.
2) 양상쿤, 개인적 인터뷰, 1984년 10월 24일, 베이징. 그 사건에 대한 국민당의 보고서는 양상쿤이 살해되었다는 주장을 담고 있었다.
3) 덩샤오핑이 실권을 잡자 다시 복권된 양상쿤이 맨 처음 했던 일 가운데 하나는 펑더화이가 고문을 받으며 썼던〈자술서와 생애 이야기〉를 모으는 작업이었다. 양의 지시에 따라 수집된 물건들을 합본하여 펑의 용기와 과단성을 설명해 주는 극적인 책을 펴냈다. 양은 그 책의 머리글에 "펑은 목숨도 팔다리도 아끼지 않고 중국 혁명을 위해 투쟁한 성실하고 강직하고 충성스럽고 청렴결백한 사람이었다"고 썼다(양상쿤, 펑더화이의《한 원수의 회고록》에 대한 머리글).
4) 양상쿤이 한창 자라던 청소년 시절, 쑤이닝은 아주 작은 읍이었다. 푸강(涪江) 유역에 위치한 그곳은 난충(南充)에서는 대충 40마일 정도, 그리고 청두에서는 100마일 조금 넘게 떨어진 곳이었다. 1980년대에 쑤이닝은 지역 공업 발전 장소로 선정되면서 급속하게 커지기 시작했다. 주변 5개 현을 병합해서 인구가 1백만이 조금 못 되는 도시로 재조직되었다.
5) 1988년에 양상쿤에게는 생존해 있는 동생이 넷 있었다. 첫째 동생 양바이빙(楊白冰)은 인민해방군

총정치부 주임이었다. 그는 1989년 톈안먼 학살 사태 때 진압군에서 적극적인 역할을 함으로써 악명을 떨치게 되었다. 베이징에서는 그를 '양씨 가문의 깡패'라고 꼬집었다(양상쿤, 개인적인 인터뷰, 1988년 5월 23일, 베이징).

6) 이제는 고인이 된 당의 역사학자 후화는 그 녹음테이프들은 마오의 수많은 대화들의 내용을 담은 유일한 기록이기 때문에 아주 중요한 가치를 지니는 자료라고 말했다. 그는 그 테이프들이 국가 문서 보관소에는 없으며 당의 어떤 극비문서철 속에 보존되었을 가능성이 높다고 말했다. 그는 마오의 러시아어 통역사였으며 나중에 통일전선 사업부 부장을 지낸 옌밍푸가 이 사건에 연루되어 양상쿤과 함께 체포되었다고 믿고 있었다. 옌밍푸는 양상쿤이 복역한 기간만큼 감옥살이를 했다(후화, 개인적인 인터뷰, 1987년 8월 31일, 베이징).

7) 양상쿤도 미국 정보원이라는 죄목으로 고발을 당했다. 그가 1944년 옌안에서 미국 남부에서 온 방문단과 만났었다는 사실에 의거한 것이었다. 양은 2남 1녀를 두었는데, 그들은 문화혁명 기간중에 모두 고통을 당했다. 장남은 이미 군에 입대해 있었으며, 차남은 베이징 대학 졸업반, 막내인 딸은 고등학교에 다니고 있었다. 양은 "나는 운이 좋았다고 생각한다. 내 가족 중에는 아무도 살해당하지 않았다"고 말했다(양상쿤, 개인적인 인터뷰, 1984년 4월 3일, 베이징).

제 24 장 동물원의 극비 작전

1) 알링턴과 루위손, 《옛 베이징을 찾아서》, 240~241쪽 ; 주샤천, 《베이징》, 163쪽 ; 라이스, 《마오의 길》, 182~183쪽.
2) 개인적인 관찰, 1972년 7월.
3) 한수인, 《탑 속의 바람》, 180쪽.
4) 라이스, 위의 책, 180쪽.
5) 1962년 1월 30일에 행한 마오쩌둥의 연설, 슈람, 《마오 주석이 인민에게 연설하다》에서 재인용.
6) 마오가 거명한 한 사람은 판한니옌이었다. 마오는 그를 반혁명분자라고 불렀다. 사실상 판은 지하에서 위험한 임무를 수없이 수행했던 인물로, 나무랄 데 없이 훌륭한 자격을 갖춘 공산주의자였다. 그는 쑨원의 미망인 쑹칭링 여사가 공산당 밀사들이 이용하도록 하기 위해 유지하던 비밀 통신 센터에 설치할 무선 장비를 몰래 들여오기도 했었다. 판이 잘못된 처벌을 받은 것은 소련의 후원을 받고 있던 코민테른과 연관되어 있었기 때문이었을지도 모르겠다.
7) 후화, 개인적인 인터뷰, 1987년 8월 29일, 베이징.
8) 리루이, 개인적인 인터뷰, 1987년 10월 19일, 베이징.
9) 옌자치, 《문혁10년사》, 1쪽 ; 에드가 스노우, 《기나긴 혁명》, 17쪽.
10) 한수인, 위의 책, 225쪽 ; 라이스, 위의 책, 197쪽.
11) 후화, 개인적인 인터뷰, 1987년 8월 29일, 베이징.

제 25 장 독이 묻은 종이

1) 리루이, 개인적인 인터뷰, 1988년 6월 17일, 베이징.

2) 성(性)에 관련된 구절을 라틴어로 번역하는 전통은 중국과 일본 고전의 뛰어난 번역자인 아서 웨일리(Arthur Waley)가 조심스럽게 지켜 온 것이다. 중국에서의 성의 역할에 대한 대부분의 자료는 반 굴릭(Van Gulik), 《고대 중국에서의 성생활(Sexual Life in Ancient China)》[레이든(Leidon), 1974년]이란 연구에 의한 것이다. 마오의 수집품에 대한 정보는 생존하고 있는 그의 비서 가운데 한 사람에게서 얻었으며, 캉성의 역할에 대한 정보는 1987년과 1988년 베이징에서 옌밍푸와의 개인적인 인터뷰에서 얻었다. 마오의 성생활의 상대에 대한 내용은 부분적으로는 1987년 10월 21일 베이징에서 가졌던 고(故) 레위 앨리와의 긴 면담을 통해 얻은 것이다.

3), 4) 반 굴릭, 위의 책, 189쪽.

5) 본명이 장지락(張志樂)이었던 김산(金山)은 1937년 옌안에 있었다. 거기서 에드가 스노우의 아내인 헬렌 스노우는 김산과의 폭넓은 인터뷰를 거쳐 그를 주제로 한 《아리랑의 노래(Song of Arirang)》란 책을 출판하였다. 김은 중국에서 지하활동을 하면서 중국공산당에 입당했고 중국인이 되었다. 그는 일본 경찰과 장제스에 의해 체포, 투옥, 고문을 당하였으며 건강이 좋지 않았다. 헬렌 스노우가 떠난 후 옌안에 온 캉성의 첫번째 조치는 김산을 트로츠키주의자로 조작한 것이었다. 그 결과 김산은 총살당하였다(1990년 8월 13일 헬렌 스노우와의 전화 인터뷰). 트로츠키주의자로 매도하는 것은 옌안 시절 정치투쟁에서 자주 쓰였던 악랄한 무기였다. 에드가 스노우 부부 또한 《중국의 붉은 별》을 출판한 이후, 아시아티쿠스(Asiaticus)라는 필명으로 코민테른에서 파견되어 당시 옌안에 와 있던 독일인 한스 쉬페(Hans Shippe)에게 트로츠키주의자로 몰렸다. 그는 자신의 주장을 마오에게도 내밀었지만, 마오는 그에게 입을 닥치고 옌안에서 꺼지라고 하였다(헬렌 스노우, 1984년 9월의 인터뷰). 트로츠키주의자로 몰아붙이는 전략은 마오와 마오식 공산주의를 부인하려는 모스크바의 의도에서 비롯된 짓이었다. 1990년에 선외투부상반 왕화는 쉬페를 '중국의 친구'였던 특파원으로 미화하는 운동을 전개했고, 그 결과 항일전 당시 그가 팔로군에 배속되어 있는 동안 아내를 잃은 장소에 그의 동상이 세워졌다.

6) 유소프, 〈캉성(Kang Sheng)〉, 111~121쪽.

7) H.E. 솔즈베리, 《검은 밤, 하얀 눈(Black Night, White Snow)》.

8) 옌밍푸, 개인적인 인터뷰, 1988년 5월 8일, 베이징.
1942~45년에 옌안에서 활동하였으며, 당시로서는 거의 유일한 외국인이었던 블라드미로프(Vladmirov)에 의하면, 캉성은 1942~43년에 마오가 전개한 정풍운동(整風運動)의 책임자였으며, 정풍운동의 대상 가운데에는 중국공산당 내 러시아파의 우두머리인 왕밍, 저우언라이, 양상쿤, 보구(博古), 가오강, 그리고 장원텐(張聞天)이 포함되어 있었다고 한다. 또한 블라드미로프는 중국인들이 왕밍에게 독약을 먹였으며 왕밍은 그로 인해 심한 후유증을 앓았다고 주장하고 있다. 그러나 중소 이념 논쟁이 절정일 때 출판된 블라디미로프의 일기는 과장이 심한 편이다[블라디미로프, 《특별지구 중국 1942~1945년》(모스크바, 1972년)].

9) 레위 앨리, 개인적인 인터뷰, 1987년 10월 21일, 베이징.

10) 기밀자료, 1991년 2월 26일.

11) 천한성, 개인적인 인터뷰, 1987년 10월 22일, 베이징 ; 라퐁트(Laffont), 《캉성》, 454~459쪽.

12) 보나비아(Bonavia), 《베이징에서의 판결 : 4인방의 재판(Verdict in Peking : The Trial of the Gang of Four)》, 204쪽.

13) 류위안위안, 지난(濟南)에서의 개인적인 인터뷰, 1988년 5월 16일.
14) 장칭은 문화대혁명 시기에 많은 애인을 가지고 있었다는 소문이 나돌았다. 잘생긴 중국의 탁구 챔피언인 주앙쩌둥도 그중의 한 사람이었다.
15) 《명보(明報)》(홍콩), 1979년 1월 15일자.
16) 옌밍푸, 개인적인 인터뷰, 1988년 5월 8일, 베이징.
17) 리루이, 개인적인 인터뷰, 1987년 10월 30일, 베이징.
18) 후차오무, 개인적인 인터뷰, 1988년 5월 21일, 베이징.
19) 리쩌허우(李澤厚), 《청년 마오쩌둥(靑年毛澤東)》, 《중국현대사상사론(中國現代思想史論)》(베이징, 1987년).
20) 리루이, 개인적인 인터뷰, 1986년 5월 28일, 베이징.

제 26 장 "어리석은 것! 너는 여전히 아무것도 모르는구나!"

1) 류팅팅, 개인적인 인터뷰, 1990년 10월 8일, 베이징.
2) 류핑핑 등, 《승리의 꽃다발을 당신에게 바칩니다 : 아버지 류사오치를 회상하며》(베이징, 1986년).
3) 푸런 대학은 점차 미국보다는 독일 베네딕트파의 영향 아래 놓이게 되었으며, 인민공화국의 출현과 더불어 타이완으로 옮겨졌다.
4) 류팅팅, 개인적인 인터뷰, 1990년 8월 21일, 뉴욕.
5) 우한과 그의 아내, 딸은 문화대혁명의 희생자가 된 다른 모든 사람들처럼 구타와 고문 끝에 죽느니 차라리 자살을 선택하였다. 우한과 해서(海瑞) 및 그 내력에 대해서는 가사이드의 《살아 돌아오다》를 참조하였다.
6) '자살당하는 것'은 마오나 홍위병의 창작품은 아니었다. 그것은 중국에서 오랜 전통을 가지고 있었으며, 왕조시대에도 자주 이용되었다. 예컨대 광서제(光緒帝)가 총애한 비빈이었던 주빈(珠嬪)은 서태후의 미움을 받았고, 그녀는 조카며느리인 주빈을 경산(景山)에 인접한 자금성 후문 부근의 우물에서 자살하게 만들었다(케이츠, 《풍요로웠던 시절》).
7) 류핑핑 등, 위의 책.
8) 옌자치, 《문혁10년사》, 12쪽 ; 류핑핑 등, 위의 책, 4쪽.
9) 마오의 위선적인 경고는 1919년 5 · 4운동 당시 학생시위로 결집된 거대한 힘과 권위를 염두에 둔 것이었다. 그러나 1989년 6월 4일 톈안먼에서 덩샤오핑과 그의 동료들은 이 경고를 기억하고 있었던 것 같지 않다.
10) 옌자치, 위의 책, 14쪽.
11) 류핑핑, 위의 책, 6쪽.
차이창은 여러 해 동안의 질병 끝에 실명까지 했고, 1990년 베이징에서 90세 나이로 사망하였다. 그녀의 사망기사는 그녀와 그녀의 오빠인 차이허선이 마오쩌둥과 나눴던 순수한 우정에 대해서 전혀 다루지 않았다.
12) 가사이드, 위의 책, 46쪽.

13) 샤오팡, 개인적인 인터뷰, 1990년 7월, 베이징.
14) 가사이드, 위의 책, 47쪽.
15) 라이스,《마오의 길》, 248쪽.
16) 브리지햄(Bridgham),〈마오의 문화혁명(Mao's Cultural Revolution)〉, 1쪽.
17) 6월 6일 중난하이에 인접한 베이징 중등여학교의 상급반 학생들은 입시제도가 청년들을 통제하기 위해 이용되는 '반동적인 요소'라고 하여 마오와 중앙위원회에 철폐를 청원하였다. 일주일 후 국무원은 대학입시를 폐지하였다(샤오팡, 개인적인 인터뷰, 1990년 7월, 뉴욕 : 한수인,《탑 속의 바람》, 281쪽).

제 27 장 작은 병정

이 장의 서술은 대부분 라오서(老舍)의 부인이었던 후지에칭과 그녀의 아이들, 특히 딸인 수지와의 수차례에 걸친 면담에 기초한 것이다.

1) 라오서는 이 집의 대가로 약 8천만 야드가 넘는 2백 꾸러미의 면포를 지불하였다. 중국 화폐는 외국에서는 태환이 되지 않았으므로 화폐 대신 면포로 지불한 것이다. 따라서 정확한 가격은 산정하기 어렵다(수지, 개인적인 인터뷰, 1990년 10월 20일, 베이징).
2), 3)《인력거꾼(Rickshaw Boy)》은 1945년 미국에서 출판되어 '이 달의 책 클럽' 선정도서가 되었다. 영역판은 에반 킹(Evan King)이란 필명을 쓴 톈진 영사관의 한 미국인에 의해 번역되었다. 그는 원작의 여러 군데를 생략하거나 바꾸었고, 낭만적인 해피엔딩을 첨가했다(후지에칭, 개인적인 인터뷰, 1987년 9월 29일, 베이징).
4) 라오서는 전쟁 기간중의 충칭에서 이 책의 1, 2권을 썼다. 3권은 미국에서, 4권은 베이징에서 완성되었다. 책의 전체를 읽어 보면 라오의 주거지 이동에 따른 관점상의 변화를 발견할 수 있다.
5) 수이(라오서의 아들),〈라오서의 마지막 이틀〉, 2~3쪽 ; 수지, 개인적인 인터뷰, 1987년 9월 1일, 베이징.
6) 옌자치, 앞의 책, 제3장.
7) 수이, 위의 글, 2쪽.
8) 옌자치, 위의 책, 16쪽.
9) 수지, 개인적인 인터뷰, 1987년 10월 8일, 베이징 ; 수이, 위의 글.
10) 시단 시장 지역의 중심가에 있는 시단 경찰서는 1989년 톈안먼 사태로 세계적인 명성을 얻게 되었다. 그곳은 무장 경찰대의 본부였다. 많은 시위 학생들이 이곳으로 끌려왔고, 일부는 살해당했다.
11) 수이, 위의 글, 5쪽.
12) 위의 글, 6쪽.
13) 위의 글, 1쪽.
14) 위의 글, 7쪽.
15) 위의 글, 7쪽 ; 수지, 개인적인 인터뷰, 1988년 5월 2일, 베이징.
16) 1989년 85세가 된 후지에칭은 중국작가협회의 주선으로 '풍요의 집'에서 방 네 개짜리 아파트로

거처를 옮겼다. 그 유명한 옛 건물에는 이제 사람이 살지 않으며, 베이징 시 당국은 라오서의 집을 후가 오랫동안 원해 왔던 것처럼 박물관으로 만들 것인가 여부를 놓고 여전히 논란중이다. 그녀는 이곳을 라오서가 살았던 당시의 모습 그대로 보존하기를 원하고 있다. 문화혁명 이후 라오서가 완전히 복권되어 공식적으로는 근대 중국의 대표작가 네 사람 가운데 하나로 인정받고 있음에도 불구하고 작가협회 역시 이 문제에 관해 확실한 결정을 내리지 않고 있다. 한편 최근 한 중국인 실업가는 베이징에 '라오서 찻집'을 열고 곡예공연을 곁들여 타이완에서 온 실업가들을 고객으로 끌어모으고 있다(《차이나 데일리》, 1991년 9월 9일).

제 28 장   강철인간 왕의 운명

이 장의 내용은 대부분 1977년과 1987년 9월 두 차례에 걸친 필자의 다칭 방문을 기초로 한 것이다.

1) 한수인, 《탑 속의 바람》, 227~229쪽.
2) 옌자치, 《문혁10년사》, 17쪽.
3) 류종런, 《탄인 골목길》(샌프란시스코, 1988년), 113쪽.
4) 천한성, 개인적인 인터뷰, 1987년 10월 22일, 베이징.
   1967년 12월 26일 베이징의 바로 동부에 있는 탕산(唐山)에 천보다가 나타나 연설을 한 후 밀어닥친 새로운 박해의 물결은 8만 4천 명의 체포, 심문과 2,953명의 죽음을 가져왔다(보나비아, 《베이징에서의 판결》, 89쪽).
5) 《중국역사상 대심판(Great Trial in Chinese History)》(베이징, 1981년), 20~21쪽.
6), 7) 옌자치, 개인적인 인터뷰, 1988년 5월 2일, 베이징.
8), 9) 쉬에꾸오빵(왕의 동료 노동자), 개인적인 인터뷰, 1987년 9월 8일, 다칭.
10), 11) 티엔룬푸(다칭 신문 편집자), 개인적인 인터뷰, 1987년 9월 7일, 다칭.
12) 주 8과 같음.
13), 14), 15) 왕의 첫째 아들은 군대에 있었다. 동원에서 풀려나자 그는 다칭에 일하러 가서 기계 수리부 노동조합의 책임자가 되었다. 1987년 그의 둘째 아들 역시 그처럼 굴착팀과 같이 일을 했다. 두 명의 딸 가운데 하나는 다칭에서 일하였고, 또 하나는 군대에 있었다. 그의 아내는 1987년 당시 살아 있었지만 건강이 좋지 않았다(주 8과 같음).
16) 제이콥스(Jacobs), 《신공산당선언(The New Communist Manifesto)》(뉴욕, 1962년)에서 인용한 흐루시초프의 1956년 2월 25일의 비밀 연설.
17) 1990년 '역할 모델'을 내세우는 관습이 잠시 되살아났을 때 총서기 장쩌민은 강철인간 왕에 대한 숭배를 부활시키자고 제안했다. 곧 이 계획은 포기되었다. 왕의 실각 당시 상하이에 있었던 장쩌민이 이 노동자 영웅의 비극적인 운명을 과연 알고 있었는지 의심스럽다.
18) 위트케, 《장칭 동지》, 350쪽.

제 29 장   위로는 하늘, 아래로는 땅

이 장의 내용은 1988년 5월 8~9일 다자이에서 모은 자료에 기초한 것이다.

제 30 장 행운의 집

이 장의 상당 부분은 생존하고 있는 류사오치 가족들과의 광범위한 면담에 기초한 것이다.

1) 류핑핑 등,《승리의 꽃다발을 당신에게 바칩니다 : 아버지 류사오치를 회상하며》; 류팅팅, 개인적인 인터뷰, 1990년 10월 13일, 뉴욕.
2) 왕광메이, 개인적인 인터뷰, 1987년 10월 22일, 베이징.
    류타오(劉濤)는 류사오치의 부르주아적인 근성을 입증하는 많은 증거들을 어머니가 보여 주었다고 주장했다[포케마(Fokkema),《베이징으로부터의 보고(Report from Peking)》, 59쪽].
4) 류핑핑, 위의 책, 11쪽.
5)《중국역사상 대심판》, 41~46쪽.
6) 포케마, 앞의 책, 132쪽.
7)《중국역사상 대심판》.
8) 류핑핑, 위의 책, 17쪽.
9)《중국역사상 대심판》.
10) 류핑핑, 위의 책, 20쪽 ; 류팅팅, 개인적인 인터뷰, 1990년 9월 14일, 10월 13일, 뉴욕.
11) 류핑핑, 위의 책, 21쪽.
12) 같은 책, 21쪽.
13)《대심판》, 35 · 39쪽.

제 31 장 옌강(延江)의 달

1), 2) 쉐밍, 개인적인 인터뷰, 1987년 9월 4일, 베이징.
3) 장칭이 특히 염두에 둔 적은 저우언라이의 수양딸인 쑨웨이스였다. 그녀는 열네 살 때 상하이의 아마추어 연극단에서 장칭과 함께 활동했고, 옌안에서는 장칭이 주연을 맡은 〈상하이의 피바다〉라는 연극에 출연하기도 하였다. 그런데 이 연극에서 쑨이 더 각광을 받게 되자, 장칭은 그녀를 격렬히 증오하기 시작했다. 한편으로는 시기심 때문이었고 또 다른 한편으로는 그녀가 장칭의 배경에 대해 너무 잘 알고 있었기 때문이었다. 문화혁명기에 쑨과 그녀의 남편은 체포되어 고문을 당했다. 그녀는 1968년 10월 14일 사망하였다. 왜 저우언라이가 수양딸을 구해낼 수 없었는지는 불분명하다. 그녀의 오빠 쑨양(孫快)도 역시 살해당했다(옌자치, 앞의 책, 74~75쪽).
4) 쉐밍, 개인적인 인터뷰, 1984년 6월 16일, 베이징.
    보이보(薄一波)의《회고록》에서 인용. 보이보는 그가 허룽과 논쟁을 한 적이 있었다고 회고하였다. 당시 허는 산시성의 당 지도자 니에인구안이 지주인 자기 아버지를 철저히 비판하지 않았다고 비난하였다. 보이보는 실상은 니에의 아버지가 좋은 사람이었다고 말했다. 허룽은 농민들이 이 노인의 코에 철사줄을 끼워, 네 발로 기면서 외양간을 돌게 하는 동안 아들로 하여금 '소를 몰게' 했다는 사실을 알지 못하였다[《인민일보》(베이징) 1989년 3월 9일 ; 해외방송정보 서비스(워싱턴 D.C.), 1989년 4월 7일, 20쪽].
5) 쑨원이 세운 황포군관학교에 린뱌오가 들어갔을 때, 그의 조카인 린위잉은 1922년 갓 창당된 중국

공산당에 입당하였다. 그는 상하이, 한커우(漢口)와 톈진에서 지하활동을 했으며, 1932년에는 코민테른의 노동자조직인 프로핀테른(Profintern)의 중국 대표로 모스크바에 갔다. 그는 모스크바와 마오간의 관계를 개선시키고, 마오와 라이벌인 장궈타오와의 당내 분쟁을 종식시킨다는 중대 사명을 띠고 1935년 옌안에 돌아왔다. 린위잉은 1943년에 사망하였다. 그의 동생인 린위난 역시 당 사업에 참가하였다(H.E. 솔즈베리, 《대장정》).

6), 7), 8) 허룽의 아내인 젠셴런은 린뱌오의 부상이 완전히 회복되었다는 사실을 확인해주었다. 하지만 "우리 모두는 건강이 좋지 않아 소련 의사들의 보살핌을 받아야 했다"고 말했다(젠셴런, 개인적인 인터뷰, 1987년 10월 7일, 베이징).

9) 젠셴런(1987년 8월 11일, 9월 13일, 10월 6일, 10월 8일, 10월 9일, 10월 12일, 10월 15일, 베이징), 쉐밍(1984년 6월 16일, 1987년 9월 4일, 베이징), 샤오커(1984년, 1987년, 1991년, 베이징)와의 개인적인 인터뷰에 대부분 의존하였다. 후난성 츠츠현 염색공장 기술자의 딸인 젠은 1909년생이다. 허룽은 남을 잘 돕는 것으로 유명한 농촌의 영웅이었다. 모든 사람은 그가 고깃간의 칼만 지닌 채 최초의 게릴라 부대를 지휘했음을 잘 알고 있었다. 젠의 남동생은 그녀를 1929년 7월 허룽에게 소개하였다. 허룽과 그녀는 몇몇 사람만 초대해서 '백차(白茶)'를 마시면서 결혼을 축하했다. 곧 그들은 좁혀드는 국민당의 포위망을 피하기 위해 서둘러 떠났다. 그들의 딸 지에성은 1935년 10월 30일에 태어났다. 허룽은 1935년 11월 19일 대장정에 합류하였다. 역시 미인이었던 젠의 여동생은 다른 대장정의 영웅인 샤오커(蕭克)와 결혼하였다. 그녀는 장정 도중 아이를 낳았고, 홍군은 이 아이를 '장정의 아이'라고 불렀다. 이 아이는 무사히 옌안에 보내졌으나 2년 후 일본군의 비행기에 의한 세균 공격으로 사망하였다 — 적어도 부모는 그렇게 생각하고 있다[젠셴런, 개인적인 인터뷰, 1987년 ; 샤오커, 개인적인 인터뷰, 1984년 · 1987년 ; H.E. 솔즈베리, 《대장정》].

10) 쉐밍, 개인적인 인터뷰, 1984년 6월 16일, 베이징.

11) 젠셴런, 개인적인 인터뷰, 1987년 9월 13일, 베이징.

12) 쉐밍, 개인적인 인터뷰, 1987년 9월 4일, 베이징.

13) 1964년 마오는 교묘하게 린뱌오와 허룽의 경쟁 관계를 부추겼다. 마오는 린뱌오 대신 허룽이 중앙군사위원회와 군사공작위원회를 주재하도록 하였다. 마오는 허룽의 업적을 칭송하고 그를 정치국 회의에 참석토록 했다. 그러나 린뱌오는 제외된 경우가 있었다(위와 같음).

14), 15) 옌자치, 《문혁10년사》, 35쪽.

16), 17) 쉐밍, 개인적인 인터뷰, 1984년 5월 16일, 베이징.

18) 보나비아, 앞의 책, 191쪽.

19) 젠셴런, 개인적인 인터뷰, 1987년 10월 6일, 베이징.

20) 왕링수, 〈지덩쿠이의 마오쩌둥에 관한 진술〉, 《요망(瞭望)》(홍콩), 1989년 2월 6일, 13일 ; 해외방송정보 서비스, 1989년 2월 14일, 24쪽.

제 32 장 린뱌오의 그림자

1) 옌자치, 앞의 책, 52~54쪽.

2) 샤오화(蕭華)는 대장정 당시 유명한 홍군 지휘관이었으며, 린뱌오의 1군에서 2사단 사단장을 지냈

다. 그가 쓴 홍군에 관한 시는 마오쩌둥과 저우언라이로부터 좋은 평가를 받았다. 문화혁명이 시작되었을 때 그는 인민해방군 총정치부 주임으로 곧 공격의 대상이 되었다. 그는 결국 7년 반 동안 감옥에 있었는데, 그가 린뱌오의 마약중독 사실을 알고 있었던 점이 화근이었던 것 같다. 그는 운 좋게 살아남았다(H.E. 솔즈베리,《대장정》, 334쪽).

3) 가일스(Giles),《중국문학사(History of Chinese Literature)》; 엔자치, 앞의 책, 51쪽.
4) 에드가 스노우,《중국의 붉은 별》, 369쪽.
5) 엔자치, 앞의 책, 55쪽. 1975년 5월 17일 마오는 허칭의 석방에 대해 언급하면서 마오는 "허칭은 죄가 없다. 그는 복권되어야 한다. 그가 살아 있어서 다행이다. 푸롄장은 죽었다. 정말 안 됐다"라고 말했다(장투오싱,《1975년의 전면 정돈》)
6) 세실과 로에브(Cecil & Loeb),《의학 교과서(Textbook of Medicine)》, 207쪽.
7) 하템은 1936년 홍군 의료단에 참가했을 때 그들이 마취제를 전혀 가지고 있지 않았음을 알았다. 그가 가진 약간의 약품으로는 도저히 메울 수 없었다. 군에서는 당시 아편과 알코올의 혼합물을 마취제로 사용하고 있었다. 그가 한 첫번째 강의는 아편 조제에 관한 것이었다(조지 하템, 개인적인 인터뷰, 1984년 3월 10일, 베이징).
8) 세실과 로에브, 위의 책, 2017쪽.
9) 카우(Kau),《린뱌오 사건(Lin Biao Affairs)》, 118~123쪽.
10) 후화, 개인적인 인터뷰, 1987년 8월 31일, 베이징.
11) 에드가 스노우,《기나긴 혁명》, 171~172쪽.

제 33 장 프로젝트 571

1)《사우스 차이나 모닝 포스트》, 1989년 10월 22일.
2) 항저우와 서호 지역은 1975~76년에 여행자, 외교관 그리고 기자들의 출입이 금지되어 있었으며, 1977년 후반에 가서야 점진적으로 다시 개방되었다. 이것은 아마도 극비리에 건축중이던 프로젝트 704와 관련이 있을 것이다(필자의 방문, 1977년 9월).
3) 한수인,《탑 속의 바람》, 343~345쪽.
4)《중국역사상 대심판》; 보나비아, 앞의 책.
5) 리리궈와 개인적으로 사귄 적이 있는 젊은 여성은 그가 린뱌오 음모의 책임자였을 것이라는 주장을 일축했다. 다른 친구들도 마찬가지였다. "리리궈는 오로지 여자에게만 관심이 있었고, 거의 모든 시간을 거기에 투자했습니다. 이 젊은이가 마오에 반대하여 심각한 음모를 꾸밀 수 있다는 생각은 정말 어리석은 것입니다"(자네트 수이, 개인적인 인터뷰, 1983년 4월 12일, 뉴욕).
6) 보나비아, 위의 책, 166쪽.
7) 유소프,〈린뱌오 숙청전말기(Khronika gibeli Lin Biao)〉.
8) 쑨이시엔(울란바토르 중국대사관 겸 서기관),《신중국외교(New China Diplomacy)》, 195쪽.
9)《중국역사상 대심판》.
10)《중국역사상 대심판》; 보나비아, 위의 책, 167쪽 ; 유소프, 위의 글, 97쪽.

11) 《경보(鏡報)》(홍콩), 1989년.
린뱌오 사건이 끝난 수년 후에도 장닝은 여전히 아름다운 여성이었다. 남편이 그의 부모와 함께 살해된 후 그녀는 여러 차례 청혼을 받았다. 마오 자신도 그녀에게 관심을 가지고 있었다. 마오의 조카로서 마오의 마지막 시절에 마오의 연락원이 되었던 마오위안신은 그녀와 결혼하기를 원했으나 거절당했다. 그의 청혼은 린뱌오 사건에 대한 내부 비밀을 캐내기 위해서가 아니라 단순히 그녀의 아름다움에 반했기 때문이었다(같은 글).
12) 쑨이시엔, 앞의 책, 165쪽.
13) 어떤 기록에 따르면 저우언라이는 트라이던트기의 기장과 무선으로 통화를 시도했으나 그가 응답하지 않아 실패했다고 한다. 결국 저우언라이는 교환원에게 말하였다. "그들에게 돌아오라고 해. 그들이 지정하는 어떤 공항에서든 개인적으로 만나주겠어." 그러나 아무런 응답도 없었다(유소프, 앞의 글, 97쪽).
14), 15) 왕링수, 〈지덩쿠이의 마오쩌둥에 관한 진술〉, 《요망》, 1989년 2월 6일, 13일 ; 해외방송정보 서비스, 1989년 2월 14일.
16) 쉬원이, 《신중국외교》, 153쪽.
17) 마오가 남긴 서류 속에는 장칭에 대한 린뱌오의 계획이 포함되어 있었다. 장칭과 그 동료들은 마오가 죽자, 마오의 서류 속에 그들과 린뱌오 사건 등을 연관시키는 내용이 있을까봐 서류를 손에 넣기 위해 미친 듯이 날뛰었다[판수오(范碩), 〈바람과 번개가 몰아치던 세월〉, 17쪽].
18) 기밀자료, 1991년 3월 6일, 뉴욕.

제 34 장 처세의 명인

1) 닉슨 파티는 조어대(釣魚臺)의 18호, 12호 건물에서 열렸다. 닉슨은 가장 규모가 큰 18호 건물에 묵고 있었다. 이 공원은 12세기에 금대(金代)의 장종(章宗)이 큰 호수에서 낚시를 하기 위해 만들었으며, 오랫동안 폐허 상태로 남아 있었으나 1958년에 다시 단장되었다. 장칭은 중난하이의 '장소는 다르지만 격은 같은' 거처보다 이곳을 좋아하여 17호 건물을 차지하였다. 이제 이곳에는 18개의 건물이 있다. 작은 것들은 하룻밤에 1천 달러를 받고 일본 기업인들에게 빌려 주기도 한다. 일반 여행자에게 빌려 주는 좀 더 작은 방은 하룻밤에 140달러이다. 18호 건물은 1986년 영국 여왕의 방문 당시 완전히 치장을 다시 하였다.
2) 장위핑, 〈마오쩌둥과 저우언라이 만년의 몇 가지 일화〉, 《광명일보(光明日報)》, 1988년 12월 26~29일.
3) 마오가 린뱌오에 관한 소식을 듣고 자리에 누워 버린 후 60일 이상 나오지 않았다는 것은 역사학자 후화로부터 들은 이야기이다.
4) 그레이 디몬드 박사(Dr. E. Grey Dimond), 개인적인 인터뷰, 1989년 10월 26일, 캔자스 시.
5) 후화, 개인적인 인터뷰, 1987년 8월 31일, 베이징.
6) 장위핑, 〈마오쩌둥과 저우언라이 만년의 몇 가지 일화〉.
7) 후화, 개인적인 인터뷰, 1987년 8월 31일, 베이징.
8) 홍두 양복점은 1972년 당시 티엔아오통이 경영하고 있었는데, 그는 혁명 전 상하이에서 영국인이 경

영하는 양복점에서 재봉술을 배웠다. 마오의 옷―그리고 덩샤오핑, 펑전, 리셴녠, 자오쯔양, 리펑 등의 옷도―은 모두 여기서 만들었지만, 마오는 가봉을 한 적이 없었다. 항상 마오의 비서가 와서 원하는 것을 이야기했다고 티엔아통은 말했다. 그곳에서는 여전히 마오의 치수를 보존하고 있었다(《뉴욕타임스》, 1987년 12월 5일자).
9) 이 설명은 장위펑의 앞의 글에 따른 것이다.
10) 취안옌즈, 《경호실장의 마오쩌둥에 대한 진술》, 9쪽.
11) 이 부분의 설명은 닉슨과 키신저의 《백악관 시절(White House Years)》에 장위펑의 이야기를 약간 가미한 것이다.
12) 닉슨, 571쪽.
13) 취안옌즈, 위의 책, 제8장.
14) 장한즈(章含之), 〈나와 부친 장스자오(章士釗)〉, 《문예월간(文藝月刊)》(상하이), 1988년 4월, 6~21쪽.
15) 양상쿤, 개인적인 인터뷰, 1984년 1월 3일, 베이징.
16) 취안옌즈, 위의 책, 제8장.
저우언라이가 마오쩌둥을 무비판적으로 지지했던 사실은 중국 학자들 간에도 주된 관심사가 되어 있다. 한 그룹은 마오가 메피스토펠레스, 저우언라이가 파우스트의 역할을 했던 것이 아닌가 추측하고 있다. 장정 도중인 1935년 1월 쭌이 회의에서 저우언라이는 마오 진영으로 돌아서면서 그가 살아 있는 한 끝까지 마오를 지지하겠다는 서약서를 마오에게 주었다는 것이다. 저우언라이에 대한 이러한 주장은 일부 지식인 사회에 상당히 널리 퍼져 있으나 실제로 '악마와의 계약'과 같은 것이 있었다는 증거는 제시된 적이 없다.
17) 장위펑, 위의 글.
18) 필자의 난카이(南開) 방문, 1987년 10월 10일.

제 35 장 40 + 40 + 40 + 40의 40배

1) 현재 이곳은 과거 덩이 살던 때보다 상당히 개선되었다. 대나무 벽은 회색 벽돌로 대체되었고 정원은 시멘트 기둥과 철제 울타리로 둘러싸여 있으며, 입구에 기둥도 세워졌다. 덩 시절에 잡초가 우거져 있던 정원도 조경이 잘 된 말쑥한 모습으로 바뀌었다(필자의 방문, 1989년 6월).
2) 덩푸팡, 개인적인 인터뷰, 1988년 5월 9일, 베이징.
중국의 젊은이들 사이에 퍼져 있는 섬뜩한 소문에 의하면, 홍위병들은 푸팡을 기숙사 방에 감금한 후 그 방이 방사능에 오염되어 있어 그를 불구로 만들고, 암을 유발하여, 죽음에 이르게 할 것이라는 이야기를 해 주었다고 한다. 그리고 유일한 출구는 원래 창문이었던 구멍뿐이며, 이 방은 오염 때문에 폐쇄된 낡은 엑스레이 실험실이라고 말했다는 것이다. 또 다른 소문에 의하면, 푸팡은 창문에서 뛰어내려 중간에 붙어 있는 지붕을 붙잡으려고 했으나 실패하고 25피트 아래의 땅으로 떨어졌다고 한다.
3) 덩룽(마오마오), 〈나의 아버지 덩샤오핑의 장시 시대〉.
4) 난창 방문, 1989년.
5) 덩푸팡, 개인적인 인터뷰, 1988년 5월 6일, 베이징.

6), 7) 덩룽, 위의 글.
8) 옌자치, 《문혁10년사》, 77쪽.
9) 어떤 기록은 덩 가문이 쓰촨에서 가장 큰 재산가에 속했다고 주장하고 있지만 아마 잘못일 것이다. 그게 사실이라면, 아무리 덩샤오핑의 동생이라 할지라도 수펑은 그처럼 쉽게 재산관리인에서 당료(堂僚)로 변신할 수 없었을 것이다.
10) 개인적인 인터뷰, 1988년 4월, 광안.
11) 현재 두 사람의 정치적 견해가 상당히 다름에도 불구하고 덩이 왕진을 지지하고 계속 고위직에 남아 있게 하는 것은 과거에 덩의 베이징 복귀를 위해 왕진이 기울인 이와 같은 노력 때문일 것이다. 정치적인 관점에서 왕진은 보수파 중의 보수파이며, 덩은 진보적 경향을 지닌 중도파라고 할 수 있다.
12) 덩룽, 위의 글.
13) 옌자치, 위의 책, 77쪽.
14) 개인적인 방문과 인터뷰 기록, 1988년 4월, 광안.
15), 16) 개인적인 인터뷰, 1989년 6월, 난창.

제 36 장 서두르는 작은 사람

1) 판수오, 《1976년의 예젠잉》, 46~47쪽.
2) 후화, 개인적인 인터뷰, 1984년 10월 29일, 베이징.
3) 옌자치, 위의 책, 72~73쪽.
4) 장투오성, 《1975년의 정면 정돈》, 102~140쪽.
5) 판수오, 위의 책, 47~49쪽.
6) 후차오무, 개인적인 인터뷰, 1988년 5월 21일, 베이징.
7) 마오의 실명에 관한 설명은 장위펑, 앞의 글에 의거하였다.
8) 왕하이룽(王海容)과 마오는 먼 친척 관계이나 가끔 잘못 알려져 왔다. 그녀의 할머니가 마오의 할머니와 자매간이었으므로 나이 차이에도 불구하고 그녀는 마오의 육촌동생이었다. 의지가 강한 소녀였던 그녀는 어머니의 돈을 훔쳐 창사에서 베이징의 마오 앞에 나타나 영어를 배우고 싶다고 말했다. 그녀는 마오의 영어 교사인 장한즈에게 영어를 배웠다. 1년 후 그녀는 마오에게 영어를 배웠다고 이야기하였고, 마오는 그녀를 외교부에 근무하게 해 주었다(장한즈, 개인적인 인터뷰, 1991년 2월 26일, 뉴욕).
9) 옌자치, 앞의 책, 79쪽.
10) 판수오, 앞의 책, 50쪽.
11), 12) 옌자치, 위의 책, 79쪽.
13) 완리, 개인적인 인터뷰, 1987년 10월 7일, 베이징.
14) 옌자치, 위의 책, 85쪽.
15) 장투오성, 앞의 책, 14쪽.
16) 판수오, 위의 책, 51~59쪽.

17) 양취안(陽銓)은 1933년 6월 18일 국민당의 총잡이에게 살해된 지도적인 중국의 지식인이자 자유주의자였다. 번역하면 이 시는 '양취안을 애도하여'라는 뜻이 된다.
18) 이 설명은 장위평, 앞의 글에 따랐다.

제 37 장 시간은 줄달음치고

1) 허지에성(허룽의 딸), 개인적인 인터뷰, 1987년 10월 5일, 베이징.
2) 이 부분은 허지에성의 설명에 의거한 것이다. 동시에 마오는 장칭이 금지시킨 다른 영화도 해금시켰다. 그것은 하이난섬(海南島)에서의 게릴라 투쟁을 다룬 〈하이샤(海霞)〉라는 영화였다.
3) 옌자치, 위의 책, 86쪽.
4) 같은 책, 84~85쪽.
5) 메이옌(Mei Yan), 개인적인 인터뷰, 1990년 11월 20일, 뉴욕.
6) 옌자치, 위의 책, 88쪽.
7) 1956년 2월 25일 흐루시초프의 비밀 연설, 제이콥스,《신공산당선언》, 78~130쪽에서 인용.
8) 왕링수,〈지덩쿠이의 마오쩌둥에 관한 진술〉,《요망》(홍콩), 1989년 2월 6~13일.; 해외방송정보 서비스(워싱턴D.C.), 1989년 2월 14일, 26쪽.
9) 후화, 개인적인 인터뷰, 1987년 8월 31일, 베이징.
10) 마오가 죽은 후 왕하이룽은 자신이 마오로 하여금 저우언라이 비판 운동을 시작하게 했다는 것을 부인하였다. 하지만 이제 저우언라이를 비판할 시간이라는 덩의 말에 마오가 동의하고 있는 데이프가 발견되었다(린칭산,〈마오쩌둥은 어떻게 저우언라이 비판 운동을 시작하였는가〉, 58~59쪽).
11) 위의 글, 58쪽.
12) 장투오성, 앞의 글, 75쪽.
13) 옌자치, 앞의 책, 92쪽.
14) 위의 책, 93쪽.
15) 판수오, 앞의 책, 61~62쪽 ; 장투오성, 앞의 글, 31쪽.
16) 장투오성, 앞의 글, 34쪽.
17) 취안예,〈저우언라이의 최후 세월〉.
18) 샤오화, 개인적인 인터뷰, 1984년 3월 16일, 베이징.
19) H.E. 솔즈베리,《대장정》, 70쪽.
20) 류야조우,《언라이(恩來)》
21) 장위평, 앞의 글.

제 38 장 용(龍)의 해

1) 월터 설리번(Walter Sullivan), 개인적인 인터뷰, 1973년 9월 11일, 뉴욕.
2) 리루이, 개인적인 인터뷰, 1987년 10월 30일, 베이징.

3) 예 원수의 오랜 동료이자 친구인 우슈취안에 따르면, 문화혁명 기간 동안 마오쩌둥은 예를 '보호'하였음에도 불구하고 이런 일이 일어났다고 한다. 그러나 마오의 보호는 기껏해야 미미한 도움밖에 되지 않았다(우슈취안, 개인적인 인터뷰, 1984년 3월 28일, 베이징).
4) 이 설명은 장위핑, 앞의 글에 따랐음.
5) 가사이드, 《살아 돌아오다》, 18쪽.
6) 선퉁, 《미완의 혁명(Almost a Revolution)》(보스턴, 1990년), 20~22쪽.
7) 가사이드, 앞의 책, 119~121쪽.
8) 《양성만보(羊城晚報)》(광저우), 1989년 2월 10일 ; 해외방송정보 서비스, 1989년 2월 14일.
9) 옌자치, 개인적인 인터뷰, 1988년 5월 2일, 베이징. 옌은 필자에게 이야기를 하면서 자신도 놀랐었다고 말했다. 그는 가능한 한 모든 사례를 조사했으나 널리 알려진 것과는 달리, 부상당한 사람은 많았지만 곤봉에 맞아죽은 사람은 아무도 없었다는 것이다. 그러나 사건 후 많은 사람들이 처벌을 받았으며, 여러 사람이 자살을 했다고 그는 말하였다.
10) 우슈취안, 개인적인 인터뷰, 1984년 3월 22일, 베이징.
11) 판수오, 앞의 책, 63~64쪽.

제 39 장 용의 울부짖음

이 장의 서술은 1987년 10월 필자의 탕산에서의 인터뷰와 관찰에 의거한 것이다.

1) 메이스룽(지진조사예측연구소 소장), 개인적인 인터뷰, 1987년 10월 19일, 베이징.
2) 놀랍게도 카이루안은 1991년에도 여전히 국가로부터 매년 2억 위안(약 1억 달러)의 보조금을 받고 있었다. 내수용 석탄 가격이 지나치게 낮기 때문이었다. 국영기업의 적자 운영과 보조금 지급 문제는 중국 재정 체제의 복잡성을 보여주고 있다(《경제도보(經濟導報)》(홍콩), 38~39(1991년 10월), 25쪽).
3) 지진이 일어나고 몇 달 후 탕산을 방문한 한 외국인 전문가는 60만 명이 죽고 60만 명이 부상당했다고 추정했는데 이것은 현장에서 모은 숫자에 기초한 것이었다. 당시 중국의 부총리였던 리셴녠은 탕산 인구가 80만에 불과했기 때문에 이것은 과장이라고 반박하면서도, 공식적인 통계수치는 내놓지 않았다(리셴녠, 개인적인 인터뷰, 1977년 8월 30일, 베이징).

제 40 장 마오의 죽음

1) 화궈펑은 어떤 기자에게 마오의 거처를 옮긴 것에 대해 이야기한 적이 있다. 그는 단단하게 지어진 단층집 202호 건물이 유영지에 있는 마오의 저택보다 안전할 것으로 생각하였다고 말했다. 마오는 죽을 때까지 202호 건물에 머물렀다. 이 집은 이제 공산당 총서기가 외국손님을 접견할 때 쓰이고 있다(《중국통신사》(홍콩), 1988년 12월 26일 ; 해외방송정보 서비스, 1988년 12월 27일, 36쪽).
2) 판수오, 〈바람과 번개가 몰아치던 세월〉.
3) 예의 행동에 대해 책을 쓴 파수오나 왕진은 '쿠데타'라는 말을 사용하지 않았으며, 합법적인 조치였다는 점을 강조하였다.

4) 광안 주민과의 개인적인 인터뷰, 1988년 4월.
5) H.E. 솔즈베리, 《변화의 시대(Times of Change)》, 185쪽.
6) 왕진, 《인민일보》, 1989년 10월 22일, 28쪽.
7), 8) 판수오, 앞의 글.
9) 양청우는 대장정 시기의 가장 뛰어난 전공(戰功) 가운데 하나인 다두하(大渡河)의 루딩차오(瀘定橋) 장악을 성공시켰다. 그는 뛰어난 홍군 사령관이었다. 문화혁명기에 그는 잠깐 동안 뤄루이칭을 대신하여 인민해방군 참모총장이 되었으나, 곧 린뱌오의 희생자가 되어 장칭을 치라는 명령을 내렸다는 죄목으로 7년간 투옥되어 있었다(양청우, 개인적인 인터뷰, 1984년 3월 18일, 베이징).
10) 판수오, 앞의 글, 18쪽.
11) 장칭은 승마에 열을 올리게 되었다. 과거 수년간 베이하이 공원은 장칭의 아침 승마를 위해 일반인에게 폐쇄되어 있었다. 그와 함께 자금성 뒤의 경산도 폐쇄되었는데 아마도 이곳에서 중난하이가 멀리 내려다보이기 때문이었을 것이다[프랑크 코에(Frank Coe), 개인적인 인터뷰, 1977년 8월 17일, 베이징].
12) 까오이링 등, 개인적인 인터뷰, 1988년 5월 9일, 다자이.
13) 워너(Warner), 《중국의 신화와 전설(Myths and Legends of China)》, 54쪽.
14) 드 워스킨(De Woskin), 《고대 중국에서의 의사와 점쟁이 그리고 주술사(Doctors, Diviners, and Magicians in Ancient China)》; 반 굴릭, 앞의 책, 131~155쪽; 앨린 릭케트(W. Allyn Rickett), 《관자(管子)》.
15) 많은 베이징 토박이들은 톈안먼 광장에 있는 마오의 묘 역시 베이징의 풍수를 해친다고 주장하고 있다. 하지만 이 광장 자체가 왕조시대에 철저하게 풍수설에 입각하여 건설된 것이기 때문에 이러한 주장에는 논란의 여지가 있다고 할 수 있다(《사우스 차이나 모닝 포스트》, 1989년 4월 4일; 해외방송정보 서비스, 1989년 4월 4일 85쪽). 광학 및 플라스틱 전문가인 샤오양은 왕훙원에게 불려 들어가 마오가 안치될 석관을 디자인했다. 그는 무덤의 위치 결정을 둘러싸고 벌인 소동과, 그 과정에서 은연중에 풍수설이 가장 중요한 요인으로 작용했다고 확인해 주었다. 그는 1988년 고향인 충칭의 시장이 되었다(샤오양, 개인적인 인터뷰, 1988년 4월 17일, 충칭).
16) 쑹칭링, 개인적인 인터뷰, 1977년 9월, 베이징. 마오쩌둥에게 마지막 경의를 표하지 못한 원로 지도자는 덩샤오핑과 완리뿐이었다. 두 사람은 모두 가택연금 상태에 있었다(완리, 개인적인 인터뷰, 1987년 10월 7일, 베이징).
16) 1990년 화궈펑의 집은 관광객에게 개방이 되어 있었다. 숙박료는 하룻밤에 29달러였다. 상점가와 베이징 호텔에 인접해 있고, 음식이 좋았으며 택시 타기가 편했기 때문에 이곳은 인기가 높았다.
17) 판수오, 앞의 글, 18쪽.
18) 왕전, 앞의 글.
19) 《쟁명(爭鳴)》(홍콩), 1978년 12월 12일.
21) 이 부분은 대부분 판수오가 쓴 두 가지 기록에 의거한 것이다.

제 41 장 백만웅사(百萬雄師)

1) 왕훙원의 민병부대는 실제로는 그가 기대했던 것보다 규모가 작았지만, 4인방 몰락 후인 1977년의 상하이 자료에 의하면 확실히 1만 2천 명은 넘었다(상하이 방문기록, 1977년 9월).
2) 옌자치,《문혁10년사》.
3) 우방궈(상하이 당 서기), 개인적인 인터뷰, 1984년 6월 14일, 상하이.
4), 5), 6), 7), 8) 상하이 방문기록, 1977년 9월.

제 42 장 "가난이 공산주의는 아니다"

1) 판수오,《1976년 예젠잉》, 315쪽.
2) 위안츠천, 개인적인 인터뷰, 1976년 10월 10일, 뉴욕.
3) 리루이,《루산 회의 실록》(창사, 1989년), 3, 89쪽.
4), 5) 완리, 개인적인 인터뷰, 1987년 10월 7일, 베이징.
6) 리샹루(자오쯔양의 전 비서), 개인적인 인터뷰, 1988년 8월 13일, 뉴욕.
7) 황뼁, 개인적인 인터뷰, 1985년 3월 4일, 뉴욕.
8) 리샹루, 개인적인 인터뷰, 1988년 8월 13일, 뉴욕.
9) H.E. 솔즈베리,《대장정》, 334쪽.
10) 후화, 개인적인 인터뷰, 1987년 8월 3일, 베이징.
11) 후화, 개인적인 인터뷰, 1981년 8월 31일, 베이징.

제 43 장 덩샤오핑의 혁명

류린(柳林)에 관한 기록은 필자의 1972년, 1984년, 1987년의 세 차례에 걸친 방문과 인터뷰에 의거한 것이다.
1) 에드가 스노우,《강의 저편(Other Side of the River)》, 477~478쪽.

제 44 장 못 쓰게 되지 않았으면 고치지 마라

팡산의 관한 모든 자료는 1988년 6월 8일의 개인적인 방문과 다음 자료에 의거한 것이다. 윌리엄 힌튼, 개인적인 인터뷰, 1988년 7월 9일 ; 꾸처 전시장, 프랑스 통신사(홍콩), 1988년 6월 30일, 해외방송정보 서비스, 1988년 7월 1일, 17쪽 ; 신화사 통신, 1988년 6월 30일, 해외방송정보 서비스, 1988년 7월 1일, 17쪽 ; 윌리엄 힌튼,《위대한 역전(Great Reversal)》.

제 45 장 미래의 모습

성리 유전에 관한 모든 자료는 1988년 5월 17일에서 18일 사이에 행한 현지 인터뷰에서 얻은 것이다.
1) 1991년 1/4분기의 통계 수치는 성리가 목표액을 달성했음을 보여 주었다. 성리 유전의 생산액은 9

백만 톤으로 중국의 전체 생산량의 약 25%를 차지하였다. 다칭은 전체의 거의 40%인 1천4백만 톤을 생산했다. 겨울에는 사계절 중 생산량이 가장 적은 시기이다(《차이나 뉴스》, 1991년 4월 17일).
2) 문화혁명 기간 동안 성리의 생산 통계치는 믿기 어렵다. 처음에 주는 1967년과 1969~81년의 통계를 제공하지 않았으며, 몇 주일 후에야 그것을 알려 주었다. 그 통계에 따르면 1978~85에 이유 없이 생산량이 감소하고 있는데, 이때는 유전이 적극적으로 확장을 꾀하던 시기였다(성리에서의 인터뷰, 1988년 5월 17일 ; 성리의 경영진이 필자에게 보내온 편지, 1988년 11월).
3) 1988년 여름 헤이룽장 화재지역에 대한 조사 결과 얻어진 것이다. 대부분《헤이룽장의 대화재(Great Black Dragon Fire)》에 수록되어 있다.
4) 대부분의 내용은 주룽지(1988년 6월 14일, 상하이)와의 개인적인 인터뷰, 당시 상하이 당 부서기였고 1991년 4월 부수상이 된 주의 후임으로 상하이 시장이 된 우방궈(1988년 6월 14일, 상하이)와의 개인적인 인터뷰에 기초한 것이다.
5) 대부분의 내용은 샤오양(1988년 4월 17일, 충칭), 하오전쿤(1988년 4월 18일, 충칭)과의 개인적인 인터뷰에 의거한 것이다.

제46장 황제의 옷

1) 1991년 겨울 푸팡의 결혼에 대해 다소 야비한 기사가 홍콩의 한 신문에 보도되었다. 신체가 마비되어 부부생활이 불가능한 푸팡이 어떻게 결혼하느냐는 내용이었다. 푸팡은 "홍콩의 신문에 실리는 것은 아무것도 믿지 마십시오."라고 말했다.(덩푸팡, 개인적인 인터뷰, 1991년 1월 28일, 베이징).
2) 덩푸팡, 1984년 10월 10일 중국장애자복지기금의 직원에게 한 연설, 베이징.
3) 1991년 5월 중국의 장애자를 지원하기 위한 선전활동은 베이징과 다른 도시를 휩쓸었다. 모임, 인터뷰, 특강 그리고 덩푸팡의 광범위한 조직 사업에 대한 보고, 인민대표대회의 장애자 보호법안 승인 등이 이어졌다. 왕진 같은 늙은 보수파도 합류하였다. 이것이 중국인의 마음속에 장애자에 대한 사회적 의무를 심어 주려는 노력의 일환이었는지, 아니면 덩샤오핑의 비위를 맞추려는 보수적인 정객들의 정치극이었는지는 분명치 않다.
4) 대부분 덩푸팡과의 개인적인 인터뷰(1986·1987·1991년, 베이징)에 의존하였다.
5) 류위안위안, 개인적인 인터뷰, 1988년 5월 16일, 지난.
6) 아놀드 해머의 생일축하연에 참석했을 당시 필자의 관찰, 1988년 4월 24일.

제47장 톈안먼에 이르는 길

1) 리펑, 개인적인 인터뷰, 1987년 11월 11일, 베이징.
2) 《대공보(大公報)》(홍콩), 1989년 3월 30일 ; 해외방송정보 서비스, 1989년 4월 11일, 24쪽.
3) 기밀보고, 1988년 8월 18일.
4) 옌자치, 개인적인 인터뷰, 1988년 3월 2일, 베이징.
5) 쑤샤오캉(蘇曉康)과 왕뤼샹(王魯湘),《하상(河殤)》(베이징, 1989년).

제 48 장 자치통감

이 장의 기록은 대부분 1989년 6월 베이징에서의 개인적인 관찰에 의한 것이다.

1) 올레크 트로야놉스키(Oleg Troyanovsky), 개인적인 인터뷰, 1987년 11월, 베이징.
2) 선통, 《미완의 혁명》, 170~171쪽.
3) 나중에 리펑은 중국에 고무총알이 없었기 때문에 진짜를 써야 했다고 말했다. 그러나 그것은 진실이 아니었다. 몇 명의 목격자는 시내 중심부 밖에 경찰이 사용할 용도로 물대포가 준비되어 있는 것을 보았다고 증언했다. 그러나 그것들이 사용되었다는 증거는 없었다. 리펑은 경찰이 최루 가스를 갖고 있지 않았다고 주장했다. 무장경찰들이 대량으로 최루탄을 쏟아낸 중앙광장이나 창안가에 그가 없었던 것은 확실하다.
4) 덩의 우한 방문에 관한 보도는 사실이 아닐 것이다. 필자는 1989년 6월 6일에서 8일 사이에 우한에 체류하고 있었으나, 덩이 왔다 간 흔적을 전혀 발견하지 못하였다. 그러나 이보다 며칠 앞서 덩푸팡은 장애자 관련 회의 때문에 우한에 있었다.

제 49 장 톈안먼

톈안먼 사태에 관한 내용은 1989년 6월 베이징에서의 개인적인 관찰과 참가자와의 인터뷰에 기초한 것이다.

1) 윌리엄 힌튼, 개인적인 인터뷰, 1989년 6월 27일, 베이징 ; 1989년 7월, 뉴욕.
2) 영국인 중국 전문가 로빈 먼로(Robin Munro)는 톈안먼 광장에서 밤새도록 이리저리 뛰어다니면서 사태의 추이를 남김없이 관찰했다. 후에 그는 자신의 관찰과 참가자와의 인터뷰를 기초로 긴 보고서를 썼다. 그는 광장내에서는 아무도 죽지 않았다는 정부의 주장이 옳을 수도 있다는 결론을 내렸다. 그러나 이것은 바로 인접한 지역을 문제로 삼지 않을 경우에만 해당되는 얘기였다. 군대가 투입되었을 때 최소한 1~2천 명에 이르는 사람들이 살해당했다는 결론을 논박하는 사람은 정부당국외에는 아무도 없었다.

《새로운 황제들》이 나오기까지

1984년 나는 아내인 샬럿(Charlotte)과 함께 7천2백 마일의 중국 오지(奧地)를 여행했다. 1934~35년 장제스의 국민당군에 쫓긴 마오와 홍군(紅軍)이 감행한 2만 5천 리(6천5백 마일)에 달하는 대장정(大長征)의 노정을 그대로 되밟아 본 것이다.

일대 서사시(敍事詩)였던 대장정을 살아넘기고 여전히 중국을 이끌고 있는 대부분의 주요 인사들, 그리고 다른 생존자들과의 면담이 그 과정에서 이루어졌다. 그 작업은 마오쩌둥과, 대장정의 지도자이며 마오의 젊은 부관 중의 한 사람이었던 덩샤오핑 시대의 이야기인 《새로운 황제들》의 기초가 되었다.

《새로운 황제들》은 수년 간의 여행과 인터뷰, 중국, 미국, 소련에서의 연구를 바탕으로 한 것이었다. 가능한 한 모든 서술에서 나는 원사료(原史料)에 충실하였고 다루어진 사건에 직접 참여한 사람들의 진술과 그들에 대한 신빙성 있는 자료, 회고록 등을 이용하였다. 이 책은 수많은 자료와 수백 번의 인터뷰, 중국 구석구석에까지 이르는 수천 마일의 여행의 집적이다.

《새로운 황제들》은 누구도 자신의 초상화를 위한 모델이 되어 주지 않았다. 1972년 내가 처음 중국에 갔을 때 마오는 인터뷰를 할 수 없는 상태였고, 덩은 아마도 몸조심을 하기 위해서였겠지만 매번 면담을 회피했다. 그러나 그로 인한 공백은 그들을 잘 알고 있는 사람들과의, 때로는 수년 간에 걸친 광범위한 토론을 통해 메워지고도 남았다. 이같은 도움을 준 사람들은 마오의 경우에는 비서와 통역으로 일했던 다섯 사람이었다. 즉 마오의 초기 생애를 다룬 전기를 써서 그의 성격 묘사에 독특한 식견을 보여 준 리루이(李銳), 1991년 현재까지도 보수파 정객(政客)으로서 중요한 위치를 점하고 있는 후차오무(胡喬木), 대장정 시기에 마오의 지지자였으며 수년 간 마오의 러시아 문제 자문역과 통역을 맡았던 우슈취안(伍修權) 장군, 스탈린 시대에 마오의 소련 문제 보좌관 겸 통역이었던 스저, 그리고 흐루시초프 시대부터 덩샤오핑 시대에 이르기까지 활약해 왔으며, 비극적인 톈안먼 사태 당시 중심 역할을 한 옌밍푸(閻明復) 등이 그들이다.

1988년에 국가주석으로 취임하였으며, 덩샤오핑의 분신이나 다름없는 양상쿤(楊尙昆) 장군은 1984년 이래 수년 간 덩에 관한 토론에 헤아릴 수 없이 많은 시간을 할애해 주었다. 톈안먼 사건 후 그와 덩의 조치에 대한 나의 신랄한 비판에도 불구하고 그는 여전히 나를 만나 주었고, 중국의 정책을 설명하고 합리화시키기 위한 노력을 계속하였다.

그는 나의 두 번째 저서인 The Long March : The Untold Story와 이번의 The New Emperors를 쓰기 위한 자료수집과 조사연구에 매우 귀중한 도움을 주었다. 그는 자신이 주역의 한사람으로 참여했던 새로운 중국의 탄생과 관련된 극적인 사건들이 객관적으로 기술되기를 원했다. 나의 견해가 자신의 것과 전혀 다를 경우에도 그는 나를 설득하려고 애쓰지 않았다.

고위지도부 인사 중에서 쑹칭링(宋慶齡)만큼 중국정치의 현실을 솔직하게 직시할 수 있는 사람은 없었을 것이다. 그녀는 쑨원(孫文)의 미망인이고, 중국 부주석이었으며, 저우언라이의 따뜻한 친구이자 문화혁명에 대한 신랄한 비판자였다. 1981년 5월 29일 사망하기 전의 마지막 혼수상태에서 쑹(宋) 부인은 공산주의자로 '전향'했다고 전해지고 있다. 그녀는 살아 있는 동안 공산당에 입당하기를 거부했었다. 한편 양상쿤 이전에 국가주석이었던 리셴녠(李先念)을 통해서는 최고 지도층의 생활에 대한 보다 통념적인 이미지를 들여다볼 수 있었다.

해임된 두 사람의 전임 공산당 총서기 후야오방(胡耀邦)과 자오쯔양(趙紫陽)은 중난하이에서 열린 만찬에서 만났는데, 덩샤오핑의 성격적 특성을 파악하는 데 단서를 제공해 주었을 뿐만 아니라 자신들의 성격까지도 짐작케 해주었다. 또한 덩의 가족들은 '작은 황제'의 개인적인 품성을 구체적으로 드러내 주었다.

희생당한 전임 국가주석 류사오치의 매혹적이고 총명한 미망인이며, 그녀 자신 또한 마오의 손에 죽을 뻔했던 왕광메이(王光美) 부인은 궁정 내부의 상황을 생생하게 묘사해 보여 주었다. 물론 그녀 자신은 직접적인 표현을 사용하지 않았다. 현재 허난성(河南省) 부성장이며 그녀의 아들인 위안위안(劉源)과 두 딸인 펑펑, 팅팅은 마오시대의 공포 속에서 보낸 성장기에 관해 이야기해 주었다.

마오의 부인 장칭과 음침한 린뱌오의 성격에 대해서는 수많은 그들의 희생자들이 구체적으로 묘사해 주었다. 희생양이 된 탁월한 군사지도자 허룽(賀龍)의 첫 번째 부인과 미밍인, 즉 공산당운동 초창기에 용감한 게릴라 대원으로 활약했던 젠셴런 부인, 그리고 한때 장칭과 린뱌오 부인 예춘(葉群)의 친구였던 쉐밍(薛明)이 그 대표적인 사람들이다. 허룽의 사위인 샤오커(蕭克) 장군도 여러 가지로 많은 도움을 주었다.

전임 외교부장 차오관화(喬冠華)의 미망인이고 마오에게 영어를 가르쳤으며 마오의 측근이기도 했던 장한즈는 마오와 장칭 그리고 측근 그룹에 대한 통찰력 있는 시각을 보여 주었다. 대장정 시기에 마오가 권력을 되찾는 데 기여했던 왕자샹(王稼祥)의 미망인 주종리 또한 유익한 이야기를 들려 주었다. 의사인 그녀는 가끔 마오를 치료하기도 했으며, 마오의 미움을 받기 전까지만 해도 남편과 함께 마오의 측근에 속해 있었다.

외국인으로서 도움을 준 이들은 미국 출신 의사로 평생을 마오를 비롯한 중국 지도층과 함께 보낸 조지 하템(George Hatem, 중국명은 馬海德)과 뉴질랜드 출신의 레위 앨리(Rewi Alley)를 들 수 있다. 에드가 스노우(Edgar Snow)의 미망인 헬렌 스노우(Helen Snow)는 옌안(延安) 시절에 대해 이야기해 주었다. 중국연구가인 로산느 위트케(Roxane Witke)와 로스 테릴(Ross Terrill)은 장칭의 역할을 밝히는 데 도움을 주었다.

소련측에서는 아나스타스(Anastas)의 아들인 세르고 미코얀(Sergo Mikoyan)과 흐루시초프의 아들인 세르게이 흐루시초프(Sergei Khrushchev)를 빼놓을 수 없다. 베이징 주재 소련대사였던 올레크 트로야놉스키(Oleg Troyanovsky)와, 나의 오랜 친구이며 시베리아 지방 사정에 밝은 파벨 노보크쉬노프(Pavel Novokshinov)도 큰 도움이 되었다.

전직 외교관이며 베이징에서 출판업을 하는 추이리에만큼 크게 도움을 준 사람은 없을 것이다. 그는 수천 마일을 함께 여행하면서 통역과 자료발굴에 있어 대단한 역량을 보여 주었다. 그의 초인적인 도움이 없었다면 이 책은 쓰여질 수 없었을 것이다. 통역을 맡아 준 장위안위안, 야오웨이, 리정췐, 마오꾸오화, 우췐, 장웨이, 왕티에리, 메이옌, 메이산, 로빈과 베티 팅 부부, 장추이동 등에게도 똑같은 사의를 표하고 싶다. 촉망받는 외교관이며 학자인 류야둥이 준 도움에 대해서는 "탁월하다"라는 말로밖에 표현할 길이 없다.

평생을 혁명연구에 바친 베이징 인민대학(北京人民大學)의 고(故) 후화(胡華) 교수는 전문가적인 견해를 나누어 주었다. 그의 동료인 베이징 대학의 샹칭도 마찬가지였다. 평생을 마오와 중국혁명에 바친 천한성(陳翰笙) 교수는 현실적이고 더러는 냉소적인 인식을 드러내 보여 주었다.

나는 또한 작가인 장지에, 왕밍, 한수인의 예리한 식견에 감사하고, 특히 어렵게 상부의 승인을 얻어 산둥의 고향마을을 나에게 보여 준 덩유메이에게 감사한다. 《인력거꾼》을 쓴 위대한 작가 라오서(老舍)의 미망인 후지에칭과 자녀들은 라오의 죽음에 대한 끔찍한 사실들을 구체적으로 들려 주었다. 젊은 시절 마오의 친구였던 작가 에미 샤오의 미망인이며 사진작가인 에바 샤오는 자신들이 받은 고문에 대해 이야기해주었다.

내가 수차례씩 인터뷰한 중국 요인들의 명단은 그 자체가 현대 중국을 한눈에 보여 준다. 그들을 열거하면, 덩샤오핑의 불구가 된 아들 덩푸팡, 문화혁명의 피해자이며 톈안먼 사태 후에는 보수파의 선두로 나서고 있는 덩리췬(鄧力群), 덩샤오핑의 진보적인 지원자인 완리(萬里), 의욕적인 전임 톈진 시장이며 현재 정치국 상무위원인 리루이환(李瑞還), 국방장관 친지웨이(秦基偉), 탕산(唐山) 시장 자오웨이빈, 갱 밑의 진원지(震源地)를 보여 준 카이루안 탄광의 책임자 장루지, 국가경제체제개혁위원회 부주임 가오샹취안(高尙全), 주더(朱德) 원수의 미망인 캉커칭, 다롄(大連) 시장 웨이푸하이(魏富海), 전임 상하이 시장이며 현재 부총리인 주룽지(朱鎔基), 1991년에 상하이 당서기가 된 우방궈(吳邦國), 국무원 대변인 위안무(袁木), 사회과학원 부원장 리선즈(李愼之), 사회과학원의 미국문제전문가 리먀오, 후베이성(湖北省) 전인대 부주임 왕리빈(王利濱), 허난성(河南省) 부성장 류위안(劉源), 산시성(山西省) 부성장 우빠차이, 산둥성 당서기 량꾸오팅, 산시성(陝西省) 부성장 쑨따괜, 전임 헤이룽장성(黑龍江省) 성장 호우지에, 깅시성 부성장 정평유, 충칭시(市) 당서기 샤오양, CITIC 회장 룽이런, 제1자동차 공장 총경리 천주토우, 전직 미국주재 대사 한쉬(韓叙), 외교관으로 저우언라이 밑에서 일했던 고(故) 왕빙난(王炳南), 전직 미국주재 대사인 고(故) 장원진(章文晉), 커다란 도움을 준 전직 외교부장 황화(黃華) 부처, 전직 유엔주재 대사 리루예(李鹿野), 당(黨) 정보전문가인 가오량(高粱) 등이다.

덩샤오핑의 생애와 성격은 그의 고향마을인 북부 쓰촨성의 파이팡춘과 그가 첫번째 전투를 겪은 광시성 오지(奧地) 방문을 통해 조명되었다. 특히 쓰촨 외무담당 사무실의 두 전문가인 왕로우깡과 선자이왕, 역사학자인 챈싱더의 도움이 컸다. 1948~49년에 있었던 화이하이(淮海) 전투에서의 덩샤오핑의 업적은 국방대학 학장이며 나의 오랜 친구인 장전(張震), 인민혁명군사박물관 관장인 친싱한(秦興漢) 장군 등이 분석해 주었다.

한국전쟁에서의 중국의 역할은 김학준을 비롯한 한국의 학자들과 친싱한 장군, 야오웨이, 그리고 소련의 전문가들에게서 도움을 받았다.

이 밖에도 통찰력과 정보를 나누어 준 사람은 많다. 한때 저우언라이의 비서였던 폴린, 광시성 벽촌의 칭링 나병요양원의 성녀 같은 황로우산 수녀, 다이아몬드(E. Grey Diamond) 박사, 매코맥(George McCormack) 박사, 쉬라그(Peter Schrag), 우웨이란 박사, 고트(Peter Gott) 박사, 1949년 베이징 함락을 지켜본 월터 설리번(Walter Sullivan), 이스라엘 엡스타인(Israel Epstein), 존 멜비(John Melby), 그리고 중국인보다도 중국의 농업문제에 정통한 윌리엄 힌튼(William Hinton), 오랫동안 베이징에 거주한 미국인 경제학자 프랭크 코에(Frank Coe), 솔 애들러(Sol Adler), 고(故) 안나 루이스 스트롱(Anna Louise Strong), 필자에 앞서 중국의 황제들에 관해 조예가 깊었던 존 킹 페어뱅크(John King Fairbank)와 선견지명을 지닌 그의 아내 윌마, 오랜 고난을 견뎌 온 류린(柳林) 마을과 다자이 마을의 농민들, 시안(西安)의 안웨이, 중국인의 행동양식에 내포된 역사적 근원을 분석하는 데 있어 어느 누구도 필적할 수 없는 옌자치(嚴家其) 부부, 나에게 사마천(司馬遷)의 《사기(史記)》와 《자치통감(資治通鑑)》의 중요성을 깨닫게 해준 베이징의 왕조사가(王朝史家) 장쯔, 중국전통의 연속성 속에서 톈안먼 사태를 조명해 보여 준 제네바의 충루 첸, 베이징이 피킹(Peking)이라고 불리던 시절부터 베이징을 알고 있는 데이비드 키드(David Kidd) 등이 그들이다.

1989년 대학살이 벌어졌을 때 나는 우연히 베이징에, 그것도 톈안먼 광장에 있었다. 톈안먼 사태에 관한 기술은 다른 동료들이 받은 인상에 의해 보충되었다. 그들은 일본 NHK 텔레비전의 유니치 다케다, 역시 현장에 있었던 윌리엄 힌튼, 밤을 광장에서 지새운 겁없는 중국문제 연구가 로빈 먼로(Robin Munro), 민쭈 호텔에서 발이 묶인 호주인 사업가 존 테일러(John Taylor), 날아오는 총알을 개의치 않고 용감하게 보도를 계속한 ABC 특파원 카일 깁슨(Kyle Gibson), 거의 온종일을 학생들 곁에서 보낸 미네소타 출신의 청년 덕 라이터(Doug Leiter) 등이 그들이었다. 톈안먼 사태에 관한 덕의 미간행 기록은 내가 본 관련기록 중에서 가장 훌륭한 것이었다. 류빈옌과 그의 아내 주홍은 통역을 해주었다. 1991년 1월 양상쿤은 톈안먼 사태에 대한 정부측 견해를 나에게 들려주었다. 그것은 리펑의 대변인 위안무에 의해 지겹도록 되풀이되었다.

이 책에는 나의 친구이자 1984년 대장정에 동반한 존 서비스(John S. Service)의 지혜와 식견이 포함되어 있다. 중국의 구석구석을 항상 나와 함께 다닌(다행이 톈안먼 사태가 일어났을 때를 제외하고) 나의 아내 샬럿의 견해도 물론 들어 있다.

이 책의 원고를 타자해 준 수잔 레빈(Susan Levin), 그리고 뛰어난 솜씨와 인내심을 가지고 원고정리에 수고해 준 데보라 제이콥스(Deborah Jacobs)에게 특별한 감사를 표하고 싶다. 마지막으로 나의 편집인 로저 도널드(Roger Donald)를 위해 건배!

해리슨 E. 솔즈베리

새로운 황제들

지은이 | 해리슨 E. 솔즈베리
옮긴이 | 박월라, 박병덕

처음 찍은 날 | 1993년 12월 25일
개정증보판 1쇄 펴낸 날 | 2013년 11월 5일
개정증보판 2쇄 펴낸 날 | 2017년 1월 15일

펴낸이 | 김태진
펴낸곳 | 다섯수레

등록번호 | 제 3-213호
등록일자 | 1988년 10월 13일
주소 | 경기도 파주시 광인사길 193(문발동)(우 10881)
전화 | 02)3142-6611 (서울 사무소)
팩스 | 02)3142-6615
홈페이지 | www.daseossure.co.kr

ⓒ 다섯수레 2013

ISBN 978-89-7478-384-6 03340

이 도서의 국립중앙도서관 출판시도서목록(CIP)은
e-CIP홈페이지(http://www.nl.go.kr/ecip)와
국가자료공동목록시스템(http://www.nl.go.kr/kolisnet)에서
이용하실 수 있습니다.(CIP제어번호: CIP2013020600)